제4판 언어발달장애 기초

Vicki A. Reed 지음
김화수 · 김성수 · 이숙 · 박주원 · 박선화 옮김

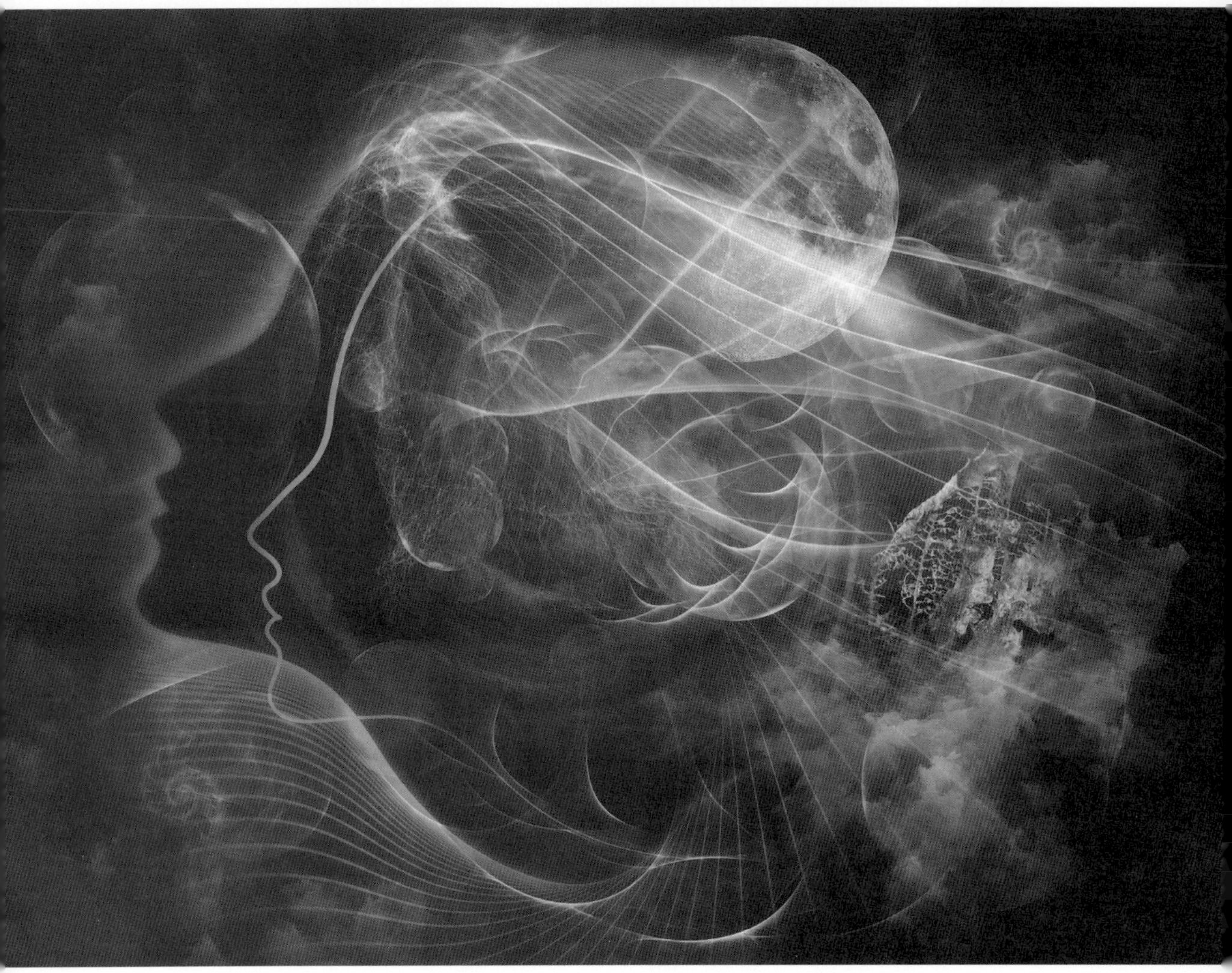

An Introduction to Children with Language Disorders

박학사

An Introduction to Children with Language Disorders, 4th edition
by Vicki A. Reed

Authorized translation from the English language edition, entitled INTRODUCTION TO CHILDREN WITH LANGUAGE DISORDERS, AN, 4th Edition, ISBN: 0131390481 by REED, VICKI A., published by Pearson Education, Inc, Copyright © 2012

Printed in Korea

ISBN: 978-89-98521-63-9

역자 서문

나는 날마다 여행해요/하루는 책의 숲 속으로/또 하루는 나무 사이 떠오른 달 속으로/시각적 이미지로 담아 둔/시간을 꺼내 음미하다 보면/소리로 만들어진/내가 생겨나요//나는 다채로운 나 사이를/훨훨 날아다니며/이름을 붙여 주지요/언어화된 겹겹의 심상들이/여전히 한낮을 떠돌다가/저녁으로 내려올 때 즈음/내 영혼은 여러 개의 이름을 가진/존재로 다시 태어나겠죠//

— 김화수,『언어로 집짓기』중에서

원판인 Viki A. Reed 교수님의 책이 처음 출판된 것은 1986년이었다. 저자는 축적된 연구결과와 지식 내용을 보완하여 4판까지 지속적으로 출간하였으며, 이 책은 4판에 대한 것이다. 원 제목은 *An Introduction to Children with Language Disorder*이니 정확한 번역에 따르자면 '아동 언어장애 개론'으로 명명해야 마땅할 것이다. 그러나『언어발달장애 기초』로 제목을 정한 데는 몇 가지 이유가 있다. 먼저 텍스트에 포함된 내용을 고려할 때 아동뿐만 아니라 청소년이나 장애를 지닌 나이 든 대상자들에 관한 내용이 포함되어 있다는 점 때문이었다. 병원의 언어치료사들은 대부분 치료 대상자를 부를 때 환자분이나 환아라는 단어를 사용한다. 아마도 성인과 아동이라는 두 가지 연령 범주 안에서 접근하는 듯 보인다. 또한 일반 클리닉이나 센터에서는 언어 평가와 치료를 시행하거나 보고서를 작성할 때 습관적으로 '아동'이라는 말을 사용한다. 이는 아마도 치료 대상자들이 대부분 아동이어서 언어 습관 때문일 수도 있겠다. 그러나 인간 발달의 견지에서 생각하면 아동이나 성인으로 나누는 연령 규준의 용어는 연구나 임상의 측면에서 유용하지 못하다. 따라서 '아동'이라는 특정 연령대의 단어를 생략하고 '발달'이라는 단어를 추가하였다. 언어발달장애라는 용어를 사용한 또 다른 이유는 언어치료사 자격 관련 근거에 따른다. 우리나라의 언어병리학이나 언어치료학의 학문 분야에서는 언어재활사 국가 고시에 의해 언어치료를 행할 자격을 마련하고 있고, 법의 고시에 의해 이미 언어재활 관련 교과목을 명시하고 있다. 그 가운데 언어발달장애라는 과목은 장애인복지법 시행규칙 제57조의4제2항[별표 6의2]에 필수과목으로 포함되어 있다. 그러니 이 책 제목을 '언어발달장애 기초'로 명명한 근거는 합당하다고 생각한다.

저자도 서문에서 밝혔거니와 이 책은 3부로 이루어져 있다. 1부는 정상적인 언어 양상과 의사소통과 언어발달의 개관, 2부는 아동 언어장애 전반에 대한 것을 다룬다. 즉 단순언어장애, 학습장애, 언어장애 청소년, 지적장애, 자폐증, 청각장애, 후천성 언어장애에 대해 논의하고 있다. 특히 2부 마지막 장에서는 영재, 시각장애, 신경운동장애, 구개파열, 말더듬을 가진 특수한 아동들에 대한 내용을 다룸으로써 다른 아동 언어장애 책들과 차별화하였음을 알 수 있다. 3부는 최근 우리나라 언어병리학 분야에서 큰 관심 영역으로 연구되고 있는 AAC와 함께 언어 평가와 중재를 논의하고 있다. 역자(김화수, 김성수)들이 부분적으로 참여한 박학사 출간의『언어발달장애』와 함께 이 책을 읽는다면 언어발달장애에 대한 기초적 지식뿐만 아니라 평가와 중재라고 하는 임상에서의 경험을 공유할 수 있을 것이라 믿는다.

언어로 집짓기를 하며 세상과 소통하려는 모든 이들을 위해 아름다운 의사소통의 뜰로 이끄는 언어치료사야말로 존재의 집을 지어 주는 사람들이라고 할 수 있다. 이는 역자의 여러 글들에서 반복해서 주장하고 있는 말이다. 특히 언어와 의사소통의 '발달'이라는 큰 흐름을 따라가는 것은 매우 매력적인 작업이다. 연구에서든 실제 임상에서든 일상에서든 소통하려는 사람과 눈을 맞추고 서로의 성장을 바라보는 일은 경이롭기까지 하다. 이는 언어라고 하는 존재의 집을 굳건하게, 또는 새로이 짓고자 하는 '발달하고 있는 사람' 모두에게 해당하는 것이므로 클라이언트와 치료사, 또는 연구자는 진정 행복한 사람임에 틀림없다.

우리의 삶을 생생히 빛나게 해주며, 가득한 아름다움으로 살도록 에너지를 나누어 주는 가족들, 많은 연구의 홍수 속에서 늘 도전하게 해주는 연구실 제자들, 그리고 사랑하는 방법을 가르쳐 준 우리의 '언어발달장애' 클라이언트에게 고마운 마음을 전한다. 또한 역자들의 작업을 오랫동안 기다려주신 박학사의 구본하 사장님, 꼼꼼한 편집을 위해 애써 주신 김재석, 신현경 선생님께도 감사 인사 드린다.

2017년 8월,

푸른 문천지 곁에서 역자 대표 김화수

저자 서문

책의 개요

이 책은 언어를 정상적으로 습득하지 못하는 아동들에게 초점을 두었다. 또한 언어장애 아동에 대해 공부하는 학생들에게 도움이 되고 언어장애 아동들을 더 잘 돕기 위해 전문적으로 지식을 업데이트하는 학생들을 위한 것이다. 언어는 가장 강력하고 중요한 인간의 능력으로서, 교육적 성취, 관계, 인간의 전체 삶에 영향을 미친다. 언어장애 아동은 이러한 능력에 쉽게 접근할 수 없으며 심각한 어려움을 갖는다. 그들은 학습과 사람과의 상호작용에 어려움을 보인다. 또한 언어장애는 보호자와의 관계를 변화시키고, 학업 성취를 저해하며, 대인 관계에 방해가 되고, 직업 능력을 제한시키며, 주류 사회로부터 아동들을 격리시키게 만든다.

이번에 출간된 책은 이전 책의 구조와 유사하며 세 부분으로 되어 있다. 첫 번째 부분은 언어에 대한 개요/검토에 대한 내용으로 두 개의 장으로 구성되었으며, 정상 아동의 언어 발달과 언어 및 의사소통의 기초에 대해서 다룬다. 두 번째 부분은 언어에 어려움을 보이는 다양한 집단에 초점을 두었다. 이 장들에서는 지적장애, 학습장애, 자폐증, 청각장애, 다문화, 후천성 언어장애 아동과 관련된 언어를 다룬다. 다른 장에서는 영재 아동, 구개파열 아동과 같은 특수 인구 집단과 관련된 언어를 살펴본다. 다른 두 장에서는 단순 언어장애를 가진 학령 전 아동의 언어와 언어장애 청소년에 대해 논의한다. 이러한 장들에서 다루는 주제 중 일부는 언어장애 아동에 대해 다루는 다른 책에서 종종 간과되는 내용이다. 또한 각 장에는 대상 아동 집단과 관련된 중재에 대한 고려 사항이 포함되어 있다. 이 책의 세 번째 부분은 언어장애 아동의 중재에 초점을 둔 세 개의 장으로 구성되어 있으며, 평가, 중재, 보완대체 의사소통에 대한 내용을 다루고 있다.

이번 책에서 새롭게 추가된 내용

이번에 새롭게 출판된 책은 이전 책의 전반적인 구성을 유지하였지만, 상당히 많은 내용이 변경되었다. 이 개정판의 목적은 주제와 관련된 새로운 내용을 포함하고 업데이트된 참고문헌을 반영한 것이다. 또 다른 목적은 언어장애 아동과 관련된 분야의 변화를 반영하는 것이다. 일부 주제는 확장되었지만 다른 주제는 축소되었다. 현재의 시사와 실제를 반영하기 위해 주제를 재정렬하였다. '무엇이 바뀌었는지'는 아래와 같다.

- ❖ 이 책의 저자는 보완대체 의사소통의 장을 제외하고는 Li-Rong Lilly Cheng, Cynthia O'Donoghue, Mona R. Griffer 그리고 Vijayachandra Ramachandra가 새롭게 참여하였고, Carol Dudding은 그 장의 원저자인 Susan Balandin과 공동으로 팀을 구성하여 참여하였다. 이 새로운 저자들은 새로운 관점, 개인적 전문 지식 및 새로운 내용을 각 장에 제공한다.
- ❖ 장 전반에 걸쳐 새로운 표가 포함되었으며 이전 판의 여러 표가 상당 부분 개정되었다. 새로운 데이터는 수치가 업데이트되었거나 새로운 수치가 포함되었다.
- ❖ 새로운 내용을 반영한 최신 정보는 모든 장에서 분명하다. 새로운 참고문헌과 인용문을 수록하였고, 여러 장에서 비특이성 언어장애에 대한 논의를 추가하였고, 마음 이론을 통해 언어장애 아동이 성인이 되었을 때 나타나는 결과와 관련된 내용을 설명하였으며, 자폐증 아동에 대해서 더 자세하게 논의하였고, 청각장애의 치료와 관련된 다양한 중재 효과를 모색하는 연구에 대해 검토하였으며, 인공 와우 아동에 대한 언어 결과를 업데이트하였고, 문해 습득과 보완대체 의사소통에 관해 논의하였으며, 언어 문제와 말더듬 사이의 관계에 대한 정보를 포함하였다.
- ❖ 각각의 주제에 대한 확장된 토론이 여러 장에서 나오며, 많은 경우 주제를 재구성하였고 이러한 재구성을 통해 새로운 방향을 이끌어 냈다. 예를 들면, 무의미 단어 반복 및 동사 형태가 단순 언어장애에 대한 임상 지표가 될 수 있다는 증거가 증가하고 있기 때문에, 이전에 출판된 책에서 제한되었던 내용을 유아 및 학령 전 아동에 대한 새로운 장으로 옮겼다. 이는 언어장애 청소년에 대한 장뿐만 아니라 장의 뒷부분에 있는 정보를 언급하기 위한 근거를 제공한다. 다른 예로는, 학습장애와 언어에 관한 장에서 읽기 문제와 난독증에 대해 더 많은 논의가 포함되었고, 중추 청각장애와 관련된 어려운 문제가 포함되었으며, 다문화와 관련된 장에서는 세계와 세상의 다양한 어려움에 대해 다루었다. 개정판에서는 새로운 정보에 더 많은 주의를 기울여야 한다는 점을 감안하여 이전 판의 일부 토론에 대한 관심은 다소 줄였다. 청각장애 아동의 언어 및 언어 특성에 관한 장은 인공 와우 이식의 증가로 결과가 크게 변화되었기 때문에 그 내용이 감소된 구체적인 예이다.
- ❖ 언어 검사 도구가 여러 장에서 언급되는 경우, 최신 버전의 검사 도구를 인용하였다.
- ❖ 이전 판부터, 언어장애 아동을 위한 서비스에 영향을 미치는 법률 및 전문 협회의 입장 보고서가 변화되었다. 장애인교육법(Individuals with Disabilities Education Act, IDEA)의 수정 외에도 중재 반응(Response to Intervention, RTI), 아동낙오방지법(No Child Left Behind, NCLB)과 같은 새로운 입법상의 영향에 대한 논의가 여러 장의 관

런 절에서 업데이트되고 확장되었다. 또한 신규 또는 개정된 입장 보고서에 대한 정보도 포함되었다.

새롭게 추가된 내용들이 현재의 정보와 관점을 제공하고 지난 몇 년 동안의 사고와 지식의 변화를 반영한 것이라는 것을 알게 되기를 바란다. 언어장애 아동들은 현재의 지식에 기반 한 서비스를 제공하는 전문가에게 의존한다.

보충자료

새로운 코스스마트(CourseSmart) 전자책

코스스마트는 돈을 절약하려는 학생들이 관심을 보이는 새로운 선택이다. 인쇄된 교과서를 구입하는 대신에 학생들은 동일한 내용의 전자 버전을 구입할 수 있다. 학생들은 코스스마트 전자책을 가지고 교과서를 검색하고, 온라인으로 메모를 작성하고, 강의 노트가 포함된 독서 과제를 인쇄하고, 나중에 검토할 수 있도록 중요한 부분을 책갈피에 추가할 수 있다. 코스스마트 전자책에 관한 자세한 정보를 얻거나 구입하려면 www.coursesmart.com을 방문하라.

교육자의 자료 안내 및 문제 은행

교육자의 자료 안내 및 문제 은행이 각 장의 목표, 개요, 주요 용어, 토론 주제, 학습 활동, 보충 자료 및 웹사이트에 포함되어 있다. 각 장에는 선다형 문제, 단답형/에세이, O/X 질문 등이 포함되어 있다. 보충 자료는 온라인에서 구입할 수 있으며 Pearson 대리점에 문의하라. 교육자의 자료 안내와 문제 은행을 다운로드하거나 인쇄하려면 www.pearsonhighered.com에서 "Educators"를 클릭하라.

감사 인사

새 책이든 개정판이든 책은 많은 사람들의 노력을 필요로 한다. 전문 지식과 전문성을 제공한 저자들에게 깊이 감사한다. 또한 개정을 도와준 책임감 있고 양심적이며 밝은 학생들에게도 매우 감사한다. 그리고 워드 프로세싱과 참고문헌 정리에 많은 시간을 투자해준 두 명의 대학원생(Rebecca Jones와 Meghan Price)의 노고에 감사한다. 나는 프로젝트에 참여한 그들의 탁월한 개인적 헌신이 전문가로서의 성공을 예고하며, 그들의 능력이 언어장애 아동을 돕고 옹호할 것이라고 기대한다. 이 프로젝트에 자원한 두 명의 학부생(Corbin Wagner과 Emily Dubas)은 특별한 인정을 받을 만하며 진심으로 고마운 마음을 전한다. 이 책이 더 좋은 책이 될 수 있도록 제안과 의견을 제공한 평론가인 Priscilla Nellum Davis(The University of Alabama), Carolyn H. Sires(Dorchester School Distric Two, College of

Charleston/The Citadel), Suzanne House Swift(Eastern New Mexico University)에게 감사한다. 또한 중요한 것은 개인적인 삶을 함께하는 사람들이다. 이들은 균형을 유지하도록 도와주었을 뿐만 아니라 초점을 유지하도록 도움을 주었다. 그들은 이 책이 빛을 볼 수 있도록 해준 정말 중요한 사람들이다. 여러분들이 이러한 마음을 알아주기를 바란다.

Vicki A. Reed

차례

제3부 언어 중재

의사소통과 언어

학습 목표

이 장을 읽고, 다음의 내용을 논의할 수 있어야 한다.

* 의사소통과 언어 그리고 말의 차이점
* 준언어학, 비언어학, 상위 언어학을 포함하는 의사소통에 관한 언어외적 양상
* 음운, 의미, 구문, 형태, 화용의 구성 요소
* 다양한 의사소통 방식
* 의사소통에 관한 여러 생물학적 · 인지적 · 사회적인 기반

두 사람이 서로 대화를 할 때, 보통 한 사람이 이야기를 하는 동안 다른 사람이 말을 듣는다. 화자는 단어와 문장의 심적 표상으로 사고를 부호화하며, 이를 지속적인 말소리나 음향 에너지로 변화시킨다. 말소리는 공기를 통하여 음파의 형태(음향 에너지)로 청자의 귀에 도달한다. 청자는 음파를 말소리의 연속으로 해독하며, 이러한 말소리는 화자가 원래 말하고자 했던 단어로 변환된다. 이러한 과정 가운데 하나라도 문제가 발생한다면 틀린 의사소통이 되거나 의사소통 실패까지도 초래하게 된다. 중요한 것은 화자와 청자 모두 소리와 단어가 표상하는 동일한 부호(code)나 상징 체계를 공유해야만 한다는 것이다. 간단히 말해, 같은 언어를 공유해야 한다는 것을 의미한다. 이 책은 언어라고 불리는 의사소통의 상징적인 과정과 함께 아동들이 사용하거나 사용하지 않는 방법에 대하여 언급하고 있다. 아동 언어장애를 검사하려면 청자, 화자의 예처럼 반드시 같은 언어를 공유해야만 한다. 따라서 이번 장의 목표는 인간의 의사소통 기초와 함께 아동 언어장애 논의를 위한 기준을 제공해 주는 주제에 대한 개관이다. 이 장에서는 의사소통, 언어, 말 그리고 의사

소통의 언어외적(extralinguistic) 요소들에 대하여 논의하고, 상이한 언어 요소들과 함께 언어 이해 및 사용 간의 관계를 살펴볼 것이다. 또한 다른 의사소통 방법들에 대해서도 생각해 본다. 마지막으로 의사소통의 생물학적 · 인지적 · 사회적 기반에 대하여 고찰한다.

1. 의사소통

의사소통(communication)은 메시지나 정보 또는 생각과 감정을 주고받는 것을 의미한다(Hulit & Howard, 2006). 이는 신체적인 구어 산출이나 언어의 상징적 특징뿐만 아니라 메시지를 전달하기 위한 행동까지도 포함하는 광범위한 조건들이다. 예를 들어 재채기는 그 사람이 감기에 걸렸다는 메시지를 전달할 수 있으며(Crystal & Varley, 1998), 아이의 울음은 불편함이나 필요함에 대한 다른 사람들의 관심을 요구한다는 것을 전달할 수 있다(Solter, 2001). 이러한 경우 구어는 필수적인 것이 아니다.

인간에게 있어 의사소통은 제한적이지 않다. 동물 역시 의사소통을 하지만 인간은 동물과는 다르게 언어를 이용한 생각과 감정에 관한 고도의 복잡한 의사소통 능력을 가지고 있다. 인간에게는 구어 능력까지 있다. 아래 논의된 언어외적 행동들은 의사소통 과정에 추가적으로 기여하게 된다.

1) 언어

언어(language)는 특정한 상징을 위해 만들어 낸 부호이다. Bloom(1988)은 언어를 "의사소통을 위한 자의적 신호의 관습적 체계를 통해 생각을 세상에 나타내는 부호"(p. 2)라고 정의했다. 이러한 정의에 따르면 부호화된 상징은 실제적인 것, 관념, 또는 생각을 의미하며, 상징이 표상하는 것은 지시 대상[**참조물**(referent)]이다. 영어 부호에서 꼬리를 흔들거나 짖어 대는 네발 달린 동물이 개로 분류되는 것에 대한 이유는 없다. 이 동물은 **협곡**이라는 단어만큼 쉽게 부호화된다. 비록 이러한 상징이 자의적이기는 하지만 상징과 그것의 적당한 지시 대상에 관한 부호가 의미를 갖기 위해서는 그 부호를 사용하는 구성원들의 상호 동의가 있어야 한다. 이런 의미에서 언어는 일종의 **사회적 관습**이다(Bloom, 1988).

또한 언어는 어떠한 상황에서 사용될 수 있는 부호화된 상징에 관한 **규칙**이나 질서를 가지고 있는 일종의 시스템이다. 이러한 규칙 또는 질서는 예측 가능하며, 언어의 사용에 허용 가능한지 아닌지를 확인한다. 예를 들어 영어권에서는 "The ball is not red."라는 문장은 단어 배열에 있어서 수용 가능하며 올바른 것으로 간주된다. 그러나 "The ball not is red."라는 문장에서의 단어 배열은 단어가 동일하기는 하지만 규칙을 위배하는 것이다.

언어의 범위를 정하는 규칙은 한정되어 있다. 그러나 이러한 한정된 규칙들을 일단 습득하고 나면 인간은 동의된 규칙에 따라 상징의 조합을 통하여 무한대의 다양한 메시지를 산출해 낼 수 있다. 규칙에 관한 시스템은 무한대의 표현을 산출하는 능력의 결과이다. 언어 사용자는 규칙을 적용함으로써 사용되지 않았거나 들어 본 적 없는 표현까지도 산출할 수도 있으며, 동일한 언어의 또 다른 사용자는 같은 규칙을 적용하여 이러한 표현을 이해할 수 있다. 매일매일 인간은 이전에 발화되거나 사용되지 않았던 문장을 산출해 내며 이전에 본 적 없었던 문장을 읽거나 듣는다.

이러한 일들이 가능한 이유는 언어가 규칙 또는 질서로 구성되어 있기 때문이며, 아동을 포함하여 모든 언어 사용자들은 언어를 사용하기 위해서 반드시 이러한 규칙들을 배워야 한다. 이러한 규칙들 중 반드시 습득되어야 하는 것은 누가, 어떻게, 무엇을, 누구에게 말을 하는지 결정하는 것이다. 그러므로 언어는 후천적으로 **학습한** 행동이다.

언어를 배우는 능력은 선천적인 인간의 능력으로 간주된다. Hulit와 Howard(2006)가 언급했듯이 모든 아동들은 "새가 둥지를 만들거나 거미가 거미줄을 짓는 것과 같이 선천적으로 언어를 사용하는 능력을 가지고 태어난다"(p. 3). 그러나 이는 아동들이 언어를 자동적으로 사용한다는 것을 의미하지 않는다. 아동들의 선천적인 언어 능력은 그들이 자라나는 동안에 여전히 언어나 부호에 대한 **학습**을 필요로 한다.

2) 말

말(speech)은 언어의 구두적인 표현이다. 이는 다른 사용자가 그 상징을 들을 수 있도록 언어 사용자들의 중추신경계에 저장된 부호화된 상징을 재산출하는 감각운동 과정을 포함한다. 결과적으로 말 산출은 소리 패턴을 산출하기 위해 신체적 활동의 신경학적인 통제를 요구한다. 이러한 소리 패턴들은 호흡, 발성, 공명, 조음의 결과로 산출된다. **호흡**(respiration)은 가슴근육의 빠른 협응을 의미하며, 말소리가 나아갈 수 있도록 공기를 제공한다. 공기 없이는 발성 과정 역시 없다. **발성**(phonation)은 후두의 성대진동을 통한 소리의 산출을 의미한다. 일단 소리가 만들어지면 성도(인두, 구강, 비강)에서 공명된다. McLaughlin(2006)에 따르면 **공명**(resonation)은 "성도 내 공간의 모양과 크기 변화를 통해 산출된 음성 톤의 변화"(p. 487)를 의미한다. 마지막으로 **조음기관**(articulator: 혀, 턱, 입술, 구개를 포함)은 소리를 모음이나 자음으로 변형시키는 데 쓰인다. 자음은 공기의 흐름을 방해하면서 산출되는 반면, 모음은 특정한 공기의 흐름이 방해받지 않은 채 산출된다(Fromkin, Rodman, & Hyams, 2007). 언어는 부호이며, 말은 이러한 부호의 감각운동적인 산출이다.

3) 의사소통의 언어외적 양상

앞서 보았듯이 그 어떤 행동도 메시지를 전달하는 의사소통이 될 수 있다. 만약 화자가 눈살을 찌푸리며 오른손을 들어 위로 올리는 제스처를 동반하여 "The baby's sleeping."이라고 청자들 앞에서 속삭이며 말했다면, 화자의 원래 생각, 즉 의사소통의 의도인 아이가 자고 있으니 주변에서 시끄럽게 해서 깨우지 말아 달라는 사실에 대한 언급을 하진 않았으나 제스처에는 그 의도가 들어 있다. Owens(2008)는 큰소리, 눈살 찌푸리기, 제스처 사용하기 등의 행동을 **의사소통의 언어외적 요소**라고 언급했다. 언어외적인 요소에는 준언어적 · 비언어적 · 상위 언어학적 요소가 포함된다.

준언어학. 준언어학(paralinguistics)은 구어 메시지의 의미를 변화시키는 말의 운율적 요소를 다룬다. 운율의 구성 요소는 강세(stress), 음도(pitch) 그리고 억양(intonation)이다(McLaughlin, 2006). **강세**는 단어가 산출될 때 음절에서의 소리의 세기와 관련이 있다. 예를 들어 단어 *blackbird*의 경우, 두 번째 음절보다 첫 번째 음절이 강하게 발음된다면 이 단어는 특정한 생김새의 새를 의미한다. 그러나 두 음절 간에 강세의 차이가 없다면 이 단어는 검은색의 어떤 새를 의미하게 된다. *pervert*를 발음하는 경우, **성도착자**(명사)인지 아니면 **그르치다**(동사)를 의미하는 것인지 알기가 어렵다. 영어에서 강세는 의사소통의 의미를 가지고 있다. 또한 강세는 발성에서 대조적인 강조를 위해 사용되기도 한다. 첫 번째 화자가 "I like the *red* jacket."이라고 말한 반면 두 번째 화자는 "I like the *blue* jacket."이라고 말했다면, 두 번째 화자는 강세를 이용하여 *blue*와 *red*를 대조한 것이다.

음도와 억양 역시 구두 메시지의 의미에 따라 변화된다. Ladefoged(2006)은 **음도**를 "청자가 알아차릴 수 있는 높낮이를 가진 소리의 청각적 특징"(p. 295)으로 묘사했다. 반면에 억양은 발화 내, 발화 간에 상승과 하강의 패턴을 의미한다(Harley, 2008). 음도와 억양 둘 다 구두 메시지를 증대시킨다. 예를 들어 음도는 성별이나 나이(어느 정도까지는)와 같은 화자의 개인적인 특징과 감정 상태를 나타낼 수 있다(Ladefoged, 2006). 또한 음도의 변화는 표준 중국어, 줄루어, 타이어, 베트남어처럼 단어의 뜻을 바꾸기도 한다(Hwa-Froelich, Hodson, & Edwards, 2002; Ladefoged, 2006). 억양은 구문론적인 정보를 나타내는 데 사용될 수도 있다. 예를 들어, "He went skydiving."이라는 문장은 발화의 끝에 하강하는 억양을 넣음으로써 사실을 묘사하는 것으로 이해될 수 있다. 그러나 같은 문장이 상승하는 억양을 사용하게 된다면 이는 놀람이나 질문을 뜻하게 된다. 이 예시에서 말소리의 순서는 똑같지만 억양에 따라 의미는 달라진다.

말에 대한 이러한 운율적 요소의 조합은 운율 체계(prosody)를 산출한다. 운율은 발화의 분절(segment)(예: 말소리, 단어, 구)에 덧붙기 때문에 종종 **초분절적**(suprasegmental) 장치로 언급되곤 한다(Ladefoged, 2006). 초분절적 장치는 감정이나 태도를 나타내는 전체 발화의 의미를 강화하기 위해 분절의 층위 위에서 작용한다. 준언어적 요소들이 없는 우리의 말은 마치 컴퓨터의 말처럼 로봇 사운드 같거나 단조롭게 들릴 것이다.

비언어학(비언어적 의사소통). 의사소통의 비언어적(nonlinguistic) 양상은 때로는 말을 사용하지 않는 의사소통을 의미한다. 비언어적 의사소통 중 하나인 **공간학**(proxemics)은 대화자 간의 신체적 거리나 공간의 사용 방식을 의미한다. 대화자들이 의사소통하는 또 다른 비언어적 방식은 신체 언어 또는 **동작학**(kinesics)에 관한 것이다. 동작학은 사물을 가리키기 위한 제스처나 '아니다'라는 것을 표현할 때 고개를 젓는 제스처처럼 몸의 동작을 사용하는 의사소통 방식을 의미한다.

많은 점에서 비언어적인 의사소통은 그 자체가 하나의 시스템으로 간주된다. Hall (1990)은 비언어적 의사소통에 관한 통찰력 있고 유머러스한 그의 책들에서 비언어적 의사소통을 '침묵의 언어'라고 언급한다. 의식적이든 무의식적이든, 우리는 때때로 같은 의견의 구두 메시지를 강조하고, 때로는 동시에 발생한 구두 메시지를 반박하며, 때로는 구두 메시지를 대체하기 위해 비언어적 요소들을 사용한다. 예를 들어, "저 초코캐러멜 캔디, 좋네요."라는 발화는 화자가 초코캐러멜 캔디가 마음에 든다고 생각하고 있음을 의미한다. 그러나 이 말을 캔디 가게 같은 곳에서 손님이 말할 경우에는 가게에 진열되어 있는 캔디를 향한 포인팅을 수반한다. 이는 손님이 이 캔디를 구매하겠다는 뜻이 된다. 이해와 비언어적 요소의 사용은 대인관계의 효과와 질을 결정짓는다. 사실 비언어적 의사소통이 나타내는 몇몇의 제스처는 대인관계에서 사회적 의미의 절반 이상을 넘어선다. 외국에 있을 때는 구어나 언어를 이용한 의사소통이 가능하지 않게 된다. 외국에서는 종종 의사소통을 위해 비언어적인 요소에 의존하게 되며, 이 같은 단서가 그 나라의 적합한 상징이기를 바란다. 특정 단어처럼 비언어적인 행동이 의사소통하고자 하는 것이 무엇인지 항상 보편적인 것은 아니며, 특정 요소와 연관된 의미와 그 사용은 문화마다 다르다는 것을 아는 것이 중요하다. 고개를 젓는 것이 미국이나 오스트레일리아에서는 'yes'의 뜻을 가진 동의에 속하지만 벵골에서는 'no'를 의미한다(Axtell, 1991).

부정확하거나 비효율적 설명, 비언어적 요소의 사용은 다른 사람과의 사회적 관계를 형성하고 유지하는 과정에서 문제를 일으킬 수도 있기 때문에 비구어 의사소통, 특수한 비구어 체계를 형성하는 비언어적 요소, 그리고 이러한 것들이 관계에 영향을 주는 방식들에 대해 인식하는 것이 중요하다. 어떤 아동들은 비언어적인 단서를 바르게 이해하고 표현하는 데 있어 결함을 갖기도 한다. 이러한 어려움은 결과적으로 빈약한 자아상이나 자존감 발달을 낳고 잠재적으로는 대인관계 장애로 이끌 수 있다.

상위 언어학. 의사소통의 세 번째 언어외적 요소는 **상위 언어학**(metalinguistics)이다. 접두사인 **상위**(meta-)는 '~를 넘어서'나 '더 ~한, ~ 이상의' 또는 '초월하는'과 같은 의미를 나타낸다. 상위 언어는 언어를 정렬시키거나 언어를 사용하는 능력을 의미하는 것이지 형이상학의 단어에서 사용되는 방식과는 다른 것이다. 상위 언어학은 의사소통하거나 말하기 위해 언어를 사용하고 언어를 분석하는 능력을 의미한다. 그것은 언어에 대해 생각하고 이를 의사소통의 수단으로서의 기능들로부터 분리하여 실체로 여기는 것을 수반하며, 언어가 올바른지에 대하여 판단하기 위해 언어를 사용하고 교정하는 것이다. 이는 언어의 요소들에 대한 인식이며, 언어를 어떻게 통제하여 사용하는지에 대한 도구로서 여기는 것이다. 예를 들어 운율을 가진 단어를 확인하고 생성하는 것은 상위 언어적인 능력에 속한다.

빈번하게 메시지가 이해되었는지 그리고 의식적으로 어떻게 명확하게 결정하는지에 관한 모니터링은 상위 언어 능력을 포함한다. 발화를 이용하여 손님이 요구한 초코캐러멜 캔디 요청에 대한 예시를 되돌이켜 보자. 판매원은 손님에게 손님의 발화에 관한 정보와 함께 반응을 제공할 것이다. 만약 판매원이 동의의 의미로 고개를 끄덕였지만 캔디 조각을 집어 주는 것에 실패했다면 손님은 요구를 드러내는 다른 방식으로 요청을 되풀이해야 할 필요를 알아챌 것이다. 대안적으로 손님이 이해를 확실히 하기 위해 자신의 발화를 명확히 하는 것부터 시작해서 판매원은 "죄송한데 뭐라고 이야기하셨나요?"라고 말해야 할지도 모른다.

4) 의사소통과 언어 그리고 말 사이의 관련성

의사소통은 메시지를 주고받는 것을 수반한다. 이러한 일들이 재채기를 하는 것만큼 쉽더라도 이는 호흡, 발성, 공명, 조음을 통한 준언어적인 요소와 비언어적인 요소를 동반하는 복잡한 부호화된 표현이 될 수도 있다. 그림 1.1은 우리가 언급해 온 다양한 조건들이 어떻게 연관되어 있는지에 대하여 나타내고 있다. 때론 단순히 눈썹을 추켜올리거나 찌푸리는 것과 같은 비언어적인 요소들만을 이용하여 의사소통을 하기도 한다. 또한 쓰기의 경우에는 말(speech) 없이 언어를 이용하여 의사소통할 수 있다.

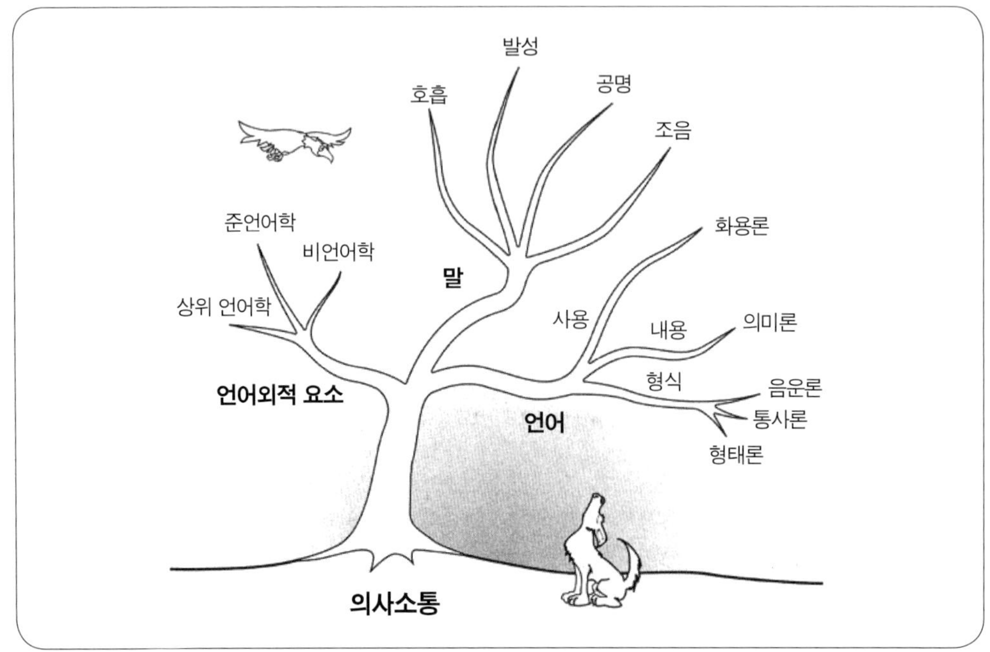

그림 1.1 의사소통의 구성 요소

말과 언어라는 두 가지 조건을 구별 짓는 것은 중요하다. 아직까지 우리의 정의에 따르면 구어와 언어는 밀접한 관계이지만 같은 요소는 아니다. "The dog is black and white."와 "Is the dog black and white?"라는 두 가지 문장은 같은 소리들로 구성되어 있다. 그러나 두 문장 속에서 소리 배열 및 단어 순서는 다르며, 그래서 두 가지 문장의 의미가 상이하게 되었다. 또 다른 예시에서 "I want it to <u>f</u>it."과 "I want it to <u>s</u>it."이라는 문장을 산출하기 위해서는 아동은 반드시 'f'와 's'에서 다른 소리를 내기 위해 말 운동을 가볍게 변화시켜야 한다. 두 문장의 의미 차이는 하나의 말소리 변이에 기초하고 있다는 것을 의미한다.

아이들의 부호 시스템(언어)은 말소리 조음에 어려움을 가진 아동을 제외하고는 온전할 수 있다. 예를 들어 's' 대신에 'th'와 같은 치간음 방식으로 말하는 아동이 *thing*과 *sing*을 같은 방법으로 발음하더라도 우리는 맥락을 통해 아동이 두 단어가 다른 것임을 알고 있다고 말할 수 있다.

I can "thing" Old McDonald has a Farm.
I don't like that thing.

아동의 언어 시스템은 손상되었지만 말 산출이 온전한 경우 역시 가능하다. 예를 들어 아동이 "I want it no to go.", "The gooses are flying." 또는 "I don't want for you to sick."라는 문장들을 유창하게 발음했다면 이는 말의 문제가 아닌 언어 문제임을 보여 주는 예시가 된다.

2. 언어의 구성 요소

구어(spoken language)는 몇 가지 구성 요소(component)로 이루어져 있다. 어떤 저자는 이를 요소(element), 파라미터(parameter) 또는 영역(aspect)으로 부르기도 한다. 뭐라고 부르든 간에 그 의도는 언어를 묘사하고 언급하기 위해 부분으로 나누는 것이다. 흔히 언어는 (1) 음운론, (2) 의미론, (3) 통사론, (4) 형태론, (5) 화용론의 다섯 가지 요소로 생각한다. 이들 각각은 시스템의 일부이고 일정한 규칙과 질서에 따라 적용되는 것이며, 특정 언어의 모든 화자들이 효율적으로 의사소통하기 위해서 반드시 배워야만 하는 것들이다. 이 구성 요소를 각각 언급하고 있기는 하지만 이것들은 여전히 상호적인 관계에 있는 언어의 기능들이다.

1) 음운론

*fish*와 같은 단어를 발음할 때는 윗니로 가볍게 아랫입술을 물기 시작하여 그다음에는 모음 소리를 산출하고, 다시 'sh' 소리를 산출하기 위해 혀를 사용해서 *fish*의 단어를 나타내

는 일련의 말소리를 산출해 낸다. 만약 영어를 이해할 수 있는 사람이 그 말소리 산출을 듣는다면 그 단어가 '물고기'라는 것을 알 수 있다. 영어권 화자가 아니라면 무슨 말을 했는지 모를 것이다. 의미에 대한 의사소통을 하기 위해 한 언어 내에서 특정 배열로 이루어진 특정한 일련의 말소리를 사용한다는 생각이 음운론의 본질이다. Bauman-Waengler(2008)는 **음운론**(phonology)을 "한 언어 안에서 발생하는 음소들의 체계와 형태에 대한 설명"(p. 58)이라고 정의했다. 이 정의를 이해하기 위해서는 말소리나 **음소**(phoneme)의 개념에 대하여 좀 더 검토할 필요가 있다.

음소는 하나의 의미 단어를 다른 의미 단어와 구별해 주는 소리이다. 단어의 말소리들을 보면 단어 안에서 단 하나의 말소리만 바뀌어도 그 단어의 의미가 달라지는 것을 알 수 있다. 예를 들어 단어쌍 *cat*과 *rat*은 단어의 첫 번째 위치에서 다른 소리가 발생한다. 이러한 차이를 발생시키는 소리가 음소이다. *rat*, *mat*, *hat*, *fat*, *pat*, *that*를 만들기 위해 'cat'에서 'c'를 교체하듯이 'r', 'm', 'h', 'f', 'p', 'th' 또한 영어의 음소로 다른 의미의 낱말을 만든다. 음소를 자음이나 모음으로 구분하기도 한다. *mat*과 *mit* 그리고 *hat*과 *pat*이 그 예이다.

한 가지 문제점은 아동이 구어와 문어 사이에서 일관적이지 않은 소리를 산출하게 되는 읽기를 배울 때 발생한다. 예를 들어 글자 'c'의 경우 단어 *cat*에서는 'k'로 발음되고 *center*에서는 's'로 발음된다. 또한 장모음 'a'는 *bay*에서는 'ay'로, *fade*에서는 'a'로 *break*에서는 'ea'로 기록된다. 글쓰기에서 전형적인 알파벳 상징을 사용하는 이유는 이처럼 어렵기 때문이다. 이는 국제음성기호(International Phonetic Alphabet, IPA)가 고안된 이유이기도 하다. 이는 글쓰기 상징과 소리 사이를 교정하기 위해 고안된 시스템이다. 즉, 말해진 소리들은 각각 하나의 일관된 상징을 나타낸다. IPA의 많은 상징들은 **표 1.1**에 나타나 있다. 여기에서 / / 사이의 상징은 IPA를 의미하며 발음과 상응하도록 고안되었다.

언어 내에서는 수용 가능한 변이가 존재하기 때문에 미국 영어의 정확한 음소 수는 측정하기 어렵다. 이러한 변화는 지역 차이에 의한 것이다. 대부분의 음소 수 측정에서는 40~46개가 있음을 제안하고 있다(Fairbanks, 1960; Shriberg & Kent, 2003).

각각의 언어는 소리 체계를 형성하는 제한된 음소를 가지고 있으며, 각 언어는 음소가 다른 음소와 조합될 수 있는 그들만의 음소 배열(phonotactic) 규칙, 또는 지배 규칙을 가지고 있다. *ksont*라는 단어의 경우, 단어를 구성하고 있는 개별적인 소리가 영어권의 수용 가능한 소리이기는 하지만 영어 단어는 절대 될 수 없다. 반면 *skont*의 경우, 영어권 단어는 아니지만 음운론적 연속성 때문에 영어 단어로 전환이 가능한 잠재성을 가지고 있다. 우리는 이러한 영어 음운론 적용 규칙에 대한 것을 Lewis carroll의 "Jabberwocky"의 첫 구절에서 확인할 수 있다(p. 8). 영어 사용자들은 이 구절을 읽는 것이 가능하며 이는 마치 이미 수용한 영어를 읽는 것같이 느껴진다. 이것이 가능한 이유는 이 무의미한 단어들이 음운론적 규칙을 따르기 때문이다. 만약 이 구절이 "Ksee ngot, and the lsiyth ptosv did yger and rgilbe in the wabeh."라고 시작한다면 그 단어들을 발음하기 위해서 고군분투해

표 1.1 국제음성기호(IPA)

자음				모음과 이중모음			
무성음		유성음					
기호	주요어	기호	주요어	기호	주요어	기호	주요어
p	pig	b	big	i	feet	u	food
t	to	d	do	ɪ	hit	ʊ	foot
k	coat, key	g	goat	e	cake	o	toll
f	fine	v	vine	ɛ	head	ɔ	fog
θ	thumb	ð	the	æ	pack	ɑ	father
s	cider, sun	z	zipper	ʌ	dug	ɒ*	law
ʃ	she	ʒ	vision, azure	ə	sofa	aɪ	time
ʧ	chair	ʤ	gem, huge	ə^	fur	aʊ	house
h	hello	m	me	ɜ^	mother	ɔɪ	toil
ʍ	when	n	new	ɜ*	bird	ju	fuse
		ŋ	ring	a*	mad		
		l	letter				
		r	run				
		w	we				
		j	yes				

*이 모음들은 미국 동부나 남부의 말 패턴에서 나타난다.

야 한다. 왜냐하면 이러한 단어들은 영어 음운론에서 규칙에 벗어난 것이기 때문이다. 아동들은 이러한 음운론적 시스템을 단지 음운론적 수용의 필요성뿐만 아니라 다른 음소들과의 조합을 통해 단어를 산출할 수 있는 규칙 역시 배워야 할 것이다.

2) 의미론

의미론(semantics)은 단어의 지시 대상과 관계가 있으며, 발화의 의미를 다룬다. 기초적인 단계에서, 의미론은 언어의 어휘들이나 어휘 목록들을 포함한다. 음소의 연속성은 단어의 형태를 조합한다. 단어들은 물건이나 개념 속성 그리고 경험 등을 대표하기 위해 사용된다. 많은 단어들이 사용되는 상황에 따라 다양한 의미를 나타낸다. 단어 *peel*은 과일의 껍질을 의미하기도 하지만 동사로 쓰이면 벗겨 낸다는 의미도 가지고 있다. 단어 의미를 확인할 때 우리는 보통 사전적인 의미를 생각한다. 그러나 단어는 함축적이거나 감정적인 의미를 가질 수도 있다. 사실 이러한 의미들은 본래의 단어가 가지는 자연적인 의미보다 강렬하다. 단어 *snake*의 경우, 본래의 뜻이 팔다리가 없는 파충류의 한 종류를 나타내는 표시적인 의미를 가지고 있지만, 냉담이나 쌀쌀함 등을 뜻하는 또 다른 의미를 만들어 낼 수도 있다.

단어와 그 지시 대상은 또 다른 단어와 그 지시 대상의 연상을 유발하기도 한다. 몇몇의 경우, 연상된 단어들은 원래의 단어들과 같은 범주에 속한다. 예를 들어 단어 소는 돼지나

말 또는 양과 같은 단어들의 연상의 시발점이 되기도 한다. 여기서 연상된 단어는 동물이나 가축이라는 같은 범주에 속하기도 한다.

단어는 추상적인 개념의 과정들을 통해 분류되거나 재분류될 수도 있다. 단어를 분류하는 과정에서 단어 중에서 유사한 부분을 추상해 내고 분류하기 위해 비슷한 특징을 사용한다. Hayakawa(1964)는 지시 대상의 추상과 분류를 위해 Bessie의 예시를 사용했다. Bessie의 하위 분류 단계 중 하나인 '소'는 동물, 네발 달린, 꼬리, 우유 생산, 그리고 음매(소의 울음소리)라는 특징적인 추상을 통해 이루어졌다. 이 분류는 집단을 구성하는 소들 사이의 개별적인 차이점은 고려하지 않고 오직 특징적인 부분에 주력했다. 비슷한 특징이 '소'라는 범주를 만들어 냈다. 그러나 소는 닭이나 돼지 또는 말과도 유사한 특징을 가지고 있다. 이러한 비슷한 특징을 기반으로 한 추출은 분류될 수 있고 '가축'으로 불릴 수 있다. 가축이라는 조건은 소와 닭 그리고 돼지의 범주의 상위어이다. 결국 가축은 팔 수 있는 농장 아이템과 유사하며 '자산'이라는 새로운 범주를 기반으로 한다. 추상된 유사한 모든 자산은 '부(wealth)'라는 또 다른 범주를 생산한다. 매번 새로운 범주가 만들어지거나 추상 단계가 높아지면 우리는 구상적인 관념들에서 점점 벗어나게 된다. 'wealth'는 추상적인 개념이다. 이 특징은 의미나 뜻에 의해 이해될 수 없다. 따라서 이러한 지시 대상들은 상대적으로 추상적이다.

어휘에서 상위어와 상위 범주의 사용은 경험을 정렬하는 것을 돕는다. 경험을 분류하고 라벨링하는 것을 따르자면 각각의 경험을 완전한 한 가지로 만드는 것은 중요치 않다. 왜냐하면 우리는 한정된 기억을 가지고 있어서 이러한 능력은 효율적이며, 우리가 사용하지 않는 정보보다 많은 정보를 인식적으로 저장하게 한다. 아동들이 모국어의 의미론적 체계에 대해 배울 때 일관적인 분류 체계는 반드시 필요하다. 실제로 많은 교육과정은 아동들에게 특징들에 관한 범주를 범주화하고 어떻게 상위 범주에서 하위 범주로 옮겨지는지 등에 관한 것들을 가르치고 있다.

언어의 의미론적 구성이 단지 어휘만 다루는 것이 아니라 단어들 사이의 의미 전달 역시 포함하고 있다. 의미론의 이러한 양상은 상관적인 의미로 규정된다. 사실 *an*이나 *if*와 같은 단어들은 의미를 갖기 위해 다른 단어와 함께 사용된다. 둘 이상의 단어가 결합된 표현에서 단어의 개별적인 의미들이 상호 관계를 가질 때 이러한 표현은 분리된 단어를 넘어서는 의미를 가지게 된다. 이는 표현의 명제적인 의미이며 논리적 관련성들로부터 비롯된다. "The boy climbs the tree."와 "The tree climbs the boy."라는 두 개의 문장에서 단어들은 모두 동일하다. 문장 내의 개별적인 단어가 지시 대상을 유지하고 있지만 첫 번째 문장은 그럴듯한 반면에 두 번째 문장은 그렇지 않다. 배열된 단어의 정렬은 단어들 사이의 논리적 관계에 대해 제한을 가지고 있고 이러한 관계는 두 번째 문장에서 분명히 위배되어 있다.

의미론이 논의되던 초기에 지시 대상은 개별적인 단어의 다양한 의미로 만들어졌다. 이러한 상황에서 단어는 여러 가지 서로 다른 지시 대상을 가지고 있으며, 대부분 발화시 사용되는 다른 단어들의 내용으로부터 이 의미들을 결정짓는다. 테이블이라는 단어를 단어의 논리적 관계를 평가하며 의미 유도를 설명하기 위해 문장에서 사용할 수 있다. 테이블이 다양한 의미를 가지고 있다고 하더라도, "The table was too small to use six chairs."라는 문장에서 테이블이 가구라는 지시 대상물이라는 추측이 가능하다. "As the rains continued, the table continued to rise."라는 문장에서는 지시 대상은 물의 높이를 측정하는 것임을 분명하게 알 수 있다. "The table contained numbers she had never seen before."라는 문장은 지시 대상이 통계와 관련된 숫자라는 것을 알 수 있다. 그러나 문장에서 사용된 단어가 그 의미를 이끌어 내지 못할 수도 있다. 예를 들어 "Read about the table"이라는 문장은 어떠한 테이블을 의미하는 것인지에 대한 귀띔을 주지 않는다. 이는 다의적으로 해석이 가능하며, 이러한 상황에서 의미를 결정짓기 위해서는 이전의 발화나 상황이 제공하는 정보에 의지해야 한다. 말로 나타낸 유머는 종종 단어의 다양한 의미를 바탕으로 한다.

두 가지 의미론의 양상은 비유적이고 추론적인 의미를 포함한다. 비유적인 의미는 문자 그대로의 설명을 넘어서 유도된다. 예를 들어 "It's raining cats and dogs."는 문자 그대로는 설명이 되지 않는다. 은유, 직유, 속담, 관용구들은 모두 비유적인 의미들을 수반한다. 추론적인 의미는 논리적인 관계에서 유도되는 의미들을 인용한다. 이해를 돕기 위해 아래의 예시문을 살펴볼 수 있다.

> Sally는 식당에 갔고 보통의 메뉴를 주문했다. 그녀는 완탕과 볶음밥을 좋아했다.

명시되지는 않았지만 추론적인 의미를 통하여 이 식당이 중국 식당이라는 충분한 정보를 이끌어 낼 수 있다.

3) 통사론

모든 언어는 통사론(syntax) 시스템 또는 발화에서 단어가 어떻게 연속적인지에 관한 적용 규칙과, 단어들이 어떻게 관련이 있는지에 대한 것을 포함하고 있다. 음운을 조합하여 단어가 만들어지고, 단어를 조합하여 구, 절, 문장이 만들어진다. 음운론적 방법은 같은 방식으로 음운들이 조합될 수 있도록 적용되며, 통사론적 규칙은 의미를 전달하기 위해 어떤 단어가 조합될 것인지를 결정한다.

기본적인 영어의 통사적 규칙은 주어 + 동사 + 목적어의 순서이다. 행위자가 행동보다 먼저 앞서는 구조이다. "The boy hits the girl."과 "The girl hits the boy."라는 두 개의 문장에서 단어 위치가 바뀌면 의미가 달라진다. 보통 단어의 조합은 개별적인 단어가 홀로 전달하는 것보다 더 특정한 정보를 제공한다. 예를 들어 우유라고 말한 아이는 아마 그 우유를 가리켰거나 아니면 단순히 라벨링되어 있는 것을 가리켰을 수도 있다. 또는 그 우유를 더 갖고 싶거나 갖고 싶지 않은 것을 의미할 수도 있다. 만약 아이가 "우유 더."라는 문장을

표 1.2 복잡한 구의 산출을 위해 사용하는 통사론의 규칙

관사	+	형용사	+	명사
The		Pretty		Dress
A		Big		Doll
An		Old		Apple
The		Tremendous		Crowd
An		Exhaustive		Experience

말했다면 이는 좀 더 양이 많은 우유를 가리켰거나 더 많은 양을 요구한 것일 수도 있다. 그러나 아이가 "더 많은 우유 주세요."라고 했을 때 아이는 특정한 것을 원하는 것이다. 아이가 "우유 좀 더 주세요."라고 말했을 때는 청자는 아이가 원하는 것이 무엇인지 알아차릴 수 있다. 그러나 이러한 발화는 통사론적인 규칙을 위배한다. 그러나 대부분의 경우 올바른 통사론적인 규칙을 사용하는 정확한 단어의 연속성은 발화의 정확한 의미가 전달되기 위해서는 필수적이다. "When she was 10 years old, she reported that a dog had bitten her."와 "She reported that a dog had bitten her when she was 10 years old."의 문장들에서 단어는 일치하지만 "when she was 10 years old"라는 절의 위치 때문에 두 문장의 의미는 완전히 다르다.

아이들이 어떻게 함축적인 통사론의 규칙들을 배우는지에 대해서는 계속 논의되고 있다. 우리는 여기서 이에 대해 논의하지는 않지만 가장 중요한 것은 통사론의 규칙들을 배우기 위해 생성적인 요소들이 존재한다는 것이다. 따라서 다양한 문장이나 절들이 산출되고 다양한 생각들이 표현되는 것이다. 표 1.2는 복잡한 구나 생각의 산출을 위한 관사 + 형용사 + 명사의 순서를 사용하는 통사론의 규칙이다.

또 다른 중요한 통사론의 양상은 **변형적인 요소들**이 수반된다는 것이다. 이는 사용되는 규칙과 함께 문장은 단어의 추가나 삭제, 재배열 등을 통하여 다양하게 변화가 가능하다는 의미이다. 설명을 위해, "The girl is riding a horse."의 문장에 동사의 위치를 재배열하여 "Is the girl riding a horse?"라는 문장을 만들 수 있고, *not*을 추가하여 "The girl isn't riding a horse."라고 변형시킬 수도 있다. 이 두 가지 변형들은 변화된 첫 번째 문장에 의해 의미가 전해진다. 하지만 변형된 두 가지 문장은 원래의 문장인 "The girl is riding a horse."의 구조에 기초하고 있다.

Chomsky(1957, 1965, 1981)의 통사론과 언어 학습에 대한 개념들은 어떻게 아동들이 언어를 습득하고 언어의 통사론적인 요소들을 배우는지에 대한 우리의 생각에 크게 영향을 미쳤다(예: 지배 결속 이론, 생성 변형 문법). 이 이론에 대한 논의는 이 장에서는 적절하지 않다. 그러나 우리가 알고 있는 '규칙'을 적용하여 문장을 변형시키고 만드는 방법에 대한 예시는 표 1.3에서 볼 수 있다.

표 1.3 다양한 변형의 유형

변형 유형		
부정	질문	부정과 질문
The ball is not red.	Is the ball red?	Isn't the ball red?
The girl does not run.	Does the girl run?	Doesn't the girl run?
The flower is not blooming.	Is the flower blooming?	Isn't the flower blooming?
	What color is the ball?	When isn't the girl running?
	When is the girl running?	Why isn't the flower blooming?
	Why is the flower blooming?	
	What is this?	

4) 형태론

형태론(morphology)은 다양한 단어의 유형을 이끌어 내는 규칙과 문법의 활용에 관한 규칙을 다룬다. 이렇게 유도되는 단어 유형은 복수형, 동사 시제, 부사, 그리고 최상급을 포함한다. 표 1.4는 의미를 변화시키기 위해 우리가 어떻게 형태론을 사용하는지를 보여 주고 있다.

형태론은 음소의 연속성과 관련이 있기 때문에 때론 음운론 시스템의 일부로 논의되기도 하며, 음소의 연속성으로부터 의미를 이끌어 내기 때문에 의미론의 일부로 여겨지기도 한다. 또한 다양한 단어 사이의 상호 관계 때문에 통사론의 일부가 되기도 한다. 이에 더해 형태론은 다른 단어 유형에 영향을 미치는 독특한 규칙 때문에 간혹 언어의 독립적인 구성요소로 고려된다.

모든 문장에서, 형태론은 의미와 연관이 있으며, 언어의 최소 의미 단위를 형태소라고 한다(Berko-Gleason, 2005). 메시지를 전달하는 최소 단위는 *drive*와 같은 단어이다(표 1.4). 단어가 음소로 구성되어 있다 하더라도 그 자체로는 의미가 없을 수도 있다. 따라서 *drive*는 더 작은 단위들로 나누어질 수 없으며 그 의미를 유지하고 있다. *drive*는 형태소이다. 그러나 다른 예시들에서는 메시지를 전달하는 최소 단위들은 단어가 아니다. 예를

표 1.4 낱말의 형태학상의 파생형 예들

어원: drive		어원: gentle	
drives	3인칭 단수, 현재 시제나 복사 명사	gently	부사
drove	불규칙 과거 시제	gentleness	명사
driven	동사의 과거분사나 형용사	gentleman	명사
driving	동사의 현재분사나 형용사	gentlemanly	부사
		ungentlemanly	부사

들어 *ing*를 동사에 추가하면, 이는 동사의 시제 변화를 의미하며, *drive*가 혼자 가지고 있는 의미는 달라진다. *ing*는 단어가 아니지만 여전히 형태소이다.

기본적으로 형태소에는 어근과 접사, 두 가지 종류가 있다. **어근**은 작은 단위로 나누어질 수 없는 단어들이며, 반면에 **접사**는 의미를 변화시키기 위해 어근에 붙일 수 있는 음소들이다. 단어 *driving*에서 어근은 *drive*이며 접사는 *ing*이다. 이 경우에 접사의 종류는 접미사이다. 단어 *redo*에서 어근은 *do*이고, 접사는 *re*이며 종류는 접두사이다. 간혹 접사는 *drive*에 *ing*를 붙이는 것처럼 문법적인 정보를 이끌어 내며 문법적인 정보도 함께 제공한다. 접사를 이용하는 조건들에는 형태소의 변화, 문법적인 표시와 변화들이 있다. 다른 예시에서 접사는 *re*와 *do*같이 의미론적 정보를 전달하는 단어의 변화를 유도한다. 이러한 접사들을 **파생 형태소**라고 한다.

또 다른 형태소의 분류로는 **자립 형태소**와 **의존 형태소**가 있다. 자립 형태소는 언어에서 혼자 사용이 가능하다. 이전의 예에서 *drive*는 스스로 의미를 가지고 있기 때문에 이는 자립 형태소이다. 그러나 *ing*는 의존 형태소로 스스로 의미를 가지고 있지 않아 홀로 사용이 가능하지 않다. 따라서 이러한 기능은 다른 형태소와 결합을 해야만 가능하다. 자립 형태소와 어근 그리고 의존 형태소와 접사 사이에는 명확한 비교점들이 있다. 단어는 의미가 가지는 최소 단위의 조건 안에서 고려되어야 한다. 표 1.4에 단어 *ungentlemanly*는 두 개의 자립 형태소(*gentle*, *man*)와 두 개의 의존 형태소(*un*, *ly*)를 가지고 있다.

자립 형태소에 의존 형태소를 붙이는 가장 흔한 규칙의 예시로는 본래의 단어에 's'를 붙임으로써 복수형을 만드는 것, 본래의 동사에 'ed'를 붙임으로써 시제를 바꾸는 것, 형용사에 최상급을 만드는 'est'를 붙이는 것, 목적 대명사에 재귀 대명사 'self'를 붙이는 것 등이 있다.

그렇지만 그런 규칙은 'z' 음이 쓰이거나(*home*이 *homes*로), 'z' 음절이 쓰인(*uhz*로 발음되는), 전체 단어가 바뀌는(*man*이 *men*으로) 복수 명사의 형성을 설명하지 못한다. 이 예들은 끝부분이 't'나 'd'로 발음되는 과거 시제 동사들(*kick*이 *kicked*로, *comb*이 *combed*로), 형용사 최상급이 다른 낱말인 경우(*good*이 *best*로), 'selves'를 사용하는 재귀 대명사들(*them*이 *themselves*로)을 설명하지 못한다. **이형태**(allomorph)의 개념은 변화와 같이 설명될 필요성이 있다. 이형태는 본래의 형태소에서 그 의미가 변하지 않는 형태소의 여러 모양을 이르는 말이다. 표 1.5는 복수 명사, 동사 시제, 동사의 인칭과 수에서 나타나는 이형태의 예시이다.

어떤 경우에, 이형태의 용법은 특정 규칙에 의해 결정된다. 예를 들어, 어근이 +'p' 같은 무성자음으로 끝나는 명사의 복수형을 만들거나 어근에 's'를 붙이는 경우이지만, 무성자음이 'sh'나 'ch' 같은 마찰음이나 파찰음인 어근에 *uhz*를 붙이는 경우는 예외이다. 그러나 영어에서는 많은 형태소들이 불규칙적으로 사용된다. 이러한 적용을 결정하는 특정한 규칙은 존재하지 않는다. 왜 우리는 *child*의 복수형으로 *children*을 사용하는가? 그리고 왜

표 1.5 명사 복수형, 동사 시제, 동사 인칭과 수에 대한 이형태의 예

명사 복수				
book			books	/s/
robe			robes	/z/
twitch			twitches	/əz/
leaf			leaves	
동사 시제				
kick	kicked	/t/	kicked	/t/
comb	combed	/d/	combed	/d/
eat	ate		eaten	
ring	rang		rung	
do	did		done	
bait	baited	/əd/	baited	/əd/
tear	tore		torn	
동사의 인칭과 수				
kick			kicks	/s/
comb			combs	/z/
eat			eats	/s/
ring			rings	/z/
do			does	
have			has	

be 동사의 과거형으로 *was*를 사용하는가? 그 이유는 불규칙 변화들에서는 그 어떤 규칙도 사용될 수 없기 때문이며, 이는 그저 암기해야만 한다. 아동들은 언어에서 통사론에 대하여 배울 때 종종 통사론적 규칙들을 지나치게 일반화하는 경향이 있고, 불규칙 이형태 대신에 그러한 규칙을 사용한다(*came* 대신 *comed*, *deer* 대신 *deers*, *better* 대신 *gooder*). 성인도 몇몇의 불규칙 이형태의 사용에 관한 어려움을 겪는다. 통사론과 문맥은 종종 몇몇 불규칙 이형태의 의미를 규정하거나 이형태가 바르게 사용되었는가를 알 수 있는 유일한 방법이 되기도 한다. 예를 들어, *deer*는 단수형과 복수형이 동일한데, 만약 *deer*가 문장의 주어라면 동사가 이 *deer*가 단수인지 복수인지를 알려 준다("The deer is jumping." 또는 "The deer are jumping.").

5) 화용론

언어는 특정한 이유를 위하여 사용되며, 특정한 이유가 없다면, 언어도 필요없을 것이다. 언어는 우리가 의사소통을 하거나 사회적 기능을 획득하는 것을 돕는다(McLean & Snyder-McLean, 1999). 이러한 언어의 양상은 화용론(pragmatics)으로 언급된다. 화용론이 언어를 왜, 어떻게 사용하는 것과 연관이 되어 있기 때문에, 어떤 사람들은 화용론이 다른 언어의 구성 요소들과 동등하지 않아서 언어의 구성 요소가 아니라고 이야기하기도 한다.

Owens (2008)는 화용론의 이러한 양상을 언어의 기능주의 모델로서 음운론, 형태론, 통사론, 의미론을 포함하는 것이라 보았다.

사람들이 서로에게 이야기하는 것을 떠올릴 때, 우리는 그들이 연속적인 구어를 산출하는 동안 각각의 순서를 시각화한다. 화용론에서 종종 사용되는 담화와 이야기라는 두 가지 조건에 관한 몇 가지 혼란스러운 점들이 존재한다. 우리의 목적을 위해서는 **담화**(discourse)가 언어의 유창한 연결을 위해서 사용될 것이다. 이는 대화와 사람들 사이의 의사소통 상호작용과 관련이 있다. 그러나 다른 담화의 종류는 독백(soliloquy)이나 연설에서 발생할 수도 있다. **이야기**(narrative)는 연속적인 사건을 논리적으로 묘사하기 위해서 사용된다. 우리는 우리가 본 영화를 묘사하거나 우리가 쇼핑을 갔을 때 벌어진 일을 설명하기 위해 이야기를 담화에서 이용한다. 어린이용 동화나 소설에서의 이야기들은 또 다른 유형의 이야기이다.

우리가 이전에 언급했던 다른 언어의 구성 요소들과 마찬가지로 화용론은 규칙을 결정한다. 문맥에서 문맥으로 언어를 사용하는 방식과 적합한 규칙을 위배하는 상황에서 어떠한 것이 사회적 · 문화적으로 받아들여지는지에 대한 방식은 차이가 있다. 예를 들어 우리는 4살짜리 아이에게 "Close the door."라고 말할 수 있지만 성인 동료에게 가장 적합한 발언은 "Can you close the door?"이다. Prutting(1982)은 화용론도 사회적 능력이라고 지적했다. 언어를 배우고 있는 아이는 다양한 상황에서 의사소통하기 위해 이러한 양상들을 어떻게 변형시키는지에 대해서 반드시 배워야만 한다. 화용론은 다음과 같은 여러 가지 요소들로 구성되어 있다.

1. 발화 순서의 다양한 기능과 행동들
2. 연속적으로 말하는 방식의 일관성
3. 메시지가 전달될 때의 유창함
4. 대화에서 순서를 지키는 능력과 동시에 대화의 주제를 유지하는 능력
5. 청자가 장황한 추가 정보 없이 말해진 메시지를 이해할 수 있도록 충분한 정보를 준비하는 것
6. 의사소통 문제를 교정하는 능력과 메시지가 이해되지 않을 때 추가 정보를 요청하는 것
7. 비언어적 단서들을 적절하게 사용하는 것
8. 의사소통 행동의 부호나 형태를 각기 다른 상황에서 사용하는 것

음운론적 · 의미론적 · 형태론적 시스템을 정확하게 사용하는 능력과 결합되어 있는 이러한 요소들을 활용하는 능력은 우리의 **의사소통 능력**을 구체화한다. Beaker-Bryant(2001)는 이를 "언어를 사회적 상황에서 적절하고 전략적으로 사용하는 것"(p. 241)으로 정의했다.

의사소통 능력을 구성하는 복잡한 기술에 도움이 되는 의사소통의 두 가지 양상은 유창

성과 일관성이다. 메시지의 전달에서 **유창성**은 발화의 수정, 머뭇거림, 시작의 실패 횟수와 관련이 있다. Loban(1976)은 이들을 복잡함으로 언급했다. 대부분의 사람들의 구어에서 복잡함이 발생할 때 사람들은 의사소통에 방해를 받는다. 때로는 메시지를 전달하는 것을 돕기 위해 특정한 유창성의 붕괴를 사용하기도 한다. 예를 들어 만약 말하고자 하는 것을 생각에 잠겨 나타내고자 한다면 아마도 완전한 발화에서 같은 것을 말할 때 좀 더 많은 주저나 발화 실패를 보이게 될 것이다. 이 장(chapter)의 처음 부분에서 언급했던 것처럼 비언어적 또는 준언어적 요소와 같은 의사소통의 추가적인 요소들은 언어적 의미의 변화를 위해서 사용될 수도 있다. 이러한 요소들을 사용하는 능력은 언어의 화용론적 구성에서는 감소한다.

게다가 효과적인 언어의 사용은 연속적인 발화를 요구한다. 화용론의 이러한 측면이 **일관성**인데, 이는 전체의 메시지에서 각각의 발화에 대한 생각들이 그 이전의 발화 위에 논리적으로 이어지도록 하는 발화의 배열과 순서를 나타낸다. 다음은 Wiig와 Semel(1984)이 제공한 예의 한 부분으로, 한 소년이 산출한 이야기의 순차적 발화에서 결속력의 문제를 보여 준다. 이 경우 텔레비전 쇼의 줄거리를 설명하는 경우이다.

> So he was scared to tell John-boy that he stoled his poem, but he didn't really. He just got an idea from John-boy's poem. And then John-boy was trying to figure out what who shot this man he knows. And then the man stole the chickens and then that night he bring 'em back(p. 288).

청자들이 생각과 상황의 상호작용을 더 잘 파악할 수 있도록 시제와 관련된 단어나 문법적인 요소를 적절하게 이용하는 것은 일관성 있는 메시지 전달에 중요하다. 일관성 있는 메시지 전달에서 중요한 또 한 가지는 등위 접속사(예: *and*, *so*)뿐만 아니라 종속 접속사(예: *because*, *if*, *when*)도 사용하여 하나 이상의 전제를 담을 수 있는 복잡한 문장을 만드는 것이다. 접속 부사(예: *nevertheless*, *however*) 또한 문장의 결속력에 중요한 역할을 한다.

일관성 있는 메시지를 제공하는 것은 대화 중에 청자가 그 정보에 대해 무엇을 이미 알고 있는지에 대한 결정에 달려 있다. 청자와 화자 사이에 지식을 공유하는 것은 강조되거나 보고되지는 않았다. 그러나 화자만이 알고 있는 지식은 청자가 이해할 수 있도록 제공되어야 할 것이다. 이러한 화용론의 양상은 **전제**(presupposition)로 규정되어 있으며, 청자의 이해를 위한 지나치지 않은 정보의 제공으로 언급된다. 전제의 적절한 사용은 청자가 무엇을 원하는지에 대한 화자의 파악을 요구한다. 중요한 메시지의 부분들이 사라진, 시간 낭비에 가까운 의사소통 경험들은 우리 모두가 가지고 있다. 대조적으로 배경 정보가 충분하지 않았기 때문에 우리가 화자의 생각들을 따라갈 수 없었던 대화를 시도했던 적도 있다.

전제에 대한 개념은 마음 이론(theory of mind, TOM)과 관련이 있다. 마음 이론은 다른 사람의 지식과 신념에 대한 이해와 해석과 연관되어 있는 개인적인 능력을 나타낸다(Baron-Cohen, 1989a, 2000). 청자의 요구를 위한 우리의 메시지를 명확하게 말하기 위해서 다른 사람의 믿음이나 알고 있는 것이 무엇인지 이해하는 것은 중요하다. 마음 이론의 능력은 언어장애를 가지고 있는 많은 아동들이 그들의 언어를 발달시키고 문제가 있는 것을 발견하기 위해 배우는 기술이다. 따라서 앞으로도 계속 마음 이론에 대하여 살펴볼 것이다.

개인이 적절한 전제를 만드는 것에 실패해서 부적절한 방식으로 메시지를 던질 때 우리가 수정하려 할 의사소통 문제가 발생한다. 이미 살펴보았듯이 수정된 의사소통 문제는 화용론의 요소 중 하나이다. 대화체 수정의 진행은 두 가지로 진행된다. 첫 번째, 청자가 그들의 메시지를 이해하지 못할 때 화자는 이를 파악해서 추가 정보를 제공해야 한다. 두 번째, 청자는 그들이 이해하지 못했음을 알려야 한다. 청자는 이러한 신호로 "이해하지 못했어요." 또는 "다시 말해 주실래요?" 등과 같은 구어적인 메시지나 얼굴 표현 같은 비언어적 요소들을 사용할 수도 있다.

대화 중에 청자와 화자 모두 각자의 발화 순서를 가지고 있다. 이러한 규칙 중의 하나는 다른 이의 발화를 방해하지 않는 것이다. 그러나 순서를 주고받는 것 역시 반복되는 불필요한 내용 없이 추가적인 정보와 함께 이전의 발화에 답하는 것을 포함한다. 주제 유지는 사람이 그 주제를 준수하는 것을 요구한다. 예를 들어 "나 새 차 샀어."라는 발화에 대한 적절한 반응은 "어떤 거?"라고 되묻는 것이다. 대조적으로 "밖에 춥다."라고 대답하는 것은 주제를 벗어난 반응으로, 주제를 유지할 수 없게 된다. 그러나 때론 주제를 바꾸고 싶어 하는 경우도 있다. 이는 **주제 전환**이라고 불린다. 주제 전환은 현재의 주제에 관심이 없거나 이전의 주제에 관한 이야기가 부드럽게 끝이 났을 때 가능하다.

어떤 상황에서 어떤 사람들과 이야기해야 할 때, 특정한 규칙은 의사소통하는 방식에 영향을 미친다. 예를 들어, 여러 분야의 교육 부서 직원들과 아동의 검사 결과를 말하는데, "Sally는 듣기 검사에서는 최고였지만 IQ 검사에서는 폭탄이었어."라는 말은 매우 부적절할 수 있으나, 친구와 동료들에게는 적절할 수 있다. Joos(1976)는 친밀한 의사소통, 표면적 의사소통, 협의적 의사소통, 공식적 의사소통, 억압적 의사소통의 다섯 가지 유형에 대하여 기술했다. 언어의 효과적인 사용은 의사소통 상황에서 어떠한 유형이 적절한지를 결정하는 것을 포함한다.

Halliday(1975)는 언어는 인간관계를 측정하는 방법으로 기능한다고 언급했다. 예를 들어 공연장에서 옆자리에 앉은 사람과 이야기를 하고 싶다면 이미 공연 시간을 알고 있더라도 몇 시에 공연이 시작하는지 물어야 한다. 이 같은 질문은 정보를 주고받는 목적을 만들 수 있고, 또 다른 언어의 중요한 기능은 정보를 요구하는 것이다(Halliday, 1975). 대부분의 성인들은 보통 직설화법과 간접화법 사이에서 그들의 메시지를 적절하게 변형시킨다. 이는 그들이 언어의 변형된 유형을 사용한다는 것을 의미한다. 이전에 불완전한 문장, 예를 들어 "Close the door."이 어떤 상황에서는 적합하고 "Can you close the door?"와 같은 문장이 다른 상황에서 더욱 적합하다는 것을 지적했다. 메시지의 형태가 메시지의 목적이나 기능에 항상 일치하는 것은 아니다.

3. 이해와 산출

언어의 실용주의 관점에서 볼 때 의사소통 환경에서 언어의 사용은 적어도 두 사람이 상호작용하는 것을 필요로 한다. 화자가 전하는 말과 그 전언의 청자는 번갈아 가며 서로의 역할을 한다. 이 의사소통 과정을 **양자 의사소통**이라고 부른다. 기본적인 가정은, 청자와 화자 둘 다 같은 부호와 같은 언어의 규칙을 반드시 사용해야 완전한 의사소통 행위가 나타난다는 것이다. 화자는 생각을 하고 그 생각을 부호에 붙여 음성 생성을 통하여 부호를 발신하여 적합한 언어 규칙을 적용한다. 청자는 전송 음향을 이미 신경계적으로 저장하여 메시지를 이해하고 같은 언어 규칙을 적용해서 듣는다. 다른 말로 하면, 화자는 메시지를 **암호화**하고, 청자는 메시지를 **해독**한다고 할 수 있다. 대체로 **암호화**(encoding)와 교환할 수 있게 사용된 용어는 **표현**(expression)과 **산출**(production)이며, **해독**(decoding)과 동의어로 간주되는 용어들은 **수용**(reception), **이해**(understanding), **해석**(interpretation), **이해**(comprehension) 등이다.

대부분의 경우 성인들은 이해 기술이 산출 능력보다 우수하다는 것에 동의한다. 예를 들어, 대부분 이해 어휘가 표현어휘(우리의 생각을 다른 사람에게 전하기 위해 사용하는 낱말들)보다 우수하다. 또한 산출을 넘는 이해력의 우수성이 아동들의 언어 습득에도 적용되는 것이 일반적인 생각이다. 이러한 생각은, 성인의 경우 표현 기술에 대하여 이해 기술이 우수함을 고려하거나, 매우 어린 아동들이 종종 산출보다 더 많은 언어를 이해하는 것을 보이는 경우에 합리적이라고 여겨진다.

그렇지만 아동들의 이해와 산출 기술의 습득에 대한 연구에서는 얼마간의 충돌되는 결과들이 있다. 분명히 어떤 경우에는 아동들의 언어 이해가 산출을 앞서는 것 같다. 이것은 분명 언어 습득의 초기 단계에서는 사실이다. 그렇지만 다른 경우에는 산출 능력의 우세함이 나타난다. 사용된 이해의 정의, 측정된 이해의 정도[예: 낱말 *snake*의 이해 폭 그리고(또는) 깊이], 이해 과제에 첨부된 문맥적 지지의 양과 같은 요인들이 이해와 산출의 관계를 어떻게 해석할지에 영향을 주는 것 같다. 이해와 산출 간의 관계가 연령에 따라 변할지도 모른다(Bloom & Lahey, 1978; Owens, 2008). 또한 이해와 산출이 관련되어 있지만 별개의 기술일지도 모른다. Miller와 Paul(1995)이 언급한 대로 "우리가 배운 한 가지는 대부분의 아동들이 당연한 습득 패턴을 따르는 언어의 이해와 산출이지만, 서로가 완벽하게 일치하는 것은 아니다"(p. 1).

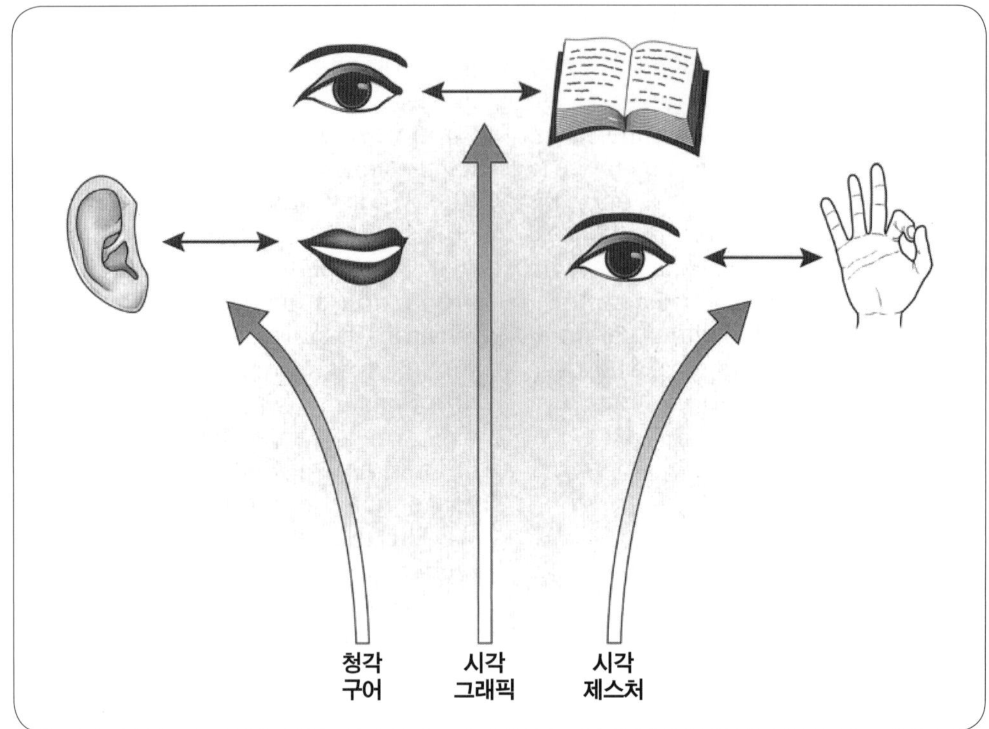

그림 1.2 의사소통의 양식

4. 의사소통 방법들

이해와 산출에 대한 우리의 논의에서, 듣기는 이해를 위한 입력 양식으로 사용되었고, 말하기는 산출을 위한 출력 양식으로 사용되었다. 이러한 언어에 대한 청각-구어 시스템을 구성하는 것이 입력-출력 형태이다. 청각-구어 시스템은 대부분의 아이들이 처음으로 습득하는 가장 일반적인 언어 사용 방법이다. 그러나 사람들이 사용할 수 있는 입력-출력 형식의 다른 조합으로는 **그림 1.2**에 제시된 것과 같이 시각-그래픽 시스템과 시각-제스처 시스템이 있다.

1) 청각-구어 시스템: 듣기와 말하기

청각-구어 시스템의 기능 구성 요소는 듣기와 말하기이다. 계통 발생적으로, 인간은 읽기 전에 듣고 이해했고, 쓰는 능력을 습득하기 전에 말을 했다. 인류의 역사에서, 우리는 아주 오랜 시간 동안 듣고 말해 왔고, 우리의 몸은 이러한 기능들을 잘 지원하며 오랜 시간 동안 서서히 발전시켰다. 이에 비하면, 우리는 짧은 시간 동안 읽고 써왔고, 이러한 기능들을 지탱하기 위해 발전시키는 같은 시간의 양은 사실상 없었다. 언어의 청각-구어 시스템은 또한 시각-그래픽 시스템보다 더 유연하다. 시각은 단일 방향 감각 기관인 데 반하여 청각은 다방면적이다. 우리는 한 번에 오직 한 방향으로만 볼 수 있지만, 머리를 움직이지 않아도 여러 방향에서 발생하는 소리를 들을 수 있다. 또한, 두 손이 분주할 때 말은 할 수 있지만 쓸 수는 없다. 말할 때는 특별한 물건이 전혀 필요 없지만 쓸 때는 연필, 펜 또는 키보드를 사용해야 한다.

아동들은 일반적으로 시각-그래픽 시스템 사용을 배우기 전에 청각-구어 시스템 사용을 배운다. 즉, 아동들은 읽고 쓰는 방법을 알기 전에 듣고 말하기를 할 수 있다. 읽기와 쓰기는 사용하기 전에 청각에 대한 생리적인 기초 및 말이 발생한다. 대부분의 서양 언어는 청각 기호를 나타내는 데 사용되는 시각적인 기호의 시스템으로 변화되어 쓴다. 청각-구어 시스템은 일반적으로 시각-그래픽 시스템의 기초이다.

2) 시각-그래픽 시스템: 읽기와 쓰기

시각-그래픽 시스템에서 읽기는 입력 양식으로 사용되고 쓰기는 출력 양식으로 사용된다. 위에서 말한 대로, 읽기와 쓰기는 최근에 습득된 인류의 기술로, 이러한 기능의 신경생리학적 기초는 듣고 말하기의 신경생리학적 기초로 인류 스스로가 세우는 데 많은 시간을 갖지 못했다. 그럼에도 불구하고 읽기와 쓰기 기능은 청각-구어 시스템과 밀접하게 관련되어 있다. 많은 점에서 시각-그래픽 시스템은 다른 부호(청각-구어 시스템)에 대한 부호이다. 부호로서 언어는 경험과 생각을 상징한다. 이 부호는 단어와 문장으로 결합된 소리의 시스템에 의해 나타낼 수 있다. 하지만 이 소리는 청각 기호보다는 시각적으로 표현되고 기록될 수 있다. 그것은 실제 경험이나 아이디어에 대한 스스로의 코드이다. 시각-그래픽 언어 시스템을 학습하는 과정에서 아동들은 이전에 배운 부호 시스템을 기반으로 새로운 부호 시스템을 배운다.

청각-구어 시스템과 시각-그래픽 시스템 간의 복잡한 상호 관계를 감안할 때, 아동들이 청각-구어 시스템을 읽고 쓰는 것을 배우는 데 종종 어려움을 갖는다는 것은 놀라운 일이 아니다. 대부분의 전문가들은 읽기를 배우는 데 필요한 적절한 청각-구어 시스템의 중요성과 구어 기술과 읽기 성취 간의 관련성을 강조했다. "읽기 초기 단계에서 정확함, 신중함, 아동이 이미 배운 청각-발성에 대응하는 문자의 의식적인 해석과 문자의 분석적인 해석에 따라 달라진다."라고 Wiig와 Semel(1984)은 언급했다(p. 33). 이 설명은 **상향식 이론**(bottom-up theory: 일반적인 것에서 시작하여 세부적인 사항으로 진행되는 이론)으로 알려진 읽기 이론과 일치한다. 아동들은 읽기 학습이 인쇄된 단어 단음, 문자 해독, 일부 저장된 청각 모델에 일치하고 해당하는 단어를 검색할 수 있어야 한다. 또한 읽기는 이미 알려진 의미-구문 정보, 세계 지식 그리고 서술 구문 정보를 예측하고 인쇄된 페이지에 나와 있는 것을 구성하여 사용한다. 더 높은 질서 언어와 읽기의 중요한 역할인 인식 기술 사용은 읽기의 **하향식 이론**(top-down theory)과 일치한다. 상향식 이론과 하향식 이론에 관련된 기술들(음운과 음절 분절, 빠른 어휘 인출, 의미-구문 능력, 이야기 기술, 일반 상식 수준)이 읽기를 배우는 다른 단계의 과정과 다른 시기의 다른 아동들에게는 더 중요한 역할을 할지도 모른다(Menyuk, Chesnick et al., 1991; Owens, 2008; Paul, 2007; Snyder & Downey, 1991). 이러한 관점은 읽기를 배우는 평행 이론이나 상호작용 이론과 일치한다.

여기에 시각-그래픽 시스템과 청각-구어 시스템 간의 몇 가지 유사점이 있다. 청각과 시각 형태는 두 시스템이 수용적인 상인 데 반해 구어와 그래픽 형태는 표현하는 상이다. 청각 구성은 구어로 결합한 소리의 흐름을 기본으로 하고, 시각 구성은 문어로 결합한 문자의 흐름을 기본으로 한다. 마찬가지로 말에 대한 구어 산출이 감각운동 과정과 쓰기에 대한 그래픽 산출과 동일한 것이 사실이다. 청각-구어 시스템에 대한 수용은 변환 및 청각 인식 그리고 소리 파동의 과정을 포함한다. 마찬가지로 시각-그래픽 시스템에 대한 수용은 변환 및 시각적 지각과 처리 과정을 포함한다.

청각-구어 시스템과 시각-그래픽 시스템 간에 몇 가지 유사점이 있지만 다른 점도 있다. 한 가지 차이점은 두 시스템이 획득되는 순서이다. 그리고 두 시스템을 제어하는 규칙 및 일부 규정은 유사하지만 어떤 규정은 다르다. 한 가지 분명한 차이점은 구두점을 다룬다는 것이다. 다른 하나는 철자법에 관련이 있다. 이것은 청각-구어 시스템 요인이 아니다. 또 다른 차이점은 복잡한 문법 수준을 다룬다는 것이다. 청각-구어 시스템에 사용되는 의미-구문 수준은 초기 학습 단계를 넘어서면 시각-그래픽 시스템에 사용되는 것보다 대체로 덜 복잡하다. 여전히 다른 차이점은 이해를 돕기 위해 사용할 수 있는 문맥의 양과 관련이 있다. 읽기와 쓰기는 듣기와 말하기보다 의사소통의 방법이 더욱 문맥에서 떨어져 살펴볼 수 있다. 즉, 적은 신호를 해독하고 의미를 알리는 것은 읽기와 쓰기, 듣기와 말하기를 비교하여 사용할 수 있다. 우리는 가리키거나 읽기와 쓰기, 그래프, 삽화 그리고 적힌 자료를 보충하는 그림을 의사소통으로 얼굴의 표정에 표현할 수 없다. 또 다른 차이점은 시간이 지남에 따라 생기는 음성 소리의 구성인데, 이것은 대개 순간적이고 일시적이다. 쓰기는 비교적 영구적이고 계속적으로 언급될 수 있는 곳에 표시들로 구성되어 있다. 마지막으로 청각-구어 시스템 사용은 시각-그래픽 시스템에 관계없이 발전할 수 있는 반면, 시각-그래픽 시스템 능력은 청각-구어 시스템의 몇 가지 능력을 획득하지 않고 달성하는 것은 매우 어렵다. 이 점은 이 본문의 뒷부분과 관련이 있다.

3) 시각-제스처 시스템

앞서 논의했던 시각 양식은 제스처, 몸의 자세와 움직임 또는 얼굴 표정이 의사소통 방법으로 사용할 수 있다. 시각-제스처 의사소통 시스템의 형태, 언어 이외의 요소와 비언어적인 의사소통의 형태는 이전에 논의하고 토론했으니 반복하지 않겠다. 여기에서는 시각-제스처 의사소통 시스템의 두 가지 다른 형태를 소개한다.

손으로 하는 의사소통. 손으로 하는 의사소통 또는 수화는 청각이 손상된 사람이나 청각장애인이 사용한다. 또한 언어장애가 있는 아동들 또한 손으로 하는 의사소통을 사용한다. 미국 수화(ASL)는 이름에서 알 수 있듯 미국에서 사용하는 시각-제스처를 통해 의사를 전달하는 언어이다. 하지만 예를 들어 영국, 오스트레일리아와 같은 다른 영어권 국가에서는 수화가 다르다. 따라서 ASL의 사용자는 오스트레일리아 수화(Auslan) 사용자의 말을 이해하지 못한다.

ASL은 언어이며, 청각장애 아동들의 교육을 위한 제스처로 표현된 영어가 아니라는 것을 알아야 한다. 예를 들어 이미 ASL을 아는 아동에게 읽기와 쓰기를 가르칠 때, 그들에게 거의 배경이 없는 언어(영어)의 시각-그래픽 시스템을 가르치는 시도를 해야 하는가? 이것이 그들에게는 제2의 언어 시각-그래픽 시스템인가?

보완대체 의사소통. 수화 외의 다양한 보완대체 의사소통 시스템(ACC)은 의사소통에 대한 시각-제스처 방식에 주로 의존한다. 전문가들의 의사소통 중요성의 이해가 증가함에 따라서 언어장애를 가진 사람들을 위한 ACC의 사용이 더욱 수용되고 있다. 일반적으로 기술 발전이 더욱 세련되고 폭넓고 다양하고 효율적이고 유연한 ACC 시스템 개발을 촉진한다. 이 본문 뒷부분에 언어장애가 있는 아동들에 대해 심도 있게 논의될 것이다.

5. 인간 의사소통의 생물학적 · 인지적 · 사회적 배경

의사소통은 복잡한 언어적 · 인지적 · 생물학적 · 사회적 현상이다. 모든 이러한 요소들은 언어 기능들에 포함되어 있으나 그것들이 서로 작용하는 방법들이 완전히 이해되지는 않았다. 이 장의 앞부분에서, 우리는 언어학과 언어의 사회적 배경들에 대해서 논의했다. 여기서, 우리는 언어의 생물학적 · 인지적 · 사회적 기초에 대해 추가적으로 논의할 것이다.

1) 의사소통의 생물학적 기초

의사소통 양식에 관한 앞 절에서 우리는 듣기와 말하기가 구어에서 사용되는 기본적인 양식인 것을 확인했다. 비록 시각과 제스처 같은 다른 양식이 전체 의사소통 과정에 기여할지라도, 여기에서의 논의는 청각-구어 언어의 중요한 신체적 기초, 즉 귀, 말 메커니즘, 신경계에 대한 개요를 제공한다.

듣기와 집중해서 듣기

귀의 기초 해부학과 생리학. 귀는 음파를 수용하여 그것들을 역학 에너지, 수력 에너지 그

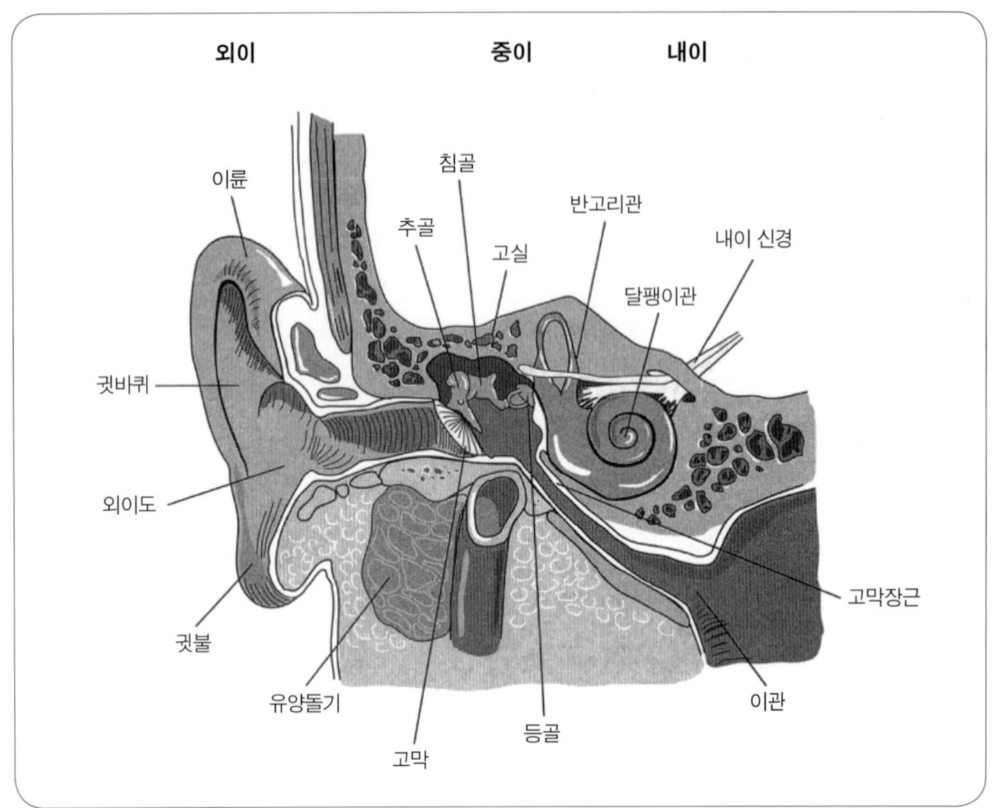

그림 1.3 귀

리고 마지막으로 전기 에너지로 변환시키는 감각 메커니즘이다. 귀가 다양한 주파수의 소리와 강도에 충분히 민감하지 않다면, 다른 사람의 말 코드를 수용하거나 이해하는 데 필요한 청각 정보는 신경 자극들로 변환되어 뇌에 도달하지 못하게 된다.

귀는 세 개의 주요 부분, 즉 외이, 중이 그리고 내이로 구성된다(**그림 1.3**). **외이**(outer ear)에서 귓바퀴와 외이도는 음파를 모으고 **중이**(middle ear)로 음파를 보내며, 그곳에서 파동은 고막을 진동시킨다. 고막의 운동, 역학 에너지는 내이로 운동을 옮기게 될 중이의 3개의 작은 뼈인 추골, 침골, 등골로 이동된다. **내이**(inner ear)에서 청각의 주요 구조는 와우이다. **와우**(cochlea)는 액체로 떠도는 막 구조를 담고 있다. 중이에서 역학 에너지가 내이에 도달해서 액체는 이동을 시작한다. 역학 에너지는 지금 수력 에너지가 된다. 액체가 운동함으로써 액체와 청각의 기관 끝인 **코르티기관**(organ of Corti)을 담고 있는 와우의 막 구조에 영향을 미친다. 그리고 그 결과로 코르티기관의 이 부분에 마찰 작용이나 전단 작용이 발생한다. 이 마찰은 수력 에너지를 8번 뇌신경을 거쳐 뇌로 여행하는 신경 에너지로 변환시킨다.

듣기를 위한 생물학적 기초. Owens(2008)에 따르면, 중이와 내이는 임신 20주째에 성인 크기에 다다른다. 청각 신경은 임신 24주째에 발달된다. 따라서 신생아는 몇 달 동안 그들의 체내 환경(예: 엄마의 혈류와 심장 박동)과 외부 환경(예: 엄마의 말, 노래, 환경 소음)의 듣는 세계로 들어간다. 사실 삶의 첫 몇 주와 몇 달 내에 유아가 다양한 말소리와 언어 경계 사이를 변별할 수 있음이 연구에서 나타났다(Vihman, 1996). 또한 생후 4주 정도의 어린 영아는 들은 모음과 매치되지 않는 얼굴의 입술 운동보다 들은 모음과 일치하는 것에 더 오래 주의를 기울인다(Kuhl, 1990; Kuhl & Meltzoff, 1988). 외관상으로 영아의 주의 기술은 적절한 말소리를 가진 입술 운동의 결합이라는 점에서 복합 일관 수송이다. 하지만 실제로 영유아와 유아가 청각 자극이 들어오는 과정을 어떻게 배우는지, 그리고 들은 말을 어떻게 이해하는지는 더 복잡한 현상이다.

말과 말하기

말 메커니즘의 기초 해부학과 생리학. 말 산출을 위해 사용되는 해부학적 구조는 실제로 호흡기관과 소화계의 부분이다(**그림 1.4**). 폐로부터 뿜어져 나온 공기는 말을 위한 기본 원천 에너지를 제공한다. 이 공기는 말에 있어서의 결과인 성대주름 위의 후두 또는 성도인 인두강, 구강, 비강에서 성대주름에 의해 변형된다. 이러한 육체적인 산출 과정은 호흡, 발성, 공명, 조음이라는 네 가지 과정을 요구한다.

목의 앞에 있는 **후두**는 **성대주름**을 덮고 있다. 후두의 기능은 주로 또는 전적으로 소리를 만들어 내는 것이다. 후두와 성대주름은 기도에 들어가는 이물질을 막아 주고, 우리가 생존하도록 유지시켜 준다. 만약 우리가 후두에서 소리가 나게 하려면 호흡과 발성이 후두의

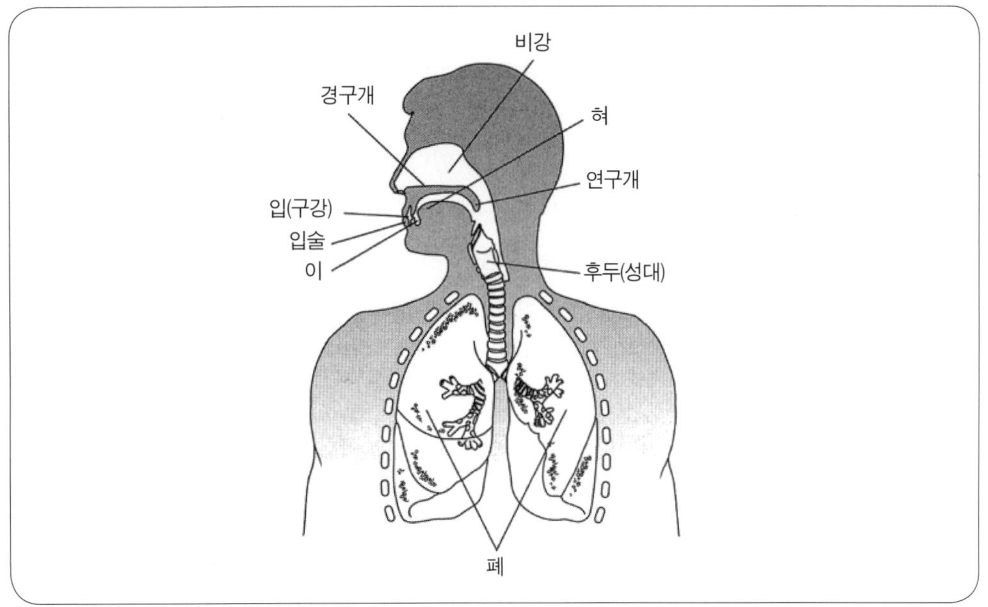

그림 1.4 말 메커니즘

기능 외에 필요하다. **호흡**은 폐에서 공기의 흡입과 발산을 포함한다. **발성**은 성대주름에 진동을 만들어 공기 압력의 변화와 함께 폐에서 내쉬는 공기의 사용을 포함한다.

영어 자음의 약 절반을 산출하는 동안 발성 또는 목소리를 낼 때 성대주름은 움직이지 않는다. 따라서 이 음을 **무성자음**이라 부른다. 무성자음의 산출은 그저 폐에서 나온 공기가 성도로 성대주름을 통해 방해받지 않고 통과하는 것을 필요로 한다. 손을 목 앞을 향해 가볍게 두고 자음 /s/를 모음을 동반하지 않고 진동을 느낄 수 없도록 산출한다. 그러나 모든 모음과 나머지 자음의 산출 동안 목소리로 성대주름에 진동을 만든다. 이렇게 발성은 성대주름 진동을 요구해서 말하는 목소리를 만든다. 성대주름 진동 또는 발성은 손을 목 앞에 가볍게 두고 /z/와 같은 소리를 낼 때도 느낄 수 있다. 성대주름의 크기와 진동하는 속도와 크기는 사람의 목소리의 높낮이 결정의 기본 요소가 된다. 대체로 진동이 빨라지면 음고가 더 높아진다.

후두를 통과해 내쉰 공기는 **그림 1.4**와 같이 성도를 통해 전해진다. 첼로의 주요 몸통처럼 성대주름이 진동했을 때 진동된 공기가 음파가 산출되고 성도가 공명기와 같이 활동한다. **공명**은 음파의 일부분은 강조되고 다른 것들은 약해지게 하는 결과인 성도에서 형태와 크기의 공간을 변화시킴으로써(McLaughlin, 2006) 성대주름에 의해 작동된 소리를 변형시키는 것을 포함한다. 나가는 공기 또한 구개, 혀, 입술, 치아의 형태에서 장애물에 부딪친다. 이러한 혀와 같이 움직일 수 있는 몇 개의 장벽도 조음기관이고, 다른 위치에서 다른 특성으로 방출한 공기를 주고받는 것도 **조음**이라고 한다.

공기의 **저항**은 모음보다 자음이 크다. 장애물의 형태는 구성의 방법이라고 불린다. 자음에 대한 방해물을 발생하는 입안에서의 위치를 조음의 위치라고 한다. 조음기의 다른 위치는 다른 주파수에서 집중되는 소리 에너지가 발생한다. 예를 들어 /s/와/z/는 고주파수에서 소리 에너지를 집중시키는 반면 /f/와/v/는 저주파수에서 소리 에너지를 집중시킨다. 자음이 /z/와 같이 유성음이라면 조음기에 의해서 만들어진 구강 소음은 진동하는 성대주름에 의해서 만들어진 진동하는 공기에 겹쳐져 있다. 따라서 유성음은 비교적 낮고 조음기관의 방해 때문에 특정 고주파수에서 소리 에너지의 집중이 있는 성대주름 진동으로부터 기본 주파수를 가진다. 대부분의 영어 모음과 자음은 뿜어진 공기가 구강 또는 입안으로 들어간다. 하지만 3개의 영어 음소의 산출('m', 'n'와 'ng')은 공기가 비강공명(**비음화**)을 만들어 내도록 비강으로 들어가게 되는 것이 요구된다. 비강공명에 있어서 공기의 효과는 /n/을 길게 말하는 동안 집게손가락을 코 옆 뼈에다 가볍게 위치시키면 느낄 수 있다. 세 개 비음은 모두 유성음으로서 비강공명이 성대주름 진동에 포개진다.

우리는 공기를 내쉬는 데 방해하는 조음기관이 몇 가지 있다고 기록했다. 조음기관 움직임 대신에 독특한 소리를 내는 각각의 모음을 산출하기 위하여 구강의 내부 모양을 변경한다. 이러한 변경은 다른 주파수에 소리 에너지를 집중시킨다. 각 모음에 대한 에너지 집중은 다른 주파수와 동일한 밴드 그리고 저주파와 관련된 성대주름 진동을 포함하여 발생시킨다. 에너지의 더 높은 주파수대의 주파수 위치는 독특한 음향 특징을 제공한다. 에너지대의 말 수용과 지각에 특별히 중요한 주파수를 포먼트(formant)라고 부른다. 이는 아동이 말을 수용하고 지각하는 데 특히 중요하고 청각장애 아동이 탐지와 지각을 할 수 있도록 하는 중요한 역할을 하는 주파수이다.

말 산출에 대한 생물학적 기준. 유아들의 성도는 3세가 넘으면 성인과 같이 된다(Kent, 1999). 말을 들을 준비가 되어 태어나지만 귀와 달리 유아의 성도는 어른 성도와 달라서 음성 산출을 위한 상태가 준비되지 않는다. Hillis와 Bahr(2001)는 신생아와 성인 간의 성도 차이를 다음과 같이 정리했다.

1. 신생아의 구강 크기는 작다.
2. 신생아의 아래턱은 작고 다소 함몰되어 있다.
3. 침받이 패드가 유아에게 있지만 성인에게는 없다.
4. 신생아는 작은 아래턱과 볼에 침받이 패드가 있기 때문에 혀는 많은 상대적 공간을 차지한다.
5. 혀는 구강이 한정되어 있기 때문에 움직임이 부분적으로 제한된다.
6. 신생아는 구강호흡이 필요하다. 신생아는 코로 숨을 쉬지 않는다.
7. 신생아의 후두개와 연구개는 보호하는 구조이다.
8. 신생아는 숨을 쉬고 삼키는 것을 동시에 할 수 있다.
9. 신생아는 후두가 유아 또는 성인보다 목 안에 더 높이 있다. 삼키는 동안 기도를 보호하기 위해 정교하게 후두가 닫히는 것에 대한 필요성이 제거된다.
10. 유아의 유스타키오관은 수평적인 위치에 있다. 성인은 좀 더 수직적인 각도를 취한다(pp. 17-18).

3세가 지나면, 아동들의 성도 구조와 기능이 변한다. 예를 들어, 혀 근육 상태가 증가하고, 혀의 움직임이 턱 움직임과 분리되고, 입술 폐쇄가 향상되고, 후두는 성도로 더 아래로 이동하고, 삼키는 과정에서 후두의 정교한 움직임이 발생한다(Hillis & Bahr, 2001). 동시에, 이러한 변화에 맞춰 아동의 말하는 능력도 개선된다. 따라서 처음에는 호흡과 삼킴 작용에만 소용되던 말 산출 구조는 말 산출을 위한 놀라운 기반으로 발달된다.

통제와 판단: 신경계

신경계의 기초 해부학과 생리학. 신경계의 두 가지 주요 부분인 중추신경계와 말초신경계는 의사소통과 밀접한 관련이 있다. 위장과 내장 수축 및 심장 박동과 같은 무의식적인 신체기능을 조절하는 자율신경계는 간접적으로 말과 언어에 영향을 주기 때문에 여기에서는 논의하지 않을 것이다.

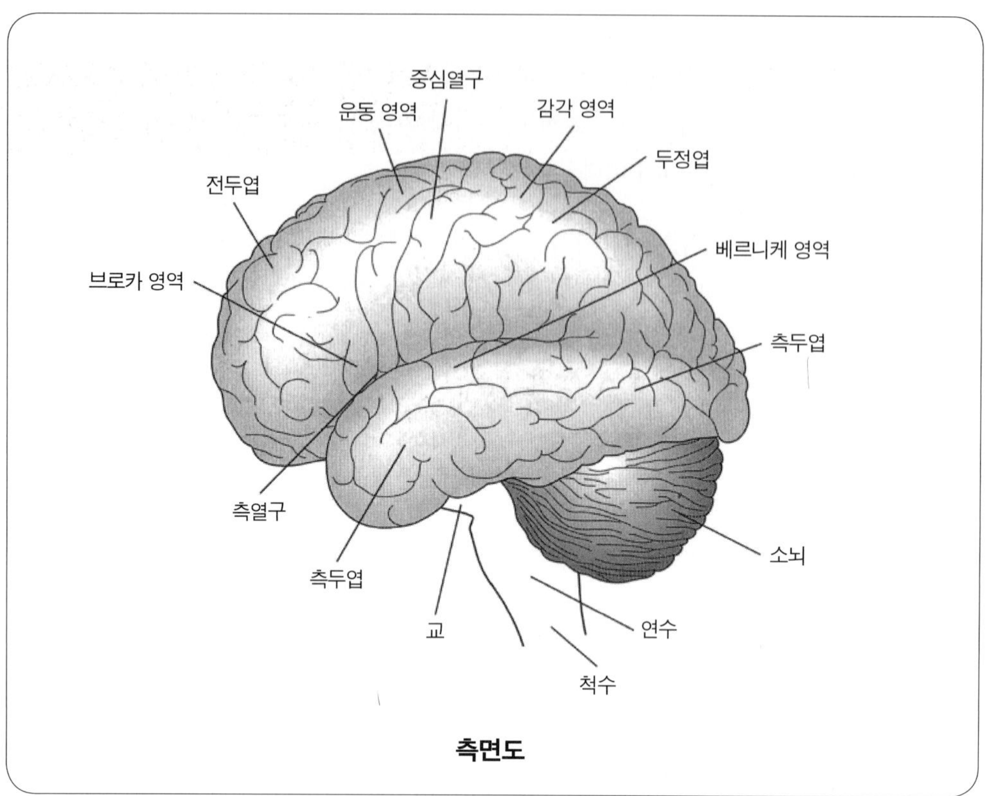

그림 1.5 뇌

중추신경계. 척수는 뇌간(brain stem)이라고 알려진 구조를 형성한다(**그림 1.5**). 대뇌는 뇌간의 윗면에 위치하고 있으며 뇌간을 둘러싸고 있다. 대뇌의 주름진 외부 표면은 피질이다. 소뇌는 대뇌 아래 뇌간 뒤에 위치한다. 대뇌처럼 소뇌도 피질(cortex)이라고 하는 주름진 외부 표면을 가지고 있다. 두 구조에서 나타나는 주름진 부분은 표면의 습벽들로 인한 것이다. 이러한 습벽에 의해 형성된 각각의 돌기를 **이랑**(gyrus) 또는 **뇌회**(convolution)라고 부르며, 습벽들에 의해 만들어진 각각의 톱니 모양으로 된 부분을 **뇌구**(sulcus) 또는 **열구**(fissure)라고 부른다. 뇌회와 열구는 뇌를 설명하기 위한 식별 표지들을 제공해 준다. 또한, 이들로 인해 이 부분의 뇌 표면적은 주름이 없는 부분보다 훨씬 더 크다.

소뇌와 대뇌는 각각 좌뇌와 우뇌로 나뉜다. 대뇌의 좌뇌와 우뇌는 더 나아가 4개의 엽으로 구분된다. 가장 앞쪽의 엽은 **전두엽**이라고 알려져 있다. **두정엽**은 전두엽 뒤에 위치하고 있으며 **중심열구**에 의해 전두엽과 분리된다. 두정엽 뒤에는 **후두엽**이 있다. **측두엽**은 측면에 있으며 실비우스열에 의해 전두엽과 분리된다. 실비우스열 주위의 부위를 **실비우스 주변 부위**라고 하며, 이 부위 안에 측두엽 윗부분의 **측두평면**이 있다. 측두평면은 언어 기능에 관여한다.

신경계를 구성하는 세포를 **뉴런**(신경세포)이라고 한다. 대부분의 뉴런은 핵, 가지돌기들과 축삭돌기를 포함하고 있으며, 축삭돌기는 뉴런의 핵에 의해 발생된 자극을 전달하는데, 그 자극은 축삭돌기를 따라 이동하여 다른 세포에 전달된다. 뉴런과 뉴런이 만나는 점을 **시냅스**라고 한다. 신경 자극은 신경전달물질이라고 알려진 화학물질을 통하여 시냅스를 가로질러 인접한 세포로 전달된다. 이상하게도, 인간 두뇌의 능력과 복잡성은 뉴런의 개수가 아니라 풍부한 뉴런 간 상호연결들로 인한 것이다.

뇌 부위의 손상이 신경 기능에 미치는 영향에 관한 연구, 또한 최근에는 새로운 신경 영상 기술을 이용한 연구들에서 성인의 특정 기능이 일반적으로 대뇌 피질의 특정 부위와 관계가 있다는 것을 알게 되었다. 대뇌 피질의 **운동 영역**(motor area)은 중심열구 앞쪽에 있는 전두엽에 위치하고 있다. 동작을 하려고 할 때는 운동 영역에서 말 산출에 관여하는 근육을 포함한 다양한 신체 근육으로 신경 자극을 보낸다. 대부분의 성인의 경우, 왼손잡이든 오른손잡이든 좌측 대뇌가 언어와 말의 중추이다. 사실, 왼손잡이의 40%, 더 나아가 인구의 2%만이 우뇌가 언어와 말의 중추라고 한다(Owens, 2008). 대부분의 사람들에게는 운동 영역의 앞쪽, 실비우스열의 위쪽의 좌측 전두엽에 **브로카 영역**이 있다. 이 영역은 언어 산출을 담당한다. 신경신호들을 종합하여 운동 영역을 경유하여 조음기관으로 보낸다. 좌측 전두엽은 일반적으로 우측 전두엽보다 더 나선형으로 되어 있는데, 이는 좌뇌가 말과 언어의 중추라는 주장과 일치하는 것이다. 또한, 성인의 경우 좌뇌의 브로카 영역이 손상되면 말산출장애가 나타나는 반면, 우뇌의 브로카 영역이 손상되면 일반적으로 말산출장애가 나타나지 않는다. 대뇌의 감각 영역은 중심열구 바로 뒤쪽의 두정엽에 위치하고 있다. 이 영역은 다양한 신체 부위에서 오는 신경 자극을 수신하고, 그 정보를 이용하여 신체 부위에서 기능을 통제하는 것을 돕는다.

측두엽의 기능들 중 다수가 청각 자극을 수신하고 처리하는 일에 관여한다. 예컨대, 청각 신경은 귀에서 뇌로 가는 신경 자극을 측두엽에 전달한다. 성인의 좌뇌 속의 한 영역은 특히 구어의 이해에서 중요한 역할을 하는데, 이 영역이 바로 베르니케 영역이며, 일부는 측두엽에, 일부는 두정엽에 위치하고 있다. 좌뇌의 베르니케 영역은 언어 이해 중추이다. 반면, 음악을 비롯한 다른 유형의 소리 처리는 대체로 우뇌에서 이루어진다. 그러나 성인들의 경우, 말을 들을 때 좌뇌와 우뇌의 측두엽-두정엽 영역 모두가 활성화된다는 증거도 있다.

비록 특정한 기능이 대뇌 피질의 특정한 부위에 속한 것일 수 있지만, Boone(1985)은 "두뇌의 모든 부분들 간의 상호작용이 두뇌의 정상적인 기능을 위한 필수조건이라는 인식이 점점 더 확대되고 있는 것이 현실이다."(p. 374)라고 언급했다. 대뇌 구조가 피질 영역 간 기능적 상호관계를 제공하는 방식 중 한 가지는 피질의 연합섬유를 통한 방식이다. 이 섬유들은 대뇌의 안쪽에 위치하고 있으며, 엽과 반구를 포함한 피질 영역을 서로 연결한다. 가장 크고 중요한 반구 연결 섬유인 **뇌량**(corpus callosum)은 약 2억 개의 뉴런을 포함하고 있다(Owens, 2008). 또 한 가지 특히 중요한 연합섬유는 베르니케 영역과 브로카 영역을 연결한다.

소뇌는 중추신경계의 마지막 논의 대상이 되는 구조이다. 이 구조는 어떠한 활성도 직접 주도하지는 않지만, 운동 활성의 분석과 조절에 관여하는데, 이는 반드시 필요한 것이다. 소뇌의 분석 및 조절 기능 덕분에 적시에 원활한 운동을 생산하는 능력을 가질 수 있게 된다.

말초신경계. 말초신경계는 12쌍의 뇌신경과 31쌍의 척수신경으로 이루어져 있다. 뇌신경은 뇌간에서 뻗어 나와 주로 목과 머리 부위로 연결되며, 척수신경은 척수에서 뻗어 나와 나머지 신체의 아래 부분으로 연결된다. 신경들 중 다수가 감각섬유(중추신경계로 연결되며 중추신경계에 정보를 제공)와 운동섬유(중추신경계에서 다양한 신체 부위로 명령을 전달)를 포함하고 있다. 뇌신경은 로마 숫자와 이름에 의해 식별된다. 12쌍의 뇌신경 중 7쌍은 특히 말과 언어 기능에서 중요한 역할을 한다(표 1.6 참조). 이 신경들은 중추신경계에서 내려진 명령 신호를 특정한 말 산출 근육들에 전달하여 자극한다. 그런 다음 이 감각섬유들은 근육의 실행에 관한 정보를 중추신경계에 다시 전달한다. 이러한 과정을 통하여 중추신경계는 활동을 감시할 수 있으며, 필요한 경우에는 교정 지시 신호를 보낼 수 있다. 또한, 말 신호의 청각적 특성에 관한 정보는 청각 신경을 통하여 중추신경계로 보내지며, 말과 언어 실행에 관한 다른 감각 정보를 보강한다.

의사소통의 신경학적 기초. 이제까지 우리 논의는 성인의 신경계에 많은 부분을 할애해 왔다. 이것을 아동의 신경계 기능에 적용할 경우에는 주의해야 한다. 아동의 신경계는 미성숙한 상태이다. 말 산출 기전과 마찬가지로 신생아의 신경계, 특히 중추신경계는 해부학적으로나 생리학적으로 계속 발달하게 된다. 이것은 단지 인간 두뇌의 중량 차이만 보아

표 1.6 언어와 말과 관련된 7개 신경

신경 번호	이름	기능
V	3차 신경	감각: 얼굴, 턱, 입 운동: 턱, 연구개
VII	안면신경	감각: 연구개와 인두의 점막 운동: 얼굴, 입술
VIII	내이신경	감각: 청각, 균형
IX	설인신경	감각: 인두의 점막, 중이, 입 운동: 인두
X	미주신경	감각: 인두의 점막, 후두, 연구개, 혀, 폐 운동: 후두, 인두
XI	부신경	운동: 연구개, 후두, 인두, 목
XII	설하신경(=혀밑신경)	감각: 혀 운동: 혀

도 알 수 있다. 출생 시점에서 유아의 두뇌는 이미 뉴런 형성이 완료되어 있기는 하지만 중량은 성인 두뇌의 25%에 불과하다. 사실, 임신 5개월이 되면 인간 두뇌의 뉴런 형성이 완성된다고 생각되고 있다(Kent, 1999). 아동의 출생 후 두뇌 발달에서 더 많은 뉴런이 생성되는 것이 아니라 뉴런 간의 상호연결이 증가하는 것이며, 그 과정에서 두뇌 중량이 증가하게 된다. 이제는 주로 의사소통 발달에 관여하는 두뇌 영역에 관심을 돌려 보자. Hills와 Bahr(2001)에 따르면, 생후 약 3개월이 되면 가지돌기의 분기는 "브로카 영역보다는 피질의 운동 영역대의 구두 영역(oral area), 그리고 좌뇌보다는 우뇌에서 더 발달된다."(p. 3)라고 언급했다. 약 2세 연령이 되면 가지돌기의 분기는 더 복잡해지며 브로카 영역과 좌뇌의 나머지 부분 전역에 걸쳐 이루어지는 것으로 생각된다. 약 6세 연령이 되면 가지돌기 분화는 운동 피질의 구두 영역보다 브로카 영역에서 더 많이 발달된다(Hills & Bahr, 2001). 이렇게 아동들은 말과 언어 획득을 위한 신경학적 **잠재력**을 가지고 태어난다. 언어에 대한 노출과 경험을 통하여 아동의 뇌는 변화하며 말과 언어를 이해하고 산출하는 법을 배운다.

성인 뇌의 특정한 부위들이 언어 기능을 조절하며, 아동 뇌에서 점진적으로 성인 뇌에서 볼 수 있는 것과 같은 풍부한 상호연결이 발달된다는 것에 대해서는 이미 살펴보았지만, 아동의 뇌는 특히 한 가지 중요한 면에서 성인 뇌와 차이가 있다는 점에 유의해야 한다. 아동의 뇌는 성인의 뇌에 비해 훨씬 더 **유연성**이 많은 반면, 대뇌의 **국지화**와 특수화는 훨씬 덜 이루어져 있다. 그러므로 성인에서 나타나는 집중적 중추신경계 손상으로 인한 언어장애가 아동에게서는 나타나지 않을 수 있다.

이 장을 통해 뇌는 어떻게 작동되는지, 그리고 아동이 어떻게 말과 언어를 학습할 수 있는 신경학적 잠재력을 가지고 탄생하는지 더 잘 이해하게 될 것임은 분명하지만, 학습하고 이해해야 할 것들은 여전히 많이 남아 있다. Kent(1999)가 말한 대로, "신경 발달은 잘 알려져 있지 않으며, 말 산출에 관련된 많은 구조와 과정들에서 단지 단편적인 정보를 이용할 수 있을 뿐이다"(p. 46).

2) 언어의 인지적 기초

인지란 무엇인가 태내에서 몇 개월 동안 태아는 안전하고 양육적인 환경에 있다. 사람은 생존을 위해 출생과 동시에 새로운 환경을 알고 이해하는 것이 가능하다. 인지란 '알아가는 것'이다(Carlson, 1987). 신생아들은 들어오는 자극을 처리하는 방법을 배우고, 감각을 만드는 것을 필요로 한다. Piaget(1954)에 따르면, 유아들은 심리적 구조를 가지고 있다. 이러한 심리적인 구조(스키마)는 들어오는 자극을 처리하고 조직화하는 심리적인 구조를 가지고 있다. 시간이 지나고 이러한 스키마는 들어온 자극에 대한 반응을 적용하거나 변환한다. Piaget의 이론은 인지 발달을 이해하는 것이다. 그는 사람이 사는 동안에

표 1.7 Piaget의 인지 발달 단계의 특성

감각운동기(0~2세)	전조작기: 2~7세
1단계: 0~2개월 감각적인 행동 반영 언어 이전 행동/목소리 반영 2단계: 2~4개월 손과 입의 움직임을 조작 눈과 손의 조작, 청각적 기준으로 움직임 예상되는 행동들 3단계 4~8개월 물체에 대한 자동적인 반사를 시작함 물체를 찾음 옹알이, 소리에 대한 모방 4단계: 8~12개월 움직이는 물체로 자신의 능력을 인지하기 시작함 걷기 이전의 단계 지난 사건의 기억을 기반으로 물체를 찾음 첫 단어 사용 5단계: 12~18개월 사물의 기능과 속성과 함께 실험 모델의 움직임이 제시되었을 때 행동 모방 걸음 대상 영속성의 증거 6단계: 18~24개월 정신적 사물을 표현 사고로 문제 해결 원인과 결과의 관계 획득 모방을 연기하는 기억 사용 지시 대상물이 나타나지 않을 때 단어 사용	전개념 시기: 2~4세 상하위 분류를 경험 추론의 변화를 사용(하나로 다른 것을 추론) 단어의 의미를 길게 함 귀납적 시기: 4~7살 지각에 의한 사고 한 번에 하나의 문제를 다룸 대화와 가역성 부족 향상되었지만 여전히 부족한 분류 기술 사용 자기중심적 태도 구체적인 생각 **구체적 조작기(7~11/12세)** 효과적인 분류 기술의 사용 연속적인 대화 가능 묘사들을 조작해서 사용 논리적 인과 관계의 사용 구체적 조작을 위한 제한된 추론 자기중심성의 약화 **형식적 조작기(11/12~14/15세)** 추론 및 가설의 사용 자기중심성의 소멸 '만약, 그러면' 상황들의 가설과 논리의 언어 사용 추상적 언어의 처리 연역적 · 귀납적 사고

'알게 되는 것을' 배우는 아동의 성장을 통한 발달 단계를 제안했다. 구체적으로 말하면 Piaget는 아동 인지 발달의 4단계를 다음과 같이 제안했다. (1) 출생~2세: 감각운동기, (2) 2~7세: 전조작기, (3) 7~11/12세: 구체적 조작기, (4) 11/12~14/15세: 형식적 조작기. 자세한 설명은 표 1.7에 소개되어 있다.

유아기의 첫해, 구체적으로 말하자면 인지 발달의 감각운동기 동안 아동은 특별히 중요한 인지능력을 발달시킨다. 그들이 세상에 대해서 더 많이 배우는 것을 가능하게 하는, 상징적이고 정신적인 묘사을 창조하는 것을 배우게 된다(Bernstein & Levey, 2002). 즉, 유아기의 아동들은-유아기 아동은 지금 일어나는 일이 아니라 자기 머릿속에 있는 것을 나타내는 것을 배운다. 이것은 언어 습득을 위해 중요하다. 이번 장에 앞서 우리는 또 다른 것들을 위해 구체적인 기호가 세우는 것을 만드는 암호로서 언어를 정의 내려야 한다. 이와 같

이 언어와 인지는 관련되어 있는 것처럼 보인다. 그러나 그 관계의 본질에 관한 것은 세계적으로 합의된 것은 아니다. 언어 구조의 습득 이전에 구체적인 정신 과정을 위한 인지 발달이 일어나는가? 언어는 인지에 영향을 미치는가? 언어의 발달과 인지는 독립체들로 분리될 수 있는가? 만일 그렇다면 언제인가? 마침내, 어떻게 언어와 인지는 각각 영향을 미치는가? 언어와 인지의 관계에 관한 여러 이론들은 발전되어 왔을지라도 우리는 아직까지 이러한 질문들에 대한 최종적인 대답을 가지고 있지 않다.

인지와 언어의 관계

인지에서의 언어 의존성. 언어와 인지에 관한 한 가지 관점에 따르면, 언어 사용은 인지의 기능이며 이러한 습득은 인지 과정과 근본적으로 의존되어 있다. 이런 입장의 지지자들은 언어를 위한 인지 선구자들을 강하게 지지한다. 즉, 인지 능력의 전제조건은 아동이 다양한 언어를 배우기 이전에 인지 능력이 발달되는 것이다. 이러한 관점은 때때로 강한 인지 가설(strong cognition hypothesis)로 언급된다.

Piaget는 이런 인지 가설을 지지하는 가장 잘 알려진 사람 중 한 명이다. Piaget에 따르면, 아동들은 인지 발달 단계를 통해서 진보한다(표 1.7 참조). 어떤 아동도 그 과정을 뛰어넘지 않는다. 그리고 각각의 발달 단계는 성공적인 단계를 위한 기반이 된다. 각각의 단계를 통해 아동이 진행함에 따라, 그들은 높은 언어 수준을 연속적으로 이끌어 내는 필수적인 인지 조작을 획득한다. 그러므로 Piaget는 인지가 언어에 앞선다고 믿는다. 여기서 언어 사용은 근본적인 인지 능력의 반영이다.

인지에 의존하고 있는 언어의 기능성에 대한 관점이 약한 인지 가설(weak cognition hypothesis)이다. 이 관점은 인지가 대다수 아동의 언어 능력을 설명하지만 전체를 설명하지는 못한다고 제안한다. 인지에서 직접 끌어낸 것이 아닌 언어의 몇몇 측면이 있다. Rice(1983)는 이것을 언어와 인지 사이의 부분적인 '불일치'라고 언급하며, 그 불일치의 예로, "언어 습득이 의미의 평행적 변화에 근거하지 않는 경우, 언어 능력이 인지 능력을 초과하는 경우, 의미 표현에서 언어에 특정 어려움이 있는 경우" 등을 제시했다(p. 353).

언어와 인지는 독립체로 분리되어 있다. 언어와 인지의 다른 관점은, 비록 언어와 인지가 관련되어 있다 할지라도 언어가 없는 인지 활동과 인지 기반이 없는 언어 활동이 가능하다는 것이다. 예를 들어 작곡가와 조각가의 일은 인지 과정을 직접적으로 필요로 하지 않는다(Langacker, 1968). Langacker는 만약 언어 없는 인지 과정이 가능하지 않다면 생각을 알고 희망을 전달하는 상황에 결코 직면하지 않을 것이라고 제안했다. 그러나 우리는 표현하기 위한 단어를 찾는 것을 할 수 없다. Langackers(1968)는 언어 없는 인지가 가능하다고 한 반면, Vygotsky(1962)는 상황에 대한 적절한 인지 기반이 없는 언어에 대해서 제안했다. 예를 들어, 아동들이 수정할 때 사용하는 접속사(*because*, *but*, *if*)는 이 단어에 의해서 표현되는 논리적인 관계를 전체적으로 이해하기 이전에도 사용한다.

Vygotsky(1962)는 또한 언어발달의 다른 뿌리로부터의 이론을 생각하고 제안했다. 아동은 '전인지적 언어(preintellectual language)' 시기와 '전언어적 사고(prelinguistic thought)' 단계를 거쳐 독립적으로 진전을 보인다. 이런 발달 단계를 분리할지라도 이 두 발달 과정은 결과적으로 융합하게 된다. 아동들은 생각 다음에 구두와 합리적 언어로 표현한다. 일단 언어와 생각의 연합이 일어나고, 언어는 인지 발달보다 더 많은 기반을 가지게 된다. Vygotsky(1962)에 따르면, 일단 언어와 사고의 연합이 이루어지고, 언어는 더 나은 인지 발달의 기초가 된다.

> 아동이 습득한 말(언어) 구조는 사고의 기본 구조가 된다. (…) 아동의 인지 성장은 사고의 사회적 수단, 즉 언어의 습득에 달려 있다(p. 51).

부분 상동 모델(local homology model)은 다른 시각을 제안한다(Bates, 1979; Bates, Benigni, Bretherton, Camaioni, & Volterra, 1977). 가끔 인지와 언어의 발달은 같은 시간에 관찰되지만, 필연적으로 예정된 순서를 따르는 것은 아니다. 즉, 특정 언어 능력이 때로 처음 나타나고, 다른 경우에는 인지 능력이 나타난다. 이러한 관점은 언어와 인지가 상관관계가 있다고 제안한다. 그러나 언어와 인지 사이는 공통적인 것을 얻는 분명한 기능들이 있으나 근원은 분리되어 있다. 이런 모델은 아동 언어 영역의 전문가와 연구자들에게 친숙하게 알려져 있다.

인지의 언어 중재. 언어와 인지 사이의 관계가 본질적인 합의가 아닐지도 모르지만 일단 획득된 언어는 인지 과정의 많은 것을 조정한다. Piaget는 아동의 사고 발달 이전 단계에서 이미 언어 사용이 진행되기는 하지만 발달 이후 단계에서 개념적 사고를 습득하는 데 언어가 중요하다고 주장한다.

Vygotsky(1962)와 Luria(1961)는 언어가 인지 활동을 조정한다고 제안했다. 그들은 이를 설명하기 위해 **내적 언어**의 개념과 **제2 신호체계**로 언어의 개념을 사용했다. Vygotsky (1962)와 Luria(1961)가 본 사고 과정으로서의 내적 언어는 단어의 종류를 발생시킨다. 일단 언어와 사고는 융합하고 이전에 논쟁한 것처럼 언어와 의미 단어의 용어 안에서 상황을 생각한다.

Vygotsky의 내적 언어의 개념은 Piaget의 아동의 **자기중심적** 언어의 역할과는 불일치한다. Piaget가 말했던, 어린 아동이 사용하는 자기중심적 언어는 의사소통에서 의도한 것이 아닌 상황에서 발생하고, 어떻든지 다른 사람들에게 나타나며, 또는 다른 의사소통 안에 정보적인 요구들을 사고하기 위해 노력하는 것은 아니다. 이는 아동들이 우주의 중심에서 스스로를 보는 것에서 비롯된다. 다른 사람들에 대한 의사 전달의 관심이 없어도 된다. Piaget에 따르면 자기중심적 언어는 아동이 발달하면서 사라지고, 사회화된 구어-대인관계에 관련된 의사소통에 초점을 맞추면서 융합된다. Vygotsky는 아동의 자기중심적 언어는 내적 언어의 선구자라고 제안한다. 그는 생각의 명시적 행동을 자기중심적 언어로 보고, 또는 생각하는 것으로 단어를 표현한다. Vygotsky에 따르면, 단어를 표현하는 인지 과정의 행동은 아이의 생각과 행동을 조절하고 안내하는 방법이다. 그는 아동의 발달로서, 심적 사고의 명시적 표현을 언어로 바꿀 수 있고, 그 언어는 생각을 조정하고 생각을 안내하고 행동하는 같은 목표를 위해 사용된다. 그러나 다른 것에 의해서 듣는 것은 아니다. 즉, 내적 언어이다. Piaget와 대조적으로 Vygotsky는 사회적 구어로 인해 대체되거나 사라지는 것보다 훨씬 나은, 서서히 발전하는 내적 언어로서 자기중심적 언어를 묘사했다.

조정하고 생각을 안내하고 행동하기 위하여 기능하는 자기중심적 언어의 논의는 같은 기능과 목적을 가진 내적 언어로 서서히 발전하고, 이것은 Luria의 제2 신호체계의 언어로 이어진다. 아이들이 환경과 성인들의 말하기와 상호작용을 함에 따라 인지되는 음운과 단어 사이에 복잡한 연결이 형성된다(Luria & Yudovich, 1971). 처음 자극이 있는 성인의 이야기는 아동의 행동을 이끌고, 특정하고 필수적인 자극에 대한 아동의 행동에 초점을 맞추거나 또는 어떤 지시사항에 관한 행동을 지도하거나 수정한다. 즉, 발달 단계 이전에 아동의 인지 활동과 행동의 조정은 외적으로는 성인이 현상을 인지하는 동시에 발생하는 언어화에 의해 통제된다. 지각 및 또 다른 사람의 언어화 때문에 아동은 결과적으로 스스로의 행동을 조정하기 위하여 내적 언어의 사용을 시작한다. 이러한 과정을 통하여, 아동은 생각과 언어를 스스로 조정하기 위한 언어 사용을 배운다. 언어는 인지의 조정자와 목적이 있는 행동이 되었다. Luria의 언어는 경험을 조정하고 처리하는 제2 신호체계이기 때문에, 언어는 높은 수준의 정신적 과정 발달의 기반이 된다.

언어와 인지 관계의 여러 가지 관점을 보았다. 그러나 우리는 관계가 무엇인지 알지 못한다. 일반적으로 동의한 것은 무엇인가? 이러저러한 관계는 다른 발달 단계에서는 차이가 있다.

정보처리. 정보처리는 우리에게 들어온 자극을 다루고, 우리 머리 안에서 그것들을 이해하는 방법을 말한다. 아동의 언어 학습과 언어장애에서의 정보처리의 다양한 역할에 대하여 상당한 논의가 있다(Coady & Evans, 2008; Gillam, Hoffman, Marler, & Wynn-Dancy, 2002; Graf Estes, Evans, & Else-Quest, 2007; Leonard et al., 2007; Marton & Schwartz, 2003; Montgomery, 2000, 2002a; Montgomery & Evans, 2009; Montgomery, Evans, & Gillam, 2009; Windsor, Milbrath, Carney, & Rakowski, 2001). 비슷한 과정이 나타나는 것에 대해 다른 과정 요소를 포함하고, 다르게 과정을 표시하고, 다른 정의를 사용하여 많은 정보처리 모델은 제안되었고, 이것은 쉽게 발견할 수 있다. 게다가 정보처리 모델을 일반적으로 적용할 수 있는 사람은 아무도 없다. Ellis Weismer과 Evans(2002)는 정보처리 기술이 아동의 언어장애에 관련되어 있으며 크게 두 가지로 분류된다고 지적했다. 일반화된 처리 과정을 강조하는 것과 좀 더 특정한 처리의 측면에 초점을 맞춘 것이다. 특정 처리 과정에 대한 설명들 중에서 두 가지 측면이 종종 논의된다—음운 정보처리로, 단어의 각운이나 단어를 구성 음소로 나누기와 같은 언어의 음운 측면을 정신적으로 조작하는 능력 등의 처리 과정을 다루는 것(Beddeley, 1986; Just & Carpenter, 1992)과, 시간적 청각 처리로, 말소리를 구성하는 짧은 음향학적 결과를 지각하는 능력과 다른 사람의 말소리에서 빠르게 발생하는 변화를 추적하는 능력들을 다루는 것(Merzennich et al., 1996; Tallal, 1976)이다. 일반화된 처리 기술, 속도(Miller, Kail, Leonard, & Tomblin, 2001; Montgomery & Leonard, 1998), 주목 수용력(Finneran, Francis, & Leonard, 2009) 그리고 종합 처리 수용력(Ellis Weismer, Evans, & Hesketh, 1999; Montgomery, 2000)은 우리의 논쟁에서 중요하다.

언어에 기반한 정보처리 과정은 아래와 같은 기능들을 포함한다.

- ❖ 메시지를 처리하는 구어의 요소를 선택한다.
- ❖ 대표되는 기억 요소를 일시적으로 저장한다.
- ❖ 작업하는 것을 마칠 때 희미해지거나, 사라지거나, 쇠퇴하지 않기 위해서 단기기억 안에 대표 행동을 유지한다.
- ❖ 인지 기능을 조직하고 지시한다.
- ❖ 미래에 사용하기 위해 장기적으로 대표를 분석하고 언제 저장할 것인지 어떻게 저장할 것인지 선택한다.

이것은 언제 어떻게든 나중에 저장된 정보를 접근하는 것을 포함한다. 이러한 양식을 우리는 이해할 수 있다. 그리고 모든 처리의 결과로서 기본적인 요소 정도는 왜곡되지 않는다. 소규모로, 이것은 우리가 하는 것과 다르지 않다. 누군가가 우리에게 새로운 전화번호를 말해 주면, 우리는 전화를 걸기 위해 그 집의 다른 곳으로 들어갈 필요가 있다. 우리는 번호를 나타내기 위해 조심스럽게 수행한다. 그 번호를 기억하려고 웅얼거리며 의식적으로 노력한다. 다른 방으로 움직이는 동안에 우리는 실제적으로 조용히 번호를 '듣는 것을' 할 수 있다. 우리는 완전한 번호의 청각적 표상의 어떤 부분도 사라지는 것을 원하지 않는다. 번호는 하나이고 우리는 단지 한 번 필요로 한다. 머리 안에 있는 많은 청각의 묘사들은 전화번호를 돌린 후 이를 쇠퇴시킨다. 즉, 음운적 묘사는 잊어버리고, '음운적' 번호는 우리에게 단어이며 단어는 음소를 만든다. 전화를 돌린 후에 나중에 번호를 다시 필요로 할 것을 생각한다면 장기기억으로 움직이기 위한 다른 처리 단계에 착수하고, 또는 다른 양식 어딘가에 기록한다. 후자의 것을 한다면, 필요할 때 다른 기억 과정을 통해 그것을 찾는 것이 가능하다. 정보처리 문헌에 있는 연상되는 용어와 마주치게 되는데, 언어작업기억, 작업기억, 단기기억, 청각단기기억, 청각 처리, 음운 처리, 음운기억, 그리고 그 외 다른 용어는 정보처리의 다른 기술과 분명하게 관련되어 있다.

비효율적이거나 늦은 처리 과정, 일시적으로 작은 저장 능력 또는 제한된 자원, 낮은 작업기억, 순식간에 다루어야 할 문제나 일시적인 자동 자극, 이런 요소들은 들어오는 자극이 머릿속에서 쇠퇴할 것을 처리하기 위해 유지하는 것이 필요하다. 그전에 우리는 모든 다른 과정을 통과하는 기회를 가져야 한다. 기억으로 감각을 만들고, 그것을 사용 가능하게 하고, 배우기 위해서는 기억이 필요하다. 하나의 과정을 시도하는 동안에 생각을 유지하는 것도 필요하다. 수없이 다른 정보들이 도정 가운데 나타난다. '시스템의 과부하'는 어렵거나 빠른, 또는 우리의 시스템이 너무 약해서 더 강한 시스템을 가진 다른 개인들에게는 매우 쉬운 과제를 다루지 못하는 경우일 수 있다. 언어의 다른 수행을 위한 교환을 이야기할 때, 아동의 의미 없는 단어의 반복은 언어의 음운적 측면의 정보처리를 재는 방법이 된다. 반복 전략, 중추 청각장애, 아동의 언어 학습 또는 언어 문제와 관련된 많은 주제가 있는데, 이것은 정보처리 능력과 관련된 개념들이다. 독자들은 이 책의 다른 부분에서 그것을 접할 수 있을 것이다. 사실상, 다음의 메타인지에 대한 논의는 정보처리 개념과 전혀 관련 없는 것이 아니다.

메타인지. 앞에서 우리는 메타언어의 개념에 대하여 소개했다. 메타언어와 같이 메타인지(metacognition)는 우리가 알고 있는 것에서 물러나는 능력과 의식적으로 분석하고 절제하고 계획하며 그것들을 구조화하는 인지 기술과 연관되어 있다. 이것은 앞에서 접했던 Vygotsky의 내적 언어 개념과 동일선상에 있다. 어른들은 생각에 대해 사고할 수 있으며 학습과 특정한 상황에서 사용하기 원하는 인지 전략을 결정할 수 있다. 심지어 행동을 감독하고 학습과 인지 전략의 적용법을 결정할 수도 있다. 예를 들어, 목록을 기억할 필요가 있다면 여러 가지의 예행 전략을 사용할 것인지 선택하게 된다. 만약에 한 가지가 잘되지 않는다면 포기하는 것을 선택하거나 자연적으로 다른 여러 가지 전략을 사용한다. 이것이 모두 메타인지 활동이다.

메타인지 활동에 진입하기 위해서는 분산시키는 것이 필요하다. Piaget의 용어를 빌리자면, 자기중심성을 벗어나는 것이다. 즉, 아동의 메타인지는 후기 학령기 초기에 일어나는 메타인지 능력으로의 이동인 후기 발달 기술이다. 이 단계는 Piaget의 인지 단계에서 구체적 조작기에 진입하는 때와 일치한다(표 1.7). 또 다른 상위 수준으로의 이동, 즉 더 정교한 메타인지 기술은 Piaget의 형식적 조작기 시기인 6학년 또는 11～12세에서 나타난다.

메타인지 기술이 학업 우수에서 중요한 것은 놀라운 일이 아니다. 아동이 문제를 해결해 나가는 방법에 대한 기대와 학습의 처리방법은 아동들이 학교생활을 수행하는 동안 증가한다. 고등학생이 되면서 학생들은 그들만의 학습계획을 세우고 감독하는 것과 어른 같은 책임감을 가지고 생각하고 사고하는 것에 대한 기대를 한다. 우리는 메타인지와 메타언어 기술의 관계에 대해 조금 미심쩍어 하지만 일반적으로 인지와 언어의 관계에 대한 본질도 명확하지 않다. 그러나 우리도 알다시피 언어장애를 가진 아동들은 메타인지 수행뿐만 아니라 메타언어 수행에 관한 문제 역시 가지고 있다는 것이 명확하다.

3) 의사소통의 사회적 기반

아기들은 태어났을 때부터 사회적인 상호작용을 구하는 본능적인 경향이 있는 듯하다(Solter, 2001). 예를 들어, 신생아들은 한 번도 본 적이 없어도 특히 얼굴에 끌리는 것 같다. Murray와 Andrews(2001)는 신생아들이 얼굴에 대해 끌리는 것을 다음과 같이 설명했다.

> 때어난 지 몇 분이 채 안 된 아기도 자신을 빤히 쳐다보는 다른 사람의 얼굴을 골똘히 응시한다. 만약 어른이 분명하고 천천히 얼굴을 움직이면, 예를 들어 입을 크게 벌리거나 혀를 내밀거나 하면 아기는 어른의 표정을 골똘히 보고 따라 할 것이다.

이 절에서 살펴볼 것은, 아동들의 언어 학습 환경에 있어 사회적 영향은 언어의 습득과 문맥에 사용되는 규칙의 습득에 중대한 역할을 한다는 점이다. 먼저 의사소통의 사회적 기반에 대한 짧은 토의가 뒤따를 것이다. 영아와 양육자의 애착과 본질에 대해 살펴본 후, 두 가지 기술, 즉 사회적 상호작용과 언어 학습에 필요한 모방과 강화에 대해 살펴볼 것이다.

영아와 양육자의 애착. McLaughlin(2006)에 따르면, 애착이란 "양육자와 영아 사이에 발달하는, 오랜 기간 동안 이루어진 친밀한 양육적 관계"(p. 82)이다. 초기 몇 달 동안의 영아의 삶에서, 영아는 단순히 양육자로부터 분리되거나 낯선 이에게 안기는 것을 꺼리지 않는다. 그러나 영아는 커 가면서 명확한 애착의 신호를 보여 준다. 영아는 친근한 양육자와 분리되었을 때 울기도 하고 고통을 느끼기도 한다. 기는 것을 배울 때쯤 영아는 부모를 따르며 적극적으로 접촉을 하려고 하는 애착을 나타낸다(Solter, 2001). 왜 영아는 양육자에게 애착을 가지게 되는가?

분명한 것은, 이러한 행동의 한 가지 이유는 특정 성인이 영아의 기본적 욕구를 충족시킨다는 것이다. Solter(2001)에 따르면, 건강한 영아-양육자 애착은 부모와 영아 간의 고유한 의사소통 체계를 공유하게 되는 결과를 낳는다. 양육자는 영아의 필요와 요구를 의사소통하면서 더 친밀하게 된다. 관계는 상호적이다. 영아는 자신의 양육자가 그들의 욕구를 충족시켜 주고 그들을 이해하는 사람이라는 것을 배우게 된다. 다시 말해서, 영아-양육자 애착에 상호작용적 요소가 있는 것으로 보인다.

영아-양육자 간 상호작용. 영아-양육자의 행동들은 의사소통 발달에 도움이 된다. 양육자는 영아의 관심에 차례차례 다양한 표정을 지으면서 영아의 얼굴을 응시하는 것으로 화답한다. 이러한 초기 상호작용은 말하기와 언어발달에 사회적 토대가 된다.

영아-양육자 상호작용 동안의 영아의 행동들. 어떠한 영아의 행동은 성인이 특별한 방법으로 반응하도록 자극하는 것처럼 보인다. 영아의 주요한 행동과 속성 중 하나는 어른들이 그들을 돌보도록 하고 난감한 그들의 요구에 반응하도록 동기를 부여하는 것이다. 영아는 얼굴 찾는 것을 선호한다. 이러한 사실은 영아의 최적의 시력이 22cm 근처 또는 영아가 어른의 팔에 안겨 어른과 얼굴을 마주하는 거리라는 것이 이를 뒷받침해 준다(Murray & Andrews, 2001). 또한 영아는 자신의 엄마의 목소리를 더 선호하는 것으로 보인다. 또 다른 영아의 행동은 눈을 응시하거나 미소 짓기, 상호적 감촉 그리고 발성을 포함하는 성인의 언어 자극에 긍정적 강화하는 행동같이 보인다. 말할 수 있게 되면서 아동은 자신이 이해하거나 그렇지 못한 용어로 어른과 구두로 피드백을 하고 어른에 대해 관심을 증가시키므로 이해를 나타낸다. Hubbell(1981)은 "여기서 아동들은 그들이 받은 입력(input)을 조절하고 그들이 학습한 것으로부터 언어 모델을 강화한다."(p. 276)라고 언급했다.

영아와 양육자의 상호작용에서 양육자의 행동과 언어. 어른이 유아와 상호작용할 때 어른들의 의사소통 방식은 그들이 평소 자신의 동료들과 의사소통을 하는 방식과는 다르다. 이러한 몇몇 행동은 다음과 같다

- ❖ 영아의 웃음에 반응하여 소리를 낸다.
- ❖ 영아에게 가까이 다가간다.
- ❖ 영아의 눈을 응시한다.
- ❖ 팔로 영아를 안는다.
- ❖ 영아의 행동을 따라 한다.
- ❖ 어른의 행동에 영아가 반응하도록 기다린다. 예를 들어, 웃거나 발성하기, 영아의 몸을 움직이면서 까꿍 놀이 같은 농담이나 관습적인 것을 한다.

양육자들은 영아의 서로 다른 유형의 울음소리에 반응하고 조정한다(McLaughlin, 2006). 사실 양육자의 반응은 울음의 결과가 관심이라는 것으로 나타날 수 있다는 점을 영아에게 가르쳐 준다. 그래서 관심을 원한다면 영아는 울기 시작할 것이다.

이전 목록에 있던 어른의 행동에 덧붙여 영아 및 유아와의 대화에서 어른의 구어와 언어의 사용은 다르다. 유아와 어른의 의사소통에 관한 수많은 연구의 초점은 엄마에게 있다. 결론적으로 연구의 결과는 엄마가 유아에게 사용하는 독특하고 특색 있는 **모성어**에 관한 논의로 초점이 맞춰진다(Berko-Gleason & Weintraub, 1978). 표 1.8에 모성어의 특징이 요약되어 있다.

영아가 유아가 되고 말과 언어가 발달하게 됨에 따라 어른들은 입력 언어를 조정할 뿐만 아니라 아동 발화에 반응하는 방식도 수정하게 된다. 예를 들어 유아의 부정확한 발언을 수정할 때, 형태 구문이나 음운적 수정보다는 내용을 수정하게 된다. 그러나 아동의 연령이 높아짐에 따라 엄마는 발화의 형태 구문, 음운 면을 수정하게 된다. 부모 자녀 간의 의사소통적인 상호작용이 일어나는 동안 어른들은 유아들이 자신의 말을 의미상 대표하는 다른 말로 재구성하여 그러한 과장이나 재구성을 이용하여 말하는 것을 알게 된다. 더욱이 어른들은 자주 그 반복적인 메시지에 반응하게 된다.

표 1.8 모성어의 특징

* 짧은 발성 * 단순한 구문이나 문법적으로 잘 만들어진 발언 * 명사와 동사가 더 구체적이고 수식어는 그렇지 않다. * 적절한 명사가 대명사를 대신한다. * 길이와 복잡성은 아동의 나이와 언어 기술의 기능에 따라 다양하다. * 어른에게 말할 때보다 고음으로 이야기한다. * 발언 끝부분의 억양을 낮추기보다 높인다. * 말하는 시간이 길어진다. * 말의 속도가 느려진다. * 엄마 말 속의 개인적인 발언 사이에는 명확하게 쉬는 시간이 있다. * 발언에서 하나 이상의 강세가 있다. * 강세가 있는 단어는 대개 기능적 단어보다는 실제적인 단어들이다.

출처: Berko-Gleason & Weintraub(1978); Broen(1972); Brown(1973); Hulit & Howard(2006); Mahoney & Seely (1977); Morek(1976); Phillips(1973); Snow(1972, 1977).

따라서 그것은 영아-양육자의 상호작용이 말과 언어의 습득에 기초가 된다는 것을 보여 준다. 영아는 사회적 상호작용에 미리 습관을 들이는 것처럼 보인다. 그들은 또한 주위 어른들의 반응을 끌어내는 행동을 하기 시작한다. 영아는 자기가 의사소통하는 방식으로 이해하고 반응하는 양육자에게 애착을 가지게 된다. 이러한 초기 의사소통의 시도는 더 복잡한 상징적인 의사소통의 길을 닦는다. 또한 양육자는 영아의 욕구를 충족시키는 반응뿐만 아니라 말과 언어의 획득을 발전시키는 사회언어학적으로 풍부한 환경을 제공하게 된다.

영아와 양육자의 상호작용과 언어장애: 연결이 가능한가? 영아가 어른의 입력에 반응하는 것은 어른들로 하여금 그들의 언어 촉진 행동이 지속되거나 그렇지 않도록 동기화할 수 있고, 언어 학습에서 장점이 적은 행동들은 수정하게 한다. 언어장애가 있는 아동들의 부모는 아동을 위한 적절한 언어 자극을 적절하게 제공하지 않을 경우가 많다. 그러나 이것은 전체적으로 공평한 판단이 아닐지도 모른다. 대부분의 언어장애 아동들의 부모는 정상적인 언어 습득 자극과 비슷한 언어적 자극을 제공한다. 다른 예로 언어장애 아동의 부모는 아동과 성인의 언어 학습이 덜 전도되는 상호작용과 어떤 형태로든 관련되어 있을지도 모른다. 물론 이러한 결론은 조심스러우며 일반화하기 힘들다. 우리의 이전 논의에 비추어, 그들의 장애 때문에, 부모는 적절한 언어 자극 활동을 관여하기 위한 강화를 제공하지 않는다. 아동의 언어장애가 나타난 것은 적절한 언어 자극을 제공한 부모의 관심 방법인 긍정적인 강화가 아닐지도 모른다.

모방과 강화. 언어 습득에서 모방과 강화의 역할이 논의되어 왔다. 이런 논의는 언어의 다른 정의로 생겨났다. 모방이 성인 발성의 아동의 정교한 생식으로 보인다면, 모든 언어 학습 과정을 설명할 수 없다. 만약 언어와 구어 습득의 전체 기초를 가지고 있다면, 아동은 새로운 발성을 생산하지 않을 것이다. 다른 한편으로 Bandura(1971)의 사회적 관찰 학습 개념에서, 모방은, 성인이 제공하는 수많은 모델들에서 아동들은 규칙을 만드는 중요한 요소들을 추출하며, 그다음에 모델의 정확한 복제가 아닌 규칙을 포함하는 언어 학습에 관련될 것이라는 것이다.

이러한 논의는 비록 그 역할이 연령과 언어 기술의 기능에 따라 변한다 해도 정확한 복제 형태의 모방이 언어 학습에 어떠한 역할도 하지 않는다는 것을 의미하는 것은 아니다. 인지 발달 단계의 감각운동기 끝에 나타나는 아동의 말하기는 모방적 발화의 높은 수준이다. 그러나 생산적인 언어 기술이 발달함에 따라, 모방 반응의 빈도는 아동들의 자발적 발화의 비율이 높아지면서 감소한다.

언어 습득에서 강화의 역할 또한 불확실하다. 언어를 조절하거나 자극-반응 학습으로 사용되는 강화는 언어 학습에 전체적으로 충분하지 않다. 아동들에게 이른 발화가 강화되어서라고만 할 수는 없으며, 말하기 학습에 도움이 되는 방법이 강화되어서라고 할 수도 없다. 여전히 아동은 대화를 위해 배우며 인간은 사회적 존재이다. 만약 유아가 그들이 발성과 걸음마 이전에 미리 언어를 만들고, 성인들과의 상호작용을 유지한다면, 강화는 조작이라는 것을 고려했을지도 모른다. 게다가 성인들의 설명과 아동 발성의 표현으로 제공되는 언어의 표현은 아마도 발화 행동을 강화한다. 왜냐하면 아동과 함께 성인의 상호작용이 유지되고 언어 산출을 지원하기 때문이다.

요약

이 장에서 우리는 다음의 내용들을 살펴보았다.

- 의사소통은 메시지를 보내고 받는 것을 말한다. 그것은 간단한 신호나 복합한 구어 단어로 할 수 있다.
- 언어 외의 의사소통의 측면은 준언어학, 비언어학, 상위 언어학을 포함한다.
- 언어의 시스템인 음운론적 · 의미론적 · 형태론적 · 화용론적 규칙은 다른 사람들과 의사소통을 하기 위한 생각과 사고의 부호로 사용된다. 언어는 부호이다. 구어는 여러 감각운동 과정의 하나이며 부호를 생산한다.
- 의사소통은 이해와 산출을 포함한다. 그러나 이해와 산출의 관계는 전체적으로 합의된 것이 아니다.
- 의사소통은 여러 가지 방식으로 이루어질 수 있다. 청각-구어, 시각-그래픽, 시각-제스처 시스템이 있다.

- 의사소통은 생물학적 · 사회적 · 인지적 기반을 갖는다.
- 메타인지는 우리의 사고를 의식적으로 분석하고, 조절하고, 계획하며, 체계화한다.
- 유아는 사회적 상호작용을 찾는 경향이 있다. 예를 들어 얼굴을 보는 것을 선호하고, 행동에 참여하고, 행동 상대자가 스스로 언어 학습을 가지도록 만든다.
- 양육자는 영아와 사회적 상호작용을 촉진하는 일련의 행위들에 참여한다.

의사소통은 메시지를 주고받는 것이다. 인간을 예를 들면, 언어는 의사소통을 위한 주된 도구이다. 언어는 인지적 · 생리적 · 심리적 · 사회적 요소 사이의 복잡한 상호작용으로 이루어진다. 이러한 상호작용을 설명하기 위한 다양한 접근법이 시도되었다. 아동들이 언어를 학습하는 것에 대해 단독으로 충분히 설명되는 것은 없다. 언어는 어떤 단순한 이론이나 접근법으로 설명되지 않는 복잡한 인간 행동이다.

정상 언어발달

학습 목표

이 장을 읽고, 다음의 내용을 논의할 수 있어야 한다.

※ 언어 이전 시기의 의사소통 발달과 언어 이전 시기의 영아가 산출하는 발성의 유형
※ 1~2세 아동의 언어 기술: 의미적 능력, 형태적 능력, 음운적 능력, 화용적 능력
※ 아동이 산출한 두 낱말 발화의 유형과 기능, 화용적 특성
※ 학령 전기와 학령기 아동의 언어발달의 주요한 특징들: 음운적 발달, 의미적 발달, 형태적 발달, 구문적 발달, 화용적 능력
※ 구어가 읽기와 쓰기, 교육, 각 학년별 일반적인 가능성 등과 맺는 관련

모든 아동들이 똑같은 속도나 정확히 같은 순서로 언어 능력을 습득하는 것은 아니지만, 말 배우기는 비교적 순서대로 진행된다. 개인차가 존재한다. 그래도 역시 일반적인 양식대로 새로 습득한 기술이 수정되면서 기존의 언어 능력을 확대시키며, 이러한 새로운 능력은 이전에 배운 기술을 바탕으로 한다. 이 과정은 연마하고, 확장하고, 확대하는 과정이다. 언어 학습은 사실상 상승 작용을 한다. 언어의 구성 요소들—구문론, 형태론, 의미론, 음운론, 화용론—은 점차 성인과 같이 발달하도록 상호작용한다. 아동 개개인의 언어 습득에는 가변성이 있지만, 또한 상당한 지속성이 있다. 이 과정에서 가장 놀라운 것은 대략 7~8세에 나타나는데, 이 시기에 대부분의 아동들이 성인과 같은 방식으로 구어 사용을 통해 의사소통한다. 그러나 이것이 그 연령에서 언어발달이 멈춘다는 의미는 아니다. 우리는 8세 이후의 언어발달이 시시하고 중요하지 않다는 생각의 함정에 빠지지 않도록 주의해야 한다. 5장에서 살펴볼 것처럼, 많은 중요한 언어 기술들, 특히 더 높은 수준의 읽고 쓰기 능력과 학업의 성공을 위해 꼭 필요한 요소들은 청소년기까지 완전히 습득되지는 않

는다. 그래도 역시 7~8세 아동들은 일반적으로 다방면에 걸쳐 다양하고 수많은 낱말들로 구성된 잘 만들어진 문장들을 훌륭한 말소리로 사용하며, 많은 다양한 용도로 이러한 문장들과 낱말들을 효과적이고 유창하게 사용한다.

이 장에서는 어린 아동들의 언어 습득을 빠르게 살펴볼 것이다. 완벽하지는 않지만 아동 언어 습득에 대한 내용이다. 광범위한 논의는 이 책의 목적을 넘어선다. 이 장에서는 초기 아동기의 주요한 언어 이정표를 살펴볼 것이다. 또한 간략하게 언어, 초기 읽기와 쓰기, 교육에 유익한 순서 등을 살펴볼 것이다. 청소년기 언어발달은 5장에서 논의될 것이며, 또한 청소년기 언어장애에 대해서도 언급할 것이다.

1. 언어 이전 시기: 생후 12개월까지

태어난 순간부터 신생아는 의사소통을 한다. 빠는 동작은 신생아가 먹을 준비가 되어 있다는 표시이며, 눈을 가늘게 뜨고 보는 것(눈흘김)은 밝은 빛이 눈이 부셔 싫다는 표시이고, 우는 것은 분만실이 차가워서 싫다는 표시이다(Solter, 2001). 이 시기, 즉 영아가 언어를 사용하지는 않지만 의사소통하는 시기가 **언어 이전 시기**(prelinguistic period)이다. 무관심한 관찰자라면, 이 시기는 전혀 별일이 없는 시기일 것이다(Hulit & Howard, 2006). 반면에 숙련된 관찰자에게는 발달 활동의 중심 시기일 것이다. 엄청난 양의 학습이 순조롭게 '첫 낱말'이 나오는 첫돌이 되기 전에 일어난다. 이 절(section)에서 사용되는 **영아**(infant)라는 용어는 '말할 수 없다'라는 뜻의 *infans*라는 라틴어에서 온 것이다(McLaughlin, 2006).

1) 언어 이전 시기의 의사소통 발달

언어 이전 시기 영아의 의사소통 발달에 대해 올바로 이해하기 위해서는, 말하는 행동(speech act)의 기본적인 실제 요소들을 이해할 필요가 있다. 기본적인 요소들은 다음과 같다. (1) **발화 내 행위**(illocution): 말하는 사람은 의사소통하려는 의도를 갖고 있다. (2) **말투**(locution): 말하는 사람의 의도를 표현한다. (3) **발화 효과 행위**(perlocution): 듣는 사람이 다른 사람의 의도된 말을 해석한다(Bates, 1976). 생후 8개월까지는 말하는 행동의 발화 매개적(perlocutionary) 요소에 초점을 두어 발화 매개적 시기라고 한다. 이 시기 동안 양육자는 학습을 촉진하는 중대한 역할을 수행한다. 영아의 행동은 의도적인 의사소통이 아니기 때문에 의사소통으로 해석해 줄 필요가 있다. 양육자가 의사소통으로 해석해 주는 영아의 행동들은 다음과 같다.

- ❖ 배고픔, 아픔, 화남을 나타내는 각기 다른 울음들(Reich, 1986)
- ❖ 불쾌함, 무서움, 슬픔, 화남, 즐거움, 싫음을 나타내는 얼굴 표정들(Owens, 2008)

- ❖ 상호적인 응시(장시간의 눈 맞춤), 응시의 연결(영아와 양육자가 서로 마주 보기, 눈길 돌리기, 뒤돌아보기), 지시적인 응시(영아가 관심 있는 사물을 주시함) 등의 응시 패턴(McLaughlin, 2006)
- ❖ 안정된 상태일 때 입 벌리기, 혀 내밀기, 웃기 등의 팔과 다리의 움직임과 입의 움직임(Murray & Andrews, 2001)

대략 생후 3개월까지 영아와 양육자는 초기 대화에 몰두한다. Owens(2008)에 따르면, 이러한 '대화'는 일반적으로 양육자의 상호작용 개시로 이루어지며, 영아와 양육자가 인사하는 행동들(서로 마주 보고 웃거나 응시하기)로 일어난다. 대화놀이는 인사하기에 뒤이어 일어난다. 대화놀이는, 양육자가 말하고 나서 쉬는 동안 영아는 소리 낼 시간을 얻게 된다. 이 대화는 영아나 양육자가 눈길을 돌릴 때까지 계속된다. 이러한 일들은 종종 성인과 영아 간의 상호작용으로 해석된다. 초기 대화는 영아에게 매우 중요한 경험으로, 영아에게 대화의 기본적인 구성 요소들 및 인사하기와 주고받기를 가르쳐 준다. 생후 6개월까지, 많은 영아와 양육자의 상호작용은 사물이나 장난감 등과 함께 세 가지가 결합되어 이루어진다(Owens, 2008).

대략 생후 8개월에는, 영아가 의사소통 의도의 신호를 보이기 시작하여 의사소통 발달의 언어 이전의 의도적 시기로 들어가게 된다. 일반적으로 이 시기는 생후 8~12개월에 해당된다. 어른에게 사물 보여 주기와 같은 제스처는 가리키기(pointing)가 가능해야 하며, 어른에게 사물 건네주기는 언어 이전의 의도적 시기의 특징으로 여겨진다. 이 시기 동안, 영아는 그 물건이 영아의 시야 내에 있을 때 어른이 보고 있는 물건을 알아내어 어른의 응시를 따라 할 수 있다(Delgado et al., 2002). 함께 주목하기(joint attention)나 공동 응시(mutual gaze)에 필요한 이러한 능력은 사물과 짝이 되는 낱말에 대한 기초를 제공하므로 중요하다. 또 다른 중요한 의사소통 이정표는 생후 8~9개월 무렵에 나타나는데, 구체적으로 말하면 영아의 구어 이해력이다(Benedict, 1979).

생후 12개월에 영아는 말하는 행동(speech act) 발달의 결정적인 시기인 발화(locutionary) 기간으로 들어간다. 생후 12~18개월에는, 점차적으로 바로 눈앞에 보이지 않는 사물에 대해서도 함께 주목하기를 할 수 있다(Delgado et al., 2002). 또한 첫돌 즈음에는 제스처를 동반하거나 제스처를 대신하는 낱말을 사용하기 시작한다(Owens, 2008). 생각을 말로 표현하는 진정한 언어나 상징 표현이 시작된다. 언어발달의 주요한 이정표들이 달성된다. 영아는 더 이상 '말할 수 없는' 존재가 아니며, 일반적으로 걷기 시작하여 유아(아장아장 걷는 아이, toddler)라 불린다.

2) 언어 이전 시기의 음성 발달

생후 1년 동안 영아가 만드는 소리는 반사적인 발성에서 옹알이로, 생후 12개월 즈음에는 첫 낱말의 출현으로 진행된다. 이 절(section)에서는 Stark(1980)과 Oller(1980)가 제안한 다섯 단계를 사용하여 생후 1년 동안 영아의 음성 발달을 살펴볼 것이다.

1단계(출생~2개월): 반사적인 발성. 태어나서 대략 2개월까지는, 영아의 반사적 발성과 생리적인 소리들(vegetative sounds)의 목록은 비교적 짧다. 첫 반사적 발성은 출생 시 우는 울음으로, 첫 호흡의 반응으로 나타난다. 배고픔, 아픔, 화남을 알리는 그다음의 울음은 내부 자극의 반응으로 여겨진다(McLaughlin, 2006). 다른 유형의 반사적 발성으로는 기침 소리, 그르렁거리는 소리(grunting), 트림 소리 등이 있다(Bauman-Waengler, 2008). 생리적인 소리들로는 한숨 소리, 모음 같은 소리들, 입술이나 혀 차는 소리를 내는 활동들과 관련된 그르렁거리는 소리들, 젖(우유)을 먹는 것과 관련된 소음 등이다(Bauman-Waengler, 2008; McLaughlin, 2006; Paul, 2008; Proctor, 1989).

2단계(2~4개월): 쿠잉(구구 소리, cooing)과 웃음소리. 생후 2~4개월에 영아의 발성 범위는 쿠잉, 즐거움과 관련된 소리들, 웃음소리 등으로 바뀐다. 쿠잉은 'ㄱ('g'나 'k')' 같은 연구개음으로 시작되는 모음 같은 소리들[흔히 '우(oo)']을 일컫는다(McLaughlin, 2006). 영아들은 편안한 상태일 때 구구 하는 소리를 낸다. 또한 영아들은 이 단계에서 '음(mmmm)' 같은, 유쾌해서 내는 소리들을 산출하는 것으로 관찰된다(Paul, 2007). 웃음소리는 생후 16주 정도에 출현한다(Gesell & Thompson, 1934). 울음소리나 초기의 생리적인 소리들은 대략 생후 12주부터 줄어드는 것으로 여겨진다(Bauman-Waengler, 2008).

3단계(4~6개월): 음성놀이. 생후 4~6개월에는, 영아의 음성 목록이 더 많은 모음 같은 소리들과 자음 같은 소리들(입 앞쪽에서 나는 파열음들과 비음들)로 확장되어, 옹알이에 가까운 소리(marginal babbling)로 진행된다(Paul, 2007). McLaughlin(2006)에 따르면, 옹알이에 가까운 소리(marginal babbling)란 "영아가 다양한 모음 같은 소리들과 자음 같은 소리들을 거의 음절로 소리 내는 것(p. 482)"으로, 영아의 모국어에 있는 소리든 없는 소리든 모든 소리를 포함한다. 영아를 매혹시키는 소리들은 입 앞쪽에서 만들어지는 소리들로, 양 입술 사이에서 혀를 진동시켜서 내는 소리와 입술로 쩍쩍 입맛을 다시는 소리들이다. 억양 곡선 또한 고함치기, 비명 지르기, 화가 나서 낮은 음조로 으르렁거리기 등으로 출현한다(Paul, 2007).

4단계(6개월 이상): 정통 옹알이. 생후 6개월부터 정통 옹알이(canonical babbling)가 출현한다. 정통 옹알이는 음절이 반복된 옹알이와 반복되지 않는 다양한 옹알이에 대한 총칭이다(Bauman-Waengler, 2008). 알기 쉽게 설명하면, 옹알이는 구성된 음절을 말하는 것으로, 최소한 한 개의 모음 같은 소리와 한 개의 자음 같은 소리로 이루어져 빠르게 전환되어 연결된 소리이다(Oller, Levine, Cobo-Lewis, Eilers, & Pearson, 1998). 이 시기에 관찰되는 두 가지 형태의 옹알이에 대한 설명은 **표 2.1**에서 볼 수 있다.

표 2.1 생후 6개월 이상의 영아들에게서 나타나는 정통 옹알이의 유형들

옹알이의 유형	설명
반복되는 옹알이	• 자음-모음 산출의 일련의 반복 형태 • 자음 소리가 제한적이다. • 약간의 모음 소리 변화가 나타난다. • 예: '마마마마(mamamama)' • 이전 시기에서보다 눈에 띄는 경향이 있다(약 6개월부터).
반복되지 않는 옹알이 또는 다양한 옹알이	• 자음-모음 산출의 일련의 반복 형태 • 자음과 모음이 변할 수 있다. • 예: '마바미바(mabameba)' • 반복되는 옹알이보다 다소 늦게 출현하며, 대략 생후 12~13개월에 출현하는 경향이 있다.

출처: Bauman-Waengler(2008); Menn and Stoel-Gammon(2008).

5단계(10개월 이상): 자곤 단계. 언어 이전 음성 발달의 마지막 단계로 아동들의 첫 낱말 산출과 같은 시기에 일어난다. Menn과 Stoel-Gammon(2008)에 따르면, 자곤(jargon)의 단계는 "풍부하고 다양한 강세와 억양 패턴을 가진 일련의 소리들과 음절들"(p. 71)로 특징지어진다. 이러한 유형의 자곤을 달리 말하면 대화식의 옹알이, 억양을 붙여서 말하는 옹알이라고 한다. 이 단계 동안, 부모들은 종종 영아가 무언가를 말하려고 한다고 확신하게 된다. 첫 낱말은 사실상 일련의 자곤 중에서 산출된다.

자곤에서 산출되는 자음의 형태는 파열음, 비음 등이며, 첫 낱말에서도 그러한 형태이다. 옹알이에서 나타나지 않는 자음 형태로는 마찰음, 파찰음, 유음 등이 있다. 당연히 이러한 소리들은 첫 낱말의 전형적인 소리들이 아니다. 이러한 정보는 관련성 가설에 대한 지지를 제공하는데, Menn과 Stoel-Gammon(2008)은 "초기 의미 있는 말에서 확인할 수 있는 아동들의 음운 패턴은 옹알이에서 사용하는 패턴과 직접적으로 관련되어 있다."(p. 72)라고 지적한다.

2. 첫 낱말 발화 시기

1) 음운론

아동들은 일반적으로 첫돌 즈음에 첫 낱말을 산출한다. 실제 낱말이 되려면, 특정 문맥에서 일관되게 사용되어야 하고 판별할 수 있을 정도의 음성적 형태를 갖추어야 한다. 즉, 그 낱말이 성인의 발음과 똑같지는 않더라도 성인의 낱말과 거의 비슷하게 닮아야 하는 것이다. 아동들은 음운 체계 습득의 초기 단계에서 개인차를 보여 준다. 예를 들어, 대부분의 아동들이 파열음이나 비음을 사용하는데, 어떤 아동은 ㅂ(/b/)나 ㅁ(/m/) 같은 양순음을

선호하고, 또 다른 아동은 ㄷ(/d/)나 ㄴ(/n/) 같은 치조음을 선호한다. Menn과 Stoel-Gammon(2008)에 따르면, 대부분의 아동들은 낱말의 각각의 개별 소리들을 만들어 낱말을 발음하기보다는 먼저 낱말 전체를 발음하는 것을 습득한다. 아동들은 대략 50개의 한 낱말(single-word) 어휘 목록을 갖게 되면, 새롭고 더욱 효과적인 전략을 채택하여, 언어의 음운 규칙을 고려하여 낱말 각각의 개별 소리들을 만들어 발음한다(Bauman-Waengler, 2008).

2) 의미론

1장을 회상해 보면, 태어나서 2세까지의 어린아이들은 Piaget의 인지 발달의 감각운동기(sensorimotor)에 해당된다. 이러한 인지 발달의 성취 결과 중 하나가 대상 영속성 또는 사물 항존성(恒存性)으로, 즉 사물이 지금 당장에는 눈에 보이지 않더라도 주위에 있다는 것을 의미한다. 대상 영속성은 주위 환경, 정신적 이미지, 아동의 주변에 존재하는 사물들이나 사건들의 상징체들의 내면적 표상의 기초이다. 많은 학자들이 이러한 내적 표상은 아동의 언어 상징-낱말의 사용 능력과 관련되어 있다고 말한다.

Lahey(1988)는 아동들이 주변 환경에 대해 배운 것을 표현하는 데 사용하는 한 낱말들의 유형을 세 개의 커다란 범주—명사적으로 쓰이는 낱말, 관계를 나타내는 낱말, 사회적인 낱말—로 확인했다. 아동들은 **명사적으로 쓰이는 낱말**을 사물에 이름을 붙이는 데 사용한다. 많은 낱말들이 사물의 종류나 구분에 사용된다. 아동들이 사물에 대한 지각적인 또는 행동적인 일관성을 배울수록 유사한 특징을 갖는 사물들은 같은 이름을 갖는다는 것을 배우게 된다. 이러한 많은 초기 낱말들은 과자, 공, 신발과 같이, 아동들이 움직여 볼 수 있거나 변화를 줄 수 있는 사물들의 이름이다. 이 단계의 아동들은 사물의 이름보다는 색깔이나 크기를 언급하는 한정 수식어를 더 적게 사용한다. 다른 유형의 명사 낱말은 아동들이 단 하나뿐인 것으로 믿는 사물을 가리키는 것이다. 오직 한 명의 '엄마', 특히 좋아하는 단 하나의 담요, 그 아이, 그 젖병 등이다. 아이의 마음(의식)에 이러한 것들은 사물의 종류에 속하지 않는 유일한 실제 예들인 것이다.

Lahey(1988)가 확인한 한 낱말 발화의 두 번째 범주는 관계를 나타내는 낱말들이다. **관계를 나타내는 낱말**이란 사물들의 움직임이나 사물 간의 관계나 특징들을 나타내는 말이다. 갑자기 사라지는 사물 같은 그 자체의 사물 관계 등이다(McLaughlin, 2006). 어떤 아동들은 명사 낱말보다 관계 낱말을 더 잘 사용하기도 한다(Bloom, 1973; Gopnik, 1981). 관계 낱말의 종류에는 존재, 존재하지 않음/소멸, 재현, 거절, 부정, 귀속, 소유, 실행, 위치를 가리키는 행동 등이 있다(Lahey, 1988). **표 2.2**에 아동들이 한 낱말 단계에 사용하는 관계 낱말들의 유형을 기술하고 설명했다. 실제로는 같은 낱말이 각기 다른 관계로 사용된다는 것을 아는 것이 중요하다. 예를 들어, *no*는 거절, 부정, 존재하지 않음/소멸 등을 나타내는

표 2.2 한 낱말 발화에 나타나는 관계들

관계	설명
존재	사물이 아동과 직접적인(직접 접해 있는) 환경에 있고, 아동은 그 사물에 주목하고 있다. 예: 이것, 저것, 거기에
존재하지 않음/소멸	사물이 있다고 예상했지만 없다. 행동이 일어날 것이라고 예상했지만 일어나지 않았다. 사물이 존재했지만 사라졌다. 예: 모두 사라지고 없다(all gone), 없다(no), 잘 가
재현	사물이 재출현한다. 아동이 주목하고 있는 물건과 같은 또 다른 사물이 처음 물건의 자리에 놓여 있다. 사건이 다시 일어난다. 예: 더, 또 다른
거절	아동은 사물이나 사건이 발생하기를 원치 않는다. 예: 아니(no)
부정	아동은 이전 발화의 진실함(정확성)을 거절한다. 예: 아니(no)
귀속	아동은 사물이나 사건의 특징을 말하지만 보통 이 단계에서는 모양이나 색깔은 언급하지 않는다. 예: 큰, 작은
소유	아동은 사물의 소유를 확인한다. 예: 내 것, 나의
실행	아동은 행동을 확인하거나 요구한다. 예: 가, 열어
위치를 가리키는 행동	아동은 사물의 위치 변화를 언급한다. 예: 여기, 저기, 안에, 위에

출처: Lahey(1988).

데 사용될 수 있다. *no*는 아이들에게 매우 편리하고 다기능적인 중요한 낱말이다. 공 같은 명사는 존재나 재현의 의미로 사용될 수도 있고(그러므로 관계 낱말), 사물의 이름으로도 사용될 수 있다(그러므로 명사 낱말).

한 낱말 발화의 마지막 범주는 사회적 낱말들로, 안녕, 잘 가와 같은 것이다. 이러한 낱말들은 아동의 초기 목록에서는 중요한 낱말들로, 그 문화의 사회적 관계에 따라서 인간관계를 만들고 유지시켜 주는 기초를 제공한다. 이러한 낱말들은 중요하기는 하지만 명사 낱말이나 관계 낱말과는 달리, 이후의 문법적인 복잡성을 이끌지는 못한다.

한 낱말 발화 시기에 아동의 음운론과 의미론의 발달 관계가 나타나기도 한다. 아동들은 다른 낱말에서 이전에 사용되었던 자음으로 시작하는 새로운 낱말을 전에 사용되지 않았던 자음으로 시작하는 낱말보다 더 쉽고 빠르게 배우는 듯하며(Leonard, Schwartz, Morris, & Chapman, 1981; Schwartz & Leonard, 1982), 대상 낱말을 말할 때가 행위 낱말을 말할 때보다 더 나은 발음의 정확성을 나타낸다(Camarata & Schwartz, 1985). 이러한 사실들이 아동 언어발달에서의 다양한 요소들 간의 상승 작용에 대한 의견을 지지해 주는 것이다(Reed, 1992; Storkel, 2003).

3) 화용론

Halliday(1975)는 대략 생후 9~16개월이나 18개월 사이에 나타나는 의사소통 시도를 일곱 가지 목적(의도) 또는 기능으로 설명했다. 표 2.3에 이러한 일곱 가지 기능이 설명되어 있다. 이러한 기능들은 영아들이 사용하는 낱말이 거의 없는 시기에 출현하기 때문에, 많

표 2.3 초기 언어에서 아동들의 기능과 의도

Halliday의 기능 (대략 생후 9~16/18개월)		Dore의 의도 (대략 생후 12~18/24개월)	
기능	설명	의도	설명
		이름 부르기	사물의 이름을 부르기 위해서(기대되는 반응은 없음)
도구적 기능	구체적인 도움이나 원하는 물건, 또는 다른 사람의 도움을 받기 위해서	대답하기	어른의 요구에 반응하기 위해서
조정적 기능	다른 사람의 행동을 지휘하기 위해서	요구하기	어른이 무언가를 하도록하기 위해서
상호작용적 기능	다른 사람들과의 접촉(관계)을 시작(개시)하거나 유지함으로써 주변 사람들과의 대인관계를 만들기 위해서	대답 요구하기	어른이 말로 요구에 반응하도록 하기 위해서
개인적 기능	자신을 드러내기 위해서, 자신의 느낌이나 개성을 표현하기 위해서	부르기	어른을 부르기 위해서(어른의 주의를 얻기 위해서)
탐구(발견)적 기능	알려진 환경 내에서 환경이나 사건에 대해 알려고 시도하기 위해서	인사하기	주변 어른이나 물건들에 대해 알기 위해서
상상적 기능	흉내 내며 놀기 위해서	항의하기	어른의 행동에 대해 반대하거나 부정하기 위해서
정보적 기능	경험을 전하기 위해서, 누군가에게 무엇인가를 말하기 위해서	반복하기	어른의 말을 모방하기 위해서(기대되는 반응 없음)
		활용하기(언어)	스스로에게 언어를 연습해 보기 위해서(기대되는 반응 없음)

출처: Dore(1975); Halliday(1975).

은 의사소통들이 비구어적인 방식으로 이루어질 수 있다. Halliday(1975)의 의사소통 기능에 대한 의견은 듣는 사람의 반응을 고려했다. 반면, Dore(1975)는 한 낱말 발화 시기(대략 생후 12~18/24개월)에 초점을 두어서, 아동들이 한 낱말 발화를 사용하는 의도에 중점을 두어, 듣는 사람의 반응을 덜 강조했다. Dore(1975)의 의도는 표 2.3에 기술되어 있다. Prutting(1979)의 설명에 따르면, Dore는 아동이 의사소통하려는 의도를 확인하는 방식을 제시하고, Halliday는 그 의도가 얼마나 잘 되고 기능하는지를 설명한다.

대략 생후 16/18~24개월에, 아동들은 각기 다른 기능으로 언어를 사용한다. Halliday(1974)에 따르면, 더 빠른 도구적인 기능과 조정적인 기능은 상호작용적인 기능과 연합하여 새로운 기능인 활용적 기능을 만든다. **활용적 기능**이란 사람들과 상호작용하면서 동시에 원하는 것이나 필요한 것을 이루도록 조정하는 것이다. 듣는 사람의 반응이 기대되는 것이다. 새롭게 배우는 탐구적 기능은 더욱 기본적인 개인적인 기능과 발견의 기능이 결합되고 다시 상호적인 기능이 결합되어 만들어진다. **탐구적 기능**은 주위 환경에 대해 더 배우기(예: 사물의 이름 묻기) 위한, 또한 주위 환경에 대해 의견을 말하기 위한 도구로서의 언어에 초점을 둔 것이다. 활용적 기능과는 달리, 탐구적 기능은 항상 듣는 사람의 반응을 요구하는 것은 아니다. 아동들은 이 시기에 세 번째 기능인 정보적 기능을 사용한다. 정보적 기능의 사용은, 아동이 실제로 듣는 사람에게 정보를 전하는 것이다. 이 시기의 끝부분에서 중요한 성취(획득)가 일어난다. 즉, 아동들은 언어가 다기능적일 수 있다는 것을 습득하게 되는 것이다. 즉, 대부분의 어른들의 의사소통 특징으로, 한 개의 발화가 한 번에 하나 이상의 기능을 전할 수 있다는 것이다.

효과적인 대화에 관련된 두 가지 측면은 적절한 대화 주고받기와 대화의 주제 유지하기이다. 생후 9개월 이전의 영아들조차도 상호작용 형태의 초보적인 대화 주고받기 기술을 나타낸다(Bochner & Jones, 2003). 생후 18~24개월까지는, 대화에 참여하는 법을 배우며 대화의 주고받기 규칙을 적용하는 능력을 보여 준다(Bloom, Rocissano, & Hood, 1976; Halliday, 1975; McLaughlin, 2006).

3. 두 낱말 발화 시기

1) 의미-구문 발달

2세 아동은 점차적으로 한 낱말 발화를 확장시켜, 한 발화에 두 낱말을 조합하는 것을 배운다. 처음 두 낱말 발화는 보통 생후 18~26개월 정도에 발생한다. 생후 18개월 아동의 표현어휘는 50여 개 정도이다. 18~24개월에는 어휘의 급성장을 경험하고, 24개월에는 일반적으로 120~300개의 한 낱말 어휘 목록을 갖는다(Dale & Thal, 1989; Reich, 1986; Rescorla, Alley, & Christine, 2001). 일반적으로 한 발화에서 두 낱말 조합을 시작하려면 적어도 50개 정도의 어휘 목록이 미리 필요한 것으로 여겨지지만, 대부분의 2세 아동들은 50개보다는 4~6배 더 많은 한 낱말 어휘를 표현한다. 아동들은 다양한 어휘를 익혀야 결국에는 두 낱말 조합에 사용하고, 다음에는 문장으로 발전시킬 수 있다.

한 낱말에서 두 낱말 단계로의 발달은 우연히 그냥 이루어지지 않는다. 아동들은 두 낱말 단계로 들어서면서, 동사의 수 증가, 다른 형태의 관계 낱말 감소, 모국어에서 사용되는 사물-분류 낱말 수의 증가 등을 보인다(Bloom, 1973; Bloom & Lahey, 1978). 또한 몇몇 학자들은 아동들이 두 낱말 조합을 사용하기 전에 짤막하게 연결된 한 낱말 산출을 시작한다고 제안하지만(Bloom & Lahey, 1978; McLaughlin, 2006), 모두가 이 제안에 동의하는 것은 아니다(Branigan, 1979; Owens, 2008). 연결된 한 낱말 발화란 강세나 억양 패턴에 기초하여 서로 매우 유사한 연속물로 사용하는 두 개의 한 낱말이지만, 각각 개별적인 낱말로 사용되는 것이다. 이런 발화는 아동들이 사건의 한 면뿐만 아니라 다른 면도 보기 시작할 때 나타나기 시작한다. 즉, 공/굴려 또는 까까/없다처럼 한 사건 내에서의 관계에 대해 확인하고 말하는 듯하다. 이러한 연결된 한 낱말 발화는 공 굴려, 과자 없다, 주스 더와 같이 사건이 일어나는 것에 대한 두 낱말 발화의 출발점일 수 있다(McLean & Synder-McLean,

1999).

2) 두 낱말 발화 유형

보통 2세 정도에 산출하기 시작하는 두 낱말 발화는 종종 의미 관계의 반영으로 설명된다(Bloom, 1970; Brown, 1973). 두 낱말의 산출은 발화의 낱말들 간의 다른 관계에 기초한 의미를 반영하는 것이다. 영아들은 아기 공이란 발화로 소유('아기의 공')를 나타낼 수도 있고 행위자와 행동 대상물["아기 공 (굴려)"]로 나타낼 수도 있다. 한 발화가 두 가지 다른 의미나 그 낱말 간의 두 가지 다른 관계를 나타낼 수도 있다. 표 2.4에 Brown(1973)이 두 낱말 산출에서 확인한 일반적인 의미 관계를 기술했다. 표에서 보듯이, 소유, 행위자-대상, 실재물-처격을 나타내는 데 '명사+명사(N+N)'의 형태가 사용되는 것처럼, 다른 의미 관계가 같은 문법적인 형태로 표현될 수 있다. 이 시기의 또 다른 중요한 특징은 사용되는 낱말에 형태론적 어미가 결여되어 있다는 것이다. 아동들은 비록 그들의 의도가 소유를 가리키는 것일지라도 소유격 어미를 사용하지 않으며, 동사에도 어떤 어미도 사용하지 않는다. 대신에 오직 낱말의 어휘, 어근, 형태 등을 사용한다.

Brown(1973)은 이러한 의미 관계 시기를 언어발달 1단계라 명명했다. 이 시기 동안, 아

표 2.4 일반적인 의미 관계들

관계	예	구조
지명(임명)	"That ball"	지시어+N
존재하지 않음	"No ball"	No(allgone)+N
행위-대상	"Roll ball"	V+N
행위자-행위	"Baby cry"	N+V
재현	"More cookie"	More(another)+N
행위+처격	"Jump [on] chair" "Roll here"	V+N V+Loc.
실재물+처격	"Ball [in] chair" "Mommy here"	N+N N+Loc.
소유자+소유물	"Baby ball"	N+N
행위자+대상	"Baby [roll] ball"	N+N
실재물-수식어	"Pretty ball" "Ball pretty"	Att.+N N+Att.
주의(주목)	"Hi ball"	Hi+N
도구	"Cut [with] knife"	V+N
행위-간접 대상	"Give [to] doggie"	V+N
연결	"Coat [and] hat"	N+N

주: N(noun)=명사, V(verb)=동사, Loc.(locative)=처격어, Att.(attributive)=수식어
출처: Brown(1973).

동들은 대략 같은 수의 한 낱말이나 두 낱말 발화를 사용한다. 만약 그 발화들의 낱말 수를 평균 낸다면, 평균 길이는 약 1.5일 것이다. 어린 아동들 발화의 평균 길이는 종종 아동들의 언어 성장을 측정하는 데 사용된다(Eisenberg, Fersko, & Lundgren, 2001; Miller, 1996). 아동들이 사용하는 낱말의 수를 평균 낼 수는 있지만, 이러한 접근법은 아동들이 복수를 나타내는 어미와 같은 더 복잡한 어미를 사용하는지를 알 수는 없다. 평균 길이를 파악하는 더 일반적인 방법은 발화의 형태소(자립 형태소와 의존 형태소)의 수를 세는 것이다. 1단계에서, **평균 발화 길이**(mean length of utterance, MLU) 또한 대략 1.5이며, 아동들이 아직 문법적 어미 변형이나 의존 형태소를 사용하지 않기 때문이다. 초기 언어 습득기에, MLU의 증가와 같은 아동 발화의 복잡성은 점차 증가한다. 그러나 아동들이 더 복잡한 문장 형태를 사용하기 시작하면, 길이와 언어적 성숙도 간의 관계는 초기 언어 습득기에서처럼 가까운 관계로 남아 있지 않게 되는데, 이는 구문적 복잡성의 증가가 길이보다는 다른 방법으로 나타나기 때문이다.

4. 학령 전기와 그 이후

대략 2세의 두 낱말 발화 시기부터, 아동들의 언어발달은 비약적으로 성장한다. 문장 완성 능력 또는 복잡한 문장 산출 능력도 습득하며, 말소리도 명료해져서 친숙하지 않은 청자도 알아들을 수 있고 어휘 목록도 급증한다. 특히 중요한 것은 8세까지 이어지는 시기로, 이 시기에 언어 능력의 변화는 미묘하지만 계속된다.

1) 음운론

아동들은 어떤 말소리들은 다른 말소리들보다 먼저 배운다. 이것은 아동들이 말하는 낱말들이 어른의 발음과 똑같지는 않다는 것을 의미한다. 예를 들어, 아동이 2세에 *moon*을 정확히 발음할 수 있는 것은 그 낱말이 초기에 발달하는 말소리로 이루어졌기 때문이다. 그러나 *spaghetti*나 *spoon*은 'detti'나 'poon'으로 발음할 것이다.

말소리 산출의 습득. Stoel-Gammon(1987)은 2세경의 아동들은 낱말 초성에서 9~10개의 다른 자음 목록을 사용한다고 보고했다. 낱말의 종성에서는 5~6개의 다른 자음을 사용한다. 생후 24~39개월의 아동은 초성에서는 평균 2.2개의 자음군(연속 자음, 즉 예를 들어 'sky'처럼 한 음으로 발음하는 둘 이상의 연속되는 자음을 사용하고 종성에서는 1.7개의 자음군을 사용한다. 자라면서 아동들의 음운 목록은 다른 말소리의 수와 낱말 위치에서 모두 증가한다. 대부분의 연구자들은 아동이 7/8세 정도까지 영어의 음소들을 완전히 습득하여 정확히 산출한다는 의견에 동의한다. 그러나 몇몇 말소리들은 5학년, 즉 대략

10/11세까지도 계속 습득된다(Ingram, 1989b; Sax, 1972; Stoel-Gammon & Dunn, 1985).

몇몇 연구들은 아동들의 특정 말소리 습득에 대한 유용한 정보를 제공한다(McLeod, van Doorn, & Reed, 2001a, 2001b; Poole 1934; Smit, 1993a, 1993b; Smit, Hand, Freilinger, Bernthal, & Bird, 1990; Templin, 1957). 연구 설계와 기준(criterion)의 차이로 인해 정확한 결과를 비교하기는 어렵지만, 어떤 비슷한 경향들을 그 연구들에서 얻을 수 있다. 일반적으로, 아동들은 비음 /m/, /n/, /ŋ/*과 폐쇄음 /d/, /k/, /g/, /p/, /b/ 그리고 반모음 /w/ 등의 산출을 2~3세에 습득한다. 이러한 음소들은 보통 초기에 발달하는 비교적 쉬운 소리들이다. 반면, 마찰음 /s/, /z/, /ʃ/, /ʒ/와 파찰음/ʧ/, /ʤ/는 좀 더 늦게 습득되어, 종종 7~8세까지도 완성되지 못한다. 그러나 아동들은 각각의 음소들을 습득하는 연령에서 가변성을 보인다(McLeod et al., 2001a, 2001b). 또한 다양한 조음 방법들을 습득하는 데도 경향이 있다. 대부분의 경우, 폐쇄음과 비음이 마찰음과 파찰음보다 먼저 습득된다. 더욱이, 아동은 종종 학령기에도 /r/과 /l/에서 어려움을 보인다.

지금까지 우리는 자음 발달만 살펴보았다. 일반적으로 아동들은 자음을 습득하기 전에 정확한 모음 산출을 습득한다. 사실, 모음 산출은 3세까지도 습득될 수 있다. 학령기 아동이 모음 산출에서 실수를 하는 것은 일반적이지 않다.

말소리가 모두 갖추어지지 않은 낱말의 산출. 아동들이 낱말을 단순화하여 발음하는 것은 **음운 변동**(phonological processes)으로 알려진 패턴에 따른다. 예를 들어, 만약 아동이 규칙적으로 입 뒤쪽에서 산출되는 소리들(예: /k/, /g/)을 입 앞쪽에서 산출되는 자음들(예: /t/, /d/)로 대체하여, *key*를 *tea*로 발음한다면, 그 아동은 전설음화(fronting process)를 사용하는 것이다. 만약 아동이 규칙적으로 자음군에서 하나 또는 그 이상의 자음들을 생략하여, *spoon*을 'poon'으로 발음한다면, 그 아동은 자음군 축약(cluster reduction process)을 사용하는 것이다.

Ingram(1989b)은 이러한 음운 변동을 음절 구조, 동화, 대체의 세 가지로 크게 분류하여 정리했다. **음절 구조**(syllable structure)에서는, 어린 아동들은 낱말이나 음절에서 종성 위치의 자음을 생략하는 경향(*bite*를 'bi'로)이 있으며, 다음절 낱말에서 강세가 없는 음절을 생략하는 경향(*pajamas*를 'jama'로), 자음군에서 말소리의 수를 줄이는 경향(*blue*를 'bu'로)이 있다. **동화**(assimilation)는, 낱말에서 한 소리가 다른 소리에 영향을 주어, 소리를 변화시키는 것이다. 동화의 예로는 *dog*를 'gog'로, *lamb*을 'mam'으로 발음하는 것이다. 아동이 음절 중복(반복)과 동화를 함께 사용한다면, *doggie*는 'gaga'로 산출될 것이다. 마지막으로, **대체**(substitution)는 예를 들어 폐쇄음 소리들을 마찰음 위치에서 사용하는 것이다. 아동들이 *soap*을 'toap'로 발음하는 것을 흔히 볼 수 있다.

아동이 성장함에 따라, 초기에 사용했던 음운 변동들은 점차 줄어들어, 성인의 낱말 산

* IPA(International Phonetic Alphabet, 국제음성기호)는 표 1.1을 보라.

출에 가까워진다. 그러나 이러한 습득 과정이 시간이 걸리기 때문에, 어떤 한 낱말이 발음에서 몇 개의 단계를 거치게 되는 것이다. 그러므로 아동이 한 낱말에서 그 소리를 정확히 발음할 수 있다는 것은 그 소리가 포함된 모든 낱말에서 그 소리를 정확히 발음할 수 있다는 것을 의미하지는 않는다. 이것은 다른 음운 변동이 다른 낱말의 산출에서는 작용되기 때문이다.

2) 의미론

표 2.5에서는 대략 1~6세 아동의 표현어휘 수를 나타낸 것이다. 수용어휘의 경우, 아동은 생후 8/9개월에 첫 낱말을 이해하며(Benedict, 1979), 생후 약 13개월에 50여 개의 낱말을 이해한다(Benedict, 1979). 6세에는 이해 어휘가 20,000~24,000개 정도이며, 12세에는 50,000여 개 정도이다(Owens, 2008). 아동의 어휘 수는 어느 정도 경험과 그 아동이 접한 낱말들에 따라 결정되며(Rescorla et al., 2001), 어린 시절이 어휘 구성과 수에 상당히 가변적인 영향을 끼친다.

Rescorla 등(2001)은 "어린 아동들이 초기 어휘 목록에서 습득하는 낱말들은 매우 일관성이 있다."(p. 605)라고 지적했다. 아동들이 어떤 낱말을 습득하는지, 어떤 순서로 진행되는지에는 다음과 같은 패턴이 있는 것 같다(Pan & Uccelli, 2008).

- 낱말 의미의 과대 확장과 과소 확장(예: 네발 달린 동물은 모두 **강아지**라고 하는 과대 확장, 그 영아의 젖병만 **젖병**이라고 하는 과소 확장)이 나타난다.
- 아동의 주위 환경에서 더 자주 접하는 어휘를 습득한다.
- 일반적으로 처음에는 사물이나 행동에 이름을 붙이다가, 그다음에는 사물이나 사건의 속성(특질)을 덧붙이며(큰), 마지막에는 그 낱말의 시간적인 관계, 공간적인 관계,

표 2.5 1~6세까지의 표현어휘 수의 성장

대략의 나이	대략의 표현어휘 수(개)
15개월	10
18개월	50
20개월	150
2세	120~300
3세	1,000
4세	1,600
5세	2,100~2,200
6세	2,600~7,000

출처: Dale, Bates, Reznick, Morisset(1989); Owens(2008); Reich(1986); Rescorla et al.(2001); Wehrebian(1970); Zintz(1970).

일상적인 관계를 표현하는 경향을 보인다.

❖ 낱말을 지각적인 특징이나 기능적인 특성에 근거하여 분류(구체적인 분류)하던 것에서 시간적-공간적 특징이나 생물-무생물 특징과 같은 추상적(개념적) 특성에 따라 분류하는 것으로 이동한다.

어린 아동들이 낱말을 배우는 데 매우 능숙하다고 여겨지는 몇 가지 방법이 있다(Rice & Watkins, 1996). 한 가지는 **재빠른 연결**(fast mapping)이라고 알려진 과정이다(Crais, 1992; Dollaghan, 1985; Heibeck & Markman, 1987). Dollaghan(1987)은 재빠른 연결을 다음과 같이 어휘 습득 전략이라고 설명했다.

> 청자가 빠르게 친숙하지 않은 낱말에 대한 개념(표상)을 그것을 한 번 경험해 본 것을 기본으로 구성하는 어휘 습득 전략이다. 이러한 처음의 개념은 그 새로운 어휘에 대한 의미적 · 음운적 · 구문적 특성의 정보를 포함할 수 있으며, 그 낱말을 만날 때의 상황과 관련된 비언어적 정보도 포함될 수 있다. (p. 218)

이러한 처음의 의미는 완벽하거나 정확한 것일 수도, 아닐 수도 있다. 그러나 문맥 안에서 그 낱말의 추가적인 경험을 통하여 더욱 정교한 기본 개념이 만들어진다. 아동들은 새로운 낱말을 단지 '우연적인' 경험에 의해 빠르게 의미를 연결시킬 수 있는 것 같다. 즉, 새로운 낱말은 아동의 주변 환경 맥락에서 발생하고, 그 아동은 그 새로운 낱말이 무엇을 의미하는지를 알아차릴 수 있는 것이다. 이것을 **빠른 우발 학습**(quick incidental learning, QUIL)이라고 한다(Rice, 1990; Rice, Huston, Truglio, & Wright, 1990; Rice & Woodsmall, 1988). 그러나 McGregor, Friedman, Reilly와 Newman(2002)은 우리에게 빠른 불완전한 새로운 낱말의 의미 학습은 어휘 학습의 더 오랜 기간의 느린 연결 과정에서만 시작됨을 상기시켜 준다. 어떤 새로운 낱말과 그 낱말의 불완전한 의미는 기억되어서, 시간이 흘러 새로운 맥락에서 아동이 그 낱말을 접하고, 그 의미의 정교화가 만들어져야 하는 것이다. 이 학자들은 "학습되는 그 낱말의 의미적 복잡성과 빈도에 따라 그 과정은 몇 주, 몇 달, 몇 년이 걸릴 수 있다."(p. 332)라고 말한다.

재빠른 연결과 QUIL에 추가하여, 어떻게 아동이 낱말의 의미와 이름을 아는지에 대한 많은 가설들이 제시되었다. 그러한 가설들로는 전체 사물 대 사물 구성 요소 가설, 상호 배타적 가설, 새로운 이름-이름이 없는 범주 가설 등이다. **전체 사물 대 사물 구성 요소**(whole object-versus-object components) 가설(Golonkoff, Mervis, & Hirsh-Pasek, 1994)은 아동들은 그 사물의 한 부분이나 가능한 지시물로서 그 사물의 특질에 대해 생각하기 전에 새로운 낱말에 대해 가장 적절한 지시물로 전체 사물에 초점을 둘 것이라는 것이다. **상호 배타적**(mutual exclusivity) 가설(Markman, 1989; Markman & Wachtel, 1988)에 따르면, 아동은 새로운 낱말은 (그 아동의 관점에서) 아직 이름을 갖지 않은 사물에 적용시키고, 이미 이름을 가진 사물에 두 번째 이름을 주려고는 하지 않을 것이다. 즉, 한 가지 사물에 하나의 이름을 주거나 상호 배타적 이름을 주려고 할 것이다. 그러므로 새로운 낱말이 사용되는 맥락에서 그 낱말을 제외한 모든 사물의 이름을 알고 있다면, 그 새로운 낱말은 이름이 없는 사물에 적용시키려 할 것이다. 세 번째, **새로운 이름-이름이 없는 범주**(novel name-nameless category) 가설(Golonkoff et al., 1994; Mervis & Bertrand, 1994)은 상호 배타적 가설과 비슷하지만 아동들은 다른 가능성, 이미 알고 있는 이름의 사물에 대한 다른 이름을 고려할 것이라는 사실을 추가한 것이다.

이러한 세 가지 가설의 의미뿐만 아니라 다른 가설들도 어떻게 아동들이 새로운 이름을 지시물에 적용시키는지에 대한 설명은 여전히 논의의 대상이 된다. 그러나 확실한 것은 아동이 접하는 낱말의 맥락과 그 지시물은 낱말 학습에 중요한 것이라는 사실이다. 또한, 낱말과 그 지시물에 대한 완전한 지식을 위해서는 다양한 맥락에서 그 낱말을 다양하게 경험해야 한다(Hoff-Ginsberg & Naigles, 1999).

공간적인 말과 시간적인 말. 아동들의 공간적인(공간에서의 위치) 낱말과 시간적인(시간에서의 위치) 낱말의 이해는 전치사 *in*을 아는 2세(Bangs, 1975)부터 *before*와 *after* 같은 용어를 아는 11세(Wiig & Semel, 1974)까지 점차적으로 발달하는데, 선택적인 공간과 시간 관계의 발달은 Piaget의 구체적 조작기(대략 1학년에서 5학년 또는 7~11세)에 발달한다. 1학년 즈음에는 공간적 관계 이해보다는 시간적 용어 해석 능력이 더 눈에 띈다(Wiig & Semel, 1974). 그러나 Wiig와 Semel의 연구 결과에 따르면, 2학년에는 시간적인 용어보다 공간적인 용어의 이해가 더 낫다고 한다. 공간적인 관계를 선호하는 것은 5학년까지 계속된다.

많은 접속사들이 시간적 개념들과 관련되어 있으며(예: "She will leave *when* it is convenient.", "We ate breakfast *before* we went to school."), 'wh-' 의문사인 *when*도 그러하다. 그리고 이러한 많은 용어들이 전치사로도 사용된다(예: "We ate breakfast *before* school."). 일반적으로 아동은 이러한 시간적 용어들을 접속사로 사용하기 전에 전치사로 먼저 사용한다. 또한, 사건의 순서를 나타내는 말(예: *before*와 *after*)을 동시성을 나타내는 용어들(예: *while*이나 *at the same time*)보다 먼저 습득한다(Feagans, 1980).

공간적인 관계어 또한 **전치사**로 사용된다. *in*과 *on*이 처음에 습득되는 이러한 낱말 유형들이다. 전치사 기능을 하는 어떤 낱말들 또한 동사의 불변화사처럼 사용된다. 즉, "She *put up* a good argument."에서처럼 동사로 기능하는 여러 낱말로 구성되어 사용된다. 전치사처럼 이러한 **동사 불변화사**(verb particles) 낱말들은 언어발달 초기에 출현하여 4~5세까지 적절한 정확도로 사용된다(Goodluck, 1986; Wegner & Rice, 1988). 그렇지만, Wegner와 Rice(1988)는 어떤 낱말들은 전치사로 더 많이 사용되는 듯하고(*in*, *on*, *over*), 어떤 낱말들은 동사 불변화사로 더 많이 사용되는 듯하다(*up*, *down*, *off*)고 지적했다.

다른 공간 전치사(예: *in front of*, *next to*)는 아동에게 더 어렵다. 이러한 전치사의 지시물은 아동과 사물의 관계, 그 사물의 특징에 따라 다양하다. 사물이 정면에 있을 때, 예를 들면 사람처럼 *in front of*는 그 사물의 앞면을 가리킨다(Owens, 2008). 공처럼 정면이 없는 사물의 경우 *in front of*는 화자와 그 물건 간의 상대적 위치에서 그 의미가 결정된다. 위치는 변할 수 있다. 더욱이, *next to*는 옆에, 뒤에, 앞에로 사용될 수 있어, 아동들이 매우 혼란스러워할 수 있다. 예상되는 대로, 이러한 유형의 공간 전치사는 더 늦게 발달한다.

대상 지시어. 대상 지시어는 의사소통하는 한 쌍에서 누가 화자가 되느냐에 따르는, 사물과 사람의 각각의 위치에 따르는, 화자와 청자의 상대적인 관계에 따르는 지시물의 변화를 나타내는 낱말이다(Pan & Uccelli, 2008). 앞에서 논의된 공간 전치사들은 사실상 지시 대상적이다. 다른 예를 살펴보면, *I*와 *you*의 지시물은 화자-청자의 관계 변화에 따라 이동한다. *here*와 *there*, *this*와 *that*은 화자, 청자, 사물의 위치에 따라 변한다. 대상 지시어 동사로 *come*, *go*, *bring*, *take*가 있다. 연구 보고서에서는 대략 1~2세 아동이 1인칭 대명사와 2인칭 대명사(*I*, *you*, *me*) 대상 지시어의 이동을 어느 정도 사용하는 능력이 있음을 보여 준다(Bloom et al., 1976; Morehead & Ingram, 1973)고 밝히지만, 이러한 낱말들은 어린 아동들을 혼란시킨다. 3인칭 대명사는 더 늦게, 대략 2~3세 사이에 출현하여 5세까지도 발달이 계속될 수 있으며, 그 이상까지도 가능하다. Bloom 등(1976)은 아동의 MLU가 4.0이 되면, *here*, *there*, *this*, *that*의 대상 지시어의 이동을 입증할 수 있다고 설명했다. *come*, *go*, *bring*, *take* 같은 대상 지시어 낱말들은 더 늦게 습득되어, 완전한 습득은 학령기까지로 이어지기도 한다.

3) 형태론

어린 아동이 발화 길이를 늘리는 한 가지 방법은 발화에 문법적 형태소를 사용하는 것이다. 초기 두 낱말 조합 시기(Brown의 1단계)에 아동의 MLU는 1.5였으나, 문법적 형태소는 낱말에 붙이지 않았다. 아동이 문법적 형태소를 사용하기 시작하면, MLU는 약 2.0에 이른다. 이 시점에 아동은 Brown의 2단계로 발전하여, 현재 진행형 동사 어미 *-ing*("ball rolling")와 전치사 *in*과 *on*("kitty in chair", "cup on table")을 습득한다. 그러나 중요한 점은 Brown의 단계와 관련하여 사용되는 것으로, 문법 형태소의 습득은 아동이 그것을 어른의 기준에서 요구되는 상황에서 적어도 90%, 즉 필수적인 맥락에서 90% 정확하게 사용한다는 것을 의미한다. 아동들은 *in*, *on* 같은 형태소를 이 단계 전에 사용하지만 Brown의 기준(criterion) 레벨에서는 아니다. 표 2.6은 Brown(1973)의 14개의 문법 형태소 습득 순서에 대한 연구 결과를 요약한 것이며, 그 형태소를 습득한 MLU로 결정된 해당 단계를 나타낸 것이다. 이러한 형태소들의 습득은 몇 년에 걸쳐 이루어지며, 아동들은 이 시기 동안 다른 언어 기술들을 발달시킨다. 예를 들어, 3세까지 아동들은 일반적으로 부정문과 의문문

표 2.6 14개 문법 형태소의 습득 순서

형태소	MLU	형태소의 최대 길이	단계
1. 현재 진행형 어미(*-ing*)			
2, 3. *in*, *on*	2.25	7	II
4. 명사의 복수형			
5. 불규칙 동사의 과거 시제			
6. 명사의 소유형	2.75	9	III
7. 축약할 수 없는 연결동사("Here I am")			
8. 관사			
9. 규칙 동사의 과거 시제	3.50	11	IV
10. 규칙 동사의 3인칭 단수 현재 시제			
11. 불규칙 동사의 3인칭 단수 현재 시제			
12. 축약할 수 없는 조동사("He was running")	4.00	13	V
13. 축약할 수 있는 연결동사("She's big")			
14. 축약할 수 있는 조동사("The boy's eating")			

출처: Brown(1973).

뿐만 아니라 기본적인 평서문(서술문)의 사용을 나타낸다.

Brown(1973) 연구에서 다른 동사형들의 경우, *ran*이나 *saw* 같은 불규칙 동사 과거 시제 낱말들은 규칙 동사 과거 시제 표지 전에 출현한다. 형태론적인 규칙의 습득에서, 아동들은 일반적으로 더 일반적인 규칙을 먼저 습득하고 나서 점차적으로 특별한 응용이나 예외인 경우를 설명하는 규칙으로 수정하거나 세련되게 하는데, 이것은 약간 이상하게 초기에 출현한다. 아동들은 이러한 불규칙 동사 형태를 어휘 동사에서 나온 낱말 형태 변형 대신에, 단순한 어휘 낱말로 습득한 것일 수도 있다. 이러한 해석을 지지하는 것은 아동들이 규칙 동사 과거 시제 형태를 정확히 사용하기 시작한 후에도, 종종 이전에 정확하게 사용했던 불규칙 동사 규칙을 틀리게 사용하는 것, "He runned"나 "I seed a dog" 같은 발화들이 쉽게 관찰된다는 것이다(Tager-Flusberg & Zukowski, 2008). 이것은 실제로 어떤 규칙 동사 과거 시제 어미들은 특정 동사 낱말로, 즉 어휘로 먼저 사용된다는 연구 결과와 배치되는 것은 아니다(Pine, 1999).

규칙 동사의 과거 시제형("She jumped")이 출현할 때, 반드시 모든 규칙 동사의 과거 시제 변형이 동시에 습득되는 것은 아니다. 영어에서 사용되는 다양한 동사형을 익히는 것은 특히 언어장애를 가진 많은 아동들에게 어려운 부분이다. 이러한 이유로, 우리는 정상적인 동사의 형태론적 습득에 대해 어느 정도 더 자세히 살펴볼 것이다. 과거 시제 이형 /d/가 추가된(*played*) 동사들이 이형 /t/가 붙은(*jumped*) 동사들보다 약간 먼저 발달하여 출현한다(Berko, 1958; Moran, 1975; Newfield & Schlanger, 1968; Wiig, Semel, & Crouse, 1973). /əd/ 이형(*painted*)의 습득은 다소 더 늦게 발달한다. 또한 불규칙 동사의 과거 시제가 만들어지는 다른 방법들도 있다. 어떤 경우에는 내부 모음이 바뀌며(*swim* → *swam*), 다른 경우에는 모음과 종성 자음이 모두 바뀐다(*catch* → *caught*). 전자의 유형이 아동들에게 다소 빨리 출현하는 듯하다. 한 연구에 따르면, 7/8세 아동들이 불규칙 동사의 내부 모음 변화를 정확하게 사용하는 비율이 75% 미만이며, 단지 40%만이 불규칙 동사에서 모음과 종성 자음 모두의 변화를 사용할 수 있다(Moran, 1975). 이러한 자료는 아동들이 학령기 초기에도 형태론적인 정교화 작업을 계속하는 것을 나타내 준다.

Brown(1973)에 따르면, 규칙 동사의 3인칭 단수 현재 시제("She jumps"와 "He swims")를 규칙 동사의 과거 시제 다음에 습득한다(표 2.6 참조). 직후에 아동들은 불규칙 동사의 3인칭 단수 현재 시제(*do*에 대해서는 *does*, *have*에 대해서는 *has*)를 사용하기 시작한다. Brown의 연구에서 14개의 문법 형태소들의 경우, 축약할 수 있는 연결동사와 조동사("We're big"과 "She's running")와 축약할 수 없는 연결동사("He was running")를 포함한 동사형들은 가장 나중에 습득되는 것 중 하나이다.

표 2.6을 보면 아동들은 규칙 명사 복수형을 현재 진행형 동사 어미 다음에, 불규칙 동사의 과거 시제 전에 사용하기 시작한다(Brown, 1973). 다시 말하면, 여러 형태의 규칙 명사 복수형들이 있으며, 이러한 변형들의 습득에는 발달적 순서가 있다는 것이다. 아동들의 발화에서 복수 이형태 /z/(*pigs*)는 /s/ 이형태(*boats*)의 복수 명사 전에 더 정확해지는 경향이 있다(Berko, 1958; Solomon, 1972; Wiig et al., 1973). 반면 /əz/ 복수 이형태(*houses*)의 정확한 사용은 복수형 /s/나 /z/를 습득한 이후에 가능하다. 아동들이 언어 습득 과정에서 어떤 명사 복수형들을 좀 더 일찍 사용하기는 하지만, 복수 형태를 완전히 습득하려면 몇 년이 걸린다. 사실 6, 7세 아동들도 여전히 /əz/ 어미를 사용하는 복수형 명사들에서 문제를 보인다(Berko, 1958; Solomon, 1972). 불규칙 명사의 복수형(*child*에 대해서 *children*)의 습득은 규칙 명사의 복수형 습득보다 상당히 뒤처진다.

Brown(1973)은 아동들은 명사의 소유형을 명사 복수형과 불규칙 동사의 과거형 습득 직후에 사용하기 시작한다고 밝혔다(표 2.6 참조). 명사의 소유형은 기본적으로 명사 복수형과 같은 방식으로 유래되어, 그 습득 순서는 근본적으로 비슷하다. 이형 /z/(*bug's*)의 정확한 사용은 이형 /s/(*duck's*) 습득 전에 어느 정도 성취되는 경향이 있고, 차례로, 어미 /əz/(*horse's*) 전에 습득되는 경향이 있다. 규칙 명사 복수형, 소유형, 3인칭 단수 현재시제 동사 모두 같은 어미 /z/, /s/, /əz/를 사용한다. 그렇기 때문에, 아동들이 일단 세 가지 낱말 유형들(복수형, 소유형, 3인칭 동사) 중의 어느 하나를 만들기 위해 어미를 정확하게 붙이게 되면, 1년 이내에 다른 두 가지 유형도 사용하게 된다는 것을 Brown(1973)이 발견한 것은 놀라운 일이 아니다.

다른 형태론적 형태들로는 비교급(*bigger*), 최상급(*biggest*), 명사와 부사 파생형(*painter*, *fireman*, *violinist*, *gently*, *quickly*), 접두사(*preheat*, *undone*, *miscue*) 등이 있다. Berko(1958)의 고전적인 연구 결과에 따르면, 7세까지도 아동들은 아직 완전하게 비교급

이나 최상급 형용사들, 파생 명사나 파생 부사로 만드는 규칙을 습득하지 못했다. 접두사 또한 접두사 형태와 낱말의 어근 모두를 알아야 하기 때문에 습득하기 어려운 기술이다. 우리가 살펴본 바와 같이, 몇몇 형태론 규칙의 정교화는 학령기까지로 이어진다.

4) 구문론

아동들이 습득하는 구문 구조의 길이와 형태 모두에서 구문의 복잡성은 증가한다. 결과적으로, 아동들은 이전의 두 낱말 발화를 여러 낱말 발화로 확장시키고 다른 문장 형태를 사용하기 시작한다.

두 낱말 발화의 확장. 아동들은 이전의 각각의 의미 관계를 결합시켜 발화를 확장시키는 법을 배운다. 즉, "baby ball"(소유)과 "ball roll"(행위자-행위)로 "baby ball roll"을 만든다(Brown, 1973; Lahey, 1988). 그러나 아동들은 긴 발화를 만들 때 새로운 관계를 사용하지는 않는다. 단지 이전에 표현했던 두 낱말 의미 관계를 결합시키고 확장시킨다. 첫 문장의 산출 또한 이러한 결합 과정에서 만들어진다. 행위자-행위("baby roll")와 행위-대상("roll ball")이 행위자-행위-대상("baby roll ball")을 만들기 위해 결합되는데, 주어+동사+목적어의 기본 영어 규칙에 대해서는 1장에서 논의했다. 기본적인 문장 형태를 산출하는 기술이 점차로 발달하여, 아동은 기본 문장을 다른 형태의 문장으로 만들기 위해서 조립하는 능력을 습득한다. McLean과 Snyder-McLean(1999)은 다음과 같이 요약했다.

> 3~4세 정도에, 일반적으로 발달하는 아동들은 잘 형성된 일반적으로 적절한 문법을 갖춘 평서문을 산출할 수 있다. (…) *wh*- 낱말을 사용하는 간단한 질문을 할 수 있고 (…) 더 나아가서는 (…) 평서문을 의문문으로 바꾸는 것도 가능할 것이다(pp. 170-171).

부정문의 습득. 아동들이 사용하는 한 낱말 유형에 대한 우리의 논의에서, 부정어는 발달 과정상 매우 일찍 출현한다. 아동들이 낱말을 조합하기 시작하면서, 부정어 발화들은 부정어 표지 *no*를 문장의 술부, 즉 동사나 직접목적어 앞에 위치시켜 산출하는, "no milk"나 "no go"와 같은 발화들이 일반적이다. 비록 이 단계의 아동들이 주어와 서술어로 긍정문("boy roll ball")을 산출할 수 있다고 해도, 주어는 부정어 표지가 추가되면서 삭제된다. 부정어의 사용은 발화의 길이와 복잡성을 증가시켜, 결과적으로 아동의 언어적 능력을 넘어선다. 아마도 이러한 제한된 능력을 조절하기 위해서, 발화의 전반적인 길이와 복잡성은 부정어가 추가될 때("no roll ball") 주어를 생략하여 처리할 수 있는 단위를 줄이는 것이다. 더욱이, 문장의 주어는 항상 대부분의 화자와 청자 간에 공유된 정보이기 때문에, 그것을 생략하는 것이 의사소통에 영향을 미치지는 않을 것이다. 생략해도 의미는 여전히 전해질 것이다.

아동들은 차츰 주어를 다시 추가하여 "boy no roll ball"과 같은 부정문을 만드는 법을 배

표 2.7 발달 순서에 따른 부정어의 기능

부정어의 기능	예와 설명
비실재/소멸	"No ball"(공이 장난감 상자에 없다.) "No milk"(우유가 하나도 남아 있지 않다.)
발생되지 않음	"No pull"(장난감이 고정되어 끌어당길 수가 없다.)
정지	"No turn"(팽이가 회전을 멈추면서 넘어졌다.)
거절	"No juice"(나는 더 이상 주스를 원하지 않는다.)
금지	"No go"(아이가 엄마에게 가지 말라고 말한다.)
부정	"No doggie"(그레이트데인이 개라고 말했는데도, 아이는 그것이 집에 있는 장난감 푸들처럼, 같은 종류에 속하는 것임을 믿지 않는다.)

출처: Bloom과 Lahey(1978).

운다. 그러나 아동들의 부정문이 더 복잡한 형태로 발전하기 전에, 아동들은 *no*는 명사와 사용되는 부정어이고, *not*은 동사와 사용되는 부정어임을 배울 필요가 있다. 이후의 부정문의 출현 또한 연결동사나 조동사의 사용("The ball is not big"과 "The boy is not running")에 달려 있다. 조동사가 없는 문장("The boy eats")의 경우, 조동사 *do*가 추가되어야만 한다("The boy does not eat" 또는 "The boy doesn't eat"). 비록 부정문에 *do*를 보태어 사용하는 것이 일반적으로 복잡한 언어 기술이지만, 부정 낱말 *don't*와 *can't*는 아동들의 초기 언어 산출에 나타난다. 그러나 *don't*와 *can't*의 빠른 산출은 아동들이 조동사가 없을 때 *do*를 추가하여 조작하는 것을 습득했다는 증거라기보다는, 이 낱말들이 일반적으로 부정의 의미를 나타내는 어휘 낱말로 여겨졌기 때문이다. *won't*와 *isn't* 또한 *don't*와 *can't*보다 자주 사용되지는 않지만, 아동들의 초기 산출어이다.

부정문은 여러 가지 다른 개념으로 표현될 수 있다(Tager-Flusberg & Zukowski, 2008). 예를 들어, 부정문으로 거절("I don't want any"), 부정("That's not a red car"), 비실재("It's not here")를 나타낸다. 표 2.7에는 발달 순서에 따른 부정어의 여섯 가지 기능과 각각의 예가 제시되었다(Bloom & Lahey, 1978). 이러한 부정어의 기능에 대한 구문론적인 표상은 이와 같은 순서에 따라 출현한다. 즉, 특정 발달 단계에 있는 아동들은 꽤 복잡한 방법으로 비실재를 표현할 것이며("It isn't here"), 한편 동시에 덜 고급스러운 방법으로 부정을 나타낼 것이다("That not a ball").

의문문의 습득. 취학 전 아동들의 의문사나 의문문의 습득은 부정문 후에 다소 늦게 출현하는 경향이 있다. 그렇지만, 의문문의 발달을 살펴보기 전에, 우리는 영어에서 발생하는 다음 두 가지 형태의 의문문 형태를 살펴볼 필요가 있다.

1. yes/no 의문문은 다음의 특징을 갖는다.
   - 질문의 대답이 *yes*나 *no*이기 때문에 그러한 이름이 붙었다.

- 문장 앞부분으로 연결동사나 조동사를 이동하거나 순서를 바꾸는 것을 수반한다. 기본 문장 "The boy is running."이 "Is the boy running?"으로 바뀐다. 보통 주어와 동사의 순서를 거꾸로 바꾸는데, *interrogative reversal*이라는 용어 또한 이러한 과정을 일컫는 것이다.
- 만약 기본 문장에 순서를 바꿀 조동사나 연결동사가 없다면("The girl rides the bike."), *do*를 추가하여 의문문으로 바꾸어야 한다("Does the girl ride the bike?").

2. 'Wh-' 의문문은 다음의 특징을 갖는다.
- 정보를 요청한다.
- 'Wh-' 낱말, 즉 *what*이나 *who*가 발화 앞부분에 와야 하므로, 앞에 위치시키는(preposing) 절차가 요구된다.
- 발화의 정확한 의미를 나타내는 'wh-' 낱말의 사용이 요구된다.
  무엇을 소년이 타고 있나요?(What is the boy riding?)
  어디에서 소년이 타고 있나요?(Where is the boy riding?)
  언제 소년이 타고 있나요?(When is the boy riding?)
  어떻게 소년이 타고 있나요?(How is the boy riding?)
- 보통 문장의 순서를 바꾸는 일과 'wh-' 낱말을 앞에 위치시키는 과정이 요구된다("The boy is riding." → "What is the boy riding?").

질문하기를 배우는 초기에 아동들은 yes/no 질문들을 단지 억양을 올리는 것만으로 나타낸다("mommy go↗"). 또한 아동들은 아직 성인의 발화 형태를 갖추지는 못한("What that?", "Where Mommy going?") 제한적인 'wh-' 의문문도 사용할 것이다. 아동들은 동사의 순서를 바꾸는 것을 배우기 전에 'wh-' 낱말을 앞에 붙이는 것을 배운다. 아동들은 이러한 초기 단계에는 아직 연결동사와 조동사를 사용하지 않기 때문에 이것은 매우 당연한 일이다. 그렇기 때문에, 발화에서 순서를 바꿀 것이 없는 것이다.

기본 문장에 연결동사와 조동사를 추가하는 것을 배웠다고 하더라도, 아동들은 억양을 올린 yes/no 의문문("Mommy is gone↗")을 계속 사용할 것이다. 어떤 아동들은 정확한 순서 바꾸기를 사용하기 시작할 수도 있다. 아동들은 'wh-' 의문사를 앞에 붙이지만 여전히 순서를 바꾸지는 못하여, "What Daddy is doing?"이나 "Where Mommy is going?"과 같이 말한다. 만약 이 형태들을 조사한다면, 우리는 아동들이 조동사 *is*가 포함된 기본 문장을 사용하는 것과 단순히 문장의 앞부분에 'wh-' 낱말을 붙이는 것을 보게 될 것이다. 점차적으로, 아동들은 yes/no 의문문에서 순서를 바꾸기 시작한다("Is the girl eating?"). 그러나 이 단계에서, 아동들은 여전히 'wh-' 의문문에서는 연결동사와 조동사의 순서 바꾸기를 실패할 것이다("What the girl is eating?"). 부정의문문에서도 이와 같은 패턴을 나타낸다. yes/no 의문문에서는 순서 바꾸기가 가능하지만("Can't we go?") 'wh-' 의문문에서는 그렇지 않다("Why Daddy can't go?"). 최종적으로 'wh-' 의문문에서 순서 바꾸기를 습득한다("What is the girl eating?"과 "Why can't Daddy go?").

'wh-' 의문문에서 어떤 'wh-' 낱말을 사용할 것인가는 아동들에게 의미적 개념을 고려할 것을 요구한다(Tager-Flusberg & Zukowski, 2008). *what*과 *who*는 사람과 사물의 차이를 나타내고, *where*는 장소 개념을 포함한다. 이러한 의미적 개념들은 초기에 상당히 발달하고, 놀라운 일도 아니며, 그러한 의미를 반영하는 'wh-' 낱말들은 'wh-' 의문문에서 사용되는 처음의 낱말에 속한다. 시간과 방법 개념이 초기에 발달하는 세 가지의 개념들 후에 습득되므로 아동들은 *when*과 *how*를 다소 늦게 사용한다. 인과 관계는 더 늦게 발달한다. 결과적으로, 의문사 *why*는 의미 있게 가장 늦게 사용되는 것 중 하나이다. 여기에서 '의미 있게'라는 말이 사용되는 이유는, 아동들이 인과 관계를 정확하게 이해하고 'wh-' 의문문에서 정확히 사용하기 이전에 주의를 끄는 수단으로 "왜?"라고 물을 수 있기 때문이다.

중문과 복문의 습득. 중문(하나 이상의 독립절을 포함한 문장)이나 복문(최소한 하나의 독립절과 최소한 하나의 종속절을 포함한 문장)의 사용은 한 문장에 두 개나 그 이상의 생각이나 서술들을 표현하는 것이다(절은 구와 대조적으로 주어와 서술어를 포함한다). 이러한 발달된 문장 형태는 두 개나 그 이상의 절들이 결합되어 만들어지며, 종종 접속사나 관계대명사 같은 언어적 형태들이 사용된다. 이러한 절의 결합 절차는 보통 2~3세 사이에 시작되어, 아동의 MLU가 대략 형태소 3에 이른다. 이것은 Brown의 4단계와 비슷하다(Brown, 1973). 아동들이 배우는 첫 접속사는 *and*이다. Bloom, Lahey, Hood, Lifter와 Fiess(1980)는 *and*의 적절한 사용은 생후 25~27개월 정도에 처음 출현하지만 이 시기에는 연속적인 이름 대기("baby and kitty")로 사용된다고 지적했다. 절의 결합에 있어, 몇몇 자료들에서 이 접속사는 초기에는 2개의 독립절을 연결하는 데 사용되어 "You do this and I do that."과 "The boy runs and the boy jumps."처럼 사용된다(Tager-Flusberg & Zukowski, 2008). 이러한 형태의 문장들은 단순히 아동들의 언어에 존재하는 발화들을 더하기만 하는 것이다. 이렇게 더하는 조작은 더 일찍 습득하는 변형 중 하나이다. 그러나 and를 사용한 많은 등위절들은 "The boy runs and the boy jumps."에서처럼, 중복되는 정보를 포함하기 때문에, 중복되는 요소들은 "The boy runs and jumps."와 같은 문장으로 줄일 수 있다.

목적(격)보어를 포함한 발화는 아동들이 사용하는 복문의 처음 형태이다(Limber, 1973). 목적보어를 가진 문장에서는, 두 번째 기본 문장이나 절이 첫 번째 문장이나 절의 목적보어로 사용된다. 예를 들어, "I think I have it."이라는 문장에서, 'I have it'이라는 절은 'I think'라는 절에서 동사 *think*의 목적어로 작용한다. 특정 유형의 부정사를 포함한 문장은 종종 목적보어의 논의에 포함된다(부정사는 'to run'이나 'to go'처럼 일반적으로 *to*가 붙어서 사용되는 동사의 형태이며, 인칭이나 수에 한정되지 않는 동사의 원형으로 출현한다). 이러한 문장들에서, 부정사와 관련된 낱말들은 동사의 목적어로 사용된다("I want to run fast."). 목적보어 형태는—두 번째 기본 문장으로나 부정사로—아동들의 발화에서 거의 동시에 출현한다. 'wh-' 부사어 낱말로 시작하는 두 번째 절을 갖는 복문은 목적보어 문장 습득 후에 바로 습득된다(Limber, 1973). 이러한 문장 형태의 예로는 "I remember where Mommy is."와 "Daddy knows when Mommy comes home."이 있다. 아동들은 다른 'wh-' 절을 사용하기 전에 시간이나 장소를 알리는 절을 사용하는 경향이 있다.

명사를 수식하는(그래서 형용사절의 형태) 절인 **관계사절**은 다소 늦게 발달한다(Bloom et al., 1980; Limber, 1973; Tager-Flusberg & Zukowski, 2008). 관계사절은 종종 ***what, who, which, whose, that***("I see the boys who are running.", "The dog that has the bone is growling.")과 같은 관계대명사로 소개된다. 그러나 어떤 경우에는, 관계대명사가 생략될 수도 있다("That's the bed [that] we sleep in."). 아동들은 초기에는 관계사절을 명사를 서술하기 위해서나("That is the balloon that I like."), 사물을 서술하기 위해서("I see the boy who wears glasses.") 사용한다. 이후에는 관계사절로 주어를 수식하기 시작한다("The girl who wears glasses sees better."). 우리는 아동들이 문장 내에서 구성 요소들을 재조정하거나 추가하기 전에 그 문장의 끝에 더하는(추가하는) 패턴을 볼 수 있다(Tager-Flusberg & Zukowski, 2008). **내포**(embedding)라는 후자의 처리 과정은 뒤에 발달하는 변형법 중의 하나이다. 절의 위치를 언급하는 용어들로는 **왼쪽 가지 뻗기**(left branching, 주절의 앞부분 쪽으로)와 **오른쪽 가지 뻗기**(right branching, 주절의 끝부분이나 첫머리 근처에 끼워 넣기)가 있다.

Limber(1973)는 3세 아동들이 목적보어, 'wh-' 부사어, 목적관계어로 절을 사용한다고 주장했지만, Paul(1982)은 이 모든 절들의 사용이 4세까지도 나타나지 않을 수 있다고 밝혔다. 나중에 발달하는 것으로 이미 확인된 내포 관계절(subject relatives)은 이 나이까지도 사용되지 않는다. 한 연구(Hass & Wepman, 1974)에서는 내포시키는 조작은 5~13세 아동들에게 계속적인 발달 과정으로 나타난다고 밝혔다. 내포는 다른 형태의 절 조작보다 다소 늦게 출현하여, 청소년기까지도 계속 발달한다. 더욱이, 복문에서의 다양한 형태의 종속절의 사용은 고등학교 3학년 때까지도 계속해서 발달하며(Loban, 1976), 절을 구성하여 사용하는 커다란 변화는 10세경에 일어난다.

많은 중문과 복문의 구성은 접속사와 같은 연결장치의 사용을 요구한다. 이러한 문장의 정확한 사용은 절을 연결시키는 구문적인 조작과 정확한 의미를 표현하기 위해 적절한 접속사를 선택해야 한다. 어떤 경우에는 의미적인 처리가 구문적인 업무보다 더 어려울 수 있다. 앞에서 살펴보았듯이 접속사 *and*가 가장 먼저 습득된다. 아동들이 *and* 다음으로 다른 접속사를 익히는 정확한 순서와 습득 연령은 보고하기 어렵다. 저자들은 다양한 연령대의 아동들을 대상으로 다른 접속사의 사용을 조사하여 다른 방식으로 그 자료를 보고했다. 그러나 아동들이 다른 접속사를 사용하는 빈도(횟수)는 다른 접속사에 대한 지식과 숙련도에 관련되어 있다. 이렇게 아동들의 언어에서 발생하는 접속사의 빈도는 발달적 순서에 대한 단서를 제공할 수 있다.

취학 전 아동들의 접속사 습득에 초점을 둔 연구에 더하여, 1학년생들의 접속사 사용이 조사되었다(Menyuk, 1972). 예상한 대로, 이 아동들의 95%가 접속사 *and*로 잘 만들어진 문장을 산출한다. 대조적으로, 그들의 35%가 *because*의 적절한 문장들을 사용한다. 접속사 *if*와 *so*는 좀 더 어렵다. 1학년생들의 20%와 19%만이 *if*와 *so*를 적절하게 사용한 문장을 산출한다. 이러한 결과들은 확실히 아동들이 1학년을 지나 아동기의 중기와 후기까지도 접속사의 습득을 계속한다는 것을 시사한다.

5) 화용론

사람들이 어떻게 언어를 사용하고 다양한 대화 상황에서 무엇이 그들의 의사소통 선택에 영향을 미치는지에 관여하는 많은 요인들이 있다. 이 절에서 우리는 이러한 영역들과 관련한 아동들의 발달 기술들을 살펴본다. 언어를 사용하는 기능적인 면에서의 바꾸는 능력, 그들이 그것을 사용함으로써 성취하고자 하는 것, 주제를 유지하고 대화에서 차례를 지키는 능력, 예측하기의 사용, 메시지를 전달할 때의 유창성, 이야기를 전개시키는 능력 등이다.

언어의 기능. 3세가 되면, 아동들의 발화는 일관되게 하나 이상의 기능을 갖는다. Halliday(1975)는 이 기간의 아동들의 의사소통은 **대인관계의 목적**(다른 사람과 관계되어 사용), **문자(원문)대로의 목적**(대화를 시작하고 발화를 따라가는 것과 관계되어 사용), **관념적-경험적 목적**(다른 사람에게 생각이나 사건을 표현하려고 사용) 등으로 확인된다고 밝혔다.

알다시피, 말하는 행동(화행, speech acts)의 진정한 의도와 기능이 항상 그 발화의 형태나 그 명제의 내용과 꼭 들어맞지는 않는다. 1장에서 살펴본 것과 같이, 이러한 것들은 간접적인 기능들과 말의 의도 등으로, 이러한 간접적인 사용은 정중함(예절 바름)을 위해서 만들어진 구문 형태로 발화의 진정한 목적을 숨긴다(명령문 "문 열어." 대신에 의문문 "문 열어 줄 수 있나요?"). 또는 진짜 의도와는 다른 내용으로 의도를 암시한다(아동이 보모에게 한 말, "엄마는 늘 금요일에는 밤 늦도록 자지 않고 놀게 하셨어요.", 창문을 닫았으면 하는 어른의 말로, 창문에 대한 직접적인 언급이 없는 "어머나, 으슬으슬 한기가 드네."). 여러 가지 점에서, 이러한 간접적인 말을 아동들이 이해하고 사용하는 능력은 의사소통 상황에서 추측하는 기술에 어느 정도 달려 있다. 그러나 말하는 행동의 의도와 기능은 분명히 관련되어 있다.

대략 3세 6개월 후에는, 아동들이 그들의 발화에서 이러한 예절 바른 장치와 단서를 사용하며, 나이가 들면서 착실하게 향상되어 더 정중하게 *please*를 넣어 요구하기를 한다.

그러나 정중한 형태의 의문문[예: "사탕 좀 얻을 수 있을까요?(Could I have some candy?)"] 사용은 *please* 보다 늦게 발달한다. 아동들에게 *please* 를 넣은 의문문 형태의 요구하기 ("Could you give me a nut, please?")가 *please* 를 넣은 명령문 형태의 요구하기("Give me a nut, please.")보다 더 정중한지를 물으면, 비록 그들의 수행이 3~5세의 수행보다는 낫더라도 7세 아동들조차도 어려워할 수 있다(Nippold, Leonard, & Anastopoulos, 1982). 정중한 형태의 사용—*please* 를 사용한 의문문—은 3~7세 사이에 꾸준히 증가하여, 그 연령에는 성인의 것과 거의 비슷하게 된다(Nippold et al., 1982). 이러한 결과들은, 아동들이 3세 이후에 때때로 간접적이고 정중한 형태를 사용하기 시작하지만, 성인처럼 요소들을 갖추어 사용하려면 적어도 4년 이상이 걸린다는 것을 알려준다(Bryant, 2001).

예측하기. 화자는 어떤 지식이 화자와 청자 간에 공유되어 있는지, 어떤 정보가 청자가 메시지를 이해하는 데 필요한지 예측해야 하며, 유능한 화자는 그러한 예측에 근거하여 발화의 형태와 내용을 조정한다. 이러한 관점에서 보면, 간접적이고 암시적이고 정중한 형태의 사용은 언어 사용의 예측하기의 한 부분이라 할 수 있다.

이전에는 아동들의 자기중심성이 화자의 요구 사항을 고려하는 것을 방해한다고 여겨졌다. 그러나 놀랍게도, 한 낱말 단계에서조차도, 아동들은 청자에 따라 제한적인 언어를 적합시킨다는 몇 가지 증거가 있다(Greenfield & Smith, 1976). 농부모의 건청 2세 아동들이 구어의 양, 발화 길이, 수화를 사용하는 정도 등에서 건청 성인과 이야기할 때와 농부모와 이야기할 때에 따라서 변경하는 것이 관찰되었다(Schiff, 1979). 더욱이 3~4세 아동들은 청자의 의사소통 화제에 대한 사전지식과 현재 의사소통 문맥을 공유하는 능력에 따라 청자에게 주는 정보의 양을 변경한다. 또한 의사소통 상대자의 연령은 영향을 주어, 4세 아동들은 전달하려는 메시지를 어떻게 암호화할지에도 영향을 미친다. 이 나이의 아동들은 또래나 성인과 이야기할 때보다 더 어린 아동과 이야기할 때 더 짧고 덜 복잡한 문장을 사용한다(Shatz & Gelman, 1973).

아동들이 발화에서 새로운 정보와 익숙한 정보를 어떻게 다르게 암호화하는지는 예측하기의 또 다른 측면이다. 이것은 대명사의 사용에서 발생하는데, 이것을 앞에서 나온 어구를 가리키는 **대용어 참조물**(anaphoric reference)이라고 한다(McLaughlin, 2006; Tager-Flusberg & Zukowski, 2008). 순서대로 일어나는 발화의 다음의 예는 내용에서 새로운 정보와 오래된 정보에 어떤 일이 일어나는지를 보여 주고 있다.

> 나는 새 신발들을 갖게 되었다. 그것들은 밤색과 흰색이다. 하지만 Billy는 그것들을 좋아하지 않는다. 그는 검은색을 좋아한다. (I got new shoes. They're brown and white. But Billy doesn't like them. He liked the black ones.)

새로운 정보는 언어적으로 강조된(즉, 신발들이라고 지명된) 반면, 오래된 정보는 언어적으로 강조하지 않았다(즉, 대명사화했다). 한 낱말에서 대략 세 낱말 또는 네 낱말 발화 단계의 아동들은 그들의 말에서 오래된 정보를 생략하고, 상황적인 문맥에서 새롭거나 변화된 정보만을 말로 표현한다(Greenfield & Zukow, 1978; Weisenberger, 1976). 아동들의 발화 길이가 증가하여 다섯 낱말이나 형태소에 이르면, 오래된 정보를 언급하는 데 대명사를 사용하기 시작하고 새로운 정보는 특별히 이름을 말한다(Skarakis & Greenfield, 1982).

정관사(*the*)와 부정관사(*a* 와 *an*)의 사용 또한 새로운 정보와 오래된 정보를 부호화하는 방식과 관련되어 있다. 아동들의 MLU가 대략 3.5이고 대략 2.5~3세(Brown, 1973)에 아동들의 관사 사용을 보이기는 하지만, 관사의 정확한 사용은, 그것이 발생되는 문맥에 따라, 청자와 화자 간에 공유되는 정보의 양에 따라, 그 정보가 새로운 것인지 오래된 것인지에 따라 다양하다. 발화의 순서에 있어, 부정관사는 새로운 참조물을 소개할 때, 정관사는 이전에 소개되었던 참조물을 부호화할 때 사용된다. 다음의 예가 이러한 차이를 잘 보여준다.

> 나는 새 드레스를 샀다. 그 드레스는 주름이 있는 빨간색이다. (I bought a new dress. The dress is red with ruffles.)

관사의 변하기 쉬운 사용 때문에, 우리는 완전히 습득하려면 몇 년 이상 걸릴 것임을 예상할 수 있다. Warden(1976)은 3, 5, 7, 9세 아동들의 관사 사용의 발달적 변화를 조사하고 성인의 관사 사용과 비교하는 연구를 했다. 모든 아동들과 성인들이 이전에 소개된 참조물을 언급하는 데 정관사 사용의 일관된 선호를 보였다. 그러나 3세 아동들은 처음의 참조물을 소개하는 데 정관사와 부정관사를 임의대로 사용했다. 3세 이후부터는, 처음의 참조물에 대해 부정관사를 적절히 사용하는 것이 증가하지만, 9세까지는 처음의 참조물에 대해 부정관사를 사용하는 것을 진정 선호하는 것은 아니다. 반면, 성인들은 일관되게 부정관사로 처음의 참조물을 소개한다.

차례 지키기, 주제 유지하기, 수정하기. 효과적인 대화와 관련된 두 가지 측면은 적절한 대화 차례 지키기와 대화의 주제가 유지되도록 돕는 것이다. 생후 9개월 이전의 영아들조차도 상호작용의 형태로 초보적인 대화 차례 지키기 기술을 보여 준다. 생후 18~24개월까지, 영아들은 대화에 참여하는 법을 배우고 대화에서 차례 지키기라는 규칙을 적용하는 능력을 보여 준다. 그러나 이러한 기술들이 정교해지는 데는 오랜 시간이 요구된다. 대조적으로 4세 6개월의 어린 아동들은 다른 사람과의 대화에서 상당한 양의 중복을 말하지만 6~8세 아동들은 자기의 순서에 시간을 조절할 줄 알아서 중복이 거의 없다(Leonard, 1984).

차례 지키기를 넘어서 대화의 주제가 유지되려면, 반응이 화자의 이전 발화와 어떤 점에서 관련이 있어야 한다. 때때로, 2세 전에, 대화의 주제를 유지하기 위해 성인의 발화에 대한 반응이 거의 40%라는 것이 확인되었다(Bloom et al., 1976). 이러한 비율은 다음 12개월 동안 꾸준히 증가하여, 3세 정도에는 한 쌍의 대화에서 대략 50%의 반응이 주제를 유지한다. 그러나 이 연령의 아동들은 일련의 몇 개의 연속적으로 관련된 발화에서는 주제를 유지하지 않는 경향이 있으며, 대화에서 많은 전후의 코멘트들을 통해서 주제를 유지하는 기술은 3.5~4세까지도 보이지 않는다(Bloom et al., 1976). Brinton과 Fujiki(1984)는 5세 아동들조차 단일 주제에서 대화의 주고받기 동안 산출하는 평균 발화 수가 5라고 보고했다. 또한, 이 아동들은 평균적으로 15분 대화에서 50개의 주제를 다룬다. 그러나 활동 범위나 문맥의 종류가 아동의 주제 유지 능력에 영향을 줄 수 있다. Schober-Peterson과 Johnson(1989)은 4세 아동들이 역할하기(enacting), 설명하기(describing), 문제 해결하기 등의 대화 활동에서 13~91개의 발화로 하나의 주제를 유지할 수 있음을 발견했다. 이 아동들이 이러한 형태의 주제 활동에서 상당한 주제 유지 기술을 보이지만, 그 75%의 주제 유지 발화의 길이는 여전히 비교적 짧은 편이다.

아동들은 그들의 차례 지키기와 주제 유지하기에서 발달적 패턴을 보이지 않을 뿐만 아니라, 주제 유지에 사용되는 장치에서 나이에 따른 변화를 보인다(McLaughlin, 2006). 아동들이 성장함에 따라, 주제에 새로운 정보를 점차적으로 추가한다. 3세 전에 아동들은 **초점 두기/모방하기**의 주제 유지 장치를 사용하는 경향이 있다(Bloom et al., 1976; Keenan, 1975). 즉, 이전의 발화에서 하나나 그 이상의 낱말에 주목하거나, 뒤따르는 반응에서 그 부분을 모방하는 것이다. 3세에 이르면, 그들의 초점 두기/모방하기 장치의 사용은 감소하는 반면, 대체/확장의 사용이 증가한다(Bloom et al., 1976; Keenan, 1975). **대체/확장**에서, 아동들은 이전 발화의 주제에 정보를 추가하거나 이전 발화를 어떤 점에서 수정한다.

안타깝게도, 대화의 모든 발화들이 청자에게 이해되는 것은 아니다. 이럴 경우, 효율적인 화자는 메시지를 수정한다. 생후 21~29개월 아동들은 청자가 이해하지 못했을 때, 그 원래의 발화를 항상 수정하는 것이 관찰되었다(Gallagher, 1977). 처음에는 메시지를 명료하게 하기 위하여 음성 조절(낱말의 발음을 바꾸기)을 사용한다. 아동들이 성숙해짐에 따라, 그들은 수정 전략을 바꾸고, 의사소통 시도를 조절하기 위해서 낱말의 대체를 사용한다. 그러나 4.5세에는, 청자가 메시지를 적절히 이해하지 못했음을 알게 되면, 이후의 발화 길이를 늘이는 경향이 있다(Iwan & Siegel, 1982). 거꾸로 말하면, 메시지가 이해되었다고 인식하면 발화의 길이를 줄인다. 의사소통이 실패되었을 때, 아동들의 메시지 목적은 어떻게 성공적으로 의사소통 붕괴를 해결하느냐에 영향을 줄 수 있다. 예를 들어, 3.5~5.5세 아동들은 메시지의 의도가 주장(단언)이 아닌 요청이었을 때, 의사소통 실패를 해결하는 데 좀 더 성공적일 수 있다(Shatz & O'Reilly, 1990).

유창성. 모든 화자들은 어구를 고치고, 낱말을 반복하고, 우물쭈물하며, '어'와 같은 간투어를 사용하며, 메시지를 전달하는 데 시작부터 실패하기도 한다. 이러한 혼란을 종종 미로(혼란, maze)라고 일컫는다. 사실, 학령 전기 아동들은 일반적으로 정상적인 비유창성 시기를 경험한다. 그러나 대부분의 아동들은 이러한 정상적인 비유창성 시기를 나이가 들면서 벗어나게 되고, 일단 그들이 입학하게 되면, 유창하게 쉽게 술술 나오는 일련의 낱말들로 메시지를 전달하는 능력은 의식적이든 무의식적이든, 아동들의 언어 능력을 평가하는 데 사용되는 요소들 중의 하나가 된다(Loban, 1976).

우리가 살펴보려는 것과는 반대로, 아동들의 구어에서의 전반적인 미로 행동의 출현 발생은 나이가 든다고 감소하는 것 같지는 않다(Loban, 1976). 사실, 발화의 길이와 복잡성이 나이가 들면서 증가하는 대로, 미로 행동의 수도 그러하여, 각기 다른 시간과 다른 과업에서 단절 행동의 수가 일정하지 않은 증가와 감소를 보일 수 있다.

이야기. 이야기(narratives)는 언어 사용의 일반적인 부분으로, 영화나 이야기책에 대한 정보만으로 제한되지는 않는다. 우리는 자동차 사고에서 어떤 일이 생겼는지 정식으로 기술할 때나 여름방학 동안 생긴 사건을 열거할 때 이야기를 사용한다. 이야기는 논리적인 구조, 시간적 인과적인 순서, 각 부분의 결합, 예측하는 능력 등의 무거운 요구를 담은 한 사람이 길게 이야기하는 것이다. 그러한 것으로서, 성공적인 이야기 능력은 늦게 발달하는 언어 기술이다. 아동들은 일반적으로 학령기 초기까지 이야기 전체를 산출하는 데 성공적이지 않다. 그러나 학령 전기 아동들은 그 능력을 발달시키는 데 필요한 몇 가지 단계를 거치면서 진정한 이야기 산출 능력이 발달한다.

Applebee(1978)는 이야기의 여섯 가지 수준을 최소한의 복잡성에서 최대의 복잡성 순으로 제안하며, 무더기, 순서, 원시적인 시간적 이야기, 초점이 맞지 않는 시간적 연결, 초점이 맞는 시간적 또는 인과적 연결, 적절한 이야기로 설명했다. 비록 2~3세 아동들이 꾸며 낸 이야기를 말하기 시작하고 자신에게 일어난 일을 짧게 기술하지만(Hughes, McGillivray, & Schmidek, 1997; Sutton-Smith, 1986), 이러한 이야기는 원시 이야기로 여겨지며 Applebee(1978)가 **무더기**(heaps)라고 언급할 정도이다. 이것은 일련의 관계없는 순서가 맞지 않는 진술들이다. 만약 조금이라도 청자의 정보적인 요구에 대한 관심이 있다면, 시작과 끝이 명확하지 않다. 이러한 무더기는 점차적으로 순서가 있는 것으로 발전한다(Applebee, 1978). **순서**에 대한 정보는 부가적으로 존재하지만 시간적인 방식은 아니다.

3~5세에, 아동들은 사건의 시간적인 순서를 고려하여 이야기를 산출하기 시작한다(McLaughlin, 2006). 처음 아동들의 이야기는 Applebee(1978)가 말한 **원시적 시간적 이야기**(primitive temporal narratives)로 나타난다. 비록 이러한 이야기들은 여전히 줄거리나 명백한 인과 관계를 갖지는 못하지만, 초보적인 시간적 순서가 존재하며 중심 사건이 있다. 이러한 원시적 시간적 이야기는 점차적으로 **초점이 맞지 않는 시간적 연결**(unfocused temporal chains)의 이야기로 대체된다. 이러한 형태의 이야기는 시간적 순서로 연결된 구체적 관련성이 포함되어 있다. Applebee(1978)는 다음 이야기 단계가 **초점이 맞는 시간적**

또는 인과적 연결(focused tempotal or causal chains) 이야기라고 했다. 이러한 유형의 이야기는 일반적으로 중심 인물이 있고, 그 인물 주변으로 연결된 사건이 존재한다. 처음에는 사건이 시간적 순서로 연결된다(Lahey, 1988). 보통 인과적 연결은 초기 학령기 또는 약 5~7세까지도 출현하지 않는다. 초점이 맞는 인과적 연결 이야기는 진정한 이야기의 전조이며, 대략 7~8세에 출현한다(Lahey, 1988).

진정한 이야기는 중심 주제와 인물을 가질 뿐만 아니라 일반적으로 시간적 구성과 다양한 인과적 연결도 포함한다(Lahey, 1988). 아동들이 진정한 이야기 단계에 이르면, 이야기는 위에서 언급한 다양한 초점이 맞는 인과적이고 시간적인 결합으로 이루어진 에피소드 구조로 정의된다(Stein & Glenn, 1979). 일반적으로 9세 정도면, 아동들은 이야기 문법 구조에 맞는 이야기를 산출한다(Stein & Glenn, 1979). 이것은 그들의 이야기가 다음의 것들을 갖춘다는 의미이다.

❖ 이야기의 배경(때와 장소) 제시
❖ 사건의 발발
❖ 인물들의 내부 반응
❖ 이야기의 딜레마(심각한 문제)를 해결할 내부 계획
❖ 해결의 시도
❖ 직접적인 결과
❖ 반응

그렇지만, 아동들은 더 다양하게 내포된 에피소드 구조를 포함시키는 능력을 계속 발달시킨다. 이렇게 아동들의 이야기는 약 2세경에 관련 없는 진술의 더미로 특징지어지는 것으로 출형하여 점차 발달하여, 학령기 2학년이나 3학년에는 인과적이고 시간적인 패턴을 지닌 몇 개의 내포된 에피소드로 특징지어지는 이야기를 산출한다(Hughes et al., 1997).

상위 언어학. 처음 언어를 배우는 어린 아동들은 그들이 말하는 것이 그들이 행동하는 것과 다른 무엇일 수 있다는 것을 이해하지 못한다. 아동들은 그들이 언어에 대해 말할 수 있고 분석할 수 있으며 그 내용과는 다른 본질을 볼 수 있고 판단할 수 있음을 알지 못한다. 아동들은 단지 의사소통을 위해 언어를 배운다. 그들이 사물의 이름을 묻기 시작할 때, 그들이 무엇에 대한 낱말을 잊었다고 말하거나 자발적으로 그들의 발화를 수정할 때, 낱말이나 말소리들을 연습해 보거나 자발적으로 낱말의 운을 맞추거나 누군가가 정확하게 무엇을 말하지 않았다고 말할 때, 이러한 것들이 상위 언어학의 인식을 어렴풋이 나타내는 것이다.

그렇지만 진정한 상위 언어학 기술은 초기 학령기나 7~8세까지도 나타나지 않는다(McLaughlin, 2006; Owens, 2008; Saywitz & Cherry-Wilkinson, 1982). 상위 언어학 기술은 고등학교 시기를 통해서가 아니면 성인기까지도 잘 발달한다. 상위 언어학 기술의 발달과 관련된 구어의 두 가지 측면은 애매한 어구를 판별하는 능력과 비유적인 언어와 농담의 의도적인 사용이다. 이러한 것들은 비교적 늦게 발달하는 기술이므로, 5장에서 논의될 것이다.

5. 언어, 읽기와 쓰기 그리고 교육

언어와 언어와 관련된 기술들은 초등학교 저학년의 교과과정 대부분으로, 읽기와 쓰기의 학습이 강조되며 점차 읽기와 쓰기 기술이 향상된다. 고학년에서도 먼저 습득된 언어와 언어와 관련된 기술들이 학습 내용의 논리 양식이 된다. 학생들은 스스로 읽고 내용을 파악하고 배운 것에 대해 쓸 수 있기를 요구받는다. 그렇기 때문에 언어는 읽고 쓰는 능력과 교육과정의 기본적인 면이다.

살펴본 바와 같이, 아동들이 유치원 수준에서 초등학교에 입학하게 되면, 일반적으로는 청각-구어 시스템에 기반을 둔다. 이것은 구어 시스템이 5세에 완전히 발달된다고 말하는 것이 아니다. 그러나 유치원에 들어간 아동들은 보통 5년의 듣기 경험과 4년의 말하기 경험을 갖고 있다. 그들은 잘 만들어진 복잡한 문장을 사용하며, 그들의 생각이나 요구 사항을 표현하고 질문을 하기도 한다. 그들은 많은 표현어휘를 가지고 있고 20,000~24,000개의 낱말을 이해한다. 청각-구어 시스템에서의 이러한 능력은 읽기와 쓰기를 배우는 데 중요한 부분이다. Loban(1976)의 학령기 아동의 언어 기술에 대한 종단적 연구에서, 듣기와 말하기가 잘 발달한 아동들이 청각-구어 시스템이 덜 발달한 아동들보다 읽기와 쓰기에서 더 낫다고 지적했다. 거꾸로 말하면, '낮은 성취'(그러나 특수교육 서비스를 받거나 언어장애로 진단되지는 않음)로 분류된 초등학교 아동들은 같은 학년 또래들보다 더 낮은 언어 기술을 가진 것으로 발견되었다(Hill & Haynes, 1992). 학령 전기 구어 발달은 아동에게 공교육을 위한 준비 교육이며, 읽기, 쓰기와 통합적으로 관련되어 있다. Scarborough(1998)에 따르면, 3.5세 아동들의 수용과 표현어휘의 크기로 2학년 말의 문자 독해력이 예측된다고 언급했다.

1) 초기 읽기와 쓰기와 그 이전 시기

서구 사회에서 문해력의 성취는 단지 읽기와 쓰기 능력을 습득하는 것, 즉 문해력을 갖추는 것만으로 보지 않는다. 오히려 문해력은 교양이 있는 행동과 관련된 것으로 여겨진다. 이것은 즐거움과 배움을 위한 자발적 읽기, 분석적이고 종합적인 생각과 아이디어를 전하기 위한 쓰기, 설득 · 논의 · 계획 등을 위한 듣기와 말하기, 정보를 얻고 의사소통하기 위한 컴퓨터의 사용까지 포함한다. 또한 최근 문해력에 대한 시각은, 문해력은 아동들이 학교에 들어가면 시작하고 읽기와 쓰기를 배우는 것이라는 생각을 버렸다(Justice & Ezell,

2002). 요즘에는 문해력의 습득은 태어나면서부터 시작되는 것으로 보고, 영아들이나 학령 전기 아동들은 문해력을 갖추는 과정으로 생각한다. **초기 읽기와 쓰기**(emergent literacy)와 **읽기와 쓰기 이전 시기**(preliteracy)는 읽기와 쓰기로 이끄는 아동의 초기 환경에서 학령 전기 동안의 발달을 가리키는 용어이다. 이것은 예비 읽기 행동, 예비 쓰기 행동, 통상적인 읽기와 쓰기 능력으로 발달하는 기술들이다.

몇 가지 요인들이 초기 읽기와 쓰기 기술과 관련되어 있다. 그중 하나는 학령 전기 아동의 집과 가정환경에서 어떤 일이 일어났는가이다(Justice & Ezell, 2000; Justice, Weber, Ezell, & Bakeman, 2002; Lonigan et al., 1999; Skibbe, Justice, Zucker, & McGinty, 2008; Snow, Burns, & Griffin, 1998; van Kleeck, 1998; van Kleeck, Gillam, Hamilton, & McGrath, 1997; Whitehurst & Lonigan, 1998). 읽기와 쓰기를 장려하는 가정과 가정 환경은 다음과 같다.

- ❖ 주변에 비치된 다양한 인쇄물들
- ❖ 쉽게 사용할 수 있는 쓰는 도구들(크레용이나 연필들)과 종이
- ❖ 아동의 읽기와 쓰기 시도에 대해 반응해 주는 어른들
- ❖ 생활의 규칙적인 활동으로 일상적인 가족 일과에 통합적이며 포함되어 있는 활동으로서의 읽기와 쓰기
- ❖ 다음과 같은 어른과 아이의 이야기책 읽기
  - 사회적이고 상호적인 사건이다.
  - 일상적인 일과인 대화 주기를 포함한다.
  - 아동의 언어 기술이 성장함에 따라 아동이 읽기에 대해 더 책임을 지도록 다르게 변화를 준다.

이러한 요인들은 더 공식적인 학습활동에 대한 어린 아동들의 준비를 도와주는 것으로 여겨지며, 1학년이나 2학년 시기에 경험하게 될 것이다. 이러한 어린 아동들은 인쇄된 문자가 구어를 나타낸다는 것을 알기 시작하며, 그렇기 때문에 그것이 의미가 있고 다양한 기능을 수행한다는 것을 알게 된다. 그들은 인쇄물과 관련된 시각-그래픽적 상징에 대한 어떤 것을 알 수도 있다. 상위 언어학 기술과 결합되어, 이러한 발달적 요인들은 아동들의 문해력(읽기, 쓰기, 철자법) 학습에 중요한 역할로 작용하여, 아동들이 읽기, 쓰기 행동과 관련되도록, 즉 쓰고 읽을 수 있는 사람이 되도록 한다.

2) 학교 교육

교육 체계는 초등학교와 중등학교로 나뉜다. 아동들이 상급 학년으로 올라가면서 더 중요한 것이 내용 학습을 위한 기본적인 기술들의 사용으로 옮겨 가지만, 초등학교에서 기본적

으로 강조하는 것은 기본적인 학습 기술(읽기, 쓰기, 철자법, 산술 능력)의 습득이다. 중등학교에서는 강조점이 내용과 정보를 얻는 것으로 극적으로 이동하여, 스스로 학습에 대한 기대치가 점차적으로 올라간다. 이 단계에서는, 기본적인 기술은 이미 습득된 것으로 간주한다.

초등학교

유치원. 유치원은 종종 아동들이 1학년이 되면 경험할 학습을 준비하는 '준비' 기관으로 여겨진다. 듣기와 말하기 기술이 읽기와 쓰기 능력에 접해 있기 때문에, 유치원 학습 활동들은 자주 아동들의 구어 기술을 발달시키는 데 초점을 두고 있다. 유치원에서 듣기와 말하기를 중시한다고 해도 대부분의 아동들은 읽기와 쓰기 기술을 의례적으로 접하게 된다. 유치원생들은 그 주의 인쇄물이나 반 친구의 인쇄된 이름들, 인쇄된 통신문의 이름들을 알아보도록 배울 수도 있다. 학습 활동들은 아동들이 그들의 생각을 체계화하여 교사에게 말하면, 교사는 그것을 쓰는 것이 포함될 수 있다. 그러한 활동은 구어와 인쇄된 낱말의 관계를 강조하고, 쓰기 기술을 발달시키는 초기 단계이다. 아동들의 시각-그래픽 시스템의 운동감각의 초기 경험들은 일반적으로 알파벳이나 그들의 이름을 써보거나, 소리를 알파벳의 각 문자(자소, grapheme)와 연결하는 등의 학습을 포함한다. 또한, 쓰기의 중요한 요소인 원이나 선 그리기를 어떻게 하는지를 보여 줄 수도 있다. 몇몇 학교에서는 유치원에서는 제한적으로만 읽기와 쓰기에 대한 공식적인 교육을 진행하며, 또 다른 학교에서는 1학년까지 읽기와 쓰기에 대한 공식적인 교육을 실시하지 않기도 한다.

유치원에서의 또 다른 주안점은 아동들을 공식적인 집단 교육의 스크립트(각본)와 일과에 적응시키는 것이다. 즉, 집단에서 듣기 배우기, 말할 때와 조용히 해야 할 때 알기, 질문하는 법과 대답하는 방법 알기, 조용히 혼자 하는 방법과 집단에서 협동하는 방법 배우기 등이다. 교실에서는 독특한 담화 방식이 있어서, 가능하면 학생들은 그에 적응해야 한다. 이러한 담화 방식은 IRE(initiate, respond, evaluation) 교환으로 이루어져 있다(즉, 가르치기: 일반적으로 교사의 역할, 반응하기: 일반적으로 아동의 역할, 평가하기: 일반적으로 교사의 역할)(Cazden, 1988; Doell & Reed, 2007; Mehan, 1979; Sturm & Nelson, 1997). 교사들은 명백히 이미 답을 알고 있는 질문을 한다. 학생들은 대답하도록 허가받았다면 이러한 질문에 빠르고 짧게 대답해야 한다. 교사들은 그 학생들의 대답에 대해 양적으로 질적으로 평가한다. 이러한 담화 패턴은 읽기에 대한 입문 지도(오리엔테이션)나 공식적인 교육에서 일반적으로 사용한다. 그러므로 학생들은 집에서 경험했던 읽기와 쓰기 환경과는 사뭇 다른 맥락에서 읽기뿐만 아니라 그렇게 행동하는 것까지 배워야 하는 도전을 받는다.

1학년. 공식적인 읽기와 쓰기 교육은 일반적으로 1학년 때부터 시작된다. 읽기 교육에서 아동들은 낱말 재인 기술 사용하기, 인쇄된 낱말에서 정보 얻기, 구어 낱말의 첫소리 구별하기, 읽고 내용 파악하기 등을 배운다. 쓰기 교육에서 아동들은 소문자와 대문자 쓰기를 배우고, 짧은 낱말 쓰기를 배운다. 그러나 쓰기 기술의 단계는 늘 읽기 뒤로 처진다. 1학년에서 기본적으로 강조하는 언어 기술이 청각-구어 시스템에서 시각-그래픽 시스템으로 옮겨지는 것이라 하더라도 학습 활동은 여전히 듣기와 말하기에 관련되어 있다. 아동들은 글자나 이야기를 받아쓰도록 촉진받는다. 아동들의 쓰기 기술이 여전히 제한적이기 때문에, 교사가 대서인 역할을 한다. 그러한 경험들이 앞으로 아동들에게 구어 낱말과 쓰여진 낱말 간의 관계를 더욱 보여 주어, 그들이 말한 낱말 쓰기를 배우도록 촉진한다.

2학년. 2학년 교과과정은 듣기, 말하기, 읽기, 쓰기에서 증가된 기술들을 강조한다. 아동들은 낱말의 운 맞추기, 구두로 표현한 지시를 순서대로 따르기, 짧은 글 쓰기, 어휘력 높이기, 글씨 잘 쓰기 등을 요구받는다. 읽기에서 강조점은 독립심으로 돌려진다. 학생들은 스스로 낱말을 재인하고 읽기 이해 기술을 발달시킬 것이 기대된다. 일반적으로 교과과정 또한 아동들에게 스스로 읽기에 시간을 보내도록 촉진된다. 학습 활동들은 구체적이고 실제로 참가하는 경험에서 추상적이고 언어와 관련된 경험으로 옮겨진다.

3학년. 3학년은 전환기이다. 주의력이 높아져 아동 스스로 읽기가 가능하게 되고, 더 복잡하고 긴 이야기 읽기가 강조된다. 인쇄체 글씨가 계속 사용되지만, 일반적으로 필기체 쓰기 교육이 시작된다. 만약 우리가 필기체 쓰기에 대해 살펴본다면, 우리는 아동들에게 그것 자체가 청각적 부호에 대한 부호화된 상징이므로 이전에 배운 인쇄체로 쓴 상징을 재부호화할 것을 요구할 것이다. 아동들은 문장 쓰기로 질문에 답하기를 할 것이며, 더 복잡한 문단 쓰기를 할 것이다. 어휘력 높이기는 계속 강조될 것이다. 또한 3학년 아동들은 일반적으로 자신이 쓴 과제를 교정 보고 고치도록 요구받을 것이다. 구어 활동은 집단 토의나 발표 자료 만들기에서 효율적으로 참여하는 것으로 포함된다.

4, 5, 6학년. 초등학교 고학년에서도 여전히 배운 내용에 대해 언어 기술을 사용하여 청각-구어 시스템과 시각-그래픽 시스템에서 기술을 쌓기 위하여 지도된 학습 활동들로의 이동을 강조한다. 학생들은 학급 토의, 교사의 수업과 짧은 시연에서 정보를 얻는다. 학생들은 읽기 과제를 스스로 수행하고, 읽은 내용에 대한 짧은 보고서 쓰기를 요구받을 수도 있다. 그들은 출처에서 정보를 구하기 위해 그들의 언어 기술을 사용하도록 요구될 수 있다. 청각-구어 시스템과 시각-그래픽 시스템 모두에서 필요한 기저에 깔린 기본적인 기술들이 없다면, 아동들은 실패의 위험에 놓일 수 있다. 우리는 이후의 장에서 아동들의 초기 언어 기술이 차후의 학교생활을 성공으로 이끄는지 실패로 이끄는지를 계속 살펴볼 것이다.

중등학교. 일반적으로 6학년이나 7학년에 초등학교에서 중등학교로 이동한다. 교육의 방식으로는 강의가 더 일반적이며, 학생들은 점차적으로 강의 내용을 필기할 수 있어야 한다. 더욱이, 과목마다 교사가 다를 수도 있다. 이것은 학생들이 다양한 강연, 과제, 교수 방식에 적응해야 함을 의미한다. 스스로 모든 형태의 학습을 수행해야 한다는 압박을 받으며, 교사들은 학생들이 스스로 정보를 찾고 구성하기를 기대한다. 중요시되는 것은 학습 내용과 습득한 정보를 보여 주는 것이다. 특정 내용 영역과 관련된 어휘의 습득(예: 광합성, 두운법, 4변형)은 성공적인 중등학교 학습에서 꼭 필요한 언어 기술이며, 습득 어휘 수를 증가시킬 수 있는 능력은 중요한 수단이다. 습득 어휘 수가 많을수록 학생들은 학업 내용에 접근하기 쉬우며, 그럴수록 어휘 수가 더욱 증가된다. 또한 알고 있는 지식을 표현하기 위해 쓰기 양식을 사용하는 데 있어서도 유의미한 증가가 있으며, 내용 지식에 대한 쓰기 검사에서는 더 큰 중요성을 갖는다.

아동들의 언어 기술은 드라마틱하게도 유치원에서와 관련된다. 발달이 복잡한 과정이지만, 듣기, 말하기, 읽기, 쓰기 기술들은 밀접하게 관련되어 있고 서로 상호적이며 읽기와 쓰기에서 초기의 교육적 성취는 그 아동의 청각-구어 시스템의 능력과 깊이 관련되어 있다. 이후의 교육적 성취는 청각-구어 시스템과 시각-그래픽적 시스템 모두에 달려 있으며 그 두 가지 시스템 간의 상호작용에 달려 있다.

요약

이 장에서 우리는 다음의 내용들을 살펴보았다.

- 영아들은 태어나면서부터 소통하며, 영아들(infants)은 첫 낱말을 사용하기 전에, 의사소통 의도를 전달하는 많은 활동들(예: 미소 짓기, 웃기, 응시하기)을 사용하고, 일련의 언어 이전의 발성을 보인다.
- 한 낱말이나 두 낱말 발화 단계에서, 아동들은 주변 사물들의 이름과 사물 간의 관계에 대한 것들을 배운다. 어휘 성장은 천천히 시작하여, 18~24개월에 앞서 급성장한다.
- 아동들의 초기 발화는 체계적으로 기본적인 핵심 문장, 부정문, 의문문으로 발달하며 이후에 중문과 복문으로 발달한다.
- 의미적 요소뿐만 아니라 구문적 요소도 문장 발달에 관련되어 있다.
- 낱말 습득에는 몇 가지 패턴이 있고, 낱말을 배우는 데 적용되는 몇 가지 원리들이 있는 듯하다.
- 아동들은 평균 발화 길이를 증가시키는 것과 관련된 발달적 순서로 특정 문법 형태소를 습득한다.
- 언어 사용의 기능과 의도는 아동들이 성장하면서 변화된다. 즉, 발화들이 한 가지 기능을 지닌 것에서 한 가지 이상의 기능을 지닌 것으로 변화된다.

- 어린 아동들은 청자에 따라 그들의 언어 형태를 조정한다. 이러한 조정 능력은 점차 세련되어져서, 청자에 따라 정밀한 예상을 할수록 더 잘 수행한다. 대화 차례 지키기, 주제 유지하기, 수정하기 등의 기술들은 학령 전기를 거쳐 학령기에 이르면서 점차적으로 향상된다.
- 아동들의 이야기는 대략 2세부터 관련 없는 진술들의 더미의 특징을 갖는 것을 산출하기 시작하여, 2학년이나 3학년에는 인과적이고 시간적인 패턴을 갖는 다양하게 내포된 에피소드의 특징을 갖는 것으로 발전한다.
- 학령기의 성공은 학년에 따라 지속적으로 발달하는 확고한 언어 체계에 달려 있다.

정상 언어발달의 검토에서 살펴보았듯이, 말하기를 배우는 과정에서 습득해야 할 기술들은 매우 많다. 그러나 살펴본 것처럼 그 과정은 발달적 패턴에 따른다. 종종 이러한 발달 패턴들은 언어 기술이 손상된 아동들에 대한 중재 프로그램의 계획에서 기초가 된다. 또한 이와 같은 발달 순서는 언어 습득이 적절하게 이루어지지 못하는 아동들을 확인하는 한 가지 방법이 되기도 한다.

단순 언어장애 아동 (유아와 학령 전기)

학습 목표

이 장을 읽고, 다음의 내용을 논의할 수 있어야 한다.

- ※ 일생의 핸디캡으로서의 단순 언어장애
- ※ 아동의 단순 언어장애의 특성 기술과 관련된 논쟁들
- ※ 단순 언어장애 아동의 하위 집단들에서, 아동들의 언어 특성에 일정한 이질성이 존재하는지의 여부
- ※ 이러한 아동들을 설명하는 데 사용되는 다양한 호칭들, 원인과 관련된 논쟁들, 이러한 논쟁들과 다양한 호칭들 간의 관계
- ※ 단순 언어장애의 원인이 되는 잠재적인 요인들과 임상적 표지들
- ※ 단순 언어장애 아동의 출현율 계산과 그 수치의 영향
- ※ 아동들이 성장하면서 초기 언어 문제들에서 벗어났는지 벗어나지 못했는지를 알려 주는 요인들
- ※ 학령 전기 언어 문제와 이후 학업적 어려움 간의 관계
- ※ 단순 언어장애 아동들(유아와 학령 전기)의 다양한 언어와 관련된 특징들
- ※ 단순 언어장애 아동들(유아와 학령 전기)의 평가와 중재 시 고려 사항들

이 장은 본문에 나올 많은 장의 제목들이 가리키는 것처럼(예: 지적장애, 자폐증, 청각장애, 후천적 언어장애) 분명하게 확인할 수 있는 다른 문제들이 없는데 언어 문제가 명시된 유아와 학령 전기 아동들에 대한 것이다. 이 장에서 논의될 아동들은 기본적으로 정상인의 외양을 보이지만, 또래와 대등하지 않은 언어 습득을 보인다. 우리가 그들의 언어 습득 문제를 확인할 수 있는 조건으로 간주할 수 없기 때문에, 이 장의 제목에서처럼 이

러한 아동들에게 단순 언어장애(specific language impairment, SLI)라는 용어를 사용하기로 했다. Leonard(1998)는 이러한 아동들을 다음과 같이 기술했다.

> 언어 능력에서는 유의미한 한계를 보이나 보통 언어 습득 문제와 동반되는 요인들—청각 장애, 낮은 동작성 지능 검사 점수, 신경학적인 손상—에서는 명백하지 않다. 이것은 특히 '모든 정상 아동들'은 빠르고 쉽게 언어를 배운다는 진술로 시작하는 많은 언어발달 연구지에 비추어 매우 신기하다. 이러한 아동들에 대해 명백히 비정상적인 것은 오직 그들이 언어를 빠르고 쉽게 배우지 못한다는 것뿐이다(p. 3).

이 장의 제목으로 단순 언어장애라는 용어를 사용하기로 결정한 것은 부분적으로 본문의 다른 장들과 이 장의 주제를 가능한 한 구분 짓고 싶어서였다. 그러나 이 용어의 사용은 단순 언어장애 아동들에 대한 몇 가지 해결되지 않은 논쟁거리들 때문에 분명 쉬운 선택은 아니었다. 예를 들어 단순 언어장애 아동들의 언어 문제가 단지 언어에만 국한된 것인지, 이 아동들의 언어 문제가 언어지체나 장애를 나타내는 것인지에 관한 문제들이 있다. 또 다른 문제는 이 아동들에 하위 집단이 있을 수 있다는 가능성이다. 우리가 그 문제에 어떤 이름을 붙일지에 영향을 미치는 이러한 논쟁거리에 대해 어떻게 접근해야 하는가? 이것이 이 장의 제목과 관련한 어려운 문제이다. 다른 논쟁점은, 명백히 공존하는 문제는 없는데 언어 손상만 있는 학령 전기 아동들에 대한 출현율에 대한 것으로, 이러한 언어 습득 문제를 가진 아동들을 확인하는 방법, 초기 언어지체에서 벗어날 아동들을 예측하는 우리의 능력들, 이러한 논쟁점들에 대한 중재와 관련된 문제들 등이다. 이러한 것들이 우리가 이 장에서 논의할 내용이다. 또한 우리는 이러한 어린 아동들에게서 나타나는 언어의 특징에 대해서 논의하고 평가와 중재에서 고려해야 할 사항들을 소개한다. 학령 전기 아동의 언어는 이후의 학업적 · 직업적 · 사회적 실패의 가능성에 대한 신호가 되며, 이 주제는 이후 2개의 장에서 이어진다. SLI는 모르는 사이에 진행되는 일생의 장애이다.

그렇지만 SLI 유아와 학령 전기 아동들에 대한 논의로 너무 멀리 가기 전에, 일반적으로 언어장애 아동을 확인하는 문제에서 고려할 사항들을 살펴보는 것이 적절하다. 이 문제는 이 장에서 논의될 많은 언어장애 아동들뿐만 아니라 이 장에서 초점을 둔 SLI 아동들에게도 보편적인 문제이다.

1. 언어장애 아동의 확인

중요한 쟁점이 언어 문제를 가진 아동을 확인하는 것이라는 생각이 이상해 보일 수 있다. 어떤 사람은 이러한 아동들을 확인하는 것은 간단한 일이라고 생각할 수 있다. 분명히, 같은 나이 아동들의 언어 수행과 대등하지 않은 수행을 보이는 아동은 언어 문제를 가졌다고 여길 수 있다. 그렇지만 몇 가지 문제들이 발생한다. 우리는 언어발달에서 두드러진 가변성을 보일 수 있는 것이 정상이라는 것을 안다. 만약 아동의 수행이 같은 나이의 다른 아동들의 수행과 대등하지 않다면, 그 차이가 정상적인 가변성이나 문제를 나타내는 것이라고 할 수 있는가? 만약 그 차이가 정상적인 가변성이나 문제라면 우리는 어떻게 그것을 결정할 수 있는가? 만약 그 차이가 정상적인 가변성을 보이는 것이 아니라고 여겨진다면, 진짜 문제와 정상적인 경계 내에서의 느린 패턴은 가능성에서 얼마나 많은 차이가 나타나야 하는가? 만약 한 아동이 언어를 제외한 인지나 근육 운동과 같은 영역에서 평균 이상의 발달을 보인다면, 그러나 단지 언어에서만 평균 발달을 보인다면, 우리는 그 아동이 언어 결함을 가졌다고 말할 수 있는가? 이와 관련된 논쟁으로는 구어 수행이 관찰되지 않는 언어 습득 이전의 영아에 대한 것이나, 특정한 시점에 제때에 적절한 언어 기술을 보여 주지만 이후의 언어 문제에 대한 위험이 있는 내재적인 요인을 가진 아동들에 대한 것이 있다. 이러한 아동들에게 언어 결함이 있다고 할 수 있는가? 이것들은 단지 일부의 질문들이다. 이 질문들에 대한 대답은 Lahey(1990)가 쓴 대로 "언어장애라고 불리는"(p. 619), 그렇기 때문에 중재를 받거나 받지 않은 아동들의 중재 형식에 영향을 준다.

아동 언어발달과 하나의 의사소통 맥락에서 다른 것으로의 언어 수행에는 일정한 정상적인 가변성이 있으므로, 아동 개개인의 수행을 비교하는 기준과 그 수행을 관찰하는 조건은 확인에서 중요한 요인들이다. 후자의 요인은 아동의 언어 수행이 다양한 맥락에서 관찰되어야 함을 의미하며, 이 책의 뒤에서 논의될 내용이다. 비록 언어발달 이정표가 아동의 수행이 이러한 이정표와 비슷한지 또는 다른지에 대한 보편적인 정보를 제공하지만, 그것들은 관찰되는 어떤 편차의 의미에 대해서는 매우 적은 정보를 제공한다. 언어 문제가 있는 아동으로 확인하는 것은 변화에 붙여진 중요한 의미이다. 그렇지만, 그 변화에 대한 의미에 대한 결정은 어느 정도 수행을 비교한 기준과 수행을 측정한 방법에 달려 있다.

1) 정신 연령, 생활 연령, 언어 연령

주로 사용되는 두 가지 비교 기준은 정신 연령(mental age, MA)과 생활 연령(chronological age, CA)이다. MA는 아동의 인지적/지적 과제에서의 기능을 하는 연령 수준으로, 일반적으로 지능 검사로 측정된다. 지능지수(intelligence quotient, IQ)는 종종 교육과 임상 세팅에서, 그리고 MA의 지표로서 연구 논문에서 볼 수 있다. 기준으로서 MA의 사용은, 아동들의 언어 수행이 비슷한 MA 아동들의 수행과 비교하는 경우이다. 가정은 정상 아동들의 언어 수행은 일반적으로 그들의 인지 능력과 크게 다르지 않다는 것이다. 언어 수행이 MA보다 낮으면, 언어 결함이 있는 것으로 추정된다. 즉, MA와 언어 연령(language age, LA) 간에 불균형이 있는 것이다. 그렇지만 이 접근법에는 몇 가지 문제가 있다(Bishop, 1997; Cole, Mills, & Kelley, 1994; Cole, Schwartz, Notari, Dale, & Mills, 1995; Fey, 1986; Johnston, 1994; Lahey, 1990; Plante, 1998).

1. 인지와 언어 간에 정확한 관계가 정립되어 있지 않다(1장 참고). 그렇기 때문에 인지 능력이 반드시 언어 수행에 대한 한계점을 설정하거나 언어 수행을 결정한다고 가정할 수 없다.
2. 많지는 않지만 어떤 아동들은 인지 기술보다 더 수준 높은 언어 기술을 가지고 있기도 하다.
3. 다른 유형의 지능도 있을 수 있으며, 이러한 지능과 언어 간의 이론적인 관계는 증명되지 않았다.
4. 많은 지적장애를 가진 아동들이 언어장애를 가진 것으로 확인되지 않았는데, 이유는 그들의 MA와 LA 간의 차이가 없기 때문일 수 있다. 결과적으로, 이러한 아동들은 중재로 이득을 얻을 수 있다고 할지라도 언어 중재 서비스를 받지 못할 수 있다.

그렇지만 이 접근법에는 한 가지 장점이 있다. 평균 이상의 인지 기술을 보이지만 인지 수준보다 낮은 언어 기술을 가진 아동들은 언어 결함으로 확인될 수 있다.

비교 기준으로 MA를 사용하는 것과 관련된 논쟁으로, MA 결정을 위해 어떻게 아동의 인지적/지적 능력을 평가하는가 하는 문제가 있다. 만약 지능이 언어 능력과 관련된, 언어 유추와 같은(새의 날개; ______의 지느러미) 유형을 포함한 검사로 평가된다면, 그 테스트는 아동의 언어 능력을 지능만큼 측정하는 것이다. 그렇기 때문에, MA의 정확한 지표로 가능하지 않고, 지능에서 언어 능력을 분리하는 것도 가능하지 않다. 언어성 IQ(VIQ) 점수는 언어와 지능 모두가 섞여 있다. 블록 도안으로 시각적 패턴을 재인하고 완성하는 과제와 같은 언어 요소를 최소화한 지능 평가 방법이 몇 가지 있다. 비언어성 IQ(nonverbal IQ, NVIQ) 또는 동작성 IQ(performance IQ, PIQ) 점수는 언어와 지능이 적게 뒤섞여 있으며, 언어 혼동 없이 지능을 더 잘 나타낼 수 있다. 어떤 지능 검사는 완전히 언어적이며, 어떤 검사들은 언어성 지능과 비언어성/동작성 지능을 각각 작성하게 되어 있으며, 또 다른 것들은 기본적으로 완전히 비언어적이다. 비교의 기준으로 MA를 사용하는 경우라면, 어떻게 MA를 측정했는지 아는 것은 꼭 필요한 일이다.

언어 수행과 비교하는 두 번째 기준으로 CA를 사용한다. Fey(1986)는 "CA에 관한 것으로, 언어장애란 그 아동의 CA에 해당하는 아동들에게 기대하는 것으로부터 유의미한 이탈로 정의된다."(p. 36)라고 적었다. 즉, CA와 LA 간의 차이이다. 이러한 접근이 여전히 세워지지 못한 인지/MA와 언어 수행 간의 관계를 해결한다고 해도, 몇 가지 문제를 갖는다.

1. 인지 수준은 CA보다 우수하지만 언어 수행은 CA 정도에 해당하는 아동들은 언어 문제를 지닌 것으로 확인될 수 없다. 언어 능력이 그들의 인지 수준에서 기대되는 수준으로의 성취를 방해하는 매우 영리하고 똑똑한 아동들일 수 있다.

2. 언어 문제가 있는 것으로 확인된 아동들의 수가 너무 광범위해서 그 요구를 충족시키기 위해 가능한 전문적인 출처를 남용할 수 있다. 이 접근법은 Fey(1986)가 설명한 대로, 다음을 뜻한다. 언어장애로 확인된 아동에 대한 중재의 최종 목적은 "그 아동의 의사소통 능력을 연령과 동등한 수준에 이르게 하는 것이다. 불행히도, 이것은 종종 많은 그러한 아동들에게 비현실적인 기대이다"(p. 36).

아동을 확인하는 방법으로 CA-LA의 차이를 보는 것에 문제가 있다 할지라도, MA-LA 비교의 문제보다는 덜 심각하다. 이러한 두 개의 비교 기준 중에서, CA는 일반적으로 우선적이고 권장되는 비교 기준이다.

우리는 이제 우리가 사용하는 기준의 중요한 차이에 대한 논쟁으로 돌아간다. 이전의 논의를 고려하더라도, 앞의 논의에서 언급된 LA와 같은 연령과 동등함의 측정을 사용하는 것에 대한 염려는 타당하다(Bishop, 1997; Lahey, 1990; McCauley & Demetras, 1990; McCauley & Swisher, 1984; Paul, 2007; Rice, 2000). 염려가 타당한 이유 중 하나는, 동등한 연령의 수행의 견지에서 보면 똑같은 지체는 다른 연령의 아동들에 대해 똑같은 중요성을 갖지 않을 수 있다는 것이다. 예를 들어, 10세 아동의 언어 수행 1년 지체는 3세 아동 1년 지체와 같은 의미를 갖지는 않는다는 것이다. Lahey(1990)는 더욱 적절한 접근법은 아동의 '또래와의 비교상의 위치'(p. 615)로, 평균으로부터의 정상적인 차이를 고려하는 것이라고 주장한다.

2) 정상적인 편차, 정상 분포, 통계적 접근

어떤 아동의 언어 수행이 또래와 충분히 다른지를 결정하기 위하여 사용하는 정상적인 차이 접근법은 특정 인구통계학적인 특징을 가진 같은 연령의 아동들의 샘플에서의 정상적인 분포에 기초한다. 분포는 통계적인 접근법에 기원하여, 평균과 표준편차(standard deviation, SD)가 고려된다. 정상 분포(바꿔 말하면, 정상 곡선)의 사용에 있어, 예를 들어 3세 아동 집단의 수용어휘 크기를 측정했는데, 아동들의 약 68%가 평균 점수에서 −1표준편차(SD)와 +1SD 사이의, 평균 양쪽 면의 대략 반 정도의 점수를 갖는다. −1에서 +1SD의 범위는 일반적으로 '정상' 범위의 수행으로 여겨지며, −1SD 아래의 점수는 아동 수행에 대해 다소 걱정이 될 수 있다. 대략 또 다른 13.5%의 아동들은 −1SD와 −2SD 사이의 점수를 가지며, 또 다른 2.5~3%의 아동들은 −2SD 이하의 점수를 갖는다. 아동의 수행에 대한 걱정은 그 아동의 점수가 −1SD 포인트 아래로 떨어질수록 더 증대된다.

문제는, 어느 지점이 아동의 수용어휘(또는 이러한 방식으로 측정한 언어의 다른 측면)가 언어장애를 나타내는 충분히 부족한 지점인가 하는 것이다. 어떤 지점이 그 아동의 수행이 그 아동의 학업적 · 사회적 어려움의 원인이 될 것이라고 할 수 있는가? 본질적으로, 자주 사용되는 지점은 비교적 임의적이다. 이유는 Rice(2000)가 설명한 대로, "'정상'과 '영향 받은(affected)' 간의 선을 어디에 그어야 할지에 대한 본질적인 준거는 없다"(p. 20). 또한 만약 우리가 자르는 선을 −2SD 이하로 한다면, 단지 3%의 아동들만이 언어장애를 지닌 것으로 여겨질 수 있다. Bishop(1997)은 "만약 언어장애를 하위 3%로 정하게 되면, 3%의 아동들이 언어장애가 될 것이기"(p. 23) 때문에 "통계적 정의 고유의 순환성"을 상기시키게 한다고 지적했다.

표준편차 외에도, 정상 편차, 정상 분포, 관련된 통계에 근거한 언어 수행에 대한 다른 기술치들은 표준점수, 백분위수, 9단계 평가법 등이 있다. 이것들은 규준을 기준으로 하는 언어 검사에서 자주 사용되는 측정법이다. 어떻게 이러한 측정법들이 서로서로 상응하는지에 대한 참고로, −1SD 편차 지점은 보통 표준 점수 85(평균 100, SD 15일 때), 17~18번째 백분위수, 9단계 평가법에서는 3과 같다. SLI 아동을 확인할 경우에는, 10번째 백분위수 지점이나 비교 기준이 아동의 언어가 충분히 문제가 있다고, 언어장애라고 확인하기 위한 그럴듯한 지점으로 고려된다(Fey, 1986; Lee, 1974; Paul, 2007). 10번째 백분위수는 약 −1.25SD와 같고, 80~81 표준점수와 같다. 이러한 비교 기준은 아동들의 언어 능력에 결함이 있다는 언어병리학자의 판단과 일치하는 것으로 보인다(Tomblin, Records, & Zhang, 1996).

어떤 평가 점수는 단지 아동의 언어 수행 평가만을 제공한다. 평가와 측정은 사람과 사람이 하는 일들은 일관성이 없기 때문에, 평가와 측정 환경에서, 사용하는 도구들이 불완전하기에 오류와 관련되어 있다. 그렇기 때문에, 우리는 평가 점수에 대한 측정 오류를 예상할 필요가 있다. 더 나은 심리측정적으로 계발된 규준 참고 테스트는 측정 오류를 **측정의 표준 오류**(standard error of measurement, SEM)으로 설명한다. 얻은 표준 점수의 신뢰구간은 점수에 SEM을 더하거나 뺌으로써 결정될 수 있다. 얻은 표준 점수의 범위가 클수록 아동의 진짜 점수가 포함될 확신이 커진다. 예를 들어, 만약 우리가 아동의 실제 점수가 특정 범위 내에 있는 95% 신뢰수준을 원한다면, 그 테스트는 우리가 신뢰구간을 결정하는 데 사용하는 95% 신뢰수준을 위한 측정법을 제공할 것이다(예: 95% 신뢰수준에 대한 SEM = ±8; 얻은 표준 점수 = 79; 95% 신뢰구간 = 71~87). 만약 우리가 덜 확실하게 만든다면, 예를 들어, 그 아동의 실제 점수가 안에 있을 범위가 68% 신뢰로, 그 테스트는 68% 신뢰구간을 결정하기 위해 사용하는 더 작은 SEM을 제공할 것이다(예: 68% 신뢰수준에 대한 SEM = ±4; 얻은 표준 점수 = 79; 68% 신뢰구간 = 75~83). 만약 우리가 표준 점수 80~81이 아동의 언어가 장애라고 결정하는 지점이라고 결정한다면, 우리의 두 신뢰구간에 그 아동의 언어가 장애가 아닐 가능성을 둘 수 있다. 왜냐하면 두 범위에서(95% 신뢰수준에서 87과 68% 신뢰수준에서 83) 더 높은 구역 때문에 그 아동의 언어가 장애가 아닐 가능성을 열어 둘 수 있으며 또한 언어장애일 가능성도 열어 두어야 한다. 이러한 예는 아동의 언어 상태를 결정할 때 왜 최상의 실행이 요구되는지, 언어 평가에서 다양한 형식의 사용이 요구되는지를 보여 주는 것이다.

언어 수행이 장애 수준인지 아닌지를 결정하기 위해 일반적으로 사용하는 측정법에 대해 고려할 또 다른 문제가 있다. 이 장의 소개 부분에서 언급되었듯이, SLI 정의에서 SLI 아동들은 낮은 동작성 지능 점수를 보이지 않는다. 즉, 그들의 NVIQ는 정상 수준이거나 그 이상으로, 일반적으로 −1SD나 85 표준점수보다 더 낮지는 않다고 여겨진다. 언어와 지적장애에 대한 내용은 6장에서 살펴볼 것으로, 일반적인 지능 검사에서 지적장애에 대한 지점은 −2SD거나 70표준점수이다. 그렇지만, 어떤 아동들은 NVIQ 점수가 −1SD와 −2SD 사이에 있고 언어 능력이 정상보다 낮다. 이러한 아동들은 지적장애로 여겨지지 않을 뿐만 아니라 NVIQ 때문에 SLI로 여겨지지도 않는다. 이러한 아동들은 언어장애가 있지만 교묘히 지적장애나 SLI 분류에 들어가지 않기 때문에 몇몇 학자들은 이러한 아동들을 언급하기 위해서 평가, 중재, 연구 등에서 **비특이성 언어장애**(nonspecific language impairment, NLI)라는 용어를 사용하기 시작했다(Catts, Fey, Zhang, & Tomblin, 2002; Leonard, Miller, & Finneran, 2009; Nippold, Mansfield, Billow, & Tomblin, 2009). 언어장애 아동들에게 서비스를 제공할 때, 전문가들은 이러한 NLI 아동들을 놓치지 않도록 주의해야 한다.

3) 사회적 표준

백분위나 표준점수와 같은 점수들은 여전히 아동의 언어 능력이 학업적·사회적 성공에 얼마나 지장을 주는지를 말해 주지 않는다. 10번째 백분위수 지점 위를 사용하면, 언어 수행이 10번째 백분위수인 아동은 언어장애로 여겨지는 반면, 수행이 15번째 백분위수인 아동은 그렇지 않다. 그렇지만, 15번째 백분위수 아동은 10번째 백분위수 아동처럼 언어 문제로 인한 많은 어려움을 경험할 것이다. 분산 점수에 초점을 둔 접근법 또한, 13장의 논의 주제인 언어장애 아동의 확인을 위한 표준화된 언어 검사의 규준에 전문가들이 지나치게 의존하게 하는 위험이 있다.

우리가 고려해야 할 세 번째 기준은 사회적 기준이다. 이 기준은, 사회의 가치를 언어 재능의 정도에 두고, 언어 재능에 좌우되는 삶의 기능들에 대한 성공의 정도(예: 교육적 성공과 사회적 성공)에 두어 아동들을 확인하는 데 중요한 부분이다(Bishop, 1997; Brinton, Fujiki, & Mckee, 1998; DeKroon, Kyte, & Johnson, 2002; Gertner, Rice, & Hadley, 1994; Goodyer, 2000; Johnson et al., 1999; Leonard, 1998, Redmond & Rice, 1998; Stothard, Snowling, Bishop, Chipchase, & Kaplan, 1998). 사회적 가치의 조건 내에서 지속적으로 잠재적 문제들의 원인이 될 만큼 언어 수행이 매우 부족하다고 평가된 아동들은 언어장애를 가진 것으로 보일 수 있다. 이 기준은 수치로 측정되기는 어렵지만, 지금까지 논의된 확인을 위한 다른 기준들의 고유의 어려움들은 극복될지도 모른다. 만약 사회적 기준이 이러한 전통적인 기준들의 하나와 조화를 이루어 사용된다면 특히 정확한 것일 수 있다. 또한 언어적으로 또는 문화적으로 다양한 아동들에게, 언어와 언어장애의 접근법의 틀을 제공하는 데 의의가 있을 가능성이 있다.

4) SLI에 대한 임상적 표지

어린 아동들에게서 SLI의 임상적 표지를 확인하기 위한 연구에서는 SLI 아동에 대해 아는 데 도움이 될 수 있는 **임상적 표지**를 규명한다. 임상적 표지란 SLI 아동들의 행동 특징이나 특성, 특별한 특징들이나 특성들의 조합을 뜻한다. 그것이 존재하기도 하고 존재하지 않기도 하기 때문에 임상적 표지는 모집단에 따른 언어 능력의 정상 분포에 독립적이어서, SLI 아동들(영향받은 아동들)을 정확히 확인하고 정상 언어발달을 하는 다른 아동들을 영향을 받은 것으로 잘못 확인하지는 않는다. 추론은 특정 의학적 조건을 가진 사람은 그들의 신체에 독특한 호르몬의 조합을 가지며(즉, 그 호르몬 조합이 임상적 표지이다), 그 조건을 갖지 않은 사람은 그것을 갖지 않는다는 것이다. 호르몬 조합의 유무는 모집단의 정상 분포에 종속되어 있지 않다. 유전적 요인이 임상적 표지의 기초가 된다고 여겨질 때, 그 임상적 표지를 **유전 표현형**(유전자의 작용과 환경에 의해 외부에 나타나는 성질—역자 주)이라는 용어를 사용한다. 문법적 형태론과 무의미 낱말 반복이 SLI 임상적 표지에 대한 조사에서 나타나는 두 가지 방향이다. 이 두 가지 능력이 가능한 유전적 기초로 여겨지므로, 그것이 유전 표현형일 수 있다.

영어를 말하는 SLI 아동들은 문법적 형태들과 특히 동사의 시제 표지와 관련된 지속적인 어려움을 겪는다(Leonard, Deevy, Miller, Charest, & Kurtz, 2003; Leonard, Eyer, Bedore, & Grela, 1997; Leonard et al., 2002; Redmond, 2003; Redmond & Rice, 2001; Rice & Wexler, 1996; Rice, Wexler, & Hershberger, 1998). Rice와 동료들(Rice, 2000; Rice & Wexler, 1996; Rice et al., 1998)은 5세 아동의 동사 형태 표지 능력을 조사하는 과제에서 SLI 아동들의 97%와 SLI를 갖지 않은 아동들의 98%가 이를 정확히 확인했으며, SLI 아동들에 대한 동사 시제 표지의 종단적 발달 과정은 그 나이에는 거의 실수가 없는 정상 발달 아동과는 달리 오래 걸려서 8세까지도 성인 수준의 정확도에 이르지 못한다고 보고했다. 학령 전기 수준에서, SLI에 대한 위험상태에 있는 2세들은 그들의 언어발달에서 더 낮은 언어 수준에 있는 정상 언어발달의 또래들보다도 시제 표지의 개시를 더 늦게 보여 주는 것이 발견되었으며, 정상 발달 아동들의 언어발달에 대한 문헌에서의 기록보다 더 느린 시제 표지 발달을 보여 주었다(Hadley & Rice, 1996; Hadley & Short, 2005; Radford, 1990). 동사 형태론은 강력한 임상적 표지 후보이다. 일반적으로 시제 표지가 2~3세 사이에 출현하는 것을 고려하면, 동사 형태론적 기술이 어린 아동들에게 평가 가능한 임상적 표지로 여겨질 수 있다.

SLI의 임상적 표지를 찾는 두 번째 방향은, 아동들의 정보처리 과정 측면에 초점을 두어, 아동들에게 다양한 음절 길이와 음운의 복잡성을 가진 무의미 낱말을 따라 말하도록 하는 무의미 낱말 반복이다(예를 들면, Archibald & Joanisse, 2009; Campbell, Dollaghan, Needleman, & Janosky, 1997; Conti-Ramsden, 2003; Dollaghan & Campbell, 1998; Edwards & Lahey, 1998; Ellis Weismer et al., 2000; Gathercole, 1995; Gathercole, Willis, Baddeley, & Emslie, 1994; Gray, 2003a). SLI 아동들은 정상적으로 수행하는 같은 나이의 아동들이나 비슷한 수준의 언어를 가진 더 어린 아동들보다 더 못 수행한다. 일반적으로 이 과제에서 아동들의 수행은 집단 내에서 정확성으로 나뉜다. 무의미 낱말 반복 또한 SLI의 임상적 표지의 강력한 후보이다(Coady & Evans, 2008; Graf Estes, Evans, & Else-Quest, 2007).

무의미 낱말 반복으로 아동들 중에서 SLI를 확인하려면, 이 능력을 평가하기 위한 과제가 관련된 과제의 복잡성 때문에 5세나 그 이상의 아동들에게로 한정되어야 한다(Graf Estes et al., 2007). 그렇지만 최근에는 무의미 낱말 반복이 5세보다 더 어린 아동들에게도 사용되어, 2세의 어린 아동들에게도 사용된다(Chiat & Roy, 2007; Gray, 2003a; Roy & Chiat, 2004; Stokes & Klee, 2009; Thal, Miller, Carlson, & Vega, 2005). 이 장의 뒷부분에서 살펴볼 것이지만, 많은 학령 전기 SLI 아동들은 말소리 오류도 가지고 있기 때문에, 이러한 아동들에게 무의미 낱말 반복 과제의 사용은 일반적으로 무의미 낱말에서 음절을 만들어, 정확한 말소리의 산출을 요구하므로 가능하지 않다. 이러한 이유로, Shriberg 등(2009)은 무의미 낱말 반복 검사로「음절 반복 검사(The Syllable Repetition Test)」, 즉 정상 발달 아동들이 초기에 습득하는 네 개의 자음만을 사용하고 초기에 발달하는 한 개의 모음만을 사용한 검사를 개발했다. 이러한 노력 덕분에, "유아와 학령 전기 아동들에게 친숙한" 무의미 낱말 반복 과제가 출현했다.

이 두 영역에서의 아동들의 수행은 SLI의 존재의 확인을 돕기 위한 역할만을 하는 것이 아니다. SLI에 대한 위험요소 역할을 할 수도 있다. 즉, 같은 나이의 또래 수준에 이르지 못하는 수행을 보이는 어린 아동들이 SLI의 위험에 있는지에 대해서, 그리고 그 아동의 언어 능력을 더 조사해 볼 만한지에 대해서도 도움이 된다.

5) 아동의 언어 수행의 도전과 변화

적당히 의사소통할 수는 있지만, 적지만 분명한 언어 문제를 가지고 있어 잠재적으로 학업 수행이나 사회적 상호작용에 지장을 줄 수 있는 아동들의 확인에 대해서는 앞에서 논의되지 않았다. 이러한 아동들은 규준 참조 언어 검사에서 아마도 정상 경계선의 낮은 끝부분에 있더라도 정상 경계선 내의 점수를 받을 수 있다. 그러나 그들 또래의 정상 발달 아동들과의 점수를 비교해 보면 그들의 점수는 유의미하게 낮아, 그들의 언어가 또래들과 동등하지 않음을 나타낸다(Girolametto, Wiigs, Smyth, Weitzman, & Pearce, 2001; Paul, 1996; Stothard et al., 1998). 그들은 일상적이고 편안한 대화 주고받기를 할 수 있다(Lahey, 1990; Owen & Leonard, 2002). 그러나 구어 능력에 가깝게 관련된 학업적 기술로, 읽기, 철자법, 쓰기 등과 높은 수준의 담화(discourse) 언어 기술이 요구되는 이야기(narratives)

와 같은 영역에서 어려움을 경험할 것이다(Beitchman, Wilson, Brownlie, Walters, Inglis et al., 1996b; Girolametto et al., 2001; Johnson et al., 1999; Paul, 1996; Stothard et al., 1998; Ukrainetz & Gillam, 2009). 이러한 요인들은 우리가 아동들을 확인할 때 사용했던 절차들과 밀접한 관계가 있다. 이러한 이유로, Lahey(1990)는 확인이 그 아동의 언어 수행이 긴장되고 도전이 되어 "그래서 수행의 어려움이 최대한 분명할 것 같은"(p. 618) 조건에서 이루어질 것을 제안했다.

언어장애 아동들은 언어 문제를 갖지 않은 또래들보다 집중된 교육의 조건에서 특정 언어 기술을 배우는 데 더 어려움을 가질 것이다. 목표 언어를 배울 때 어려움의 정도가 새로운 언어 기술이 습득되는 데 필요한 가르치는 수고의 양, 수행의 정확도, 즉 학습량 등의 속도로 측정될 수 있다. 그렇기 때문에, 언어장애 아동들은 목표 언어를 배우는 데 더 많은 노력이 필요하고(또는 필요하거나) 더 많고 다양한 자극이 필요하며, 그들이 일반적으로 발달하는 또래들보다 그 목표를 정확하게 덜 사용한다. 이 가정은 언어장애 아동으로 확인되는 또 다른 방법으로 얼마나 잘하거나 잘못하는지를 "시험삼아 해보는 언어 교육"에서 문헌에서 일반적으로 사용되는 용어들이 일관되었는지, 역동적 평가에 얼마나 잘 반응하는지 등을 제안한다. 역동적 평가는 평가 절차에서 중요한 부분으로서 13장에서 자세히 논의될 것이다.

6) 언어 문제에 대한 위험요인

확인 또한 어떤 아동들이 결국은 언어와 관련된 문제를 경험할 것인지 예측하는 일과 관련되어 있다. 언어발달 문제의 위험이 있는, 너무 어려서 기본적으로 무발화인 아동들(예: 1세나 1.5세 이하)도 있으며, 특정 시기에 눈에 띄는 언어 문제를 보이지 않았지만 이후에 언어의 어려움이 나타날 위험에 놓여 있는 학령 전기나 학령기 아동들도 있다. Tomblin, Hardy와 Hein(1991)은 신생아를 출생 전과 출산 전후의 사건과 관련한 준거에 근거하여 '언어 문제에 대한 위험성' 범주로 배정할 수 있도록 제안했다. 그러면 그 아동들의 발달은 모니터되고 언어에 어떤 문제가 출현하자마자 중재가 시작될 수 있다. 또한 실제적인 언어 문제가 확인되기 전일지라도 부모/양육자 훈련 프로그램을 통해서 이러한 아동들에 대한 '예방용의 중재'를 만드는 것이 가능할 수 있다. 언어의 어려움이 출현할 위험에 놓여 있는 병력이나 다른 문제들을 가지고 있는 좀 더 나이 든 아동들의 경우에도 부모나 교사 훈련 프로그램을 통한 예방의 중재는 효과적이다.

물론, 이 접근법은 어떤 요인을 언어장애에 대한 위험에 있는 것으로 결정하는지에 달려 있다. 몇 가지 출생 요인들(예: 산소결핍증, 고빌리루빈혈증, 핵황달), 염색체 이상(예: 다운 증후군), 신경계의 또는 신체 이상(예: 뇌성마비, 청력 손실, 구개파열)은 잠재적인 언어 문제와 연결되어 있다. 추가적으로, 언어 문제의 위험은 비록 혈통적이거나 유전적인 요인과 같은 다른 요인들과 꼭 독립적인 것은 아니지만, 사회경제적 요인과 환경적 결핍과도 연관되어 있다. 어떤 학자들은 조산이 영아를 이후의 언어 문제에 대한 위험에 놓이게 한다고 제안하지만, 연구 논문들에서 완전히 증명된 것은 아니다(Aram, Hack, Hawkins, Weissman, & Borawski-Clark, 1991; Menyuk, Liebergott, Schultz, Chesnick, & Ferrier, 1991). 몇몇 이러한 위험요인들이 다른 조건이 있을 때(예: 지적장애, 청력 손실) 언어 문제와 더 관련되어 있지만 반드시 그 자체가 SLI에 대한 위험요인이라고 볼 수는 없다.

이후에 SLI를 가질 위험이 있는 매우 어린 아동들을 이러한 것들보다 더 정확히 확인해 주는 다른 요인들이 있다. 연구 문헌에서 제안한 것은 (1) 특히 직계 가족 구성원 중에 문해력 문제나 의사소통 문제가 있었던 가족력, (2) 출생 순서(나중에 출생할수록 더 큰 위험을 나타낸다), (3) 부모의 교육 수준(특히 엄마의 교육 수준)이다(Bishop, North, & Donlon, 1995; Choudhury & Benasich, 2003; Dollaghan et al., 1999; Entwisle & Astone, 1994; Felsenfeld & Plomin, 1997; Hart & Risley, 1995; Paul, 1991; Plomin, DeFries, McClearn, & McGuffin, 2001; Plomin, Fulker, Corley, & DeFried, 1997; Rice, 1996; Tallal, Ross, & Curtiss, 1989; Tomblin & Buckwalter, 1998; Tomblin et al., 1991). 아동의 성별(남자가 여자보다 더 위험이 있는 것으로 나타난다) 또한 종종 SLI에 대한 위험요인으로 언급된다. 그렇지만 소년들이 SLI에 대해 더 큰 위험이 있는지 어떤지에 대해서는 상반되는 자료가 있다. 연구에 사용된 임상의 표본에서는 SLI 남자 아동이 더 많이 보이는 듯하며, 반면 모집단에서는 성별 간에 비슷한 분포를 보이는 듯하다(Law, Rush, Schoon, & Parsons, 2009). 소년들이 소녀들보다 언어 지원에 더 자주 의뢰되는 것일 수 있다. 성별에 대한 결론은 아직 나오지 않았다. 이전 절에서, 우리는 또한 동사의 형태론적 발달 능력과 무의미 낱말 반복하기가 SLI에 대한 위험요인으로 검토될 수 있다고 제안했다.

가능한 위험요인들의 목록에서 빠진 것이 사회경제적 지위(socioeconomic status, SES)이다. 낮은 사회경제적 가정의 많은 아동들이 언어 문제를 가지며, 이러한 문제들은 어느 정도가 SLI로 인한 것이다. 그렇지만, SES는 종종 위에서 밝힌 위험요인들(예: 더 낮은 교육 수준이 더 낮은 SES로 이끌고, 문해력/의사소통 문제의 가족력이 더 낮은 교육 수준으로 이끈다)의 결과이므로, 이러한 가능한 위험요인들을 해석할 때에는 매우 조심해야 한다. 모든 요인들이 완전히 확정되지는 못했으며, 목록에 적힌 요인들만이 언어의 어려움과 언제나 똑같이 관련된 것은 아니며, 다른 요인들과의 상호관계가 아직 완전히 설명되지도 않은 것 같다. 언어 습득과 언어 수행은 다양한 요인들에 의해 영향을 받는 복잡한 인간 행동이므로, 아동들을 언어 손상의 위험에 처하게 하는 요인들은 복잡한 상호작용을 반영하는 것 이상이다. 그렇지만 SLI에 대한, 다양한 출생 전과 출산 전후의 위험요인들(예: 부모의 교육 정도, 언어 또는(그리고) 학습 문제에서의 가족력, 흡연)에 대한 연구들에서는, Tomblin, Smith와 Zhang(1997)은 대조적으로 SLI 아동들은, 출산 전후의 기간 동안에 또는 태아의 발달 시기 동안에 발생할 것으로 여겨지는 위험요인들이 그 아동이 임신되기 전의 부모와 관련된 요인들[예: 부모의 교육 정도, 언어 또는(그리고) 학습 문제의 가족력]과 연관되어 있기 쉽다는 것을 발견했다. 이러한 연구 결과들에 대해 살펴보면, 아동들의 SLI에 대한 유전적 가능성을 생각해 볼 수 있다.

현재의 정보가 제한적이기는 하지만, Tomblin 등(1991)은 아동들을 언어 선별 절차와 결합된 발달 모니터링 프로그램에 배치하는 절차의 사용은 확인 과정에 도움이 된다고 제안했다. 그렇지만, 만약 우리가 Lahey(1991)의 생각을 적용한다면, 그 선별 절차는 그 아동의 언어 수행에 스트레스를 주는 과제를 포함시켜야 할 것이다. 선별 프로그램과 결합된 모니터링을 고위험요인들에 사용하자는 의견은 두 가지 확인 범주들이 만들어져야 한다는 그녀의 제안과 일치한다. 하나는 언어 문제를 보이는 아동들에 대한 것이고, 다른 하나는 언어 문제의 위험이 있는 아동들에 대한 것이다. 위에서 언급한 Tomblin 등(1997)의 결론을 사용한다면, 다양한 위험요인들과 관련된 위험 정도의 중요성을 고려하는 것이 가능하다.

표 3.1은 언어 문제를 가진 아동들을 확인하는 것과 관련된 이슈들을 요약한 것이다. 그 이슈들이 아직도 남아 있지만, Fey(1986)는 Tomblin이 1983년에 발표한 내용에 근거하여 실제적인 정의로 "누가 언어장애로 불리는가"(Lahey, 1990)를 제시했다.

> 나타나는 의사소통 수행 패턴이 임상가에 의해 언어발달에 그리고 언어 기술에 매우 의지하는 사회적 · 인지적 · 교육적 발달 또는 정서적 발달에 지속적인 결함이 예측된다면, 아동은 언어장애로 여겨진다. 더욱이, 일반적으로 의사소통 기능에 장차 장애가 있을 것으로 관련된(예: 다운 증후군, 심도 청각장애, 자폐증) 생물학적 조건이나 행동적 조건을 지닌 영아들은 언어 형태가 전반적으로 나타나기 시작하기 전의 나이일지라도 언어장애로 여겨진다. 임상가가 이러한 예측을 할 수 있는 확실성의 정도는 그 아동의 장애 정도에 따른다(p. 42).

언어 손상에 대한 위험에 아동들을 배치할 수 있는 다른 요인들을 가진 아동들은, Lahey (1990)가 적은 대로, "언어와 관련된 문제들에 대한 위험에 있는"(p. 618) 것으로 확인될 수 있을 것이다.

2. 단순 언어장애의 개관

1) 지체 대 장애

아동이 언어지체를 보인다는 것은 언어 기술의 출현이나 발달이 느리다는 의미이다. 또한 종종 그 아동이 기술을 습득하는 순서가 정상 아동들이 보여 주는 순서와 일치한다는 의미이며, 지체의 정도는 언어의 모든 특징들이나 측면에서 기본적으로 같아서 아동 언어의 각 영역에서의 프로필은 비교적 기복이 없음을 뜻한다. 때때로 언어지체 아동은 그 지체를 넘어서 따라잡기도 한다는 의미도 포함한다. 이와 대조적으로, 언어장애라는 용어는 특정 언

표 3.1 언어 문제를 가진 아동들을 확인하는 것과 관련된 이슈들

이슈	설명	문제들
비교 기준	정신 연령(MA): 아동의 정신(인지) 연령에 대한 기대치와 비교되는 언어 수행력	* 언어 수행력이 MA보다 더 높은 아동들 * 인지와 언어 간의 관련성이 충분히 정립되어 있지 않음 * 다른 형태의 지능과 언어와의 관계가 정립되어 있지 않음 * 정신지체 아동들은 언어장애를 고려하는 데 있어 배제됨
	생활 연령(CA): 아동의 생활 연령에 대한 기대치와 비교되는 언어 수행력	* 평균 이상의 인지 능력을 가졌지만 언어 수행은 평균이거나 그 이하인 아동들이 배제됨 * 가능한 도구로는 너무 많은 아동들이 언어장애를 가진 것으로 확인됨 * 중재의 목표가 항상 나이에 동등한 언어 수행이라는 의미
	사회적 기준: 구어 능력과 구어 능력에 연결되어 있는 수행 측면(예: 학업 성취와 사회적 관계)에 첨부되는 사회적 가치의 정도와 그렇기 때문에 언어 문제가 성취에 부정적으로 영향을 미치는 정도	* 수치로 측정하기 어려움 * 언어 수행에 대한 분산 점수(예: 표준점수)와 아동의 현재와 미래의 삶에 영향을 끼칠 정도 간에 일대일 관계가 아님 * 아동이 가질 수 있는 미래의 문제에 대한 예보를 수반함
수행의 측정	등가 연령(언어 연령[LA])	* 등가 연령의 관점에서 같은 양의 지체는 다른 생활 연령에서 같은 중요성을 갖지는 않음 * 언어 수행에서 일반적인 편차가 고려되지 않음
	분산 측정(예: 표준 점수, 백분위수, 표준편차, 9단계 평가법)	* 구분 지점이 실생활의 언어 기능으로 실제적인 문제들을 기술하지는 않음 * 규준 참조적이고 표준화된 언어 검사에 지나치게 의존하는 위험성
SLI의 임상적 표지	동사 시제 붙이기의 발달과 무의미 낱말 반복이 SLI의 가능한 임상적 표지; SLI의 가능한 유전 표현형	* 여전히 발달 중에 있는 매우 어린 아동들에 있어 발달하는 기술들을 평가할 수 있는 능력 * 동사 시제 붙이기와 무의미 낱말 반복의 어려움의 원인이 충분히 밝혀지지 않았으나 유전적 근원과 같이, 기저의 신경학적 근거가 있을 것으로 추정됨 * 다른 임상적 표지들이 확인될 수도 있음
민감한 언어 문제 확인하기	스트레스가 있는/도전이 되는 언어 수행	* 민감한 문제들이 드러나는 스트레스가 있는 수행에서가 아니라면 일상적인 언어 수행 또는(그리고) 표준화된 언어 수행에서는 정상으로 나타남 * 민감한 문제들은 언어와 관련된 학업적 기술들(예: 읽기와 철자 쓰기)에도 영향을 미칠 수 있음
장차 일어날 언어 문제들을 예측하기	언어의 어려움을 가질 위험이 있는 아동들 확인하기; 선별 프로그램으로 보충	* 위험요인이 완전히 확인되지는 않음 * 요인들 간의 관계가 충분히 알려지지 않음

어 기술의 출현에서 보통의 속도 또는(그리고) 순서에서 이탈하는 것을 의미한다. 이 이탈은 언어의 한 측면(예: 의미론이나 구문론) 내에서의 기술 습득 속도에서의 차이를, 언어의 한 측면(예: 문법적 형태론) 내에서의 특정 특징에서의 터무니없는 어려움을, 언어의 다양한 측면(예: 구문론의 발달과 관련된 화용적 발달) 사이에서 습득 속도의 차이를, 그리고(또는) 언어의 하나나 그 이상의 다른 측면에서의 연령에 적절한 기술들의 습득에서의 뒤처짐 등을 의미할 수 있다. 다양한 언어 변수들 내에서와 변수들 간에 교차하여 습득되는 속도에서의 비동시성 때문에, 정상 발달의 순서는 혼란스럽다. **언어장애**라는 용어에서는, 아동들이 중재를 받거나 받지 않으며, 그들의 언어의 격차를 해소한다는 추론은 적은 편이다.

이러한 정의의 차이가 있기는 하지만, 어떤 학자들은 언어 학습 문제를 가진 이러한 아동들을 **언어지체**를 가진 것으로 언급하고, 반면 다른 학자들은 **언어장애**라는 용어를 비슷한 언어 특징들을 가진 아동들을 언급하는 데 사용하며, 종종 왜 하나의 표현 어구가 다른 것을 넘어서 사용되는지 그 이유를 설명하지도 않는다. 그리고 언어의 다양한 측면(화용론, 의미론, 구문론, 형태론)에 관한 연구들은 종종 해석에 마찰을 일으키며, 그 이슈를 명확히 하지 않는다(Bishop, 1997). Paul(2007)의 설명과 일치하는 것으로, 우리는 *impairment*와 *disorder*를 서로 바꿀 수 있는 것으로 사용하는 경향은 있지만, 반드시 *disorder*를 의미하는 것은 아닌 발달에서 뒤처짐을 의미하는 *delay*의 사용은 더욱 조심스럽다.

언어 손상 아동들이 그들의 언어 행동에서 지체를 보이는지 장애를 보이는지에 대한 해석에서의 갈등을 일으키는 한 가지 이유는 언어의 어떤 한 측면이나 구성 요소의 문제가 다른 측면에 부정적으로 영향을 미쳐서 전체적인 언어 수행을 어지럽히기 때문이다. 비록 우리가 언어의 구성 요소 각각에 대하여 이야기하지만, 실제로 구성 요소들은 한 가지 구성 요소가 다른 것에 영향을 미치며 동시에 상호작용한다(Ellis Weismer & Evans, 2002; Gershkoff-Stowe & Smith, 1997; Lahey & Bloom, 1994; Leonard, Schwartz, Morris, & Chapman, 1981; Masterson, 1997; Reed, 1992; Storkel, 2003; Tomblin & Zhang, 2006). 그렇지만 아동들의 언어에서 우리가 일반적으로 살펴본 것은 그들의 전체로서의 수행이며, 어떤 한 순간에 상호작용할 수 있는 언어의 많은 측면들의 요소를 뽑아 내려는 시도는 대단한 도전이 된다(Tomblin & Zhang, 2006).

지체와 장애를 둘러싼 논쟁에서는, 개념적인 SLI의 유용성이 의문이 된다. 몇 년 전 진단적 실재로서의 SLI에 대한 토의를 지지하며, Leonard(1987, 1991)는 SLI 아동들에게서 나타나는 언어 능력은 단지 정상 편차의 연속체상의 더 낮은 끝부분에 있는 능력이 나타난 것일 수 있다고 단정했다. 언어장애라기보다는 오히려, 예를 들면 다른 아동들이 음악적 기술을 배우고 사용하는 데 능숙하지 못할 수 있는 것과 같이 그 아동들은 단지 언어의 학습이나 사용에 능숙하지 못한 것이다. 언어 기술 수행에서 낮은 끝부분에 있는 아동들은 장애를 갖지 않은 것으로 보이며, 개인 내에서나 개인 간의 정상적인 편차의 개념을 보여 주는 것이다. 어떤 아동들은 어떤 것을 다른 것보다 잘하며, 다른 아동들은 배우거나 실행하는 데 강점이 있거나 약점이 있는 영역이 다르다. 이러한 관점에서, 이것은 단지 서구 사회에서 언어 능력을 매우 높이 평가하여 서구 사회에서 또한 높이 평가하는 공교육과 학업적 성공의 절차에 매우 깊이 관련시키기 때문으로, 언어에서 더 약한 기술이 장애로 보일 수 있는 것이다.

대부분의 언어 문제에 대해 딱히 설명할 수가 없는 혼란스러운 언어 학습 문제를 지닌 유아와 학령 전기 아동들에 대한 연구자들과 전문가들은 이러한 견해를 거절한다. Lahey (1988)는 다음과 같이 기술했다.

> 이 신드롬[SLI]에 적합한 아동들은 언어 학습에 그런 심한 어려움을 갖는다. 만약 이 같은 정도의 어려움이 예를 들어, 근육운동 손상으로 나타났다면, 장애로 분류될 것이다(p. 54).

Lahey의 설명 이후로, 2004년의 『정신장애의 진단 및 통계 편람—개정4판(*Diagnostic and Statistical Manual of Mental Disorders*—4th ed., DSM-IV)』(American Psychiatric Association, 2000)과 2007년의 『국제 통계적 질병 분류와 관련된 건강 문제들(*International Statistical Classification of Diseases and Health Related Problems*, ICD-10)』[World Health Organization(WHO), 2007]에서는 정확하게 SLI로 기술되어 있지는 않고 SLI와 비슷하지만 질병(예: '말과 언어의 특정 발달장애'의 하위 범주로 '표현언어장애'와 '수용언어장애')을 포함했다. SLI는 언어 수행의 혼란을 포함하는 질병과는 다른 질병이라는 입장은 어떤 아동들의 특정 언어 기술의 학습과 일반화에서 그들이 나타내는 언어와 지속되는 어려움의 이례적인 문제들은 장애가 아닌 단순한 어떤 것으로 볼 수는 없다고 제안한다. 그러한 아동들은 언어와 문해력 문제들을 가지며 성인기까지 확장된다는 근거는, 나중에 이 장에서 볼 것이며, 5장에서 더 정확히 볼 것이며, SLI는 단지 결함일 뿐만 아니라 평생의 장애일 수 있음을 제시하는 것이다. 그렇지만, 지체 대 장애에 대한 논의에서 혼동이 되는 문제들 중의 하나는 이러한 아동들이 나타낼 수 있는 언어 문제들의 다양성, 즉 이질성이다.

2) 어린 SLI 아동들의 하위 집단들

아동마다 다르게 나타나는 언어 수행에서의 다양성 때문에, SLI 아동들은 일반적으로 이질적인 집단으로 기술된다. 어린 SLI 아동들에 대해 충분히 이해하려면, 우리는 이러한 아동들의 하위 집단들이 존재한다는 가능성을 고려할 필요가 있을지 모른다. 만약 이것이 그 경우라면, 어떤 적절한 하위 집단들이 있는지 물어봐야 한다.

어떤 아동들은 언어 이해와 표현 모두에 어려움이 있는 SLI로 기술된다(Tomblin, Zhang, Buckwalter, & O'Brien, 2003). 어떤 아동들은 언어 표현에 문제가 있는 것으로 보이며, 상대적으로 이해에는 결함이 없다. 더 심각한 어려움들(예: 어휘 수정, 구문론, 형태론)을 불러일으키는 표현언어의 영역은 아동마다 다를 수 있다. 그러므로 두 가지 가능성이 있는 하위 집단이 포함된다.

1. 이해와 표현 모두에서 어려움을 보임
2. 표현에서만 어려움을 보임

표현 문제는 보이지 않고 이해의 어려움만 보이는 아동들에 대해서 제시하는 전문가나 연구 논문은 거의 없다.

그렇지만, 하위 집단들에 대한 이러한 모델은 잘못된 것이 아니라면 너무 극단적으로 단순화된 것일 수 있다(Bishop, 1997; Evans, Viele, & Kass, 1997; Leonard, 2009; Tomblin & Zhang, 2006). 최근에는 이해에 문제가 없고 표현에만 문제가 있는 아동들에 대한 견해가 도전을 받고 있다(Leonard, 2009; Tomblin, Mainele-Arnold, & Zhang, 2007; Tomblin & Zhang, 2006). 그 아동들의 능력 평가에서조차도 이해의 문제가 드러나지 않을 수 있어, Leonard(2009)는 "언어 지식의 한계나 언어 입력의 처리 과정에서의 문제를 가정할 수 없는 표현언어 문제의 이론은 없는 듯하다."(p. 121)라고 기술했다. 이해 문제가 평가에서 확인되지 않는다는 사실은 어쩌면 이해와 언어 처리 과정을 평가하는 방법(예: 무엇을 평가하는가와 어떻게 평가하는가)에서나 매우 어린 아동들을 평가할 수 있는 민감한 평가 과제 또는 검사의 수가 제한적이라는 이야기이다(Leonard, 2009). 음운의 문제는 종종 언어 문제와 함께 발생하는 것을 볼 수 있다(Shriberg, Tomblin, & McSweeny, 1999). 게다가, 상징놀이에서 나타나거나 의사소통의 목적으로 사용되는 제스처는 초기 언어의 어려움과 관련되어 있다(Thal, Oroz, Evans, Katich, & Leasure, 1995; Thal & Tobias, 1992, 1994; Thal, Tobias, & Morrison, 1991; Watt, Wetherby, Shumway, 2006). Paul, Looney와 Dahm(1991)은 또한 초기 언어 결함과 사회화 특징 간의 관계를 발견했다.

만약 우리가 이제까지 언급한 잠재적인 결함의 영역(이해, 표현, 음운론, 사회화, 상징놀이 제스처)만을 고려한다면, 표 3.2에서 얼마간은 볼 수 있지만, 아동들을 가능한 하위 집단으로 이끄는 모든 조합은 아니다. 만약 우리가 문제가 있을 수 있는 언어의 특정 측면들(예: 의미론, 화용론, 구문론, 형태론)에서의 표현의 실패를 고려한다면 더 복잡한 조합을 볼 것이다. 그렇지만 이러한 요인들로 나누는 것은 언어 구성 요소들 간에 작동되는, 그리고 다른 행동들(예: 사회화의 측정과 의사소통 의도/기능의 사용 간의 관계) 사이에서의 중복됨, 상호관계가 있음, 관련됨으로 인해 적절하지 않다. 우리의 요인들이나 결함의 영역들은 정확하고(또는 정확하거나) 분리되는 것이 아닐 수 있다. 다른 요인들과의 관계들 또한 단순 언어장애(예: 행동의 어려움들)와 관계될 수 있다. 추가적으로, 각각의 가능한 영역에서 상대적인 기술의 정도(또는 결함)를 고려할 필요가 있는 것 같다. 조합은 CA의 변화에 따라 아동 개인에 맞게 변화될 가능성이 있다(Conti-Ramsden & Botting, 1999). SLI라고 하는 신드롬은 너무 커서 아동들에게서 나타나는 이질성에 대한 설명만으로는 구

표 3.2 SLI 아동들의 가능한 하위 집단들로 이끄는 결함 영역들의 예

하위 집단	표현	이해	음운론	사회화	제스처
1	×	×	×	×	×
2	×	×		×	×
3	×	×	×		×
4	×	×	×	×	
5	×	×	×		
6	×	×			×
7	×	×		×	
8	×	×			

분되지 않는다. Aram(1991)은, "SLI 아동들은 단일 임상적 실체를 나타내지 않으며, 오히려 중복되고 결정적인 특징이 언어 손상인 하위 집단들의 무리이다."(p. 84)라고 기술했다. 지금까지의 지식을 요약해 보면, Leonard(1998)는 "확실하고 믿을 수 있는 하위 집단들을 확인하는 과제는 어려운 것임이 증명되었다. 그리고 여전히 확실한 방법을 갖고 있지 않다."(p. 23)라고 설명했다. 현재 우리의 지식은 아직 적절한 하위 집단들을 확인하는 과제의 복잡성을 극복하지 못했다. Leonard 또한 우리에게 상기시킨 대로, 가능한 하위 집단들에 관해서 언급한 몇 가지 논지들이 있다. 즉, 비슷한 정도의 낮은 이해와 산출 능력을 보이는 아동 집단, 이해 능력보다 산출 능력이 더 낮은 영역에 있어 산출과 이해 사이에 상당한 차이를 보이는 집단, 언어 형태[구문론, 형태론 그리고(또는) 음운론]의 측면에서 특히 어려움을 보이는 집단 등이다. Bishop(2006)의 서술에서처럼, Leonard(2009)는 "의미 있는 하위 유형들은 잠재적인 '내적 표현형(endophenotypes)'에 대한 유전적 연구를 통하여 확인될 수 있다."(p. 120)라고 명시했다. SLI의 가능한 원인이 될 수 있는 유전적 요인에 대한 내용은 다시 다음 절에서 이야기할 것이다. 그렇지만 지금 우리는 만약 존재한다면, 어떤 하위 집단들이 있는지에 대해 여전히 찾는 것을 인정할 필요는 있다.

3) 질병의 명칭과 이유들

이 장에서 소개한 대로, 이 장의 제목을 어떻게 정할지를 놓고 딜레마에 빠지게 된다. 이러한 아동들의 유일한 문제로 언어의 어려움만이 나타나는 이 질병의 이름으로 많은 용어들이 논문에서 사용되었다. 이러한 용어들 중에는 SLI, 단순 언어 결함, 단순 언어장애, 발달적 실어증, 발달적 부전실어증, 선천적 실어증, 언어지체, 발달적 언어장애, 표현 그리고(또는) 수용언어 지체, 임상적 언어장애, 언어장애, 느린 표현언어 발달 등이 있으며, 비록 마지막 용어는 더 나이 든 학령 전기 아동들보다는 유아들에게 더 자주 사용되는 경향이 있다. 이러한 아동들이 학교에 가고, 그들의 언어 문제가 학업적 어려움의 원인이 되기

시작할 때—매우 발생하기 쉬운 상황—, 이 아동들은 학습장애나 언어-학습장애로 의뢰될 수 있으며, 이에 대해서는 다음 장에서 살펴볼 것이다.

뚜렷한 청각적인, 지적인, 정서적인, 신경학적인 결함이나 주목할 만한 환경적 결함이 없는데도 왜 어떤 아동들은 언어 습득에 그런 힘든 시간을 갖는가 하는 질문은 중요한 것이다. 설명을 위한 탐색은 때때로 언어 손상의 존재에 다른, 덜 표면적인 원인들로 돌려진다.

신경학적 기초. 몇몇 저자들과 학자들은, 전체 신경학적 문제가 없을 경우에, 그 아동들의 언어의 어려움은 중추신경계의 기능 장애로 생기는 것이며, **최소의 뇌기능 이상**과 **최소한의 뇌손상**이라는 용어가 제안되며, 그 용어는 또한 학습장애와 관련되어 있다고 제안했다. 과거에는, 뇌기능 측정의 비정상적 결과와 아동들이 보이는 언어 문제 간의 확정적인 연결을 확인하는 것이 어려웠다. 성인들의 언어 기능에서 일반적인 좌반구의 우세는 잘 알려져 있지만, 아동들의 경우에는 초기 좌반구의 손상이 언어 손상의 심한 정도나 지속성을 설명하는 것으로 보이지는 않는다(Aram & Eisele, 1994). 그렇지만 뇌의 구조와 기능이 언어 습득을 혼란스럽게 하는 변화를 줄 수 있으며, 특정 영역의 병소적 손상을 찾는 접근법은 성과가 많지는 않다.

SLI에 대해 연구하는 대부분의 학자들은 언어 학습과 수행에서의 이러한 아동들의 어려움에 대해 신경학적 관계 또는(그리고) 기질이 있음에 동의한다. 신경 영상(예: 기능적 자기 공명 영상)과 사건 관련 전기생리학적 절차에서의 지속적인 발달을 이끄는 기술력의 진보가 언어 손상을 지닌 아동들에게 사용되었고(Lincoln, Courchesne, Harms, & Allen, 1995; Plante, 1996b; Plante, Swisher, Vance, & Rapcsak, 1991; Tomblin, Abbas, Records, & Brenneman, 1995), 이러한 접근법들은 퍼즐을 푸는 얼마간의 가능성을 보여 주는 듯했다. 이러한 기술력을 사용하여 청각적 처리 과정 과제로 정상 아동과 SLI 아동 간에 사건 관련 전위의 차이가 확인되었으며(Lincoln et al., 1995; Neville, Coffey, Holcomb, & Tallal, 1993), SLI 아동들의 뇌형태 구조에서 차이가 있었다(Jackson & Plante, 1996; Plante, 1996b; Plante et al., 1991). Ullman과 Pierpont(2005)는 SLI와 관련된 신경학적 기능에 대한 연구들의 전반적인 재검토를 제공했다. 그들은 다음과 같이 서술했다.

> SLI는 적어도 2개의 구조, 즉 전두의 피질과 기저핵에서의 이상과 강하게 관련되어 있다는 확실한 증거가 나타났다. 모든 연구에서 뇌의 앞부분 부위에서의 이상이 명백히 조사되었다. (…) 특히 아래 앞부분 부위인 듯 보인다. (…) 특히 브로카 영역 (…) 비슷하게, 발달적 언어 손상에서의 기저핵을 조사하는 것은 모든 연구들이 구조의 이상을 보고했다. (…) 꼬리 모양의 신경핵이 특히 영향을 받은 듯하다(p. 410).

(독자들은 1장을 검토하는 것이 도움이 될 것이다.) Ullman과 Pierpont(2005) 또한 뇌의 몇몇 다른 영역에서 영향 받지 않은 뇌와의 차이를 나타내는 예를 들어, 아래 두정골, 위의

측두골, 실비우스 주변 부위 등의 결과를 보고했다. 저자들은 이 부위들에서 관찰된 차이들이 정상적으로 발달하는 사람들에게는 일반적이지 않은 다른 기능 장애가 있는 뇌 영역 주위에 작용하기 위한 '보상적 이동'(p. 410)에서 나타나는 것이라는 결과로, 이 가설은 우리가 1장에서 소개한 뇌 가소성 개념과 일치한다.

SLI 기저에 있는 비정상적인 뇌의 구조와 기능에 대한 생각에서는, 이러한 것들이 문헌에서 나타난 가능한 원인과 관계에 대한 다른 결과와 관련될 수 있음을 아는 것이 중요하다. 이러한 것들 중 하나는 뇌의 구조와 기능이 바뀌도록 하는 SLI의 유전에 대한 것이다. 우리는 이 장의 뒤에서 SLI와 관련된 유전에 대해 논의할 것이다. 과학에서는 아직 태아기의 신경학적 발달, 유전학, 출생 후 뇌의 형태학적 발달 간의 관계와 내분비학에 대한 것조차도 알려지지 않았다. 이 퍼즐을 푸는 시도는 계속 연구의 초점이 되고 있다.

언어 지식과 언어 지식으로의 접근. 이러한 아동들이 왜 언어 문제를 갖는가에 대한 다른 제안으로는, 그 아동들이 그들의 언어 학습 환경에 필요한 규칙을 추상화하는 데 어려움을 갖게 되어, 불완전한 학습 규칙을 나타내고(또는 나타내거나) 그들이 이미 알고 있는 언어 정보에 접근하는 문제를 갖는다는 것이다(Clahsen, 1989; Connell & Stone, 1992; German, 1982; Gopnik, 1990; Leonard, Nippold, Kail, & Hale, 1983; Messer & Dockrell, 2006; Rice & Wexler, 1996). 즉, 그 아동들은 필요한 언어 정보의 최소한의 부분을 이해하고 처리하며 습득할 수 있지만, 그것을 얻고 앞으로 그것을 일관되게 사용하는 면에서 문제를 갖고 있으며, 또는 언어 규칙의 불완전한 지식을 갖는다. SLI 아동들이 종종 일관되지 않게 언어에서 갖는 문제들에 대한 의견이 이 제안을 지지해 준다. 예를 들어, 아동이 때로는 시제 표시 형태소를 적절히 사용할 수 있지만 늘 그렇지는 못하고, 때로는 낱말을 인출하는 데 어려움을 갖지만 다른 때에는 같은 낱말을 지체 없이 빠르고 쉽게 사용할 수도 있다. 다시 우리는 우선 무엇이 그들의 언어 지식에 있어 가능한 문제의 원인인가 하는 질문에 관련된 어려움을 살펴본다.

인지적 결함. SLI 아동들의 인지 능력 또한 그 아동들의 언어 문제에 대한 원인으로 연구되는 주제였다. 이전에 살펴보았듯이, SLI의 준거는 아동들의 언어 문제에 대한 원인으로 지적장애의 부재이다. 추가적으로 앞에서 살펴보았듯이, 이 아동들의 지적 수준을 입증하는 일반적인 방법은 비언어성 지능, NVIQ, 또는 PIQ 검사라 일컫는 평가를 통해서이다. SLI의 분류는 지적장애를 지닌 아동들을 제외하기 때문에, SLI 아동들은 아마도 정상적인 비언어성 지능 기술을 보인다.

그럼에도 불구하고, 인지 기능의 특정 영역, 즉 상징놀이, 추측하기와 추측 검사, 묘사적인 사고에서의 결함 등이 SLI 아동들과 관련되어 있다(Ellis Weismer. 1991; Johnston, 1994; Leonard, 1998; Rescorla & Goossens, 1992). 사실 만약 이러한 아동들의 언어 결함이 그들의 인지 기능의 결함과 관련된다면, 단순 언어 손상, 단순 언어 결함, 단순 언어장애라는 용어는 적절하지 않다(Leonard, 1982). 그렇지만, 인지 기능의 결함이 언어장애 아동들을 항상 증명하는 것은 아니다(Casby, 1997). 또한 인지 능력에 대한 검사가, 특히 NVIQ가 어떻게 언어 능력의 영향을 완전히 제거할 수 있는가 하는 문제가 생긴다. 어린 아동들의 언어 능력에서 인지 측정을 분리할 수 있을지 모르지만(Leonard, 1998), SLI 아동들이 성장함에 따라, 그들의 언어 문제는 NVIQ에 영향을 미친다. SLI를 지닌 더 나이 든 아동들, 청소년들, 심지어 성인들의 NVIQ에서도 때때로 더 어릴 때 보였던 수준보다 하락을 보여 준다(Johnson et al., 1999; Stothard et al., 1998; Tallal, Townsend, Curtiss, & Wulfeck, 1991; Tomblin, Freese, & Records, 1992). 물론, 아동들에게 SLI와 관련된 인지적 결함이 있다면, 그 결함의 기저에 깔린 원인에 대한 질문이 다시 생길 수 있다.

정보처리의 결함. 비록 위에서 언급한 인지적 결함의 개념과 다소 관련이 있다고 해도, 인과 관계 요인에 대한 설명은 아동들이 정보를 처리하는 방법에 관련되어 있다(Ellis Weismer & Evans, 2002; Evans et al., 1997). 이 설명의 기본적인 가정은 SLI 아동들이 입력되는 자극을 얼마나 잘 처리할 수 있고 그 자극을 정보 습득을 위해 사용할 수 있는지의 문제에서 발생한다고 제안한다. 일반적인 전제는 그 아동들이 얼마나 많은 정보를 가지고 있고 얼마나 빨리 그 정보를 처리할 수 있는지에 한계가 있어서, 그 결과 적절한 언어발달을 위해 충분히 완전한 형태의 정보를 갖는 데 실패한다는 것이다.

정보처리 설명에는 일반적으로 두 가지 방향이 있다. 하나는 일반적인 정보처리의 한계에 초점을 두어, 즉 정보를 처리하기 위해서나 그 의미를 이해하기 위해서, 아동들이 작업기억이나 단기기억에 있어 정보처리 속도를 줄이는 것이다(Ellis Weismer, Evans, & Hesketh, 1999; Miller, Kail, Leonard, & Tomblin, 2001; Montgomery, 2000, 2005; Montgomery & Leonard, 1998). 다른 하나는 그 아동들의 정보처리의 문제는 특정 과정에서, 즉 청각적 자극을 빠르게 바꾸는 시제 처리 과정이나 음운 처리 과정에서 더 특정적이라는 것이다(Corriveau, Pasquini, & Goswami, 2007; Gathercole & Baddeley, 1990; Gathercole, Hitch, Service, & Martin, 1997; Gillam, Hoffman, Marler, & Wynn-Dancy, 2002; Merzenich et al., 1996; Montgomery & Windsor, 2007; Tallal, 1976; Tallal et al., 1996). 이 두 가지 생각을 모두 포함하는 주제가 언어 작업기억의 약점이다. 정보처리 문제와 관련되어, 특히 SLI의 언어 작업기억에서, 증거가 계속 공급된다. 이 증가하는 증거는 SLI의 가능한 임상적 표지로 무의미 낱말 반복에서 나타나는 기저에 깔린 요인들 중의 하나이다. 그렇지만, 정보처리 문제에 대한 가능한 원인들에 대한 의문은 남지만, 그 해답은 우리가 위에서 논의한 것처럼 신경학적 기능 이상의 가능성이 있는 듯하다.

언어 학습 환경. 아동들이 그들의 환경에서 언어에 노출되거나, 오히려 적절한 유형의 노출이 부족한 것이 SLI 아동들의 언어 문제의 원인으로 제안되었다. 그렇지만 우리는 언어를 배우기 위한 환경을 언어에 대한 노출의 양이나 질로 생각할 수 있기 때문에 언어 학습 환경이 무엇을 의미하는지를 명백히 할 필요가 있다. 입력량에 있어서, Bishop(1997)과 Harris(1992)는 모두 정상 발달 아동들은 많은 언어 자극 없이도 언어를 습득할 수 있음을 지적했다. 이는 농부모의 건청 아동들에게서 분명히 확인할 수 있다. 대부분의 그런 아동들은 비교적 적은 양이라도 규칙적인 노출이 있다면, 구어를 습득하는 데 어려움이 없어 보인다. 반면, 우리는 이전에 엄마의 교육력이 때때로 언어장애의 가능한 위험요인으로 여겨진다고 언급했다. 이것은 아마 보도에 따르면 교육을 더 많이 받은 엄마들이 자녀들에게 제공하는 더 많은 양의 언어 자극 때문이다(Hart & Risley, 1995). 그렇지만, 만약 아동의 언어발달에 엄마의 입력량에 대한 영향이 있다면, 언어 능력의 의미적(어휘) 발달보다는 다른 측면들, 특히 SLI 아동들에게 특히 문제를 보이는 문법 형태소에 영향을 미치는 듯하다(Dollaghan et al., 1999; Entwisle & Astone, 1994; Harris, 1992; Huttenlocher, Haight, Bryk, Seltzer, & Lyons, 1991; Rice, Spitz, & O'Brien, 1999; Rice et al., 1998). 비록 어휘의 밀도(어휘의 크기)와 발화의 길이 등과 관련된 환경에서의 언어에 노출되는 양이 SLI를 지닌 아동들이나 그렇지 않은 아동들 모두의 수행에 영향을 미치기는 하지만(Dollaghan et al., 1999), 환경에서의 언어에 노출되는 양 그 자체만으로는 SLI의 원인으로는 불충분한 듯하다(Bishop, 1997). 그리고 우리는 SLI로 확인되는 아동들을 제외시키는 데 사용되는 몇몇 준거들 중의 하나가 언어발달 붕괴의 원인이 되는 심한 환경적 결핍이라는 것을 유념할 필요가 있다. SLI 아동들은 일반적으로 그 아동들의 문제의 원인이라고 생각될 수 있는 언어 학습을 위한 자극의 양이 부족한 환경에 살지 않는다. 그리고 학령 전기 SLI에 대한 많은 연구들이 중 또는 중상의 사회경제적 상태에 있는 아동들에게 이루어졌다.

대조적으로, 엄마와 SLI 아동 간의 언어적 상호작용의 질에 대한 연구 결과들은 그 아동들의 문제에 대한 잠재적 원인에 대해 그냥 한 번 봐서는 얼마간 뒤섞인 그림을 제공한다(Leonard, 1998). SLI 아동들의 엄마들은 아동의 언어 학습을 촉진하는 것으로 알려진, 즉 '모성어'의 많은 특징들과 다른 행동들로 질문에 반응하기, 모방하기, 반복하기와 같은 많은 언어적 상호작용을 자녀들과 하지 않았다는 가설이 있다. 그렇지만 SLI 아동들의 엄마들은 정상적으로 발달하는 언어를 가진 더 어린 아동들에게 같은 방법으로 말해 주는 것을 발견했고(Conti-Ramsden & Dykins, 1991), 그래서 엄마의 상호작용 방식이 아동의 언어 학습 문제의 원인의 하나라는 것은 일관되게 실험에 근거를 둔 정밀한 조사로 세워지지는 못하는 듯하다. 어디에서 차이가 나는지 분명해지는 것 같다. 아마도 엄마들이 자신들의 언어 수준을 아동들의 언어 수준에 맞춰 주기 때문인 듯하다. 즉, SLI 아동들의 언어는 더 어린 정상 발달 아동들의 언어와 더 비슷해 보이기 때문에, 엄마들은 부족한 언어 수준을 가지고 있는 아동들의 편의를 도모하여 엄마들의 언어와 상호작용을 조절하는 듯하다. 이렇게 하여, 그 아동들의 특징은 아마도 그들이 받는 언어적 자극에 영향을 받는 듯하다. 그렇지만, SLI 아동들이 다른 아동들과는 다른 언어 학습 상호작용을 엄마와 한다는 연구 결과가 있다. 이것은 엄마들의 고쳐 말하기(recast)의 사용이다. 고쳐 말하기는, 우리가 이 책의 어딘가 다른 곳에서 살펴볼 것으로, 아동의 발화에 대한 반응으로, 의미적으로는 지속적이며 그 아동이 사용한 언어 요소를 포함하지만 어떻게 해서든 아동의 발화에 추가하거나 수정하여 아동의 발화를 더 복잡하고 더 완벽하게 만드는 것으로 다음과 같다.

아동: 지금 가?
엄마: 그래, 우리는 지금 갈 거야.

엄마들이 SLI 아동들에게 더 적은 빈도로 고쳐 말하기를 사용하는 것이 발견되었다(Conti-Ramsden, 1990; Conti-Ramsden, Hutcheson, & Grove, 1995; Nelson, Welsh, Camarata, Butkovsky, & Camarata, 1995). 그렇지만, 여기에서도 영향을 주는 방향이 엄마로부터 아동에게인지 반대로 아동으로부터 엄마에게인지 명확하지 않다. 정상 발달 아동들의 엄마들은 고쳐 말하기의 사용을 아동들이 커감에 따라 줄인다. 고쳐 말하기의 사용에 대해서만 구체적으로 말한다면, 엄마들은 SLI 아동들이 더 나이 들어서도 또는 SLI 아동들의 낮은 언어 수준보다 오히려 비언어성 인지 수준이 나은데도 고쳐 말하기로 반응할 수 있다(Nelson et al., 1995). 그리고 또, 그들의 언어 문제를 이끄는 언어 학습 환경보다 더 크지는 않더라도, 그 아동들의 특징이 언어 학습 환경에 많은 영향을 미칠 가능성이 있다. 그렇지만, 이것은 엄마들이 아동들의 손상된 언어를 만드는 어느 정도의 제한이 우연하게 아동들의 언어발달을 덜 촉진하게 된다는 서로 간의 상호작용을 배제하는 것은 아니다.

종합적으로, 언어 학습 환경이 SLI의 가능한 원인으로 보이지는 않는다. 환경적 요인들은 언어 학습(특히 어휘)의 지체를 이끌 수는 있지만, SLI로 여겨지는 언어 학습에서의 장애의 결과로 생기는 것은 아니다. 그래도 언어 학습은 아동의 언어-학습장애의 결과를 완화시킬 수도 있고 악화시킬 수도 있어 본질적인 언어 학습 능력과 상호작용할 수 있다.

유전/가족의 근거. 앞에서 우리는 언어, 의사소통, 문해력의 문제들의 가족력이 언어장애 아동들에 대한 위험요인이라고 언급했다. 또한 Tomblin과 동료들(Tomblin, Smith et al., 1997)에 의한 연구 결과들에서 SLI 아동들은 태아 시기나 출산 전후의 다양한 위험요인들보다 SLI 아동들이 임신되기 전의 그들의 부모의 상태와 관련된 위험요인과 관련되어 있다고 제안했다. 부모의 요인들 중에는 교육 수준과 언어 또는(그리고) 학습 문제의 가족력이 있으며, 두 요인들은 서로 독립적이지 않다.

지금은 언어 손상이 부모로부터 물려받는 경향이 있으며, 언어 학습 환경의 영향만으로는 언어 학습 문제를 충분히 설명하지 못한다는 것은 의심할 여지가 없다(Bishop et al., 1995; Bishop, Price, Dale, & Plomin, 2003; Choudhury & Benasich, 2003; Crago & Gopnik, 1994; Felsenfeld & Plomin, 1997; Flax et al., 2003; Lahey & Edwards, 1995; Lewis & Thompson, 1992; Plante, Shenkman, & Clark, 1996; Rice, 1996; Tallal et al., 1989; Tallal et al., 1991; Tomblin & Buckwalter, 1998; Viding et al., 2003). 즉, 많은 경우에 장애가 유

전성이라는 근거가 있다(Conti-Ramsden, Falcaro, Simkin, & Pickles, 2007; Rice, Smith, & Gayán, 2009; Vernes et al., 2008). 쌍둥이 연구에서, 앞에서 언급한 가능한 임상적 표지들(무의미 낱말 반복과 동사 시제 표지)이 모두 SLI에 대한 위험의 유전적 근거를 갖는 것으로 발견되었다(Bishop, Adams, & Norbury, 2006).

이는 단일 유전자의 영향일 것 같지는 않으며 다수의 유전자와 관련된 듯하다(Plomin & Dale, 2000; Rice, Smith et al., 2009). 쌍둥이와 양자 연구들은, 다변수의 유전자 분석과 행동유전학과 분자유전학의 발달에 따라, 이 영역에서 빠르게 발전했고, 앞으로 몇 년 안에 이 작업은 우리가 납득할 수 있을 만큼 확장될 것이다. SLI가 몇 가지 다른 장애들(예: 말소리장애, 읽기장애)과 중복되기 때문에, 현재의 연구는 특정 유전자 변이나 유전자 변이의 조합의 영향으로 문제가 되는 것으로 알려진(예: 동사 형태론) 다른 기술의 근거가 되는 특정 문제 능력이나 일단의 문제 능력들(예: 언어 단기기억 문제로 인한 무의미 낱말 반복의 어려움, 주의집중 문제)이 있는지 찾는 방향으로 진전되고 있다.

그렇지만, 모든 SLI 아동들이 명백한 가족력이나 유전적 근거를 갖는 것은 아니라는 것에 주의를 기울이는 것은 중요하다. Rice(2000), Rice와 동료들의 연구(Rice et al., 1999)에서 언급되었듯이, 신생아 중환자실에 있는 아동들의 언어발달을 추적해 보면, "생물학적인 위험과 유전의 위험이 다양한 원인론에서부터 비슷한 증상을 이끌 수 있다는 매우 합리적인 가정의 명백한 증거가 나타난다"(p. 28). 그렇다 하더라도 분명한 언어 또는(그리고) 문해력 문제와 관련한 가족력은 아동이 언어 문제를 가질 여지를 증가시킨다. 반면, 언어 문제 병력을 가진 가족들의 아동들이 모두 스스로가 문제를 가지는 것은 아니다. 몇 가지 가능한 원인이 되는 상황이 있어, 유전적 원리와 일치하지만 다른 변수와 관련될 수 있다. Bishop(1997)이 지적한 것처럼, "유전자가 행동의 원인으로 독립적으로 영향을 미치지는 않는다"(p. 49). 그리고 유전자 결정론의 견해는, Plomin과 Dale(2000)에 따르면, "유전 연구에 대한 오해와 복잡한 유전 형질에 대한 올바른 이해의 부족을 토대로 한 것으로, 일반적으로 장애는 다양한 유전자뿐만 아니라 다양한 환경요인의 영향을 받는다"(p. 49).

SLI 유전과의 결합에서 환경요인을 살펴보는 데는 몇 가지가 있다. 반면, 아동은 하나 이상의 SLI의 소인이 되는 유전자를 가질 수 있지만, 그 아동의 환경이 유전 소인의 완충장치가 되기도 하고, SLI의 손상된 특징들이 출현하는 것을 제한하기도 한다. 다른 상황에서는, SLI의 유전으로 이어받은 유전 형질이 환경으로 입력되는 언어 중재로 조절될 수도 있어서, 유전적으로 물려받은 유전 형질의 영향을 줄여 주기도 한다(Bishop, 1997). 반면, 유전으로 이어받은 SLI 소인을 지닌 아동은 한쪽이나 양쪽 부모 또한 언어 손상, 문해력 문제, 행동의 심리사회적 측면의 어려움(나중에 살펴볼 내용으로 종종 언어장애의 한 측면이 된다)을 가지며, 결과적으로 더 낮은 사회경제적 조건을 가진 가정에서 자랄 수 있다. 이 아동의 경우, 환경이 유전으로 이어받은 유전 형질을 악화시킬 수도 있거나, 적어도 그것이 무효가 되지는 않을 것이다. Goodyer(2000)는 논의에서 "심리사회적 손상"(p.

232)이 SLI 아동들의 가족환경과 관련 있으며, "환경의 불우함"(p. 232)이 영향을 미친다고 적었다.

> 유전적인 영향으로 표현되는 일반적인 유전 요소가 있을 것이다. 또한, 부모의 언어적 · 인지적 결함이 아동들에게 줄 수 있는 직접적인 도움을 제한시킬 수 있다(p. 232).

그림 3.1은 유전적 · 환경적 요인들이 어떻게 아동의 언어 능력에 영향을 미쳐, 이후의 자손에게 영향을 주는지를 설명하고 있다. Plomin과 Dale(2000)은 동류 교배(또는 선택 결혼)와 첨가적 유전 분산의 개념을 상기시킨다. 그들의 설명은 다음과 같다.

> 동류 교배, 즉 같은 종류끼리의 배우자 선택 경향은 다른 신체적 또는 행동적 유전 형질보

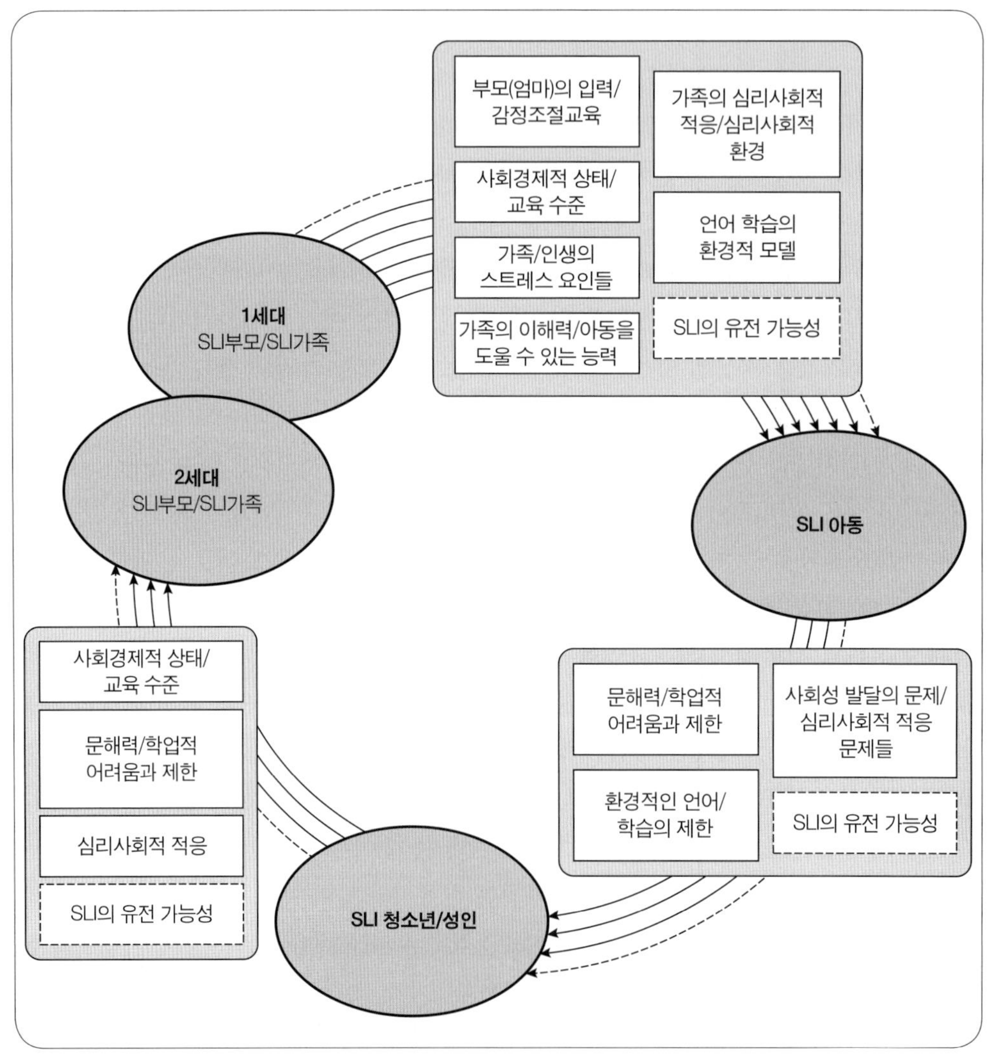

그림 3.1 SLI의 유전적 · 환경적 요인의 상호작용과 영향을 나타낸 그림

> 다 인지 능력, 특히 언어 능력에서 더 크다. (…) 동류 교배는 누적된 세대 다음의 세대에 유전 분산을 증가시킨다. 만약 한쪽 부모가 높은 능력을 가졌다면 다른 부모 또한 높은 능력을 갖기 쉬워, 그 자손은 한쪽 부모만 높은 능력을 가졌을 때보다 더 높은 능력을 갖기 쉽다. (…) 둘째, 동류 교배는 첨가적 유전 분산이라 불리는 특정 형태의 유전 분산을 증가시켜서, 유전 형질에 영향을 미치는 대립 형질(alleles)*의 독립적인 영향이 원인이다(pp. 47-48).

SLI에 관련하여, 자연 상태(유전)와 양육(환경)의 영향을 분리하여 더 정확히 그것들이 상호작용하는 것으로 생각하는 실수를 할 수 있다. 언어는 복잡한 행동이어서, SLI 조건에서 무엇이 잘못된 것인가에 대한 단순한 설명은 있을 법하지 않다. 그리고 언어와 같이 더 복잡한 행동일수록, 요인들 간의 상호작용에 대한 우리의 기대는 더 클 수 있다. SLI에 대한 단순한 설명을 채택하는 것에 대해 주의하는 것이 옳다.

4) 출현율

어떤 어린 아동들은 언어발달에서 늦게 출발하지만 곧 따라잡는다. 어떤 아동들은 늦게 출발하고 여전히 뒤처져 문제를 갖는다. 늦게 출발한 또 어떤 아동들은 여전히 잠시 따라잡는 것처럼 보이지만 이내 다시 뒤처지거나, 문해력이나 계산력 같은 언어와 관련된 다른 영역에서 문제를 보인다. 그렇기 때문에, 우리는 각기 다른 연령대에서 다른 출현율 수치를 볼 수 있으며, 이러한 수치는 우리가 무엇으로 언어 평가를 어떻게 했느냐에 따라 영향받을 수 있다.

어휘 발달은 매우 어린 아동들의 언어 성장의 첫 번째의 명백한 지표들 중의 하나이다. 아동이 언어에 문제가 있을 수 있다는 가장 빠른 신호 중의 하나가 첫 낱말의 사용이 느리거나 첫 낱말 이후에 많은 부가적인 낱말들이 습득되지 않는다는 것이다. 생후 18~24개월에, 아동이 언어에 문제가 있을 수 있다는 징후는 어휘의 급성장의 부재나 두 낱말 발화의 실패, 일반적으로 거의 말하지 않음 등이다. 2세 아동들의 10~15% 정도가 이러한 후반의 상태에 속한다(Klee et al., 1998; Rescorla, 1989; Rescorla, Hadicke-Wiley, & Escarce, 1993). 생후 24개월 아동들의 경우, 관심사는 보통 표현하는 한 낱말 어휘 목록이 50개보다 적거나 2어 조합이 없는 것에 초점을 둔다. 아직도 어떤 이러한 유아들은 나중에 따라잡기도 한다. 따라잡는 아동들은 종종 늦깎이(late bloomers, 늦게 실력을 발휘하는 사람)라고 부른다. 그렇지만, 처음 2년에 느린 표현언어 발달(slow expressive language development, SELD)**을 보이는 유아들은 성장하면서 계속 언어발달에서 뒤처진다. 얼마

* 정해진 유전자 자리에서 발생할 수 있는 유전자(예: 주름진 완두콩 같은 유전자나 매끈한 완두콩 같은 유전자)의 선택적인 형태.

** 유아에 대한 현재의 문헌에서는 이러한 어린 아동들을 지칭할 때 단순 언어장애라는 용어보다는 오히려 느린 표현언어 발달(SELD)이 선호되었다. 이러한 경향과 일치하여, 이 장에서는 SELD를 사용할

나 많은 이러한 아동들이 학령 전기를 거쳐 학령기에 이르기까지 언어에서 계속 뒤처지는지는 상당한 논쟁거리이다.

3세. Paul(1991, 1996)과 다른 학자들에 따르면 2세에 느린 언어발달을 보인 아동들의 20~75% 정도가 3세에 표현언어 측정에서 정상 범위로 이동하며(Paul, 1991, 1993; Rescorla, 1993; Whitehurst & Fischel, 1994), 이때가 언어 기술이 어휘와 같이 구문론과 형태론적 능력으로 측정되기 시작하는 연령이다. 반대되는 의견으로는, Dale, Price, Bishop과 Plomin(2003)은 언어지체를 가진 2세 쌍둥이들의 45% 정도가 3세에도 지속적인 언어의 어려움을 보였다고 보고했다. 종합적으로 이러한 결과들은 표현언어 지체를 보이는 2세 아동들의 25~80%가 3세 때에도 계속 지체를 보인다는 것을 의미한다.

25%와 80% 간의 차이는 매우 크다. 이러한 큰 범위에 대한 원인 중의 하나는 매우 어린 아동들에 있어 '정상'이라는 것의 차이가 큰 것이다. 예를 들어, 한 부모가 2세에 표현언어가 평균 300개의 낱말과 표준편차 175(Fenson, Dale, Reznick, Hartung, & Burgess, 1990)로, 평균의 반이 넘는다고 보고했다. 결과적으로 125 이상의 어휘 크기는 정상이나 그 이상으로 여겨지며, 0이거나 그 이상의 어휘 크기는 −2SD 지점이나 그 위에 아동을 배치시킨다. 큰 범위에 대한 다른 이유는 아동들의 언어를 평가하는 데 사용되는 다른 도구들로, 그 도구의 특수성과 민감성의 다양함의 정도, 측정되는 언어의 측면들, 아동들에게 도전이 되거나 도전이 되지 않는 언어 수행의 정도 등이다. 또 다른 이유는 연구에서의 집단들의 이질성과 그들 모두는 아니지만 어느 정도는 아마도 정상적인 이해 능력을 가진 표현언어 크기를 기반으로 하여 2세에 처음으로 확인된 아동들의 이질성이다(Ellis Weismer, Murray-Branch, & Miller, 1994; Girolametto et al., 2001; Kelley, 1998; Olswang, Rodriguez, & Timler, 1998; Paul, 1997b; van Kleeck, Gillam, & Davis, 1997). 어린 아동들의 언어 이해, 특히 SLI와 관련된 것으로 알려진 능력들(예: 동사 형태론과 무의미 낱말 반복)을 유아에게 신뢰성 있고 유효하게 평가하는 것은 어렵다(Leonard, 2009). 그리고 어느 정도 수용의 문제 없이 표현에만 문제가 있는 SLI 아동들이 존재한다는 생각은 최근 도전을 받고 있다(Leonard, 2009; Tomblin & Zhang, 2006, Tomblin et al., 2007). 출현율은 만약 우리가 그 아동들의 이해에 대한 정확한 정보를 가지고 있다면 다를 수 있다. 적은 어휘 크기가 언어 지체를 보이는 2세 아동들을 확인하는 데 사용되는 기본적인 준거라 할지라도, 여전히 언어 문제를 가진 2세 SELD 아동의 어휘 크기가 3세에 정상 범위로 옮겨진다는 것은 특별한 생각이다(Paul, 1993; Rescorla, 1993; Whitehurst, Fischel, Arnold, & Lonigan, 1992). 이것은 또한 3세에, 어휘와 달리 표현언어 기술이 정상적인 기대치보다 아래에 있다는 것을 의미하는 것이다. 이것은 종종 형태와 관련된 언어의 측면, 즉 구문론과 형태론에서이다. 많은 규준 참조적 검사로 측정된 아동들의 연령이나, 어휘 크기는 다른 언어 측정보다 SLI에

것이다.

대해 더 적게 믿을 수 있는 표지이다.

다른 사람들은 3세에 계속되는 언어지체에 대한 다른 의견을 제공한다. Klee 등(1998)은 SELD를 지닌 것으로 여겨진 2세 아동들의 20~33%가 3세에 임상적으로 계속 관련이 있다고 제안했다. Paul(1991)은 2세의 40~50%가 3세에 표현언어 지체를 계속 보일 수 있다고 보고했다. 만약 우리가 SELD를 지닌 2세 비율을 주어진 10~15% 수치의 40~50%로 계산한다면, 3세 집단에서 표현언어 문제에 대해 4~7.5%의 출현율을 갖게 된다. 만약 우리가 3세에 문제를 갖는 SELD 2세의 10~15%의 비율을 계산하기 위해서 Klee 등(1998)의 20~33% 수치를 사용한다면, 2~5%의 출현율 수치를 갖게 되며, 만약 우리가 25~80%의 수치를 사용한다면, 3세 언어지체에 대한 2.5~12%의 출현율 수치를 갖게 된다.

4세. SELD를 가진 2세 아동들이 4세가 될 때, 그들의 언어는 어떠한가? Paul(1991, 1993)과 다른 연구자들(Rescorla, 1993; Whitehurst & Fischel, 1994)의 결과를 모아 보면, Paul(1996)은 SELD를 가진 2세의 약 45~85%가 4세 때의 표현언어 측정에서 정상 경계 내의 점수를 받았다고 밝혔으며, 또 다른 연구에서는 4세에 늦게 말이 트였던 아동들의 71%의 평균 발화 길이(MLU)가 10번째 백분위수의 순위 안에 있었다(Rescorla, Dahlsgaard, & Roberts, 2000)고 한다. 이러한 보고서의 수치들을 거꾸로 해보면, 2세의 15~55%가 4세에 정상 범위로 이동하지 않는다는 것이다. 우리는 이 수치들은 2세 인구 비율의 비율로, 즉 SELD를 가진 2세의 10~15%라는 것에 유념할 필요가 있다. 그렇기 때문에, 4세 아동에서 언어장애의 일반적인 출현율을 추정하려면, 10~15%의 15~55%, 즉 1.5~8.5%를 살펴볼 필요가 있으며, 이는 여전히 상당한 수치이다. 조금 다른 관점으로, Paul과 Smith(1993)는 전에 표현언어 발달에서 느렸던 28명의 유아들을 추적하여, 이 아동들의 57%가 4세에 이야기 기술과 관련된 표현언어 결함이 지속되는 것을 발견했다. Paul(1991)이 "학령 전기 아동들의 이야기 기술은 학업 성공을 가장 잘 예측할 수 있는 요인들 중의 하나이므로(p. 8), 이러한 결과는 유의미하다."라고 지적했다. SELD를 가진 2세들의 10~15%로 추정하여, 4세 아동들의 6~9%가 앞으로 학업적 어려움의 전조로 이야기 기술에 문제를 보일 것으로 판단된다. 독자들은 이 6~9%의 추정된 출현율 수치를 기억하고 싶을 수 있다. 4세에 또는 4~5세라 하더라도 학령 전기 언어 상태가 아마도 그들의 이후 언어와 문해력 결과의 전조가 된다. 몇몇 저자들은 언어 능력이 4세에 또래들보다 뒤처진 아동들은 장기적인 문제일 수 있다고 적었다. '장기(long-term)'에 대해서는, 문제가 초등학년 또는 중등학년, 청년기까지도 확장됨을 의미한다(Rescorla & Lee, 2001; Stothard et al., 1998). 이러한 아동들이 4세였을 때 표현언어의 미숙에 더하여 언어 이해 문제도 보였을 것이라는 가정은 가능하지만 확증되지는 않았다. 이미 언급했던 대로 만약 언어 문제가 4세까지 지속된다면, SELD로 아동을 처음 확인하는 데 사용되었던 어휘의 결함보다 표현언어의 구문론과 형태론적 능력에서 더 큰 문제를 보인다.

5세. 얼마나 많은 SELD 아동들이 5세에 언어 문제를 지속적으로 보일까? 한 연구의 결과에서, 초기 표현언어 발달에서는 느렸지만 수용언어 발달에서는 느리지 않았던 5세들이 정상 발달 5세 아동과 명백하게 차이가 없는 표현어휘 수행과 일반적인 발달 유창성 기술을 보인다는 것을 입증했다(Whitehurst, Fischel et al., 1991). SLI 아동들의 대부분이 구문론과 형태론에 특히 문제가 있다고 가정하면, 나중에 살펴보겠지만, 많은 이러한 아동들이 또한 대인관계의 상호작용과 심리사회적 어려움에도 문제를 갖는데, 이 연구에서는 구문론적 능력이나 화용론적 능력의 평가를 포함하지 않아서 유감스럽다. 그렇지만, 저자들은 만약 5세에 구문 영역에 어떤 문제가 있다면, 그들은 "잠재성이 명백하지는 않다"(p. 67)라고 보고했다. 이러한 결과들은 그 아동들이 정상적으로 발달하는 또래들을 따라잡는다고 제안했다. 그러나 Bishop과 Edmundson(1987)은 언어 결함을 지닌(비언어성 지능에는 결함이 없는) 많은 학령 전기 아동들이 5.5세까지 따라잡았는데, 한편 Conti-Ramsden, Crutchley와 Botting(1997)은 같은 비율(40%) 정도가 따라잡지 못한다고 지적했다. Paul(1996)은 유치원에서, SELD를 가진 2세 유아들의 75%가 대부분의 언어 측정에서 그들의 자발적인 언어 샘플에서 구문 점수(즉, 발달적 문장 점수)가 10번째 백분위수에 위치하는 것을 포함하여 정상의 범위 안으로 이동되었다고 보고했다. 그렇지만 25%는 여전히 구문에서뿐만 아니라 언어의 다른 측면에서도 지체를 보였다. SELD 유아들에 대한 Rescorla의 연구(1993)에서는 몇 년 동안 추적하여, 나이에 적절한 언어 수행을 보이는 85%와 비교하여, 그 아동들의 15%가 5세에 표현언어의 문법 능력 검사에서 낮게 수행했고 그렇기 때문에 언어 결함이 있는 것으로 생각되었다(Rescorla, 2002). Girolametto 등(2001)은 2세에 표현어휘지체를 보였던 21명의 아동들이 5세가 되었을 때, 그들 중 3명(14%)이 규준 참조적 언어 측정에서 정상 범위 아래의 점수를 받았다고 보고했다. 우리는 이러한 연구들이 표현언어장애와 결합하여 수용언어 문제를 가진 집단들에서 아동들의 비율에서 다르다는 것을 기억할 필요가 있다.

초기에 언어지체 이력을 가진 대부분의 아동들은 5세까지는 따라잡는 듯하다. 그렇지만 더 많은 정보 없이 이러한 결과들을 수용하는 것은 실제적으로 위험할 수 있다. 비록 Paul과 동료들(Paul, 1991, 1996; Paul, Murray, Clancy, & Andrews, 1997)의 연구에서 대부분의 SELD 아동들이 5세에 규준 참조적 언어 검사에서 정상 범위 내에 들었다 해도 그들의 점수는 대부분 낮은 정상 범위이며, 느린 언어발달력을 가지지 않은 또래들보다 유의미하게 더 낮다. 유치원생과 1학년의 이야기 수행은 언어 문제력을 갖지 않은 아동들보다 명백하게 더 낮다(Paul, 2000; Paul, Hernandez, Taylor, & Johnson, 1996; Paul & Smith, 1993). 이미 논의했던 것을 떠올려 보면, Lahey(1990)는 우리의 확인 절차가 언어 체계에 스트레스를 주는 조건에서 아동들의 언어 능력을 검토할 필요가 있다고 제안했다. 이야기 과제가 그러하다. Girolametto 등(2001)의 연구에서 규준 참조적 언어 측정에서 정상 범위에 들었던 대부분의 5세 아동들은, 또한 이러한 과제에서 그들의 또래보다 유의미하게 더 낮게 수행했으며 더 높은 수준의 언어 과제, 담화나 통찰력이 요구되는 언어 과제에서는 특히 문제를 갖는다. Rescorla(2002)의 연구에서 SELD 아동들 역시 5세에 대부분의 언어 측정에서 정상 범위 내의 수행을 보였으나, 또래들보다 유의미하게 낮은 수행을 보였고, 9세까지도 계속해서 더 낮은 수행을 보였다. 또한 8세와 9세에 읽기 문제가 출현한다는 증거도 있다. Bishop과 Edmonson(1987)의 연구에서 5.5세에 초기 언어 문제를 '해결한' 것으로 나타난 아동들이 15세에 어느 정도 눈에 띄는 학업적 문제와 언어 문제를 갖고 있으며, 5.5세에 더 높은 이야기의 언어적 기술은 아동들의 성과의 관점에서 보면 특히 중요한 것 같다. 입증된 언어 이해의 문제를 가진 어린 아동들을 고려하면, 5세나 그 이상에서 지속적인 언어 문제를 지닐 가능성이 증가한다(Ellis Weismer, 2007). 이러한 SELD 아동들에 대해서 그들이 성장하고 그들의 평가 점수가 정상 범위에, 종종 더 낮은 정상 범위이기는 하지만, 있더라도 모두가 낙관적인 것은 아닐 수 있다.

이러한 결과들이 초기 표현언어 지체가 미래의 언어 문제와 언어 학습과 관련된 문제의 가능성을 예고하는 관심을 강화시켜, 그렇기 때문에 조기 중재의 근거가 되는 듯하다(Girolametto, Pearce, & Weitzman, 1996; Nippold & Schwarz, 1996; van Kleeck et al., 1997). 이러한 입장을 채택한 사람들은 5세 미만 아동들의 뇌의 신경학적 가소성을 이용하는 시도의 조기 중재의 중요성을 강조한다. Rice(2000)는 Dale 등(1998)의 2세 아동들의 느린 어휘 발달의 유전적 기여와 이후 언어발달에 대한 영향에 대한 연구를 다음과 같이 요약했다.

> 초기 어휘가 적은 아동들을 다른 아동들과 비교하면, 건강한 어휘를 가진 아동들보다 실제로 질적으로 다른 상태이다. 이 아동들이 정규 분포의 낮은 끝부분에만 있는 것은 아니다. 다르게 말하면, 비록 어휘 상태가 더 나이 든 아동들에 대해 이러한 표지 기능을 갖는지 그렇지 않은지는 앞으로 살펴보아야 하지만, 첫 어휘 항목의 출현이 영향받은[즉, 언어장애를 가진] 아동들에 있어 임상적 표지 같은 역할을 할 수 있다. 첫 어휘의 습득이 영향받은 아동들의 언어가 영향받지 않은 아동들에 비해 늦게 출현한다는 사실의 유용한 표지로 역할을 할지도 모 른다(p. 28).

어린 SELD 아동들에 있어 SLI의 다른 표지를 찾는 작업은, Hadley와 Short(2005)는 2세와 3세 아동들에 있어서 동사에 시제 붙이기의 개시를 살펴보고, Stokes와 Klee(2009)는 어린 아동들에게 사용될 수 있는 무의미 낱말 따라 말하기 과제의 개발을 시도하는 것 같은, SELD 아동들에게 사용할 유용한 도구를 제공할 것이며, SELD가 SLI의 지시자이기 때문에 SELD 아동들에게 중재가 필요하다는, 좀 더 정보에 입각한 결정을 내리는 데 도움이 될 수 있다.

다른 학자들은 그러한 아동들을 가까이에서 모니터해서 만약 그 아동들이 초기에 잘 따라잡는 것이 나타나지 않는다면(Paul, 1996, 2000) 중재가 제공되어야 한다고 지적한다. 즉, '관찰하고 살펴보기(watch-and-see)' 정책이 필요하다(Paul, 1996, p. 15). 이러한 관점에서, SELD는 SLI에 대한 위험요인으로 고려되어야 한다(Paul, 1996, 1997b; Whitehurst & Fischel, 1994).

느린 언어발달을 보이는 유아와 학령 전기의 5세에 대한 결과들은 유치원 연령의 아동들에게 비교적 낮은 출현율을 제안한 것으로 해석될 수 있다. 그렇지만, 어린 아동들과 작업해 온 전문가들의 경험에서는 이것이 사실이 아닐 수 있음을 말해 준다(Johnson et al., 1999). 유치원생들에 대한 대규모의 잘 통제된 유행병 연구에서, Tomblin과 그의 연구 팀(Tomblin, Records et al., 1997)에 따르면, 대략 5세와 6세 사이 1학년 아동들 중 SLI의 출현율은 7.4%였다(이것이 독자들이 더 빨리 4세에서 나온 추측의 출현율 수치를 기억해야 하는 이유이다). Leonard(1998)가 말한 대로, "7.4%의 출현율은 인위적으로 높다"는 것을 믿을 이유는 없다. 사실 Johnson 등(1997)은 6.7%의 예상치에 도달했다. 4, 5세에 아동들의 언어 능력은 그들의 언어, 문해력, 계산력 등의 강력한 예보가 되며(Arvedson, 2002; Catts et al., 2002; Donlan, Cowan, Newton, & Lloyd, 2007; Rescorla & Lee, 2001; Stothard et al., 1998; Tomblin et al., 2003), SLI는 '회복되지(get cured)' 않고 상당히 부정적 결과로 평생의 결함으로 남을 수 있어(Brownlie et al., 2004; Clegg, Hollis, Mawhood, & Rutter, 2005), 고등학교 시기를 포함하여 전체 학령기 동안 6.5~7.5%의 학생들이 SLI를 가질 것으로 여겨진다.

고려와 영향. 출현율을 결정할 때 한 가지 고려할 것은, 언어 결함은 명시한 내용에 따라 선택적일 수 있고(Scarborough & Dobrich, 1990; Whitehurst, Fischel et al., 1991), 그 때문에 언어 행위의 특정 측면에 대한 명확한 언어 수행이 작용한다. 앞에서 말한 대로, 구문론과 형태론에 문제가 있을 수 있으며, 이야기처럼 높은 수준의 언어 기술도 그럴 수 있으며, 초기 어휘 크기에서 지연된 경우는 해결되는 듯하다. 우리는 또한 무의미 낱말 반복 기술과 언어 이해 능력이 영향을 받을 가능성이 높다는 것을 안다. 이러한 요인들은 아동들의 언어 수행과 언어 처리, 언어 이해에 도전이 되는 상황에서의 복문의 사용과 이야기 기술과 같은 과제가 더 나이 든 학령 전기 아동들의 언어 능력의 수준에 맞추어 이용될 필요가 있다고 제안한다.

또 다른 관심은 5세 아동들이 그들의 언어에서 정체기인 것 같지만 6세와 7세 사이에 다시 급성장을 보여 주는 정상적 언어발달의 패턴과 관련되어 있다(Scarborough & Dobrich, 1990). 이 저자들은 정상 발달 또래들이 5세 즈음에 상승이 멈춘 상태에 이르므로, SELD 5세 아동들은 도전받지 않은 상황에서의 언어 사용에서는 적어도 표면상으로는 따라잡을 수 있을지도 모른다고 제안한다. 그렇지만 또래들의 언어 기술이 1년이나 2년 후에 다시 앞으로 나아갈 때, SELD 아동들은 이후의 학업의 성공에서 결정적으로 중요한 구어 능력에 전적으로 의존하는 읽고 쓰기 기술을 습득하는 시기에 뒤처질 수 있다. 언어 행동의 특정 측면은 다른 연령에서 정체기에 이를 수 있다(Scarborough & Dobrich, 1990).

우리는 초기 언어지체의 회복으로, 그리고 다른 시기에 다른 언어 기술에 대한 회복으로, 즉 '착각을 일으키게 하는 회복(illusory recovery)'으로 착각할지도 모른다. 이것은 다른 연령의 다른 아동들에게 언어의 적절성에 대한 다른 프로필을 생성시킬 수 있다.

추가적인 관심사는 SELD 아동들의 학습 능력이 기본적인 언어 기술들의 습득으로 유도되지 않았기 때문에 그들이 정상적으로 언어를 학습하는 또래들이 학습할 기회를 갖는 것을 따라잡으려고 노력하는 동안 다른 기술들을 배우지 못한 것과 관련되어 있다. '매튜(Matthew)' 효과가 작용하여(Stanovich, 1986), 언어에서 더 나은 아동들이 언어를 배울 때 언어 학습 기회를 더 잘 이용할 수 있고, 그렇지 못한 아동들은 더욱 뒤처져서, 유능한 언어와 부족한 언어의 격차가 시간이 지남에 따라 커진다. 다음의 가능성이 있다. (1) SELD 병력이 있는 아동들이 회복되리라는 착각을 하지만 재발한다. (2) 언어에 어려움을 지닌 어린 아동들의 하위 집단들이 존재한다면, 다른 하위 집단들에서 아동들은 다른 패턴의 언어 성장, 회복, 재발의 증거가 될 것이다. (3) 어떤 언어 기술들은 '따라잡을(catch up)'지도 모르지만 다른 것들은 그렇지 않아서, 결과는 어떤 기술이 측정되는냐, 어떻게 측정되느냐에 달려 있을 수 있다. (4) SELD 아동들은 학습 능력과 시간을 따라잡는 데 소비하므로 다른 학습의 결과로 학업 수행에 영향을 미치는 학습에서 '기회를 놓치게(miss out)' 된다. Paul(1991)은 5세에 '따라잡는' 아동들에 대한 결과의 해석은 다음의 내용들을 고려할 필요가 있다고 지적했다.

- ❖ 이 연령에서 중요한 언어 기술, 그리고 표현어휘 크기, 일반적 발화의 유창성, 조직적이지 않은 대화(복문의 사용과 이야기 기술 같은)의 측정에서의 탐지할 수 없는 언어 기술의 전반적인 범위가 평가되었는가?
- ❖ 5세까지 완성되어 나타나는 회복이 안정된 것인가? 또는 정상 아동들이 다음의 1년이나 2년의 과정에서의 발달로 문해력의 습득과 관련하여 그들의 언어 성장 속도가 빨라질 때, 다시 앞지르는 것인가?
- ❖ 구어 기술이 결과적으로 학령 전기 말까지 정상 범위 내에 머물지라도, 처음에 지속적으로 작동한 늦추어진 근본적인 과정이, 지금 영향을 주는 본래의 읽기, 쓰기, 철자법의 학습, 언어지체의 병력을 가진 많은 어린이들에 대한 경우인가?(pp. 9-10)

뚜렷한 다른 문제는 없고 지속적인 언어 문제만 지닌 학령 전기 아동들은 학교에 입학하면 학업의 어려움에 직면할 위험이 있는 것이 분명하다(Aram, Ekelman, & Nation, 1984; Catts et al., 2002; Johnson et al., 1999; Stothard et al., 1998; Tomblin et al., 1992). 사실 우리는 5장에서 학령 전기에 처음 언어 문제의 첫 증거로 이루어진 어려움들이 청소년기까지도 지속되어 성인기까지도 이어질 수 있음을 볼 수 있었다. 그렇지만 학령기 아동들의 언어 문제 발생의 출현율 자료는 학령기 아동들의 언어장애 출현율의 명백한 감소를 제안하는 내용과 상반된다(U.S. Department of Education, 2009). 언어 결함에서 기인한 학업의 어려움이 종종 학령기 아동들을 '언어-학습장애' 또는 '학습장애'로 이끌게 되며, 다음 두 장에서 보다 자세히 이 주제를 다룰 것이다. 저학년에서의 구어 기술에 대한 명백한 거짓 회복 기간뿐만 아니라 이러한 재명명(relabeling)은 Synder(1984)가 몇 년 전에 말한 '대단히 사라지는 동향'(p. 129)으로 설명될 수 있다. 즉, 일단 학교에서, 장애 아동들의 '인원 수'에서 SLI 아동들은 더 이상 언어장애로 보지 않을 수도 있다. 오히려 다른 범주, 즉 대부분 특정 학습장애로 간주될 수 있다.

5) 초기 언어지체에서의 자발적인 회복 예측하기

이전 부분에서 논의되었던 어떤 아동들은 초기 언어지체에서 '벗어난' 것처럼 보인다. 즉, 중재 없이 초기 지체에서 자발적으로 회복된 것이다. 그런데 어떤 아동들은 왜 그러지 못하는가? 이것은 중요한 질문이다. 왜냐하면, 언어 손상이 모르는 사이에 진행되거나 오래 지속되는 영향을 고려하면, 우리는 필요한 아동들에게 조기 중재를 제공해야 하겠지만, 지체에서 벗어날 아동들에게 중재를 제공하는 것은 전문적 자원의 낭비이다. 중재가 SLI를 '회복시키지는' 않더라도 유아나 학령 전기 아동들의 중재는 그들의 언어에 긍정적인 효과를 갖게 하며 언어 성장을 촉진한다(Fey, Cleave, & Long, 1997; Fey, Cleave, Long, & Hughes, 1993; Girolametto et al., 1996; Jacoby, Levin, Lee, Creaghead, & Kummer, 2002; Law, Garrett, & Nye, 2004; Lee, Koenigsknecht, & Mulhern, 1975; McLean & Cripe, 1997; Rice & Hadley, 1995; Rice & Wilcox, 1995). 상태는 많은 질병들이나 다른 장애들과 같을 수 있다. 최상의 실행이나 중재로도 좋아지지는 않으나 중재를 통해 부정적인 영향을 감소시킬 수 있다. 어떤 유아나 학령 전기 아동들이 부정적 잔여 영향 없이 초기 언어지체에서 자발적으로 회복될지 아닐지를 예측하는 것은 중요하며, 우리는 아직 그렇게 하는 것에 매우 능숙하지는 않다. Dollaghan과 Campbell(2009)은 "작지만 증대되고 있는 발달적 언어 결함의 다양한 초기 지표들에 대한 예보적 정확성이 직접적으로 연구되었다."(pp. 363-364)라고 연구 결과를 적었다.

SLI 아동들과 작업하는 전문가들은 거의 말이 없는 2세의 부모들에게 아동이 초기 지체에서 벗어날 것이기 때문에 아동에 대해 걱정하지 말라는 조언을 하는 것에 관심을 갖는다. 앞에서의 논의에 따르면, 그러한 조언은 맞을 가능성이 50 대 50(추정 범위에서 다르게 분할함)이다. 조언이 틀린 아동은 유용한 중재 시간을 놓치게 된다. 또래와 맞지 않는 언어를 가진 3세 아동의 경우, 우리는 그러한 조언에 대해 염려하게 되며, 4세까지는 자발적으로 회복될 여지가 있다. 그렇지만, 결과적으로 어떤 아동들이 초기 언어지체에서 벗어날 것인지를 예측하는 것은 우리는 아직 자발적인 회복에 영향을 미치는 모든 요인들을 정확히 지적할 수 없거나 각기 다른 연령에 다양한 요인들이 어떻게 상호작용하는지를 확인하지 못했기 때문에 정확하지 않다(Kelly, 1998; Olswang et al., 1998; Paul, 2000). 이 장에서는 앞에서 논의되었던 SLI에 대한 위험요인들이 조합되어 비교적 정확한 예측을 가능케 하는 전문가들의 몇몇 지침이 제공될 수도 있다. 그렇지만, 다양한 조합으로 이러한 요인들의 예측의 정확성을 전체적으로 연구해야 한다. 더욱이 Olswang 등(1998)은 문헌의 검토에서, 경험에 근거한 예보를 만드는 데 도움이 될 수 있는, 그래서 잘못된 여지를 낮출 수 있는 '많은 것을 안다'(p. 23)고 적었다. 표 3.3은 지속적인 언어 문제의 위험이 있는 유아나 학령 전기 아동들에 대한 예측적 정보를 제공하는 몇 가지 요인을 기술한 것이다.

가능한 위험요인으로 이전에 언급했던 가능한 임상적 표지들이 표 3.3에 나와 있는데, 이것들이 추가적으로 SELD 유아들이 초기의 언어지체에서 자발적으로 회복될지 그렇지 않을지를 예측하는 데 도움이 되는 요인으로 작용하기 때문이다. 만약 2세에 초기 언어지체에 대한 염려가 없는 같은 나이 또래가 보이는(Hadley & Short, 2005) 초기 동사 형태론적 표지 습득에 대한 같은 발달 경로를 보이지 않는 듯하면, 이것은 SELD 유아가 자발적인 회복에 있어 위험 상태에 있을 수 있다는 신호일 수 있다. 유아와 학령 전기 아동들이 적절하게 사용하는(Chiat & Roy, 2007; Gray, 2003a; Stokes & Klee, 2009; Thal et al., 2005) 무의미 낱말이나 낱말의 반복하기 과제의 발달에 있어, 이 과제의 수행 또한 아동들의 계속적인 언어 문제를 예측할 수 있는 데 추가될 수 있다. Chiat와 Roy(2008)는 최초로 반복 과제를 사용하여 2~2.5세의 유아들에 대한 언어 결과로, 3.5~4세들을 예측하여 그 과제의 예측적 가치에 있어서 기대되는 결과를 얻었다. 이 장에서 이때까지 설명한 이해에 대한 정보에 비추어 보면, 이해 기술은 특별한 언급을 받을 만하다. 주목할 만한 이해의 결함을 가진 표현언어 발달지체 아동들은 더 낮은 결과를 보이기 쉽다는 증거가 많으며 청소년기까지도 이어질 수 있다(Beitchman et al., 1996b; Beitchman, Wilson, Brownlie, Walters & Lancee, 1996c; Ellies Weismer, 2007; Simkin & Conti-Ramsden, 2006; Thal et al., 1991; Watt et al., 2006). 유아들의 경우, Watt 등(2006)은 2세의 이해 기술이 3세의 수용언어와 표현언어 능력을 예측하는 데 중요한 요인임을 발견했다. 학령 전기 아동들의 경우, 이해 결함이 또래와의 상호작용이나 표현언어 문제보다 어린 아동들의 대화 기술에 대한 부모들의 보고에 더 큰 영향을 미칠 수 있다(Gertner et al., 1994; Girolametto, 1997). 또한 표현언어 결함이 어느 정도의 이해 문제 없이 있을 수 없다(Leonard, 2009; Tomblin & Zhang, 2006: Tomblin et al. 2007)는 최근의 관심을 고려하면 유아와 학령 전기 아동의 이해 능력은 상당히 예측 면에서 중요하게 여겨질 필요가 있다. 문헌을 요약해 보면, Olswang 등(1998)은 다음과 같이 논했다.

> 일치된 의견으로, 6개월이나 그 이상의 표현언어와 수용언어 지체를 가진 유아들은 지속적인 언어지체의 위험에 있다. 더욱이 이해와 산출 모두에서 지체된 아동의 경우 이해와 산출의 차이가 클수록 더 낮은 예후를 갖는다(p. 25).

초기 언어지체를 지닌 유아들의 듣기 어휘에 대해서는 더 논의할 가치가 있다. 자발적

표 3.3 지속적인 언어 문제의 위험을 예측하는 잠재적인 요인들

요인들	설명
외부적인 요인	
가족력(Bishop et al., 1995; Conti-Ramsden et al., 2007; Dale et al., 1998; Felsenfeld & Plomin, 1997; Plomin & Dale, 2000; Rice, 1996; Tomblin & Buckwalter, 1998)	* 언어, 말, 문해력/학습 문제의 병력이 있는 가족 구성원을 가진 아동들이 더 큰 위험을 가짐.
엄마의 교육 정도/가족의 SES(Dollaghan et al., 1999; Rice et al., 1998)	* 낮은 SES이나 엄마의 교육 정도가 반영되는 큰 부분으로의 SES 수준. * 엄마의 낮은 교육 수준은 더 낮은 어휘 발달에 영향을 주지만 구문의 복잡성과 문법적 형태론에서는 그렇지 않을 수 있음.
내부적인 요인	
의사소통 의도, 상징 제스처, 놀이(Olswang, Johnson, & Crooke, 1992; Paul, 1991; Rescorla & Goossens, 1992; Thal & Tobias, 1992; Thal et al., 1991; Watt et al., 2006)	* 친숙한 일상적 일과에서의 상징 제스처의 산출(예: 곰인형 목욕시키기)의 감소. * 이해 어휘 수준과 명백히 관련된 상징 제스처의 산출 능력. * 일반적으로 제스처를 덜 사용(제스처로 산출된 의사소통 의도의 빈도에서의 감소와 관련될 수 있음). * 의사소통 의도의 범위는 적당하지만, 사용된 빈도가 감소됨. * 의사소통 의도를 사용하여 말을 하거나 동시에 주목하는 빈도의 감소. * 표상적인 의사소통의 제스처를 덜 사용. * 보충적인 제스처(같은 의미 낱말) 사용은 더 많고 추가적인 제스처(의미 추가) 사용은 더 적음. * 놀이 물건들을 모으거나 조립은 하지만, 주제가 있거나 조합적인 놀이는 덜 함.
옹알이와 음운론(McCarthren, Warren, & Yoder, 1996; Oller, Eilers, Neal, & Schwartz, 1999; Paul, 1991; Paul & Jennings, 1992; Rescorla & Ratner, 1996; Stoel-Gammon, 1991; Whitehurst, Fischel et al., 1991; Whitehurst, Smith, Fischel, Arnold, & Lonigan, 1991)	* 옹알이 소리를 모음으로 산출하는 아동들의 언어 성장은 더 적고, 옹알이 소리를 자음으로 산출하는 아동들의 언어 성장이 더 큼. * 더 큰 언어 성장은 더 큰 옹알이의 복잡성과 관련되어 있음. * 덜 복잡한 음절 구조(예: CV 대 CVC 대 C1VC2V). * 24개월에 4~5개 이하의 적은 자음 목록을 가지며, 모음 목록도 제한됨. * 36개월에 음운 패턴에 모음 오류, 자음에서의 성문 정지음이나 /h/로 대치, 많은 초성 자음과 종성 자음의 탈락, 앞소리 자음을 뒤소리 자음으로 대치하는 등이 포함됨.
사회화와 행동(Fischel, Whitehurst, Caulfield, & DeBaryshe 1989; Hadley & Rice, 1991; Paul, 1991; Paul et al., 1991; Rice, Sell, & Hadley, 1991)	* 사회적 기술에서의 있을 수 있는 결함(예: 적절할 때 웃기, 사회적 게임하기). * 의사소통을 개시하는 데 더 수동적인 의사소통자이며 비언어적 상호작용을 덜 함. * 어떻든 활동이 지나치고 조절이 어려움. * 행동 문제를 가진 아동들은 언어 성장이 덜함.
이해(Ellis Weismer, 2007; Olswang & Bain, 1996; Thal et al., 1991; Watt et al., 2006)	* 표현언어 지체를 동반한 이해 언어지체. * 표현과 이해 능력 간의 큰 차이를 보이는 이해 지체.
임상적 표지(Chiat & Roy, 2007, 2008; Hadley & Short, 2005; Shriberg et al., 2009; Stokes & Klee, 2009)	* 2세에 초기 동사 형태론적 표지의 습득에서 기대보다 늦음. * 무의미 낱말과 가능한 낱말 반복 과제에서의 낮은 수행(특히 초기에 습득되는 음운에서).
지체의 심한 정도(Dale et al., 1998; Law et al., 2008; Olswang & Bain, 1996)	* 더 큰 언어지체는 자발적인 회복에 대해 덜 희망적 관측을 가리킴. * 2세에 매우 적은 표현어휘 크기(0~8개 낱말).

인 회복의 가능성에 대한 정보를 주는 듣기 어휘의 한 측면은 어휘의 구성에 있으며, 특히 동사가 그러하다. 몇몇 연구가들의 연구를 요약하여(Loeb, Pye, Redmond, & Richardson, 1996; Olswang, Long, & Fletcher, 1997; Rice & Bode 1993: Watkins, Rice, & Moltz, 1993), Olswang 등(1998)은 다음과 같은 몇 가지 '경고 사항(red flags)'(p. 25)을 확인했다. (1) 다른 유형 낱말, 특히 명사에 비해 상대적으로 적은 동사 어휘, (2) *walk*나 *clap*처럼 특정적인 동사보다는 *look*이나 *want*처럼 GAP(모든 용도에 일반적인, general all-purpose) 동사에 대한 의존, (3) 타동사보다 자동사와 수여 동사를 덜 사용하는 것. 또한 우리의 예측 능력을 강화시키는 2세 아동의 표현어휘 크기에 대한 더 정확한 정보가 있을 수 있다. 비록 24개월에 50개 이하의 낱말 사용의 준거가 SELD 유아의 확인의 주된 가이드라인이라도, 초기 어휘 발달의 유전 가능성에 대한 Dale 등(1998)의 연구는 우리가 어휘 크기에 대해 보다 더 특별히 여길 필요가 있음을 제안한다. 이 논의에서, 우리는 2세의 단일 낱말 어휘 크기에 관한 우리의 관점을 유지할 필요가 있으며, 대략 130~300개 정도이다(Fenson et al., 1990; Rescorla, Alley, & Christine, 2001). 부모의 보고로 측정된, MCDI(MacArthur Communicative Development Inventory)(Fenson et al., 1990), 2세 쌍둥이의 한쪽의 어휘 크기가 하위 5%에 분포하는 경우, 어휘 크기에 실질적인 유전 영향이 있으며, 반면 공유된 환경의 영향은 어휘 크기에 거의 영향이 없는 것으로 나타났다(Dale et al., 1998). 0~8개의 어휘 크기는 2세 아동의 하위 5%이다. 이것이 제안하는 것은 2세에 매우 작은 어휘량은 유전적인 영향일 수 있으므로, 초기 언어지체에서 자발적으로 회복될 가능성이 감소될 수 있다는 것이다.

이러한 손상의 심한 정도에 대한 논의는 또한 아동 언어지체의 심한 정도는 회복을 예측하는 요인이라는 몇 가지 증거와 일치한다(Law, Tomblin, & Zhang, 2008; Olswang & Bain, 1996). 즉, 그 아동의 언어지체 정도가 심할수록, 그 아동의 자발적 회복에 대해 낙관하기 어렵다. 두 기제의 다른 요인들은 어떤 아동들이 초기 언어지체에서 자발적으로 회복될지를 결정하는 데 도움이 될 수 있다. 이 장의 앞부분에서, 우리는 언어장애 아동들은 언어장애를 갖지는 않았지만 지체된 언어발달을 보이는 아동들보다 시험적인 언어 지시에 반응하는 데 비교적 더 느리다고 예측된다고 밝혔다. 또한 아동의 언어 능력도 이야기 산출 과제를 통해 볼 것을 강조했다. 언어장애 아동들의 이야기 기술은 일반적으로 상당히 지속적으로 어려운 영역 중의 하나로 드러난다. 이야기 산출에서 아동들의 발달 능력을 추적하는 것이 자발적인 회복을 예측하는 데 도움이 될 수 있다.

Olswang 등(1998)은 현재의 지식 수준을 다음과 같이 요약했다.

> 연구들은 언어발달에서 정상적인 유아들과 비정상적인 유아들이 나타내는 언어 학습의 경향들을 보고했다. 이러한 경향들은 유아들의 실제적이고 잠재적인 언어 성장에 대해 심각하게 걱정해야 할지 말아야 할지를 결정하는 데 도움이 되는 특징들을 알려 준다. 이 문

> 헌에서 이루어지는 논쟁은 우리의 걱정의 중요함이 직접적으로 우리의 권고로 해석될 수 있다. 우리의 생각하는 방식으로, 그리고 다른 학자들의 생각으로(Thal & Katich, 1996; Whitehurst & Fischel, 1994), 이것은 합리적인 입장일 뿐만 아니라 윤리적이고 지성적으로 정당한 방법이다(p. 29).

의학 전문가들의 위험요인 모델의 사용이 걱정의 정도를 판단하는 방법일 수 있다(Thal & Katich, 1996; Whitehurst & Fischel, 1994). 이것도 상황 발생의 위험 정도가 존재하는 다른 위험요인들의 수가 증가할수록 증가하는 부가적인 접근법이다. 앞으로의 언어 문제에 대한 가능성을 지적할 수 있는 더 많은 요소들이 존재하거나 관련이 있는 경우 염려는 더 커지고, 그렇기 때문에 중재가 그 아동에게 적절한 권고 사항일 가능성이 커진다.

3. 단순 언어장애 아동의 언어 특징

이 절에서, 우리는 SLI 유아들과 학령 전기 아동들에게서 관찰된 많은 언어 특징들을 살펴보았다. 우리는 모든 아동들이 반드시 이러한 문제들을 나타내지는 않는다는 것과 언어의 한 측면의 문제가 다른 측면의 문제가 될 수 있다는 것을 알 필요가 있다. 이러한 잠재적으로 다양한 패턴들이 단순 언어장애 아동들이 서로 이질적이라는 사실을 다시 한 번 강조한다. 또한 우리는 다른 수준이기는 하지만 같은 유형의 문제들을 언어장애를 가진 학령기 아동들과 청소년들에게서 관찰할 수 있다는 것을 알 필요가 있다.

1) 몇 가지 언어적 전조들

환경적인 변화를 인지하고 주목하는 것은 언어 습득에 중요한데, 이러한 것이 없다면 아동의 기저에 깔린 언어의 개념이 발달하지 않을 것이기 때문이다. 더욱이, 아동들은 변화의 행동자가 될 수 있음을 배울 필요가 있다. 만약 아동들이 사물이나 사람의 행동을 조절한다는 것을 깨닫지 못한다면, 그들은 언어가 발화를 만드는 가장 효과적인 방법 중의 하나임을 배우지 못할 것이다.

표 3.3에 기술된 몇몇 요인들은 상징 제스처의 사용과 의사소통 의도 등으로, 언어발달의 전조로 여겨질 수 있다. 서로의 상호작용에 참여하기뿐만 아니라, 성인과의 공동의 참조물 세우기는 언어 습득에서 중요하다(Delgado et al., 2002; Watt et al., 2006). 초기의 주고받기 놀이의 일상적인 아동-성인의 행동과 Patty-Cake(쎄쎄쎄 놀이, 아이들의 놀이로 둘이 마주 앉아 손뼉을 마주 치며 노래하는 놀이—역자 주)와 같은 반복적 게임은 대화 차례 지키기 기술의 전제조건일 수 있다. 어떤 SLI 학령 전기 아동들은 이런 상호적인 일상의 참여에서 어려움을 갖는 듯하다. 이러한 아동들은 또한 공동 주목하기(joint attention)에 종

종 주의하지 않거나 어른과 함께 공동의 참조물로 제공되는 단서를 사용하는 방법을 배우지 못한다. 의사소통 의도에 관해서는, 어떤 학자들은 일반적으로 의사소통 의도를 SLI 아동들은 말보다는 제스처와 발성으로 더 부호화하며(Coggins, 1991; Fischel et al., 1989; Wetherby, 1989), 특히 표 3.3에서 보았듯이 일상을 반영하는 상징 제스처의 감소된 산출 능력이 장기적인 언어 문제를 예측하게 한다고 제안한다.

비록 옹알이 발성의 음성 목록이 아동들의 초기 어휘에 영향을 미치는 듯하고 언어 문제를 가진 어떤 아동들은 구별할 수 있는 특징이 될 수 있다 해도, 옹알이와 첫 낱말 산출의 관련성이 완전히 이해되지는 않는다. 다양한 한 낱말을 산출하기 위해서는, 아동들은 그들의 레퍼토리에 몇 개의 다른 자음을 가질 필요가 있으며 이러한 자음들을 다른 배치로 사용하고 다른 모음과 조합하여 사용할 수 있다. 이렇게 하여, 옹알이의 음절 구조는 첫 낱말 사용의 전조가 될 수 있다. 표 3.3에서 특정 유형의 옹알이의 감소된 출현과 초기 음운의 특정 패턴이 언어장애의 조기 지침일 수 있음을 확인할 수 있다. 12개월 이후의 언어 능력에서 제한된 형태의 옹알이 영향은 Oller 등(1999)의 대규모 연구에서 설명되었다. 10개월 영아 3,400명의 연구에서, "기본적 옹알이가 지체된 영아들은 통제 집단의 영아들보다 18, 24, 36개월에 더 적은 산출 어휘를 가졌다"(p. 223).

2) 음운론

앞에서 논의했듯이, SLI 유아의 학령 전기 아동들이 종종 음운적 문제를 함께 가지는 일은 놀라운 일이 아니다. 그 반대가 되는 내용 또한 사실이다. 예를 들어 Shriberg와 동료들(Shriberg & Kwiatkowski, 1994; Shriberg at al., 1999)은 음운적 문제를 갖는 것으로 확인된 대부분의 아동들이 언어 문제를 갖는다고 보고했다. 정상적으로 발달하는 아동들은 대략 2세가 되면 어느 정도 명료해진다. 대조적으로, 알아듣기 어려운 3세와 4세의 SLI 아동을 찾는 것은 흔한 일이다. 그렇지만 음운적 문제는 언어 문제보다는 아동이 성숙함에 따라 해결하기에 더 가망이 있는 듯하며, 말소리에 어려움을 갖는 아동들은 언어장애를 갖는 아동들보다 더 나은 장기적인 학업적 · 사회적 · 직업적 성과를 갖는 것으로 보고되었다(Beitchman et al., 2001; Hall & Tomblin, 1978; Johnson et al., 1999; Shriberg, Gruber, & Kwiatkowski, 1994; Whitehurst, Fischel et al., 1991).

몇몇 학자들은 음운 습득의 문제는 더 일반적인 언어 학습 문제의 단순한 반영이라고 제안했다. 다른 학자들은 음운 문제는 SLI 아동들의 더 크고 이질적인 집단 내의 하위 집단의 특징일 수 있다고 했다. SLI와 음운론 문제 간의 관계가 어떠하든, 우리는 어린 SLI 아동들이 아직 정확하게 산출하지 못하는 자음으로 시작하는 낱말보다 다른 낱말에서 정확하게 사용하는 자음으로 시작하는 단일 낱말을 더 빠르게 습득한다는 것을 안다(Leonard, Schwartz et al., 1982). 음운론과 어휘 습득 간의 관계는 정상적으로 발달하는 유아들에게서 나타나는 발달 패턴과 일치한다(Schwartz & Leonard, 1982). 또한 우리는 한 연구를 통해, 음운적 어려움을 겪었던 학령 전기 아동들의 20~30%가 학교에 입학했을 때 특수교육 서비스를 받는 다른 영역의 부수적인 문제와는 무관하다는 것을 안다(Shriberg & Kwiatkowski, 1988). 이것은 학령 전기의 음운 문제가 성취하는 아동의 능력에 영향을 미치는 것에 대해, 어쩌면 음운 처리 과정의 어려움 때문에, 언어적 기술과 관련된 영역에서 학업적으로 우리가 알고 있는 것을 반영하는 것이기도 하다.

3) 의미론

우리는 첫 낱말(보통 생후 12개월 정도에 출현) 사용의 지체와 사용 낱말들의 확장이 지연되는 것이 종종 언어 문제의 가능성을 알려 주는 첫 신호라고 말했다. 우리는 또한 말이 느린 아동들이 처음으로 따라잡는 것처럼 보이는 영역들 중의 하나가 어휘라고 했다. 그렇지만, 우리는 이것이 SLI 아동들이 의미적 어려움을 갖지 않는다는 것을 의미하는 것은 아님을 명확히 해야 한다. 왜냐하면 대부분은 아니더라도 많은 아동들이 어느 정도의 낱말과 그 의미의 문제를 갖기 때문이다. 비록 때때로 이러한 것은 낱말들과 글자 그대로가 아닌 추상적 개념의 의미에서 더 세련된 측면과 관련된 표현에서 대부분 명확히 나타난다. 어린 SLI 아동들의 문제로 특징지어지는 몇 가지 의미론적 습득의 문제는 문헌에서 확인할 수 있으며 표 3.4에 나와 있다.

어휘 크기에 관해서, 우리는 첫 낱말 사용(보통 생후 12개월 정도)의 지체와 첫 낱말 출현 이후의 단일 낱말 어휘 습득에서의 급성장을 보이는 데 실패 등이 SLI의 가능한 조기 신호임을 살펴보았다. 의미론적 발달에서의 다른 초기의 지체 또한 설명했다. 말이 느린 어린 아동들과 SLI 아동들에 대해 보고된 몇몇 지체의 예들은 다음과 같다.

표 3.4 SLI 아동들이 겪는 의미론적 어려움의 영역들

의미적 어려움의 영역들	문제
어휘 목록의 크기	* 더 적은 어휘들
어휘 목록의 성장 속도	* 더 느린 어휘 습득 * 더 적은 어휘의 다양성
낱말 의미의 안정성	* 더 얕은 낱말 의미에 대한 지식의 깊이 * 더 적은 개별적인 낱말들의 의미에 대해 앎 * 낱말의 부분적인 의미만 앎
새로운 어휘의 습득 속도	* 새로운 어휘 항목을 빠르게 배우지 못함 * 낱말의 의미를 생각하는 데 있어 문맥 내에서 새로운 어휘에 더 많은 노출이 필요함
낱말 찾기	* 연결된 말의 빠른 흐름에서 그 낱말을 사용하기 위해 인지적 저장소에서 낱말을 인출하는 데 어려움 * 낱말이 혀끝에서 뱅뱅 돎

❖ 평균하여 대략 생후 23개월에 첫 낱말을 사용(Trauner, Wulfeck, Tallal, & Hesselink, 1995)하는 것은, 이 연구에서는 정상적으로 발달하는 아동들과 비교하면 거의 1년이 느린 것이다.
❖ 생후 24개월에 표현어휘 크기가 17개 낱말 정도로, 정상 발달 아동들이 128~193개인 것과 비교되며, 36개월에 197개 정도로, 정상 발달 아동의 24개월과 비슷하다(Rescorla et al., 2001).

Rescorla 등(2001)은 또한 말이 늦은 3세 아동의 어휘 구성에 대해 표현어휘 크기가 정상 발달 2세에 가깝다고 보고했다. 이 저자들은 비록 아동들이 정상 발달 아동들과 같은 많은 낱말들을 습득하는 것처럼 보이지만, 그들은 또한 그들이 더 나이가 들었음을 반영하는 다른 낱말들을 배우게 되는 환경에서 다른 사건들을 경험하게 된다고 설명한다. SLI 아동들은 또한 명사보다 다양한 동사 낱말들의 습득을 더 어려워하는 듯하다(Conti-Ramsden & Jones, 1997; Kelly & Rice, 1994; Rice & Bode, 1993; Rice, Oetting, Marquis, Bode, & Pae, 1994; Watkins et al., 1993; Windfuhr, Faragher, & Conti-Ramsden, 2002). 이러한 결과는 우리가 명심해야 할 문제를 제기한다. 즉, 초기의 어휘 습득에서의 지체는 SLI 아동들에게 양적 차이뿐만 아니라 질적 차이의 결과가 될 수 있다. 이러한 가능성은 언어 문제가 없는 아동들과 비교되는 언어발달의 연속성에 대해, 이런 어린 아동들이 그들의 발달 경로에 따라서 쌓아 올리는 개념들과 세상 지식에 대해, 그리고 다소 특이한 개념들과 지식이 이후의 학업과 언어 학습에 미치는 누적 효과에 대해 예측할 수 있는 중요한 의미를 가진다.

이 책의 앞부분에서 보았듯이, 낱말과 그 의미는 많은 낱말 발화들에서 다른 낱말과 그 의미가 결합될 때, 복합의 의미들이 생성된다. 초기 어휘에서 그들의 지체와 비슷하게, 어린 SLI 아동들은 2어 의미 관계 사용에서도 일반적으로 더 느리다(Brown, 1973). Trauner 등(1995)은 정상 발달 아동들이 생후 18~24개월 사이에 이러한 조합을 사용하기 시작하는 데 비해, SLI 아동들은 약 3세까지도 2어 조합의 사용을 보이지 않았다고 보고했다. 비록 SLI 아동들이 정상 발달 아동들보다 2어 조합에서의 표현된 의미 관계 범주의 습득에서 느리더라도, 일반적으로 정상 또래들의 언어에서 표현되는 같은 범위를 습득하는 듯하다.

앞 장에서, 우리는 정상 아동들의 능력으로, 문맥에 따라 단어의 의미와 순간적인 노출로부터 단어의 의미에 대해 많은 것을 배우는 것에 대해 논의했다. 우리는 이 능력을 '재빠른 연결(fast mapping)'이나 '빠른 우발 학습(quick incidental learning)'이라고 일컬었다. 어린 SLI 아동들은, 특히 구조화된 학습 상황에서, 낱말의 의미를 빠르게 연결하는 능력을 보이기도 하지만, 지속적인 이야기에 내포된 의미를 파악하는 도전적인 과제에서는 더 적은 새로운 낱말의 의미를 이해하는 것을 보여 준다(Dollaghan, 1987; Rice, Buhr, & Nemeth, 1990; Rice, Buhr, & Oetting, 1992; Rice et al., 1994). 전반적으로 학령 전기 SLI 아동들은 또래의 정상 발달 아동보다 더 느리게 새로운 낱말을 배우는 듯하고(Gray, 2005) "새로운 낱말을 이해하기 전에 정상 언어 아동들의 2배로 들을 필요가 있는 것 같고"(Gray, 2003b, p. 56) 그 낱말이 그들 어휘의 영구적인 부분이 되기 전에 그 낱말을 지속적으로 듣는 동안 그 낱말을 사용할 기회도 2배가 필요한 것 같다(Gray, 2003b). 이것은 SLI 아동이 그 낱말을 자주적으로 사용하려면 정상 언어 아동보다 그 새로운 낱말을 듣는 기회가 4배 더 필요함을 의미한다.

SLI 아동들이 낱말의 의미를 수집하는 데는 성공적일지라도, 그 단어의 사용에서는 반드시 그러한 것은 아니다. 이러한 제한성의 한 가지 제안으로, 그 아동들은 그 낱말을 기억에 저장하는 데 실패하기보다는 오히려 그 낱말의 산출을 위한 접근이나 인출에 어려움을 갖는 것이다(Dollaghan, 1987). 제안되는 다른 원인으로는 어휘 목록에서 알려진 듯한 낱말의 사용의 어려움들은 그 낱말의 불완전하거나 부분적인 의미 지식의 결과라는 것이다. McGregor와 동료들(McGregor, Friedman, Reilly, & Newman, 2002; McGregor, Newman, Reilly, & Capone, 2002)은, 아동들이 낱말의 정신적 표상을 갖지만 완전히 발달된 표상이 아니며, 그렇기 때문에 깨지기 쉬울 수 있다고 제안한다. 이러한 의미의 불충분함이 그 낱말을 McGregor, Friedman 등(2002)이 쓴 '인출 실패(retrieval failure)'(p. 332)에 더욱 영향받기 쉽게 만든다.

많은 언어 문제를 지닌 아동들이 알고 있는 낱말을 인출하는 데 어려움(낱말 찾기의 어려움)을 갖는다는 사실은 새로운 것이 아니다(German, 1979; German & Simon, 1991; Kail, Hale, Leonard, & Nippold, 1984; Leonard et al., 1983; MacLachlan & Chapman, 1988). 사실 많은 SLI 아동들은 낱말 찾기 문제를 가지며, 다른 많은 언어 기술의 결함을 갖는 대부분의 아동들도 마찬가지이다(Dockrell & Messer, 2007). 낱말 찾기의 어려움은 아동들에게 그림 이름을 말하도록 할 때, 특히 시간이 정해진 과제에서, 그리고 연결된 말에서(German, 1991, 2000; McGregor, 1997b) 나타날 수 있다. 명백하지 않은 것은 만약 낱말 찾기 문제 아동들의 증거가 그 낱말의 완전하지 못하고 견고하지 못한 정신적 표상 때문이라면, 처리 과정의 감소된 속도의 표시가 SLI 아동들에게 보이는 가능한 정보처리 과정의 결함의 하나로 제안되거나, 두 가지 모든 요인이 제안된다. 또한 언어 문제를 지닌 아동들의 연결된 말은 주저함, 비유창함, 다시 말하기, 낱말 대치, 간투어, 보통 낱말 인출의 어려움과 관련된 것으로 여겨지는 특징들로 특징지어진다. 추가적으로, 아동들은 사실상 '그것, 이것, 저것, 여기, 저기'와 같은 명확한 참조물이 없는 낱말들을 많이 사용한다.

어떤 아동들은 다른 측면에서 더 큰 의미적 약함을 갖기도 하지만 SLI 아동들이 언어의 다른 측면에서의 문제는 없이 의미적인 어려움만을 나타내지는 않는다. 그 아동들을 2.5세에서 5세까지 추적하여, Scarborough와 Dobrich(1990)는 그 아동들이 5세에 이르렀을 때, "어떤 아동도 순수하게 어휘적 결함만을 보이지는 않았다. 그대신 남아 있는 음운론적 문제와 구문론적 문제에서 두 가지가 결합되거나 하나만이, 대부분의 사례에서 관찰되었다."(p. 80)라고 적었다. 이러한 결과가 맞다면, 우리는 의미론적 어려움을 가진 상당수 SLI

아동들이, 모든 SLI 아동들이 그런 것은 아니더라도, 구문론과 형태론의 결함을 갖는 것이 아닌가 하고 생각한다.

4) 구문론과 형태론

이 장의 앞부분에서 SLI의 가능한 임상적 표지에 대한 논의를 살펴보았듯이, 이 아동들은 언어의 형태 구문론적 측면에서 무질서한 어려움을 갖는 것으로 알려져 있으며, 어떤 SLI 아동이 적어도 이 영역에서의 어느 정도의 문제들에서 벗어나는지 불확실하다. 부족한 구문론적 · 형태론적 기술들은 거의 학령 전기 언어장애 아동들의 '고전적' 특징이다. Lahey(1988)는 "분명히 언어장애 아동들의 가장 두드러진 특징이다. 모든 아동들이 공유하는 특징 중 하나는 느리다는 것으로, 형식의 발달은 느리며 내용과 사용의 상호작용의 발달은 더 낫다."(pp. 59-60)라고 적었다.

2~3세 사이 아동들의 동사 시제 표시의 출현 기록에 관한 Hadley와 Short(2005)의 결과에 따르면, 구문론 또는(그리고) 형태론 문제들이 처음 확인되는 것은 일반적으로 3세 정도이며, 이때 아동들의 MLU, 문장의 복잡성, 형태론적 표지의 사용 등이 점차적으로 증가할 것이 기대된다. 학령 전기의 이러한 아동들에게서 관찰된 어려움들의 예들은 다음과 같다(Leonard et al., 1997; Rice et al., 1998; Rice, Wexler, Marquis, & Hershberger, 2000).

- 같은 나이의 또래들보다 더 짧은 발화 길이(MLU)
- 구문적으로 더 단순한 문장들, 제한된 변형의 유형과 종속관계의 제한된 사용
- 관사나 명사 복수 형태소와 같은 문법적으로 필수적인 요소들의 탈락 또는(그리고) 혼동
- 주격 표지의 문제(대명사로 문장의 주어를 받을 때, 즉 *he* 에 대해서는 *him*, *she* 에 대해서는 *her*)
- 시제와 수에 대한 동사 표지의 실패, 특히 규칙 과거 시제 표지와 불규칙 과거 시제 표지에서의 어려움

표 3.5는 SLI 아동들에게 공통적으로 문제가 되는 형태소들의 목록을 제시했다(Leonard, McGregor, & Allen, 1992).

살펴보았듯이, 동사 형태론은 특히 SLI 아동들에게는 성가신 일이기 때문에, 이 영역에서의 아동들의 능력은 상당수 연구의 주제가 되어 왔다. 이 아동들의 형태 구문론적 수행에 대해 한 가지 변함없지만 좌절감을 느낄 만한 결과는 형태론적 표지의 사용에서의 불확실함이다(Leonard et al., 2003; Miller & Leonard, 1998; Rice, Wexler, & Cleave, 1995). 이 불확실함은 때때로 이 아동들은 정형 동사(시제 · 수에 따라 한정된 동사의 어형으로 "The girl run<u>s</u>", "The boy jump<u>ed</u>")를 비정형 동사(부정사 형태나 원형 형태로 "The girl run",

표 3.5 SLI 아동들이 다루기 힘든 문법 형태소들

형태소	예
복수 -s	boys; coats
소유격 's	baby's; cat's
규칙 과거 -ed	played; liked
3인칭 단수 -s	plays; likes
관사 a(an)와 the	a boy; the cat
연결 동사	The baby is big
on	on the floor; put on the coat
조동사 be	The baby is crying; The girls are playing
불규칙 과거 시제	ate; went; drank
보문소 to	I'm going to (go); gonna (go)

출처: Leonard, McGregor 등(1992).

"The boy jump")로 다룬다. 동사의 문법적 표지 사용에 대한 다른 유형들도 관찰된다. 이러한 불확실한 사용 유형은 표 3.6에 나타나 있다.

이러한 아동들이 동사 형태에서 불규칙적인 어려움을 보이는 이유에 대한 두 가지 대안적인 설명들은 다음의 특징들을 갖는다. 첫 번째는 **표면 설명**(surface account)(Leonard et al., 1997; Leonard, McGregor et al., 1992)으로, 음성 특징에 초점을 둔 것이다. 즉, 문제가 되는 문법적 형태소의 형태 음운론적 특징에 초점을 둔다. Leonard와 동료 연구자들(Leonard, McGregor et al., 1992)은 이러한 형태소들이 '낮은 음성적 실체'를 갖는다고 지적했다(p. 1077). 그 형태소들은 인접한 형태소들보다 연결된 발화에서 더 짧은 지속시간을 갖는다. 또한 강세가 없는, 음절을 이루지 못하는 분절음이다. 또한 어떤 것들은 더 낮은 기본주파수와 진폭을 갖는데, 이것은 더 낮은 높낮이와 강도를 나타내는 것을 의미한다. 이러한 특징들은 주변의 형태소들보다 청각적으로 덜 두드러진다는 의미이다. 이 설명은 Leonard 등(1997)에 의해 제안된 것으로, SLI 아동들의 일반적인 처리 능력의 한계를 가정하지만, 또한 영어의 경우에 문법적 형태소들이 지각과 문법적 기능에 대한 가설의 공동 작용에 특별히 큰 영향을 받을 수 있음을 가정한다(p. 743). 즉, SLI 아동들은 특히 이렇게 짧은, 종종 희미한 언어의 부분을 처리하는 그들의 능력을 저해하는 비능률적인 처리 메커니즘을 가지며, 그것의 의미가 무엇인지, 사용된 패턴과 규칙이 무엇인지를 이해하기 위해서 그것을 빠르게 분석한다. 우리는 이 장 앞에서 처리 용량의 제한에 대해 논의했다.

두 번째는 **확대된 선택적 부정사 설명**(extended optional infinitive account)(Rice & Wexler, 1996; Rice at al, 1995, 1998, 2000)은 지식에 근거한 설명이다. 이 설명에 따르면, 정상 아동들과 마찬가지로 SLI 아동들은, 동사의 시제와 수 표지가 의무적이라는 것을 모르고 선택적으로 언어 규칙에 따라 사용한다는 것이다. SLI 아동들과 정상 아동들의 차이점은,

표 3.6 SLI 아동들의 동사 형태론적 문제들의 유형

유형	설명과 예
일관성이 없는 오류	* 단순한 어간 동사("The girl run")가 종종 사용되지만 늘 그렇지는 않다. * 때때로 동사 표지가 맞다("The girl runs").
생략의 오류	* 문법적 표지들을 생략하기 쉽다("Baby sleeps"나 "Baby sleeping"). * 수나 시제를 나타내는 조동사를 생략하기 쉽다("Baby sleeping").
아주 드문 사용의 오류	* 시제와 수를 나타내는 동사의 경우, 정확하게 표시한다("Baby are sleeping"이 아니라 "Baby is sleeping").
규칙 과거 시제 동사의 어려움	* 한정된 형태가 요구될 때 정형 동사*나 부정사** 사용의 불일치["Boys jumped" 대신에 "(Yesterday) Boys jump"]가 나타난다. * 전반적인 언어 수준에 있어 대등한 정상 아동들보다 더 낮은 수준으로 수행한다.
불규칙 과거 시제 동사의 어려움	* 종종 지나치게 일반화한다("Kitty ran" 대신에 "Kitty runned"). * 어간을 사용한다("Kitty ran" 대신에 "Kitty run"). * 사용된 정확성 대 부정확성의 측정기준에 있어 전반적으로 정상 아동들과 비슷한 수준으로 수행한다("Kitty run" 정확성 대 "Kitty runned" 부정확성). * 과거 시제 지식의 정확한 표지가 측정 기준으로 사용될 때(한정에 대한 정확성) 규칙 과거 시제와 비슷한 수준으로 수행한다(즉, 언어에서 대등한 아동들보다 낮게 시제 표시에 필요한 지식에 대한 정확한 것으로 간주되는 "Kitty runned"). * 어간 형태를 정확한 것으로 판단하는 것이 CA가 대등한 또래들보다 더 쉽다("[yesterday] Birdie fly off"가 맞다고 여긴다). * 과대 일반화를 정확한 것으로 판단하는 것이 CA가 대등한 또래들보다 더 쉽다("[yesterday] Birdie flied off").
동사 표지와 관련된 대명사의 격 표지	* 초기 제안: • 동사형 습득과 대명사격 발달 간에 잠재적인 발달이 연결되어 있다. * 최근의 제안: • 목적격 대명사(*him*, *her*, *them*)를 주격(*he*, *she*, *they*)으로 동사 시제 표지의 출현과 관련하여 부정확하게 사용한다. • 시제/수를 표기하지 않은 동사일 경우("Her jumps"보다는 "Her jump"로)나 조동사를 생략한 경우("Her is jumping"보다는 "Her jumping"으로) 목적격을 더 사용하기 쉽다.
구조적인 영향을 받기가 쉬워, 조동사를 포함함	* 바로 앞의 발화에서 조동사를 사용했다면 조동사를 생략하기보다는 포함시키기가 쉽다(앞 문장에서 조동사를 사용했을 경우. 예: 'Babies are crying', 'Mommy sleeping' 대신에 'Mommy is sleeping'으로).

*정형 동사(finite verb): 수 · 인칭 · 시제 · 법에 따라 한정된 동사의 어형

**부정사(infinitive): 인칭 · 수에 한정되지 않은 동사

출처: Bishop(1994); Connel(1986); Leonard, Bortolini, Caselli, McGregor와 Sabbadini(1992); Leonard 등(1997, 2002); Loeb와 Leonard(1991); Marchman 등(1999); Montgomery와 Leonard(1998); Oetting과 Horohov(1997); Rice와 Wexler(1996); Rice 등(1995, 1998); Wexler, Schütze와 Rice(1998).

SLI 아동들이 여전히 장기간 동사 표지를 선택적으로 취급하는 반면, 5세 정도의 정상 아동들은 부정사로 취급하기보다는 정형 동사(절의 주요 동사)의 시제와 수를 항상 표시하는 것을 이해한다. SLI 아동들은 동사의 정형성과 현재 · 과거 시제의 개념에 대해 아는 반면, 주절에서 동사의 시제 표지가 의무적이라는 것을 알지 못한다. SLI 아동들이 최종적으

로 습득하여 동사 표지를 적용하는지 어떤지를 알지는 못하지만, 우리는 8세 정도에는 그렇게 하는 실패의 빈도가 상당히 감소하는 반면, 정상 아동들은 5세에 이 정도 수준의 일관성을 성취하며, 8세에는 거의 항상 적절한 동사 표지를 사용하는 데 반해 여전히 그 시기의 대략 10~15% 일관성이 없다는 것을 안다(Rice et al., 1998). 또한 우리는 언어장애를 지닌 큰 아동들과 청소년들이 또래들보다 동사 형태론에 더 어려움을 보이는 것을 안다(Leonard et al., 2009; Marchman, Wulfeck, & Ellis Weismer, 1999; Miller, Leonard, & Finneran, 2008; Reed, Conrad, & Patchell, 2006; Reed & Evernden, 2001; Reed & Patchell, 2010; Reed, Patchell, & Conrad, 2006; Rice, Hoffman, & Wexler, 2009). SLI 아동들의 동사의 형태론적 어려움에 대한 장기간에 걸친 선택적 부정사 설명은 그 아동들이 동사 표지의 필수적인 측면을 습득하지 못하는 이유에 대해 아무 언급이 없다.

SLI 아동들이 특히 문법적 형태론과 동사 형태론에서 혼란스러운 어려움을 갖는 이유에 대한 설명 중 하나는 제한적인 언어 지식에 근거한다. 이 설명은 아동들이 문법적 형태론을 조절하는 함축적인 규칙을 추상화하는 데 어려움을 갖는다고 제안한다(Gopnik, 1990; Ullman & Gopnik, 1994). 따라서 **함축적인 규칙 결함 설명**(implicit rule deficit account)이라는 용어를 사용한다(Leonard et al., 1997). 이 설명에서의 차이는 SLI 아동들이 동사 표지 규칙을 습득하지만 그것의 이용에 어려움을 갖는다는 것이다(Connell & Stone, 1992). 이 설명은 표면 설명이나 확장된 선택적 부정사 설명보다 덜 실증적인 지지를 받지만(Leonard et al., 1997), 여전히 SLI 아동들이 언어 습득에 어려움을 갖는, 더욱 일반적이고 다양한 가능한 이유들로 여겨진다.

이러한 세 가지 설명이 서로 배타적이지 않다는 것도 생각할 수 있는 일이다. 만약 아동이 청각적으로 덜 지각적이고 언어의 두드러진 특징에서 처리 과정에 제한이 있다면, 그 아동은 충분한 표상과 규칙과 불규칙동사 형태와 같은 매우 복잡하고 골치 아픈 영어의 특징들을 조절하기 위한 특징들에 대한 지식을 습득하지 못할 수 있다. 이러한 불완전한 지식이 정상 발달 아동이 보여 주는 발달 기간을 넘어선 기간으로 연장되어 느린 형태론적 특징의 습득과 일관성 없는 동사 형태와 동사 시제 표지 사용을 분명히 보여 준다. SLI 아동들은 또래가 성취하는 같은 수준의 자동적 동사 형태 사용에 이르지 못할 수 있으며, 동사의 시제 표시에서 지속적으로 언어에서 분투와 주저를 보일 수 있다.

두 개의 다른 설명, 즉 **이중 메커니즘 설명**(dual mechanism account)(Oetting & Horohov, 1997)과 **결합시키는 설명**(connectionist account)(Marchman et al., 1999)이 제안되었다. 그렇지만, 이것들은 SLI 아동들의 문법적 형태소 문제, 특히 동사 형태론적 어려움의 설명과 관련하여 비교적 덜 실험적인 연구로 여겨지게 되었다.

만약 SLI 아동들이 동사 어휘에 약하다면, 우리가 이전에 주목했듯이, 동사 형태들에서의 어려움은 먼저 형태 구문론적 문제의 반영이라기보다는 그들의 어휘 문제와 관련되어 있을 수 있다. Watkins와 Rice(1991)는 동사의 접사와 전치사에 대한 연구에서 어휘와 동사 형태론 간의 가능한 관계의 한 측면을 조사했다. 특정 전치사(예: *in*, *up*)는 또한 동사(예: 동사 기능을 하는 여러 낱말 구조, *climb up* 같은)의 부분으로 나타나는데, 즉 동사 접사이다. 이 저자들은, 두 가지 다른 문법적 기능을 하는 같은 낱말(전치사)은 같은 의미를 가지고 비슷한 수준의 청각적 두드러짐(음성학적 실체)을 전하기 때문에, 아동들의 습득에서 어떤 차이가 기본적으로 문법적으로나 형태 구문론적으로 세워진다고 지적했다. 그들은 또한 SLI 아동들이 사실 전치사보다 동사 접사에서 더 어려움을 보였다고 밝혔다(Watkins & Rice, 1991). "문법적 형태 분류 습득에 있어서 취약한 여러 원인들"(p. 1139)이 관련될 수 있다. Leonard, Miller와 Gerber(1999)는 동사 어휘와 동사 형태론 간의 관계에 대한 질문에 대해 다른 접근을 시도하여, SLI 아동들의 동사 표지를 어휘의 다양성의 기능으로 보았다. 그 결과, 더 많은 동사 어휘를 가졌어도, 아동들의 동사의 문법적 표지를 다루는 능력은 정상적으로 발달하는 아동들에게서 나타나는 유형과는 뚜렷이 달라서 따라가지 못한다고 제안했다. 그 결과는 "SLI 아동들의 정형 동사 형태론의 사용에서의 지체는 어휘 확장만큼 더 눈에 띄는 것일 수 있다."(p. 687)라는 저자들(Leonard et al., 1999)의 의견을 이끈다. 또한 그 결과는 아동들이 동사 형태론에서 갖는 문제는 "불충분한 어휘 항목의 문제가 아니며 연관된 문법적 형태들의 사용을 단순하게 생각하는 것이 아님"(p. 687)을 가리킨다. 그러므로 아동들의 동사 형태론 문제를 전적으로 어휘 결함의 문제로 간주할 수 없음이 명백해진다. 이 같은 결과는 문법적 형태론, 특히 이 장 앞에서 언급한 대로 SLI의, 유전 표현형이거나 임상적 표지로서의 동사 형태론의 가능성을 증가시킨다.

5) 화용론과 담화

많은 SLI 아동들이 언어의 화용론과 담화(discourse)에서 어려움을 갖는다. 이러한 문제들이 아동들의 형태 구문론과 의미론의 문제 때문인지, 그들 자신만의 문제인지, 단순히 SLI 아동들의 다른 영역에서의 결함이 나타난 것인지는 분명하지 않다(Leonard, 1998; Rowan, Leonard, Chapman, & Weiss, 1983). 화용론과 담화의 문제가 언어의 다른 측면과 어떻게 연결되어 있는지에 대한 몇 가지 가능성이 있다. 이러한 것 중의 몇몇은 다음과 같다.

- ❖ 화용론과 담화의 문제는 별개의 문제이지만 SLI의 측면, 형태 구문론, 음운론, 의미론의 문제와 같은 측면들이 상호작용한다.
- ❖ 화용론과 담화의 문제를 가진 아동들은 SLI 아동들의 특정 하위 집단을 형성하는데, 특히 의미적-화용적 어려움을 갖는 아동들이 최근에 제안되었다(Bishop, 2000).
- ❖ SLI 아동들에게서 나타나는 화용론과 담화의 문제는 자폐증의 연속선에서 생겨나는 것이다.
- ❖ SLI 아동들이 보여 주는 화용론과 담화의 어려움은, 연결하고 의사소통하기 위해 부족한 언어 시스템을 사용하는 데 실패한 부적절한 응용의 결과이다.

어떻게 화용론과 담화의 문제가 SLI 아동들의 언어 문제로 개념화되었는지에 대한 설명이 아직 명백하지는 않다. 그럼에도 불구하고, 우리는 SLI 아동들이 일반적으로 연결하는 데, 다양한 기능들과 의도들을 표현하고 이해하기 위해서 언어를 사용하는 데, 서술하는 담화나 설명하는 담화와 같은 서로 다른 장르를 효과적으로 사용하는 데 있어 문제가 있음을 안다.

언어장애를 가진 어린 아동들의 화용 능력에 대한 연구는 형태 구문론적 문제에 대한 관심의 급격한 변화로 최근에 다소 늦어졌지만, 1970년대 중후반의 몇몇 연구로 촉진된 이래 1980년대에는 언어장애 아동들의 화용적 특징의 다양한 측면에 대한 많은 연구물들이 발표되었다. 이것은 언어장애 아동들이 사용하는 기능과 의도에 대한 조사에서 특히 사실이다. 시간이 흐르면서 SLI 아동들의 대화나 담화 유형에서의 주의력이 증가한다. 많은 이러한 결과들이 표 3.7에 요약되어 있다.

표 3.7의 의도와 기능 부분에서 나타난 패턴을 살펴보면, 어린 SLI 아동들은 정상적인 언어 학습 아동들과 비교했을 때 기능의 사용에서 차이를 보일 뿐만 아니라 상호작용에서도 수동적인 차이를 보인다. Paul(1991)은 그녀가 검사한 언어 문제를 가진 유아들은 "다른 사람과의 상호작용에서의, 비언어적인 것에서도 더 적은 흥미를 나타냈다"(p. 6)고 언급했다. 또한 표 3.7의 내용들은 SLI 아동들은 다른 사람의 의사소통 개시 시도에 대해서 정상 발달 아동들만큼 쉽사리 반응하지 않음을 제안한다. Hadley와 Rice(1991)는 학령 전기 아동들의 또래와의 상호작용에 관한 연구에서 SLI 아동들이 정상 발달 아동들의 의사소통 개시에 더 적게 반응하는 것을 발견했다.

Fey(1986)의 상호작용자 접근법은 이러한 아동들에 대한 화용적 패턴을 살펴보는 데에 유용한 방법일 수 있다. Fey(1986)는 대화 변수와 관련된 두 개의 연속체를 제안했다. 하나는 아동들의 대화에서의 **자기 주장**의 정도, 즉 대화 행위를 시작하거나 차례를 지키는 정도를 다룬다. 다른 하나는 아동들의 대화 상대자의 요구에 대한 **반응** 정도이다. 두 가지 연속체 모두에서, 아동들은 다른 사람과의 상호작용에서 나타난 패턴에 따라, 그 변수에서 높게(+) 또는 낮게(−) 나올 수 있다. 네 가지 패턴이 나올 수 있다.

1. +자기 주장성과 +반응성이거나 적극적인 대화자
2. +자기 주장성과 −반응성이거나 비의사소통자
3. +자기 주장성과 +반응성이거나 수동적인 대화자
4. −자기 주장성과 −반응성이거나 소극적인 의사소통자

표 3.7의 특징들은 제안한다. 어린 SLI 아동들은 #3이나 #4에 기술된 집단, 즉 대화의 시작에서는 자기 주장적이지 않지만 다른 사람이 대화를 시작하면 반응하는 수동적인 대화자이거나 쉽게 대화를 시작하지도 않고 반응하지도 않는 소극적인 의사소통자이기 쉽다.

표 3.7 정상 발달 아동과 비교한 SLI 아동들의 화용적 어려움 요약

화용론의 영역	출처
기능과 의도	
* 의사소통 개시(제스처나 발성 포함)의 더 낮은 산출 * 반응으로 관련된 것보다 더 낮은 개시 기능의 산출 * 대답하기 기능의 더 많은 사용 * 다음의 것들을 더 적게 사용: • 진술(declarative)과 명령의 기능 • 이름 대기를 포함한 진술(statement)의 기능 • 설명의 기능 • 승인(acknowledging)의 기능 • 공동의 주의집중이나 의견 말하기	Leonard, Camarata, Rowan과 Chapman(1982); Paul(1991); Rom과 Bliss(1981); Synder (1975, 1978); Wilcox(1984)
대화와 담화	
말로 나타낸 상호작용의 개시 * 대화 개시하기 • 부적절하거나 효과적이지 못한 방법으로 청자의 주의를 얻으려 함 • 부적당한 시간에 대화 개시 * 기존의 대화에 접근하는 데 어려움 다른사람의 발화 상호작용에 반응하기 * 대화 개시에 있어 또래의 시도에 덜 반응적임 발화 상호작용 유지하기 * 몇 번의 대화 차례를 넘어 주제 유지의 어려움, 일부분은 다음의 이유에 기인함 • 말할 차례의 타이밍 문제 • 타당하지 않은 말이나 엉뚱한 말을 함 • 갑작스러운 주제의 변환 명료화 요구하기와 수정하기 * 어느 정도 위에서 언급한 대화상의 행동들 때문에, 대화 차례 지키기의 잦은 붕괴 * 명료화 요구하기 • 발화/음성 신호로 이해의 부족을 명백히 나타내지 않는 경향이 있음 • 눈 맞춤 행동이 이해의 정도를 나타낼 수 있음, 메시지가 이해되지 않았을 경우에는 다른 자극보다 상호작용하는 사람의 얼굴을 볼 수 있음 • 이해가 부족함을 인식했어도 명료화요구를 하지 않는 경향이 있음 * 수정하기 • 이해하지 못했을 때 앞의 발화를 수정하는 경향이 있음 • 수정 전략에서 제한적인 레퍼토리를 사용함 • 동등한 구문적 · 의미적 요소의 대체와 관련된 수정을 거의 사용하지 않음 메시지/부호 전환 적응하기 * 보이는 문제점들 • 메시지의 가장 정보적인 요소들을 발화로 부호화하지 못함 • 메시지의 정보적인 요소와 비정보적인 요소를 동등하게 전달함 • 예절 바른 장치의 사용과 해석(*please* 를 넣거나 넣지 않고 간접적으로 요구함) * 다음의 것들을 시도하여 적응하려는 능력의 증거 • 상호작용하는 사람의 나이에 기준하여 메시지를 조절하려고 함 • 상호작용하는 사람의 언어 능력에 맞추어 메시지를 수정함	Brinton과 Fujiki(1982); Craig (1993); Craig와 Evans(1989); Craig와 Washington(1993); Donahue, Pearl과 Bryan (1980); Dukes(1981); Fey, Leonard와 Wilcox(1981); Gallagher와 Darnton(1978); Hadley와 Rice(1991); Lucas(1980); Prinz와 Ferrier (1983); Shatz, Bernstein과 Shulman(1980); Skarakis와 Greenfield(1982); Skarakis-Doyle, MacLellan과 Mullin(1990)

불행히도 SLI 아동들에게서 대화의 상호작용의 실패는 흔하다. Rice, Sell과 Hadley (1991)는 학령 전기 SLI 아동들이 유치원 교실에서 또래들보다 더 어른들에게 의사소통 시도를 하는 경향이 있음을, 아마도 어쩌면 또래와의 성공적이지 못한 의사소통의 상호작용 때문이고(또는 때문이거나) 그들의 의사소통 개시가 또래에 의해 무시당했던 경험 때문임을 발견했다. Hadley와 Rice(1991) 연구의 또 다른 결과는, 정상 발달 학령 전기 아동들이 SLI 친구들의 대화 시작 시도에 덜 반응하는 듯하다는 것이며, 이는 Craig와 Gallagher의 연구 결과와 비슷하다. 또한 학령 전기 SLI 아동들은 언어에 어려움이 없는 친구들은 갖지 않고 정상 언어발달 상대자에게 좋은 놀이 친구가 되지 않는 경향이 있다(Gertner et al., 1994). 특히, 표현언어 문제에 수용언어 문제까지 있는 아동들은 표현언어 문제만 있는 아동들과 비교하여 또래 관계가 더 나쁘다. Rice 등(1991)에 따르면, "아동들은 이른 나이에 상대적인 의사소통 능력이나 무능함에 민감"하며, "3세만 되어도, 다른 사람의 의사소통 능력에 비교하여 자신의 의사소통 능력을 고려하여, 그들의 사회적 상호작용을 조절한다"(p. 1304). Hadley와 Rice(1991)에 따르면, 의사소통의 상호작용에서의 이른 실패는 "아동이 또래와의 상호작용에서 실패를 경험하며 덜 반응하게 되고, 또래들이 그 아동의 대화 개시에 덜 참여하게 되는 시점에서 그 아동의 의사소통 실패력에 의해 만들어지는 부정적인 상호작용의 악순환"의 시작이 될 수 있다(p. 1315). 언어장애 아동, 청소년, 성인(Asher & Gazelle, 1999; Beitchman et al., 1996b; Brinton et al., 1998; Clegg et al., 2005; Fujiki, Brinton, Hart, Fitzgerald, 1999; Fujiki, Brinton, Robinson, & Watson, 1997; Fujiki, Brinton, & Todd, 1996; Jerome, Fujiki, Brinton, James, 2002; Nippold, 1993)에게서 보고되고 있는 오래 지속되는 실패와 또래와의 상호작용에서의 문제는 이른 아동기에서부터 문제의 근원을 둔 것 같다.

언어장애로 확인되지 않은 학령 전기 아동들의 교우관계에 대한 연구 결과는 이러한 진술에 대한 어느 정도의 지지를 제공한다. 학령 전기 아동들의 의사소통 특징은 다음의 경우 또래들에게 배척을 받거나 무시된다(Black & Hazen, 1990; Black & Logan, 1995; Hazen & Black, 1989).

- ❖ 더 부적절한 의견을 말할 때
- ❖ 더 우연적인 반응을 할 때
- ❖ 대화에서 더 오래 걸릴 때
- ❖ 이야기를 가로막을 때
- ❖ 이해하지 못할 이야기를 하거나 동시에 말할 때

이러한 특징들은 표 3.7에 소개된 SLI 아동들의 문제가 되는 화용적 특징들과 매우 비슷하며, 그에 관한 논의는 다음 주제로 원활하게 전환될 수 있다.

6) 사회화와 심리사회적 요인들

화용적인 특징에 대한 앞의 도입부를 회상해 보면, 우리는 화용의 문제가 아동들의 언어적 결함의 결과인지, 또는 각각의 구성 요소들인지를 확신할 수 없다. 비슷한 문제로, 사회화와 SLI와 연결되어 있는 심리사회적 요인들로부터의 화용의 어려움들을 나누는 것은 어려우며, 어린 SLI 아동들이 어떻게 행동하는지를 살펴볼 때 "무엇이 무엇인지"를 아는 것도 어렵다. 비록 SLI가 심한 감정적 혼동은 없는 것으로 기술되지만, 어느 정도의 심리사회적 관련성과 언어장애 간의 관계가 명백히 있다(Baltaxe & Simmons, 1988; Beitchman et al., 1996b; Beitchman et al., 2001c; Mack & Warr-Leeper, 1992; Prizant et al., 1990). 몇몇 잘 알려진 오래된 연구 결과들은 다음과 같이 기술하고 있다.

- 40여 개의 인정받은 아동 정신의학 기관에서, 아동들의 50%가 언어 문제를 가졌다(Gualtieri, Koriath, Van Bourgondien, & Saleeby, 1983).
- 지역 사회에 기반을 둔 말-언어 클리닉의 대략 300명의 신규 아동들 중에서, 표현언어 문제를 가진 아동들의 95%가 미국정신의학협회에서 사용된 1980년 기준에 따르면 어느 정도의 심리사회적 어려움을 갖는다(Baker & Cantwell, 1982).
- 입원 환자 시설에서 행동적/정서적 문제로 인해 계속해서 입원한 아동들의 67%가 말-언어 선별 검사에서 실패했다(Prizant et al., 1990).

어떤 점에서 우리는 "닭이 먼저냐, 달걀이 먼저냐"의 상황에 처한다. 의사소통의 실패가 심리사회적 어려움을 가져올 것이고, 심리사회적 어려움이 SLI 신드롬의 한 부분일 수 있거나 조기의 심리사회적 어려움들이 언어 문제 자체로 나타날 수 있다. 우리는 적어도 순환적인 관계가 아니라면 상호작용을 의심할 것이다. Rice 등(1991)은 다음과 같이 적었다.

> 사회적 상호작용에서의 성공 경험이 아동의 자기존중감이나 사회적 역할의식에 중요하다면, 의사소통에 제한적인 아동들은 사회적 능력의 계발 면에서 손해를 입을 우려가 있다. 제한적인 사회적 상호작용은 또래들과의 의사소통 기술을 습득하는 기회를 제한시킬 수 있으며, 특히 담화 기술의 발달에서 그러하다(p. 1305).

몇몇 연구 결과들은 이 논의에서 빛을 제시한다. Rescorla, Ross와 McClure(2007)는 생후 18~35개월의 언어지체 아동들이 행동적/정서적 문제와 관련이 없음을 발견했다. 비슷하게, Achenbach와 Rescorla의 연구(2002)에서, 느린 표현언어 습득을 보이는(즉, 50개 미만의 단일어 활용 또는 두 낱말 조합이 없음) 2세 유아들과 아동의 행동을 부모가 평가하는 검사인 2~3세용 아동 행동 체크리스트(Achenbach, 1992)에서 문제가 되는 범위의 점수와 유의미한 관련성이 발견되지 않았다. 이에 따라 "표현언어 지체와 행동적/정서적 문제 간에는 연결되지 않음"이 제안되었다(p. 742). 이 저자들은 "유의미한 행동적/정서적 문제는 아동들이 오랫동안(즉, 생후 36개월 이후) 언어가 지체되었을 때 나타나기 쉽다"고 (p. 742) 제안한다. Redmond와 Rice는 이러한 아동들에게서 나타나는 심리사회적 어려움에 대한 사회적 적응 설명이 그들의 연구 결과에 근거한다고 제안했다. 그 연구에서 아동들은 부모가 작성하는 아동 행동 체크리스트(Achenbach, 1991a)와 교사가 작성하는 교사 보고용 양식(Achenbach, 1991b)에서 정상 범위 내에 있는 것으로 평가되었다. 그러나 그 아동들의 평가는 언어장애가 없는 또래들에 비해 유의미하게 더 낮았다. 이것은 우리가 이 장 앞부분에서 SELD로 확인된 아동들의 다른 결과 유형을 회상시킨다. 교사들은 부모들보다 행동적/정서적 문제가 있는 것으로 확인하는 경향이 있다. 연구자들(Redmond & Rice, 1998)에 따르면, 사회 적응 모델은 "SLI 아동들이 유치원에 입학해서 광범위한 사회적 조정을 경험할 때 교사와 부모의 사회적 행동의 평가에서 드러나는 차이"(p. 696)를 예상했다. 사회적 · 정서적 행동들은 언어 기술과 관련된 그들의 고군분투의 이면을 반영한다. Paul (2000)은, 2세 SELD 아동들이 2학년이 되었을 때의 결과를 보고하며, 조기에 언어지체 이력을 지닌 아동들이 정상 또래 친구들보다 유의미하게 더 소심하다고 밝혔으며, 이는 SLI 아동들의 내향적이고 사회적인 행동 연구에서의 Fujiki 등(1999)의 연구 결과와 일치했다. 내향적 행동은 또한 Rescorla 등(2007)의 연구에서 언어지체 유아들과 관련된 행동적/정서적 행동의 한 측면이다. 비록 이러한 연구들의 한 부분이 아니더라도, 사회 적응 모델은 정확한 것으로 여겨져, 만약 또래와의 규칙적인 상호작용이 필요한 아동들의 학령 전기 경험이 심리사회적 이면의 개시를 촉진시킬 수 있으며, Paul(2000)과 Paul 등(1996)의 다소 다른 방향으로의 입장과는 전체적으로 연관이 없을 수도 있다. 추가적인 연구로, 내향적인 행동은 실제로 SLI 아동들에게 일반적으로 관찰되는 사회정서적 특징으로 입증된 것일 수도 있다.

더불어, 이 연구들은 한 가지 가능한 시나리오의 단서가 된다. 즉, SELD나 SLI 아동들은 기본적으로 영향받지 않은 사회정서적 시스템으로 생을 시작하지만 그들의 부족한 언어체계로 인해 주변 환경과 주변의 다른 사람들과 상호작용하려는 시도에서 어려움 또는(그리고) 부정적 경험들을 겪게 되며, 이는 그들로 하여금 긍정적인 사회적 행동보다는 덜 적응하도록 이끌고 부정적인 정서 반응을 습득케 한다. 사회정서적 발달과 언어장애 간의 관계는 복잡하며, 이것은 명백히 극단적으로 단순한 시나리오이다. 발달에 영향을 미치는 아동의 기본적인 기질, 아동들 간의 이질성, 또는 언어 이해 수준 등의 많은 다른 중요한 요인들은 고려할 가치가 없다. 예를 들어, Rescorla와 Achenbach(2002)의 연구에서는 아동들이 단순히 표현언어 문제만 갖는 것으로 기록되었지만, Redmond와 Rice(1998) 연구에서는 아동들이 이해와 표현언어 모두에 결함이 있는 것으로 되어 있다. 수용언어장애로 기록된 아동들이 단지 표현언어만 결함으로 기록된 아동들과 같지 않음을 유념해야 한다(Beitchman et al., 1996b; Beitchman, Wilson, Brownlie, Walters, & Lancee, 1996c; Gertner et al., 1994). 또한 교육과 모델링을 통해 중재될 수도 있는 상황에서 아동들의 정서적 반응이 어떠한지는 고려되지 않았다.

학령기 SLI 아동들의 자기존중감과 감정적 조절력에 대한 연구(Fujiki, Brinton, & Clarke, 2002; Jerome et al., 2002)는 SLI 아동들이 자라면서 직면할 문제에 영향을 미친다. 예비 연구에서, SLI 초등학생들에 대한 교사의 평가는 이들이 정상 발달 또래들보다 감정을 잘 제어하지 못한 행동들을 보여 준다는 것을 지적했다(Fujiki et al., 2002). 다른 연구 결과들은 SLI 아동들의 자기존중감은 연령에 따라 감소한다고 제안한다. SLI를 지녔거나 지니지 않은 어린 아동들(6~9세)은 사회적인 수용, 행동적 처리, 학업적 능력에 관해 스스로를 어떻게 인식하는지에 있어 다르지 않다. 반면, 좀 나이 든 SLI 아동들(10~13세)은 같은 영역에서 또래들보다 더 부정적으로 인식했다. 이 연구의 피험자들이 학령기 아동들이지만, 그 결과는 학령 전기 SLI 아동들에 대한 장기적인 심리사회적 문제가 그들이 성숙함에 따라 단계적으로 상승할 가능성에 대한 우리의 이해를 도울 수 있다. 다음 장에서 우리는 심리사회적 내용들을 다룰 것이다. Baker와 Cantwell(1983)은 다음과 같이 요약했다.

> 언어는 독특한 인간의 능력이므로, 언어발달장애가 초기 아동발달의 다른 영역의 중요성에 영향을 미치는 것은 예상 밖의 일이 아니다(p. 51).

7) 이야기

이해 가능한 완전한 이야기(narratives) 기술은 학령기에 성취해야 할 중요한 요소이며, 언어 문제를 지닌 학령기 아동들은 종종 이야기에서 어려움을 갖는다. 이야기가 일반적으로 늦게 발달하는 것이기는 하지만, 학령 전기에서 이야기의 초기 형태가 출현한다. 그것은 그들에게 일어나는 사건들에 대한 기초적인 이야기와 관련되어 있으며, 아동들이 읽은 책에서 좋아하는 이야기들을 고쳐 말하는 것이다.

학령 전기 SLI 아동들이 이야기에 어려움을 갖는다는 증거가 있다. 우리는 앞에서 학령 전기 언어장애 아동들의 이야기 기술 능력이 그들의 이후 학업 성공에 대한 강력한 예측 요인(Bishop & Edmundson, 1987; Stothard et al., 1998)이며, SELD 유아들이 유치원 시기에 이야기 기술에서 문제를 보인다(Girolametto et al., 2001)고 말했다. SLI 아동들의 이야기는 학령 전기 정상 언어발달 아동들보다 덜 정보를 포함하는 경향이 있으며, Applebee(1978)의 이야기 단계에 따르면, 덜 성숙되었다(Paul, 1996; Paul & Smith, 1993). 그들이 부호화하는 정보에서의 제한성에 대한 한 가지 설명은 SLI 아동들이 그 과제에서 가져올 수 있는 언어적 특징들과 관련되어 있다. 발화당 한 가지 주제 이상을 부호화하는 효율적인 방법은 복문의 사용이다. 단문이나 중문에서도 제한적인 언어의 아동들은 여러 가지 정보를 표현하는 데 효율적이지 못하다. "그가 물을 치니, 가라앉기 시작하여 그는 입을 막았다."와 "그가 물을 쳤다, 그는 물 아래로 내려가기 시작했다, 그는 입을 막았다."는 뚜렷한 차이가 있다. 또한 단단히 잘 구성된 이야기는 오래된 정보와 새로운 정보의 적절한 의미적 선택에 있어 높은 내용어의 사용에 달려 있다. 시제어나 대상 지시어와 같은 특정 개념적 낱말 사용에 어려움이 있는 아동들이나, 빠른 단어 인출에 어려움을 갖거나 낮은 내용어(예: ~하는 것)로 대신하는 아동들은 또한 이야기 산출에서 문제를 갖게 될 것이다.

이야기의 산출은 일반적으로 언어장애 아동들의 언어 시스템의 대부분의 측면에 도전이 되어 언어의 한 측면의 어려움이 언어의 다른 측면들을 붕괴시키거나 전체 시스템을 붕괴시키는 방식으로 지나치게 부담이 될 수 있다. 이러한 이유로, 적절한 대화 언어 기술을 가진 것으로 보일 수 있거나 규준 참조적 언어 평가에서 정상 범위로 평가된 학령 전기 아동들에게 관련된 이야기를 해보도록 시키면 꽤 심각한 언어 문제가 나타날 수 있다.

4. 중재

1) 평가

유아나 학령 전기 SLI 아동들은 각기 다른 시기에 각기 다른 방식으로 보일 수 있다. 그렇기 때문에 평가 시 고려 사항들은 시기에 따라 다르게 요구될 수 있다.

유아

평가에서 예보가 되는 위험요인들. 이 장의 앞부분에서, 우리는 영유아의 언어장애에 대한 위험이 될 수 있는 몇 가지 요인들과 유아에게 느린 표현언어 발달이 지속적인 언어 문제의 위험으로 나타날 수 있음을 살펴보았다(표 3.3). 이러한 요인들은 평가 과정의 부분으로 고려될 필요가 있으며(Kelly, 1998; Olswang et al., 1998), 특히 (1) 사회화, (2) 발성과 옹알이, 발화의 음운 구성, (3) 제스처의 사용, 특히 일상적인 일과를 표현하는 상징 놀이 제스처와 동시 주의집중과 관련된 제스처와 행동들, (4) 행동, (5) 유아에게 사용하도록 적절히 만든 몇 개의 과제에서의 무의미 낱말 따라 말하기 능력 등이다. 유아의 평가는 광범위함이 요구된다.

이해 능력에 대한 점차 증가하는 증거들은 이해 기술이 평가 과정의 중요한 부분으로 포함되어야 한다는 결론으로 이끈다. 표현언어 결함이 아마도 수용/이해/처리 과정 능력에서의 혼란 없이는 존재하지 않으며(Leonard, 2009; Tomblin et al., 2007; Tomblin & Zhang, 2006), 표현언어 문제를 가진 많은 유아들이 이해 문제를 가진 것이 표면적인 관찰에서조차도 꽤 잘 이해할 만큼 드러난다는(Miller & Paul, 1995, Paul et al., 1991; Thal et al., 1991) 것에서 그 증거를 볼 수 있다. 유아의 이해 기술에 대한 정보는 가능한 장기적 언어와 학습 산출에 대한 정보에 도움이 되고, 중재 계획 세우기에 중요하며, 추가적인 언어 문제 평가 기록을 제공할 수도 있다.

어린 아동들의 의사소통 의도의 사용은 제스처로 산출되며 발성은 첫 낱말 전에 평가될 수 있다. Coggins(1991)는 언어적 · 비언어적 의사소통 의도의 사용을 확인하기 위해 평가 환경을 어떻게 조작하는지에 대한 아이디어를 제공한다. 그는 의도 산출을 최소한 지지하는 조건과 최대한 지지하는 조건에서 아동들의 수행을 평가할 것을 제안했다.

1. **단서(언어적)**: 간접적 모델을 사용하여 최소한의 지지로 조작하기, 이끌어 내는 모방을 사용하여 최대한의 지지로 조작하기
2. **활동(비언어적)**: 새로운 활동을 사용하여 최소한의 지지로 조작하기, 알고 있는 일상적인 일과를 사용하여 최대한의 지지로 조작하기
3. **상호작용하는 사람(비언어적)**: 임상가를 사용하여 최소한의 지지로 조작하기, 엄마/양육자를 사용하여 최대한의 지지로 조작하기
4. **도구들(비언어적)**: 장난감이나 소도구 없이 최소한의 지지로 조작하기, 친숙한 사물 · 장난감 · 주제가 있는 것들(예: 인형, 우유병, 기저귀)을 사용하여 최대한의 지지로 조작하기
5. **상호작용(비언어적)**: 자연스러운 아동-성인의 상호작용을 사용하여 최소한의 지지로 조작하기, 부자연스러운 과제(예: 투명하고 꽉 닫힌 그릇에 아동이 좋아하는 음식이 들어 있다)를 사용하여 최대한의 지지로 조작하기

이러한 조건들에서 드러나는 아동의 수행 차이가, 아동의 변화 가능성을 가리키는 차이로 확인될 수 있다(Coggins, 1991; Olswang & Bain, 1996; Platt & Coggins, 1990). 다양한 조건에서 행동을 빠르게 조절하는 유아의 능력이 종종 예후의 가치가 있으며, 우리가 역동적 평가로 알고 있는 것으로, 13장에서 충분히 논의될 것이다. 또한 중재 계획에 포함되어 전략으로 유용한 통찰력을 제공할 수도 있다.

초기 언어 이정표. 초기 언어발달 이정표는 평가에 대한 추가적인 가이드라인을 제공한다. 이러한 많은 것들이 1장과 2장에서 강조되었으며, 이 장의 앞부분에서도 강조되었다. 유아 평가에서 특히 중요한 것은 언어 이전 발달 행동과 관련된 이정표, 즉 초기 표현어휘 발달, 초기와 이후의 다단어 발화, 초기 문법 형태소의 출현과 초기 문장의 출현 등이다.

유아들의 단일어에서 다단어 발화로의 진전을 추적하려면 중요한 발달 유형이 무엇인지를 민감하게 집어 내는 평가가 필요하다. 특히 중요한 것은 유아가 말을 만들어 내는 규칙에 근거한 조합으로 이행하여, 새로운 발화의 사용을 위하여 그 규칙을 사용하여 문맥과 의미에 맞게 산출하는 방법을 아는 것이다. 정상 발달 유아는 처음 2어 조합 출현에서 많은 새로운, 독특한 낱말 조합의 사용으로 옮겨지는 데 4~5개월 정도 걸린다(Ingram, 1989a). Ingram(1989a)의 연구는 이 시기에 유아들은 대략 100여 개의 새로운 2어 조합을 산출하면서 '구문의 급성장'을 나타내는 경향이 있으며 문법적 생산성에 대한 습득, 즉 구문의 생산적 기초를 배우기 시작한다고 지적한다. 이것은 일반적으로 약 2세에 일어난

다. 이 시점에 유아들은 본질적으로 구문과 문법으로 여겨지는 '분리와 경영'을 한다. 두 가지 평가 절차가 특히 유아들의 2어 발화 산출의 진전을 쫓아가는 데 유용하다. Long, Olswang, Brian과 Dale(1997)은 단일 낱말 발화에서 단어 조합으로의 이행, 즉 MLUs가 1.00* 을 약간 넘는 어린 아동들의 언어에서 보이는 2어 발화 유형의 생성적 생산성을 살펴보고 분석하는 절차는 개발했다. 그 절차를 "단어 조합의 일반적 위치 규칙을 반영하는 발화 수준 생산성(utterance level productivity, ULP)과 의미적 일관성에 기초한 특정 규칙을 반영하는 문법 수준 생산성(grammatic level productivity, GLP)"을 살펴보는 것이다(p. 36). Long 등(1997)은 중재의 결과로 문법 수준 생산성을 갖춘 SELD 아동들이 더 큰 진전을 보였다고 보고했다. Hadley(1999)의 접근법은 MLUs가 1.00~2.00(Brown의 I단계)인 아동들의 자발어를 그 아동들이 사용하는 독특한 구문 유형의 수에서 시간에 따른 변화를 분석하는 것이었다. **독특한 구문 유형**은 "더 문법적으로 완전한 성인 발화의 구 구조에 맞는 구문적 상태의 2개나 그 이상의 낱말들의 조합"을 말한다(p. 263). Hadley(1999)는 그녀의 절차가 생산성 구문 지표(Index of Productive Syntax; Scarborough, 1990)에서의 아동들의 수행과 MLUs 간에 매우 높은 상관성이 있음을 발견했다. Hadley(1999)에 따르면, 그 절차는 "문법 발달의 초기 단계에서의 아동들의 진전을 추적하는 것"으로 설계되어 있다(p. 269). 이 두 가지 절차들은 전문가들이 생성적이고 생산적인 다단어 조합 사용의 진전을 보이는 유아들과 단어 조합이 막히거나 길이 확장에서 비생산적인 유아들을 더 정밀하게 구분하는 데 도움이 되는 것으로 보인다.

평가될 필요가 있는 초기 언어발달의 다른 측면—유아들의 문법적 특징들의 초기 습득을 추적하는 아이디어와 가능한 임상적 표지로서의 동사 형태론과 관련된 것—은 2~3세 사이의 초기 동사 형태론의 습득이다(Hadley & Short, 2005). 아동들의 이러한 형태론의 사용을 알아보는 검사가 개발될 수 있으며, 아동들의 동사 형태의 분석을 포함하는 이해 언어 샘플은 유아 평가의 필수적인 측면이다.

평가 도구와 부모 보고. 많은 발달 평가 도구들이 영유아 평가에 이용되어 왔다. 이러한 도구들로는 Bayley 영유아 발달 척도 III(Bayley, 2005), Denver 발달 선별 검사 II(Frankenburg et al., 1990), Capute 척도: 인지 적응 검사와 임상적 언어와 청각적 이정표 척도(Accardo et al., 2005), Vineland 적응 행동 척도(Sparrow, Cicchetti, & Balla, 2005) 등이 있다. 이 목록은 결코 완전하지 않으며, 새로운 평가 도구가 계속 개발되고 있고 기존의 도구들 또한 개선되고 있다. 이러한 도구들은 발달 영역(예: 대근육, 소근육, 사회성) 범위에서 검토하며, 의사소통 항목이 포함된다. 이러한 일반적인 평가 도구들에 더하여, 초기 언어

---

* MLU 1.00은 첨부되는 어떤 문법적 형태소도 없는 단일어만을 의미하지만, MLU 1.50은 문법적 형태소가 붙은 단일어 또는(그리고) 문법적 형태소가 없는 같은 수의 단일어 발화와 문법적 형태소가 없는 2어 조합을 의미한다.

이정표 척도(Early Language Milestone Scale, 2nd ed.; Coplan, 1993)는 초기 의사소통 기술의 평가에 더 초점을 두었다. 이 도구들은 아동들의 심한 발달지체를 확인할 때 대부분 사용되는 도구들이다(Rescorla, 1991).

어린 아동들의 의사소통 행동에 대한 부모 보고는 유아들의 언어 능력 평가 도구로 많이 사용된다. 부모 보고에 기초한 평가가 타당성이나 신뢰도에 대한 염려가 있기는 했지만, 이후의 연구 결과들에서는 대부분 완벽하지는 않더라도 많은 우려점들이 해소되었다. 부모 보고는 다음과 같은 몇 가지 좋은 점들이 있다. (1) 부모는 아동의 언어를 관찰할 기회를 많이 가지므로, 전문가가 평가 회기에 파악하는 것보다 의사소통에서 아동이 무엇을 하려고 하는지 일반적으로 더 잘 알 수 있다. (2) 부모 보고는 전문가가 그 아동을 보기 전에 얻어질 수 있기 때문에 전문가가 평가 계획을 세우는 데 도움이 된다. (3) 비용 면에서 효율적이다.

부모 보고 절차는 체계화되고 표준화되고 구조화될 수 있어, 절차의 정확성에 대한 문제를 줄일 수 있으며, 일반적 접근법은 부모에게 의사소통으로 드러난 것들과 아동에게 적용되는 그러한 행동들을 확인하는 질문 형식을 가진다. 유아들의 의사소통 기술을 꺼내기 위해 특별히 고안된 이러한 기술을 사용하는 부모 보고 도구들로는 언어발달 검사(Language Development Survey, LDS; Rescorla, 1989)와 MacArthur-Bates 의사소통 발달 검사(MacArthur-Bates Communicative Development Inventories, CDIs; Fenson et al., 2007) 등이 있다. 두 가지 도구 중 CDIs는 더 광범위하여 30분 정도 소요된다. 대조적으로, LDS는 저자에 따르면(Rescorla, 1991) "빠르고 효율적으로 2세 아동들의 언어지체를 확인할 수 있는 선별 도구"(p. 17)로 설계되었다. LDS는 10분 정도 소요된다. 두 가지 도구 모두 어휘 항목(또는 구) 목록으로 제공되며, 아동들이 사용하는 낱말이 어떤 것인지 묻는다. 두 가지 도구 모두 언어지체 유아를 초기에 확인하는 데 사용되며, 좋은 타당성과 신뢰도를 나타낸다. 부모 보고에 대한 조금 다른 접근법으로 Girolametto(1997)의 연구가 있으며, 이는 1~3세 아동들의 대화 기술의 프로필을 그리기 위하여 부모 보고로 진전을 측정한다. 이 프로토콜은 이 장의 앞에서 논의된, 아동들의 대화 상호작용 스타일 기술에 사용된 Fey(1986)의 주장성-반응성 연속성에 기초했다. 다양한 반응적 또는 주장적 대화 행동들을 반영하는, 아동들의 25개의 문장에 대해 부모에게 평가하도록 요청한다. 이 도구의 장점은 운용의 용이성, 완성 속도, 환경 친화적이고 사회적인 타당성이다. Girolametto(1997)에 따르면, "평가 척도는 아동들 개개인의 강점과 약점을 나타내며, 다른 평가 도구에서 구할 수 없는 독특한 정보를 제공한다"(p. 32).

의사소통 기술에 초점을 둔 몇 가지 검사 도구들은 전문가들이 유아들의 평가 회기에서 사용될 수 있다. 지면상 이러한 이해 검사 목록은 제공하지 않았다. 또한, 어떤 그러한 목록들은 집계되자마자 구식이 되기도 한다. 그러나 시간이 지날수록 더 일반적으로 사용되는 도구들로 의사소통 상징 행동 척도(Communication and Symbolic Behavior Scales;

Wetherby & Prizant, 1993)와 그것의 축소판인 의사소통 상징 행동 척도—발달적 프로필(Communication and Symbolic Behavior Scales—Developmental Profile; Wetherby & Prizant, 2002), 의사소통 발달의 순서 목록(Sequenced Inventory of Communication Development—Revised; Hedrick et al., 1984), 학령 전기 아동의 언어 척도(Preschool Language Scale—4; Zimmerman, Steiner, & Pond, 2002a), 수용-표현의 출현 언어 검사(Receptive-Expressive Emergent Language Test—Third Edition; Bzoch, League, & Brown, 2003), Reynell 발달 언어 척도(Reynell Developmental Language Scales—III; Edwards et al., 1999), Rossetti 영유아 언어척도(Rossetti Infant and Toddler Language Scale; Rossetti, 1995), 초기 언어발달 검사(Test of Early Language Development—3; Hresko, Reid, & Hammill, 1999) 등이 있다. 이러한 많은 검사 도구들의 방법은 어느 정도 부모의 보고뿐만 아니라 직접적인 전문가-아동의 상호작용을 포함한다.

일반적인 아동들의 언어와 요인들에 대한 평가 측면들은 13장에서 논의되는 표준 도구의 사용과 선택에 관련되어 있다.

부모/양육자-아동 상호작용. 평가의 중요한 부분은 기본적인 양육자와 아동 간의 상호작용에 관련되어 있다. 우리도 알다시피, 언어장애 아동과 부모/양육자의 상호작용은 대부분 더 어린 정상 언어 습득 아동들과의 다른 부모/양육자들의 상호작용과 크게 다르지 않다. 즉, 부모/양육자들은 그 아동의 생활 연령보다는 그 아동의 언어 수준에 맞춰 반응하는 듯하다. 종종 일반적으로 몇몇 문제가 되는 영역들은 (1) 부모/양육자의 상호작용에서의 지시의 정도(언어장애 아동들의 부모/양육자들은 아동들의 개시에 반응하기보다는 명령하기와 같은 더 지시적인 언어를 사용한다), (2) 부모/양육자들이 아동들의 발화에 의미적으로 부수적인 반응(고쳐 말하기, recast)을 제공하는 빈도 등과 관련되어 있다. 후자의 요인과 관련된 것이 부모/양육자의 반응의 신속성이다. Roth(1987)는 아동의 산출과 부모/양육자의 반응 간의 1초 간격이 1세 아동이 부모/양육자의 반응 우연성을 잡을 수 있는 소요 시간이라고 제안했다.

이러한 결과를 해석하는 데는 주의가 필요하다. 아동의 언어 행동 자체가 성인 의사소통의 상호작용 양식을 변경하여 상호작용이 덜 적절하거나 덜 자극이 될 수 있음을 회상해 보라. 의사소통의 상호작용은 상호적인 영향을 받을 수 있다. 그렇지만 이전의 성인-아동 상호작용으로 인해 세워졌던 이러한 어른들의 어떤 행동들은, 아동에게 느린 언어발달을 지속하게 할 수도 있다. 부모/양육자-아동의 상호작용의 목적은 성인을 심판하는 것이 아니다. 오히려 아동의 언어 습득을 향상시키고 촉진시킬 수 있는 상호작용적인 일과를 조절하거나 포함시킬 수 있도록 상호작용에서 가능한 요인들을 확인하는 것이다.

학령 전기 아동들

일반적인 가이드라인. 학령 전기 아동들의 경우, 많은 규준 참조적 언어 평가들을 이용할 수 있다. 또한, 유아들보다 학령 전기 아동들에게서 믿을 수 있는 평가 결과를 얻기가 쉽다. 그렇지만, 전문가들은 여전히 학령 전기 아동들의 의사소통 수행에서 생길 수 있는 변이성에 대해 주의할 필요가 있다고 말한다. 유아들의 경우에서처럼, 양육자-아동의 상호작용과 다양한 행동들의 평가는 학령 전기 아동들에게도 중요하다. 학령 전기 아동들이 자라 3세가 훨씬 넘으면, MLU가 더 이상 언어 성장을 보여 주는 확실히 믿을 만한 지표가 아닐지라도(Eisenberg, Fersko, & Lundgren, 2001; Klee, 1985; Klee & Fitzgerald, 1985; Scarborough, Wyckoff, & Davidson, 1986; Wells, 1985), 언어발달 이정표는 여전히 중요한 가이드라인이다. 추가적으로, 표현어휘 크기의 전반적인 측정은 유아들의 경우보다는 학령 전기 아동들의 언어 기술의 지표로서 덜 믿을 만하다. 우리가 앞에서 제안했던 표현어휘 습득의 지체가 후기 학령 전기에 해결될 수 있다는 것을 회상해 보라. 이것은 표현어휘가 평가 과정의 부분이 아니라는 의미는 아니다. 오히려, 절차는 개념적인 의미로 아동이 사용하는 낱말을 평가할 수 있어야 한다.

언어 이해 능력 또한 평가되어야 할 중요한 언어 행동의 측면이다. 이해의 평가는 단일어 수용어휘의 평가를 넘어 확대되어야 하며, 어떤 단일어 수용어휘 평가는 개념적인 어휘를 포함할 필요가 있다. 이해 평가는 또한 언어 전체 단위(개별 낱말만이 아니라)의 이해를 검토해야 하며, 여러 발화들 간의 이해, 즉 담화의 이해도 검토되어야 하고, 아동의 의미 추론 능력 또한 검토되어야 한다.

구문론과 형태론이 특히 SLI 학령 전기 아동들에게 문제가 되는 영역이므로, 이 영역에서의 수행이 깊이 있게 평가되어야 한다. 특히 중요한 것은 아동들의 복문의 사용과 문법 형태소의 출현이며, 특히 동사 시제의 문법 표지의 사용이다. 아동들의 이야기 산출의 미세한 측면과 거시적 측면에서의 발달 기술들이 평가의 주요 부분이 된다. 평가에 대한 이러한 영역들은 이 장의 앞부분에서 논의되어서, 이러한 사실이 놀랄 만한 것은 아니다. 그렇지만, 모든 평가가 전반적이고 일반적이기보다는 아주 세밀할 필요가 있다. 13장에서 학령 전기 아동들의 평가에 대한 정보를 얻을 수 있다.

점차적으로 일반적인 학령 전기 아동들의 평가 영역은 문해력 발달과 관련된 영역에서의 능력으로, 아동들의 초기 언어 수준과 읽기와 쓰기 학습 관계를 더 이해하는 것이다(Boudreau & Hedberg, 1999; Justice & Ezell, 2002; Justice, Weber, Ezell, & Bakeman, 2002; Skibbe, Grimm et al., 2008). Catts(1997)는 읽기장애와 관련된 많은 문제들이 그들이 공식적인 읽기 교육을 시작하기 전에 아동들에게 관찰될 수 있음을 제안했다. 이것은 학령 전기 아동들의 언어에 추가적으로 그들의 이야기 능력과 음운 처리 능력, 아래에서 논의한 대로, 글자 이름, 자신의 이름을 쓸 수 있는 것을 포함한 활자 개념(Cabell, Justice, Zucker, & McGinty, 2009)에 대한 지식, 문해력 용어들, 각운 등이 평가될 수 있음을 의미한다. 결과들은 읽기에 대한 어려움의 위험으로 이러한 아동들을 확인하는 데 도움이 될 수 있어, 읽기 실패를 줄이는 데 목표를 둔 조기 중재가 제공될 수 있다.

착각을 일으키게 하는 회복. 만약 학령 전기 아동들이 각기 다른 시기에 언어 행동의 특정 측면에서의 결함에서 회복된 것으로 보인다면, 이것은 평가에서의 문제이다. 언어 수행은 거짓으로 부정적 결과를 얻을, 즉 사실 문제가 있는데 문제가 없다고 가리키는 결과의 가능성을 극복할 수 있는 방식으로 평가될 필요가 있다.

착각을 일으키게 하는 회복 문제에 대처하는 한 가지 방법은 광범위한 평가를, SLI와 관련되어 있다고 알려진 행동 측면들뿐만 아니라 의사소통의 많은 측면들을 확실하게 하는 것이다. 표 3.3에 광범위한 평가에서의 가이드를 제공했다. 이해 능력은 아동의 표현 능력이 착각을 일으키게 하는 회복을 나타내는 것인지 어떤지 또는 언어장애가 여전히 존재하는지 어떤지에 대한 중요한 단서이다. 또한 몇 회기에 걸쳐, 아동의 집을 포함하는, 아동이 다른 아동들과 상호작용하는 상황을 포함하는 다양한 세팅에서 평가하는 것도 적절하다 (Hadley & Schuele, 1998).

또 다른 대처 방법은 아동의 언어 수행에 스트레스를 주거나 도전하게 하는 것이다(Lahey, 1990). 아동이 언어로 무엇을 하는지에 대해 아는 것으로는 충분하지 않다. 아동이 언어로 무엇을 할 수 있는지에 대해 알 필요가 있다. 앞에서 우리는 이야기 산출이 특히 아동의 언어 수행에 도전이 된다고 언급했다. 이야기와 관련된 평가는 학령 전기 아동들의 언어 평가의 표준일 것이며, 시스템에 스트레스를 주는 것도 아니고 예측적인 가치도 있을 것이다. 그렇지만, 전문가들은 아동의 언어 능력을 단지 가공의 이야기와 같은 상투적인 이야기 산출로만 결정짓는 것은 피할 것이다. 아동의 주변 환경에서 자주 발생하기 때문에 아동의 이야기 '시연하기(rehearsed)'일 수도 있다. 오히려 새로운 이야기는 14장에서 설명한 하나 이상의 몇 가지 방법을 사용하여 촉진될 수 있으며, 다양한 방법의 여러 장점과 단점을 고려할 수 있다.

이 장의 앞에서 우리는 SLI의 가능한 임상적 표지—무의미 낱말 따라 말하기와 동사 시제 형태론의 사용—에 대해 논의했다. 우리는 유아들의 경우, 이러한 영역의 수행을 평가할 수 있는 정보가 있다고 말했다. 학령 전기 아동들의 경우, 무의미 낱말 반복과 동사 형태론의 평가로 더 확실히 할 수 있다. 이것은 꼭 평가에 포함되어야 하고 철저히 평가되어야 할 두 가지 영역이다. 결과들이 착각을 일으킬 수 있는 회복과 관련된 문제를 해결하는 데 도움이 될 수 있다. 이러한 영역에서 아동들의 능력을 평가할 수 있는 다양한 공식적 · 비공식적인 방법들이 13장에 나와 있다.

사회적 의사소통 상호작용. 언어 수행의 평가는 상호작용 상황에서의 아동들의 사회적인 의사소통을 평가하는 것이 포함되어야 한다. 학령 전기 아동들의 경우, 이것은 기본적인 양육자와의 평가만을 넘어선다. 이상적으로, 아동들은 다른 아동들(정상적으로 언어를 습득하는 아동들이 포함된 집단) 사이에서 상호작용하는 것으로 평가되어야 한다(Hadley & Schuele, 1998). 그렇지만 Rice, Sell과 Hadley(1990)는 대부분의 아동들의 사회적인 의사소통 상호작용을 평가하도록 고안된 체계들은 복잡하고 다루기 어려워서 일반적인 평가에서는 비현실적이라고 지적했다.

"사회적인 차원에 따른 자연스러운 세팅에서 언어 사용에 대한 임상적이고 보편적인 정보를 얻기 위한 빠른 방법"(p. 7)을 제공하기 위해서 Rice, Sell 등(1990)은 사회적 상호작용 부호화 시스템(Social Interactive Coding System, SICS)을 개발했다. 이 도구는 Fey(1986)의 주장성/수동성 대화 차원에 초점을 맞추어, 학령 전기에 일반적인 다양한 활동들, 미술, 연극과 같은 상징 놀이, 장난감으로의 자유 놀이 동안에 또래와 이루는 상호작용을 검토한다. 아동이 상호작용에서 차례가 될 때, 각 차례의 상태(예: 개시하기, 반응하기-발화, 반응하기-무발화, 무시하기)와 상호작용에서의 주고받기 횟수가 기록된 아동의 상호작용 상대자도 고려하는 표준화된 프로토콜에 기록된다. 이 검사 도구는 실제 시간을 관찰 방식에 넣었다. 전문가가 5분 동안 아동의 상호작용을 모두 기록하고 나서 5분간의 휴식을 가진 후에 다시 기록을 시작한다. '5분 진행/5분 휴식' 절차는 4번의 관찰 동안 3번 반복된다. SICS의 장점은 다음과 같다. (1) 교실에서 할 수 있다. (2) 배우기 쉽다. (3) 최소한의 장비만 필요하다. (4) 결과 해석을 즉시 이용할 수 있다. 그렇지만 저자들은 SICS를 단독 평가 절차로 사용해서는 안 되며 다른 평가 양식의 보충으로 사용해야 한다고 주의를 요했다.

13장에 일반적인 아동들의 언어 평가에 대한 추가적인 정보를 제공한다. 그 정보는 유아들과 학령 전기 아동들의 언어 평가에 보편적이며, 여기에 소개하는 정보와 결합하여 사용될 수 있다.

2) 중재

중재에 대한 결정. 어떤 유아들과 학령 전기 아동들이 지원 없이 언어 습득에서 그들의 초기 지체에서 벗어날지, 중재에서 무엇이 주된 고려 사항인지를 예측하는 문제이다. 즉, 어떤 조건이 중재가 요구되는지, 언제 중재가 요구되는지, 중재의 상태(모니터링, 간접 중재, 직접 중재) 등은 어떠한지 등이다. 이 질문에 대한 명확한 답은 없다(Olswang & Bain, 1991b; Olswang et al., 1998; Paul, 1996, 2000). 전문가들의 철학적 · 이론적 입장은, 전문가가 시행하는 체계의 철학적 · 절차적 입장, 양육자의 태도나 바람 등이 결정에 영향을 미친다. 전문가의 결정은 언어 손상을 확인하는 정보와 아동의 언어 수행이 비교되는 기준, 특정 아동에게 보편적인 예측적 요인이나 위험요인들, 오랫동안 해결되지 않은 언어 손상의 결과 등의 영향을 받는다. 이에 더하여, 아동의 언어 변화 가능성에 대한 정보, 그 변화를 촉진하는 요인들의 정보가 추가된다.

주의가 필요하다. 중재를 권고함과 중재를 권고하지 않음에 대한 결정에서는, 전문가 또는 부모의 의견 제공이 어떠한지, 이러한 개인들의 언어, 문해력, 사회화가 관련되어 있음을 이해하는지도 관련되어 있다. 한 연구(Zhang & Tomblin, 2000)의 결과는 정보를 주기도 하며 혼란스럽게도 한다. 연구자들은 세 범주로 나눈 의사소통의 문제들(말소리 산출의 문제, 표현언어 문제, 수용언어 문제)과 관련하여 중재를 받고 있는 5세 아동들을 대상으로, 세 가지 범주의 의사소통 문제가 그 아동들의 학업적 · 사회적 기능에 큰 영향을 미치는지를 조사했다. 말소리 산출 문제는 언어 문제보다 중재 서비스를 받는 아동들과 더 가깝게 관련이 있었다. 이 연구자들(Zhang & Tomblin, 2000)에 따르면, 언어 문제를 가진 아동들의 경우, "중재를 받는 것은 수용언어보다 표현언어와 더 가깝게 연결되어 있다"(p. 352). 대조적으로, 언어 문제는 말소리 산출 문제와 비교하면 학업적 · 사회적 변수에 더 큰 부정적 영향을 미친다. 이러한 결과들은 의사소통 측면(말소리 산출)은 학업적 영역에서 덜 중요한 영향을 미치는 듯하며, 사회적 성공이 아동이 중재를 받도록 이끄는 더 큰 측면이라고 제안한다. 반대로 말하면, 학교에서의 개인적인 성공과 가장 가깝게 관련된 의사소통 측면(언어)이 아동들이 중재를 받고 있는 것과는 덜 관련이 있는 듯하다. 말소리 산출 문제는 표현언어 문제보다 청자에 따라—청자가 말과 언어 전문가인지 아닌지, 교육이나 건강 등의 다른 영역의 전문가인지, 부모와 같은 비전문가인지에 따라—더 뚜렷하며 표현언어 문제는 수용언어 문제보다 더 뚜렷하다. Zhang과 Tomblin(2000)은 "청자에게 가장 유용한 측면이 아동이 임상 서비스를 받는 것에 가장 큰 영향을 미친다."(p. 354)라고 기술했다. 가장 유용한 측면이 아동의 학업적 · 사회적 성취에 가장 적게 영향을 미치는 요인이라는 것이다. 이러한 결과들은 그들이 중재 권고로 여겨지는 판단을 하는 데 있어 전문가들이 아동의 의사소통 능력의 어떤 요인에 경각심을 가질 필요가 있음을 나타낸다. 또한 그 결과는 전문가들이 아동의 발달과 성취의 다른 영역에서의 언어 능력의 잠재적 영향에 대해 알 수 있는 극히 적은 기회를 갖는 사람들에게, 중재 권고를 결정하는 데 있어서 그들이 참여할 필요가 있는 정보를 제공할 필요가 있음을 나타낸다.

초기 결정이 어떻든 간에, 중요한 것은 아동의 행동이 변화하는지 변화하지 않는지를 정기적으로 재평가해야 한다는 것이다(Bain & Dollaghan, 1991; Olswang & Bain, 1991a, 1991b). 만약 전문가에 의한 직접 중재가 처음에 권고되지 않았다면, 부모 교육이나 유치원 등록과 같은 간접적인 방법으로 시행하거나, 아동의 진전을 모니터할 수 있다. 만약 예견된 진전이 특정 시기에 보이지 않는다면, 직접적인 중재 결정이 이루어질 수 있다. 만약 직접 중재가 처음에 결정된다면 그 아동의 진전은 또한 정기적으로 모니터된다. 만약 진전이 빠르다면, 전문가와 부모는 직접 중재의 중단을 결정할 수 있으며, 진전의 수위를 유지하기 위해 간접적인 중재 프로그램을 시행할 수 있으며, 정기적으로 그 아동의 행동을 모니터할 수 있다. 만약 진전이 계속되지 않는다면, 직접 중재가 다시 복귀될 수 있다. 지속적인 모니터링, 아동의 언어 수행에 대한 정기적인 평가, 지속적인 추적 검사, 한 가지 형태의 중재에서 다른 형태로의 이동의 유연성 등이 효과적인 중재에 결정적인 부분이 된다.

간접 중재. 위에서 말한 대로 중재의 한 측면은 특정 유아들이나 학령 전기 아동들에게 서비스하는 방식에 따라 결정된다. 즉, 직접 중재는 전문가에 의해 아동과 상호작용함으로써 제공되며, 간접 중재는 다른 사람에게 자문을 제공하거나 협력함으로써 제공된다. 두 가지 방법 또한 동시적으로 또는 연속적으로 사용될 수 있다. 그 결정은 아동에 따라 다를 것이다. 한 가지 서비스 모델이 SLI 아동이나 SELD 아동 모두에게 적합할 수는 없다. 그렇지만 부모/양육자는 유아들과 학령 전기 아동들의 초기 언어 습득에서 커다란 역할을 수행하며, 중재에서의 그들의 참여는 필수적이다. 더욱이, 어린 SLI 아동들에 대한 일반적인 권고에서는 유치원 프로그램에 배치되어야 한다.

부모/양육자. 유아들과 학령 전기 아동들은 대부분의 시간을 부모/양육자와의 상호작용으로 보낸다. 그렇기 때문에, 이러한 어른들이 아동들의 의사소통 행동 변화에 잠재적으로 강력한 근원이 된다. 중재에서의 부모/양육자의 포함은 연방 교육법에서도 요구될 뿐만 아니라 일반적인 양식이다. Olswang과 Bain(1991a)이 지적한 대로, "문제는 부모가 중재 과정에 관여하지 않는 것이 아니라 어떻게 관여하는가이다"(p. 77). '어떻게'는 항상 두 가지 접근법 중의 한 가지이다. 부모/양육자는 전문가에 의해 직접 제공되는 중재를 증가시키고 확장시키며 도울 수 있으며, 기본적인 변화의 대상이며, 또한 변화를 위한 처음의 지시와 방법을 개발하는 데 있어 과정과 진전을 모니터하고, 전문가의 역할과 함께 기본적인 변화의 대상자로서 역할을 할 수 있다(Cleave & Fey, 1997; Fey et al., 1993, 1997; Girolametto et al., 1996; Girolametto, Weitzman, Wiigs, & Pearce, 1999; Robertson & Ellis Weismer, 1999). 각 아동들에게 어떤 전략이 선택되었든, 부모/양육자는 교육과 훈련이 필요하다. 이것은 일반적으로 다음 두 가지 목표에 초점을 둔다. (1) 아동의 언어 변화를 촉진하기 위한 아동의 환경을 개선하거나 향상시키기, (2) 환경에서, 가장 최적으로 언어의 변화를 촉진시키는 방법으로 반응하기.

적어도 두 가지의 기본적인 측면이 아동의 언어 학습 환경에 변화와 향상을 가져온다. 한 가지 측면은 부모/양육자의 인식을 돕는 데 초점을 두어 아동의 매일의 활동에서 일어나는 언어 습득의 기회의 장점을 살린다. 이 접근은 기회를 잡는 것과 언어를 가르칠 순간을 이용하는 것을 강조한다. 이 순간은 옷 입기, 상호작용 놀이, 식사나 간식 시간, 이야기 시간이나 아동의 주의가 특정 행동, 사물, 사건에 초점을 두었을 때 일어날 수 있다. 부모/양육자는 어떻게 이러한 순간을 확인하는지, 어떻게 그들의 언어와 제스처를 적절한 입력으로 구성하는지를 배우게 된다. 두 번째 측면은 언어 학습 기회를 만드는 것이다. 부모/양육자는 어떻게 아동의 특정 언어 행동의 사용을 촉진하는 환경의 순간을 만드는지, 또한 어떻게 아동에게 이러한 행동을 사용하도록 격려하는지를 배우게 된다. 이러한 순간들은 특정의, 배정된 시간일 수도 있고 아닐 수도 있다. 몇몇 경우에서, 부모/양육자는 상황을 관찰할 수도 있고 만약 그들이 즉각적이고 잦은 작은 변화를 보인다면, 그들은 목표 언어 행동을 촉진시킬 수도 있을 것이다. 다른 경우에는, 짧은 시간이 그 아동의 특정 의사소통 행동을 촉진하기 위한 기회를 만들기 위해 따로 떨어져서 세팅될 수도 있다. '좋은 기회를 노리는' 접근법으로, 부모/양육자가 어떻게 아동의 학습을 향상시키기 위해 의사소통 행동을 구조화하는지를 배우게 된다.

부모/양육자가 아동의 언어 습득을 도울 때에는, 목표는 그들이 이미 하고 있는 것 그리고 아마도 다른 것보다는 더 적게 하고 있는 것을 하도록 돕는 것임을 기억하는 것이 중요하다(Conti-Ramsden, 1990; Conti-Ramsden & Dykins, 1991; Fey, Krulik, Loeb, & Proctor-Williams, 1999; Fey et al., 1997; Girolametto et al., 1996, 1999; Proctor-Williams, Fey, & Loeb, 2001). 대부분의 경우, 아동의 발화를 자주 확장해 주거나 다시 말해 주기, 따라 말하기의 격려 증가와 같은 특정 행동 빈도의 단순한 변화의 문제이다. 이것은 14장에서 설명하는 언어 촉진 기법들이며, 중재에 대한 특별한 정보가 있다.

앞에서 우리는 대부분의 SLI 아동들의 부모/양육자들은 정상적으로 발달하는 아동들의 부모들과 비슷하게 말한다고 지적했다. 언어 상호작용을 제공하지만, 특히 주의할 만한 두 가지 또는 세 가지의 어른 행동들이 있다. 하나는 부모/양육자가 그들이 사용하는 명령하기, 아동에게 반응 요구하기 등의 지시적인 말 행동의 빈도를 줄이고 다음의 사용을 증가시키도록 돕는 것과 관련되어 있다. (1) 반응적인 말 행동, (2) 아마도 어른에게 알려지지 않은 정보를 구하는 질문, (3) 어른이 아동을 정확히 이해했는지 확인하는 데 사용되는 확증 요구하기, (4) 아동의 발화 내용을 유지하기 위해 아동의 발화를 단순히 다시 말하기와 확장하기.

Fey와 동료들(Cleave & Fey, 1997; Fey et al., 1993, 1999)과 Girolametto 등(1996, 1999)은 모두 어떻게 부모들이 아동들에게 이러한 행동들을 사용하는지를 가르치는 부모 교육 프로그램을 기술했다. 양쪽 연구자들은 SELD 유아들 그리고(또는) SLI 유아들과 학령 전기 아동들의 언어를 향상시키는 데 도움이 되는 프로그램의 긍정적 효과를 보고했다.

부모/양육자가 아동들의 언어 습득을 촉진할 수 있는 또 다른 방법은 아동이 말하는 것에 반응하는 빈도 그리고 의미적으로 지속되는 진술로 말하는 빈도를 증가시키는 것이다(Girolametto et al., 1999). 이러한 반응들은 다시 아동 발화의 내용을 유지시켜 아동 발화에 대한 설명의 역할을 한다. 예를 들어, 아동의 발화 "큰 멍멍이"에서, 어른이 "그래, 이것은 큰 멍멍이야"라고 말하는 것이다. 아동의 언어 습득을 향상시키는 세 번째 가능성은 부모/양육자가 아동의 발화에 신속하게 반응하도록 돕는 것으로, 부모/양육자의 반응에서의 대기 시간을 줄이는 것이다.

우리가, 부모 시행 중재나 임상가 시행 중재, 또는 두 중재의 결합 중에서 가장 효과적으로 단기적으로 또는 장기적으로 아동의 언어 성장을 촉진하는지를 알도록 돕는 광범위한 연구는 없다. 그렇지만, 한 연구는 부모 교육에 따라 부모가 시행하는 중재가 효과적이기는 하지만, 학령 전기 SLI 아동들의 경우 임상가가 시행한 중재에서 더 크고 지속적인 이득을 얻었음을 보고했다(Fey et al., 1997). 물론 임상가가 시행하는 중재가 부모 시행 프로그램보다 더 비용이 든다(Cleave & Fey, 1997; Fey et al., 1997). 만약 어떤 차이가 있다면 그것은 알 수 없으며, 다른 중재 프로그램에서 아동의 장기적인 결과일 수 있다. 즉, 우리는 임상가 시행 중재와 부모 시행 중재 간의 비용 대비 이득을 알지 못한다.

유치원. 유치원 경험이 종종 어린 SLI 아동들에게 사회적 의사소통의 상호작용을 위한 언어 학습 환경과 기회로 권고된다. 또래들은 SLI나 SELD 아동들의 언어발달과 사회적 상호작용 기술이 촉진될 수 있도록 보여 준다(DeKroon et al., 2002; Robertson & Ellis Weismer, 1997). 그렇지만, 단순히 유치원에서의 정상 언어 습득 아동들의 존재가 SLI 아동들에게 효과적인 촉진자가 될 것임을 보증하는 것은 아니다. 그러한 접근법의 목표가 어떻게 성취되는지에 대한 특별한 주의가 필요할 것이다(DeKroon et al., 2002; Hadley & Schuele, 1998; Robertson & Ellis Weismer, 1997).

한 가지 문제는 유치원에서 어린 정상 아동들과 언어장애 아동들이 대부분의 시간을 서로의 의사소통 상호작용으로 보내지 않는다는 것이다(Hadley & Rice et al., 1991; Hadley & Schuele, 1998; Rice et al., 1991; Weiss & Nakamura, 1992). Hadley와 Rice(1991)는 학령 전기 정상 아동들과 언어장애 아동들의 대화 상호작용에 대한 연구에서 다음과 같이 지적했다.

> 중재 영향은 다소 냉정한 면이 있다. SLI 아동들을 통합 세팅에 배치하는 것은 어른이 매우 반응적으로 대해 주고 아동들의 의사소통 개시 시도를 격려해 주는 것만으로, 또래와의 상호작용이 반드시 보증되는 것은 아니다. (…) 학령 전기 아동들은, 누가 말을 잘하고 누가 그렇지 못한지를 아는 것처럼 행동하며, 말을 잘하는 또래와의 상호작용을 선호한다. 그렇기 때문에, 정상 언어 또래들과 촉진해 주는 어른과 함께 통합 세팅에, 의사소통에 결함이 있는 아동을 배치하는 것은 자발적인 상호작용으로 성공적인 또래와의 상호작용을, 그것 자체로는 만들어지지 않을 것이다(p. 1315).

그렇기 때문에, 이러한 세팅에서 촉진하는 어른은 성공적인 또래와의 상호작용을 격려하는 목표 전략을 개발할 필요가 있다. 전문가의 직접적인 주의와 계획 없이 이루어질 것이라고 생각할 수는 없다.

이러한 어른들 역시 아동들의 언어 습득을 촉진하도록 그들의 상호작용을 어떻게 해야 하는지 지원받을 수 있다. Girolametto의 연구 팀(Girolametto & Weitzman, 2002; Girolametto, Weitzman, van Lieshout, & Duff, 2000)은 초기 아동기 교육에서 훈련받은 보육 교사들의 언어에 있어 반응성과 지시성의 정도를 검토했다. 교사들의 상호작용을 추적하고 범주화하고 분석하기 위하여, 연구자들은 교사 상호작용과 언어 척도(Teacher Interaction and Language Rating Scale; Girolametto, Weitzman, & Greenberg, 2000)를 사용했다. 그 결과는 비록 아동들과의 많은 상호작용들이 언어 촉진 행동으로서의 특성을 갖고 아동들의 각기 다른 언어 수준에 어느 정도 민감하게 반응하지만, 연구자들이 지시적이고 덜 언어 촉진적이라고 확인하는 교사들의 언어 상호작용의 측면이 있음을 보여 주었다. 각기 다른 교육적인 내용들(예: 책 읽기, 고무 찰흙 놀이)에서 각기 다른 수준의 지시성이 나타났다. 연구자들은 교사들이 직접적인 교육이 반드시 필요하지는 않은 어떤 종류의 지시성을 감소시키는 데 도움이 되는 훈련이 아동들의 언어 습득을 향상시킴을 제안했다(Girolametto, Weitzman, van Lieshout et al., 2000).

마지막 단락은 아동들의 학령 전기 경험의 부분으로 부모/양육자의 관련성 문제이다. Marvin과 Privratsky(1999)는 학령 전기 아동들이 하루를 마칠 즈음에 집으로 가는 길에 차 안에서나 집에 도착했을 때 부모와의 대화에서 유치원에서 있었던 일을 말할 때, 새로운 학교 사건들, 장난감들, 또는 아동이 만든 작품들을 가지고 간 경우가 어떤 자료도 집에 보내지 않았을 때보다 유치원에서 생긴 사건에 대한 이야기에서 더 참조물을 많이 사용한다는 것을 발견했다. 이 저자들은 아동들에게 중요한 자료들을 집에 가져가도록 하는 것이 더 어려운 담화 상황, 즉 화자(아동)와 청자(부모) 간의 공유된 지식이 없는 과거 상황에서의 사건을 이야기하는 데 도움이 된다는 것을 제안했다. 학령 전기 아동들의 계획에서, 일상 생활 부분의 규칙성과 부모가 볼 수 있도록 '집에 가져가는' 아동 중심의 자료에 대해 이야기하는 것은 중요하다. 부모와 관련된 다른 부분은 아동의 참여와 관련된 부모 교육의 장점이 포함된다. 예를 들어, 한 연구(Roberts et al., 1989)에서, 5세의 대화 기술에서 정기적인 부모/양육자 교육 프로그램이 포함된 유치원에 다니는 아동들이 유치원에 다니지 않는 아동들보다 더 나은 성취를 보였다. 이러한 결과는 부모/양육자 교육과 유치원 프로그램의 결합이 부모/양육자 교육만 하는 것보다 아동들의 언어 수행을 향상시키는 강력한 기회를 제공함을 제안하는 것이다.

직접 중재. 어린 SLI 아동들의 직접 중재는 개별 치료나 집단 치료 또는 두 가지 결합 형태로 이루어진다. 그렇지만 많은 문헌들에서 부가적인 개별 치료를 같이 하거나 같이 하지 않는 집단 중재를 설명하고 있다. 집단 중재는 또래와의 상호작용을 촉진하기 위한 더 큰 가능성을 가지며, 사회적 상호작용에서 적절히 언어를 사용하도록 도와 언어 기술이 일반화되는 기회를 제공하고 더 자연스러운 언어 사용 환경을 만들어 주어 이야기할 사건들과 경험들을 포함하기 쉽고 이야기할 사람들을 포함하기 쉽다(Bunce, 1995; Hadley & Schuele, 1998; Rice & Wilcox, 1995; Robertson & Ellis Weismer, 1997). 유아와 학령 전기 아동들의 집단 중재의 특징에서 많은 변인들은 다음과 같다.

- 어떤 프로그램은 적은 수(예: 4명)의 아동들로 이루어져 있다(Robertson & Ellis Weismer, 1997). 또 어떤 프로그램은 18~20명의 큰 규모로 이루어져 있다(Bunce, 1995; Rice & Wilcox, 1995).
- 어떤 경우는 오직 언어지체나 언어장애 아동들만으로 이루어져 있다(Cleave & Fey,

1997; Robertson & Ellis Weismer, 1999). 어떤 경우는 언어 문제를 지녔거나 지니지 않은 아동들이 섞여 있다(Bunce, 1995; Rice & Wilcox, 1995).

❖ 어떤 경우는 문법 형태소 습득에 더 강조를 두었다(Cleave & Fey, 1997). 다른 경우는 어휘와 초기 낱말 조합(Robertson & Ellis Weismer, 1999), 또 다른 경우는 아동 개개인의 요구에 기초한 언어의 다양한 측면에 강조를 두었다(Bunce, 1995; Rice & Wilcox, 1995).

❖ 어떤 경우는 전체 중재 프로그램의 부분으로 개별 중재 회기를 포함하고(Cleave & Fey, 1997), 다른 경우는 집단 중재 회기만 유일하게 포함시켰다(Robertson & Ellis Weismer, 1999).

이러한 다양함에도 불구하고, 어떤 공통점이 있는 듯하다. 하나는, 대부분의 프로그램들이 또래와의 상호작용과 사회화의 중요성을 인식하여 중재 프로그램에서 다양하게 언급한다는 것이다. 또 다른 것은, 아동들이 언어를 세우는 데 도움이 되는 일상적인 사건과 스크립트를 포함하여 처리해야 하는 요구를 줄여 준다는 것이다.

Long 등(1997)과 Hadley(1999)의 연구 결과에서는 유아들이 성취한 낱말 그리고 성취하지 못한 낱말 조합의 특정 유형이 무엇인지를 민감하게 볼 필요가 있다는 것이다. 문장을 생성하는, 규칙에 근거하여 문법적 원리에 맞는 낱말 조합의 성취가 긍정적인 지표이다. 낱말 조합의 성취를 촉진하는 것이 아동 중재의 목표인 경우에 Long 등(1997)은 구문적인 상태를 만드는, 문법적으로 더 완전한 성인 발화의 구 구조에 맞출 수 있는(Hadley, 1999, p. 269) 특정 문법 규칙을 목표로 할 것을 권고했다. 이러한 것들은 집단 중재 회기나 개별 중재 회기에서 모두 목표가 될 수 있다.

요약

이 장에서 우리는 다음의 내용들을 살펴보았다.

- 조건으로 SLI를 특징화하고 이해하는 것은 어려운 일이다. 그럼에도 불구하고, 중재가 그 영향을 완화시킨다 해도 SLI는 아마도 평생의 장애로 여겨질 것이다.
- 어느 정도의 수용언어/이해언어 처리와의 관련성 없는 표현언어장애만의 존재에 대해 의심스럽게 생각한다. 이해는 어린 SLI 아동들에게 중요한 부분이다.
- 이러한 아동들을 기술하는 다른 용어들이 많이 사용되어 왔다. SLI가 어느 정도 수용되었지만 전체가 동의한 것은 아니다.
- 원인 요소들은 파악하기 어렵지만 정보처리 과정, 신경학적 요인들, 유전 등이 강력한 후보들이다. 독립적인 원인 요소가 아닐 수 있으며, 오히려 상호 관련된 요

소들일 수 있다.

- 어떤 아동들은 언어 습득에서의 초기 지체에서 벗어나는데, 다른 아동들은 그렇지 못하다. 누가 따라잡고, 따라잡지 못하는가의 예측은 중요한 영역이다. '착각을 일으키게 하는 회복'과 관련된 논의들이 언급되었다. 착각을 일으키게 하는 논의들과 예측은 평가 전략과 중재 결정에서 중요하다.
- 수행의 두 가지 측면, 동사 시제 표지와 관련된 형태론과 무의미 낱말 반복은 SLI에 대한 가능한 임상적 표지이다.
- SLI 아동들은 언어의 몇몇 또는 모든 변수와 관련된 의사소통 문제에서 다른 결합을 보일 수 있다. 한 가지 공통된 특징은 구문론과 형태론에서의 어려움을 갖는데, 특히 동사 형태론에서 어려움을 갖는다는 것이다.
- 부모/양육자 관련성은 평가 정보를 수집하는 데 중요하며, 부모/양육자 교육은 중재의 중요한 부분이다.
- 유치원 상황 내에서 특별히 언급되지 않는다면, 아동을 유치원에 배치하는 것만으로 성공적인 사회적 의사소통의 상호작용이 보증된다고 할 수는 없다.
- 많은 다양한 중재 모델을 이용할 수 있으며, 어떤 모델이 사용되는지는 아동 개개인과 부모의 요구에 따른다.
- 중재는 지속적인 모니터링의 과정으로, 정기적으로 아동의 언어 수행을 측정하고, 지속적인 추적 검사와 직접 중재에서 간접 중재로 바꾸는 유연성 등이 요구된다.

SLI 유아들과 학령 전기 아동들이 학교에 입학하면 학업적 실패의 위험에 놓인다는 것은 의문의 여지가 없다. 또한 초기의 사회화에서도 실패할 위험이 있다. 만약 사회적 · 학업적 실패의 잠재적인 주기가 예방될 수 있다면, 적절한 조기 확인과 중재가 중요하다.

학습장애 아동과 언어

MONA R. GRIFFER
VIJAYACHANDRA RAMACHANDRA

학습 목표

이 장을 읽고, 다음의 내용을 논의할 수 있어야 한다.

- ※ 학습장애의 정의를 이해하고, 학습장애와 중복되는 다른 병인론 범주를 이해한다.
- ※ 언어장애와 학습장애 사이의 관계를 토의한다.
- ※ 구두 언어와 글자로 쓰여진 언어의 차이를 설명하고, 이러한 것들이 학습장애 아동에게 어떻게 영향을 미치는지를 설명한다.
- ※ 학습장애 아동의 일반적인 언어 특성을 토의한다.
- ※ 학습장애 아동의 언어 중재에 기초가 되는 원리를 이해한다.

오늘날 폭넓게 사용되고 있는 학습장애(learning disabilitis, LD)라는 용어는 1962년에 교육 영역에서 처음으로 사용되기 시작했다. 또한 학습장애는 1968년까지 연방 입법부 기록에 실리지 않았다(Hammill, 1990). 그렇다고 해서 1960년까지 학습장애 아동이 존재하지 않았다는 것을 의미하는 것은 아니다. 오히려 교육에 종사하는 사람들과 다른 관련 전문인들은 학습장애인에 대해 연구하고 학습장애인을 위한 방안을 연구했다. 연방 정부에 의해 통과된 주요 법률은 학습장애 영역의 교육적 실제 및 발달 연구에 박차를 가하게 해주었다. 1975년에 제정된 장애아동교육법(Education for All Handicapped Children Act, Public Law 94-142)은 학습장애 아동의 공식적 정의를 제공했다. 정규교육 주도(Regular Education Initiative, REI)는 1980년대에 연방 정부에 의해 채택되었으며, 학습장애 아동이 일반 정규 교실에서 교육받을 수 있도록 차별 교육 철폐(mainstreaming)를 고무했다. 이러한 지시는 장애인교육법(Individuals with Disabilities Education Act, IDEA)으로 알려진 연방법에 의해 유지되고 확장되었다. 아동낙오방지법(No Child Left Behind, NCLB)과 법률(U.S. Department of Education, Office of Elementary and Secondary Education, 2001), 중재 반응(Response to Intervention, RTI) 프로그램 등이 학습장애 아동에게 제공되었으며, 주요한 결과를 가져왔다. 법률이 학습장애 아동을 위해 많은 좋은 프로그램을 적용시키는 결과를 가져왔지만, 법률 자체는 교육적 문제를 해결하지 못했다. 학습장애와 관련된 여러 행동 형태들과 학습 문제들이 여전히 해결되지 못하고 있다. 연구에서는 언어, 말, 읽기, 쓰기, 학습장애의 다양한 형태들 사이의 관계를 나타내는 최상의 모델이 어떤 것인지를 아직 결정하지 못하고 있다. 우리는 학습장애 아동들이 똑같은 문제를 가졌는지, 아니면 서로 다른 문제를 가졌는지 알지 못한다. 만일 서로 다른 문제를 가졌다면, 우리는 한 가지 장애와 다른 장애를 어떻게 연결해야 하는지 잘 모른다. 이것과 관련된 중요한 문제는 학습장애로 확인된 학령기 아동과 언어장애 사이의 관계를 구분하지 못한다는 것이다. 왜냐하면 우리는 장애의 전반적 특성을 이해할 수 없기 때문에 학습장애 아동을 평가할 때, 보편적인 방법을 사용해서 평가하는 것을 받아들이기 어렵게 되며, 이것은 다수의 전문가들이 책임을 공유하고 있다.

학습장애 영역에서의 주요 논쟁은 이 학생들에게 서비스를 제공하기 위한 불일치 모형(discrepancy model)의 사용과 관련이 있다. 즉, 지능과 성취 사이에 불일치를 보이는 아동은 특수교육 서비스를 받아야 하지만, IQ가 정상 범주 이하라서 이러한 불일치를 보이지 않는 아동은 이러한 서비스가 적절하지 않다는 것이다. 이러한 아동을 느린 학습자(slow learner)라고 부른다. 그러나 우리는 학습장애 아동과 느린 학습자 사이의 유사점과 차이점이 무엇인지 알지 못한다(Birch, 2003).

1. 학습장애 아동의 개요

학습장애를 신체장애와 같은 다른 장애와 비교할 때, 눈에 보이지 않고 잘 이해되지 않는 것처럼 보인다. 미국교육부(U.S. Department of Education, 2001)의 23차 연간 국회 회의록에 따르면, 미국 국민 5명 중 1명이 학습장애의 한 형태를 가지고 있으며, 이에 따른 중재를 받은 것으로 추정된다. 이 보고서는 6~21세 학령기 아동 290만 명이 특정 학습장애를 가지고 있으며, 특수교육 서비스를 받았다고 보고하고 있다. 미국에서 학습장애로 확인된 많은 아동을 정의, 설명, 평가, 치료하는 것은 중요하다.

전문가들은 모든 사람이 만족할 만한 학습장애의 정의를 내리기 위해 몇 년 동안 노력했지만, 아직 학습장애를 정의하는 데 의견이 일치하지 않고 있다. 미국의 어떤 주에서 학습장애라고 간주되는 아동이 다른 주에서는 학습장애가 아닐 수도 있다. 정의는 다음과 같이 사용된다.

- 아동에게 어떤 교육적 시스템을 적용할 것인지, 어떤 전문가의 도움을 제공할 것인지를 결정한다.
- 정부 기금을 결정하는 데 영향을 미친다.
- 지역별 학교 기금을 결정하는 데 영향을 미친다.
- 전문적 준비 프로그램 및 교육과정 계획을 안내한다.
- 부모, 의사, 심리학자, 교사, 언어치료사, 다른 전문인들 사이의 토론을 돕거나 방해한다.

1) 진단명과 용어

학습에 어려움을 갖는 아동과 관련하여 여러 진단명이 사용되어 왔다. 진단명은 전문적 집단 또는 어떤 영역에서만 널리 사용하다가, 의류 패션과 같이 대체적으로 대중적인 기간을 갖는 경향이 있다. 일부 진단명은 설명이 부족한데도 불구하고 학습장애 아동의 원인을 추론할 수 있게 해준다. 다음 목록에 나오는 용어는 교육자 및 다른 전문가들이 주로 사용하는 여러 가지 용어를 소개한다. 우리는 이러한 각각의 진단명에 대해 간단하게 토의할 것이다.

설명론

학습장애(learning disabilities)
난독증(dyslexia)
느린 학습자(slow learner)
주의력결핍 과잉행동장애(attention-deficit/hyperactivity disorder)
음운처리장애(phonological processing disorder)

원인론

중추 청각처리장애(central auditory processing disorder)
아동기 말 실행증(childhood apraxia of speech)

학습장애. 몇십 년 동안, 전문가들은 서로 다른 학습장애의 정의를 어느 정도 지지했다. 그러나 가장 영향력 있는 두 가지 정의는 학습장애에 관한 국제합동위원회(National Joint Committee on Learning Disabilities, NJCLD)와 미국교육청(U.S. Office of Education, USOE)이 추천한 것이다. 표 4.1에 이 정의들이 소개되어 있다.

NJCLD 정의는 다음 세 가지 관점에서 차이를 보인다.

표 4.1 학습장애의 두 가지 주요 정의

NJCLD(1991)	USOE as Contained in (IDEA)(P.L.101-476) (34 CFR 300.7[c][10])
* 학습장애는 말하기, 듣기, 읽기, 쓰기, 추론, 수학적 능력 등의 사용 및 습득에서 유의한 어려움을 나타내는 이질적 집단을 언급하는 일반적 용어이다. * 학습장애는 개인에 따라 다르며, 중추 신경 기능의 장애가 원인이라고 추정하며, 전 생애를 통해 발생한다. * 자기 조절 행동, 사회적 지각, 사회적 상호작용과 같은 문제가 학습장애와 함께 나타나며, 학습장애만 단독으로 나타나지는 않는다. * 학습장애는 다른 장애 조건(감각 손상, 정신 지체, 심각한 정서적 혼란) 또는 외부적 영향(문화적 차이, 비효율적 교수 또는 적절하지 않은 교수) 등과 동시적으로 발생할 수 있지만, 이러한 조건이 직접적으로 영향을 미쳐 나타난 결과는 아니다.	* 기본 심리적 처리 과정 중 하나 또는 그 이상의 처리 과정에서 나타나는 장애는 언어 사용, 언어 이해, 말하기, 쓰기 등과 관련되며, 지각장애, 뇌손상, 미세 뇌기능 장애, 난독증, 발달적 실어증 등과 같은 조건을 포함하는 읽기, 사고, 말하기, 듣기, 쓰기, 문자 쓰기, 수학적 계산을 하는 데 있어서 불완전한 기능을 보인다. * 이 용어는 시각, 청각, 운동장애, 정신지체, 정서장애, 환경적 · 문화적 · 경제적 불이익 등에 의해 주로 나타나는 학습 문제를 포함하지는 않는다.

1. 근본적인 지각-운동의 어려움(기본 심리적 처리 과정)이 모든 학습장애의 원인이 된다고 보는 것에서 차이를 보인다. 이러한 변화는 연구 결과를 더 정확하게 반영한다.
2. 학습장애의 이질적 특성을 강조하며, 아동에게 제한되지 않는 것을 강조한다.
3. 동반조건의 해석을 개정했다. USOE 정의는 학습장애와 동반되지 않는 조건인 지적장애, 경제적 불이익과 같은 배제주의 원칙을 주로 언급했다. 이러한 엄격한 해석에 따르면 빈곤 계층 아동이 학습장애로 진단될 수 없다는 것을 의미한다. NJCLD 정의는 가능한 이러한 진단을 한다.

NJCLD와 USOE 정의 둘 다 학습장애 아동이 능력의 범위에서 어려움을 보일 수 있다는 점에서는 일치한다. 정의는 연구자들의 열정적인 관심이 무엇인지와 관련되며, 의사는 모든 학습장애 아동이 하나의 근본적인 문제를 가졌는지 그렇지 않으면 정상 집단에 속하지 않는 하위 집단에 포함되는지 등과 관련된다고 정의했다. 많은 연구자들은 통계적 방법 및 다양한 분석적 방법을 통해서 학습장애를 하위 형태로 분류하기 위해 노력했다. 일반적으로 분류하는 방법에는 두 가지의 접근법이 있다(Lyon & Risucci, 1988). **임상적 추론 접근법**(clinical-inferential approach)에서 연구자들은 종합검사(battery)를 통해서 공통의 프로필을 가진 아동 집단을 확인했다. 이러한 방법을 통해서 학습장애 아동을 3개의 하위 형태로 분류했다(Mattis, French, & Rapin, 1975).

1. 언어 및 언어 관련 과제에서 어려움을 보이는 아동: 집단의 40~60%
2. 조음 및 쓰기 관련 과제(손으로 쓰기/그리기 협응)에서 어려움을 보이는 아동: 집단

의 10~40%

3. 시공간 지각에서 어려움을 보이는 아동: 집단의 5~15%

두 번째 접근법은 최근의 연구로, **통계적 분석**(statistical analyses)을 통해서 하위 형태를 분류했다. 예를 들면, 연구자들은 평균 또는 평균 이상의 지능에도 불구하고 성취 검사에서 약간 부족함을 보이는 아동을 조사했다(Satz & Morris, 1981). 종합검사 및 신경심리학적 검사 점수들 간의 통계적 조사를 통해 학습장애 아동을 다음의 다섯 가지 유형으로 분류했다.

1. 전반적 언어장애를 가진 아동: 집단의 30%
2. 명명하기와 같은 선택적 장애를 가진 아동: 집단의 16%
3. 언어장애와 시각-지각-운동의 어려움을 복합적으로 가진 아동: 집단의 11%
4. 비언어 시각-지각-운동 검사에서만 장애를 나타내는 아동: 집단의 26%
5. 신경심리학적 검사 모두에서 정상 수행을 나타내는 아동: 집단의 13%

학습장애의 정의 및 학습장애의 하위 형태 둘 다에서 드러난 특성은 습득의 어려움, 듣기의 사용, 말하기 등에서 문제를 나타내며, "장애는 (…) 언어를 사용하고, 이해하고, 말하고, 쓰는 것과 관련되며", "전반적 언어장애", "언어 및 언어 관련된 검사에서의 어려움" 등에서 유의한 정도로 어려움을 나타낸다. 이 책 또는 이 장에서 언어장애에 대해서 언급한 바와 같이 이 점을 기억할 필요가 있다. 과거 몇십 년 동안 집중된 연구는 우리가 학습장애라고 부른 조건과 학습장애로 진단된 아동들에게서 나타나는 언어 문제 사이의 관련성을 분명하게 증명했다. 학교에서의 공식적인 학습은 읽기 및 쓰기 학습에 제한되지 않고, 주로 언어 및 언어 능력에 기초하며, 언어장애가 있는 취학 전 아동은 이론적 학습 문제에서 위험을 나타낸다. 취학 전 SLI 아동이 학교에 입학을 하면 학습장애 또는 언어-학습장애로 진단된 아동과 같을 수 있다.

1997년에 NJCLD는 학습장애를 정의하는 다섯 가지의 기본 구조를 제시했다.

1. 학습장애는 개인마다 다를 뿐만 아니라 개인 간에도 차이를 보인다. 학습장애인은 어떤 영역에서는 강점을 보이지만, 다른 영역에서는 단점을 나타낸다. 이러한 장점 및 단점은 전 생애를 통해서 변화될 수 있다. 또한 개인 간의 차이는 행동적 징후나 증상에 따라서 다르게 보일 수 있다.
2. 학습장애는 아동의 노력과 성취 사이에 큰 차이를 보인다. 학습장애 아동은 성공할 수 있는 기회를 여러 번 제공받더라도 효율적으로 진전 과정을 만들지 못한다.
3. 학습장애는 중추신경계의 결함에 기인하며, 전 생애를 통해서 지속되며, 학습장애의 특성 및 심각성은 개인에 따라서 달라진다.
4. 감각장애, 지적장애, 청각처리장애를 가진 사람은 학습 문제를 가질 수 있지만, 이러한 조건이 학습장애를 만드는 것은 아니다.

5. 부적절하고 부족한 지도가 학습장애의 원인이 되는 것은 아니다. 학습장애는 문화적 차이 및 언어적 배경이 다른 사람에게 발생할 수 있기 때문에 문화적 차이와 언어적 배경의 차이를 구별할 수 있고 두 요소를 민감하게 평가할 수 있는 다양한 평가 도구를 사용하는 것이 중요하다.

난독증(또는 읽기장애). 학습장애 아동에게 영향을 미치는 모든 기초적인 능력 중에서 가장 많은 어려움을 나타내는 영역이 읽기이다. 학습장애 아동의 80%가 읽기 부호화 또는 이해에 어려움을 보인다(President's Commission on Excellence in Special Education, 2002). 난독증[dyslexia, 또는 읽기장애(reading disabilities) 또는 특정 읽기장애(specific reading disorder)라는 용어는 감각, 운동, 정서, 지적장애와 관련된 장애를 갖지 않고 읽기에서 문제를 보이는 집단을 말한다(독자들은 이러한 측면이 부수적으로 동반되는 조건이 없는 SLI와 유사하다고 생각할 것이다).

읽기 문제가 학습장애 아동에게 주로 나타나는 문제이기는 하지만, 또한 학령기 SLI의 문제이기도 하다. 난독증과 또 다른 학습장애 사이의 관련성은 아직 충분히 밝혀지지 않았다. 일부 학자들은 언어장애와 읽기장애가 학습장애의 하위 형태라고 주장한다. 두 집단은 극단적인 하위 집단이 될 수 있다. 즉, 언어장애 아동은 비교적 읽기 능력이 우수하지만, 읽기장애 아동은 경도의 언어장애를 가지기 때문이다(Kamhi & Catts, 1986). 종단 연구에서는 개인적인 변화를 보여 준다. 그러나 냉정히 말해서, 초등학교 1학년 말에 읽기 능력이 떨어지는 아동은 대부분 초등학교 시기 동안 읽기 능력을 따라잡지 못한다(Catts, Fey, Zhang, & Tomblin, 2001). 그리고 초등학교 3학년에 읽기 능력이 떨어지는 아동의 75%는 9학년 때까지 읽기 문제가 지속될 수 있다(Lyon, 1998). 이러한 자료는 읽기 준비 기술을 배우는 유치원과 공식적인 읽기 교육이 시작되는 1학년의 읽기 학습에 어려움을 보이는 아동이나 읽기 실패의 위험에 처해 있는 아동에게 조기 중재가 필요하다는 것을 명백히 보여 주고 있다. 실제로 읽기 실패를 경험할 때까지 기다리는 것은 2~3년 동안 읽기에 어려움을 겪은 후이기 때문에 너무 오랜 시간을 기다리게 된다는 것이다.

대부분의 전문가들은 난독증이 기능 영역에 따라서 서로 다른 어려움을 나타내기 때문에 난독증의 종류를 분류하고 있다. Coltheart와 동료들(Coltheart, 2005; Coltheart, Rastle, Perry, Langdon, & Ziegler, 2001)은 난독증의 여러 형태를 다음과 같이 설명했다.

과독증(hyperlexia): 읽기에서 의미, 어휘, 이해에서 어려움을 보인다. 읽기 실패는 단어, 문장, 구와 같은 의미 체계를 아동이 갖고 있지 않기 때문에 발생된다.

발달적 음운 난독증(develomental phonological dyslexia): 글자-소리 규칙을 적용해서 소리로 산출하는 데 어려움을 보인다.

발달적 표면 난독증(developmental surface dyslexia): 단어의 시각적 인식, 특히 불규

칙 단어에 어려움을 보인다. 이들은 글자-소리 적용에서 일관적이지 않다. 예를 들면, 'yacht'라는 단어를 정확하게 읽을 때, 주로 시각 단어(sight-word)로 글자를 읽는 것이지, 글자-소리 상응을 적용하지 않는다.

난독증의 여러 형태를 살펴볼 때, 읽기 실패를 보이는 일부 아동은 인쇄된 텍스트를 이해하기 위해 필요한 언어 능력(통사, 형태, 어휘, 일반적 이해)을 이끌어 내는 데 효율적이지 못하다고 볼 수 있다. 이것은 읽기장애의 **발달적 언어 관점**(Kamhi & Catts, 1991)과 일치한다. 읽기에 어려움을 보이는 다른 아동은 청각적으로 들은 단어를 인쇄된 형태로 부호화하는 데 어려움을 보이기 때문에 읽기 실패를 보인다. 이것은 읽기장애의 음성/음소/음운 처리 과정 관점과 일치한다. 또 다른 읽기 실패 아동은 인쇄된 단어를 시각적 표시로 인식하거나 시각적으로 부호화하는 데 어려움을 보인다. 과거 몇십 년 동안 음운 및 발달적 언어 관점은 전문적 지지를 받았다. 그럼에도 불구하고 난독증 아동이 전체 단어에 대한 시각적 인지, 특히 시각적 지각 및 부호화 문제에 대해 유의한 정도의 어려움을 보인다고 증명하는 데 실패했기 때문에 연구자들에게도 분명하지 않았다. 그러나 일부 공식적 기록과 대중 매체는 읽기 문제를 시각적 치료를 통해서 효과적으로 치료한다고 보고했다. 연구에 따르면 난독증 가족은 '밤눈이 어두운 감각(scotopic sensitivity)'이 있으며, 이는 대조적 차이를 구별하는 능력을 담당하는 뇌의 세포질의 결함 때문이라고 설명했다(Livingstone, Rosen, Drislane, & Galaburda, 1991; Robinson, Foreman, & Dear, 1996). 만일 이러한 현상이 나타난다면, 손상된 시각 체계를 도와줄 수 있는 컬러 렌즈를 사용해서 선천적인 결함을 보완해 줄 수 있다(Irlen, 2002). 시각적 결함과 관련되는 더 많은 연구 결과를 확인할 필요가 있으며, 난독증의 특징과 언어장애의 다양한 종류와의 관련성도 더 탐구할 필요가 있다. 우리는 이 장의 후반부에 학습장애 아동이 경험할 수 있는 의사소통장애의 일부로 읽기 문제에 대해 논의할 때 이러한 개념 중 일부를 논의할 것이다.

더 최근의 연구는 읽기 문제에 대한 유전적 원인에 초점을 두고 있다. The DYX1C1(또는 EKN1), KIAA0319, DCDC2, ROBO1 유전자는 난독증과 관련된다. 이러한 유전자의 결함은 대뇌피질로 뉴런을 이동시키며, 축삭을 성장시키는 역할을 담당하며, 이는 학습, 감각, 지각, 운동 결함을 일으키는 피질-피질(cortico-cortico), 피질-시상(cortico-thalamic)을 연결하는 데 문제를 일으킨다(Galaburda, 2005; Galaburda, LoTurco, Ramus, Fitch, & Rosen, 2006).

느린 학습자. 느린 학습자(slow learners) 집단은 성취 점수가 평균보다 낮지만, IQ는 평균이기 때문에 학습장애로 분류되지 않는 학생 집단을 말한다. 이 학생들은 '지적장애'로도 분류되지 않는데, 그 이유는 그들의 IQ가 70~85에 속하고, 이는 지적장애로 분류되는 기준 이상이기 때문이다. 여기에서 **비특이성 언어장애**(nonspecific language impairment)라는 용어는, 언어 능력과 인지 능력이 대개 상응하지만, 지적장애 또는 SLI만큼 떨어지지는 않는 것을 말한다. 많은 연구 결과에 따르면, 학습장애 아동과 느린 학습자의 수행을 비교한 결과를 분명하게 제시하지 못하고 있다(Toth & Siegel, 1994). 일부 연구에서는 차이가 있다고 결론을 내리지만, 일부 연구는 차이가 없다고 결론을 내린다. Toth와 Siegel (1994)은 21명을 대상으로 글자 쓰기, 어휘, 수학, 통사적 인식, 기억 수행을 평가한 결과, 확실한 결론을 얻지 못했다. 또한 학습장애 아동과 느린 학습자 사이에서 단어 부호화, 읽기 이해, 음운 인식, 철자 처리 과정을 포함한 읽기 능력에서 많은 차이를 보이지 않았다. 두 집단을 분류하기 위해서 사용한 IQ 점수는 두 집단 간의 유의한 차이를 보이는 유일한 요인이었으며, 나머지는 두 집단이 일치하는 결과를 보였다.

주의력결핍 과잉행동장애. 주의력결핍 과잉행동장애(attention-deficit/hyperactivity disorder, ADHD) 아동은 주의 집중하는 것(directing), 주의를 유지하는 것에서 어려움을 보이기 때문에 일반적인 방법의 학습 지도 시에는 학습 능력에서 장애를 나타낸다. 또한 그들은 그들 주변에 있는 학생들이 활동하는 것을 방해한다. 이러한 이유 때문에 미국정신의학회(APA)는 ADHD를 파괴적인 행동장애의 하나로 분류했다. ADHD의 공식적인 정의는 표 4.2에 기술되어 있다.

미국 유아의 ADHD의 출현율은 4~12%이다(Brown et al., 2001). 일부 사람들은 ADHD는 가장 흔한 신경행동적 장애라고 주장했다(Olfson, 1992; Shaywitz & Shaywitz, 1988). 최근에 ADHD는 행동 문제뿐만 아니라 학업에서도 문제가 있다고 생각하는 경향으로 확장되었다. 그러나 ADHD 출현율에 대한 논쟁은 표 4-2에서 보는 바와 같이, 다른 특정 영역에 있는 전문가들, 신경학자, 1차 진료 의사들의 진단에 따르면, 주로 행동적 문제가 있는 것으로 확인하고 있다. 또한 ADHD와 SLI 또는 다른 학습장애를 차별화하기는 어렵다. 학습장애와 ADHD의 범주는 똑같은 아동에게서 함께 발생할 수 있다(Murphy & Hicks-Stewart, 1991; Shaywitz, Fletcher, & Shaywitz, 1995). 게다가 부주의성, 충동성, 과잉행동 특성은 '학습장애'와 '학습에 있어서 낮은 성취자'에게 나타나는 증상이기 때문에 ADHD로 진단된다(Marshall & Hynd, 1997; Stanford & Hynd, 1994). ADHD와 학습장애는 대상자의 20~50%가 함께 중복되어 발생되며, 조건을 어떻게 정의하는지 또는 어떻게 평가하는지에 따라 달라진다(Javorsky, 1996; Riccio & Jemison, 1998). 언어 문제도 ADHD와 함께 나타난다.

ADHD 아동 중에서 학습이나 언어에 어려움을 갖는 일부 아동은 쓰기와 구어 문법에도 어려움을 갖는다. Re, Pedron과 Cornoldi(2007)는 ADHD 아동은 생각이 떠오르는 시간, 자신의 생각을 조직하기, 자신의 생각을 쓰는 데 어려움을 나타낸다고 보고했다. 그들은 '말한 대로 쓰기'를 하는 경향을 보이기 때문에 그들의 공책은 간단하며, 어휘 및 문법의 어려움을 보인다. 그들은 통제 집단과 비교할 때, Clinical Evaluation of Language Fundamentals의 구어 및 쓰기 언어 둘 다의 점수가 낮으며 복문 사용의 비율도 낮다. 다른 연구

표 4-2 ADHD의 정의

ADHD의 증상을 두 부분으로 나누었다.
부주의
* 세부적인 것에 주의를 집중하는 데 어려움이 있거나 학교 숙제, 과제, 다른 활동에서 부주의한 실수를 한다. * 과제나 놀이 활동에 집중을 유지하는 데 자주 어려움이 있다. * 직접적으로 말했을 때, 듣지 않는 것처럼 보인다. * 지시를 따르지 않거나, 학교 숙제, 자질구레한 일, 작업장에서 의무를 끝마치는 데 자주 어려움을 느낀다(지시를 이해하지 못하거나 반대로 행동하는 것 때문이 아니다). * 과제 및 활동을 준비하는 데 자주 어려움을 느낀다. * 정신적인 노력이 요구되는 과제(예: 숙제, 과제)에 참여하는 것을 자주 피하거나 싫어한다. * 과제나 활동에 필요한 것(예: 장난감, 학교 숙제, 연필, 책, 도구 등)을 자주 잃어버린다. * 외적인 자극에 쉽게 다른 데로 정신을 돌린다. * 매일의 활동을 자주 잊어버린다.
과잉행동-충동성
* 손과 발을 계속 움직이거나 의자에 앉을 때 꿈틀거리는 행동을 자주 한다. * 교실 또는 다른 상황에서 앉아 있어야 하는 상황에서 자리 이탈을 자주 한다. * 성인이나 청소년이 불안한 행동을 제지하는 상황에서 과도하게 뛰거나 올라가는 행동을 자주 나타낸다. * 놀이나 여가 활동에 조용히 참여하는 데 자주 어려움을 갖는다. * 끊임없이 행동하거나 모터에 의해 발동이 걸린 것 같은 행동을 자주 한다. * 과도하게 자주 말한다. * 질문이 끝나기 전에 불쑥 끼어드는 행동을 자주 한다. * 순서를 기다리는 데 자주 어려움을 갖는다. * 대화나 게임 같은 활동을 강요하거나 방해하는 행동을 자주 한다. * 이러한 증상 유무에 따라서 6개월 이상 또는 더 오랫동안 이러한 행동을 나타내는 경우, 다음의 ADHD의 3개 유형 중 하나에 속한다. • 혼합 유형(ADHD, C): 부주의 항목에 9개에서 적어도 6개, 과잉행동-충동성 항목 9개 중에서 적어도 6개를 보이는 아동 • 부주의 우세 유형(ADHD, IA): 부주의 9개 항목에서 적어도 6개, 과잉행동-충동성 항목에서 6개 이하를 나타내는 아동 • 과잉행동-충동성 유형(ADHD, HI): 과잉행동-충동성 9개 항목에서 6개, 부주의 행동에서 6개 이하를 나타내는 아동

주: 과거에 ADHD 아동을 기술하는 데 다른 용어가 사용되어 왔다. 처음으로 기술된 조건은 뇌손상이다. 다음으로 주로 사용된 용어는 미세 뇌기능 장애(minimal brain dysfunction, MBD)라고 불렸다. 1980년 미국정신의학회에서는 주의력결핍장애라는 용어를 사용했는데, 과잉행동을 보이는 주의력결핍장애(ADDH)와 과잉행동을 보이지 않는 주의력결핍장애(ADD without H)의 두 가지 형태로 분류했다. 1987년에는 이 두 가지 용어 사이의 구별을 중단했다. 1994년에 미국정신의학회에서는 위에서 기술한 바와 같이 ADHD를 세 가지 유형으로 기술했다.

출처: Information from ***Diagnostic and Statistical Manual of Mental Disorders*** (4th ed., text revision), Washington DC: American Psychiatric Association. Copyright 2000 by American Psychiatric Association. Adapted with permission.

에서 정상 집단과 달리 ADHD 아동 집단은 구어 및 쓰기의 복문 사용에서 유의한 차이를 보이지 않았다(Mathers, 2005). 또한 ADHD 아동은 기대에 부응하기 위해서 자신의 언어 스타일을 다른 양상과 형식으로 바꾸지 않는다.

ADHD 아동과 관련해서는 ADHD 증상이 어떤 것인지, 증상이 나타나는 원인은 무엇이며, 언어 영역에서 특히 어려움을 나타내는 영역은 어떤 영역인지를 분명히 인식하는 것이 중요하다. 예를 들면, ADHD 아동은 지체(delays), 언어 사용의 문제, 언어 이해의 문제를 나타내며, 이러한 결과는 ADHD의 증상이 될 수 있다. 또 다른 한편으로 언어이해장애를 가진 아동은 ADHD의 증상을 나타낼 수 있는데, 환경에서 그것이 의미가 없다고 생각할 때 아동은 그것에 주의집중을 지속하는 데 어려움이 있기 때문이다. 결론적으로 그 활동은 아동의 주의집중을 유도하지 못하기 때문에 아동의 행동은 부주의한 행동을 하게 되는 것이다.

음운처리장애/발달적 말 실행증. 음운처리장애(phonological processing disorder)라는 용어는 두 가지의 특성을 보인다. 첫째는 말소리(speech sound)의 결함을 나타내는 조음 및 음운의 문제와 관련된다. 둘째는 음절 분절, 음소 합성, 음소 조작과 같은 과제를 포함하는 음운 인식에서의 문제와 관련된다. 우리가 이미 보았듯이, 음운 인식의 결함은 문해에 어려움을 나타내는 근본적인 원인이 된다. 상위 음운 인식에 어려움을 나타내는 초등 고학년 아동들은 단어를 말할 때, 음운적으로 복잡한 구를 말할 때 어려움을 갖는다(Catts, 1986. 1989). 또한 그들의 말은 거의 항상 불명료하다.

말의 명료도에 어려움을 보이는 아동 집단에 대해, 일부 연구자들은 아동기 말 실행증(childhood apraxia of speech, CAS)을 나타내는 하위 집단을 확인했다. 그들은 신경운동 프로그래밍을 계획하는 데 결함이 있고, 말하는 데 필요한 근육의 마비/국부 마비가 있기 때문에 말 산출에 어려움이 있을 것으로 추측할 수 있다. 아동기 말 실행증은 출현율이나 특성과 관련해서 의견이 일치하는 것은 아니며, 허위로 진단되는 경우가 많다(Davis, Jakielski, & Marquardt, 1998; Shriberg & McSweeny, 2002). 그러나 말 실행증 아동에 대해 다음의 증상이 주로 나타난다는 것은 증명되었다.

- ❖ 목표음과 거리가 먼 소리 왜곡이 비일관적으로 자주 나타난다. 예를 들면, 복합 음절 단어를 산출할 때, /s/를 /m/으로 조음하는 비정상적 오류를 보인다.
- ❖ 말을 잘 하고 나서 강세나 억양 패턴이 자주 비정상적으로 지속된다.
- ❖ 전통적인 조음 치료 방법에서 반응이 부족하다.

학습장애 아동과 아동기 말 실행증 아동 집단 사이에 일부 중복되는 부분이 있다. 아동기 말 실행증(CAS) 아동은 조음 및 쓰기 운동 협응에서 결함이 있는 것으로 임상적 추론에 의해 확인되었다(Wiig, 1986).

중추 청각처리장애. 언어 학습과 듣기 사이의 관계는 8장에서 살펴볼 것이지만, 항상 만족할 만한 결과는 없다. 오히려 이러한 관련성에 대해서 논쟁하고 있으며, 일부 전문가들은 중추 청각처리장애(central auditory processing disorder, CAPD) 중 하나라고 확인했다. CAPD 조건은 임상적으로 정확히 범주화되지 않았으며, 그렇기 때문에 아직 논쟁이 되고 있다(Keith, 1999). 그럼에도 불구하고 CAPD 아동은 자주 학습장애로 확인되거나 학교 수행에서 학습장애와 거의 유사한 패턴을 나타내는 것으로 보고된다. 예를 들면, CAPD로 진단된 아동 64명(7~11세) 중에서 55%가 학교에서 특별 서비스를 받은 것으로 보고되었다(Smoski, Brunt, & Tannahill, 1992). 이 아동들은 학년 수준의 읽기 과제에서 50% 수행도를 보였으며, 과학, 쓰기, 언어(language arts), 수학에서 학년 수준의 69% 또는 그 이상의 수행도를 나타냈다. 또한 이 아동의 92%는 일반적인 처리, 학습에 반응을 보이기, 학교생활의 즐거움, 또래 상호작용 등의 교사 평가에서 평균의 수행도를 보였다. 행동적 어려움은 집중하기에서 나타났다. 즉, 아동의 56%가 평균 이하를 나타냈다. 집중하지 못하는 것은 언어장애를 동반한 CAPD, ADHD, 학습장애 사이에서 중복되어 나타나는 특성이다. 이러한 의문점은 아직 결론이 내려지지 않았다.

2) 출현율

연방 및 주의 지침. 연방 교육 지침에는 특수교육을 받기 위해 필요한 것을 언급하지 않았다. 그래서 학습장애를 진단하는 절차나 적격성 기준 마련을 주(states)에 위임했다. Mercer, Jordan, Allsopp와 Mercer(1996)에 따르면, 50% 정도의 주에서는 학습장애를 정의하는 데 '신경학적'인 면을 포함하지 않았으며, 29%의 주에서는 지적장애와 차별화하기 위해서 IQ 기준선을 명확히 지정했다. 그리고 76%의 주에서는 능력과 성취 사이의 불일치가 학습장애를 결정하는 특정 방법으로 확립했다. 불일치를 결정하기 위한 한 가지 방법은 표준 점수를 비교하는 것으로, 아동의 성취 점수가 IQ 점수보다 더 낮거나 2SD가 되어야 한다. 이러한 기준을 적용했을 때, 학습장애로 확인된 학생의 수가 감소되었다. 물론 문제는 성취 점수와 IQ 점수의 차이가 기준에서 명시한 것보다 훨씬 적은 아동들이 학습에서 유의한 어려움을 나타내는 것이다.

일반 예측. 1977년부터 2001년까지 특수교육을 받은 학습장애 아동의 수는 782,095명에서 2,871,966명으로 267% 증가했다. 1977년부터 1983년까지 해마다 평균 14%의 증가를 보였다. 1990년 이후, 주마다 적격성 기준이 바뀌었기 때문에 많은 주에서 매년 증가 비율이 3.4%로 감소했다(U.S. Department of Education, 2001). 이러한 숫자는 신중하게 해석되어야만 하는데, Hallahan 등(2007)의 최근 연구에 따르면 1984~1985년, 2001~2002년에 각 주별로 특수교육 범주별 출현율을 측정한 결과, 학습장애는 특수교육 조건에서 가장 적은 가변성을 나타냈다. 반대로 출현율 연구에서는 학습장애의 출현율이 최근까지 매년 꽤 안정성을 유지하고 있다.

남성 대 여성 비율. 1995년에 1학년에서 12학년까지 학습장애 여학생은 2.1%, 남학생은 4.5%로 확인되었다(Bae, Choy, Geddes, Sable, & Snyder, 2000). 남학생 비율이 높은 이유는 그들이 학교에서 과잉행동 및 파괴적 행동 같은 과도한 표시를 더 자주 드러내기 때문이다(Arnold, 1996; Gaub & Carlson, 1997). 다른 한편으로 학습장애와 관련되는 조건은 성별의 차이를 나타낸다. 읽기장애의 경우 남학생이 과잉행동과 유의하게 관련된다(Willcutt & Pennington, 2000). 남학생들이 더 많은 이유는 생물학적 차이(예: 호르몬 차이) 또는 교사-학생 상호작용과 관련되는 환경적 · 문화적 요인이 포함될 수 있다(Oswald, Best, Coutinho, & Nagle, 2003). ADHD 여학생은 지적장애를 가질 경향이 더 높으며, 과잉행동은 더 낮은 수준이다. 또한 여학생이 품행장애의 비율이 낮으며, 정서 및 불안장애는 더 높은 비율을 나타낸다(Gaub & Carlson, 1997). Oswald 등(2003)에 의한 국가적 조사 결과, 여학생이 남학생에 비해 특수교육(특히 정서 및 학습장애에서) 서비스를 받는 비율이 낮은 것으로 나타났다.

3) 위험요인

위험요인(risk factor)이라는 용어는 장애 또는 상해 가능성이 증가된 조건을 말한다. 그것은 학습장애 위험과 관련되는 요인을 인식할 수 있도록 도와준다. 연구에서는 학습장애가 될 가능성이 높은 위험요인의 수로 제안하고 있다. 예를 들면, Stanton-Chapman, Chapman, Scott(2001)는 출생 시 저체중, 5분 아프가 점수, 낮은 모성 교육, 미비한 태아 검진, 흡연이 학습장애의 높은 위험요인이라고 보고했다. McDermott, Goldberg, Watkins, Stanley와 Glutting(2006)은 6~17세의 대집단을 대상으로 회기 모델을 사용하여 조사한 결과, 학습장애의 출현율에서 성별의 차이가 있다고 보고했다(남자가 더 높다). 남자가 언어적 · 비언어적 지능이 더 낮았으며, 속도가 더 느린 처리 과정을 나타냈는데, 이러한 요인이 학습장애와 관련되는 높은 위험요인이 된다. 이러한 요인들의 중요성은 학습장애를 분류하는 데 필요한 정의에 따라 달라지기 때문에 신중할 필요가 있다. 또 다른 한편으로 높은 동기와 학습에 대한 긍정적 접근은 학습장애 위험성을 감소시킨다.

위에서 말한 요인과 다른 요인들이 문헌에서 언급할 가치가 충분히 있다고 보고 있으며, 그것은 ADHD, 청력 손상, 유전 요인이다.

ADHD. 많은 역학 연구에 따르면, 학습장애와 ADHD는 공존한다. 비록 ADHD와 학습장애(LD)의 진단 기준에 차이가 있지만, 주의력결핍, 충동성, 학업 능력의 부족, 사회적 · 직업적 능력의 부족과 같은 것에서는 두 장애가 중복되는 특성을 보인다(American Psychiatric Association, 2000). ADHD + LD 아동들은 비교적 흔하다. ADHD + LD 아동들은 ADHD만 가진 아동에 비해 더 높은 정신병리의 위험을 갖는다(Javorsky, 1996). McGillivray와 Baker(2008)는 ADHD + LD 집단과 ADHD 집단 사이에 억압, 불안, 공격성과 같은 정신적 장애에서 차이를 보이지 않는다고 보고했다.

청력 손실. 청력 손실(hearing loss)은 학습장애의 위험요인과 관련되며, 그 이유를 두 가지로 설명할 수 있다. 첫째, 학습장애를 수반하는 농(deaf) 학생의 하위 집단이 있다(Bunch & Melnyk, 1989). 농 학생 또는 난청(hard-of-hearing) 학생의 대략 23%는 특정 학습장애를 동반할 수 있다(Maruk & Mauk, 1998). 청력 손실 아동은 읽기를 발달시키는 데 높은 위험성을 갖는다(Goldin-Meadow & Mayberry, 2001). 그러나 읽기 문제의 원인은 확실하지 않다(예: 학습장애 또는 읽기가 부족한 청각-구두 언어의 제한). 전문가들은 농 아동 또는 난청 아동과의 작업에서 이들이 학습장애를 가질 가능성을 조사하는 데 실패했으며, 그들의 청력 손실과 학습장애가 직접적으로 관련되지 않는다고 보고했다.

유전. 전문가들 사이에서 오래 계속되는 의구심은 학습장애가 가족력이 있다는 것이다. 만일 언어 문제가 다른 많은 학습장애의 형태와 밀접한 관련이 있다고 본다면, 언어 문제에 대한 가족력은 높은 위험요인이며, 이러한 가족력이 학습장애의 유전적 요인이라는 것을 지지할 수 있다. 연구에서는 읽기장애 부모의 아동들이 정상 집단보다 읽기장애를 가질 확률이 8배 높다고 지적했다. 그러나 이렇게 증가된 위험요인이 유전적 요인 하나 때문이 아니라, 환경적인 요인도 중요한 역할을 담당한다고 설명했다(Lyon et al., 2001). SLI의 유전 및 환경적 요인에 대한 상호작용 역할에 대해 토의한 바와 같이, 아동의 가족 중에서 한 명 이상이 학습장애가 있다면, 읽기와 관련된 가족 환경 및 다른 특성들이 학습장애가 없는 가족과는 차이가 있을 것이라고 보고했다. 이러한 가족 환경에서 유전적 학습장애를 가진 아동은 아동의 내적인 학습 특성과 외부적인 가족 환경 둘 다가 학습장애의 원인이 될 것이다.

4) 학습장애의 자연발생적 변천사

학습장애의 정의에는 진단명을 붙일 수 있는 최소 연령에 대해 진술하지 않았다. 그러나 아직 취학 전 아동에게 이 용어를 적용한 것은 거의 없다. 학습장애를 가진 미취학 아동을 위한 프로그램은 주(states)별로 다양하다. 일부 주에서는 미취학 아동을 위한 기금이 전혀 없으며, 그로 인해서 언어 및 학습 문제를 가진 어린 아동을 기술하는 전문 용어가 전국적으로 논쟁의 여지를 갖게 된다.

몇 년 동안 언어장애와 학습장애 사이를 구별할 수 있는 전문용어 사용에 대해 문제가 있다고 인식했다. 학습장애의 대부분 정의에 따르면, 학습장애 아동은 언어 문제를 거의 모두 나타내고 있으며, 학습장애의 하위 형태에서 설명한 바와 같이, 학습장애를 가진 아동은 자주 언어 문제를 나타낸다. 아동이 취학 전이고 다른 동반되는 조건(청력 손실, 지적장애)이 없을 때, 우리가 3장에서 본 바와 같이 SLI로 진단된다. 아동이 학교 입학 후, 언어 문제가 학습 어려움의 중요한 특징이면, 언어-학습장애라는 용어를 사용하게 된다. 학습장애, SLI, 언어장애로 표현되는 아동은 주로 아동의 연령, 아동이 받을 수 있는 유용한 서비스 자극, 아동을 평가하고 치료하기 위한 방향 및 전문적 문화 적응 등에 따라서 결정된다. 이러한 혼동은 문헌에서 언어장애를 가진 학령기 아동으로 많이 언급되는 것을 의미하며, 이러한 아동이 주로 나타내는 정보는 학습장애로 언급된 아동에게 적용된다.

대부분의 전문가들은 학습장애와 언어장애를 **자연발생적 변천사**(natural history)에 의해 이해해야만 한다고 강조한다(Bashir, 1989; Bashir, & Scavuzzo, 1992). 즉, 언어장애는 아동이 성장함에 따라 다른 방법으로 문제가 지속된다는 것을 의미한다. 증상의 차이 및 심각성의 차이는 아동이 직면한 학습 과제 및 의사소통 맥락에 따라 변화되는 결과를 나타낸다. 아동이 성장함에 따라 언어장애는 다른 방법으로 나타난다. 3장에서 본 바와 같이, 취학 전 언어장애 아동은 구어를 이해하고 말을 하는 의사소통 기능에서 어려움을 갖는 것으로 확인되었다. 학교생활이 시작되면서 문해 교육을 받게 되면, 언어 요소가 갖는 학습의 다른 영역에서 문제를 나타낸다. 이것은 상위 언어 능력, 담화, 교실 담화, 쓰기 언어 능력, 비유적 언어를 포함한다.

학습장애와 언어장애의 입장에 차이가 있지만, 발달적 연속 및 여러 원인이 다르다는 것을 증명하고 있다. 첫째, 모든 학습장애 아동이 언어장애를 갖는다고 오해해서는 안 된다. 학습장애의 하위 형태 연구에 따르면, 대부분의 학습장애 아동은 모든 학습장애가 아니라 일부 언어에서 결함을 보인다. 둘째, 말하는 데 어려움이 없는 학습장애 아동이 언어-학습장애에서 제외되지 않는다. 그래서 단지 구두 언어가 요구되는 취학 전에 아동은 적절한 수행이 가능하지만, 읽기 및 쓰기가 요구될 때는 어려움을 보일 수 있다. 셋째, 언어-학습장애 아동 사이의 하위 집단이 있을 수 있다는 것이다. 언어장애 및 학습장애의 진단명은 형식적인 지침이 없지만, 전문가들마다 다르게 적용해 왔다.

언어장애 및 학습장애의 자연발생적 변천사를 일부 이해하기 위해서 전문가들이 불가피하게 회복의 문제를 설명해야만 한다. Crystal(1984)은 이러한 방법에 대해 다음과 같은 의구심을 가졌다.

> 당신이 만일 세상의 모든 시간을 가졌다면, 당신이 필요한 모든 자료를 가졌다면, 아동이 어느 날 정상이 될 것이라고 믿습니까? (p. 149)

우리는 취학 전에 언어장애로 진단된 많은 아동들이 성장함에 따라 다른 형태의 장애를 지속적으로 나타낸다고 이미 설명했다. 반면 다른 연구자들은 언어장애의 뚜렷한 증후가 지속적으로 나타나지 않는다고 설명했다. 그러나 **착각을 일으키게 하는 회복**(illusory recovery) 문제는(Scarborough & Dobrich, 1990) 3장에서 토의했으며, 이러한 아동에게서 나타날 수 있다. 일부 취학 전 아동은 언어발달 특성에서 정상과 유사하게 되기 때문에 회복될 수 있다고 제안했다. 정상적 발달을 보이는 아동은 확장된 학습 안정기(plateau phase)와 별개로 갑작스런 성장을 보인다고 주장했다(Scarborough & Dobrich, 1990). 언어장애 아동은 정상 아동의 학습 안정기 단계로 올라갈 수 있지만, 정상 아동이 초기 학교

생활에서 최대한의 노력을 기울이는 상황에서는 정상 아동보다 떨어질 수 있다.

언어장애 및 학습장애로부터 회복된다는 또 다른 관점은 아동 교육의 결과에서 얻어질 수 있다. 아동이 성장하면서 그들의 결함으로 인해서 사회적 · 교육적 · 직업적 문제가 지속될 수 있다. 1988~2000년의 범주별 장애 보고에 따르면, 대학생 시기에 학습장애가 가장 빠르게 성장한다고 보고했다. 1988년에 학습장애가 16%였던 것에 비해 2000년에는 학습장애가 40%를 차지한다(Henderson, 2001). 확장된 추적 연구에서는 직업 기술 훈련 프로그램에 참석한 학습장애 학생에 대해 보고했다. 이 조사 결과는 다음과 같다.

- ❖ 학습장애 학생들은 자주 졸업 후의 미래를 계획하지 않는다.
- ❖ 학습장애 학생들은 졸업 후에 친구, 가족, 협력자의 도움을 주로 받는다.
- ❖ 학습장애 학생들의 50~60%는 자신의 직업 훈련과 관련되지 않은 영역에서 일한다.
- ❖ 학습장애 학생들은 경제적인 수입이 낮다.

이러한 결과는 언어 문제를 동반한 학습장애가 전 생애적 장애일 것이라는 생각을 부정하지 못하게 한다.

2. 학습장애와 관련된 언어 문제

아동들이 성장함에 따라, 그들의 언어 시스템을 재조직하고 확장할 것으로 기대된다. 그들은 특정 교육 및 사회적 목적에 적합하게 어떤 것을 의식적으로 바꾸거나 반영함으로써 언어를 이해하고 다룰 수 있어야만 한다. 또한 그들은 인쇄된 단어와 같은 새로운 활자 상징 표현을 다룰 수 있어야 한다. 그들은 쓰여진 언어 단위를 인식하고 쓰여진 언어와 말의 관계 등을 배워야 할 뿐만 아니라, 쓰여진 단어와 구어 단어 사이의 미묘한 차이가 어느 때 적절한지를 배우며, 하나의 언어 시스템 형식에서 다른 것으로 자연스럽게 이동시키는 것을 배워야 한다. 학교에 입학하면, 아동은 새로운 세상과 만나게 되며, 그곳에서 학습 과정을 강화하고 좋은 행동을 촉진시킬 수 있는 의사소통 규칙을 계획한다. 물론 고학년으로 올라갈수록 더 많이 배우고 더 많은 책임감 있는 행동을 하게 된다. 언어의 형식 및 내용에 대한 기대가 지속적으로 증가하며, 학습은 자기 주도(self-initiated)와 자기 수정(self-corrected) 둘 다에서 적극적이 되어야만 한다.

1) 상위 언어 능력

상위 언어(metalinguistic)는 구두 언어보다 늦게 별도로 발달되는 능력으로, 언어의 서로 다른 영역을 조작하기 위한 인간의 능력이라고 정의할 수 있다. 아동들은 맹목적인 처리 과정에서 더 분명한 언어적 처리 과정으로 이동하며, 주어진 언어의 구조적 영역을 의식적으로 조작할 수 있게 된다(Karmiloff-Smith, 1992).

Vygotsky는 쓰기를 통해서 구두 언어(상위 언어)의 요소들을 의식적으로 인식할 수 있게 된다고 설명했다. 쓰기를 배우는 동안 아동들은 "각 단어의 소리 구조를 인식해야만 하며, 세부적으로 보면, 각 단어의 소리 구조를 알파벳 상징으로 재산출해야 한다. 그러기 위해서 아동은 학습해야 하며, 기억해야만 한다"(Vygotsky, 1986, p. 183). Olson(1994)은 'Script-as-a-model' 가설을 제안했다. 그에 따르면, 쓰기(script)는 구두 언어를 의도적으로 반영하는 모델을 제공한다고 설명했다. 또한 Olson은 '쓰기 활동(writing brings)'은 구두 영역을 의식 안으로 가져오는 것이라고 설명했다. 쓰기 활동은 상위 언어 인식을 발달시키기 위해 중요한 요인이다. 요약하면 Vygotsky와 Olson과 같은 문화적 심리학자들에 따르면, 상위 언어가 발달하기 위해서는 문해가 중요한 역할을 담당한다(Homer, 2002). 상위 언어는 문해 및 인지 둘 다에 영향을 미치기 때문에 학습장애 아동, 문해 및 인지 발달 영역에서 문제를 보이는 아동은 부족한 상위 언어 능력을 가질 수 있다. 다른 영역들 사이에서 비유적 언어, 문법적 판단, 어휘 조직과 관련된 과제 수행이 떨어질 수 있다(Nippold, 2002).

2) 구두 언어와 쓰기의 차이점

읽기 및 쓰기를 배우는 아동은 어휘를 이해하고 사용하기 위해 필요한 것들과 직면하게 된다. 그들은 부족한 어휘를 대화 상황의 물리적인 환경과 청자의 지식을 통해 도움을 얻을 수 있다. 그들은 대화 상황에서 대상 지시어인 *these*와 *here*와 같은 단어를 적절한 제스처와 함께 사용한다. 그러나 쓰기에서 앞에 나온 어구(anaphorically)를 사용할 때, 텍스트의 앞부분에서 분명하게 언급했던 항목이나 장소를 언급해야 한다. 그래서 쓰기에서 대상 지시어는 부족한 어휘를 극복하기 위해 사용할 수 없다. 우리는 대화 상황에서 *thing*, *stuff*, *guy*, *sort of* 등과 같은 모호한 단어를 일부 사용할 수 있다. 그러나 쓰기에서는 더 확실한 의사소통이 필요하다. 단어들은 미묘한 의미의 차이를 주의 깊게 평가해야 하기 때문에 필요하다면 사전이나 백과사전 같은 도구를 사용한다. 또한 아동들은 쓰기에서 더 복잡한 어휘와 직면하게 될 것이다. 실제로 많은 어휘들은 단지 읽기 상황에서만 사용된다. 사람들은 똑같은 방법으로 쓰기 및 말하기를 하지 않기 때문에, 성공적인 독자가 되기 위해서 아동은 광범위한 인식 어휘들을 발전시켜야 한다.

그러나 읽기와 쓰기 사이에서 어휘의 형식적 차이를 확인하는 것은 간단하지는 않다. 첫째, 우리는 극적인 대화 상황(놀이 또는 멜로 드라마)에서 회화체로 말하는 것 또는 리포터가 카메라를 보면서 읽는 TV 뉴스 등과 같이 말하는 것과 쓰기는 차이가 있다. 실제 말하는 것은 반복, 쉼, 충분한 쉼, 교정과 같은 비율이 상대적으로 높지만, 출판물들은 이러한 것들의 비율이 높지 않다. 더 중요한 차이는 어휘 비중(density)과 중복(redundancy)이다(Miller & Weinert, 1998; Perera, 1984). 말할 때는 반복, 고쳐 말하기, 대등절을 많이 사용하지만, 쓰기에서는 내포절을 사용한 단일 진술(single statements) 단문을 사용하는 것이 특징이다. 그러므로 언어에 어려움을 갖고 있는 아동은 이러한 세련된 구조를 쉽게 이해하기 어렵다.

쓰기는 읽기 및 구두 언어와 공동적인 처리 과정을 갖는 복잡한 언어 능력이다. 음소-자소(phoneme-grapheme) 상응은 의식적(예: 구어 분리에 대한 인식)이고 자동적인 처리 과정(예: 빠른 매핑)을 산출하는 문해 능력 발달에 중요한 역할을 담당한다(Berninger et al., 2006). 학습장애 아동은 이러한 능력에 어려움이 있으며, 쓰기 능력에서도 또래보다 떨어지는 특성을 보인다. 또한 학습장애 아동은 형태론적 영역에서도 어려움이 있는데, 쓰기에서 그러한 특징이 나타난다. Windsor, Scott와 Street(2000)는 학습장애 아동과 정상 아동 집단을 대상으로 구두 샘플 및 쓰기 샘플을 통해서 동사 형태(규칙, 과거 동사, 3인칭 단수 현재 시재, *be* 동사, 조동사), 명사 형태(규칙 명사, 소유격, 관사)를 분석했다. 연구 결과, 쓰기 과제에서 학습장애 아동과 정상 아동 집단 간에 차이가 나타났다. 학습장애 아동은 규칙 과거 동사 및 규칙 복수형의 사용에서 생략 오류를 나타냈다.

쓰기와 달리, 초기 읽기 단계에서는 큰 소리로 읽기와 읽기 이해의 두 가지 능력이 필요하다. 큰 소리로 읽기는 음운적 장치 및 음소 변별 같은 음운 처리 과정과 관련된다. 그러나 읽기 이해는 들은 것을 이해하는 것과 관련된다. 음운 인식이 말소리를 듣는 것과 큰 소리로 읽는 것 사이를 연결시키는 것이 가능하다(Cheung, 2007). 그리고 학습장애 아동은 음운 인식 과제에서 자주 어려움을 나타낸다.

3) 언어 지식과 사용에 대한 발달상의 기대의 차이

아동의 학교 생활에 영향을 미치는 것을 변화시킬 수 있는 다른 방법은 연령별로 그들에게 기대하는 것을 반영하는 것이다. 2장에서 본 바와 같이, 학년이 올라가면 지속적으로 아동의 지도 방법이나 지도 내용을 바꾸는 것이다. 이러한 변화들은 학습의 어려움을 극복하도록 도움을 줄 수 있지만, 확실하게 증명되지는 않았다. 예를 들어 읽기에 어려움이 있는 아동은 1학년 및 2학년에 난독증으로 진단될 수 있다. 그들을 지도하는 방법이 강의 및 시각적 시범이기 때문에 다른 학문 영역은 정상적 수행을 한다. 초등학교 3학년이 되면 이러한 아동은 읽기를 통해서 학습하는 것이 증가하게 되기 때문에 결국에는 여러 과목에서 어려움이 시작된다.

3. 학습장애 아동의 의사소통 문제

학습장애 아동의 의사소통 문제는 의미, 문법, 담화, 읽기, 쓰기로 분류할 수 있다. 학습장애와 관련된 대부분의 연구는 지능과 성취 사이의 차이를 설명하는 학문적 기준을 사용했다.

1) 의미론

단어 학습은 많은 인지적 처리 과정이 요구되는 복잡한 과정이다. 정상 아동 및 학습장애 아동의 의미론적 능력을 설명하는 것은 쉽지 않다. 규준 참조 검사를 사용하여 아동의 어휘 능력을 측정하는 방법이 아동의 의미론적 능력을 측정하는 일반적인 방법이다. 이러한 통계적 측정이 어휘 학습에 대한 복잡한 특성을 충분히 제시하지는 못한다. 그러므로 그들이 배운 최소한의 표출(exposure), 직접 교수[우발적 단어 학습 또는 재빠른 연결(fast mapping)로 알려진 교수], 작업기억에서 단어의 음운적 형태, 어휘 표현 등과 같은 어휘 습득의 서로 다른 양상을 조사하는 것이 중요하다(Bloom, 2000; Brackenbury & Pye, 2005).

의미론적 단계와 관련된 연구는 크게 두 가지의 범주로 나눌 수 있다. 즉, 단어 의미를 조직하는 데의 어려움과, 단어 명명하기 또는 자발적으로 말하는 상황 둘 중 하나에서 어휘 항목을 인출하는 데의 어려움이다. 일부 전문가들은 단어 의미와 단어 인출로 분류하기도 한다.

단어 의미. 임상 관찰 및 통제 실험 둘 다의 결과에 따르면, 학습장애 아동의 어휘 체계 발달이 저하되어 있다. 그렇기 때문에 그들은 부족한 어휘 및 부족한 상위 언어 지식을 나타낸다. 학습장애 아동과 관련되는 임상 보고서는 글자로 쓰여진 단어 의미를 평가에서 더 큰 어려움을 나타낸다고 보고했다. 예를 들면, 그들은 *toast*, *rear*, *catch*와 같은 여러 가지 의미를 가진 어휘를 주로 이해하지 못한다. 또한 그들은 반의어, 동의어, 상위 개념(superordinates), 하위 개념(subordinates)과 같이 구조적으로 관련된 단어를 사용하고 인식하는 데 어려움을 보인다. 부족한 어휘 지식은 추상적 명사를 정의하는 데에도 어려움을 보인다[예: 무거운 짐(burden), 감사(gratitued), 우정(friendship)](Nippold, 1999).

학습장애 아동이 더 어려움을 갖는 어휘 과제는 어휘 이해와 글자 없이(nonliteral) 의미를 사용하는 과제이다. 그들은 글자 과제에 반응하는 경향을 보인다. 또한 학습장애 아동의 일부는 문자 이해와 관련되는 규준 참조 검사에서 다른 아동과 비교할 때, 비전형적 또는 문자 없이 설명하는 은유, 관용어가 들어 있는 문장을 설명하는 데 어려움을 보인다[예: "봄은 새로운 코트를 입는 여자이다(Spring is a lady in a new coat)", "정신을 차리다(pull up your socks)"](Abrahamsen & Sprouse, 1995; Nippold, 1991; Nippold & Taylor, 2002; Secord & Wiig, 1993).

단어 인출. 단어 인출에 어려움을 보이는 경우에는 '단어 찾기 어려움(word-finding difficulties)'이라는 용어를 사용한다. 이러한 아동들은 일반적으로 단어 산출에 어려움을 보이지만, 단어 이해에 어려움을 보이지는 않는다. 단어 찾기에 어려움을 보이는 아동은 주로 대화 상황에서 반복, 긴 쉼, 재형식화(reformulations)의 특성을 나타낸다. 단어 인출에 기초가 되는 일부 어휘 요인을 이해하는 것은 어휘 접근을 강화시키기 때문에 중요하다.

이러한 요인으로는 발생 빈도가 높은 어휘, 글자 수가 많지 않은 어휘, 일반적인 강세 패턴을 가진 어휘, 초기에 습득해서 오랫동안 알고 있었던 어휘 등이 있다(Newman & German, 2002).

단어 명명하기 및 자발화의 두 종류에서 학습장애 아동은 다음의 특징에서 일반 아동의 성취와 차이를 보이거나 더 높은 빈도의 행동 범위를 나타낸다. 그러한 특징들은 다음과 같다(Katz, 1996; Meyer, Wood, Hart, & Felton, 1998; Swan & Goswami, 1997; Wiig, Zureich, & Chan, 2000).

1. 어휘 항목을 직접 명명하지 않고 둘러말한다.
2. 목표 어휘 대신 다른 어휘로 대용한다.
3. 이전 반응을 되풀이한다(고집스러움).
4. 정보력이 떨어지는 어휘, 대명사 및 막연한 부사(예: somewhere, sometime)를 과도하게 사용한다.
5. 목표 어휘 산출이 매우 지연된다.
6. 필요 없는 말(예: oh, it's uh 등)을 과도하게 산출한다.
7. 목표 어휘의 첫소리(예: f, f, thumb)를 반복한다.
8. 질문에 대답하는 것을 매우 어려워한다(예: "당신의 소매 끝을 뭐라고 하나요?").

또 다른 해석적 관점에서는 이런 특성을 다르게 해석한다. 학습장애 아동은 어휘 사용 및 인출의 어려움을 제외하고는 충분한 어휘 학습이 되었다고 가정하는 관점이다. 또한 이러한 관점과 달리 단어 인출에 어려움을 보이는 아동은 다양한 단서를 제공한다는 연구를 제시하고 있다(Kail & Leonard, 1986; McGregor & Windsor, 1996). 이 연구 결과에 따르면, 학습장애 아동은 특정 인출 결함을 나타내지 않는다. 그러나 학습장애 아동은 어휘 지식에 있어서 상세하게 아는 능력이 부족하기 때문에 어휘 인출 과제의 효율성이 부족하며, 의미 및 음운 관련에 기초해서 일반적인 인출 전략을 효과적으로 사용하는 것이 부족하다. 즉, 언어장애 아동은 일반 아동과 같은 방법으로 단어 인출을 하는데, 어휘 학습에서 완전성이 부족하기 때문에 성취력이 부족하다고 보고했다. 이와 같이 단어 인출 및 단어 의미에서의 실패를 **일반화된 의미 결함**(generalized semantic deficit)이라는 용어를 사용한다.

또 다른 관점으로 SLI 아동이 나타내는 어휘의 음운 및 의미적 표현에 대한 특성을 분류했다. 이러한 관점을 이해하기 위해서 우리는 어휘 표제(lemma)와 어휘 항목(lexeme)의 두 가지 단계의 어휘 인출 과정을 이해할 필요가 있다. 어휘 표제란 단어의 의미 및 통사적 측면과 관련되며, 어휘 항목은 음운론적 측면과 관련된다. 비록 일부 연구에서 어휘 항목의 단계에서 문제를 제기했지만, SLI를 대상으로 한 일부 연구는 의미적 표현에서 어휘 표제와 어휘 항목 사이를 분류하는 데 문제가 있다고 제안했다. Gray(2004, 2005, 2005)는 SLI 아동이 새로운 단어 이해에 대한 수행을 할 때, 의미적 단서를 제공한다면 어휘 표제-어휘 항목의 연관성이 강화될 수 있다고 보고했다. 다른 한편으로 음운론적 단서는 어휘 항목 표현에서 강화되며, 새로운 단어 산출에 도움을 준다. 이러한 연구 결과에 따르면, SLI 아동에게 새로운 단어 학습을 시킬 때 의미 및 음운론적 단서는 중요하다.

2) 문법

오랫동안, 학습장애 아동은 언어 형식과 관련되는 대부분의 측정에서 낮은 수행을 보인다고 알려져 있었다. 학습장애로 진단된 많은 학령기 아동은 SLI와 유사할 수 있는데, 이것은 놀라운 일은 아니다. 사실, 이전 장에서 언급한 바와 같이, 취학 전 SLI 아동이 나타내는 패턴이 학습장애 학령기 아동에게 지속적으로 나타날 수 있다. 특히, 학습장애 아동은 과거 시제 변화에서 정상 아동에 비해 부족한 구사력을 나타냈으며, 대부분의 오류는 불규칙 형식에서 나타났다(Marchman, Wulfeck, & Ellis Weismer, 1999). 형태적으로 복잡한 단어(하나의 원형 또는 자유로운 형태소를 갖는 단어, 하나 또는 더 많은 접두사/접미사를 갖는 단어, 형태소가 변화되는 단어)는 아동의 문해 습득에 영향을 준다(Green, 2009; Jarmulowicz & Hay, 2009; Wolter, Wood, & D'zatko, 2009). Nagy와 Anderson(1984)은 아동이 새로운 단어를 읽을 때, 대략 60%는 형태적 복잡성을 포함한다고 설명했다.

문법적 측면과 관련해서 7세 8개월과 12세 5개월의 학습장애 아동은 발화 길이가 점차 증가하는 것으로 나타났다(Andolina, 1980). 그럼에도 불구하고 같은 기간 동안 정상 아동은 평균 발화 길이보다 더 긴 발화를 보였으며, 이러한 결과에서 일관성을 보였다. 더 흥미로운 점은 정상 아동은 이 기간에 빠른 성장을 보이지만, 학습장애 아동은 일정한 느린 속도를 보인다는 점이다. 학습장애 아동은 성장 과정에서 일정한 느린 속도를 유지한다. 일부 연구에서 2, 4, 6, 8학년 학습장애 아동을 대상으로 친숙하지 않은 물건, 소설 및 비소설 비디오를 요약하는 것과 같은 구조화된 의사소통 과제를 실시한 결과, 학습장애 아동은 같은 연령의 정상 아동에 비해 주절과 종속절 모두에서 T-unit을 더 적게 산출했다(Donahue, Pearl, & Bryan, 1982; Scott & Wondsor, 2000). 언어장애와 ADHD를 동반하는 초등학생과 언어장애 없이 ADHD만 나타내는 아동을 대상으로 한 연구는 문장 형성 과제에서 특히 어려움을 보였다(Oram, Fine, Okamoto, & Tannock, 1999). 이런 결과는 학습장애 아동이 문법적 형성이 부족하다는 것을 시사하고 있다.

일부 연구에서 8~13세 학습장애 아동과 문법적으로 어려움을 보이지 않는 하위 집단을 대상으로 자발적 이야기 다시 말하기에서 산출한 정확한 구조 및 형태를 확인했다(Roth & Spekman, 1989; Scott & Windsor, 2000). 이 연구에 참여한 대상자는 사립학교에 다니는 학습장애 아동으로, 정상 아동에 비해 IQ 점수가 15~20점이 더 높았다. 이 연구 결과, 학습장애 아동은 언어 형식에서 어려움을 보이며, 정상 아동의 IQ는 평균이 100점인데, 그에 비해 학습장애 집단의 IQ가 더 높게 나타났다.

3) 이야기

학령기 아동의 평가에서 중요한 영역은 문장보다 더 큰 단위에서의 이해 및 산출 영역이다. **담화 분석**(discourse analysis)은 말하기 및 쓰기 둘 다와 관련된다. 구어 담화 분석은 이야기에 대해 아동에게 질문하면, 대답하거나 그것을 잘 듣거나 또는 산출하도록 하는 것이다. 이러한 검사 방법을 사용한 연구가 현재 개발되고 있으며, 학습장애 아동이 나타내는 문제점은 다음과 같다.

- ❖ 자발적 이야기가 더 짧고 덜 완성된 에피소드이다(Garnett, 1986; Roth & Spekman, 1986).
- ❖ 자신의 내적 상태(예: 두려움, 분노, 복수, 놀람)에 대한 언급이 거의 없다. 또한 쓰기에서 응집성 및 조직성이 부족하다(Gillam & Carlile, 1997; Montague, Maddux, & Dereshiwsky, 1990; Ripich & Griffith, 1988; Roth & Spekman, 1986).
- ❖ 이야기에서 비교적 중요한 정보를 판단하는 데 덜 성공적이다(Garnett, 1986).
- ❖ 청자가 원하는 것을 고려하지 못하는 자기중심적인 내레이터 같은 인상을 준다. 이것은 문법 지식, 주제 유지 능력 그리고 사건 발생 등과 같은 담화 능력이 덜 발달되었기 때문이다(Garnett, 1986; Miranda, McCabe, & Bliss, 1998). 또한 전제 능력, ToM, 조망 수용 능력(perspective taking abilities) 등이 부족하기 때문이다.
- ❖ 이야기에 나오는 사건이나 동기를 해석하는 데 필요한 세상에 대한 지식이 부족하다(Garnett, 1986).
- ❖ 이야기 다시 말하기를 할 때, 원래의 이야기에 포함된 정보의 양이 감소된다(Montague et al., 1990; Ripich & Griffith, 1988).
- ❖ 대화 상황보다 이야기 상황에서 의사소통 붕괴 비율이 더 높다(MacLachlan & Chapman, 1988; Thordardottir & Ellis Weismer, 2002).
- ❖ 읽은 이야기에 대한 추론적 질문에 대답하는 능력이 부족하다. 추론적 질문은 이야기 내용을 간단하게 그대로 말하기보다는 이야기에 나타난 사건이 일어난 이유가 무엇인지와 관련된다. 또한 그들은 자신이 읽은 이야기보다 들은 이야기를 추론하는 것을 더 성공적으로 수행한다(Wright & Newhoff, 2001). 추론에 대한 문제는 수용어휘가 낮은 아동에게 더 심각하게 나타난다(Crais & Chapman, 1987).
- ❖ 학습장애를 가진 여학생은 정상 아동에 비해 이야기에서 높은 점수를 가질 수 없다(Celinska, 2004).
- ❖ 학습장애 아동은 산출하는 전체 단어 수, 서로 다른 어휘 사용의 수, 접속의 수 및 형태 산출에서 낮은 점수를 보인다. 또한 T-units의 평균 길이가 짧다(Nelson & Van Meter, 2007).

4) 화용론

언어 및 인지장애를 가진 아동과 '순수 화용'장애를 가진 아동을 분리하기는 쉽지 않다. Lapadat(1999)의 33개 연구의 메타분석 결과, 학습장애를 가진 아동 중에서 화용적 결함을 가진 아동은 더 일반적인 언어적 결함에 기인한다. 또 다른 메타연구인 Kavale와 Forness (1996)의 연구는 학습장애 아동의 75%가 사회적 능력에서 어려움을 보인다고 보고했다. 이러한 사회적 능력에서 어려움을 보이는 아동은 교사 및 동료와의 관계 형성에 어려움을 보인다. 그로 인해 그들은 학업 수행에서도 영향을 미치게 된다(Bryan, Bay, Lopez-Reyna, & Donahue, 1991; Haager & Vaughn, 1995). 이러한 특성은 이전 장에서도 말한 바와 같이 어린 SLI 아동에게 나타나는 특성과도 유사하다.

주제 관리. 학습장애 아동은 동료와 언어적 상호작용을 하는 데 어려움을 나타낸다. 결론적으로 사회적 수용이 부족하다고 볼 수 있다(Vaughn Elbaum, & Boardman, 2001). 대화 상황에서 그들은 정보를 덜 얻으려고 하거나 지루해하거나 관심 없어 보이는 행동을 보인다(Mathinos, 1991). 학습장애 아동은 집단을 이끄는 능력이 부족하며, 집단 과제에 참여하는 것이 부족하다. 또한 동료가 자신의 의견에 동의하도록 설득하는 능력도 부족하다 (Bryan, Donahue, & Pearl, 1981). 또한 동료와 인터뷰하는 상황에서 수동적인 특성을 보인다(Bryan, Donahue, Pearl, & Sturm, 1981). 또한 정확한 단어를 요구하면, 단어를 선택하는 데 요령이 부족한 특성을 보인다(Pearl, Donahue, & Bryan, 1985).

대화 수정. 때때로 대화가 끊어지는 데 그들은 대화가 끊어졌을 때 상황을 해결하거나 간파하는 능력이 부족하다. 학습장애 아동은 화자 및 청자의 입장 모두에서 덜 효율적이므로 대화를 수정하는 데 영향을 미친다. 화자로서, 그들은 혼란스러운 것을 설명하거나, 문제의 요인을 설명하는 상황에서 자신의 메시지를 재구조화하는 데 어려움을 보인다 (Knight-Arest, 1984). 또한 청자로서 명확한 정보를 요구하는 능력이 부족하다. 그렇기 때문에 공식적 평가의 수행에 영향을 미칠 수 있다(Shields, Green, Cooper, & Ditton, 1995).

5) 읽기

숙련된 독자는 읽기를 통해서 이해하는 것이 궁극적 목적이다. 숙련된 독자는 인쇄된 텍스트가 의미하는 것을 이해하기 위해서 인쇄된 단어나 구를 시각적으로 빠르게 그리고 멈추지 않고 스캔할 수 있다. 그러므로 독자는 문자 사이의 차이를 빠르게 인식할 수 있으며, 전체 시각적 스키마로 읽은 문자를 빠르게 대조한다. 즉, 인쇄된 단어 그리고 인쇄된 단어들의 연속을 시각적으로 읽는다. 또한 숙련된 독자는 읽은 것을 의미로 변환시켜서 그것을 이해하게 된다. 또한 독자는 전체적 시각 부호화가 이해하는 데 방해가 될 때는 빠르게 읽기를 멈춘다. 예를 들면, 이해 능력의 부족은 단어를 알지 못하기 때문에 일어난다. 텍스트

안의 단어를 볼 때, 정신적 어휘 사전에서 단어를 변화시키는 데 실패하거나 인식하지 못한다고 볼 수 있다. 이러한 경우에 독자는 음운론적/청각적으로 단어를 인식하는 데 어려움이 있을 때, 단어를 인식하기 위해서 큰 소리로 읽을 수 있다. 또 다른 전략으로 텍스트의 전후 맥락을 통해서 단어의 의미를 추론할 수 있는데, 이런 경우에는 단어에 대한 음운론적/청각적 표시에 어려움을 느끼지 않는다. 또 다른 전략은 잘 알지 못하는 단어를 이해하기 위해서 사전을 찾아보는 방법이다. 이러한 전략은 상당한 언어학적 능력이 요구되는 과제이다.

독자가 텍스트를 이해하지 못하는 경우는 매우 새로운 정보와 같이 독자가 주제를 이해하지 못할 때 일어날 수 있다. 독자는 특정 단어나 구를 알지만 텍스트의 전반적인 메시지를 이해하지 못할 수도 있다. 이것은 독자가 세상 지식에 대한 이해 능력이 부족하거나 독자가 이해 과제를 읽는 데 필요한 전제 정보가 부족하기 때문이다. Kamhi(2009)는 읽기 처리 과정을 단어 인식과 이해로 광범위하게 설명했다. 읽기에 대한 미시적 견해는 읽기의 처리 과정을 단지 단어 인식으로 국한시켰다.

숙련된 독자이거나 숙련된 독자가 되기 위해서는 효율적인 읽기 및 읽기 지도에 대한 본질적인 여러 요인이 필요하다. Coltheart(2005)는 몇 가지의 요인 및 처리 과정을 다음과 같이 설명했다.

> 숙련된 독자는 정신적 정보처리 체계를 가지고 있으며, 그것은 많은 서로 다른 정보처리 요인을 포함한다. 특정 정보처리 작업은 유창한 읽기 능력이 필수적이다. 아동이 읽기를 배울 때, 한 가지 인지 능력이 습득되는 것이 아니라, 여러 가지 능력이 습득된다. 숙련된 독자가 되기 위한 정신적 능력은 글자 인식, 전체 단어 인식, 글자-소리 규칙에 대한 지식, 그리고 인쇄된 단어로부터 의미를 찾는 능력 등이 필요하다(p. 49).

미국 국립아동보건 · 인간개발연구소(National Institute of Child Health and Human Development)의 국립읽기위원회(National Reading Panel, 2000) 보고서는 효율적인 읽기 및 읽기 교육을 위한 다섯 가지 필수 구성 요소를 확인했으며, 대부분 Coltheart가 설명한 것과 유사하다.

1. 음운 인식(phonemic awareness)
2. 파닉스(phonics)
3. 유창성(fluency)
4. 어휘(vocabulary)
5. 이해(comprehension)

국립읽기위원회(2000) 목록을 살펴보면 언어 및 상위 언어 능력(예: 어휘, 이해)이 직접적으로 관련되어 있는 반면, 음운 인식 또는 단어 재인 능력(예: 음운 인식, 파닉스)으로 간주될 수 있는 요소가 포함되어 있는 것으로 나타났다. 언어 능력이 부족한 아동 또는 음운 처리 능력이 고위험군에 속하는 아동이 어떻게 학교에 입학했는지 알아보는 것은 어렵지 않다. 우리는 이전 장에서 이러한 사항에 대해서 살펴보았으며, SLI 또는 학습장애 아동이 이런 영역에서 어려움을 보인다는 것을 알고 있다. 그러나 숙련된 읽기에 대한 문제는 학년별로 차이가 있다. Kamhi(2009)는 다음과 같이 설명하고 있다.

> 초등학교 고학년 및 그 이상의 아동에게 이해 능력은 읽기 수준에 대한 가변성 전반을 설명한다고 볼 수 있다. 초등학교 저학년 시기에 숙련된 읽기가 부족한 아동은 초등학교 고학년 이후에도 단어, 문장, 텍스트를 해석하고 이해하는 데 어려움을 보일 수 있다(p. 175).

이 장의 전반부에서 읽기장애의 다양한 형태에 대해서 살펴보았다. 예를 들면, Catt, Adolf와 Ellis Weismer(2006)은 '부족한 독자(poor readers)'란 음운 요소의 처리 과정에는 문제가 없지만 이해에서 어려움을 보이는 아동이라고 기술하고 있다. 또 다른 한편으로 '부족한 부호화를 보이는 아동(poor decoders)'은 음운 처리 과정(단어 재인의 결함)에서 어려움을 보이지만, 언어 이해는 정상적인 특성을 보인다. Coltheart 등(2001)은 읽기 실패의 원인에 대해서 아동들이 초기 읽기 지도 단계에서 배우는 큰 소리로 읽기 단계를 이중 루트로 설명했다. 이중 루트 모델(dual route model)은 이해에 초점을 맞춘 처리 과정과 밀접하게 관련된다. **그림 4.1**은 이중 루트 모델을 제시하고 있다.

이중 루트 모델은 어휘 루트와 비어휘 루트로 구분된다. 어휘 루트는 친숙한 단어를 읽을 때, 아동이 이미 의미적 체계 안에 가지고 있는 자신의 어휘 표현을 직접적으로 활성화한다. 이것을 '시각 단어 읽기(sight word reading)'라고 한다. 만일 인쇄된 단어가 아동의 의미 체계에 존재하지 않을 경우, 인쇄된 단어가 활성화되지 않으며, 시각 단어 읽기로 전환되지 않기 때문에 아동의 어휘는 중요한 역할을 하게 된다. 비어휘 루트에서 친숙하지 않은 어휘를 읽을 때 자소-음소 규칙 체계가 활성화되는데, 자소를 음소로 변환시키는 것을 말한다. 이것이 음운론적 체계이며, 이것은 음운 인식 및 음운 처리 과정과 관련된다. 만일 아동이 음소와 자소를 상응하지 못하거나 단어를 구성하는 개별 소리를 조작하지 못한다면(예: 인쇄된 단어를 개별 소리로 분리하거나 합성하는 것), 아동은 친숙하지 않는 인쇄된 단어를 '큰 소리로 읽기(sound out)'에 어려움이 있다. 두 루트 모두 음운론적 체계가 궁극적으로 활성화되며, 그것을 통해서 단어를 정확하게 발음할 수 있게 된다. 만일 발음했던 단어가 아동의 의미 체계 안에 저장되어 있는 어휘라면 음운적 표현이 활성화되며, 의미 파악이 가능하다. 즉, 이해가 가능해지는 것이다.

비어휘적 루트를 활성화할 수 있는 한 가지 방법은 자소-음소 규칙에 맞게 무의미 단어를 큰 소리로 읽는 방법이다(예: rane)(Coltheart, 2005, p. 54). 무의미 단어는 실제 단어는 아니지만 실제 단어처럼 읽는다(예: rain). 우리는 이 장의 앞부분에서 **발달적 음운 난독증**(developmental phonological dyslexia)이 자소-음소 체계에 어려움을 보이기 때문에 읽기

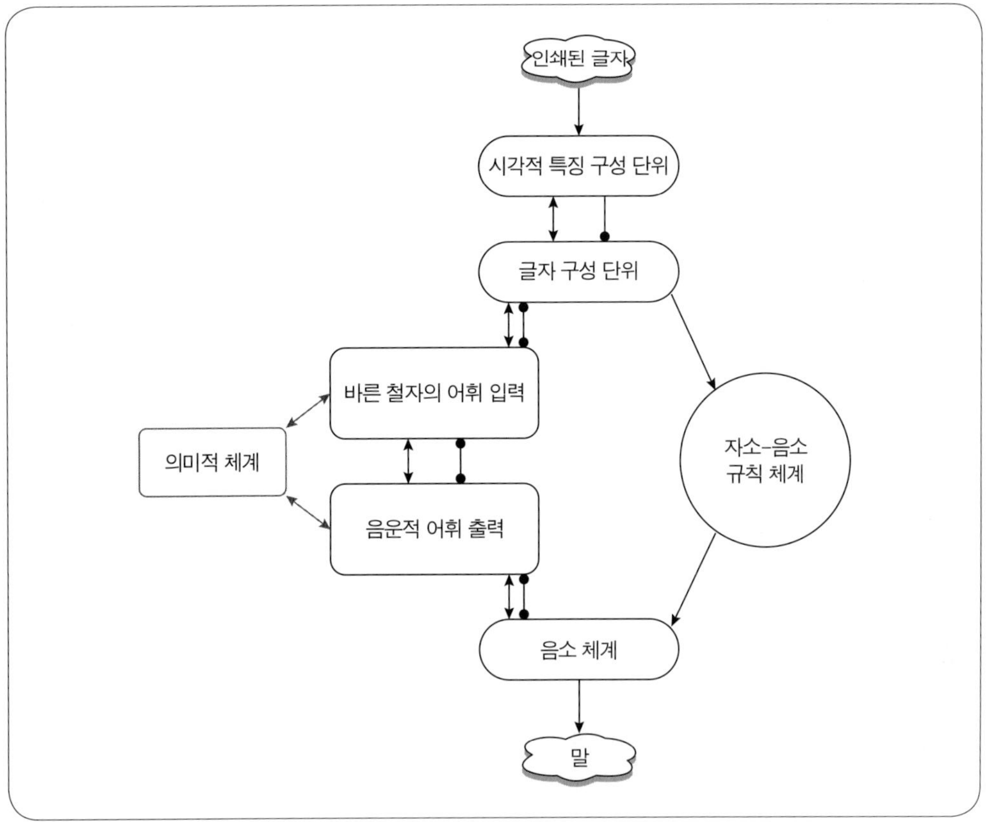

그림 4.1 큰 소리로 읽기에 대한 이중 루트 모델. →는 목표에서 증가된 활동 통로. —•는 목표에서 감소된 활동으로 제지된 통로.

출처: M. Coltheart, K. Rastle, C. Perry, R. Langdon and J. Ziegler, 2001, ***DRC Model of Visual Word Recognition and Reading Aloud***. Retrieved from http://www.maccs.mq.edu.au/~ssaunder/DRC. Reprinted with permission of Dr. Max Coltheart.

에 어려움을 보인다고 설명했다. 즉, 비어휘 루트는 큰 소리로 읽는 것과 관련된다. 발달적 음운 난독증 아동은 규칙 단어(단어와 글자-소리 구성이 상응하는 단어)는 읽을 수 있지만, 시각 단어(예: yacht) 능력이 요구되는 단어 및 무의미 단어(예: rane)를 읽는 데 실패를 한다.

음운론적 구성 능력은 음운 인식, 빠른 자동화된 이름 대기, 언어적 단기기억 등과 같은 과제를 사용하여 촉진될 수 있다. 또한 일부 연구에서는 음운 인식 및 빠른 자동화된 이름 대기가 단기기억보다 잠재적 읽기를 성공적으로 촉진한다고 보고하고 있다. 반대로 유치원 아동은 글자 지식 및 글자-소리 지식이 부족하기 때문에 음운 인식 또는 빠른 자동화된 이름 대기 능력 둘 중 하나에서 어려움이 있을 것으로 예측할 수 있다(Schatschneider & Torgesen, 2004). 일부 연구는 음운 처리 과정 능력과 상위 언어 특성을 살펴보았다. Boada와 Pennington(2006)은 어휘 입문, 어휘 기초, 음절 유사성 등과 같은 음운론적 표현

과제와 관련되는 서로 다른 접근을 시도한 결과, 난독증 아동, 생활 연령을 일치시킨 아동, 읽기 능력을 일치시킨 아동을 대상으로 상위 언어적 부담이 감소되었다고 보고했다. 난독증 아동은 읽기 연령을 일치시킨 집단 및 생활 연령을 일치시킨 집단에 비해 음운적 표현이 적용된 세 가지 측정에서 부족함을 나타냈다. 이러한 결과에 따르면 난독증 아동은 음운론적 표현이 덜 성숙되었다고 볼 수 있으며, 이러한 결과는 발달적 음운 난독증과 일치를 나타냈다. Castles, Coltheart, Wilson, Valpied와 Wedgwood(2009)는 글자-소리 관련 학습에서 아동의 능력을 더 촉진하는 것이 음소 인식 훈련인지 그렇지 않으면 글자 지식인지를 알아보았다. 이 연구에 참여한 아동은 큰 소리로 읽기 및 글자와 소리 상응에 대한 지식도 없는 미취학 아동이었으며, 글자-소리 상응 훈련을 받기 전에 음소 인식 또는 글자 지식 훈련을 받았다. 연구 결과, 글자-소리의 상응을 훈련한 집단 아동이 더 좋은 결과를 나타냈다. 이러한 결과는 Ehri 등(2001)의 메타분석 결과와 일치를 보였다. Coltheart(2005)는 이러한 특성을 보이는 발달적 음운 난독증이 더 흔히 발생하는 것 중 하나임을 밝히면서, 음운 인식 훈련 프로그램의 타당성을 보여 주었다.

아동의 어휘 루트를 평가하는 또 다른 방법은 아동에게 의미적 체계를 활성화하는 실제 단어를 읽으라고 요구하는 방법이다(어휘 기억). 이 장의 앞부분에서 우리는 **발달적 표면 난독증**(developmental surface dyslexia)이라는 용어를 소개했는데, 이 난독증은 단어의 시각적 인식의 어려움으로 인해 읽기에 어려움을 갖게 되는 것이다. 즉, 어휘 루트의 문제를 갖게 되는 것이다. 이 아동에게 글자-소리 상응이 불규칙적인 단어 읽기를 요구했을 때(예: eight), 아동은 이런 단어를 잘 읽지 못한다. 이처럼 발달적 표면 난독증 아동은 연령에 적절한 규칙 단어(음운론적으로 상응하는 시각 단어) 읽기 및 문자-음소 상응이 일관적인 무의미 단어 읽기는 가능하지만, 'eight'와 같이 글자-소리의 상응이 불규칙적인 단어를 읽는 데는 실패한다. Coltheart와 Leahy(1996)는 오스트레일리아 영어 명사를 근거로 연령에 적절한 불규칙 어휘를 수집했다. 발달적 음운 난독증과 비교했을 때, 발달적 표면 난독증을 위한 최상의 치료 접근과 일치하지 않았다. 그러나 치료 중재를 할 때 'balloon'을 지도한다면, 두 개의 긴 막대기를 사용해서 주의를 집중시키는 것은 효과적인 전략이 될 수 있다(Coltheart, 2004).

아동이 시각 단어 읽기 및 음운 부호화 능력이 적절하지만, 어휘 능력이 제한되기 때문에 의미를 활성화하지 못한다. 이러한 특성을 앞에서 소개한(Coltheart, 2005) **과독증**(hyperlexia)이라고 하며, 어휘가 부족하기 때문에 읽기 문제가 발생하게 된다. 언어 이해의 어려움 때문에 발생한 읽기 문제를 가진 아동을 '부족한 독자(poor readers)'라고 설명했다(Catts et al., 2006). 이러한 아동을 위한 중재 방법은 어휘의 양을 증진시키고 관련 텍스트에서 의미를 추리하는 능력 배양에 초점을 둔다.

이러한 아동 대부분은 읽기에 필요한 여러 가지 능력에서 제한을 보일 것이다. 예를 들면, 시각 단어 읽기, 부족한 언어 능력, 제한된 이해 능력, 부적절한 음운 부호화 능력 등을 나타낸다. 특히 제한된 이해 능력과 부적절한 음운 부호화 능력은 언어 학습 결함과 음운 처리 과정 사이의 관계를 일부 증명하고 있다. 또한 이러한 모든 능력들 사이에는 상호적인 관계가 있다. 특히, 읽기가 더 많은 어휘 및 언어 능력 신장의 주요한 수단이 되기 때문에, 고학년 아동은 학교 교육과정 및 인쇄물과 별개로 더 진전된 어휘의 필요성과 부딪히게 된다.

읽기 문제를 평가하기 위해서는 다양한 과제가 포함되어야 하며, 그러한 내용은 위에서 언급했다. 학습에서 문제를 가진 아동뿐만 아니라 읽기 문제를 가진 아동의 평가 결과는 자주 장점 및 약점에 다르게 나타나는 특성을 보이기 때문에 다양한 평가 과제는 중요하다. 한 가지만을 측정한 경우에는 아동의 읽기 어려움에 대한 잠재적인 원인에 대한 부적절한 결과를 포함한 부정적인 결과를 유도할 수 있으며, 중재 전략에 대한 잘못된 권고를 할 수 있기 때문이다. 그러므로 난독증 아동의 평가에 대한 주요 목표 중 한 가지는 정상 아동과 변별하는 데 사용될 필요가 있다(Everatt, Weeks, & Brooks, 2007).

6) 쓰기

쓰기는 철자 및 문법과 같은 언어적 요인뿐만 아니라 구두점 및 필사(handwriting)와 같은 조작적 측면과 관련되는 복잡한 처리 과정이다. 또한 아동들은 쓰기, 소설, 설명문, 편지 등과 같은 특정 장르에 맞게 자신의 생각을 잘 조직화하고 자신의 사고를 구조화할 필요가 있다. 내용은 정확하고 완전해야 한다. 이러한 여러 가지 요인으로 인해 학습장애를 가진 아동들은 부족한 쓰기 결과를 갖게 된다(Harris & Graham, 1999). 학습장애는 쓰기에 대해서 질적으로나 양적으로 모두 영향을 미친다. 질적으로는, 쓰기에서 응집성, 조직, 계획의 어려움을 나타낸다. 양적으로는, 학습장애 아동은 사건에 대해서 쓰기를 할 때, 자세하지 못하거나 부족한 쓰기를 나타낸다(Harris & Graham, 1999).

쓰기 학습은 다양한 하위 능력을 필요로 하는 복잡한 활동이기 때문에 쓰기에서 부딪히는 문제는 다양하다. 낮은 성취를 나타내는 아동 및 성인 또는 학습 및 읽기장애로 진단된 아동은 특히 설명문 쓰기에서 어려움을 보인다(Espin, Scierka, Skare, & Halverson, 1999; Parker, Tindal, & Hasbrouck, 1991; Scott, 1991; Scott & Windsor, 2000; Treiman, 1997; Watkinson & Lee, 1992).

1. **산출**(productivity): 그림에 맞는 이야기 만들기와 같은 통제된 쓰기 과제에서 쓰기에 어려움을 보이는 아동은 더 적은 어휘 및 문장을 산출한다.
2. **텍스트 구조**(text structure): 전반적으로 응집성(coherence) 및 텍스트 조직에서 부족함을 나타낸다. 주제의 소개가 부족하며, 결론이 논리적이지 않다. 대명사 및 시간부사와 같은 접속사의 사용에서 오류가 보인다.
3. **문장 구조**(sentence structure): 문장이 문법적으로 덜 복잡하며, 생략, 대치, 일관된

형식 등에서 오류를 보인다. 연결어 and를 과도하게 사용하며, 종속접속사(*if*, *because*, *since*)를 부적절하게 자주 사용한다.

4. 철자(spelling): 쓰기에 어려움을 보이는 아동은 철자 오류가 더 많이 나타나며, 비음성적(nonphonetic) 오류를 산출하는 경향을 보인다. 예를 들면, 목표 어휘의 발음이 비일관적이다(*skool/school*은 음성적이며, *sookl/school*은 비음성적).
5. 어휘(lexicon): 쓰기에 어려움을 보이는 아동은 어휘 다양도(type-token ratio, TTR)가 더 낮은 경향을 보인다. 이것은 단어를 반복적으로 사용하는 경향을 보인다고 설명할 수 있다.
6. 필사(handwriting): 글자가 정렬되지 않으며, 간격이 불규칙적이다. 또한 대문자와 소문자를 혼합해서 쓰는 것이 부족하며, 흘림 쓰기를 나타낸다.

부족한 필사 및 철자가 아동의 쓰기 어려움의 요인이 될 수 있지만, 문제의 원인은 분명하게 언어적인 것이기 때문에, 컴퓨터 사용으로 쉽게 발견할 수 없다. 쓰기 어려움의 요인을 비교한 연구는 컴퓨터 워드 작업 및 손으로 쓰는 과제에서 조작, 문법, 어휘 그리고 읽기에서 차이를 보이지 않았다(MacArthur & Graham, 1987; Nichols, 1996). 단어 처리 과정에서 사용한 텍스트 수정 빈도 및 횟수가 차이를 나타냈지만, 전반적인 쓰기의 질적인 면에서는 영향을 미치지 않았다(Grejda & Hannafin, 1992; MacArthur & Graham, 1987). 손으로 하는 것보다 워드 작업을 하는 시간이 일관적으로 더 오래 걸리는 것으로 나타났다(MacArthur & Graham, 1987; Nichols, 1996; Outhred, 1989; Peterson, 1993).

4. 중재 적용

앞에서, 우리는 학습장애 아동의 평가 및 중재에 대해서 여러 가지 설명했다. 여기서는 중재에 대한 다양한 측면을 살펴볼 것이다.

우리는 학습장애 아동이 나타내는 문제가 다양하다는 것을 알고 있다. 그러므로 많은 전문가들은 학습장애 아동을 위한 중재가 필요하다고 지적한다(표 4.3). 대부분의 학습장애 아동은 일반적으로 통합 교실에서 교육 및 서비스를 받고 있으며, 많은 경우에는 여러 교사 및 특수교사들이 아동의 교실에서 통합적 서비스를 제공하고 있다. 아동의 교육적 프로그램에 대한 적용 및 발달과 관련된 소수의 관련자들은 이해 부족 및 의사소통의 부족으로 혼란을 가져오기도 한다. 전문가들의 이해 부족이 일에 대한 책임감 문제로 발전될 수도 있다. 심리학자, 언어치료사, 특수교사의 경계가 분명하지 않다. 또한 학문 내에서 아이디어가 발전함에 따라 변경될 수 있다. 예를 들어서 언어치료사와 특수교사(예: 읽기 교사)는 여러 평가의 결과에 따라서 읽기에 어려움이 있는 아동의 중재를 맡을 수 있다.

표 4.3 학습장애 아동에 대한 평가 및 치료와 관련된 전문가

일반학교 교사	일반학교에서 교육과정을 구성하고 감독한다.
진단을 규정하는 교사	담임 교사로부터 아동이 의뢰되면, 학생의 학업 및 행동 문제에 대해 규정하기 위해 관찰 및 검사를 실시한다. 개인적 교수 방법 및 자료를 권고하고 담임 교사에게 설명하고 재검토한다. 추후 검사 및 평가를 실시한다.
학교 상담가	아동의 지능, 학업 성취, 사회적 상호작용 및 관계와 같은 심리 평가를 실시한다. 부모, 담임 교사, 인지적 스타일 및 인지적 성숙과 관련된 직원에게 의견을 듣는다. 개별 또는 집단으로 실시한다.
읽기 전문가	읽기 문제를 평가한다. 교실 이외의 장소에서 정확한 읽기 교수가 도움이 될 수 있는 비교적 경도의 읽기장애를 가진 아동과 관련해서 담임 교사와 상담한다. 더 심각한 읽기장애를 가진 학생을 위해서 더 심도 깊은 치료 방법을 제공한다.
학습 도움 교사	학습 도움실, 특수교육 교실을 대치한 장소에서 교수 방법을 구성하고 감독한다. 주로 경도 및 중간 정도의 어려움을 갖는 학생들을 학교에 있는 시간의 절반 정도를 지도한다. 나머지 시간은 일반 교실로 보낸다. 학습 도움 교사의 일부는 순회하기도 하며, 일반 교실에서 서비스를 제공하기도 한다.
보조 교사	교수 자료를 준비하고 교실에서 학생을 도와주며, 학생이 교실 밖으로 나가면 감독한다.
언어치료사	구어, 언어의 문제를 평가하고, 문해를 지도한다. 담임 교사, 다른 전문가들에게 문제를 해결하고 도와주고, 아동의 의사소통의 어려움을 극복하기 위해 의견을 듣는다. 여러 장소에서 아동의 의사소통의 어려움에 대해 직접적인 서비스를 제공한다.
학교 사회복지사	가정과 학교 사이의 의사소통 통로를 제공한다. 부모와 인터뷰를 하고 심리사회적 사례력을 따른다. 무단결석 문제를 다룬다. 특수교육 위원회를 통해 사례 매니저 서비스를 제공한다.
학교 의사	아동의 시각, 청각, 신체 발달, 의학적 요구, 방과 후의 신체적 요인 등을 평가한다.

- ❖ 언어장애의 하위 범주에 읽기장애가 포함된다(Catts & Kamhi, 1999).
- ❖ ASHA(American Speech-Language-Hearing Association)는 언어치료사가 읽기 및 학교에서 담당할 역할을 발표했다(ASHA, 2010a, 2010b).
- ❖ NCLB 법률(U.S. Department of Education Office of Elementary and Secondary Education, 2001)과 RTI 프로그램은 정규교육 및 특수교육을 받는 학생 모두에게 영향을 미쳤다.

이 장의 앞부분에서 학습장애에 대한 NJCLD의 정의가 논의되었다. 학습장애를 가진 학생을 확인하고 진단하기 위한 조작적 정의로, NJCLD(1998)는 4단계의 평가를 포함한 여러 가지를 추천하고 있다.

1단계(문제에 대한 설명). 학생이 듣기, 말하기, 읽기, 쓰기, 추론, 수학 능력을 습득하는 데 중대한 어려움을 겪고 있을 때, 교사, 부모, 다른 전문가들로 구성된 문제 해결 팀이 종종 NJCLD 지침에 따라 진행된다. 학생 자신이 자신의 특정 학습 문제를 확인한 후에 학생 중심 평가를 사용하여 중재 과정에 필요한 정보를 수집해야 한다. 또

한 학생 중심 평가는 중재 계획을 세우기 위해 필요한 정보를 모으는 데 사용할 수 있다.

2단계(확인). 1단계에서 다분야 협력 팀에서 사례력, 인터뷰, 직접 관찰, 준거 참조 평가, 역동적 평가 절차, 규준 참조 평가 등을 통해 정보를 수집했다. 부분적으로 학생들의 문화적 · 언어적 다양성에 민감한 평가 도구를 사용함으로써 학습장애 아동을 과도하게 확인하는 것을 피할 수 있다. 학습장애와 함께 발생할 수 있지만 직접적으로 원인을 일으키지 않는 동반 질환(예: 일측성 청력 손실)을 고려함으로써, 그리고 엄격한 적용이나 불일치(인지 참조)/확인/적격성 모델을 피하고 학습장애를 확인하기 위해 더 이상 법에 의해 요구되지 않는 접근법을 피함으로써 학습장애가 있는 아동을 과소 확인하는 것을 방지하는 것이 중요하다(U.S. Department of Education, 2004).

3단계(특수교육 적격성 평가). 자연스런 환경, 확실한 맥락 안에서 다분야 협력 팀 안에서 학생의 듣기, 말하기, 읽기, 쓰기, 추론, 수학 능력에 대한 평가를 통해서 학생에게 다른 관련 서비스가 필요한지 그리고 특수교육이 필요한지를 결정해야 한다. 만일 그렇지 않다면, 이러한 학생을 상담 및 모든 전문가들이 협동하여 정규교육을 도와줄 수 있다.

4단계(중재). 학습장애 학생, 교사, 부모, 발달 전문가, RTI 프로그램 적용 등이 협조되는 과정이다. 만일 학생이 일반 학교 또는 개별화 교육과정에 있다면, 1단계에서 3단계의 평가를 통해서 수집된 정보를 사용하여 특수교육이 필요하다고 결정할 수 있다.

1) 정규교육과 특수교육에서의 문제

학년이 올라감에 따라 아동들의 공식적인 교육 구조는 변화된다. 예를 들면, 놀이 시간이 감소하고 과목이나 교사의 수가 증가한다. 학습장애 아동은 유치원에서 1학년으로 올라갈 때, 3학년에서 4학년이 될 때, 초등학교에서 중학교에 갈 때, 중학교에서 고등학교에 갈 때 교육 보조를 요청할 것이다. 전문가들은 담임 교사로부터 의뢰된 것을 바꿀 수 있으며, 이전 학년에서 학습 문제가 증명되거나 새로운 문제가 드러난 아동을 관찰하고 확인하는 시간을 갖는다. 또한 언어 및 학습장애 아동은 교육적 이정표를 통해 도움을 줄 수 있다.

NCLB, RTI의 적용 그리고 IDEA의 지속적인 평가를 통해서 정규교육과 특수교육 사이의 경계를 분명하게 하고, 특수교육의 적격성, RTI 프로그램과 상반되는 개별화 교육과 학습에 어려움이 있는 학생을 도울 수 있는 전문가에 대한 역할 및 책임과 관련된다. NCLB와 RTI 둘 다 주로 정규교육에 초점을 두고 있지만, 모든 학생을 위한 높은 질을 강조하는 교육이다. 이러한 프로그램의 효과는 학생들이 '정규교육 학생' 또는 '특수교육 학생'이라는 범주로 더 이상 구별되지 않는다는 것이다. 모든 학생들은 정규교육 또는 특수교육에 있는 것과 상관없이 증거 기반 교육을 받게 되며, 학교는 프로그램의 결과에 대해서 연간 진전 평가를 확인할 필요가 있다.

Ehren과 Whitmire(2009)는 RTI가 단일 모델보다 학생을 평가하기 위한 더 좋은 구조를 가졌다고 설명했다. 또한 RTI에 대한 증거 기반 교수, 원리, 구성 요소를 다음과 같이 설명하고 있다(Ehren & Whitmire, 2009; Jackson, Pretti-Frontczak, Harjusola-Webb, Grisham-Brown, & Romani, 2009).

❖ 자격을 갖춘 전문가들은 과학적으로 기초한 교수를 실시한다.
❖ 학생의 기초 수행 자료를 수집하며, 교육에 대한 반응을 모니터하고 결정하기 위해서 규칙적 간격을 두고 재평가한다.
❖ 지도 방법은 학생의 진전 자료에 따라 바뀔 수 있다. 만일 학생이 초반에 적용된 교수 접근법으로 적절한 진전을 보였다면, 점차 증가된 집중적 접근을 적용시킨다. '층 구조(tiers)' 이론에 따른 집중 교육을 증가시키기 위한 방법을 설명한다.
❖ 3층 구조가 자주 사용되며, 이러한 구조의 특징은 다음과 같다.
  - 1층: 정규교사가 교실에서 일반적으로 주로 지도한다. 학생은 자신의 수행 정도를 확인한다. 공식적인 평가가 진전을 모니터하기 위해서 일정 간격으로 평가된다. 교수 형식은 다른 전문가의 협의와 도움을 받는 다른 학생과 차이가 있다.
  - 2층: 두 번째 교수는 선별 결과를 적용한다. 교수는 학생의 요구에 초점을 둔다. 교육은 정규교사, 특수교사, 언어치료사를 포함한 전문가들의 협조로 전환될 수 있다. 교수는 어떤 장소든지 또는 세팅이 결합된 곳에서 작은 집단으로 실시한다. 지도와 중재는 학생의 정규교육을 보충하도록 계획한다. 진전은 자주 모니터된다.
  - 3층: 세 번째 교수는 정규교사와 전문가가 함께 수행할 학문적 요구를 목적으로 중재가 구성된다. 중재는 소집단 또는 개별적으로 구성하여 적절한 장소에서 집중적으로 실시하며 진전을 모니터한다. RTI의 일부 구조는 특수교육의 형식과 마찬가지로 3층 구조로 구성된다. 그러나 RTI의 다른 구조는 4층 구조와 같은 특수교육의 구조를 갖는다.

우리가 알고 있는 바와 같이 특수교육 대상자가 아니라도 특수교사에게 더 전통적인 중재를 받기 위해 더 낮은 단계의 지도를 받는 것도 가능하다. RTI는 더 집중적이고 구체적인 중재를 받아야 하는 학생이 아닌 학생들에게 교육 서비스를 제공했을 때 긍정적인 경향을 보일 수 있지만, 범주적 기능 모델(categorical funding models)은 특수교육 또는 정규교육 서비스가 필요한 모든 아동에게 목표 달성이 떨어지는 것으로 보일 수 있다. 이것은 학습장애 아동의 경우에 특히 도움이 된다.

2) 심리사회적 문제와 반응

학습장애 아동에게 나타나는 어려움은 심리사회적 문제가 될 수 있으므로 매우 중요하다. 우리는 이전 장에서 취학 전 SLI가 심리사회적 문제를 갖는다는 것을 살펴보았다. 그리고 우리는 이번 장과 다음 장에서 그 부분을 다시 상기할 것이다. 우리는 학습장애 아동과의 작업을 통해 대부분의 아동이 적응 및 반응에서 일부분만을 보일 것이라고 기대한다. 학습장애 아동 중에서 가장 많은 비율을 차지하는 것이 아동들이 학교에서 사회적 상호작용을 피하는 것이다(Pearl et al., 1998). 또래와 비교할 때, 학습장애 아동은 학교 생활에서 거절, 무시, 외로움을 더 느끼는 것으로 나타났다(Margalit & Levin-Alyagon, 1994; Wiener, Harris, & Shirer, 1990). 특히 학습장애 남자 아동들이 여자 아동에 비해 더 큰 혼란을 겪고 반사회적 반응을 하는 것이 증명되었다(Arnold, 1996; Gaub & Carlson, 1997).

통합교육의 장점 중 한 가지는 정상 아동과 장애 아동을 분리하지 않고 자아상을 향상시킬 수 있다는 점이다. 그러나 학교생활이 지속되면서 학습장애 아동의 자존감은 더 낮아진다. 학령기 초기에 그들은 학업적 어려움이 있지만, 스스로 사회적으로 수용되고 유능하다고 여길 수 있다. 그러나 청소년기 또는 초등학교 고학년이 되면서, 장애 아동들은 학업 성취도가 낮아지고, 행동 문제, 전반적 자기 가치감이 낮아지는 것으로 증명되었다(Bear & Proctor, 1991; Harter, Whitesell, & Junkin, 1998; Jerome, Fujiki, Brinton, & James, 2002; McNulty, 2003). Redmond와 Rice(1998)의 연구에 기술된 유치원 및 초등학교 1학년 교사들의 보고에 따르면, 표준화된 사회행동적 측정 도구에서는 정상 범주에 있지만 언어 문제가 갖는 아동은 정상 발달 또래에 비해서 사회적 문제나 행동 문제를 나타내는 비율이 더 높은 경향을 나타낸다. 이러한 관점은 3장에서 소개한 내용과 일치한다. 학교에서 직면하는 언어-학습장애 아동의 경험 및 상호작용은 아동의 자기상을 위축시키는 데 영향을 미칠 수 있다.

3장에서 살펴본 바와 같이, 학습장애 아동들 사이의 사회적 능력의 결함은 ADHD 또는 우울증 등으로 진단된 정신과적 문제와 높은 관련성을 갖는다(Cantwell & Baker, 1991; Kavale & Forness, 1996; San Miguel, Forness, & Kavale, 1996; Trueting & Hinshaw, 2001). 또 다른 관점은 사회 적응 모델로, 학습장애 아동의 문제를 부정적인 적응으로 보는 관점이다(Redmond & Rice, 1998). 이러한 관계에 대해서 설명하고 토의했지만, 모든 교사 및 전문가들이 그것을 모두 인식하는 것은 아니며, 일부는 학습장애, 언어장애, 심리사회적 발달, 행동 및 정서적 요인 등의 상호작용과 관련해서 보고할 필요가 있다고 보고 있다.

3) 협동 서비스 제공 모델

연방 교육법에서 특수교육 적격성 및 장애 학생을 위해서 IEP 및 학제 간 접근(ASHA, 1991; DiMeo, Merritt, & Culatta, 1998)을 요구한다. NCLB와 RTI는 학제 간 중재를 촉진하기 위한 것이며, IEP가 필요하지 않더라도 학생들과 협력하는 전문가 및 자료 중심의 양질의 교육 프로그램에 의한 빈번한 평가 모니터링이 중요하다. 이러한 법률 및 발단은 장애학생을 위해 중재 및 교육을 위해서 전문가들 사이의 협동을 요구한다. 다양한 전문가들이 학습장애 아동을 돕기 위해 협조하며, 그들은 학제 간의 팀의 일부로 학생의 교실에서 주로 도움을 제공한다. 그러나 협동을 이끌어 내면서 전문가들이 격리되지 않도록 하는 어려움이 남아 있다. 협동 서비스 제공 모델(Collaborative Service Delivery Model)의 특징은 다음과 같다.

- ❖ 이 모델은 교사, 부모, 전문가, 특수교사, 학생으로 구성된 초학문적 팀이다.
- ❖ 모든 교육, 중재 목표, 평가 방법, 중재 절차, 기록 체계는 팀원들이 계획한다.
- ❖ 팀원들은 학생의 진전에 대한 수행, 프로그램 및 계획 수행에 대해서 함께 책임을 나눈다.
- ❖ 특수교육뿐만 아니라 정규교육은 각 학생에게 적절한 내용으로 교실 안에서 실시한다.

협동 모델의 성공은 점차 많이 보고되었다(Farber & Klein, 1999; Hadley, Simmerman, Long, & Luna, 2000; Smith, McCauley, & Guitar, 2000; Swenson, 2000). 이 모델은 언어 및 학습을 위해서 다음과 같은 장점을 가지고 있다.

- ❖ 교육 및 중재는 실제 의사소통 맥락 안에서 실시한다.
- ❖ 중재는 학교생활 전반을 통해서 실시되며, 서비스 일정에 의해 제한되지 않는다.
- ❖ 중재는 특정 전문가보다 다른 대행자에 의해 제공될 수 있다.
- ❖ 장소는 모델링, 역할 놀이, 집단 문제 해결과 같은 절차를 사용하는 것이 더 적절하다.
- ❖ 교육팀의 모든 팀원에 의해 교육과정 및 텍스트의 수정, 합평(joint review)이 가능하다.
- ❖ 교육 및 중재 시간은 팀원들이 공유할 수 있다.
- ❖ 자존감은 학생들이 잘한 점과 잘못한 점에 대해 교사가 학생에게 말해 줌으로써 촉진된다.
- ❖ 또래 교수가 가능하며, 한 학생의 장점이 다른 학생의 단점을 보완할 수도 있다.

4) 전통적 서비스 제공 모델

전통적 서비스 제공 모델은 때때로 '우회(pullout)' 모델이라고 부르기도 한다. 학생들은 일반 교실에서 수업을 받지 않고 다른 곳으로 이동하여 전문가에게 서비스를 받는다. 서비스는 개별적으로 실시되기도 하고 집단으로 실시되기도 한다. 비록 협동 서비스 제공 모델을 지지하기는 하지만, 전통적인 서비스가 제공되는 장소 및 환경이 지속된다. 그러나 학습장애 아동을 지도하는 다른 교사와 특수교사 사이에 의사소통이 안 된다는 것을 의미하는 것은 아니다. 특수교사는 교실에서 더 효과적인 언어 학습을 촉진시키는 방법을 적극적으로 제안할 수 있다. 다음은 일반적인 권고 목록이다.

1. 협동 학습을 위한 작업 상황을 제공함으로써 말하는 것을 촉진시킬 수 있는 물리적 환경 만들기. 또한 대화에 초점을 둔 서비스를 제공하기 위해서 교실 환경을 변화시켜 물리적 환경 만들기.
2. 집단 토의를 끌어내기, 문제를 해결하기 위해서 학생에게 말을 요구하기, 교사들보다 다른 청중에게 개념 및 처리 과정을 설명하기 위해서 통합 연령, 통합 능력 집단을 사용하기 등을 통해서 학습 진전에 대한 구어적 상호작용을 촉진시킨다.
3. 정보를 수집하고 절차를 확인하기 위해서 전통적 서비스 제공 모델보다 다른 다양한 목적을 위해서 언어를 사용할 기회를 제공한다. 예를 들면, 학생이 어떤 결정을 하기 위해서 또래 친구 또는 교사를 설득하기, 농담하기, 감정 표현하기, 잘 모르는 청자에게 자신이 알고 있는 것을 설명하기 등을 실시할 수 있다. 교실에 초대된 손님은 공모자(confederate)로서 중요한 역할을 수행한다.
4. 아동이 대답하기를 거부하기(예: "말을 잘 할 수 있지만 하지 않음"), 직접적인 설명("그 일이 일어났을 때 너는 어땠는지 말해 봐."), 질문 및 신호에 반응할 충분한 시간을 제공하기 등을 통해서 아동을 격려한다.
5. 중재 계획안에 정규교육 내용을 혼합시킨다. 중재 및 교육이 학문적 · 교육적으로 관련되어야 하며, 학교생활을 성공적으로 촉진될 수 있도록 계획되어야 한다.

5) 중재 전략

우리가 사용한 서비스 모델과 관련해서, 전문 교사 및 학습장애 중재는 교수 방법의 레퍼토리를 갖고 있다. 학습장애 아동에게 전통적인 교수를 지도하면 학업 성취의 실패로 나타나는 것으로 확인되었다. 그러므로 학습장애 아동들 대부분은 학습과 관련되는 대안적인 방법을 찾는 것이다. 때때로 이러한 방법은 정상 아동들이 학습할 때는 필요하지 않은 것일 수도 있다. 또는 학습을 위해서 어떤 것을 방해하는 것을 멈추게 하는 방법일 수도 있다.

인지 훈련을 위한 정보처리 및 전략. 정상 아동과 학습장애 아동을 비교한 연구에 따르면, 학습장애 아동은 정보를 조직하고 처리할 때 비효율적이며, 인지적 스타일이 왜곡되거나 덜 효율적이다. 이러한 특성은 여러 학습 과제를 통해 설명할 수 있다. 학습장애 아동은 다음과 같은 특성을 나타낸다.

- 학습장애 아동은 문제 해결 과제에서 더 충동적이며, 덜 성숙한 전략을 사용한다. 그들은 어떤 지적 과제를 다른 과제로 이동시키는 데 어려움을 보인다(Douglas, 1988; Schachar, Tannock, & Logan, 1993).
- 학습장애 아동은 단어가 미리 조작된 환경에서 나타나지 않는 한, 단어를 회상하거나

조직하는 데 있어서 덜 성숙한 전략을 사용한다. 또한 정상 아동이 연령이 증가함에 따라 단어를 범주로 묶는 것과 같은 실행을 하는 것과 달리 학습장애 아동은 단단어와 같이 정보를 작게 구조화하거나 분리시켜 열거한다.

- 고학년의 학습장애 아동은 단서가 없으면 자신이 읽은 이야기에 대해 논리적 불일치를 발견하지 못한다.
- 학습장애 아동은 더 새로운 교육과정 구조(자료 수집을 강조한 것, 문제 해결, 사실에 대해서 간단하게 습득하기보다는 기술하기)에 덜 성공적이다.

이러한 특성들에 따르면 학습 및 언어 수행을 향상시키기 위한 단순 접근은 충동적인 반응을 확인하는 것이라고 제안했다. 한 아동은 즉각적일 수 있으며("시간을 갖고 생각해 봐."), 숙고한 행동을 강화할 수 있다. 우리는 다음 장에서 다시 한 번 이것에 대해 다룰 것이다. 더 중요한 분석은 미성숙한 리허설 또는 문제 해결 전략을 밝히는 것이다. 아동이 어려워하는 학습 과제를 확인하고, 과제에서 언어 및 인지적으로 요구하는 것을 자기 반성(introspection)을 통해 분석해야 한다. 전문가들은 그들에게 질문할 수 있다. "내가 이 과제를 어떻게 할까?", "다음에는 뭘 할까?" 이러한 질문을 통해서 아동에게 정보를 얻거나 이 과제를 수행하는 것을 관찰하거나, 직접적으로 질문하기를 통해 정보를 얻을 수 있다(아동은 자신이 해야 할 것을 말하거나 말하지 못할 수 있다). 만일 아동의 전략이 전문가의 전략과 다를 경우, 중재는 아동이 제시한 방법을 점차 제거하면서 새로운 전략에 대해 단서 및 촉진을 제공하면서 새로운 전략을 소개한다. 만일 아동의 전략이 전문가와 같을 경우에는 리허설 및 문제 해결(각 단계별로)의 대안적 방법을 소개할 필요가 있다.

문제가 되는 언어 행동이 더 복잡할 때, 더 복잡한 지도 방안이 요구된다. **도표**(graphic organizers)는 그들을 도울 수 있다(Ellis, 1994; Griffin & Tulbert, 1995; Howard, 1994; Pehrsson & Denner, 1988, 1989). **그림 4.2**에서 보는 바와 같이, 학생들에게 군집(cluster) 패턴, 상/하위 관계, 에피소드 패턴을 사용하는 방법과 확인하는 방법을 지도한다. 이런 방법을 통해서 아동은 사건의 결과 또는 사건의 변화를 볼 수 있게 된다. 군집은 읽으면서 원이나 연결 선으로 그리거나, 쓰기 전에 예비 조직으로 그림을 그릴 수 있다. 군집을 구성하는 조작적 처리 과정과 구성하는 처리 과정의 전문적 방법은 학생으로 하여금 자신이 해야 하는 것에 대한 책임감을 점차 알려 주게 된다.

어휘 의미론. 단어 인출에 어려움을 보이는 경우 문제를 분석하는 방법에 따라 달라진다. 단어 인출의 어려움은 덜 정교화된 저장에 기인한다. Kail과 Leonard(1986)는 단어 어형 변화 및 체계적 관련성을 강화하기 위해 다음과 같은 활동을 추천했다.

패러다임

1. 관련 단어의 다양한 기능을 지도한다(예: ball: 운동 경기에서 사용하는 도구 또는 점

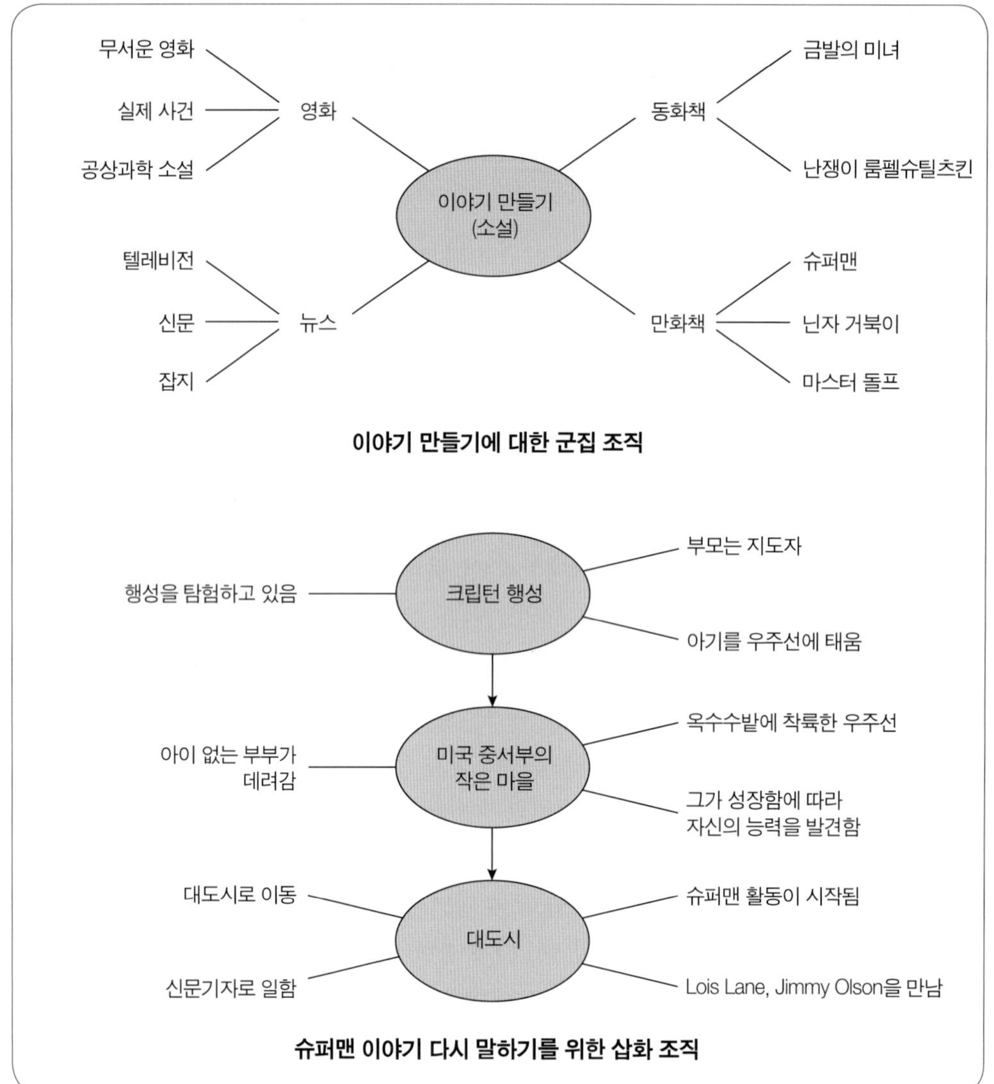

그림 4.2 의미적 조직의 예

출처: Pehrsson과 Denner(1988).

토로 만든 모양).

2. 확인할 수 없는 예문을 가진 단어와 관련해서 지도한다(예: capsule: 약의 형태, 우주선, 유아용 카시트).
3. 유사한 범주로부터 비교 및 반대어를 지도한다(예: 옷: 셔츠, 블라우스, 블레이저 코트, 재킷).
4. 상위 개념을 지도한다(파충류, 감각, 정부의 형태).

통사

1. 단어와 함께 주로 사용되는 한정사, 행위자, 처소격 용어를 설명한다(예: handcuffs: pair of, police, wrist).
2. 단어의 통사적 특성을 설명한다(예: desperate: 명사 앞 또는 연결된 동사 뒤에 온다)
3. 단어의 음성적 또는 형태론적 특성을 설명한다(예: *prejudice*는 3음절이며, 자음군으로 시작하고, 접두사를 포함한다).

의미론적으로 저장하는 것에 어려움이 없으면, German(1982, 1992, 2001)은 대치 형태 분석에 근거한 치료 절차를 추천했다. 시각적으로 유사한 대치를 하는 아동은 목표 어휘에 대해서 시각적으로 구체화한 질문을 할 수 있다. 반대로 아동들에게 단어의 시작음과 같은 청각적 단어를 제공하여 시각적 정보를 보충할 수 있는 단서를 제공한다.

단어 인출 향상에 대한 특별한 접근은 **핵심 단어 기억 전략**(keyword mnemonic strategy)으로, 비교적 연구가 많다(Fulk, 1994; Uberti, Scruugs, & Mastropierie, 2003). 목표 어휘를 다른 친숙하고 그림화할 수 있는 단어로 재부호화한다. 그리고 목표 어휘를 시각적 이미지로 관련시키는 방법이다. 예를 들면, *celibate*라는 단어를 배운다면, 단어 *cell*과 관련될 것이다. 시각적 이미지는 성직자가 창문(cell)에 막대기가 있는 작은 방에 앉아 있는 것을 제시한다.

학습장애 아동을 위한 또 다른 방법은 그들을 학습 활동에 최대한으로 참여하게 하는 것이다. 또래 학습(classwide peer tutoring, CWPT)과 고정 시간 지연(constant time delay, CTD)은 학습 문제를 가진 학생의 학문적 능력을 지도하는 효과적인 방법이다(Wolery, Ault, Gast, Doyle, & Griffen, 1990). CTD와 CWPT는 또래와 짝으로 학습하는 방법이며, 학생의 오류에 대해서 즉각적인 피드백과 반응 기회를 여러 번 제공하는 방법이다. Hughes와 Fredrick(2006)은 CTD와 CWPT를 함께 결합한 전략이 학습장애 아동의 어휘 능력 향상에 효과적이라고 설명했다. 이는 학습장애가 있는 아동뿐만 아니라 학습장애가 없는 아동의 어휘 능력도 유의하게 향상시켰다. 그러므로 이러한 기법은 어휘를 포함한 학습 문제를 가진 아동을 지도하는 중요한 기술로 증명되었다.

이야기. 아동들의 이야기 능력을 향상시키기 위해서 여러 다양한 방법이 제시되고 있다. 아동들은 경청을 통해서 이야기를 산출하며, 목적, 동기, 사고, 주인공의 감정 등에 대해서 질문을 한다. 아동들은 주로 이야기 토의하기 및 이야기 듣기 그리고 읽기에 참여한다. 또한 그들은 특정 구조적 요인뿐만 아니라 이야기의 주제를 설명하는 것을 도와줌으로써 이야기 능력을 향상시킬 수 있다.

시각적 도움은 이야기를 조직하고 흐름을 유지하도록 도움을 줄 수 있다. 또 다른 연구에 따르면, 학습장애 아동이 선을 사용하는 방법이 이야기에 덜 유익한 것으로 나타났다. 그 원인은 정보를 말로 제공하기 위한 요구가 감소하기 때문이라고 설명한다(Ripich &

Griffith, 1988). 또 다른 한편으로 '마킹 또는 필기용 스틱형 마커(stickwriting)'는 성취 수준이 다른 아동에게 조직 및 상세한 이야기 능력을 향상시킬 수 있다(McFadden, 1998). 그러므로 구어 이야기 산출을 촉진하기 위해서는 시각적 도움과 청각적 단서를 결합한 시도가 필요할 수 있다.

학습장애 아동의 이야기 능력을 향상시키기 위한 인지 전략은 Nathanson, Crank, Saywitz와 Ruegg(2007)가 조사했다. 실험 집단은 등장인물, 장소, 행동, 내적 상황(정서)을 시각적 단어로 그림으로 그린 이야기를 회상하는 것과 관련되는 이야기 동화 훈련을 실시했으며, 동기화 교수를 지도한 통제 집단에 비해 과거 사건을 더 잘 기억하는 것으로 나타났다. 이러한 결과에 따르면, 학습장애 아동에게는 상위 언어 및 상위 인지 접근과 관련된 이야기 양식의 설명문 지도가 효과적이다.

읽기 및 쓰기. NCLB가 개발한 표준화를 실시하기 위해서 읽기와 쓰기 문제를 가진 학생들에게 다양한 프로그램이 효과적이다. 다중 모델 읽기 지도는 점자 사용, 이야기 책, 듣기 책, 비디오 등과 같은 촉각, 시각, 청각을 사용한다(Johnstone, Thurlow, Thompson, & Clapper, 2008). 또 다른 프로그램은 Nebraska Center 대학교에서 개발한 Stepping Stones to Literacy로, 위험군 아동을 위한 프로그램이다. 이 프로그램은 문해에 어려움을 가진 아동을 성공적으로 도와준다(Gonzalez & Nelson, 2003). 이 프로그램은 음운 인식 과제에 대해서 단순한 것(예: 운 맞추기)에서 복잡한 것(예: 합성, 분리)으로 이동하면서 음운 인식에 초점을 두었다. 또한 모든 능력 분야를 동등하게 강조하는 '균형 훈련(balanced training)'은 활동을 재조명하기 위한 많은 기회를 제공하며, 일반화를 위한 전략을 통합했다(Gonzalez & Nelson, 2003). 자기 조절 전략 개발(Self-Regulated Strategy Development, SRSD)은 NCLB와 IDEA 2004의 개정을 따르는 또 다른 전략이다(Graham & Harris, 1999). 쓰기에 어려움을 가진 아동의 중재를 위한 전략으로 증거 기반 중재 방법으로 학령기 아동을 대상으로 한다(Santangelo, Harris, & Graham, 2008). SRSD는 다음의 6단계로 구성되었다.

1. 특정 쓰기 전략을 적용하기 위해서 학생의 선수조건을 평가한다(예: 이야기 문법 전략). 만일 선수조건이 부족하면, 선수조건을 학생에게 지도한다.
2. 학생과 교사가 새로운 전략 사용의 장점, 쓰기에 대한 학생의 지각, 쓰기를 어떻게 향상시킬 것인지에 대해서 토의한다.
3. 새로운 전략에 대해서 교사가 모델링한다.
4. 학생은 새로운 전략을 기억한다.
5. 학생은 전략 사용에 대한 의무를 이행한다.
6. 일반화 및 유지를 위해서 다른 환경에서 새로운 전략을 사용한다.

증거 기반 접근법은 Kansas Center 대학교에서 개발한 전략적 교수 모형(Strategic Instruction Model)이다(Deshler, Robinson, & Mellard, 2004).

여러 전략이 학습장애 아동의 읽기 능력을 효과적으로 향상시켰다는 것을 제시하고 있다. 예를 들면, 친숙한 텍스트를 여러 번 읽기, 1분 동안 읽은 단어의 수를 계산하기, 1분 동안 오류 수 세기, 파닉스 훈련, 어휘 지도, 쓰기 지도, 단어 사이의 유사점과 차이점에 대해 말하는 것을 통해 어휘적 지식을 향상시키기 등은 초등학교 이상의 대상자에게 문해를 효과적으로 강화시키는 전략이다(Montgomery & Hayes, 2005). Rivera, Koorland와 Fueyo(2002)는 언어-학습장애 아동은 큰 소리로 읽기 전략, 단어를 나타내는 그림 그리기 및 색칠하기, 글자로 쓰여진 단어와 관련된 의미에 대해 이야기하기 등을 사용하여 시각 단어 읽기를 훈련할 수 있다고 보고했다. 이러한 훈련의 일부로 학생들은 쓰여진 단어를 나타내는 자신의 그림 카드를 만들 수도 있다. 학생이 만든 그림 카드의 크기는 점차 작아지며, 색깔의 강도도 점차 줄어든다. 학습장애 아동이 나타내는 읽기 문제에 대해서 이전 장에서 논의를 했고, 여러 중재 전략에 대해서 언급했다.

화용. 화용 능력이 훈련을 통해 향상될 수 있다는 것이 일부의 연구를 통해서 증명되었다. Richardson과 Klecan-Aker(2000)는 6~10세 언어-학습장애 아동 20명을 대상으로 화용 훈련을 실시했다. 아동들은 대화, 즉 인사, 주제 유지, 종료, 다른 감정 표현 및 확인하기, 물건을 형용사로 기술하기 등의 훈련을 실시했다. 연구 결과, 준거 참조 검사를 사용한 측정 결과, 화용 능력 훈련을 받은 언어-학습장애 아동의 능력이 향상되었다고 보고했다.

요약

이 장에서 우리는 다음의 내용들을 살펴보았다.

- 학습장애는 1960년대에 진단적 범주로 사용하기 시작했으며, 여러 차례 재정의되어 왔다.
- 학습장애 아동은 여러 하위 유형으로 분류된다. 그러나 진단적 분류에 대한 도식에 대해 일치를 보이지는 않는다.
- 학습장애는 여러 진단 범주와 겹쳐지거나 포함되며, 난독증, 성취 이하, ADHD, 음운처리장애, 발달적 말 실행증, CAPD, SLI 등이 있다. 전문가들은 이러한 용어들 사이의 관계를 알아야 하며, 이러한 조건에 속한 아동들에 대해서도 알아야 한다.
- 학습장애의 진단 범주는 각 상태에 따른다. 이러한 상황은 차이가 있을 수 있다. 그러나 일반적 기준은 지능과 학업 성취 사이의 불일치를 나타내야만 한다.
- 미국 아동의 대략 300만 명이 학습장애로 진단되었다. 여자 아동보다 남자 아동이 더 많다. 또한 학습장애는 유전과 관련된다고 증명되었다.

- 대부분의 학습장애 아동은 언어장애를 동반한다. 언어장애와 학습장애는 단일 손상에 대한 서로 다른 표시이다. 학습장애, 언어-학습장애, 언어장애와 같은 용어들이 이러한 아동을 부르는 데 사용되어 왔다. 이 아동들의 학습 및 언어 문제는 학령기 동안 또는 그 이상 지속되는 경향이 있다.
- 많은 학습장애는 공식적인 교육을 필요로 한다. 아동들은 상위 언어적 지식을 더 정교화해야만 한다. 또한 아동들은 문자에서 요구하는 것과 규칙에 대한 새로운 상황을 배워야만 하며, 이러한 것들은 구어와 많은 차이가 있다.
- 학습장애 아동은 주로 어휘의 어려움을 갖는다. 이러한 아동은 점차 어휘 지식, 조직화, 단어 사용 및 단어 회상, 문제를 유도하는 것 등에서 어려움을 나타낸다. 비문해적 의미, 은유 표현, 다른 비유적 언어 등에서 특히 어려움을 보인다.
- 대부분의 학습장애 아동은 동사 형태와 관련된 문법의 여러 영역에서 문제를 나타낸다. 또한 복잡한 문장 사용이 제한적이다.
- 이야기의 이해 및 산출에서 어려움을 보인다.
- 학습장애 아동은 화용에서 덜 단호한 경향을 보이며, 서로 다른 상황에서 자신의 언어를 변화시키는 능력에 제한을 보이며, 대화 상황이 멈출 때, 이런 상황을 회복시키는 능력에서 제한을 보인다.
- 읽기 및 쓰기는 많은 하위 능력이 요구되는 복잡한 언어 행동이다. 결론적으로 처리 과정에서 다양한 어려움이 발생하며, 학습장애 아동은 다양한 영역에서 손상된 프로필을 나타낸다.
- 학습장애를 치료하는 모델은 교실에서 학생과 함께 지도하는 것을 강조한다. 협동 중재 및 교수가 중요하다.
- 충동성을 나타내는 학습장애 아동과 부족한 과제 분석을 나타내는 아동을 돕기 위해서 많은 서로 다른 학습 문제를 중재하는 접근법이 제시되었다. 특별한 중재 전략은 어휘 조직, 인출, 이야기 산출, 읽기 및 쓰기 능력을 성공적으로 향상시켰다.

학습장애의 이론들은 여전히 형성되기도 하고 개정되기도 한다. 이러한 상황에서 전문가들은 중재를 위해서 학습 문제 및 중재에 대한 권고를 다양하게 설명하는 것 같다. 새로운 정보를 개별적으로 평가하는 것은 특히 중요하다. 또한 규칙적인 방법이 성공적이지 못할 때는 혁신적인 접근법을 시도할 필요가 있다. 동시에 우리는 우리가 사용한 중재 접근법에 대한 평가 결과를 분명히 할 필요가 있다. 학습장애의 언어 능력에 대해서 전체 학년 동안 전문가들이 정밀한 조사를 할 필요가 있다.

언어장애 청소년

학습 목표

이 장을 읽고, 다음의 내용을 논의할 수 있어야 한다.

* 해결되지 않은 언어 문제로 인해 청소년기에 나타나는 학업적 · 사회적 · 직업적 관련성
* 언어장애 청소년이 인정받지 못하는 집단으로 남아 있는 이유
* 청소년기의 언어발달 특성
* 언어장애 청소년의 특성
* 언어장애 청소년을 확인하기 위해 사용되는 다양한 전략
* 청소년의 의사소통 수행을 평가하기 위한 준거 참조 검사 및 비표준화 검사
* 언어장애 청소년을 위한 중재 목적 및 프로그램의 개발을 위한 원리

일반적으로 서양 사회에서는 청소년 발달 이론에 근거해서 청소년기를 11~12세경에 시작되어 18~21세까지 지속되는 것으로 설명하고 있다. 청소년기에는 인지적 · 생리적 · 정서적 · 사회적 · 교육적 변화 등이 눈에 띄게 나타난다. 언어도 변화를 나타내는데, 언어는 정서 및 다른 발달 영역에 영향을 미친다. 청소년이 언어장애가 있을 경우, 장애가 심각하거나 심각하지 않거나 또는 Nelson(1998)의 말처럼 "거의 비슷하지 않지만"(p. 223), 10대들은 모든 발달 영역에서 문제를 일으킬 위험에 처해 있다.

우리가 언어장애 청소년에 대해 알고 있는 대부분의 지식은 불충분하거나 경험적으로 확인되지 않았다. 특히 3장에서 기술한 학령 전기 단순 언어장애(SLI)와 같이 언어 영역에서만 어려움을 보이는 청소년들에 대해서 확인되지 않았다. 언어 및 학습장애에 대해서 기술한 이전 장에서, 취학 전 SLI(언어 문제가 실제로 확인되었든지 또는 그렇지 않았든지)가

학교 입학 후에 학습장애가 되는 경우가 많다고 기술했다. 왜냐하면 취학 전 SLI는 입학 후에 '학습장애'로 진단명이 바뀌거나, 취학 전에 언어장애가 있는 아동은 입학 후에 언어장애에 학습장애라는 진단이 추가되기 때문이다. Rescorla(2009)의 연구에 따르면, "생후 24~31개월에 느린 언어발달을 보이는 아동은 정상 아동의 발달과 비교해서 청소년기까지 언어와 관련된 기능에서 취약함을 보인다"(p. 16).

5장에서 우리는 언어장애 청소년이 보잘것없는 집단(inconsequential)이 아니라는 것을 알려 줄 것이다. 또한 언어장애로 인해 나타나는 전반적 문제를 다룰 것이다. 그러나 언어장애 청소년은 인정받지 못하고(unrecognized), 대우받지 못하고, 정부의 원조를 제대로 받지 못하고, 무시당하고(neglected) 있다(Apel, 1999a, Larson & McKinley, 2003; Nippold, 2010; Vance & Clegg, 2010). 이 장에서 우리는 언어장애 청소년 집단이 인정받지 못하는 이유, 청소년의 언어발달, 청소년기에 언어장애로 인한 문제, 언어장애 청소년을 위한 평가 및 중재 요인들에 대해서 살펴볼 것이다.

1. 중대한 문제를 가진 인정받지 못하는 집단

1986년에 언어장애 청소년에 대해서 처음 다루기 시작했다. 10대들과 관련되는 대부분의 문헌 정보는 언어장애 영유아의 문헌에 비해 매우 제한적이었다. 또한 10대 청소년에 대해 따로 기술할 필요가 없다고 생각하는 사람들도 일부 있었다. 그러나 25년이 지난 후, 언어장애 청소년 문제를 다룬 문헌이 증가한 것은 고무적이며 유쾌한 일이다. 이 장의 절(section) 제목이 처음에는 "문제", "지속되는 문제", "중대한 문제를 가진 부정적 집단"이었는데, 현재는 "중대한 문제를 가진 인정받지 못하는 집단"으로 바뀌었다. 그것은 언어장애 청소년에 대한 관심이 증가된 것을 반영한 것이며, 다음에 의해서 "아직 불충분(not there yet)"하다는 뜻을 반영한 것이다.

- 초등학생을 위한 서비스와 비교해서 10대들을 위한 서비스는 부족(underserved)하거나 도움이 되지 않는다(unserved).
- 언어장애 청소년을 위한 대학 교육과정이 준비되지 못했다.
- 청소년 언어의 특징 및 관련 문제를 더 잘 이해하고 증거 기반 중재 프로그램을 개발하고 발전시킬 방법에 대해 우리가 갖고 있는 지식이 부족하다.

오늘날, 일부 독자들은 언어장애 청소년이 있다는 것을 알고 놀랄 것이며, 5장 전체에서 이러한 언어장애 청소년에 대해 기술한 증거와 관련되는 문제를 알고 놀랄 것이다.

청각장애, 지적장애, 신체장애 등과 같은 다른 중복장애가 없는 언어장애 청소년에게 청소년기 또는 성인기까지 여러 문제들이 출현할 수 있다는 연구들이 지속적으로 검증되고 있다(Aram, Ekelman, & Nation, 1984; Beitchman, Wilson et al., 2002c; Clegg, Hollis, Mawhood, & Rutter, 2005; Johnson, Beitchman, & Brownlie, 2010; Stothard, Snowling, Bishop, Chipchase, & Kaplan, 1998; Tomblin, Freese, & Records, 1992). 특히, 청소년 언어 문제는 개인적 관계 형성, 중고등학교의 학업 성취, 직업 및 전문직 선택, 장래 소득에도 영향을 미친다(Beitchman et al., 1996c; Clegg et al., 2005; Durkin & Conti-Ramsden, 2010; Durkin, Simkin, Knox, & Conti-Ramsden, 2009; Johnson et al., 1999; Schoon, Parsons, Rush, & Law, 2010a, 2010b; Snowling, Adams, Bishop, & Stothard, 2001; Snowling, Adams, Bowyer-Crane, & Tobin, 2000; Snowling, Bishop, & Stothard, 2000; Whitehouse, Watt, Line, & Bishop, 2009). 이전 장에서 기술한 바와 같이, 언어장애 청소년이 학업 성취가 떨어진다는 것이 놀랍지는 않다. 언어 능력은 후천적으로 습득하는 읽기 및 문해 능력 및 기초 학업 기술 습득과 관련되는 요인으로 알려져 있다(Botting, Simkin, & Conti-Ramsden, 2006; Catts, Fey, Zhang, & Tomblin, 2002; Catts & Kamhi, 1999; Dockrell, Lindsay, & Connelly, 2009; Westby, 1998; Whitehouse, Line, Watt, & Bishop, 2009). 그러나 수학 능력(mathematical abilities)을 포함할 수도 있다(Donlan, Cowan, Newton, & Lloyd, 2007; Fazio, 1994, 1996; Johnson et al., 2010). 학업에서의 언어 문제가 확장되면, 중등 과정 이후의 교육에도 영향을 미치며(Clegg et al., 2005; Durkin, Simkin et al., 2009; Hall & Tomblin, 1978), 독립성을 얼마나 잘 발휘할 수 있는지, 그리고 직장에 얼마나 잘 대처하고 성공할 수 있는지에도 영향을 미친다(Clegg et al., 2005; Conti-Ramsden & Durkin, 2008; Johnston & Packer, 1987; Law, Rush, Schoon, & Parsons, 2009; Whitehouse, Watt et al., 2009).

사회정서적 어려움은 언어장애 청소년들이 갖는 중대한 문제이다. 책의 전반부에서 우리는 취학 전 단순 언어장애 아동의 사회적 상호작용 및 사회정서적 어려움에 대해 설명했으며, 이러한 어려움이 초기 학령기의 언어 학습장애와 어떻게 관련되는지에 대해서 기술했다. 이러한 문제로 인해 개인들 간의 긍정적 관계를 유지하고 확립하는 데 어려움을 갖게 된다(Asher & Gazelle, 1999; Clegg et al., 2005; Conti-Ramsden & Botting, 2004; Durkin & Conti-Ramsden, 2007, 2010; Fujiki, Brinton, & Clarke, 2002; Fujiki, Brinton, Hart, & Fitzgerald, 1999; Fujiki, Brinton, Morgan, & Hart, 1999; Fujiki, Brinton, & Todd, 1996; Gallagher, 1999; Lindsay, Dockrell, & Strand, 2007; Snowling, Bishop, Stothard, Chipchase, & Kaplan, 2006; Whitehouse, Watt et al., 2009a). 외적으로 드러나는 특징과 관련되는 행동 문제(예: 반항적 행동, 과잉행동, 품행 문제)가 때때로 언어장애 청소년에게 나타난다고 보고했지만(Beitchman et al., 1996; Botting & Conti-Ramsden, 2000; Clegg, Stackhouse, Finch, Murphy, & Nicholls, 2009), 이 청소년들은 내적인 어려움(예: 사회적 철회 행동, 수줍음, 제한된 교우관계, 사회공포, 사회적 시작 행동 문제 등)을 더 많이 갖는 것으로 나타났다(Beitchman et al., 2001c; Conti-Ramsden & Botting, 2004; Wadman, Durkin, & Conti-Ramsden, 2008). 내적인 어려움은 저학년 SLI 아동들에게 나타나는 문제이기도 하다(Fujikl, Brinton, Isaacson, & Summers, 2001; Fujiki, Brinton, Morgan et al., 1999). SLI 학생의 일부는 감정 조절에 어려움을 보이며, 심리사회적 문제가 또래와의 관계에 영향을 미친다(Fujiki et al., 2002). 또한 학교 생활의 발전 및 학생의 성장과 관련되는 자존감이 감소되기 시작한다(Jerome, Fujiki, Brinton, & James, 2002; Wadman et aI., 2008). 언어장애로 인해서 사회정서 및 행동 문제가 아동기부터 청소년기까지 지속될 수 있다.

초등 고학년 및 청소년(8~13세)을 대상으로 실시한 사회정서와 언어 능력 사이의 관련성 연구 결과에 따르면, 학교 환경에서 경도/중도 행동장애 아동의 71%가 언어 점수가 표준편차 −1에서 −2 사이(1~2SD)로 평균 이하로 확인되었다(Camarata, Hughes, & Ruhl, 1988). 불행하게도 이 학생들 중에 연구를 위한 자료 수집 이전에 언어 평가를 받았던 학생은 아무도 없었다. 행동 문제를 가진 학생을 대상으로 한 Kauffman(2001)의 연구는 이러한 학생들은 친구 사귀기 및 친구와의 관계, 친구 유지하기 등에서 어려움이 있다고 제안했다. 또한 Marcon(1998)은 고등학교를 졸업한 학생을 대상으로 한 연구에서, 유치원 시기의 언어 능력이 부적응 행동이 없는 고등학생과 부적응 행동을 나타내는 고등학생을 구별하게 한다고 보고했다. 부적응 행동 집단의 청소년들은 초기 언어 능력이 대부분 낮게 나타났다. 또한 학령기에 정서 또는 행동적 어려움을 보이는 50~70%가 언어 문제를 함께 나타낸다고 일부 연구에서 주장했다(Hummel & Prizant, 1993; Prizant et al., 1990). 또한 60~95%의 언어 문제를 가진 아동이 행동 및 정서 문제로 치료를 받았다고 보고했다(Cohen, Davine, Horodezky, Lipsett, & Isaacson, 1993).

청소년 문제는 그들의 동료, 교사, 부모, 형제자매 등과 개인적 관계를 긍정적으로 확립하거나 유지하는 데 때때로 영향을 미친다는 것은 놀라운 일이 아니다(Durkin & Conti-Ramsden, Z007, 2010; Lindsay et al., 2007). 특히, 청소년기에 동료와의 대화에서 어려움을 갖는다. 청소년기는 동료와의 대화를 통해서 자신의 영향력을 확인하고 중대한 지지 기반 및 집단 소속 등의 기회를 갖는 시기이다(Denton & Zarbatany, 1996; Hartas & Donahue, 1997). 초등학교 고학년 및 청소년들은 친구와 이야기를 하는 데 많은 시간을 보내지만, 이러한 증가된 시간이 가족들과 이야기를 나누는 시간을 대신하는 것은 아니다(Raffaelli & Duckett, 1989). 이러한 결과에 따르면, 10대들은 다른 사람과 대화하는 데 더 많은 시간을 보내며, 대화 능력은 아동기에서 청소년기로 성장하는 데 매우 중요한 것을 얻게 하는 방법이자 개인들 간의 관계에서 질적으로 더 좋은 관계를 맺게 하는 방법이다.

10대 언어장애 청소년은 학교 안과 밖 모두에서 파괴적이며 부정적인 행동 특성을 나타낸다고 보고되고 있다. 그러나 많은 경우, 언어 문제가 초기 학령기 또는 취학 전 시기에 처음 확인되고 동반되는 사회정서적 초기 징후가 확인되면, 미래의 문제를 예견하는 것이 가능하다. 결론적으로 취학 전에 언어장애로 확인된 아동들은 언어 문제, 학업 문제, 때로는 행동 문제를 오랫동안 나타낸다는 Aram 등(1984)의 연구 결과와 유사하게 언어장애 청소년들은 취학 전에 언어 문제가 확인된다(p. 240). 취학 전 또는 학령 초기에 언어장애가 확인된 학생의 추적조사 결과에 따르면, 그들은 청소년기까지 학업, 언어, 사회, 정서, 행동 문제를 나타내며, 그 연구들은 표 5.1에 요약되어 있다.

SLI 청소년 부모들은 그들이 10대 시기를 지내면서 겪은 과정에 대해서 많은 것을 알려 주었다. 부모의 관심 정도에 따라서, 언어장애가 없는 청소년을 가진 부모들과 차이가 있는데, 그것은 다음과 같다(Conti-Ramsden & Botting, 2004; Conti-Ramsden, Botting, & Durkin, 2008; Pratt, Botting, & Conti-Ramsden, 2006).

- ❖ 청소년의 미래와 성인으로서의 삶에 대해서 비교적 부정적 기대를 갖는다.
- ❖ 제한된 고용 기회와 독립성의 부족
- ❖ 사회적 관계 및 사회화의 어려움
- ❖ 품행 문제
- ❖ 교육적 수행의 제한
- ❖ 성인기까지 청소년을 지원하기 위한 지역사회 자원의 제한
- ❖ 희생정신이 취약하다.

우리는 다음의 내용을 통해서 부모들이 보고한 특징이 옳은지에 대해 토의할 것이다.

1) 언어장애 청소년의 개인적 · 사회적 손실

청소년기의 언어장애는 개인적 · 직업적 · 경제적 자아실현의 기회를 제한한다. 그로 인한 문제는 단지 개인에 국한되는 것이 아니라 사회 문제가 되고 있다. 불충분한 교육(under-education) 및 불완전 고용(underemployment)은 언어장애로 인해 나타난 결과이다(Clegg et al., 2005; Johnson et al., 2010; Law et al., 2009; Whitehouse, Watt et al., 2009). 이러한 결과에 따르면, 잠재적으로 인간적 자원의 유용성 및 사회 공헌이 제한되고 있다. 예를 들면, 성인이 자기 효능감으로 사회에 공헌하기보다는 남아 있는 언어 문제 과제를 해결하게 된다.

언어장애 청소년은 고등학교를 졸업하기 전에 학교를 그만둘 위험이 있다. 즉, 학교에서 중퇴(dropping out)한다(Clegg et al., 2005; Conti-Ramsden, Durkin, Simkin, & Knox, 2009). 표 5.2는 미국교육부(U.S. Department of Education, 2001)의 자료이며, 언어장애 청소년 중에서 1997~1998년, 그리고 1998~1999년에 고등학교를 졸업한 학생과 졸업장을 받지 못한 학생, 중간에 학교를 중퇴한 학생의 비율을 보여 주고 있다. 특정 학습장애(specific learning disability)를 가진 많은 청소년들이 언어장애를 갖고 있음을 알기 때문에 장애가 있는 청소년 집단에 자료도 제공된다. 보고에 따르면, 언어장애 청소년의 80%, 그리고 특정 학습장애를 가진 62%가 졸업장을 받지 못하고 학교를 중퇴하는 것으로 나타났

표 5.1 취학 전 또는 초등학교 때 언어장애가 확인된 청소년 및 성인의 특징(추후 검사)

연구자	언어장애가 처음 확인된 연령	추후 검사한 연령	언어 능력
Aram 등(1984)	3;5~6;11세	13;3~16;10세	* 대상자의 90%가 중증도에서 최중도의 지체된 언어 점수
Hall과 Tomblin(1978)	평균 연령: 6;1 언어장애 집단 6;4 조음장애 집단	평균 연령: 22;3 언어장애 집단 23;0 조음장애 집단	* 언어장애의 50%는 성인까지 언어 문제가 지속됨. * 조음장애의 5.5%는 조음 문제가 지속됨
Weiner(1974)(사례 연구)	4세	16세	* 지속적인 의미론의 지체 * 통사론의 지속적인 문제
Beitchman, Brownlie 등(1996a) Beitchman, Wilson 등(1996b) Beitchman, Wilson 등(1996c)	5세	12;6세	* 수용언어와 표현언어 수행에서 유의한 수준의 지체가 지속됨
Johnson 등(1999) Beitchman, Wilson, Johnson 등(2002c)	5세	19세	* 수용 및 표현언어에서 유의한 수준의 지체가 지속됨. * 학령 초까지 50%가 언어치료를 받음
Johnson 등(2010)	5세	25세	* 수용어휘는 정상 범위에 있지만, 정상보다 유의하게 낮은 점수
Tomblin 등(1992)	평균 연령: 8;6세	평균 연령: 21;6세	* 초기 언어장애가 없는 어린 성인보다 언어장애가 있는 어린 성인이 유의하게 다음 영역에서 낮음 • 단단어 수용어휘 • 잘 형성된 문장 사용 • 빠른 이름 대기 • 문장 모방, 말 속도 • 행위자-행위에 대한 질문 해석 • 토큰검사 수행 • 단어 유창성
Conti-Ramsden, Botting, Simkin과 Knox(2001)	7세	11세	* 수용 · 표현어휘 형태론/통사론이 16%ile 이하 * 88.5%가 언어 점수가 떨어짐

추후 특징		
읽기 및 학업 능력	사회/정서/행동 특징	기타
* 대상자의 50% 이상이 읽기 및 쓰기 측정에서 25%ile * 75%는 특수교육 보조 받음	* 또래에 비해 더 많은 유병률	
* 3~12학년까지 언어장애 대상자는 3학년을 제외한 조음장애 집단에 비해 학업 성취 점수에서 유의하게 낮은 점수		* 중등교육 이후, 조음 집단보다 언어장애 집단이 어려움이 계속되고 성취도가 낮음
* 2학년 읽기 수준 * 정상 범위의 비언어성 IQ에도 불구하고 특수교육 받음	* 10대 또래에게 무시당하고 괴롭힘을 당함	
* 언어장애가 없는 집단보다 교육 성취 검사에서 유의하게 낮은 점수 획득 * 50% 정도는 특수교육 보조 받음	* 청소년기에 정신 질환 발병 및 위험 증가 * 교육과정 이외의 비스포츠 활동 및 조직 참여도가 떨어짐 * 가정보다 학교에서 행동 어려움이 더 많이 출현 * 사회적 유능감이 떨어짐 * 외적 · 내적 행동 문제와 관련됨	
* 언어장애가 없는 5세 아동에 비해 읽기, 쓰기, 수학 능력이 유의하게 떨어짐.	* 불안장애 비율이 높음 * 반사회적 성격장애 가능성	* 언어장애 대상자의 경우, 초기 성인기까지 지적 수행이 떨어짐
* 정상, 단순 언어장애를 가진 어린 성인과 비교 • 유의하게 낮지만 정상 범위의 IQ • 읽기 이해는 유의하게 낮지만 경계선 • 산수 능력은 정상 끝보다 낮고 정상보다 유의하게 낮음 • SLI의 일부는 고등, 대학까지 가능	* 일찍 부모가 되는 비율: 단순 언어장애 성인의 35%(정상의 15%) * 배우자와 살거나 부모와 함께 사는 것의 차이가 없음	* 정상보다 낮은 사회경제적 상태 * 많은 수입을 갖는 사람이 거의 없음 * 삶의 질에서 만족감의 차이가 없음
* 언어장애가 없는 어린 성인보다 언어장애인은 다음 영역에서 유의하게 부족 • 말하기 및 쓰기 • 읽기 이해	* 언어장애 가족의 사회경제적 상태는 초기 언어장애가 없는 어린 성인에 비해 아버지의 수입이 더 낮음	* 언어장애가 없는 성인보다 언어장애는 유의하게 다음 영역이 부족함 • 빠른 일시적 정보를 청각적으로 지각하는 능력 • IQ 수행력
* 단단어 읽기에서 정상 범주보다 2/3 이하 * 읽기 이해에서 정상보다 80% 이하		* 대략 25%는 비언어적 IQ 수준에서 정상보다 낮음

(다음 쪽에 계속)

표 5.1 취학 전 또는 초등학교 때 언어장애가 확인된 청소년 및 성인의 특징(추후 검사)(계속)

연구자	언어장애가 처음 확인된 연령	추후 검사한 연령	언어 능력
Conti-Ramsden 등(2009)	7세	17세	* 표현언어 점수가 −1SD 이하 * 수용언어와 표현언어가 정상보다 낮음
Stothard 등(1998)	3;9~4;2세 5;6세에 재검사 5;6세에 해결된 언어지체 5;6세 이후까지 지속되는 언어지체	15~16세	* 지속되는 언어장애 집단: 모든 검사에서 −1SD 이하, 몇 가지는 −2SD * 8~15세는 유의하게 어휘 감소 * 해결된 집단: 대부분 측정에서 정상의 끝보다 낮음(통제보다 유의하게 낮음)
Clegg 등(2005)	평균 연령: 9;11세	평균 연령: 36;2세	* 11;9세 수용어휘가 동등 * 11;1세 표현어휘가 동등 * 20대 초 수용언어와 및 표현언어의 변화 없음 * 정상보다는 유의하게 낮음 * 정상보다 문장 반복이 더 낮음 * 정상보다 무의미 단어 반복이 더 낮음 * 마음 이론의 손상**

표 5.2 1997~1998년, 1998~1999년까지 고등학교를 떠난 언어장애 청소년과 특정 학습장애 학생의 학위 유형 비교

고등학교를 떠날 때 보유한 증명서 형태	장애 형태	
	언어장애	특정 학습장애
졸업장(diploma)		
1997~1998	17.5%	33.1%
1998~1999	19.7%	33.5%
수료증(certificate)		
1997~1998	2.2%	4.5%
1998~1999	2.3%	4.6%
증명서 없음		
1997~1998	80.3%	62.4%
1998~1999	78.0%	61.9%

출처: U.S. Department of Education, 2001.

추후 특징		
읽기 및 학업 능력	사회/정서/행동 특징	기타
* 단순 언어장애는 읽기 이해가 −1SD 이하 수준 * 단순 언어장애의 44%는 고등학교 졸업(정상은 88% 수준) * 단순 언어장애의 53%는 낮거나 최소 수준을 성취(정상은 11%) * 단순 언어장애의 25%는 중학교 과정을 마치지 못함.		
* 언어장애 지속 집단: 읽기 및 쓰기에서 12세에 95%가 낮음. −2SD 수준, 50%가 특수교육 보조 받지 않음. 30%는 튜터링. 20%는 특수학교 * 해결된 집단: 읽기 및 쓰기에서 12세에 52%가 낮음(대부분 정상의 끝보다 낮음)		* 언어장애 지속 집단: 취학 전에 −1SD, 50%에서 정상적 비언어 IQ 감소
* 유의하거나 심각한 문해 결함 * 단순 언어장애의 94%는 고등학교 시험을 통과하지 못함 * 고등학교 졸업장을 취득하지 못함 * 하위 50%는 성인 교육과정에 참여	* 대략 50%는 제한 범위에 속함 * 30%는 약자를 못살게 굴거나 괴롭힘 * 25%는 상대자와 함께 생활 * 정신 질환 이환 검사에서의 높은 점수, 특히 사회적 불안 항목에서 친한 친구 없음, 특이한 구어	* IQ는 정상 제한 범위: 정상과 유사. * 17%는 고등학교에 다니기 때문에 60%만 지속적으로 직장을 갖는다. * 2/3는 2년 정도 고용되지 않았음. 18%는 전혀 직장 경험이 없음 * 41%는 한 번 또는 여러 번 해고됨 * 40%는 독립적으로 생활

* 특수교육 보조는 특수교육 서비스, 튜터링, 치료교육, 특수학급 또는 특수학교로 구성된다.
** 마음 이론은 자신 또는 다른 사람의 정신적 상태를 알아차리는 개인적 능력이며, 사람에 대해 예측, 판단, 다른 사람의 행동을 설명하고 사회적 상호작용을 이해하는 것 등을 말한다.

다(특정 학습장애보다 언어장애가 더 높은 비율을 차지하고 있다). 서구 사회에서 중간에 고등학교를 중퇴한 사람들이 직장을 찾는 데 어려움을 보인다. 중퇴 위험이 있거나 중퇴한 학생들은 청소년 비행, 약물 및 알코올 남용, 심지어 자살 등과 더 많이 관련된다. 그러나 최근 자료인 2004~2005년에는 1997~1999년의 자료와는 다른 양상을 보인다. 표 5.3은 2004~2005년의 자료로, 1997~1999년과 비교할 때, 언어장애 학생과 특정 학습장애 학생의 비율이 거의 차이를 보이지 않는다. 또한 2004~2005년의 자료는 특수교육의 전체 비율과 크게 다르지 않다. 1997~1999년과 2004~2005년의 자료가 차이를 보이는 이유는 분명하지 않기 때문에 어떤 설명도 불확실하다. 그러나 불확실하기는 하지만, 두 자료가 차이를 보이는 이유를 몇 가지 추론을 통해서 설명할 수 있다. 첫째, 모든 특수교육 대상자들이 고등학교 재학 중에 더 향상되어 고등학교 졸업장을 받게 하기 위해서 1990년대 말부터

표 5.3 2004~2005년 기준, 특수교육에서 전체 학생과 비교해서 고등학교를 떠날 때 언어장애 청소년과 특정 학습장애 청소년이 보유한 증명서의 차이(정규 학급으로 간 학생은 제외)

고등학교 재학 중에 갖고 있는 증명서 형태	장애 형태		
	언어장애	특정 학습장애	전체 특수교육 학생
졸업장	67%	61%	57%
수료증	12%	14%	17%
증명서 없음	21%	25%	26%

출처: U.S. Department of Education, 2006.

모든 특수교육 대상자들을 위한 서비스가 개선되었다는 점이다. 둘째, 자료를 산출하는 환경에서 차이가 있었다는 것이다. 예를 들면, 학생 수를 계산하는 방법의 차이, 자격의 적격성 여부, 특수교육 대상자를 심사하는 범주, 특수교육 서비스를 받는 범주 등에 있어서 서로 다른 기준이 사용되었다. 셋째, 서로 다른 자격을 가진 대상자를 결정하는 조건과 자격이 변화된 것을 증명하는 데 필요한 조건 등에서 차이가 있을 것이다. 마지막으로, 여러 가지 이유가 통합되어 반영된 것이다. 예를 들면 특수교육 서비스를 받다가 정규교육으로 바뀐 학생 수를 계산할 때, 서로 다른 자격 기준의 사용, 지역교육청에서 정규교육으로 바뀐 학생들을 보고하는 방법의 차이, 특수교육을 받지 않는 학생이 특수교육을 받는 학생 수에서 제외된 점, 학생을 위해서 특수교육의 질 좋은 서비스를 더 받게 하기 위해 학교에 남아 있게 하거나 자격의 일부 형식을 받게 하는 차이, 고등학교에 재학 중인 학생 수를 계산하는 조건의 차이 등이다. 2004~2005년의 보고는 흥미롭다. 왜냐하면 14~21세 학생의 40~45%가 언어장애로 인해 특수교육을 받았는데, 그들이 정규교육으로 바뀐 것이다. 반면, 특정 학습장애로 진단된 14~21세 학생의 10%가 정규교육으로 바뀌었으며, 특수교육에서 정규교육으로 옮겨 가는 14~21세 학생의 비율도 10%이다. **그림 5.1**은 14~21세의 학생 중에서 특수교육을 받다가 정규교육으로 바뀐 학생의 비율을 제시했다. 특수교육을 받다 정규교육으로 바뀐 언어장애 청소년들이 적법하게 더 이상의 특수교육이 필요 없는지 또는 정규교육으로 바뀐 다른 이유가 있는지를 결정하기 위한 조사 결과이다. 2004~2005년의 자료를 고찰해 보면, 언어장애가 있는 청소년의 상당수가 증명서를 취득하지 못하고 고등학교를 그만두고 있다.

청소년기에 비행, 자살, 약물 및 알코올 남용 등은 말하고 듣는 능력을 포함한 기본적인 능력의 결함과 관련이 있다. 청소년 비행과 언어장애의 관계는 문헌에서 시작되었으며, 몇 년 동안 의사소통장애와 성인 수감자 사이의 관련에 대해 일부가 알려졌다(Bountress & Richards, 1979; Castrogiovanni, 2002; Crowe, Byrne, & Henry, 1999; U.S. Department of Education, 1999). 비행청소년 위험이 있는 청소년 또는 이미 구류되어 있는 청소년에 대해 많이 알려진 특성은 언어장애 청소년의 대부분 특성과 상당히 겹치거나 일치한다. 예

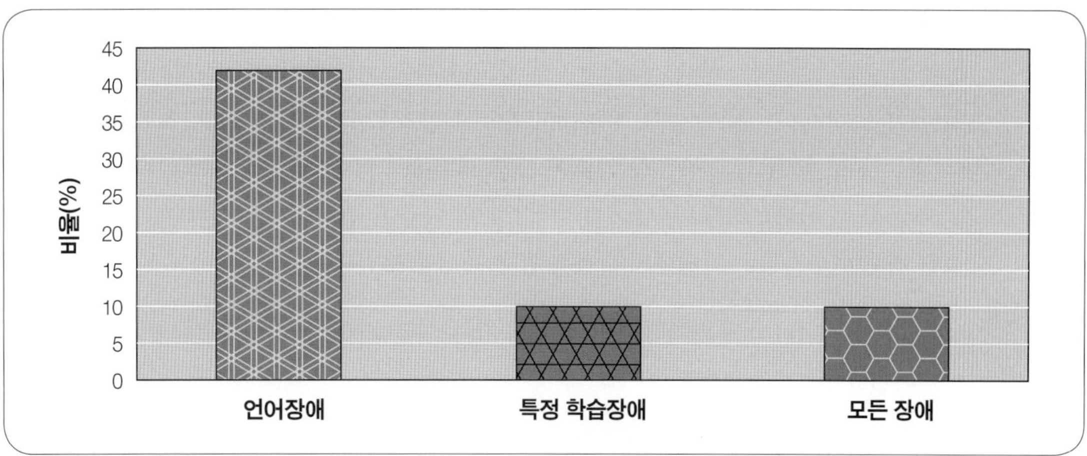

그림 5.1 특수교육에서 정규교육으로 이동한 14~21세 학생의 비율(2004~2005년)

출처: U.S. Department of Education, 2006.

를 들면, 비행청소년 또는 비행청소년 위험이 있는 청소년은 개인 간의 관계 및 사회적 관계에서의 어려움, 감정 조절 문제, 읽기 및 쓰기를 포함한 학습 성취 부족, 학습장애 출현, 특정 음운 인식 결함, 언어성 지능과 비언어성 지능의 불균형, 비언어성 지능이 언어성 지능보다 높은 것 등의 특징을 보인다(Archwamety & Katsiyannis, 2000; Bigelow, 2000; Foley, 2001; Kirk & Reid, 2001; Marcus, 1996; Meltzer, Roditi, & Fenton, 1986; Schwartzman & Ledinghan, 1992; Snowling, Adams et al., 2000; U.S.Department of Education, 1999; Williams & McGee, 1994). Svensson, Lundberg와 Jacobson(2001)에 따르면, 청소년 비행의 50% 이상이 어린 시기에 읽기 및 쓰기에서 유의한 수준의 어려움을 나타냈다. 또한 Doren, Bullis와 Benz(1996)는 장애를 가진 학생의 비행을 예측할 수 있는 요인을 조사했으며, 결과는 다음과 같다.

- 특정 학습장애를 가진 학생은 장애가 없는 학생에 비해 구속될 가능성이 거의 4배이다.
- 사회성 및 개인적 조절 능력이 부족한 학생은 장애가 없는 학생에 비해 구속될 가능성이 2.3배 이상이다.
- 중퇴한 장애 학생은 장애가 없는 학생에 비해 구속될 가능성이 6배 이상이다.

이 마지막 요인은 고등학교를 중퇴한 언어장애 청소년에 대한 정보로, 표 5.2, 표 5.3에서 보여 주는 정보와 함께 고려할 필요가 있다. 비행청소년의 특징은 다른 특징들과 차이를 보이는 것이 아니라 오히려 상호관련성이 있다. 예를 들면 읽기 및 학습 성취의 부족, 언어/비언어성 지능의 불균형, 학습장애로 진단되는 것 등은 상호관련성이 있다. 이러한 여러 특징들은 언어장애 아동 및 청소년이 나타내는 특징과 매우 유사하다.

일부 문헌에서는 비행청소년과 언어장애 청소년을 직접 분류했다. 미국교육부(U.S.

Department of Education, 1999)의 보고에 따르면, 소년원에 있는 어린 학생의 3%가 언어 문제를 갖고 있으며, 45%는 학습장애를 갖고 있다고 보고했다. Sanger와 동료들(Davis, Sanger, & Morris-Friehe, 1991; Sanger, 1999; Sanger, Creswell, Dworak, & Schultz, 2000; Sanger, Hux, & Belau, 1997; Sanger, Hux, & Ritzman, 1999; Sanger, Moore-Brown, Magnuson, & Svoboda, 2001)은 남녀 비행청소년의 다양한 언어 능력에 대해서 기술했다. 청소년 비행 대상자들은 학습에서 다음과 같은 특성을 보인다.

- 비행청소년과 비구류 청소년을 비교한 결과, 규준 참조 언어 검사에서 언어 능력이 떨어진다.
- 논리적 전개에 어려움을 보인다.
- 정상보다 덜 복잡한 언어 샘플을 산출한다.
- 주제 시작 및 주제 유지에 어려움을 보이고, 공손한 행동에 대해 일관성이 부족하다. 대화하는 데 필요한 언어 자원 요구 또는 규칙을 고의적인 의도로 어기기 때문에 규칙을 적용하는 데 필요한 조절 능력의 어려움 등과 같은 화용 능력에서 문제를 보인다.

비록 언어장애 청소년과 비행청소년 사이에 관련성이 있다는 증거가 있기는 하지만, 그 증거들이 특별히 잘 알려지거나 관심을 받거나 활용되지는 않았다. 언어와 비행청소년의 관련성에 대한 인식의 부족은 연구를 통해 증명되었다. 예를 들면, 투옥된 청소년 중에서 적은 수가 학령기에 특수교육을 받았으며, 언어의 어려움보다는 학습장애나 행동장애 경향을 보였다(Sanger et al., 2000, 2001). 청소년이 구금 중에 언어 능력을 평가한 결과, 언어 능력이 상당히 손상되었지만, 두 연구에서 모두 투옥되기 전에 언어 서비스를 받지 않은 것으로 나타났다.

비행청소년과 언어장애 사이에 관련이 있다는 증거에 대해서 관심을 기울이거나 알아보지 않는 것이 더 나을 수 있다. 예를 들어 Larson과 McKinley(2003)에 따르면, 1993년에 Minnesota 주의 주지사 Arne Carlson은 고등학교를 중퇴한 청년기 학생에게 5년 동안 복지를 위해 제공하는 비용이 50만 달러 정도라고 말했다. 이것을 고등학교 재학 중 또는 졸업생과 비교했다. 그들은 기술 훈련을 받은 후, 연봉 24,000달러를 받아 20년 동안 약 50만 달러의 수입을 얻은 것과 비교했다. Carlson 주지사는 고등학교 재학 중 또는 졸업생과 중퇴 위험이 있는 청소년의 차이가 100만 달러라고 지적했다. Carlson은 1993년에 보수적 입장이었으며, '오늘날 달러'보다 가치가 낮았다고 설명했다.

언어장애 청소년의 또 다른 개인적 · 사회적 비용에 대해서는 기록되지 않았고 알지 못한다. 이것은 청소년 자살과 청소년 언어장애가 관계가 있다는 것이다. Larson과 McKinley (2003)는 로스앤젤레스 자살 예방센터(Los Angeles Suicide Prevention Center)에서 보고한 10~14세 학생의 절반이 학습장애자라고 보고했다. 언어장애 및 학습장애에 대한 이해에 따르면, 대부분의 청소년이 언어장애를 갖는다고 추측할 수 있다. 사회정서적 문제가 청소년 언어장애와 관련된다고 볼 때, 청소년 언어장애와 청소년 자살이 관련이 있다는 것은 놀라운 일이 아니다.

비록 청소년 자살에 대한 위험요인을 기술하기는 어렵지만, 실험 연구에서 타당성이 입증되었으며, 많은 연구가 그러한 결과를 지지하고 있다. 자살 위험요인은 다음과 같다.

- ❖ 정서장애 및 사회적 기술의 어려움, 사회 적응 능력이 부족한 장애를 포함한 심리사회적 · 사회정서적 장애(Beautrais, 2000; Grosz, Zimmerman, & Asnis, 1995; King et aI., 2001)
- ❖ 우울증(Iones et al., 1999; O'Carroll, Crosby, Mercy, Lee, & Simon, 2001)
- ❖ 문제 해결의 어려움, 학습장애, 우리가 아는 바와 같이 사회적 기술의 문제 및 충동적 행동과 같은 학습장애와 관련(Bender, Rosenkrans, & Crane, 1999; Grosz et aI., 1995)
- ❖ 물질 사용 및 남용(Beautrais, 2000; King et aI., 2001)
- ❖ 무직 문제(Gunnell et al., 1999; Lewis & Sloggett, 1998)

청소년 비행 상황과 유사한 이러한 요인들은 언어장애 청소년과 주로 관련된다. 청소년 비행과 자살 사이의 관련성을 증명하는 약간의 연구가 있다. Gray 등(2002)의 연구에서 비행 청소년의 63%가 자살을 한다고 밝혔다. 사회 기술의 어려움과 또래 관계의 어려움이 언어장애 청소년들에게 나타난다고 보고했다(Massa & Eggert, 2001). 연구자들은 자살 위험이 있는 청소년과 자살 위험이 없는 청소년의 활동을 매주 조사한 결과, 자살 위험이 있는 청소년이 주중 및 주말에 혼자 하는 활동을 더 많이 하는 것으로 보고했다. 그들은 또래들로부터의 사회적 고립이 청소년 자살의 요인이 될 수 있다고 주장하고 있다. Asher와 Gazelle (1999)은 10대 자살과 언어장애가 관련이 있으며, 언어장애 청소년은 "또래 관계 문제로 인해 부정적 정서의 결과"의 하나로 외로움을 경험할 위험이 있다고 제안했다. 분명한 것은 학령기 언어장애 학생은 학년이 올라갈수록 자존감이 떨어진다는 것이다. Jerome과 동료들(2002)은 정상 학생들에 비해 더 나이 든 언어장애 학생은 "그들 스스로 학문적 성취, 사회적 수용, 행동 품행에서 더 부정적으로 인식한다."라고 지적했다(p. 700). 언어장애가 없는 아동과 언어장애가 있는 저학년 아동을 비교한 결과, 이러한 영역에서 스스로를 어떻게 인식하고 있는가에 대해서는 집단 간에 차이가 없었다.

그림 5.2는 언어장애 청소년과 청소년 자살 사이의 일부 관련성을 보여 주고 있다. 청소년 언어장애와 청소년 자살 사이의 관련성이 희박하고 불분명하거나 정확하지 않은 반면, 아직 탐구되거나 확인되지는 않았지만, 더 강한 관련성이 있다는 연구로부터 충분한 단서를 제공하기도 한다. 그러므로 자기 손상의 징후를 변화시킬 수 있도록 10대 언어장애 청소년과 함께 일하는 전문가의 노력과 시간은 가치 있는 것처럼 보인다.

물질 남용과 언어장애 청소년 사이의 관계는 청소년기 자살과 마찬가지로 현재까지는 관련성이 희박하지만, 관련될 수 있다고 보는 이유가 있다. Gray 등(2002)의 연구에서 물

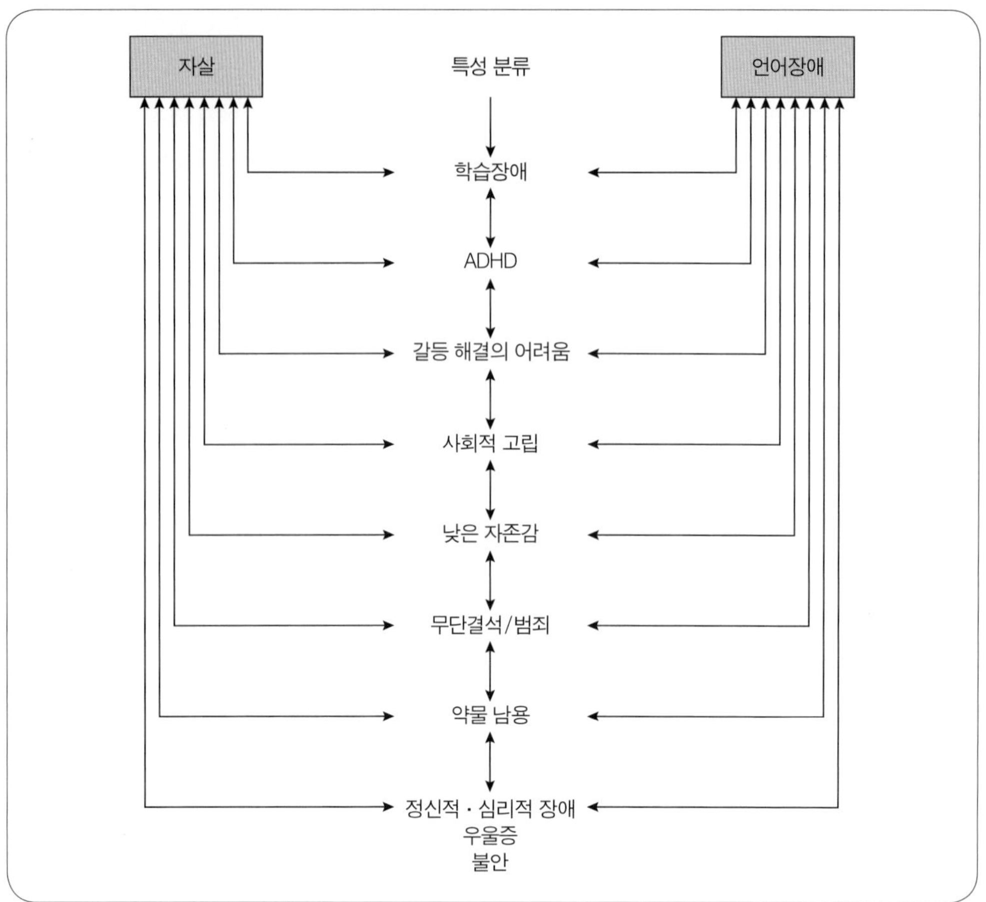

그림 5.2 언어장애 청소년과 청소년 자살 사이의 관련성

질 남용 병력을 가진 청소년 중에 자살을 저지른 청소년이 65%라고 보고했다. Beitchman 등(2001b)은 5세 때 언어장애로 진단된 아동을 19세에 추후 검사를 실시했다. 또한 물질남용장애(substance use disorders, SUD)가 있는 학생과 물질 남용이 없는 아동을 비교한 결과, 12세에 학습장애로 진단된 아동이 가능성이 더 높은 것으로 나타났다. 또한 19세까지 학습장애가 지속될 가능성이 높은 것으로 보고했다. 이러한 연구자들은 5세의 언어장애와 19세의 물질 남용 사이에 유사하게 강한 관련성을 찾지 못했다. 그러나 5세 언어장애와 12세, 19세에 학습장애로 확인된 집단 사이에 더 강한 관련이 있다는 것은 놀라운 일이 아니며, 이러한 연구 결과에서 경향성을 제시하기는 하지만 직접적인 관련성을 보여 주지는 않는다. Beitchman 등(2001a)은 이러한 경향은 언어장애와 물질 남용 사이의 가능한 관계를 보기 위해서 군집 분석을 사용하여 분석했다. 물질 남용과 불안, 우울, 반사회적 성격장애 등과 같은 정신과적 장애가 중복된 대상자를 19세에 조사했다. 연구 결과, 5세에 언어장애로 진단받은 아동은 우울증 약물 복용뿐만 아니라 반사회적 행동과 같은 어려움이 통계적

으로 유의한 정도를 보였다. 이것은 아직 명확하게 증명되지는 않았지만, 청소년기 및 초기 성인기의 물질 남용, 초기 아동기의 언어장애가 서로 관련성이 있음을 시사하고 있다(Snow, 2000).

SLI 병력이 있는 청소년은 독립적으로 삶을 영위하기보다는 의존적으로 생활하는 경우가 더 많다(Clegg & Henderson, 1999; Conti-Ramsden & Durkin, 2008; Johnson et al., 2010). 독립적 삶이란 부모나 정부 지원 없이 부모의 집에서 독립하는 것, 돈을 버는 직장생활을 지속하는 것, 일반적으로 자신이 번 돈을 자신이 관리하는 것, 도움 없이 약속이나 스케줄을 관리하는 것 등을 의미하며, 의존적 삶이란 이와 독립적으로 수행하는 것과 정반대로 사는 것을 의미한다. 초기 SLI 병력은 어린 성인과 관련되며, 그것은 직업 및 교육적 지도 형태에도 영향을 미친다(Johnson et al., 2010). 청소년의 상당수가 다른 사람에게 피해를 주거나 괴롭힐 위험이 있다(Conti-Ramsden & Botting, 2004; Lindsay, Dockrell, & Mackie, 2008). 다른 사람을 괴롭히는 SLI 청소년의 비율은 SLI가 없는 또래에 비해 3배 이상 높으며, SLI 청소년의 36%가 자료를 수집한 그 주에 다른 사람을 괴롭혔다고 보고했다(Conti-Ramsden & Botting, 2004). 괴롭힘과 관련되는 연구 결과에 따르면, SLI 병력을 가진 어린 아동과 여자 성인은 SLI가 없는 또래보다 성폭행의 출현율이 더 높다(Brownlie, Jabbar, Beitchman, Vida, & Atkinson, 2007).

과거 몇십 년 동안 과학기술이 발달하면서 교육, 의사소통, 직업 등은 극적으로 변화되었다. 최근에, 기술력이 부족한 사람은 구직 기회가 적으며, 장기 고용 및 승진에서 더 제한된 기회를 갖게 된다. 또한 SLI 병력을 가진 청소년 및 성인은 낮은 임금, 기술 없이 할 수 있는 일 등에 고용되기가 쉽다. 직장에서는 점차 문제 해결, 읽기 유창성, 지시 따르기, 정보를 통합하기, 새로운 상황에 지식을 일반화하기 등의 능력을 가진 사람을 고용하게 되며, 팀의 다른 사람들과 원활하게 일할 수 있는 훌륭한 대인관계를 소유한 사람을 원한다(Byrne, Constance, & Moore, 1992; Johnston & Packer, 1987). 그러나 SLI 청소년 및 성인은 이러한 고용적 자질에서 제한을 갖는다.

또 다른 중요한 변화는 작업, 교육, 개인적 업무에서 컴퓨터, 스마트폰, 인터넷, 이메일, 메시지, 텍스트를 폭넓게 사용한다는 것이다. 이러한 매체의 사용은 SLI 청소년에게 도움이 될 수 있다. 예를 들면, 컴퓨터 활용 기술 및 컴퓨터 프로그램은 정보를 접하는 것(예: 도서관 자료 및 인터넷 검색), 교육적 보고서(보고서, 스프레드시트, 그래프, 글자 및 문법 오류 확인 등)를 처리하는 것을 배울 수 있다. 스마트폰의 사용은 소심함, 사회적 불안, 그들을 어렵게 만드는 특성을 가진 동료와 관계를 유지하고 관계를 확립하는 기회를 증가시킬 수 있다. 또한 휴대전화의 문자나 이메일의 사용은 실시간 의사소통을 할 때, 동시적으로 요구되는 다양한 상호작용이 필요하지 않으므로 도움이 될 수 있다.

그러나 SLI 청소년들은 이러한 기술적 측면에서 일부 떨어질 수 있다. 정상인과 비교할 때, SLI 청소년들은 텍스트를 덜 사용하며, 계획을 짜거나 친구와 약속을 하는 것과 같은 사회적 목적을 위해서 텍스트를 덜 사용한다(Conti-Ramsden, Durkin, & Simkin, 2010). 정상 청소년과 SLI 청소년 모두 휴대전화 사용은 유사하며, 두 집단 모두 전화보다 문자를 더 많이 사용한다. SLI 청소년은 다음의 상황들이 순환될 수 있다. 비록 스마트폰의 사용은 10대 SLI에게 어렵지는 않지만, SLI 청소년들은 친구들과 상호작용할 수 있는 기회가 제한되며, 그로 인해 문자 메시지를 주고받는 빈도가 감소한다. 그러므로 휴대전화 문자 사용의 부족은 사회적 네트워크를 발달시킬 수 있는 기회와 동료와 사회적 상호작용을 나눌 수 있는 기회를 감소시킴으로써 SLI 청소년에게 사회적 경험을 축소시킨다. SLI 청소년은 컴퓨터를 사용할 때, 체계성과 효율성 전략이 떨어진다. 오히려 읽기, 문해, 상위 인지 전략, 효율적인 컴퓨터 사용에 대한 욕구를 감소시키며, 전자 통신 방법은 읽기, 문해, 문제 해결 욕구를 감소시킨다. 의사소통을 위해서 컴퓨터 및 인터넷을 효과적으로 사용하는 것과 정보를 습득하는 것은 읽기 속도, 인쇄 자료 및 상위 언어에 대한 이해 능력, 의미에 기초한 조작 능력, 많은 정보에 대한 비평적 평가와 같은 기술을 필요로 한다. 또한 SLI 청소년은 이러한 모든 능력들에 어려움을 갖는다. Durkin, Conti-Ramsden, Walker와 Simkin(2009)의 연구에 따르면, 언어 및 문해 능력은 의문사(why)를 설명하는 데 도움이 되며, 정상 청소년과 SLI 청소년은 가정에서 교육적 목적을 위해 컴퓨터를 덜 사용하며, 컴퓨터로 하는 이메일, MSN, 블로그, 온라인 구매, 음악 다운로드와 같은 컴퓨터를 사용한 의사소통 기능과 같은 일부 개인적 신청을 하는 것도 덜 사용하는 것으로 나타났다. 반대로 SLI 청소년은 또래보다 오프라인 컴퓨터 게임을 더 많이 한다.

> SLI 청소년의 경우, 집에 있는 컴퓨터는 너무 기술적이고 문서 편집 위주이기 때문에 이해하기 어렵다고 보고했다. 그들은 읽기, 쓰기, 받아쓰기에 어려움이 있기 때문에 다른 방법을 통해 정보를 기억하고 다른 방법으로 문제를 해결하는 방법을 찾는다(p. 211).

SLI 청소년은 또래에 비해 가정에 있는 컴퓨터를 개인적으로나 교육적으로 사용할 때 또래에 비해 더 어려움을 겪고 있으며, 컴퓨터를 쉽게 사용할 수 있는 기능을 알려 주더라도 덜 참여한다(Durkin, Conti-Ramsden et al., 2009).

Westby와 Atencio(2002)는 다음과 같이 지적했다.

> 21세기 사회는 새로운 기술, 정보 시대이다. 사람들은 원자재로 물건을 만드는 데 가치를 두며, 정보를 획득하고 그것을 다른 사람에게 전달하는 데 가치를 둔다. 성공을 위해서 사람들은 더 많은 사람들과 정보로 의사소통을 하고, 더 다양한 정보로부터 더 많은 것을 통합하기 위해 기술을 사용하기를 원한다(p. 70).

언어장애 청소년은 현재 학교 및 직업 환경에서 전자공학을 사용한 의사소통을 증가시키는 것에서 교육적인 수행 속도를 유지하는 데 전보다 더 큰 어려움을 겪을 것이다. 언어장애 청소년의 개인활동 및 사회활동을 위해 들어가는 비용은 막대하다.

2) 무시당하거나 인정받지 못하는 원인

언어장애 청소년에 관한 연구가 증가하고 그들과 관련된 개인적 · 사회적 손실이 증명되었음에도 불구하고 언어장애 청소년은 상대적으로 인정받지 못하고 있으며, 심지어 무시를 당하고 있다(Ehren, 2002; Larson & McKinley, 2003). 그 이유를 몇 가지로 설명하고 있다. 그중 하나는 취학 전 및 초등학교 언어장애 아동을 강조하기 때문이다. 예방을 위한 조기 중재, 최소한의 학습, 개인적 실패 경험 등이 어린 아동에게 강조된다. 그것은 논리적이고 상당히 가치 있는 일이다. 그러나 문제를 적절하게 해결하지 못하면, SLI 특성을 갖게 된다. 일생 지속되는 장애는 인생의 각 단계 및 각 연령 단계에서 다른 형태로 출현하기 때문에 지속적인 지원이 필요하다.

언어장애 청소년에게 초점을 두기보다는 어린 아동을 더 강조한다는 점은 초등학생이나 취학 전 아동을 치료하는 언어치료사의 수가 청소년과 작업하는 언어치료사보다 더 많다는 것을 통해서 알 수 있다. ASHA(2009)는 초등학교 및 취학 전 아동과 일하는 언어치료사는 전체의 34%라고 보고했으며, 중학교 이상과 함께 일하는 언어치료사는 3.4%로 큰 차이를 보인다고 보고했다(다양한 학교 환경은 13%). 불행하게도 이러한 비율은 20년 동안 변화가 거의 없었다. ASHA(2000)의 보고에 따르면, 초등 및 취학 전 아동과 일하는 언어치료사는 30%이고 중학교 이후 청소년과 일하는 언어치료사는 2.5%이다. 또한 Blake(1992)는 중학교 이상 학생과 일하는 언어치료사는 3.1%라고 보고했다. 이는 *Thirteenth Annual Report to Congress*(U.S. Department of Education, 1991)에 수록된 것과 일치된 비율이다. 언어장애를 가진 아동의 수는 초등학교 저학년에 무척 증가하지만(6~8세), 9세 이후에는 극적으로 감소한다(p. 82). 언어치료사들의 고용 형태에서와 같이, 언어장애로 확인된 많은 학생의 수가 감소하는 것을 보여 주고 있으며, **그림 5-3**에서는 중학교 이후의 자료에서도 확인할 수 있다. 이 그래프는 1999~2000년, 2004~2005년의 학령기 학생의 자료이며, 세 집단(6~11세, 12~17세, 18~21세)의 연령 집단으로 분류했다. 특정 학습장애에 대한 자료를 살펴보고자 한다. 첫째, 5세에는 치료를 받는 아동 수가 매우 적다. 둘째, 초등학교와 중학교 시기에 언어장애 학생 수가 매우 감소한 반면, 특정 학습장애 학생 수는 눈에 띄게 증가했다. 이러한 결과는 수많은 언어장애 아동이 초등학교에 들어가기 전에 '치료된' 것이라기보다는 언어장애와 학습장애 사이의 관련성에 대해 시사하고 있다. 이것은 초등학교 때, 많은 언어장애 아동들이 중학교에 입학한 후에는 특정 학습장애로 재진단되는 것처럼 보인다.

중등학교 이후에 제공되는 청소년 수에 대한 자료와 언어치료사의 고용에 대한 경향에서 보여 주는 분명한 문제는 다음과 같다.

❖ 만일 청소년기에 언어장애가 확인되지 않는다면, 결과적으로 언어치료사의 서비스를 받을 집단이 없기 때문에 중등학교 이후 학생의 서비스를 담당할 언어치료사를 고용

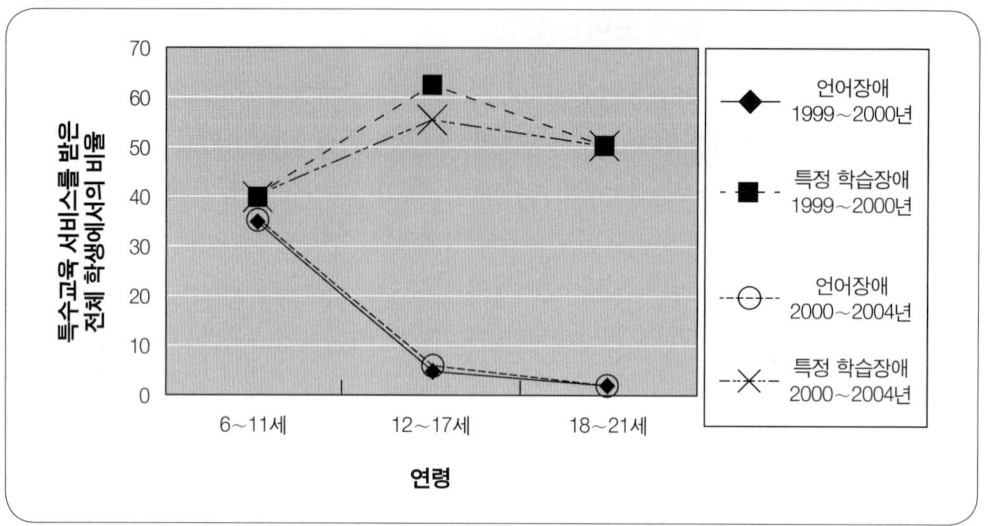

그림 5.3 공립학교에서 특수교육 서비스를 받은 전체 학생에서 언어장애 청소년과 특정 학습장애 청소년이 차지하는 비율(1999~2000년, 2004~2005년)

출처: U.S. Department of Education, 2001, 2006.

할 필요가 없다.

그러나 이 시나리오 안에는 근본적인 순환성이 있다.

❖ 만일 중등 이후 학생을 담당하는 언어치료사가 거의 없다면, 학교에서 언어장애 청소년을 누가 확인할 수 있는가?

언어장애 청소년이 인정받지 못하고 무시당하는 것과 관련된 문제는 초등학교부터 중학교까지 진전을 보이는 언어장애 아동에게 중등 이후에는 전문적 서비스를 제공하지 않는다는 것이다(Ehren, 2002; Ehren & Lenz, 1989). 중재를 통한 종결 기준, 그리고 적절한 언어 능력을 판단하기 위해 사용하는 검사 및 절차는 언어장애 청소년을 방치하거나 인식하지 못하는 결과를 초래할 수 있다(Damico, 1988; Ehren & Lenz, 1989; Larson & McKinley, 1995).

일부 검사는 중등 이후 학교에 입학한 학생에게 문제의 원인이 될 수 있는 언어 행동에 대해 민감하지 않을 수 있다(Nelson, 1998). 종결 기준과 평가 절차를 둘러싸고 있는 문제는 아동기 후기에 중요한 언어발달이 일어나고 아동기 후기가 지나면 도움을 줄 수 있는 부분이 적다고 생각하는 잘못된 인식에 의해 악화될 수 있다(Apel, 1999a; Larson & McKinley, 1995). **그림 5-1**에서 특수교육에서 정규교육으로 이동된 언어장애 학생의 비율을 보여 주고 있다.

언어장애 청소년이 인정받지 못하고 무시되는 이유는 인생 전반에서 갖게 되는 지속적인 언어 문제에 대한 부정적 결과이다. 또 다른 이유는 청소년의 학업적 · 개인적 · 사회적 어려움이 언어 결함과 관련될 수 있다는 것을 이해하지 못한다는 것이다(Ehren, 2002; Stothard et al., 1998). 아동의 일부 언어 문제가 청소년기까지 해결되지 못하면, 다른 언어장애의 표시는 중등 이후 학교에서 새로운 사회적 · 직업적 · 교육적 요구가 있을 때 나타날 수 있다(Ehren & Lenz, 1989; Larson & McKinley, 2003; Reed & Miles, 1989). 취학 전 언어 문제를 초등학교 초기에 해결했기 때문에 초등학교 때는 학업 문제가 나타나지 않았으나 고등학교 때 학업 문제가 나타날 수 있다(Stothard et al., 1998). 이러한 학생들은 적절하지 못한 확인이나 잘못된 진단 때문에 자신들이 언어 문제를 가질 수 있다는 위험성을 무시한다. 만일 학업에 어려움이 나타날 경우, 이 학생들은 학습장애라는 재진단을 받게 되며, 학습장애 프로그램 서비스를 제공받기 시작한다(Ehren, 2002; Ehren & Lenz, 1989). 이에 관한 자료는 **그림 5-3**에서 보여 주고 있다.

우리는 청소년 언어장애 출현율(prevalence)에 대해 매우 제한적인 자료를 가지고 있으며, 이것은 의심할 여지가 없지만 무시될 수 있다. 또한 이러한 제한된 자료가 문제를 가진 청소년이 없다는 생각을 만들어 냈을 수도 있을 것이다. McKinley와 Larson(1989)의 연구는 Loveland, Colorado의 연구를 근거로 한, 출현율과 관련되는 유용한 연구이다. 결과에 따르면, 정규교육 프로그램을 받는 1028명의 학생 중에서 청소년 언어 선별 검사 결과에서 7%가 떨어지는 것으로 나타났다. 영어 보충 수업을 듣는 학생을 대상으로 선별 검사를 실시한 결과, 9~12학년의 18%가 떨어지는 것으로 나타났다. 이러한 결과는 구어 언어 능력 결함과 부족한 학업 성취가 관련성이 있다는 것을 보여 준다. 이 연구에서 읽기/쓰기/문해를 중점적으로 서비스를 받는 언어장애 청소년을 대상으로 한 선별 검사에서 가장 높은 비율을 산출했다. 이러한 연구 결과는 Ehren과 Lenz(1989)의 연구 결과와도 일치를 보였다. 이 저자들은 다음과 같이 기술했다.

> 보충교육 및 특수교육을 받는 학생을 포함한 중학생의 73%는 고위험 집단으로, 약간의 언어장애가 있는 것으로 나타났다. 유사한 연구는 학습장애 집단에서 언어장애의 출현율이 80%라고 보고했다(p. 193).

Arizona 주에 있는 중학교에서 특수교육 프로그램을 받고 있는 학생의 45%가 언어 선별 검사에서 떨어지는 것을 보고되었으며, 읽기 문제 때문에 읽기 발달 수업을 받고 있는 7학년(12~13세) 학생의 53%가 선별 검사에서 떨어지는 것으로 보고되었다(Despain & Simon, 1987). 이 보고에 따르면, 언어 중재 서비스를 포함한 특수교육 서비스에 의뢰된 읽기 발달 수업에 참여한 절반 이상의 학생이 언어에 어려움이 있다. 이런 결과는 중학교 교육에서 특수교육의 담당 건수 배치 및 확인을 반영한 것으로 '뜻밖의 일'이라 볼 수 있다(Despain & Simon, 1987). 처음에 우리가 언급했듯이 일부 검사는 청소년의 중요한 언어 능력에 민감하지 않다(Nelson, 1998). 이런 검사들은 청소년의 언어 문제를 파악하기 위한 민감도가 떨어지는 것이다. 3장에서 본 바와 같이, 만일 규준 참조 검사를 실시했다면, 언어장애로 결론을 내리는 기준 점수를 결정하는 것이 동일하다. 즉, −2SD가 언어장애를 결정하는 기준점이라면 자동적으로 출현율이 2.5~3%라는 것을 우리는 알 수 있다(정상 분포 곡선에 의해). 그렇다면 청소년기 SLI 출현율은 어떠한가? SLI가 "치료되지 않기" 때문에 유치원 SLI 출현율이 7%라면 청소년 SLI 출현율도 7%로 동일할 것이다. 7%의 기준점은 −1.25SD로 생각할 수 있다(Tomblin et al., 2007). 정확한 확인을 하기 위해서는 적절한 민감도와 특이성을 갖춘 평가 절차를 사용할 필요가 있다.

현재, 청소년 정상 언어발달에 대한 지식이 더 어린 아동에 비해 적은 이유는 다음과 같다. (1) 효과성, 효율성, 10대들에게 사용할 수 있는 포괄적 평가 절차에 대한 이해의 제한, (2) 규준 참조 검사의 부족(어린 아동보다 적다), (3) 어떤 중재 전략이 가장 효과적인지에 대한 정보의 부족, (4) 중재 사용 접근법에 대한 비효율적 자료. 이러한 환경에서 많은 전문가들은 언어장애 청소년과 일할 준비가 충분하지 않다고 생각하며, 중등 이후의 학교에서 단호하게 서비스 제공이 필요하다고 주장하지 못하게 된다. 이로 인해 언어장애 청소년이 통계에 나타나지 않게 되며, 그들에게 서비스를 제공하는 전문 인력도 통계에서 감춰지게 만들기 때문에 위험한 일이다. Larson과 McKinley(1995)가 지적했듯이, "가시성 부족이 지속되면 전문인이 소모적인 서비스로 간주될 수 있다"(p. 294).

그림 5-4는 언어장애 청소년이 인정받지 못하고 무시되는 다양한 이유를 요약했다. 이러한 이유는 서로 배타적인 것이 아니라 서로 관련된다. 이것은 언어장애 청소년에 대한 무시 사이클과 순환적 사고를 이끌게 되므로 위험하다. Ehren과 Lenz(1989)는 언어장애 청소년에게 나타나는 지속적인 문제에 대해 '자기 영속 주기(self-perpetuating cycle)'라는 표현을 사용했다. 그러나 최근 SLI 청소년에 대한 관심이 증가하면서 그림에서 보여 주는 몇 가지 이유가 변화될 수 있다. 예를 들면 언어장애 청소년을 대상으로 한 연구의 부족은 삭제되거나 수정할 수 있게 된다. 또한 학교에서 청소년에게 적절한 서비스를 제공하거나 전문적 준비를 통해 변화를 나타낼 수 있지만, 그림의 다른 영역은 불행히도 그대로 유지될 것이다.

언어장애 청소년과 관련된 다른 주제로 옮겨 가기 전에 최종적으로 다시 한 번 주목해 볼 필요가 있다. 이것은 **그림 5.3**, **표 5.2**, **표 5.3**으로부터 정보를 모으는 것이다. 고등학교를 중퇴한 언어장애 청소년에 대한 비율은 그들이 고등학교 재학 중에 시스템에서 확인된 수치에 근거한 것이다. **그림 5.3**은 확인되지 않은 더 많은 청소년이 자료에 포함되지 않았으며, 특정 학습장애 청소년도 제외되었다. 이것은 우리가 상당한 비율의 언어장애 청소년에 대해서는 자료를 갖고 있지 않다는 것을 말한다. 장애인교육법(Disabilities Education Act)에서 'Child find'의 개념이 언어장애와 관련된 'Adolescent Find' 개념이 되려면 아직 멀었다.

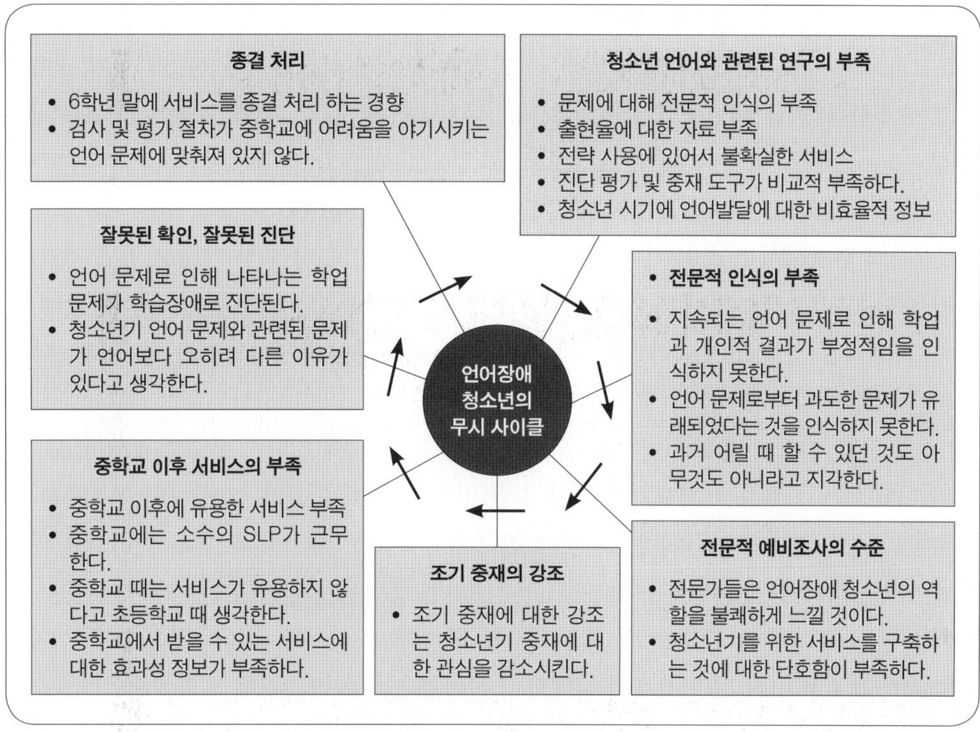

그림 5-4 언어장애 청소년에 대한 무시 사이클

2. 언어발달

수년 전과 대조적으로 우리는 구어 언어가 청소년기 동안 발전한다는 것을 알게 되었다. 또한 우리는 청소년 언어 성장의 다양한 측면에서 일어나는 변화가 점진적이고 느리고 미묘할 수도 있음을 알고 있다(Nippold, 2000). 이러한 결과는 "서로 다른 연령 집단의 수행을 비교한 결과"이다(Reed, Griffith, & Rasmussen, 1998, p. 166). 이것은 "수행에 대한 분발(spurts), 후퇴, 변동"을 통해 나타난다(Reed et al., 1998, p. 176). 그러나 이미 우리가 지적한 바와 같이, 어린 아동의 발달에 대해 알고 있는 것과 비교할 때, 청소년기 언어발달에 대한 유용한 많은 정보는 불완전하고 미완성으로 남아 있다. 우리는 다음 장에서 청소년 언어발달에 초점을 둘 것이다. Bloom(1988)의 언어 모델은 언어를 세 가지[형식(form), 내용(content), 사용(use)]로 설명하고 있다.

1) 형식

발화 길이. 발화 길이(length of utterance)는 초등학교 고학년 및 청소년에 대한 언어 능력을 알아보기 위한 구조적 측면이다. 그러나 어린 아동에게 사용한 형태소 수를 사용한 발화 길이의 측정과 달리, 일반적으로 길이는 단어로 측정한다. 언어 샘플은 일반적으로 C-units, T-units*로 분류된다. 최근 구어 발화 길이가 청소년기와 성인기까지 지속적으로 증가한다는 상당한 증거가 있다(Klecan-Aker & Hedrick, 1985; Leadholm & Miller, 1992; Nippold, Hesketh, Duthie, & Mansfield, 2005; Nippold, Mansfield, & Billow, 2007; Nippold, Mansfield, Billow, & Tomblin, 2008, 2009; Reed, 1990).

Loban과 McKinley(2003)는 Loban(1976)의 종단 연구를 근거로 한 막대한 연구 자료 중에서 1학년부터 12학년까지(6~7세에서 17~18세)의 발화 길이를 포함한 언어발달에 대한 연구 결과를 보여 주고 있다.** 그러나 Loban의 연구가 포괄적이기 때문에 우리는 통사 부분에 대해 토의할 것이다.

Loban은 세 집단의 발화 길이 자료를 보여 주었다. 첫 번째 집단은 우수한(advanced) 언어 능력을 가진 학생으로 교사가 확인한 집단이다. 두 번째 집단은 언어 능력이 부족한 집단으로 교사가 확인한 집단이다. 세 번째 집단은 우수한 언어 능력과 부족한 언어 능력을 가진 학생을 무작위로 선택하고 그들의 언어 결과를 통합해서 평균 또는 정상 집단으로 인위적으로 만든 집단이다. 우리가 언어장애에 대해 알고 있는 바와 같이, Loban이 수집한 자료에서 부족한 언어 집단 학생이 현재까지 언어장애 또는 학습장애로 확인되었다.

발화 길이와 관련해서 Loban(1976)은 세 집단 모두 연령이 증가하면 길이가 상대적으로 증가하는 안정된 패턴을 보인다고 보고했다. 연구 결과에서 단순히 말이 많음(simple verbosity) 패턴의 의미는 의사소통에서 유의한 증가를 보이지 않지만 언어 사용이 증가한 것이라고 해석할 수 있다. 그의 연구에서 발화 길이는 통사적 복잡성과 매우 관련되는 것으로 나타났다. 또한 교사들이 우수한 언어 능력을 가진 학생이라고 선택한 학생들은 지속적으로 더 긴 문장을 사용하는 것으로 나타났다. 12학년 때, 평균 발화 길이(C-unit)는 평균 집단이 11.70, 우수 집단은 12.84, 부족 집단은 10.65로 보고했다.

Loban(1976)의 발화 길이 자료는 대화 상황과 인터뷰 상황에 참여한 청소년의 언어 샘플을 수집한 것이다. Nippold 등(2005, 2007, 2008, 2009)은 청소년을 대상으로 세 가지 과제[대화 과제, 설명 과제(좋아하는 게임이나 스포츠를 설명하기), 동료와의 갈등을 토론하는 설명 과제]를 통해 언어 샘플을 수집했다. 연구 결과, 동료와의 갈등을 토론하는 설명문 과제에서 발화 길이가 연령이 증가할수록 발화 길이도 증가했다. 분명한 것은 발화 길이의 증가가 청소년 시기의 통사적 진전에 대한 지표라는 점이다. 그러나 발화 길이는 언어를 수집하는 과제에 따라 달라질 수 있다. 청소년의 언어 수행에 대한 평가는 매우 중요하다.

---

* C-unit은 하나의 독립절과 모든 종속절로 정의한다. 언어 샘플에서 C-unit을 분할할 때 대화 교류에서 나타나는 부분들의 통합을 포함한다. T-unit은 C-unit과 동일하다. 분석을 목적으로 하는 언어 샘플의 분할은 분절을 생략한다.

** Loban은 발화 분할과 분석을 할 때 C-unit을 사용했다.

종속절. 복문(complex sentences)은 청소년 언어발달 시기에 흥미로운 부분이다. 복문 사용에 대한 다양한 측면의 성장은 초등학교 고학년과 청소년의 특징이다. 나이 든 학생의 언어적 특성은 다음과 같다.

- ❖ 삽입(embedding): 종속절과 같은 언어적 요소의 위치를 끝에 사용하기보다 중간에 넣는다(Hass & Wepman, 1974). 예: "The man *who came to dinner* ate a lot." 대 "The man ate a lot *when he came to dinner.*"
- ❖ 복합적 삽입(multiple embedding): 종속절보다 더 많이 사용한다(Scott, 1988).
- ❖ 발화를 시작할 때 왼쪽 부분에 절을 사용(left-branching clauses)하는 것이 증가한다(Scott & Stokes, 1995). 예: "*When he came to dinner*, the man ate a lot."(종속절을 발화의 시작 부분에 더 많이 사용). "The man ate a lot *when he came to dinner.*"(발화의 뒷부분에 종속절을 사용)

Loban(1976)은 청소년기에 지속적으로 발달하는 특징 중에서 종속절 사용에 대한 정보를 다음과 같이 제공하고 있다.

- ❖ 연령이 증가할수록 발화당 종속절이 증가한다.
- ❖ 1~12학년 사이에 12%에서 35%까지 종속절 사용이 증가한다.

마지막의 연구 결과는 매우 의미가 있는데, 12학년에 청소년이 말한 단어의 약 1/3이 종속절이라는 점이다. Loban(1976)은 "모든 대상자들이 생활 연령이 증가함에 따라 그들의 의사소통 단위에서 종속적 사용 비율이 증가한다"고 보고했다(p. 41). Nippold 등(2005, 2007, 2008, 2009)은 또한 청소년기의 성장 기간 동안 통사 탐색(exploring syntactic)이 발전하며, 종속절 사용이 증가된다고 지적했다. 청소년은 어린 학령기 아동보다 발화할 때 접속절(conjoin clause)을 포함한 더 많은 접속사를 사용한다. 이러한 결론은 Loban과 Nippold의 연구 결과가 이러한 결론을 뒷받침하고 있다.

우리가 위에서 말한 종속절의 길이와 사용의 증가, 특히 말을 시작할 때 또는 말의 중간에 종속절을 사용하는 것이 청소년기 언어발달의 특징이다. 또 다른 청소년 언어발달의 중대한 특징은 복문 사용이다. 연령이 증가함에 따라 종속절을 사용하는 형태에 변화를 보인다. Loban(1976)은 '평균 집단'의 경우, 발화에서 명사절의 사용 비율이 1학년에서 12학년까지 증가를 나타냈다. 반면, 부사절의 사용은 감소했으며, 형용사절의 사용은 1학년과 12학년이 유사한 비율을 나타냈다. 이러한 결과를 표 5.4에서 보여 주고 있다. 또한 평균 집단은 12학년의 50% 학생이 명사절을 사용하고, 형용사절과 부사절을 각각 25% 사용하는 것으로 나타났다.

표 5.4에 따르면, 우수 집단은 형용사절 사용이 증가하는 패턴을 보여 준다. 또한 우수 집단은 1학년에서 12학년까지 형용사절의 사용이 증가한 반면, 명사절과 부사절의 사용

표 5.4 1학년~12학년까지 우수 집단, 평균 집단, 부족 집단에 대한 절 사용 비율

집단	명사절		형용사절		부사절	
	1학년	12학년	1학년	12학년	1학년	12학년
우수 집단	46%	43%	23%	33%	31%	24%
평균 집단	41%	50%	26%	25%	32%	25%
부족 집단	34%	45%	19%	21%	47%	34%

출처: Loban, 1976.

이 감소했다. 형용사절의 증가는 평균 집단 및 부족 집단 학생과 우수 집단 학생을 구분하게 해준다. Loban(1976)은 "우수 집단 화자들이 (…) 말을 할 때, 형용사절의 비율이 점차 증가하지만, 평균 집단 또는 부족 집단 화자들은 형용사절의 비율이 증가하지 않는다."(p. 48)라고 보고했다. 가장 많은 증가를 나타낸 집단은 언어 우수 집단으로, 7, 8, 9학년 기간에 주로 형용사절의 사용이 증가하는 것으로 나타났다.

형용사절과 부사절의 관계는 우수 집단 대 부족 집단 학생들의 언어발달 특성을 보여 준다. 부족 집단 학생들이 1학년에서 12학년 사이에 부사절 사용이 감소했지만, 우수 집단 학생보다 전반적으로 부사절 사용이 유지된 학생이 더 많다는 점이다. 왜냐하면 부족 집단 학생들은 부사절의 감소가 명사절의 증가와 함께 나타나고 있기 때문이다. 이러한 점은 우수 집단의 경우, 학년이 증가할수록 형용사절이 증가하는 것과 상반된 결과를 보여 준다. 12학년까지 우수 집단 학생의 대략 33%가 형용사절을 사용하는 데 비해, 부족 집단은 20%를 차지하고 있다.

Loban의 연구는 매우 우수한 언어발달을 하는 학생은 형용사절 사용의 증가뿐만 아니라, 평균 집단 성장 패턴보다 비교적 안정된 패턴을 보인다고 설명했다. 그러나 청소년 구문 발달에 대한 Noppold 등(2005, 2007, 2008, 2009)의 연구에서는 청소년기에 명사절과 형용사절뿐만 아니라 부사절을 포함해서 절을 다양하게 사용한다고 설명하고 있다. 두 연구자의 차이는 언어 샘플을 사용한 과제가 원인이라고 볼 수 있다. 그렇다 하더라도 청소년기의 평가와 중재를 위해서 절 사용에 대한 발달 특성을 이해하는 것은 중요하며, 앞으로도 이 분야의 연구가 지속될 필요가 있다.

부사적 연결. 청소년 언어발달의 또 다른 특징으로는 언어적 구조를 덜 사용한다는 것이다(Scott & Stokes, 1995). 부사적 연결은 자주 사용하는 방법은 아니지만, 언어 표현 방법 중 한 가지이다. 부사적 접속사는 *nevertheless*와 같이 발화 사이의 논리적 관계를 나타내는 형태를 말한다. 부사적 이접사(adverbial disjuncts, 주제에 대한 토론을 나타내는 there was, *of course* 등과 같이 의견이나 설명을 나타내는 형태)를 말한다. 이러한 두 가지 형태는 발화를 연결하기는 하지만, 절의 내적 구문적 구조 범위를 넘어선다. 여러 연구자(Crystal & Davy, 1975; Nippold, Schwarz & Undlin, 1992; Scott, 1984; Scott & Rush, 1985)는 우수 집단 청소년이 사용하는 형태에 대해 다음과 같이 설명하고 있다.

- ❖ 청소년은 상위 언어적 과제를 성공적으로 수행할 때, 어린 아동보다 부사적 결합을 더 많이 그리고 더 자주 사용한다.
- ❖ 10대 청소년은 부사적 이접사보다 부사적 접속을 더 많이 사용한다.
- ❖ 부사적 이접은 어린 아동보다 오히려 나이 든 아동이 더 사용하는 경향이 있다.
- ❖ 성인기보다 청소년기에 부사적 접속 및 이접을 덜 사용한다.
- ❖ 부사적 연결을 다루는 능력은 초기 청소년기부터 초기 성인기까지 지속적으로 발달한다.
- ❖ 모든 성인이 쓰기에서 부사적 연결 전체를 습득하는 것은 아니다.

2) 내용

이 장에서 우리는 언어의 내용에 대해 생각해 볼 것이다. 언어의 내용은 의미론 또는 어휘, 의미를 말한다. 우리는 청소년기에 지속적으로 발달하는 어휘의 몇 가지 측면과 어휘의 의미, 언어 특성을 살펴볼 것이다.

의미적 발달을 측정하는 분명한 방법은 개인들이 사용하는 어휘의 수이다. 어휘 크기는 청소년기 의미 발달과 관련되며, 단어 형태 변화를 가지고 청소년들이 어떻게 사용하는가를 알아보는 것이다. 예를 들면, 청소년은 어린 아동보다 추상적 의미 단어를 더 많이 알고 있다[예: 억압, 가장하다, 박탈(divestiture)]. 그리고 다양한 맥락에서 단어를 사용한다. 예를 들면, *hot*을 'hot food(뜨거운 음식)', 'hot topic(중심 주제)'으로 사용한다. 또한 *imperial*을 'imperial family(황실)' 또는 'imperial persona(제국주의적인 모습)'로 사용한다. 형태적으로 복잡한 단어는 청소년기 동안 의미적 성장을 보여 준다. 형태적으로 복잡한 단어는 접두사/접미사, 기본형을 다르게 사용하는 것을 말한다. 예를 들면, *gentle*을 형용사로, *gently*는 부사로, *gentleness*는 명사로, *ungentlemanly*는 부사로 사용하는 것을 말한다. 이처럼 *gentleness*와 *biologic*과 같이 기본형에서 나온 복잡한 형태는 초등학교와 중학교 이상의 텍스트에서 사용된다(Noppold & Sun, 2008). 8학년(13~14세)에 형태적으로 복잡한 단어에 대한 이해는 5학년(10~11세)보다 유의하게 더 높아지는 것으로 나타났으며, 연령이 증가함에 따라 이러한 단어 형태에 대한 이해도 증가하는 것으로 보고되었다(Nippold & Sun, 2008). 또한 5학년과 8학년 모두 파생된 명사를 파생된 형용사보다 더 어려워하는 것으로 나타났다. 또한 형태적으로 복잡한 단어는 3~9학년 읽기 교재에서 자주 나타나며, 청소년의 어휘 이해와 관련된다.

청소년기에 의미적 성장이 나타나는 데는 몇 가지 이유가 있다. 즉, 교육적 노출과 인생 경험, 형식적/가설적 사고 단계 인지 능력이 발달하기 때문이다. Nippold(2007)는 어린 아동과 청소년 집단을 비교했는데, 청소년 집단이 다음과 같은 것을 함으로써 새로운 단어를 더 잘 학습할 수 있고, 의미를 더 잘 이해하는 것으로 보고했다.

- ❖ 친숙하지 않은 단어를 해석하기 위해서 형태적 표지를 단서로 사용한다(*piano*, *pianist*).
- ❖ 친숙하지 않은 단어를 해석하기 위해서 텍스트를 이용한다("The 80-year-old man enjoyed being referred to as an octogenarian.").
- ❖ 학교에서 직접 수업을 통해 배우거나 단어와 관련된 어휘를 찾는다(*pyrolytic*, *trochaic*).

청소년기 동안, 어휘 지식에 대한 질적인 사고와 어휘 사전의 양적 증가가 지속적으로 발달한다.

청소년기의 어휘 성장이 언어발달에 중요한 측면이기는 하지만, 성인기 및 청소년기 동안 의미적 발달도 똑같이 중요하다. 이러한 특징은 단어 정의, 대화를 완성하는 능력("feet are to socks as hands are to ______"), 모호한 진술을 이해하고 알아차리는 능력("Pressing the suit led to unpredicted problems.")을 포함한다. 또한 청소년기는 비유적 언어를 가장 많이 사용하는 기간이며, 10대에는 많은 비유적 언어를 나타낸다. 그중에는 유머, 관용어, 은유, 직유, 속담 등이 있다. 표 5.5에 청소년기 의미적 성장의 중요한 영역이 요약되어 있다.

이 장에 포함된 비유적 언어발달에 대한 많은 정보가 이상하게 보일 수 있다. 비유적 언어를 사용하는 능력은 일반적으로 일상생활에 그렇게 중요하지는 않다. 그러나 청소년기에 학업이나 사회적 생존에 중요한 역할을 담당한다. 청소년을 포함해서 학령기에는 수업이나 텍스트에서 자주 비유 언어를 접하게 된다(Kerbel & Grunwell, 1997; Lazar, Warr-Leeper, Nicholson, & Johnson, 1989; Nippold, 1991, 1993). Lazar과 동료들(1989)은 유치원 초기에 교사들의 발화에서 적어도 복합적 의미 표현이 포함되는 경우가 30%라고 보고했으며, 교사 발화의 5%가 적어도 하나의 관용어를 포함한다고 보고했다. 8학년의 경우, 교사 발화의 37%가 적어도 하나의 복합적 의미 표현을 포함한다. 관용어의 표현도 20%로 증가한다. 성공적인 학교생활은 비유 언어 능력과 관련이 되며, 특히 속담을 이해하는 능력과 관련된다(Noppold, Uhden, & Schwartz, 1997; Nippold, Hegel, Uhden & Bustamante, 1998). 또한 청소년들에게 유명한 속어와 은어(jargon)는 주로 비유 언어에 근거한다. 사실 속어와 은어 이해 능력과 사용은 청소년기에 우정을 쌓기 위한 능력과 친구들이 수용하는 정도에 따라 분류된다. 아동기와 청소년 후기 언어발달에서 Nippold (2007)는 비유 언어의 모든 형태를 습득하는 능력은 문화적으로 읽기 및 쓰기를 촉진시키고, 개인들의 언어적인 부분을 촉진시켜 주는 중요한 부분이라고 설명했다. 또한 청소년기에 비유 언어를 이해하고 사용하는 능력을 측정하기 위해 언어발달을 측정함으로써 비유

표 5.5 청소년기의 의미적 성장의 중요한 영역

단어, 단어의 의미	특 징
단어 정의하기	* 범주적 정의는 의미적 성장에 도움이 된다(*Wombat*: animal). 아동의 정의는 주로 기능 설명(*Spoon*: 먹을 때 쓰는 도구) 또는 설명(*Wombat*: Wombat는 갈색이고, 풀을 먹는다), 특이 사항(공: Jimmy가 갖고 있는 것)을 포함한다. * 연령이 증가하면 더 범주적이 된다(고양이: 개와 비슷하다). * 더 발전된 형식은 상위 범주와 하나 또는 더 많은 설명을 포함한다(즉, 아리스토텔레스의 정의, *Wombat*: 야행성, 유대동물). * 정의 형태가 하나 이상을 포함할 수 있다(공: 둥글고 경쟁 게임에서 자주 사용하는 3차원 물건). * 청소년의 읽기 능력과 관련되는 능력 * 단어의 품사에 따라 다른 패턴이 발달한다(예: 명사 대 동사 대 형용사).
언어적 유추 Wing to bird: Fin to ____	* 대화 능력은 아동기에서 청소년기까지 증가하는 능력이지만, 청소년 후기 또는 성인기까지 전체가 습득되지 않을 수도 있다. * 5학년에서 8학년까지 일부 학생은 자유 연상 과제와 같은 언어적 유추로 접근한다(Wing to bird: Fin to swim/water/scales/fish). * 학문적 수행 및 단어/어휘 지식과 관련되는 능력(Top to apical: Bottom to ________) * 세상/문화적 지식과 관련되는 능력(Democrate to Republican: Labor to ________)(미국과 오스트리아의 정치적 부분) * 더 복잡한 관계를 다루는 능력이 발달한다(Misfeasance to malfeasance: Misdemeannor to ________) * 인지와 의미적 요소 관계가 명확하지 않은 과제
모호한 표현 Playing cards can be expensive. The glasses were smeared.	* 맥락을 제시하지 않고, 하나 이상의 의미를 가진 진술을 정확하지 않게 해석할 수 있다. * 네 가지의 형태 • 음운론적 모호함 = 동음이의어(homophones) 예) He saw three pears(pairs). (Shultz & Pilon, 1973, p. 730) • 어휘적 모호함 = 복합적 의미를 가진 단어들. 예) She wiped her glasses. (Wiig & Semel, 1984, p. 343) • 구문 또는 표면 구조의 모호함 = 서술문에 있는 단어들이 한 가지 이상의 방법으로 집단을 이루고 있다: 해석할 때, 강세나 연접(juncture)과 같은 포착하 기 힘든 차이를 인식함으로써 해석할 수 있다. 예) He told her baby//stories; He told her//baby stories. (Kessel, 1970, pp. 86-87) • 구문 및 어려운 구조의 모호함 = 문장의 단어들 사이의 언어적 관계가 하나 이상이다. 예) The duck is ready to eat. (Shultz & Pilon, 1973, p. 728) (The duck is going to eat, or the duck has been prepared and someone is about to eat it.) I find visiting relatives tiresome. (The act of going to visit relatives is tiresome or relatives who come to visit are tiresome.)

(다음 쪽에 계속)

언어를 사용하는 청소년의 능력이 부족하다고 봐서는 안 된다.

3) 사용

Bloom(1988) 모델에서, 사용(use)은 언어의 화용적 측면이라고 설명된다. 여러 연구에서 청소년 언어의 다른 측면보다 정보가 적기는 하지만, 청소년기의 화용적 능력 발달에 대한

표 5.5 청소년기의 의미적 성장의 주요 영역(계속)

단어, 단어의 의미	특징

모호한 표현(계속)	* 위에 목록에 있는 순서대로 연속적 발달을 보인다.
	• 음운론적 모호성: 6~9세 사이에 가장 많이 발달한다. 다른 형태에 비해 10학년 또는 15세에 다른 능력보다 우수하게 남아 있다.
	• 어휘적 모호성: 대략 10세에 인식하며, 비록 일부 아동은 초등 저학년에 정확하게 반응하기도 한다. 후기에 발달하는 형태로 우수한 능력이 남아 있다.
	• 구문적 모호성, 심층 구조의 모호성: 12세경에 발달이 나타난다. 어린 시기에 발달한다는 증거는 없다.
	  • 구문적 모호성을 인식하는 능력은 심층 구조의 모호성이 발견되기 전에 나타난다.
	  • 습득이 확립되는 연령: 구문적 모호성은 12세; 심층 구조의 모호성은 12~15세에 확립된다.
	  • 15세의 일부 아동은 이 두 형태 모두에서 어려움이 지속될 수 있다.
	* 때로 광고에 근거한다(고속도로에서 새차 여행을 위한 광고에서, Designed to move you)(Nippold, Cuyler, & Braunbeck-Price, 1988, p. 473)

비유 언어 유머	* 모호한 표현에 주로 근거한다. * 발달 패턴이 모호한 표현과 유사하다.

관용어
Raining cats and dogs
Slap in the face
	* 비유적인 면과 문자적인 면을 모두 포함한다.
	* 관용어에 대한 비유적 의미를 이해하는 것은 연령이 증가할수록 증가한다.
	* 청소년기 동안 점차적으로 이해가 증가한다.
	* 저학년 아동은 속담의 문자적 이해가 가능하다.
	* 일부 아동은 비유적 해석의 일부를 이해할 수 있다.
	* 관용어 능력은 읽기 이해와 관련된다.
	* 청소년기까지 비유적 의미를 이해하는 능력에 대해 증명된 것은 일관적이지 않다
	* 나이 든 청소년의 경우, 관용어 해석이 완전히 습득되는지에 대해 증명되지는 않았다.
	* 여러 요소들이 속담 이해에 영향을 미친다.
	• 특정 속담이 노출되는 빈도, 친밀도. 친숙할수록 더 잘 이해한다.
	• 이해를 평가하는 방법
	• 맥락 정보를 제공하는 정도
	  • 텍스트에서 기술되면 더 쉽게 이해한다.
	  • 독립적으로 제시하면 더 어렵다.
	  • 속담이 더 어렵다.
	• 투명도: 더 투명할수록 이해가 쉽다.
	• 문화[오스트레일리아 속담인 Kangaroos in the top paddock는 Bats in the belfry(머리가 좀 이상하다, 괴짜다)와 비슷한 뜻을 가진다(Reed, 1991. p. 11)

은유와 직유 She is a hard person (metaphor) The wind was like an arrow looking for its bull's-eye (simile)	* 원래의 뜻을 기술하기 위해서, 문자적 또는 일반적인 특성 또는 다른 것과 연관되지 않는 원래의 뜻을 비교하기 위해서 사용한다. * 유사하지 않은 것처럼 보이는 영역에서 유사성에 대한 지식이 요구된다. * 일반적으로 은유는 고정된 형식(frozen form)이 대부분이며, 새로운 형식(novel form)은 매우 적다. * 직유는 은유의 변형이다. 또한 직유는 형용사구 같은 것을 포함한다. * 직유는 비교 또는 연관성을 포함한다. * 직유의 이해와 사용은 연령, 인지적 성장, 문화, 구문적 형태, 은유/직유, 학교 수업, 의미 성장, 형식 노출 등과 연결된다. * 직유는 때로는 은유보다 더 쉬운데, 명백한 구문적 형태를 사용하기 때문이다. 그러나 이것에 대한 연구는 위의 연구 결과를 충분히 지지하지는 않는다. * 은유 이해

표 5.5 청소년기의 의미적 성장의 주요 영역(계속)

단어, 단어의 의미	특 징
은유와 직유(계속)	* 7세 아동은 일부 은유 이해가 가능하다(직관에 근거해서) • 구체적 조작기 아동은 능력이 상당히 증가한다. • 청소년기, 형식적 조작기까지 지속적으로 증가한다. • 6~14세 아동을 대상으로 한 연구는 청소년이 은유를 이해하는 것으로 보고한다(Winner, Rosenstiel, & Gardner, 1976). • 특이한 형식은 고정된 형식보다 더 어렵다. * 은유 사용 • U자 형태의 발달 패턴과 유사하다. • 어린 아동의 은유는 부정확한 지각, 제한된 인지 능력, 언어적 지각 등의 제한으로 인해 관습적 형태, 고정된 형태, 특이한 형태 순으로 점차 발달한다. • 은유 사용은 초등학교 연령까지 증가한다. • 초등 시기 동안 감소된다. • 다시 청소년기 동안 증가한다. • 청소년기는 은유 산출의 최고점이다. • 고정된 형식은 청소년기에 우세하다.
속담 A rolling stone gathers no moss Don't put all your eggs in the basket	* 비유 언어 중에서 대부분 어려운 영역이다. * 직유, 은유, 관용어보다 늦게 발달한다. * 7~9세에 기초적 은유 이해는 가능하다(과제가 맥락을 제공하거나 수용 가능한 과제를 사용하는 경우). * 속담을 설명하는 것은 더 어렵다. * 속담 이해 발달은 청소년기와 초기 성인기까지 지속적으로 발달한다. * 여러 요인이 속담 발달에 영향을 미친다. • 노출 빈도가 높을수록, 친숙할수록 더 쉽다. • 어휘 지식 및 어휘를 정의하는 능력 • 문화 • 교육의 양, 중학교 이후의 교육의 양을 포함한다. • 속담에 사용된 명사가 구체 명사인지 추상 명사인지: 구체 명사가 더 쉽다. * 속담 능력은 읽기 수준과 관련 있다.

출처: Achenbach(1970); Armour-Thomas와 Allen(1990); Fowles와 Glanz(1977); Gardner(1974); Gardner, Kircher, Winner와 Perkins(1975); Johnson과 Anglin(1995); Kessel(1970); Nippold(1988, 1991, 1993, 1994b, 1995, 1999, 2000, 2007); Nippold, Allen과 Kirsch(2001); Nippold 등(1988); Nippold, Hegel, Sohlberg와 Schwarz(1999); Nippold 등(1998); Nippold, Leonard와 Kail(1984); Nippold와 Martin(1989); Nippold, Moran과 Schwarz(2001); Nippold와 Rudzinski(1993); Nippold 등(1992); Nippold와 Taylor(1995, 2002); Nippold, Taylor와 Baker(1996); Nippold 등(1997); Pollio와 Pollio(1979); Power, Taylor와 Nippold(2001); Shultz와 Horibe(1974); Shultz와 Pilon(1973); Spector(1990, 1996); Wiig(1989); Wiig, Gilbert와 Christian(1978); Wiig와 Semel(1984); Winner 등(1976).

지표를 제공했다. 이 부분에서는 언어 사용에 대한 다음의 다섯 가지 요소에 초점을 두었다. (1) 상대자와의 대화 상황에서 언어를 적용하고 변화시키는 능력, (2) 의사소통에서 발생하는 다양한 구어 행동과 기능, (3) 주제를 유지하거나 유지하지 못하는 방법, (4) 준언어학적(paralinguistic) 특징의 사용, (5) 청소년의 비언어적 의사소통 특징.

청소년은 상황에 적합한 언어를 효과적으로 적용하는 유능한 의사소통자이다(Norris, 1995; Reed, McLeod, & McAllister, 1999). 즉, 청소년은 대화 상대자의 특성에 따라 의사소통 형태를 다르게 사용하며, 의사소통 체계를 전환해서 사용한다. 청소년은 다른 사람들보다 의사소통 상대자의 특정 부분을 매우 중요하게 생각해야 한다는 것을 알고 있는 것 같다. Reed와 동료들(1999)의 연구에서 10대 청소년을 대상으로 그들이 교사 또는 동료와 상호작용을 할 때 사용하는 14개의 의사소통을 중요한 순서대로 기술하도록 지시했다. 연구 결과, 청소년과 교사의 상호작용 중에서 의사소통 능력의 담화 능력(예: 불분명한 메시지를 정정하거나 명확히 하는 능력)이 더 중요한 순위를 차지했다. 또한 청소년 또래와의 의사소통 의사소통 능력에서는 공감이 더 중요한 순위를 차지하는 경향을 나타냈다. Larson과 McKinley(1998)의 종단 연구에서 7학년과 12학년 남녀 청소년을 대상으로 같은 연령 또래와 반대 성을 가진 친숙하지 않는 성인과 대화를 주고받을 때의 상황에 대해 조사했다. 연구 결과, 청소년-청소년의 대화에서는 청소년-성인과의 대화에서보다 질문 형태를 더 많이 사용하며, 더 많은 은유를 사용하며, 더 많은 주제를 소개하거나 주제를 더 자주 바꾸는 형태를 사용하는 것으로 보고했다. 이러한 결과는 Wiig(1982a)의 연구 결과를 지지한다. 13세 아동을 관찰한 결과, 동료부터 성인까지 사용역(register)을 변화시키는 것이 증명되었고, 형식적 사용역부터 비형식적 사용역까지 변화시키는 능력이 증명되었다. 그러나 이러한 적응적 의사소통 능력은 일부 더 나이 든 청소년이 되어야 습득되기도 한다. 15세경에, 더 많은 형식적 사용역을 사용하거나 덜 친한 친구뿐만 아니라 성인까지 대화 상황을 변화시키는 능력을 나타내는 경향을 보이기도 한다(Wiig, 1982a). 비형식적 사용역은 부분적으로 가까운 친구와 함께 사용하기 위해 의사소통 상황을 유보하기도 한다. 청소년 MLU의 차이는 형식적 또는 비형식적 기술의 사용을 반영할 수 있다. Wiig(1982b)는 10대 MLU는 성인보다 동료와 함께 할 때 더 짧은 경향이 있다고 설명했다. 이러한 차이는 성인과 대화할 때, 명사(names)와 칭호(titles)을 더 많이 사용하기 때문에 나타난다. 그리고 이러한 이유 때문에 MLU가 증가한 것이다.

청소년은 의사소통 상황에 따라 메시지를 적용할 수 있는 것뿐만 아니라 모든 의사소통 기능과 구어를 최대로 사용한다. 청소년이 스스로 대화 상대자의 연령과 청소년 화자의 연령에 따라 서로 다른 의사소통 기능 및 행동을 바꾸면서 사용한다. 또래와 의사소통을 할 때, 청소년은 성인과 대화할 때보다 그들이 어떤 것을 하고/느끼고/믿는지에 대해서 또래를 납득시키기도 하며 또는 즐겁게 해주기 위해 더 많은 의사소통 기능을 사용한다(Larson & McKinley, 1998). 비록 청소년이 동료와 대화 상대자가 될 때, 성인과 상대자를 할 때보다 더 분명하게 의사소통 기능을 사용하기는 하지만, 10대들은 학년이 올라감에 따라 더 자주 권유를 사용하거나 의사소통 기능을 더 자주 바꾸면서 사용하는 패턴을 보인다. 7학년에서 12학년까지 설득하는 기능을 사용하는 비율이 올라갔다가 편평한 패턴으로 유사하게 나타난다. Nippold(2007)은 학령기와 청소년기에 이야기 능력이 증가하는 것에 대해 요약했다. 이야기는 초등학교 고학년 아동과 청소년이 더 많이 사용하는데, 이야기의 에피소드 안에서 줄거리 또는 에피소드를 깊이 새기거나 담화에 포함된 개인의 감정과 동기에 대해 더 많은 정보를 포함한다. Johnson(1995)에 따르면, 이야기 능력에 대한 기준을 세우는 것은 담화를 어떻게 그리고 무엇을 산출하는지에 영향을 미치는 다양한 상황 때문에 복잡하다.

또 다른 대화 특징은 청소년기 동안 변화를 보인다. Larson & McKinley(1998)의 종단 연구에서 7~12학년 청소년은 대화에서 새로운 주제를 소개하는 것이 감소하며, 주제가 갑자기 이동되는 특징을 보인다고 설명했다. 또한 10대들은 대화하는 동안 이야기 중단이 증가한다. 대부분 이런 결과는 Nippold(2007)와 일치하는데, 청소년기 동안 전문지식과 관련된 대화가 증가하며, 더 길게 주제를 유지하고 대화 상대자와 대화를 확장시키고 즐겁게 새로운 주제로 바꾸는 것을 포함한다.

청소년기에는 설득력 있는 대화(persuasive)가 발전되는 특징을 보인다. Nippold(2007)가 밝힌 더 발전된 특징(예: 대조나 토론을 예견할 수 있고, 청자에게 적절한 설득 전략을 맞출 수 있고, 긍정적 이유나 장점을 제안하는 것)은 청소년들이 상대자와의 의사소통을 적응시키며 상대자의 관점에서 세계를 볼 수 있는 능력이 증대되며, 이는 부분적으로 전제 능력과 관련된다. Reed 등(1999)은 연구에서 청소년이 대화 상대자의 관점을 받아들일 수 있다고 했다. 비록 청소년이 의사소통 상대자에 따라 특별한 의사소통 기능에서 중요한 정도를 다르게 사용하기는 하지만, 한 가지 능력은 교사와 동료들과 함께 의사소통을 할 때, 상대자의 관점을 받아들일 수 있다는 점이다.

1장에서 보았듯이, 아동의 미로(maze) 행동(수정, 반복, 주저, 잘못된 시작)은 연령이 증가하면서 감소한다. 그러나 Loban(1976)은 미로 행동 비율이 1학년과 12학년에서 같은 비율이라고 보고했다. 이것은 우수 언어 집단, 평균 집단, 부족 언어 집단 모두 같은 결과를 보였다. 그럼에도 불구하고 Loban은 4~9학년 사이에 이런 행동이 증가하거나 감소한다고 설명했다. Larson과 McKinley(1998)은 7~12학년 사이에는 미로 행동 비율이 유사하다고 보고했다. 특히 흥미로운 점은 Loban(1976) 연구에서 부족 집단 학생은 전 학년을 통해 미로 행동이 나타나며, 이러한 행동은 부족 집단, 평균 집단, 우수 집단의 순으로 많이 나타난다고, 즉 부족 집단에서 가장 많은 미로 행동이 나타난다고 보고했다.

청소년기에 화용적 언어 능력이 상당히 성장한다는 것이 확인되었다. 청소년기 동안 다른 사람과 의사소통을 할 때, 어른과 비슷한 언어를 사용하는 경향을 보인다.

3. 언어장애 청소년의 특성

4장에서 우리는 학령기 학습장애 아동의 특성에 대해서 논의했다. 언어장애 청소년은 더 어린 학령기 언어장애 아동과 유사한 결함을 가진다는 것이 증명되었다. 즉, 언어장애 청소년은 추상적 단어 또는 복합적 의미를 가진 단어, 비유 언어 표현, 낱말 찾기 문제, *thing*

또는 *stuff*와 같이 비특정/비내용적 단어와 분명한 언급이 없는 대명사의 사용 등에서 어려움을 갖는다. 또한 5장의 앞부분에서 본 것과 마찬가지로, 언어장애 청소년은 또래와 교사 모두의 관계에서 어려움을 경험하며, 의사소통적 상호작용에서 일부 어려움을 겪는다. 그들은 청자에게 적절한 의사소통을 적용하는 데 어려움이 있다. 또한 그들은 자신의 메시지를 전달하기 위해서 공격적이거나 퉁명스런 말투 같은 부적절한 전략을 사용하기도 한다. 그들은 너무 가깝게 서서 말하는 것과 같이 비언어적 행동에서 청자를 불편하게 만들 수 있으며, 이러한 비언어적 행동으로 인해 의도적이지는 않지만, 적대적이거나 부정적인 메시지를 전달할 수 있다. 언어장애 청소년은 이해와 표현 둘 다에서 어려움이 나타날 수 있다.

언어장애를 가진 10대 청소년이 정확한 구문 및 형태적 특성을 포함해서 완성된 문장으로 말할 수는 있지만, 청소년기에 문제는 지속될 수 있다. 그러나 오류 빈도는 매우 감소할 수 있으며, 그들의 어려움은 더 어린 시기보다 더 많이 예민할 수 있다. 예를 들면, 언어장애 청소년은 더 간단한 구문 구조를 사용하며, 오류가 많이 날 수 있는 복잡한 형식의 구문 구조는 덜 사용한다. 또한 언어장애 청소년은 종속절을 사용하지만, 부사적 연결에 있어서 또래 동료들보다 더 적게 사용한다. 이처럼 13~15세 SLI 청소년의 언어는 덜 정확한 구문과 덜 복잡한 패턴(짧은 발화, 종속절의 다른 형태 사용)을 사용하며, 그것에 대한 증거는 SLI를 가진 아동 및 청소년의 종단적 추적을 보여 주는 여러 조사에서 연구되었다(Nippold et al., 2008, 2009; Wetherell, Botting, & Conti-Ramsden, 2007).

이러한 연구 결과에 따르면, 취학 전 및 학령기 언어장애 아동이 동사 형태의 사용과 일부 형태론의 문제에서 어려움이 지속되며, 이러한 어려움은 청소년 전기 및 청소년기까지 지속된다. 3~8세의 SLI 아동에 대한 종단 연구(Rice, Wexler, & Hershberger, 1998)에 따르면, 5~6세의 정상 아동이 동사 시제를 만들 때, 100%의 정확성을 보이는 것과는 달리, SLI 8세 아동은 90%의 정확도를 나타낸다. 그러나 이들이 보이는 90% 정확도는 수행 수준의 중요한 감소로 해석되지 않을 수 있으며, 아동의 언어 수행 영역에 부합하는 중요성을 잘못해서 최소화해서 해석할 수 있다. Rice(2000)가 지적했듯이 영어로 시제를 형태론적으로 표시하는 것은 선택사항이 아니며 정상적으로 발달하는 아동은 "어떤 연령이 되면 문법 표시가 거의 변하지 않는다."라고 지적했다(p. 22).

언어장애를 가진 초등학교 고학년과 10대들은 동사 문제를 지속해서 드러낸다. 예비 연구(Reed & Evernden, 2001)에서 8~12세의 정상 아동 12명과 여러 가지 언어적 어려움 및 읽기에 어려움을 함께 가진 연령을 일치시킨 아동을 대상으로 연구를 실시했다. 연구 결과, 전반적으로 오류는 적었지만, 이야기 과제에서 동사 형태를 사용할 때, 더 많은 오류를 나타냈다. 이러한 결과는 Rice 등(1998)의 결과와 일치를 보이는데, SLI 8세 아동의 평균 오류 비율은 90%의 정확도를 나타냈다. **그림 5.5**는 정상 아동 12명과 읽기/언어 문제가 있는 12명의 자료를 보여 준다. 그림에 따르면, 읽기/언어 문제를 보이는 아동은 정상 아동에 비

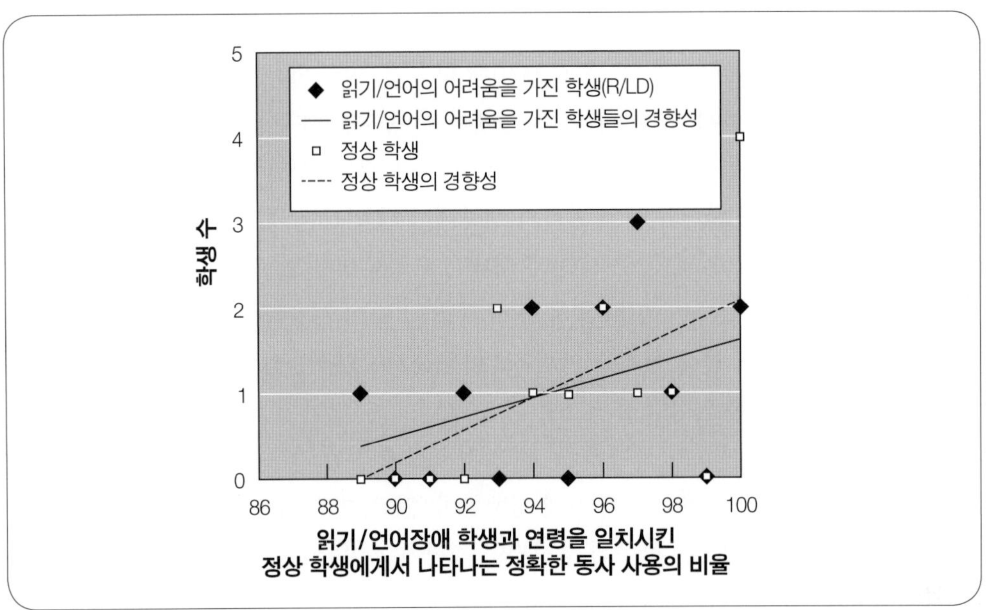

그림 5.5 읽기/언어 어려움을 갖는 학생과 연령을 일치시킨 정상 학생에게서 나타나는 정확한 동사 사용의 비율

해 매우 편평한 패턴을 보여 준다. 또한 수행도는 90%의 정확도를 보여 준다. 읽기/언어 문제를 가진 아동의 83%는 정상 아동 58%의 성취율을 보인 아동과 담화 회상하기를 비교한 결과, 한 개 또는 그 이상의 형태 오류를 나타냈다. 한 가지 예로, 시제를 만드는 과제에서 읽기/언어 문제 아동은 정상 아동과 달리 진행형을 더 많이 사용했다(*is running*, *were running*). 그러나 읽기/쓰기 과제에서는 정상 아동만큼 진행형 동사 형태를 정확하게 나타냈다. 다른 동사 시제 형태 과제에서는 두 집단 간에 차이가 나타나지 않았다. 또한 읽기/언어 문제를 가진 아동은 정확도가 떨어졌다. 예비 연구 대부분의 결과는 그 이후의 상황에서 반복되었다. 관련 연구는 네 집단의 청소년에게 단어가 없는 그림책에서 담화와 관련된 질문을 시도했다(Reed, Conrad, & Patchell, 2006; Reed & Patchell, 2004, 2010; Reed, Patchell, & Conrad, 2006). 네 집단 중 두 집단은 어린 청소년 집단이며, 나머지 두 집단은 나이 든 청소년 집단이다. 첫 번째 집단은 SLI 청소년 집단으로, 평균 연령 13세 2개월의 어린 청소년 집단이다. 두 번째 집단은 정상 청소년 집단으로, 첫 번째 집단과 생활 연령, 성별, 사회적 수준, 비언어적 IQ를 일치시킨 어린 청소년 집단이다. 세 번째 집단은 SLI가 있는 나이 든 청소년 집단으로, 평균 연령 15세 9개월이다. 네 번째 집단은 세 번째 집단과 생활 연령, 성별, 사회적 수준, 비언어성 IQ를 일치시킨 나이 든 정상 청소년 집단으로, 평균 연령은 15세 10개월이다. 연구 결과, SLI 집단이 동사 진행형 형태를 더 많이 사용했다. 또한 SLI 청소년이 보여 준 90%의 정확도에서 주목할 것은 이들이 정상 집단에 비해 덜 분명하게 동사 형태를 사용했다는 점이다.

지속적인 동사 형태의 어려움은 초기 연구를 추적한 종단 연구에서도 증명되었다(Rice et al., 1998). Rice, Hoffman과 Wexler(2009)에 따르면, 어린 SLI 아동에게 나타나는 동사 형태론적 어려움은 15세까지 지속되며, 문장에서 *do* 동사를 사용하고 *be* 동사를 사용하는 것이 맞는지 틀리는지를 판단하는 과제에서 더 높은 오류를 보였다. 16세 SLI 청소년은 정상 청소년에 비해 동사 시제와 어형 변화의 생략에서 덜 민감한 것으로 나타났다(Leonard, Miller, & Finneran, 2009). SLI는 초기 동사 형태론적 결함에서 오류율이 높지는 않지만, 청소년기까지 해결되지 않으며, 진행형 동사 형태를 더 많이 사용하며, 동사 형태는 연령에 따라서 변화를 보인다. 동사 형태는 어린 SLI 아동을 가려 내는 임상적 지표가 될 수 있으며, 청소년기 SLI에 대한 임상적 표지가 될 수도 있다.

그러나 청소년기와 아동기 사이에 중재 및 성숙을 통해서 일부 언어 성장이 나타날 수 있다. 그러므로 청소년의 언어 문제는 덜 명백할 수 있고, 어린 아동보다 확인하기 더 어려울 수 있다. 이러한 요인들은 잘못된 부정적인 측면에 기여할 수도 있다(실제로 하나만 존재할 때 문제를 확인하지 못한다). 이전에 토의한 바와 같이 잘못된 진단을 할 수도 있게 한다.

언어장애 청소년의 의사소통 특성에 대한 지식은 더 어린 언어장애 아동의 경우보다 덜 알려져 있다. Larson과 McKinley(1987)는 "의사소통장애를 가진 청소년에 대해 알려진 많은 것들이 학습장애와 청각장애 연구에서 유래되었다."라고 지적했다. Simon과 Holway(1991)는 유능한 언어 능력 학생과 부족한 언어 능력 학생을 비교하여 부족한 언어 능력 학생이 나타내는 의사소통 형태를 형식, 기능, 스타일의 범주로 목록화했다. 예를 들면, 연구자들은 우수 집단 학생의 시제 관련과 주어/동사 일치를 완성하는 과제를 실시했다. 연구 결과, 부족 집단은 시제 일치와 시제 관련에서의 어려움, 서투른(tactless) 진술, 대화 주제 유지, 대화 주제에서 벗어남, 자기중심적 견해를 가지고 청자의 정보 요구 등이 대조된다. 여러 연구자들은 언어 문제를 가진 청소년은 수업에서 더 자주 문제를 보인다는 것을 증명했다(Ehren, 1994; Lenz, Bulgren, & Kissam, 1995; Schmidt, Deshler, Schumaker, & Alley, 1989). 이러한 여러 가지 어려움이 표 5.6에 요약되어 있다. Larson과 McKinley(2003)는 많은 문제의 특성을 기록했다. 표 5.7은 이러한 문제 중 일부를 기록했으며, 표 5.6의 일부와 비슷하다. Larson과 McKinley(1987)는 표 5.6과 표 5.7에 기록된 문제적 행동이 교육자, 부모, 또래 동료들의 기대에 일치하는지 또는 불일치하는지에 대한 정보를 제공하는 출발점을 제공할 수 있다고 밝혔다(p. 15).

일치와 불일치의 결정은 언어장애 청소년의 평가 및 중재에 중요한 요인이다(Larson & McKinley, 1995). 이 책을 통해 되풀이되는 주제는 언어장애를 가진 개인들이 동일 집단이 아니라는 점이다. 언어장애 청소년은 더 이상 동일 집단이 아니다. 각 언어장애 청소년은 각자의 의사소통 장점과 단점에 대한 프로필을 갖는다. 평가를 통해서 각 청소년의 프로필을 확인할 수 있다.

표 5.6 수업에서 언어장애 청소년이 나타내는 특징

언어장애 청소년	
할 수 없는 것	* 수업에서 배운 정보를 회상한다. * 수업에 참여한다. * 수업 시간에 교사의 말을 주의 깊게 듣는다. * 학업에 대해 최소한의 기준을 나타낸다. * 단어를 잘 정의하고 적절하게 그것을 사용한다. * 다른 학생의 질문으로부터 배운다. * 동료들과 잘 지낸다. * 집단 토의에 참여한다. * 시간 안에 과제를 완성하거나 모두 끝낸다. * 수업과 자료를 정리한다. * 수업을 준비한다. * 혼자서 수행한다. * 시험을 통해 지식을 증명한다.
하는 것	* 자신이 해결할 수 있는 과제를 완성하기 위해 지시를 따르려면 부가적 단서가 필요하다. * 학습을 위한 접근 및 태도가 부정적이다. * 관련 없는 질문을 한다. * 대화적 담화에 대한 규칙(대화하기, 순서 따르기, 대화 마치기)을 어긴다. * 질문에 부적절한 대답을 한다. * 비논리적으로 생각을 표현하거나 조직한다. * 담화 상대자와 함께 비관련적 방법으로 주고받는다.

출처: Ehren(1994); Lenz et al.(1995); Schmidt et al.(1989).

4. 진단

청소년이 정상 언어발달에서 벗어나는 경우에는 진단(assessement)이 필요하며, 이는 어려운 과정이다. 표 5.7은 언어장애 청소년이 나타내는 의사소통 문제를 나열하고 있으며, Larson과 McKinley(2003)는 청소년의 언어 기능을 평가하기 위한 구조를 제공할 수 있다고 언급했다. 많은 학교 시스템이 평가를 제공하며, 중등 이후에 발전된 의사소통 목록을 제공한다.

청소년이 사회적 · 학문적 · 직업적 상황에서 효과적으로 모든 측면의 언어적 기능을 사용할 수 있기를 기대한다. 그러므로 평가를 할 때, 이러한 모든 측면에서 청소년의 의사소통 수행에 대한 평가를 조사할 필요가 있다. 청소년이 어떤 측면에서 노력하고 있는지 또는 모든 측면에서 노력하고 있는지, 언어 손상이 의심되는지를 더 깊이 평가해야만 한다.

청소년 평가는 두 부분으로 나뉘며, 각각 다른 기능을 제공할 수 있다. 첫째, 언어장애가 있으면서 문제가 되는 언어 행동을 확인한다. 둘째, 첫 번째로 확인한 것이 맞는지, 아닌지에 대해서 더 깊게 조사하는 것이다. 만일 첫 번째로 확인한 것이 맞다면, 중재를 통해 목표 영역과 어떤 중재를 받을 것인지를 결정한다. 또한 적절한 서비스를 받기 위한 틀을 선택한다. 다음 부분에서 우리는 평가 과정에 대해 토의할 것이다. 표준화된 검사는 이러한

표 5.7 더 나이 든 언어장애 학생의 문제

인지	쓰기
* 생각할 때, 구체적 조작을 사용하지 못한다. * 문제가 있을 때, 알지 못한다. * 문제를 해결하기 위해 양자택일 계획 및 전략을 발전시키기 못한다. * 개념에 대한 생각과 아이디어를 계층적으로 발전시키지 못한다.	* 자신이 읽은 것이 의미하는 것을 아는 데 어려움을 겪는다. * 지식이나 의미를 전달하기 위해서 연관된 텍스트를 쓸 수 없다.
상위 언어	**언어적 특성에 대한 이해와 산출**
* 언어 범주를 만들고 의미적 관련성을 추출하는데 제한된 능력을 보인다. * 형식적 교수를 하는 동안 언어에 대해 말하기 위해 언어를 사용할 수 없다. * 의사소통 실패를 인식하는 것이 부족하며, 의사소통 단절을 회복시키는 데 있어서 무능력하다.	* 복잡한 구문 형태를 이해하지 못한다. * 지시가 주어졌을 때 이해하지 못하고, 지시 따르기에서 어려움을 겪는다. * 불완전하고 미성숙한 구문적 형태를 사용한다. 의도한 것을 발화하는 데 실패한다. * 단어 찾기의 어려움, 매우 높은 빈도의 사용, 낮은 의미 단어를 너무 많이 사용 * 청자에게 혼란을 주는 메시지 * 메시지를 전달하는 요령이 부족하다. * 속어/은어를 동료에게 사용하고 이해하는 데 문제를 나타낸다.
비언어적 의사소통	**담화**
* 잘못된 제스처/신체 움직임, 얼굴 표정 * 제스처/신체 움직임, 얼굴 표정과 관련된 단서를 잘못 이해한다. * 의사소통 상대자와 적절한 신체적 거리와 관련된 단서를 잘못 사용한다.	* 당황스럽고 잘못된 표현으로 시작한다. * 듣기 능력의 부족 * 주요 초점을 이해하거나 확인하지 못한다. * 정보에 대한 비논리적이고 충동적 판단 * 신경을 건드리는 의사소통 스타일
생존을 위한 언어	
* 매일의 상호작용에 필요한 중요한 정보 메시지를 얻는 것이 부족하다. * 일상생활 언어에 대한 기초(예: 도로표지 이해, 시간을 말해 주기, 송금 등)가 부족하다.	

과정을 평가하는 데 유용하다. 그러나 비형식적 관찰과 비표준화된 평가 방법도 사용되어야만 한다.

1) 확인

교사는 언어장애 청소년을 확인하기 위해 다른 곳에 의뢰하거나 언어 선별 검사를 실시한다. 이러한 것은 서로 배타적인 방법은 아니다. 둘 다 사용할 수 있고, 둘 다 사용해야 한다.

교사 추천. 일반학교 교사, 특수교사, 치료 교사, 다른 특수 담당자에게 의뢰하는 것은 언어장애 청소년을 확인하기 위한 효과적인 방법이다. 이러한 방법이 성공적이 되기 위한 중요한 요인은 자격 적격성이다. 교사는 중학교 이후의 특성을 이해하고 청소년기의 언어 손상 특성을 인식할 수 있어야 하고, 청소년을 위해 전문적 도움을 줄 수 있는 잠재적 자료를 알고 있어야 한다. 이러한 이유 때문에 언어장애 청소년에게 서비스를 제공할 때, 정보 보급(dissemination)은 중요하다(Larson & McKinley, 2003).

정보 보급은 교사와 지지 인원(상담가, 특수교육자, 사회사업가, 교장)이 공유하는 것을 포함한다. 또한 언어장애 청소년의 특징에 대한 정보를 포함하며, 언어장애를 학문적으로나 사회적으로 증명할 수 있는 방법과 유용한 중재 서비스에 대한 정보를 포함한다. 이러한 정보를 알려 주는 것은 청소년과 매일 만나는 전문가에게 도움을 주며, 평가를 위해 다양한 상황에서 상호작용하는 사람에게 도움이 될 수 있다(Larson & McKinley, 1995). 현재 교육에서 제시하는 것(Reed & Miles, 1989)은 언어장애 청소년에 대한 전문가의 지식을 향상시키고 이러한 청소년에게 제공할 수 있는 지원과 지원을 촉진하는 것이 한 가지 방법이다. 또한 보조자는 의뢰(referral)를 촉진시킬 수 있으며, 10대 청소년을 위해 도움을 줄 수 있다. 또 다른 방법은 학교나 전문 집단의 뉴스레터에 기고하는 것이다. McKinley와 Larson(1989)은 중학교 이후 교장에게 정보를 보급하기 위해 두 번째 방법을 사용했다.

학생에 대한 관찰/행동적 척도 검사를 완성하기 위해 교육자에게 정보를 요구하는 것도 의뢰의 한 방법이다(Wiig, 1995). 언어 관련 능력 및 언어 능력을 여러 비율 척도로 평가하는 것이 청소년에게 유용하다(Catts, 1997; Larson & McKinley, 1987; Loban, 1976; Semel, Wiig, & Secord, 1996). 이러한 척도 검사는 언어장애 가능성을 가진 청소년을 확인하는 데 도움을 줄 뿐만 아니라 대부분의 의사소통 영역을 직접 평가할 수 있다. 또한 대부분 다른 것들에 관련되는 청소년의 언어 기능 영역을 보여 준다. 이 마지막 정보는 긍정적 인간 관계를 확립하고 유지하기 위해 언어 기능이 중요하기 때문에 특히 유용하다. 만일 청소년의 의사소통 행동이 사람 간의 상호작용을 방해한다면, 언어의 부정적 사용 또는 비효율적 사용이 중재 목표가 될 수 있다.

언어 선별 검사. 언어 선별 검사는 개인의 언어 능력이 적당한지, 또는 정상과 불일치하는지를 판단할 때 사용한다. 또한 선별 검사는 더 많은 평가가 필요한지에 대한 근거를 제공한다. 이 검사는 중학생 이상의 모든 학생을 대상으로 집단 선별 검사를 할 때 유용하며, 7학년과 10학년의 모든 학생을 검사하는 데 효과적이다. 더 효율적인 방법은 학습장애 프로그램 서비스를 받는 학생, 언어장애 서비스를 초기 학년부터 받는 학생, 가정 지도를 받는 학생, 읽기 서비스를 받는 학생, 학교를 중퇴할 위험이 있는 청소년 등과 같이 선택적 선별을 하는 데 더 효과적인 접근이다.

청소년을 위한 표준화된 선별 검사가 시판되어 사용되고 있다. **표 5.8**에 이러한 검사 도구 목록이 제시되어 있다. 이러한 검사는 개별적으로 청소년을 검사할 수 있도록 고안되어 있다. 또한 이런 검사는 다양한 의사소통적 기능을 조사하며, 2~15분의 시간이 소모된다.

Simon(1987)은 학급에서 실시할 수 있는 청소년 의사소통 선별 검사를 개발하여 5~9학년 학생들에게 우선적으로 실시했다. 이런 검사는 교실 또는 다른 집단 환경에서도 실시될 수 있으며, 50분 정도의 시간이 소요된다. 이 검사는 지필 과제로, 대부분 정답에 동그라미를 치도록 구성되어 있어서 쓰기에 어려움이 있는 학생에게도 사용할 수 있도록 단답형으로 되어 있다. 선별 검사에는 내용, 구문, 상위 언어적 이해를 포함하며, 구어의 지시 수행, 쓰기, 앞에 나온 어구를 묻는 관련성을 묻는 검사, 추론, 비슷한 말과 단어 정의하기를 포함한다.

2) 언어 평가

규준 참조 검사. 11세 이상의 아동에게 적절하고 더 전면적인 언어 검사가 있다(표 5.8). Comprehensive Test of Phonological Processing 검사는 음운적 처리 과정과 같이 언어와 매우 관련된 기능 영역을 조사한다(Wagner, Torgesen, & Rashotte, 1999). 또한 Test of Prolem Solving—2에서는 문제 해결 능력(Bowers, Huisingh, & LoGiudice, 2007)이 포함된다. 표에 기술한 대부분의 검사는 표준화된 것이다. 구문 및 의미와 같은 다양한 언어 영역에 대한 일부 능력을 조사할 수 있는 검사로 Oral and Written Language Scales (Carrow-Woolfolk, 1996)와 Test of Adolescent and Adult Language—3(Hammill, Brown, Larsen, & Wiederholt, 1994)가 있다. 또한 어휘 또는 화용과 같은 언어 영역에 초점을 둔 검사는 Expressive One-Word Picture Vocabulary Test—2000 Edition(Brownell, 2000a)와 Test of Pragmatic Language—2(Phelps-Terasaki & Phelps-Gunn, 2007)이다. 표준화된 검사에서 제외된 검사로는 준거 참조 검사(criterion-referenced test)가 있으며, Wiig Criterion-Referenced Inventory of Language(Wiig, 1990b)가 준거 참조 검사에 속한다. 이 검사는 13세 정도 아동을 대상으로 의미, 화용, 형태, 구문의 영역에서 수행을 평가하도록 구성되어 있다. Huang, Hopkins와 Nippold(1997)는 Oregon 주에 있는 언어치료사를 상대로 13~19세 청소년을 위해 자주 사용하는 언어 검사를 조사했다. 그 결과는 표 5.8에 이중 별표(**)로 표시되어 있으며, 이것은 Huang 등(1997)의 연구를 더 발전시킨 연구이다.

규준 참조 검사(norm-referenced tests)는 언어장애 청소년의 중증 정도 및 현재 상태에 대한 견해를 제시하며, 언어 문제가 의심되는 청소년에게도 검사할 수 있다(Apel, 1999b). 이러한 방법은 학생에게 질적으로 높은 서비스를 제공하기 위해 학교 관리자가 필요로 할 수 있다. Apel(1999b)은 많은 검사 도구의 규준 및 구성 타당도가 의심스럽다고 주장하면서, "숫자 게임을 이기는 길은 현재로서는 확실하지 않다"라고 기술했다(Lieberman, Heffron, West, Hutchinson, & Swem, 1987; Stephens & Montgomery, 1985). 그러나 규준 참조 검사는 청소년의 언어 평가를 통해서 언어의 일부 측면에서 나타나는 문제를 확인할 수 있지만, 언어 샘플링을 포함하는 비표준화된 접근에서는 문제를 확인하지 못할 수

표 5.8 일부 청소년 대상 언어 검사 및 언어 관련 검사 목록

검사명	저자(들)	연도
선별 검사		
Adolescent Language Screening Test	Morgan과 Guilford	1984
Mini-Screening Language Test for Adolescents	Prather, Brenner와 Hughes	1981
Screening Test of Adolescent Language**	Prather, Breecher, Stafford와 Wallace	1980
진단 도구		
Auditory Continuous Performance Test	Keith	1994
Clinical Evaluation of Language Fundamentals—4**	Semel, Wiig와 Secord	2003
Comprehensive Assessment of Spoken Language	Carrow-Woolfolk	1998
Comprehensive Receptive and Expressive Vocabulary Test—2	Wallace와 Hammill	2002
Comprehensive Test of Phonological Processing	Wagner, Torgesen과 Rashotte	1999
Detroit Tests of Learning Aptitude—Adult	Hammill과 Bryant	1991
Detroit Tests of Learning Aptitude—4**	Hammill	1998
Expressive One-Word Picture Vocabulary Test—2000**	Brownell	2000a
Fullerton Language Test for Adolescent—2**	Thorum	1986
Illinois Test of Psycholinguistic Abilities—3	Hammill, Mather와 Roberts	2001
Interpersonal Language Skills Assessment	Blagden과 McConnell	1984
Let's Talk Inventory for Adolescents	Wiig	1982b
Lindamood Auditory Conceptualization Test—3	Lindamood와 Lindamood	2004
Oral and Written Language Scales	Carrow-Woolfolk	1996
Peabody Picture Vocabulary Test—IV**	Dunn과 Dunn	2007
Receptive One-Word Picture Vocabulary Test—2000	Brownell	2000b
SCAN—3: A Tests for Auditory Processing Disorders in Adolescents and Adults	Keith	2009a
SCAN—3: C Tests for Auditory Processing Disorders for Children	Keith	2009b
Test of Adolescent and Adult Language—3	Hammill 등	1994
Test of Adolescent/Adult Word Finding	German	1990
Test of Auditory Processing Skills—3	Martin and Brownell	2005
Test of Auditory Reasoning and Processing Skills	Gardner	1993
Test of Language Competence—Expanded Edition**	Wiig와 Secord	1989
Test of Language Development(Intermediate)—3rd Edition	Hammill과 Newcomer	1997
Test of Pragmatic Language—2	Phelps-Terasaki와 Phelps-Gunn	2007
Test of Problem Solving—2: Adolescent**	Bowers 등	2007
Test of Word Finding—2	German	2000
Test of Word Finding in Discourse	German	1991
Test of Word Knowledge**	Wiig와 Secord	1992
The Expressive Language Test	Bowers, Huisingh, LoGiudice와 Orman	2010
The Listening Comprehension Test: Adolescents	Bowers, Huisingh와 LoGiudice	2009
The Word Test—2 Adolescent**	Huisingh, Bowers, LoGiudice와 Orman	2005
Wiig Criterion—Referenced Inventory of Language	Wiig	1990b
Woodcock-Muñoz Language Survey—Revised	Woodcock, Muñoz-Sandoval, Ruef와 Alvarado	2005

*11세 또는 그 이상의 연령을 대상으로 설계되었다.

**Oregon wn 언어치료사가 주로 사용한 10개의 검사 도구 중에서 여기에 열거된 목록보다 이전 버전일지라도 13~19세(Huang et al., 1997)를 대상으로 한 검사 도구를 선정했다.

도 있다. 예를 들면, Nipplod 등(2009)은 동료와의 갈등에 대한 설명 담화 과제를 포함한 언어 샘플 과제와 표준화된 검사 두 가지(Clinical Evaluation of Language Fundamentals—3, Concepts and Directions and Recalling Sentences)(Semel, Wiig, & Secord, 1995)를 실시하여 SLI 청소년의 구문 능력을 조사했다. 비록 언어 샘플링 과제가 15세 정상 아동과 15세 SLI 청소년의 발화 길이, 절의 비중(종속절 사용을 측정), 명사절의 사용 등에서 차이를 보는 데 효과적이지만, 이 과제는 부사절과 관계절에 대한 차이를 잘 보여 주지 못한다(Nippold et al., 2009). 표준화된 검사의 하위 검사를 함께 실시함으로써 청소년 집단 간의 차이를 분명히 볼 수 있다. 일부 표준화된 검사는 언어 샘플링에서 놓친 언어 결함을 보여 줄 수 있다. 결론적으로, Nippold 등(2009)은 표준화된 검사와 설명 담화 과제를 사용한 언어 샘플링 검사는 각각을 보충해 주고 보완해 줄 수 있다고 제안했다. 여러 단점에도 불구하고 청소년의 언어 평가를 할 때, 표준화된 검사는 중요한 위치를 차지한다.

어떤 평가를 할 것인지를 결정할 때, 민감도(sensitivity, 장애가 있는 아동의 정확한 확인)를 확인하는 평가와 특수성(specificity, 장애가 없는 아동의 정확한 확인)을 확인하기 위한 검사 중에서 어떤 검사를 사용할 것인지가 주요 문제이다. 전문가들은 정확한 진단을 위해 가장 좋은 검사를 택하려고 하지만 두 검사 모두 아동의 문제를 확인하기에 항상 유용하지는 않다. 이전에 우리가 학습한 바와 같이, Nelson(1998)은 언어 능력이 부족한 청소년을 확인하기 위해 충분히 민감한 것은 아니라고 설명했다. 우리가 알고 있기는 하지만, SLI 청소년은 추상적 어휘, 추론, 비유 언어, 종속절을 가진 복합 구문, 동사 시제 만들기, 무의미 단어 반복, 형태론적으로 복잡한 단어 등에서 어려움이 있기 때문에, 평가를 할 때 이런 부분이 포함된다. 또한 우리는 평가 결과를 가지고 언어장애가 있다, 없다 판단할 때 신중할 필요가 있다. 많은 언어 검사는 어린 아동을 검사하기 위해 설계되었고, 청소년을 위한 검사는 상대적으로 매우 적다. 만일 타당도 및 민감성/특수성이 의심스러워 이런 검사의 일부를 검사하지 않고 뺀다면, 우리가 선택할 수 있는 폭이 더 좁아진다. 표준화된 검사, 비표준화된 언어 평가, 형식적 관찰은 청소년에게 자주 사용되며 효과적으로 사용되는데, 그렇게 자주 사용되는 데는 몇 가지 이유가 있다.

많은 규준 참조 검사는 언어 행동의 측면에만 제한되어 있으며, 대개 특정 언어 능력의 일부분에 대한 결과를 제공한다. 그렇기 때문에 특별한 중재가 필요한 언어 행동의 패턴에 대한 효과적인 정보를 단독으로 제공하는 데 어려움이 있다. 하나의 검사를 실시하기보다, 더 많은 검사를 사용하는 것이 일반적으로 가장 좋은 방법이다. Huang 등(1997)은 언어치료사의 대략 25%가 규준 참조 언어 검사에 불만족을 표현했다고 보고했다. 중재 계획을 세우는 데 필요한 정보를 제공하는 데 제한이 있고 시간 제약(constraints)이 만족스럽지 못한 부분이라고 설명했다. 이러한 주제는 13장에서 더 자세하게 다룰 것이다. 비표준화된 검사 기술은 청소년의 언어 능력을 평가할 때 효과적이기 때문에 필요하다고 말할 수 있다.

규준되지 않은(unnormed) 표준화된 방법. Damico(1993)는 진단할 때, 이전에 사용하던 절차보다 더 확실하고 더 기능적이고 더 기술적인 활동을 해야 한다고 의견을 제시했다. 확실한 평가란 청소년이 실제로 문맥 안에서 자신의 언어를 어떻게 사용하고 어떻게 사용하지 못하는지(교사가 수업에서 말한 것을 이해하는 것, 동료와의 상호작용, 시간제 일을 하기 위해 시도하는 것, 시험 공부, 음악이나 책을 보거나 이해하는 것)에 대한 정보를 수집하고 찾는 것을 의미한다. Paul(2007)은 이러한 평가 접근이 '생태학적 타당성(ecological validity, 실생활에 적합한)'과 관련된다고 언급했다. 많은 전략이 청소년에게 더 확실한 평가를 하는 데 도움을 줄 수 있다. 청소년의 언어 샘플을 분석하는 것, 흥미 있는 특정 언어 행동의 샘플을 이끌어 내는 상황을 만드는 것, 학생의 포트폴리오를 검사하는 것, 학생이 기대하는 교육적 시스템을 평가하는 것 등을 포함한다.

자발화 분석. 자발화를 분석하기 위해 청소년의 하루 동안의 전반적인 언어 행동을 분석하는 것은 비현실적이다. 그러므로 자발화 샘플을 얻기 위해서는 하나 또는 더 제한된 샘플을 수집한다. 언어 샘플을 얻는 것과 관련되는 특정 요인은 13장에서 토의할 것이다. 자발화 분석은 언어 손상이 의심되는 청소년보다 더 어린 아동에게 필요하다. 그러나 언어 샘플을 얻기 위해서는 다양한 의사소통 상황에서 오디오 또는 비디오 녹화를 통해 모든 상황에서 샘플을 얻는 것이 중요하다. 우리는 청소년을 대상으로 자발화를 얻기 위한 적절한 접근에 대해 이야기할 것이다.

청소년의 자발화 언어 샘플의 일반적 상황은 대화 상황이다. Larson과 McKinley(1998)의 연구에서 7학년부터 12학년 청소년을 대상으로 청소년-성인이 대화하는 것과 청소년-청소년이 대화할 때의 대화 특성을 살펴보기 위해 언어 샘플을 수집했다. Larson과 McKinley (1995)는 청소년의 대화를 분석할 수 있는 기준을 제공하기 위해서 청소년 대화 분석을 개발했다. 이 분석 방법은 대화 상황에서 청자와 화자 역할 둘 다의 결과를 제공한다. 청자의 능력은 화자의 어휘, 구문, 화자의 주요 생각을 따라가는 것, 판단하지 않고 듣기, 이해에 대한 신호 부족 등을 분석한다. 화자의 능력은 다음의 네 부분—언어 특징, 준언어, 의사소통 기능, 언어적 · 비언어적 의사소통 규칙—으로 나누었다. 이러한 넓은 범위 안에서 각각 의사소통적 기능의 특징을 기록하고 분석했다.

언어 특징을 분석하기 위한 요인은 구문 형태의 다양성, 질문 형태의 산출, 비유 언어의 산출, 비특정 언어, 단어 회상 문제의 산출, 방언, 잘못된 시작 등이다. 준언어 행동은 유창성, 명료도, 억양, 속도, 연접과 같은 초분절 특징에 초점을 두었다. 의사소통 기능의 범주가 넓기 때문에 특정 기능을 분석하기 위해서 다음 요소로 분석했다. 즉, 정보 얻기, 지속적으로 사건을 기술하기, 설득하기, 확신/감정/의도를 표현하기, 부가적 의사소통에 대해 민첩하게 반응하기, 문제 해결, 사교성 등이다. 마지막 영역인 언어/비언어적 의사소통 규칙은 주제에 대해 언어적 규칙과 순서 따르기, 예절 바름에 대한 언어적 규칙, 비언어적 규칙으로 나뉜다. 주제에 대한 언어적 규칙 및 순서 따르기 규칙은 다음 일곱 가지로 분석했다. 즉, 대화 시작하기, 주제 선택하기, 주제 유지하기, 주제 바꾸기, 차례 지키기, 대화 수정하기, 중단하기 등이다. 예절 바름에 대한 언어적 규칙은 적절한 이야기 분량, 신중하고 솔직한 태도, 주제에 적절하게 기여하기, 분명하게 생각을 말하기, 그리고 재치 등이다. 마지막으로 비언어적 규칙은 제스처, 얼굴 표정, 눈 맞춤, 대화 상대자와의 신체적 거리 등이다.

이러한 의사소통 행동 각각에 대해서 언어 샘플을 얻는 동안 적절한지, 적절하지 않은지를 판단한다. 적절/부적절에 대해 점수 또는 빈도는 청소년의 장점 및 약점을 요약한 프로필에 기록한다. 이 프로필은 중재 목적을 계획하고, 중재를 계획하는 데 타당하고 정당한 근거가 될 수 있다. 청소년의 대화 특징에 대해 Larson과 McKinley(1998)는 특정 학년을 대상으로 청소년 또는 성인과 대화를 비교했다. 그들의 연구 결과는 청소년이 대화 상대자(또래 동료나 교사)에 따라서 어떤 의사소통 특징을 보이는지에 대한 구조를 제공할 수 있다.

Larson과 McKinley(1995)는 "구문 형태의 다양성"(p. 286)을 확인할 때, 그들의 대화 분석의 일부를 조사하는 것은 명확하지 않지만 청소년의 종속절 및 접속사 발달에 대한 정보는 유용하다고 설명했다(Loban, 1976; Nippold et al., 2005, 2007; Reed, Griffith et al., 1998; Wetherell et al., 2007). 청소년을 대상으로 종속절 사용에 대한 심도 깊은 분석은 중요하다. **그림 5.6**은 청소년의 언어 샘플 분석을 통해서 종속절 사용에 대해 자세하게 발달 과정을 체계적으로 보여 주고 있다. 이 결과는 Loban(1976)의 결과와 다른 연구자들의 결과를 통합했다(Hass & Wepman, 1974; Scott, 1988; Scott & Stokes, 1995). SLI 청소년이 지속적인 어려움을 갖는 동사 형태와 관련하여 조사한 결과(Leonard et al., 2009; Reed, Conrad et al., 2006; Reed & Evernden, 2001; Reed & Patchell, 2004, 2010; Reed, Patchell, et al., 2006; Rice et al., 2009) 동사 형태의 사용, 과거 시제를 사용한 정확한 동사 사용의 습득 정도 그리고 정확/부정확한 동사 형태의 발견 등이 포함될 수 있다.

청소년의 대화 상황 언어 샘플을 사용하여 언어장애 및 손상 영역을 확인할 때의 어려운 점은, 특별한 형식이 요구되지 않는다는 것과, 청소년들은 자신들의 문제를 지속적으로 나타낼 수도 있고 자신들의 레퍼토리에서 잘 정착되지 않은 언어 영역의 사용을 피한다는 것이다(Reed & Patchell, 2010; Wetherell et al., 2007). Wetherell 등(2007)과 Nippold 등(2005, 2007)의 연구에서 SLI 청소년은 언어 샘플링 내용에서 동료와의 갈등을 해결하는 이야기 또는 설명적 과제보다 대화 상황에서 덜 복잡한 구문을 사용하는 것으로 나타났다. 또한 게임과 스포츠 중에서 하나를 설명한 과제와 그것을 반대하는 동료와의 갈등을 해결하는 설명 과제에서 더 복잡한 구문을 사용했다. 청소년의 언어를 조사하기 위한 원리는 청소년의 언어에서 지금 나타나지 않은 것과 청소년이 무엇을 사용하는지를 찾아서 청소년이 하는 것과 하지 않는 것을 찾는 것이다. 우리가 평가를 할 때, 대화 과제는 청소년이 어려워하는 언어 사용을 억지로 강요하는 것이 아니기 때문에 청소년이 할 수 있는 것

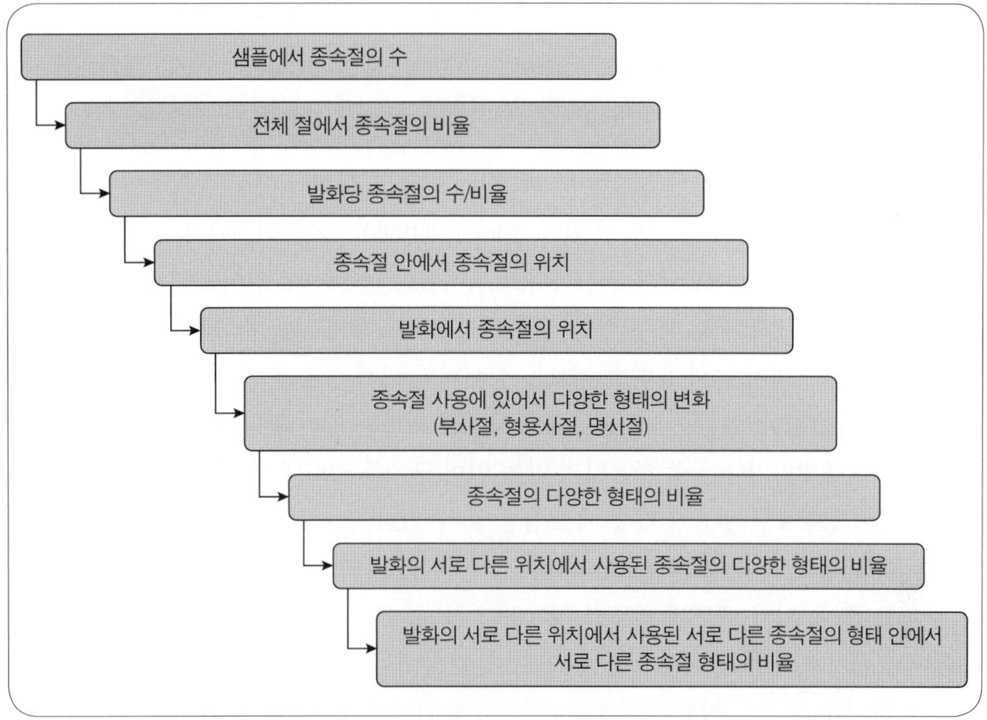

그림 5.6 청소년의 언어 샘플 분석을 위한 체계적인 종속절의 분석(Finer-Grained Analyses)

출처: Hass와 Wepman(1974); Loban(1976); Scott(1988); Scott와 Stokes(1995).

과 할 수 없는 것을 찾아내기 위해 사용될 수 있으며, 대화 과제는 청소년이 관심 있는 특정 과제를 포함할 필요가 있다. 이야기나 설명적 담화 과제가 이러한 평가를 수행하는 데 도움이 될 수 있다.

우리가 3장에서 본 바와 같이, 이야기 과제는 개인의 언어 수행을 평가하는 과제로 자주 사용할 수 있다. 이야기 산출 과제의 문제는 초기 언어 문제가 청소년기까지 지속되는 아동에게 영향을 준다는 점이다(Shothard et al., 1998). 이야기 과제는 여러 가지 유형이 있으며, 각각은 장점과 단점이 있고 청소년의 언어 수행도를 서로 다른 방법으로 제시하고 있다. Wetherell 등(2007)과 Reed와 동료들(Reed, Conrad et al., 2006; Reed & Evernden, 2001; Reed & Patchell, 2004, 2010; Reed, Patchell et al., 2006)은 동사 시제를 과제로 했고, 단어 없이 그림만 있는 책에서 이야기 다시 말하기 과제를 실시했다. 담화 과제는 이야기를 만드는 창조적인 요구가 감소되며, 이야기의 청각적 모델이 제공되는 것이 아니라 이전에 이 이야기에 대해 알고 있던 여러 지식이 영향을 줄 수 있다. 이야기 다시 말하기는 과거 시제 동사 사용을 촉진하는 경향이 있으며, 담화의 다른 형태에서 나타나지 않은 동사 사용 패턴이 나타날 수 있고, 특히 현재-과거 시제 사용을 유도할 수 있다. 이야기 과제를 통해서 청소년의 언어 능력에 대한 정보를 얻기 위해서는 이야기 및 이야기 구조를 사용하며, 이는 청소년기의 중요한 장르이다. 더 넓게 사용된 프로그램화된 언어 샘플 분석 시스템(Systematic Analysis of Language Transcripts)(Miller & Chapman, 2000)은 대화 또는 이야기를 통해서 수집된 언어 샘플의 옵션을 제공한다.

설정된 상황. 청소년의 언어 평가를 할 때, 확실한 평가 형식의 사용이 요구되며, 전문가의 평가 결과를 결합해서 사용할 수 있다. Nippold(1995)는 제한되거나 설정된 맥락 안에서 언어 사용은 후기 언어발달에 민감하다고 지적했다. 청소년의 언어발달 수행도를 조사하기 위해서 설정된 상황일 때, 확실한 평가 원리에 적합하지 않을 수 있다. 그러나 확실한 상황에서 학생의 언어 능력에 대한 정보를 끌어내기 위해 상황을 이용할 필요가 있다. 결과적으로 서로 배타적인 두 가지 접근법의 사용은 피하는 것이 좋다. 대신 확실한 상황은 특정 능력을 증명하거나 자주 사용하지 않는 언어 구조를 끌어내거나(예: 부사적 연결) 청소년의 언어를 강조할 필요가 있을 때 도움을 줄 수 있다. 또한 설정된 상황은 새로운 언어 행동을 어느 정도 할 수 있는지 또는 학습을 위해 전문가의 지도가 얼마나 필요한지에 대한 도움을 줄 수 있기 때문에 역동적 평가라고 볼 수 있다. 설정된 상황은 청소년의 언어 능력에서 숨겨져 있던 정보를 얻을 수 있으며, 대화에서 상호작용이 덜 요구되는 것에 대한 정보를 얻게 해준다. 이런 상황은 특히, 비유적 언어와 문해 언어와 관련된 언어 능력을 평가하는 데 도움을 준다.

규준 참조 검사의 수용언어 영역에서 청소년의 언어 손상을 확인하거나 중재 계획을 세우는 데 효과적인 정보를 제공하지 못할 때, 설정된 상황이 도움을 준다. 수용언어는 초기의 언어 어려움에 대한 결과나 수행에 대한 언어적 측면을 인식하게 해준다. 예를 들면, 수용언어 손상이 있는 청소년과 아동은 표현언어 손상 여부와 관계없이 청소년기에 언어 능력 수준과 사회적 판단치가 매우 떨어지게 된다(Asher & Gazelle, 1999; Beitchman et al., 1996b; Beitchman et al., 1996c). 청소년의 수용언어 능력을 평가할 수 있는 규준 참조 검사의 수용언어 검사는 일음절 단어에 너무 구체적으로 초점이 맞춰져 있고, 연관된 텍스트의 이해가 충분하지 않다.

포트폴리오. 포트폴리오(portfolios)를 언어 평가 과정의 일부로 사용하는 것은 청소년이 작업한 것을 청소년과 정기적으로 상호작용하는 사람들(교사, 학교 상담가)에게 보여 주는 방법이다. 이 파일은 다양한 의사소통 맥락에서 청소년의 능력에 대한 자료를 수집하고 서로 다른 학문적 및 의사소통 요구에 청소년이 어떻게 반응하는지를 보여 준다. 평가 방법으로서의 포트폴리오는 생태학적으로 타당한 접근 방법으로 사용된다. Wiig(1995)는 4×4 배열의 구조화된 다중 요인 평가 프로필을 기술했는데, 그것은 수업에서 대상자의 포트폴리오 샘플을 통한 전반적 평가에 초점을 둔다. 그녀는 이러한 평가 결과를 'S-MAP'라고 설명했다. 배열(matrix) 평가에 포함되는 요소는 의사소통 과제 또는 내용에 따라 중요 요인이 무엇인지에 의해 바뀔 수 있다. 각 요소들은 척도 1(좋은)에서 4(수용하기 어려운)

의 척도로 평가된다. 예를 들면, Wiig(1995)는 4개 요소, 즉 조직적 구조(1), 회상 및 노력(2), 결합, 응집(3), 협정(4)을 각각 4점 척도로 평가했다(1점: 좋은, 2점: 수용, 3점: 최소한, 4점: 수용하기 어려운). Wiig(1995)는 각 요소 안에 평가 가이드를 설명했다. 예를 들면, 이야기 구조에 대한 인식은 다음과 같다. 조직적 구조에서는 명확한 시작, 중간의 연결, 마침이 '좋은'으로 평가된다. 또한 적절한 때, 수정을 많이 하거나 수정하지 않는 것에 있어서, 변화가 없거나 가파른 변화를 보일 때는 '한계점'이 된다. 이와 같은 배열은 다른 방법보다 더 체계적 분석을 통해 청소년의 포트폴리오를 분석할 수 있도록 도움을 준다.

교육 시스템의 평가. 학교 생활의 성공 또는 실패는 청소년뿐만 아니라 성인의 모든 생활에 중요하게 영향을 미친다. 언어장애 청소년은 특히 학과목(subject) 영역에서 어려움을 가지며, Larson과 McKinley(2003)는 학생의 교육적 환경뿐만 아니라 언어 능력을 평가해야만 한다고 주장했다. 이러한 평가는 교육적 환경이나 학생 자신의 문제에 대한 원인을 확인시켜 주며, 청소년이 갖고 있는 어려움이 동기의 결핍인지 또는 능력 부족인지를 결정하는 데 도움을 줄 수 있고, 평가를 통해서 더 직접적인 언어 중재뿐만 아니라 교육과정 변경을 포함한 중재 계획을 세우는 데 도움이 된다고 제안했다. 교육과정을 분석할 때, 언어지도, 교과서의 언어, 특정 대상에 대한 학생의 태도, 교육과정에서 사용하는 언어 이해 능력 등을 평가한다. 많은 청소년으로부터 얻은 포트폴리오 분석과 청소년의 의사소통 과제에 대한 서로 다른 형태는 언어 수행에 필요한 교육 체계를 어떻게 평가하고 무엇을 평가해야 하는가에 대해 알려 준다.

Larson과 McKinley(1995)는 완전한 평가를 촉진시키는 데 사용할 수 있는 또 다른 전략을 제공했다. 이들은 Curriculum Analysis Form을 개발했다. 이 형식은 세 부분으로 분류되며, 각 과정에서 청소년이 특별히 어려움을 갖는 부분을 찾는다. 첫 번째 과정에서는 교과목을 분석한다. 두 번째 과정에서는 교실에서의 수업과 교수 그리고 시험에 대한 이해와 과정 구성에 초점을 둔다. 마지막 과정에서는 청소년의 태도를 증명하기 위해 개발된 질문지 목록에 '예/아니요'로 대답하는 것이다. 분석이 완성되면, 교육적 언어 수준을 알게 되며, 이러한 결과는 청소년에게 필요한 전략을 분명하게 계획하는 것을 도울 수 있다.

Lunday(1996)는 중등 과정 이후 학교와 직장 생활에서 성공을 예측할 수 있는 의사소통 능력을 평가하는 체크리스트를 개발했다. 이 평가는 6개 언어 영역[어휘, 사용(use), 기능, 조직, 형식, 화용(pragmatics)]으로 구성되어 있으며, 질문에 대한 답을 평가한다. 예를 들면, 교실에서 토의할 때 참여하는지, 비언어적 단서를 해석하고 사용하는지, 비유적 표현을 이해하는지 등으로 평가한다. 각 질문에 대해 교사의 기대를 조사하고(예: 기대한다, 기대가 없지 않다, 기대하지 않는다), 학생의 대답은 긍정, 부정, 또는 중간(+/−)으로 평가한다. 이러한 결과는 교사의 기대와 학생의 기대 정도를 확인할 수 있으므로 학생에게는 매우 중요하다. 또한 이 평가는 Larson과 McKinley(1995)가 주장한 '맞다/틀리다'의 평가 결과와

표 5.9 청소년의 상호작용에 대해 고등학교 교사가 인식한 의사소통 능력의 중요성 분류(가장 중요한 것에서 덜 중요한 순으로)

1. 관련되는 이야기를 한다.
2. 다른 관점 및 생각에 대해서 논리적으로 표현한다.
3. 대화 명료도나 수정 전략을 사용한다.
4. 대화 상대자의 관점을 수용한다.
5. 적절한 순서를 지킨다.
6. 적절한 어조를 사용한다.
7. 적절한 눈 맞춤을 유지한다.
8. 대화 주제를 선택한다.
9. 비언어적 의사소통을 이해한다.
10. 목소리 어조를 이해한다.
11. 요령 있게 메시지를 전달한다.
12. 주제를 유지한다.
13. 언어적 유머를 이해한다.
14. 적절한 청소년 속어를 사용한다.

일관성을 보였으며, 분석을 통해 얻은 정보는 중재 목적을 결정하는 데 도움을 준다.

Lunday(1996)의 접근은 학습에서의 의사소통 기대를 평가하는 것으로 학생에 대한 교사의 기대가 중요함을 알 수 있게 해준다. 교사는 학생의 의사소통 능력을 인식함으로써 청소년의 수행도에 대한 기준을 세울 수 있으며, 학생의 학업과 개인적 성공에 영향을 주는 것에 대한 기준을 세울 수 있다. 고등학교 교사의 견해는 청소년의 의사소통 능력에 중요한 부분을 차지한다. Reed와 Spicer(2003)는 10학년 교사를 대상으로 14가지 의사소통 능력의 중요성에 대해 조사했다. 조사한 항목은 대화 유지(예: 주제 유지, 대화 명료도, 수정)를 주로 사용하는 능력, 이러한 것에 공감하는 능력, 개인 간의 관계, 말하는 태도와 관련된다. 또한 두 가지 상위 언어/비유 언어 능력(유머 이해와 적절한 속어 사용)도 포함한다. 표 5.9는 교사가 분류한 14개 의사소통 능력을 가장 중요한 항목에서 덜 중요한 항목의 순으로 제시하고 있다. 의사소통 능력에서 대화 관리 전략에 대한 항목은 상대적으로 더 중요하며, 두 가지 상위 언어/비유 언어 능력은 덜 중요한 것으로 생각하는 것으로 나타났다.

5. 중재

언어장애 청소년과 일하는 전문가들의 일반적인 의견은 청소년들의 중재를 계획할 때, 그들이 참여해야 한다는 것이다(Bray, 1995; Ehren & Lenz, 1989; Larson & McKinley, 2003). Larson과 McKinley(1985)가 기술한 바와 같이 청소년에게 서비스를 제공할 때 '숨겨진 계획은 없다'는 것이다(p. 72). '숨겨진 계획은 없다'라는 것의 원리는 다음을 의미한다.

- 평가 목적을 청소년에게 설명해 주고, 결과를 공유한다.
- 중재 계획과 목적을 확인, 확립, 우선 사항을 결정하는 책임에 대해서 청소년과 관련 전문가(예: 언어치료사, 교사, 특수교사)가 함께한다.
- 특별한 능력이 평가에 왜 포함되는지를 설명하고, 중재 목표 등을 청소년에게 설명하고 토의한다.

이러한 접근을 채택하는 몇 가지 이유는 다음과 같다.

- 의사소통 문제를 가졌다는 것을 인식하고 수용한다. 청소년들은 그들 자신의 의사소통 행동을 확인하기 시작하는 데 도움을 줄 수 있다. 그들은 의사소통이 자신들에게 중요하다는 것을 알게 되며, 의사소통 행동이 증가하기를 원한다.
- 자신들의 목표를 결정할 때 직접 참여하면, 자신의 문제에 대해 책임감을 갖게 되고, 자신의 문제를 받아들인다. 또한 자신들의 언어 능력을 확인할 때 중요한 역할이 된다는 것을 깨닫게 해준다.
- 자신의 문제에 대해 책임감을 갖게 되며, 치료 방법을 설명 들으면, 청소년들은 동기가 더 활성화된다.
- 청소년에게 중재 목적을 설명할 때, 그들의 메타 능력, 즉 상위 언어(metalinguistics), 상위 인지(metacognition), 상위 화용(metapragmatics) 능력이 향상되기 시작한다.

1) 중재 목적을 결정하는 원리

전략과 규칙의 강조. 청소년이 어떻게 언어를 배워야 하는지, 학습에 필요한 언어를 어떻게 다루어야 하는지에 대해 직접 지도하는 것을 강조한다(Bray, 1995; Comkowycz, Ehren, & Hayes, 1987; Donahue, Szymanski, & Flores, 1999; Ehren, 2002; Larson & McKinley, 2003; Simon, 1998). 즉, 청소년은 전략, 규칙, 자신의 의사소통 수행을 향상시킬 수 있는 기술, 배운 것을 사용하는 방법, 사회적 및 직업적으로 언어 기능을 사용하는 기술을 배워야 한다. 이러한 기술들은 매일의 언어 사용을 통해서 일반화될 수 있다. 그러므로 강조할 것은 향상된 상위 언어, 상위 인지, 상위 화용 능력을 계속 사용하는 것이다. 때때로 집행 기능(executive functioning) 또는 자동 조절(self-regulation)이라는 용어가 이런 전략적 접근과 관련되어 사용되기도 한다. 그러나 Singer과 Bashir(1999)는 "둘 다 '상위(meta)' 복합 개념"(p. 265)과 관련된다고 설명했다.

이러한 접근 방법은 Self-Regulated Strategy Development Model(Grahan & Harris, 1999), Strategic Process Model for Strategy Development(Wiig, 1990a), Kansas University Strategic Instruction Model(Deshler & Schumaker, 1988), Integrative Strategy Instruction(Ellis, 1993)과 같은 다른 전략과 몇 가지 차이가 있다. Bray(1995)는 이러한 차이에 대

해서 "학생들은 정보가 어떤 패턴으로 처리되는지 배우고, 정보를 얻기 위한 전략을 선택하고, 전략적 계획을 적용하고, 나중에는 그것의 효과성을 평가하고 모니터링한다고 설명했다. 이러한 접근은 학문적 내용 영역에 초점을 두고 가르치는 중재 목적과 상반된다. 중재는 특정 전략을 가르치는 것을 포함한다. 또한 상황에 따라 전략에 대해 토의할 수 있으며, 다른 많은 상황에 대해서 토의하는 것을 포함한다. 청소년의 의식은 전략을 습득하고 싶어 하며, 상위 언어, 상위 인지 능력, 일반화를 촉진하거나 일반화할 수 있는 다른 방법을 강화할 수 있다. 또한 이러한 접근은 언어의 화용적 측면을 강조하며, 청소년에게 언어를 기능적으로 사용할 수 있게 해준다. 또한 언어장애 청소년을 위한 중재 원리에 대한 방향성을 제시한다.

믿을 만한 중재: "연습은 완성을 만든다." 청소년의 진단 과정은 믿을 만해야 하며, 중재도 믿을 만해야 한다. 기능적 의사소통 능력을 강조한 목적을 발전시키는 것은 청소년 언어 중재의 다른 원리이다. Singer와 Bashir(1999)는 다음과 같이 충고한다.

> 비맥락화된 중재를 피한다. 중재 목적이 의사소통에 필요한 일상생활과 학습에 필요한 것에서 벗어나지 말아야 한다(pp. 271-272).

신뢰할 수 있는 목표는 긍정적 관계 형성 및 학문적 성취를 촉진하는 화용적 언어 능력에 제한된 것이 아니라, 매일의 생활에서 실패 없이 반복적으로 수행하는 것이다. 의사소통 기술에 대한 정보를 사용하는 것은 청소년에게 점점 더 중요하다. 왜냐하면 그들의 의사소통 패턴이 상황에 따라 다르기 때문이며, 그와 관련해서는 표 5.9뿐만 아니라 표 5.10에서 보여 준다. 표 5.10에서 보는 바와 같이 언어치료사들은 청소년에게 중요한 능력이라고 믿는 것에 전적으로 의존하기를 원하지 않을 수 있다. 왜냐하면 청소년이 동료와의 상호작용을 고려할 때 표 5.10의 결과와는 크게 다를 수 있기 때문이다(Reed, Bradfield, & McAllister, 1998). 언어장애 청소년은 또래 동료와의 긍정적 관계를 형성하는 데 필요한 의사소통에 대해서 다른 의견을 가질 수 있다(Reed & Brammall, 2006, 2008). 예를 들면, 언어장애 청소년은 유머를 이해하는 항목과 논리적 의사소통이 더 중요하다고 생각했으며, 음성적 어조를 이해하는 것은 더 낮은 항목으로 나타냈다(Reed & Brammall, 2006, 2008). 실질적인 언어 능력 그리고 관련된 언어 능력이 중재의 초점이 될 때, 청소년은 자신들의 중요성을 더 잘 인식할 수 있으며, 그런 능력을 습득하기 위해 동기가 활성화된다. 이것은 중재 목적을 설명하거나 실제 생활에서 효과적/비효과적인 의사소통을 제공한다면 특히 효과적이다.

그러나 불행히도 많은 언어장애 청소년의 중재 목적은 일관성이 없다. 또한 중재 목적이나 방향성도 일관성이 부족하다. 이것은 이전에 중재를 목적으로 한 기술과 전략이 안정화되거나 유지하는 데 필요한 만큼 적절히 학습되지 못했다는 것을 의미한다. 또한 청

표 5.10 서로 다른 의사소통 상황에서 청소년의 14가지 의사소통 기술의 중요성 분류(가장 중요한 것에서 덜 중요한 순으로)

동료와 긍정적인 관계를 형성하기 위한 동료의 의사소통[1]	긍정적 관계 형성을 위해 동료와 함께 하는 상황에서 자신의 의사소통[2]	교사와의 관계에서 자신의 의사소통[2]	동료와 긍정적 관계를 형성하기 위한 청소년의 의사소통[3]
대화 상대자의 관점을 받아들인다.	비언어적 의사소통을 이해한다.	적절하게 순서를 지킨다.	대화 주제를 적절하게 시작한다.*
음성적 어조를 이해한다.	대화 상대자의 관점을 받아들인다	대화 상대자의 관점을 받아들인다	대화 주제를 선택한다.
요령 있게 메시지를 전달한다.	음성적 어조를 이해한다.	상대와 다른 관점이나 생각을 논리적으로 표현한다.	대화의 명료성과 수정 전략을 사용한다.
적절하게 순서를 지킨다.	적절한 음성적 어조를 사용한다.	대화의 명료성과 수정 전략을 사용한다.	상대와 다른 관점이나 생각을 논리적으로 표현한다.
적절한 음성적 어조를 사용한다.	대화 주제를 선택한다.	적절한 음성적 어조를 사용한다.	적절하게 순서를 지킨다.
적절한 눈 맞춤을 하고 유지한다.	요령 있게 메시지를 전달한다.	요령 있게 메시지를 전달한다.	유머를 이해한다.
비언어적 의사소통을 이해한다.	상대와 다른 관점이나 생각을 논리적으로 표현한다.	음성적 어조를 이해한다.	비언어적 의사소통을 이해한다.
대화의 명료성과 수정 전략을 사용한다.	적절하게 순서를 지킨다.	이야기를 한다.	적절한 청소년 속어를 사용한다.
대화 주제를 선택한다.	대화의 명료성과 수정 전략을 사용한다.	적절한 눈 맞춤을 하고 유지한다.	이야기를 한다.
상대와 다른 관점이나 생각을 논리적으로 표현한다.	적절한 눈 맞춤을 하고 유지한다.	대화 주제를 선택한다.	적절한 눈 맞춤을 하고 유지한다.
이야기를 한다.	이야기를 한다.	비언어적 의사소통을 이해한다.	대화 상대자의 관점을 받아들인다.
유머를 이해한다.	유머를 이해한다.	주제를 유지한다.	요령 있게 메시지를 전달한다.
주제를 유지한다.	주제를 유지한다.	유머를 이해한다.	음성적 어조를 이해한다.
적절한 청소년 속어를 사용한다.	적절한 청소년 속어를 사용한다.	적절한 청소년 속어를 사용한다.	적절한 음성적 어조를 사용한다.

출처: [1]Henry, Reed와 McAllister(1995); [2]Reed 등(1999); [3]Reed, Bradfield 등(1998).
*이 연구에서, 주제 개시 항목이 다른 연구에서는 주제 유지 항목으로 대체되었다.

소년은 새로운 기술이나 전략을 사용하고, 학습을 위해 더 많은 시간을 투자하고, 반복적인 노력과 부가적인 시간이 더 많이 필요한 비효율적인 학습자이다. 반대로 그들은 일관성이 필요하며, 학습 기회를 강화시킬 필요가 있으나, 그들에게 충분하지 못한 기회를 제공했고 반복적인 학습 시도에 있어서 비일관적이었다. 이러한 상황은 청소년이 학습하고 성취하기 위해 배우고 싶어 하는 것과 제공되는 것 사이에 커다란 차이(gap)를 형성하게 한다. Simon(1998)은 "청소년에게 전략을 연습시키고 과도하게 학습시키는 것, 그리고 그것을 적용하는 것은 중요하다. 또한 집중 훈련(drill)이 나쁜 것만은 아니다."(p. 263)라고 기술했다. 그러나 연습과 집중 훈련은 의미가 있어야 하며, 맥락 상황에서 필요하다고 설명했다. 즉, 중재 목적이 믿을 만해야 하며, 필요해야 하며, 일관성이 필요하다는 것이다.

청소년기의 단계의 중요성과 단계에 따른 차별적 중재의 필요성. 청소년기는 7년 또는 그 이상의 기간을 말한다. 유아부터 7세까지의 기간 동안 변화가 있다고 생각한다면, 청소년기 발달이 하위 단계로 구성되어야 할 필요가 있다고 생각하는 것은 놀라운 일이 아니다. 0~7세 기간은 여러 단계로 나뉠 수 있다(유아기, 걸음마기, 취학 전기, 학령기). 그러므로 중재를 계획할 때, 청소년의 단계는 고려되어야만 하며, 전략, 활동, 목적은 청소년의 사회-인지 수준에 적절해야 한다(Larson & McKinley, 2003).

청소년 초기에 언어장애 청소년은 학교 생활에 대한 경험이 몇 년 있었고, 그 기간 동안 학문적 수행을 향상시킬 기회가 있었다. 이 시기에 동료와의 관계는 더욱 중요해지기 시작하며, 더 많은 사람들과 적절한 상호작용을 하게 되며 더 큰 기대를 갖게 된다. 이런 이유 때문에 청소년 초기의 중재 목표는 사회적/학문적 수행을 증가시키기 위한 언어 능력 향상에 초점을 둔다(Larson & McKinley, 2003). 반대로 16~18세 기간인 청소년 후기에는 청소년 초기와 달리 직업 선택, 취업, 동료 관계로 구조화되는 것 같다. 청소년 후기 목표는 직업 또는 사회적 상황에서 더 필요한 언어를 향상시키는 것을 강조한다. 전기와 후기의 중간 단계인 13~15세의 연령에서는 동료 관계가 매우 중요하며, 학업에 도움을 주는 것, 직업적 관심도 포함된다. 그러한 이유 때문에 청소년 중간 기간은 사회성, 직업, 학문적 언어 능력을 강조한다(Larson & McKinley, 2003).

성공을 위한 목적 선택. 학습에 대해 잘 알려진 격언인 "성공만큼 성공을 보장하는 것도 없다."라는 말과 같이 학습에서의 성공은 더 많은 성공을 이끈다. 이것은 언어장애 청소년의 중재 목표를 선택할 때, 특별히 고려해야 할 중요한 원리이며, 청소년 초기에 특히 중요하다. 언어장애 청소년은 학업과 개인적 실패를 많이 경험했기 때문에 언어와 관련된 자신의 능력을 신뢰하지 않는다. 언어장애 청소년이 학습 상황을 피하거나 거부하는 것이 이상한 일은 아니다. Bray(1995)는 전략을 학습한 후에 결과를 바로 확인하는 것은 중요하다. 청소년들이 "그것을 할 수 있다"(p. 69)라고 생각한 경우에는 실제로 더 많이 시도하거나 향상을 나타낸다. 언어장애 청소년을 대상으로 동기 문제가 주로 기술된다. 빠른 성공을 촉진시킬 수 있는 목표를 선택하는 것은 특히 조기 중재 단계에서 동기와 관련된 문제를 해결하는 데 도움을 줄 수 있다.

2) 중재 목적에 필요한 요인

직접 교수. 청소년을 중재할 때, 기술이나 특별한 전략을 직접 지도할 필요가 있다(Ehren, 2002). 왜냐하면 청소년은 실제로 기술이나 전략을 배울 수 있고, 그것을 적용하고 평가할 수 있는 능력이 있으며, 그것을 사용하고 시도해야 된다는 것을 인식하고 있으며, 이러한 것을 자기 주도에 적용하는 것을 배울 수 있기 때문이다. 또 다른 이유는 언어장애가 없는 청소년들은 이러한 것을 직접 가르치지 않아도 청소년들이 언어를 배우고, 배우는 방법을 더 많이 다루고, 자신이 배운 언어를 어떻게 사용해야 하는지를 더 많이 다루는 것을 배우지만, 언어장애 청소년은 이러한 능력을 갖지 못하기 때문이다.

언어장애 청소년의 특성을 고려한다. 중재 목적을 적용하고 전략적 접근에 초점을 둔 직접 교수를 적용하는 것은 보기보다 더 힘들 수 있다. 청소년은 그것을 사용하는 데 필요한 다양한 능력을 배울 필요가 있으며, 일반적으로 부족한 능력을 배울 필요가 있다. 이처럼 10대 청소년의 특성을 실제로 고려할 필요가 있다. 이것은 아마도 청소년이 전략과 기술을 우선적으로 배우지 않은 이유가 될 것이다. 표 5.11은 언어장애 청소년에게 주로 나타나는 특성과 언어 관련 전략을 사용하는 데 필요한 능력 및 학습에 필요한 능력 사이의 불일치를 제시하고 있다.

이러한 청소년들은 자신들의 나이만큼 오랜 시간 동안 '꽤 완전하게' 어떤 때라도 배울 수 있는 환경에 있었다. 언어장애 청소년은 '마태 효과'의 희생자이며(Stanovich, 1986), 마태 효과란 부자는 더 부자가 되고, 가난한 사람은 더 가난하게 된다는 것이다. 왜냐하면 언어장애 청소년은 주로 언어 능력이 부족한 상태로 학교생활을 시작한다. 능숙한 언어 능력은 능숙한 독자가 되는 데 필요하며, 능숙한 언어 능력을 가진 학생은 유창하게 잘 읽는 것을 배운다. 읽기는 더 많은 언어를 습득하고 세상 지식을 습득하는 중요한 자원이지만, 부족한 독자는 언어 문제를 가진 학생과 읽기에서 많은 것을 습득하는 학생 사이에 차이가 생긴다는 것을 의미하며, 초기 학령기에 그 차이는 매우 넓어진다. 왜냐하면 정보를 놓치거나 잘못된 학습으로 인해 개념 형성과 학령기의 기초 지식에 어려움을 보이기 때문이다. Simon(1998)은 청소년이 "과도한 시간 동안 잘못된 정보를 습득하거나", 세상 지식이 "무척 잘못되었다"라고 볼 수도 있다고 제안했다(p. 258). 언어장애 청소년이 습득한 잘못된 개념은 왜곡, 불완전한 정보, 잘못된 꼭대기에 새로운 지식을 쌓는 것을 의미한다고 보았다. Wiig(1995)는 견고한 기초 위에 집을 짓는 것이 아니라 구멍 위에 집을 짓는다고 설명했다. 또 다른 유추로 그림 5.7의 예를 보여 주었다. 청소년의 지식 세계는 총알이 불을 뿜는 총의 상태와 같이 건축물의 일부 조각이며, 정보가 무작위의 크기로 구멍 위에 무작위로 놓인 상태라고 설명했다. 약한 토대를 가진 개념과 지식은 새롭고 더 크고 더 복잡한 개념을 왜곡시키고, 흠집을 만들게 한다. 또한 구멍 때문에 예측 불가능한 상태로 침식된다. 언어장애 청소년과 일하는 전문가는 이러한 10대들과 정상 아동들이 유사하게 개념이 형성되었다고 가정할 수 없다는 태도를 취했다.

청소년의 언어 및 학습 특성을 조절하기 위한 중재 접근법. 언어장애 청소년의 중

표 5.11 언어장애 청소년의 특성과 전략 사용에 필요한 능력의 불일치

언어장애 청소년의 특징	언어 기반 학습 전략을 사용할 때 요구되는 특징
* 언어장애 청소년은 상위 언어, 상위 인지 능력이 부족하다.	* 전략적 접근은 학습 과제에서 요구하는 언어 및 의사소통 상황에 대해 생각하고 분석하기 위에 청소년에게 요구된다. 즉, 상위 언어 및 상위 인지 능력이 요구된다. * 중요한 것은, 상위 언어 및 상위 인지 능력이 부족한 청소년에게 이것의 사용이 요구된다는 것이다. 오히려 무엇보다 더 탁월한 능력, 새로운 전략을 배우고, 새로운 상황에 적용하는 데 사용하며, 이것이 '상위(meta)' 능력이다.
* 많은 언어장애 청소년은 정보처리 능력이 비효율적이고 무척 떨어진다. 비효율적 정보처리 능력은 청소년의 문제 해결 및 과제 분석 활동이 느리다는 것을 의미한다. * 교육 시스템과 개인 간 상호작용에서는 빠른 반응을 기대한다. 언어장애 청소년은 몇 년 동안의 학교생활에서 성인이나 동료와의 상호작용에서 잘못된 반응 또는 반응이 없거나 늦은 특징을 보였다.	* 상위 언어 및 상위 인지 과제에서는 정신적 조작 및 처리를 하기 위해서 단기기억 또는 충분한 작업기억(working memory)이 요구된다.
* 언어장애 청소년은 잘못된 것을 추측해서 찾는다. * 성인은 잘못된 부분을 수정하거나 설명한다. * 언어장애 청소년은 '해결하기(let off the hook)' 위해 어떤 것 또는 누군가를 데려온다.	* 전략적 접근은 청소년이 정확한 대답을 찾거나 문제를 해결하기 위해 시간을 갖는 것을 요구한다.
* 언어장애 청소년의 경우, 정확한 반응을 찾는 동안 침묵하거나 반응이 늦는 것보다 잘못된 반응을 하거나 빠르게 반응하는 편이 더 좋다.	* 추측은 분석적 접근과 반대된다. 분석적 접근은 전략을 사용 관련되는 것을 고려하는 것이다.
* 언어장애 청소년은 부적절한 긍정 강화와 부적당한 반응이 오랫동안 빠르게 제공될 가능성이 높다. * 언어장애 청소년은 추측 전략이 익숙하다. * 무난한 반응(response impulsivity)이 언어장애 청소년의 특징이다.	
* 언어장애 청소년은 자주 구체적인 사고자이다. * 언어장애 청소년은 학습에 있어서 수동적이며 의존적이다. 학습된 무력감이 언어장애 청소년과 때로 관련되는 용어이다.	* 전략적 접근은 상황적 분석과 수행 평가 둘 다와 관련되며, 대개 가설적이고 형식적 사고 처리와 관련된다.
* 언어장애 청소년은 전략을 배우거나 그것을 사용할 때, 자기 촉진 또는 자기 주도에서 자주 실패한다.	* 전략을 배우고 사용하는 것은 학생이 과제를 분석적으로 처리하는 것, 자신의 레퍼토리에서 하나 또는 더 많은 전략을 선택하는 것, 그리고 그것을 적용하는 것, 다른 사람의 도움 없이 독립적으로 그것을 하는 것이다.

재 목적이 다루기 힘들 수(tricky) 있지만, 언어장애 청소년이 나타내는 학습 및 언어 특성에서 나타나는 학습 장벽을 해결하는 데 필요한 많은 기술닉과 접근법이 도움이 될 수 있다. 중재 접근은 다음과 같다.

❖ 교수, 기대, 청소년의 자기 활성화에 대한 보상, 전략 및 기술을 적용할 때 자기 주도, 독립적 학습 강조, 중재 목적으로 자기 주도 및 자기 활성화 확인하기 등이다. 이러한 접근은 고등학교 시기에 의존적이고 수동적인 학습 행동을 보이는 청소년을 독립적

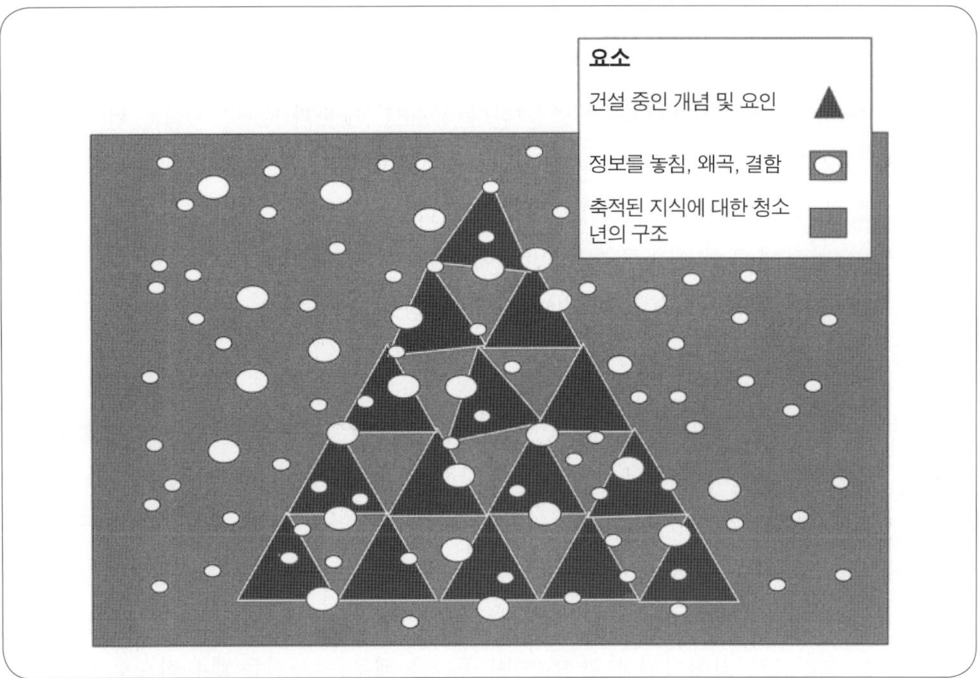

그림 5.7 청소년의 축적된 지식에 대한 불완전한 구조

이고 적극적인 학습자 그리고 기대가 높은 학습자가 되게 한다.

❖ 과잉 학습(overlearning) 및 안정성을 확실하게 하고, 계획하고, 대리 장치를 세우고, 많은 상황에서 반복하게 한다. 추적(follow-up), 즉 수행을 재검토하기 위해서 규칙적으로 그리고 자주 이전 목표로 되돌아가서 그 기술이 계속 유지되고 있는지 확인한다; 규칙적인 모니터링을 실시하여 이전에 목표로 한 기술 중에서 더 이상 중재 목표로 하지 않는 기술을 체크한다. 이러한 모든 것은 일반적으로 청소년들이 가장 필요할 때, 심지어 이전에 아주 잘 배웠던 것처럼 보일지라도 일관성 없는 중재 이력과 스트레스를 받는 동안 기술과 전략이 종종 떨어진다는 것이 특히 중요하다(Bray, 1995).

❖ 반응 속도는 언어장애 청소년에게 전략적 접근을 통해서 성취하고자 노력하는 것과 반대되기 때문에, 청소년에게 처리 과정 시간을 제공하고 반응 시간이 늦는 것을 허락하는 전략을 사용하게 되면, 무난한 반응과 습관화된 추측을 고칠 수 있게 된다. 학습장애를 가진 학령기 아동은 반응하는 데 더 많은 시간을 제공했을 때, 관련 정보에 대해 언어적 유창성이 증가되었으며, 정보를 통합하는 것과 관련되는 더 높은 수준의 인지적 질문에 대한 대답 능력이 향상되었다(Ellis Weismer & Schraeder, 1993). 이러한 결과는 학령기 및 대학생 둘 다와 관련된다는 교육 연구와 일치한다(Kaplan & Kies, 1994; Tobin, 1986, 1987). 그러나 많은 청소년은 교육적 시스템과 동료와의 관계에서 상호작용을 할 때 대화 순서를 바꾸는 과정에서 반응을 기대하게 된다. 그러므로 청소

년들이 반응하기 위한 시간이 필요할 때, 화용적으로 적절한 방법을 사용해서 적절한 시간을 버는 것은 도움이 된다. 예를 들면 "Let me think about that", "Mmmmm" 등과 같이 의사소통 지체를 나타내는 말을 한다. Evans, Viele과 Kass(1997)은 언어장애 아동은 학령기 동안 언어적 쉼(예: "ah, um")을 사용하며, 아동이 대화 상대자가 바뀌어서 대화를 시작할 때, 더 긴 발화를 하는 것으로 나타났다. 이러한 반응은 순서의 중요성, 이전 발화에 대한 신호를 인식, 반응에 필요한 것을 지적하는 것 등을 통해서 반응하는 데 필요한 시간을 채우게 된다. 이러한 반응이 청소년에게 도움이 된다면 그것은 리허설 및 습관화가 될 필요가 있다.

많은 언어장애 청소년들이 부적절하고 빠른 응답 유형을 보여 주지만, 몇몇 청소년들은 전혀 응답하지 않거나 자신의 말에 길고 조용한 멈춤을 나타낸다(Dollaghan & Campbell, 1992). 이러한 쉼은 대화의 흐름이 깨지거나 다른 반응이 없는 곳을 채우기 위해 사용되었다. 만일 청소년이 정보를 처리하기 위해 침묵을 사용하는데 상대방이 인정할 수 없는 방법으로 침묵을 하게 되면, 다른 사람이 보기에 무뚝뚝하거나 고집이 센 것으로 잘못 해석될 수 있다. 그러므로 리허설된 상황 또는 빈 공간을 채우는 작전을 화용적으로 적절하게 사용하여 반응을 지체시킬 수 있다(Dollaghan & Campbell, 1992).

- ❖ 추상적인 메타 과제에 대한 작업을 적극적으로 다루고, 명확하게 한다. 이러한 생각은 구체적 인지 수준이 필요한 활동에 사용된다. 예를 들면 카드 또는 물건을 분류하기, 모델 만들기, 지도를 그리기 위해 컴퓨터나 종이, 펜 등을 사용하는 것과 같이 발달 및 사용을 촉진하는 활동이다. 또한 전략적 접근과 관련된 더 높은 인지 수준인 높은 메타 수준 과제를 배우도록 촉진한다.
- ❖ 즉각적인 환경에서 필요한 정보를 유지함으로써 정보처리 요구(예: 작업기억에 한 번에 얼마나 많은 정보를 저장하는지, 과제에서 얼마나 많은 정신적 조작이 포함되는지)를 줄인다. 이것은 청각적 자극에 대한 정보처리를 보완하기 위해서 목록 및 차트와 같은 안정된 자극(대개 시각적 또는 그래픽 자극)을 사용하는 것을 말한다. 이런 전략을 통해서 청소년은 추상적 또는 메타 과제를 해결하거나 특정 문제 해결 전략이 필요한 '불변의(permanent)' 형식으로 정보를 참고하고 만회할 수 있다.

언어의 통합적 측면에 초점을 둔 인증된 활동. 위에서 제안한 기술을 사용한다고 해서 확실한 근거가 있는 활동을 사용하지 못하는 것은 아니다. 사실 이러한 기술은 언어 기반 전략을 촉진하는 방법이 될 수 있으며, 언어의 다양한 측면을 통합하는 방법이 될 수 있다. 예를 들면, 기능적 활동은 실제 생활과 매우 관련될 수 있으며, TV 일기예보를 이해하는 것과 같이 무척 확실한 목적을 갖는다. 소집단 세팅은 다음과 같은 다양한 기능적 목적을 설명하기 위해 사용될 수 있다. (1) *precipitation*, *barometer*, *prevailing*, *prevailing* *winds*와 같은 단어의 의미를 이해하기, (2) 다음날 일기예보에 근거해서 원인-결과의 관계를 인식하기, (3) TV 일기예보에서 사용된 형식적 기록과 의사소통적 기능과 같이 비형식적 기록의 차이를 확인하기, (4) 일기예보를 하기 위해 단어, 구, 문장을 형식적 의사소통 맥락에서 사용하기 위해 선택하기, (5) 적절하게 형식적 의사소통 스타일을 적용하기. 이러한 목적은 언어의 의미, 통사, 형태, 화용적 측면을 포함하며, 수용과 표현 둘 다를 포함한다. 또한 기능적 생존에 초점을 두는 한편, 상위 언어 및 상위 인지 능력이 촉진된다.

3) 서비스 제공

4장에서 서비스 제공을 위한 다양한 모델을 토의했다. 언어장애 청소년의 중재에 대해 우리가 알고 있는 것은 전통적인 우회(pullout) 서비스 제공 모델이며, 이러한 모델은 단독으로 사용하면 효과적이지 않다(Buttrill, Niizawa, Biemer, Takahashi, & Hearn, 1989; Comkowycz et al., 1987; Ehren, 2002; Larson & McKinley, 2003). Boyce와 Larson(1983)은 전통적 모델이 효율적이지 않은 이유를 다음 네 가지로 설명했다.

1. 중고등학생은 주 2일은 교실에 오지 않는다. 그러므로 매일의 스케줄을 적용할 수 없다.
2. 수업이 있는 기간 동안 교실 밖에 있거나 안에 있어야 하는 중고등학생은 정상 발달을 하는 학생들의 발달 기간과 차이가 있다.
3. 중재가 처벌처럼 보일 수 있다. 또한 그들에게 어려울 수 있는 일에 대해 확신(credit)을 얻지 못한다.
4. 서비스 제공자와 관계를 맺고 유지하는 것이 어려우며, 이런 전문가는 학교에 늘 머물지 않는다. 또한 전통적 1:1 중재는 의사소통 상호작용을 촉진시키지 못하며, 다양한 의사소통 맥락에서 새로운 언어 능력을 연습할 기회를 제공하지 못한다.

언어장애 청소년에 대해 우리가 알고 있는 것은 협력적 자문(collaborative consultation)과 같은 직접 중재 서비스 제공 모델이다. 그러나 언어장애 청소년에게 중재를 제공하기 위해 더 넓은 모델로 통합적 접근을 하는 것은 중요하다. 이것은 청소년과 상호작용하는 모든 전문가들 사이에 긴밀한 협조와 조사가 중재 프로그램을 통합하고 통일시키기 위해 필요하다. 이것은 서비스 제공을 지원하고 안내하는 법과 일치할 뿐만 아니라 매우 실질적이다. 특히 중재 반응(RTI)은 정규교육과 특수교육 모두에 활력을 불어 넣었다.

언어장애 청소년에게 직접적 언어 중재를 하는 상대적 서비스 제공 모델(Alternative service delivery model)이 제안되었다(Larson & McKinley, 2003; Work, Cline, Ehren, Keiser, & Wujek, 1993). 이 모델에서는 중재 기간 동안 매일의 학교 스케줄에 맞추기 때문에 주 5일로 구성된다. 학생들은 정규 스케줄을 기준하여, 주 5일간 수업을 한다. 학생들은 교실 수업을 하는 집단보다 더 작은 집단으로 진행된다. 소집단 회기는 상호작용 및 의사소통 실재를 촉진시킨다. 더욱이 학생들은 이해, 산출, 상위 언어 기술을 동시에 작업할 수 있다. 이것은 중재 형식을 설명하기 위해 Larson과 McKinley(1995)는 '개별화 언어 능력' 또는 '구어 의사소통 전략'과 같은 처벌 형식이 아닌 지지적 표제를 권장했다. 중고등학생을 위한 언어 중재 프로그램(Comkowycz et al., 1987)은 Florida 주에 있는 Polk Country School에서 실시되었으며, 이 수업은 주 정부가 고안한 교육과정 체계하에 진행되기 때문에 'Exceptional Student Education-Language Arts'라고 이름을 붙였으며 state-designed curriculum frame이라는 예외적 이름을 선택했다. California 주에 있는 Palo Alto Unified School District 는 Language/Study Skills Class라고 이름을 붙였다.

서비스 제공 모델에서는 다른 수업에서 받는 것과 유사하기 때문에 중재 기간이 학교 교육과정으로 추가될 수 있다. 청소년의 수행을 합격/불합격으로 평가한 후, 결과에 따라 학년 등급이 제공된다. 이러한 중재 평가로 학생의 노력이 인정되며, 비난하거나 벌하지는 않는다. 기능적 의사소통 전략은 상호작용 상황에서 배울 수 있고 실행할 수 있다. 이 모델은 전통적 서비스 모델의 문제를 해결했다. 또한 학교의 매일 수업에 맞추었기 때문에 중재는 학교생활의 부분으로 수용되거나 통합된다.

RTI에 의해 만들어진 또 다른 상대적 모델은 교실에서 교사, 특수교사, 언어 전문가가 팀으로 참여한다. 이 모델은 렌즈(lens)와 같이 교육과정 기반 교수를 제공한다(Ehren, 2009). 또한 언어는 교육자료 및 언어 지도에서 요구하는 것에 초점을 둔다. 언어전문가는 청소년이 교육과정 내용에 접근하여 언어 전략을 촉진시킬 수 있도록 언어를 선택하는 것을 도울 수 있다. 교육과정 내용에 접근하여 언어장애 청소년을 돕는 것은 그들의 학업 성취를 위해 중요하다. 그러나 이러한 내용 접근은 일반적으로 그들의 언어 부족과 문해 문제로 인해서 제한될 수 있다.

요약

이 장에서 우리는 다음의 내용들을 살펴보았다.

- 언어의 중요한 영역은 의사소통이 완성되는 청소년기까지 지속적으로 발달한다.
- 우리는 언어장애 청소년이 참여한 많은 연구와 정상 청소년의 언어발달을 살펴보았지만, 우리의 지식은 아직 부족하고, 언어장애 청소년 집단은 여전히 인정받지 못하거나(underrecognized) 무시되고 있다.
- 언어장애 청소년의 평가에서 나타나는 차이는 특히 어려운 처리 과정에서 나타난다. 평가는 자발화 샘플과 다른 표준화된 검사, 비표준화된 검사를 결합하고, 규

준 참조 검사를 포함해야 한다.

- 청소년을 위한 규준 참조 언어 검사 도구는 많지 않지만 타당도, 민감성, 특이성을 포함해야 한다.
- 언어장애 청소년을 위한 중재 목적을 세울 때, 그들을 참여시키는 것이 도움이 된다.
- 의사소통 전략 강조(emphasize communication strategies) 방법은 상위 언어, 상위 화용, 상위 인지 능력을 향상시킨다.
- 기능적 의사소통 능력에 중점을 두고, 실제와 똑같게 만든 상황에서 자발적 목표를 강조하고 전략 및 상위 능력을 습득하여 수업에서 교과 내용에 효과적으로 접근할 수 있도록 도와준다.
- 청소년 발달 단계를 고려하고 언어장애 청소년이 나타내는 학습의 어려움을 해결하기 위해서 단계에 맞는 다양한 중재 기술을 사용한다.
- 청소년의 요구를 조절하기 위해 전통적 서비스 제공 모델을 단독으로 사용하는 것에서 방향이 전환되었다.

이 장에서 중요한 점은, 언어장애가 청소년의 학업 및 중고등학교 시기에 개인적 성공에 영향을 미친다는 것이다. 또한 그들은 사회적 · 직업적 · 교육적 기회가 성인기까지 제한된다. 이러한 언어장애 청소년을 인정하지 않거나 무시하는 것은 슬픈 전문적 비평이 될 수 있다.

지적장애 아동과 언어

MONA R. GRIFFER

학습 목표

이 장을 읽고, 다음의 내용을 논의할 수 있어야 한다.

* 지적장애의 정의, 지적장애와 관련된 전문용어, 병인학적 범주를 이해한다.
* 지적장애 아동에 대한 연구가 어떻게 수행되었는지 토의한다.
* 지적장애의 다양한 원인에 따른 차이점과 유사점을 이해한다.
* 지적장애 아동의 주요 특성, 외모, 건강 문제를 설명한다.
* 지적장애를 가진 언어장애의 특성을 토의한다.
* 지적장애 아동의 언어 중재 원리를 토의한다.

언어장애에 대한 연구를 할 때, 지적장애 아동 집단을 포함하는 것이 관습적이다. 이러한 전통을 유지하기 위해서, 이 장에서는 지적장애 아동에게서 발견되는 다양한 특성에 대해 토의하고자 한다. 지적장애 아동들은 신체적 조건 및 행동 조건에서 폭넓은 다양성을 나타낸다. 일부 아동들은 경도(mild) 지적 결함을 나타내며, 다른 문제는 거의 보이지 않는다. 이 아동들은 정상 또래와 유사하며, 정상 아동들과 상호작용도 잘 이루고 일반 학교에 다닌다. 또한 발작이나 다른 신경생리학적 증상을 보이지 않으며, 알아듣기 쉽게 효율적으로 말하는 특성을 보인다. 어떤 아동들은 더 심한(significant) 지적 결함을 보이며 전반적으로 어려움을 나타낸다. 신체적 어려움을 가지고 있고, 다른 심한 장애를 가진 아동들과 함께 특수학교 또는 특수 학급에 다니며, 의사소통의 어려움을 나타낸다. 또한 일부 아동들은 때때로 소리를 지르거나 자해 행동을 나타내며, 발작을 대비해서 헬멧을 착용하기도 하고 말로 의사소통을 하지 못하는 특성을 보인다. 지적장애 아동과 관련된 연구를 읽을 때, 몇 가지 질문은 중요하다. 연구에 참여한 아동 집단은 누구인가? 나이는 몇 살인가? 그들이 어떻게 보이는가? 지적 손상이 얼마나 심각한가? 그들의 신체적 · 사회적 · 교육적 문제는 얼마나 심각한가? 이러한 방법으로 정보를 파악함으로써, 지적장애 집단이 동질 집단이라고 생각하는 함정에 빠지기보다 오히려 이질 집단으로 생각함으로써 복합적으로 지적장애 아동을 평가할 것이다.

1. 지적장애의 개요

1) 정의

그동안 **지적장애**(intellectual disability)를 **정신지체**(mental retardation)라는 용어로 사용해 왔다. 미국 지적장애 및 발달장애협회(American Association on Intellectual and Developmental Disabilities, AAIDD), 공식적으로 미국정신지체협회(American Association on Mental Retardation, AAMR)라고 불리는 조직은 지적장애 및 발달장애를 가진 개인들을 지원하는 더 전문적인 기관이다. AAIDD는 현재 **지적장애**라는 용어를 사용하고 있다(AAIDD, 2002). 그러나 *Mental Retardation: Definition, Classification, and Systems of Supposrts manual*(AAMR, 2002)에서는 지속적으로 **정신지체**라는 용어를 사용한다. Schalock와 동료들(2007)은 **지적장애**라는 용어를 사용하는 것에 대해 심도 깊은 토의를 제공했으며, 이 장에서 그것에 대해 다룰 것이다. 이 장을 이해하는 데 있어서 중요한 점은 이전에 정신지체인의 수, 종류, 수준, 형태, 장애 지속 기간 등과 같이 정신지체라는 용어를 사용했지만, 이 장에서는 **지적장애**라는 용어를 사용한다는 점이다. AAIDD에서는 그들의 지원 및 서비스를 촉진시키기 위해서 이 용어를 사용한다(AAIDD, 2002; AAMR, 2002; Schalock et al., 2007). 이 장에서 인용(quotation), 타당한 이름 또는 참조 인용에서와 같이 그 용어를 사용하는 것이 부적절하지 않다면, AAIDD에서 사용하게 될 지적장애라는 용어를 사용하는 것이 가장 중요한 부분이다.

지적장애의 유력한 정의는 다음과 같이 AAIDD에서 제시한 정의이다.

> 지적장애는 지적인 기능과 개념, 사회적 · 실제적 적응 기술로 특징지어지는 적응 행동 모두에서 상당한 정도의 제한적 특성을 나타낸다. 이러한 장애는 18세 이전에 발생한다.

이것은 무엇을 의미하는가? 지능은 일반적인 정신 능력을 말한다. 지능은 원인 및 이유, 계획, 문제 해결, 추상적 사고, 복잡한 사고의 이해, 빠른 학습, 경험으로부터의 학습과 같은 능력을 포함한다(AAIDD, 2002). '지적 기능' 수준은 일반적으로 지능 검사의 결과로 결정되며, *IQ*(intelligence quotient)라고 부르며, 대략 IQ 70 또는 70 이하를 유의한 제한이라고 한정짓는다. AAIDD에서 심사숙고한 끝에 **대략적**(approximately)이란 용어를 사용하는데, 그 이유는 다양한 지능 검사의 신뢰도의 차이 때문이다(Grossman, 1983). AAIDD에서는 70~75까지의 범위를 유의한 제한을 결정하는 기준으로 제시하고 있다. 각 주(state)별로 지적장애를 가진 아동을 확인하기 위한 가이드라인을 갖고 있다. AAIDD는 70을 기준으로 하며, 이는 정상 분포 곡선에서 대략 3%에 속한다. 다시 말해 이정도의 지적 기능은 규준 참조 검사에서 일반적으로 평균보다 −2SD 이하 또는 −2SD에 속한다. 이러한 관점은 지적장애의 상태를 결정할 때, 기능적인 것을 보는 것이 아니라 통계적인 결정에 따르는 관점이다.

IQ가 70~85 범위에 있는 또 다른 집단의 아동은 대략 13.5%를 차지한다. 여기에 속하는 아동은 지적장애 집단도 아니고 정상 IQ 집단이라고 볼 수도 없다. 그러나 그들은 사회적 및 학문적으로 어려움이 있지만, 지적장애 경계선을 IQ 70~75로 보는 경우 학교에서 특수교육 서비스 대상자에 속하지는 않는다. 이런 영역에 있는 집단을 언어장애라고 하며, **비특이성 언어장애**(nonspecific language impairment)라는 용어를 사용한다고 3장에서 토의했다. 3장에서, 언어 수행도를 결정할 때 정신 연령(mental age)과 언어 연령을 비교하는 것에 대해서 토의를 했고, 언어장애를 확인하기 위한 통계적 접근은 정상 집단의 변수 및 정상 분포곡선에 근거한다.

지능을 측정하기 위한 다음의 여러 검사들은 아동의 연령 및 언어 능력에 따른다.

- ❖ *Stanford-Binet Intelligence Scale—firth Edition*(Roid, 2003): 개발된 지 오래되었고 모든 연령의 아동에게 사용하는 검사이다.
- ❖ *Wechseler Intelligence Scale for Children—Fourth Edition*(Wechsler, 2003): 학령기 아동에게 주로 사용되는 검사이다.
- ❖ *Bayley Scales of Infant and Toddler Development—Third Edition*(Bayley, 2005): 유아 및 더 어린 아동을 대상으로 발견(detection) 및 중재 결과에 초점을 둔 검사로, 인기가 높은 검사이다.
- ❖ *Leiter International Performance Sacle—Revised*(Roid & Miller, 1997): 말을 못 하는 사람을 위한 검사 도구로, 말로 대답하는 것이 요구되지 않는다.

특정 사용법 및 장점을 가진 또 다른 IQ 검사가 있지만, 일반적으로 모든 IQ 검사에서는 정신 연령(MA)을 사용하며, 이를 통해서 개인들의 인지적 능력을 판단할 수 있다. 다음과 같이 개인들의 정신 연령을 생활 연령(CA)으로 나눈 후, 100을 곱한다. IQ = (MA/CA)×100.

IQ 검사는 수들의 연속 집합으로 검사를 통해서 교육, 중재 계획, 연구 등을 목적으로 실시한다. AAMR/AAIDD에서 1992년까지 IQ 편차에 근거해서 식별 수준을 분류했다. 이러한 분류는 전통적으로 교육 분야에서 사용되어 왔던 검사와 함께 사용되었다. AAMR/

표 6.1 지적장애인의 장애 등급

	AAMR/AAIDD	전통적 장애 등급	IQ 범위	지적장애인의 비율
이전 등급	경도(mild)	교육 가능	50~55에서 70까지	89%
	중등도(moderate)	훈련 가능	35~40에서 50~55	7%
	중도(severe)	보호 지원	20~25에서 35~40	3%
	최중도(profound)	생활 지원	20~25 이하	1%
변경된 등급 (AAMR, 2002)	간헐적 지원 (intermittent)	급성 의료적 위기와 같은 단기간의 기동 동안 지원		
	제한적 지원 (limited)	직업 관련 기술의 부족을 보완하기 위한 고용 지원과 같은 정기적이지만 간략하게 지원		
	확장적 지원 (extensive)	장기 가정 생활 지원과 같은 지속적이고 장기적인 지원		
	전반적 지원 (pervasive)	시중드는 사람이 필요한 간호(attachment care), 전문 의료(skilled medical care) 또는 약물 복용에 도움이 될 수 있는 잠재적으로 생명 유지적인 지원		

AAIDD의 1992년과 2002년 매뉴얼의 정의 및 분류에 따르면, 지능에 근거한 장애에 따라서 분류된 것이 아니라, 전반적인 환경에서 요구되는 기능을 어느 정도 지원하는지에 따라서 분류하는 것으로 변경되었다. 이러한 진단 등급의 변화를 표 6.1에 보여 주고 있으며, 예전 것과 새로운 것이 함께 제시되어 있다. 이러한 변화는 IQ 점수에 근거한 범주화로부터 근본적인 이탈이기 때문에 아직 정부 및 협회에서 받아들여지지 않고 있다. 2000년의 주립 기관의 한 연구에서 1992년 AAMR/AAIDD에서 권고한 지적장애의 정의 및 분류에서 4개의 영역으로 경신되었다(Denning, Chamberlain, & Polloway, 2000).

지적장애를 정의하는 또 다른 기준은 **적응 행동**(adaptive behavior)이다. 이 능력은 일상생활에서 문화적 배경 및 같은 연령의 다른 사람들과의 반응 정도와 독립적으로 행동할 수 있는 능력을 말한다. 적응 행동의 개념은 새로운 AAMR/AAIDD의 지적장애의 단계와 잘 부합된다. 적응 행동은 범주로 구분된다. 예를 들면 개념적 기능(예: 언어, 돈에 대한 개념), 사회적 능력(예: 규칙 따르기, 자존감), 일상생활 능력(예: 먹기, 옷 입기, 작업 능력) 등이다. Vineland II: Vineland Adaptive behavior Scales, Second Edition(Sparrow, Cicchetti, & Balla, 2007), Adaptive Behavior Assessment System(Harrison & Oakland, 2000)과 같은 표준화된 검사를 사용하는 연구자는 위의 3개의 범주에서 적어도 1개의 평균이 −2SD 이하인 집단으로 규정하고 있다. 지적장애의 대부분의 정의는 지능과 적응 행동의 제한을 요구한다. 또한 **지적장애**라는 용어는 **발달 기간**(developmental period), 즉 18세 이전에 나타나는 것으로 연령을 제한하고 있다.

장애 아동 관련 문헌에서 여러 다른 용어들이 지적장애와 유사한 의미로 사용되고 있다. **발달장애**(developmental disability)가 그런 용어 중 하나이다. 이 진단명은 정신 또는 신체적 장애를 식별할 수 있는 연방법에서 사용되는 진단명으로, 22세 이전까지의 연령으로 제한하고 있으며, 자기 보호, 언어, 학습, 이동성(mobility), 자기 지시, 독립적 생활 능력, 경제적 자기 효능감 등에서 어려움이 지속되는 특징을 보인다. 지적장애와 발달장애 사이의 범주는 전체적으로 중복되는 것은 없다. 두 진단의 차이는 손상된 범위가 IQ 65로 위쪽 끝에 있을 때, 발달장애가 아니라 지적장애로 진단된다(Grossman, 1983). 그러나 아동의 IQ를 결정하지 못하거나 결정할 수 없는 환경이 있다. 이런 환경에서 IQ는 주로 병인학적 범주(예: 취약 X 증후군) 또는 발달장애와 같은 간단한 진단명으로 진단될 수도 있다(Taylor & Kaufmann, 1991).

자폐증(autism)은 지적장애와 상당히 겹치는 또 다른 용어이다. 자폐 아동의 75%는 장애 범위에 속하는 IQ 점수를 갖는다. 그러나 연구자나 의사는 자폐증을 다른 집단으로 생각하는 경향이 있다. 그러므로 이 책에서 자폐증을 다른 장에서 다룰 것이다.

학습장애(learning disability)는 연방법에 의해 정의된 장애 범주이다. 특히, 지적장애 아동은 학습장애에서 제외된다. 실제로 학습장애와 지적장애는 관련이 있다. 공법 94-142 법령에 따르면, 지적장애로 진단된 7세 아동 중 특수교육 서비스를 받는 아동은 19% 감소를 보였다. 이러한 감소는 진단명이 바뀌어, 많은 경도(mild) 지적장애 아동이 학습장애로 재분류되었기 때문에 나타난 것이다(Frankenberger & Harper, 1988; MacMillan & Siperstein, 2001).

2) 지적장애의 원인과 유형

앞의 장(chapter)에서, 검사는 지적장애의 단계를 구별하기 위해서 사용하는 것으로 토의했다. 수행 결과에 따른 구분은 교육전문가 및 관리자에게 중요하다. 왜냐하면 결과에 따라서 그들이 받을 프로그램과 그 프로그램을 지원하는 자금이 결정되기 때문이다. 지적장애를 가진 아동과 다른 특성을 가진 아동의 차이는 더 중요하지만, 연구자들은 지적장애의 원인을 밝히는 데 관심을 갖는다.

많은 자료에서 얻어진 연구 결과는 지적장애를 두 가지의 넓은 범주로 제시한다. 첫째, **기질적**(organic)인 것으로, 주로 염색체, 유전적 · 외상적(traumatic) 원인에 의한 것이다. 둘째, **가족성**(familial)인 것으로, 원인은 알려지지 않았으나 가족 안에서 발생하는 경향이 있다. **표 6.2**는 지적장애의 일반적인 특성을 두 가지의 병인학적 범주로 요약했다.

기질적 지적장애의 원인은 주로 발생 기간에 따라 다음과 같이 분류할 수 있다: 임신 전(유전), 임신 기간 중(출생 전), 또는 분만 시(분만 전후). 여러 형태의 염색체 또는 다른 유전적 비정상의 결과로 인한 선천적 증후군은 지적장애와 관련된다. 미국 에너지부(Department of Energy) 미국국립보건원(National Institutes of Health)에 의해 통합된 13년간의 연구인 2003년 인간 게놈 프로젝트(Human Genome Project) 결과, 증후군의 진

표 6.2 기질적 지적장애와 가족력 지적장애를 가진 지적장애인의 일반적인 특징

기질적 지적장애	가족력 지적장애
IQ는 대부분 50 이하이다.	IQ가 50 이하가 아니다.
지적장애의 45~70%가 기질적 원인이다.	지적장애의 76~80%가 기질적 원인이 증명되지 않았다. 부모가 같은 지적장애일 수 있다.
모든 사회경제적 수준에서 나타난다.	사회경제적 수준이 더 낮은 확률
형제.자매는 대개 정상 지능이다.	형제자매가 주로 낮은 지능을 가진다.
때때로 건강 문제를 수반한다.	정상 범주의 건강
물리적 징후로 인해 손상된 외모	정상적 외모
사망률이 높다(일반 집단보다 더 어린 나이에 죽을 확률이 높다).	정상적 사망 비율
일상생활에서 주로 다른 사람의 도움을 받는다.	일부 지원을 통해서 독립적 생활이 가능하다.
결혼하지 않거나 주로 불임이다.	결혼해서 낮은 지능의 아이를 낳는다.
가정에서 무시당하지 않을 것 같다.	가정에서 무시되는 경우가 많다.
신체장애(예: 뇌성마비, 뇌전증)를 동반할 가능성이 높다.	다른 신체장애가 거의 없다.
비정형 발달 패턴을 나타낸다.	성장의 비율에서 더 느린 정상 발달 패턴을 나타낸다.

출처: Bennett-Gates와 Zigler(1998); Murphy, Boyle, Schendel, Decoufle과 Yeargin-Allshop(1998); Zigler와 Hodapp (1986).

단 및 확인에 대한 결과를 제시했다. 다운 증후군(Down syndrome, DS), 취약 X 증후군(Fragile X syndrame, FXS)은 더 흔한 증후군이다. DS는 대략 신생아의 700~800명 중 1명에게 발병된다(Centers for Disease Control and Prevention, 2006). 그리고 대부분은 21번 염색체(trisomy 21)가 한 개 더 있다. FXS는 X 염색체 관련 유전 질환으로, 취약한 X 정신지체 FMR-1 유전자의 결함이 원인이다. FXS 출현율은 완전 돌연변이와 불완전 돌연변이에 따라 차이가 있다. 완전 돌연변이는 대략 남성 400명 중 1명, 여성 600명 중 1명 정도 발병한다(Hagerman, 2006). Beckett, Yu와 Long(2005); Dombrowski 등(2002), Rousseau, Rouillard, Morel, Khandjian, Morgan(1995), Hagerman(2008) 등의 연구 결과에 따르면, 여성 129~250명 중 1명, 그리고 남성 600~800명 중 1명의 출현율을 보인다. 완전 돌연변이의 경우 지적장애가 나타난다. 불완전 FXS는 정상 지능을 갖지만, 학습장애, 정서적 어려움, 신경학적 결함, FMR1의 변형이 증가하면서 호르몬 분비에 어려움을 갖게 된다(Hagerman, 2008). 남성은 X 염색체가 1개이므로 더 심각하게 영향을 받는다(Hagerman, 2008). 또한 대부분의 연구는 FXS 남성을 대상으로 수행되었다.

지적 기능에 영향을 미치는 더 희한한 유전적 장애로는 윌리엄스 증후군(Williams syndrome), 앤젤만 증후군(Angelman syndrome), 프라더-윌리 증후군(Prader-Willi syndrome)이 있다. 윌리엄스 증후군은 대략 신생아 10,000~15,000명 중 1명 발병하며, 7번 염색체의 유전적 소실이 원인이다(Shprintzen, 2000). 즉, 엘라스틴 유전자(elastin gene,

ELN)를 포함한 유전자가 소실되는데, ELN은 혈관벽의 탄성을 유지하고 조직을 연결하는 중요한 역할을 한다(Shprintzen, 2000). 앤젤만 증후군은 비진행성 신경학적 장애로, 신생아의 10,000~25,000명 중 1명이 발병하며, 어머니로부터 받은 15번 염색체의 소실이 원인이다(Richard & Hoge, 1999; Shprintzen, 2000). 프라더-윌리 증후군은 아버지로부터 받은 15번 염색체의 소실이 원인이며, 신생아의 8,000~25,000명 중 1명이 발병한다(Kleppe, Katayama, Shipley, & Foushee, 1990; Miles, 1997; Richard & Hoge, 1999; Shprintzen, 1997, 2000). 표 6.3은 이러한 지적장애를 가진 아동의 건강 문제, 신체적 특징, 외모 등에 대한 정보를 요약했다.

지적장애의 원인에 대해서 우리가 알고 있거나 의심이 되는 것 중에서 DS는 유일하게 원인이 확인되었다. 왜냐하면 DS는 분명히 기질적 병인이기 때문이다. 결과적으로 DS 아동에 대한 연구도 많이 수행되었다. 특히 초기 행동 발달에 대해서 많이 알려져 있다. DS에 대해서 많은 자료가 있기 때문에 6장의 다음 부분에서 DS를 분리하여 다루고자 한다. FXS와 윌리엄스 증후군은 생물학적으로 잘 정의된 하위 집단으로, 현재 연구되고 있다. FXS는 출생 전과 관련되는 것으로 확인되었고, 그렇기 때문에 앞으로 더 많은 연구가 가능할 것이다.

신체 손상 또는 물질 남용과 같은 출생 전 사건은 태아를 손상시키는 원인이 되며, 지적장애의 원인이 된다. 태아 알코올 스펙트럼 증후군(Fetal alcohol spectrum disorder, FASD)은 이전에는 태아 알코올 증후군(FAS)이라고 불렀으며, 출산 전의 음주가 원인이다. 태아 알코올 증후군의 출현율은 신생아 1,000명 중 6%로 확인되었다(U.S. Department of health and Human Services, 2005). 기질적 지적장애는 많이 연구되어 체계가 분명히 확립되었다. 반면, 가족력 지적장애에 대한 연구는 매우 적은 편이다. 이에 대해 Luria(1963)의 연구에서는 세 가지의 형태로 분류하고 있다.

1. 지적장애 아동의 부모 둘 다 또는 둘 중 한 명이 지적장애이다. 전체 지적장애인의 35%이다.
2. 부모가 지적장애가 아니지만, 지적장애 유전인자가 있는 경우는 전체 지적장애인의 35%이다. 기질적 지적장애와는 달리, 유전적 지적장애는 현재 증후군으로 알려진 것들과 관련이 없으며, 발달장애의 정도가 덜 심각하다.
3. 외부적인 환경 요인에 의한 지적장애는 전체 지적장애인의 5%이다.

위에서 기술한 첫 번째 또는 두 번째의 경우라면, 이러한 경우는 유전에 근거하므로 기질적 지적장애의 범주에 포함될 확률이 낮다. 그러나 일부 사례에서는 기질적 집단과 가족력 집단에 대한 연구 결과를 각각 보고하고 있다.

지적장애의 형태 및 하위 형태는 유전 및 환경적 요인에 근거해서 구별된다. 유전과 관련해서 많은 것들이 알려져 있지만, 우리의 분류는 상당히 다를 수 있다.

표 6.3 지적장애인의 특징

지적장애 증후군	외모/얼굴 특징	신체적 특징	건강
앤젤만 증후군	* 소두(작은 머리) * 불규칙적 간격의 치아, 크고 넓게 웃는 입 * 깊이 들어간 눈 * 턱의 돌출 * 피부색의 색소 침착 * 보폭이 넓고 뻣뻣하게 걸음(**출처**: Richard와 Hoge, 1999; Shprintzen, 1997, 2000)	* 낮은 음성(저긴장) * 손을 흔듦(flapping) * 손과 발의 경련 * 운동실조(Ataxia) * 시각적 문제(예: 안구진탕증, 시력 감퇴, 사시, 사팔, 예민성이 떨어짐)(**출처**: Richard와 Hoge, 1999; Shprintzen, 2000)	* 초기 성장에 어려움을 보인 80% 아동 중에서 뇌전증/발작장애 * 지속적인 섭식의 어려움 (**출처**: Richard와 Hoge, 1999; Shprintzen, 2000)
다운 증후군	* 머리둘레가 작다. * 눈이 치켜올라감, 타원형 눈, 눈구석주름이 뚜렷함. * 중안면 결핍증 * 작은 턱, 작은 코, 편평한 콧등 * 작은 구강, 짧고 높고 좁은 구개, 둘로 갈라진 목젖 또는 구개열 * 성장하면서 입술이 뚜렷해지고 두껍고 분비물이 많다. * 덜 발달되고 돌출된 턱 * 부정교합 * 작고 짧고 낮은 귀, 외이 · 중이 · 내이가 구조적으로 비정상(**출처**: Chamberlain과 Strode, 1999; Richard와 Hoge, 1999; Shprintzen, 1997, 2000)	* 대근육 지체로 저긴장성 보임(예: 움직임이 부족, 자세 통제 안정성, 힘, 협응의 어려움, 운동 능력의 지체, 과반사성) * 구강 운동/섭식 문제로 인해 낮은 음질(빨기-삼키기-호흡의 통합이 부족, 혀의 돌출, 입을 벌린 자세, 감각 지각의 부족, 입안에 음식물의 위치에 대한 반응 부족)(**출처**: Chamberlain과 Strode, 1999; Richard와 Hoge, 1999; Shprintzen, 1997, 2000) * 시각 문제: 양쪽 시력의 결함이 40%, 약시(lazy eye), 사시가 20~50%, 안구진탕이 10~20%, 선천적 백내장이 흔하다.	* 심장의 문제: 심장 심박 결함 또는 질병이 40~60%(예: 구조적 기형, 폐동맥 과긴장, 폐혈관 장애) * 혈액 관련: 백혈병 또는 혈소판 수가 낮음(**출처**: Chamberlain과 Strode, 1999; Patterson과 Lott, 2008) * 내분비 이상: 당뇨 가능성이 증가. 지적 기능을 감소시키고 비만하게 만드는 갑상선 문제(**출처**: Chamberlain과 Strode, 1999; Patterson과 Lott, 2008) * 위장 결함 또는 장애는 영양 문제를 유발한다(예: 십이지장 폐쇄, 거대결장증)(**출처**: Patterson과 Lott, 2008) * 면역 결핍: 낮은 T-cell 수, T-cells이 적절하게 기능하지 못함, 호흡기 감염(예: 귀, 코, 목구멍 감염)에 걸릴 위험 증가, 백혈병, 심장 문제(**출처**: Chamberlain과 Strode, 1999) * 수면장애 수면장애는 무호흡증이 원인, 만성적 호흡 저하가 30~60%

			* 잠자고 일어나는 규칙적인 수면 주기가 세로토닌의 감소로 어려움(출처: Chamberlain과 Strode, 1999; Pattrson과 Lott, 2008; Shott 등, 2006; Stores, 1993) * 정형외과적 문제: 고리중쇠(Atlantoaxial) 불안정, 척수 손상 위험이 높아 첫 번째와 두 번째 경부 사이의 이동성 증가, 경부 척주의 탈구, 고관절 무름, 발 문제 * 치매: 중간 연령에서 알츠하이머 병의 발생률이 더 높다(출처: Pattrson과 Lott, 2008)
태아 알코올 스펙트럼 장애	* 소두증 * 좁은 눈꺼풀 * 덜 발달된 턱 * 중안면결핍증 * 작은 치아, 부정교합 * 귀의 기형 * 입술 또는 구개의 파열 (출처: Hagerman, 2002; Richard와 Hoge, 1999)	* 근육긴강항진 및 관련된 운동 지연(출처: Shprintzen, 1997)	* 심장 이상(출처: Richard와 Hoge, 1999; Shprintzen, 1997)
취약 X 증후군	* 대두증 * 이마 및 턱이 큼 * 길고 좁은 얼굴, 처진 눈꺼풀, 긴 귀, 편평한 콧등 * 높고 좁은 구개 아치 * 편평한 발, 작은 손(출처: Hagerman, 2002; Richard와 Hoge, 1999)	* 저긴장성 * 작은 키 * 과도 신장된 손가락 관절 * 대고환증(큰 생식기) * 시각의 문제(예: 사시, 안구진탕, 원시가 8~30%)(출처: Richard와 Hoge, 1999; Shprintzen, 1997, 2000)	* 헤르니아, 탈장 * 골절 * 승포판 탈출증 * 위식도 역류 * 대발작(출처: Hagerman, 2002; Richard와 Hoge, 1999; Sterling과 Warren, 2008)
프라더-윌리 증후군	* 아몬드 형태의 눈이 치켜올라 간 눈 * 좁은 이마 * 좁은 구개 아치 * 작은 턱 * 덜 발달된 턱 * 작은 손과 발(출처: Rhcihard와 Hoge, 1999; Shprintzen, 1997, 2000)	* 저긴장성 및 운동 지체와 관련 * 작은 키 * 생식 기능 저하 * 시각적 문제(예: 사시, 근시)(출처: Burack, 1990; Zigler와 Balla, 1982; Zigler와 Hodapp, 1986, 1991)	* 2~5세 사이에 뚱뚱한 발달 * 95%의 뚱뚱함의 결과로 불안정 식욕(출처: Richard와 Hoge, 1999) * 부적절한 행동 * 수면 방해 * 자해 행동 * 고통을 참는 내성이 높음(출처: Shprintzen, 2000)

2. 지체-차이 논쟁

오랫동안 지적장애 연구의 기본적 논쟁점은 **지체-차이 논쟁**(delay-difference controversy)이다. 즉, 지적장애인과 지적장애가 없는 사람들에게 인지적 · 언어적 처리 과정이 같은지, 그렇지 않으면 어떤지에 관한 것이다. 지적장애 아동이 성취가 낮은 것에 대해 논쟁하는 것이 아니다. 논쟁의 초점은 낮은 성취에 대해 설명하는 것과 지적장애 아동의 발달에서 질적으로 차이를 보이는 것을 설명하는 것이다.

지체-차이 논쟁에 대한 조사를 실시한 연구자들은 예후에 대해서 과학적 방법과 검사를 적용했다. 이러한 예후는 생활 연령, 정신 연령, 언어 연령에 따라 그리고 지적장애인과 지적장애가 없는 대상자를 방법적으로 일치시켰다. 이러한 일치는 **표 6.4**에서 보여 주고 있다. 하나 또는 하나 이상의 변수를 일치시킨 대상자들의 비교를 통해서 지체인지, 차이인지에 대한 논의를 탐색하는 것이 가능했다.

차이(difference position)를 지지하는 연구자들은 다음 세 가지의 연구 결과를 제시하고 있다. 아래의 세 가지는 지적장애인의 전부 또는 일부에서 질적인 차이를 보일 수 있다.

1. 그들은 언어 체계와 운동 체계가 분리(dissociation)되었기 때문에 언어 중재 능력에 결함을 나타낸다(Dulaney & Ellis, 1997; Luria, 1963).
2. 그들은 행동에서 선천적으로 더 경직(rigid)되어 있다(Dulaney & Ellis, 1997).
3. 그들은 인지적인 과제를 수행하는 데 필요한 단기기억(또는 **작업기억**) 기능이 부적절하다(Bower & Hayes, 1994; Hulme & MacKenzie, 1992; Jarrold, Baddeley, & Hewes, 1999; Jarrold, Cowan, Hewes, & Riby, 2004; Kay-Raining Bird & Chapman, 1994; Miolo, Chapman, & Sindberg 2005).

공통적인 개념을 발견하기는 어렵지만 대부분의 연구에서 추상적인 사고의 결함이 발견되었다. 예를 들면 다운 증후군 아동은 추상적인 범주(과일, 옷, 가구)보다 오히려 그들이 주로 지각한 특성에 의해 물건을 범주화하는 경향을 보인다. 그들은 계통적 사고에 어려움을 보인다. 즉, 존재를 인식할 때, 여러 단계를 생각할 수 있다. 예를 들면, 애완견의 이름 *Rudy*는 기초 단계의 이름, *dog*는 하위 단계의 이름, *dachshund*는 다양한 하위 단계의 이름과 같이 포유동물, 네발짐승, 동물(*mammal*, *quadruped*, *animal*)의 단계로 생각하는 것이다. 다운 증후군 아동은 이러한 이름들이 모두 사고의 각각 다른 층에 있지만, 같은 개를 표현한다는 것을 수용하는 데 어려움을 보인다.

작업기억의 부족은 지적장애 아동에게 주로 나타나는 어려움이다. 지적장애 아동은 일반적으로 적극적 문제 해결을 위한 상황에 필요한 전략을 거의 사용하지 않지만, 문제 해결을 해야 한다고는 생각한다. 한 가지 과제에는 전략을 사용하지만 그것을 다른 과제에 자발적으로 연결시키는 데는 어려움을 보인다. 문제 해결과 관련된 연구에 따르면, 지적장

표 6.4 생활 연령, 정신 연령, 언어 연령을 일치시킨 대상자의 예

정상 발달				지적장애			
대상자	생활 연령	정신 연령	언어 검사	대상자	생활 연령	정신 연령	언어 검사
생활 연령 일치[1]							
A	36	36	36	A	36	20	20
B	36	36	36	B	36	20	20
C	36	36	36	C	36	20	20
D	36	36	36	D	36	20	20
E	36	36	36	E	36	20	20
정신 연령 일치[2]							
A	36	36	36	A	54	36	30
B	36	36	36	B	54	36	30
C	36	36	36	C	54	36	30
D	36	36	36	D	54	36	30
E	36	36	36	E	54	36	30
언어 연령 일치[3]							
A	36	36	36	A	46	30	36
B	36	36	36	B	46	30	36
C	36	36	36	C	46	30	36
D	36	36	36	D	46	30	36
E	36	36	36	E	46	30	36

1. 대상자는 생활 연령을 일치시켰다. 지적장애가 있는지를 결정하는 데 사용된 것은 특정 언어 행동에서 지체를 나타낸 것이다.

2. 대상자는 지능 검사를 통해 얻은 정신 연령을 일치시켰다. 지적장애인에게 언어 결함이 있는지를 판단하기 위해 사용한 것은 전반적인 인지 지체를 나타낸 것이다.

3. 대상자는 발화의 평균 길이 또는 다른 언어 검사에 의한 결과로 언어 연령을 일치시켰다. 지적장애를 결정하기 위해 사용한 것은 정상 아동과 유사한 의사소통 능력을 보이며, 언어의 특정 영역(예: 통사)에서 지체를 나타낸 것이다.

애 아동은 대부분 객관적 표현은 잘 하지만, 하나의 상황에서의 문제 해결 방법과 다른 상황에서의 문제 해결 방법에서 많은 차이를 보인다. 이러한 차이를 보이는 이유는 기능적 작업기억의 제한 때문이라고 설명하고 있으며, 다시 말하면 정보처리 능력에 있어서 속도가 느리기 때문이라고 설명하고 있다(Ferretti & Cavalier, 1991). 작업기억 능력이 모든 기억 능력으로 확장되는 것은 아니다. 경도 지적장애 아동의 장기기억 수행에 대한 연구 결과에 따르면, 데이터베이스는 작지만 장기기억 능력에 있어서는 다른 집단과 질적인 차이를 보이지 않는다(Turnure, 1991).

차이의 증거가 위와 같다면, 지체는 인지 및 성취 사이의 차이에 초점을 둔다. 가족력 지적장애인에게 보이는 수행의 차이는 경험 부족이 원인이 될 수 있다. 지적장애인에게 나타나는 다른 수행의 차이는 동기에 대한 차이이다. 연구에 따르면, 지적장애인은 사회적 강화에 민감하지만, 동시에 낯선 성인에게 경계를 보인다. 그들은 자신의 인지적 자원에 거

의 의존하지 않는 것처럼 보이며, 문제 해결에서도 제한적인 경향을 보인다. 그들은 경험에서 실패에 대한 두려움이 있기 때문에 성공보다는 실패를 피하는 것에 더 동기화되어 있다. 또한 그들은 실질적인 강화에 더 잘 반응을 하며, 그들이 어떻게 해야 하는지를 알기보다 학습된 무력감(learned helplessness)을 종종 나타낸다(Bybee & Igler, 1999). 지적장애가 주로 인지적 장애로 보이지만, 수동성과 같은 비인지적인 특성과도 관련된다. 즉, 그들에게 필요한 전략을 사용하는 것을 시도하지 않는 것이다. 종종 다운 증후군을 가진 사람들이 사회성이 좋다고 보고되고 있지만, 어려운 학습 상황을 회피하기 위해서 이러한 전략을 종종 사용한다(Wishart, 1993).

3. 지적장애 아동의 언어 특성

모든 지적장애 아동은 의사소통의 일부 형태와 언어적 결함을 가지는 것이 자명한 이치라고 생각한다. AAIDD는 모든 지적장애인에게 나타나는 적응 행동 결함의 한 가지 요인이 의사소통장애라고 설명했다. 결과적으로 전문가들은 지적장애 아동이 언어 또는 의사소통 중재가 일부 필요하다고 기술했다. 그렇다면 인지적 결함이 언어장애의 원인이 될 수 있는지, 그렇지 않으면 다른 어떤 결함 때문에 인지 및 언어 결함 둘 다를 갖게 되는지에 대해서 의구심을 갖게 된다. 일반적으로 중추신경 기능이 관련이 된다고 생각하며, 언어 및 인지의 상호작용에 대한 결과라고 설명한다. 이러한 질문에 대한 대답은 어려운데, 그 이유는 인지와 언어 사이의 복잡한 상호관련성이 비일관적인 결과를 보이기 때문이다. 그러나 이것을 다루는 것은 중요한데, 언어장애가 어떤 면에서 지적장애와 관련된다고 보고 있다. 최근의 연구는 언어 및 다른 의사소통 능력이 다양한 증후군 장애에 똑같이 영향을 미치는 것은 아니라고 제안하고 있다. 만일 인지가 단독으로 언어 능력을 결정한다고 대답을 한다면, 서로 다른 지적장애 증후군 아동의 언어 특성은 모두 같을 것이다. 그러나 표 6.5에서 제시하는 바와 같이 다양한 지적장애 증후군 아동의 언어 특성은 증후군에 따라서 차이를 보인다.

1) 연구 문제

지적장애 아동의 언어 능력과 관련된 연구는 비일관적인 결과를 보여 준다. 이러한 비일치는 분명한 가이드를 원하는 전문가들을 혼란스럽게 한다. 그러나 연구 결과가 다르다는 것이 놀라운 일은 아니다. 비일관적인 결과를 보이는 이유는 다양한 조사자가 서로 다른 평가 방법을 사용하기 때문이다. 예를 들면, 중도 또는 최중도 지적장애 아동을 대상으로 표준화된 검사 도구를 사용하여 이해에 대한 적절한 반응을 검사한 경우는 적절하게 구조화된 형식에 대한 반응을 측정한 결과일 수도 있다. 그러나 이런 아동에 대해 관찰 방법을 사

표 6.5 지적장애 증후군 아동과 관련된 의사소통 및 언어 특성의 비교

지적장애 증후군	의사소통, 언어, 듣기의 장점	의사소통, 언어, 듣기의 제한점
앤젤만 증후군	* 최소한의 수용언어 능력 발달 * 일반적으로 듣기는 정상 (출처: Shprintzen, 2000)	* 비언어적 * 말 및 표현언어 능력은 보완대체 의사소통 시스템(예: 제스처, 몸짓 언어, 첨단 기술 그림/사물 보드 시스템)을 추천받은 아동에게는 발달하지 않는다. (출처: Richard와 Hoge, 1999; Shprintzen, 1997, 2000)
다운 증후군	* 유아기 초기 음운 발달은 정상 아동과 유사하다. * 언어적 표현 이전에 제스처 또는 몸짓 언어로 의사소통하는 경향을 보이며, 비교적 모방 능력이 좋으며, 화용 능력이 좋다. * 초기 아동기에 비록 지체를 보이지만, 수용언어 능력이 표현언어 능력보다 일반적으로 더 좋다. * 청소년기에 비교적 좋은 수용어휘가 일상생활 경험의 덕분일 수 있다. (출처: Roberts, Price와 Malkin, 2007; Sterling과 Warren, 2008)	* 일반적으로 수용언어와 표현언어의 불균형 * 이해 능력은 높은 반면, 통사 및 형태 영역은 떨어진다. * 음운 인식 및 청각-말 기억에 어려움을 갖는다. * 화용 능력이 떨어진다. * 추상적 언어를 이해하고 사용하는 데 어려움을 갖는다. * 시각 및 감각 처리 과정의 결함 * 비교적 표현언어 능력이 약하다. 특히 통사(문법적 기능 단어를 더 적게 산출, 어휘적 동사를 더 적게 산출, 형태소 더 적게 산출함) 이해 능력이 약하다. * 보상적 패턴 사용 및 불명료한 말로 인해 조음이 불명확하다. (출처: Chamberlain과 Strode, 1999; Richard와 Hoge, 1999; Roberts 등, 2007; Shprintzen, 2000) * 표현언어 능력이 점차 지체된다(예: 제한된 어휘, 제한된 통사 때문에 문법적 형태소 사용의 감소), 학령 전기 및 학령기에 비언어성 인지 능력이 나타난다. (출처: Roberts, Chapman, Martin과 Moskowitz, 2008) * 어휘 및 비언어성 인지 능력과 비교해서 점차 통사 이해 능력이 지체되며, 청소년기에 특히 나타난다. * 청각적 단기 언어 기억 능력의 결함이 청소년기 특정 언어 프로필의 원인이 된다. (출처: McDuffie, Chapman, Abbeduto, 2008) * 취약 X 증후군보다 마음 이론에 더 취약하다. (출처: Abbeduto 등, 2001) * 구조적 기형 그리고 빈번한 중이염으로 인해 청력 손상 및 이비인후과적 장애 위험이 높다. * 유아기에 만성 중이염, 아동기에 중이염이 반복된다. * 65~80%는 청력 손상의 일부 형태를 나타낸다. * 전도성 난청이 21~58%, 감각신경성 또는 혼합성 난청이 4~44% 발생된다. (출처: Chamberlain과 Strode, 1999; Pattrerson과 Lott, 2008)
태아 알코올 스펙트럼 장애	* 인지적 능력에 상응하는 언어 손상 * 대부분의 아동은 기능적 언어 능력이 발달한다. (출처: Shprintzen, 1997, 2000)	* 사회적 상호작용과 집행 기능(예: 높은 의사결정 단계 및 계획 처리 과정)이 알코올의 영향으로 결함을 보인다. 또한 양쪽 뇌가 비전형적으로 발달하며 보호 환경의 불충분으로 인해 사회적 상호작용이 제한된다. (출처: Coggins, Timler, Olswang, 2007) * 어휘, 통사, 화용에서 특정 결함을 보인다. * MLU 감소 * 대화 관리 능력(예: 주제 선택 및 주제 유지, 빈번한 질문 사용)의 부족 * 처리 과정의 어려움 * 기억 부족 * 학령기 동안 언어-학습장애가 될 위험이 높다.

(다음 쪽에 계속)

표 6.5 지적장애 증후군 아동과 관련된 의사소통 및 언어 특성의 비교(계속)

지적장애 증후군	의사소통, 언어, 듣기의 장점	의사소통, 언어, 듣기의 제한점
태아 알코올 스펙트럼 장애 (계속)		* 두개안면 기형과 연인두 폐쇄 부전으로 인한 조음 오류 (**출처**: Richard와 Hoge, 1999) * 담화 능력의 부족(예: 모호한 참조 전략을 사용하여 공유할 정보와 새로운 정보를 판단하는 데 어려움을 보인다) (**출처**: Thorne, Coggins, Olson과 Astley, 2007) * 정신 상태를 나타내는 동사(예: *think*, *know*, *believe*) 사용의 어려움으로 다른 사람의 관점을 파악하기 어렵고 그러한 것은 마음 이론과 관련될 수 있다. (**출처**: Timler, Olswang과 Coggins, 2005) * 만성 중이염으로 인해 전도성 청력 손상을 나타낸다. * 알코올의 신경 독성으로 인해 뇌간 발달에 영향을 미치며 감각신경성 난청의 발생이 높다. (**출처**: Richard와 Hoge, 1999; Scott, 1998; Shprintzen, 2000; van Bysterveldt, Gillon과 Moran, 2006)
취약 X 증후군	* 수용언어 및 표현언어를 포함한 일반적인 프로필에서 정상적 인지 능력을 보인다. * 수용언어가 비교적 양호 * 언어 모방 능력이 비교적 양호(취약 X 증후군와 자폐증의 중복장애는 제외) (**출처**: Richard와 Hoge, 1999; Sterling과 Warren, 2008) * 듣기 능력: 중이염을 제외하고 일반적으로 정상 발달. 경도 전도성 청력 손상이 나타날 수도 있다. (**출처**: Hagerman, 2002; Sterling과 Warren, 2008)	* 반향어 및 보전 언어(preservative lanauage)를 포함한 특성 (**출처**: McDuffie 등, 2008; Richard와 Hoge, 1999) * 영유아기에 인체의 말단에 있는 제스처 및 관습적 사용의 지체 * 불명료한 말과 음운적 지체(**출처**: Sterling과 Warren, 2008) * 화용 언어 능력의 결함, 특히 대화 상황에서 관리 능력의 제한 (**출처**: Abbeduto, Brady와 Kover, 2007; Rice, Warren과 Betz, 2005; Roberts 등, 2008)
프라더-윌리 증후군	* 언어 능력이 처음에는 지체되지만, 나중에는 따라잡는다. * 정상 범위의 듣기 (**출처**: Shprintzen, 2000)	* 수용 능력이 표현보다 더 지체된다. * 화용적 능력의 결함 * 특히 반복적인 요구나 코멘트는 강박적인 행동을 유발할 수 있다. * 음운, 통사, 형태 능력의 감소 * 명료도가 떨어지며, 조음 오류가 다양하다. (**출처**: Kleppe 등, 1990; Richard와 Hoge, 1999)
윌리엄스 증후군	* 인지와 언어 능력의 불균형으로 인한 불일치. * 비교적 좋은 언어 능력에 비해 인지 능력은 떨어진다. * 대화 상황에서 '칵테일 파티(역자 주: 여러 사람이 모여 이야기를 해도 내가 원하는 정보만을 들을 수 있는 능력)' 스타일을 나타냄 * 구체적 어휘, 문법, 음운 처리 과정, 청각적 기억 능력이 비교적 좋다.	* 언어발달에서 표현적 반향어 및 상투적인(cliches) 언어 사용 * 언어 형태, 특히 통사 및 음운은 단어 지식 및 의미보다 더 왜곡된다. * 관련적/개념적 어휘에서 상대적으로 약하다. * 단어 찾기의 어려움 * 의미-어휘 손상 * 의미적 처리 과정에서의 결함은 메시지의 내용을 이해하기 어렵게 만든다. * 대화적 담화 능력의 결함 (**출처**: Donnai와 Karmiloff-Smith, 2000; Mervis와 Becerra, 2007; Richard와 Hoge, 1999; Shprintzen, 2000; Thomas와 Karmiloff-Smith, 2003) * 듣기 능력: 중이 염증은 일시적 전도성 청력 손상과 관련된다. * 소리에 대한 향상된 민감도(청각과민증) (**출처**: American Academy of Pediatrics Committee of Genetics, 2001; Richard와 Hoge, 1999; Shprintzen, 2000)

표 6.5 지적장애 증후군 아동과 관련된 의사소통 및 언어 특성의 비교(계속)

지적장애 증후군	의사소통, 언어, 듣기의 장점	의사소통, 언어, 듣기의 제한점
윌리엄스 증후군(계속)	* 의미보다 단어의 음운적 측면을 배운다(음운-의미 처리 과정의 불균형). * 마음 이론은 비교적 잘 수행 * 불명료한 조음 및 빠른 말 속도로 인해 경도의 불명료를 나타내는 것을 제외하고 대개 조음 능력이 좋다. (출처: Karmiloff-Smith, Klima, Bellugi, Grant와 Baron-Cohen, 1995; Mervis와 Becerra, 2007; Richard와 Hoge, 1999; Shprintzen, 2000; Thomas와 Karmiloff-Smith, 2003)	* 경도/최소한의 감각신경성 청력 손실의 발생률이 높다(일찍 시작되어 점차 진행됨). (출처: Marler, Elfenbein, Ryals, Urban과 Netzloff, 2005).

용한다면, 어떤 익숙한 상황을 이해했다고 볼 수 있다. 표현적 통사 능력을 결정하는 연구에서 지적장애인들의 MLU를 측정하기 위해서 서로 다른 샘플링 상황을 사용할 수 있다는 것이다(Miles, Chapman, & Sindberg, 2006 참조). 이것은 또한 지적장애 아동이 검사 능력이 부족하다는 것일 수도 있다. 특히 다운 증후군 아동의 언어 수행을 검사할 때, 아동은 검사에 대한 스트레스 상황에서 억눌릴 수 있다(McCune, Kearney, & Checkoff, 1989).

동종 집단을 대상으로 한 언어 관련 연구에서 가장 많이 실시한 연구는 지적장애인을 대상으로 한 연구이다. 우리가 앞에서 본 바와 같이, DS, FXS, FASD, 윌리엄스 증후군을 대상으로 한 연구가 더 많이 실시되었음을 볼 수 있다. 예를 들면, DS 연구는 지적장애 아동과 명백히 다른 것을 보여 주는 연구로 이미 발전되었다. 이러한 논문에 따르면, DS는 더 성공적인 사회적 능력, 가족 기능, 동료를 수용하는 수준에 대한 능력이 지적장애와 다르다는 것을 보여 주었다(Kasari & Hodapp, 1996; Taylor, Bennie, & Buckley, 1996). 또한 DS는 FXS와 비교할 때, 수용언어 및 표현언어 능력이 더 부족한 것으로 보고하고 있다(Abbeduto et al., 2001). 이러한 결과는 Chapman, Seung, Schwartz와 Kay-Raining Bird(1998)의 연구에 의해서 지지되며, DS인의 인지적 프로필에 대한 뚜렷한 특징은 사회적 지능에 비해, 언어적 결함이 더 지적되고 있다. 이러한 이유 때문에, 연구 대상자를 구분할 때, DS 아동은 자주 배타적으로 구분된다. 가까운 미래에 우리는 윌리엄스 증후군과 같은 다른 증후군을 가진 아동에 대한 의사소통의 장점 및 단점에 대한 서로 다른 프로필을 볼 수 있을 것이다.

2) 화용론

지적장애인의 화용에 대해 다음 일곱 가지 영역의 행동 특성을 연구했다. 말하는 행동 및 발달, 참조적 의사소통, 전제 능력을 사용하거나 발달시키는 능력, 대화를 수정하는 능력, 대화 상황에서 순서를 지키는 능력, 주제를 유지하는 능력, 어떤 상황에서 다른 상황으로 언어를 일반화하는 능력.

말하는 행동. DS를 제외하고 지적장애 증후군에 대한 넓은 범위의 아동을 대상으로 초기 말하는 행동 발달에 대한 연구가 실시되지 않았으며, 이 주제에 대해서는 6장의 뒷부분에서 토의할 것이다. 그러나 경도 및 중도 지적장애를 가진 거의 모든 사람들은 성인기까지 말하는 행동에 대한 전반적인 레퍼토리가 발달하는 것으로 나타났다(Owings & McManus, 1980; Rosenberg & Abbeduto, 1993).

정보 요구, 행동 수행 지시, 자발적인 코멘트나 진술과 같은 단호한 의사소통 행동은 우리가 대화를 시작할 때 사용하는 '서먹함을 푸는 것(icebreakers)'이다. 그러나 심각한 장애를 가진 지적장애 아동은 사회적 관계를 맺기 위한 언어를 거의 사용하지 않으며, 반응적 의사소통 방식을 사용하는 경향이 있다(Bedrosian & Prutting, 1978; Beveridge, 1976; Calculator & Dollaghan, 1982; Eheart, 1982). 결과적으로 지적장애 아동은 어떤 방법으로든 촉구하지 않으면, 집단 안에서도 동료와의 상호작용을 거의 보이지 않는 경향을 보인다(Beveridge, 1976; Sinson & Wetherick, 1982). 지적장애 아동의 자발적 화용 행동과 촉구에 의한 행동의 차이는 임상적으로 중요하다. 다른 아동들과 달리, 지적장애 아동은 자신이 말할 수 있는 레퍼토리의 수와 실제 대화 상황에서 산출하는 수가 상당한 차이를 보인다. 중도(severe) 지적장애인이 명령적인 말을 산출하는 경우는 주로 지시를 수행해야 하는 강제적인 경우이다. 이러한 현상은 서술적 발화 형태와 명령적 발화 형태 사이의 균형을 보이는 정신 연령을 일치시킨 정상(typically developing, TD) 아동과 반대된다(McLean, Brady, McLean, & Behrens, 1999).

사회적으로 의사소통 정보를 효율적으로 사용하기 위해서 모든 개인들은 상황에 따라서 자신의 언어 스타일을 바꾼다. 이전 장에서 말한 바와 같이, TD 아동은 다른 어휘를 선택할 수 있고 정중하게 요청하기 위해서 통사적 형태를 변화시키기도 한다. 또한 나이가 어린 아동에게 말을 할 때는 더 간단하게 말하기도 한다. 경도 및 중등도(moderato) 지적장애 아동 및 청소년에 대한 연구에 따르면, 그들은 상황적 단서를 이용한 발화에서 언어학적 형태를 바꾸는 것을 배우지만, 생활 연령을 일치시킨 비장애 아동과 비교해 보면 지체되는 것으로 보고하고 있다(Abbeduto, 1991; McLean et al., 1999). Guralnick과 Paul-Brown(1986)은 경도 지적장애 아동과 정신 연령을 일치시킨 TD 아동을 비교했다. 연구 결과, 중도의 지적장애 아동과 중등도의 지적장애 아동이 말할 때, 언어 내용, 형식, 사용에 있어서 유사한 적응을 하는 것으로 보고했다. 이에 따르면, 경도 지적장애 아동은 더 지적 능력이 떨어지는 아동과 대화할 때, 자신의 언어를 조절한다는 것을 시사했다.

참조적 의사소통. 지적장애 아동의 말하는 스타일에 대한 연구는 그들이 청자의 이해 능력을 고려하기는 하지만, 정보를 요구하는 것에 대해서는 자주 실패한다고 보고했다. 이러한 문제를 확인하기 위해 아동이 지시하는 대상을 확인하는 연구가 수행되었다. 즉, 그들이 무엇에 대해 말하는지 또는 누구에게 분명하게 말하는지와 관련된다. 이러한 능력을 알아보는 연구는 대부분 장벽 게임(barrier task)을 실시했다. 예를 들면, 두 명의 지적장애 아동이 스크린을 가운데 두고 양쪽으로 앉아서 서로를 볼 수는 없지만, 서로 들을 수 있도록 배치한다. 두 아동에게 특이한 기하학 형태의 그림을 제공한다. 한 친구가 그림 한 장을 선택한 후, 상대방에 앉아 있는 다른 친구도 자신과 같은 그림을 선택할 수 있도록 그림을 설명한다. 장벽은 제스처나 지시 대상 언어의 사용을 볼 수 없게 가려 주는 역할을 한다. 아동은 최대한 자세하게 특정 어휘를 사용해서 설명해야만 한다. 경도 및 중등도의 지적장애 성인을 대상으로 장벽 게임을 실시한 연구에 따르면, 대상자들은 효율적 정보를 제공하지 못하며, 이러한 결과는 여러 연구 결과가 일관적인 결과를 보여 주고 있다(Longhurst, 1972, 1974; Rueda & Chan, 1980). 이러한 어려움은 전적으로 인지적 지체 때문이라고 설명할 수는 없으며, 지적장애인과 정신 연령을 일치시킨 TD 아동보다 이러한 수행에서 더 부족한 것으로 나타났다(Longhurst, 1972). 이러한 연구에 따르면, 의사소통 문제는 청자가 아니라 화자의 과실이 분명하다고 설명한다. 지적장애인은 화자가 비장애 성인인 경우에는 그림을 정확하게 선택할 수 있기 때문이다.

참조적 의사소통과 관련된 다른 연구에서 대상자에게 배경 정보를 사용하지 말라는 모호한 명령을 했다. 예를 들면, 연구자는 "아동을 위해 선물을 찾고 있어. 나에게 그 컵을 보여 줘."라고 요구한다. 정확한 반응은 아동이 성인의 컵이 아닌 아동의 컵인 작은 컵을 선택하는 것이다. 연구 결과, 경도 및 중등도 지적장애 아동은 정신 연령을 일치시킨 TD 아동만큼 과제를 수행했다(Abbeduto, Davies, Solesby, & Furman, 1991; Abbeduto, Short-Meyerson, Benson, Dolish, & Weissman, 1998). 정리하면, 지시적 의사소통 연구에서 혼합된 그림을 사용했다. 일부 과제는 지적장애 아동의 인지 능력에 적절한 수준이며, 다른 과제는 지적장애 아동 혼자서는 해결하기 어려운 과제를 사용했다.

전제 능력과 마음 이론. 한 단어 발화 단계인 초기 단계의 TD 아동은 자신의 대화에서 정보를 포함할 것인지 아니면 생략할 것인지를 판단하는 능력에 따라서 청자가 특정 정보에 대해 알고 있는 지식 또는 알지 못하는 것에 대해 요구하기 시작한다. 화자는 사회적 맥락에 대한 대화 주제를 이해하고 청자의 세상 경험을 예측할 수 있어야 한다. 그렇지 않으면 의미 있는 대화는 이루어지지 않는다. 일반적으로 3세경, 취학 전 TD 아동은 청자가 어느 정도의 정보를 필요로 하는지 알 수 있다. 청자가 필요로 하는 정보가 무엇인지 결정하는 이러한 능력을 **전제**(presupposition)라고 한다. 예를 들면, 성인에게 "누가 개하고 놀아요?"라고 묻는 다면, 아동은 "나" 또는 "내가"라고 대답할 것이다. 아동은 중복되는 정보를 생략했다(예: '개와 함께 놀아요'를 생략했다). 왜냐하면 성인은 아동과 이미 정보를 공유한 전제 상태였기 때문이다. 어떤 정보가 중복되는지를 결정하는 능력과, 대화에서 중복되는 부분을 생략하는 것을 **생략**(ellipsis)이라고 한다.

전제 능력은 **마음 이론**(theory of mind, TOM)과 관련된다. 4장에서 언급한 바와 같이 TOM은 타인의 지식, 신념, 특히 타인의 관점이 나와 다를 때 그것을 이해하고 해석하는 능력이다(Baron-Cohen, 1989a, 2000). 또한 전제 능력은 사회적 인식을 증명하는 하나의 능력이라고 생각했다. 대부분 TOM은 자폐 아동을 대상으로 연구되었지만, 최근에 연구자들은 지적장애와 관련된 여러 증후군을 대상으로 연구하고 있다. 왜냐하면 여러 증후군을 가진 아동들의 사회적 행동 문제가 부적절한 TOM과 관련되기 때문이다(Astington, 1994). 일부 연구자들은 TOM의 결함이 증후군을 구분할 수 있게 해준다고 제안했다. Abbeduto 등(2001)은 DS가 FXS와 비교할 때, TOM이 더 많이 손상되었다고 보고했다. Timler 등(2005)은 FASD 아동은 상태 어휘(예: think, know, like)에 어려움을 나타내며, 이러한 특징은 부적절한 TOM을 의미한다고 보고했다. 또한 Thomas와 Karmiloff-Smith(2003)는 윌리엄스 증후군이 TOM 과제를 비교적 잘 수행하는 것으로 보고했다.

실험 연구에서 TOM 과제로 주로 사용한 것은 **잘못된 신념 과제**(false-belief task)이다. Benson, Abbeduto, Short, Nuccio와 Maas(1993)가 사용한 잘못된 신념 과제는 나중에 Abbeduto, Shrt-Meyerson, Benson과 Dolish(2004)에 의해 수정되었다. 대상자들은 한 이야기를 듣는다. Sylvester the Cat은 피크닉 테이블 아래 스케이트 보드를 숨겼다. 그가 나가고 없을 때, Dafft Duck는 스케이트 보드를 시소 밑에 숨겼다. 그러고 나서 대상자에게 질문을 한다. "Sylvester는 처음에 스케이트 보드를 어디에 두었나요?" 이러한 질문을 통해서 물건의 위치에 대한 대상자의 진실된 신념과 잘못된 신념 사이를 식별하는 평가를 한다. 잘못된 신념을 가진 사람의 능력은 효과적인 TOM을 충분히 보여 주는 특징이라고 생각한다(Perner, 1991).

Abbeduto 등(2004)은 잘못된 신념 과제는 지적장애를 가진 아동 및 청소년에게 사용하는 것이 문제일 수 있다고 제안했다. 그는 지적장애인들이 언어적 제한을 갖기 때문에 표준 잘못된 신념 과제(예: 이야기 구조에 대한 지식, 특별한 이야기를 이해하기, 이야기에 대한 질문에 대답하기)는 그들에게 언어학적으로 방해가 될 수 있다고 설명했다. Abbeduto 등(2004)은 더 발달된 이야기 능력을 가진 대상자들이 잘못된 신념 과제를 얼마나 잘 수행하는지를 조사했다. 연구 결과, 잘못된 신념 과제는 더 발달된 이야기 능력을 가진 사람들의 TOM을 타당하게 평가할 수 있다고 결론지었다. 지속적인 연구를 통해서 TOM을 평가하기 위해 언어적으로 요구하는 것을 줄여서 고안할 필요가 있으며, 그러한 과제를 언어 능력이 떨어지는 지적장애인에게 사용할 수 있다고 제안했다.

대화 수정. 지시적 의사소통에 대한 실험 결과, 지적장애 아동 및 청소년은 말실수를 했을 때, 그것을 수정하는 능력이 부족하다. 그들은 부적절한 메시지가 있어도 명확하게 요구하는 것을 거의 하지 않으며, 정신 연령을 일치시킨 정상 아동과 비교될 정도의 반응을 보인다(Abbeduto, Short-Meyerson, Benson, & Dolish, 1997). 또한 지적장애 아동에게 명확한 정보를 요구했을 때, 아동들은 반응하지 못했다(Abbeduto et al., 1991; Longhurst, 1972; Rueda & Chan, 1980). 자연스런 의사소통 상황에서 DS 아동은 정상 또래에 비해 명확한 정보 요구를 덜 하는 것으로 나타났다(Coggins & Stoel-Gammon, 1982). 명확한 정보를 요구하는 문제가 이해 능력이 부족해서 아무런 조치도 취하지 않는 것인지, 그렇지 않으면 대화 상대자가 정상 성인일 때 특히 사회적 저항을 하는 것인지는 확실하지 않다(Abbeduto, 1991). 이러한 요구에 반응함으로써 경도 및 중등도 지적장애인은 명확한 정보를 요구하는 능력이 성인기에 이를 때까지 발달한다. 그러나 여전히 민감하게 반응하는 능력은 떨어지며, 비언어적인 것과 명확한 정보 요구에서 떨어진다(Abbeduto & Rosenberg, 1980; Longhurst & Berry, 1975; Paul & Cohen 1984). Brady, Steeples와 Fleming(2005)은 취학 전 지적/발달장애 아동을 대상으로 그들이 코멘트나 요구하기를 시도하는 것과, 잘못된 말을 수정하는 것에 대해 조사했다. 연구 결과, 언어 이전 단계에서는 말하는 행동을 개시하는 것이 언어를 예견할 수 있는 주요 요인이며, 의사소통 붕괴를 수정하는 능력은 예견할 수 없다고 보고했다.

차례 지키기. 정상적인 대화는 대화의 단절을 피하고 순서를 지키기 위해서 적절한 조율 시스템을 갖는다. 이러한 행동은 초기 음식물 섭취 및 호혜적인 발성(reciprocal vocalization)과 관련된 부모-아동의 상호작용의 변형이라고 볼 수 있다. DS 유아의 초기 상호작용 패턴이 확인되었다. 그들은 동시적 발성인 **소리 충돌**(vocal clashing)이 유아와 어머니의 상호작용보다 더 빈번하게 나타난다고 보고했다(Berger & Cunningham, 1983; Jones, 1977). 그러나 이러한 차이가 나중에 차례 지키기 문제의 전조가 되는 것이 아니다. 어린 DS 아동과 TD 아동을 비교했을 때, 차례 지키기 오류 비율에서 차이를 보이지 않았다(Tannock, 1988). 그러나 DS 취학 전, 학령기, 청소년은 정신 연령을 일치시킨 TD 아동과 비교할 때, 순서를 지키는 능력에서 약간의 차이를 나타냈다(Roberts, Martin, Moskowitz, & Harris, 2007). 차례 지키기 오류율이 낮은 집단은 지적장애 취학 전 아동 집단으로, 이질 집단이다(Davis, Stroud, & Green, 1988). 그러므로 차례 지키기의 어려움이 지적장애 아동의 특징이라고 볼 수는 없다. 일부 지적장애인은 대화가 일상적 패턴에서 바뀌거나 중지되는 상황에서 차례 지키기의 문제를 나타내기도 한다.

주제 유지. 이것은 대화를 중단하지 않고 대화를 바꾸는 한 가지 방법이다. 담화 유지와 관련되는 연구에 따르면, 지적장애인은 대화 상황을 늘리지 않고 순서를 바꾸는 방법을 배운다(Abbeduto, 1991). 그들은 대화 상황에서 주제를 바꾸지 않고 주제를 유지할 수 있다.

그러나 그들은 주로 승인하는 말(예: jeah, uh huh, okay)을 사용한다. 그들은 새로운 정보를 제공함으로써 주제를 확장하는 능력에서 결함을 보이며, 현재의 토론 주제를 새롭게 변화시키는 능력에서 결함을 보인다. 이런 결함은 몇 가지로 설명할 수 있다. 지적장애인은 주제를 확장시키기 위해 필요한 지식이 약간 부족하며, 주제 유지가 사회적으로 가치 있다는 것을 이해할 수 없다. 또한 현재의 주제를 자신에게 필요한 정보로 분류하는 인지적 능력에서 제한을 보인다. 앞으로의 연구는 이러한 요인이 가장 유력하다는 것을 분명하게 보여 줄 수 있다.

일반화. 언어 학습의 질은 실제로 언어를 얼마나 사용하는지를 측정해야만 한다. 대부분의 의견에 따르면, 지적장애 아동은 지도받는 환경 밖에서 행동을 일반화하지 못한다. 초기의 연구에서 중도의 비언어적 지적장애 아동의 예를 제시하고 있다. Calculator와 Dollaghan(1982)은 지적장애 아동을 관찰한 결과, 지적장애 아동들이 언어치료사와 1:1 상황에서는 의사소통 보드를 사용했지만, 교실에서 상호작용을 할 때는 더 적게 사용하는 것이 관찰되었다고 보고했다. 또 다른 연구는 중도의 지적장애 아동에게 교사가 만든 상징 그림과 언어치료사가 만든 상징 그림(iconic pictographs; Bliss symbols) 사용을 지도했다. 아동은 교사 및 언어치료사가 가르치는 상황에서 두 시스템을 효과적으로 사용했다고 보고했다(Nietupski, Scheutz, & Ockwood, 1980). 이러한 연구에 따르면, 지적장애 아동은 새로운 의사소통 기술을 습득할 수 있지만, 학습을 일반화하는 능력이 부족하기 때문에 기능적 향상의 양은 제한될 수 있다고 설명하고 있다.

3) 이해

지적장애 아동의 언어 이해는 정보처리 능력의 측정, 언어학적 능력에 대한 구성 요인, 맥락적 이해 검사를 중심으로 연구되었다.

정보처리. 심리학자들은 입력 자극으로부터 얻은 지식의 효과성에 관심을 가지고 있었다. 지적장애와 정신 연령을 일치시킨 비장애인을 대상으로 서로 다른 메시지의 속도를 변화시킴으로써 언어적 정보를 부호화하는 것을 조사했다. 연구 결과, 지적장애 집단이 비장애 집단에 비해 언어적 정보를 부호화하는 데 더 많은 시간이 필요했다(Kail, 1992; Merrill & Mar, 1987). 지적장애 아동은 메시지를 설명하는 그림을 짚거나 메시지에 대한 질문에 대답하는 감각을 생성하기 전에 문장을 들은 후에 더 많은 시간이 걸렸다. 여러 연구자들은 이러한 문제는 음운적 문제보다는 의미 분석의 문제라고 제안했다. 단어를 들었지만, 그들은 마음속에 의미를 빠르게 형성하지 못했다.

언어 능력. 언어 이해는 지체-차이의 논쟁과 상당히 관련될 수 있다. 지적장애 아동은 자신의 인지 능력과 유사한 단계의 언어를 이해할 수 있다. 지적장애 아동의 이해 능력은 선택적으로 손상되었는가? 이러한 질문에 대한 증거는 많다(대략 25~50%)(Abbeduto, Furman, & Davies, 1989; Miller & Chapman, 1984). 그러나 모든 지적장애 아동이 인지적 지체보다 언어 이해에 더 어려움을 갖는 것은 아니다.

이해 오류에 대한 다양한 형태는 지적장애 아동에게 나타나지만, 이러한 오류가 언어 습득에서 질적인 차이를 나타내는 신호인지는 분명하지 않다. 일부 연구에 따르면, 지적장애 아동은 대략 똑같은 연속(sequence) 과제에서 TD 아동만큼 통사적 구조를 이해하는 것을 배운다고 제안했다(Berry 1972; Dewart, 1979; Lamberts & Weener, 1976; Wheldall, 1976). 그러나 또 다른 연구에 따르면, 지적장애 집단과 생활 연령을 일치시킨 지적장애가 없는 집단에서 문자 이해 결함이 발견되었다(Dewart, 1979; Wheldall, 1976). 그러므로 섣부른 결론을 내리는 것은 현명하지 않다. DS 아동에 대한 제한된 연구는 다운 증후군에 대해 더 자세한 정보를 제공하고 있으며, 앞으로의 연구는 지적장애를 가진 다양한 증후군 집단을 대상으로 실시할 필요가 있다. 지적장애 아동은 어느 정도의 발달 단계 이하는 제외하고 이해 학습의 유사한 패턴이 있다고 설명한다. 정신 연령 7~9세 아동은 이해 문제에 있어서 수동태 및 비교급과 같은 통사적 형태에서 어려움을 보인다(Abbeduto et al., 1989).

문맥상의 이해. 정보처리나 언어 이해에 대한 형식적 평가는 지적장애 아동이 실제 상황에서 얼마나 잘 이해하고 있는지를 정확하게 예측할 수 없다(Abbeduto & Short, 1994). 관찰 및 실험 연구에 따르면, 지적장애 아동은 정신 연령과 생활 연령을 일치시킨 TD 아동과의 비교에서 간적접인 요구를 이해할 수 있다고 설명했다(Abbeduto et al., 1989; Hanzlik & Stevenson, 1986; Leifer & Lewis, 1984). 더 중요한 것은 경도 및 중등도 지적장애 청소년 및 성인은 일상생활에서 적절하게 반응할 수 있는 말을 배운다고 보고했다(Abbeduto, 1991). 일상생활에서 예견할 수 있는 것을 배우는 것이 도움이 되며, 화자가 요구하는 내용을 충분히 분석하는 데 도움이 될 수 있다. 그래서 지적장애인은 형식적 검사 상황이나 일상적이지 않은 특정 상황보다 매일의 일상생활에서 더 적절한 기능을 할 수 있다. 이러한 능력은 상대방과 상호작용을 할 때 필요하며, 상대방의 말을 최대한 이해하기 위해 상대방과 상호작용을 할 때 구조화하는 방볍과 골격을 세우는 데 도움이 된다(Abbeduto, Weissman, & Short-Meyerson, 1999).

4) 의미론

지적장애 아동은 학습 및 어휘 사용에 있어서 구체적인 사고 능력이 있다. 어휘의 구체성에 대한 가장 정확한 표현은 관용어의 이해이다[예: '겁이 나다(got cold feet)' '마음이 상하다(broke her heart)']. 관용어 이해에 대한 연구에 따르면, 9세 경도 지적장애 아동이 같은 연령의 TD 아동보다 유의하게 더 떨어지는 것으로 나타났다(Ezell & Goldstein, 1991a). 이러한 구체성이 지적장애의 유일한 특성인지, 그렇지 않으면 정신 연령이 낮은 것과 관련되는지가 중요하다. 연구자들 사이에서는 구체적인 단어를 학습하고 의미적 관계를 학습하는 것은 TD 아동과 유사한 과정을 따르지만, 지적장애 아동이 속도가 더 느리다고 설명했다(Mervis, 1990; Rosenberg, 1982). 지적장애 아동과 정신 연령을 일치시킨 TD 아동의 언어 샘플을 수집한 결과, 의미적 관계의 수에서 유의한 차이를 보이지 않았다(Kamhi & Johnston, 1982). 그러므로 구체성은 인지적 지체가 가장 큰 원인이라고 볼 수 있으며, 중도의 지적장애인은 어려움이 더 나타날 수 있다.

의미 발달에 대한 그림을 완성하려면 멀었지만, 주의할 필요가 있다. 지적장애 아동이 구체적 의미 범주를 학습하는 데 있어서 지체를 보이지만, 추상적 의미 지식을 습득하는 것이 구체적 의미 학습과 유사하게 지체되는지에 대해 증명된 것은 거의 없다. 지적장애 아동의 의미 발달이 어느 단계 이상 발달하지 않는다는 것이 아직 증명되지 않았음에도 불구하고 그것은 가능하다고 본다.

5) 통사론

지적장애 아동의 통사적 결함에 대한 일반화는 신중하게 다뤄야 한다. 최근 DS 아동에 대한 많은 연구에 따르면, DS 아동은 통사적 어려움이 높지만, 다른 집단은 아직 유사한 결론을 얻지 못했다(Fowler, 1990; Stoel-Gammon, 1990). 또한 DS 아동의 통사적 발달에 대한 대부분의 연구는 고기능인을 대상으로 실시했다. 낮은 기능을 가진 아동은 통사적 학습 패턴에서 차이를 보이며, 지적 손상이 심각한 정도에 따라서도 차이를 보인다(Bliss, Allen, & Walker, 1978). 통사 능력과 관련되는 모든 연구는 언어 샘플로 판단했으며, 이야기 샘플은 대화 샘플보다 더 복잡하며, 샘플을 얻기 위해서는 주의해야만 한다(Abbeduto, Benson, Short, & Dolish, 1995; R. Chapman et al., 1998).

과거 연구의 일반적인 결론에 따르면, 지적장애 아동의 통사적 능력은 발달이 지연되며, MA가 CA보다 통사적 수행능력을 더 잘 예견한다(Rosenberg, 1982). 예를 들면, 경도에서 중도 지적장애 청소년의 언어 샘플은 MA와 그들의 문장에서 통사적 복잡성의 길이 사이에 높은 상관관계를 나타냈다(Graham & Graham, 1971).

지체에 대한 해석은 통사 능력과 관계없이 측정되었다. TD 아동과 비교해서, 경도 지적장애 아동은 대략 같은 순서로 형태소를 습득하지만 속도가 느리다(Newfield & Schlanger, 1968). 언어 샘플에서 보이는 굴절(inflectional) 오류의 수는 경도 지적장애 아동과 TD 아동이 유사했다(Kamhi & Johnston, 1982). 그러나 Lovell과 Bradbury(1967)는 지체의 정도에 있어서 차이를 보인다고 설명했다. 그들은 14~15세 경도 지적장애 영국 아동의 굴절 특성을 조사했다. 미국 1학년 TD 아동과의 비교한 결과, 영국 아동 점수는 정신 연령이 더 높았음에도 불구하고 유의하게 더 낮은 점수를 보였다. 이러한 결과는 문화적 차이 때문이거나 무의미 단어를 사용, 형태론적 오류가 과도 평가되었기 때문이다(Berko, 1958; Dever, 1972).

구의 습득은 지적장애의 유무와 상관없이 유사한 발달 패턴을 보인다. 그러나 학습 속도에서 차이를 나타낸다. 문장 모방 과제에서 3세 TD 아동과 유사한 수행능력을 보인 MA 5세 지적장애 아동을 대상으로 했다(McLeavey, Toomey, & Dempsey, 1982). 구를 배우는 것은 정상적인 발달의 연속이라고 제안했다. 또 다른 한편으로 Kamhi와 Johnston(1982)은 대명사, 명사구, 동사구, 부정을 나타내는 말을 측정했다. 연구 결과, 지적장애 아동과 장애가 없는 아동 사이에 차이를 나타냈다. 이러한 불일치는 모방과 자발어 산출의 차이가 원인이 될 수 있다.

통사적 발달 영역은 구 구조의 습득이 지체보다 오히려 차이라고 보았다. 이전 절에서 기술한 두 연구(Kamhi & Johnston, 1982; McLeavey et al., 1982)는 관계절을 소개하는 'who' 또는 'because'와 같은 종속절 산출에서 유의한 차이를 나타냈다. 지적장애 아동의 자발화는 절을 결합하는 'and'를 주로 사용하며 더 적은 의문 형태(의문사 wh- 질문), 또한 연결어 및 'what' 의문사 같은 발달적으로 더 간단한 질문 형태를 사용했다.

이러한 결과에 따르면, 구 통사적 발달에서의 차이는 지적장애 아동들 사이에서 발생할 수 있으며, 언어 습득의 후기 단계에서 나타날 수 있다고 제안했다.

6) 말 산출

지적장애 아동의 말 산출 문제는 TD 아동보다 더 많이 발생한다. 이처럼 더 많은 출현율에 대한 원인은 발달 증후군과 관련되는 청각장애, 신경학적 결함(실조, 떨림, 긴장 저하), 안면 이상(예: 구개파열, 부정교합, 얼굴 가운데 형성 이상) 등과 같은 높은 출현율로 인해 말 산출의 어려움을 갖게 될 수 있다. 그러나 말 산출 문제가 증후군을 동반하지 않는 지적장애 아동에게 왜 더 많이 흔하게 나타나는지는 설명할 수 없다. 한 연구에 따르면, 경도 5세 지적장애 아동 집단, 의사소통에 어려움이 있는 취학 전 아동 집단, TD 아동 집단을 대상으로 단어 산출을 비교했다(Klink, Gerstman, Raphael, Schlanger, & Newsome, 1986). 모든 대상자는 MLU를 일치시켰다. 연구 결과, 음운 처리 과정 문제에서 지적장애 집단 및 의사소통에 어려움을 갖는 집단이 유의한 차이를 나타냈다. 심지어 처리 과정 프로필에서 세 집단 간에 상당한 차이를 보였다. 지적장애 아동을 특징지을 수 있는 유일한 특징은 종성자음(final-consonant)을 무성음화하는 것이다(예: ca*b* → ca*p*). 그러나 이러한 결과가 일부 지적장애 아동이 일반적인 언어발달 단계에서 벗어난 음운적 지체를 동반했는지를 고려했는지는 분명하지 않다.

4. 다운 증후군 아동의 언어 특성

다운 증후군(DS)은 지적장애의 원인 중에서 염색체 이상으로 인해 나타나며, 가장 흔하기 때문에 출생 시에 확인이 가능하며, 지적장애의 하위 집단 중에서 가장 많이 연구되었다(Gerber, 1990). 많은 연구에 따르면, DS 아동은 지적장애의 다른 집단과 비교하여, 특히 언어발달에서 손상을 나타낸다고 보고하고 있다(Abbeduto et al., 2001; Fowler, 1990). 언어 결함이 구어 이전 단계에서 나타나며, TD 아동과 비교할 때, 비언어적 요구가 더 적게 나타난다(Mundy, Kasari, Sigman, & Ruskin, 1995). DS 아동의 구어 출현에서, 생활 연령 기대 수준보다 일관적으로 낮게 나타나며, 언어발달의 다른 영역도 불충분한 능력을 보인다.

DS 아동의 주요 문제는 일부 언어 영역으로 확장되며(예: 음운, 통사, 어휘), 정신 연령 기대 수준보다 더 낮은 수준을 보인다. 예를 들면, DS 초등학교 고학년 및 DS 청소년은 모든 언어 영역에서 어려움을 보이지만, 새로운 단어의 재빠른 연결(fast mapping), 통사(Chapman, Sindberg, Bridge, Gistead, & Hesketh, 2006), TOM, 시각적 비언어 인식, 청각적 단기 언어 기억, 시각적 단기기억(Abbeduto & Chapman, 2005; Abbeduto et al., 2001; Chapman, Hesketh, & Kistler, 2002; Laws, 2004; Laws & Gunn, 2004; Miolo et al., 2005; Roberts, Price et al., 2007; Roberts et al., 2005)과 같은 특별한 영역에서 특히 어려움을 보인다.

1) 이해

DS 아동이 이해 영역에서 분명히 지체를 보이지만, 이해 능력이 특별히 손상이 되었는지에 대해서는 아직 결론을 내릴 수 없다. 일부 연구자들은 DS 아동의 언어 결함이 산출에서는 나타나지만 이해에서는 나타나지 않는다고 주장한다(Lynch & Eilers, 1991; Stoel-Gammon, 1990). 또 다른 연구자들은 언어 산출과 언어 이해 둘 다에서 결함을 보인다고 보았다(Fowler, 1990). 일부 연구자들은 산출 능력이 이해 능력보다 좋다고 진술했다(Mahoney, Glover, & Finger, 1981; Miller, 1988).

DS 아동의 어휘 이해 능력과 정신 연령(MA)을 일치시킨 TD 아동의 비교 연구 결과, 다양한 결과를 제시하고 있다. Miller(1995)는 DS 아동의 수용어휘 능력과 MA를 일치시킨 TD 아동을 비교한 결과, 수용어휘 능력이 유사하다고 보고했다. 그러나 다른 연구에서는 DS 아동과 비언어적 MA를 일치시킨 TD 아동을 비교한 결과, DS 아동의 수용어휘 능력이 떨어지는 것으로 보고하고 있다(Price, Roberts, Vandergrift, & Martin, 2007; Roberts, Price et al., 2007). 이러한 연구 결과의 차이는 대상자의 연령, 언어 및 인지 능력을 평가하는 방법, 언어 및 MA를 비교하는 방법(예: 똑같은 DS 아동 안에서, TD 아동과 MA를 일치시킨 DS 아동) 등과 같은 여러 가지 요인 때문에 차이를 나타낸다고 볼 수 있다.

이해와 관련된 또 다른 의문점은 DS 아동이 모든 언어 영역에서 똑같은 결과를 보이는가에 대한 질문이다. 이러한 질문에 대해 Chapman, Schwartz와 Kay-Raining Bird(1991)는 MA를 일치시킨 TD 아동과 DS 청소년의 어휘 및 통사 이해 검사 점수를 비교했다. 연구 결과, 두 집단 간에 차이가 나타났다. 또한 DS 집단은 통사 점수보다 어휘 점수에서 MA에 적절한 점수를 얻었다. 두 집단 간의 차이는 연령이 증가함에 따라 집단 간의 차이가 점차 더 많은 차이를 나타냈다. 5~8세의 점수는 거의 유사했지만, 16~20세는 2년 이상의 차이를 보였다. 이러한 연구 결과는 DS 아동 및 청소년과 MA를 일치시킨 TD 아동의 재빠른 연결(fast mapping) 비교에서도 같은 결과를 보여 주었다(Chapman, Kay-Raining Bird, & Schwartz, 1990).

Kay-Raining Bird, Chapman과 Schwartz(2004)의 나중 연구에서는 DS 청소년과 시각적 비언어 MA를 일치시킨 TD 아동을 대상으로 이해 능력을 알아보기 위해서 이야기 내용 말하기 및 재빠른 연결을 비교했다. 재빠른 연결 과제는 이야기에 포함된 친숙하지 않은 단어를 사용했고, 이야기 말하기 과제는 이야기 다시 말하기를 실시했다. 또한 재빠른 연결 과제에서는 친숙하지 않은 단어를 정의하도록 요구했다. DS 청소년과 TD 아동을 비교한 결과, DS 아동이 재빠른 연결 과제를 더 어려워하는 것으로 나타났다. 연구자들은 이해 과제의 복잡성에 대해 논의했으며, 이해 과제가 이야기에 나오는 단어의 이해를 요구했을 뿐만 아니라 단어를 정의하기 위해서는 상위 언어 능력이 필요했기 때문에 이런 결과가 나왔다고 설명했다. Kay-Raining Bird 등(2004)은 대부분의 재빠른 연결 과제는 어휘를 이해했는지를 알아보기 위해서 그림을 짚거나 대상을 확인하는 방법을 사용한다고 기술했다. 그러나 위의 연구에서는 어휘 이해를 알아보기 위해서 정의하기를 사용했기 때문에 DS 아동이 가진 재빠른 연결 능력만큼 또는 더 많은 수행능력을 보여 주지 못했다고 설명했다. 또한 DS 청소년과 TD 아동의 통사 이해 능력을 비교한 결과, DS 청소년 집단이 더 낮은 결과를 보였다.

위의 연구를 종합해 보면, 연구자들은 DS 아동에게 이해는 단독의 능력이 아니라고 제안했다. 또한 통사 능력은 어휘 이해 및 산출과 비교할 때, 특히 더 떨어지는 것처럼 보인다고 결론지었다.

2) 의미론

우리가 DS 아동의 표현 의미 및 어휘를 볼 때, 이해와는 상반된다. 우리는 DS 아동이 MA 기대 수준보다 표현어휘력이 지체된다는 것을 알고 있다(Fidler, Hepburn, & Rogers, 2006; Miller, 1995). MA를 일치시킨 TD 아동과 DS 아동의 언어 샘플을 분석한 결과, DS 아동은 서로 다른 단어를 사용하는 수가 TD 아동보다 더 적었다. 이러한 결과에 따르면 DS 아동은 자신의 레퍼토리에 다양한 어휘가 적은 것을 보여 준다. 그러나 MLU(morphosyntactic complexity)에 의한 생활 연령을 일치시킨 DS 아동의 언어 샘플을 분석한 결과, 더 다양한 어휘를 사용하는 것으로 나타났다(Miller, 1988; Miller, Budde, Bashir, & LaFollette, 1987). DS 아동의 부모들은 어휘 성장이 나타나기는 하지만, TD 아동에 비해서는 일정량이 떨어진다고 보고했다(Miller, 1992). 이러한 비교에 따르면, 어휘 발달은 MA의 기대 수준보다 떨어지지만, 통사 발달은 우세하다는 것을 제시하고 있다.

의미 관련 영역에서 매우 제한된 연구들이 DS 아동의 행동은 지체되기는 하지만 다르지는 않다고 주장했다. 종단 연구는 DS와 경도에서 중등도 지적장애를 가진 5명의 아동과 언어발달 단계를 일치시킨 TD 아동들을 의미 관계 분포와 빈도를 비교했다(Coggins, 1979; Fowler, Gelman, & Gleitman, 1994). DS 청소년과 정신 연령 6~7세 아동의 언어 샘플을 분석한 결과, 언어 수준이 동일한 정상 아동에 비해 의미적 관계에서 유의한 차이를 보이지 않았다(Fowler et al., 1994). 학령기 DS의 정신상태 어휘(mental state word) 및 다른 TOM 과제를 이해하는 데 어려움을 보인다.

3) 통사론

DS 아동의 언어 결함 영역에서 가장 어려움을 나타내는 영역은 통사 영역이다. 연구자들은 11~58개월 DS 유아의 인지, 언어 이해, 언어 산출에 대한 발달을 조사했다(Miller, 1988). 연구 결과, 2세 이상 DS 유아는 TD 아동과 달리 인지 능력과 이해 능력 둘 다에서 점차적으로 떨어지는 결과를 보였다. 이러한 불일치는 청소년기 및 초기 성인기까지 지속된다(Chapman et al., 1998; Jenkins, 1993). 표현적 통사 영역에서 어려움이 있기 때문에 DS 아동은 담화에서 MA에 적절한 내용을 산출하지만, 언어적 구조에서는 어려움을 보인다(Bourdreau & Chapman, 2000; Miles & Chapman, 2002). DS 아동은 정보 항목이 커지면, 표현하는 데 필요한 통사의 사용과 자신의 생각을 조화롭게 표현할 수 없기 때문이라고 설명하고 있다. 결론적으로 DS 아동은 청자가 더 복잡한 담화를 잘 들을 수 있게 도움을 주는 다양한 통사적 장치(예: 대명사, 시간 관련 부사, 연결사, 부사)를 충분하게 사용할 수 없다(Moore, Clibbens, & Dennis, 1998). DS 청소년을 대상으로 두 가지 맥락 과제에서 담화 샘플링에 대한 MLU를 분석한 결과, 일부 중요한 임상적 적용을 제공했다. Miles 등(2006)의 연구에 따르면, DS 집단은 친숙한 주제(예: 가족, 학교, 좋아하는 TV 쇼 또는 영화)에 대해 인터뷰하는 과제보다 글자 없는 이야기 그림책에 대해 이야기할 때, MLU가 더 높게 나타났다. 비교 집단인 TD 집단은 DS 집단과 이야기에서 수용적 통사와 인터뷰 조건에서 연령을 일치시킨 집단이며, 과제에 따른 MLU에서 차이를 보이지 않았다. 연구 결과, 글자 없는 그림책의 사용은 DS 아동 및 청소년에게 더 복잡한 통사적 표현을 산출하도록 촉진하는 발판이 될 수 있으며, 이러한 방법을 사용하지 않고 접근하는 것은 가능하지 않다고 제안했다.

또 다른 연구에서는 문법적 형태소의 이해와 구 및 문장 만들기를 조사했다. Price 등(2007, 2008)은 DS 남아는 자폐증을 동반하지 않은 FXS 남아 및 비언어적 인지를 일치시킨 TD 남아보다 표준화된 측정 점수가 더 낮았다. Miolo 등(2005)은 DS 청소년과 표준화된 검사를 통해서 통사 이해를 일치시킨 TD 아동과의 비교에서 DS 청소년은 문장을 이해하는 데 청각적 언어 단기기억 및 시각적 기억이 도움을 준다고 보고했다. 이런 연구 결과는 DS 아동 및 청소년의 통사적 프로필 연구와 일치를 보여 주며(Chapman et al., 1991, 1998, 2002 참조), 통사 영역에서의 언어 손상 가능성을 제안했다.

4) 화용론

이전에 토의한 바와 같이, 화용과 관련된 많은 연구에서는 지적장애인들 사이에 차이를 보이지 않는다고 밝혔다. 초기 연구에서 DS 아동과 MLU를 일치시킨 정상 아동을 비교한 결과, 연령이 증가함에 따라 속도가 지체되기는 하지만, 다양한 구어 행동 형태 및 수가 유사한 것으로 나타났다(Coggins, Carpenter, & Owings, 1983; McCune et al., 1989; Owens & MacDonald, 1982; Sinson & Wetherick, 1982). 최근의 연구에서는 대화적 담화를 조사했다. Roberts, Martin 등(2007)은 DS 남아와 MA를 일치시킨 TD 남아의 상호작용을 비교했다. 연구 결과, DS 남아는 비효율적으로 자세하게 주제 유지를 하는 특성을 보였으며, 대화를 주고받는 상황에서 반응, 호칭하기(labeling), 승인(acknowledgment)하기 등을 단순하게 지속하는 것으로 나타났다. 이러한 대화 상호작용은 인지 능력이 유사한 TD 아동보다 DS 아동이 더 어려움을 나타냈다.

5) 말 산출

DS 아동의 음성 및 음운 발달에 대한 연구는 서로 다른 결과를 보여 준다. DS 유아의 초기 음성 행동은 TD 유아와 유사한 패턴을 나타낸다. DS 유아는 유사한 발성을 산출하며, 정상 유아와 유사한 연령에 옹알이 반복을 시작한다. 또한 옹알이의 자음 및 모음 레퍼토리도 유사한 특징을 보인다(Smith & Oller, 1981; Smith & Stoel-Gammon, 1996; Steffens, Oller, Lynch, & Urbano, 1992). 그러나 중재를 받지 않은 DS 유아의 연구 결과에서는 DS 유아가 TD 유아보다 옹알이를 시작하는 연령이 약간 더 늦다고 보고되었다. 또한 정확한 음절 산출은 1세 후반보다 좀 더 늦은 것으로 나타났다(Lynch et al., 1995). 산출에서의 이러한 불일치는 DS 유아들에게 흔히 나타나는 운동 발달 능력의 지체 및 발육부전이 원인이 될 수 있다(Stoel-Gammon, 2001). 조기 중재는 초기 말 산출의 지체를 감소시키는 데 도움이 될 수 있다.

의미 있는 말이 시작됨에 따라, 음소 습득 순서는 DS 아동과 경도 지적장애, 그리고 MLU를 일치시킨 TD 아동 사이에 유사한 습득 순서를 보여 주었다(Stoel-Gammon, 1980). DS

아동의 음성 목록은 거의 모든 음을 포함하지만, 자발화에서는 단순화하는 특징을 보인다. 또한 그들은 해부학적 또는 생리학적 차이로 인한 음성적 어려움보다는 음운적 지체의 문제를 보인다. 더욱이 DS 아동은 음을 생략하거나 왜곡하는 패턴을 나타내며, 이러한 특성은 TD 아동과 비교되는 특징이다(Bleile & Schwarz, 1984; Smith & Stoel-Gammon, 1983; Stoel-Gammon, 1980). 그러나 모든 연구에서 음운적 지체를 보인다는 점에서 일치를 보이는 것은 아니다. Dodd(1975)는 DS는 없고 CA와 MA를 일치시킨 평균 9세 지적장애 아동과 DS 아동을 비교했다. 연구 결과 DS 아동은 실제 및 무의미 단어를 더 잘 인식했지만, 15초 후와 30초 후에 그 단어를 반복했을 때는 어려움을 나타냈다. 이러한 결과는 특정 운동장애가 정확한 조음을 방해한 것이라고 해석할 수 있다. 또 다른 연구인 Dodd(1976)와 Dodd와 Thompson(2001)은 DS 아동이 단어 산출에서 더 많은 불일치를 보이며, 더 높은 음운적 오류 빈도를 보인다고 지적했다. 이런 결과는 같은 대상자를 연구한 다른 연구와 불일치를 나타낸다(Bleile & Schwarz 1984; Stoel-Gammon, 1980). Dodd와 Thompson (2001)의 자료는 자발화보다는 그림 명명하기 과제의 자료이며, 나이 든 아동을 대상으로 한 연구의 결과로 불일치에 대한 설명은 더 많은 연구를 통해서 가능할 것이라고 보고했다. 최근의 연구인 Roberts 등(2005)은 DS 취학 전 및 학령기 남아와 표준화된 일음절 단어 조음 검사 결과를 일치시킨 TD 아동과의 비교를 통해 음운적 패턴을 조사했다. 연구 결과, DS 아동은 통제 집단과 다른 음운 목록을 나타냈으며, 통제 집단보다 더 많이 음절 구조 처리 과정을 산출했다. 음운 처리 과정은 자음군 감소, 종성 자음 탈락, 구개음의 전방화, 비파찰음화, 마찰음의 단순화 등이 가장 많이 나타났다. DS 아동에게 자주 보이는 단어 형태의 감소는 불명료를 증가시키는 원인이 될 수 있다.

6) 음운 인식과 문해력

지적장애 아동 범주에서 더 낮은 기능을 보이는 DS 아동이 읽기를 학습할 때 매우 느릴 가능성이 있다(Carr, 1995). 그러나 많은 DS 아동은 다양한 수준에서 문해 능력을 습득한다(Buckley & Bird, 1993). 또한 읽기 능력의 일부 영역에서 아동의 인지, 수용, 표현언어 능력에서 기대하는 것보다 더 높은 단계를 보이기도 한다(Byrne, Buckley, MacDonald, & Bird, 1995; Byrne, MacDonald, & Buckley, 2002; Groen, Laws, Nation, & Bishop, 2006; Hulme, Goetz, Snowling, Brigstocke, & Nash, 2005; Snowling, Hulme, & Mercer, 2002). 그러나 읽기 능력을 결정할 때, 어떤 읽기 영역을 검사할 것인지를 고려하는 것은 중요하다.

DS 아동의 일음절 단어 읽기 능력은 읽기 이해 능력보다 더 높은 성취를 보인다(Byrne et al., 2002; Groen et al., 2006; Snowling et al., 2002). 일음절 단어 읽기에서 높은 성취를 보이는 이유는 그들이 전체 단어 읽기(logographic, whole word) 전략에 의지하기 때문이다(Byrne et al., 2002; Hulme et al., 2005; Kay-Raining Bird, Cleave, & McConnell, 2000;

Verucci, Menghini, & Vicari, 2006). 그들은 새로운 단어를 인식할 때 글자-소리 상응보다는 시각적 특성(시각 단어)로 인식하는 경향을 보인다(Kay-Raining Bird et al., 2000). 일부 연구자들에 따르면, DS 아동은 TD 아동보다 시각 단어 단계(logographic, sight word)에 더 오래 머무는 경향이 있다고 제안했다(Hulme et al., 2005; Kay-Raining Bird et al., 2000; Verucci et al., 2006).

글자-소리 상응 관계는 음운 인식 및 음운 인식 능력과 관련되기 때문에 읽기 학습에서 적어도 음운 인식을 고려하는 것은 중요하다(Kennedy & Flynn, 2003). DS 아동이 음운 인식 능력을 가지고 있기는 하지만 모든 음운 인식 과제에서 동일하게 잘 수행하는 것은 아니다. 예를 들면, Snowling과 동료들(2002)은 DS 아동과 읽기 능력을 일치시킨 TD 아동을 비교했을 때, 각운(rhyme), 음절 분절, 음소 탈락 과제에서 어려움을 보인다고 보고했다. 특히 이 연구자들은 DS 아동이 각운 판단에 유의한 어려움을 나타냈으며, 부분적인 음소 인식이 가능하다고 지적했다. 또한 DS 아동은 "음운 발달에 있어서 다른 패턴을 보이며 (…) 읽기 접근하는 방식에서 질적으로 차이를 보인다."라고 밝혔다(p. 492). 그러나 일부 연구에서는 DS 아동에게 음운 인식 교수를 통해 능력 향상이 가능하다고 보고했다(Kennedy & Flynn, 2003). 또 다른 연구에서는 DS 아동에게 음운 인식을 교육한 결과, 새로운 단어 읽기 능력이 향상되었다고 보고했다(Cupples & Iacono, 2000, 2002; van Bysterveldt et al., 2006). 그럼에도 불구하고 DS 아동은 읽기 이해에 어려움이 지속되며, 읽기 텍스트에서 의미를 이해하는 데 어려움을 보인다.

읽기 이해에 어려움을 보이는 이유는 알려지지 않았으며, 아직 체계적으로 조사되지는 않았지만(Buckley & Johnson-Glenberg, 2008), 여러 연구자들에 의해 부족한 언어 이해 능력이 보고되었다(Fletcher & Buckley, 2002; Groen et al., 2006). 읽기 이해를 잘하기 위해서는 어휘, 문법 이해 능력이 포함된다(Nation & Norbury, 2005; Roberts & Scott, 2006; Snowling & Hayiou-Thomas, 2006). 그러나 우리가 6장의 앞부분에서 언급한 바와 같이 DS 아동은 문법 및 통사 영역에서 특히 결함을 보인다. Buckley와 Johnson-Glenberg (2008)는 다른 집단 아동의 읽기 이해 결함이 DS 아동의 읽기 이해를 더 체계적으로 조사하는 데 필요한 방향성을 제공한다고 제안했다.

7) 언어 학습의 속도

DS 아동의 연구 결과에서 나타난 흥미 있는 연구 결과 중 하나는 그들이 언어를 학습할 때 일정한 속도가 나타나지 않는다는 것이다. 연구자들에 의해 드러난 넓은 패턴(Cardoso-Martins, Mervis, & Mervis, 1985; Chapman & Hesketh, 2001; Fowler, 1988; Jenkins, 1993; Oliver & Buckley, 1994; Rondal, 1988; Rutter & Buckley, 1994)은 DS 아동이 영아 및 걸음마기(toddler) 동안 많은 발달을 보이며, 그렇기 때문에 조기 중재 프로그램이 효과적

이라고 제안했다. 많은 연구에서 DS 아동과 TD 아동의 수행을 비교했다. 언어발달은 초기 학령기까지 약간 더 느리게 지속되며, 학령기에 TD 아동과 언어 능력에서 더 차이가 드러나기 시작한다. 대략 8세부터 청소년 중기 및 말기까지 DS 아동은 발달에 있어서 안정기(plateau)에 도착한다. 언어에서의 변화는 어휘 성장에서 나타나며, 어휘와 통사 능력에서는 불일치가 나타나며 청소년 중기 및 말기까지 차이가 더 커진다. 성인기 초기에 언어에서 약간의 부가적 성장이 나타난다.

모든 연구자들이 DS 아동은 언어 진전이 어렵거나 불가능한 상한점 이하라고 보는 것은 아니다. 일부 연구에서 상한점이 나이와 관련된 신체적 변화 때문인지, 아니면 인지적 제한의 일부 형태인지가 명확하지 않다고 보고했다. DS 아동의 언어 학습의 속도를 고려할 때, 여러 다양한 요소가 개인적인 변수로 관찰되었다.

Roberts와 동료들(2008)은 DS 아동의 언어 학습 속도 및 언어 프로필에서 개인별로 차이를 보이는 이유를 다섯 가지 요인으로 설명하고 있다. 이러한 요인은 다음과 같다. (1) 전도성 또는 감각신경성 난청, (2) 21번 염색체 유전자의 변화, (3) 어머니의 반응 정도와 풍부한 환경에서의 언어 학습 기회의 양, (4) 가능한 비언어적 인지, 청각-언어 단기기억 결함, 시각적 단기기억 결함(Chapman et al., 2002; Hick, Botting, & Conti-Ramsden, 2005; Jarrold et al., 1999; Jarrold, Baddeley, & Hewes, 2000; Jarrold et al., 2004; Laws & Bishop, 2004a, 2004b; Miolo et al., 2005), (5) 말 운동 기능 및 음운적 지체. 이러한 요인을 조사한 연구가 제한이 있기 때문에 Roberts 등(2008)은 DS 아동의 표현언어에서 이러한 요인이 어떤 역할을 하는지에 대해서 조사할 필요가 있다고 강조했다. DS 아동과 함께 일하는 전문가들은 중재를 계획할 때, 이러한 개인적 차이를 고려할 필요가 있다.

8) 모방의 사용

때때로 DS 아동은 언어발달 초기에 제스처 및 언어적 모방을 TD 아동보다 더 자주 사용한다. 그러나 생후 12~26개월 TD 아동과 MA를 일치시킨 DS 아동을 대상으로 조사한 결과, 두 집단이 말의 양과 제스처의 양이 동일하며, 매우 유사하다고 결과를 발표했다(McCune et al., 1989). 또 다른 한편으로 Wright, Lewis와 Collins(2006)는 DS 어린 아동은 발달 연령을 일치시킨 TD 아동보다 놀이를 하는 동안 사회적 단서 및 모방을 사용하며, 더 자주 문제를 해결한다고 주장했다.

언어적 모방과 관련된 일부 연구는 DS 아동이 지체되지만, 다른 아동은 차이를 보이지 않는다고 보고했다(Coggins & Morrison, 1981; Mahoney et al., 1981; McCune et al., 1989; Owens & MacDonald, 1982). 예를 들면, Tager-Flusberg와 Calkins(1990)는 DS 아동, 자폐 아동, MLU를 일치시킨 TD 아동을 대상으로 모방이 문법 습득을 촉진시킬 수 있는지를 알아보기 위해 자발화와 모방 발화를 비교했다. 연구 결과, 세 집단 모두에서 자발화는 모방 발화보다 더 길었으며, 문법적인 구조를 더 많이 포함하는 것으로 나타났다. 그러나 이러한 결과로 인해 대상자들이 언어 치료에 참여하는 것이 어려워질 수도 있다. 따라서 이러한 결과가 중재에 의해 야기된 모방 행동에서의 변화에 의해 나타나는 것일 수도 있다. 그러므로 DS 아동에게 모방이 언어-학습 메커니즘으로 어떤 중요한 역할을 하는지에 대한 의문이 남는다.

9) DS 아동의 특정 언어 결함에 대한 설명

DS 아동의 언어 습득이 지체된다는 것은 충분히 확인되었다. 특히 DS 아동은 MA를 일치시킨 아동과 비교할 때, 통사적 발달에서 특히 어려움을 나타낸다. 우리는 DS 집단의 특정 언어 문제를 어떻게 설명할 수 있는가? 표 6.6은 이러한 문제에 대한 가능한 대답을 간단하게 설명하고 있다. 그러나 이런 설명이 질문에 대한 만족스러운 대답은 아니다. 어떤 설

표 6.6 DS 아동의 특정 언어 손상에 대한 설명

설명	비평
그들은 언어적 수행이 가능한 아동보다 덜 동기화되어 있다. 기관 및 가정에서 그들은 필요한 것이 있을 때, 말로 하지 않아도 필요한 것을 얻을 수 있다.	이 논쟁은 정상 언어발달에 대한 동기를 설명하지 않았기 때문에 무시한다. 또한 아동이 필요한 것 또는 원하는 것을 적절하게 표현하는 능력을 향상시키지 않는 방법을 배우게 한다. 우리는 제도화(institutionalization)가 감소함에 따라 '동기화' 향상이 일부 있을 것으로 기대한다. 아직 연구에서 DS 아동이 기관과 가정에서 통사적 발달에 차이가 없다고 본다(Fowler, 1990).
DS 아동의 부모는 훌륭한 언어 학습 환경을 제공하지 않는다.	DS 아동과 부모 사이의 상호작용을 다룬 많은 연구는 비장애 아동과 부모 사이의 상호작용을 비교했다. 그러나 어디에도 차이는 없으며, 그것이 언어 학습에서의 지체의 원인이 된다고 보여 주지 않는다(Rosenberg & Abbeduto, 1993).
DS 아동의 신경학적 어려움은 언어 결함의 원인이다. 좌우 다른 소리 듣기 검사(dichotic listening test)에서 많은 DS 아동은 정상 아동만큼 오른쪽 귀에서 진전을 보이지 않는다(Fowler, 1990). 또한 DS 유아 및 아동은 자음 사이의 신호 차이인 청각적 단서를 처리하는 데 어려움을 보인다(Lynch & Eilers, 1991).	이러한 연구는 방법론적으로 복잡하고 해석하기 어렵다. 좌우 다른 소리 듣기 검사 결과는 그것의 원인이라기보다는 언어지체의 결과 때문일 수 있다(Buckley, 1993).
DS 아동은 MA 또는 언어적 단계에서 성숙의 안정기가 있다. 그러나 언어 학습, 특히 통사 학습에서 더 많은 어려움을 보인다(Fowler, 1990; Fowler et al., 1994; Grela, 2003).	이러한 정점을 지속하는 책임이 신경학적 기제라는 것이 이해되지 않는다.
청력 손실은 언어 및 비언어 영역에 어려움을 갖게 한다(Lynch & Eilers, 1991; Stoel-Gammon, 1990).	설명이 충분하지 않다. DS 아동들에게 관찰되는 청력 손상이 지적장애가 없는 아동에게 나타날 때 언어 및 인지장애를 나타내지 않는다. 그러므로 청력 손상은 가장 크게 기여하는 요인이다.
작은 턱뼈, 결손 치아, 작은 구강, 높은 입천장, 혀의 비대(Stoel-Gammon, 1981, 1990) 등과 같은 말하는 기제의 구조적 차이가 말-특정 운동장애의 원인이 된다.	이것이 왜 통사적 결함을 갖게 하는지를 이해하기 어렵다. 그러나 이것이 가장 크게 기여하는 요인이다.

명은 논리적으로 부족하며, 설명들이 정확한 용어로 진술되기 전에 더 많은 연구를 기다릴 필요가 있다.

5. 중재 적용

지적장애 아동 각각은 의사소통 능력 및 의사소통 어려움에서 독특한 각각의 패턴을 나타내며, 개인적 평가 결과를 통해서 확인해야만 한다. 그러므로 지적장애 아동에게 하나의 중재를 규정하지는 않는다. 그러나 모든 중재 결과에 적용할 수 있는 원리와 이유는 있다. 무엇보다 중요한 원리는 중재가 포괄적인 평가, 유동적이며 기능적 중재 계획이 포함되어야 하며, 사례력, 이전 평가, 부모 피드백, 교사 입력 등의 자료에서 나타난 의사소통적-언어적 요구에 필요한 아동의 장점을 강조한 것을 포함해야 된다는 것이다(Kumin, 2008).

이번 장에서는 말, 언어 및 의사소통을 강화할 수 있는 중재에 초점을 둘 것이다. 그러나 지적장애 아동은 말로 의사소통을 할 때 상당한 어려움을 갖는다. 그러므로 보완대체 의사소통(AAC) 접근은 실제적인 선택이 될 수 있다. AAC를 사용함으로써 언어발달이 촉진될 수 있는 지적장애 아동이 있다. AAC 중재 접근법은 12장에서 토의할 것이다.

1) 사회적 입법상의 영향

미국 연방법은 장애 아동에게 동등한 교육 기회를 명령했다. 이 법률은 모든 아동을 제도화로 이끌었으며, 매우 심한 정도의 지적장애 아동을 제외하고 정규 학습에서 장애 아동을 통합하도록 이끌었다. 장애 아동 및 그들의 교사를 돕기 위해서 전문가들이 중재자로서 자신의 역할을 다하기 위해 교실 상담 서비스를 제공한다. 이러한 전문가의 역할은 의사소통 요구를 평가하는 것, 중재 전략을 개발하는 것, 프로그램을 관리하도록 개인들을 교육시키는 것, 중재 프로그램의 향상 및 재확인을 위한 방법을 개발하는 것 등을 포함한다(American Speech-Language-Hearing Association, ASHA, 1997, 2005a, 2005b, 2005d, 2005e; Kumin, 2001). 지적장애 아동을 공동체로 통합하는 이유는 동료와 상호작용을 촉진시키기 위한 중재 계획을 증가시키기 위한 것이다(Goldstein, English, Shafer, & Kaczmar다, 1997; Goldstein & Ferrell, 1987; Goldstein & Mousetis, 1989; McGee, Almeida, & Sulzer-Azaroff, 1992). 또한 쇼핑몰, 박물관, 운동장 등과 같은 공공장소에서의 의사소통 경험을 증가시키는 것을 의미한다(ASHA, 1996a, 2005a, 2005b, 2005d, 2005e). 또한 특히 ASHA(2005a, 2005b, 2005d, 2005e)는 가족 중심 서비스를 제공하는 전문가는 지적장애인의 기능적 의사소통 능력을 촉진시키기 위해 문화적으로 민감한 서비스 제공을 목적으로 하며, 다음의 일곱 가지 영역에 대한 지식 및 능력을 갖추어야 한다고 권고했다. (1) 정의, 기본적 근거, 진단 문제, (2) 평가, (3) 공동 협의 및 팀 접근, (4) 프로그램 계획, (5) 학습 환경에 적용할 수 있는 교수 전략 및 원리, (6) 전이(transition) 및 지지(advocacy), (7) 전문적 발달 및 증거 기반 실행.

2) 촉진 중재 대 보상 중재

지적장애 아동을 연구하는 학자들에 따르면, 지적장애 아동은 차이보다는 지체되었으며, 지적장애 아동은 상대적으로 낮은 점수를 얻기 때문에 발달적으로 상한선 이하 점수를 얻는다고 보고했다. 또한 DS 아동은 어릴 때 매우 빠르게 언어를 학습하지만, 학령기, 청소년기, 그 이후에는 학습 속도 및 범위가 점차 느려진다. 우리는 이러한 점을 고려해서 초기와 후기 발달 기간 사이의 차이를 알 필요가 있으며, 각 단계에 맞는 중재 전략을 개발할 필요가 있다. 이른 시기에 전문가는 인지 및 언어 자극을 더 많이 제공하고 불러일으킴으로써 언어를 촉진할 필요가 있다. 어린 시절 이후에 전문가의 역할은 더 기능적으로 의사소통 할 수 있는 사람들과 아동을 도울 수 있는 보상적 전략을 가르칠 필요가 있다. 예를 들면, 영아 및 걸음마기 지적장애 아동을 위한 프로그램을 집중적 자극으로 제공할 수 있다. 또한 아동이 성장함에 따라 특정 언어 형식 및 기능을 지도하는 것을 궁극적인 목표로 계획해야 하며, 청소년기 및 성인기 의사소통 중재는 학교 또는 작업장에서 수행을 향상시킬 수 있는 기술을 지도하도록 계획할 필요가 있다.

3) 발달적 결과 대 치료 결과

중재와 관련해서 가장 불일치하는 영역 중 하나는 "지적장애 아동이 TD 아동만큼 배울 수 있는가?" 하는 것이다. 이러한 논쟁이 발달적 결과 대 치료 결과 사이의 반대적 입장을 표명하게 한다(Fey, 1986). 간단히 말해 **발달적 결과**(developmental logic)는 지적장애 아동의 언어 목표는 TD 아동이 언어를 습득하는 순서와 같다고 주장한다. 이러한 주장은 지적장애를 지체로 보는 관점과 일치하며, 지적장애 아동의 발달 과정이 TD 아동들과 차이를 보이기보다는 무척 유사하다는 관점을 강조한다.

다른 한편으로 **치료 결과**(remedial logic)는 지적장애 아동을 정상적 발달을 한다고 보지 않기 때문에 이 아동을 평가하기 위해서는 비발달적 접근이 필요하다고 주장한다. 우리는 6장의 앞부분에서, 연구자들이 지적장애 아동은 언어를 학습하는 데 어려움이 있다고 주장한 일부 연구를 살펴보았다. 또한 지적장애 아동은 언어 이해와 언어 산출 사이의 상관관계가 TD 아동과 같지 않다고 보았다. DS 아동의 경우, 통사적 능력이 다른 언어 영역과 비교해서 특히 문제를 보인다(Chapman et al., 2002; Fowler, 1990).

가장 효과적인 중재에서 하나의 이론적 근거를 선택하는 것은 불필요한 것처럼 보인다. 지적장애 아동은 서로 다른 특성을 보이기 때문에 하나의 이론으로 일반화하는 것은 불가능하며, 아동을 돕기 위해서 가장 효과적인 접근법을 선택하는 것이 중요하다. 치료 결과가 효과적이라고 하는 대부분의 프로그램은 심한 정도 또는 심각한 장애를 가진 아동에게 사용하는 것이 분명하다. 반대로 발달적 결과는 경도 및 중등도 지적장애를 가진 아동의 치료 방법에 더 근거하는 것 같다. Miller(1984)는 행동 수정, 인지 학습 전략, 자연주의적 생태 분포 방식 등과 같은 모든 교수 접근을 지적장애 아동에게 사용해야 한다고 지적했다. 자연주의적 방법은 아동이 우발적 학습을 많이 하기 때문에 특별히 훈련하지 않아도 언어가 습득된다고 판단한다. 다른 한편으로 만일 우발적 학습을 그만두고 새로운 행동이 나타났다면, 더 자연스러운 전략을 통해 일반화할 수 있다.

지적장애 아동에게 사용할 수 있도록 특별히 제작된 언어 중재 접근법은 부족하다. 대신 다양한 언어장애 아동에게 사용하는 일반적인 언어 중재를 지적장애 아동의 필요에 따라 적용하는 경향이 있다. 이런 접근법 중 일부는 더 어린 아동에게 주로 사용되며, 다른 것들은 학령기 아동에게 사용하는 경향이 있다.

더 어린 아동의 수용언어 중재는 청각적 기억 능력을 발달(Jarrold & Baddeley, 2002)시키고, 문해 활동을 통해서 복잡한 언어 및 어휘 이해를 촉진(Buckley, 2000; Buckley & Bird, 2001; Kumin, 2003)하는 것에 초점을 둔다. 표현언어 중재는 어휘 및 개념을 촉진하는 것에 초점을 두며(Kumin, 2003), 다양한 문법적 구조를 산출함으로써 MLU를 확장시키고(Fowler, 1990, 1995), 대화 기술을 촉진한다(Girolametto, Weitzman, & Greenberg, 2003, 2004). 부모 및 보호자들은 아동이 자연스러운 사회적 의사소통 및 언어 상호작용에 참여할 수 있도록 도와줄 것을 제안하고 있다(Girolametto & Weitzman, 2006).

지적장애 학령기 아동 및 청소년의 교육과정은 학교 교사와 특수교사가 협력하는 접근법을 기초로 하며, 언어치료사는 교육과정에서 추천한 언어 중재에 맞춰 목표를 계획하여 그들의 교육과정에 함께 협력한다. 지적장애 아동의 학문적 자원을 더 잘 이해하도록 돕기 위해서 언어 중재는 다양한 주제 영역에서 어휘 및 개념을 발달시키고, 명료화 및 대화 수정과 같은 더 높은 수준의 대화 기술을 발전시키고(Abbeduto & Murphy, 2004; Laws & Bishop, 2004a, 2004b), 이야기 담화 능력을 발전시키는(Kumin, 2008) 것에 초점을 둔다. 또 언어를 촉진시킬 수 있는 다른 기술은 리허설, 언어 자원(scaffolds), 스크립트, 컴퓨터 소프트웨어(Kumin, 2008), "*The Story Grammar Marker*"와 같이 손으로 조작할 수 있는 시스템 및 시각적 구성(Voss, 2006) 등을 포함한다.

4) 언어-인지 관계

인지적 가설을 수용하는 지체 관점에서 지적장애를 보는 연구자들은 MA와 LA의 차이가 중재의 필요성을 확인하는 진단적 표시와 관련된다고 설명한다. 이유는 간단하다. 이러한 관점에서는 아동의 언어발달의 최고점이 인지 발달에 의해 결정된다고 보기 때문이다. 만일 MA가 LA보다 높은 경우, 아동은 향상될 수 있다. 또 다른 해석으로 LA가 MA와 일치하거나 근접할 때, 안정 수준에 도달할 수 있다. 이전 장에서 언급한 바와 같이 중재 방법의 변화에 대한 충분한 근거가 될 수 있다.

언어-인지 관계에 대한 이러한 해석은 전망이 좋지만, 지적장애를 가진 모든 사람이 이러한 관점을 수용하기를 원하는 것은 아니다. 그러나 지적장애 아동에게 언어를 지도하기 위해서는 인지적인 능력을 평가해야만 한다. 예를 들면, 지적장애 아동을 지도할 때, 더 많은 반복이 필요하며, 가능한 한 효율적으로 지도하기 위해서 언어적 지도와 모델링 또는 신체적 가이드가 함께 제공될 필요가 있다.

만일 인지 발달이 언어 습득의 전제조건이라면, 좋은 중재 전략은 언어 목표를 계획하기 전에 인지가 훈련되어야 한다고 주장할 수 있다. 예를 들면, 중도의 지적장애 아동에게 대상 영속성과 수단-목적 행동(means-end behaviors)과 같은 지시하는 대상과 관련되는 언어 학습이 향상될 수 있다(Kahn, 1984). 인지적으로 더 성숙된 개인들의 언어는 더 잘 확립될 수 있으며, 인지적 훈련은 특정 언어 과제를 수행하기 위한 전략을 발달시키는 것에 더 초점을 둘 수 있다. 예를 들면, 리허설 전략은 경도의 지적장애 청소년들이 성공적으로 배울 수 있다. 인지 훈련은 지적장애 아동의 언어 학습 및 언어 수행을 촉진할 수 있다. Finch-Williams(1984)는 언어치료사, 학교 심리학자, 특수교사, 또 다른 전문가들이 인지적 훈련에 함께 참여해야 한다고 언급했다. 현재, 그 부분에 대한 가이드라인은 없으며, 그렇기 때문에 각각의 결정은 자가진단에 의해 개인들이 결정하며, 원한다면 다양한 전문가들이 아동을 평가할 때 포함된다.

5) 화용론과 실용적인 관련성

실제로 관심이 있는 전문가들은 지적장애 아동의 언어 중재가 기능적 목적에 초점을 두어야 한다고 오랫동안 인식하고 있었다. 새로운 환경에서 산출하기, 새로운 범위의 형태소, 새로운 문법적 조작 산출과 관련된 것을 지도하는 것이 매우 적은 부분을 차지하지만, 장기 또는 단기간에 걸쳐 매일의 의사소통에서 이러한 것이 도움이 되지 못할 수 있다. Fey(1986)는 언어 중재의 근본적 목적은 아동이 반응할 수 있는 능력과 의사소통 행동을 확실하게 산출할 수 있는 능력이 서로 균형이 맞아야 한다고 제안했다. 앞에서 보았지만, 지적장애 아동은 수동적 의사소통자이다. 지적장애 아동의 중재는 분명한 의사소통 행동의 범위 및 빈도를 증가시킬 수 있는 절차가 필요할 수 있다. 표 6.7은 지적장애 아동의 중재 목적에 적용할 수 있는 일부 절차와 목적을 제공하고 있다.

성공적인 대화를 성취하기 위해 고려할 점은 아동의 의사소통 행동과 매일의 생활에서 일어나는 전형적인 조건이 적합해야 한다는 점이다. 만일 적합하지 않은 경우, 습득한 행동을 사용할 수 없다. Cipani(1989)는 의사소통 행동을 유지하기 위한 세 가지 기준을 다음과 같이 제안했다. (1) 자극을 준 후에 수용 가능한 시간 내에 발생할 수 있도록 융통성이

표 6.7 비활성 의사소통자 또는 수동적 대화자인 지적장애 아동을 위한 목적 및 절차

기본 목적 (Fey, 1986)	명확한 목적의 예	절차의 예
다양한 사회적 상황에서 사회적 언어 행동(언어 및 비언어)의 빈도를 증가시킨다.	자발적 발성에 대한 수를 증가시킨다.	지적장애 아동과 상호작용하는 동안 그들이 먼저 이야기할 수 있는 기회를 더 제공하기 위해서 침묵시간을 허용한다.
다양한 사회적 상황에서 확실한 대화 행동 사용의 빈도를 증가시킨다.	언어적 요구의 수를 증가시킨다.	아동이 요구할 능력이 있거나 도움이 필요한 아동에게 접근할 때, 5초 동안 기다린다. 만일 5초 동안 기다려도 요구하지 않으면 산출하고, 모방하도록 촉진을 제공한다.
가능할 때, 대화 상황에서 요구하기, 형식을 사용하기 등에 대한 아동의 레퍼토리를 증가시킨다.	요구하는 행동의 수를 증가시킨다.	중도 지적장애 또는 최중도(profound) 지적장애 성인에게 의사소통의 요구 및 기회를 주기 위해서 일상적인 상호작용을 사용한다(예: 지적장애인에게 특별한 막대기를 사용해서 라디오를 어떻게 조작하는지를 보여 준다). 여러 번 반복해서 보여 준 후에 막대기를 주지 않고 라디오를 준다(McLean, McLean, Brady, & Etter, 1991).
분명한 행동을 수행할 때 필요한 새로운 언어적 형식을 훈련한다.	요구하기 행동에 대한 언어적 형식의 수를 증가시킨다.	훈련 형식에서 자극과 우발적 교수를 결합해서 사용한다. "나에게 _____ 주세요", "나를 도와주세요"

있어야 한다. (2) 너무 많이 사용하지도 말아야 하며, 너무 적게 사용해서도 안 된다. (3) 다양한 자연스런 자극에 반응할 때 발생되어야 한다. 요약해서 말하면, 우리가 가르치는 언어 행동은 중재 결과로 학습되었다는 인상을 주지 않기 위해서 효과적으로 잘 조율되어야 한다.

지적장애인을 대상으로 한 화용 중재와 관련해서 구체화된 논리적 접근법은 약간의 발전을 기대할 수 있다(Abbeduto, 1991). 대화 상황에서 차례 지키기 능력은 화용적 행동의 초기에 거의 발달된다. 그러므로 다른 의사소통 행동인 말과 관련된 행동, 참조적 의사소통, 주제 유지, 일반화 중에서 하나를 목적으로 한다면 더 효과적일 것이다.

화용적 발달을 촉진시키기 위해 사용할 수 있는 기술로는 어떤 것이 있는가? 이 분야에 적절한 방법은 없다. 그러나 지적장애 아동의 문제 해결 능력과 관련된 연구에 따르면, 지적장애 아동에게 특별한 전략을 적용하도록 촉구할 때 수행도가 향상될 수 있다(Ferretti & Cavalier, 1991).

지적/발달장애 어린 아동과 관련된 연구에 따르면, 언어 이전 단계에서 정상 아동에 비해 범위가 더 제한되는 것으로 나타났다(Brady, Marquis, Fleming, & McLean, 2004; Brady et al., 2005). 그러나 이전 토의에서와 같이 범위가 감소된 것이 특정 장애 자체와 관련되기보다 아동의 언어 이전 발달 단계와 더 관련된다. 이러한 결과는 지적장애 어린 아동의 조기 중재를 위한 중요한 방향성을 제공한다. 예를 들면, 말하는 행동의 범위(예: 코멘트, 요구, 주장하기)에서 시작하거나 그렇게 하도록 촉진할 수 있도록 계획하는 것이 목표가 되어야 한다고 제안했다.

화용과 관련되는 많은 행동에서 본 바와 같이 화용은 개인 간의 문제 해결과 관련되는 것을 쉽게 볼 수 있다. 화용적 행동의 예는 청자가 알고 있는 것(전제 조건)을 판단하는 것과 그들의 관점을 이해하는 것(TOM) 등이 포함된다. 그러므로 중재를 계획할 때, 언어적 요구가 적은 어떤 특정 상황에서 아동의 이야기 지식을 고려해서 화용적으로 알고 있는 것을 적용할 수 있도록 촉구할 때 수행이 증가할 수 있으며, 인지 과제에서도 수행이 증가할 수 있다(Abbeduto, 1991). 이러한 간단한 조언(reminder)이 가장 강력한 기술 중 하나일 수 있다.

물론 조언은 특정 행동이 아동의 레퍼토리에 이미 준비되어 있다고 가정할 때 사용한다. 만일 레퍼토리에 준비되어 있지 않다면, 행동을 먼저 확립해야만 한다. 예를 들면, 대화 수정에 어려움이 있는 경우, Ezell과 Goldstein(1991b)은 5명의 경도 및 중등도 지적장애 아동들에게 소음이 방해가 되는 것, 친숙하지 않은 어휘라는 것, 이해하기 너무 길다는 것 등을 명확하게 요구할 수 있도록 훈련시켰다. 연구자는 고의적으로 의사소통 단절을 시도했으며, 아동이 어떻게 반응해야 하는지를 지도했다. 아동의 인지 수준을 적절히 바꿀 수 있는 장벽 게임은 대상 지시어(deictic)와 같은 참조적 어려움에 대한 인식을 증가시키기 위해 사용하며, 그들이 그러한 어려움을 극복하도록 연습할 필요가 있을 때 사용한다.

임상가가 화용론의 중요성을 빠뜨리지 않는 것은 학령기 아동과 청소년에게 특히 중요하다. 이러한 아동들은 교사 및 다른 학생들의 학문적 주제 및 다양한 담화 스타일을 변화시킬 수 있기 때문이다(Chapman et al., 1991; Kumin, 2008).

6) 목표 공격 전략

얼마나 많이 그리고 어떤 연쇄적인 목표 행동을 아동에게 소개할 것인지를 결정하는 것은 중재를 고려할 때 중요하다. 한 번에 활동할 수 있는 목표의 수는 아동의 주의 집중력, 동기, 협동, 학습 속도 등에 따라서 달라진다. 정상 아동과 달리 지적장애 아동은 일반적으로 위의 영역 모두에 어려움이 있다. 그러므로 목표의 수를 제한할 필요가 있으며, 일부 아동의 경우, 가능한 한 한 번에 한 가지로 제한할 필요가 있다.

7) 돌보는 사람과의 상호작용

지적장애 아동과 아동을 관리해 주는 성인과의 관계는 아동의 발달 및 중재 결과에 중요한 영향을 미친다. 결론적으로 부모가 지적장애 아동에게 얼마나 다르게 행동하는지, 다르게 행동하는 원인은 무엇인지, 부모의 행동이 긍정적인 결과로 변화를 보이는 경우 등과 관련되는 많은 연구들이 있다. 표 6.8은 위와 같은 주제와 관련된 여러 연구 결과를 요약했다. 이 연구는 부모 및 교사의 행동이 지적장애 아동에게 얼마나 다르게 행동하는지를 설명하고 있다. 성인 행동은 아동 행동에 대해 주로 반응하는 행동을 나타난다. 어떤 상호작용을

표 6.8 지적장애 아동과 아동을 관리해 주는 성인 사이의 상호작용에 대한 연구에 의해 제기된 질문과 대답

질 문	연구에서는 다음과 같이 설명한다.
부모들은 지적장애 아동에게 얼마나 다르게 말하는가?	* 일부는 '아니요'라고 대답한다. Marshall, Hegrenes와 Goldstein(1973)은 TD 아동의 어머니와 지적장애 아동의 어머니의 언어를 비교했다. 두 집단 대상자는 CA를 일치시켰다. 두 집단 아동은 분명한 발달적 차이가 있는데도 불구하고, 부모들이 자신의 아이들에게 말할 때 사용하는 언어에서 거의 차이를 보이지 않았다. * 일부는 '예'라고 대답한다. 정상 아동 부모와 달리 DS 아동의 부모들은 짧은 발화지만, 더 자주 대화를 시도하는 것으로 보고하고 있다(Buium, Rynders, & Turnure, 1974). DS 아동의 어머니들은 TD 아동의 어머니들보다 명령(imperatives)을 더 많이 하는 것으로 나타났다(Cardoso-Martins & Mervis 1985). * 심지어 부모들은 지적장애 아동에게 다르게 말하는데, 이러한 행동이 지적장애 아동의 언어 습득에 영향을 미친다는 증거는 거의 없다(Rosenberg & Abbeduto, 1993).
부모들은 지적장애를 가진 아동에게 얼마나 다르게 행동하는가?	* TD 아동의 어머니보다 지적장애 아동의 어머니(Stoneman, Brody, & Abbott, 1983) 및 DS 아동의 어머니들(Cardoso-Martins & Mervis, 1985; Eheart, 1982; Smith 1989)은 자녀들과 상호작용을 할 때, 어머니들이 더 우세한 관리 역할을 하는 것으로 나타났다.
지적장애 부모들은 왜 지배적인 역할을 하는 경향을 보이는가?	* 이러한 경향을 보이는 한 가지 요인은 지적장애 아동이 TD 아동보다 반응을 덜 보이기 때문이다. 또한 DS 아동의 부모들이 장애를 인식하게 되고, 자녀에게 부가적인 자극이 더 필요하다고 느끼기 때문이며, 지시를 통해 아동의 주의를 집중시키기 위한 것으로 보고하고 있다(Lynch & Eilers, 1991; Smith, 1989). DS 아동의 부모들은 아동이 장난감을 가지고 놀이 방법에 맞지 않게 놀이를 하는 것과 같이 자녀 행동이 사회적 수용과 관련될 때, 더 지시적인 경향을 보인다(Maurer & Sherrod, 1987).
부모의 행동은 변할 수 있는가?	* Girolametto(1988)는 11주 부모 교육을 통해서 부모들이 지시가 감소했고 발달지체 아동과 부모의 반응이 증가했다고 보고했다. 아동들은 단언적 대화 및 반응적 대화 행동이 모두 유의한 증가를 나타냈다. 또한 언어로 대화 주고받기, 어휘 다양성이 증가했다.
부모 행동의 변화가 지적장애 아동의 발달 증진에 영향을 미치는가?	* 일부는 '아니요'라고 대답한다. Girolametto(1988)는 부모 교육에서 Sequenced Inventory of Communication Development를 측정한 결과, 언어 증진이 나타나지 않았다. 일부는 '예'라고 대답한다. 다른 연구자들(Bidder, Bryant, & Gray, 1975; Ludlow & Allen, 1979; MacDonald, Blott, Gordon, Spiegel, & Hartmann, 1974)은 초기 부모 훈련이 DS 아동의 언어발달을 증진시켰다고 보고했다.
가장 효과적인 부모 교육 방법은 무엇인가?	* 여러 가지 방법을 비교한 연구 결과가 아직 증명되지 않았기 때문에 DS 아동의 언어발달 연구에서 제안한 것을 사용해야 한다(Pruess, Vadasy, & Fewell, 1987).
교사들은 지적장애 아동에게 다르게 말하는가?	* 교사들은 지적장애 아동의 의사소통 수준에 따라서 자신들의 말을 바꾼다(Hodapp, Evans, & Ward, 1989). 이러한 변화는 매우 기능적이다. 교사들은 아동의 수준에 따라 다양한 반응을 끌어낸다[경청(attend), 확인(identification)이나 예/아니요, 이름 대기(labeling), 주제 설명하기(topic-comment)]. 어휘 및 통사는 바뀌지 않는다.

시작하는지와 관계없이 부모는 지적장애 아동의 발달적 목적을 성취하기 위해 또는 성취하도록 지적장애 아동의 행동을 변화시키도록 돕는다.

8) 자료 선택

중재 절차를 계획할 때 제일 먼저 고려해야 하는 것 중 하나는 계획한 활동에 아동이 동기를 가지고 집중해서 참여하도록 하기 위해서 자료를 선택하는 것이다. 이것과 관련해서 우리가 기억할 점은 지적장애 아동은 모든 영역에서 지체를 보인다는 것을 기억해야 한다. 감

각 발달, 운동 발달, 사회적 기술 부족, 인지 능력이 지체되기 때문에 아동이 흥미를 보이는 장난감 또는 활동을 예측하는 것이 어렵다. 비록 지적장애 아동의 수준이 자료를 선택하기 위한 가이드를 제공할 수는 있지만, MA도 CA도 정확한 가이드를 제공한다고 볼 수 없다. 그러므로 자료는 비교적 구체적이고 실제적인 것을 사용하는 것이 효과적일 수 있다.

9) 이해

이해를 촉진시키기 위해서 아동의 지적 수준 및 청각장애 유무에 따라 많은 형식을 사용한다. 모든 경우에 이해 훈련이 성취되었는지를 확인하기 위해서 모니터링을 지속하는 것은 중요하다.

조작적 조건화(operant conditioning) 과정은 리허설 전략을 사용하는 경우, 특정 언어 형식을 이해하는 훈련에 효과적이다. 조작적 조건화 기술은 심한 정도(중도) 또는 아주 심한 정도(최중도) 지적장애 아동에게 사용하는 방법이 될 수 있다. 그러나 조작적 조건화 절차가 능력이 떨어지는 아동의 언어 지도에만 사용한다든지 자연스런 학습 상황에서는 효과가 없다는 것을 의미하는 것은 아니다. 한 연구에서 중등도 지적장애 취학 전 아동을 대상으로 두 가지 형식(대행자-행위-대상 문장, 행위-대상-위치 문장)에 대한 이해를 증진시키기 위해 조작적 조건화 방법을 비교했다(Kim & Lombardino, 1991). 한 가지 형식은 의미 있는 이야기 내용에서 문장을 제공했고 또 다른 형식은 제공하지 않았다. 연구 결과, 스크립트에 근거한 기술 조건이 더 빠르게 학습이 되었고 훈련하지 않은 맥락에 더 잘 일반화하는 것으로 나타났다.

이해를 촉진하는 많은 방법은 **아동 중심 중재 접근법**(child-oriented intervenion)이다. 이 접근법에서 치료사는 아동의 인도를 따르며 언어장애 아동에게 주로 사용하는 혼잣말(self-talk), 병행 말하기(parallel talk), 반복, 수정해서 말하기(recasting)를 통해 언어를 증진시킬 수 있다. Fey(1986)는 이러한 접근법은 중재 프로그램이 언어 이해 증진에 초점을 두었을 때 특히 효과적일 수 있다고 강조했다(p. 203). 자녀에게 자극을 주기 위해 부모를 훈련시키는 것은 자녀의 이해뿐만 아니라 산출도 증진시킬 수 있다.

10) 어휘

지적장애 아동, 특히 DS 아동은 통사의 결함이 있기 때문에 어휘를 목표로 할 수 있다. 그러나 어휘 지도를 할 때, 다른 언어 영역의 어려움을 무시해서는 안 된다. 또한 아동이 다양한 생각을 표현하기 위해서 통사적 지도가 통합되어야만 한다. 어휘 지도는 주로 명사류에 제한된다. 명사의 종류(*bike*, *ball*, *rope*, *car*)를 이미 알고 있는 아동은 이러한 명사를 가지고 통사적으로 다른 어휘를 배워야 한다. 즉, 동사(*ride*, *throw*, *jump*, *drive*), 수식어(*big*, *little*, *thick*, *nice*, *blue*), 부사(*fast*, *far*, *hard*, *safely*) 등을 배워야 한다.

또한 어휘 지도 시 어휘에 대한 의미적 범위 구조를 지도할 필요가 있다. 예를 들면, 아동이 사람(*daddy*, *sister*, *team*), 옷(*shoes*, *zipper*, *take off*), 음식(*eat*, *sandwich*, *stir*) 동물(*dog*, *meow*, *walk the dog*) 등과 같이 어휘를 알고 있다면 전체 단어와 관용구를 알려 줄 수 있다. 이러한 어휘들은 대부분 물리적 유형이거나 경험하는 것들이다. 그러나 다음과 같은 어휘는 부족할 수 있다. 시각(*look*, *blind*, *invisible*), 냄새(*nostril*, *whiff*, *odor*), 꽃(*petal*, *thorn*, *rose*). 이러한 어휘는 흔하지 않으며 더 추상적이다. 전문가들은 중재를 고려할 때, 실제로 존재하는 의미를 가진 어휘를 목표로 할 것인지, 이전에 학습하지 않았던 어휘를 소개함으로써 인지적 및 의미적으로 증진시키는 것을 목표로 할 것인지를 고려해야 한다. 목표는 지적장애를 가진 다양한 아동에 따라 달라질 수 있다.

11) 통사론

통사 지도 프로그램의 두 가지 주요한 형식은 하이브리드(hybrid) 접근법과 훈련자 중심 접근법(trainer-oriented appraches)이며, 14장에서 더 깊이 다룰 것이다(Fey, 1986). 이러한 두 가지 접근법은 아동의 역할에서 차이를 나타낸다. **하이브리드 중재 절차**는 아동과 성인 사이의 상호작용을 지도하기 위해서 특정 의사소통 시도를 촉진하기 위해서 환경을 구조화한다. 표 6.9는 두 가지의 하이브리드 접근법, 즉 선 반응 요구-후 시범 기법(mand-model)과 우발적 교수법(incidental teaching techniques)의 절차를 제시하고 있다(Warren & Bambara, 1989).

이러한 접근법이 특히 언어장애 및 장애 아동의 통사적 훈련을 위해 성공적으로 사용되고 있다. 또한 지적장애 아동과 관련된 논문도 몇 개 있다. Warren과 Bambara(1989)는 경계선에서 중등도 지적장애 아동 3명을 대상으로 **환경 지도 프로그램**(milieu teaching program)을 수행했다. 선 반응 요구-후 시범 기법, 우발적 교수법과 체계적 비평을 결합하여 사용했으며, 아동들에게 행위-대상 형식을 훈련시켰다. 훈련은 주 3~4회 15분 동안 수행되었다. 연구자는 다른 환경이나 다른 사람에게 일반화하는 것이 거의 나타나지 않는 것을 제외하고 다른 의사소통 행동이 일반화되는 것을 관찰했다.

훈련자 중심 중재 절차는 전문가들의 통제하에 더 잘 수행되었다. 조작적 절차는 훈련자 중심 중재의 형태 중 하나이다. 상세한 부분은 다르지만, 모든 조작적 절차는 새로운 언어 행동을 소개하기 위한 지도 전략에 근거해서 작은 단계로 나뉜다. 다음은 행위-대상 문장을 가지고 개방형 질문(open-ended question)에 반응하도록 지도하는 단계를 보여 준다.

목표: 행위-대상 문장 훈련
(훈련자는 아동에게 차를 보여 준다.)
훈련자: 그거 뭐니?
아동: 차.

표 6.9 하이브리드 중재 절차의 예

선 반응 요구-후 시범 기법	우발적 교수법
상황: (아동은 국자로 콩을 퍼서 주전자에 넣고 있다.) 훈련자: 너는 뭐하고 있니? 아동: (반응 없음) 훈련자: 말해 줘. (반응 요구) 아동: 콩. 훈련자: "콩을 넣어"라고 말해. (시범) 아동: 콩을 넣어. 훈련자: 잘했어. 너는 주전자에 콩을 넣었어. (언어적 지식 + 확장)	상황: (푸딩 만들기 활동을 하고 있다. 훈련자는 푸딩을 섞어서 동료에게 순서대로 주고 있고, 대상자들은 그것을 보고 있다.) 아동: 나야! (아동은 국자를 든다.) 훈련자: 푸딩을 섞어. (시범) 아동: 푸딩을 섞어. 훈련자: 잘했어. 너도 역시 푸딩을 섞어.

훈련자: (강화) 차를 짚어 봐.
(아동이 차를 짚는다.)
훈련자: (강화) 이게 차야?
아동: 네.
훈련자: 너는 뭐를 원해?
아동: 차요.
훈련자: (강화)
(훈련자는 아동에게 숟가락을 보여 준다.)
훈련자: 이게 뭐니? 이것은 차야?
아동: 아니요.
훈련자: (강화)
(훈련자는 아동에게 숟가락과 차를 보여 준다.)
훈련자: 이게 뭐니? (차를 짚으면서)
아동: 차.
훈련자: (강화) 이게 뭐니? (숟가락을 짚으면서)
아동: 숟가락.
훈련자: (강화) 너는 뭐를 원하니?
아동: 차요.

촉구(prompting), 행동 형성법(shaping), 강화(reinforcing)와 같은 행동주의자 원리는 아동에게 높은 비율의 정확한 반응을 이끌어 내는 데 사용된다. 이러한 원리는 아동에게 명사 및 동사 굴절 변화를 성공적으로 지도하기 위해서 사용되었고(Baer & Guess, 1973; Schumaker & Sherman, 1970), 또한 간단한 절(Lutzker & Sherman, 1974), 명사구 구조(Smeets & Streifel, 1976)를 지도하는 데도 사용되었다. 이처럼 조작적 절차가 유사한 언어 행동을 성공적으로 훈련시키는 데 사용되었다는 것은 의심할 여지가 없다. 성공적 결과가 지적장애의 모든 단계 아동에게 나타났으며, 중도(severe) 및 최중도(profound) 지적장애 아동에게는 포인팅하기, 발성, 노골적인(crude) 신호 알리기와 같은 기초적인 의사소통 기능에서 결과를 나타냈다.

조작적 절차를 사용한 언어 지도에서 주요한 비판은 생태학적 타당성이 부족하다는 점이다. 즉, 학습된 행동은 정상적 의사소통 기능 상황에서 유연성이 떨어진다는 것이다. 조작적 기술에 의해 학습된 언어는 그것을 배운 상황 이외에서 일반화될 수 없다. 그것은 지적장애 아동의 일부에 속할 수 있지만, 제한된 몇몇 상황에서 언어를 사용하는 능력은 만족할 만한 결과이다. 또한 언어 행동에 대한 일반화 실패는 조작적 절차의 근본적인 결함이라기보다 단지 불완전한 교육 때문일 수 있다.

대신 훈련자 중심 접근은 집중 자극법(focused stimulation) 또는 체계적 지도(systematic commenting)로 알려져 있으며, 아동에게 상황적으로 관련된 목표 형식을 집중적으로 지도하는 방법으로 아동에게 반응을 요구하지 않는다(Fey, 1986). 모델링은 지적장애 아동에게 형식을 변화시킬 때 자주 사용한다. 다음 절차는 모델의 예를 보여 주는데, 부가적 반복, 운율 강조, 반응을 직접 촉구하는 것 등을 보여 준다.

> 훈련자는 아동의 행동과 훈련자의 행동에서 나타나는 것을 자주 코멘트하며, 목표 형식을 강조한다.
>
> **훈련자:** 나는 과자를 만들고 있어. 보고 있니? 과자를 만들어.
>
> 또한 표적 반응을 위해서 직접적 촉구를 위한 선례로 사용된다.
>
> (훈련자는 인형에 베이비파우더를 바른다).
>
> **훈련자:** 우리 아기에게 베이비파우더를 바르자.
>
> (아동은 성인에게서 베이비파우더를 뺏으려고 한다).
>
> **훈련자:** 너는 무엇을 하고 싶니?

이러한 수정은 지적장애 아동에게 나타나는 주의집중의 부족과 언어적 수동성 문제를 극복하기 위해 의도된 것이다. Environmental Language Intervention Program(ELIP; MacDonald et al., 1974; MacDonald & Horstmeier, 1978)은 DS 취학 전 아동에게 성공적으로 사용된 모델이다. 아동에게 어떤 언어 목표를 사용하도록 촉구하고 아동이 그것을 수행했을 때 강화를 제공했다. 그 프로그램은 훈련자처럼 부모가 사용함으로써 일반화를 촉진하고 대화 및 놀이 상황에서 반응을 요구했다(MacDonald et al., 1974).

또 다른 모델링 프로그램은 Interactive Language Development Teaching(ILDT; Lee, Koenigsknecht, & Mulhern, 1975)이며, 이 프로그램은 14장에서 자세하게 기술했으며, 중

등도 지적장애 아동에게 사용하기 위해 변형시켰다(McGivern, Rieff, & Vender, 1978). 변형된 형식은 아동의 참여 행동 및 정확한 문법적 반응에 대해 강화를 제공했다. 또한 매주 새로운 언어 이야기를 하나씩 소개하고 나머지 시간에 어휘 지도를 했다. 프로그램의 효과성을 평가하기 위해서 실험 집단은 주 4회 30분씩 7개월간 훈련을 받았다. 통제 집단은 통사적 목적에 초점을 두지 않고 같은 시간만큼 '자극'을 제공했다. 연구 결과, 실험 집단의 자발화 언어 샘플에서 통사 점수가 유의한 정도로 향상되었다. 이 프로그램을 지적장애 아동에게 사용하기 위해서는 다음의 조건을 갖춘 아동에게 적용할 수 있다. (1) 두 단어 그리고 대상-동사구보다 자발적으로 더 절을 산출할 수 있는 아동, (2) 모델링을 보인 문장에서 적어도 두 단어를 반복할 수 있는 능력을 가진 아동, (3) 강화를 주었을 때, 적어도 10분 정도 청각적으로 집중할 수 있는 아동.

DS 아동 일부는 전체 MA와 비교할 때, 읽기 능력이 비교적 진전되어 있는 인지적 프로필을 보여 준다(Byrne et al., 1995). 이러한 이유 때문에 10대 DS는 통사 교육 프로그램에서 효과를 나타내며, 읽기를 통해서 모델링을 보여 준 목표 구조에서도 효과를 나타낸다(Buckley, 1995). 이러한 목적에 대한 장기적인 효과는 아직 알려지지 않았다.

일부 연구에 따르면 DS 아동은 형태소에 어려움을 갖는 경향이 있으며, 이렇게 떨어지는 능력은 청소년기까지 지속된다(Fowler, 1999). 그럼에도 불구하고 다른 연구에서는 통사적 발달 기간 또는 진전되는 속도가 떨어지는 연령에 대해서는 결과를 제시하지 못하고 있다(Chapman et al., 1998; Thordardottir, Chapman, & Wagner, 2002). 병행적 말하기(parallel talk), 모방 및 모델링, 확장 및 확대, 구의 사용(use of carrie phrases), 페이싱 보드(pacing board) 테크닉 등은 지적장애인들의 형태 통사를 촉진시키기 위해 사용되는 전략이며, 특히 DS인에게 사용되는 전략이다(Kumin, 2003, 2008; Kumin, Councill, & Goodman, 1995).

12) 명료도와 말 산출

많은 지적장애인들이 말 산출에 어려움을 보이기 때문에 조음 및 음운 장애가 다른 언어 영역의 증진을 방해하는지, 향상된 명료도가 언어적 대화 상호작용을 증진, 더 빠르게 언어를 학습하게 하는지 등을 고려하는 것은 중요하다. 또한 우리는 아동의 언어 산출이 목표를 달성했는지를 판단할 수 있다고 생각한다. 만일 아동의 언어 산출 시도가 불명확한 경우, 강화하지 않거나 적절하게 반응하지 않으며, 이런 상황에서 치료는 시들해진다.

다음 두 가지의 중요한 중재 접근법은 지적장애 아동의 언어 산출의 어려움 및 불명료를 목표로 하는 방법이다. (1) 조음 구조 및 기능의 직접 수정, (2) 전통적인 조음-음운 중재. 이러한 접근법은 조음 구조 및 기능을 직접적으로 수정하는 접근법으로 외과적 수술 또는 구강 운동 연습을 통해 구강 구조 및 기능의 어려움을 갖는 DS 아동에게 사용된다. DS 아동은 주로 혀가 크며, 그로 인해 조음의 어려움을 갖게 된다. 이러한 구조 및 기능적 차이에도 불구하고 Abbeduto와 Murphy(2004)는 DS 아동은 원인이 알려지지 않은 지적장애 아동과 MA를 일치시킨 정상 아동보다 불명료한 말을 덜 나타냈다. 그럼에도 불구하고 일부 아동은 불명료가 문제가 되어, 치료보다 오히려 수술을 통해서 명료도를 증가시키려고 한다. 그러나 DS 아동 18명을 대상으로 혀의 감소 전후의 평가를 수행한 결과, 일음절 조음 검사에서 산출한 자음 오류의 수에서 유의한 차이를 보이지 않았다(Parsons, Iacono, & Rozner, 1987). 이러한 결론에 따르면, 수술만으로는 아동의 명료도를 적절하게 증진시킬 수 없다.

일부 연구자와 임상가들은 구강 근육 조직을 강화하기 위해서 특히 DS인에게 구강 및 안면의 차이 때문에 씹기 능력, 구강 인식, 입술과 혀의 활동 상태를 향상시키고, 침 흘림을 감소시키기 위해서 구강 운동 자극 기술을 제안하고 있다(Kumin, 2003; Swift & Rosin, 1990). 그러나 이러한 기술이 명료도를 향상시켰다는 실험적 증거는 없다. 연구에 따르면, 일반적으로 명료도가 낮은 아동의 중재는 아동의 음성 레퍼토리, 음운적 프로필, 인지 수준과 관련되는 작업을 포함해야 한다.

Price와 Kent(2008)는 말과 명료도를 목표로 하는 중재는 이해 및 능력을 증진시키는 것에 초점을 두어야 한다고 제시했으며, 다른 연구자들은 전통적 음운론적 접근법을 추천했다(Dodd, McCormack, & Woodyatt, 1994; Dodd & Thompson, 2001; Hodson, 1989; Hodson & Paden, 1991; Kumin, 2003). 대부분의 관점에 따르면, 말을 하는 어려움에 대한 중재 접근법은 지적장애 아동이나 지적장애가 없는 아동에게 동일하다. 앞에서 언급한 바와 같이, 적응(accommodation)은 아동의 인지 수준에 맞는 자료와 교수법으로 이루어진다. 똑같은 단어를 산출하는 방법에서 변화를 보이는 아동의 경우, 부모들은 미발달된 오류를 포함하지 않은 해석만을 받아들이도록 협력을 구할 필요가 있다(Dodd et al., 1994).

요약

이 장에서 우리는 다음의 내용들을 살펴보았다.

- 지적장애는 적응 행동 및 지능 검사에 의해 정의되는 장애 범주이다.
- 지적장애의 대부분 원인은 기질적 및 가족력으로 볼 수 있다. 사람들은 원인에 따라 서로 다른 특징을 보인다. 기질적 문제와 관련되는 지적장애는 유전적인 증후군과 관련된다.
- 지적장애 아동, 특히 증후군으로 간주되는 아동은 주로 외모에서 차이를 보인다. 그리고 정상 아동에 비해 신체장애 및 건강 문제를 나타낸다.

- 연구는 지적장애 아동의 인지 특성과 언어적 시스템에 대해 지체-차이의 논쟁을 아직 해결하지 못하고 있다. 적어도 논쟁의 일부는 불충분한 연구 방법 때문일 수 있다. 더 정교한 연구 기법은 우리의 지식을 발전시키는 데 도움을 줄 수 있다.
- 생활 연령을 일치시킨 또래와 비교할 때, 지적장애 아동은 언어의 전반적 영역(예: 화용, 이해, 의미, 통사, 말 산출)에서 어려움을 보인다. 그러나 개인적으로 언어 능력에 차이가 있으며, 증후군의 종류에 따라서 장점과 제한점에서 차이를 보인다.
- 정신 연령을 일치시킨 아동과 비교할 때, 다운 증후군 아동은 특히 통사에서 어려움을 보인다. 또한 다운 증후군 아동은 연령이 증가함에 따라 언어발달 속도가 감소된다. 그 이유는 현재 밝혀지지 않았다.
- 지적장애 아동을 위한 중재는 합법적 · 인지적 · 언어적 · 논리적 · 환경적 · 동기적 요인 등을 고려해서 계획해야만 한다.
- 언어 중재를 위한 훈련자 중심 접근법, 아동 중심 접근법, 하이브리드 접근법은 지적장애 아동에게 모두 성공적으로 적용될 수 있다.
- 지적장애 아동은 집단으로 논의되기는 하지만 개인적으로 간주해야 한다. 각 아동의 문제는 모두 다르며 복잡하기 때문이다. 또한 문제는 개인적 발전과 삶의 질에 대한 폭넓은 문제를 고려하도록 요구한다. 전문가들이 할 일은 개인들이 의사소통 및 사회적 참여 능력을 확장시킬 수 있도록 지략적 해결을 찾는 것이다.

자폐증을 가진 아동들의 언어

MONA R. GRIFFER

VIJAYACHANDRA RAMACHANDRA

학습 목표

이 장을 읽고, 다음의 내용을 논의할 수 있어야 한다.

* 자폐증의 정의와 특징
* 자폐증과 겹쳐지는 다른 병인적 범주들
* 자폐 아동의 일반적인 언어 특징
* 자폐 아동을 위한 언어 중재의 원리

언어장애를 가진 아동을 돕는 전문가들은 상대적으로 변화가 적기는 하지만 자신들의 마음(minds)을 바꾸는 경향이 있다. 이론은 새로운 연구 정보를 받아들여 업데이트할 수도 있고, 새로운 중재 전략은 이전에 사용하던 중재 전략을 개선하거나 촉구할 수 있다. 그러나 자폐성 장애는 사고와 관련되는 다양한 작업과 관련된다. 그러한 거대한 변화는 전문가들 사이에서 많은 반응을 불러일으킨다. 자폐증의 불가사의한 특성에 매료되고 자폐증에 대한 이전의 많은 생각들이 결국 잘못되었음을 입증하여 좌절하면서 새로운 아이디어가 치료의 효과를 향상시킬 수 있다는 낙관론이 있다.

1. 자폐증을 가진 아동들의 개요

자폐증은 1943년 Kanner에 의하여 하나의 증후군으로서, 독특한 행동 특성들의 집합으로서 처음 기술되었다. 그가 개인적으로 연구한 것은 정상 아동 또는 거의 정상 지능의 아동이었다. 또한 그의 연구의 초점은 특별한 사회적 의사소통장애에 있었다. 그는 자폐 아동이 냉담하고 내성적이며, 반복적인 말로 의사소통을 할 수 있으며, 무생물에 관심을 보이며 일상생활의 변화를 용납하지 않는 특징을 보인다고 설명했다(Kanner, 1943). 자폐증의 원인은 여전히 알려지지 않았지만, Kanner가 관찰한 것을 출판한 이래로 30년 동안, 자폐증은 일반적으로 정서장애의 한 유형으로 간주되었다. 때때로 그러한 것은 삶의 초기 동안 환경의 노출된 영향으로 인한 것으로 해석되었다(Bettelheim, 1967). 이러한 믿음 때문에, 종종 자폐증이 있는 아동의 부모들은 아동의 지금 상태에 대한 책임에 대한 부담을 갖게 되었다. 중재 노력은 아동들의 변화뿐만 아니라 가족의 변화와 관련되기도 했다.

1970년대 이후, 자폐증에 대한 생각에 세 가지 주요한 변화가 발생했다. 첫 번째는 장애의 개념이다. 사회적 의사소통, 놀이 및 행동의 특정한 결손인 자폐 스펙트럼 장애는 이제 명확하게 **정서적**(emotional) 장애 또는 **정신장애**(psychiatric disorder)라기보다는 **발달적**(developmental) 장애로 간주된다[『정신장애의 진단 및 통계 편람—개정4판(*Diagnostic and Statistical Manual of Mental Disorders*, 4th ed., DSM-IV)』(American Psychiatric Association, APA, 2000)]. 따라서 어린 시절 조현병과 정신장애의 다른 유형과 달리 지적장애 및 발달장애의 다른 형태로 분류된다. 두 번째 변화는 장애의 원인에 대한 믿음이다. 여전히 자폐증에 대한 이해가 부족하지만, 일반적으로 그 조건이 출생때부터 나타나며, "유전적 기초를 포함한 뇌손상"으로 보았던 것을 받아들였다(Prelock & Contompais, 2006, p. 4). 그러므로 자폐증은 자녀의 양육 환경에서 부모의 행동으로부터 기인하는 것이 아니라, 오히려 모든 가능성이 유전자에서 기인한다. 세 번째 변화는 몇 가지 논란의 대상이 되고 있다. 이것은 혁신적이며 **의사소통 촉진 방법**으로 알려진 중재 방법에서 유래했다. 이 방법은 12장에서 자세히 설명된 보완대체 의사소통의 한 형태이지만, 자폐증에 대한 문헌에서 중요하게 취급되기 때문에 처음으로 언급할 것이다.

1) 진단 기준

자폐증은 상대적으로 짧은 역사에도 불구하고 의료 및 교육 진단 분야에서 가장 복잡한 분야 중 하나가 되고 있다. 자폐증 및 관련 장애가 있는 아동들을 설명하는 데 사용되는 용어가 최근에 빠른 속도로 증가하고 있다. 이러한 용어가 **표 7.1**에 나열 및 정의되어 있다. 용어 정의는 자폐증의 주요 특성을 구성하는 것과 다른 유사한 질환과 자폐증을 구별하는 것과 관련되는 연구 결과를 제시했다. 많은 전문가들에게 이러한 용어들 사이의 차이는 미묘

표 7.1 자폐증, 전반적 발달장애의 다른 유형 및 관련 정신장애와 아동을 설명하는 데 사용되는 용어

용어	설명/해석
아스퍼거 장애	DSM-IV에 진단명이 처음 등장하지만, 이전에는 전반적 발달장애(PDD)에 대한 문헌에서 종종 사용했다. 신경학적 장애, 개인적 조건에 따라 주로 남자 아동들의 사회적 의사소통의 결함을 나타낸다(예: 눈 맞춤, 부적절한 얼굴 표정과 몸의 자세, 반복적인 관심, 틀에 박힌 행동, 사물 또는 부분에 대한 집착, 현학적 말의 사용). 아스퍼거를 가진 사람들은 일반적으로 자폐증을 가진 사람들보다 더 높은 기능을 갖는다.
자폐성 장애	PDD의 가장 심각한 형태는 DSM-IV-TR에서 확인된다. 진단 기준에 대한 설명은 표 7.2를 참조하라.
자폐 스펙트럼 장애 (ASD)	원래 용어는 제한되고 틀에 박힌 행동과 함께 언어 및 비언어적 의사소통 및 심상 그리고 사회적 상호작용의 결함을 나타내며, PDD보다 광범위한 조건의 그룹을 설명하는 데 사용되었다. 이 용어는 이후 (1) PDD와 지적 능력의 제한을 함께 보이고, (2) 자폐 아동 중에서 심한 정도이며, (3) 언어 능력의 향상과 같은 특성이 자폐성 장애 아동에게 일어날 수 있는 발달적 변화를 보인다.
아동기 붕괴성 장애 (CDD)	이전의 헬러 증후군(Heller's syndrome), 유아기 치매 또는 붕괴성 정신장애으로 알려져 있으며, 일반적인 사회적 기능, 의사소통, 운동, 인지 기술은 적어도 2세까지 정상 발달하지만, 아동이 획득한 기술의 갑작스러운 손실과 전반적인 발달장애의 특성 출현의 행동 특성에 의해 특징되는 보기 드문 상태를 일컫는다. DSM-IV-TR은 자폐성 장애로부터 별도의 전반적 발달장애를 분리하여 CDD를 인정했다.
유아[소아] 자폐증	DSM-III에서 사용되는 오래된 진단 범주이다(APA, 1980). DSM-III가 1987년에 개정되었을 때 자폐성 장애의 범주에 합쳐졌다(APA, 1987).
Kanner 증후군 또는 'Classic' 자폐증	원래 Kanner에 의해 기술된 환자와 유사한 자폐성 장애 아동을 표시하기 위해 일부 전문가들에 의해 사용되었다. 특히, 이러한 아동은, 지적장애로 보이지 않지만 자폐성 장애와 연관된 사회적 의사소통 및 행동 일탈을 보이는 아동이다.
전반적 발달장애 (PDD)	DSM-IV-TR, 다섯 가지 장애를 포함하는 광범위한 범주를 말한다. 감각, 운동 또는 언어적 기능의 결함과 관련 있으며, 이러한 특성이 출생 후 발달이 일어나는 동안에 유전적 원인으로 나타난다. PDD의 가장 심각한 유형은 자폐성 장애이다.
별도로 지정하지 않은 전반적 발달장애	DSM-IV-TR에서 기술된 진단 범주는 PDD의 행동 특징이 존재하는 아동에게 사용되지만 특정한 PDD(즉, 자폐성 장애, 아스퍼거 증후군, 레트 증후군 또는 아동기 붕괴성 장애)의 기준을 충족하지 않는다. 비전형 자폐증은 늦은 나이에 발병하거나 비전형적이며, 또는 자폐성 장애의 기준을 충족하지 않는 불충분한 증상, 임상적으로 자폐증으로 진단된 아이들보다 일반적으로 적은 손상을 보이기 때문에 이러한 아동을 설명하는 데 사용된다.
레트 장애	X 염색체에 있는 유전자의 돌연변이로 인해 발생하며, 여자에게서 발생한다. 진행성 신경학적 장애인 PDD의 유형으로 포함되어 있다. 레트 장애는 머리 및 신체 성장의 제한을 보이며, 적어도 5개월은 정상적 발달을 보이지만 이전에 취득한 사회, 언어, 인지 및 운동 능력 등에 상당한 저하를 나타낸다. 운동 기술은 상동적 손의 움직임, 몸통 제어의 어려움, 힘이 감소되고 운동 실조의 보행을 특징으로 한다. 말과 언어는 말 실행증, 메타언어의 결손 및 구강 기능/먹는 문제 등을 나타낸다. 레트 장애는 특히 자폐장애의 진단에서 제외된다.
조현성 성격장애와 조현형 성격장애	발달장애와 대조적으로 성격장애의 두 가지 유형으로는 DSM-IV-TR에 기술되어 있다. 조현성 성격장애의 주요 기능은 사회적 관계 및 감정 표현이 제한된다. 역사적으로, 이러한 아스퍼거 증후군의 특성을 가진 사람들은 일부 전문가에 의해 진단될 수 있다. 조현형 성격장애는 사회적 결손과 관련된 것뿐만 아니라 사고와 행동 이상의 왜곡을 나타낸다.
조현병	사회적 의사소통 행동이 자폐증에서 보이는 것과 유사한 방식으로 영향을 받는 상태이다. 그러나 조현병은 PDD와 달리 정신병으로 분류된다. 그것은 (표 7.4 참조) 여러 가지로 자폐증과 다르다.

출처: APA(1980, 1987, 1994, 2000); Gillberg(1991); Kowalski(2002); Oller와 Oller(2010); Prelock과 Contompais(2006); Richard와 Hoge(1999); Rutter와 Schopler(1987); Tonge(2002); Volkmar(1992); Wing(1997); World Health Organization(1987).

하며 임상/교육 관행의 문제에 관련이 없는 것처럼 보일 수 있다. 결국 자폐 아동들의 특성이 다양하기 때문에 똑같은 중재를 받는다면 표를 어떤 용도로 사용할 수 있을까? 진단 범주를 제시함으로써 향후 자폐증과 관련 장애를 가진 아동들의 하위 집단을 정의하는 분류 기준으로 제공될 필요가 있으며 앞으로는 '중재에 대한 반응'을 고려할 필요가 있다.

그럼에도 불구하고, 전문가들은 진단 범주에 의존하기 때문에 우리는 증후군을 정의하고 구별하는 방법의 문제를 고심해야 한다. 우리는 간단한 언어적 · 임상적 차이를 고려해야 한다. **자폐증**이라는 단어는 명사로서, 본질적인 행동 기준에 의해 정의된 임상 증후군임을 항상 참조해야 한다. 그 기준은 지난 반세기에 걸쳐 여러 차례 변경되었지만 증후군과 같은 자폐증의 개념은 그대로 남아 있다(Crais, Watson, Baranek, & Reznick, 2006; Oller & Oller, 2010; Prelock, 2006). 대조적으로, 형용사로 (쓰이는) **자폐증**(autistic)이라는 용어는 자폐증의 증후군에 대한 기준을 충족하거나 충족하지 않을 수 있는 아동의 개별 행동을 설명하기 위해 전문가들이 주로 사용해 왔다. 예를 들면, 최중도(profound) 지적장애를 가진 몇몇 아동들은 자폐증을 가진 아동에게서 관찰되는 자해 행동(예: 머리 때리기와 무는 행위) 또는 틀에 박힌 행동(예: 팔 펄럭거리기와 얼굴 찡그리기)을 나타낸다. 아마도 이러한 행동이 매우 극적으로 이상하고 자폐증과 관련 있기 때문에, 그들은 종종 **자폐증**(autistic) 또는 **자폐증과 같은**(autistic-like) 행동이라고 한다. 이 방법은 적어도 두 가지 이유에서 유감스럽게 생각된다. 첫째, 자폐 아동의 대략적인 행동을 설명한다. 아동이 '자폐증과 같은 행동'을 한다고 말하는 것은 누군가에게 '우울한 역할'을 한다고 말하는 것과 유사하다. 두 번째, 자폐증을 가진 아동에 대한 지식이 없는 청자 또는 독자를 위해 제안된 **자폐증과 같은**이라는 용어는 위와 같은 행동이 나타나지 않을 수도 있다.

이전에 언급 한 바와 같이 자폐증의 범주는 수년간에 걸쳐 개정되었다. 1980년대 이후, 장애의 진단 범주에 대한 전문가의 의견을 형성하는 가장 영향력 있는 집단은 DSM을 출판한 APA에 의한 전문적인 협회이다. DSM-IV는 1994년에 출판되었으며, 개정판(DSM-IV-TR)은 2000년도에 출판되었고, 추가 개정은 현재 진행 중에 있다. DSM-IV-TR에 포함된 자폐성 장애의 정의는 표 7.2에 인용되었다. DSM-IV-TR의 정의가 학문적으로 권위가 있지만, 자폐증의 법적 정의는 일반적으로 자폐증에 대한 진단 서비스를 주로 제공하는 국가기관에 의해 결정된다.

자폐증을 위한 DSM-IV-TR 진단 기준은 장애의 고유한 이질성을 다루고 있다. 즉, 자폐증을 가진 아동들의 넓은 일탈 행동 범위를 제시하고 있다. 자폐증의 특징은, 대부분 항상 반향어와 같은 행동을 나타내고, 특이한 언어(예를 들면 텔레비전의 광고방송을 반복하는 것)와 기계적인 사물에 대한 강한 흥미, 특이한 운동성의 동작(예를 들면, 발가락 끝으로 걷는 것)와 같은 동작을 포함한다. 그러나 이러한 행동이 주로 나타나기는 하지만, 모든 자폐증에서 발견되는 것은 아니다.

아동의 자폐증을 분명하게 진단할 수 있는 행동은 어떤 것이 있을까? 이 문제에 대한 정

표 7.2 DSM-IV-TR 자폐성 장애를 위한 진단 기준

	어리거나 심한 장애를 가진 아동의 전형적인 예	나이가 들었거나 덜 심한 장애를 가진 아동의 전형적인 예
3세 이전의 아동에게 다음의 행동 특성 중에서 여섯 가지 이상의 행동 특징을 보인다. 이 중, 사회적 상호작용의 손상을 나타내는 적어도 두 가지 행동이 포함되어야 한다.		
1. 사회적 상호작용을 조절하는 눈을 맞추며 응시하기, 얼굴 표정, 몸(신체)의 자세, 제스처와 같은 여러 비언어적 행동의 사용에 현저한 손상을 나타낸다.	'안녕' 하고 손을 흔들지 않는다.	기계적으로 상황으로부터 다른 사람의 행동을 모방한다.
2. 발달 수준에 적합한 또래 관계를 발전시키는 것을 실패한다.	또래 친구들과 우정을 만드는 것에 관심이 없다.	우정에 대한 관심을 표시하지만 사회적 상호작용의 규칙을 이해하지 못한다(예: 또래에게 전화번호를 묻는 것에 무관심하다).
3. 다른 사람들과 즐거움, 흥미, 또는 성취를 공유하고자 자발적으로 시도하는 것이 부족하다.	다른 사람에게 관심을 보이거나 대상을 지적하지 않는다.	자신이나 다른 사람의 흥미에 대해 이야기하지 않는다.
4. 사회적 또는 정서적 상호작용이 부족하다.	아프고 다치거나 피곤한 경우에도 안전을 얻으려고 애쓰지 않는다.	틀에 박힌 방식으로 안정감을 추구한다(예: 다칠 때마다 '치즈, 치즈, 치즈'라고 말한다).
5. 놀이를 하지 않거나 비정상적인 놀이를 한다.	적극적으로 간단한 놀이에 참여하지 않는다.	단지 다른 아동을 '기계적인 도움'으로 포함시킨다.
다음 중, 의사소통의 손상을 나타내는 행동이 하나 이상 포함되어야 한다.		
1. 음성 언어에서 완전한 발달이 지연된다(제스처 또는 마임(mime)과 같은 대안이 되는 의사소통 모드를 통해 보상하려는 시도를 동반하지 않는다).		의사소통을 위한 옹알이, 얼굴 표정, 몸짓, 마임, 또는 음성 언어가 없다.
2. 적절한 음성이 있는 개인은 다른 사람과 대화를 시작하거나 지속하는 능력에 손상이 나타났다.		독백은 다른 사람들과 대화할 때 사용하지 않고 산출한다.
3. 언어 또는 특이한 언어를 틀에 박히고 반복적으로 사용한다.		단조롭거나 질문 같은 억양, 높은 음조, 즉각 반향어, you와 I의 혼돈, 허구의 단어(invented words), 관련이 없는 발언
4. 적절한 발달 수준에서 다방면의 자발적인 가상 놀이나 사회적 모방 놀이가 부족하다.		성인 역할, 상상의 등장인물 또는 동물인 체하는 것이 안 된다.
다음 중, 제한되고, 반복적이고, 틀에 박힌 행동, 관심, 활동이 하나 이상 포함되어야 한다.		
1. 초점을 모으는 것 또는 강렬한 것 둘 중 하나에 비정상적 흥미를 보이며, 상동행동 및 제한된 패턴의 하나 또는 그 이상의 집착을 포함한다.		사물을 일렬로 정렬하는 것에 흥미를 느끼며, 기상학에 대한 놀라운 사실, 또는 공상적 인물인 체한다.
2. 특정한 것, 비기능적 일상 또는 의식들에 분명하고 단호한 집착을 보인다.		쇼핑을 할 때 같은 길을 따라야 한다고 주장한다.
3. 틀에 박히고 반복적인 운동 매너리즘.		손가락 튕기기 또는 비틀기, 회전, 머리 흔들기, 및 또는 복잡한 전신 운동
4. 대상의 부분에 대한 지속적인 집착		사물의 냄새를 맡는다. 재료의 질감을 느낀다. 특별한 사물에 애착을 보인다(예: 줄의 한 부분을 잡고 있음).

출처: APA(2000).

답은 없다. 그러나 연구자들은 이 문제와 관련된 또 다른 질문을 제기했다. 자폐증에서 주로 나타나는 특정 행동을 발견한다면 다른 장애와 구별이 가능하지 않을까? 하는 질문이었다. 이러한 질문에 대한 연구로 초기의 두 가지 연구가 있다. 그 연구는 자폐증과 유사한 장애 아동의 기록을 조사하고 자폐증의 독특한 특성을 결정하기 위해 통계 분석을 사용했다(Dahl, Cohen, & Provence, 1986; Siegel, Vukicevic, Elliot, & Kraemer, 1989). 연구에 따르면, 자폐증의 특성으로 사회적 손상이 있다는 것을 증명했으며, 그 결과에 동의했다. 구체적으로 DSM-III-R 정의에서 인용했고 DSM-IV-TR에서 유지되었으며 가장 예측할 수 있는 특징은 다음과 같다. 어떤 대상에 대한 지속적인 집착, 다른 사람의 감정 또는 존재에 대한 인식의 부족함, 사회적 의사소통 행동의 결손, 틀에 박히고 반복적인 행동은 자폐증에서 볼 수 있는 특성이다. 이러한 특성은 어느 정도 전반적 발달장애(pervasive developmental disorder, PDD)(예: 아스퍼거 장애와 아동기 붕괴성 장애)의 스펙트럼과 스펙트럼 밖의 다른 장애(예: 단순 언어장애, 학습장애, 지적장애 및 주의력결핍 과잉행동장애)를 고려하여 입증할 수 있다는 점을 이해하는 것이 중요하다. 따라서 전문가는 감별 진단의 중요성을 강조한다(Prelock & Contompais, 2006). Crais(2006) 등은 자폐 아동과 정상 발달 아동 그리고 다른 발달장애를 가진 아동의 차이를 제공할 수 있는 문제 행동의 세 가지 패턴, 즉 사회적 의사소통, 감각 조절, 놀이를 증명했다.

자폐증의 진단 정확도는 전형적인 발달 아동에게서 볼 수 있는 행동 특성의 부재뿐만 아니라 정상 발달 아동의 예측 가능한 행동 특성의 부재를 통해서 식별하는 것과 관련 된다(Crais et al., 2006). DSM-IV-TR 기준은 나열된 행동의 많은 것들이 영유아의 발달을 예상할 수 없기 때문에 도전을 받아 왔다. 우리는 이 장의 뒷부분에서 설명하는 바와 같이 DSM-IV-TR의 기준에서 의존하는 것은 3세와 4세 사이에 대부분 진단된 아동과 진단되지 않은 많은 어린 아동 사이에서 나타난 특성에 따른다(예: 18~24개월 또는 이하).

2) 출현율

자폐증의 출현율에 대한 최근의 평가는 다소 차이를 보인다. 아동 1,000명당 6명(Dosreis, Weiner, Johnson, & Newschaffer, 2006) 또는 250명당 1명(Yeargin-Allsopp et al., 2003)이라는 보고도 있는 반면에 다중 국가 연구는 8세 아동 150명 중 1명(Autism and Developmental Disabilities Monitoring Network, 2007a, 2007b)의 평균 비율을 보고했다. 이것은 1970년대에 보고되었던 비율(아동 10,000명당 3.5~4.5명)보다는 상당한 증가를 나타내고 있지만, 이러한 변화의 대부분은 자폐증의 현재 정의와 연구 방법의 차이에 의해 설명될 수 있으며, 진단 절차, 연구를 설계하는 방법의 변화, 연구 참가자를 선택하는 방법의 차이로 설명될 수 있다(Johnson, Myers, & Council on Children with Disabilities, 2007; Prelock & Contompais, 2006; Tonge, 2002). 더욱 민감한 진단 및 측정, 선별 도구, 자폐증에 대한 일반인들의 인식도 증가, 대중 매체에서 자폐증의 관심 증가 등으로 인해 일부 전문가들은 자폐증의 진단을 '유행병' 비율(Johnson et al., 2007; Oller & Oller, 2010)에 도달했다고 제안했다. 연구자와 의사들이 영아 및 영유아(toddlers)와 함께 사용할 수 있는 타당한 기준을 포함한 진단 기준 및 확인 절차에 동의할 때까지 자폐증의 출현율은 불확실한 채로 남아 있을 것이다.

다양한 연구에 따르면, PDD의 모든 형태들은 여자보다 남자에게 더욱 빈번하게 발생하고, 남녀의 비율은 2:1～5:1이라고 제안하고 있다(APA, 2000). 특히, 자폐증의 비율은 3:1～4:1로 추정된다. 남자에게 더 빈번한 발생을 보이는 이유를 설명할 수는 없지만, 성별 비율은 지적장애와 자폐증을 구별하는 특징 중 하나이다. 여자 자폐증의 진단이 덜 빈번하지만, 그들은 IQ 분포도(Bryson, 1997)에서 낮은 쪽 아랫부분에 분포한다. IQ는 자폐증을 변별하는 가장 잘 알려진 예측 인자이며, 여자는 임상 사례에서 더 적게 나타나는 경향이 있다(Gillberg, 1991). 여자에 대한 연구가 부족하지만, 여성이 남성보다 더 높은 비율로 발작장애(seizure disorders)를 갖는 것으로 밝혀졌다(Volkmar & Nelson, 1990).

3) 관련된 문제들

DSM-IV-TR 진단 기준에서 기술된 자폐증의 핵심 특징으로는 사회적 장애, 의사소통장애, 반복적이고 매우 제한적인 행동 특성이 있다. 이러한 특징이 자폐증과 다른 발달장애를 정확하게 구분하지만, 이러한 모든 행동이 자폐증을 가진 아동을 찾는 가능성을 설명하지 않는다. 표 7.3은 자폐증과 관련된 다른 중요한 조건의 일부를 요약한 것이다. 특히 자폐증과 지적장애는 중복장애가 많기 때문에 중재에 영향을 미친다. 이러한 관련된 문제로 인해 지적장애와 자폐증이 있는 사람은 기대 수명이 감소하는 것으로 보고되었다(Myers, Johnson, & Council on Children with Disabilities, 2007; Shavelle, Strauss, & Pickett, 2001).

4) 자폐증의 원인

이러한 질문에 간략한 대답은 정확한 인과 관계를 알 수 없다는 것이다. 원인을 찾을 수 있는 여러 가지 방법론적 문제는 다음과 같다.

1. 자폐증은 별개의 질환이 아니라 전반적 발달장애의 가장 심각한 형태를 나타낸다. 따라서 자폐증의 원인은 관련 장애를 가진 아동의 문제를 설명할 수 있어야만 한다.
2. 자폐증을 가진 아동에 따라 나타나는 심각한 문제 및 유형에서 다양한 차이를 보인다. 장애 요인이 무엇이더라도, 다양한 행동 문제를 나타내는 다른 발달적 요인들과 상호작용한다.
3. 자폐증을 가진 대부분의 아동들은 생후 18개월경에 사회적 능력의 손상이 처음 관찰

표 7.3 자폐증을 가진 아동과 관련된 문제들

지적장애	IQ 검사 결과, 자폐증을 가진 모든 아동들의 약 75 %에서 지적장애가 중복되며(Richard & Hoge, 1999), 대부분 지적장애의 중간 수준(IQ 35~49)을 나타낸다(APA, 2000; Rutter & Schopler, 1987).
운동 행동 결함	아동에 따라 반복적인 운동(표 7.1 참조)이 다르지만, 자폐증이 있는 많은 아동은 협응 능력이 떨어지며, 손과 몸의 자세에서 이상을 보인다(APA, 2000; Dewey, Centell, & Crawford, 2007). 결함은 새로운 상황(praxis)에서 새로운 운동 기술을 배우거나 사용할 때 어려움을 갖는 것으로 보고된다(Anzalone & Williamson, 2000). 자발적인 움직임을 시작하는 어려움(motor apraxia)(Biklen, 1990), 과제를 모방(copying)할 때 수행의 어려움, 운동 수행에 대해 시각적으로 모니터링을 하는 능력의 어려움(Fulkerson & Freeman, 1980), 운동 계획 및 프로그래밍 문제들(Lord & McGee, 2001; Ming, Brimacombe, & Wagner, 2007)을 보인다.
특이한 감각 행동	자폐증을 가진 아동들은 특정 자극의 감수성 저하 또는 과민 반응 중 하나를 보일 수도 있다(Richard & Hoge, 1999). 그들은 더위, 추위 또는 통증을 감지하지 못하지만 특정 소리를 듣거나 예기치 않게 접촉할 때 극도의 고통을 보인다(Greenspan & Wieder, 2006). 이러한 감각의 차이는 자폐증을 가진 사람이 보이는 사회적 의사소통 능력의 형태에 따라 분류할 수 있다(Anzalone & Williamson, 2000).
청력 손실	Gallaudet 연구소에 따르면, 청각장애를 가진 아동의 80명 중 1명이 자폐증으로 진단을 받고 있다(Rosenhall, Nordin, Sandstroem, Ahlsen, & Gillberg, 1999). 자폐증을 가진 아동의 약 8%는 경도에서 중등도(moderate)의 청력 손실을 갖고 있으며, 3.5%는 발음에 문제가 있고 최중도(profound)의 양측 청력 손실을 갖고 있다. 중이염의 결과로 발생하는 압력 변동이 정상 아동에 비해 자폐 아동의 발생이 더 많이 발생한다(Konstantareas & Homatids, 1987). 자폐증을 진단하는 데 사용되는 대부분의 조치는 청력 손실이 있는 아동이나 청각장애가 있는 사람들에게 적합하지 않기 때문에 일반적으로 자폐 아동이 청력 손실이 있을 때는 나이가 들었을 때 식별된다(Steinberg, 2008; Szymanski & Brice, 2008). The American Academy of Neurology and the Child Neurology Society는 사회적 의사소통이 손상된 모든 아동을 위한 완전한 청각 평가를 권장한다(Filipeck et al., 2000).
발작(seizures)	자폐증을 가진 모든 사람의 약 3분의 1은 초기 아동기 또는 청소년기에 뇌전증이 발생한다(Ballaban-Gill & Tuchman, 2000; Gillberg, 1991; Volkmar & Nelson, 1990; Volkmar & Wiesner, 2004). 발작의 증상이 어린 시절(middle childhood)에는 나타나지 않는 경향이 있는데, 그 이유는 설명할 수 없다(Filipek et al., 2000; Volkmar & Nelson, 1990).
취약 X 증후군(FXS)	자폐증을 가진 아동은 지적장애, 특정 행동장애 그리고 신체의 이상과 관련되는 유전적 조건에 의해 발병되는 FXS의 정상 유병률보다 더 높게 발생한다(6장 참조). 취약 X 증후군은 식별 기준에 따라, 0~20%의 비율로 발병하는 것으로 알려졌다. 엄격한 기준을 준수하면 2.7~6%로 나타났다(García-Nonell, Rigau-Ratera, & Artigas-Pallarés, 2006; Piven, Gayle, Landa, Wzorek, & Folstein, 1991). 자폐증과 FXS의 관련성은 자폐증과 FXS가 야기된(Garcia-Nonell et al., 2006) FMR1 유전자(6장 참조) 사이에서 돌연변이 간의 복잡한 관계와 관련되며, 적어도 어느 정도 관련된 것으로 알려져 있다.

된다(Johnson, Siddons, Fith, & Morton, 1992). 그러나 사회적 손상을 나타내더라도 정확한 진단을 할 수 없을지도 모른다. 그렇기 때문에 연구자들은 아동들이 영유아(toddlers) 또는 취학 전 아동이 될 때까지 연구를 할 수 없게 된다. 이것은 연구 뒤에 숨겨진 본래의 문제에 대한 특정 정보에 머물게 하는 역할을 한다.

4. 자폐증을 가진 아동들의 사회적 어려움과 의사소통의 어려움으로 인해 아동이 어릴 때 발달 검사를 실시하는 것이 매우 어렵다(Lord, 1997). 측정의 정확성이 의심되는

경우에 인과 이론을 증명하기 어렵기 때문에 자료가 잘못될 수도 있을 것이다.

이러한 장애에도 불구하고, 자폐증에 대한 연구는 거대한 양의 정보를 수집했으며, 초점이 되는 많은 문제를 야기했다. 현재의 연구는 Hughes(2008)에 의해 논의된 많은 의심되는 원인을 제안했다. 내용은 다음과 같다.

1. 일부 주장에도 불구하고, 수은은 티메로살(thimerosal: 살균 소독제)이라고 불리는 예방법에 사용된다(2001년 이후 사용되지 않음). 그리고 이것은 일부 백신(홍역-볼거리-풍진)에서 발견된 원인과 유사하지 않다(Institute of Medicine, 2001).
2. 자폐증의 특성은 다수 염색체 및 복잡한 유전적 구조를 가질 수 있다. 현재의 연구는 특히, 30개의 서로 다른 유전자 중에서 15~17개의 염색체들이 관여하고 있다. 특히, 촉진제 메틸화 유전자(MECP2: X염색체 안에 있는 MECP2(Methyl CpG binding Protein 2 유전자)가 문헌에서 언급되어 왔다.
3. 산모의 비타민 D 결핍, 심한 자연 폭풍에 노출된 태아, 어머니(산모)의 갑상선이 낮은 정도 및 감정/불안장애 등은 자폐증과 관련이 있다. 아버지 쪽에서는 학습장애/주의력결핍은 아동 자폐증과 관련이 있다.
4. 뇌파검사(electroencephalographic) 자료는 중추신경계와 피질 하부를 연결시켜 감소된 피질 섬유를 나타내는 중추신경계 장애를 보여 준다.
5. 다양한 조직의 요인은 여러 가지 식이 단백질, 성장과 호르몬 변화, 그리고 전해질 장애에 불리한 면역 체계의 반응으로 자폐증과 관련된다.
6. 환경 요인은 신경학적 장애로 인한 신경 네트워크의 동시성의 감소를 나타내는 산화 스트레스(oxidative stress)를 유도한다.
7. 높은 테스토스테론(testosterone) 수준은 임신 중기 동안, 양수에서 발견된다.

우리가 이전에 언급한 바와 같이, 수년간 자폐증의 근본적인 문제는 환경이라기보다 신경생리학적인 것으로 합의되어 왔다. 이것은 지적장애 및 조현병과 같은 신경생리학적 원인이 있는 것으로 알려진 다른 아동기 붕괴성 장애와 자폐증을 비교하는 연구를 통해서 가능해졌다. 만일 자폐증이 이런 다른 장애와 구별되어 분류될 수 있다고 가정한다면, 그것은 다른 장애에 대해 알려진 정보를 근거로 자폐증을 설명하는 것이 가능할 수도 있을 것이다. 자폐증을 구별할 수 있는 증거가 있으며, 표 7.4는 자폐증과 다른 신경생리적 장애를 구별할 수 있는 연구 결과를 보여 준다.

5) 유전적 특징

모든 심각한 발달장애로, 자폐증을 일으키는 유전의 역할은 연구자들에게 강한 흥미를 불러일으켰다. 유전적 환자의 가족력을 설명하는 Kanner는 자폐증의 유전적 요인 또는 유전

표 7.4 다른 신경생리학적 장애와 자폐증을 구별하는 증거

자폐증과 대비해서	지적장애
다운 증후군(아동의 약 10%)이나 뇌성마비에서 드물게 발생한다.	보통 다운 증후군과 뇌성마비에서 발생한다.
남성에게 훨씬 더 빈번하게 발생한다(대략 4대 1의 비율).	남성에서 조금 더 자주 발생한다.
아동은 사회정서적 신호를 구별하는 것에 어려움을 겪는다(예: 얼굴 표정).	아동은 정신 연령에 상응하는 수준에서 이러한 신호를 읽을 수 있다.
자폐증과 대비해서	**조현병**
증상은 일반적으로 30개월 전에 발생한다.	증상은 일반적으로 청소년기에 발생한다.
조현병의 가족력은 드물다.	조현병의 가족력은 우연히 발생하는 것보다 더 높다.
망상과 환각이 드물다.	망상과 환각이 특징 행동이다.
이상 행동이 지속적이다.	비정상적인 행동이 에피소드이다.
발작은 약 3분의 1에서 4분의 1의 경우에 발생한다.	발작은 드물다.
자폐증과 대비해서	**수용언어의 발달장애**
남성에게 훨씬 더 빈번하게 발생한다(대략 4대 1의 비율).	성별 분포가 거의 동일하다(남성은 표현언어장애가 두드러진다).
개선을 위한 예후는 일반적으로 좋지 않다.	예후는 일반적으로 더 좋다.
더 넓고 더 심각한 인지적 장애이다.	가벼운(milder) 인지적 장애이다.
사회정서적 문제와 행동 문제가 지속된다.	감정과 행동에 문제로 인해 언어의 2차적 손상이 나타나며, 언어로 하는 것을 향상시키려는 경향을 보인다.

출처: Folstein과 Rutter(1988); Howlin, Wing, Gould(1995); Rutter와 Schopler(1987); Yirmiya, Erel, Shaked, Solomonika(1998).

적 분류를 제안했다(Oller & Oller, 2010). 자폐증의 유전적 근거를 지원하는 초기 정보는 다음과 같이 요약될 수 있다.

- 자폐증은 한 가족 내에서 발견될 수 있는 경향이 약간 있다(한 번 이상 발생). 한 명의 자폐 아동이 한 명 있는 가족에서 대략 1~3% 발생한다. 낮은 비율일지라도, 그것은 확률적인 가능성보다 50~100배 더 크다(Folstein & Rutter, 1988). 따라서 하위 집단은 자폐에 대한 유전적인 민감성이 있을 수 있다(Bristol et al., 1996). 취약 X 증후군과 같은 특정 유전 장애로 분류될 수 있는 경우에 유전적 역할이 더 잘 설명될 수 있으며, 유전적 예측이 더 정확해질 수 있다.
- 자폐증이 있는 아동의 가족은 다른 인지적 · 사회적 · 심리적 장애의 가능성이 높다. 이 증가된 위험성은 전적으로 자폐증이 있는 자녀를 양육하는 스트레스로 인한 것이 아니다(Bolton, Pickles, Murphy, & Rutter). 자폐증이 있는 아동의 부모들이 다운 증후군이 있는 아동의 부모들에 비해 미묘한 의사소통 문제가 있으며, 그들의 문제와 다운 증후군이 있는 아동의 부모를 비교하면서 그들은 더 높은 불안 비율과 조울증-우울증을 나타냈다(Landa, Folstein, & Isaacs, 1991; Piven, Chase et al., 1991). 이들의 연구

결과는 초기에는 지지받지 못했고 현재도 불신되고 있지만, 자폐증에 대한 이론이 무감각한(insensitive) 부모의 양육 방식 때문이 아니라는 것을 알려 주는 중요한 발견이었다.

❖ 유전자 전이의 정밀한 움직임이 원인인 경우, 아직 이해되지 않는다. 그것은 가족력에서 나타나고, 자폐증은 유전자 하나 때문에 생기는 것이 아니라, 여러 유전자가 상호작용하는 과정에서 생겨난다(Hughes, 2008). 이 분야의 연구에 따르면, 자폐증은 여러 가지 형태로 나타나고, 사회적 인지장애의 스펙트럼의 일부라는 사실에 의해 복잡하다. 따라서 그 결과, 각 연구에서 장애를 정의하고 확인하는 방법의 결과에 따라 달라질 수 있다(Rutter, Bailey, Siminoff, & Pickles, 1997).

자폐증의 유전에 관한 연구가 진행되고 있지만, 현재의 관점은 자폐증의 유전적 기초를 지지한다(Campbell et al., 2006; Moy & Nadler, 2008; Oller & Oller, 2010).

6) 자폐증의 자연발달사

자폐증 대한 많은 미스터리 중 하나는 일반적으로 약 18개월까지 상태를 인식할 수 없다는 점이다. 그 나이 때, 웃기, 가리키기, 사람에게 응답하기와 같은 사회적 행동에서 눈에 띄는 차이를 보이는 아동이 모두 자폐증 진단을 받는 것은 아니다(Crais et al., 2006; Johnson et al., 1992). 대부분의 경우에 자폐증의 징후는 생후 18~36개월 사이에 발생하지만, 유아의 가정용 비디오를 분석한 연구에 따르면, 자폐증이 있는 아동이 눈 맞춤이 감소하고, 이름에 대해 인식하기, 지적하기, 보여 주기 등을 포함하여 여러 영역에서 결손을 보여 준 것은, 생후 8~12개월 사이인 것으로 드러났다(Baranek, 1999; Crais et al., 2006; Mars, Mauk, & Dowrick, 1998; Osterling & Dawson, 1994). 나중에 더 심각한 증상을 보이는 아동은 더 이른 시기에 발병을 보이는 경향이 있다. 이것은 아마도 심각한 증상을 보이는 아동의 부모가 경미한 증상을 보이는 아동의 부모보다 더 이른 시기에 인식하는 것을 반영한 것이다. 따라서 흔히 쓰이는 **발병 연령**(age of onset)이라는 용어는 **인식 연령**(age of recognition)으로 더 정확하게 설명된다(Shorter & Schopler, 1988).

자폐증 초기 징후들은 대부분 발화 행위에 앞서 나타나는 아동의 의사소통 행동 결함이다. 정상 발달 아동과 자폐증이 중복되지 않은 지적장애 아동은 둘 다 어머니의 목소리에 강한 애착을 보여 주는 반면에, 자폐증이 있는 아동은 관심을 거의 표현하지 않거나 심지어 레스토랑 소음과 같은 환경음을 듣는 것을 선호한다(Klin, 1991). 그들은 다른 사람과 상호작용에 참여해야 할 경우, 자폐증이 있는 아동은 몸짓에 주목하는 능력에서 손상을 보인다(Hughes, 2008; Kasari, Freeman, & Paparella, 2001). 즉, 자폐증이 있는 아동은 좀처럼 대상을 가리키거나 자신의 상대자에게 사물을 보여 주지 않는다. 이러한 행동은 일반적으로 언어 이전기의 정상 발달 아동들에게 주로 나타나며, 이들은 눈 마주침을 사용하여 상대자의 관심을 유도한다. 지적장애 아동과 언어 연령을 일치시킨 집단과 자폐증이 있는 아동들을 비교한 결과, 자폐 아동은 위와 같은 행동을 거의 나타내지 않았다(Mundy, Sigman, & Kasari, 1990).

자폐증을 가진 후기 아동기 아동은 다양한 사회적 상호작용의 넓은 영역, 장애의 특성인 의사소통 및 가상 놀이에서 어려움을 보이기 시작한다(표 7.2 참조). 많은 학자들에 따르면, 이러한 다양한 여러 문제의 원인은 하나의 근본적인 원인에서 기인할 수 있다. 그것은 자신 또는 다른 사람의 감정 상태를 추정하는 능력으로, '마음 이론'이라는 용어를 사용한다(6장 참조)(Baron-Cohen, 1991; Baron-Cohen, Leslie, & Frith, 2007; Frith, 1989; Gordon & Barker, 2007; Hughes, 2008; Silliman et al., 2003; Tager-Flusberg, 1992; Yirmiya et al., 1998). 이것은 상위 표상적인 사고를 할 수 없는 것과 그들이 상호작용하는 사람들과의 사고 과정에서 다른 사람을 이해할 수 없거나 관련되지 않는다고 생각하는 것을 의미한다. 분명히 이 문제는 사회적 상대자의 분위기, 욕구, 그리고 의도를 '읽는' 능력에 기초해서 사회적 관계를 시작하고 유지하는 능력이 제한되는 것이다. 마찬가지로, 의사소통은 이들이 만드는 문맥에 따라 메시지를 평가할 수 있는 능력을 요구한다. 그들이 만드는 문맥의 일부는 화자의 생각과 감정 상태이다. 우리는 일상적으로 "엄마는 당신을 잃어버렸다고 생각했기 때문에 슬펐다."라는 문장에서 두 가지를 관련시킨다. 상위 표상적인 문제가 있는 아동은 슬픔이 발생한 엄마의 감정을 상상할 수 없기 때문에 이런 종류의 문장에 혼란을 느끼게 될 것이다.

상위 표상적 문제의 또 다른 예는 아동들이 대화 상대자가 말할 필요가 있을 때, 말하는 순서를 지켜야 할 때, 말을 분명하게 해야 할 때 등과 관련되는 미묘한 신호를 알아채지 못하는 것이다. 따라서 그들은 종종 상위 표상적인 문제가 원인이 되어 의사소통의 화용론에 손상이 일어난다. 이러한 사회적 손상이 자폐증의 중요한 특징으로 간주되는 이유 중 일부이다.

대부분 상상력 있는 활동은 다른 사람들이 무슨 생각을 하는지 표현하는 것에 따라 달라진다. 이것은 부모, 경찰, 가게 주인, 의사 등, 아동들이 가장하고 있는 사람처럼 생각할 수 있는 능력이 요구되는 역할 놀이 게임에서 분명히 드러난다. 상상력이 있는 활동은 상징적인 사고 과정과 밀접한 관련이 있으며, 자폐증의 또 다른 특징은 발달사에서 뚜렷이 나타난다.

후기 아동기, 자폐증을 가진 어린 아동에게 나타나는 사회적 의사소통 문제는 종종 향상된다. 중재는 향상에 영향을 미치는 요인 중 하나이다. 그러나 자폐증이 있는 사람들에 대한 몇 가지 연구는 그들 중 대다수가 청소년기에 증상이 악화되었음을 보여 주었다. 가장 일반적으로, 과잉 행동, 공격성, 자포자기 및 일상생활에서의 집착이 증가되는 특성을 보였다. 이렇게 증상이 악화된 이유(또한 자폐증이 어떤 사람에게는 나타나고, 또 다른 사람에게는 나타나지 않는 이유)는 밝혀지지 않았다. 일부 사람들에게는 사춘기 뇌전증의 발병 또는 다른 발작장애가 그 원인이며, 사춘기의 호르몬 변화와 신경계에 미치는 영향, 그리고 어떤 행동의 효과를 악화시키는 아동의 신체 성장 문제들이 원인이 되는 것으로 보고하고 있다(Filipek et, al. 2000; Gillberg, 1991). 그들은 사회적 상호작용보다는 자신이 좋아하는 일에 참여하는 것을 선호하기 때문에(Orsmond, Krauss, & Seltzer, 2004), 또래와의 관계 및 우정을 유지하고 발달시키는 것이 종종 자폐 청소년들에게 더 어려울 수 있다(Bolick, 2001).

2. 자폐 아동들의 의사소통

지적장애를 가진 아동 중에서 언어장애와 관련되는 많은 연구들은 주로 생활 연령(CA), 정신 연령(MA), 또는 언어 연령(LA)을 일치시켜 연구를 했다. 유사한 절차가 자폐증을 가진 아동들의 언어장애를 연구하는 데 사용되었다. 원칙적으로 이 방법은 아동 집단(예를 들면, 자폐증을 가진 아동들, 지적장애를 가진 아동들, 일반적인 발달 아동들) 간의 비교를 산출하고, 나이, 지능, 또는 일반 언어 수준의 차이를 확인하는 것이다. 그러나 자폐증을 가진 아동들은 다른 장애 아동과 일치시키기 어려운 경우가 종종 있다. 틀에 박힌 구와 문장을 반복하는 반향어로 말을 하는 경향을 보이기 때문에 말의 평균 길이의 수는 다른 아동들보다 덜 안정적이고 덜 대표적일 가능성이 있다. 유사하게도 IQ와 연결하는 것은 그들의 수행력이 다양한 연령대 및 지능 검사의 다양한 형태에 따라 매우 다양하기 때문에 자폐증을 가진 아동들을 비교하기 어렵다(Sparrows et al., 1997). 또한, 초기 의사소통 발달의 대부분과 의사소통 행동의 많은 부분은 정상 발달 아동들과 충분히 다른 특성을 보이며, 이러한 특성이 장애의 지표로 간주된다. 사실, 몇몇 연구는 일반적인 장애의 특성으로 언어 기술의 프로필을 제안했다. 이 프로필에서 특정 능력은 상대적으로 **보존된다**. 즉, 아동의 지적 수준에 거의 상응하는 것으로 나타난다. 아동의 이러한 언어의 구성 요소는 일반적으로 나이에 적합할 수 없지만 임상적 중재의 초점이 될 수 있으므로 주의하는 것이 중요하다. 그러나 이러한 언어적 어려움들이 2차적으로 지적 손상을 가져오기 때문에 일반적 발달 목표를 계획함으로써 언어 능력이 향상될 것으로 예상할 수 있다. 일부 능력을 고려하면서, 능력의 몇 가지 측면을 보존하는 것을 깨닫게 하는 것이 중요하나, 반면에 다른 측면이 손상될 수 있다. 보존되는 능력을 나타내는 그림은 분명하지 않거나 희색과 검은색의 그림으로 분명하지 않다.

다소 보존될 수 있는 몇 가지 능력과 대조적으로, 일련의 능력들은 상대적으로 자폐증을 가진 아동들에게서 **손상된다**. 이것들은 자폐증의 가장 독특한 의사소통 행동이며, 진단 기준으로 빈번히 인용된다(표 7.2 참조). 자폐증을 가진 아동들의 의사소통에 관한 연구 결과를 해석하는 동안 이러한 요소들을 기억할 필요가 있다.

1) 초기 의사소통

자폐증을 가진 아동들의 초기 의사소통은 자신의 보호자의 음성 패턴과 자신의 음성 패턴을 일치시는 것, 성인과 함께 감정 표현을 공유하는 것, 몸짓과 발성을 통하여 부모님에게 반응하는 것 등에서 어려움을 갖는다(Baranek, 1999; Trevarthen & Daniel, 2005). 공동 주목하기(joint attention)의 손상은 자폐증의 특징 중 하나이다(Mundy & Markus, 1997). 이전 장에서 보았듯이 공동 주목하기는 어른들이 말한 단어 및 어른들이 가리키거나 쳐다본 대상을 연상하도록 하는 것으로, 아동들에게 중요한 과정이다(Baldwin, 1991; Baldwin & Moses, 2001). 자폐증을 가진 아동들은 큰 소리 및 신체적인 촉구를 사용해도 성인의 시선이나 동작을 따르는 것에 실패한다. 따라서 아동들은 새로운 단어를 빠르게 연결하기 위해 시선을 맞추지 않는다(Baron-Cohen, Baldwin, & Crowson, 1997).

생후 8~10개월 된 정상 발달 유아들은 자신의 이름이 불려지면 소리를 향해 고개를 돌려 자신의 이름에 반응하지만, 자폐증을 가진 유아들은 청각의 손상이 없는데도 반응의 근원과 같은 선택적 주의 때문에 반응을 보이지 않는다. 즉, 환경 소리에는 적절히 대응하지만, 인간의 목소리에 응답하지 못할 수 있다(Leekam & Lopez, 2000; Leekam & Ramsden, 2006; Mundy, 1995). 새로운 상황에 직면했을 때, 정상 발달 아동들은 어머니의 얼굴을 쳐다보는 경향을 보이며, 나중에 어머니의 얼굴 표정을 흉내 내는 경향이 있다. 그러나 자폐증을 가진 아동들은 이렇게 하는 데 실패한다(Dawson, Hill, Spencer, Galpert, & Watson, 1990).

때때로 초보 발화('uh')를 동반한 원시 명령적 지적(protoimperative pointing, 요청하는 대상을 지적하기)은 생후 12~14개월 된 정상 발달 아동들에게서 일어난다. 자폐증을 가진 몇몇 아동들은 가리키기(손을 쥐었다 펴기)의 초보적인 형태를 보일 수 있지만, 그들은 대상과 어른을 번갈아 쳐다보는 행동은 하지 않는다. 생후 14~16개월 사이에 정상 발달 아동은 성인(예: 명령적 지적)과 경험을 공유하려는 목적으로 대상을 가리킨다. 자폐증을 가진 아동들은 명령적 지적하기를 나타내지 않는 경향이 있으며, 만일 명령적 지적하기를 하더라도 긍정적인 효과가 부족하고, 사회적 맥락에서 의사소통의 목적으로 사용하지 않는다(Johnson et al., 2007).

자폐증을 가진 아동들은 2~3세 사이에 종종 옹알이, 제스처 그리고 자음 사용 빈도 및 다양한 자음 사용에서 감소를 보일 것이다. 제스처, 눈 맞춤, 손을 흔들기(waving), 가리키기 등의 사용과 같은 언어적 · 비언어적 의사소통의 퇴행은 아동의 약 25~30%에서 볼 수 있다(Landa, 2007). 일반적으로 자폐증을 가진 아동들의 요구하기는 의사소통 맥락의 언어 및 비언어적 측면의 통합을 요구하는 공동 주목하기와 같은 다른 사회적 의사소통 행동보다 우수하다. 자폐증을 가진 아동들은 부모를 비롯한 주위 사람들의 관심을 끄는 행동에 반응할 가능성이 낮다. 자폐증을 가진 아동들의 구두 언어의 지연은 일반적으로 제스처와 같은 비구어적 의사소통으로 대체되지 않았다.

2) 보존되는 능력들

분절 음운론 및 구문론. 자폐증을 가진 아동들의 언어 능력 중에서 일반화할 수 있는 것 중의 하나는 음운론 또는 구문론의 수준(자음과 모음 생산)에서 심각한 특정 발달장애가 나타나지 않는다는 것이다(Mundy & Markus, 1997; Tager-Flusberg, 1991). 그러나 모든 일반화와 마찬가지로, 예외적인 경우를 찾을 수 있다(Wolk & Giesen, 2000). 그럼에도 불구하고, 다음을 기대할 수 있다.

1. 아동들이 산출하는 말은 비록 성인 같지는 않지만 일반적으로 어린 나이에 발달하는 아동의 음성과 같은 방식으로 이해할 수 있을 것이다. 그러나 /r/, /l/, /s/와 같은 소리에 대한 왜곡 오류는 고기능 자폐를 가진 사람들과 아스퍼거 증후군을 가진 사람들이 성인기에도 계속되는 경향이 있을지 모른다는 몇 가지 증거가 있다(Shriberg, Paul, McSweeny, Klin, & Cohen, 2001).
2. 발화는 두드러진 구문 문제가 없고, 구문 구조 및 형태소 범위의 발달에 제한을 보이지만 발화의 질이 떨어지지 않으며 구조적 성장에 균형을 보여 줄 것이다. 자폐증을 가진 아동들의 구문 발달은 종종 정상 발달 아동보다 느리지만, 정상 발달 또래와 유사한 발달 패턴을 따른다(Tager-Flusberg, Paul, & Lord, 2005).

이러한 특성은 지적장애, 청각 손실, 또는 특정한 언어 손상과 같은 다른 원인으로 인해 언어 문제가 있는 아동들과 자폐증을 가진 아동들의 언어를 구별하는 주요한 차이이다.

어휘 및 구문 이해. 문법 및 어휘의 익숙함, 주제의 익숙함, 상호작용의 친숙함 등과 같은 많은 요인들이 아동의 언어 이해에 영향을 미친다. 통제된 조건에서, 생활 연령을 일치시킨 자폐증을 가진 아동들은 언어 부호(code)를 이해할 수 있는 것으로 나타난다. 즉, 단어의 의미와 의미론적 대조, 단어 순서 또는 굴절 형태소의 변화에 따라 나타나는 의미론적 대조를 해독할 수 있다(Beisler, Tsai, & Vonk, 1987; Eskes, Bryson, & McCormick, 1990). 그러나 정상 발달 아동처럼 자폐증을 가진 아동이 언어를 이해할 수 있다는 것을 의미하지 않는다. 예를 들어, 자폐증을 가진 5세 아동(정신 연령 2세)은 제한된 어휘와 미숙한 인지 발달로 인해 이해에 어려움을 겪을 것이다. 더욱이, 아동의 사회적 상호작용 행동(눈 맞춤 및 공동 주목하기)의 손상을 나타낼 가능성이 높으며, 초기 아동의 연령에서 언어 이해는 매우 중요하다(Baron-Cohen, 1988; Watson, 2001). 고기능 자폐 아동들은 표준화된 어휘 검사에서 정상적인 점수를 얻을 수 있다. 그러나 그들은 적절한 문맥에서 단어를 사용하는 것에 어려움을 겪으며, **알다**, **생각하다**, **기억하다**와 같은 감정 상태 및 정신 상태를 나타내는 단어의 사용에 제한을 보인다(Tager-Flusberg, 1991, 1992).

모방. 모방은 의사소통 상대자가 상대방의 행동을 인식한다는 것을 표시하며, 주의를 기울이고 있고 미래의 언어발달에 연결되어 있음을 표시하는 의사소통 도구의 역할을 한다(Baron-Cohen & Swettenham, 1997; Sigman & Ruskin, 1999). 언어장애의 다른 형태를 보이는 많은 아동들과는 달리, 자폐증을 가진 아동들은 언어적 자극을 모방할 수 있다. 따라서 언어적 메시지를 해부호화(decode), 저장(store), 부호화(encode)하는 능력을 갖고 있다. 그러나 이것을 사용하는 능력에 있어서 이상하게 보이거나 때로는 기괴하게 보일 수 있다. 왜냐하면 자폐 아동들은 과도하게 또는 부적절하게 모방을 하기 때문이며, 이것은 아동들이 사회적 의도가 확실하게 부족할 수 있다는 것을 보여 준다. 그러므로 자폐 아동에게 모방 능력은 손상된 능력으로 간주한다. 더욱이, 최근에 자폐증을 가진 아동의 모방, 마음 이론 및 공감과 같은 높은 수준의 기능 손상은 거울 뉴런(mirror neurons)의 결손과 연관된다고 보고되었으며, 이러한 뉴런들은 행동을 수행하는 동안에 뉴런들을 활성화할 뿐만 아니라, 다른 사람에 의해 행해진 동일한 행동을 관찰하는 역할을 담당한다(Oberman et al., 2005).

3) 손상된 능력들

비분절 음운론. 자폐증을 가진 아동들은 분절음(자음과 모음)을 익힐 수 있는 능력과 대조적으로 운율이라고 일컬어지는 비분절음 산출에 상당한 손상을 보인다. 이러한 문제들은 다양한 형태를 가지며, 아동들 사이에서 상당히 다를 수 있다. 가장 빈번히 정도를 벗어난 특성의 일부는 다음과 같다(Baltaxe & Simmons, 1985; Goldfarb, Braunstein, & Lorge, 1956;Shriberg et al., 2001).

1. '억양 없는 단조로운 말투(singsong)'로 묘사되는 틀에 박힌 리듬 패턴, 즉 음을 과도하게 연장하는 것이 특징이다.
2. 지나치게 잦은, 문맥상 부적절한 속삭임(whispering)
3. 소리의 크기에 대한 특이한 변동
4. 단조로운 음성으로 인한 제한된 음도 범위
5. 말더듬과 유사한 부적절하거나 어눌한 말씨
6. 과도한 비강 공명
7. 언어적으로 표현하는 것과 일치하지 않는 음색의 대조(예: 문장이 의문문이 아니어도 상승되는 억양으로 표현)

이러한 문제를 해결하는 것은 복잡한데, 그 이유는 적절한 운율이 지각-운동 능력, 문법 조직, 서로 다른 상황에서 사회적으로 수용될 수 있는 것 등과 같은 여러 요소가 포함되기 때문이다(Shriberg et al., 2001). Paul, Augustyn, Klin과 Volkmar(2005)는, 고기능 자폐증 젊

은이들은 '흥분한'과 '진정한'과 같은 운율적 감정들을 인식하고 산출할 수 있지만, 발화 속도만으로 두 감정을 구별하거나 다른 청각적 단서를 사용하지 않았다. Rutherford, Baron-Cohen과 Wheelwright(2002)는, 자폐증을 가진 사람들이 운율을 인식하는 데 어려움을 갖는 것은 마음 이론의 손상에 기인할 수 있다고 제안했다.

대명사의 어려움들. 자폐증을 가진 아동들의 말에서 대명사 형태의 혼란 및 대체는 자주 발생한다. 성별의 혼란과 같은 그들의 오류 중 일부(*she* 또는 *it*을 *he*로 사용) 또는 대체의 경우(*he*를 *him*으로 사용)는 흔히 정상 아동 및 다른 언어장애 아동에서 발견된다. 그러므로 자폐증에서 관찰된 대명사 문제들은 단지, 전체 언어장애의 예측 가능한 구성요소이다.

자폐증을 구별할 수 있는 문제는 대명사 사용, 즉 일인칭, 이인칭, 삼인칭 단수 형태에서의 혼란이다. 일인칭과 이인칭 대명사 사용의 혼란은 자주 언급되는 특징이다. 자폐증을 가진 아동들은 *you*로 *themselves*를 지칭하거나, *I* 또는 *me*로 다른 사람들을 지칭한다. 한 연구에서 자폐증을 가진 아동과 정상 아동과 나이를 일치시킨 자폐 아동 25명 중에서 17명이 I와 you를 혼돈했으며, 인칭 대명사 사용에 어려움을 드러냈다(Lee, Hobson, & Chiat, 1994). 아마도 반전에 대처하는 메커니즘으로, 자폐증을 가진 아동들은 사진을 보고 누구인지를 대답할 때, 'you' 또는 'me'라고 말하는 것 대신에 적절한 이름을 사용하는 경향이 있었다. 더욱이 최근에는 Hobson, Lee와 Hobson(2009)의 연구에 따르면, 자폐증을 가진 아동들이 일인칭 복수 대명사(we)의 사용에서는 정상 아동과 차이가 없었지만, 3인칭 단수 대명사(he)의 사용에서는 정상 아동보다 더 떨어지는 것으로 나타났으며, 이러한 차이는 다른 사람의 태도를 이해하는 능력이 부족하기 때문인 것으로 설명했다. 그러나 Tager-Flusberg(1994)는 자폐증을 가진 소집단 아동의 언어 능력이 더 우세한 것으로 나타나며, 어린 연령에서 대명사 역전을 보였으나, 그들은 나이가 성장함에 따라, 우세한 언어 능력의 일부 아동들은 대명사 사용의 실수가 지속되지 않았으며, 이러한 연구 결과가 자폐증을 가진 모든 아동들에게 보이는 것은 아니라고 설명했다.

이 현상에 대한 많은 설명들이 제안되었다. 지난 몇 년 동안, 대명사 사용의 혼란은 자아 분화(ego differentiation)의 실패로 간주되었지만, 자폐증의 다른 정신병리학적인 원인 때문으로 해석하고 있으며, 현재 설명되고 있는 것들은 다음과 같다.

1. 자폐증을 가진 아동들은 특히, 특정한 지시 형태를 이해하고 사용하는 능력이 손상된다. 즉, 의미 단어가 의사소통 상황에 따라 결정된다. 화자의 해석에 따라 *I*, *you*, 그리고 *me*를 수정하기 때문에, 근본적인 단어들의 의미를 파악하는 데 어려움을 나타낸다.
2. 대명사에 대한 문제는 자폐증을 가진 아동들이 상위 표상이나 마음 이론에 어려움을 겪는 또 다른 측면이다. 즉, 명확하게 자신과 다른 사람의 정신 상태를 구별하지 못

하기 때문에 이러한 차이를 표시하는 언어 형태에도 어려움을 갖는다. 이 설명이 옳다면, 대명사 사용에서 향상을 보일 것으로 예상하는 것은 다른 사람의 주의집중을 유도하는 비언어적 행동(예를 들어, 눈 맞춤과 몸짓)에서 만들어질 수 있다.

3. 자폐증을 가진 아동들은 다른 사람들의 말에서 대명사의 사용을 관찰할 수 있는 능력을 방해하는 주의력 결핍이 있을 수 있다(Oshima-Takane & Benaroya, 1989). 자폐증을 가진 아동들은 다른 사람들이 말을 할 때, 대화에 참석하지 않기 때문에, 대명사 사용의 정상적인 변화를 보이지 않는다. 이것은 그들이 대화하는 방법에서 대명사를 습득하지 않았다는 것을 의미한다. 언어 중재 프로그램에 대명사 변화의 노출에 추가적으로 집중해서 제공한다면 도움이 될 것이다.

그러나 현재 해결 방법이 없지만 이러한 설명들은 정확하다.

반향어, 정형화된 언어, 신조어. 자폐증을 가진 아동들은 특유한 언어로 일컬어지는 몇 가지 특이한 언어적 행동을 보인다. 특유한 언어의 흔한 형태로는 반향어, 정형화된 언어(formulaic language), 신조어(neologisms)들이 있다.

자폐증을 가진 아동들의 가장 두드러진 특징 중 하나는 잦은 반복 발화이다. 자동적이고 생각 없이 발생하는 것처럼 보이는 이 행동을 반향어라고 한다. 과도하게 말을 모방하는 경향은 발달 초기에 제스처 및 얼굴 표정의 '사회적 모방'에 주로 실패한 아동에게서 발생하는 것으로 설명되어 왔다(Malvy et al., 1999). 반향어는 주로 다음 두 가지 유형으로 구분한다. (1) 즉각적 반향어: 단어의 정확한 반복 또는 말한 후 직접적인 단어를 반복하는 반향어. (2) 지연 반향어: 한참 지난 후에 발생하는 반향어. 때때로 세 번째 유형으로 언급되는 완화된 반향어(mitigated echolalia)는 원래의 발성을 약간 수정한 것을 포함한, 즉각적 반복을 나타내는 반향어이다.

과거에 그것은 종종 자폐증을 가진 아동들의 반복이 의도하지 않은 것이라고 가정했고, 따라서 언어장애의 병적인 징후로 간주되어야 했다. 그러나 반향어는 자폐 아동에 한정된 것이 아니라 지적장애 아동, 시각장애 아동, 알츠하이머성 치매 노인, 또한 정상 아동에게서 발생한다고 인식되어 왔다. 정상적인 반향어인지 병적인 반향어인지를 구별하는 것은 다음 세 가지를 기준으로 한다. 첫째, 반향어의 빈도인데, 자폐 아동이 지적장애나 정상 아동에 비해 반향어 빈도가 더 높다. 둘째, 정상 아동의 반향어는 보통 2.5~3세에 사라지는 반면, 자폐 아동은 나이가 든 후에 반향어가 지속적으로 발생한다. 셋째, 일부 연구에서 정상 아동의 모방은 문법 발달을 촉진하는 역할을 한다고 제안했다. 자폐 아동의 반복은 다른 사람이 그들에게 말한 것을 정확하게 그대로 따라 하지만 다른 아동들은 발화에 대해서 운율적 특성 또는 억양, 단어의 어떤 변화를 더 자주 포함하는 특성을 보이는 것과 같이 자폐 아동의 반향어는 질적인 면에서 차이를 보인다. 이러한 특성은 실험적 측정의 결과이기보다는 임상적 관찰을 통한 연구 결과이다.

최근 몇 년 동안 반향어는 화용적 의사소통 목적으로 주로 제공되기 때문에 자폐증을 가진 사람들의 병리적인 행동이라고 간주되어 왔다. 세심한 비디오테이프 분석을 통해서 반향어가 차례 지키기, 자기 조절하기, 요청하기, 반복하기, 주장하기, 긍정적인 답변 하기 사이에서 화용적 의사소통 기능의 범위를 제공할 수 있음을 밝혔다(Prizant & Duchan, 1981). 예를 들어, 반향어는 청자의 주의를 전환하고자 할 때 나타나며, 주의를 얻게 될 때까지 지속될 수 있다. 이 경우에, 그것은 '부르기(호명하기)' 기능을 제공하기 위해 나타난다. 또 다른 경우, 반향어는 대화 차례를 충족시키기 위해 사용될 수 있다. 아동은 청자와 마주하고 있을 때 아동이 이야기하는 순서가 되면, 강화된 운율과 같은 표지는 없지만 차례를 의미할 수 있다. 즉각적 반향어나 지연된 반향어의 다른 유형은 발화의 지시에 응답하거나 아동에게 발화를 촉진시킬 때 발생할 수 있다(Rydell & Mirenda 1994).

또한 자폐증을 가진 아동들의 빈약한 이해 능력이 반향어를 일으키는 주요 변수가 될 수 있다고 추측해 왔다. 자폐 아동 10명을 대상으로 한 연구에 따르면, 표준화된 언어 이해 검사의 점수와 발화 샘플에서 나타난 반향어의 빈도 사이에 현저한 관계가 있다고 보고했(Roberts, 1989). 그렇다면 반향어는 이해하지 못할 때 나타나는 반응일 가능성이 있다. 이러한 경우에 이해를 향상시키고, 다른 방법으로 특정한 이해 문제를 해결할 수 있으며(예: 반복 및 설명에 대한 요청), 이해 능력이 향상되면 반향어는 더 이상 필요하지 않게 되어, 빈도가 감소할 것이다.

흥미로운 연구 결과에 따르면, 자폐 아동의 반향어는 다양한 화용적 목적을 제공하는 것을 보여 주고 있으며, 다른 연구는 문법의 습득 방식에 도움이 되지 않은 것으로 나타났다. 자폐증을 가진 아동들의 자발화와 즉시 모방하는 발화를 비교한 연구에 따르면, 초기 습득 단계를 제외하고 반향어는 문법적으로 덜 복잡하다(Tager-Flusberg & Calkins, 1990). 따라서 모방은 새로운 문법 형태에 의한 기본 수단이 되지는 않지만 음운이나 어휘 습득 방식에 더 중요한 역할을 한다고 볼 수 있다.

반향어와 관련된다고 볼 수 있는 중요한 측면은 정형화된 언어와 신조어들이다. Wray와 Perkins(2000)는 정형화된 언어를 다음과 같이 정의했다.

> 단어 또는 다른 의미 요소의 연속 또는 불연속적인 사건들은 틀에 박힌 식(prefabricated)으로 전개되어 나타난다. 즉, 언어 문법에 의해 생성되거나 분석되기보다는 사용할 필요가 있을 때 기억으로부터 저장 및 인출된다(p. 1).

자폐 아동의 정형화된 언어는 주제를 거부하기 위해 특정한 목소리의 음질을 사용하거나 질문에 대한 최소한의 대답을 요구할 때 yes/yeah와 같은 토큰을 사용하는 것과 같은 다양한 산출 행동을 포함한다(Dobbinson, Perkins, & Boucher, 2003). 자폐증을 가진 아동들은 처음 알게 된 맥락에서만 특정한 단어나 문구를 기억하는 성향이 있다. 따라서 아동은 특정 대상에 대한 경험의 결과로 처음으로 단어(예: 운동화)를 학습할 수 있지만, 다른 자극(다른 신발, 다른 사람의 신발, 신발 사진)으로 단어의 사용을 일반화하지 못할 수 있다. 마찬가지로 단어나 구는 다음 예와 같이 처음에 단어를 학습한 상황과 같은 상황에서 자극을 받을 수 있다.

> Alex가 세 살이었을 때, 저녁 식사 때 "바다 가리비 먹자."라고 말한 그의 어머니와 함께 해 질 녘 집으로 가고 있었다. 어머니가 이 말을 막 했을 때, 앞으로 비스듬히 기울어진 독특한 자동차(Mercury-Comet, 1960 vintage)가 멈췄고 후미등을 켰다. 3~4년 이후, Alex는 차의 후미등을 볼 때마다 "바다 가리비 먹자."라고 쭉 말할 것이다(Simon, 1975, p. 1442).

때때로, 특유한 언어 및 기존의 단어 또는 구 사이의 차이는 새로운 단어들을 만들어 내는 데 독특한 의미와 신조어들로 사용된다. 자폐증을 가진 아동들은 표 7.5에 제시된 두 가지의 행동을 모두 나타내지만, 신조어는 훨씬 덜 빈번하며, 오히려 전체적으로 고안한 일련의 음소(예: *glufer*)보다 보통 형태소의 잘못된 조합으로 구성되어 있다(예: *breakable* → *glassable*). 신조어는 자폐 아동에게 고유한 것이 아니다. 신조어는 어린 정상 아동뿐만 아니라 지적장애 아동들의 자발화에서 덜 빈번하게 나타난다. 그러나 자폐증을 가진 아동들에게 더 많이 나타날 수 있다. 이것은 신조어를 사용하도록 허락하지 않은 더 나이 든 아동들에게 더 자주 발생하기 때문이다(Volden & Lord, 1991).

표 7.5 자폐 아동들의 신조어 및 정형화된/특이한 언어의 예

발화	해석
정형화된/특이한 언어	
"*It makes me want to as deep as economical with it*" (Volden & Lord, 1991, p. 118)	"withdraw as much as possible"
"They're having a meal and then they're finishing and *siding the table*," (Volden & Lord, 1991, p. 118)	"clearing the table"
"*go get pizza*"(Mayes, Calhoun, & Crites, 2001, p. 268)	"I am hungry"
"And *wave their things* on the floor in the bathroom"(Volden & Lord, 1991, p. 118)	"leave their things"
"*look what you hear downstairs*"(Mayes et al., 2001, p. 268)	"I hear something downstairs"
"If they *even take it true enough*"(Volden & Lord, 1991, p. 118)	"If they take it seriously enough"
"But in the car, *it's some*"(Volden & Lord, 1991, p. 118)	"But in the car, there's something different"
Q: "And what was inside the paper, when you took the paper off? A: "That's my cousin"(Preece, 2002, p. 100)	해석 불가
신조어	
"And he's seriously wounded *like cutes and bloosers*"(Volden & Lord, 1991, p. 118)	"cuts and bruises"
"She's *bawcet*"(Volden & Lord, 1991, p. 118)	"She's bossy"

출처: Mayes 등(2001); Preece(2002); Volden과 Lord(1991).

특이한 언어(idiosyncratic language)의 빈도 및 다양한 특성은 자폐증을 가진 아동들에 따라 다르다. 아동이 특이한 언어를 어떻게 학습하고 사용하는지에 대해서는 유사성이 있지만, 아동들은 특정 단어를 독특하게 사용하거나 특정 상황에서 특정한 단어나 구를 만들어 낸다. 일부 아동의 경우, 특이한 언어가 단 한 번 매우 창조적으로 나타나며, 다른 대화에서는 나타나지 않을 수 있다. 반대로 다른 아동들은 무의미한 것처럼 보이는 상황에서 똑같은 단어나 구를 반복하기도 한다. 그러므로 특이한 언어를 산출하는 모든 아동이 똑같은 기능으로 사용하는 것은 아니라는 것을 보여 준다. 반향어와 같이 자주 반복하는 발화는 의사소통 기능의 일부 형식을 제공한다고 제언했다. 예를 들어, Coggins과 Frederickson(1988)은 자주 'can I talk'라는 어구를 반복한 9세 자폐 아동에 대해 연구했다. 연속적인 대화를 분석한 결과, 특이한 언어가 일반적으로 발생하는 것은 아니지만, 대부분 대화 상대자인 아동의 아버지를 향한 것이라는 것을 알아낼 수 있었다. 또한 발화는 대화하는 도중에 발생하는 경향이 있었고, 종종 성인이 활동을 지시하거나 새로운 주제를 소개할 때 나타났다. 결론적으로 발화는 화자의 차례가 바뀌는 것을 알려 주었으며, 그렇게 함으로써 아동이 대화 요구에 반응하도록 도움을 준다.

특이한 언어의 형태는 의미 처리의 특성을 나타내거나 화용적 능력의 결손을 나타낸다. 자폐 아동들이 보여 주는 특이한 언어는 Locke(1993, 1995)가 제안한 일반적 언어 습득 모델이 될 수 있다. Locke의 모델에 따르면, 언어는 두 가지 모델을 통해서 습득된다. 즉, 사회적 인식 모듈(social cognition module, SSC), 문법적 분석 모듈(grammatical analysis module, GAC)이다. SSC는 정상 아동에게 활성화될 수 있는 첫 번째 모듈로 사회적으로 유도된 언어 형식을 저장한다. 그리고 약 20~30개월에 이러한 형식을 사용하여 문법 처리를 시작한다. 성인들에게 이러한 모듈은 함께 작동되며, 유창하게 언어를 출력하게 한다. 자폐증을 가진 아동들은 SSC에서 GAC로 전환될 때 융통성이 부족하기 때문에 제한적으로 사용될 수 있으며, 이는 자폐 아동의 사회화용적(sociopragmatic) 결함 때문일 수 있다(Dobbinson et al., 2003).

의사소통 기능들. 반향어와 정형화된 언어가 자폐증을 가진 많은 사람들에게 자주 나타나기는 하지만 그들의 전체 의사소통 시스템을 구성하지는 않는다. 만약 이러한 특성이 한 측면이라면, 자폐 아동에게 주로 나타나는 언어 행동은 무언인가? 이 질문에 대한 연구의 결과는 구어 및 비구어적 행동을 분류하는 방법의 차이 때문에 쉽게 비교할 수 없다. 그러나 자폐증을 가진 아동들은 중요한 의사소통 행동을 대개 능숙하게 수행한다. 또한 이러한 행동들은 대화 상대자의 행동을 규정하거나(예: 수행된 행동을 요청하기 또는 사물을 되찾아오기) 또는 요청을 준수할 것(예: 요구하는 물건을 상대자에게 주기)을 제공한다. 자폐증을 가진 아동들은 눈 맞춤, 가리키기, 사물을 보여 주기가 가능할 수 있지만 대화 상대자의 주목을 얻거나 지시하는 능력은 많지 않다(Kasari et al., 2001). 언어발달지연 아동과 언어 단계를 일치시킨 정상 아동과 비교하여, 자폐증을 가진 아동들은 의사소통 행위를 자주 덜 시작한다(Koegel, 2000; Taylor & Harris, 1995). 그들은 관심이 별로 없으며 관심을 공유하도록 요구하는 단계에서 상대자와 대화에 참여하는 것을 주도하기보다는 원칙적으로 따르는 것을 선호한다.

최근 몇몇 연구는 성인, 아동 그리고 외국인과 이야기하는 동안에 언어 스타일/사용역을 변경하는 자폐 아동들의 능력에 초점을 맞추고 있다. Volden, Magill-Evens, Goulden과 Clarke(2007)는 정상 발달 아동들은 언어 스타일을 수정하는 데 능숙하지 않았지만, 고기능 자폐 아동들은 대화 상대자에 따라 자신의 언어를 변경할 수 있는 것을 발견했다. 또 다른 연구(Volden & Sorenson, 2009)에서 고기능 자폐 아동들(6~16세)과 언어를 일치시킨 통제 집단을 대상으로 인형에게 'nice'와 'bossy'를 요구하도록 하는 연구를 실시했다. 연구 결과, 일부 자폐 아동들이 사용하는 '특이한' 언어와 '관련성이 없는' 언어에도 불구하고, 이 아동들이 다른 사람들과 대화를 나누면서 사용역을 수정할 수 있는 능력이 있음을 보여 주기 때문에 고무적이다.

4) 비동시적 발달의 개념

자폐증을 가진 아동들이 사용하는 의사소통 기능에 대한 연구 결과에 따르면, 자폐 아동들의 의사소통 기능의 출현 빈도는 다른 아동들과 유의한 차이가 있음을 나타냈다. 그러나 이러한 기능들이 정도를 벗어났다고 하지는 않는다. 자폐증을 가진 아동들은 정상 아동들과 동일한 의사소통 행동을 보이지만, 화용적인 기능의 프로필이 상당히 다를 것으로 예상된다. 그것의 본질적인 문제는 시간과 연속 중의 하나인 것으로 제안되어 왔다. 정상 아동은 의사소통 기능을 비정상적 순서대로 습득하지만, 자폐 아동은 발달적으로 산발적인 행동 양상을 나타낸다(VanMeter, Fein, Morris, Waterhouse, & Allen, 1997). 예를 들어, 자폐증을 가진 아동들은 일반적으로 언어 이전 단계의 아동들에게 볼 수 있는 공동 주목하기 기능들이 많이 부족하지만, 발달상 후기에 발달하는 정보 요청하기와 같은 기능은 소유하려고 할 것이다.

화용적 의사소통 기능의 출현은 자폐증의 근본적인 사회적 · 인지적 결손의 결과일지도 모른다. 또한 언어의 형태 및 기능 사이의 분리 때문일 수도 있다. 예를 들어, 자폐증을 가진 아동들은 눈 맞춤과 제스처와 같은 형태는 습득할 수 있지만, 공동 공유하기(joint sharing)와 같이 사회적 의사소통의 목적을 위해 그것을 사용하지 못할 수 있다. 개(dog)라는 단어는 실제 동물과 연관되지 않고서는 그 자체로 어떤 의미도 가지고 있지 않다. 자폐증을 가진 아동들은 단어의 음운 형태를 배울 수 있지만, 적절한 사회적 맥락에서 사용하지 못할 수 있다. 기능적인 목적을 위해 형태를 적용하는 것의 어려움은 언어의 모든 측면에서의 결손으로 이어질 수 있다(Wilkinson, 1998).

3. 중재 적용

모든 언어장애는 복잡하고 어려움을 보이는 다양한 단계를 구별하기 위해서 신중한 평가가 요구된다. 자폐증을 가진 아동에게 이러한 복잡성은, 항상 같은 정도는 아니지만, 자폐 아동에게 주로 나타나는 언어적 · 인지적 · 사회적 행동의 어려움들 사이의 상호작용 때문에 하나 또는 하나 이상 나타난다고 볼 수 있다. 자폐증을 가진 사람들은 거대한 문제에 직면했고, 전문가들은 효과적인 중재 방법을 찾기 위해 노력하고 있다. 다양한 중재가 실시되었지만 성공률이 낮았으며, 새로운 중재 방법을 실시할 때마다 이전에 사용했던 중재 방법을 포기하는 이해할 수 없는 경향이 야기되었다(McLean, 1992). 그 결과, 실험을 통해 중재가 효과적이라는 것이 부족하기 때문에 대안이 되는 다양한 중재로 인해서 다른 언어장애 아동의 중재 형태보다 더 폭넓게 다루어졌다(Beukelman & Mirenda, 2005; Calculator, 1999; Duchan, 1999; Zane, Davis, & Rosswurm, 2008). 전문가들이 이용한 특정한 중재 접근과 관계없이, 중재에 대한 특정한 일반 원칙을 이해하고 준수하는 것이 중요하다. 이러한 원칙은 자폐증에 대한 정보의 핵심과 일관되어야 한다. 또한 중재는 유행의 접근 방식을 피하고, 증거 및 경험적 접근과 일관되어 증명된 방식이 중요하며, 지속적으로 연구에 참여하는 것이 중요하다.

1) 평가

자폐증을 가진 아동들은 어린 나이에 중재를 시작할 수 있도록 일찍 확인될 필요가 있다. 자폐증은 아동들의 사회적 능력과 의사소통 능력에 모두 영향을 미치기 때문에, 전문가들은 이러한 두 가지를 해결해야 한다. 여러 연구는 조기 중재를 통해, 모두 향상될 수 있음을 나타냈고(Kasari, Freeman, & Paparella, 2006; Landa & Holman, 2005), 조기 중재는 감각 기능에 중요한 다양한 신경 구조 간의 연결을 용이하게 한다(Lewis, 2004). 자폐증을 가진 아동들이 조기 발견의 필요성에도 불구하고, 불행하게도 3~4세까지 조기 발견되지 않는 이유는 우리가 DSM-IV-TR(APA, 2000)에 의해 규정된 진단 기준에 과도하게 의존하기 때문이다. 우리는 이미 기준에 나와 있는 행동의 일부가 영아 및 영유아 발달 단계에서 나타나지 않는다고 지적했다. 다른 것들은 3세 이전의 아동을 식별하기가 어렵다. 게다가, 자폐 아동들에게서 흔히 보이는 반복적인 행동들은 정상 발달 아동들에게서도 흔히 나타나기 때문에 진단에 어려움이 있다. 그러나 자폐증을 가진 아동들의 부모는 종종 비정상적인 사회적 상호작용 패턴, 기질 및 자폐증 진단 이전에 찍은 비디오테이프 검토에 근거하여, 특정 물건에 특별한 흥미를 보이는 것으로 보고하고 있다. 감각 조절의 어려움 또한 아동들에게 보고되었다(Crais et al., 2006). 또한 공동 주목하기와 가상 놀이는 자폐증을 가진 아동들에게 부족한 것이나 제한된 것으로 보고된 두 가지 중요한 기술이다(Baron-Cohen,

1987, 1989b).

조기 발견을 위한 노력을 향상시키기 위해서 현장에 있는 여러 전문가들(Crais et al., 2006; Prelock & Contompais, 2006)은 유아의 자폐증에 대한 체크리스트(CHAT)(Baron-Cohen, Allen, & Gillberg, 1992) 또는 수정된 CHAT(Robins, Fein, Barton, & Green, 2001)와 같은 DSM-IV-TR 기준과 함께 선별 검사를 사용할 것을 제안했다. CHAT는 생후 18개월에 자폐증을 가진 아동들을 선별하는 데 사용된다. 이 검사는 자폐 스펙트럼 장애(ASD)(Baron-Cohen et al., 2000)의 지표가 될 수 있는 아동들의 눈 맞춤, 공동 주목하기, 가상놀이와 같은 주요 요소들을 평가한다.

Crais 등(2006)은 ASD를 가진 아동들의 조기 발견을 향상시킬 수 있는 다른 방법을 다음과 같이 제시했다.

- ❖ 자폐증은 가족 안에서 나타날 수 있기 때문에, 이미 자폐증 진단을 받은 아동의 형제자매를 모니터링하는 것이 중요하다. 이것은 또한 우리에게 자폐증을 가진 아동들의 발달 패턴에 추가적인 통찰력을 줄 수도 있다(Yirmiya et al., 2006; Zwaigenbaum et al., 2005).
- ❖ 보육시설을 방문하여 영유아용 체크리스트와 같은 체크리스트를 사용하는 것은 전체 집단을 대상으로 선별 검사를 실시하여 자폐 아동의 초기 징후를 파악하는 데 좋은 결과를 내놓는다(Wetherby et al., 2004).
- ❖ 가정 생활을 녹화한 비디오테이프의 분석은 ASD의 초기 징후 중 일부를 조사하기 위한 좋은 방법이 될 수 있다(Baranek, 1999).
- ❖ 자폐증을 가진 아동들을 진단하기 이전에 부모들이 아동의 징후 및 증상을 기억해서 이야기한 회고 정보는 도움이 되었다.

이미 자폐증으로 진단된 아동들의 더 자세한 평가는 자폐증의 증상과 다른 발달장애를 구별하는 데 도움이 될 수 있다(Robins et al., 2001).

자폐증을 가진 아동들의 평가는 어렵다. 비전문가에 의해 적절히 수행되지 않을 수 있다. 비전문가들이 주로 봉사하는 집단의 유형에 따라, 많은 전문가들은 정기적으로 아동들을 평가하는 몇 가지 규준 참조 검사를 실시할 수 있다. 그러나 자폐증을 가진 아동들은 사회적 장애의 특성을 가지기 때문에 대부분 규준 참조 검사를 신뢰하기 어렵다. 자폐 아동들의 대부분은 고정된 방식으로 제시된 자극에 주목할 수 있는 능력이 부족하고 언어나 비언어적 수단에 응답하는 것이 일관적이지 않고, 주로 반향어 또는 특이한 언어(idiosyncratic)로 인해 응답하는 것을 방해할 수 있다. 따라서 가장 좋은 평가 도구는 자폐증 진단 관찰 척도(ADOS)(Lord, Rutter, DiLavore, & Risis, 1999) 또는 아동기 자폐증 평정 척도(CARS)(Schopler, Reichler, & Renner, 1988)이다. 이 검사는 자폐증을 확인하고 자폐증과 다른 장애를 구별하기 위해 사용된다. CARS는 행동을 통해서 평가하지만, ADOS는 아동이 일련의 게임과 활동에서 '누르기' 하는 것을 사용한다. 두 가지 평가 도구는 자폐증을 가진 사람들을 평가하기 위한 과제를 충족하기에 충분히 적용 가능하다.

2) 서비스 제공

학교에서 중재를 제공하기 위한 우회(pullout) 모델은 아동을 교실에서 데리고 나가서 간단한 치료를 다른 장소에서 실시하는 방법이다. 이 모델은 자폐 아동들의 쉽게 할 수 있는 초보 기술과 동기에 대해서 몇 가지 가정을 하고 있다. 그것은 학교의 교육과정을 대체하는 것이 아니라 보완이 가능하도록 계획되었다. 그렇기 때문에 최소 수준의 언어발달, 학습하고 일반화할 수 있는 능력, 그리고 자폐증이 없는 아동에게 나타날 수 있는 언어 습득을 동기화하는 것을 전제로 한다. 대신에 창조적인 접근을 통해 균형을 갖춘 구조를 통해 할 수 있는 가능성을 시도해야만 한다. 자폐증을 가진 많은 아동들이 일상생활에서 많이 힘들어 한다는 주장이 있기 때문에 중재 접근 방식을 필요에 따라 적절하게 수용하는 것이 중요하다. 한편, 구성된 프로그램에서 아동들이 정상적인 언어 사용을 발달시키지 못할 수도 있다(Prizant & Wetherby, 1998). 결과적으로 언어는 다른 사람에게 비정상으로 나타나며, 학교 환경의 외부에 일반화되지 못할 수 있다. 협동 서비스 모델(collaborative service model)을 개발하는 노력은 자폐증을 가진 사람들을 위해 특히 중요하다.

서비스의 시기 선택은 자폐증의 중재와 관련된 또 다른 문제이다. 이 장의 앞부분에서 언급한 바와 같이, 자폐증은 불행하게도 종종 생후 18개월에 실시한 유아 검진으로 선별되지 않고, 거의 모든 경우에 생후 36개월에 인식되고 있다. 또한 다운 증후군과 같은 다른 장애를 중복으로 나타내는 자폐 아동을 위한 유아 자극 프로그램을 찾을 수 없다. 다른 한편으로는 자폐 아동은 처음 서비스를 받기 전에 학령기에 도달하기 때문에 실제로 고안된 프로그램은 필요하지 않다. 취학 전 고기능 자폐 아동을 위한 조기 중재 프로그램, IQ 점수와 규준 참조 언어 검사 점수에 따르면, 그들은 상당히 발달한 것을 볼 수 있다(Harris, Handleman, Gordon, Kristoff, & Fuentes, 1991). 고기능 자폐 아동들 중 일부는 주류 학급에서 취학 전 정상 아동과 함께 수업을 하지만, 다른 아동들은 자폐증을 가진 아동들과 함께 수업을 한다. 흥미롭게도 두 집단은 유사한 언어 능력을 보여 주었다.

3) 특별한 고려 사항

자폐증을 가진 아동들은 중재 동안 특별한 관리가 요구되는 문제를 가진 것으로 알려져 있다(표 7.3 참조). 이러한 문제는 청력 손실과 발작과 관련되는 것으로, 일반적으로 자폐 아동 모두가 평가되어야 한다. 또한, 특정 아동들의 과민증은 교육 방법의 변화를 좌우한다. 예를 들어 촉각(Touch)은 지도(guide) 또는 강화로서 사용될 수 있다. 예를 들어 보완대체 의사소통의 몇몇 형태에서 체계적으로 사용된다. 그러나 조정 기간이 필요할 수 있다. 자폐증을 가진 많은 아동들은 청각감으로 인해 문제 행동이 감소할 수 있고, 이해력은 과장된 발화를 피함으로써 향상되며, 제스처 및 신체적인 지시가 필요할 때, 명확하고 과장되지 않은 방식으로 발화를 보충하여 말한다(Prizant, Schuler, Wetherby, & Rydell, 1997). 학교 환경에서 **잠재된 생각 찾아내기**(technique of *priming*) 또는 수업이 시작되기 전에 과제에 대해서 미리 알려 주는 방법은 자폐 아동의 파괴적인 행동을 감소시키는 것으로 확인되었다(Koegel, Koegel, Frea, & Green-Hopkins, 2003).

우리가 알고 있는 바와 같이, 자폐증을 가진 아동들이 사용하는 의사소통 기능의 연구는 정상 발달 아동들과는 다른 순서로 발생할 수 있음을 나타낸다. 따라서 언어 중재는 정상 아동의 습득 방식과 다른 순서를 반영하여 구성되어야 한다고 주장할 수 있다. 구체적으로 자폐증을 가진 아동이 관심을 보이거나 관심 있는 물건을 향해 가기 이전에 도구적 기능을 확립할 것으로 예상해야 한다. 중재의 첫 번째 단계의 목표는 요구하기 또는 거부하기를 용이하게 할 수 있다는 것을 의미한다. 종종 장난감의 중요한 부품을 손에 닿지 않는 곳에 멀리 배치하거나 놀이 활동을 방해하는 것을 통해서 요구하기 및 거부하기를 위한 의사소통의 필요성을 유도하는 절차가 사용되며, 이러한 방법은 텍스트 및 다른 텍스트 치료법에 설명되어 있다. 그러나 이러한 기술이 자폐 아동에게 효과가 있는지는 확실하지 않다. 한 연구는 성인 지시(예: 개체를 쳐다보기 또는 가볍게 두드리기)와 의사소통을 유도하도록 계획된 절차(예: 원하는 음식을 공유하지 않는 것)의 두 조건 모두에서 공동 주목하기 행동이 증가되었다(Landry & Loveland, 1989).

중재의 두 번째 단계에서 자폐증을 가진 아동들이 관심을 갖는 것을 사용해서 의사소통을 사용하도록 권장할 수 있다. 사회적 일상생활과 관련되는 인사하기 또는 요청하기와 같은 행동을 계획할 수 있다[예: 둘이 마주 앉아 상대의 손바닥 치기 놀이(쎄쎄쎄) 또는 까꿍 놀이]. 세 번째 단계에서 아동들은 다른 사람에게 관심을 보이는 기능을 배울 수 있다. 초기 이들은 주위 환경에 대해 관심을 갖거나 물건에 관심을 갖는다. 행동 자체는 14장에서 논의된 다양한 모델링 방법을 통해 도입될 수 있다. 자폐증을 가진 아동들이 종종 반향어를 사용하여 다른 사람에게 관심을 보이기 시작하는 것을 염두에 두어야 한다. 그러므로 아동들의 상황에 맞는 반향어의 사용을 모니터링하고, 행동의 변화는 더욱 정교한 의사소통 기능이 발생했다는 것을 나타내는 것으로 평가하는 것이 중요하다.

ASD를 가진 아동들의 효과적인 의사소통은 세 가지 시스템 사이의 상호작용을 필요로 한다. 즉, '적합도(goodness of fit)', '생태계 시스템(ecological systems)' 그리고 '문화적인 가족 중심주의(culturally competent family centeredness)'(Ogletree, Oren, & Fischer, 2007)이다. 적합도는 환경적인 요구와 아동의 능력 사이의 연결이다. 자폐증을 가진 아동들은 비효율적인 의사소통으로 인해 적합도가 일치하지 않는다. 따라서 최적의 의사소통 능력을 달성하기 위해 전문가들은 현재 및 미래 환경 요구와 자폐 아동들의 의사소통 능력을 주의 깊게 평가할 필요가 있다. 생태계 시스템 접근은 자폐 아동과 아동의 발달을 촉진할 수 있는 주변 환경에 있는 사람들의 관계를 강조한다. 마지막으로 문화적인 가족 중심주의는 자폐증을 가진 아동들을 위한 중재에서 부모가 중요한 역할을 담당한다는 것을 말한다. 이것은 전문가와 부모 사이의 격차를 잠재적으로 줄일 수 있고, 따라서 자폐증을 가진 사람들에게 제공되는 중재의 질을 높일 수 있다(Ogletree et al., 2007).

4) 중재 모델

자폐증을 위한 중재에서 사용되는 세 가지 이론적 접근은 중요하다. 현재 많은 중재 접근은 이러한 이론을 근거로 하며, 다양한 방법 중에서 유용한 것을 선택한다.

행동주의. 1960년대와 1970년대에 행동 수정의 요인이 자폐증의 치료에 열광적으로 적용되었다(Lovaas, 1977). 행동주의 방법은 일련의 언어 행동을 분석하고 별개의 실험 훈련 방법을 적용함으로써 시작된다. 예를 들어, 아동에게 이름을 가르치는 것은 순서에 따라 다음 행동 훈련이 필요할 수 있다. 우선 훈련자의 얼굴을 잘 볼 수 있는 장소에 아동을 앉게 한다. 질문에 대한 응답으로 비언어적 모방 및 언어적 모방을 하도록 한다. 다른 자극에 대한 반응을 나타내게 한다. 또한, 행동 수정은 자해 행동을 감소시키고 사회적 상호작용을 촉진하는 데 사용되었다.

행동주의 접근법의 초기 단계는 보상과 혐오 자극이 조작적인 통제를 설정하기 위해 이용되었다. 악명 높은 어느 실험에서는 부정적인 강화제로 전기 충격이 사용되었다(Lovaas, Schaeffer, & Simmons, 1965). 그러나 최근의 행동 통제의 방법은 비혐오적이다. 특정한 제스처 및 신호 기술의 습득, 질문하기, 적절한 놀이, 동료들과 더 많은 사회적 상호작용과 같은 바람직한 행동을 촉진, 용암법(fading), 자극 회전(stimulus rotation, 새로운 목표의 체계적인 도입), 긍정적 강화의 순서를 통해 가르쳐 왔다(Buffington, Krantz, Poulson, & Mc-Clannahan, 1998; Carr, Kologinsky, & Leff-Simon, 1987; Gonzalez-Lopez & Kamps, 1987; Stahmer, 1999; Williams, Donely, & Keller, 2000).

또한, 행동주의 접근법은 더 적절한 대체 행동을 가르침으로써(Buschbacher & Fox, 2003) 행동을 변화시키는 것으로(Matson & LoVullo, 2008; Matson & Nebel-Schwalm), 바람직하지 않은 행동을 감소시키기 위해 사용되어 왔다. 이는 더 적절한 행동을 통해 바람직하지 않은 행동을 대체하는 방법이다. 이러한 방법은 적어도 두 가지 단서 조항이 있다. 단서 조항 중 하나는 자폐증을 가진 아동들의 저항 행동이 긍정적이든 부정적이든 사회적 기반의 강화에 의해 유지된다는 것이다. 이러한 특성은 다른 장애 유형을 가지고 있는 아동들에게 발생하는 저항과 달리 자기 자극 행동으로 비사회적인 강화물에 의해 유지될 수 있다고 볼 수 있다(O'Reilly et al., 2010). 그러나 바람직하지 않은 행동을 바람직한 행동으로 대체시키는 데는 어려움이 있는데, 그 이유는 그동안 바람직하지 않은 행동을 유지시키는 비사회적 특성이 강화되었기 때문이다. 사회적 상호작용에 어려움을 보이는 자폐 아동에게 중재 적용의 어려움이 있다는 것은 놀라운 일이 아니다. 두 번째 단서 조항은 바람직하지 않고 틀에 박힌 행동을 제거하거나 없앨 때, 적어도 빈도가 감소하는 것을 받아들일 수 있다. "어떤 자극 또는 특정 강화제로서 가치가 없는 일련의 사건들"(Lang et al., 2009, p. 889)로 정의된 것은 새로운 의사소통 행동을 촉진하기 위해 계획한 중재를 시작하기 전에 시행되었다(Lang et al., 2009). 자폐 아동들에게 행동주의 접근을 시도할 때, 바람직하지 않은 행동 또는 틀에 박힌 행동(부상의 위험이 없는 행동)을 허용하는 것은 아동들이 일정 기간 동안 중재 전략에 더 적절하게 반응할 준비를 하도록 도울 수 있다. 따라서 어떤 상황에서 일부 아동들은 대체 행동주의 접근법을 이용하기보다 더 효과적으로 활동을 없애는 것을 사용한다.

Lovaas 치료에 사용된 첫 번째 중재 결과는 Lovass가 설명했으며 매우 순조로웠다. 한 연구에서 2년 동안 매주 40시간, Lovass 치료를 받은 19명의 자폐 아동들과 두 집단(매주 Lovass 중재 10시간을 받은 아동 집단과 사회적 지원을 받은 아동 집단)을 비교했다(Lovass, 1987). 연구 결과, 집중 Lovass 치료 40시간을 받은 자폐 아동들의 47%가 회복되어 교실에서 효율적으로 활동하는 것으로 나타났다. 후속 연구가 초기 조사 몇 년간 이루어졌는데, 8~10명의 아동이 정상적인 또래들과 동등하게 수행하는 것으로 나타났다(McEachin, Smith, & Lovaas, 1993).

행동주의 접근법에 근거하여 더 최근에 알려진 응용 행동 분석(applied behavioral analysis, ABA)과 전기치료 접근법을 비교한 결과, ABA 접근법이 IQ, 언어, 적응 행동에 상당한 효과가 있는 것으로 나타났다(Eikeseth, Smith, Jahr, & Eldevik, 2002). 또한, Jones와 Schwartz는 성인 모델보다 또래 및 형제자매 모델 ABA의 접근법이 목표 기준 도달에 더 효과적이라는 사실을 발견했다. 이러한 긍정적인 발견에도 불구하고, ABA 접근법은 많은 논란이 남아 있고, 일부 연구자들은 행동주의자들이 사용하는 용어가 정확한지에 대해 의문을 제기했다. 또한, 연구 결과는 무작위 표본 추출 방법이 부족했다고 비판받고 있다(Kazdin, 1993; Schopler, Short, & Mesibov, 1989). 이 접근법의 다른 비판은 제한된 일반화와 자발성의 부족에 대한 우려를 포함한다(Simpson, 2001).

심리언어학 이론. 언어를 가르칠 수 있는 초기 행동 수정 프로그램은 집중된 연습, 전문 치료 환경 설정 및 성인에 의한 교육 등의 특성을 갖는다(Carr et al., 1987). 이러한 기술은 새로운 형식을 훈련하는 데 효과적이지만, 훈련 회기 밖의 일반화 및 실질적인 의사소통을 산출하는 데 실패했다. 이러한 비판에 대한 응답으로 현대의 응용 행동 분석(contemporary applied behavioral analysis, CABA)이 도입되었다. 이 방법은 행동 중재 전략과 더 자연스러운 방법을 결합한다. Lovaas 치료와는 달리, CABA 접근법은 성인이 덜 지배적이다. 성인의 역할은 아동의 주도를 따르고, 모델링하기, 형성하기, 강화하기 등과 같은 행동 전략을 용이하게 한다(Ogletree et al., 2007). CABA 접근법의 예로는 우발적 교수

(incidental teaching)와 같은 기술을 통합한 환경 접근을 포함한다. Kasari 등(2006)의 조사에서 ASD를 가진 어린 아동은 환경 접근법이 어머니-자녀가 상호작용을 하는 동안 공동 주목하기를 더 많이 시작했으며, 상징적인 놀이가 증가한 것으로 나타났다. 기존의 행동 방식과 우발적 교수를 통합한 방법은 자폐증을 가진 사람들의 새로운 언어 행동을 확립하는데 효율적이며, 일반화 증진에 더 효과적이고, 부모와 자녀 사이에 긍정적인 효과를 제공하는 데 자연스러운 방법인 것으로 나타났다(Elliott, Hall, & Soper, 1991; Koegel, O'Dell, & Koegel, 1987; Shreibman, Kaneko, & Koegel, 1991; Woods & Whetherby, 2003). 이 방법은 교실에서 사용이 가능하며, 교사들에게 효과적으로 가르칠 수 있다(Dyer, Williams, & Luce, 1991).

사회적 상호작용 이론. 행동 및 심리언어학적 이론의 성장과는 대조적으로 사회적 상호작용 이론은 특정한 중재 전략을 권장하지 않는다. 대신 의사소통의 상호작용에 대한 관점을 제공하며, 성인이 적절한 대화 수정을 하지 않을 경우 자폐 아동은 화용론적인 일부 손상이 발생할 수 있다는 것을 제안한다. 예를 들어 자폐증을 가진 아동들은 성인이 '예/아니요'로 대답하는 질문을 할 때, 개념적으로 간단한 질문 및 아동의 주제와 관련된 질문을 할 때 더 적절한 대답을 하는 경향이 있다(Curcio & Paccia, 1987; Prizant et al., 1997). 그렇기 때문에 성인은 종종 대화하는 방법을 가르치는 것에 의존한다. 그들은 지속적으로 주제를 설정하고 그 주제에 대해서 아동으로부터 특정 반응을 이끌어 내는 지시적인 의사소통 행위를 사용한다. 이러한 방법은 아동의 의사소통 행동을 매우 좁은 범위로 축소시킨다. 이 문제에 대한 간단한 해결책은 없다. 그들은 사회적으로 내성적인 경향이 있기 때문에 일반적으로 교육(nurturing)의 시도는 자폐 아동들에게 비효과적이다(Holmes, 1998). 아동은 자발적으로 행동하지 않기 때문에 성인의 발화를 확장하거나 주제에 대한 질문에 대답을 하지 못한다. 이에 대한 해결책은 다음과 같다. (1) 질문에 대해서 다양하고 정확한 대답을 할 수 있도록 질문의 지시를 변경하여 대답을 더 유연하게 할 수 있도록 한다. (2) 비정상적 반응이지만 정상적인 것처럼 해석한다. 예를 들면, 발화의 내용보다는 반향어의 의도를 해석한다(Duchan, 1983).

이러한 분석은 사회적 상호작용 이론에서 세 가지 영역의 중재에 적용될 수 있다.

1. 전문가들은 아동들과 그들의 부모 또는 교사 사이의 대화를 관찰하거나 기록할 수 있다. 성인들에 의해 생성된 발화 유형 및 아동 응답의 적절성을 부호화한다면 둘 사이의 관계를 알아내는 것이 가능하다. 이것은 성인이 아동의 특정 행동을 증가시키며, 더 적절한 언어를 사용하도록 촉진하기 위해서 다른 것들을 감소시킬 수 있으므로 성인들에게 추천할 수 있다.
2. 전문가들은 자신을 관찰하고 자신과 아동의 상호작용을 분석한다. 많은 중재자들의 대화는 촉진의 의도를 포함하지만(반복 또는 명료화 요구), 자폐 아동에게는 바람직

하지 않은 결과를 가져올 수 있다.

3. 자폐 아동이 정상 아동과 함께 교실에 배치가 되는 경우에, 사회적 상호작용 분석을 통해서 또래 중재의 효율성을 향상시킬 수 있다. 또래 중재 프로그램에서 정상 아동은 자폐 아동과 함께 사회적 상호작용을 어떻게 시작하는지를 보여 줄 수 있다. 예를 들면, 장애 아동이 하는 행동에 대해서 조언을 해주거나 장난감을 공유하는 것을 알려 줄 수 있다. 또한 정상 아동이 어떻게 시작하는지를 보여 주고 나서 그렇게 하도록 언어로 촉진할 수 있다. 그다음에 자발적인 행동이 되도록 한 후, 점차적으로 촉구가 제거된다(Bass & Mulick, 2007; Odom & Watt, 1991; Rogers, 2000). 자폐증을 가진 아동들은 성인 및 정상 아동들과 상호작용하는 초기 분석 방법이 사회적 상호작용을 촉진하는 데 가장 성공적인 방법인 것으로 나타났다. 이러한 방법은 중재 프로그램에 참여한 정상 아동들에게 가르치는 것들이 될 것이다.

플로어타임(floor time, 성인이 아이와 함께 바닥에 앉아 함께 놀이하는 치료 기법이나 양육 방법)은 사회적 상호작용 이론에서 발생하는 중재이다. 이것은 주 양육자와 자녀의 관계를 확립을 초점으로 한다. 성인 지향의 행동주의 접근법과 달리, 플로어타임은 아동과 어른 사이의 균형 및 호혜적 상호작용에 의존한다. 이 접근법의 주된 목표는 아동과 대화 상대자 사이의 따뜻함과 친밀함을 발달시키는 것이다. 이것을 달성하기 위해 플로어타임은 "관심과 참여, 양방향 의사소통, 의미를 공유하고 정교화함, 그리고 의미를 분류하고 범주화하는 것을 지도하는 것을 목적으로 한다"(Greenspan, 1992, p. 443). 자폐 아동들은 보호자와 언어적 · 비언어적 의사소통을 통해 상호작용을 증가시키며 틀에 박힌 행동을 감소시키기 시작한다(Greenspan, 1992). 플로어타임이라는 용어는 아동과 보호자 사이의 상호작용이 바닥에서 발생한다는 사실을 지칭한다. 공식 및 비공식 평가를 통해, 아동의 처리 능력, 장점 및 발달적 요구를 평가한다. 성인들은 아동이 이끄는 놀이를 따르고, 아동과의 상호작용과 사회적 의사소통에 참여하는 역할을 담당한다. 초기 상호작용은 아동과 그들의 부모 사이에서 이루어지고, 이후에는 전문가들(예: 언어치료사, 물리 치료사, 교육자)이 아동과 함께 참여한다.

아동과 대화 상대자 사이의 제스처를 사용한 상호작용과 관련된 의사소통의 범위는 이 접근법의 핵심 요소이다. 제스처 사용을 통한 의사소통은 더 복잡한 언어적 의사소통에 이르게 한다. 플로어타임의 목표는 아동과 성인 사이의 복잡한 호혜적 상호작용의 의사소통을 달성하는 것이다. 플로어타임의 범위는 아동이 어떤 것을 요구할 때, 그들의 손이 닿을 수 있는 거리로부터 멀리 떨어진 곳에 가장 좋아하는 장난감이나 음식을 보관하거나 아동이 요구하는 것이 아닌 다른 것을 제공하는 활동을 통해 증가될 수 있다. 이러한 활동들은 의사소통 요구를 하게 되고, 상호적인 의사소통의 증가로 이어진다. 성인은 아동의 감각에 따라 전략을 수정할 수 있다. 예를 들어 과소 민감성 아동의 경우에 성인은 높은 에너지와 함께 아동과 상호작용할 수 있고, 과잉 민감성 아동의 경우에 성인은 아동을 진정시키고 편안한 방식으로 아동과 상호작용할 수 있다(Greenspan & Wieder, 2006).

자폐 아동을 위한 플로어타임 중재의 결과에 관한 몇 가지 연구를 이용할 수 있다. 한 보고서에서 플로어타임 치료를 받은 200명의 자폐 아동들과 기존의 중재를 받은 58명의 자폐 아동들을 비교했다(Greenspan & Wieder, 2006). 연구 결과, 플로어타임 치료를 받은 아동들의 58%가 '뛰어난 좋은 범위'로 나타났으며(기존의 전통적 치료 집단은 2%가 뛰어난 좋은 범위를 나타냄). 24%는 '중간 범위'에 있었고, 17%는 '어려움'을 겪었다(기존 전통적 치료 집단은 58%를 나타냄). 그러나 이 결과는 실험 연구의 기준을 잘 준수했는지에 대한 의문이 제기되었으며, 더 많은 연구가 자폐 아동 중재에 플로어타임의 효과를 평가할 필요가 있다.

보완대체 의사소통. 보완대체 의사소통(AAC)은 앞서 언급되어 왔고, 접근법의 실험적 타당성에 관한 연구에 대한 문제는 12장에서 다시 언급될 것이다. 자폐 아동들은 AAC의 다른 형태를 사용했으며, AAC 사용이 점점 더 인기를 끌고 있다(Mirenda, 2003). AAC는 중재 접근법으로 많은 '진단' 범주를 넘어서 의사소통장애 아동들이 사용하기 때문에 그것에 대해서 나중에 다른 장에서 설명할 것이다.

그림 교환 의사소통 체계(PECS)(Bondy & Frost, 1994)는 자폐 아동들이 많이 사용하는 인기 있는 AAC 시스템이다. 이름에서 알 수 있듯이, PECS는 의사소통을 가능하게 하는 그림과 상징을 사용하여 가정에서 교육 환경에 있는 부모, 교사, 동료에 의해 구현될 수 있는 시스템이다. PECS는 ASD를 가진 아동의 초기 의사소통 능력을 용이하게 하며, 때로는 늦게 발현되는 언어 능력을 지도하는 데 사용될 수 있다. 최근 PECS의 효과성과 관련되는 연구에 따르면, 간단한 훈련을 통해서 다양한 의사소통이 향상될 수 있다(Carr & Felce, 2007; Yoder & Lieberman, 2010; Yoder & Stone, 2006a, 2006b).

요약

이 장에서 우리는 다음의 내용들을 살펴보았다.

- 자폐증은 정서적 장애 또는 정신적 장애라기보다는 오히려 발달적 장애이다. 자폐증은 유전과 관련된다고 제안하고 있지만, 단일 원인이라고 확인되지는 않았다.
- 자폐증은 여러 가지 전반적 발달장애(PDD) 중의 한 부류이며, 사회적 · 의사소통적 · 인지적 결함의 특성을 보인다.
- 자폐증을 가진 아동들은 이질성이 있다. 따라서 DSM-IV에서 설정된 진단 기준은

장애의 징후로 행동의 광범위한 범위를 명시한다. 자폐증으로 진단받은 아동들은 사회적 상호작용, 의사소통, 활동 및 관심의 레퍼토리 범주에서 어려움을 나타낸다.

- 자폐증은 많은 감각과 운동 결함과 관련된다. 그러나 이러한 결함이 자폐증을 가진 모든 사람들에게서 발견되지 않기 때문에 위의 특징은 진단 기준에 포함되지 않았다.
- 자폐증을 진단할 때 예상되는 정상적인 행동의 부재뿐만 아니라 비정형 행동의 존재를 고려하는 것이 중요하다.
- 특정 언어 능력은 상대적으로 자폐 아동에게 보존되는 경향이 있다. 즉, 언어 능력은 아동의 정신 연령과 상응한다. 분절 음운론과 문법, 어휘 및 구문 이해 그리고 모방 능력이 이 범주에 속하는 능력들이다.
- 자폐증을 가진 아동들에게서 특히 손상된 것으로 나타나는 언어 능력은 비분절 음운론(운율) 및 대명사의 사용이다. 자폐 아동들은 자주 특이하거나 반향적인 언어를 만들어 낸다. 화용적으로 그들은 특히 관심을 공유하거나 지시에 집중하는 것, 그리고 드물게 발생하지만 의사소통을 먼저 시작하는 것 등에서 어려움을 보인다.
- 언어의 다른 매개 변수의 발달에서 자폐 아동은 비동시적인 특성을 보인다(예를 들어, 구문 대 화용).
- 자폐증을 가진 아동들의 근본적인 인지 결손은 자신과 다른 사람의 정신상태를 비교하는 능력, 즉 '마음 이론'의 결여를 의미한다.
- 자폐 아동의 중재는 평가할 때 특정한 기술이 요구되며, 비전통적 서비스 제공 모델이 필요하다. 중재 방법은 행동주의, 심리언어학적 이론, 그리고 사회적 상호작용 이론의 원리에 근거하며, 언어 학습을 성공적으로 촉진하는 데 사용될 수 있다. 또한 부적절한 의사소통 행동을 감소시킨다.
- AAC는 중재의 선택이 될 수 있지만 모든 형태의 AAC(예: 의사소통 촉진 대 PECS)가 경험적으로 똑같이 지원되는 것은 아니다.

자폐증은 종종 신비로운 기원과 비정상적인 행동의 특징 때문에 불가사의한 장애로 묘사되었다. 최근의 연구는 자폐증에 대한 이해에 도움이 되지만, 동시에 장애의 원인과 특성에 대한 새로운 질문이 제기되었다. 아마도 자폐증이 무엇인지에 대한 근본적인 견해 및 방법이 지속적으로 연구될 필요가 있다.

청각장애 아동과 언어

MONA R. GRIFFER

학습 목표

이 장을 읽고, 다음의 내용을 논의할 수 있어야 한다.

* 경도에서 심도 청각장애의 정의와 병인학
* 말초 청력 손실과 중추 청각처리장애, 청각신경장애와 같은 청각장애의 각 유형들
* 청각장애가 통사론과 형태론, 의미론, 화용론, 구어와 명료도의 분절적 · 초분절적 측면들에 관한 수용 및 표현언어에 미치는 영향
* 청각장애 아동의 언어 능력과 학업성취도, 의사소통 선택과의 관련성
* 조기 발견과 소리증폭장치(예를 들면 보청기, 와우 이식, FM aids 등)와 같은 중재와 교육 관리

어떤 아동들은 청력이 거의 없이 태어나며, 청력이 있다고 해도, 그들이 말과 언어를 배우기 전에 청력을 잃게 된다(즉, 언어 이전기 청력 손실). 이런 아동들은 청력 손실의 결과로 발생하는 의사소통적 · 학업적 · 사회적 어려움을 겪기 쉽다. 각 아동에 대해 구체적인 결과들을 예측하긴 어렵지만, 디지털 보청기, 와우 이식과 같은 기술 측면에서의 향상과, 조기 발견과 같은 중재에 대한 더욱 효과적인 접근법들은 심각하거나 완전한 청력 손실을 갖고 태어난 많은 아동들에게, 또는 언어 습득 전에 청력을 잃은 아동들에게 더 나은 결과를 가져왔다. 어떤 아동들은 약간의 청력만을 갖고 태어나기도 한다. 이런 아동들에게 있어, 언어 또는 구어 결과와 청력 정도는 역관계(inverse relation)가 성립되는 경향이 있다. 즉, 청력 손실이 심할수록 결과는 더욱 나쁘다는 것이다.

이 장에서는 청력 손실과 언어 사이의 관련성에 대한 이해와 최근의 지식을 설명한다. 청력 손실은 또 다른 장애(예를 들어, 지적장애, 뇌성마비, 구개파열, 또는 시각장애)와 함께 나타날 수 있지만, 이 장에서는 청력 손실을 주된 장애로 가지거나 유일한 장애로 가진 아동들에게 초점을 맞춘다. 그 관련성은 손실의 심각성을 기반으로 하여 다루어질 것인데, 이는 부분적으로 **병변 부위**(sites of lesion, 청각계 속에서 청각장애로 이어지는 문제들을 야기하는 부분)와 **병인학**(etiologies, 청각계에서 발생하는 문제의 원인)과 관련 있다. 청력 손실의 기저에 있는 병변 부위, 병인학, 그리고 청력 손실의 심각성 사이에도 관련성이 있다. 청력 손실에 대한 우리의 논의는 1장에서 살펴본 외이와 중이, 내이로 구성된 말초 청각 메커니즘 또는 시스템(peripheral auditory mechanism or system)에 있는 문제들에 초점을 맞출 것이다. 하지만 이 장에서는 문헌에 기술된 두 가지 다른 상태에 대해서도 논의한다. 이 질환들은 청각 경로의 더 높은 수준에서의 어려움을 가진 **중추 청각처리장애**와 현재 잘 알려져 있지 않고 자주 오해를 받고 있는 **청각신경장애**(auditory neuropathy/auditory dys-synchrony)와 관련 있다.

1. 청각장애 아동과 청각장애의 개관

청력 손실(hearing loss)이라고도 불리는 **청각장애**(hearing impairment)는 보편적인 용어이다. 이는 다른 사람들과 같은 수준에서, 그리고 같은 변별력을 가진 상태에서 듣기에 어려움을 겪는 것을 말한다. 또한 청각장애는 소리의 크기와 명료성 모두에 영향을 미칠 수 있는 귀의 민감도(sensitivity)에서의 결함을 가져온다.

청각장애는 여러 가지 방식으로 기술된다. 예를 들어, 장애인교육법(IDEA)(U.S. Department of Education, 2004)에서는 청각장애를 아동의 교육 성취도에 부정적으로 영향을 미치는 영구성 손실(permanent loss) 또는 변동성 손실(fluctuating loss)이라고 설명했다. 청각장애는 또한 병인학이나 병변 부위와 관련하여 설명될 수 있다. 흔히 이 장애는 손실 정도와 관련하여 설명되는데, 이에 따라 청력적 결함은 **데시벨 수준**을 제공하기 위해 수치화된다. 이것은 청력 검사에서 사용된 몇 가지 주파수를 통해 얻은 평균이다. 그리고 그 청력 수준을 정상 청력의 데시벨 범위와 비교한다. 일반적으로 **세 가지 주파수 평균**(three-frequency average)으로 알려진 것을 사용하는데, 이는 더 나은 청력에서 500Hz, 1,000Hz, 2,000Hz 전체에 걸친 평균이다.

이용 가능한 분류 체계들이 많이 있고, 그중 대부분은 손실 정도에 따른 기능적 기술을 수반한다. 여기서는 오랫동안 지속되어 온 Boothroyd(1982)의 분류 체계를 사용할 것이다. 그의 분류 체계는 청각장애 아동의 구어 지각 능력에 대한 대규모 연구에 근거한다. **표 8.1**이 이 분류 체계를 보여 주고 있다.

표 8.1 청력 수준과 기술

집단	청력 수준(dB HL)	기술
I	0~14	정상 청력
II	15~30	경도 손상
III	31~60	중도 손상
IV	61~90	고도 손상
V	91~120	심도 손상
VI	121 이상	완전 손상

출처: Boothroyd(1982).

데시벨 표기법은 약간의 설명이 필요하다. 데시벨 청력 수준(decibels hearing level, dB HL)은 청력 검사가 청각 검사기와 순음 신호를 사용하는 관례적인 방식으로 수행될 때 얻어지는 것이다. 청력도(audiogram)는 데시벨에 따른 청력 수준을 나타내기 위한 표이다. 모든 인간의 귀가 모든 주파수에 대해 똑같이 민감하지 않기 때문에, 데시벨 청력 수준은 순음 청력도의 결과를 더 쉽게 이해할 수 있도록 만드는 보정 계수로 인해 가중치가 주어졌다. 데시벨 음압 수준(decibels sound pressure level, dB SPL)은 구어와 교실 잡음의 수준과, 보청기의 출력을 측정하기 위해 사용된다. 데시벨 음압 수준의 기준에는 귀의 민감도를 고려하는 보정 계수가 없다. 두 가지 측정 방식의 차이점이 크지는 않지만, 청력 손상에 대한 자료들에는 데시벨 청력 수준과 데시벨 음압 수준이 자주 함께 등장한다.

청력 손상(hearing impairment)이라는 용어는 경도(mild)에서부터 고도(severe)와 심도(profound)에 걸친 청력장애의 모든 유형을 포함한다. 청력 손상의 영향에 따라 아동은 또한 난청 또는 청각장애로 표현된다. **청각**(audition)은 **난청**(hard-of-hearing)인 아동이 말과 언어를 습득하는 주된 수단이다. 대개 증폭이 필요하지만, 청각은 여전히 언어 지각을 위한 양식으로 남는다. 보충적 정보는 정상 청력의 사람들과 마찬가지로 시각적 경로를 통해 얻는다. 반면에, **청각장애** 아동이나 **고도로 청력이 손상된** 아동은 말과 언어를 습득하는 주된 수단으로 청각적 경로를 사용하는 것이나 기술적인 도움 없이 구두 의사소통을 유지하는 것이 불가능하다. 심도 청력 손실 아동과 완전 청력 손실의 아동은 전통적으로 **농**(deaf)으로 분류되었고 경도에서 고도 손실의 아동들은 **난청**으로 분류되었지만, 최근에는 이러한 분류에 이의를 제기한다. 현재 **청력 손상**이라는 용어는 구두 의사소통의 몇 가지 유형을 사용하는 아이들의 모든 정도의 청력 손상을 포함하기 위해 쓰이고, **농**이라는 용어는 미국 수화(American Sign Language, ASL)와 같은 수화 의사소통 시스템을 사용하는 아이들에게 쓰인다. IDEA(U.S. Department of Education, 2004)는 농을 청력 손상의 가장 심각한 형태로 정의하여, 증폭이 있든 없든 아이들은 청각을 통해 언어적 정보를 처리할 수 없으므로 그들의 교육 성취도에 부정적인 영향을 미친다고 지적했다. 농아들은 시각적 경로와 촉각적 경로를 말과 언어의 습득과 유지의 주된 입력 양상으로서 더욱 의지한다(Boothroyd, 1982; Brill, MacNeil, & Newman, 1986; DeBonis & Donohue, 2008). 앞으로 이 장에서 청력 손실의 정도에 대해 더욱 자세하게 논의할 것이다.

중재의 관점에서 보면, 청력이 손상된 아동들의 두 집단은 주된 입력 양상이 다르듯이 종종 매우 다른 욕구를 가진다. 난청 아동으로부터 농 아동을 기술하기 위해 데시벨 내에서 평균적인 수준을 사용하려는 시도들이 있었고, Boothroyd가 이전에 소개했던 것을 포함하여 다수의 다른 수준들이 제안되어 왔다. 전통적으로, 90dB HL 아래의 청력 손실 아동들은 농아 또는 심도 손상으로 간주되지만(Boothroyd, 1982; DeBonis & Donohue, 2008), Ross(1982)는 분류 기준을 95 dB HL에 두었으며, Moores(1987), Northern과 Downs(1991)는 70 dB HL을 한계로 사용했다. 평균 청력 수준을 사용하는 데 있어 주요 문제는 말을 이해하는 능력을 순음 청력도로 예측할 수 없다는 것이다. 그러므로 한계점을 설정하려는 시도는 현명하지 못한 것일 수 있다. 일반적으로, 청력 손실의 정도가 클수록 구어 지각을 경험하거나 말을 이해하는 것이 더욱 어려워질 것이다. 그러나 고도 청력 손실 아동들(61~90 dB HL)이 말을 이해하는 데 더 큰 어려움을 겪을 수도 있고, 90 dB HL보다 더 크게 손상된 아동보다도 더욱 농아처럼 반응(function)할 수도 있다. Erber와 Alencewicz(1976)는 85~100dB HL의 청력 손실을 가진 아동들의 언어 지각 능력을 예측하는 것은 극도로 어렵다고 설명했다. Brill과 동료들은 청력이 손상된 사람들의 교육적 필요에 대한 틀을 제공할 때 농과 난청의 범주를 위한 데시벨 분류를 배제했다는 점에서 주목할 만하다. 그들은 기능적 기술어(Brill et al., 1986)를 사용하기로 택했다. 그것은 개인의 기능적 의사소통 능력을 고려하는 것의 중요성을 강조하는 DeBonis와 Donohue(2008)의 최근의 관점과 일치한다.

인구학 연구는 심도 손상 아동보다 훨씬 더 많은 난청 아동들이 있다고 설명한다. Ross, Brackett과 Maxon(1991)은 농아의 최소한 16~39배 정도로 많은 난청 아동들이 있다고 추정한다. 초등학생 1,000명당 16명이 난청이라고 여겨지지만, 정상 청력을 정의 내리기 위해 사용되던 단계 때문에 이러한 수치는 매우 낮은 수치일지도 모른다(Ross et al., 1991).

중요한 것은 지난 수십 년간 청각장애학교 학생들의 인종적·민족적 배경의 변화이다. 1977~1984년 사이, 청각장애학교에서 문화적으로 다양한 배경을 가진 아동의 비율이 증가했으며, 가장 큰 증가는 히스패닉 인구에서 나타났다(Schildroth, 1986). 1984년에 53,184명의 학생 중 5,720명의 히스패닉 출신이 '연간 농아와 난청 아동과 청년 조사(AS)'에 보고되었다. 1994년에는 47,104명의 청각장애 학생 중 7,381명의 히스패닉 출신이 AS에 보고되었고, 이는 10년 동안 28%의 증가율을 나타낸 것이다. 아시아계 미국인의 비율 또한 1977~1978년에 1%에서 1996~1997년에 4%로 증가했고(Holden-Pitt & Diaz, 1998), 2003~2004년에 AS에서 나온 '인종과 국적 요약 보고'에 기록된 정보는 히스패닉/라틴계 미국인, 아프리카계 미국인, 그리고 북아메리카 원주민이나 알래스카 원주민 사이에서 훨씬 더 큰 청각장애 출현율을 시사했다(Gallaudet Research Institute, 2005). 이렇게 문화적으로 다양한 집단 사이에서 이와 같은 청각장애의 출현율 증가에 기여했을 요소들에는 이전에 6장에서 다루었던 다양한 증후군과 때때로 연관되는 산전(産前) 건강관리와 얼굴의 구조적 특징들이 포함된다. 이러한 요소들은 더 많은 청각장애 아동의 발견으로 이끈다. 변화하는 인종적/민족적 인구 통계는 다문화적 맥락 속에서 의사소통 이해와 청각장애에 관해 아동과 청소년에게 제공하는 프로그램에 영향을 미친다.

1) 청력 손실의 유형과 차이, 그리고 영향

이 절에서는 장애의 유형과 정도, 그리고 관련된 일반적인 특징을 알아본다. 그러나 이것들은 오직 지침서로서만 해석되어야 한다. 왜냐하면 청각장애 아동들이 겪는 말과 언어의 결함들은 많은 변수들의 복잡한 상호작용으로 인해 발생하기 때문이다. 통용되는 문헌에서는 청각장애 인구의 다양한 본성을 보여 준다.

어떻게 청력 손실이 발성과 구어적 언어 지각에 영향을 미치는지 이해할 때 말소리의 주파수(음도)와 강도(음량)는 중요하다. 그러므로 다양한 청력 손실의 유형과 정도가 언어와 구어에 미치는 영향에 대해 논하기에 앞서, 구어 음향학의 개관을 살펴본다.

구어 음향학. 1장에서 우리는 다른 구어음(speech sound)들이 각각 다른 주파수와 강도의 조합을 만들어 낸다는 것을 알았다. 표 8.1은 몇 가지 구어음과 환경음의 주파수 스펙트럼을 보여 준다. 도표는 청력 손실을 이해하는 방법을 제공하기 위해 청력도에 이러한 소리들을 겹쳐서 보여 준다. dB SPL에서 dB HL로의 필요한 수정이 되어 있다. 주파수는 맨 윗부분에 주어져 있고, 상대적인 dB HL 강도는 왼쪽 위에서 아래로 주어져 있다. 저주파는 250~500Hz이고, 중주파는 1,000~2,000Hz, 고주파는 3,000Hz 이상을 말한다.

120~180cm의 높이에서 화자로부터 나오는 일상 대화의 평균적인 음압 수준은 60~65 dB SPL이고, 말소리에는 100~8,000Hz 사이의 에너지가 들어 있다. 모음의 강도는 일반적으로 자음의 강도보다 더 큰데, 주어진 주파수 위치에서 가장 약한 구어 요소부터 가장 강한 구어 요소 사이에 30dB의 범위를 가진다. 만약 말소리 신호가 시간이 지나 분석된다면, 다른 소리들의 상대적인 강도들을 반영하여 상당한 변동이 발견될 것이다.

어떤 말소리들은, 예를 들면 /s/와 같이, 주파수 또는 음도 면에서 높은 반면, 다른 소리들은 /m/처럼 낮다. /z/와 /m/ 같은 유성음들은 높은 주파수와 낮은 주파수 정보를 둘 다 가진다. 그에 반해 /s/는 무성음이며 오직 높은 주파수만 가진다. 강도 면에서는, /i/, /a/, /o/와 같은 유성 모음과, /m/, /b/, /g/와 같은 유성 자음은 일반적으로 /p/, /t/, /k/ 같은 무성 자음보다 더 강도가 높다(Raphael, Borden, & harris, 2007).

구어 지각 이해에서 중요한 면은 모음의 특성들, 그리고 모음이 청자에게 제공하는 음향 정보와 관련이 있다. 그리고 후두의 통로가 일련의 연결 공명기—인두, 입, 코—로 구성

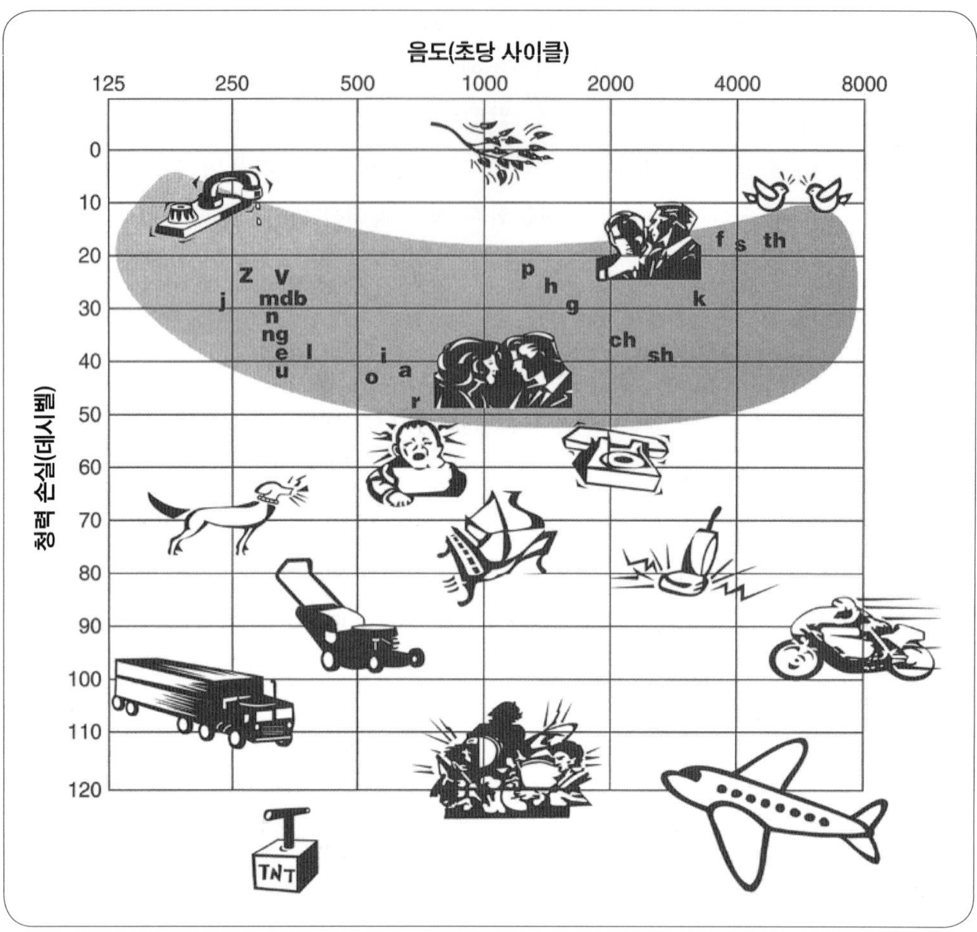

그림 8.1 표준 청력도에 익숙한 소리들로 구성된 주파수 스펙트럼. 구어로 말하는 소리 요소의 대부분은 '스피치 바나나'로 대표되는 그늘진 지역에 들어 있다.

출처: ***Hearing in Children***(5th ed., p. 18) by J. L. Northern and M.P. Downs, 2002, Baltimore: Lippincott Williams & Wilkins. Reprinted by permission.

되어 있다고 기술한 1장을 회상해 보라. 기본적인 주파수 또는 유성음인 주파수가 성인 남성은 낮고(즉, 80~300Hz) 성인 여성과 아동들은 500Hz까지 높다. 조음기관들은 구멍이나 공명기의 모양을 바꾸고, 그로 인해 나타나는 소리의 음향적 특성을 수정함으로써 기본 주파수를 변경한다. 이러한 변경들의 효과는 특정 주파수에서 에너지를 명확하게 식별 가능하게 하는 구분대로 음향 에너지를 집중시키는 결과를 낳았다. 이러한 집중들을 포먼트라고 하는데, 포먼트 1(F1)로 시작하여 번호를 매긴다. 주로 첫 번째와 두 번째 포먼트(F1과 F2)가 모음 지각에 사용되고, 그것들은 이 포먼트 주파수들에 대한 비율 관계의 기초(basis)에서 크게 구별된다. 예를 들어, *bee*라는 단어를 말하는 남성의 목소리에서, /i/는 300Hz의 F1값과 2,500Hz의 F2값을 가진다. 같은 남성이 단어 *boo*를 말하는 경우에는, /u/

또한 300Hz의 F1값을 가지지만, F2값은 900Hz이다. 이 두 모음들이 같은 F1값(300Hz)을 가지는 반면, 다른 F2값을 가지며, 이러한 사실은 이것들을 음향학적으로 구별 지을 수 있게 한다(Raphael et al., 2007).

포먼트로 이용 가능한 주파수 정보들에 더해서, 각 모음 발음의 처음과 끝은 한 음에서 다른 음으로의 주파수 이행 또는 변화를 반영한다. F2 변화는 자음들을 식별하는 데, 특히 자음 발화 위치를 식별하는 데 가장 중요한 단서를 가진다. 예를 들어, 무성 파열음 /p/, /t/, /k/는 같은 발화 방식을 보이지만, 자음에서 모음으로의 F2와 F3 변화는 다르다. 이는 개인이 /pa/와 /ta/, /ka/를 구별할 수 있게 한다(Raphael et al., 2007).

청각장애 아동들에게 있어, 청력 손상은 이러한 음향학적 단서들을 얻을 수 있는 이점을 막을 것이다. 1,000Hz까지만 들을 수 있는 아이를 상상해 보라. 이러한 사실은 아이로 하여금, 예를 들면 주파수 정보의 기초에 있어 /i/와 /I/를 구별하기 어렵게 할 것이고, 모음 길이의 차이(/i/와 /u/)들을 알아차리기 어렵도록 할 것이다. 그리고 그 아이가 영어에서 중요한 언어 표지인 무성 자음 /s/를 듣는 것은 불가능할 것이다.

Erber와 Alencewicz(1976)는 아동들이 초분절음들이나 각 소리들을 구별할 수 있고, 아동들이 강세, 지속시간, 고저의 초분절적 특징들을 구별할 수 있게 해보려는 노력으로 심도와 고도 청력 손상의 기능적 청력을 평가하는 구어 재료를 사용했다. 그들은 아동들이 가능한 반응의 제한적 집합에서 자극에 대한 반응을 선택하도록 하는 제한 반응 집합을 사용했다. 테스트를 거친 대다수의 아동들이 초분절적 특징들에 기초하여 정확하게 단어들을 분류할 수 있었다. 예를 들면, 그들은 한 단어를 하나 또는 두 개의 음절로 알아보았다. 그러나 이 아동들 모두가 같은 범주 안으로 단어들을 구분 지을 수 있었던 것은 아니었다. 예를 들면, 차(car)/개(dog)와 같은 단어에는, 청자가 받는 음향적 패턴과 매우 밀접하게 관련이 있는 초분절적 특징들을 인지하는 데 있어 결함을 보였다. 55~123 dB HL에 걸친 청력 손실을 갖고 있는 120명의 아동들을 이용한 또 다른 연구(Boothroyd, 1984)는 음성 신호에서 얼마나 많은 음향 정보가 보청기를 착용한 아동들에 의해 사용되는지를 조사했다. 이 연구는 아동들에게 음소 대립들을 구별 짓도록 했고, 그 이후에는 유일한 기회 수행이 있었던 청력 수준을 발견했다. 이러한 수준들은 (1) 조음의 자음 위치를 위한 75dB, (2) 초성 자음을 위한 85dB, (3) 초성 자음 유지를 위한 90dB, (4) 모음 위치를 위한 100dB, (5) 음절 패턴을 위한 105dB, (6) 모음 높이를 위한 115dB 이상이었다. 실행에 가장 큰 영향을 미친 변수는 *pen*, *cat*, *shoe*와 같은 단음절 단어들을 구별하는 능력이었다. 이런 단어들을 구별 짓기 위해서 초분절적 단서들은 사용될 수 없다. 오히려 주파수 차이들을 식별하는 능력이 요구된다.

다음 절에서 우리가 청력 손실의 유형과 여러 정도들의 영향에 대해 논의할 것이기 때문에, 표 8.1을 자주 언급하는 것이 도움이 될 것이다. 30dB 수준을 가로질러 가로선을 그리면 좋을 것이다. 이 수준에서 주파수들을 통과하는 미미한 청력 손실을 가진 아동은 이 선보다 위에 있는 항목들은 듣지 못할 것이다. 그러나 대부분의 청력 손실이 모든 주파수들에서 다 동일한 것은 아니며, 이러한 사실은 우리가 다양한 정도의 손실의 영향을 보기 때문에 기억해 두는 것이 중요하다. 또한 우리는 앞서 다루었던 구어 음향으로부터 말소리의 다른 주파수 특징들을 기억하고, 이 정보를 손실 정도와 관련시킬 필요가 있다. 또한 열악한 청각 환경은 청각장애를 가진 개인들이 입력되는 말과 언어 메시지를 이해하는 것을 더욱 어렵게 만들어, 청각 신호 왜곡의 원인이 될 수 있다는 점을 기억하는 것이 중요하다(DeBonis & Donohue, 2008).

병변 부위와 청력 손실의 유형. 변병 부위라는 것은 청력 손실을 유발하는 청각 메커니즘에서의 손상 위치를 말하며, 이것은 아동의 청력 상태에 영향을 미친다. 청력 손실은 일반적으로 병변 부위에 따라 두 가지 유형으로 나뉜다.

전도성 청력 손실은 외이도, 고막, 중이 손상에 의해 나타나는 유형이다. 귀의 이러한 부분들에서의 손상은 일반적으로 청력의 구조적인 면, 즉 음파가 귀의 안쪽 부분, 특히 달팽이관에 이동하는 방법에 영향을 미친다. 청각적 결함은 충분히 크게 들리지 않는 소리들과 같은 손실의 강도로 구성된다. 일반적으로, 전도성 청력 손실에서의 청력도는 편평한 윤곽선을 나타내며, 각 주파수마다 대략적으로 일정한 청력 손실을 그린다(Martin & Clark, 2006). 그러나 식별하는 능력에는 손상이 없기 때문에 명료도는 손상되지 않는다. 그러므로 전도성 청력 손실을 가진 아동에게 중재는 꽤 효과적이며, 그 아동은 의사소통을 할 수 있는 구어를 사용할 줄 알아야 한다.

전도성 청력 손실은 아동에게서 발견되는 청력 손실 중 가장 흔한 유형이며, 보통 외이도에 과밀된 귀지(쉽게 발견되며 치료 가능하다)로 발생하거나 종종 잔유물(유출물, OME)이 남아 있는 중이강에서 감염[중이염(otitis media, OM)]이 발생한다. 아동의 약 70%가 3세 이전에 적어도 한 번은 중이염에 걸리고, 많은 아동이 중이염의 재발을 경험한다(Roush, 2001). OME를 한 번 경험한 아이들 중 약 50%가 일시적으로 경도 손상을 가지는 반면, 5~10%는 중도 손상을 가진다(Roberts, Hunter et al., 2002). OME가 있는 아동들의 평균적인 청력 손실은 27dB HL 정도이다(주파수로는 평균적으로 500, 1,000, 4,000Hz)(Fria, Cantekin, & Eichler, 1985). 장기적인 중이염으로 고통 받는 아동들은 지속적인 청력 손실을 가지거나, 크게 보면 평균 청력으로 돌아올지라도 시간에 따라 변동하기도 한다. OME의 경우는 대부분 자연스럽게 고쳐지지만, 상당한 정도의 의학적 중재를 필요로 한다. 대부분의 경우, 청력 손실은 의학적으로나 외과적으로 치료 가능하다. 이러한 중재는 항생제나 감염된 귀에서 고름을 빼내고 중이에 공기가 통하게 하는 환기 튜브를 집어넣는 수술로 구성된다. 의학적 중재는 극심한 중이염의 고통을 완화하기 위해, 감염이 뇌 영역(뇌척수막)으로 퍼지지 않도록 하기 위해, 그리고 정상 청력으로 회복시키기 위해 진행된다. 특정 인구 집단(예를 들어 북아메리카 원주민과 오스트레일리아 원주민)에서 OME의 유행과 영향은 더욱 크며, 이것은 아동의 청력 수준을 관찰해야 한다는 까다롭고 전문적인 경계의 이유이다.

이른 아동기의 중이염 발병과 언어장애 사이의 관계에 대한 가설이 있다. 그것은 청력 손실과 관련이 있든 없든 OME의 경험이 언어와 글을 쓰고 읽는 능력에 결핍을 가져온다는 것이다(Friel-Patti & Finitzo, 1990). 이 관계를 조사하는 연구들에서 발견된 것들은 다양하다. Holm과 Kunze(1969)는 OM을 경험한 적이 있는 아동들이 교육적 성취와 언어 수단의 범위에서 작은 수행의 차이점을 보였음을 보여 주었다. 그들의 연구가 방법론적으로 흠이 있다고 비난을 받기는 했지만, 그것은 전도성 청력 손실에 대해 전문가들이 세운 믿음에 중요한 영향을 미쳤으며, 이후의 연구에도 영향을 미쳤다. Holm과 Kunze의 연구 이후, OM을 가진 아동들에 대한 회고적 연구법 또는 현재 OM이 활동적인 기간 동안 수반되는 OM의 영향을 시험하는 연구들이 있었다. 두 유형의 연구법 모두 거의 모든 OM의 사건과 이후의 언어장애 간에 강한 관계가 있다고 주장했다(Howie, 1975; Needleman, 1997). 이후의 연구에서는, Winskel(2006)이 OM의 이른 경험이 6~8세의 오스트레일리아 아동들의 수행능력에 부정적인 영향을 미친다는 것을 발견했다. 반면에 Roberts, Bruchinal과 Zeisel(2002)은 OME의 경험이나 학령기 아동의 학문적 성취에 있어 관련된 청력 손실 사이에 아무 관련이 없다는 것을 발견했다. 그들은 그들이 연구한, 유아기 동안 OME와 청력 손실을 더 자주 경험한 아동들은 처음에 수학과 언어 측정에서 낮은 점수를 기록했지만, 2학년까지 OME에 걸리지 않은 친구들을 따라잡았다. 비슷한 결과가 Johnson, McCormick과 Baldwin(2008)에 의해 발견되었는데, 그들은 OME에 걸린 적이 있는 유아기 아동들이 일반 언어와 발화, 음운적 능력의 다중 측정에서 나온 수행능력에 기초하여, 초등학교 생활 동안 언어지체의 위험이 없다고 발표했다.

OME와 아동의 언어발달 사이의 관계를 밝히는 데 고려해 볼 필요가 있는 문제가 적어도 두 가지 있다. 첫 번째는 계속해서 반복되는 OME와 관련 있다. 다양한 발달장애를 가진 아동과 같은 특수한 아동 집단에 있어, OME는 매우 일반적이고 끊임없이 반복되는 것이며, 장기간에 걸쳐 청력 수준에 더욱 크게 부정적인 영향을 미친다(Zeisel & Roberts, 2003). (의학적 중재이든 기술적 중재이든) 정상 청력에 가까운 회복 없이, 오래 계속된 중이염을 가진 어떤 아동들은 언어에 중요한 영향을 받기 쉽고, 이러한 사실은 학업 성취도에 극적으로 충격을 줄 수 있다. 만약 양측(bilateral) 감각신경성 청력 손실을 가진 아동이 언어발달에 있어 위기인 기간에 장기간 도움을 받지 못한 채 남겨진다면 위와 같은 사실은 진실이 될 것이다.

더욱 논란이 되고 있는 두 번째 문제는 경도 변동성 청력 손실의 원인과 관련 있다. 만약 중이염이 아동에게 흔한 것이고 상당한 기간 동안 치료받지 못한다면, 그것은 분명히 우리가 위에서 토론했던 것에 영향을 미칠 것이다. 그러나 언어발달 결과의 주요 결정 요인은 아마 OME를 수반한 청력 손실의 정도와 기간일 것이다. 한 차례의 OME가 평범하게 발생하는 것은 그것 자체가 문제를 가져오기는 어렵다. Haggard, Birkin과 Pringle(1994)은 언어 결과에 대해 OME가 미친 영향을 조사한 13개의 주요 연구들을 다시 한 번 살펴보았다. 이 저자들은 대부분의 연구 계획에 매우 비판적이었고, 심지어 그 효과가 통계적으로는 유의미할 때에도, 실제로는 매우 작았다. 그러나 13개의 연구 중 9개는 언어발달에 OME가 부정적인 영향을 미친다고 발표했다. 그 영향은 오직 2~4세에서만 발생하고, 다른 언어 능력들이 통틀어 일관되지는 않았다. 종합적으로 Haggard 등(1994)은 언어발달에 OME가 영향을 미치지만, 그것은 시작되는 나이, 발병 기간, 그리고 OME 발병 횟수에 따라 다르다고 결론지었다. 반면에 Roberts, Burchinal, Davis, Collier와 Henderson(1991)의 유망한 연구는 하위층 또는 중산층의 사회경제적 환경의 4.5~6세 아동에게는 OME와 언어발달 간 관련이 없다는 것을 발견했다. OME와 구어 발달/학업 성취도, 그리고 소음 중 언어지각 능력 간의 관계를 조사하는 연구를 검토하며, Roberts와 Hunter 등(2002)은 대부분의 연구가 발달/학업적 성공에 대해 청력 손실이 아닌 OME의 영향을 보고하고 있으며, 그것들이 사회경제적 지위와 같은 예상 변수 요인을 통제하지 못한다고 경고했다. 이것은 만약 OME가 중요한 언어발달 시기에 상대적으로 오랜 기간 청력 수준에 영향을 미친다면, 그것은 관리하지 않은 경도/중도 감각신경성 청력 손실(약 30dB HL)과 같은 결과를 가질지도 모른다는 이전의 분석이 나타내는 것과 일치한다. OME에서 평균 청력 수준은 30 dB HL보다는 좀처럼 더 나쁘지 않기 때문에, 언어 입력과 지각에 감지하기 힘든 영향이 있을 수 있다.

유아기 아동들은 더 큰 아동들과 같은 수행력을 가지고 말소리를 인지하기 위해서는 더 큰 수준을 필요로 한다(Mackie & Dermody, 1986). 그러므로 말소리 지각 지수는 경도 청력 손실을 가진 유아기 아동들에서는 더욱 낮을 것이다. 말소리 지각에 영향을 미치는 OME에 대한 증거가 몇 가지 있다. 예를 들어, Clarkson, Eimas와 Marean(1989)는 OME를 경험한 적이 있는 아동들의 결과를 보고하고, 통제 집단을 만들었다. 두 개의 OME 집단들을 만들었는데, 한 집단은 OME의 경험과 언어지체가 있는 집단, 다른 한 집단은 OME의 경험은 있으나 언어지체가 없는 집단으로 구성했다. 언어지체가 있는 OME 집단의 아동들은 OME와 언어지체가 없는 아동들로 구성된 통제 집단보다 나쁜 수행력을 보였다. 결과적으로 언어지체가 있는 OME 집단의 아동들은 언어지체가 없는 OME 집단의 아동들보다 더 나쁜 수행력을 보였다. 다른 연구들은 일반적인 듣기 조건을 갖춘 환경과 매우 비슷한 소음 중 말소리 인지 또한 통제 집단들에 비해 OME 집단들이 손상되었음을 나타낸다(Gravel & Wallace, 1992; Jerger & Jerger, 1983).

일시적인 OME에 의한 청력 손실 또는 이후의 언어장애들의 이유로서 그것이 말소리 지각에 미치는 영향의 역할은 아직 논란의 여지가 많다. Ventry(1983)는 처음으로 이 분야에서의 연구와 관련한 방법론적 문제들을 지적했다. 일찍이 일련의 기준들의 효용성에도 불구하고, 차후의 연구들 대부분은 유망한 연구 계획과 언어 영향의 평가를 위한 표준화된 측정, 차이점들에 대한 대략적인 통계적 분석들을 제공하는 데 실패했고, 무엇보다도 OME 자체를 OME와 관련된 청력 손실의 존재보다 언어에 미치는 영향을 예측하는 데 사용했다. 결과적으로, 발달의 초기 단계에 OME가 언어에 미치는 실제적인 영향에 관하여 몇 가지 불확실한 것들이 남아 있다. 보통 말하는, OME로 인한 청력 손실과 언어 결과 간에 강한 연결고리는 이 시대에는 만들어질 수 없었다. 그러나 DeBonis와 Donohue(2008)가 아동의 지속적인 전도성 청력 손실을 관리하는 데에, 아동의 학업 성취도와 구어 발달의 잠재적인 위험 때문에, 특히 학교 성적에 관해서 세심한 관심을 기울일 것을 추천했다.

감각신경성 청력 손실은 내이, 특히 고막과 청신경에서의 유모세포나 뇌로 가는 청신경학적 혈관에서의 유모세포 손상에 의해 발생한다. 달팽이관 청력 손실은 태어나기 이전과 출생 전후, 그리고 출생 후의 다양한 원인들이 있다(Martin & Clark, 2006). 손실의 가혹함은 유모세포의 손상 정도에 의해 결정된다. 청각적 결함은 일반적으로 강도의 손실과 명료성의 손실을 모두 야기하기 때문에 아동은 말소리를 식별하는 데 어려움을 가진다. 소리는 적절한 증폭의 사용을 통해 크기를 높일 수 있지만, 반드시 더 명료하게 만들어지는 것은 아니다. 감각신경성 손상을 가진 많은 아동의 또 다른 문제는 시끄러운 소리에 대한 비정상적인 예민함 또는 보충 현상이다. 이러한 결함으로 소리가 들리는 위치와 그것이 불편하거나 심지어 고통스러울 정도로 변하는 곳 사이의 범위가 줄어든다. 이것은 아동이 아마 사용 가능한 청력을 들을 수 없는 부드러운 소리와 참을 수 없는 시끄러운 소리로, 매우 제한된 범위(감소된 범위)로 가질지도 모른다는 것을 의미한다. 결과적으로 청각적 도움과 말소리 지각의 성공적인 피팅은 어떤 아동들에게는 심각할 정도로 위태로운 것이다. 모든 사람들에게 있어서 청력 손상이든 아니든, 그리고 보충 현상으로 고통을 받든 받지 않든, 소리가 불편하게 변하고 그리고는 고통스럽게 변하는 한계의 위에, 최대 소리 크기의 한계가 있다.

감각신경성 손상의 정도는 경도에서 심도까지 모든 범주에 걸쳐 다양하다(표 8.1 참조). 감각신경성 청력 손실은 보통 되돌릴 수 없으며, 일반적으로 의학적 중재를 잘 받아들이지 않는다. 관리하려는 노력은 관습적으로 보청기/증폭기의 사용을 포함해 왔다(DeBonis & Donohue, 2008). 그러나 더욱 최근에는 몇몇 외과적 중재가 달팽이관 주입 기술의 발달로 가능해졌다. 청각 신경을 직접적으로 자극하기 위해 전극이 수술을 통해 달팽이관에 주입된다. 그러나 이러한 중재는 일반적으로 오직 엄격한 기준에 맞는 더욱 심각한 손상을 가진 사람들에게만 가능하다. 와우 이식을 받는 아동들의 결과들은 이 장 이후에 의논할 것이다.

몇몇 아동들은 **혼합성 난청**이라고 불리는 것, 즉 전도성 요소와 감각신경성 요소를 모두 갖춘 것을 경험한다. 손상은 한 가지 또는 더 많은 이유들을 가질 것이고, 사람들이 경험하는 특정 어려움들은 손상의 형태에 의해 결정된다. 형태라 함은 손실에 영향을 받는 특정 주파수와 각 주파수가 영향을 받는 정도를 의미한다.

다른 어떤 아동들은 중추 청각처리장애라고 불리는 것을 겪는다. 이러한 아이들은 청력 손실에 대한 징후는 보이지 않을지도 모른다. 그러나 언어 이해력과 말소리 지각 결함들이 언어발달을 방해하는 것들이라고 믿어지는데, 이러한 것들을 가져오는 정보처리에 있어서 어려움의 정도는 다양하다. 또 다른 아동들은 청각신경장애/청각공시장애(auditory neuropathy/auditory dys-synchrony)로 알려진 질환을 겪을 수 있다. 이러한 아동들은 전형적으로 달팽이관이 정상적으로 기능하는데도 청력 손실을 가지며, 청각 경로와 청각 뇌간에 신경성 장애의 징후를 보인다. 이러한 주제들은 복잡하고 논란의 여지가 있기 때문에, 그것들은 이 장의 이후에 분리된 문단에서 더욱 자세하게 다룰 것이다.

청력 손실의 정도. 청력 손실을 유형과 병변 부위에 따라 묘사하는 것에 더해, 청력 손실을 특징짓는 또 다른 중요한 방법은 손실의 정도에 의한 것이다. 정상이라는 용어에 더해, 표 8.1을 다시 보면 손실의 정도를 구별 짓는 데 사용된 다섯 가지 용어가 있다. 그것들은 경도, 중도, 고도, 심도, 완전이다. 다음은 각각 다른 청력 손실 정도의 설명과 각 손실의 정도와 관련된 구어, 언어, 그리고 의사소통의 특징들에 대한 일반적인 논의이다.

경도 청력 손실(15~30dB HL). 이 정도의 청력 손실을 가진 아동들은 일반적으로 말과 언어를 동시에 발달시킨다. 전통적으로, 경도(mild) 청력 손실은 아동들에게 단지 최소한의 어려움만을 야기한다고 생각되어 왔으며, 뚜렷하지 못한 구어를 들을 때 주요한 문제가 된다. 그러나 이러한 아동들이 항상 유리한 듣기 환경에 있는 것은 아니기 때문에, 그들은 종종 필수적인 청각 정보를 놓친다. 이것은 손상이 수동적 의사소통에 미치는 영향의 정도 때문이 아니라 아동이 더 자랄 때까지 미미한 영향이 종종 확인되지 않기 때문에 언어발달에 문제점을 가져올 수 있다. 그리고 그 아동이 더 자랐을 때, 언어에서의 경미한 분열은 학업적 성취에 상당한 영향력을 미칠 수 있다(Teasdale & Sorenson, 2007; Wake & Poulakis, 2004). 지난 수십 년간 구어와 언어발달과 학업 성취에 경도 손실이 미치는 영향에 대한 우리의 의식이 상당히 증가해 왔다는 연구 발견이 나타났다.

경도 손실을 가진 아동들은 초기 검사 프로그램에서 확인되기가 쉽지 않고, 분명하게 나타나는 그들의 부주의한 행동들은 그들의 나쁜 학업 성적이 일상 시력과 청력 검사로 조사될 때까지 종종 청력 손상과는 관련이 없다(Yoshinaga-Itano, 1998). 경도 청력 손실을 가진 아동, 특히 청소년들에게 나타나는 또 다른 문제는 그들이 보청기를 끼는 것에 대해 저항하는 경향이 있다는 것이다. 이는 그들이 개인적 증폭으로부터 얻는 이점이 기계적 장치를 착용함으로써 낙인찍히는 불이익과 균형이 맞지 않기 때문이며, 그것 때문에 그들을 대부분의 의사소통 상황에서 그들과 비슷하지 않은 집단과 어울린다. 결과적으로, 이러한 집단이 경험하는 주요 발달적 문제는 자기 능력 이하의 학업 성적을 낸다는 것이다. 미묘한 표현언어 문제와 수용언어 문제가 경도 청력 손실을 가진 아동에게 나타날 것인데도 불구하고, 손상이 경도와 중도 손실 사이의 경계선에 도달해 가면, 더 많은 수용적 능력과 아동의 행동이 중도 손실을 가진 아동들의 능력과 행동을 (특히 시제를 위한 형태론과 같이, 더 높은 주파수 소리 정보를 요구하는 구어 요소에 있어) 반영할 것이다. 그러나 이러한 결함의 연속은 경도 손실을 가진 몇몇 아동들이 또한 꽤 나쁜 수용적 의사소통 능력을 보여 주는 것이라는 점에서 별개가 아니며, 다시 청력이 손실된 모든 아동들에게 있어 의사소통 능력들을 확인하고 관리할 필요성을 강조한다. 그러므로 전문가들은 경도 청력 손상이 아동에게 미칠 수 있는 부정적 영향을 더 이상 무시할 수 없다.

영구 경도 청력 손실을 가진 아동들에게 있어 최소한의 중재는 보청기를 착용하는 것, 청각적 단서뿐만 아니라 시각적 단서의 사용을 장려하는 것, 그리고 자리 선택의 우선권을 주는 것으로 구성된다. 빠르고 적절한 중재로, 이러한 아동들이 겪을지도 모르는 언어지체를 성공적으로 보충해야 한다. 변동적이거나 일시적인 청력 손실을 가진 아동들이 직면하는 문제는 영구 경도 손실과는 반대이기 때문에, 이 부분의 이후에 더 논의할 것이다.

중도 청력 손실(31~60dB HL). 중도(moderate) 청력 손실을 가진 아동들은 가능한 한 빨리 다음의 진단과 같은 보청기를 착용하는 것이 도움이 된다. 왜냐하면 증폭이 없이는 일상적 대화에서 쓰이는 말을 완전하게 잘 들을 수 없기 때문이다. 이 범위의 가장 낮은 위치에 있는 아동들은 종종 청신호로 시각적 보충에 기대는 경우가 많다. 이러한 아동 중 많은 아이들이 지체된 언어 능력과 말하는 것, 특히 자음을 말하는 것에 문제를 가진다. 일반적으로 목소리는 적절하게 관찰되며, 음성 질은 정상이다. 적절한 중재 없이는 이러한 아동들은 말, 언어, 또는 학업 면에서 그들의 능력을 완전히 발달시킬 수 없을 것이다. 그들은 학창시절 내내 교육적인 불이익을 받을지도 모른다. 적절한 증폭과 중재가 있다면, 그들은 정상 또는 정상에 가까운 구어와 언어 능력을 발달시킬 수 있는 합리적인 잠재력뿐만 아니라 좋은 가청도와 말소리 지각력을 가질 수 있다. 이러한 아동들은 보통 자리 선택의 우선권을 가지며 일반 교실에 있다.

오래됐지만 여전히 의의가 있는 연구에서, Davis, Elfenbein, Shum과 Bentler(1986)는 심도 청력 손실을 가진 아동뿐만 아니라 경도부터 중도 감각신경성 청력 손실을 가진 5~18세의 아동 40명에 대해 청력 손실, 교육적 성취 언어발달과 인성 발달 간의 관계를 조사했다. 이 연구들은 언어발달과 학업적 성공을 청력 손실이나 나이로 예측할 수 없다는 것을 발견했고, 우리로 하여금 청력 손실의 정도가 그것만으로 행동 기능의 간단하며 좋은 예측 변수는 아니라는 것을 다시 한 번 상기시켜 주었다. 그러나 많은 아동들이 그들의 또래(hearing peers)보다 공격적인 성향을 보였고, 육체적 불편을 더 많이 표현했다. 부모들은 사회와 학교에서 더 많은 행동적 어려움을 겪는다고 보고했다. 이러한 발견들은 손실의 심각성과 관련 없이 청력 손실을 가진 아동의 발달에 대한 모든 면을 고려하는 것이 중요하다고 강조한다.

연구는 경도에서 중도 청력 손실을 가진 아동들이 적절한 증폭 장치들을 이른 시기에 공급받으며 말과 언어지체가 일찍 중재받는다면, 말과 언어에 대한 그들의 어려움들은 경도에서 중등도 문제들로 그친다는 것을 보여 준다(Elfenbein, Hardin-Jones, & Davis, 1994). 이러한 조건이 발생하지 않을 때에는 그들의 어려움은 더욱 심각해질 수 있다. 모든 청각장애 아동에게 있어 요구되는 중재의 정도를 결정하기 위해 각 아동을 평가하고, 중도 청력 손실이 어떤 아동에게는 상당한 언어적 문제를 가져올 수 있음을 이해하는 것이 중요하다(Davis, 1990). 경도와 중도 청각장애를 가진 아동들은 종종 다음과 같은 언어적 특징들을 보인다. (1) 어휘력 발달 저하(이는 아마 개념들을 표현하기 위한 다른 대안들의 제한된 표현과 어휘와 비유 언어 표현들의 상위 언어적 형태들을 다루는 데 대한 어려움의 결과일 것이다.), (2) 영어에서 형태론적 표지, 특히 높은 주파수 소리가 요구되는 것(예를 들면 복수, 3인칭 현재 시제, 그리고 일반적인 과거 시제)을 사용하는 데 있어서의 결함들, (3) 전치사와 관사와 같은 기능적 단어 발달에서의 지체.

고도 청력 손실(61~90dB HL). 고도(severe) 청력 손실을 가진 아동들은 구어와 언어 능력에서 가장 큰 다양성을 보여 주며, 보청기를 착용하지 않는다면 일상 대화에서 쓰이는 말을 잘 구별해서 듣는 것에 상당한 어려움을 가진다. 손실의 정도와 관계없이, 구어와 언어 능력에서의 결함들은 존재한다. 가장 심각한 손실을 가진 사람들은 심지어 보청기를 착용하고도 오직 강도가 높고 가까운 거리에 있는 소리에 반응한다. 몇몇은 부족한 청각적 구별 능력을 갖는다. 심지어 보청기를 착용하고도, 언어발달지체가 자주 일어난다. 자음, 모음 그리고 이중모음 오류들로 언어 능력 또한 지체될 것이다. 이 집단의 몇몇 아동들은 비정상적인 음성적 질을 보인다. 다른 요소들 또한 중요한 부분을 차지하며, 구어 능력의 범위는 다양하다. 이러한 아동들의 결과는 청력 손실이 얼마나 일찍 발견되며 중재가 언제 시작되는가에 크게 좌우된다. 비록 시각적 단서들에 크게 의존하며, 특히 안 좋은 음향 환경에서 더욱 그렇지만, 이러한 아동들, 특히 들을 수 있는 범위가 바닥에 가까운 아동들에게는 청각이 주된 입력 양상이 되어야 한다. 좋은 결과는 빠른 중재와 적절한 구어, 언어, 그리고 교육적 중재로 얻을 수 있다.

비록 경도의 범위에 있다 할지라도 모든 청력 손실은 학교 교실을 포함한 잡음을 가진 환경에서 원활한 의사소통을 막는 상당한 장벽을 만든다(Northern & Downs, 2002). 고도 청력 손실을 가진 아동들의 의사소통 능력은 의사소통하기 위해 요구되는 특별한 집중과 관심 면에서 특별히 이해될 필요가 있다. 이러한 어려움들은 심지어 미미한 표현과 수용적 의사소통 문제들이 학업 성취뿐만 아니라 자아 정체에도 생겨날 수 있다는 결과에 의해 악화된다. 이것은 기술적 장치를 착용함으로써 이미 구분 지어진 10대 청소년들에게 특히 문제가 될 수 있다. 이러한 아동들의 몇몇은 일반적인 교실에서 활동할지도 모르지만, 많은 아동들이 특별한 교육적 도움과 심지어는 특별한 장소까지도 필요할 것이다. 이러한 문제들에 대해 상담하는 것은 자주 이러한 아동들이 경험하는 의사소통적 결함 때문에 만들어진다. 교육 프로그램들은 각 아동들의 개인적이고 특별한 필요들을 고려하는 감정적 도움뿐만 아니라 정보 또한 제공할 필요가 있다. 고도 청각장애를 가진 아동의 구어와 언어 평가는 필요할지도 모르는 다른 중재들을 근거로 두기 위한 명확한 그림을 제공하는 데 있어 치명적일 수 있다.

심도 청력 손실(91 ~ 120dB HL). 심도(profound) 청력 손실을 가진 아동들은 청각적 입력으로부터 이익을 얻기 어려우며, 그들 중 대부분은 촉각과 시각적 단서들에 심하게 의존할 것이다. 이러한 정도의 손상은 말과 언어, 의사소통적 발달과 심리사회적 적응력에 상당한 영향을 미친다. 보청기로 인해 증폭된 청각적 입력은 그들에게 환경음과 말의 초분절적 요소들에 대한 정보를 줄 것이다. 그러나 많은 경우 이것은 그들에게 말을 구별하기 위해 충분한 정보를 제공하지는 않을 것이다. 그래서 이러한 아동들에게는 적절한 구어의 발달은 어려우며, 많은 아동들이 의사소통을 하기 위해 총체적 의사소통 또는 수화를 사용할 필요가 있다(이에 대해서는 이 장의 이후에 논할 것이다). 이 장의 뒤에서 우리가 볼 것처럼, 최근 몇 년간 와우 이식은 심도 손실을 가진 아동들의 말과 언어 개요에 대한 기술을 바꾸기 시작했다.

이 집단의 매우 적은 수의 아동들은 사실상 측정 불가능한 청력 수준을 가졌다. 그들은 일반적으로 약 120dB의 청력 수준을 가진다고 보고되는데, 아마 이것은 그들이 더 낮은 주파수에서 시험용 자극들을 느끼기 때문일 것이다. 이러한 아동들은 아주 조금 더 나은 청력을 가진 그들의 동료들보다 더 낮은 말-언어 능력을 가진다. 이것은 단지 미약한 잔존 청력으로 얻을 수 있는 것의 강력한 설명이 된다(Levitt, McGarr, & Geffner, 1987).

완전 청력 손실(121 dB HL 이상). 완전(total) 청력 손실을 가진 아동들은 보청기를 가지고도 듣지 못한다. 그들은 소리를 듣기보다는 느낀다. 달팽이관 이식을 하지 않은 상태에서, 시력은 그들이 언어를 얻을 수 있는 주된 방법이다. 완전 청력 손실을 가진 많은 아동들의 상황이 최근 교육 자원의 증가와 (와우 이식과 촉각적 도움을 포함한) 기술 발달의 결과로 향상되고 있다. 그러나 여전히 많은 이들이 상당한 어려움을 겪고 있다. 1980년대 중반에, 달팽이관 이식의 현재의 명성 이전에 출판된 질적 연구 결과에서, Sainsbury(1986)는 그러한 사람들, 특히 이해하는 말이 적고 청력이 나쁜 사람들이 사회에서 직면하는 어려움들에 대한 상세한 보고를 발표했다. 그녀의 피험자들은 171명의 청각장애 성인이었고, 그들 중에는 완전 청력 손실을 갖고 태어난 사람, 2세 이전에 손상을 입은 사람, 그리고 완전히 영국식 수화(British Sign Language)에만 의존하는 사람들이 포함되어 있었다. Sainsbury는 그들 스스로가 이해하도록 만들고 그들의 어려움을 가족과 친구들이 이해할 수 있도록 하는 데 있어 이러한 성인들이 직면하는 어려움들은 거의 극복할 수 없을 정도라고 보고했다. 이 집단은 전형적으로 글을 읽고 쓰는 수준이 낮으며, 그들의 의사소통 능력과 통합 선택은 감소했다. 그 당시, 텔레텍스(teletext, 대화를 따라가지 못하는 텔레비전이나 영화 시

청자들을 위해 개발된, 자막을 다는 클로즈드 캡션 시스템)는 비쌌고(완전 청력 손실을 가진 많은 성인들은 교육 수준이 상당히 낮았으며 이는 낮은 수입 잠재력을 가져왔다), 그들의 느린 읽기와 낮은 언어 이해 능력 때문에 메시지가 자주 잘못 이해되었고, 기껏해야 부분적인 정보만을 이해하는 결과를 가져왔다. Sainsbury는 또한 완전 청력 손실을 가진 사람과 사회 사이에서 중재자로서의 역할을 할 수 있었던 가족 구성원이 더 넓은 세상에 대한 정보들의 중요한 자원이었지만, 그러한 중재자는 종종 제한된 시간을 가지거나 필요한 만큼 이해심이 없었다는 것을 발견했다.

이러한 발견들은 정상적인 청력 환경 속에서 완전 청력 손실을 가진 아동의 통합과 관련된 문제들과 사회 속의 청각장애인 문화의 역할과 상당한 관련을 갖고 있다. 거의 듣지 못하거나 완전히 듣지 못하는 아동들은 정상 청력을 가진 사람들과의 상호작용과 비교해, 청각장애인 공동체 속에서 의사소통과 상호작용을 하는 데 현저하게 적은 문제를 겪는다. 비공식적인 의사소통 네트워크가 잘 발달된 반면, 거의 듣지 못하거나 완전히 듣지 못하는 사람들은 서비스를 제공하는 정부와 자원봉사자들의 공식적인 네트워크에 심하게 의존하게 되었으며, 그러한 서비스 제공자들은 상당한 언어적 장벽을 극복하기 위해 필수적인 중개적 의사소통 기능을 제공해야 했다.

표현언어 · 수용언어 능력에 관한 연구들이 완전 청력 손실을 가진 성인들을 상대로 이루어져 왔지만, 그 결과는 상당히 개인적이었으며 경험을 하거나 하지 않을 수도 있는 증폭 장치에 의존했다. 일반적으로 기계적 장치의 성공적인 관리가 가능하지 않고, 매우 이른 나이부터 수화와 능숙한 수화 사용자들이 있는 주변 환경에 노출되지 않는다면, 언어 능력이 잘 발달하지 못했다. 와우 이식은 완전 청력 손실을 가진 몇몇 사람들에게 덜 심각한 손실을 가진 사람들이 얻을 수 있는 것과 동등한 결과를 가져다줄 수 있지만, 그 결과에는 상당한 가변성이 있다. 와우 이식의 적합성이 만약 완전 청력 손실을 가진 아동의 가족들이 바라던 목표라면, 그것 자체로 일반 청력으로 쉽게 전이하는 것을 보증해 주지는 않는다는 것을 기억하는 것이 중요하다.

편측 청력 손실. 편측 청력 손실(unilateral hearing loss, 한쪽 귀의 청력 손실)은 1,000명당 3~13명 정도로, 상당히 광범위하다(Northern & Downs, 2002). 완전 편측 난청은 대부분 매우 이른 아동기에 걸리는 유행성 이하선염 때문에 나타난다. 경도 청력 손실과 마찬가지로, 아동과 부모들은 그것이 특별한 의사소통이 요구되는 상황(예를 들면 전화기 사용), 대인 간 의사소통 또는 학업 성취에 영향을 미치기 시작할 때까지 문제를 알지 못한다.

일반적인 생각은 편측 청력 손실을 가졌더라도 다른 귀는 정상 청력을 가진 아동은 정상적으로 발달할 것이라는 것이었다. 그러나 이러한 관점은 1980년대에 문제가 제기되었다(Bess, Klee, & Culbertson, 1986; Bess & Tharpe, 1988; Oyler, Oyler, & Matkin, 1987, 1988). Bess와 Tharpe(1988), 그리고 Bess 등(1986)은 편측 청력 손실을 가진 아동들 중 적어도

3분의 1이 학업 진척에 지체되었으며, 50%가 특별한 교육적 프로그램 보조를 필요로 한다는 사실을 보여 주었다. 이것은 양측 경도 청력 손실을 가진 아동의 결과와 유사하다.

이러한 자료는 편측 청력 손실을 가진 아동이 학업적 어려움의 위험에 있음을 나타내지만, 중재가 일찍이 제공된다면, 편측 청력 손실을 가진 모든 아동들이 이러한 문제를 가지는 것은 아니다. Kiese-Himmel(2002)의 연구가 이 관점을 보조하는데, 일찍이 발견되어 적절하게 관리된(예를 들면 보청기를 맞추거나 교육적으로 관찰된) 아동들은 청상 청력의 아동들과 마찬가지로 표준화된 언어적 과제를 유사하게 수행한다고 보고했다.

2) 청력 손실 발병 나이와 그 영향

청력 손실은 그것이 발생하는 나이의 측면에서 설명될 수 있다. 아동이 청력을 통해 언어에 노출될 때, 관습적으로 태어날 때부터 존재하거나 출생 후 즉시 발생하는 선천성 난청과 생후에 발생하는 후천성 난청으로 나뉜다. 손실 시작 나이가 언어적 결과를 결정하는 데 있어 중요한 요소이기 때문에, 선천성 난청과 생후 즉시 발생하는 것을 언어 습득 이전 청력 손실이라고 부르고, 아동이 일상 대화에서 쓰이는 언어의 상당한 양에 노출된 이후에 발생하는 것을 언어 습득 이후 청력 손실이라고 부른다. 이러한 두 집단을 나누기 위해 사용되는 협의된 나이는 없다. 그래서 몇몇 사람들은 언어발달이 생후에 시작되기 때문에 구별이 무의미하다고 주장할 것이다(Osberger & Hesketh, 1988). 그러나 두 집단 간의 언어 수행력에서 차이점들이 있으며, 2세를 일반적으로 구분선으로 사용한다. 2세 이전에 일찍 시작된 청각장애는 구어와 언어발달에 해로운 영향을 미치기 쉽다. 게다가 손상이 심각할수록 일반적으로 더 심각한 언어장애가 따라온다.

선천성 손실 또는 언어 습득 이전 손실에는 다양한 원인들이 있다. 흔한 두 가지 원인은 유전적 요소(유전)와 분만 후기의 뇌수막염(뇌나 척수를 덮고 있는 세포막의 염증)이다. 유전적 청력 손실은 단독 발생하거나 6장에서 다루었던 증후군들과 같은 질환들과 함께 발생한다(DeBonis & Donohue, 2008; Martin & Clark, 2006). 다른 원인들은 조산과 모계 풍진이다(Martin & Clark, 2006). 후천성 난청 또한 여러 원인들을 가지며, 흔한 원인은 뇌수막염이나 유전적 요소이다. 다른 원인들은 인플루엔자와 유행성 이하선염, 거대세포 바이러스를 포함한 심각한 바이러스성 감염 또는 외상으로 인해 발생하는 두개골 부상과 내이로 공급되는 혈관 속에서 생기는 혈전이다(Martin & Clark, 2006; Schildroth, 1986; Tye-Murray, 2009). 언어 습득 이후 청력 손실의 또 다른 흔한 원인은 이전에 논의했듯, 중이염 또는 OME이다.

선천성 난청과 유전적 손실을 구분하는 것은 중요하다. 이전에 논의했던 것처럼, 모든 선천성 난청이 유전적 요인 때문인 것은 아니며, 모든 유전적 손실이 선천적인 것은 아니다. 유전적 손실은 언어 습득 이전 기간에 나타날 수 있지만, 몇몇은 이른 성년까지 나타나지 않을 수도 있다.

3) 청력 손실의 안정성

어떤 청력 손실은 시간이 가면 안정적이지 않다. 안정성 요소에 따라 안정성 손실, 진행성 손실, 그리고 변동성 손실로 구분된다. 안정성 청력 손실에서, 아동은 시간이 흘러도 청신호의 질에서 같은 평가를 가진다. 이 청신호의 일관성은 아동으로 하여금 지각 발달에 소리를 포함시키도록 한다. 진행성 청력 손상에서는 시간이 흐르면서 청력이 악화되며, 아동으로 하여금 점점 더 나쁜 청력 정보에 적응하도록 요구한다. 변동성 청력 손상에서는 손상이 다양하듯, 아동은 청신호에서 비일관성을 경험한다. 이것은 특히 아동이 어떤 상황에서 그리고 다른 사람의 소리에 반응할 때 어려움을 유발할 수 있다. 청각 자극에 주의를 기울이는 변화는 때때로 고의적으로 불일치한 행동을 하는 것처럼 보인다. 또한 소리가 아동의 지각 발달에 통합되지 않고, 학습의 수단으로서 우선순위를 가지지 않을 수 있다. 변동성 손실의 영향은, 특히 이른 언어발달 시기에서는 지대하며 심지어 청력이 정상으로 돌아온 뒤에도 청각적 주의에 문제를 가져올 수도 있다. 이전에 논의했던 것처럼, 중이염이 있는 아동들은 자주 변동성 청력 손실을 경험한다(Northern & Downs, 2002).

4) 다른 기여 요인과 그 영향

발병 나이와 정도, 유형, 그리고 손실의 안정성 이외의 요소들 또한 청각장애 아동의 행동에 영향을 줄 수 있다. 이러한 요소들이 각 아동의 행동에 미치는 정확한 영향을 평가하기는 어렵다. 그러나 그것들이 행동에 상당한 영향을 미칠 수 있기 때문에 그것들을 고려하는 것이 중요하다.

부모의 청력 상태. 한 가지 중요한 요소는 부모의 청력 상태이다. 청각장애 아동의 정상 청력을 가진 부모들은 자녀들의 장애를 알게 되면서 정신적으로 감정적으로 스트레스를 겪을 수 있으며, 이러한 스트레스는 자녀에게 이야기해 주는 능력을 방해할 수 있다. 이것은 그들이 언어 자극과 청각 자극의 사용을 통해 자녀에게 이야기하는 방법과 관련 있다. 청각장애 아동의 정상 청력을 가진 부모는 더 엄격하고 더 부정적인 상호작용을 보이며, 감정적으로 여유가 적고, 물리적으로 더 조작하며, 언어적으로 더 지배적이다. 하지만 의사소통적 상호작용은 덜 가지며 일반적으로 정상 청력 아동과 발생하는 아동 주도적인 담화가 발생하기 어렵다(Pipp-Siegel & Biringen, 2000). 게다가 진단 이후 초기의 아동에게는 때때로 언어적 입력이 감소한다(Cross, Johnson-Morris, & Nienhuys, 1980). 그러므로 아동은 언어발달을 위해 필수적인 언어적 입력을 받지 못한다. 상담과 지원을 통해 대개 부모는 자녀에게 청각적 입력의 양과 유형을 증가시킴으로써 자녀의 의사소통적 상호작용을 향상시킬 수 있다. 그렇게 함으로써 정상 청력의 아동이 경험하는 것과 더 유사하게 상호작용 유형으로 돌아올 수 있다(English, 2007b; Kenworthy, 1986).

반면에 청각장애를 가진 부모들은 자녀의 청각장애에 대해 스트레스를 덜 받을 것이고, 청각의 사용을 통하든 수화를 이용한 의사소통을 통하든 자녀들과 효과적으로 의사소통을 할 수 있다. 이러한 아동들은 전형적으로 성인들의 고도로 발달된 언어 능력을 가진 환경에 노출되며, 이는 비록 수화를 이용한 의사소통이 잦을지라도 아동들이 언어 역량을 얻을 수 있는 가능성을 증가시킨다. 초기에 청각장애인 부모들의 자녀들은 상대적으로 훌륭한 수용언어 · 표현언어 능력을 가지지만 말하기 능력은 낮을 수 있다. 반면에 정상 청력인 부모들의 자녀들은 더 우월한 말하기 능력을 갖기 쉽다(White & White, 1987).

조기 진단. 조기 진단과 청력 손실의 중재는 아동의 발달에 중요한 열쇠이다. 신생아의 청력 손실 출현율은 많은 연구들에서 1,000명의 정상 출산아 중 1.5~6명으로 평가되어 왔다(Mehl & Thomson, 1998; National Institutes of Health, 2006; Northern & Hayes, 1994; Parving, Hauch, & Christensen, 2003; van Straaten, Tibosch, Dorrepaal, & Kok, 2001; Yoshinaga-Itano, Sedey, Coulter, & Mehl, 1998). 이러한 수치는 1,000명의 출산아 중 1명의 역사적 수치보다 더 높다. 이러한 증가는 편측 청력 손실을 포함한 모든 청력 손실의 정도를 확인하기 위한 이음향방사(otoacoustic emissions, OAEs)와 자동화청성뇌간반응(AABR)과 같은 새로운 기술들의 결과로 나타난 향상된 발견에 기인한다. 발견하지 못해 방치된 신생아의 청력 손실은 인지적 · 사회정서적 발달뿐만 아니라 말과 언어, 그리고 의사소통 발달에서의 결함과 같은 일생 동안의 심각한 장애를 가져올 수 있으며, 이 모든 것들은 성공적인 학업 성취도를 방해할 수 있고 종종 제한된 취업으로 이어진다[Cunningham, Cox, & The Committee on Practice and Ambulatory Medicine: The Section on Otolaryngology and Brochoesophagology, 2003; Declau, Boudewyns, Van den Ende, Peeters, & van den Heyning, 2008; Joint Committee on Infant Hearing(JCIH), American Academy of Audiology, American Academy of Pediatrics, & American Speech Language-Hearing Association(ASHA), Directors of Speech and Hearing Programs in State Health and Welfare Agencies, 2000; Northern & Hayes, 1994; Yoshinaga-Itano, Coulter, & Thomson, 2000; Yoshinaga-Itano et al., 1998].

조기 진단과 중재를 통해 이러한 문제들은 개선되거나 예방될 수 있다. 조기 진단은 전통적으로 청력 손실의 위험요인을 가진 아동들을 태어난 직후부터 생후 3개월 동안 보호하는 고위험군 환자 명부 사용에 의존했다(JCIH, 1995.) 이러한 위험요인들은 고위험군 영아에서 발견 가능함에도 불구하고, 몇몇 연구들(Mauk, White, & Mortensen, 1991; Mehl & Thomson, 1998)이 청력 손실을 가진 아동 중 50%만이 고위험의 징후를 가진다고 보고했다. JCIH(1995)는 청력 손실의 조기 진단에 고위험군 환자 명부가 중요한 도움을 제공하지만, 보편적인 신생아의 청력 검사를 목표로 할 필요가 있다고 주장했다. 2000년에 JCIH는 다른 협력 기관들과 함께하는 공동 연구(JCIH, 2000; JCIH et al., 2000)에서 생후 3개월까지의 모든 영아들을 위한 OAEs나 AABR과 같은 생리학적 방법을 사용한 보편적인 청력 검사의 도입을 옹호하는 입장을 표명했다. 청력 손실이 발견 가능하다면, 생후 6개월까지의 중재를 위한 모든 진단 평가와 다른 병원에 보내는 것이 또한 추천된다(JCIH et al., 2000). 2002년에 Northern과 Downs(2002)는 미국의 20개가 넘는 주에서 보편적인 신생아 청력 검사 프로그램을 주 전체에 적용하는 법률을 통과시켰다. 2007년에, JCIH는 조기 청력 진단과 중재의 성공을 지속하기 위한 노력으로, 생후 3개월이 될 때까지 포괄적 청각학적 검사를 받지 못한 영아들과 함께, 모든 신생아는 생후 1개월 때 청력 검사를 받아야 한다는 것으로 입장을 바꾸었다. 청력 손상이 발견되면, 적절한 중재가 생후 6개월 이전에 시작되어야 한다. JCHI는 또한 2005년에 미국 전체에서 신생아 청력 검사 프로그램을 시행했으며, 이제 95%의 신생아들이 병원에서 퇴원하기 이전에 검사를 받는다고 보고했다(JCIH, 2007). 기존 서비스의 이점과 폐해에 대한 증거의 체계적인 검토를 기초로 한 예방적 주의를 권고하는 단체인 미국예방특별위원회(2008) 또한 보편적 신생아 청력 검사를 추천한다.

부수적 결함들. 아동들의 결과에 영향을 미칠 수 있는 또 다른 큰 요인은 발육 지연, 뇌성마비, 두개안면 이상, 시각장애, 행동장애와 같은 다른 장애 질환이 존재하는 것이다. 다른 질환이 아동의 지각력과 언어 수행력에 가지는 영향은 상당히 다르지만, 이러한 질환들은 중재 진행 기간과 중재의 결과를 평가할 때 모두 고려해 볼 필요가 있다(Levitt et al., 1987; Tye-Murray, 2009).

잡음. 청각장애 아동에게 잡음(background noise)은 중요한 문제이다. 잡음은 한 공간 안에서의 소음 수준, 그 공간의 음향 시설, 그리고 화자와 청자 간 거리에 의해 영향을 받는다. 처음 두 가지 변수들은 공간 반향으로 알려진 것을 가져온다. 유리, 나무와 같은 반향이 매우 잘 되는 표면을 가진 공간은 상대적으로 높은 잡음을 만들어 낼 것이고, 구어 신호를 지각하는 청자들을 방해할 것이다.

정상 청력을 가진 사람들은 만약 잡음 수준이 너무 높으면 말을 이해하는 데 어려움을 겪는다. 모든 청각 손실, 심지어는 경도 정도의 손실도 학교 교실을 포함하여, 잡음을 가진 환경에서는 용이한 의사소통에 상당한 장벽을 만들어 내기 때문에 청각장애인들은 더 큰 어려움을 겪는다(Northern & Downs, 2002). 높은 수준의 잡음을 가진 교실은 청각장애 아동에게 상당한 어려움들을 야기한다(Anderson, 2004; Berg, 1987; English, 2007a; Siebein, Gold, Siebein, & Ermann, 2000; Tye-Murray, 2009). 심도 청각장애아들은 특히 심지어 낮은 수준의 잡음에서도 심한 방해를 받는다.

신호 대 잡음비(signal-to-noise ratio)는 아동이 존재하는 잡음 수준(일반적으로 말소리)

을 들어야 하는 아동에게 필요한 신호의 관계를 설명하기 위해 사용된다. 0dB의 신호 대 잡음비는 신호와 잡음이 같은 수준이며, 매우 어려운 듣기 환경임을 의미한다. +20dB의 신호 대 잡음비(신호가 잡음보다 20dB 더 큰 곳)는 일반적으로 정상 청력 아동에게 적합하다. 난청 또는 청각장애 아동은 최소한 +30dB의 신호 대 잡음비가 필요하다(Berg, 1987).

불행하게도 많은 교실들, 특히 피복재가 없는 견목이나 비닐 바닥과 창문과 같은 매우 반사가 잘 되는 표면을 가진 곳은 좋은 신호 대 잡음비를 가지지 않는다. 사실, 가끔 어떤 교실들은 부정적인 신호 대 잡음비를 가지는데, 이곳에서는 신호가 잡음보다 덜 강하다. 청각장애 아동이 주류를 이루는 45개의 교실 통계조사에서, 교실의 3분의 1은 70 dB SPL을 초과하는 잡음 수준을 기록했다(Ross et al., 1991).

2. 구어와 언어, 문해 특징들: 역사적 개요

이 절에서는 문헌에서 수년간 기록된 청각장애 아동의 구어와 언어 특징의 개요를 제공한다. 청각장애 아동들의 언어와 구어의 결과에 대한 주된 영향을 가지기 위해 지속되어 왔고 또 지속될 세 가지 주요 발달에 앞서, 아동에 대한 발견을 요약한 내용이다. 이러한 발달 중 하나는 앞에서 논의했던 신생아 청력 검사의 보편적 시행이다. 조기 진단과 중재에 대해 알려진 장점들은 일반적으로 성공적인 학업 성취로 이끄는 구어-언어, 의사소통 능력과 사회정서적 발달을 포함한다(Farrell, 2009; Tye-Murray, 2009; Yoshinaga- Itano & Gravel, 2001). 두 번째 중요한 발달은 와우 이식이다. 최근의 연구에서 나타나고 있는 아동을 위한 와우 이식의 장점에 대한 증거는 이후에 논의할 것이다. 그러므로 두 가지 중요한 사건들에 앞서 이 부분에서 제공하는 정보는 이러한 1970년대, 1980년대, 그리고 1990년대 초기 연구 결과들로부터 나온 것이다. 세 번째 발달은 다른 두 가지의 발달만큼 대단한 것은 아니지만, 디지털 보청기의 출현이다.

1) 통사론과 형태론

통사론과 형태론의 발달과 관련하여, 종단 연구와 횡단 연구들은 1970년대와 1980년대에 보고되었고, 이 연구들 중 대부분은 좀 더 큰 청각장애 아동들에 초점을 맞추었고, 매우 다양하며 일반적으로 청력 손실의 심각성과 관련된 상당한 지체를 확인했다(Davis & Hardick, 1981; Engen & Engen, 1983; Levitt, 1987; Quigley, 1969; Russell, Power, & Quigley, 1976). 어떤 경우들에서는 5~6년만큼의 형태론 지체가 경도에서 중도(moderate) 청력 손실을 가진 아동들에게 보고되었다. 표 8.2는 일찍이 문헌에 보고된 많은 통사론과 형태론적 특징들을 요약한다.

2장에서 살펴보았듯이, 이러한 패턴들이 어리고 정상 청력을 가진 아동들의 언어발달에서 많이 보일 수 있음에도 불구하고, 청각장애 아동들은 더 오랜 기간 이러한 패턴들을 사용하며, 많은 아동들이 성인 수준의 역량을 습득할 수 없다고 보고되었다. 이러한 통사론과 형태론에서의 상당한 지체는 청각장애 아동에게 큰 도전인 언어적 구조들이 2학년 읽기 지침서에서 발견되기 때문에, 아동들의 학업적 성공에 영향을 미친다고 보고되었다(Ross, 1982). 많은 아동들이 또한 정규교육 과정에 배치되는데, 이러한 교실은 종종 높은 수준의 잡음을 가진다.

2) 의미론

청력 손실을 가진 모든 아동들은 정상 청력을 가진 아동들과는 양적으로 그리고 질적으로 다르다고 설명되는 어휘적 결함을 보인다고 보고되었다. 심도(profound) 청력 손실을 가진 아동들은 4~5년만큼 지체되며(Markides, 1970), 반면 경도 손실을 가진 아동은 1~3년의 지체를 경험한다(Davis et al., 1986). 그들의 어휘력 지체가 수긍이 되는 이유 중 하나는 정상 청력 아동들은 그들의 주변 환경에서 우연히 단어들을 알게 되는 것이 가능한 반면, 청각장애 아동은 새로운 단어를 학습을 통해 익혀야 하며, 많은 아동들이 시각적인 입력 방법에 의존한다는 것이다. 그들의 낮은 언어 능력은 또한 언어적 문맥에서 의미를 도출해 내는 것을 방해한다. 표 8.2는 또한 청각장애 아동의 언어에 대해 보고된 의미론적 특징들 중 몇 가지를 보여 준다.

아동들이 성숙함에 따라, 그들의 의미론 지체는 정상 청력의 또래 친구들과 비교하여 더욱 심해지고(Davis, 1974; Templin, 1966), 그들이 나이에 적합한 언어 이해 능력을 습득하지 못할 가능성이 대두된다. 학업 성공과 관련하여, 청각장애 아동들이 구체적인 학업 규칙들에서 사용되는 언어와 교과서에서 사용하는 언어를 이해할 수 없고(Brenta et al., 1981) 학문적 어휘들을 유지하는 데 특정 어려움을 갖기 때문에(Ross, 1982), 청각장애 아동의 의미론적 결함의 영향은 극도로 해롭다.

3) 화용론

청각장애 아동의 화용론 발달을 전달하는, 상대적으로 적은 연구들은 많은 청각장애 아동이 차례 바꾸기, 수정 전략, 명확한 표현, 화제 협상과 같은 대화를 좌우하는 규칙들을 배우는 데 실패한다고 나타낸다. 제한된 연구에 대한 Duchan(1988)의 검토는 이러한 아동들이 차례 바꾸기와 대화를 시작하고 유지하는 능력과 같은 대화 관리 능력에서 어려움을 자주 직면한다. 아동의 통사론 숙련 부족은 이러한 어려움들 중 몇 가지를 설명할 수 있다. 예를 들어, 차례 바꾸기 규칙을 따르는 데 실패하는 것은 질문을 만드는 데 갖는 어려움과 관련 있을지도 모른다. 그러나 그 문제들은 또한 많은 청각장애 아동이 언어를 배우는 방법으로부터 기인했을 수도 있다. 이러한 아동들에게 언어학적 규칙들은 일반적으로 수업과 강습에서 일련의 연습을 통해 학습되는 것이었다. 하지만 청각장애 아동들은 배운 기술들을 어떻게 일상 대화에 적용하는지 알지 못하며, 빈번하게 교육은 이것을 하기 위해 필요한 능력들을 가르치지 않는다(Kretschmer & Kretschmer, 1980). 일찍이 문헌에서 보고된 청각장애 아동의 다른 화용론적 특성은 표 8.2에 요약되어 있다.

4) 읽기와 쓰기

청각장애 아동이 읽기를 배우는 과정은 종종 두 가지로 나뉜다. 즉, 인쇄물에 사용되는 언어를 배우는 것과 그것을 읽는 법을 배우는 것(Davis & Hardick, 1981)이다. 많은 청각장애 아동은 그들의 읽기 능력을 배양하기 위한, 청각 구화 언어에서의 적절한 기초를 가지지 못하며, 읽기 능력은 표 8.2에서 보이는 것과 같이 낮다고 역사적으로 보고되어 왔다. 이러한 아동들에 대해 보고된 상당히 불행한 추세는, 그들의 읽기 수준이 일반적으로 4학년 수준을 넘어서지 못한다는 것이다. 이러한 아동들은 또한 전통적으로 정상 청력을 가진 또래들보다 문어에 상당히 더 큰 어려움을 가진다고 설명된다. 그러나 청각장애 아동의 쓰기에 대한 대부분의 연구는 고도 손실이나 심도(profound) 손실을 가진 아동들에 초점을 맞추며, 그보다 더 미미한 정도의 손실을 가진 아동들에게는 거의 관심을 주지 않았다(Anita et al., 2005).

이러한 아동들의 낮은 언어 습득력은 청력 손실의 정도와 관련한 많은 문제들 때문일 수도 있다. 그것들은 언어 습득에 있어 청각-구화적 정보로의 제한된 접근, 덜 습득된 경험과 상식, 그리고 받은 교육의 유형을 포함하며, 이것들은 청각장애 아동이 역사적으로 제한된 접근을 가졌던 소리 체계를 사용하는 음성학적 접근법에 기초한다(Tye-Murray, 1998).

5) 구어 산출과 명료도

청각장애 아동에게 구어 산출은 손실의 정도와 그 손실과 관련된 주파수들에 의해 대부분 영향을 받는다. 전반적인 명료도와 분절적 오류들(자음과 모음), 초분절적 오류들(타이밍, 억양, 강세, 운율에서의 오류들)이 포함될 수 있다. 일반적으로 청력 손실이 심하면 심할수록 구어 산출 오류들은 자음과 모음의 오류에서부터 강세, 높이, 타이밍, 말하는 속도, 발성, 호흡 제어, 그리고 강도까지 더 확장되기 쉽다(Tye-Murray, 1998). 청각장애 아동이 모음과 자음을 산출할 때 가지는 어려움들은 여러 요소들의 결합에서 나타난다. 많은 자음들은 강도는 낮고 주파수는 높아서 정확한 인식이 어렵다. 게다가 많은 청각장애 아동들은 소리들이 심지어 그들에게 충분한 강도를 만듦에도 불구하고 낮은 식별력을 가진다. 더 심각한 청력 손실들은 그보다 덜한 손실들보다 말 초분절적 측면에 더 많은 영향을 미치는 경향이 있기 때문에, 이러한 특징들에 대한 대부분의 보고서들은 독특한 음성의 질을 가지고 있다고 설명되어 온 심도 청력 손실 아동들에 집중되어 있다(Osberger & McGarr,

표 8.2 인공 와우 발달 dl전에 문헌에 보고된 청각장애 아동의 구어와 문해 특징의 요약

구문론과 형태론	의미론	화용론	읽기와 쓰기	구어
* 일반적으로 손실의 심각도와 관계된 주목해야 할 지연 * 경도에서 중도 청각 손실을 가진 몇몇 아동에서 거의 5.5세 형태론 지연 * 명사와 동사의 남용 * 한 문장 구조의 과도한 사용 * 주요한 동사의 부정확한 사용 • 과거시제 표지와 3인칭 단수 현재시제의 어려움(예: runs) • 현재완료(예: have spoken)와 조동사 생략 • 부정 수동태(예: The candy was not found by the girls.)의 어려움 * 관사(a, the, an), 전치사(to, of), 지시대명사, 접속사와 같은 기능어의 생략 * 연결된 구어의 전보식 특징	* 단어 내용 감소 * 일반적인 이해와 단어 의미 이해의 어려움 * 다중 의미 단어를 이해하는 데 어려움(예: 동물의 "곰"과 무언가 참는 능력의 인내를 의미하는 "곰") * 추상적이고 비유적인 표현을 이해하는 데 특별한 어려움(예: "나는 바람처럼 달렸다.") * 표현어휘 개요는 구체적인 문헌에서 기술되고 몇몇 동의어와 함께 제한된 방법으로 사용된다. * 단어의 다양한 의미를 모르는 부자연스러운 태도 * 의미 개념 발달이 지연된다. * 시각을 통해 인지되기 더 쉬운 크기와 공간의 개념은 시간 같은 다른 개념보다 더 쉽게 일찍 배운다. * 새로운 어휘 습득을 학습에 의존하는 반면, 정상 청력 아동들은 우연히 단어를 배운다. * 단어를 배울 때 시각 채널에 의존한다.	* 생후 6~36개월의 난청 아동과 청각장애 아동은 다음의 특징을 가지고 있다. • 비언어성 언어 기능의 비교할 만한 수를 사용 • 연령과 함께 증가된 기능의 수 • 난청 아동은 청각장애 아동보다 구어 기능을 더 많이 사용한다. * 심도 또는 고도 청각 손실을 가진 어린 아동의 대부분 공통 목적: 논평, 지식과 행동/사물의 주의를 요구(정상 청각을 가진 어린 아동에게 사용된 것과 비슷하게) * 화용은 그들의 상대자에게 응답을 요구할 때 취학 전에 청각 손실을 입은 아동은 어려움을 느낀다. 언어적 복잡성의 발성이 부적절하고 애매모호하게 응답한다.	* 청각장애 16세 아동의 30%는 기능적으로 문맹으로 보고된다. 6학년 이하의 학년에서 60%가 읽고, 단지 10학년 수준 또는 좀 더 나은 5%가 읽는다. * 청각장애 아동의 성숙으로 확장된 차이: • 9세 때 정상 청각 아동보다 1.5학년 이하로 읽는다. • 14세에 정상 청각 또래보다 5학년 이하로 읽는다. * 9~16세까지 가장 높은 수준의 읽기 이해 * 쓰기에서 발음과 철자의 어려움이 적다. * 언어의 다양한 측면과 함께 쓰기에서의 어려움 * 구문의 복잡성 * 어휘 결합 * 이야기에서 충분한 세부사항을 포함하는 조직적인 생각 * 문자 언어의 특징 • '변동이 심'하고 '엄격'함 • 문법의 잦은 생략과 함께 구조적 복잡성이 적음 • 문맥의 담화 규칙 부족	* 분절 오류 • 자음 오류는 모음 오류보다 더 자주 일어난다. • 자음은 구강 중간에서 대부분 삭제되어 산출된다. • 종종 음성 소리는 무성음으로 대치된다. • 비성자음의 더 큰 산출 • 모음 산출의 중화와 중성 모음의 질 * 초분절 오류와 음성 오류, 공명 이탈 • 숨소리가 섞이고 부자연스럽고 불규칙한 음성특성 • 비음 질 • 음도 변화를 조절하지 못함, 부적절한 음도 • 부적절한 강도

* 명사 형태론의 어려움:
• "two pig", "two pigs" 같은 복수 표지 문제
• 불규칙적 복수 명사("mices")와 집합 명사("sheeps")에 정규 규칙 적용
• 단수 명사의 불규칙적인 복수 형태 사용("The men was hot")
• 다음 형태론 표지는 전형적이다.
  • /s/ 형성(높은 주파수, 낮은 강도), 비강세
  • 낮은 강도
  • 독순술 패턴에서 뚜렷함이 적음
  • 잡음에 의해 차폐됨
* 내포문 이해의 어려움("The man who has the limp caught the bus.")
* 단어 순서에 기초한 문장 해석과 같이 복합 문장에서 대상-동사-사물 규칙을 강요한다.				

출처: Anita, Reed와 Kreimeyer(2005); Brannon(1968); Brenta, Kricos와 Lasky(1981); Brown(1984); Curtiss, Prutting과 Lowell(1979); Davis(1974); Davis와 Blasdell(1975); Davis와 Hardick(1981); Davis 등(1986); Engen과 Engen(1983); Geffner와 Freeman(1980); Gold와 Levitt(1975); Kent, Osberger, Netsell과 Hustedde(1987); Levitt(1987); Markides(1970); Marschark, Mouradian과 Halas(1994); Maxwell과 Falick(1992); McCaffrey(1999); McClure(1966); McKirdy와 Blank(1982); Moeller, McConkey와 Osberger(1983); Musselman과 Szanto(1998); Nicholas와 Geers(2003a); Osberger(1986); Presnell(1973); Quigley(1969); Russell 등(1976); Seyfried와 Kricos(1996); Taylor(1969); Templin(1966); Trybus와 Karchmer(1977); Tye-Murray와 Kirk(1993); Wilcox와 Tobin(1974); Yoshinaga-Itano와 Stredler-Brown(1992); Yoshinaga-Itano, Snyder와 Mayberry(1996a, 1996b); Yoshinaga-Itano(1998).

1982). 반면에, 난청 아동의 말은 초분절적 오류들을 포함하기 어려우며, 그들의 청력 손상은 일반적으로 자신들의 목소리를 적절하게 관찰할 수 있다고 보고되었다(Markides, 1970). 그러나 아동의 청력 손실 정도가 증가하는 만큼 청자들의 명료도는 감소하며, 명료도는 청각장애 아동에게 문제가 있는 것으로서 정기적으로 보고되어 왔다(Markides, 1983; Svirsky, Chin, Miyamoto, Sloan, & Cadwell, 2002). 한 연구는 상당한 청력 손실을 가진 아동의 절반이 넘는 수가 청자들이 이해할 수 없는 말을 한다고 보고했다(Cole & Paterson, 1984).

조기 증폭이 없다면, 심도 청력 손실을 가진 아기들은 매우 어린 나이에서부터 정상적인 발달 패턴과는 다른 차이점들을 보일 것이다(McCaffrey, 1999). 그들의 옹알이는 자음-모음의 음절이라기보다는 분리된 자음과 모음들로 구성된다고 보고되어 왔다(Oller & Eilers, 1988; Stoel-Gammon, 1988). 그들의 표준적인 옹알이는 일반 아동들보다 늦게 나타난다. 그리고 몇몇 유아들은 그것을 습득하지 못하거나, 그러한 산출이 생후 15~18개월 사이까지 늦춰진다(Oller & Eilers, 1988). 청각장애 유아들은 치경음보다 양순음 산출이 더 많은 것을 포함하는 질적인 차이점들과 함께, 더 적은 자음을 산출한다고 보고되었다(Stoel-Gammon, 1988). 그리고 그것은 손실의 심각성이 증가함에 따라 더욱 두드러졌다(Yoshinaga-Itano, Stredler-Brown, & Jancosek, 1992). 이것은 치경음이 영어에서 더 자주 사용되는데도 눈에 잘 띄지 않으므로, 청각장애 아동에게 양순음 산출로 산만하게 접근할 수 없기 때문에 발생할 수 있다(Osberger & McGarr, 1982; Stoel-Gammon & Kehoe, 1994).

요약하면, 이 절에서 우리는 역사적이고 오래 지속되어 온, 일반적으로 청각장애 아동들, 특히 고도와 심도 청력 손실을 가진 아동들의 의사소통 능력과 읽고 쓰는 능력과 관련된 것들을 살펴보았다. 고도와 심도 청력 손실을 가진 아동의 의사소통 능력과 읽고 쓰는 능력의 결과와 관련된 개요는 이 장의 뒤쪽에 나타나 있다.

3. 다른 청각적 장애들

1) 중추 청각처리장애

중추 청각처리장애의 정의와 특징: 역사적 관점과 현재의 관점들. 청각장애를 가진 아동의 도전적 집단은 청력 손실의 어떤 증거도 보이지 않지만 언어장애나 좋지 않은 청각 처리 때문에 학업적 어려움을 가지는 사람들이다. 청각 처리 문제를 가진 아동들에 대한 설명이 20세기로 전환되기 훨씬 이전에 발견되었음에도 불구하고, 청각처리장애에 대한 생각은 1970년대 동안 상당한 논란에 부딪혔던 문헌들에 뿌리내리기 시작했다. 그것은 오늘날 장애와 장애의 특성, 장애를 진단하는 가장 좋은 수단, 가장 좋은 중재적 접근을 지원하기 위한 증거를 어떻게 가장 잘 정의하고 개념화하는가와 관련하여 많은 논란의 여지를 남겼다(McFarland & Cacace, 2006). 청각 처리에 관해 개념화한 것들은 시대에 따라서 달랐다(Aram & Nation, 1982). 계속 논란이 진행 중인 한 가지는 이러한 아동들의 집단을 정의 내리기 위해 사용된 다음의 다양한 진단 용어들을 포함한다. 소아 실어증, 중추 청각처리장애(central auditory processing disorders, CAPD), 청각처리장애(auditory processing disorders, APD). 중추라는 용어는 말초 청각과 지각, 그리고 청각 자극의 지각과 '판독(예를 들면 처리 과정)' 간의 차이점을 뇌의 청각 체계에서 더 중심적으로 강조하기 위해 사용된다. Geffner(2007)는 20%까지 올라갈 수도 있다고 예상했지만, 다수의 연구자들은 CAPD의 출현율이 2~3% 사이라고 추정했다(Chermak & Musiek, 1997; Jutras et al., 2007). 그러나 우리가 앞으로 볼 것과 마찬가지로, CAPD에 대해 합의된 진단 기준이 없으며, 만약 규준 참조 검사들이 청각 처리 문제의 존재를 규정하는 데 사용된다면 통계적으로 아동의 2~3%가 평균보다 2표준편차 이상 아래에 있거나 그보다 더 나은 점수를 받을 것이라고 기대하기 때문에, 이러한 자료들의 유효성은 의심스럽다.

또 다른 논쟁의 여지가 있는 문제는 언어장애의 원인으로 청력 손실이 없는 청각처리장애의 근본적인 개념에 관한 것이다. 그 사고방식은 다음과 같다. CAPD를 가졌다고 믿는 아동들은 대부분 언어적 결함을 가진다고 첫 번째로 규정되며, 그것이 바로 그들이 청력 검사를 포함한 더 많은 검사를 받게 되는 이유이다. 정상 청력을 가진 것으로 밝혀졌는데도 불구하고, 이러한 아동들은 또래들과 비교하여 복잡한 청력 지각이나 구어 처리에 관해 검사할 때, 더 낮은 수행능력을 보였다. 그러므로 청각처리장애는 청력 손실이 언어장애를 가져오는 것과 같은 방식으로 언어장애를 가져온다고 보는 것이 타당하다. Rees(1973)가 언어장애를 가진 아동의 임상 집단에서 낮은 청각적/언어적 과제 처리 수행능력을 보인다는 증거에도 불구하고, 청각 처리의 개념이 두 가지 매우 다른 방식으로 사용되기 때문에 청각처리장애가 언어장애를 유발한다는 증거가 부분적으로 약하다고 제안하는 영향력 있는 논문을 출판하면서(Rees, 1973, 1981) 이러한 생각은 큰 가속도를 얻기 시작했다(Eisenson, 1972; Myklebust, 1954). 한 관점은 중추 청각 기능 장애를 진단하기 위한 행동적이고 전기생리학적인 검사에 관심이 있는 신경청각학자에 의해 사용되었다. 다른 한 가지는 언어장애에 중재를 제공하는 데 관심이 있는 전문가들에 의해 사용되었다. 이러한 전문가들은 Rees(1981)가 말했듯, 복잡한 언어 행동이 "제거될 수 있는 하위 능력의 한정적인 수로 구성된 것이라는 개념을, 예를 들면 청각 변별, 청각 순서, 청각 기억, 그리고 소음 속에서 말을 찾아내는 것(전경-배경 지각)과 같은 기본적인 지각운동 능력에 적용시켰다"(p. 94). 중재 관점에 대한 근원적인 논쟁은, 만약 아동이 청각적 능력 중 이러한 유형들에 대해 낮은 수행능력을 보인다면 치료를 통해 이러한 능력이 향상될 것이며, 또한 이러한 능력들은 그들의 언어발달에서의 향상과 상관관계가 있다는 것이다.

Rees(1981)가 주장했듯, 이러한 기본적인 가설들에는 몇 가지 약점들이 있다. 하나는 기본적인 청각 능력들에 대한 일관성 있거나 통일된 학설이 없다는 것이다. 그러므로 각각의 종합 검사는 다른 범위의 과제들, 반응 요구들, 그리고 그들이 중재의 관계에 대한 가정들을 포함할 수 있다. 과제들은 아동들이 연구자가 아동들에게 음절에, 단어들에, 문장들에 반응하도록 요구하는 동시에, 그들이 주는 무작위로 명령된 일련의 숫자들을 반복하는 숫자 폭 과제만큼이나 간단한 것들에서부터, 몇 가지 방식들(걸러지고, 시간을 줄이고, 다른 신호 대 잡음비에 더해진 잡음을 통해)로 신호를 분해하는 청력 자극의 조작을 요구하는 과제까지 포괄할 수 있다. 중요한 문제는 왜 그렇게 많은 언어장애 아동들이 이러한 과제들에 어려움을 겪느냐 하는 것이다. 그들의 청각 처리 문제들이 언어장애를 가져오고, 그들의 언어적 결함들이 이러한 과제에서 낮은 수행능력을 가지도록 이끌며, 그들의 낮은 언어 수행능력과 이러한 청각적 과제들에 대한 낮은 수행능력 모두가 어떤 다른 조건에서부터 기인되었기 때문에 그들이 문제를 겪는지도 모른다. 언어장애와 관련하여 인과 관계가 있는 청각 능력을 저하시키는 문제들은 Rees의 분석을 뒷받침하는 Leonard(1979)에 의해 강조되었다. 그는 청각 처리 과제들 자체가 자주 (이미 아동에게서 확인되었던) 장애인들의 언어 수행능력의 관점을 어렵게 만든다고 주장했다.

거의 동시에 청각 처리에서의 결함과 아동의 언어장애와의 관련성에 대한 이러한 비판들이 발생하고 있었고, 읽기 능력의 결함에서뿐만 아니라, 언어장애에 있어 근본적인 요소로서 청각처리장애의 문제는 Tallal과 동료들에 의한 일련의 연구들 때문에 큰 주목을 이끌었다(Tallal, 1975, 1976, 1980; Tallal & Piercy, 1973a, 1973b, 1974, 1975; Tallal, Stark, & Curtiss, 1976). 연구자들은 말에서 중요한 지각적 요소들, 특히 연이은 말소리 간의 이행 속도를 바꿈으로써 언어장애 아동 집단을 검사했다. 그들의 발견들은 이행 시간이 길어졌을 때 향상되는 소리들 간에 정상적인 이행 속도로 발생하는 말소리들을 규정하는 데 어려움을 가지는 언어장애 아동 집단을 포함했다. 비슷하게, 아동들은 두 소리 사이의 시간이 길 때만 그 소리들의 순서를 찾아낼 수 있었다. 이러한 결과들은 언어장애 아동들에게서 아마 일시적으로 나타나는 분명한 청각 처리 문제의 존재를 설명했다. 분명한 청각처리장애에 대한 증거는 또한 명확한 읽기 문제를 가진 아동들을 포함한 다른 연구들에서도 찾을 수 있다(Dermody, Katsch, & Mackie, 1983; Dermody, Mackie, & Katsch, 1983). 언어장애와 낮은 읽기 수행능력의 공통 부분이 잘 알려져 있기 때문에, 읽기 문제를 가진 아동들을 고려하는 것은 타당하다.

CAPD와 특정 언어 및 학습장애 간의 관계와 관련하여 다른 관점과 논란이 계속 존재하고 있다. Jerger(1998)는 청력지각장애를 뒷받침하는 증거들이 모여들고 있다고 주장했지만, 이후 몇몇 연구자들은 언어장애와 읽기 문제, 일시적 청각 처리 부진과 관련된 이른 발견들 중 몇 가지에 대해 다시 반박했다(Breier, Fletcher, Foorman, Klaas, & Gray, 2003; McAnally, Castles, & Bannister, 2004; Troia, 2003). 한 가지 문제는 실험들에서 참가자들이 사용하는 청각 자극(예를 들면 단어 대 소리 자극)의 특성을 중심으로 삼는다는 것이

증상들을 규정하기 위해 발달된 일련의 검사들로부터 얻어지는 수행 결과들의 근거로 밝혀져야 하는지에 집중되어 있었다(Friel-Patti, 1999; Northern & Downs, 1991). 이론적인 관점에서는, 또한 합의를 방해하고 평가에 대한 접근법들을 강조하는 다음 두 가지의 주요한 이론적 문제들이 있다.

❖ 청각 특유의 지각 결핍이 전적으로 존재하는지(Cacace & McFarland, 1998; 2005; McFarland & Cacace, 1997, 2006, 2009), 아니면 실제로 청각 자극뿐만 아니라 다른 감각 양식을 좀 더 전반적으로 처리하는 데 영향을 미치는 더 광범위한 정보처리적 결함인지를 결정해야 한다.
❖ 신경계로 들어오는 빠르고 연속적인 음향 신호를 처리하는 데 겪는 어려움과 같이, 일반적이고 일시적인 처리장애인지(일시적 청각장애 가설)(Tallal et al., 1996), 음성학적으로 비슷한 소리들의 음운적 특징들을 규정하는 것이 불가능하여 나타나는 장애와 같이, 언어 지각에 있어 실제로 분명한 장애인지(구체적 언어 가설)(Mody, Studdert-Kennedy, & Brady, 1997)를 결정해야 한다.

우리는 이러한 관점들 속에서 아동의 구체적 언어장애의 정보처리 과정에 대한 설명들, 그리고 3장에 나와 있는 단순 언어장애를 가진 아동의 문법적 결함들에 대한 표면적 설명과 관련된 많은 문제들을 볼 수 있다.

CAPD를 둘러싼 주장들이 30년도 더 전에 시작되었는데도 그것들은 여전히 오늘날에도 유의미하다. 그리고 일찍이 Rees(1973, 1981)의 상당한 비판들에도 불구하고, CAPD의 영역은 계속 전문가들과 연구자들의 관심의 대상이 되고 있다. 청력 검사 방법의 발달 또한 계속되고 있으며(Flowers, Costello, & Small, 1970; Katz, Curtiss, & Tallal, 1992; Keith, 1986, 1999; Willeford, 1977), 많은 전문가들이 그것들을 정기적인 기반으로 관리하고 있다. 그러므로 합의에 대한 탐구는 적어도 CAPD의 개념화에 대한 합의와 평가 접근법에 대한 합의라는 두 부분으로 나뉠 필요가 있다. 물론, 후자가 전자에 의해 강하게 결정되며, 만약 우리가 이론적이고 임상적인 관점을 통합할 수 있다면 나타날 것이다. 문헌에서의 주장들은 처리장애의 기본적이고 근본적인 특성을 규정하려는 시도 속에서, 음운적 활동 기억 문제들을 망라하기 위해 우리의 진단하는 눈을 넓힐 필요와 관련하여 나타났다(Friel-Patti & Finitzo, 1990). 광범위한 진단 시야는 종합적인 접근법 너머로 이끌 것이며, 초학문적(tarnsdisciplinary)이지는 않더라도, 아동의 청각, 언어, 문해 능력, 인지 능력이 분석되고 보고되는 전체론적 접근법으로부터 이러한 개념적이고 임상적인 문제를 다루게 될 것이다. 그것은 또한 전문가들과 연구자들에게 아동으로 하여금 그러한 과제들에 반응하도록 하기 위해 요구되는 기본적인 처리 과정들을 조사함으로써, 비판적으로 현재의 평가 수단들을 평가할 것을 요구할 것이다.

중재와 관리 접근법들. 청각 처리 검사로 밝혀진 발견에 근거하여 일련의 중재 접근법들이 CAPD를 위해 개발되어 왔다. Leonards(1979)가 이전에 논의했던, 관심을 얻었던 관점과 같은 시기에 청각 처리 능력을 향상시키기 위한 중재가 언어에 긍정적인 결과를 제공하는지 알아보기 위해 시도했던 34개 연구들의 검토는 언어장애를 실제로 개선하기 위해 접근했던 중재들에 작은 성공이 있었음을 보여 주었다(Hammill & Larsen, 1974). 그럼에도 불구하고, 부진한 언어와 읽기 문제들의 기저를 이루고 있는 일시적 청각처리장애의 가능성과 관련한 연구 발견들은 몇몇 연구자들로 하여금 중재를 위한 상업적 프로그램들을 생산하도록 이끌었다. 그러한 프로그램들 중 두 가지가 Earobics(Cognitive Concepts Inc., 1998, 2000a, 2000b)와 Phonomena라고 불리는 영국 컴퓨터 게임 시스템(MindWeavers Inc., 1996)이다. 제한된 평가 심사의 독립된 정보는 있었으나, 왜 청각적 분별력을 강조하는 이러한 프로그램들이 복잡한 언어 능력의 향상으로 이끄는지를 나타내기 위한 현실적인 개념적 틀은 없었다.

상업적 상품들 중 가장 잘 알려진 것은 Fast ForWord(FFW) 프로그램이다(Scientific Learning Corporation, 1997). FFW의 이론적 기초는 일시적 처리 결함이 CAPD의 특정에 근본적인 것이라고 가정한다(일시적 청각 결함 가설). 그러므로 일시적 처리 결함이 언어장애의 기저를 이룬다. 게다가 그것은 청각적으로 수정되고, 급속한 일시적 소리를 연속으로 제공함으로써, 뇌의 가소성이 변경될 수 있고, 그러므로 언어 학습 과정을 촉진시키기 위한 촉매로서 활동한다고 가정한다(Gillam, 1999). FFW는 컴퓨터 게임들과, 빠르게 발현되는 소리들과 일시적으로 바뀌는 언어를 확인하는 아동의 능력을 향상시키기 위한 중재 훈련으로, 컴퓨터로 만든 합성 음성으로 구성된다. 과제들은 소리들의 변별, 제시 순서의 분석, 그리고 말소리의 확인을 포함한다. FFW는 이후 음소 인식, 언어 구조, 그리고 이야기 이해와 같은 과제들을 포함하는, 값이 비싸고 상표가 붙은 프로그램인 Fast ForWord Language(FFW-L)(Scientific Learning Corporation, 1998)로 개발되었다. 이러한 변화들은 청각 처리에서 프로그램의 강조를 줄이고 언어 중재에 대한 강조를 증가시켰다.

이전에도 논의했듯, 일시적 처리 결함이 언어장애의 기저에 있다거나 실제로 언어장애를 야기한다는 것을 지지할 만한 직접적인 증거는 없다. 게다가, FFW를 사용하는 중재가 언어장애를 가진 아동의 일시적 처리 능력을 향상시키는 것과 관련하여, 실제로 뇌의 가소성을 수정한다는 것을 지지할 만한 직접적인 증거 또한 없다. 그러나 Tallal 등(1996)은 약 500여 명의 아동들을 상대로 한 실험에서, 컴퓨터 게임의 90% 마스터링을 포함하는 훈련 프로그램을 완수한 이후 언어 능력이 상당한 개선을 보였다고 보고했다. 훈련으로 나타나는 효과에 대해 미해결된 몇 가지 의문점들은, 언어에서의 변화들이 과제 수행, 프로그램에서 제공되는 훈련의 양, 또는 청각 정보처리에 있어서의 필수적인 향상과 관련된, 체계적이고 증가하는 훈련의 특징에 기인할 수 있는지를 포함한다. Gillam(1999)은 일시적 처리 결함을 위한 중재와 관련한 연구의 비판적인 본문을 검토한 이후, FFW의 사용과 관련된 경고성의 언급을 많이 제기했다. 그는 전문가들과 부모들에게, "집중 학습 훈련 패러다임과 언어 개선 알고리즘"으로 구성된 프로그램에서 사용되는 과제들이 어조, 음소, 음절, 그리고 단어들에서 점점 더 극미한 차이점들을 식별하는 훈련으로 계획되었다는 사실을 의식하게 했다. 별개의 능력 훈련들 중 이러한 유형은, 아동의 동기, 관심, 언어 학습에 대한 욕구를 이용하지 않았고, 세계 정세의 지식에 기대지 않았기 때문에, 전문가들과 연구자들의 비난을 받았다. 또한 Gillam(1999)은 FFW의 사용을 지지하고 이러한 접근법의 효험에 의문을 제기했던 Merzenich 등(1996)과 Tallal 등(1996)의 중요한 두 분야의 연구를, 계획의 결점과 방법론적인 약점을 들어 비판하기도 했다.

21세기 초기까지, 중재 접근법이 희박했기 때문에 독자적인 연구는 FFW를 더 자세히 보는 것을 목표로 했다. 몇몇 사례 연구들은 「미국 언어병리학 저널(*American Journal of Speech-Language Pathology*)」의 특별호로 출판되었다(Friel-Patti, Desbarres, & Thibodeau, 2001; Gillam, Crofford, Gale, & Hoffman, 2001; Loeb, Stoke, & Fey, 2001). 독자적인 연구자들 중 소수 집단들만이 언어장애를 가진 아동과 함께 다른 중재 접근법들과 비교하여 FFW와 FFW-L의 효과를 실험적으로 조사했다. 표 8.3은 이러한 연구들의 비교를 보여 준다. 총괄적으로 보면, 이 연구들은 앞에서 언급했듯, 일시적 청각장애 가설에 대한 충분한 지지를 제공하지 못하거나 훈련 프로그램이 다른 언어 중재 접근법들보다 더 언어 능력을 향상시킨다는 강력한 증거를 제시하지 않기 때문에 계속적으로 논란의 여지가 있는 FFW/FFW-L에 대한 지지를 제공한다.

청각처리장애의 구체적인 특징과는 관련 없이, 장애 관리에 대한 의견들은 다양한 중재들이 사용되어야 한다고 권장한다. Ferre(2006)는 환경적 변화(예를 들어 배경소음을 줄이고 교실 좌석 선택 우선권을 주는 것), 보충적 전략(예를 들면 교육과정 수정)의 사용, 그리고 직접적인 중재[예를 들면 목표 식별 능력, 양이 처리와 일시적 정형화 능력, 청각 폐쇄, 상위 기억, 그리고 구어-인쇄물(speech-to-print) 기술]를 추천한다. 언어장애에서 언어 중재는 중요하다.

지금까지 증거는 전문가들이 언어장애를 가진 아동들의 청각처리장애의 특성에 대해 합리적으로 높은 불신을 유지할 필요가 있지만, 언어장애를 가진 아동에게 청각처리장애의 가능성은 어쩔 수 없이 무시되거나 묵살되어서는 안 된다는 것을 강하게 나타낸다. 언어 학습을 위해 청각 정보를 처리하는 측면을 중요한 것으로 평가하는 접근법은 읽기 문제를 포함한 언어장애의 위험에 있는 아동을 빨리 확인하기 위한 좋은 방법들을 제공할 것이다. 그러나 어떤 한 가지 구체적인 중재 접근법을 적용하거나 추천하기 전에, 전문가들은 하나 또는 그 이상의 접근법들에 대해, 정보에 입각한 결정을 내리기 위해 현재의 실증적인 증거를 검토할 필요가 있다.

표 8.3 Fast ForWord 중재를 사용하는 효과적인 학습의 비교

연구	참가자 특징	처치 그룹	언어 측정	절차	결과
Pokorini, Worthington, Jamison(2004)	* 언어장애와 읽기 결함을 가진 학령기 아동 9세 54명 * 남자 43명, 여자 11명 * 대략 75% 아프리카계 미국인, 20% 백인, 5% 히스패닉, 빈곤 계층 42%	* 무작위 할당된 3명 중 1명의 처치 상태: * 집단 1(n=20): FFW(초기 버전)(Scientific Learning Corporation, 1999, 2000) * 집단 2(n=16): Earobics Step 2(Cognitive Concepts Inc.,1998, 2000b) * 집단 3(n=18): Lindmood Phonemic Sequencing Program(LiPS)(Lindamood & Lindamood, 1998)	* 개념과 지도, 문장 회상과 CELF-3(기초적인 학습의 임상적 평가)의 하위 검사 단락 듣기(Semel, Wiig, & Secord, 1995) * PAT(음소 인식 검사)의 하위 검사 음소 합성과 음소 분할(Robertson & Salter, 1997) * WLPB-R(Woodcock Language Proficiency Battery-Revised)의 하위 검사 철자와 문자-단어 식별, 구 이해, 단어 도전과 철자법(Woodcock, 1991)	* 사전 검사: 중재 이전 4~6주 * 처치: 20일 동안 1시간 수업 3회 * 사후 검사: 중재 이후 6~8주	* 치료 상태에 대한 CELF-3 하위 검사 수행에서 유의미한 향상이 없다. * FFW나 Earobics를 받은 아동과 비교해서 음소 합성에 대해 LiPS를 받은 아동의 유의미한 향상. * 치료 상태에 대한 WLPB-R의 읽기 관련 기술 수행에서 유의미한 향상이 없다. * 연구자들은, 연구 결과에 기여하는 요인들은 표본 크기가 작고 구어 IQ 점수가 낮으며 참가자의 대다수가 낮은 사회경제적 배경에서 나왔다고 제안했다.
Cohen 등(2005)	* 심도로 혼합된 수용-표현 단순 언어장애를 가진 6~10세 77명의 학령기 아동 * 55명 남자, 22명 여자	* 무작위 통제 실험(RCT) * 모든 아동들은 학교에서 언어치료를 받는다 * 추가적으로, 처치 상태 세 번 중 한 번 무작위 할당받는다. * 집단 1(n=23): FFW-L의 중재에 기초(언어 버전)(Scientific Learning Corporation, 2001)	* 기초적인 언어의 임상 평가, 3판UK(CELF-3UK)(Semel, Wiig, & Secord, 2000) * 언어발달 검사 3판(TOLD: P-3)(Newcomer & Hammill, 1997) * 음운 평가 검사(PhAB)(Frederickson, Firth, & Reason, 1997)	* 집단 1: 부모감독아래 FFW-L 6주 동안 주 5일 일, 대략 90분 컴퓨터 활동 * 집단 2: 교육적으로 6주 동안 매주 5일 대략 30분 동안 컴퓨터 활동에 기초한다. * 집단 3: 학교에 기초한 치료를 넘어 추가적인 중재가 없다.	* 집단에 관계없이 모든 아동들에 대해, 9주와 6개월에 사후 중재를 따르는 BAS II Word Reading Scale을 제외한 다른 결과 측정 및 CELF-3에 대한 성과에서 유의미한 이득을 얻는다. * 향상을 만드는 것들에서 집단 사이에 유의미한 차이가 없다.

		* 집단 2(n=27): 상업적으로 이용 가능한 중재에 기초 사용과 언어를 촉진하도록 디자인된 컴퓨터 게임에 기초하지만 수정된 구어를 포함하지 않는다(컴퓨터 게임 노출에 대한 통제 사용). * 집단 3(n=27): 추가적인 가정에 기초된 중재 없음(통제 집단)	* The British Ability Scales, 2판(BAS II)(Elliot, 1996) * Bus Story Test, 4판(Renfrew, 1997)	* 조사 연구의 독립적으로 자격이 있는 언어병리학자(SLP)에 의해서 안내된 중재의 완성을 따라 9주와 6개월 동안 사후 평가	* FFW-L을 받은 아동들은 다른 치료 접근법을 받는 사람보다 더 이상 이점을 만들지 못하기 때문에 심한 혼합 수용-표현 결함을 가진 아동을 치료하기 위해서 청각적으로 수정된 구어를 사용하는 것에 대한 이점을 발견한다.
Gillam 등(2008)	* 정상 비언어적 IQ와 언어 손상을 가진 6~8세 11개월의 평균 연령인 7세 6개월 216명 아동 * 136명(63%) 남자와 80명(37%) 여자 * 100명(46%) 백인, 63명(29%) 아프리카계 미국인, 32명(15%) 히스패닉, 21명(10%) 기타	* 4번의 처치 조건 중 하나를 할당받은 아동에 대한 RCT * 집단 1:(n=54)—FFW-L(언어 버전)(Scientific Learning Corporating, 1998) * 집단 2:(n=54)—CALI 언어 중재를 지원하는 컴퓨터는 Earobics으로부터 표준 모듈 사용을 제공한다(Cognitive Concepts Inc, 2000a, 2000b)와 Laureate Learning Software(Semel 2000; Wilson & Fox, 1997) * 집단 3:(n=54)—ILI: Gillam과 Ukrainetz (2006), Norris(1989), Strong과 Hoggan(1996)의 작업에 따른 언어 중재에 기초한 개별화된 문헌	* 포괄적인 언어 평가(CASL)(Carrow-Woolfolk, 1999) * Marler, Champlin과 Gillam(2001), Thibodeau, Friel-Patti와 Britt(2001), Wright 등(1997)에 의해 설명된 절차에 따라 '역차폐' 과제 제공 * 아동을 위한 토큰 검사(DiSimoni, 1978) * 음운 처리의 포괄적인 검사(CTOPP) 하위 검사의 단어 합성(Wagner, Torgesen, & Rashotte, 1999)	* 사전 검사: 중재 이전 * 조사: 6주 후 사전 검사 * 처치: 모든 아동은 자격 있는 SLP에 의해 감독된 6주 동안 1시간 40분 치료를 받는다. * 집단 1(FFW-L): 아동은 다섯 가지 게임을 하는 동안 90% 완성 기준에 도달할 때까지 20분 동안 5~7가지 컴퓨터 게임을 한다. * 집단 2(CALI): 아동은 제출된 다음 수준의 연습이 90% 정확하게 마스터 수준으로 성취될 때 Earobics과 Laureate software program으로부터 일곱 가지 교육용의 모듈을 활용한다.	* 한 명을 제외하고, 모든 네 가지 처치 조건(CASL, 역차폐 과제와 토큰 검사)에서 아동은 유의미한 향상을 보인다. * CALI와 FFW-L 중재를 받은 아동은 AE와 ILI 중재를 받은 아동보다 CTOPP 하위 검사의 단어 합성 수행이 더 낫다. * FFW-L 처치 조건에 무작위로 할당된 빈약한 역차폐 점수를 가진 아동은 CALI, ILI 또는 AE 조건에 무작위로 할당된 빈약한 backward masking 점수를 동료와 비교할 때 CASL의 점수에서 더 큰 향상을 설명하지 못한다.

(다음 쪽에 계속)

표 8.3 Fast ForWord 중재를 사용하는 효과적인 학습의 비교(계속)

연구	참가자 특징	처치 그룹	언어 측정	절차	결과
Gillam 등(2008) (계속)		* 집단 4: (n=54) AE—과학, 수학 및 지리를 가르치기 위해 고안된 컴퓨터 게임으로 구성된 학습 강화 프로그램. 소프트웨어의 예는 Magic School Bus Discovers Flight(Scholastic inc., 2001), Coin Critter(Nordic Software Inc., 1999), Dinosaur 3D(Knowledge Adventure Inc., 1999) * CALI와 ILI 조건을 사용한 컴퓨터 소프트웨어는 청각적으로 수정된 언어 자극을 포함하지 않는다.		* 집단 3(ILL): 자격 있는 SLP에 의해서 중재는 의미, 구문, 서술과 음운 인식 기술을 목표로 한다. * 집단 4(AE): FWW-L과 CALI 조건의 공유된 공통적인 특징의 절차. 이 중재는 비특수한 중재로서 디자인된다. 언어를 촉진하고 청각 처리기술을 발달하도록 디자인된 소프트웨어는 없다. * 사후 검사: 3~6개월 후 치료 완성	* 연구가들은 FFW-L이 이 연구에서 조사된 다른 접근보다 언어능력 또는 일시적인 처리기술을 개선하는 데 더 효과적이지 않다고 결론 내렸다.

2) 청각신경장애/청각공시장애

때때로 청각공시장애(auditory dys-synchrony, AD)라고도 언급되는 청각신경장애(auditory neuropathy, AN)는 Starr, Picton, Sininger, Hood와 Berlin(1996)에 의한 전문적 문헌에 처음으로 인용된 청각장애의 한 유형이다. 그것은 질환의 특징들을 확인하기 위해 사용되는 복잡한 일련의 청력 검사들을 통해 진단된다. 이 질환을 가진 아동과 성인들은, 몇몇 사람들은 일반적인 순음 역치를 보일 수 있기는 하지만, 전형적으로 청력 손실을 가진 것으로 나타난다. 손실은 순음 청력 검사에서 경도에서 심도의 범위까지 이를 수 있다. 다른 특징들은 정상 중이 기능뿐만 아니라, 고실계측법에 기초한 청각 반사의 부재, 이음향방사에 기초한 달팽이관 또는 와우 확성 녹음에서의 온전한 외유모세포 기능, 그리고 없거나 비정상적인 청성뇌간반응(ABRs)에 기초한 신경 공시 부진에 근거한 청각 반사의 부재를 포함한다(Berlin et al., 1998; DeBonis & Donohue, 2008; Hood, 1998; Martin & Clark, 2006; Rance, 2005; Tye-Murray 2009). 청력 손상을 가진 아동의 AN/AD 출현율 추정치는 대략 0.5%에서 크게는 24%까지의 범위에 이른다(Tang, McPherson, Yuen, Wong, & Lee, 2004). 우리가 앞으로 볼 것처럼, 이례적으로 큰 출현율 범위를 부정확하고 다소 논란의 여지가 있는 진단 기준의 문제들, 그리고 복잡한 평가 절차들과 관련시키기 쉽다. AN/AD를 가진 더 큰 아동과 성인들은 종종 소리를 들을 수는 있으나 말을 이해하는 데에는 어려움을 겪는다고 보고한다.

AN/AD가 보통 말초 청각 체계의 관련에 포함되기 때문에, 아동들은 종종 말초 청각 손실만을 가진 것으로 오진을 받기도 한다(DeBonis & Donohue, 2008; Tye-Murray, 2009). 그러나 다른 이들은 AN/AD 유형의 청력 손실을 가진 많은 아동과 성인들 또한 일시적 단서를 처리하는 데 어려움을 보이며 청력 식별, 국재화/편재화, 그리고 특히 언어 인지 과제에 어려움을 보이기 때문에, 그들이 청각처리장애를 가진 집단과 부분집합을 이룬다고 생각한다(Rance, 2007). 그러므로 이러한 질환의 차등적인 진단을 돕기 위한 행동적 청력 검사와 함께 전기생리학적 검사의 관리가 권장된다(Gibson & Graham, 2008; Madden, Rutter, Hilbert, Greinwald, & Choo, 2002a; Martin & Clark, 2006). Akdogan, Slecuk, Ozcan과 Dere(2008)는 또한 차등적인 진단을 돕기 위한 온도 눈떨림 검사(온도 시험, caloric test)—전정 유발 근원성 전위(VEMP)—의 사용을 제안했다. VEMP는 와우 유형의 청각장애가 발생할 때 종종 포함되는 근원성 신경의 온전함을 평가한다.

AN/AD의 구체적인 원인(들)은 알려지지 않았다. 달팽이관의 내유모세포의 손상, 청각신경의 탈수초화, 청각 뇌간 단계에서의 줄어든 신경의 수, 또는 나선형 신경절 세포 장애는 질환의 결과를 가져올지도 모른다(Rance, 2005; Rance, McKay, & Grayden, 2004). Hood(1998), Raveh, Buller, Badrana와 Attias(2007)는 위에 설명되어 있듯, 모든 개인들이 검사 결과의 흔한 패턴을 보인다는 사실에도 불구하고, AN/AD의 원인은 하나 이상일 것이라고 추측한다. Hood(1998)은 또한 다음과 같이 지적했다.

> 여덟째 뇌신경에서부터 대뇌 피질까지의 청각 신경 통로의 어떤 장애가 청각신경장애로 확인되는 반면, 최근 그 용어의 사용은 구체적으로 외유모세포와 뇌간 사이 영역에서의 청각 통로의 말초적 부분들과 더욱 관련이 있다. 청각신경장애는 병변을 차지하는 장소가 없고 방사성 물질에 의한 발견들이 일반적이라는 점에서, 여덟째 뇌신경에 영향을 미치는 청신경초종(vestibular Schwannoma)과 같은 장애들과는 다르다(pp. 16-17).

위의 정보에 비추어 보면, 정확한 병변 부위 또한 명확하지 않다는 것은 놀랍지 않다. Martin과 Clark(2006)은 몇몇 가능한 부위들, 즉 내유모세포, 달팽이관 신경 부분의 내유모세포, 청각 신경 세포 그 자체, 청각 신경의 신경 섬유질이 결함들을 가진다고 주장한다. 그러나 이러한 것들의 어떤 조합이든 AN의 원인임을 보여 줄 수 있기 때문에 다양한 장소가 있을 수 있다(Martin & Clark, 2006).

AN은 종종 위험에 처한 유아기 집단에서 진단된다. 이것은 조산 또는 산소 결핍, 빌리루빈과잉혈증, 두개내출혈, 내이중독성 약물에 대한 노출, 뇌성마비와 같은 내과 질환들로 인해 신생아 집중 치료실에 있었던 신생아를 포함한다(Berg, Spitzer, Towers, Bartosiewicz, & Diamond, 2005; Berlin, Morlet, & Hood, 2003; Dunkley, Farnsworth, Mason, Dodd, & Gibbin, 2003; Franck, Rainey, Montoya, & Gerdes, 2002; Madden et al., 2002a; Rance et al., 1999; Raveh et al., 2007; Starr, Sininger, & Pratt, 2000). AN/AD를 가진 아동들은 또한 자주 청력 손실의 가족력을 가지거나(Akdogan et al., 2008; Raveh et al., 2007) 다른 가족력 위험요인들을 가진다(Sininger & Oba, 2001). 소아 환자들에서 AN/AD와 함께 발병되는 추가적 관련 질병으로는 뇌수막염(Rance et al., 1999)과 바이러스성 감염들(Starr et al., 2000)이 있다.

아동의 AN/AD 유형의 청각장애를 관리하는 것과 관련하여, 몇 가지 청각 재활 접근법들이 제안되어 왔다. AN/AD의 특정에 따라, 몇몇 전문가들은 전통적인 증폭법이나 와우 이식을 지지했다(Madden, Rutter, Hilbert, Greinwald, & Choo, 2002b; Madden et al., 2002a; Rance & Barker, 2008; Rance, Barker, Sarant, & Ching, 2007; Zeng & Liu, 2006). Madden 등(2002b)은 내유모세포 또는 달팽이관 신경계(nerve juncture)의 내유모세포와 관련이 있을 때, 특정 개인들이 와우 이식에 의해 제공된 직접적인 전기 자극으로부터 이익을 얻는다는 것을 발견했다. 보청기의 사용과 관련한 결과는 다양하다. 어떤 연구자들은 그들의 참가자들에게 나타나는 특징들에 따라, 특정 개인들은 전통적인 증폭법을 잘 활용했다고 보고한다(Madden et al., 2002a; Rane, Cone-Wesson, Wunderlich, & Dowell, 2002). 다른 전문가들은 장애가 내이의 증폭 수용력이 아닌 청각 신경에서의 신경 공시 부진에 놓여 있기 때문에, 종래의 보청기는 종종 이점을 거의 가지지 않는다고 주장한다(Berlin et al., 1998; DeBonis & Donohue, 2008; Tye-Murray, 2009; Zeng, Oba, Garde,

Sininger, & Starr, 1999). 다른 이들은 여전히 개인이 감각신경성 청력 손실과 비슷한 정도의 사람들과 비교했을 때 기대되는 것보다 증폭에 따랐을 때 더 부진한 수행능력을 보인다고 주장한다(Berlin, Hood, Morlet, Rose, & Brashears, 2002; Berlin et al., 2003; Rance, 2005). 전통적인 증폭상의 논란 때문에, 어떤 이들은 독화(Hood, 1998), 신호 언어(cued speech, 구화와 수화를 조합한 농아자들의 대화 방법)(Cone-Wesson, Rance, & Sininger, 2001), 또는 귀가 들리는 세계를 원하는 가족을 가진 아동들을 위한 와우 이식과 청각구화(auditory-verbal) 중재에 따라, 신호 언어를 포함하는 재활 계획을 제안했다(Berlin et al., 1998, 2002; DeBonis & Donohue, 2008).

AN/AD 아동의 말과 언어의 결과에 관한 정보는 제한적이다. 가능한 결과는 발병 연령 및 잔존 청력에 따라 결과가 다를 수 있음을 시사한다. Madden 등(2002a), 그리고 Berlind 등(1998)의 입증되지 않은 보고서는 아동이 표현언어의 지체를 경험한다고 말했지만, 지금까지 어떤 실증적 연구들도 이러한 아동의 구어 결과물을 나타내는 보고서를 출판하지 못했다(Rance, 2005; Rance et al., 2007). 그러나 한 연구가 AN/AD를 가진 아동의 수용언어와 구어 산출 능력을 조사했다. Rance 등(2007)에 따르면, 전통적인 보청기를 착용한, AN/AD 유형의 청력 손실을 가진 취학 연령의 아동들은 감각신경성 청력 손실을 가진 아동과 비교했을 때, 「Peabody 그림 어휘력 검사(Peabody Picture Vocabulary Test)」(Dunn & Dunn, 1997)에서 다양하지만 비슷한 단일 어휘 이해 능력을 보인다. 그들은 또한 Diagnostic Evaluation of Articulation and Phonology 검사로 측정된 정상 청력의 아동들에게 기대할 수 있는 것보다 음소 산출에 있어 훨씬 더 다양함에도 불구하고, 두 집단 간 조음 능력이 비슷하게 좋은 것을 발견했다(Dodd, Hua, Crosbie, Holm, & Ozanne, 2002). 이러한 연구자들은 심지어 AN/AD를 가진 아동들이 정상 청력을 가진 아동들과 비교했을 때 더 느린 속도로 언어가 발달함에도 불구하고, 특히 AN/AD를 가진 아동 비율이 종종 청각처리 결함과 함께 나타난다는 사실에도 불구하고, 학습에 있어 아동의 구어 능력은 상대적으로 잘 발달된다고 결론지었다(Kraus et al., 2000; Michalewski, Starr, Nguyen, Kong, & Zeng, 2005; Rance et al., 2004; Starr et al., 1991; Zeng, Kong, Michalewski, & Starr, 2005; Zeng et al., 1999). Rance 등(2007)에 따르면, 그들의 연구 결과에 영향을 미칠 수 있는 요소들은 (1) 모든 실험 참가자들이 1세 이전에 조기 중재를 받으며, (2) 실험에 투입되는 아동들은 말의 이해 능력이 좋고 증폭을 잘 수행하며, (3) 대부분의 아동들은 의사소통의 주된 방식인 구어에 노출되는 교육적 프로그램에 등록되어 있음을 포함한다. 그러나 주어진 산출 척도가 조음과 음운적 능력을 평가하는 실험이었기 때문에, 상대적으로 좋은 구어 결과들과 관련하여 Rance 등(2007)이 내린 결론에 도전할 수 있었다. 동적 평가 방법을 사용한 상호적 맥락에서, AN/AD 유형의 청력 손실을 가진 아동의 의미론, 통사론, 화용론 간 관계를 조사한 이후의 연구는 그들의 전반적인 표현적 언어와 읽기와 쓰기 능력의 더욱 정확한 형태를 얻기 위해 필요했다.

이 모집단의 의사소통 능력과 관련한 대부분의 연구는 아동의 구어 지각 능력에 초점을 맞추어 왔다. 어떤 문헌들은 AN/AD를 가진 많은 아동들이 행동적 청력도에 주어진 그들의 순음 역치로 기대되는 것보다 더 부진한 단어 인식력을 보인다고 주장했다(Berlin, 2000; Lee, McPherson, Yuen, & Wong, 2001; Simmons & Beauchaine, 2000; Starr et al., 1991; Tye-Murray, 2009). 뇌로부터 받은 신경 신호의 퇴화된 질에 더하여, 몇몇 비청각적 요소들이 AN/AD를 가진 아동의 부진한 구어 지각 능력으로 이끈다고 믿어진다(Rance, 2005). 이것들에는 아동의 나이, 인지 수준, 언어발달 수준, 말 산출 능력, 주의 지속시간, 청각적 자극의 결핍들이 포함될 것이며(Rance, 2005), 특히 이러한 아동들 중 많은 아동들이 신생아 때 의학적 문제를 가진다는 사실이 포함될 것이다(Franck et al., 2002).

AN/AD 문헌에 기술된 이러한 요소를 고려할 때 AN/AD와 CAPD 사이의 관계에 관한 질문이 제기된다. 앞서 언급했듯이 AN/AD 유형의 청력 손실을 가진 많은 아동들이 청각처리장애를 가진다고 설명된다(Kraus et al., 2000; Michalewski et al., 2005; Rance, 2007; Rance et al., 2004; Starr et al., 1991; Zeng et al., 2005; Zeng et al., 1999). 어떤 이들은 보고되었던 AN/AD를 가진 개인들의 부진한 구어인식장애를 정신물리학적 시험의 결과에 기초한 일시적 처리 능력의 심각한 결함의 결과로 보았다(Zeng et al., 1999). Rance 등(2004)은 일시적 처리 과제의 어려움이 클수록, 더 부진한 구어 인식 수행능력과 같은 AN/AD를 가진 아동의 일시적 처리와 구어 변별력 간에 강한 관계가 있다고 보고했다. 그러므로 몇몇 연구자들은 청력 손실의 유무에 관한 문제가 논란을 더욱 어렵게 만듦에도 불구하고, 그리고 AN/AD에의 개입이 말초 또는 중추 청각 체계에서 발생할지에 관한 다른 의견들이 있음에도 불구하고, 청각처리장애와 AN/AD 간의 관계를 넌지시 말해 왔다(Berlin, Hood, & Rose, 2001; Kraus et al., 2000; Michalewski et al., 2005; Rance, 2007; Rance et al., 2004; Starr et al., 1991, 1996; Tye-Murray, 2009; Zeng et al., 1999, 2005). 흥미롭게도, Rapin과 Gravel(2003)은 다양한 의학적 진단, 발병 나이, 청력 손실의 정도, 그리고 검사 결과를 보여 주는 아동 집단을 설명하기 위한 전문적인 문헌들에 **청각신경장애**라는 용어가 점점 더 많이 나타나는 것에 대한 걱정을 제기했다. 그들은 뇌간에서 청각 피질에 이르기까지의 중추 청각 통로의 관련이 의심될 때, 종종 쓰이는 진단표로 남용되었다고 논의했다. 그들은 **청각신경장애**라는 용어는 "나선형 신경절 세포 또는 그들의 축삭돌기, 또는 전체에서 여덟째 뇌신경 중 하나의 선택적 참여에 대한 문서화된 증거"를 증명하는 사람들에게만 보류되어야 한다고 제안했다(p. 707).

CAPD로 알려진 질환과 AN/AD 간의 모호한 경계를 분리된 장애 또는 다른 장애의 한 부분으로서 판명하기 위한, 그리고 적절한 진단 절차와 기준을 개선하기 위한 소리 연구는 방법론적으로 몇 년이 걸릴 것이다. 최근의 상황은 흐리다.

4. 중재와 관리 접근법

이 장의 초기에 논의했던 대로, 조기 중재는 정확하고 이른 진단, 적절한 증폭 맞춤, 그리고 초기 구어와 언어의 중재를 요구하며, 이 모두는 청각장애를 가진 아동의 말과 언어, 그리고 학습 능력 발달에 중요한 것으로 보인다. 대부분의 청각장애 아동은 취학 연령 내내 계속해서 중재가 필요하다.

기술적 장치와 소리 증폭 체계

상당한 정도의 청력 손실을 가진 아동에게 제공되는 청각 입력에는 몇 가지 이용 가능한 선택사항이 있다. 그것들에는 보청기, 와우 이식, 그리고 보조 듣기 장치가 포함된다. 또 다른 선택사항인 촉각 장치는 소리를 피부 위의 진동으로 바꾸는 것으로서, 또한 전통적인 보청기를 맞추었으나 소리에 반응하지 못하는 아동들과 와우 이식을 받지 않은 아동들이 이용 가능하다.

보청기. 보청기는 때때로 특정 상황에서 청력 손실의 정도가 낮은 아동에게 추천되는 것임에도 불구하고, 상당한 정도의 청력 손실을 가진 아동에게 청각적 입력을 제공한다. 여섯 가지 유형의 개인 보청기가 장착 위치에 따라 다음과 같이 구분된다. (1) 신체 장치(body aids), (2) 귀 뒤(behind-the-ear, BTE) 장치, (3) 귀 내(in-the-ear, ITE) 장치, (4) 관 내(in-the-canal, ITC) 장치, (5) 완전 관 내(completely-in-the-canal, CIC) 장치, (6) 안경식 장치(eyeglass aids)(Mueller, Johnson, & Carter, 2007). 신생아와 아동을 위한 가장 흔한 유형의 보청기는 BTE이다. ear-level aids라고도 언급되는 이 보청기는 사용자의 귀 뒤에 꼭 맞는 작은 초승달 모양의 통 안에 부품들을 담고 있다. 그림 8.2는 전형적인 BTE와 그 부품들을 설명하고 있다. 신체 장치와 안경식 장치는 오늘날에는 거의 사용되지 않으며, 제조업자들은 그것들을 기술적으로 개선하고 있다. 어떤 제조업자들은 ITE와 ITC 장치를 추천한다. 작고 눈에 잘 띄지 않으며, 전달하는 증폭된 신호가 좋은 편이다. 그러나 잦은 고장과 안전 문제로 인해 아동이 사용하기에는 부적절하다(Beauchaine, Barlow, & Stelmachowicz, 1990).

모든 부품이 이어폰 내에 포함되어 있는 ITE, ITC, 그리고 CIC 장치를 제외하고, 개인 보청기는 사용자의 귀에 맞춘 분리된 귀꽂이의 사용을 요구한다. 귀꽂이는 플라스틱과 같은 물질로 귀에 꽂도록 만들어진 것이다. 귀꽂이는 외이도에 증폭된 소리를 전달한다. 귀꽂이가 편안하게 맞추어져서 소리가 다른 곳으로 새어 나가지 않게 하는 것이 필수적이다. 소리가 새어 나가면 곧 보청기 마이크로 보내져서 끼익거리는 소리를 유발한다. 이 소리는 개인적인 보청기 착용과 근처의 다른 사람들이 소리를 듣는 것을 방해한다. 이를 막으려면 아동의 성장에 따라 귀꽂이를 수리하여 귀에 잘 맞출 필

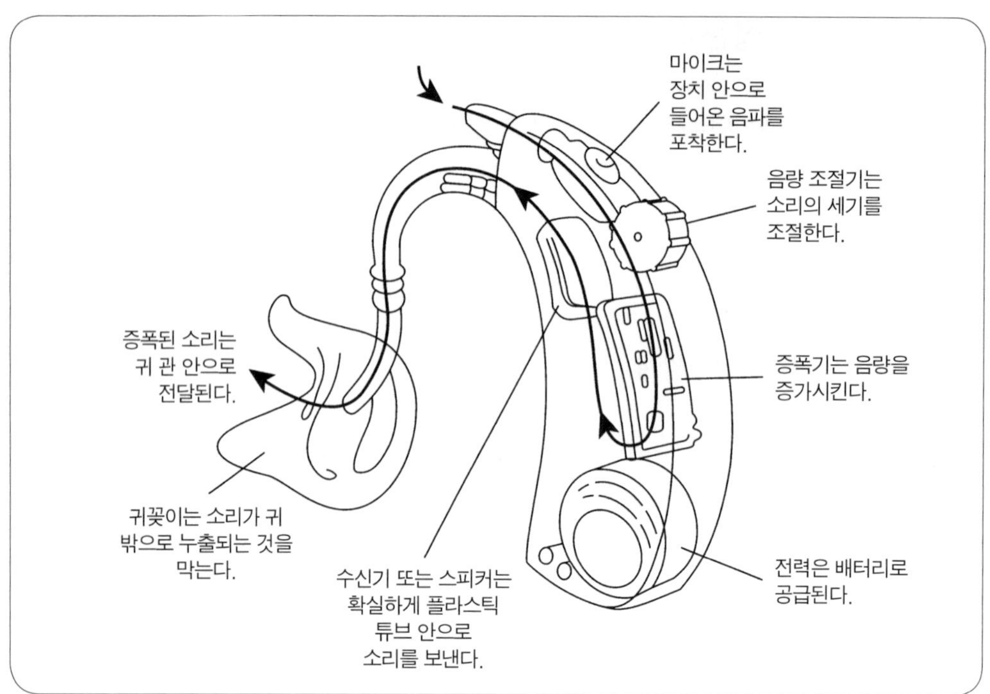

그림 8.2 BTE 보청기의 예시

요가 있다. 4세 이하의 아동은 3~6개월마다 수리가 필요한 반면, 더 큰 아동에게는 6~12개월마다 필요하다.

어떤 종류의 보청기이든, 보청기의 목적은 소리를 증폭시키고, 소리를 더 크게 만들어 청자의 귀로 전달함으로써 잘 들리게 하는 것이다. 개인 보청기는 네 가지의 기본 부품, 즉 마이크, 증폭기, 수신기, 배터리로 이루어져 있다. 마이크는 음파를 포착하여 전기 에너지로 바꾼다. 그것은 보청기 안에 들어 있으며 작은 틈이나 망의 형태로 나타난다. 그러고 나면 증폭기는 전기 신호를 증폭시킨다(신체 장착형 보청기 제외). 수신기는 증폭된 전기 에너지를 다시 음파로 바꾸고, 배터리는 다른 모든 순환을 위한 힘을 제공한다. 보청기는 사용하는 배터리의 유형에 따라 사용 설명서를 가지고 있고, 만약 배터리가 잘못 끼워져 있으면 작동하지 않는다. 현재 보청기는 들을 수 있을 만큼 충분히 소리를 크게 만들기 위한 증폭을 제공할 뿐만 아니라 또한 프로그램 작동이 가능한 디지털 기술을 사용한 정교한 신호 처리를 제공하기도 한다. 이것은 보청기가 더 잘 '조율'되고 더 정확한 듣기 환경과 관련된 청력 수요에 적용될 수 있음을 의미한다. 중재에서 주요한 요소들 중 하나는 적절한 증폭 장치의 선택이다. 신생아와 어린 아동들에게는 적절한 선택과 청각사에 의해 보청기를 맞추는 것은 많은 시간을 필요로 한다. 절차는 보청기를 사용하는 이러한 아동들이 보청기 성능에 대한 피드백을 거의 또는 아예 제공하지 않기 때문에, 청각사가 종종 미완성된 실험 자료에 의존한다는 사실로 인해 복잡해질 수 있다. 전문가들이 보청기를 맞춘 아동들의 구어와 언어발달을 관찰하는 것이 중요하다.

만약 아동에게 어떤 보청기가 맞고 도움이 된다면, 그 아동과 가족/보호자(들)는 반드시 그 장치를 유지하고 제대로 작동시키는 방법을 알아야 한다. 청각사들은 일반적으로 가족이나 보호자(들)에게 주의를 위한 설명과 청력 확인과 일단 보청기를 맞추면 계속 진행되는 상담을 수행하는 방법을 포함한 예비 교육을 제공한다(Mueller et al., 2007; Tye-Murray, 2009). 정기적으로 아동과 접촉하여, (충분히 컸다면) 아동과 어른들이 매일 보청기 상태를 확인하도록 해야 한다. 개인 귀꽂이나 보청기 청진기 중 하나가 필요하다. 배터리와 배선을 점검한 후에, 보청기를 켜고 '마이크(M)'로 돌려서, 청자가 잡음이나 끊기는 소리를 들으면서 신호의 질을 평가할 수 있도록 한다(Flexer, 1990; Osberger & Hesketh, 1988; Reichman & Healey, 1989). 미국청각학회(The American Academy of Audiology, 2004)는 보청기를 맞춘 모든 아동들에게 규칙적으로 계속 후속 조치를 취할 것을 추천했다(Tye-Murray, 2009).

와우 이식. 와우 이식(CI)의 발달은 최근 몇 년간 상당한 청력 손실을 가진 사람들을 위한 가장 독보적인 기술의 발달을 대표한다. 처음에는 성인들, 특히 손실이 상당한 성인들이 이식을 받았다. 1980년대에 이르러 와우 이식은 아동들, 걸음마기 아동/유치원생, 초등학생 저학년, 또는 더 나이 든 아동들에게도 실행 가능한 방법이 되었다. 오늘날, CI는 양측성 심도에서 고도 청력 손실을 가진, 의학적 · 정신적 사용 금지 사유가 없고, 도와줄 가족/보호자 환경이 있어야 한다는 신청 기준에 해당하는 생후 12개월 이하의 신생아 중 상당한 비율에서 진행된다(Holmes & Rodriguez, 2007).

CI는 와우(달팽이관)에 이식한 전극을 사용하여 여덟째 뇌신경(청신경)에 전기 신호를 전달하는 것이다. **그림 8.3**은 CI의 부분들과 어떻게 장치가 작동하는지를 설명한다. 마이크는 착용하기 적합한 음성 처리기를 포함한다. 음성 자극과 관련 있는 음향 신호들은 음성 처리기에 의해 선택적으로 강조되고 귀 뒤의 유양 돌기(mastoid bone)에 이식된 수신기로 전송된다. 그러면 수신기는 증폭된 신호를 와우에 이식된 전극으로 전달하고, 와우는 손상된 유모세포를 우회하며 청신경을 자극한다. 그리고 청신경이 정보를 뇌로 보내면 사람은 소리를 인지할 수 있게 된다.

와우 이식을 함으로써 향상된 음성 인식, 구어 산출, 그리고 언어발달의 이점들은 많은 변수들의 조합에 따라 다양해질 수 있다. 이러한 변수들 중 하나는 CI가 단일 통신 장치인가, 다중 통신 장치인가 하는 것이다. 다중 통신 장치는 단일 통신 장치보다 음성 자극과 관련된 더 많은 주파수에 관한 정보를 제공한다. 청력 손실의 발병 나이, 각 개인의 청각 기제, 장치를 얻은 나이, 장치를 습득한 기간, 장치로 인한 중재의 양과 유형, 아동의 가족 특성(예를 들면 사회경제적 지위와 부모의 지원), 그리고 아동의 특징(예를 들면 지적 수준과 성격)과 같이 부가된 요소들은 각 아동들의 수행능력과 결과들에 영향을 미친

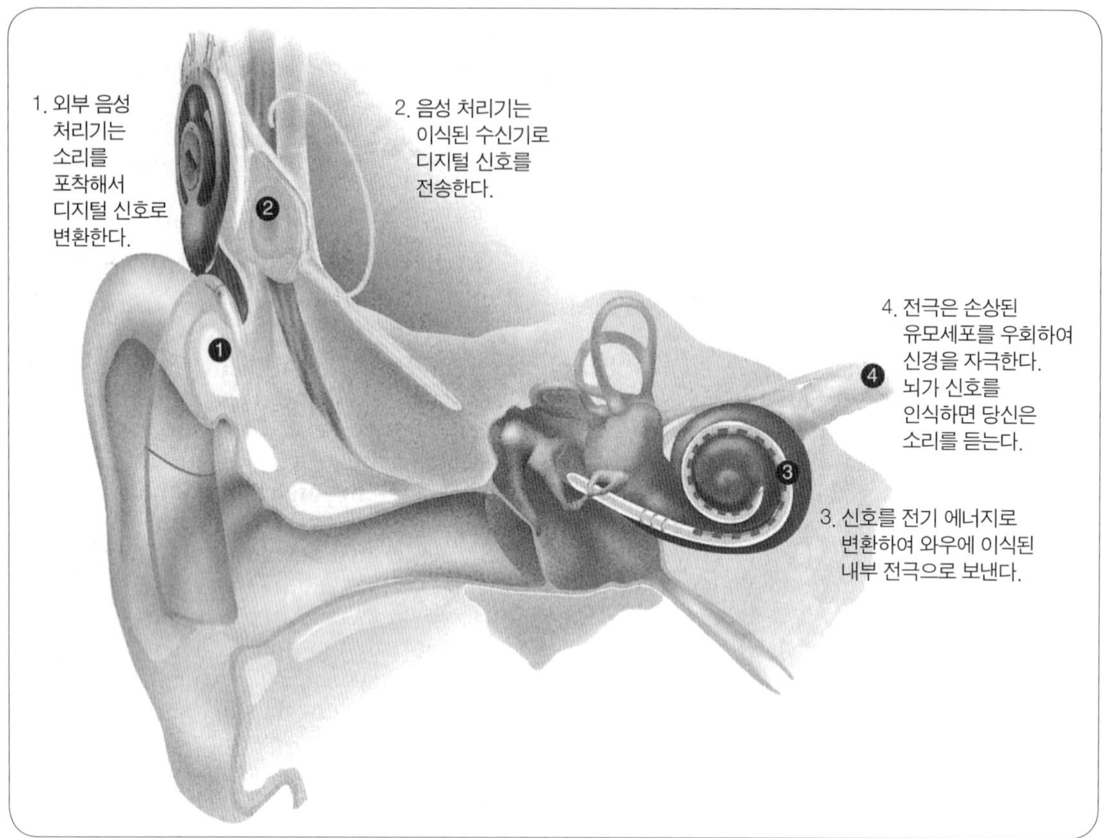

그림 8.3 CI의 부분 작동 구성

출처: Reprinted by permission of Cochlear Ltd.

다(Geers & Brenner, 2003). CI는 종종 심도 청각장애를 가진 아동에게 보청기가 훨씬 덜 심각한 손실을 가진 아동에게 제공할 수 있는 것과 같은 기능을 제공할 수 있다(Blamey et al., 2001). 몇몇 연구들은 와우 이식을 받은 아동들이 정상 청력의 아동들과 같은 청력 수준을 얻을 수 있다고 제안하며, 대부분의 보고들은 와우 이식을 받은 아동들이 보청기를 착용한 아동들보다 더 큰 이점을 얻는다고 주장하며, 와우 이식을 받은 아동들의 언어와 읽기와 쓰기 능력에 관한 많은 연구들은 언어발달과 읽기와 쓰기 능력 습득의 영역에서 탁월한 이점을 나타낸다고 보고한다. 그러므로 우리가 이 장에서 일찍이 논의했던 청각장애 아동의 간단한 구어, 언어, 그리고 읽기와 쓰기 능력 개요는 CI의 출현 이후 변화했고(이런 이유로 우리는 역사적 인식을 대표하는 것으로서 그 개요를 설명했다), 그리고 시간이 흐르면서 CI를 받은 아동이 더 잘 하는 방법에 관한 더 많은 정보들이 이용 가능하게 되면서, 우리는 그 개요가 계속해서 바뀔 것이라고 기대한다.

CI를 받은 아동의 언어와 읽기와 쓰기 능력 결과에 영향을 줄 수 있는 변수와 관련하여 다시 떠오르는 주제는 아동이 이식을 받는 나이이다. 신경생리학적 관점에서 보면, 뇌 발달에 예민한 기간들이 있다. Sharma와 Nash(2009)는 중추 청력 발달에 가장 민감한 시기가 3.5세 이전이므로 이 시기에 이루어지는 이식은 가장 좋은 결과로 이끌 수 있다고 주장한다. 많은 연구들은 이른 나이에 CI를 받은 대부분의 아동들의 언어발달 순서와 속도는 정상 청력의 아동과 비슷할 수 있다고 보고한다(Kirk et al., 2002; Schorr, Roth, & Fox, 2008; Stephens, 2006; Svirsky, Teoh, & Neuburger, 2004). 그러나 이식의 나이가 항상 연구 결과들을 잘 통제할 수 있는 것은 아니며, 결과적으로는 상당한 가변성의 자료가 있을 것이다. 예를 들어, 몇몇 개인적인 연구들은 상당한 생활 연령과 발달적 범위인 2.5~13세에 이식을 받은 아동들의 결과들을 살펴보았다. 게다가, 이식을 받는 나이는 실행 가능한 중재 접근법으로서 아동을 위한 CI의 역사적 순서와 수용의 대상이 되어 왔다. 더욱 최근에 신생아가 이식술을 받는 것을 상기해 보라. 상당한 청력 손실을 가진 1세 이하의 아기들에게 이식을 한다는 계획은 단지 10~15년 전쯤 오스트레일리아에서 가능했으며 이후 최근에 미국식품의약국의 승인에 따라 미국에서 가능하게 되었다. 확실히, 신생아를 위한 CI의 유용성이 더 큰 아동의 CI와 비교하여 늦어졌던 한 가지 이유는 신생아의 외과적 절차와 관련하여 마취를 포함한, 잠재적으로 더 높은 위험에 대한 걱정이었다. 이식술이 늦어진 또 다른 이유는 사실 아동의 청력 손실을 가져온 손상된 유모세포들 중 아직 손상되지 않았다 할지라도, 유모세포들이 외과적 이식 절차의 부분으로 파괴된다는 것이었다. 그러므로 더 큰 아동에 대한 연구 결과로부터 이식의 이점에 대해 상대적으로 납득할 만한 증거가 이용 가능해질 때까지 아동의 잔존 청력이 제거될 수 있다는 걱정 때문에 그러한 수술을 추구하는 것에 대한 꺼림이 있었다. CI와 관련하여 아동의 잔존 청력의 역할에 대한 최근의 생각은 장치의 기능이 유모세포의 수행능력에 의존하지 않기 때문에, 이전의 잔존 청력의 이점들은 이식으로 인해 생산된 정보들을 전달하기 위한 와우에서의 더 온전한 신경 연결들 때문이라고 주장한다.

아동들의 이식에 대한 역사를 고려할 때, 유년 이후에 이식을 받은 아동들에게는 더 많은 결과 자료가 제공된다. 이러한 연구들 중 몇몇 짤막한 정보들이 여기에 있다. 연구들에 보고된 산출 자료들은 일반적으로 이러한 아동들에게 긍정적인 결과들을 제시한다. 예를 들어, Tomblin, Spencer, Flock, Tyler와 Gantz(1999)는 CI를 받은, 언어 습득 이전에 청각장애를 얻은 아동의 언어 수행능력을 이식을 받지 않은 청각장애 아동과 비교했다. 이식을 받고 최소 3년이 지난 아동들은 이식을 받지 않은 아동들과 비교하여 더 큰 진전을 보였고, 이러한 이점은 이식 후 4년 동안 계속해서 증가했다. Geers와 Moog(1994b)는 CI를 받은 13명의 아동들의 언어 영역 범위에 관한 결과를 보고했다. 이식을 받고 집중적인 청각구화 교육을 받은 이 아동들은 36개월 뒤, 자발적 언어와 더 많은 표현어휘와 수용어휘들에서 더 훌륭한 언어적 복잡성을 보였고, 전체적으로, 정상 청력의 아동과 보청기나 청각 장치를 사용한 아동들과 관련하여 60%ile 이상의 표현언어-수용언어 능력을 입증했다. 이러한 연구자들은 또한 청력 손실이 평균 118 dB HL이고 이식을 받은 아동의 언어 능력이 보청기를 사용하는 90~100 dB HL의 청력 손실을 가진 아동의 능력과 거의 흡사하다는 것을 발견했다. 어휘 능력과 관련하여, Waltzman 등(1997)은 그들의 연구에서 5세 이전에 이식을 받고, 이식 후 최소 1년이 지난, 오직 청각구화식 입력만을 경험한(총체적 의사소통을 사용했던 한 아동은 제외하고) 심도 청각장애를 가진 38명의 아동들의 어휘 발달이 이식 전에 비해 상당한 증가를 보였다고 보고했다. 36개월 동안, 표현어휘는 48개월, 수용어휘는 33개월 증가했다. Rattigan, Reed와 Lee(2002)는 언어 사용 이전에 심도에서 고도의 청력 손실을 가졌고, CI를 받고 몇 년간 상당한 청각구화식 중재를 받은 아동의 결과를 보고하면서, 이러한 아동들이 대부분 언어와 음운적 처리 능력 측면들이 규준 참조 검사에서 정상 범위 안에 들었음을 나타냈다. Rubinstein(2002)은, 몇몇 언어를 발달시킨 후 청력 손실을 입은 아동들이 CI를 받은 이후 언어 식별 점수에 의해 측정된 구어 수용(0~45%)에서 빠른 성장을 보였다고 보고했다. 이러한 산출 자료는 또한 CI를 받은 아동의 언어 지각 능력의 성장 속도가 정상 청력의 아동과 비슷해지기 시작했다는 것을 보여 주었다. 이후의 연구에서, Hay-McCutcheon, Kirk, Henning, Gao와 Qi(2008)는, 약 4.5세에 이식을 받은 선천적 농 아동이 사용하는 의사소통 양상과 관련 없이, 그들의 표현언어 능력보다는 수용언어 능력이 그들의 이후 언어 수행능력의 좋은 예측 변수임을 발견했다. Schorr와 동료들(2008)은 CI를 받은 5~14세 정도의, 선천적 농 아동의 기본적이고 더 추상적인 언어 능력을 정상 청력 또래 아동들과 비교했다. 이 연구에서 CI를 받은 아동들이 의미론적 · 형태론적 · 통사론적 측정들에서 상당히 더 낮은 수행을 하고, 정상 청력 집단보다 더 낮은 상위 음운 능력을 보였음에도 불구하고, 음운론적 처리 능력과 관련한 그들의 수행능력은 상대적으로 강했고, 읽기와 쓰기 능력의 향상에 긍정적인 영향을 암시했다. 이러한 연구자들이 배경 요소들을 설명할 때, 비언어적 IQ는 정상 청력 집단의 언어 수행능력을 예측할 수는 있어도, Geers(2003)에 의해 보고된 산출 자료와 대조를 이루는 CI 집단의 언어 수행능력을 예측하지는 않는다. 게다가 사회경제적 지위는 CI 집단 아동들의 언어 수행능력을 예측했고, 이것은 Geers(2003)에 의해 보고된 발견들과 비슷하지만, 정상 청력 집단의 언어 수행능력을 예측하지는 않는다. Connor, Craig, Raudenbush, Heavner와 Zwolan(2006)은 1~10세 사이에 이식을 받은 100명의 취학 연령의 아동들의 어휘력 성장을 조사했다. 그 발견들은 2.5세 이전에 이식을 받은 아동들에게서 상당한 어휘력의 성장이 입증되었다고 주장했다. 이러한 경향은 만약 아동이 더 성장한 뒤 이식을 받는다면 극적으로 하락했다. Schorr 등(2008) 또한 아동들이 CI를 받는 나이가 수용어휘와 단기 청각 기억 수행력에서의 변화를 예측했다는 것을 발견했다. Schorr 등(2008)의 연구에서, 장치를 장착한 기간이 수용 통사 능력을 예측했다. 조기 이식의 긍정적 영향과 CI의 오랜 장착 기간의 이로운 효과들과 관련한 이러한 발견들은 또한 Nicolas와 Geers(2007)의 최근 연구에 의해 보충되었다.

당연히, 산출 자료들은 CI를 받은 아동이 아주 어릴 때 더욱 제한된다. CI를 받은 심도 청각장애를 가진 아기들의 언어와 구어 발달에 예비적인 시선을 제공하는 종단 연구에서, Wright, Purcell과 Reed(2001a, 2001b, 2002)는 유아들이 CI 이전, 생후 8~15개월 사이에 비언어적 의사소통의 의도 범위를 사용함에도 불구하고, 그들은 언어적 의사소통 의도를 보이지 않았다고 보고했다. 이식 후 3~4개월이 지난 후에, 실제 연령과 상관없이 생후 11~12개월과 14~15개월 아동의 언어적 의사소통 의도가 나타났다. 이러한 유아들에 의해 사용된 의사소통 의도의 유형들은 일반적으로 청력 손실이 없는 아기들에게 나타나는 패턴과 일치했다. 이식 이후 모든 유아들이 상당한 의사소통적 중재를 받고, 그들 중 많은 아동들이 주로 (이 장 이후에서 논의할) 청각구화식 중재 접근법을 받는다는 것에 주목해야 한다. 더 최근에, Tomblin, Barker, Spencer, Zheng과 Gantz(2005)는 생후 10~40개월에 이식을 받은, 양측 감각신경성 심도 청력 손실을 가진 29명의 유아와 걸음마기 아동들의 표현언어 성장에 대해 보고했다. 이 연구자들은 Connor 등(2006)과 비슷하게, 이식을 받은 기간에 아동이 더 나이가 들수록, 표현언어의 성장을 안정 상태로 유지할 수 있다는 것을 발견했다.

CI 기술이 아동의 언어발달에 꽤 놀랄 만한 결과를 가져왔음에도 불구하고, 아동들 자신들을 포함하여, CI를 받은 아동들과의 연구에 관여된 모든 사람들이 아동의 표현언어와 수용언어 능력의 면에서, 그리고 그들의 사회적 통합의 면에서 아동들에게 가능한 결과 범위에 대한 현실적 기대를 한다는 것을 확실히 하는 것은 중요하다. 아동들이 청소년기에 이를 때 그들의 결과는 주목할 만하다. 수년간 CI를 사용해 온 13명의 청소년들을 조사했던 Dawson, Blamey, Dettman, Barker와 Clark(1995)의 연구에서 다소 혼합된 결과가 발생했다. 이 연구자들이 어휘력이 전체 표본에서 상당히 증가했다는 것을 발견했음에도 불구하고, 그 아동들 중 오직 3명만이 이식을 받은 지 5년 이후에 나이에 적합한 어휘 수준에 도달했다. Tooher, Hogan과 Reed(2002a, 2002b)는 수년간 CI를 사용한 청소년들의 언어와 심리사회적 능력들에 대해 보고했다. 그 청소년들과의 면담 결과로 나타난 주제는 청력 손실과 관련된 몇몇 언어적 · 교육적 · 사회적 문제들이 그들이 이식을 받았다고 해서 간단히 사라지지는 않는다는 것이었다. 기술이란 단지 아동의 필요를 위한 도움의 일부일 뿐이라는 것을 알아차리는 것은 중요하다. 주류 교육과 집중적 언어 자극을 성공적으로 사로잡기 위한 아동의 필요는 만약 그들이 좋은 구어적 의사소통 능력을 얻어야 한다면 필수적이다. 예를 들어, Tooher 등(2002a, 2002b)의 연구 속에서 위에 언급된 청소년들은 언어적 측정뿐만 아니라 심리사회적 측정에서 청각장애가 없는 10대들에게 기대한 범위 내에서 넓게 수행했다.

CI를 받은 아동의 읽기와 쓰기 능력의 결과를 밝혀내는 것은 읽기와 쓰기 능력의 습득이 일반적으로 이후에 나타나기 때문에, 그리고 아동의 정규교육이 시작되고 학습의 더 종단적 기간이 요구되기 때문에 다소 더 오래 걸렸다. 연구들이 일반적으로 CI를 받은 아동의 의사소통, 언어, 언어 지각 능력의 향상을 설명했기 때문에(Geers, Brenner, & Davidson, 2003; Geers, Nicholas, & Sedey, 2002; Kirk et al., 2002; Nicholas & Geers, 2003b, 2007;

Svirsky et al., 2004), 한 가정은 이른 나이에 CI를 받아서 더 오랜 경험을 가진 아동들은 더 좋은 읽기와 쓰기 능력을 보일 것이며, 그러므로 더 나이 들어 이식을 받은 아동들이나 전통적인 보청기를 착용한 아동들보다 더 높은 학업 성취도를 보일 것이라는 것이었다(Marschark, Rhoten, & Fabich, 2007). 연구 결과, 대부분은 이러한 가정을 뒷받침했다. 예를 들어, Rattigan 등(2002)은 학업에서, 언어 사용 이전에 심도에서 고도 청력 손실을 가지고, CI를 받고 몇 년 동안 상당한 청각구화식 중재를 경험했던 대부분의 아동들의 읽고 쓰기 수준이 규준 참조 검사에서 평균 범위 내에 들었다고 보고했다. Geers(2003, 2004)의 연구는 5세 이전에 이식을 받은, 8~9세의 많은 취학 연령 아동들의 단어 읽기와 이해 능력을 살펴보았다. Archbold, Nikolopoulous와 O'Donaghue(2006)에 의해 뒷받침된, 초기 연구로부터 얻은 발견들은, 이식을 받는 나이와 이식을 받은 이후 기간이 읽고 쓰기 능력 습득과 관련하여 더 중요한 요소가 된다고 주장했다. 이후에 Geers(2004)의 연구로부터 얻은 발견들은 얼마나 짧았는지와 관계없이 정상 청력 기간이 있었던, 특히 언어발달에서 중요한 시기에 정상 청력 기간이 있었으며 청력 손실이 나타나자마자 곧 이식을 받은 아동들이 더 좋은 읽기와 쓰기 능력을 보인다는 것을 나타냈으며, 이는 Spencer와 Oleson(2008)의 주장과도 같다. CI를 한 취학 연령 아동의 언어와 읽기 능력 간의 가능한 관계를 조사했던 Connor와 Zwolan(2004)의 연구는 이러한 아동들이 사용한 주요 의사소통 양식(예를 들면 청각구화식 총체적 의사소통)보다는 읽고 쓰기 능력을 예측하는 데 있어 가장 중요한 변수들은 이식을 받는 나이, 어휘력 수준, 가족의 사회경제적 지위라는 것을 발견했다. Marschark 등(2007)은 Johnson과 Goswami(2005), Geers(2005)가 수행한 연구들에 대해 보고하면서, 이 연구자들이 Connor과 Zwolan(2004)의 연구를 지지하는 결과를 발견했다고 말했다. 그러나 Marschark 등(2007)은 읽고 쓰는 능력의 결과들에 잠재적으로 영향을 미치는 중요 변수들(예를 들면 이식을 받는 나이, 이식 받기 전의 언어와 읽기 능력, 받은 이식의 유형, 이식 기간)이 연구들에서 지속적으로 통제되지 않음에 대한 걱정을 표출했다.

CI를 받은 아동들의 구어, 언어, 그리고 읽기와 쓰기 능력 결과들과 관련한 발견들이 일반적으로 긍정적이고 유망함에도 불구하고, 모든 아동들 사이의 결과들에는 변동성이 있었다. Geers와 Brenner(2003)는 이식 이후 결과의 영향이 완전히 받아들여지기 전에, 연구자들과 임상의들이 학습 성과뿐만 아니라 의사소통적 언어와 읽기와 쓰기 능력의 예측 지표인 수많은 변수들에 대해 가능한 한 최대로 더 잘 설명하는 것이 중요하다고 강조했다. 권고들에는 아동의 특성(예를 들면 성별, 발병 나이와 청력 손상의 원인, 이식을 받은 나이, 이식 유형, 이식 기간, 비언어적 지능), 가족 특성(예를 들면 청력 상태, 민족성, 모국어, 사회경제적 지위, 어머니와 아버지 모두의 존재, 가족 크기, 가정교육, 가정생활에 대한 아동의 참여), 학습/중재 특성(예를 들면 사용된 의사소통 양식, 공적 · 사적 환경(setting), 주류 교육 또는 특별한 교육 수업, 받은 치료의 유형과 양, 임상의의 경험, 가족의 참여)을 포함한다. 그러므로 Belzner와 Seal(2009)은 연구자들이 피험자를 위한 더 엄중한 포함 기준을 개발하고, 산출 자료에 영향을 미치거나 더 어렵게 만드는 모집단 변수들을 보고하며, 그리고 더 큰 모집단 비율에 일반화된 표현을 만들기 위한 결과 사용에 대해 신중해야 한다고 제안한다. 우리—그리고 CI를 받은 아동들—가 장치를 더 오래 경험할수록, 엄격하게 통제된 연구에서 나오는 결과 자료를 기대할 것이다.

촉각 장치. 진동 촉각 장치와 전자 촉각 장치는 시각적 정보를 보충하며, 청각장애가 매우 심해서 일반 보청기나 CI로는 적절한 효과를 얻을 수 없는 아동들을 위해 설계되었다(Osberger, Robbins, Todd, & Riley, 1996). 진동 촉각 장치는 이름에서 암시하듯, 착용자로 하여금 피부에서 소리의 진동을 느끼게 하는 것을 가능하게 한다. 아동은 증폭되고 처리된 촉각적 신호를 전달하는, 피부에 접촉하는 것을 착용한다. 전기 촉각 장치는 피부에 전기적 리듬을 전달한다. 그것들은 손목, 손가락, 흉골(가슴뼈), 복부에 착용 가능하다.

촉각 장치들은 일반적으로 말의 초분절적 측면의 증가하는 수용과 산출에 더욱 효과적이다. 피부는 40~400Hz의 주파수 범위에 있는 낮은 주파수의 소리에만 예민하고, 역동적인 범위를 크게 줄였으며, 귀가 할 수 있는 만큼 주파수 사이를 잘게 식별할 수 없다. 어떤 장치들은 예를 들면 고주파 정보를 바꾸어서, 아동이 손가락의 위치로부터 고주파 파찰음을 인식하는 법을 학습한다. 만약 착용자가 이를 수행하는 법을 배우려면, 광범위한 훈련이 필수적이라는 증거가 있다(Osberger, 1990).

3년 이상 촉각 장치를 사용한 아동의 언어 지각 능력에 대한 유망한 연구가 비슷한 기간 동안 CI를 사용한 집단의 능력과 비슷하다는 것에 주목하는 것이 장려된다(Eilers, Cobo-Lewis, Vergara, & Oller, 1997). 게다가, 촉각 장치를 사용하는 아동의 언어발달은 적어도 초기 취학 기간에 청각 입력 자극을 사용하지 않는 것보다 개선된 것으로 나타났다(Geers & Moog, 1994a; Osberger, Robbins, Berry et al., 1991; Osberger, Robbins, Miyamoto et al., 1991).

청각 보조 장치. 청각 보조 장치(ALD)는 때때로 상당한 청력 손상을 가진 아동이 공공장소(예를 들면, 학교 상황과 식당, 공원, 호텔과 같은 레크리에이션 상황)와 적절한 의사소통을 위해 다른 유형의 청각 장치가 허락되지 않는, 다른 집단과 일상 대화를 나누는 상황에서 사용하는 것이 추천된다. 이러한 상황에서, 음향 신호는 종종 멀리서 나타나며, 듣기 환경을 덜 바람직하게 만든다(Mueller et al., 2007; Tye-Murray, 2009).

다른 유형의 ALD 체계들이 많이 있다[예를 들면, 주파수 변조(FM)와 같은 내장형과 무선형, 적외선형, 청각 감응 장치, 간단한 증폭형]. 이것들은 모두 아동들로 하여금 더 좋은 신호 대 잡음비를 가지고 언어를 수용할 수 있도록 한다(Mueller et al., 2007; Tye-Murray, 2009). 우리의 목적을 위해, FM 체계들에 대한 논의는 제한된다. 왜냐하면 그것들은 대부분 주로 교육적 환경이나 재활(훈련) 환경에서 사용되기 때문이다.

개인적 FM 체계와 단체 증폭을 위한 음장(sound field) FM 체계는 지난 몇십 년간 사용되어 왔다. 모든 FM 체계들을 가지고, 화자들은 작은 무선 송신기와 입 근처에 마이크를 착용한다. 단체 증폭을 위해서는, 증폭된 신호는 조심스럽게 놓인 전자적 화자들이 모든 청자들에게 더 나은 신호 대 잡음비를 제공하는 음장으로 향한다(Mueller et al., 2007; Tye-Murray, 2009). 개인적 증폭을 위해서는, 아동은 무선 송신기를 착용한다. 그러면 신호는 이어폰을 통해서, 또는 아동의 개인 BTE를 통해 귀로 향한다(Mueller et al., 2007; Tye-murray, 2009). FM 체계의 두 가지 주요한 장점들은 그것들이 향상된 신호 대 잡음비를 제공하며, 동시에 방 안의 화자와 아동 모두의 움직임을 가능하게 한다는 것이다. 그것들은 대부분 교실과 같이, 아동이 높은 수준의 잡음 환경에 있을 때 특히 유익하다.

1) 교육적 접근법/의사소통-언어 중재

몇몇 의사소통-언어 중재 접근법들은 상당한 청각장애를 가진 아동들이 이용 가능하다. 청각장애 부모들의 청각장애 아동들을 위해, 접근법 선택과 관련한 문제는 종종 청상 청력의 부모를 가진 청각장애 아동들보다 더 명확하다. 중재의 기본적인 원리는 청각장애 아동이 언어가 사용되는 양상과는 관계없이, 청각장애 아동이 언어(영어, 스페인어, 미국식 수화, 영국식 수화)에 능숙하게 되기 위한 모든 기회를 갖는다는 것이다. 그러므로 만약 부모들이 유창한 ASL 사용자라면, 언어(그리고 의사소통 양식)는 ASL이 되기 쉬울 것이다. 그러나 ASL과 영어 읽기/쓰기 간의 관계와 같이, 교육적 체계의 대인 관계 의사소통과 언어, 그리고 인쇄 매체들의 의사소통에서 사용되는 언어 간에 부조화가 있을 수 있기 때문에, 문제는 더욱 흐려진다. 부가된 문제는 청각장애 아동의 대부분이 정상 청력을 가진 부모들에게서 태어난다는 것이다. 만약 부모들이 미국인이라면, 그들의 모국어는 청각구화법을 통해 영어로 의사소통될 가능성이 높다. 이러한 경우에, 대부분의 아동들은 청각구화법 통로를 가지고 단독으로 언어를 습득할 수 없다. 그러므로 아동들이 선택하는 대부분의 전통적 중재는 영어와는 다른 언어이며 일반적으로 미국 농아 인구들에게 선택되는 언어[입 주변에서 사용되는 12개의 수신호가 음향과 독순술을 통해 이용 가능한 것과 동시에 보충하는, 신호 언어(Cornett, 1985)와 같은 청각구화 접근법, 신호, 지문자(finger spelling), 의미를 전달하기 위한 구어를 사용함으로써 시각적 · 수화적 · 청각적 체계의 사용을 포함하는 총체적 의사소통(total communication, TC)]인 ASL과 같은 의사소통의 수화적 형태를 포함한다. 수화 형태의 의사소통 사용을 경시했던 다른 접근법은 아동이 청각적 입력에 강하게 의존해야 하는 청각구화 접근법이다.

청각장애 아동의 교육에 사용되는 가장 좋은 의사소통 중재 접근법의 선택이 오랫동안 논의되어 왔다. 그리고 다른 방법들의 결과로 이끈 연구는 여전히 논란의 여지가 남아 있다. TC 사용에 앞서 중재 접근법의 선택은 수화(예를 들면 ASL) 또는 청각구화법 중 하나였다. 청각구화 접근법은 신호와 지문자의 사용을 금지했고, 대신 아동의 청각적 식별력과 독순 능력의 향상을 강조했다. 일부 초기 연구는 수화적 요소들을 가진 프로그램들을 선호하거나 큰 차이가 없는 반면(Montgomery, 1966; Moores, Weiss, & Goodwin, 1978; Quigley, 1969; Seewald, Ross, Giolas, & Yonovitz, 1985), 다른 연구들은 청각구화 프로그램들을 지지하는 결과를 얻었다(Greenberg, 1980; Jensema & Trybus, 1978). 그러나 청각구화 접근법은 많은 아동들이 기대했던 구어적 의사소통 능력을 개발하고 능숙한 언어 사용자와 의사소통자가 되는 것에 실패했고, 그것이 그들의 학업 성취에 부정적인 영향을 미친다는 것이 관찰되었을 때, 실망스러운 것이었다. 이러한 맥 빠지는 결과는 부분적으로는 TC의 인기를 가져오는 결과를 낳았다. 그러나 명확해진 것은 청각장애인들을 위한 프로그램에 TC를 도입하는 것이 언어 능력에 기대된 향상을 가져오지 못했다는 것이었다(Levitt et al., 1987; Osberger, 1986).

큰 부분에서, 그 장애는 언어 능숙도의 모국어 수준의 문제와 관련이 있다. 정상 청력의 부모는 요구되는 수준만큼의 수화 또는 TC 기술을 거의 발달시키지 못한다. 그래서 그들은 그들의 청각구화 기술과 동등한 수준에서 자녀와 의사소통을 할 수 있다(Moeller & Lukete-Stahlman, 1990). 의사소통을 위해 수화를 이용하는 것에서, 정상 청력의 부모들은 기능 언어를 생략할 수도 있고, 모국어를 배우는 과정의 어린 아동들과 다르지 않게 오직 3~4개의 단어로 이루어진 문장을 사용할지도 모른다. 부모들의 수화 어휘는 제한될 수 있으며 그들의 청각구화식 발화보다 덜 일관된 방식으로 나타날 수 있다. 이러한 환경들은 만약 아동들이 청각구화식 경로로 나타난 부모들의 언어들에서 이점을 얻을 수 있는 경우 또는 아동들이 모국어를 ASL이나 영국식 수화와 같은 수화가 모국어인 부모들에게 노출된 경우보다 가정환경에서 아동들의 더 느린 언어발달로 이끌 수 있다. 첫 5년간 (이중 언어 사용자 프로그램과 같이) 유창하게 수화를 하는 사람이 있는 대체적인 환경에 노출된 정상 청력 부모의 청각장애 아동들은 이후의 수화 습득이 특히 문법에서의 불완전한 숙달로 이끄는 반면, 유창한 수화를 발달시킬 가능성이 더욱 증가된다(Myberry & Eichen, 1991).

수화식 의사소통 대 청각구화식 의사소통을 둘러싼 논란에 대한 토론은 또한 각각의 접근법이 청각장애 아동과 그들의 가족들에게 가질지 모르는 사회적·감정적 영향을 볼 필요가 있다. 빈번한 논쟁은 오직 수화식 의사소통만을 사용하는 사람들이 수화를 할 수 있는 사람들과 상호작용 하는 것을 제한하기 때문에, 스스로를 사회에서 분리시킨다는 것이다. 게다가, 그들은 지식과 이해의 부족 때문에 사회의 편견들에 노출된다. 그러나 긍정적인 면에서는, 이 기술이 그들로 하여금 수화를 하는 청각장애 동료들과 잘 이야기할 수 있도록 하기 때문에, 그들은 의사소통을 하지 못하는 것에서 오는 분리나 절망 없이 생각과 감정을 공유할 수 있다. 반면에, 이러한 아동들 중 많은 아동들의 언어 이해력이 흔히 낮은 편이기 때문에, 그들의 다른 이들과의 의사소통적 상호작용은 제한되며, 오직 그들의 구어를 이해할 수 있을 만큼 가까운 사람들만이 남는다. 수화의 사용이 청각장애인들을 분리시킨다는 주장은 청각구화식 환경에서 교육받은 이들의 능력에 대한 언급과 함께 조사될 필요가 있다.

청각장애 아동들이 이용 가능한 향상된 기술, 특히 CI로, 언어 경로를 위해 청각적 자극만을 제공하기 위한 체계적 프로그램을 제공한다는 목표를 가진 청각구화 접근법은 1990년대에 인기를 되찾았다. 청각구화법 치료(Auditory-Verbal Therapy, AVT)(Estabrooks, 1994)인 구체적인 청각구화 접근법은 청력 손상의 조기 발견, 적절한 기술적 장치(보청기 또는 CI)의 이른 사용, 계속적인 진단 치료, 그리고 가족과 중재 과정과 관련된 전문가들의 적극적인 도움을 강조한다. AVT는 청각장애 아동이 정규교육과 생활환경에서 듣기, 구어 처리, 말하기를 학습할 수 있도록 도움을 제공하는 데 초점을 맞추고 있다. 그러나 AVT 역시 논란의 여지가 없지 않다는 것을 깨닫는 것이 중요하다. 청각구화식 자극이 언어 기능의 '정상 상태'를 향한 직접적인 길을 제공하는 반면, 이 목표는 몇몇 아동들에게는 비현실적인 것일 수 있으며, 그래서 아동의 언어발달을 면밀히 관찰하는 것이 중요하다.

교육적 환경이나 의사소통 중재 접근법과 상관 없이, 어떤 의사소통 양식에서든 가능한 한 많은 언어 입력이 청각장애 아동의 언어발달 결과를 향상시킬 것이라고 오랫동안 인식되어 왔다. Geers(2002)는 4~6년 동안 다중 통신 CI를 착용했으며, 합리적으로 큰 표본(130명)의, 언어 사용 이전의 심도 청력 손실을 가진 아동들에게 나타난 청각, 구어, 언어, 읽기 결과들을 조사했다. 측정된 변수들의 수행능력 수준에서의 변화 중 약 20%가 가족 요인들에 의한 것으로 설명되었다. 변화 중 24%는 이식의 결과에 의한 것으로, 12%는 교육적 변수들로 인한 것으로 설명되었다. 이러한 결과들은 전문가와 가족의 중재와 도움이 상당한 청각장애를 가진 아동의 의사소통 언어 개발과 학업 성공에 있어 주요한 요소들이며, 구체적인 교육적/의사소통적 접근법들은 결과에는 상당하지만 더 적은 효과를 가진다는 것을 제시한다.

일반적으로 일일 프로그램들과 주거 시설을 제공하는 공립학교와 사립 교육 기관이나 주립 교육 기관과 같은 교육적 환경의 몇몇 유형들은 청각장애 아동들이 이용 가능하다. 교육 현장들은 일반적으로 청각장애 아동들만 두는 독립적 환경이나 청각장애 아동과 정상 청력 아동들을 같은 교실에 두는 주류적 환경으로 구성된다(Tye-Murray. 2009). 주류 환경들은 종종 주로 교실의 모든 아동들을 교육해야 할 책임이 있는 정규 수업의 교사들에게 어려움을 주는 포괄적인 교실이 될 수 있으며(Israelite, Ower, & Goldstein, 2002), 정규/정규교육 교사와 농아와 난청 아동을 교육하는 교사 모두가 있는 공동 등록 교실(co-enrollment classrooms)이 될 수 있다. 몇몇 주류 환경들에서는, 아동들은 AVT를 통해 학습 설명을 듣는다.

이 마지막 의견은 기술적 중재의 유형, 의사소통 양식, 그리고 교육 현장과 교육적 성취의 유형 사이에서의 상호작용의 문제를 일으켰다. Nevins와 Chute(1996)는 주류 환경에 있고 비주류의 아동들과 비교했을 때 이 집단에서 높은 성취도와 향상된 이해력을 보였던 청각장애 아동들의 학업 성취와 언어 이해력을 검토했다. 그러나 이 결과는 단순히 우선 그들의 더 나은 청각 입력 능력 때문에 주류 교육을 처리할 수 있는 청각장애 아동들이 그렇게 했기 때문이었을지도 모른다. 기술적 장치는 또한 Nevins와 Chute의 발견에서 한 역할을 했다. 그들의 검토에는, CI를 받고 5년간 생활한 아동의 약 75%가 그들의 교육 장소를 특수학교 또는 단체에서 일반 교실로 옮기는 경향이 있었다. 비슷하게, 어린 나이에 CI를 받은 아동들은 모든 아동들이 성공을 유지하기 위해 후속 조치의 다양한 형태들이 필요했음에도 불구하고, 일반 교실에 있는 경향이 있었다. 이러한 경향들은 총체적 의사소통 환경에서 CI를 받은 아동들이 더 좋은 언어 인식, 언어 이해력, 그리고 언어 점수를 얻었으며, 만약 그들이 주로 수화나 총체적 의사소통을 사용하는 또래들과 비교하여 주로 의사소통 양식으로 언어를 사용한다면 정규교육적 환경으로 더 이동하기 쉽다는 것을 보고한 Geers 등(2002)의 발견들에서도 일관된다.

편측성 손실, 경도 양측성 손실, 또는 OME의 지속적인 문제를 가진 아동들을 포함해, 덜 심각한 청력 손실을 가진 아동들은 종종 중재와 관리에 관한 논의들에서 간과된다. 그러나 이러한 아동들은 더 심각한 손실을 가진 아동들보다 청력 손실 아동의 더 큰 비율을 차지할지도 모른다. 최근의 발병 자료는 취학 연령 아동 중 5.4%만큼 많은 아동들이 영구적 경도 청력 손실의 유형을 보여 준다(Tharpe, 2007). 미국청각학회(2003)의 추천들에 대해 보고하면서, McKay, Gravel와 Tharpe(2008), 그리고 Tharpe(2007)는 아동의 일반적인 건강과 인지 수준, 의사소통 상태, 전반적인 발달, 가족 그리고(또는) 아동 선호도, 기능적 필요들과 같은 요소들을 고려하여 그때그때의 기초들을 결정하는, 편측성 또는 양측성 경도 손상을 가진 아동에게—이 점에 대해서는, 증폭이 사용되든 말든—어떤 유형의 증폭을 사용할지를 사례별로 결정해야 한다고 지적했다. 최근에 고려 사항이 되는 장치들은 전통적인 보청기와 (이전에 논의했던) FM 체계를 포함한다. **크로스형**(contralateral routing of signal, CROS) 보청기는 일반적인 보청기로 이점을 얻을 수 없는 나쁜 귀를 가진 아동들에게 선택된다. 더 큰 아동들에게는 외과적으로 이식하며, 뼈 고정 보청 장치로 알려진 골전도 장치(McKay et al., 2008; Tharpe, 2007)가 선택될 수 있다. 어떤 접근법이든, 그 접근법이 아동에게 이익을 주려면 부모/보호자의 교육과 활동적인 가족 개입은 필수적이다.

요약

이 장에서 우리는 다음의 내용들을 살펴보았다.

- 청력 손실은 말초적 또는 중추적이다.
- 말초 청력 손실은 (외이나 중이에 위치하는) 전도성 손실 또는 [달팽이관 수준 또는 청각신경(여덟째 신경)에 위치한] 감각신경성 손실 중 하나일 수 있다.

- 말초 청력 손실은 손실 정도에 의해 분류되고, 모든 청력 손실은 언어발달에 영향을 주며, 일반적으로 청력 손실이 더 심각할수록 의사소통 기술 습득에 더 큰 잠재적 영향을 미친다.
- 중이염에 의한 전도성 청력 손실은 아동의 언어 듣기와 이해력에 영향을 미치지만, 중이염이 언어발달에 미치는 그 자체의 영향은 불확실하다.
- 청력 손실은 수용, 표현 의사소통 능력, 읽기와 쓰기 기술, 학업 성취, 사회적 발달에 영향을 미친다.
- 전 세계적으로 신생아의 청력 검사는 청력 손실의 조기 진단을 위해 추천된다.
- 경도 청력 손상과 편측성 손상을 가진 아동은 조기 진단과 적절한 관리가 없으면 언어와 학업적으로 장애를 얻을 위험이 있다.
- 새로운 기술에서 발달은 많은 청력 손상 아동의 실행 가능한 선택으로 와우 이식을 만들었다. 이러한 장치들은 종종 전통적인 보청기보다 더 우수한 자극을 제공한다.
- 와우 이식을 받은 아동의 언어와 읽기, 쓰기 능력에 대한 연구 결과가 일반적으로 향상된 수행능력을 보여 주지만, 미래의 연구자들은 더 지속적으로 다양한 아동, 가족, 교육, 중재 요인들을 고려해야 할 필요가 있다.
- 상당한 청력 손실을 가진 아동을 위한 단 하나의 가장 훌륭한 의사소통 양식이나 교육 환경은 없다. 결과들은 청력 손실의 발병 나이, 사용된 기술적 장치의 유형과 아동이 그것을 착용한 시간, 언어 환경, 그리고 개인적 인지 능력들과 같은 많은 요소들에 의해 영향을 받는다.
- 언어장애와 관련하여 중추 청각처리장애의 역할은 계속해서 논의되고 있다.
- 더 복잡한 평가 절차는 청각신경장애/청각공시장애가 의심되는 아동의 진단으로 이끌었다. 그러나 더 많은 연구들이 평가와 진단 절차를 개선하고, 이러한 유형의 청각장애를 가진 아동들을 위해 가장 적절한 관리 선택 사탕을 결정하기 위해 필요하다.

어느 정도의 청각장애든지 아동을 언어 학습과 학습 성공에 대한 위험으로 내몬다. 조기 진단과 조기 중재는 청각장애 아동을 돕는 핵심적 요인이다.

언어적-문화적으로 다양한 아동과 언어

LI-RONG LILLY CHENG

학습 목표

이 장을 읽고, 다음의 내용을 논의할 수 있어야 한다.

* 다문화주의, 언어적 변이, 제2 언어 학습의 개념들과 아동 언어장애의 평가와 중재와의 관련성
* 언어적-문화적으로 다양한 환경, 특히 아프리카계 미국인, 히스패닉계 미국인, 아시아계 미국인, 그리고 북아메리카 원주민 아동의 일반적인 언어 특성
* 언어적-문화적으로 다양한 아동을 위한 언어 평가와 중재의 원리들

미국의 2000년도 인구 조사에 따르면, 5,600만 명의 미국 거주자들이 외국 태생이거나 이민 1세대들이었고, 가장 많은 수가 주로 라틴 아메리카에서 이주해 온 이들이었고, 다음으로 아시아와 유럽에서 온 사람들이었다. 2000년도 인구 조사에서 사람들은 자신이 한 인종 이상인지를 나타낼 선택권을 가졌다(Singer, 2004). 그리고 그 인구 조사의 유형은 다른 인종과 민족에 대한 문제들과 히스패닉계/스페인계/라틴계로 사는 것에 대한 질문을 분리시켰다. 이러한 변화들은 쿠바인과 푸에르토리코인과 같은 다른 스페인계/히스패닉계/라틴계의 배경에 대해 수집되는 통계들을 허용했고, 이 집단을 처음으로 다른 어떤 문화적/민족적 단체들보다 더 많은 수로 이끌었다(Singer, 2004). 미국 통계국은 2050년까지, 미국 인구의 약 50%가 아프리카계 미국인, 히스패닉계 미국인, 아시아계 미국인이 될 것이라고 추정한다(Singer, 2004). 이러한 인구학적 자료는 미국 또는 미국과 비슷한 언어와 문화적 인구 변화를 경험하고 있는 나라는 문화적으로, 언어적으로 다양한(culturally and linguistically diverse, CLD) 인구들을 이해하기 위해 교육과 건강 복지 전문가들dl 필요하다는 것을 알려 준다.

비백인과 백인의 많은 아동은 대부분의 미국 학교와 직장에서 사용되는 것과는 다른 구어 형태의 영어를 배운다. 결과적으로, 많은 학생들은 언어장애 때문이 아니라, 그들의 언어 환경 때문에 교육 실패의 위험에 놓여 있다. 동시에, 언어적으로 그리고(또는) 문화적으로 다양하며 민족 전통적이거나 이중 언어를 사용하는 가정, 또는 둘 다인 가정에서 자란 아동은 언어 학습에 있어 특정 장애에 대한 면역을 가지고 있지 않다. 따라서 전문가들은 아동의 언어적 그리고(또는) 문화적 환경의 결과인 언어 차이와, 언어 학습 기제의 장애로 인한 언어장애를 분별할 수 있어야 한다.

1. 문화적 다양성의 개념

문화적 다양성은 주로 어떤 사회의 지역적 · 민족적 · 사회적 · 인종적 · 언어적 · 문화적 차이를 포함하는 용어인 다문화주의로도 언급된다. 민족성, 사회경제적 지위, 인종, 언어, 그리고 문화의 요소들 사이의 공통 부분과 상호작용이 많이 있음에도 불구하고, 이것들은 원칙적으로 구분되는 개념들이다.

- ❖ 인종은 개인의 생물학적 속성에 관한 용어이다. 인종 그 자체는 언어 습득과 언어장애에 관한 논의에 그다지 중요하지 않다. 우리 지구촌에서, 인종에 관한 생각은 민족성과 문화만큼 중요한 것은 아니다. 많은 사람들이 혼합된 인종에 속한다. 세계적으로 유명한 골프 선수 타이거 우즈는 자신의 백인, 흑인, 미국 원주민, 그리고 아시아인의 다문화적 배경을 나타내기 위해 '다국적 혼혈 인종(Cablanasian)'이라는 용어를 만들었다. 2000년도 미국 인구 조사에서, '혼합 인종(Mixed Race)'이라는 분류가 미국에 살고 있는 수십만 명의 혼합 인종의 사람들을 나타내기 위해 사용되었다. 그러나 순차적으로 언어 학습에서의 차이와 관련될 수 있는 인종 간의 어떤 신체적 차이점들이 있다. 예를 들면, 아프리카계 미국 아동들은 그들의 유스타키오관의 크기와 각도가 더 나은 배수를 하게 해주기 때문에, 낮은 중이염 발생률을 보인다. 중이염이 아동 언어장애의 원인이 된다면, 이 인종적 차이는 아마 어느 정도 중요성을 가질 것이다. 게다가, 아프리카계 미국 아동들은 가장 낮은 구순구개열 발생률을 보인다.
- ❖ 가장 크게, 언어는 개인이 다른 이들과 의사소통하기 위한 모든 행동들을 말한다. 그러나 다문화주의의 맥락에서, 우리는 주로 한 언어(예를 들면, 영어, 스페인어, 일본어)를 다른 언어와 구별하고 같은 언어(예를 들면, 표준 영어, 비표준 영어, 미국 영어, 뉴질랜드 영어)의 한 종류를 다른 종류와 구별하는 형태(음운과 문법)와 어휘에서의 차이점에 주목한다. 화용론에서의 차이점들은 언어 그 자체라기보다는 문화의 의사

소통적 측면으로 보인다. 예를 들어, 히스패닉계 미국인 화자들은 대화를 하는 동안 그들 사이에 짧은 거리를 두는 경향이 있다(Pajewski & Enriquez, 1996; Taylor, 1987). 이것은 화자들이 단일 언어 사용자이든 이중 언어 사용자이든, 그리고 만약 그들이 이중 언어 사용자라면, 그들이 스페인어와 영어를 사용하든 아니면 두 가지 혼합된 언어를 사용하든 모두 사실로 나타났다. 그러므로 히스패닉계 미국인 화자 중 (전체는 아닌) 다수의 의사소통 요소들인 언어 행동(스페인어)과 문화적 행동(대화를 하는 동안 가까이 서 있는 것)은 분리될 수 있다. 우리가 다문화적 변수로서 언어를 말할 때, 그 의미는 화자들이 배우고 사용한 공식적인 요소들로 제한되어야 한다.

❖ **문화**는 개인들로 구성된 집단 안에서 공유되는 행동에 관한 용어이다. 문화는 같은 가치와 믿음을 공유하는 개인들로 이루어진 한 단체의 생활양식이다. 문화는 암시적일 수도 있고, 명시적일 수도 있다. 명시적 문화는 볼 수 있고, 살 수 있고, 사용할 수 있는 것—특별한 상황에서 사용하는 옷, 특별한 음식, 공예품—으로 정의된다. 반면에 암시적 문화는 보이지 않기 때문에 관찰하기 쉽지 않다. Philips(1983)는『보이지 않는 문화(*Invisible Culture*)』라는 자신의 책에 이 이해하기 어렵고 해독하기 어려운 문화 요소들을 설명했다. Hall(1990)은『조용한 언어(*The Silent Language*)』라는 자신의 책에서 어떤 문화의 숨겨진/보이지 않는/암시적인 부분을 이해하는 것에 대한 어려움에 대해 명확하게 설명하고 있다. 그는 미국인 공장장이 남태평양 섬에서 다른 부족들의 함축적인 균형을 이해하지 못하고 큰 인구 집단을 차지하는 한 부족만을 고용했고, 이것이 다른 부족들에게 많은 문제들을 가져왔다는 남태평양에서의 상황을 설명한다. 그 부족들의 수장들이 만나 해결책을 만들었고, 그들은 한밤중에 관리자를 찾아갔다. 그 관리자는 폭동이 일어났다고 생각하고는 해병대를 불렀다. 시간에 대한 숨겨진 개념이 이 경우에서는 달랐고, 그래서 원주민들은 새벽 3시에 관리자를 깨우는 것이, 비상이나 긴급한 상황이 아닌 다른 일들과 마찬가지로, 시간만 다를 뿐 전갈을 전달하는 것 외에 다른 어떤 의미를 가진다고 느끼지 않았다(Hall, 1990).

이러한 문화적 행동 중 많은 것들이 의사소통에 영향을 줄 수 있다. 한 민족의 구성원들은 조상으로 연결되는 것으로 인한 많은 문화적 요소들을 공유할 것이다. 미국에서는 네 개의 큰 민족—아프리카계 미국인, 히스패닉계 미국인, 북아메리카 원주민, 아시아계 미국인—들이 주로 서로 비교되거나 주로 유럽에서 건너온 백인의 미국인들과 비교된다. 표 9.1에서 알 수 있듯, 이 집단 간의 행동 비교는 의사불통과 오해를 불러일으킬 가능성의 몇 가지 차이점들을 밝히고 있다. 그러나 심지어 민족성이 바뀔 수 없다고 하더라도 그것이 사람들로 하여금 어떤 문화적 기준을 따르도록 강요하는 것은 아니라는 것을 인식하는 것이 중요하다. 한 민족의 모든 구성원들이 같은 방식으로 행동할 것이라는 기대는 한 사람의 지식과 언어 습득에 영향을 미치는 변수들이 매우 많기 때문에 해로우며 불가능하다.

표 9.1 미국 문화 집단에서 나타나는 의사소통 행동의 차이

백인	아프리카계 미국인	히스패닉계 미국인	아시아계 미국인	북아메리카 원주민
* 특히 성인과 아동 사이에 애착의 신호로 머리 쓰다듬기가 고려된다. * 남자와 여자 사이에 원하지 않은 터치를 귀찮게 여긴다. * 직접적인 눈 응시는 듣는 동안 유지되고, 말하는 동안 피한다. * 공적인 행동은 감정적으로 절제된다.	* 머리 쓰다듬기를 불쾌하게 여긴다. * 직접적인 눈 응시는 듣는 동안 피하고, 말하는 동안에 유지된다. * 공적인 행동은 감정적으로 열정적이고 숨기지 않는다. * 대화하는 동안 다른 화자의 방해는 받아들일 수 있다.	* 대화하는 동안 흔히 터치가 발생한다. * 직접적인 눈 응시는 무례로 여긴다. * 대화하는 동안 화자들 간에 가까운 거리가 유지된다. * 부모-아동 대화는 일반적으로 지시적이고 협력적이지 않다.	* 남자와 여자 사이보다 동성의 구성원 사이에서 터치가 더 받아들여진다. * 지나친 칭찬을 불쾌하게 여긴다. * 남자와 여자는 습관적으로 악수를 하지 않는다. * 아동은 선생님에 의해 요청되지 않으면 참가하는 데 기다리는 경향이 있다. * 선정되는 것을 괴로움으로 느낀다. * 많은 아동들은 부드러운 음성으로 말하고 말하는 것보다 듣는 것에 더 사회화되어 있다.	* 조용한 관찰을 통한 학습은 가치가 있다. 각 아동이 말하도록 격려하는 그룹 교수 활동을 좋아하지 않는다. * '기다려 주기'—화자들의 시간은 말하기와 반응 주기의 합—는 상당히 길다. * 개인적 겸손과 그룹 조화는 가치를 가진다. 다른 사람들 앞에서 지식을 드러내는 것을 불편하게 여긴다.

출처: Day-Vines 등(2009); Epinosa(1995); Feng(1994); Fung과 Roseberry-McKibbin(1999); Halgunseth, Ispa와 Rudy(2006); Kalbfleisch(2009); Madding(2002); Rhee, Chang과 Rhee(2003); Swisher(1991); Taylor(1987); Tharp와 Yamauchi(1994).

반면에, 문화적 차이와 그것이 의사소통에서 가지는 잠재적인 효과에 대해 모르는 것은 전문가답지 못한 것이며 순진한 것이다. 그러므로 균형은 언어적-문화적으로 다양한 배경을 가진 아동들에게 도움을 주는 데 있어 중요한 요소이다.

2. 언어적 차이의 개념

전 세계적으로, 정확히 같은 방식으로 의사소통하는 사람은 없다. 사람들 간의 차이점들은 여러 방식으로 설명될 수 있다. 전 세계에는 6,000개 이상의 언어가 있지만, 많은 언어들이 소멸 직전에 있거나 서면의 형태로 남아 있지 않으며, 몇 개 언어만이 몇 안 되는 사람들에 의해 사용되고 있다. 또한 한 언어만이 항상 한 나라의 특성인 것은 아니다. 예를 들어 싱가포르에서는 일반적으로 사람들은 세 개의 언어—영어, 중국어, 그리고 말레이어 또는 타밀어—를 알고 있다. 가장 넓은 수준에서, 우리는 10,000명 또는 그 이상의 화자들이 사용하는 거의 1,000개의 다른 언어들을 확인할 수 있다(Crystal, 1997). 이러한 언어들 중 많은 수가 문법, 어휘, 그리고(또는) 음운 면에서 서로 다른 몇몇 형태들 또는 방언들로 만들어진다. 예를 들어, Crystal(1997)에 따르면, 세계의 영어들은 많은 다른 형태들로 나타난다.

싱글리시(Singlish)는 싱가포르에서 사용하는 영어의 형태이며, 태글리시(Taglish)는 타갈로그어(Tagalog)와 영어의 혼합형으로 필리핀에서 사용하는 영어 형태이다. **혼합어**(mixed vernacular)(Backus, 1999)라는 용어는 최근 몇십 년간의 문헌에서 나타나는 중요한 개념이다. 이것은 두 개의 언어를 사용하는 사람들로 이루어진 한 집단이 그 언어들을 한 언어(L1) 또는 다른 언어(L2)가 아닌 두 개를 섞은 말로 사용하는 것이다. 다른 예들은 독일어를 직역한 단어들을 터키어 대화로 집어넣은 네덜란드의 터키인들과, 1600년대에 남아프리카에 독일을 소개한 독일의 선구자인 Van Riebeeck이다. 독일의 Culemborg- Utrecht라는 언어는 남아프리카공화국의 공식어 중 하나인 아프리칸스(Afrikaans)어로 발전했다. 언어가 발달하고 혼합되며, 그리고 종종 많은 변형들을 만들어 낸다는 것은 분명하다.

Rethfeldt(2009)는 이러한 혼합어 현상의 복잡성을 설명한 독일의 사례를 연구했다. 1950년대에 폴란드, 스페인, 이탈리아, 포르투갈, 그리고 터키의 많은 노동자들이 독일 재건을 돕기 위해 독일로 갔다. 현재 혼합어의 많은 변형들을 사용하는 2세대, 3세대, 그리고 4세대 화자들이 속한 민족 공동체의 소수민족 거주지들이 있다. 이들은 매우 다양한 언어 환경을 보이며, 이들 사이에서 자란 아동들의 언어 평가는 어려워질 수 있다.

방언은 두 가지 방식으로 한 언어와 구별된다.

- ❖ 방언은 한 언어의 부분집합으로 추정되므로, 그 언어의 다른 모든 방언들과 공통적인 문법적 핵심과 다른 특성들을 공유해야 한다.
- ❖ 서로 다른 언어를 사용하는 사람들은 서로를 이해하지 못하지만, 다른 방언을 사용하는 사람들은 노력을 기울이면 서로 이해할 수 있어야 한다.

한 언어의 공통 핵심은 구어의 형태보다 문어 형태에서 더 분명하다. 그러므로 영어를 아는 사람은 캐나다, 미국, 영국, 오스트레일리아, 아일랜드, 싱가포르, 뉴질랜드, 홍콩, 인도, 또는 다른 영어 사용 국가에서 발행한 신문을 읽을 수 있어야 한다. 그러나 예를 들어, 만약 그 사람이 캔자스 주 출신이라면, 스코틀랜드, 웨일스, 오스트레일리아, 인도, 자메이카, 뉴질랜드, 또는 심지어 LA 지역에서 사용하는 영어를 쉽게 이해할 수 없을지도 모른다. 발음이나 강세에서의 차이점들이 방언의 뚜렷한 특성이며, 이는 같은 언어를 사용하는 두 사람 사이에서의 구어 의사소통을 어렵게 한다는 사실에 주목하게 만든다. 같은 이유에서, 같은 단어가 같은 언어권에서 그것을 사용하는 지역에 따라 다른 의미를 가질 수 있다. 영국에서의 'lift'가 미국에서는 'elevator'이다. 'grand'는 아일랜드에서는 'great' 또는 'good(좋은)'의 의미인 반면, 미국에서 일반적으로 'big(큰)'의 의미를 가진다.

어떤 방언이 다른 방언에 비해 본질적으로 더 나은 것은 아무것도 없다. 그러나 한 사회 내에서 역사적 · 경제적 · 교육적 요인들은 특정 방언을 좋아하게 할 수 있고, 그것을 표준어로 만들 수 있다. **표준 미국 영어**(Standard American English, SAE)는 미국 영어에서 '주류를 이루는' 화자들의 특성을 고려한 것에 주목하게 하기 위해 사용된 말이다. 싱가포르에서, 표준 싱가포르 영어는 SAE와는 꽤 다르게 들릴 수 있다. 모든 영어 사용 국가들은 그들 자신만의 표준 방언들을 가지고 있기 때문에, 다양한 국가 표준어들을 나타내기 위해 **미국 영어**, **남아프리카공화국 영어**, **영국 영어**[영국 표준 영어(Queen's English)] 등의 용어를 사용하는 것이 관례적이다.

표준어의 개념은 화자의 교육 수준과 강하게 관련되어 있다. 상당한 공교육을 받은 사람들은 그들이 살고 있는 나라의 표준어를 사용하는 경향이 있다. 그들은 또한 그들의 개인적인 배경과 경험들에 따라 다른 방언들을 사용할 수도 있다. 표준어에서 가장 변함이 없는 특징은 문법이다. 어휘와 발음에서의 차이들은 지역 방언들의 인식 가능한 특징들인 반면, 이러한 방언들은 문법적 변형을 가지지 않는다면 보통 비표준어로 생각되지 않는다. 그러므로 우리는 미시시피 주, 뉴햄프셔 주, 그리고 미네소타 주의 교육받은 화자들이 말할 때 인식할 수 있는 차이점들을 보일 것이나, 이러한 차이점들은 주로 음운과 어휘 수준에서 나타날 것이라고 기대할 것이다.

한 국가의 표준어가 일반적으로 더 교육받은 주민들이 사용하는 방언이기 때문에, 그것은 보통 수업에서 잘 사용된다. **교실 언어**(school English) 또는 **인지 학습 언어 능력**(Cognitive Academic Linguistic Proficiency, CLAP)이라는 용어는 **기초 대인 의사소통 능력**(Basic Interpersonal Communication Skills, BICS) 또는 **회화체 영어**(conversational English)(Cummins, 2000)라는 용어와 비교했을 때, 글을 읽고 쓸 줄 알기 위해 필요한 것과 학업 성공을 위해 필요한 것을 완전히 이해하기 위해 구별되어야 한다. 역사적으로, 방언의 형태가 학업 성공과 읽고 쓰기 능력을 위해 우선적이며 중요한 것이라는 생각들은 많은 화자들로 하여금 표준어가 정확한 것이며 비표준어는 틀리거나 수준 이하인 것으로 생각하도록 만들었다. 한때는 비표준어가 미숙한 형태의 표준 영어이며 그것을 사용하는 화자들은 언어 능력이 덜 발달된 것이라고 믿었다. 그러나 사회언어학자들의 연구는 영어의 비표준적 형태가 표준어와 비슷한 정도로 복잡하며 같은 인지적 · 언어적 요건을 가진다는 것을 설득력 있게 보여 주었다.

표 9.2는 영어를 사용하는 사람들 사이의 의사소통 차이들에 기여하는 네 가지 요소들을 요약하고 있다. 지형과 한 민족의 일원이라는 것은 종종 한 사람의 언어 공동체를 형성하는 것으로서 함께 생각된다. 예를 들어, 텍사스 주에서 자란 화자들은 그 지역의 독특한 음운적 · 어휘적 · 문법적 특성들을 가진 말을 사용할 것이다. 전체적으로, 이러한 특성들은 때때로 (어떤 이들은 발음의 차이를 설명하기 위한 이 용어들의 사용을 제한하기도 하지만) **비음** 또는 **느린 말투**로 설명된다. 텍사스 주 말의 특징은 영어의 한 지역 방언으로 여겨질 만큼 충분히 독특하다. 그러나 이 지역 방언은 각 화자들의 민족적 배경에 따라 다양하게 달라진다. 백인들 사이에서는 텍사스 주 방언의 원형을 찾아보기 쉽지만, 텍사스 주 출신의 몇몇 아프리카계 미국인 화자들은 서부 아프리카 언어에서 음운적 · 통사적 영향을 받아 미국 전역에서 사용되는 민족 방언인 아프리카계 미국 혼합 영어(African American

표 9.2 화자들 사이의 의사소통에 차이점을 주는 기여 요인들

지역 방언	민족 방언	레지스터	개인어
예: 남부 지역, 브루클린	예: 흑인 영어 고유어, 스페인어에 영향을 받은 영어	예: 정규어, 대화어, 양육자 언어	예: 모든 개인 화자
산출 변화: * 음운론(예: 모음 /r/의 사용) * 구어의 속도 * 구문론(예: y'all의 사용) * 제스처의 사용 * 관용어 또는 특수 단어의 사용 * 발성 강도 * 발성 질(예: 비음)	산출 변화: * 화자와 청자 사이의 거리 * 형태론(예: 복수 표지의 사용) * 음운론(예: 세타의 사용) * 구어의 속도 * 강세와 억양 * 구문론(예: 연결동사의 사용) * 관용어 또는 특수 단어의 사용	산출 변화: * 화자와 청자 사이의 거리 * 눈 응시 * 어휘 특수성 * 구어의 속도 * 강세와 억양 * 구문론(예: 단순/복잡) * 제스처의 사용 * 관용어 또는 특수 단어 사용(예: 정규어/대화어/공용어/비공용어) * 발성 강도	산출 변화: * 구어의 속도 * 강세와 억양 * 제스처의 사용 * 관용어 또는 특수 단어의 사용 * 발성 질

Vernacular English, AAVE)를 사용할 수도 있다. 지역적 · 민족적 영향은 상호작용할 수 있어서, 댈러스에 사는 몇몇 아프리카계 미국인들이 사용하는 AAVE는 시애틀이나 클리블랜드에 살고 있는 아프리카계 미국인들이 사용하는 AAVE와 여러 면에서 다를 수 있다.

민족 방언의 영향은 가끔 영어보다 다른 모국어의 효과와 분리시키기 어렵다. 몇몇 히스패닉계 미국인들이 사용하는 방언의 많은 특징들은 스페인어에서의 언어 차용의 결과이다. 영어 단어는 스페인어의 강세로 발음될 수 있으며, 스페인어 단어는 같은 맥락으로 영어 단어로 대신할 수도 있다. 그리고 영어 문법은 스페인어의 문법과 더 일치하도록 만드는 방식으로 수정될 수 있다. 어떤 사람들은 오직 영어만을 사용하지만, 그럼에도 불구하고 스페인어의 영향을 계속 가지고 있다. 다른 사람들은 그들의 영어가 아마 스페인어의 특징을 나타내거나 그 반대일지라도, 영어와 스페인어를 둘 다 사용할 것이다. 비영어 사용 국가로부터 이주한 집단들도 모두 비슷한 패턴을 보일 수 있다. 그러나 우리는 사회적 이유와 인구학적 이유들로 특정 민족 방언들에 초점을 맞추는 경향이 있다. 특정 국가나 지역에서부터 이주한 사람들의 수가 커질 때, 그들이 사용하는 언어의 차이점들은 사회적으로, 특히 교육적으로 문제가 될 수 있다. 이것은 히스패닉계 미국인과 아시아계 미국인 둘 다 있는 미국에서 발생했다. 결과적으로, 우리는 이 두 집단들의 방언에 의한 문제를 확인하는 경향이 있다. 또한 많은 아시아인과 히스패닉들의 미국 이주는 특히 뉴욕, LA, 시카고에서 민족 거주지의 형성을 가져왔다(Council of Economic Advesers, 1998). 이러한 하위 공동체(subcommunities)의 격리(샌프란시스코의 차이나타운, 뉴욕의 할렘, LA의 동부 LA)는 모국어 사용을 유지하고 영어 사용 문화의 영향을 경감시킴으로써 민족 방언들을 유지하는 데 도움을 준다.

지형과 민족적 배경의 영향 아래, 우리 모두는 특정한 사회 의사소통적 사건들의 요구조건에 맞추기 위한 언어를 달리한다. 즉, 우리는 우리가 1장에서 처음 마주쳤던 개념인, 언어 체계를 전이(code switch)한다. 표준 영어도 능숙하게 사용하면서 비표준 민족 방언을 사용하는 화자들은 종종 대화 상대자의 기대에 맞추기 위해 비표준적 특징들을 사용하기도 한다. 작업 환경이나 교육적 환경에서는 표준어가 사용될 것이다. 민족적 사회 환경에서는 비표준어가 사용될 것이다. 언어 체계 전이는 언어 능력을 반영하는 자연스러운 현상이다.

물론, 한 사람의 의사소통의 모든 특징들이 지역, 민족성, 또는 사회적 지위에 의해 결정되는 것은 아니다. 만약 그 특징들이 그렇게 결정된다면, 우리 중 많은 이들이 현재 우리가 듣는 것보다 훨씬 더 비슷하게 들을 것이다. 우리를 다르게 하는 것은 우리의 개인으로서의 독특함이다. 성도 해부학에서부터 개인적 경험들까지 모든 것에서의 차이가 모든 사람들에게 개인어, 즉 언어 특징들의 독특한 조합을 제공하는 것이다.

각 개인들의 개인어는 한 언어 공동체 내에서 다른 개인들의 개인어와 비교될 수 있다. 우리가 언어장애 아동을 평가할 때, 바로 이것을 행한다. 일반적으로, 아동의 개인어는 처음 아동이 살고 있는 국가의 표준어와 비교된다. 만약 아동의 언어가 다르다는 것이 발견되면, 그 뒤에 따라오는 가능성들을 탐구해야 한다.

- ❖ 아동은 표준어를 배우고 있지만 언어장애를 가지고 있다.
- ❖ 아동은 비표준어를 배우고 있다.
- ❖ 아동은 비표준어를 배우고 있으며 언어장애를 가지고 있다.

마지막 두 개의 가능성 중 한 가지를 평가하기 위해서는 아동의 비표준어 또는 다른 언어에 대한 지식을 필요로 한다. 표준어와 다른 아동 언어의 특징들은 그들이 장애가 있는 것인지, 아니면 단지 방언적 차이인 것인지를 결정하기 위해 평가되어야 한다. 예를 들어, 'th'를 'f'로 대용하는 것은 AAVE에서 주로 나타나는 특징이다.

3. 제2 언어 학습의 개념

이론적으로, 완벽한 이중 언어 사용자란 동등한 특징을 가진 두 개의 언어를 이해하고 사용할 수 있는 사람이다. 그러나 전문적인 번역가들을 제외하고, 그러한 능력은 거의 얻기 어렵다. Grosjean(1982)이 이중 언어 사용자는 단지 두 개의 단일 언어를 하나로 결합한 것이 아니라고 주장하면서, 심지어 2개 국어 상용을 정의하는 것에 관한 도전도 있다. 훨씬 더 흔한 상황들은 다음과 같이 특징지어지는 사람들이다.

- ❖ 제1 언어(모국어)의 문어와 구어 형태 모두에 유창하며, 제2 언어에는 덜 능숙한 사람

표 9.3 혼합 언어와 분리 언어의 개요

단일어 영어	영어만을 산출하고 이해한다.
영어/다른 언어의 낮은 혼합	영어가 약간 강하지만 불완전한 두 개의 언어들을 이해 및 산출. 말할 때 언어를 혼합한다.
영어 우세	능숙한 영어의 이해 및 산출. 그러나 적은 숙달로 인해 필요할 때 다른 언어를 사용한다.
이중 언어	능숙한 두 개의 언어를 동일하게 이해 및 산출. 언어를 쉽게 변환한다.
다른 언어 우세	능숙한 다른 언어의 이해 및 산출. 능숙하지 않을 때는 요구된 영어를 사용한다.
다른 언어/영어의 낮은 혼합	다른 언어가 약간 강하지만, 불완전하게 두 개의 언어를 이해 및 산출. 말할 때 혼합한다.
단일어 다른 언어	단지 다른 언어만을 이해하고 산출한다.

- 두 개의 언어에서 동등하지만 다른 분야의 능력을 가지기 때문에 특정 상황(예를 들면, 학교에서 놀이시간에)에서 또는 특정 과제(말하기, 읽기, 쓰기)을 할 때 한 가지 또는 다른 것 하나를 사용하는 것을 선호하는 사람. 예를 들면, 가정에서 사용하는 모국어는 문어 형태를 가지지 않기 때문에, 주방에서 중국어 말하기, 즉 '주방 중국어(kitchen Chinese)'를 학습하고 영어 읽기를 학습한 사람.

이중 언어를 사용하는 대부분의 아동들은 다양한 언어적 개요들을 보인다. 표 9.3은 영어와 다른 언어가 섞이거나 분리된 채 유지될 수 있는 다른 방식들을 보여 준다. 어떤 이들은 영어와 다른 언어의 이해력과 산출 모두에 있어 이중 언어적이고 꽤 능숙할지도 모른다. 또 다른 아동들은 잘 말하고 이해할 수 있는 우세한 언어를 가질 수도 있다. 그들은 자연스럽게 그것을 허용하는 모든 상황에서 이 언어를 사용하는 것을 더 선호할 것이다. 또 다른 가능성은 아동들이 두 언어의 요소들을 알지만 두 언어에 대한 능숙도와 자신감이 부족한 것이다. 이러한 아동들은 그 언어들을 왔다 갔다 하며 바꾸고, 두 언어의 어휘들을 섞음으로써 효과적으로 의사소통할 수 있을 것이다. 그렇게 낮게 혼합된 우위를 가진 아동들이 필수적으로 언어장애를 가지게 되는 것은 아니다. 언어장애 아동들은 보상 전략으로 언어를 섞지만, 그것이 잘 되지 않을 것이다. 반면 언어장애가 없는 아동들은 환경적 영향의 결과로 언어를 섞으며, 아마 상대적으로 그것을 쉽게 할 것이다. 우리가 평가에 대해 논의할 때 이 장 이후에 나오는 Baker(2000)의 이중 언어 사용 가족 개요는 이중 언어 사용 가족과 그러한 가정의 아동들을 더 잘 이해하기 위한 유용한 지침을 제공한다.

많은 요인들이 제2 언어 학습의 절차와 결과에 영향을 미친다. 아동에게 있어 모델 환경은 태어날 때부터 최적의 언어 학습 경험과 환경(optional language-learning experience and environment, OLLEE)을 가지고 두 가지 언어를 학습하는 것이다(Cheng, 2009). 아동의 환경을 만드는 경험들은 OLLEE의 중요한 부분이다. 이러한 아동들은 그들의 친구, 다른 성인들, 그리고 라디오와 텔레비전의 화자들뿐만 아니라 자신들의 부모 모두가 사용하는 두 개의 언어를 들을 것이다. 그 아동들은 학교에서 그리고 교외에서 스포츠 팀 그리고 동호회와 같은 모든 다른 사회적 경험들에서 두 언어 모두를 말하고 읽고 쓸 수 있을 것이다. 물론 그러한 환경은 심지어 언어적으로 다양한 국가에서라 할지라도 존재하지 않는다.

이중 언어 습득은 우리가 설명해 온 모델 환경에서의 모든 변수들의 영향을 받는다. 예를 들어, 한 아이가 독일 대학 교수의 딸로 태어난다. 아버지는 영어를 말하지만, 그는 그것을 집에서 잘 사용하지 않는다. 소녀가 네 살이 되었을 때, 아버지는 미국 대학의 지위를 받아들이고 그 가족이 이사를 한다. 소녀는 미국 친구들과 그들의 가족을 통해, 텔레비전을 통해, 이제 집에서 딸에게 영어로 말하기 시작한 소녀의 아버지를 통해 영어에 노출된다. 어머니는 영어에 관한 지식에 한계를 가지고 있어서, 딸과 남편과는 주로 독일어로 대화한다. 이러한 시나리오에서는 소녀의 언어 학습은 (1) 소녀가 독일어와 영어에 처음 노출되었던 나이, (2) 소녀의 아버지가 사용한 언어의 변화, (3) 소녀의 어머니와 아버지가 사용하는 언어의 차이, (4) 소녀의 미국 친구들과 선생님들이 사용하는 언어에 의해 영향을 받는다. 그 소녀는 독일어와 영어를 동시가 아닌 순차적으로 학습했기 때문에, 그녀는 두 언어를 섞어서 사용하기 어려울 것이다. 그녀가 독일어나 영어로 항목들에 이름을 붙이는 것의 속도와 정확성에서는 아마 차이가 있을 것이다(Kohnert, Bates, & Hernandez, 1999). 네 살이 지나면, 소녀는 부모들의 언어 능력의 차이를 알 것이다. 소녀는 소녀의 어머니가 독일어를 사용할 것으로 기대할 뿐만 아니라, 만약 소녀의 어머니가 소녀에게 영어를 사용하려 시도하는 것을 반대할지도 모른다(Volterra & Taeschner, 1978). 반면에, 소녀와 그 아버지는 독일어와 영어 간 언어 체계 정의에 있어 정교한 체계를 발달시킬 것이다(Juan-Garau & Perez-Vidal, 2001). 예를 들어, 그들은 애정을 담아 말할 때는 독일어를 사용하고, 교육적인 목적을 위해서는 영어로 바꾸어 말할 수도 있다. 소녀가 어떤 방식으로 저항하거나 반항하지 않는다면 훈육은 영어로 이루어질 것이다. 그런 경우에, 아버지는 그의 결정을 강조하기 위해 독일어로 바꾸어 말할지도 모른다.

동시에 두 개의 언어를 학습한 아동들은 학령기 전에 선별 과정을 경험하는 것으로 나타난다. 이러한 선별은 최근 몇십 년간 논란의 주제가 되어 왔다(De Houwer, 1995). '단독 체계' 또는 '결합' 가설 아래, 아동들은 두 언어의 어휘와 문법적 특성을 섞는 체계를 가진 시작 단계와 두 언어를 확실히 구분하는 체계를 가지는 마지막 단계까지 세 단계를 지나도록 되어 있다(Volterra & Taeschner, 1978). 결합 가설은 2개 국어를 사용하는 아동이 임시로 두 개의 언어에서 어휘들을 섞는 발달 단계, 또는 조금 더 이후의 단계에서 두 언어의 문법 체계를 섞는 언어 혼합(code mixing) 현상에 주목한다. 예를 들어, 스페인어와 영어를 학습하는 아동은 명사와 형용사의 순서를 바꾸어서, 두 언어 모두에서 비문법적이거나 사용하지 않는 문장들을 만들어 낸다(예를 들면, "It's a clown silly" 또는 "Es un tonto payaso").

임상적으로, 그러한 언어 혼합이 혼란스러운 언어 학습 단계를 나타낸다는 걱정이 있어 왔다. 그러므로 언어병리학자와 다른 이들은 때로 단독 언어 입력이 아동을 제한하기 가장 좋다고 언어 습득이 느린 2개 국어를 사용하는 아동의 부모들에게 충고했다(De Houwer, 1999). 그러나 최근의 연구는 이중 언어 사용 아동들이 발달 과정에서 그들의 언어를 매우 일찍 구분할 수 있으며 언어 혼합은 다른 언어적 영향에 대한 적응이라고 주장한다. 특히, 대부분의 언어 혼합이 한 언어에서의 문법적 차이, 언어 전이에서 화용적 능력을 발달하기 위한 아동의 불완전한 시도, 또는 아동이 두 개의 언어에 노출되는 문화의 특정 측면들의 중요성의 결과로 설명될 수 있다는 증거가 있다(Brice & Anderson, 1999; Koeppe, 1996; Nicoladis & Secco, 2000; Peña, Bedore, & Zlatic-Giunta, 2002). 예를 들어, 아동들은 가정에서 '기저귀'라는 단어에 노출되지 않았기 때문에, 기저귀를 '아기용 냅킨'이라고 부를 것이다.

4. 언어적-문화적으로 다양한 아동의 언어적 특징

때로는 언어적-문화적으로 다양한 아동을 한 집단으로 고려하는 것이 편리함에도 불구하고, 다양한 민족 인구들 사이에는 중요한 언어적이고 문화적인 차이들이 있다. 언어와 문화에 대한 분석은 세부사항의 연속으로 이루어질 수 있다. 넓은 수준에서, 우리는 미국에서의 네 개의 주요 민족들을 확인할 수 있다. 즉, 아프리카계 미국인, 히스패닉계 미국인, 아시아계 미국인, 북아메리카 원주민이다. 이 집단들을 합치면 2015년까지 미국 인구의 약 34%에 이를 것으로 기대되며(U.S. Bureau of the Census, 2000), 우리가 일찍이 주목했듯, 2050년까지는 50%에 이를 것으로 기대된다. 더 섬세한 수준의 분석에서, 모든 주요 민족 집단이 종종 언어와 문화적으로 서로 매우 다른 많은 하위 집단들로 구성될 수 있다. 그러므로 우리는 다음의 항목들 사이에서 구분할 수 있다.

- 미국 각 지역에 살고 있는 아프리카계 미국인들. 그중 몇몇은 이전의 노예들의 후손이고, 몇몇은 최근 카리브해 섬들에서 이주해 온 사람들이며, 몇몇은 아프리카에서 온 난민들이다.
- 쿠바, 멕시코, 엘살바도르, 푸에르토리코, 스페인에서 온 히스패닉계 미국인들.
- 다른 지역(한국 · 중국 · 일본 등의 동아시아, 베트남 · 캄푸치아 · 라오스 · 태국 · 말레이시아 · 싱가포르 · 인도네시아 등의 동남아시아, 인도 · 스리랑카 · 파키스탄 · 부탄 · 네팔 등의 남아시아, 필리핀 · 뉴질랜드 · 오스트레일리아를 포함하는 다른 태평양 섬들)의 다른 국가들에서 이주해 온 아시아계 미국인들. 태평양 섬들은 일반적으로 세 집단, 즉 폴리네시아(하와이, 타히티 등), 멜라네시아, 미크로네시아(괌, 사이판 등)로 나뉜다.

- ❖ 다른 부족 혈통을 가진 북아메리카 원주민들(아라파호족, 나바호족, 호피족, 쿠메야이족).

각 하위 집단에 대한 상세한 지식은 특정 교육적 상황에서 중요할 것이다. 그러나 이 장의 목표를 위해, 우리는 단지 이 네 개의 집단 사이에 존재하는 폭넓은 언어적 · 문화적 차이에 대해 조사한다.

1) 히스패닉계 미국 아동

히스패닉계 미국인이자 이중 언어 사용자이자 두 문화 속에서 자란 아동이 사용하는 영어에서 주된 요소는 스페인어이다. 독특한 방언이 스페인어의 음운론, 문법, 그리고 어휘 차용의 결과로 형성되었다.

스페인어의 영향을 받은 영어의 다양성. 영어와 마찬가지로 스페인어는 비표준어 형태들뿐만 아니라 많은 국가적 표준 형태들을 가진다. 멕시코, 푸에르토리코, 그리고 쿠바 출신의 사람들은 미국의 히스패닉계 인구에서 지배적인 집단을 형성한다. 결과적으로, 스페인어의 그러한 국가적 다양성은 가장 영향력이 크다. 그러나 최근 두 번의 인구 조사는 중부와 남부 미국 이민자들의 상당한 증가를 보여 주었고, 그래서 엘살바도르, 과테말라, 콜롬비아, 그리고 온두라스 출신의 집단들이 이제 더 많은 수를 차지하고, 방언 학습에 있어 더 큰 영향을 끼칠 것이다(Guzman, 2001). 확실히, 스페인어의 많은 변형들이 미국에서 사용되고 있고, 그것은 아동에게 넓은 범위의 영향을 미칠 것이다.

히스패닉계 이중 언어 및 이중 문화 특성의 미국 아동. 여러 변수들이 히스패닉계 미국 아동들 사이에서 각기 다른 언어 개요들을 생산하기 위해 상호작용한다. 첫째로, 그리고 가장 중요한 아동의 영어와 스페인어의 상대적 능숙도는 다음과 같은 요소들에 따라 매우 다양할 수 있다.

- ❖ 아동들이 영어를 소개받은 나이와 동시적이거나 순차적인 습득에서의 효과
- ❖ 부모의 이중 언어 유창성과 다른 중요한 언어 모델들
- ❖ 아동이 살고 있는 환경의 이중 언어 필요조건과 기회

독자들은 아마 표 9.3을 다시 보는 것이 유용할 것이다. 어떤 히스패닉계 미국 아동들은 오직 영어나 오직 스페인어로만 의사소통하는 단일어 사용자일 수도 있다. 확실히, 히스패닉계 민족이며 스페인계 성을 가진 아동들이 스페인어를 반드시 알아야 할 의무가 있는 것은 아니다. 이러한 상황은 제2 세대나 그 이후의 세대들에게서 더 자주 일어날 것이다. 문화적 전통 때문에 아동들은 상당한 수의 스페인 단어들과 숙어들을 알 것이지만, 그들은 기능적으로는 단일 언어 사용자이다. 반면에, 최근에 미국에 도착했거나 유대가 긴밀한 히

스패닉계 미국 공동체에서 자란 아동들은 오직 스페인어만을 사용할 것이다. 단일 언어 사용자인 다른 아동들과 마찬가지로, 그들은 몇몇 영어 단어들을 습득할 수 있지만, 그들은 영어에서는 불완전하다.

히스패닉계 미국 아동들의 언어 개요에 영향을 미치는 또 다른 변수는 그들이 노출되는 방언(들)이다. 한 아동은 스페인어의 푸에르토리코식 표준 형태와 영어의 AAVE 비표준 형태를 배웠을 수도 있다. 또 다른 아동은 SAE와 멕시코식 스페인어의 비표준 형태를 결합할 수도 있다. 조합들에 대한 가능성은 잠재적으로 스페인어와 영어 변형들의 수만큼이나 많다. 그러나 사실상, 흔한 결합들은 미국으로의 이주와 정착 패턴들에 의해 결정될지도 모른다.

히스패닉 미국 아동들의 화용적 언어 개요들의 개인적 변형은 가족의 기대, 민족적 자부심, 그리고 문화적 믿음들과 같은 변수들에 의해 크게 영향을 받을 것이다(Brice, 2001; Brice & Anderson, 1999; Salas-Provance, Erickson, & Reed, 2002). 우리는 미국에서의 히스패닉계 공동체가 이제 꽤 다양하며, 이것이 점차적으로 '히스패닉 문화' 또는 '히스패닉 가치 체계'를 일반화하는 것을 어렵게 만들고 있는 것에 주목했다. 그러나 히스패닉계 미국 아동들이 종종 백인 중산층 아동과 다른 화용적 의사소통 행동들을 보인다고 말하는 것은 정당하다. 예를 들어, 그들은 성인과의 대화에서 주제를 확장하는 것—요구된 것보다 더 많은 정보를 제공하는 것—에 대해 더 꺼리는 모습을 보일 것이다(Pajewski & Enriquez, 1996). 대부분의 백인들 가운데 창조성과 사회적 능력의 표시로서 가치 있게 여겨지는 대화 확장은 어떤 히스패닉계 미국인 단체에서는 무례한 것으로 여겨질 수 있다.

음운적 차이들. 스페인어는 미국식 영어보다 약 18개 대 24개 정도로 약간 더 적은 자음들을 가진다. 표 9.4는 세 집단에 관해 두 개의 자음 체계들을 비교하고 있다. 동등하게 또는 매우 비슷하게 생산되는 몇 가지 소리들이 있다. 이러한 소리들의 발음은 영어의 이중 언어 사용자나 제2 언어 학습자들에게 작은 어려움을 준다. 오직 영어에서만 발생하는 더 작은 소리들의 집단이 있다. 스페인어 화자들은 일반적으로 음운적으로 비슷한 스페인어 소리로 대체할 것이다. 예를 들어, /s/ 또는 /t/가 'th'를 대신할 것이고, /z/는 /s/로, 'sh'는 'ch'로 대체될 것이다. 표에서 세 번째 집단에서의 소리들은 때때로 또는 항상 영어보다 스페인어에서 어렵게 생산되는 것이다. 영어 원어민 화자의 귀를 위해, 이러한 자음들은 스페인어 원어민 화자들이 영어 단어를 발음할 때 약간 왜곡된다.

스페인어의 모음 체계 또한 12개와 비교했을 때 5개로, 영어보다 더 적은 소리들을 가진다. 표 9.5는 그 차이의 요점들을 요약하고 있다. 모든 스페인어 모음들과 이중모음들은 영어에도 존재하지만, 영어에는 독특한 7개의 모음들이 있다. 스페인어 화자들은 이것들을 음운적으로 비슷한 영어 모음들로 대체하는 경향이 있는데, 예를 들면 /ɪ/를 /i/로, /ʌ/는 /a/로 대체한다.

표 9.4 스페인어와 영어의 자음

1. 자음 발음: f, s, h, m, n, l, w, j, 'ng'	
2. 스페인어에서 존재하지 않는 영어 자음: z, 'sh', 'zh'(아르헨티나에서는 수용)	
3. 자음 발음 차이	스페인어 발음의 설명
b, v	영어에서 존재하지 않는 양순마찰음과 같은 음 발음
p, k, 'ch'	기식음 없이 산출
t, d	치경폐쇄음보다 오히려 치경음처럼 산출. 모음 사이에 위치한 /d/는 치간마찰음 /ð/와 같이 산출
g	*tango*처럼 /n/을 따를 때 /g/처럼 발음. 그 외에는 영어에서 존재하지 않는 연구개음 마찰음처럼 산출
r	음성 문맥에 위치한 치경전동음 또는 flap과 같은 둘 중 하나 산출

출처: Barlow(2005); Butt와 Benjamin(2000); Goldstein(2001); Levey(2004).

표 9.5 스페인어와 영어의 모음과 이중모음

모음 발성: a, e, i, o, u(영어에서는 연장하지 않는다)
이중모음 발성: aɪ, aʊ, iu, oɪ
스페인어에 존재하지 않는 영어 모음과 이중모음: ɪ, ɛ, æ, ʌ, ə, ɔ, ʊ, oʊ

출처: Barlow(2005); Butt와 Benjamin(2000); Goldstein(2001); Levey(2004).

두 언어에서 모음 산출에 대한 또 다른 주요한 영향은 운율학적 특징에서의 차이이다. 영어에서는 모음의 길이가 강세 음절에서 발생하는지, 비강세 음절에서 발생하는지에 따라 다양하다. 그러므로 *elephant*라는 단어에서, 첫 번째 강세 음절의 모음은 /ɛ/이다. 두 번째 비강세 음절의 모음은 /ə/이다. 스페인어에서는 모음의 길이가 거의 변함이 없다. 그러므로 *elefante*라는 단어에서 첫 번째 두 번째, 그리고 네 번째 음절의 모음들은 모두 /ɛ/이다. 스페인어 원어민 화자들은 그들이 영어를 말할 때 동등한 모음 길이를 사용하는 습관을 유지하는 자연스러운 경향이 있다. 이 습관은 일찍이 언급했던 모음 대체 현상과 같이, *president*를 /presiden/으로, *telephone*을 /telefon/으로, 그리고 *mechanic*을 /mekani/로 발음하는 것과 같은 것을 산출한다.

그러므로 우리가 이제까지 설명해 온 차이들은 영어와 스페인어의 음운적 특징들 사이에 있다. 즉, 그것은 소리가 발생되고, 그것들이 발생되는 방법에서의 차이점들인 것이다. 또한 이중 언어 사용 아동의 발음에 영향을 미칠 수 있는 음운적 차이들도 많이 있다. 가장 중요한 것들 중 몇몇은 다음과 같다.

❖ 마찰음 /ð/는 스페인어에서는 오직 모음 사이에서만 발생한다. 그러므로 영어를 말할

때, 일반적으로 모음 이전(예를 들면 *this*)이나 모음 이후(예를 들면 *smooth*)의 위치에서 /d/로 대체된다.

- 스페인어의 몇몇 방언들(예를 들면 쿠바어)에서, /s/는 모음 이전에 오면 생략된다.
- /sp/, /st/와 /sk/와 같은 첫 번째 음에서 /s/를 포함하는 자음 클러스트들은 스페인어에서는 단어 첫 번째 위치에서 발생하지 않는다. 결과적으로 원어민들은 클러스트 전에 모음을 삽입하는 음운 규칙을 준수한다. 예를 들어 *school*을 /eskul/로 발음한다.
- /ps/, /ts/와 /ks/와 같은 마지막 음에서 /s/를 포함하는 자음 클러스트들은 스페인어에서는 단어 마지막 위치에서 발생하지 않는다. 예를 들면 *box*를 /ßak/로, 또는 *coats*를 /kot/로 발음하는 것과 같이 영어 단어에서 보통 제거된다.
- 스페인어에서 단어 마지막에 오는 음절들은 오직 /s, n, r, l, d/뿐이다. 모든 다른 단어들은 모음에서 끝난다. 그러므로 이 경향은 특히 영어와 스페인 단어가 어원이 같은 말일 때, 자음을 제거하거나(예를 들면 *can't*를 /kæn/으로 발음) 단어 끝에 모음을 첨가(예를 들면 *fruit*를 /fruta/로 발음)한다.

이러한 것들은 주로 발음에 있어 일관성이 없다고 보이는 것으로 이해하기 위한 중요 요인을 가지기 때문에, 이와 같은 음운적 차이들을 아는 것은 중요하다. 예를 들면, 히스패닉계 미국 아동은 단어 *feather* /feðo/, *sunny* /soni/, 그리고 *mustard* /mostod/와 같은 단어들의 자음들을 정확하게 발음할 것이지만, *those* /do/, *lettuce* /leto/, 그리고 *stove* /estó/와 같은 단어들에서는 같은 소리를 내는 것에 어려움을 겪을 것이다. 또한 스페인어의 다른 방언들이 발음에 별도로 영향을 미칠 수 있으며, 이것 역시 아동의 음운적 특징을 이해하는 데 있어 중요한 것이 될 수 있다는 것을 기억하는 것이 중요하다(Goldstein & Iglesias, 2001).

문법적 차이들. 영어와 스페인어 문법을 비교하는 것은 많은 특징들 때문에, 음운 체계를 비교하는 것보다 상당히 더 복잡하다. 많은 차이점들은 오직 성인의 언어와 관련이 있으며 아동의 문법 학습에 대한 우리의 논의에 관련시킬 필요는 없다. 아동에게 있어 가장 적절한 차이들 중 몇 가지는 다음과 같다.

- 명사구에서 형용사들의 위치는 스페인어에서 더욱 유연하다. 형용사가 앞서고 명사가 따라온다고 결정한 법칙은 형식화되기 어렵다(Butt & Benjamin, 2000). 그러나 스페인어에서는 이중 언어 사용 아동으로 하여금 영어에서도 형용사가 뒤에 오는 구조를 더 쉽게 사용하도록 만든다(예를 들면 *green car* 대신에 *car green*을 사용하는 것).
- 거의 모든 스페인어의 형용사들은 관사나 지시대명사 앞에 오면 명사로서의 기능을 할 수 있다. 영어는 같은 의미를 표현하기 위해 부정대명사를 사용한다. 예를 들면 *los rojos*(문자 그대로, *the reds*)는 영어에서 *the red ones*와 같은 의미를 가진다.

- 부정관사는 특정 연결 동사의 사용 다음에, 특정 흔한 동사(*have*, *buy*, *take*, *look for*, *wear*) 다음에, 특정 전치사 다음에는 생략된다.
- 신체, 옷, 또는 다른 개인적 소유물의 부분을 말할 때, 소유대명사는 정관사로 대체된다. 예를 들면, "Me quité los calcetines"는 문자 그대로 "나는 (예를 들면, '내') 양말을 벗었다"로 해석된다.
- 스페인어는 평서문을 의문문으로 바꾸기 위해("He did it" → "Did he do it?") 또는 평서문을 부정 명령문으로 바꾸기 위해("Do it!" → "Don't do it!") 조동사 *do*를 필요로 하지 않는다. 의문문들은 대신 올라가는 억양으로 나타내며, 부정 명령문은 문장 처음에 *no*를 삽입하여 나타낸다.
- 복수는 영어에서보다 스페인어에서 더 많이 나타난다. 예를 들면, "Han llegado los dos niños colombianos"/"The two Colombian boys have arrived"(두 명의 콜롬비아 소년들이 도착했다)라는 문장에서, 조동사, 관사, 수사, 명사, 그리고 형용사에서 복수가 5번 사용된다. 그러한 불필요한 중복은 스페인어 화자들이 빠지는 정보 없이, 몇몇 표시들을 생략 가능하게 한다. 복수 표시 생략은 특히 모음 뒤에 /s/를 제거하는 방언들에서 흔히 나타난다(Igleslas & Anderson, 1993).
- 부정사는 부정문의 모든 구성성분들에 표시된다. 예를 들면, "Nunca veía a nadie en ninguna de las habitaciones"는 문자 그대로 "I never saw nobody in none of the rooms."(나는 어떤 방에서도 아무도 없는 것을 보지 못했다)로 해석한다. *No*는 동사구의 모든 부정을 나타내기 위해 사용되는데, 예를 들면 "No puedo"("I can't") 또는 "No está aquí"("He isn't here")이다. *not*에 상당하는 것은 없다.

스페인어의 영향을 받은 영어의 특성. 스페인어의 영향을 받은 영어의 특징을 파악하고 이해하기 위한 기초적인 틀은 두 개의 언어와 둘 사이의 차이점에 대한 지식이다. 그러나 우리는 언어 간 상호작용이 스페인어와 영어 내의 방언적 변형들에 영향을 받는다는 것을 상기해야 한다. 게다가, 스페인어로부터의 방해가 히스패닉계 미국 아동들의 영어 학습에 오류를 일으키는 주된 원인이라고 하기에는 불확실하다. 이중 언어 학습에 관한 최근의 연구는 문법적 유형들이 특수 언어 방식에 사용된다고 주장한다(De Houwer, 1995). 즉, 아동은 그들이 학습하고 있는 다른 언어들과 관련 있는 통사적 규칙과 형태들을 계속해서 분리시키는 경향이 있다는 것이다.

간섭 효과들은 스페인어의 영향을 받은 영어의 음운적 특징들을 설명할 때 더 강하게 나타난다. 표 9.6은 히스패닉계 미국 아동에게서 관찰될 수 있는 문법적·음운적 방해 오류들의 예시를 제공하고 있다. 그러한 오류들의 빈도와 일관성은 아동이 두 개의 언어 능력의 균형 정도뿐만 아니라 영어를 학습하기 시작한 시기와 방법에 따라 다양해지기 쉽다.

표 9.6 스페인어의 영향을 받은 영어의 음운과 문법 방해 오류

예	오류	설명
She /ʧ i/ no can help	* /ʃ/ 'sh'에 대해 /ʧ/ 'ch'의 대치 * 동사구에서 부정적, 부적절	* /ʃ/ 'sh'는 스페인어에서 사용하지 않는다. * /ʧ/ 'ch'는 가장 가까운 형태이다. 동사구의 부정적 형태와 항상 수정된 동사 앞에 없다.
I want /wan/ *the* /di/ *big*	* 클러스터 /nt/ → /n/으로 축소 * /ð/를 /d/로 대치 * 부정대명사의 삭제	* 스페인어 단어는 /t/로 끝나지 않는다. 이 규칙을 준수하기 위해 클러스트는 축소된다. * /ð/는 단어 첫 번째 위치에서 사용되지 않는다. /d/는 가장 가까운 형태이다. * '관사 + 형용사'는 영어 구문 '관사 + 형용사 + one'의 스페인어와 동일하다.
He wearing /werin/ *shirt* /tʃut/, *no?*	* /r/에 대한 단전음(flap)의 대치, 'ng'에 대한 /n/의 대체, 'sh'에 대한 'ch'의 대체 * 조동사의 생략 * 부정관사의 생략 * 부가의문문에서 억양 증가와 *no*의 사용	* 스페인어로 존재하지 않거나 특정 음성 맥락에서 허용되지 않는 음은 가까운 형태로 대체된다. * 미숙한 동사 형태(오류 간섭 없음) * 동사 *wear* 다음에 부정관사를 사용하지 않는다. * '*no* + 억양 증가'는 청자에게 동의를 구할 때의 스페인어 태그 양식이다.

2) 아프리카계 미국 아동

많은 아프리카계 미국 아동들은 미국식 영어의 비표준 방언을 학습한다. 일찍이 이 방언은 주로 흑인 영어 또는 에보닉스(Ebonics, Ebony Phonics)로 설명되었다. 그러나 이러한 용어들은 방언이 모든 아프리카계 미국인들에 의해 사용된다는 것을 내포하고 있었지만, 그것은 사실이 아니다. 결과적으로, 대체 용어는 흑인 영어 방언(토착어)이 되었고, 그러고 나서 더 최근에는 특정 언어 공동체의 방언이지만 인종 전체의 방언이 아님을 강조하기 위해 'AAVE'가 되었다. 사회언어적 연구들은 대부분의 아프리카계 미국인들이 AAVE를 사용하지만, 그 사용의 정도는 사회경제적 집단에 따라 다양하다고 주장한다. 하위 사회경제적 집단의 아프리카계 미국인들은 AAVE의 언어적 특징들을 사용할 가능성이 더 높다. 반면 상위와 중산층의 사회경제적 집단의 사람들은 그 특징들을 더 적게 사용하는 경향이 있다(Wolfram & Schilling-Estes, 1998). AAVE가 사회적으로 층을 이루고 있지만, 그 사용이 반드시 화자의 사회적 배경이나 교육 면에서의 차이를 나타내는 것은 아니다. 그러나 그 방언이 SAE 화자들이 이해하기에는 어렵기 때문에, 심지어 전문가인 청자들마저도 언어 특

징들만으로 지능에 대한 인상을 형성하는 실수를 범할 수 있다(Bleile, McGowan, & Bernthal, 1997).

역사적 문제들. AAVE의 기원은 오래전부터 논란이 되어 온 주제이다. 언어는 민족 정체성의 주된 자료이며, 한 언어의 기원이나 방언은 학문적 연구 주제뿐만 아니라 민족적 자부심의 문제가 될 수 있다. 일찍이 AAVE에 대한 한 관점은 그것이 단순히 제한된 한 언어, 즉 의미 해석을 위해, 다른 것들 가운데 통사와 문맥에의 의존을 제거한다는 특징을 가진 하위 사회 계층에 의해 사용되는 언어의 한 변형일 뿐이라는 것이었다(Crystal, 1997). 하위 사회 계층 사이에서의 제한된 언어 문제가 계속해서 논란이 됨에도 불구하고, AAVE에 대한 이 의견을 포기했다.

학자들은 AAVE가 미국 남부의 노예 공동체 사이에 그 기원을 두고, 아프리카계 미국인들이 북부의 중심 도시 지역으로 이주하면서 퍼졌다는 데에 동의한다. 그러나 그 방언이 처음에 어떻게 노예들 사이에서 생겨났는지에 대해서는 의견이 일치하지 않는다. 예를 들어, AAVE의 어떤 언어적 특징들은 남부 미국 역사 초기에 사용된 영국 방언들에서도 발견된다. 가장 지지를 받고 있으며 가장 넓게 받아들여지는 관점은 AAVE가 아프리카에서 피진어(pidgin), 또는 유럽인들과 아프리카인들 사이의 무역을 가능하게 하기 위해 사용되었던, 매우 제한된 무역어에서 시작했다는 것이다. 1600년 동안 노예무역이 발달했을 때, 이 피진어가 미국 남동부에 아프리카인들과 함께 나타났다. 그것은 점차적으로 그 자신만의 언어를 형성하기 위해 영어와 합병했고, 이는 체계적이고 정교한 문법과 어휘를 가진 **크리올어**(creole language)로도 알려져 있다(Rickford, 1998). 이 크리올어는 점점 우리가 오늘날 AAVE로 인식하는 것으로 발달했다. 역사 연구에서 분명한 것은 AAVE가 영어의 체계적이고 규칙이 있는 한 가지 변형이며, 언어학자들에게 잘 알려진 절차들을 통해 발달했다는 것이다. 그러므로 미국 표준 영어(SAE)와 관련이 있지만 자신만의 공식적이고 기능적인 특징들을 많이 가지고 있는 독자적인 언어 체계로서 AAVE를 보아야 할 것이다.

AAVE의 특징. AAVE는 각 언어 구조 면에서, 즉 화용론, 의미론, 음운론, 문법에서 SAE와 대조할 수 있다. 그러나 대부분의 아프리카계 미국인들과의 이러한 비교들에 대해 넓게 일반화하는 것에 대한 주의는 타당하다. *The ASHA Leader*(Saad & Polovoy, 2009)의 한 인터뷰에서, 언어병리학과 CLD와 관련된 문제들에 관해 선두주자인 Ida Stockman은 동질 집단을 만든다는 아프리카계 미국인들의 과거의 관점들은 "우리는 어떻게 방언의 사용이 사회적 계층, 성별, 지리적 위치와 다른 요소들로 다양해지는지 잘 알지 못한다."라는 것을 의미했다(p. 24). 그녀는 "정상이란 확실한 것이 아닌 상대적인 것"이라고 덧붙였다(p. 24). 넓은 일반화에 대한 주의는 정당한 반면, 가능한 비교들을 아는 것은 AAVE의 특징들을 사용할지 모르는 아동들을 효과적으로 연구 대상으로 삼는 것에 있어 중요하다. 예를 들어, AAVE 화자들의 상호작용은 매우 적극적이고, 심지어는 지나치게 노골적일 수 있

표 9.7 AAVE의 음운적 특징

음운적 변화	예
선행 모음의 비음화와 단어의 종성에서 비음의 삭제	comb → co/ko(모음 비음화) man → ma/məɛ/(모음 비음화)
반모음 /r/과 /l/의 삭제	store → sto/sto/ fool → foo/fu/ help → hep/hɛp/
종성 폐쇄음의 무성화와 약화	hat → ha/hæ/ mad → mat/mæt/ 또는 ma/mæ/ big → bid/bɪd/ 또는 bi/bɪ/
단어의 종성에서 자음 클러스터 단순화	last → lass/læs/ soft → sof/sɔf/
/θ/ 단어의 종성: 단어의 중성에서 /v/ð/의 대치	tooth → toof/tuf/ brother → brover/brʌvə/
단어의 초성에서 치간 마찰음에 대한 폐쇄의 대치	that → dat/dæt/ thin → tɪn/tɪn/

출처: Craig, Thompson, Washington과 Potter(2003); Day-Vines 등(2009); Pollock(2001).

는 SAE 화자들에게 나타날 것이다. 크게 말하기, 공공 논쟁에 열을 올리기, 그리고 빈번하게 대화 상대방의 말을 방해하는 것들은 AAVE에서는 허용 가능한 화용적 행동들로 생각된다. 반면, SAE 화자들이 허용할 수 있다고 생각하거나 또는 단지 작은 무례일 뿐이라고 생각하는 어떤 행동들은 AAVE 화자들에게는 참을 수 없는 것이 된다. 새로운 지인에게 개인적인 질문들을 하는 것 또는 대화에 끼어들려고 하는 것이 그 예이다(Taylor, 1990). 그러므로 둘 중 어떤 방언도 다른 것보다 더 정중하다고 생각해서는 안 된다.

AAVE는 속어 발달을 위한 비옥한 땅, 특히 도심의 인구들 사이에 있었다. 이 사실은 속어의 가장 일관된 기능이 사회적 또는 언어적 정체성을 표시하기 위한 것이기 때문에 놀랍지 않다(Crystal, 1997). 형용사 *cool*, 동사 *diss*, 명사 *props*와 같은 AAVE에서 만들어진 몇몇 속어들은 SAE로 바뀌거나 그 일부가 되었다. 다른 단어들과 관용구들은 여전히 AAVE에 독특하게 남아 있으며, 그 방언을 모르는 사람들에게는 이해할 수 없는 것이다(Smitherman, 2000).

자음과 모음에 영향을 미치는 AAVE의 주요 음운적 특성들은 표 9.7에 요약되어 있다. 다른 음운적 차이점들은 더 긴 모음 연장, 다양한 억양과 같은 AAVE의 운율 체계에 존재한다(Hyter, 1998). 일찍이 나타냈듯이, 이러한 특성들은 전체적으로 봤을 때는 그 방언의 특징들이지만, 개인적인 화자들에게 있어서는 그 정도가 다양하게 나타난다. 약한 음절 삭제와 마지막 자음 축소와 같은 AAVE 음운학에서 흔한 특징들은 또한 다른 민족 집단들이 사용하는 다른 영어 방언들에서도 나타난다(Pollock, 2001). 또한 AAVE와 어린 아동들에게 흔하게 나타나는 음운적 특징들 사이에는, 그 아동들이 표준 영어를 배우는지, 비표준

표 9.8 AAVE의 문법적 특징

문법적 변화	예
인접 명사를 가진 소유격 표지의 삭제	That Bobby bike(=Bobby' bike).
수를 계량화로 사용될 때 복수형 표지의 삭제	I got two card.
간접 질문의 형성 차이	I asked him did he know her name.
3인칭 단수 현재시제에서 종성에 -s가 없다.	That dog bark all the time.
문장의 시작 시 조동사는 이중 부정문 참여의 사용	Can't nobody fix that thing.
습관적 행동 표지의 사용	I be goin' to school every day.
연결 동사 사용은 의무적이지 않다.	He mad. My brother real big.

출처: Day-Vines 등(2009); Nelson(1998); Nelson과 Hyter(1990); Wolfram과 Schilling-Estes(1998).

영어를 배우는지와 관계없이 공통점이 있다(Bleile & Wallach, 1992; Seymour & Seymour, 1981). 그러므로 AAVE와 SAE 화자들의 음운 체계들이 아동기 이후까지 완전히 달라지지는 않을 것이다.

표 9.8은 AAVE 문법의 주요 특징들 중 몇 가지를 보여 준다. SAE에서는 의무적인 몇몇 문법적 표지들이 AAVE에서는 불필요한 문맥에 있을 때 삭제된다. 예를 들어, 소유명사 표지는 "That be Rhonda purse(그건 론다의 지갑이다)."라는 문장에서는 없을 것이지만, "That be Rhonda's(그것은 론다의 것이다)."라는 문장에서는 존재할 것이다. 상호작용들은 AAVE의 음운적 특징들과 문법적 특징들 사이에서 발생할 수 있다(Stockman, 1996a). 예를 들어, *desk*의 단수형은 AAVE에서 /dɛs/로 발음될 것이다. 그러나 복수형을 만들고 클러스터를 피하기 위해서는, AAVE 화자들은 앞에 수량사가 오지 않는다면 /dɛsəz/라고 발음할 것이다. 만약 그런 경우에는 복수형 표지가 생략될 것이다. "My school got a hundred desk /dɛs/." 그러므로 SAE로부터 나온 방언의 변형들은 일관적이며 논리적이다.

3) 아시아계 미국 아동

아시아계 미국인들은 미국에서 문화적으로나 언어적으로 가장 다양한 주요 민족 집단이다. 국적이 아시아계라는 범주에 포함되어야 한다는 의견이 불일치하다. 왜냐하면 이 용어가 인종의 하위 유형인지, 지형적 영역인지, 아니면 언어적 분류들을 말하는 것인지 분명하지 않기 때문이다. 우리 목적을 위해서, 우리는 이것을 언어의 특정 집단으로 나타낼 것이다.

아시아 언어의 다양성. 언어 분류는 확실한 해결책이 없는 어떤 문제들을 일으킨다. 언어들은 보통 그 구조적 특성(문법, 어휘, 음운)과 역사적 기원의 면에서 비교된다. 그러나 다른 구조적 수준들에 두는 가중치는 전적으로 임의적인 것이다. 그러므로 문법적으로

표 9.9 아시아계 이민들 사이에서 광범위하게 사용되는 언어와 그 음운 특징

언어(들)	사용 지역	대조적 음운 특징(들)
일본어	일본	유일한 5개 모음들, 대조되는 모음길이, 단어 종성 자음이 없다.
한국어	북한과 남한, 중국, 일본, 러시아의 일부	대조 모음 길이
몬크메르 어족		
크메르어	캄보디아	자음 클러스터의 큰 레퍼토리
베트남어	캄보디아 라오스, 베트남	유일한 6개 종성 자음, 필수 단음절, 자음 클러스터가 없다, 어조 언어
중국-티베트 어족		
중국어(광둥어와 표준 중국어)	중국	어조 언어, 자음 클러스터가 없다, 필수 단음절, 소수의 종성 자음
몽어(먀오어)	라오스 북부, 태국, 베트남	어조 언어, 유일한 단어 초성 자음 클러스터, 유일한 종성 자음
타이 어족		
라오어	라오스, 태국	어조 언어, 필수 단음절

출처: Cheng(1987b); Crystal(1997); Hirata, Whitehurst와 Cullings(2007); Hwa-Froelich 등(2002); Mattock과 Burnham(2006); Mugitani 등(2009); Trueba, Cheng과 Ima(1993).

뚜렷이 다른 두 언어는 심지어 그것들이 많은 음운적 특징들을 공유하고 있을지라도, 다른 가정에서 사용될 수 있다. 역사적 정보는 몇몇 구조적 문제들을 해결하는 것을 도울 수는 있지만, 심지어 여기에도 문제들이 존재한다. 역사적으로 뚜렷이 다른 두 언어는 이주와 정착을 통해, 같은 지역에 와서 살고 있는 민족 집단들에 의해 사용될 수 있다. 예를 들어, 'Pernagan'은 말레이어와 중국어의 혼합어이며, 싱가포르와 말레이시아에서 사용된다. 시간이 흐르면서, 한때는 달랐던 두 언어는 서로 영향을 주고 차용하기 시작할 것이다.

미국에 이주한 사람들이 널리 사용하던 아시아계 언어는 영어와 비교하여 그 언어들의 몇 가지 음운적 특징들과 함께 표 9.9에 나열되어 있다. 표에서 볼 수 있듯, 아시아계 언어들의 음운 구조는 영어와 현저히 다르다. 그 언어들은 더 적은 모음과 자음, 그리고 대체로 단음절로 되어 있으며 적은 자음 클러스터를 가지는 단어 형태와 함께 더 간단한 분절적 구조를 가지는 경향이 있다. 그러나 성조 언어인 중국어, 태국어, 베트남어, 그리고 크메르어와 같은 아시아계 언어의 초분절적 구조는 일반적으로 단어 의미에서의 신호적 차이를 위해 사용되는 성조와 모음 길이에서의 변화로 인해, 영어보다 더 풍부하다. 사실, 성조 패턴들은 몇몇 아시아계 언어와 영어 사이의 언어적 차이점들에 크게 기여하는 것들 사이에서 종종 확인된다.

아시아어의 영향을 받은 영어의 특징. 아시아계 미국 아동들이 사용하는 영어는 그들의 모국어로 인한 간섭 효과를 보일지도 모른다. 이 방해 요인의 정도는 각 아동에게 나타나는 이중 언어 개요에 따라 다르다. 표 9.3이 두 언어를 학습하는 다른 아동들에 의해

표 9.10 중국인과 베트남 화자의 영어에서 음운과 문법적 방해 오류 찾기

예	오류
we go you house /haʊ/ yesterday/jɛtu'de/ (=우리는 어제 당신의 집에 갔다)	* 종성 단어 /s/의 생략(*house*) * 크러스트/st/ → /t/의 축약(*yesterday*) * 부정확한 음절 강세(*yesterday*) * 불규칙적 이전 긴장 방식(*went*)에 대한 무표지 동사 방식의 사용(*go*) * 음운 방식의 대치(*you/your*) * 전치사의 삭제
Him no buy book /bʊ/? (=그는 책을 사지 않았나요?)	* 종성 /k/의 삭제(book) * 관사의 삭제 * 간단한 의문문: 조동사 생략; 올라가는 억양에 의한 질문 표지 * 동사구 확대(*did buy*)에 대해 무표지 동사 방식(*buy*)의 사용 * 대명사 방식의 대치(*him/he*) * 단순 부정: *no*의 사용에 의한 표지
That /dæ/ man two dollar /daral/ me (=그 남자가 나에게 준 2달러 또는 그 남자는 나에게 2달러를 주었다.)	* 종성 /t/의 삭제(*that*) * /ð/ → /d/의 대치(*that*) * 유음 자음 /r/과 /l/의 대치(*dollar*) * 수의 계량화에 의한 복수 표지의 생략(*two dollar*) * 직접, 간접 대상의 반대 순서(*two dollar me*) 또는 전치사의 삭제

출처: Cheng(1987a, 1987b); Hwa-Froelich 등(2002); Jia와 Fuse(2007); Trueba 등(1993).

설명되는 개요들의 범위를 보여 준 것을 상기해 보라. 그 방해 요인의 정확한 본질은 각 아동의 문화, 사회, 교육, 이주, 그리고 언어적 경험에 따라 다를 것이다. 예를 들어, 한 몽족(먀오족) 아동의 언어와 행동은 한국 아동과 작은 유사성을 보일 것이다. 표 9.10은 중국어나 베트남어 원어민 화자에게 일어나기 쉬운 몇 가지 음운적 · 문법적 방해 오류들을 요약하고 있다. 비슷한 오류들은 다른 아시아계 언어들 사이에서도 발견될 수 있다.

언어 유형에서의 차이점들에 더해서, 아시아계 미국 아동들의 화용적 행동은 각기 다를 수 있다. 아시아의 문화적 관습은 일반적으로 어른들을 방해하거나 자기 주장을 하는 것을 막기 때문에, 그들은 다른 미국 아동들과 함께 조사했을 때 수동적인 모습을 보일 수 있다. 그들은 양자 대화에서는 시선 맞춤을 피하는 것처럼 보이지만, 다른 상황들에서는 허물없이 바라본다(Cheng, 1998). 이러한 종류의 화용적 차이들이 미세하며, 또래와의 상호작용을 방해하지 않는 반면, 그것들은 평가 노력들을 방해할 수 있으며 제한된 언어 능력의 조짐으로 잘못 사용될 수 있다. 다른 상황들에서, 화용적 차이, 또는 심지어 언어 특징들마저도 사실은 의사소통장애가 존재할 때, 문화적 그리고(또는) 언어적 차이점으로 잘못 생각할 수도 있다. 아시아 문화는 일반적으로 개인적이기보다는 집단적이다(Cheng, 2007a). 이것은 아동이 대가족이나 씨족의 일원이며, 한 아동의 문제가 단지 그 아동만의 문제가

아닌 그의 가족 전체의 문제임을 뜻한다. Cheng(2007a)은 한국계 미국인 소년이 저지른 버지니아 공대 총기 난사 사건의 비극을 자세히 설명하는 훌륭한 사례 연구를 제시했다. 그는 심각한 의사소통장애와 성격장애를 갖고 있었지만, 그의 질환은 적절히 관리되지 못했고, 그것은 세계를 충격에 빠뜨리는 비극으로 이끌었다.

4) 북아메리카 원주민 아동

약 50만 명의 북아메리카와 알래스카 원주민 학생들은 미국에서 초등학교와 중학교를 다닌다. 이 학생들 중 약 90%가 공립학교에 다니며, 반면 10%는 인디언과 부족들의 사무실에서 제공하고 운영되는 학교에 다닌다. 북아메리카 원주민 학생들의 수가 전체 취학 연령 인구의 1% 이하인데도, 그들은 특수교육 인구의 1.3%에 해당한다(U.S. Department of Education, 2001). 특수교육을 받는 북아메리카 원주민 학생들은 대부분 단순 학습장애, 지적장애, 정서장애, 언어장애를 가지고 있는 것으로 확인된다.

언어 보존. 북아메리카 원주민 아동들의 언어 능력을 논의할 때 고려해야 할 특이 사항은 부족 언어를 보존하기 위해 증가하고 있는 노력들이다. 이 노력들을 둘러싼 문제들은 역사, 언어, 문화, 그리고 정책의 복잡한 혼합물이다. 더 적절한 고려 사항들은 다음과 같다.

- ❖ 미국에서 제한된 영어 능숙도를 가진 학생들 중 오직 적은 인구만이 북아메리카 원주민이며, 예를 들면 1993년에는 2.5%에 해당했다(Fleischman & Hopstock, 1993). 이것은 수많은 북아메리카 원주민 아동들이 제1 언어로 영어를 학습한다는 것을 의미한다. 사실, 그들 중 많은 이들은 오직 영어만 안다. 샌디에이고에서는 거의 모든 쿠메야이족 북아메리카 원주민들이 자신의 조상 언어를 잃었다(C. Brown, 개인 서신, 2009).
- ❖ 부족어를 유지하기 위한 노력은 북아메리카 원주민 공동체 내에서 이 관점이 합의되지 않았더라도 문화의 종말을 예방하는 것이다.
- ❖ 북아메리카 원주민 언어를 교육하기 위한 교육과정 자료들은 극히 미미하다. 북아메리카 원주민들의 언어와 문화적 역사에 관련된 자료들이 부족하다.
- ❖ 역사 보존을 위한 노력이 장려되고 있는데도 몇몇 북아메리카 원주민 학생들은 그들의 부족어를 배우지 않거나 사용하지 않도록 하는 또래들의 압박을 받는다.
- ❖ 방언적 차이들과 허용 가능한 맞춤법(언어의 철자법)의 부재는 몇몇 공동체들의 언어 유지를 방해한다.
- ❖ 도시에 살고 있는 북아메리카 원주민 학생들은 많은 다른 부족들과 언어들이 그들의 학교와 공동체를 대표한다는 사실 때문에 부족어 교육에 대한 접근이 방해되고 있음을 발견할 수 있다(Peacock & Day, 1999).

문화적-언어적 차이점들. 북아메리카 원주민 아동들의 언어 능력 평가는 육아 훈련들과 언어 사용에 관한 전반적인 문화적 기대들에서의 차이점에 의해 복잡해진다(Harris, 1985; Robinson-Zañartu, 1996; Westby, 2009). 이러한 차이점들 때문에, 북아메리카 원주민 가정 출신의 아동들은 문화적 주류 출신의 아동들과 비교했을 때, 언어와 다른 발달적 특성에 있어 지체된 모습을 보인다. Robinson-Zañartu(1996)는 다음의 가능성을 알렸다.

> 정신력 측정 검사와 교실 담화에서의 방언과 시기적절한 질문, 대답의 연속들은 많은 북아메리카 원주민 집단들에게는 문화적으로 부적절하게 느껴진다. 그러한 질문은 침묵 또는 모른다는 반응이나 관련 없어 보이는 대답을 끌어낼지도 모른다(p. 376).

아동들은 또한, 특히 그들의 배경이 책 없이 공부하는 것으로 특징지어진 더욱 전통적인 것이라면, 사진과 소책자와 같은 많은 규준 참조 검사, 표준화된 검사들에서 사용되는 자료들을 다루는 과제들과 고군분투할 수도 있다(Robinson-Zañartu, 1996). 북아메리카 원주민 사회들에서 이야기 전통들을 반영하는, 주류의 이야기들과는 다른 이야기의 내용과 구조들을 이끄는 영향력인 문화적 영향들은 또한 이러한 아동들이 사용하는 많은 묘사(이야기)에서 찾을 수 있을지도 모른다(John-Steiner & Panofsky, 1992; Kay-Raining Bird & Vetter, 1994; Westby & Roman, 1995). 특히, 이야기들은 대부분의 교실에서 기대되는 직선 모양이자 인과 관계의 유형 방식으로 진행되지 않는다. Kaplan(1966)은 다양한 문화들의 이야기 내용과 구조의 특징들에 독특하게 반영될 수 있는 차이점들인 문화적 사고 패턴에서의 차이점들을 설명했다. 예를 들어, Kaplan은 유럽인들이 직선적이며 복잡하지 않은 문화적 사고 패턴 경향을 가진 반면, 다른 문화들은 우회적 사고 패턴(예를 들면, 중국인)을 가진다고 말했다. 북아메리카 원주민들 또한 그들의 스토리텔링 전략들에 있어 직선적이기보다는 우회적인 사고 패턴들을 가진다. 그는 반대로, 로망스 어족 사용자들은 사고 패턴이 접선적(tangential)인 경향을 가진다고 주장했다. 또한 몇몇 아동들은 오직 성인들만이 계획된 스토리텔러가 될 수 있는 특권을 가지기 때문에 이야기를 하거나 서술적 유형으로 의사소통하는 사건들을 연습하지 않을 수도 있다(Paul, 2007). 그러므로 부모들의 서술 평가뿐만 아니라, 설문지와 규준 참조 언어 검사 결과들 또한 문화적 영향들에 대한 큰 관심과 지식으로 해석될 수 있어야 한다(Long, 1998; Long & Christensen, 1998).

북아메리카 원주민들이 사용하는 영어의 특징. 대부분의 북아메리카 원주민들이 제1 언어로 영어를 학습하는데도, 그들 중 많은 수가 사용하는 방언은 문법, 음운, 의미론, 그리고 담화 규칙들의 면에서 SAE와 다르다. 표 9.11은 인도 영어로 불리는 가장 흔하게 관찰되는 언어적 차이점들 중 몇몇을 나열하고 있다(Leap, 1993). 심지어 그들의 선조 언어, 표준 영어, 또는 둘 다 사용하는 사람들 가운데, 인도 영어를 유창하게 말하는 것은, 특히 그것이 한 공동체에서 유지되어 오던, 오직 인도와 관련된 언어 전통일 때, 많은 북아메리카 원주민들을 위한 문화적 정체성을 강화하는 한 방식이다. 그러한 상황에서, 인도 영

표 9.11 북아메리카 원주민의 영어 화자의 언어적 특징

변화	예
음운론 모음 변화	나바호족 영어 화자 사이에서 /ɪ/와 /ε/, /i/와 /ɪ/, /e/와 /ε/의 교환
형태론 복수형과 소유격 표지의 빈번한 삭제	I read Diane['s] book. Many of my relative[s] live in Shiprock.
과거 시제 동사에 대한 기본형 또는 과장형의 사용	I hear him sing yesterday. I eated some.
구문론 발성의 끝이 의존절	They ride bikes is what I see them do.. From the family is where we learn to be good.
관사와 지시사의 삭제	They Find [a] bone in [that] deep yard. He asked [the] shopkeeper for [that] sheep.
be, have, get과 같은 조동사 또는 연결동사의 삭제	She [is] Red Corn people. Then they would tell them what law he [has] broken.

출처: Leap(1993); Thurston(1998).

어를 유창하게 말하는 것은 매우 가치 있는 사회적 능력이 되었고, 방언의 비표준적 특징들은 더 큰 문화적 중요성을 가진다(St. Charles & Costantino, 2000).

5. 빈곤 문제

지금까지, 우리는 전적으로 문화적이고 언어적인 관점에서 미국 아동들의 민족에 따라 언어발달과 언어 차이점들을 조사해 왔다. 이상적인 세계에서는, 이것은 오직 우리가 고려할 필요가 있는 한 관점이 될 뿐이다. 그러나 파격적으로 수많은 사례들에서, 소수민족 아동들이 또한 빈곤한 아동들이라는 것은 분명하다.

1) 미국과 세계의 가난

표 9.12는 미국인구조사국이 2002년에 미국 빈곤층에 속한 사람들을 나이와 인종에 따라 분류하여 제공한 것이다. 오직 아동들만을 생각했을 때, 미국빈곤아동센터(National Center for Children in Poverty)에 따르면, 백인 아동의 9%, 아프리카계 미국 아동의 30%, 히스패닉계 미국 아동의 28%가 가난한 빈곤 계층으로 분류되었다(National Center for Children in Poverty, 2002).

표 9.12 2002년 미국의 빈곤

집단	100만 명당	집단 내에서의 비율(%)
18세 이하 아동	12.1	16.7
18~64세 사이	18.9	10.6
아프리카계	3.72	23.9
히스패닉계	3.92	21.8
백인	23.4	10.3
아시아계	1.24	10.0

미국의 관점에서 가난을 생각하면, 미국의 네 가정 중 한 가정이 연 수입 20,000달러 아래로 가난하다고 생각되었고, 그 가정의 아동들은 학교에서 무료 급식을 받고, 어머니는 식량 배급표를 받는다. 노숙자들 또한 가난하다고 생각되며, 낮은(lower) 사회경제적 지위(socioeconomic status, SES)라는 용어는 정부 계획 안에서 살고 있는 사람을 의미한다. 미국의 가난한 어린 아동들은 태어날 때부터 불리한 위치에 있을 것이다. Hart와 Risley(1995)에 따르면, 특권을 가진(높은 사회경제적 지위, 고 SES) 가정에서 태어난 아동들은 혜택을 받지 못하는(낮은 사회경제적 지위, 저 SES) 가정의 아동들보다 3세까지 30만 단어를 더 많이 들으며, 3세 때 측정한 기량이 3학년까지의 기량을 예측한다. 가난한 아동들은 더 뒤에서 시작하고 자랄수록 점점 더 뒤처진다. 이러한 자료는 가난한 아동들을 위한 조기 중재와 교육의 중요성을 말해 준다. 그러나 세계적 관점에서 가난을 생각하면, 우리는 상대적으로 더 중대한 상황을 인식할 수 있다.

아래는 세계적 가난에 대한 사실들을 나열한 것이고, 이들 중 몇몇은 세계은행(World Bank)이 규정한 가난에 대한 정의에서 나온 것이다.

개관

- ❖ 해마다 전 세계에서 800만 명이 넘는 사람들이 가난 때문에 죽는다.

주택

- ❖ 아프리카의 많은 지역들의 대다수 사람들은 집이 없다.

가난의 수준

- ❖ 세계 인구의 6분의 1이 1년에 400달러 이하의 돈을 번다.
- ❖ 전 세계적으로 28억 명의 사람들이 하루에 2달러 이하의 돈으로 살아간다.
- ❖ 세계 인구의 50%가 넘는 사람들이 하루에 2달러 이하의 돈으로 살아간다.
- ❖ 10억 명이 넘는 사람들이 극도의 가난 속에 살고 있고, 하루에 1달러 이하의 돈으로 살아간다.
- ❖ 전 세계적으로 극도의 가난 속에 살고 있는 사람들은 약 30억 명이다.

굶주림(기아)과 영양실조

- 10억 명 이상의 아동들이 굶주림으로 고통받는다.
- 국제연합(UN)에 따르면, 3.6초마다 전 세계에서 한 사람이 가난과 굶주림 때문에 죽는다.
- 8억 명 이상의 사람들이 매일 굶주림을 겪는다.
- 연간 600만 명의 아동들이 5세 생일을 맞이하기 전에 영양실조로 죽는다.

성별과 나이

- 3.6초마다 굶주림으로 죽는 사람들의 대부분은 5세 이하의 어린이이다.
- 여성은 세계 노동 시간의 67%의 시간을 일하고 세계 식량의 50%를 생산한다.
- 여성은 세계 수입 중 오직 10%만 벌며, 세계 부동산의 1% 이하를 차지한다.
- 인구의 70%를 차지하는 여성과 아동이 세계에서 가장 가난하다.
- 여성들은 그들의 자산 부족 때문에 일반 은행과 금융기관들에서 자주 무시당한다.
- 개발도상국에 사는 수백만 명의 여성들은 매일 가정에 필요한 것을 만족시키기 위해 노력하고, 그들의 자녀들은 굶주림을 겪거나 교육의 기회를 받지 못한다.

교육

- 1억 명 이상의 초등학생 나이의 아동들이 학교에 갈 여유가 없다.
- 제한된 학교 교육과 적절한 건강 교육의 부족은 여성의 높은 빈곤율과 강한 상관관계를 이루는 만성적 문제들의 일부이다.

질병

- 해마다 1,100만 명 이상의 아동이 말라리아, 설사, 폐렴과 같은 예방 가능한 질병들로 죽는다.

UN의 세계식량프로그램(UNWFP)이 가난과 굶주림을 완화하기 위해 노력하고 있음에도 불구하고, 가난에 시달리는 많은 국가와 지역들은 또한 기근, 질병, 그리고 내전들과 관련된 경험을 하며, 이는 우리가 위의 정보들로부터 의심할 수 있듯, 여성과 아동들에게 심각한 영향을 미친다. 예를 들어, 시에라리온의 아동 군인들은 가난할 뿐만 아니라, 마약을 복용하거나 죽이도록 강요당하는 것을 포함한 많은 정신적 외상들을 경험한다(Beah, 2007). Beah(2007)는 그의 회고록 *A Long Way Gone* 에서, 잔혹한 남북전쟁의 광기에 대한 그의 타락과 공포로부터 그의 두 번째 삶으로의 출현을 설명한다. 그는 끔찍한 훈련과 주의를 환기시키기 위해 그의 문학적 재능을 사용했다. 또 다른 예시로, 브라질에서는 수백만 명의 거리 아동들이 학대, 마약 중독, 그리고 AIDS를 포함한 전염병으로 고통을 받으며, 거지와 매춘부가 된다(Freire, 2004, 2006). 그들에게 가난은 삶의 방식이다. 전 세계의 가난한 사람들이 겪는 역경은 대부분 고통이자, 괴로움이자, 절망이며, 그것은 세대를 이으며 끊임없이 계속된다. 세계적 맥락에서 가난을 보면, 우리는 그 상황의 심각함을 깨닫게 될 것이다.

2) 빈곤의 문화

미국에서의 가난이 세계적 가난과는 다를지도 모르지만, 지역과 관계없이 가난은 우리가 위에서 보았던 것들과 관련이 있으며, 조합된 결과들은 취약함과 가난의 문화를 만들고 끊임없이 반복되게 한다. 일반적으로 아동의 건강과 발달에 대한 가난의 영향은 잘 알려져 있다. 미국에서, 많은 가난한 취학 연령 아동들이 배고픈 채로 학교에 가고 보살핌을 받지 못하는 환경을 가진 집으로 간다. 소음, 싸움, 폭력이 난무하는 가정은 아동들을 위험하고 불안정하게 만든다. 읽고 쓰는 능력과 학교 교육과 관련된 다른 활동들을 위한 가정적 도움의 결핍은 아동을 교육적 · 사회적 실패로 몰아넣는다. 많은 이들이 학교를 중퇴하고 마약과 다른 범죄와 관련된 범죄 조직에 합류하고, 결과적으로는 감옥에 가게 된다. 사회적 · 경제적 원조의 부족은 가정폭력과 다른 범죄들로 이어질 수 있다. Work(1991)는 다음과 같이 적었다.

> 가난한 아동은 음식, 옷, 주택, 의료, 조기 학습 지원이 부족하다. 이러한 아동들은 질병, 정신적 스트레스, 영양실조, 그리고 저발달에 직면한다. (…) 가난한 아동이 학교 시스템에 진입한 가난한 아동들은 학업 실패, 임신, 약물 남용, 그리고 경제적 스트레스에 직면한다. 가난한 이들의 문맹은 가난한 아동이 더 가난한 아동의 가난한 부모가 되기 때문에, 고질적이고 순환적인 문제가 된다(p. 61).

가난의 문화는 한 세대에서 다음 세대로 전이된다.

앞에서 언급된 각 문제들은 언어장애를 포함한 장애를 초래할 위험을 증가시킨다. 가난한 어머니들은 임신 동안 부모의 보살핌을 받지 못했을 것이며, 영양실조와 약물 남용은 저체중 아기의 조산으로 이어질 수 있다. 이러한 아기들은 태아 알코올 증후군과 같은 발달 문제들을 초래할 위험이 훨씬 더 크며, 이것은 언어-학습장애와 지적장애와 같은 질병들과 관련된다. 심지어 가난한 아동들이 건강하게 태어났을 때조차, 그들은 다른 아동들에 비해 더 위험할 수 있는 환경에서 자랄 수 있다. 결과적으로, 그들은 중산층 자녀들과 비교하여 언어 학습의 특정 분야들에어 지체를 보이기 쉽다. 가난은 또한 직업적 제한, 경제적 제한에 따른 읽고 쓰기 능력과 학습의 어려움들을 가져오는 단순 언어장애의 유전이 될 수 있는 것과 분리할 수 없다. 이것은 가난한 부모들의 몇몇 아동들이, 그들의 부모 중 한 명 또는 둘 다가 언어장애를 가지기 때문에, 유전된 언어장애를 가질 수 있다는 것을 의미한다.

전문가들은 문화적 차이에서 오는 환경적 질환들과 가난에서 오는 질환들을 구별해야 한다. 영양에 대한 선택권과 교육 방법, 구어 상호작용의 유형은 모두 문화적 집단에 따라 각기 다르다. 이러한 행동들의 차이점들이 언어 학습이나 언어 수행능력에 대한 다른 문화 집단의 기대에 단기적인 영향을 미치지만, 그것들은 더 큰 언어장애의 발병과는 관련이 없다. 반면에, 계속된 가난은 아동이 태어날 때부터, 또는 심지어 태어나기 이전부터 초기 형성기 동안 아동의 신경계를 해칠 수 있다. 그러한 손상은 아동이 쉽게 회복할 수 없는 장기적인 언어장애로 이끌 수 있다.

6. 평가에서의 쟁점

모든 인종적/민족적 소수 집단 구성원 중 10%가 말, 언어, 또는 청력의 장애를 가진다고 측정되며, 이는 전체적으로 미국의 인구에서 나타나는 비율과 같다(Deal-Williams, 2002). 언어적-문화적으로 다양한 아동들에게 나타나는 독특한 문제는 그들의 언어가 다음 네 가지의 다른 방식들로 평가되고 분류될 수 있다는 것이다.

1. 일반적인 발달과 SAE 사용
2. 일반적인 발달과 비표준 방언 또는 다른 언어에 의해 영향을 받은 형태의 언어 사용
3. 일반적이지 않은 발달과 SAE 사용
4. 일반적이지 않은 발달과 비표준 방언 또는 다른 언어에 의해 영향을 받은 형태의 언어 사용

문화적으로 정당한 평가를 위해 중요한 것은. 각 아동들의 방언적 위치를 결정하고 언어 학습 능력과 관련하여 만들어진 판단들로 언어 변형을 방해하지 못하게 하는 것이다. 이것은 특정 언어적 영향에서 발견된 구조적 차이와 언어학적 차이의 가능성을 무시할 수도 있는 평가 도구에 대한 비판적 태도에 대한 지식이 필요하다(Seymour, Roeper, & de Villiers, 2003).

1) 편향 검사

규준 참조 검사는 또래와의 비교를 전제로 둔다. 같은 나이의 아동들에게 같은 자극 방식으로 제시되기 때문에, 그들의 반응들은 비교될 수 있고, 각 아동들의 수행능력에 순위를 매길 수 있게 된다. 유효한 순위를 결정하기 위해, 어떤 아동도 검사 항목들에 반응하는 데에 있어 불이익을 가져서는 안 된다. 그러므로 아픈 아동은 검사를 받을 수 없고, 만약 검사들이 감각적으로나 운동신경적으로 핸디캡을 가진 아동들을 상대로 진행될 때에도 특별한 도움이 제공되어서는 안 된다. 규준 참조 검사를 받는 언어적-문화적으로 다양한 아동들이 직면하는 불이익을 알아차리는 것은 가끔 더 어렵다. 거의 모든 측정 절차의 측면에서, 다음과 같은 극복하기 어려운 장애물들이 있다(Sattler, 2001).

1. **문화적 편향.** 많은 규준 참조 검사는 백인, 중산층의 배경을 반영한다. 이것은 일반적으로 과제와 자극 항목을 선택하는 것에서 잘 드러난다. 예를 들어, 아동이 이야기 듣기, 그림 지적하기, 그리고 정보를 묻는 질문에 대답하기 등의 활동을 즐길 것이라고 일상적으로 생각해 버린다. 그러한 활동들은 중산층 가정에서 흔한 것이며, 이러한 가정에서 태어난 아이들은 보통 광범위하게 이러한 활동에 참여한다. 하지만 언어적-문화적으로 다양한 아동들은 이러한 경험이 부족할 수 있다. 그러므로 이러한 아동들은 그들에게 제시될 활동의 종류들에 준비되지 않아야 하고, 제공된 활동의 종류에 영향을 받지 않아야 한다. 예를 들어, 구어적 전통을 가진 문화에서 태어난 아동들은 책에 초점을 맞추기보다는 이야기하는 사람에게 초점을 맞추고 얼굴 표정과 제스처를 보는 경향이 있다.
2. **검사자의 감성적 편향.** 규준 참조 검사를 관리하는 전문가들은 그들이 측정하기 위해 질문하는 언어적-문화적으로 다양한 아동들의 언어적 · 문화적 특징들에 친숙하지 않을 수도 있다. 이러한 환경은 몇 가지 오해의 유형들이 생길 가능성을 연다. 언어적-문화적으로 다양한 아동들의 언어는 검사자들이 단지 아주 적게 이해할 수 있고, 그래서 그들은 반복이나 명료함을 위해 질문을 자주 해야 한다. 그러한 빈번한 질문들은 아동들의 수행능력이 나쁘게 나타내는 지표로 해석할 수 있으며, 이것은 그들로 하여금 평가에 참여하는 것을 꺼리게 만들 수 있다. 또 다른 오해의 요소는 아동의 화용적 행동이 될 수 있다. 우리가 보아 왔듯, 언어적-문화적으로 다양한 아동들은 시선을 맞추는 패턴과 정보를 묻는 질문에 대답하는 방식이 다를 수 있다. 이러한 차이점들을 알지 못하는 검사자는 이러한 행동들을 신경과민, 불확실, 무시, 반항, 장애로 이해할지도 모른다. 예를 들어, 태국 출신의 아동들은 권위자의 눈을 보지 않고, 그들에게 머리를 숙여 인사하고, 다른 사람들을 만날 때는 함께 손을 잡고, 반드시 'wai'라고 하는 문화적 의식을 하도록 교육받았다.
3. **검사자의 기대 편향.** 어떤 검사자들의 경험은 그들로 하여금 언어적-문화적으로 다양한 아동들의 특정 행동 패턴을 기대하도록 만들 수 있다. 규준 참조 검사는 시험 절차의 변형을 줄이기 위해 노력함에도 불구하고, 어느 정도의 재량권이 항상 허용된다. 예를 들어, 대부분의 검사들은 검사자가 아동이 검사 항목에 반응할 때까지 얼마나 오래 기다리는지에 대해서는 명시하지 않는다. 대부분의 검사자들은 아동이 여전히 생각하고 있는지, 아니면 답을 알지 못하는지 결정하는 것을 그들의 직관력에 의존한다. 이 직관은 아동들의 이전의 경험들로부터 형성된다. 그러한 경험들이 아동이 낮게 수행할 것이라고 주장한다면, 검사자는 추가적인 시간이 정확한 반응을 가능하게 할 것이라고 기대하기 쉽지 않을 것이다. 검사자의 감성이 성공적 평가의 중요한 열쇠가 되는 것이다. 아동이 혼란스러워 보일 때, 그것은 그들이 답을 알지 못하기 때문이라기보다는 무엇을 해야 하는지 모르기 때문일 수도 있다.

4. **확대 해석의 편향.** 모든 규준 참조 평가에 따라붙는 위험은 검사자가 한정된 검사 자료를 가지고 더 큰 결론을 끌어낸다는 것이다. 예를 들어, 수용언어 검사에서 낮은 점수를 기록했다고 해서 아동의 언어 이해력이 손상되었다고 결론을 내리는 것은 부적절하다. 언어적 · 문화적 변형의 문제가 없고 단일 언어를 사용하는 중산층 아동들을 대상으로 하여, 한 가지 이상의 실험을 진행함으로써, 그리고 규준 참조 검사와 비표준화 검사 절차들에서 얻은 정보들을 결합함으로써 그러한 편향을 피해 갈 수 있다. 같은 절차가 언어적-문화적으로 다양한 아동들에게 후속되어야 한다. 그러나 소수의 검사들만이 이러한 아동들의 기준이 될 수 있었고, 비표준화 검사는 아동의 언어와 문화적 배경에 관한 지식에 대해 많이 아는 누군가의 도움 없이는 어려울 수 있다. 통역사와 정보원들을 사용하는 것이 의사소통을 실패하지 않도록 도와줄 수 있었다.
5. **언어적 편향.** 몇몇 검사들은 언어적-문화적으로 다양한 아동들에게는 친숙하지 않는 영어 단어나 숙어들을 포함할 수 있다. 아동이 반응하는 항목의 수를 줄이거나 과제에서 요구하는 것을 변화시킬 수 있다. 예를 들어, 이중 언어를 사용하는 아동은 친숙할 것이라고 추정되었기 때문에 검사에서 빈번하게 사용되는, 가정에서 흔히 사용하는 항목에 대한 영어 단어들 중 몇 개를 알지 못할 수도 있다. 더 구체적인 예를 들자면, 중국인 아이는 젓가락과 그릇을 알 수 있을지는 모르나 받침이 있는 컵은 모를 수도 있다. 언어적 편향은 또한 "눈을 떼지 말아라" 또는 "바로 그거야"와 같은 검사자가 사용하는 관용구나 강화어들에서 부주의로 발생할 수도 있다.

편향의 문제는 검사나 검사자에 국한되지 않는다. 언어적-문화적으로 다양한 아동들은 그들이 의사소통적 상황을 어떻게 인지하느냐에 따라 수행능력이 달라지기 쉽다. 예를 들면, 아프리카계 미국 아동은 공식적이라고 생각되는 환경에서는 AAVE를 사용하지 않을 수도 있다(Hester, 1996). 만약 아동이 SAE로 의사소통하려 노력하고, AAVE뿐만 아니라 이 방언을 알지 못한다면, 평가의 결과는 오해할 만큼 낮을 것이다. 반면, AAVE를 SAE로 효과적으로 바꿀 수 있는 아동들은 그들이 오직 표준어만을 사용한다는 인상을 남길지도 모른다.

검사 편향에 대한 걱정은 아동의 발달 능력을 측정하기 위해 사용되는 모든 도구들에 적용된다. 연방 교육법(장애인교육법)은 모든 학생들이 비차별적이고 복합적 평가를 사용하여 평가되어야 한다고 지시한다. 이 법은 또한 학생들이 모국어나 다른 의사소통 방식으로 평가되도록 요구한다. 만약 평가가 학생들의 모국어로는 가능하지 않다면, 통역사들이 반드시 있어야 한다. 제한된 영어 능력을 가진 아동들을 위해서, 시험들은 아동의 영어 언어 능력을 평가하기보다는 아동의 장애가 그들의 교육적 수행능력에 미치는 영향을 평가하는 데 초점을 맞추어야 한다.

규준 참조 지능 검사는 언어적-문화적으로 다양한 아동들의 능력을 저평가한다고 오랫동안 비판받아 왔다(Sattler, 2001). 내재하는 편향을 제거하기 위해, 지능 검사 도구는 오직 번역된 형태로 언어적-문화적으로 다양한 아동들에게 진행되어야 한다는 제안이 제기되었다. 그러나 검사 항목들을 번역하는 것은 검사에 감성적인 영향을 미치지 않고는 어려운 것이었다. 대체적인 접근법으로는 구체적 민족 집단의 표준들을 발달시키는 것으로, Wechsler 아동 지능 검사—나바호족 아동에게 진행된 세 번째 판—가 있다(Tempest, 1998).

수년간, 규준 참조 언어 검사와 다른 평가 절차들은 편향의 증거를 위해 분석되었다. 수십 년간의 연구 문헌에서 다음과 같은 경과가 확인되었다.

- 유치원부터 4학년까지, 아프리카계 미국 학생들은 '심리언어적 능력의 일리노이 주 검사'의 문장 구성(Grammatic Closure) 하위 검사에서 백인 학생들보다 점차적으로 더 낮은 점수를 보였다(Kirk, McCarthy, & Kirk, 1968). 이것은 더 나이 든 아프리카계 미국 학생들이 더 많이 가지고 있는 AAVE의 문법적 특징들의 발생 때문인 것으로 나타난다(Arnold & Reed, 1976).
- 앨라배마 주의 농촌 지역에서 진행된 헤드스타트 프로그램(Head Start Program)에서, 아프리카계 미국 아동들은 같은 프로그램의 백인 아동들(Haynes, Haak, Moran, Rice, & Johnson, 1995)보다 취학 전 언어 평가 도구(Preschool Language Assessment Instrument)에서 상당히 더 낮은 점수를 기록했다(Blank, Rose, & Berlin, 1978). 더 높은 수준으로 분권화되고 상위 언어적인 과제들(레벨 3과 4)을 수행하는 동일한 도구의 구성 요소에서, 조지아 주의 아프리카계 미국 아동들은 또다시 백인 또래들보다 상당히 낮은 수행능력을 보였다(Fagundes, Haynes, Haak, & Moran, 1998).
- 취학 전 언어 등급—3(Preschool Language Scale—3)이라는 또 다른 취학 전 언어 검사(Zimmerman, Steiner, & Pond, 1992)에서, 저소득 가정에서 자란 취학 전 아프리카계 미국 아동들은 언어를 포함한 항목들에서의 부진한 수행능력 때문에, 그들의 나이보다 1표준편차 이하를 기록했다(Qi, Kaiser, Milan, Yzquierdo, & Hancock, 2003).
- 북동부 조지아 주의 한 농촌 지역에서 자란 백인과 아프리카계 미국 아동들은 모두 Wepman 청력 구별 검사(Wepman, 1958)에서, 검사의 표준으로 기대된 것보다 더 낮은 점수를 기록했다(Hirshoren & Ambrose, 1976).
- 백인 아동들과 비슷한 나이와 학년 수준을 갖춘 아프리카계 미국 아동들은 통계적으로 Peabody Picture Vocabulary Test에서 더 낮은 점수를 얻었다(Dunn, 1965; Kreschek & Nicolosi, 1973). Peabody Picture Vocabulary Test—III(Dunn & Dunn, 1997)에서, 연구에 참여한, 헤드스타트에 등록한 취학 전 저소득 아프리카계 미국 아동들 중 약 40%만이 중간 이하의 1표준편차보다 더 높은 점수를 기록했다(Champion,

Hyter, McCabe, & Bland-Stewart, 2003). 아프리카계 미국 아동 가정의 어머니 교육과 사회경제적 지위는 이 어휘 검사에서의 아동의 수행능력에 쉽게 영향을 줄 수 있으며, 어머니가 고등학교 졸업장이 없는 아동과 저 SES 가정에서 태어난 아동은 어머니가 석사 학위를 갖고 있는 아동과 중 SES 가족에서 태어난 아동들보다 뚜렷하게 낮은 점수를 기록했다(Horton-Ikard & Ellis Weismer, 2007; Qi, Kaiser, Milan, Yzquierdo, & Hancock, 2006; Restrepo et al., 2006).

❖ Teuber와 Furlong(1985)의 연구에 따르면, 이중 언어를 사용하는 히스패닉계 아동들의 점수는 Expressive One-Word Picture Vocabulary Test(Gardner, 1979, 1983)와 Peabody Picture Vocabulary Test 수정판(Dunn & Dunn, 1981) 모두에서 거의 대부분 단일 언어를 사용하는 아동의 2표준편차 아래에 있다.

❖ 히스패닉계와 아프리카계 취학 전 미국 아동들은 AAVE의 특징들을 포함하는 문장들을 흉내 내는 데 있어 더욱 성공적이었던 반면, 그 또래의 백인들은 SAE 자극으로 더 잘 수행했다(Stephens, 1976).

❖ 언어발달 검사(Newcomer & Hammill, 1977)는 AAVE를 사용하는 어린 아동일 때, 표준적으로 보고된 것과 언어발달 검사—P:2(Newcomer & Hammill, 1991)에서 상당히 낮은 점수를 산출했다. 아프리카계 미국 아동들은 백인들보다 5개의 중심 하위 검사 모두에서 상당히 낮은 총점수를 받았으며, 구체적 검사 항목의 상당한 부분이 아프리카계 미국 아동들을 더 어렵게 한다는 선입견이 있었다(Hammer, Pennock-Roman, Rzasa, & Tomblin, 2002).

❖ 넓은 범위의 점수들은 스페인어 버전의 Test for Auditory Comprehension of Language(Carrow, 1973)가 히스패닉계 아동의 다른 집단들에게 행해질 때 얻어졌다(Linares-Orama & Sanders, 1977; Rueda & Perozzi, 1977; Wilcox & Aasby, 1988). 이 변형은 다른 피실험 집단들의 사회경제적 지위와 교육적 경험들의 차이 때문으로 나타난다. 유사하게, 정상 언어 능력을 가진 스페인어를 사용하며 이중 언어를 사용하는 아동은 스페인어 버전의 Preschool Language Scale—3(Zimmerman, Steiner, & Pond, 1993)에서 뚜렷하게 표준 이하의 수행능력을 보였으며, 게다가 심지어 이중 언어를 사용하는 아동을 위해 적절하게 구상된 검사들에서도 잠재적인 편향을 나타냈다(Restrepo & Silverman, 2001).

또 다른 편향의 잠재적 원인은 언어적—문화적으로 다양한 배경을 가진 아동들에게 나이에 기초한 표준 검사를 적용하는 것을 포함한다(그러나 항상 그런 것은 아니다). 출생 기록이 없거나 손상되어 아동들의 진짜 나이들이 결정될 수 없는 경우도 있다.

그러므로 많은 표준 언어 검사들이 언어적-문화적으로 다양한 아동들에 대해 크게 편향된 것은 분명하다. 그러나 Stockman은 *The ASHA Leader*(Saad & Polovoy, 2009)의 인터뷰에서, 우리가 어떻게 그러한 검사들이 다른 평가들에 따라, 언어적-문화적으로 다양한 배경을 가진 아동들을 더 잘 알아보기 위한 유용한 방식들로 사용될 수 있는지에 대해 잘 알지 못한다고 경고했다. 그럼에도 불구하고, 검사 편향의 문제는 평가 실행들에 관한 논쟁과 관련된 전문 단체들의 큰 걱정거리이다. 몇몇 조직과 위원회들은 검사 해석 관리의 활동 중단 또는 비표준어 형태를 고려하지 않거나, 그들의 기준 집단에서 대부분의 인구를 차지하는 민족을 포함하는 시험의 사용을 요청했다(Figueroa & Hernandez, 2000; Vaughn-Cooke, 1983). 그 극적인 행동은 다문화주의에 대한 전문적 지식을 증가시키기 위한 다른 노력과 함께, 출판사들로 하여금 현존하는 시험들을 수정하고 언어적-문화적으로 다양한 아동들의 필요를 더 잘 만족시킬 수 있는 새로운 도구들을 개발시키도록 했다. 한 예시는 아동의 비주류 미국 영어 사용의 결과에 대한 영향을 무효화하기 위한 노력으로 설명되는 언어 검사인 Diagnostic Evaluation of Language Variance(DELV)—Criterion Referenced(Seymour et al., 2003)이다. 검사들을 수정하고 새로운 것을 개발하기 위한 이러한 노력들이 검사 편향의 문제들을 전달하고 가치 있고 유용한 평가 도구들을 생산하는 데 있어 긍정적인 단계를 밟고 있는 반면, 그 전략이 항상 성공적이거나 실현될 수 있을 만큼 유효한 것은 아니다(Anderson, 1996; Restrepo, 1998; Restrepo & Silverman, 2001).

Baker(2000)의 Bilingual Family Profile은 언어 평가를 할 때 잠재적인 원천들을 제거하는 데 있어 전문가들에게 유용한 것이 될 수 있다. 그 개요의 요소들은 다음을 포함한다.

1. 발달
2. 순서
3. 능력
4. 기능
5. 언어적 개념
6. 상호작용
7. 태도
8. 갈등/동기
9. 외적인 측면

첫 번째이자 가장 중요한 요소는 아동의 언어발달 이력이다. 고려되어야 할 두 번째 요소는 언어 노출의 순서이다. 즉, 처음으로 소개된 언어와 이후에 소개된 언어 또는 동시에 소개된 언어에 대한 노출을 말한다. 세 번째는 정보 제공자의 아동의 언어 능력에 대한 전반적인 인상이다. 네 번째는 각 언어가 제공하는 기능에 관한 것이다. 다섯 번째 요소는 각 언어로부터 학습하는 개념들을 다룬다. 예를 들어, 어떤 아동들은 그들의 가정과 그들의 가정 언어에서 가정과 관련된 항목들을 학습하고, 학교 언어에서 학교와 관련된 개념들을 학습한다. 여섯 번째는 상호작용이며, 누가 상호작용하는 사람인지, 그리고 상호작용의 질이란 무엇인지를 말한다. 주로 보모(nanny)에게 보살핌을 받는 아동은 만약 그 보모가 아동의 매일의 요구는 기본적으로 보살펴 줄지 모르나 구어적 자극에는 참여하지 않을 때, 매우 한정적인 어휘만을 배울 수 있다. 일곱 번째 요소는 태도이다. 어떤 아동들은 언어 학습에 열심이지만, 다른 어떤 아동들은 그렇지 않다. 언어장애를 가진 아동들은 언어가 무엇이든 관계없이, 종종 언어 학습에 덜 관심을 가지고 있는 아동들 중에 있다. 이것은 아동의 지난날에 관해 의문을 제기하는 데 있어 고려할 만한 중요한 요소이다. 고려해야 할 여덟 번째 요소는 언어 학습에 대한 잠재적 갈등과 동기이다. 어떤 부모들은 자녀에게 영어로 말할 것을 고집하지만, 정작 자신들은 영어를 거의 사용하지 않을 수도 있다. 다른 이들은 영어를 배우는 데 동기부여 되어 있다. 마지막 요소는 언어 학습 절차에 영향을 미칠 수 있는 모든 다른 외적인 요소들을 포함한다. 전문가들은 언어적-문화적으로 다양한 아동들을 평가할 때 이러한 요소들을 고려해야 할 필요가 있다.

우리는 아동들의 이야기 산출이 특히 문화적 차이를 반영할 수 있다는 것을 알고 있다(John-Steiner & Panofsky, 1992; Kay-Raining Bird & Vetter, 1994; Robinson-Zañartu, 1996; Westby & Roman, 1995). 그러므로 전문가들이 아동의 특정 문화들에 반영된 이야기 활동들의 방식을 고려하려 노력하는 것은 필수적이며, 그러므로 이러한 것은 편향된 해석으로 이끌지 않으며, 이러한 것들이 꽤 적절하고 아동의 가정과 문화에 대한 기대와 일치할 때, 다른 이야기 서술 구조, 내용이나 순서를 장애의 증거로 오인하지 않는 방식으로 분석될 수 있다. 그러나 문화적 기반을 두고 확인된 차이점들이 아동들이 그들이 작용할 필요가 있는 주류 교실과 더욱 일치하는 이야기 서술을 전달하는 다른 방식을 배우도록 도와줄 수 있는 다리가 될 수 있다(Westby & Roman, 1995).

2) 의사소통적 행동들의 진단 차이

언어적-문화적으로 다양한 아동들을 연구하는 전문가들은 언어 차이와 언어장애 사이를 구별하는 것에 대해 어려움을 겪는다. 이 일의 원리와 요구 사항들은 1983년도 성명서에 간결하게 언급되어 있으며, 다음과 같은 것이 지금까지 남아 있다.

> 영어의 방언적 다양성은 언어장애나 또는 병적 유형이 아니다. 각 사회의 방언들은 기능적이고 효과적인 언어의 다양성으로서 적절하다. (…)
>
> 방언 사용자들에게는 방언 내에서 언어적 장애들을 가질 가능성이 확실히 있다. 의사소통장애의 확실한 평가를 위한 필수적인 단계는 말, 언어, 그리고 청각장애를 대표하는 것으로부터 언어장애의 다양성을 대표하는 언어적 변형의 그러한 측면들을 구별하는 것이다. 언어병리학자들은 반드시 방언적 차이들과 의사소통장애를 구별할 수 있는 특정 능력들을 가져야 한다. 이러한 능력들은 특정 방언을 규칙 지배적인 언어 체계로서 아는 지식, 방언

의 음운적적 · 문법적 특징들에 대한 지식, 그리고 차별 없는 검사 절차에 대한 지식을 포함한다(ASHA Committee on the Status of Racial Minorities, 1983).

언어적-문화적으로 다양한 아동들을 위한 언어 평가 절차는 심사, 평가, 그리고 중재의 평범한 단계를 거친다. **그림 9.1**은 그러한 아동들을 위한 언어 평가 절차를 설명하고 있다.

대다수의 아동들 모두가 이중 언어 사용자이거나 비표준어를 사용하는 것은 아니기 때문에, 단계 1은 SAE에 근거하고, 또 SAE에 표준화된 도구를 가지고 아동을 검사한다. 이 검사에서 통과 점수를 받는 것은 아동이 언어장애가 없다는 것이 아니라, 다소 다른 언어를 사용한다는 것을 뜻하는 경향이 있다. 그러나 SAE에서의 기초적 검사에서 떨어진 아동들은 그들의 표준어 또는 비표준어로 검사되어야 한다(Peña, Bedore, & Rappazzo, 2003). 이것은 아동이 제2 언어 또는 비표준어에 대한 능력이 있는지를 검사하는 데 도움을 줄 수 있다. 만약 한 아동이 제2 언어 또는 비표준어에서 검사를 통과한다면, 그것은 아동이 언어장애가 아니라 다소 다른 언어를 사용한다는 것에 대한 더 큰 증거가 된다.

두 언어 검사 모두에서 떨어진 아동들은 단계 2에 들어간다. 이러한 아동들은 이제 그들이 정말로 언어장애를 갖고 있는지를 더욱 완벽하게 결정하기 위해 평가되어야 한다. 만약 비편향적인 규준 참조 검사가 가능하다면, 그들은 관리될 수 있다. 만약 한 아동이 이 검사들에서 통과 점수를 받는다면, 그 검사의 결과는 폐기될 것이며, 그 아동은 제2 언어 또는 비표준어의 능숙한 화자로 평가될 것이다. 만약 특정 아동에게 잘 맞는 적절한 표준 참조 검사가 존재하지 않는다면, 능력을 평가하기 위해 규준 참조 검사 또는 언어 샘플링이 사용될 수 있다(Hernandez, 1994). 언어 샘플들은 놀이를 하는 동안 발생하는 대화를 녹음하여 얻을 수 있다. 그러나 이러한 상호작용을 하는 동안, 보살핌은 특정 인종/민족 집단의 구성원들 사이에서 흔하지 않은 상호작용의 종류(예를 들면, 인터뷰)들을 피해야 한다. 아동들에게 친숙한 상황에서, 또는 가족 구성원 간의 상호작용에서 얻어진 샘플들은 샘플로서의 생태학적 유효성을 증가시킬 것이다. 얻어진 샘플들은 아동이 소속감을 느끼는 언어 공동체에 잘 참조되어 있는 발달 기준을 사용하는 데 평가되어야 한다. 예를 들어, Developmental Sentence Scoring(Lee, 1974)을 수정한 Black English Sentence Scoring(Nelson & Hyter, 1990)은 AAVE의 문법적 특징을 존중하고 어린 아프리카계 미국 아동들을 그들의 언어적 또래와 비교하려는 시도를 나타낸다.

문화적으로나 언어적으로 공평한 검사 도구들을 사용한 규준 참조 검사에서 떨어진 아동은 부족하다고 나타나는 언어 영역에서 다양한 평가 시행을 겪어야 한다. 만약 그 아동이 이 검사를 하는 동안 상당한 행동적 변화를 보인다면, 그 낮은 검사 점수는 언어장애에 기초한 것이라기보다는 문화적 차이 때문일 수 있다(Peña, Iglesias, & Lidz, 2001; Ukrainetz, Harpell, Walsh, & Coyle, 2000). 그러한 경우의 중재는 아동이 주류 문화와 평가 방법에 적응할 수 있도록 도움을 주는 선택적 목표에 초점을 맞추어야 한다. 그러나 만

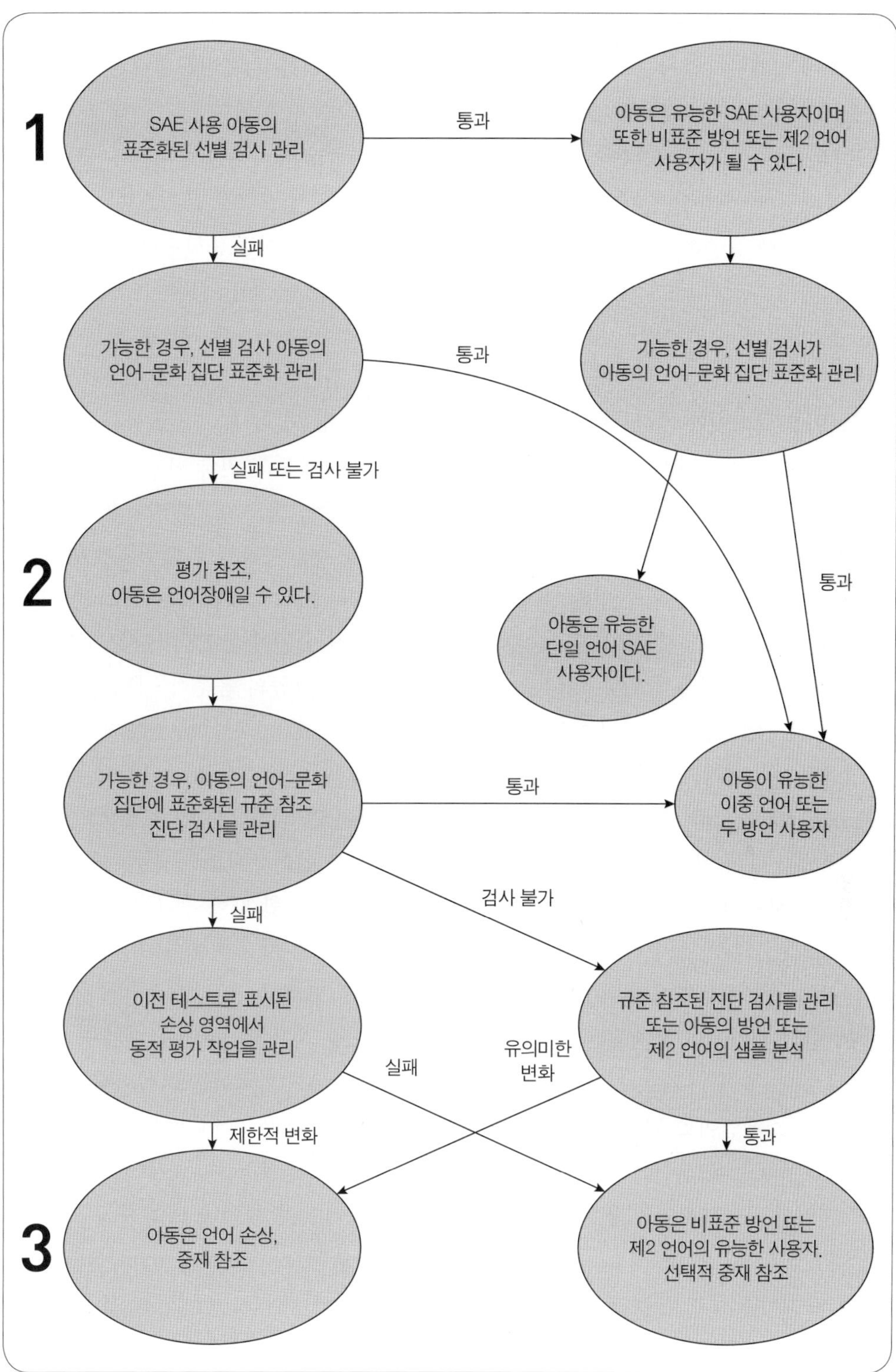

그림 9.1 언어적-문화적으로 다양한 차이 아동에 대한 다른 진단의 모델

약 그 아동이 다양한 평가들에 부진하게 반응한다면, 즉 새로운 학습에 참여하거나 일반화하는 것에 실패한다면, 여전히 아동의 다문화적 필요를 고려하면서, 언어장애를 위한 중재(단계 3)가 진행되어야 할 것이다.

그림 9.1에서 설명하고 보여 주고 있는 계획은 오직 더 많은 비차별적 평가 도구들이 이용 가능해질 때에만 정말로 실행 가능하다. 첫 번째 단계로서, SAE로 쓰였으며, 주로 주류 인구들을 위해 표준화된 몇몇 검사들은 소수의 인구들에게 다시 표준화된다. 그러나 그러한 접근법은 그것이 단지 아동이 SAE 화자로서 부족하다는 사실을 확인하는 것일 뿐이기 때문에 부적절하다. 필요한 것은 아동이 모국어나 비표준어를 사용할 능력을 만들 수 있는 방법들이다. 이러한 목적을 제공하기 위해, 소수 인구 집단을 구체적으로 평가하기 위한 검사들이 개발되어야 한다. 예를 들어, AAVE 화자들의 경우, 검사와 자극 항목들이 개발되어야 하며, 아프리카계 미국 아동들이 모두 동기부여 되어 있고 친숙하다고 보증하는 검사를 처리해야 한다. 검사를 위한 표준 인구 집단은 전국적으로 AAVE 화자들을 대표해야 한다. 최소한으로, 그것은 아프리카계 미국인의 사회적 계층 분포들을 반영해야 한다. 이러한 것들에 따라 요구되는 것은 Stockman(1996b)의 Minimal Competency Core이며, 이것은 전형적으로 발달하고 있는 아동과 언어장애를 가진 아동의 AAVE 학습을 구분 짓는 언어적 요소를 확인하기 위한 것이다. AAVE를 사용하는 아동의 음운적 · 문법적 체계에 대한 조사는, 언어장애를 가진 아동들을 가장 잘 확인할 수 있는 특징이 AAVE와 SAE 사이를 공유하는 것이라는 사실을 발견했다(Bleile & Wallach, 1992; Seymour, Bland-Stewart, & Green, 1998). 그러므로 언어 샘플에서 사용되는 다른 언어들의 수 또는 복잡한 통사론적 구조들과 같은 언어 수행능력에 대한 전통적인 측정은 언어장애를 가진 아동들을 확인하기 위해 사용될 수 있으며, 심지어는 그들이 비언어를 사용할 때에도 가능하다(Craig & Washington, 2000). 소수 인구 집단의 수행능력에 대한 표준 자료가 더 널리 이용 가능하게 되면서 구별하기가 더 쉬워진다(Craig & Washington, 2002).

비편향적 평가들의 문제들은 영어가 아닌 다른 언어를 사용하는 아동들에게도 마찬가지로 좋다. 현재 더 많은 검사들과 다른 평가 자료들이 다른 외국어들보다 스페인어에서 존재한다. 스페인어로 된 언어 샘플들을 분석하는 절차는 Developmental Assessment of Spanish Grammar(Toronto, 1976)이다. **표 9.13**은 Langdon(H. Langdon, 개인 서신, 2009)은 스페인어로 출판되어 이용 가능한 아동의 언어 검사에 따른 목록을 보여 주고 있다. 우리는 이 목록에 Preschool Language Scale—4: Spanish Edition(Zimmerman, Steiner, & Pond, 2002b)와 같은 언어 검사들과, MacArthur Inventarios del Desarrollo de Habilidades Comunicativas(Jackson-Maldonado et al., 2003)와 같은 부모의 보고 수단들 모두가 포함된다는 것을 볼 수 있다. 처음에, 이러한 도구들의 몇몇은 영어로 개발되었고, 그다음에 스페인어로 번역되었다. 그러나 최근의 수많은 개정판들은 스페인어를 더 정확하게 보여 주며, 히스패닉계 미국 아동들이 문화적 유산의 일부로 마주할지 모르는 경험들뿐만 아니라

표 9.13 Langdon(2009)의 스페인에서 일부 상업적으로 이용 가능한 아동 언어 검사 도구 목록

검사 도구 제목	저자(들)
Clinical Evaluation of Language Fundamentals—4(스페인어)	Semel, Wiig와 Secord(2005)
Clinical Evaluation of Language Fundamentals(취학 전-2) (스페인어 개정판)	Wiig, Secord와 Semel(2009)
Expressive-One Word Picture Vocabulary Test(스페인어-영어 개정판)	Brownell(2001a)
MacArthur Inventarios del Desarrollo de Habilidades Comunicativas	Jackson-Maldonado, Thal, Marchman, Newton, Fenson과 Conboy(2003)
Preschool Language Scale, 4판(스페인어 개정판)	Zimmerman, Steiner와 Pond(2002b)
Receptive-One Word Picture Vocabulary Test(스페인어-영어 개정판)	Brownell(2001b)
The Rossetti Infant-Toddler Scale	Rossetti(2006)
W-ABC(스페인어 버전)	Wiig와 Langdon(2006)

몇몇 방언들을 보여 준다. 그럼에도 불구하고 원래 영어로 개발되었고 특정 영어 화자들의 문화를 위해 개발된 검사 버전들이 번역되거나 수정된 형태들에 있어 좋은 타당성을 설명할 가능성 또는 설명하지 못할 가능성에 대해 경고하는 것은 중요하다(Gutiérrez-Clellen, Restrepo, Bedore, Peña, & Anderson, 2000; Restrepo & Silverman, 2001; Thal, Jackson-Maldonado, & Acosta, 2000). 우리는 또한 스페인어의 다른 방언들이 있다는 것과 멕시코계 미국 아동을 위해서는 적절한 어휘와 문화적 가정들이 될 수 있는 것이 엘살바도르 출신 아동들에게는 적합하지 않을 것이라는 사실을 기억해 둘 필요가 있다. 전문가들은 그들이 사용하는 다른 평가 도구들을 위해 하는 것만큼이나 철저하게 이러한 평가 도구들을 적절한 타당성과 신뢰성을 위해 평가할 필요가 있다.

제한된 영어를 사용하는 아동들을 포함한 모든 경우의 평가들에서, 평가는 아동의 모국어로 실행되어야 한다. 이것을 하기 위해, 검사자는 "소수의 언어와 영어 모두가 모국어이거나 거의 모국어만큼이나 유창"해야 한다(ASHA Committee on the Status of Racial Minorities, 1985). 만약 검사자가 언어 평가에 훈련되어 있지 않다면, 예를 들어, 만약 부모나 친척, 또는 심지어 전문적인 번역가들이 이러한 역할을 제공해야 한다면, 평가의 목적, 절차, 목표와 관련된 적절한 지시를 위한 시간이 허용되어야 한다. 가족 구성원이든 전문 번역가이든, 번역가와 일을 하는 것은 간단하지 않고, 쉽게 시행되는 대체안이 아니다.

Cheng(2006)이 설명한 RIOT 절차는 전문가들에게 아동의 의사소통 수행능력의 전반적인 인상을 얻는 것을 돕기 위한 일련의 지침들을 제공하고 있다. 표 9.14는 두문자어RIOT(Review, Interview, Observe, Test)를 설명하고, 각 요소들에 대한 설명을 제공하고 있다. RIOT 절차의 결과를 통해 중재의 기반을 형성하고, 각 아동에게 적절한 계획을 실행할 수 있다.

표 9.14 Cheng(2006)의 RIOT 절차

R 리뷰	I 인터뷰	O 관찰	T 검사
9개 요인들을 포함하는 모든 관련된 자료의 검토는 초기에 Baker(2000) 리스트에 의해서 기술되었다.	아동에 대해서 부모, 양육자, 다른 가족 구성원, 교사를 포함한 모든 사람들에게 인터뷰를 제공한다.	다른 상호작용을 가진 다양한 상황에서 행동 관찰	동적 평가와 다른 실물 검사 절차 사용

7. 중재의 영향

언어적-문화적으로 다양한 아동들의 언어 평가는 다음 세 가지 결과를 가질 수 있다.

1. 중재는 SAE를 능숙하게 사용하는 아동과 또한 다른 언어 또는 영어 방언을 능숙하게 사용하는 아동들을 위해서는 추천되지 않는다.
2. 치료적 언어 중재는 어떤 언어나 방언도 능숙하게 사용하지 못하는 아동에게 추천된다.
3. 선택적 언어 중재는 SAE는 능숙하게 사용하지 못하지만 비표준어나 영어 외의 다른 언어를 능숙하게 사용하는 아동들에게 추천된다.

치료적 언어 중재와 선택적 언어 중재를 구별하는 것은 언어 전문가들의 전통적인 역할이 의사소통장애를 가진 사람들에게 제공되는 것인 반면, SAE를 사용하지 않는 아동들은 의사소통하는 능력에 장애가 없을 것이라고 보는 관점에 기초한다. 그들은 단지 다른 언어 형태로 의사소통하는 것일 뿐이다. 그러므로 이후의 전통적 모델에 따라, 중재는 그들에게는 추천되지 않을 것이다. 그럼에도 불구하고, 전문가들은 SAE를 사용하지 않는 사람들이 교육적으로, 사회적으로, 또는 직업적으로 차별받을 수 있다는 것을 인정한다. 그러므로 많은 아동들이나 그들의 부모들은 SAE의 사용 능력을 개발하기 위한 중재를 요청할 것이다. 현실은 SLP가 종종 언어 차이의 문제와 관련하여 상담되며 취학 연령 아동을 위해 영어 교육을 돕도록 요청된다는 것이다. SLP는 언어발달을 위한 가장 좋은 훈련 모델을 동료들과 공유할 수 있는 전문 지식과 능력을 가지며, 그러한 경우에 상담원들을 제공한다.

1) 언어 차이와 언어장애를 위한 중재

치료적 언어 중재를 하도록 추천받은 아동들은 표준 영어이든 비표준 영어이든, 아니면 영어가 아닌 다른 언어이든 몇몇 언어 형태에 대한 능숙도를 발달시킬 필요가 있다. 이 항목에서 언어적-문화적으로 다양한 많은 아동들이 낮은 혼합된 언어 우세를 가지기 쉽다. 즉,

그들은 영어와 다른 언어의 요소들을 결합하여, 두 언어 모두의 기준으로는 부적합한 혼합어를 형성한다는 것이다. 그러나 언어 요소들의 혼합은 언어장애의 신호는 아니다. 비표준 영어에 영향을 받은, 정상 언어 학습 능력을 가진 아동들 또한 혼합어의 신호를 보일지도 모른다. 언어 혼합은 하나 이상의 언어나 방언에 노출된 많은 아동들에게 정상적인 발달의 일부이다. 좋은 표본은 그들로 하여금 두 언어를 구별하는 데 도움을 줄 것이며, 일반적으로 시간이 있고 노출이 된 이러한 아동들은 적절한 상황에 따라 두 언어를 분리하여 사용 가능할 것이다. 정상 발달 아동들 사이에서는, 하나 이상의 언어나 방언을 습득하는 것은 더 긴 기간 동안 언어 습득의 속도를 낮추지 않는다. 그러나 이것은 일반적으로 언어장애를 가진 아동들에게는 일어날 수 없다. 음운론과 문법에서의 다른 규칙들, 더 많은 어휘의 양, 그리고 언어 바꾸기(code switching)의 미묘함을 숙달할 필요는 아동들의 의사소통 효과를 필수적으로 향상시키지 않는다면, 언어장애를 가진 아동들에게 추가적으로 필요한 것이다. 그러므로 일상적인 훈련은 전문가들로 하여금 언어 형태가 중재의 목표 역할을 하도록 결정함으로써 시작될 수 있다.

언어 형태가 중재의 목표 역할을 하도록 결정하는 데에는 다음의 몇 가지 요소가 반드시 고려되어야 한다.

- **우세 언어 또는 우세 방언.** 치료적 중재를 받는 아동들이 어떤 언어 형태에도 능숙하지 않을지라도, 그들은 다른 것보다 더 큰 강점을 보여 줄 것이다. 예를 들어, 한국 출생의 아시아계 미국인 4세 아동은 한국어와 영어의 간단한 명령에 모두 반응할 수 있을지는 모르지만, 영어에 더 큰 수용적 어휘를 보일 것이다. 아동은 두 언어를 모두 사용할 수 있을지는 모르지만, 영어로는 2개나 3개의 단어 조합들을 만드는 반면에, 오직 소수의, 또는 정형화된 한국어 표현만을 사용할 것이다. 그리고 두 언어 모두에서, 능숙도는 일반적으로 이 나이의 발달 아동들에게 기대되는 것보다는 적지만, 영어는 명백하게 우세 언어로 나타난다. 아동이 다른 언어들에서 '영역 특수적' 능력, 예를 들면 한 언어에서 더 나은 말하기 능력을 보이지만 다른 언어에서는 더 나은 읽기 능력을 보일지도 모른다는 가능성을 고려해야 한다(American Educational Research Association, American Psychological Association, & National Council on Measurement and Education, 1999). 그러나 점차적으로, 언어장애를 가진 아동들에게 이중 언어적 입력이 지속되게 하는 경우가 만들어지고 있다(Cheng, 2007a; Cutiérrez-Clellen, 1999; Kohnert, Windsor, & Ebert, 2009; Langdon & Cheng, 2009).
- **서비스 제공자의 유용성.** 만약 중재가 SAE가 아닌 다른 언어로 제공되어야 한다면, 그것은 반드시 전문가나 그 다른 언어에 완벽하게 능숙한, 고용된 통역가에 의해 수행되어야 한다. 전문가들이 이중 언어 사용자이거나 학생들의 모국어를 사용하는 경우에는, 이중 언어 치료나 모국어 치료가 사용될 수 있다. 그러나 치료적 언어 중재를

받을 자격이 있는 많은 언어적-문화적으로 다양한 아동들의 수와 AE가 아닌 다른 언어 형태로 연구 가능한 전문가들 또는 언어적-문화적으로 다양한 배경을 가진 전문가들의 수 사이에는 현재 큰 차이가 존재한다. 예를 들어, 대부분의 미국 언어병리학자들은 영어를 사용하는 단일 언어 사용자이며, 2008년 현재로, 오직 American Speech Language-Hearing Association(ASHA) 회원 중 오직 2~3%만이 아프리카계 미국인이고, 오직 2.5~3.5%만이 히스패닉계 미국인이다(ASHA, 2008). 미국 수화(American Sign Language)를 포함하여, 회원들 중 2%보다도 적은 수가 이중 언어 사용 능력을 갖춘 것으로 확인된다(Deal-Williams, 2002). 언어병리학자들이 언어적-문화적으로 다양한 아동들과의 연구에서 중요한 역할을 하기 때문에, 그 전문가 집단들을 위한 자료가 중시되고 있다. 그러므로 많은 예시들에서, 이 전문가들과 다른 전문가들은 고용된 통역가들에게 의지할 필요가 있거나 AAVE와 같은 비표준어에 대한 지식을 상당히 향상시켜야 할 필요가 있을 것이다. 그러나 한 보고서는 언어적-문화적으로 다양한 아동들에게 제공되는 서비스를 향상시키기 위해 취해지는 많은 행동들로, ASHA 회원들이 다른 언어를 배우거나 통역가들/번역가들을 치료적 훈련에 사용하기 위해 훈련시키는 것이 쉽지 않다는 것을 나타내고 있다(ASHA, 2002c).

❖ 부모의 선호. 모든 언어의 중재에서, 아동 부모들의 지지와 도움이 필수적이다(Westby, Stevens-Dominguez, & Oetter, 1996). 이것은 만약 (1) 부모들이 교육하기 위해 선택된 언어 형태에 반대하고, (2) 부모들이 그 언어 형태에 능숙하지 않으며, 그리고(또는) (3) 부모들이 성인-아동의 의사소통 패턴, 아동과 가족을 위한 교육과 건강 서비스, 자녀 양육 훈련들에 대해 다른 문화에 기초한 믿음을 가지고 있다면, 명백하게 어려워질 것이다(Chao, 1996; Crago, 1990; Johnston & Wong, 2002; Lo, 2009; van Kleeck, 1994). 어떤 부모들은 그들 자신은 그렇지 않을지라도, 그들의 자녀들은 SAE 화자가 되기를 원한다. 이주한 가족들은 그들의 자녀가 SAE를 배워야 한다고 주장하는데, 그 이유는 그것이 그들의 경제적 향상과 문화적 동화에 중요하다고 생각하기 때문이다. 부모 상담은 가정과 학교에서의 선택적 언어 학습 환경을 만들 수 있도록 도와줄 수 있다.

❖ 구어 공동체. 사회언어학적 연구에서 우리에게 제공하는 가장 중요한 관점들 중 하나는 언어가 문화적 맥락 안에서 발달한다는 것이다. 우리는 말하는 법을 배우고 우리와 함께 살고 상호작용하는 사람들이 사용하는 언어의 다양성을 이해하는 법을 배운다. 아동들에게 있어, 이것은 동료들과 성인 관리자(부모, 교사, 주간 보호자, 친척 등)들이 가장 중요한 언어적 영향을 미친다는 것을 의미한다. 한 아동이 집에서, 거리에서, 놀이터에서, 그리고 교실에서 일반적으로 비표준어를 듣는다면, 그 아동은 SAE를 학습하는 데 어려움을 겪을 것이다.

일단 언어 형태가 중재의 목표로 정해지면, 언어적-문화적으로 다양한 아동들의 언어 능력을 향상시키는 목표들이 만들어져야 한다. 대체로, 목표 선택 절차는 주류의 언어장애 아동을 보는 것과 같은 원리로 보아야 한다. 더욱 개인적으로 적절한 자극들을 제공함으로써 아동의 발달을 강화시킬 수 있는 몇몇 다문화적 자료들이 이용 가능하다(Deal & Rodriquez, 1987). 중재 절차에서 나타나는 중요한 차이점들은 다음과 같다. (1) 목표 언어 형태에서 아동의 수행능력이 다른 언어나 방언에 의해 영향을 받는 것처럼 보이는 경우를 식별하는 것, (2) 필요할 때 모델로서 보조 인력을 사용하는 것, (3) 무엇이 목표 행동으로 허용 가능한지 확실하게 확인하는 것. 첫 번째 주장의 한 예는, SAE 통사론을 학습한 히스패닉계 미국 아동이 스페인어 통사론의 방해 효과 때문에 의문사 전환을 학습하는 데 느릴 것이라는 것이다. 이것은 소개된 형태(자발적 학습, 모델링 등)의 방식에 영향을 미치지는 않지만, 얼마나 아동이 빠르게 그 형태로 발달할 것인가에 대한 다른 기대로 이끈다. 방해 효과가 기대될 때, 특정 목표 형태들을 처음부터 피하게 하는 경우가 만들어질 수 있다.

만약 교육이 SAE가 아닌 다른 언어로 이루어진다면, 전문가들은 반드시 정확한 모델이 제시되도록 매우 주의해야 한다. 이것은 전문가의 지도 아래 자극들을 제시할 수 있는 조수의 사용을 필요로 할지도 모른다. 중재의 일과 제시되는 자극들은 사전에 미리 진행되어야 하고, 그래서 아동과의 상호작용이 가능한 한 자연스럽고 방해받지 않아야 한다. 유사하게, 전문가들이 만약 조수나 부모의 도움을 받는다면, 그들은 특정 과제들에 대한 허용 가능한 반응이 어떤 것들인지 확인해야 한다. 일단 이러한 것들이 구별되면, 전문가와 조수는 아동이 하는 행동들을 강화하는 일을 공유할 수 있다. 부모나 조수는 또한 언어적으로뿐만 아니라 문화적으로 적절한 중재 목표와 심지어 중재 자료들까지도 선택하도록 도울 수 있다.

2) 언어 차이를 위한 중재

선택적 언어 중재는 다음의 상황에서 발생할 수 있다.

- 아동이 비표준어 또는 영어가 아닌 언어에 능숙하다.
- 아동 또는 그 부모가 SAE 습득을 촉진시키기 위한 중재를 요구한다.
- 자원들이 언어장애를 가진 아동을 위한 치료적 중재뿐만 아니라 언어 차이를 가진 아동을 위한 선택적 중재를 돕는 데 이용 가능하다.

언어적-문화적으로 다양한 아동들이 SAE 외의 언어에 능숙하다는 것은 그들이 능력 있는 언어 학습자이며 교육에 잘 반응해야 한다는 것을 의미한다. 이 결론은 더 큰 집단의 아동들과 협력하고 교사의 도움과 자원을 극대화하기 위해 동료 강사들을 이용하는 것에 대한 이유를 제공한다. 전문가의 역할은 직접적이고 개개인의 요구에 맞춘 교육을 제공하는 것에서부터 현직 연수와 교실 활동의 관리를 수행하는 것까지 다양할 수 있다.

선택적 언어 중재의 훈련은 논란이 많으며, 민족 정체성, 민족주의, 경제성, 그리고 전문가 훈련에서의 문제들을 일으키고 있다. 그 문제들은 비표준어 사용자들과 영어 이외의 언어 사용자들에게 다소 다르게 나타난다. 1977년에, 아프리카계 미국 초등학교 어린이들은 그들이 AAVE를 사용함에도 불구하고 학교에서 SAE를 말하고 익히도록 요구되었는데, 잘하지 못했다는 이유로 발생한 불이익의 결과로 미시간 주 앤아버(Ann Arbor)에서 소송을 제기했다(*Martin Luther King Jr. Elementary School Children v. Ann Arbor School District Board*, 1977). 이 문제의 요점은 교실에서 SAE를 사용한 것이 아니라, 아프리카계 미국 아동들이 그 언어를 학습하는 데 겪는 문제들에 교사들이 둔감했다는 사실이었다. 법정 명령에 의해 앤아버 교육위원회(School Board)가 고안해 낸 해결책은 교사들의 AAVE 지식을 증진시키고, 아프리카계 미국 아동들에게 SAE를 가르치는 교사들의 능력을 향상시키기 위해 직무 연수 프로그램을 조직하는 것이었다.

민족적 민감성의 문제는 영어를 조금 알거나 아예 모르는 아동들의 경우에 다르게 나타나는 반응들과 관련되어 있다. 정치적으로, 이러한 아동들이 SAE를 사용하도록 바꾸는 것을 돕기 위해 특별 교육을 받게 하는 것은 더 어려워질 수 있다. 2009년 현재, 29개의 주에서 영어를 주의 공식어로 정하겠다는 법령, 결의안, 헌법 개정안이 공표되었다(Mujica, 2009). 이 법들의 효과들이 혼합되어, 법정에서 이의가 제기되었다. 그러나 그것은 많은 시민들이 미국의 언어적 다양성 증가를 느끼고 있는 것에 대한 걱정을 의미한다. 또한 그것은 영어를 사용하지 않는 아동들에게 제공하는 프로그램들이 공교육의 다른 면들과 거리가 먼 자료들을 취할 것이라는 우려를 반영하고 있다.

전문가 집단이 선택적 언어 중재에 책임을 져야 한다는 것에 대한 의견 불일치가 있다. 언어병리학 분야 내의 몇몇 사람들은 교사로서의 역할을 해야 한다는 것을 느끼고 있고, 훈련에 도움을 준다. ASHA의 입장은 언어병리학자들은 개인적 경험과 교육의 미덕으로서, 제2 언어로서의 영어(English as a second language, ESL) 교육을 제공할 능력이 있어야 한다는 것이다. 다른 사람들은 특히 영어 비사용자들을 위해, 선택적 중재는 특별한 훈련을 받고 ESL 교육의 자격증을 가진 교사들이 갖고 있는 능력들을 필요로 하며, 언어병리학자들은 그러한 능력을 갖지 않는다고 주장한다. 그러한 능력이 없다면, 언어병리학자들은 학교 환경에서 평가와 중재 서비스를 제공할 때 ESL 강사들과 협력함으로써 자신들의 역할을 제한해야 한다(ASHA, 2001; Cheng, 2007a).

선택적 언어 중재에는 최소 세 가지의 뚜렷한 목적이 있다. 이러한 목적들 모두는 아니지만, 몇몇은 다른 환경에서의 전문가들에게 적절할 수 있다.

1. 문화 적응. 특히 언어적-문화적으로 다양한 아동이 소수 집단인 경우에, SAE 숙달은 동료들과의 관계를 발달시키는 데 도움을 줄 수 있고, 학교와 공동체에서 성인들과

의 상호작용을 촉진시킬 수 있다.

2. **경력의 기회**. 구직의 어려움은, 많은 아동이 SAE를 사용하지 못한다면, 그들이 미래에 겪게 될 문제이다. 만약 아동들이 언어 차이들 때문에 기회를 거절한다면 다른 분야에서의 준비는 헛된 일일 것이다.
3. **문해 교육**. 이것은 앤아버의 소송의 기초가 된 것으로, 여전히 큰 문제로 남아 있다. 글로 쓴—창의적인 일과는 거리가 먼—영어 형태만이 표준어가 된다. 그러므로 글을 읽고 쓸 줄 알게 되기 위해서는, 아동은 그 방언을 반드시 배워야 한다. AAVE의 경우, 그것은 다른 사회경제적 요인이나 문화적 요인들과 반대로, 그 언어의 사용이 읽기의 어려움에 대한 원인이 되는지는 불명확하다(Rickford & Rickford, 1995). 히스패닉계 미국 아동들과의 경험은 그들의 읽기 성공이 구어 숙달도와 관련이 있다고 주장한다(Gottardo, 2002; Quiroga, Lemos-Britton, Mostafapour, Abbott, & Berninger, 2002). 그러나 또한 영어 능숙도의 결핍이 낮은 읽기 능력의 단 하나의 이유는 아니라는 것 또한 명백하다. 고려되어야 하는 다른 요소들은 차별의 결과로 오는 낮은 동기와 낮은 교육적 열망뿐만 아니라, 문해 능력에 대한 가족의 태도에 있어서의 문화적 차이들이다(Snow et al., 1998).

만약 그 결정이 언어적-문화적으로 다양한 아동들을 위한 선택적 언어 중재를 돕기 위해 이루어진다면, 교육적 절차는 아동의 나이, 환경, 그리고 언어 요구들에 맞추어 만들어져야 한다. 영어가 아닌 언어들을 사용하는 어린 아동들은 종종 대부분의 SAE 사용자들로 구성된 교실에서 성공적으로 주류에 합류된다. 그들은 그들의 필요를 만족시키기 위해 몇 가지 초기 도움을 필요로 할 것이며, 그들 중 몇몇은 영어로 말하기 시작하기 전까지 일정 기간 동안 조용하게 있을 것이다(Saville-Troike, 1988). 이중 언어를 사용하는 아동이 한 교실에서 꽤 많은 비율을 형성하고 있는 상황에서는, 주류로의 합류는 ESL을 소개하는 특별한 프로그램으로 대체될 필요가 있을 것이다. 새 언어로서의 영어(English as a new language, ENL)라는 용어는 이제 ESL을 대체하기 위해 연방 정부에 의해 고려되고 있다. ENL 학습자들이 마주치는 문제들을 전달하기 위해 2009년에 ENL 위원회가 설립되었다(Cheng, 2010).

비표준어를 사용하는 아동들은 SAE와 대비를 이루는 구조들이 목표가 된 교육을 받아야 한다. 예를 들어, AAVE 사용자들은 문법, 간접 의문문 형성, 그리고 부정문의 사용(표 9.8 참조)에 대한 SAE 훈련들로부터 이익을 얻을 수 있다. 그것은 아동들이 같은 의사소통 과제 내에서, 비표준어 형태에서 표준어 형태로 바꾸는 훈련을 하는 데 도움을 줄 수 있다.

아동의 나이는 방해 효과와 관련하여, 그리고 교육에 이용되는 시간의 양과 관련하여 고려되어야 한다. 일반적으로, 더 나이 든 비영어 모국어 화자들은 그들의 모국어에 의한 방해 효과로 더 많은 어려움을 겪을 것이다. 같은 것이 비표준어 화자들에게도 사실로 추정될 수 있다. 그러나 두 경우 모두에서, 아동의 나이는 SAE를 배우려는 높은 동기로 인해 상쇄될 수 있다(Taylor, 1990). 더 나이 든 아동들의 언어적 욕구는 더 즉각적이며, 이는 그들이 학교에 남아 있는 시간이 더 적기 때문이다. 이러한 경우, 전문가들은 교육에 대한 더 강렬하고 선택적인 접근법을 선택할 것이며, 지능과 개인의 의사소통에서의 사회적 수용성(public acceptability)을 가장 크게 향상시켜 줄 SAE의 특징들을 강조할 것이다.

3) 다른 장애를 가진, 언어적-문화적으로 다양한 아동들을 위한 중재

우리가 이 책의 많은 장(chapter)들에서 보아 왔듯이, 지적장애, 자폐증, 단순 언어장애, 그리고 다른 발달장애들의 근본적인 결함들은 언어 습득 기제에 특별히 부정적인 영향을 미친다. 이러한 장애를 가진 언어적-문화적으로 다양한 아동들은 특히 위험에 처해 있다. 게다가, 언어장애와 정서장애 또는 행동장애 간의 관련은 언어적-문화적으로 다양한 아동들에게 높다(Toppelberg, Medrano, Peña Morgens, & Nieto-Castanon, 2002). 이러한 아동들에게 입력되는 언어와 관련된 결정들은, 그들이 일반적으로 그 입력에 더 의존적이며 그들의 화용적 결함들은 그들로 하여금 그들 스스로 의사소통을 하는 것을 더 어렵게 만들기 때문에 특히 중요하다. 우리가 일찍이 강조했듯, 최근의 관점은 언어장애를 가진 아동에게 이중 언어적 입력을 지속하는 것이다(Cheng, 2007b; Gutiérrez-Clellen, 1999; Langdon & Cheng, 2009). 그러나 그 문제들의 언어적 · 사회적 변형들의 수 때문에, 특정 접근법을 정당화하는 것이 어렵다. 대신, 전문가들은 다음과 같은 일련의 지침들을 따라야 한다(Kohnert, Kennedy, Glaze, Kan, & Carney, 2003; Kohnert et al., 2009; Toppelberg, Snow, & Tager-Flusberg, 1999).

1. 아동의 중요한 의사소통 요구와 아동에게 전적으로 친숙해야 하는 언어를 결정한다.
2. 제1 언어와 제2 언어에서의 아동의 상대적 능력, 다양한 가능 언어들을 사용하기 위한 가족 구성원과 학교 인원의 기능과 능력, 그리고 일반적으로는 언어에 대한 아동의 행동과 소질, 특정적으로는 제2 언어 학습에 대한 태도와 소질을 밝힌다.
3. 가족과 함께 아동의 능력과 필요를 갖는 특정 언어의 위험요인, 이점, 그리고 유용성을 토론한다(정서적 · 행동적 규제를 위해, 그리고 가족적 · 문화적 관련을 위해), 모국어를 지속하는 것의 가치는 무엇보다도 가장 중요하다.
4. 최적의 언어 학습 경험과 환경(optional language-learning experience and environment), 즉 이 장에서 일찍이 소개되었던 OLLEE(Cheng, 2009)를 제공한다.

요약

이 장에서 우리는 다음의 내용들을 살펴보았다.

- 미국에서의 인구 변화가 증가된 인종, 민족, 언어, 역사, 그리고 문화적인 변화, 즉 다문화주의를 낳고 있다.
- 언어 변형은 많은 수준에서 존재한다. 즉, 다른 국가에서, 같은 국가의 다른 지역들에서, 다른 민족적 · 사회문화적 집단 사이에서, 다른 사회적 지위에서, 그리고 다른 개인적 화자들 사이에서 존재할 수 있다.
- 한 가지 이상의 언어를 배우는 아동들은 다른 언어에서 다른 정도의 능숙도를 보일 수 있다. 이중 언어 학습은 많은 요소들에 의해 영향을 받는다. 습득 패턴은 동시적으로보다는 연속적으로 언어를 학습하는 아동에게 다르게 나타난다.
- 히스패닉계 미국인이자 이중 언어 사용/이중 문화 배경의 아동이 사용하는 영어에 주요한 영향을 미치는 것은 스페인어이다. 그들이 표준 마국 영어(SAE)에서 보여 주는 대부분의 음운적 변화들과 문법적 변화들의 일부는 스페인어 방언으로부터 나타난 방해 요인에 의한 것으로 설명할 수 있다.
- 어떤 아프리카계 미국 아동들은 아프리카계 미국 혼합 영어(African American Vernacular English, AAVE)로 알려진 비표준어를 사용하는데, 이것은 아프리카의 서부 해안에서 주로 사용되던 영어와 아프리카어의 상호작용으로 발달한 것이다. 이 방언은 음운론, 문법, 의미론, 그리고 화용론의 규칙 지배적 특징을 가지고 있어 체계적이다.
- 아시아계 미국 아동들의 영어는 아마 그들의 아시아계 모국어의 초분절적 특징들뿐만 아니라, 음운적 · 문법적 특징들에 의해 영향을 받았을 것이다. 몇 가지 일반적인 비교들이 영어와 몇몇 아시아계 언어들 사이에 존재한다. 하지만, 아시아계 미국 아동들의 언어적 · 문화적 행동들에는 상당한 변형이 존재한다.
- 북아메리카 원주민 아동들의 대다수는 제1 언어로 영어를 학습하고, 많은 이들은 비표준어를 학습한다. 많은 북아메리카 원주민들의 언어는 멸종되고 있다. 북아메리카 원주민과 주류의 백인 문화 사이의 차이점들은 표준 언어 평가에서 편향의 위험을 증가시킨다.
- 언어적-문화적으로 다양한 아동들의 높은 비율이 가난한 환경에서 살고 있다. 이것이 이 인구 집단에서 특정 언어장애가 높은 발생률을 보이는 원인인지도 모른다.
- 언어적-문화적으로 다양한 아동들을 평가하는 전문가들은 개인적으로 발생할 수 있는 언어 차이들과 언어장애들을 구별할 수 있어야 한다.

- 최근의 많은 언어 검사들은 언어적-문화적으로 다양한 아동들을 대상으로 시행될 때 상당한 편향적 요소를 포함하고 있다. 그것들은 만약 모든 것에서 사용될 때, 조심히 관리되어야 한다. 더욱 적절한 것은, 그것들이 진정성이 있어야 하며, 아동들의 문화적 · 사회적 배경에 적절한 새 방법들로 대체되어야 한다는 것이다.
- 치료적 언어 중재는 어떤 언어나 방언에서도 능숙함을 보여 주지 못하는 아동들을 위한 것이다. 몇몇 요소들은 교육을 위해 사용하는 언어나 방언을 선택하는 데 있어, 전문가들에 의해 고려되어야 한다. 아동의 언어나 문화를 통역하는 데 있어 도움이 필수적이지만, 통역자들과 함께 일하는 것은 훈련을 필요로 할 뿐더러, 그것은 완벽한 해결책이 아니다.
- 선택적 언어 중재는 비표준어 또는 SAE가 아닌 다른 언어에 능숙한 아동들을 위한 것이다. 그것은 모든 전문가들이나 정치적 파벌들의 도움을 받지는 못한다. 중재의 형태는 확인된 교육의 목적, 관찰될 아동의 수와 나이, 제공된 자원들에 따라 다를 것이다.

언어적-문화적으로 다양한 아동들의 의사소통 욕구들은 인구학적 변화, 언어학 연구, 그리고 법적 행위(legal action, 소송)에 의해 강조되어 왔다. 전문가들은 이러한 인구들의 욕구에 대해 학습할 필요가 있다. 평가와 중재의 전통적 방법 면에서 많은 변화들을 요구하는 새로운 패러다임들은 이러한 아동들에게 제공되기 위해 적용되어야 한다. 이 작업은 진행 중에 있다.

후천성 언어장애 아동

CYNTHIA R. O'DONOGHUE

학습 목표

이 장을 읽고, 다음의 내용을 논의할 수 있어야 한다.

* 아동의 후천적 실어증의 정의와 병인론
* 생리적 복원과 정상 언어발달 기능에 따른 아동 언어 회복의 기초 개념
* 후천적 실어증 아동들의 일반적인 언어 특성
* 후천적 실어증 아동들을 위한 언어 평가 및 중재 원리

대개의 아동들은 말하고, 듣고, 읽고 쓰는 언어 기술들을 삶의 초기 경험과 공식적인 교육을 통해 충분히 발달시킨다. 이를테면 뇌손상이나 뇌졸중과 같은 파괴적인 신경학적 사건들에 의해 언어 습득이 급작스럽게 방해받게 되면 아동들은 언어의 모든 영역에 걸쳐 영구적인 결함을 가질 위험에 노출된다. 다행스럽게도 자연스러운 회복과 발생된 손상의 대부분에 대한 보상이 이어진다. 그렇지만 전형적으로 회복은 즉각적이지도 않고 완전하지도 않으며, 아동이 직면하게 될 결과적인 변화는 아동 및 그 가족들에게 엄청난 어려움을 야기한다(Hawley, Ward, Magnay, & Long, 2003). 전문가라면 이러한 변화에 대한 평가와 설명뿐만 아니라, 자연 회복 과정을 보완하기 위한 중재를 제공하는 일에 유능해야만 한다.

1. 아동기 후천적 실어증 개괄

1) 정의

역사적으로 실어증(aphasia)이라는 용어는 아동에게 나타나는 두 가지 다른 조건들에 관한 기술에 사용되어 왔다. 3장에서 감각의 기능부전, 지적장애, 또는 기타 신경학적 손상이 없는 채로 언어 결함을 보이는 아동들을 기술하기 위해 **발달적**(developmental) 실어증 또는 **선천적**(congenital) 실어증이라는 용어가 사용되어 왔음을 설명했다. 최근의 임상 및 연구 문헌들에서는 이 용어들이 **발달적 언어장애**(developmental language disorder) 또는 **단순 언어장애**(specific language impairment)라는 말로 대치되어 오고 있다. 이와 달리, **아동기 실어증**(childhood aphasia) 또는 이보다 선호되는 **후천적 실어증**(acquired aphasia)이라는 용어는 신경학적 기능을 변화시키는 사고나 질환으로부터 이차적으로 수반되는 언어장애를 가진 아동들을 지칭한다. 후천적 실어증을 가진 아동들은 언어를 정상적으로 발달시키기 시작했을 것이지만, 이후 신경학적 손상의 지속 결과로 인해 의사소통 능력의 전부 또는 일부를 잃게 될 것이다.

2) 후천적 뇌손상의 유형

후천적 뇌손상(acquired brain injury, ABI)은 국지적이거나 확산적인 형태로 발생된다. 국지적 또는 국소성 상해(focal lesion)는 뇌의 독립적 영역에 국한된 상해이며, 전형적으로 침입성 상해(penetrating injuries)(예: 총상), 뇌혈관계 상해(cerebrovascular lesion)[예: 뇌졸중(stroke) 또는 동맥류(aneurysm)], 또는 종양(tumors)으로부터 초래된다. 확산성 상해(diffuse lesions)는 방대하며 뇌의 여러 영역들을 포괄하는 것으로서 일반적으로는 외상성 머리 손상, 중독, 또는 감염에 의한 것이다. 뇌손상이 발생되면, 다음과 같은 이유들로 인해 신경세포의 괴사(즉, 죽음)가 발생된다.

1. 혈액을 통해 공급되는 산소의 결핍
2. 신경 축삭(neuronal axons)의 기계적 절단
3. 다른 신경세포들과의 연결 저하 및 단절
4. 전기적 과잉 자극(overstimulation)

과잉 자극으로 인한 신경세포의 죽음은 상대적으로 최근에 발견된 것이며, 초기 약물 치료를 통해 개선될 수 있는 것처럼 보인다(Almli & Finger, 1992; Felberg, Burgin, & Grotta, 2000). 따라서 미래에는 특정 유형의 뇌손상으로부터 야기되는 영구적인 손상의 정도를 낮출 수 있을 것이다.

외상성 뇌손상. 미국의 14세 이하 아동들은 매년 외상성 뇌손상(traumatic brain injury, TBI)으로 인해 약 2,685명이 사망하고, 37,000명이 입원하며, 435,000명이 응급실을 찾게 된다(Langlois, Rutland-Brown, & Thomas, 2006). 국립뇌손상재단(The National Head Injury Foundation)(1985)에서는 TBI를 다음과 같이 정의한다.

> 퇴행성 또는 선천적 성향에 의한 것이 아니라 외부로부터의 물리적 위해로 인해 야기되는 뇌에 대한 공격은 의식 수준의 감퇴나 변화를 초래하며, 이것은 인지적 능력이나 신체 기능의 결함을 낳는다. 이것은 또한 행동이나 감정적 기능의 붕괴를 초래하기도 한다. 이 손상들은 일시적이거나 또는 영구적일 수 있으며, 부분 또는 완전한 기능적 장애 또는 사회심리적 부적응을 초래할 수 있다(p. 3).

TBI는 신경학적 기능부전의 행동적 근거를 가지고 있으되 상해를 겪지는 않은 아동들을 지칭하는 과거의 용어인 미세 뇌기능 장애(minimal brain dysfunction, MBD)(3장과 4장 참조)와 혼동되어서는 안 된다. 전문가들은 종종 **머리 손상**(head injury)과 **외상성 뇌손상**을 같은 의미로 함께 사용하기도 한다.

TBI는 몇 가지 원인으로부터 초래되며, 그 병인론은 연령 집단에 따라 다소 달라진다. 유아나 걸음마기 아동들은 일반적으로 추락(낙상)이나 학대로 인해 다치게 된다. 더 나이 든 취학 전 아동들은 추락, 어린 학령기 아동들은 스포츠 활동이나 보행 중 사고, 자전거나 스케이드보드 타기, 또는 (차량) 승객으로서의 사고로 인해 상해를 겪게 된다. 청소년들의 경우에는 대개 오토바이 사고 또는 관련 사고로 인한 상해가 가장 주된 원인이다(Langlois et al., 2006). 취학 전 기간 초기에는 남자아이들은 여자아이들에 비해 2~4배 정도 TBI를 더 많이 경험한다. 실질적으로 거의 모든 연령 집단에서 여성에 비해 남성에게 TBI 발생 비율이 더 높게 나타난다(Langlois et al., 2006). TBI를 가진 아동과 청소년들은 일반적으로 인식될 수 있는 수준보다 훨씬 높은 발생 비율을 보이는 인구 집단이다. 질병통제 및 예방센터(Centers for Disease Control and Prevention)의 자료를 보고한 Langlois 등(2006)에 따르면, 매우 어린 아동들이 TBI와 관련하여 응급실을 가장 많이 찾으며, 그다음이 청소년들이다. 유치원에서 12학년까지의 모든 아동들 가운데 약 4%가 일부 유형의 머리 외상을 경험하는 것으로 추정된다(Langlois et al., 2006). 특수교육 대상 아동들의 경우에 이 수치는 8~20% 수준까지 상승한다(Savage, 1991). 아동들의 머리 상해를 초래하는 자동차 사고는 저속일 때 발생될 가능성이 더 높다. 그러므로 이들의 머리에 가해지게 될 회전적 가속(rotational acceleration)은 고속에서의 충돌에 연루될 청소년이나 성인의 그것보다는 더 약할 것이다. 아동들의 뇌손상은 뇌의 피질에 국한되는 반면, 청소년이나 성인들의 경우에는 안쪽의 백질(white matter)에까지 확대될 수 있다. 게다가 아동들의 경우는 좌상(contusion), 혈종(hematoma), 그리고 백질 손상으로 발전될 가능성은 더 낮다[이들의 뇌는 수초화(myelination)가 덜 이루어졌기 때문이다]. 그렇지만 불행히도 아동의 외상이 학

표 10.1 글래스고 혼수 척도(Glasgow Coma Scale)

눈 뜨기 최고 수행 (Best Eye Opening)	운동 반응 최고 수행 (Best Motor Response)	구어 반응 최고 수행 (Best Verbal Response)
4 스스로 눈을 뜸 **3** 큰 소리로 요청했을 때 눈을 뜸 **2** 꼬집었을 때 눈을 뜸 **1** 눈을 뜨지 않음	**6** 간단한 지시에 따름 **5** 꼬집으면 검사자의 손을 밀침 **4** 꼬집었을 때 검사자의 몸을 밀침 **3** 고통에 대해 몸에 부적절하게 힘이 들어감 **2** 꼬집었을 때 신체가 펴진 채로 경직됨 **1** 꼬집기에 대해 운동 반응 없음	**5** 정확하게 대화를 진행하며, 검사자에게 자신이 어디에 있는지, 누구인지, 그리고 지금이 몇 년 몇 월인지 말함 **4** 혼란스럽거나 지남력을 잃은(disoriented) 것처럼 보임 **3** 검사자가 알아들을 수는 있지만 의미가 없는 말을 함 **2** 검사자가 알아들을 수 없는 소리를 냄 **1** 소리를 내지 않음

출처: Teasdale과 Jennett(1974).

대로 인한 것일 때는 의료적 조치가 지연되는 경우가 많다(Duhaime, Christian, Rorke, & Zimmerman, 1998). 전반적으로 낙상(fall)이 TBI의 첫 번째 원인(28%)이며, 이어서 교통사고(20%), 사고로 인한 타격(19%), 그리고 폭행(11%)의 순이다(Langlois et al., 2006).

뇌손상도 분류는 표 10.1에 제시된 글래스고 혼수 척도(Glasgow Coma Scale, GCS)(Teasdale & Jennett, 1974)에 따라 결정된다. GCS는 눈 뜨기, 운동 반응, 그리고 구어 반응의 최고 수행을 측정한다. 이 세 가지 범주 점수들을 합산하여 손상도를 다음과 같이 분류한다.

13~15 경도 뇌손상(mild brain injury)
9~12 중등도 뇌손상(moderate brain injury)
3~8 중도 뇌손상(severe brain injury)

GCS 점수와 이후의 뇌 위축증(cerebral atrophy, 즉 뇌조직의 손실) 간의 상관은 GCS가 아동들의 회복과 결과에 대한 예후를 알려 주는 타당한 도구임을 지지해 준다(Ghosh et al., 2009). 초기 GCS 점수는 일반적으로 사고로 인해 어떤 아동들이 사망하게 될 것인지 또는 나쁜 결과가 나타날 것인지를 예측해 주기는 하지만, 이 손상 등급이 생존 아동이 경험하게 될 운동 수행, 교육, 그리고 사회화의 기능 수준과 반드시 연합되어 있는 것만은 아니다(Haley, Cioffi, Lewin, & Barqza, 1990; Savage, 1991). GCS는 원래 성인용으로 개발된 것이지만, 아동들에게도 가장 보편적으로 사용되는 채점도구이다. 그렇지만 운동 및 언어 기술이 아직 완전히 발달되지 못한 매우 어린 아동들에게는 덜 적합할 것이며, 이러한 이유로 인해 대안적인 도구들이 개발되어 왔다(Durham et al., 2000; Simpson, Cockington, Hanieh, Raftos, & Reilly, 1991). 유아 및 아동용 GCS 수정판은 15점 척도를 사용하여, 12

~15점은 중도(severe), 8~11점은 기도삽관이나 기관절개를 요하는 수준, 그리고 6점 또는 그 이상일 경우는 뇌내압력(intracranial pressure)을 모니터해야 하는 수준으로 정한다(Koch, Narayan, & Timmons, 2007; Reilly & Simpson, 1988). GCS는 이를테면 약식 상해점수(Abreviated Injury Score)나 상해도 점수(Injury Severity Score)와 같은 기타 도구들과 함께 적용되었을 때는 기능적 결과를 훌륭히 예측해 주는 것처럼 여겨진다(Foreman et al., 2007).

뇌졸중과 종양. 성인의 실어증을 야기하는 가장 보편적인 원인인 뇌졸중(strokes)은 상대적으로 아동들에게는 잘 나타나지 않는다. 2000년도, 미국의 뇌혈관계 질환 사망률은 10만 명당 0.5명이다(15세 이하 아동의 경우). 캘리포니아 주 광역 병원의 종결 데이터베이스(1991~2000년 사이)에서는 뇌졸중 발생률이 생후 1개월에서 19세 아동 10만 명당 2.3명에 이르는 것으로 나타나고 있다(Fullerton, Wu, Zhao, & Johnston, 2003). 이와 비교되는 65세 이상 성인의 수치는 422명이다. 마찬가지로 모든 유형의 종양암(cancerous tumors)으로 인한 사망률은 아동 10만 명당 5.2명인 것에 비해, 성인은 1,127명이다(Minino & Smith, 2001). 명백히 외상성 손상 발생률과 비교하여, 혈관계 상해와 종양은 발생 빈도가 더 낮은 조건이다. 그러나 이것이 실제로 발생되어 좌반구 편측성 손상을 야기했을 경우에는 성인들에게서 발견되는 것에 필적하는 실어증 유사 증상이 초래된다.

아동기 뇌졸중의 1/3 이상이 생의 첫 2년 동안에 발생된다. 아동 뇌졸중의 일반적인 원인들로는 혈관 기형(vascular malformation), 심장 질환, 혈관 폐쇄(vascular occlusion), 겸상적혈구(sickle cell) 질환, 또는 뇌출혈(hemorrhage)이 있다. 뇌혈관 폐쇄는 외상, 감염, 또는 섬유질 변화 또는 그 밖의 규명할 수 없는 이유에 의한 것일 수도 있다. 겸상적혈구 빈혈(sickle cell anemia)에서는 적혈구 이상이 혈관 폐쇄를 야기하며, 이것이 혼수상태나 발작을 일으킬 위험을 초래한다. 뇌출혈은 종종 기형 혈관 정맥의 파열로 인해 발생하기도 한다. 안타깝게도 이러한 질환을 가진 아동들은 살아가는 동안 재발될 위험에 노출된다.

3) 연합된 문제들

후천적 실어증을 가진 아동들은 일반적으로 뇌손상으로부터 야기된 뚜렷한 연합 문제들을 드러낸다. 이러한 동시 발생적 결함들은 아동들에 따라 크게 다르다. 공존하고 있는 문제들에 대한 요약이 표 10.2에 제시되어 있다. 후천적 실어증과 연합된 결함들은 언어장애의 평가와 치료에 사용되는 절차들에 중대한 영향을 미친다. 예를 들어, 지각 및 운동 결함으로 인해 검사 자원 및 절차의 수정이 불가피할 것이다. 행동적 결함은 아동을 집단 교육이나 활동에 참여시키고자 하는 시도를 방해하게 될 것이다.

표 10.2 후천적 실어증 아동들의 연합된 신체적 · 인지적 · 지각 운동적 · 행동적 · 사회적 결함들

병인론	TBI	혈관계 상해
대근육 운동과 소근육 운동의 결함	* 중등도 TBI: 경직, 실조증, 지연된 운동 발달 이정표 * 경도 TBI: 소근육 및 시각운동 결함, 연령 수준에 적합한 놀이 및 신체활동 감소	* 뇌손상 반대편의 반신 마비
인지적 결함	* 장기 및 단기기억, 개념적 기술, 문제 해결의 결함 * 정보처리 속도 감소 * 주의 기술 감소	* 규준 참조적 지능 검사에서 낮은 점수, 언어성 점수보다는 높은 동작성 점수
지각 운동적 결함	* 시각적 부주의, 시야 결함, 운동 실행증, 운동 속도 감소, 운동 순서화 결함	* 시각적 부주의, 운동 실행증, 교차실어증의 경우 시각적 변별 결함(우반구 손상)
행동적 결함	* 충동성, 판단력 저하, 억제력 저하, 의존성, 분노 폭발, 거부, 우울증, 정서적 결함, 무관심, 무기력, 낮은 동기	* 부주의, 산만함
사회적 결함	* 동료들로부터 배우지 못함 * 사회적 상황을 일반화하지 못함 * 훨씬 어린 아동들처럼 행동함 * 위축 * 소음이 있는 환경에서 산만해지며, 친숙한 환경에서조차 주의를 잃음	* 사회적 위축 기간을 가질 수 있음(한 사례에서 선택적 함묵증이 보고됨)

출처: Burd, Gascon, Swenson과 Hankey(1990); Catroppa와 Anderson(2003); DePompei와 Blosser(1987); Haley 등(1990); Martins, Ferro와 Trindade(1987); McNaughton(1991); Miller, Campbell, Chapman과 Ellis Weismer(1984); Raybarman(2002); White와 Sreenivasan(1987); Ylvisaker(1989).

2. 언어발달과 언어 회복

유사한 유형의 뇌손상이 아동과 성인 모두에게 영향을 미친다는 것은 자명하다. 그렇지만 이러한 뇌손상은 언어에 있어서는 두 연령 집단에게 각기 다른 영향을 미친다. 보편적 견해로는 뇌손상 아동들은 최소한 다음과 같은 세 가지 측면에서 다를 것이다(Dennis, 2000).

1. 이들은 실어증의 위험이 낮다.
2. 이들은 다양한 언어 증후를 나타낸다.
3. 이들은 성인들에 비해 빠르고 완전하게 회복된다.

이러한 개념은 연구가 진행됨에 따라 계속 견고해져 왔다. 핵심적인 논지는 진행성 편측성(progressive laterality) 또는 등위성 가설(equi-potentiality hypothesis)로서, 이는 뇌의 우세성(cerebral dominance)이 출생 시점에서는 나타나지 않되, 아동기 전체에 걸쳐 느리게 발현된다고 주장하는 것이다(Lenneberg, 1967). 성인들의 뇌도 재조직될 수는 있으나 더 어린 뇌에서 감각 양식들에 걸친 가소성(plasticity)이 더욱 크게 나타난다

(Johansson, 2004). 만일 사춘기 이전에 아직 언어의 완전한 편측화가 일어나지 않는 것이 사실이라면, 우세 반구(일반적으로 좌반구)의 손상이 실어증을 초래하지 않거나 가벼운 경도 증후를 초래한다는 점이 납득될 만하다. 더욱이 뇌 우세성의 부재는 언어와 같은 상위 수준의 기능들이 아동들의 뇌에서는 덜 국재화되어 있을 것임을 의미한다. 이는 곧 1장에서 소개된 개념인 신경학적 가소성으로 인해 손상되지 않은 뇌 부위가 이전에는 손상 영역에서 통제되던 기능들을 떠맡을 수 있을 것임을 의미한다. 일부 연구들은 어린 아동들의 뇌에서 상당한 크기의 신경 가소성을 시사하고 있다(Dapretto, Woods, & Bookheimer, 2000; Mills, Coffey-Corina, & Neville, 1993). 그렇지만 모든 증거들이 진행성 편측화라는 개념을 지지하고 있는 것은 아니다. 특정 해부학적 · 전기생리학적 연구들에서는 이를테면 이분청취성향(dichotic ear preference)과 같은 편측화의 일부 특징들은 생의 매우 초기 시점부터 나타나고 있음을 지적하고 있다. 뇌의 좌반구 편측성 손상으로부터 회복된 아동에 대한 연구들 역시 연구 방법의 차이로 인해 해석이 쉽지 않다. 그렇지만 전체적으로 보면 현재까지의 증거는 아동이 회복할 수 있는 기회는 연령에 따라 지속적으로(단조롭게) 감소할 것이라는 개념을 지지해 주지 못한다. 추가적으로 다양한 이유들로 인해(예: 뇌졸중 대 TBI), 연령과는 무관하게 서로 다른 회복 양상들이 존재하고 있다는 사실 때문에 연령에 기반한 기능적 가소성이라는 개념은 더욱 혼란스러운 상태이다(Dennis, 2000). 가소성이 연령에 따라 어떻게 달라지며 뇌손상으로부터의 회복 가능성에 어떠한 영향을 미칠 것인가를 확정하기 위한 추가 연구가 필요할 것이다(Bates & Roe, 2001). 아동들의 언어 표상은 성인의 그것과 마찬가지이지만, 어린 뇌를 특징짓는 더욱 커다란 신경의 상호교차에 의해 이러한 유사성이 차단될 수도 있을 것이다(deBode & Curtiss, 2001).

실어증 아동의 언어적 증상은 전통적으로 성인의 그것과는 다른 것으로 여겨져 왔다. 성인의 실어증은 크게 두 가지로 분류된다. 비유창성(nonfluent) 실어증은 말이 단절되고, 말 이해는 상대적으로 훌륭하며, 손상 영역은 뇌의 전두엽 부위이다. 그리고 유창성(fluent) 실어증은 말에 오류들이 담겨 있으나 힘들이지 않고 산출되며, 말 이해는 열악하다. 손상 영역은 두정엽과 측두엽이다. 아동기 후천적 실어증의 대부분의 사례들은 전통적으로 뇌 손상 위치와 무관하게 비유창성을 나타내는 것으로 기술되어 왔다(Satz & Bullard-Bates, 1981). 그렇지만 더 많은 연구들이 수행됨에 따라, 문헌들에서는 여전히 비유창성 형태에 대한 기술이 지배적이긴 하지만, 성인들과 마찬가지로 실어증 아동들도 비유창성 또는 유창성 유형 중 어느 하나를 나타내는 것처럼 보인다(van Dongen, Paquier, Creten, van Borsel, & Catsman-Berrevoets, 2001). 다른 관점에서, 아동들은 또한 언어 양식에 걸쳐 큰 차이를 나타내는 것처럼 여겨진다. 이 결함 영역들에는, 성인들과 마찬가지로 청각 이해, 쓰기, 읽기, 이름 대기 및 작업기억들이 포함된다(Aram, 1988; Jordan & Ashton, 1996; Jordan, Murdoch, Buttsworth, & Hudson-Tennent, 1995; Levin et al., 2004; Mandalis, Kinsella, Ong, & Anderson, 2007).

실어증 아동들의 증상이 성인의 그것과 유사하기는 하지만, 두 집단의 예후는 서로 주목할 만큼 다르다. 후천적 실어증의 모든 사례들을 종합해 보면, 아동의 대다수(약 75%)는 언어에서의 극적인 회복을 보이며, 이는 운동 기능의 회복과는 관련되지 않은 것이다(Aram, 1988; Eisele & Aram, 1995; Satz & Bullard-Bates, 1981). 뇌전증(발작)(seizure)을 가진 아동들의 회복 속도는 현저히 낮다(Bates & Roe, 2001). 지능 검사 및 언어 검사에서의 낮은 수행 점수로 증명되듯이[즉, 편측성 허혈성 주산기 뇌졸중(unilteral ischemic perinatal stroke) 아동에 대한 두 가지 종단 연구], 뇌전증은 뇌 가소성에 부정적인 영향을 미친다(Ballantyne, Spilkin, Hesselink, & Trauner, 2008). TBI를 가진 아동들 가운데, 12~35%는 외상 후 발작(뇌전증)을 일으킨다(Statler, Swank, Abildskov, Bigler, & White, 2008). 완전한 회복은 거의 드물다. 뇌손상 아동의 25% 이상은 발병 후 1년 이상 잔존 실어증(residual aphasia)을 나타내며, 심지어 임상적으로는 실어증을 회복한 것처럼 여겨지는 사례들에서조차 지능 검사 및 학업 성취에서 지속적으로 결함을 보인다(Jordan & Murdoch, 1994). 일부 실어증 아동들의 놀라운 기능적 회복은 다음과 같은 두 가지 문제를 제기한다.

1. 왜 다른 아동들은 그만큼 회복되지 않는가?
2. 왜 아동들은 성인들보다 훨씬 더 잘 회복되는가?

성인 실어증의 회복은 연령, 병인론, 실어증 유형, 그리고 뇌손상의 정도와 같은 변인들과 관련되어 있다. 이 변인들은 아동들의 회복에도 영향을 미치는 것으로 추측되고 있다. 뇌졸중은 발병 성인들의 경우, 더 낮은 연령이 좋은 예후의 변인인 것으로 간주된다(Sarno, 1998). 외상성 뇌손상을 겪은 아동들의 경우는 연령이 해부학적 발달, 손상 유형, 그리고 언어발달 상태와 같은 변인들과 함께 상호작용하여 예후가 결정된다(Anderson et al., 1997). 어린 아동들(즉, 2~7세)에게 중요한 예후 변인들에는 사회경제적 수준, 상해의 정도, 상해 이전의 적응기술, 그리고 연령이 포함된다(Anderson, Morse, Catroppa, Haritou, & Rosenfeld, 2004). 또 다른 연구들로부터 아동들의 TBI 이후의 언어 및 문해 기술 예측 변인 목록에 상해 이전의 의사소통 기술, 상해 시점의 연령, 그리고 어휘가 추가되었다(Catroppa & Anderson, 2004). 걸음마기 아동 및 어린 아동들은 일반적으로 가장 잘 회복되는 것처럼 보이는 이유는 다음과 같다. (1) 이들의 뇌는 유아들의 뇌에 비해 상해를 잘 견뎌내며, (2) 이들은 상해가 발생되기 이전에 특정 구어 언어 기술과 때로는 문어 기술도 정착된 상태이며, (3) 이들은 여전히 뇌의 기능적인 재조직화가 일어나기에 충분할 만큼의 가소성을 가지고 있기 때문이다. 그렇지만 5세가 넘어서면, 아동들의 TBI로부터의 회복 양상은 점차적으로 성인의 그것을 닮아 가게 된다(Chapman, Levin, Wanek, Weyrauch, & Kufera, 1998). 5~15세의 경도-중도 TBI 아동들에 대한 한 유망한 종단 연구에서는, 중도(severe) 아동들은 경도 아동들에 비해 상해 후 상당 기간 동안 결함을 보이는 것으로 나타났다. 더욱이, 발병 연령이 더 어린 아동들이 학업 성취에서 더 작은 증가를 보이는 것으로 나타났다(Ewing-Cobbs et al., 2004).

비록 증거들이 서로 상충하기는 하지만, 뇌손상의 유형과 손상 영역 역시 아동의 회복에 영향을 미친다. 예를 들어, TBI를 가진 어린 아동들에 대한 한 유망한 종단 연구에서는 특정 손상의 특징이 예후에 중요한 역할을 담당하지 않은 것으로 나타났다(Anderson et al., 2004). 뇌손상 아동들이 손상 직후 유창성 실어증의 증후를 보인 소수 사례에서는 회복에 대한 예후가 일반적으로 더 나빴다(Martins & Ferro, 1992). 또한 뇌손상의 원인 역시 회복의 예후에 영향을 미친다. 가장 자주 발견되는 양상은 국지적인 외상성 손상에서 예후가 가장 좋다는 것이다. 혈관계 손상에서는 예후가 그만큼 좋지는 못하며, 감염성 병인론에서는 예후가 가장 나쁘다(Dennis, 1992; Martins & Ferro, 1992).

3. 후천적 실어증 아동들의 언어적 특징

후천적 실어증 아동들의 언어적 특징을 특정하는 단일한 방법이란 없다. 왜냐하면 다양한 손상 정도와 손상 시점에서의 아동의 언어발달 정도가 연합되기 때문이다. 실어증 학자들은 뇌손상 직후의 첫 3~12개월을 '자발적 회복' 기간으로 특징짓는데, 이 기간 중에는 신경계가 심지어 어떠한 유형의 중재 없이도 수많은 기능들을 가장 잘 회복할 수 있다(Helm-Estabrooks & Albert, 2004; Sarno, 1998). 언어적 손상은 이 급격한 시기에 가장 극명하게 드러나기는 하지만, 전형적으로 뇌손상을 가져왔던 아동들은 잔존 언어장애를 갖는다. 이 결함들이 개인 간의 의사소통에 영향을 미치며 무엇보다도 학업 수행에 가장 해로운 영향을 미치게 된다. 다음 절은 발병 직후, 또는 초기 회복기 및 그 이후 동안의 보편적인 언어적 특징들에 관해 살필 것이다. TBI 아동들과 혈관계 손상 아동들이 보이는 행동상의 차이점에 대해서도 논의할 것이다.

1) 초기 회복과 언어적 결함

이해. 초기 회복 기간에는 폭넓은 범위의 이해(comprehension) 결함이 나타날 수 있다. 일반적으로, 이해장애의 손상도는 뇌손상 정도와 부합한다. 예를 들어, 중도 TBI를 가진 아동은 일반적으로 경도 TBI를 가진 아동에 비해 처음에는 더욱 심한 결함을 보인다. 이해해야 할 것의 복잡성 역시 한 가지 변인이다. 경도에서 중등도(moderate)/중도 폐쇄성 뇌손상(closed head injury)을 가진 57명의 아동 및 청소년 연구에서는 18% 이상이 구문적으로 복잡한 문장의 청각 이해에 결함으로 보였으나, 한 낱말 이해에서는 오직 2%만이 어려움을 보였다(Ewing-Cobbs, Fletcher, Landry, & Levin, 1985). 중도 TBI 아동들은 통제 집단과 비교하여 이야기의 문자 그대로의 측면(literal aspect)을 이해하는 반면, 읽은 내용의 이해를 돕기 위한 추론에서는 어려움을 보였다. 들려준 것에 대한 구어 및 문어 이해는 작업기억의 제한과 추론 처리의 결함에 의해 유의한 영향을 받는 것으로 나타났다(Ewing-Cobbs & Barnes, 2002).

혈관계 상해를 가진 아동들 역시 이해 문제에서 개인차를 보인다. Dennis(1980)는 좌반구 뇌졸중 발병 직후, 낱말 및 간단한 명령에 대한 청각적 이해가 손상된 한 9세 소녀에 관해 보고한 바 있다. 같은 내용에 관한 그녀의 속으로 읽기 이해(silent reading comprehension)는 더 훌륭했으나, 소리 내어 읽을 때는 이것이 과제를 방해했다. 한 조사에서, 좌반구의 비외상성(nontraumatic) 뇌손상을 가진 8명의 아동 중 2명은 청각 이해의 결함을 나타냈다(Hécaen, 1976).

낱말 인출. 낱말 인출(word retrieval)의 장애 또는 명칭실어증(anomia)은 후천적 실어증 아동들에게 보편적으로 나타난다. 명칭실어증은 그림이나 사물의 이름을 대지 못하거나 잘못된 이름을 대는(예: 의자를 소파로) 양상으로, 또는 자발화에서 지나친 주저함이나 비특정적(nonspecific) 낱말을 사용하는 양상으로 나타난다. 한 연구에서는 경도에서 중등도/중도의 뇌손상 아동 및 청소년 중 상대적으로 작은 비율(9%)이 즉각적인 이름 대기에서 어려움을 보였다. 더 많은 수(18% 이상)는 특정 범주에서의 낱말 인출에 어려움을 보였다(Ewing-Cobbs et al., 1985). TBI 아동 및 청소년들은 자발적 발화에서 통제 집단에 비해 유의하게 적은 낱말 수 및 낱말 유형을 산출한다. 비록 일부 명칭실어증적인 행동이 남아 있기는 하지만, 대부분의 아동들은 손상 후 첫 1년 사이에 어휘 사용에서의 유의한 개선을 나타낸다(Campbell & Dollaghan, 1990). 일반적으로, 머리 손상 사례들에서 손상의 정도나 아동 연령과 무관하게 일부 낱말 찾기(word-finding) 결함이 나타날 것으로 예상된다(Dennis, 1992; Jordan, Murdoch, Hudson-Tennent, & Boon, 1996).

많지 않은 연구들에서 좌반구 혈관계 손상 아동들의 어휘 결함이 보고된 바 있다. 앞서 설명된 9세 소녀(Dennis, 1980)는 뇌졸중 직후 2주 동안 의미 착어(semantic paraphrasia)(컵을 병으로)와 무차별적인 잘못된 이름 대기를 포함하여 많은 낱말 찾기 결함을 가지고 있었다. 보속적(perseverative) 또는 반복적인 반응이 보편적으로 나타났다. 소녀의 자기 이름 쓰기 능력은 그것을 말하는 능력보다는 우수했다. 이름 대기 과제에서보다는 낱말 연합하기에서 더욱 큰 어려움을 보이긴 했으나, 어휘적 결함은 비외상성 뇌손상을 가진 다른 아동들에게서도 보고된 바 있다(Jordan, Murdoch et al., 1996).

구문. 뇌손상이 발생된 후, 곧 평가가 이루어진 아동 및 청소년들은 자발적 발화의 여러 전반적인 검사에서 현저한 차이들을 나타낸다. 즉, 적은 수의 발화 산출, 짧은 평균 발화 길이(mean length of utterances), 그리고 미완성 또는 붕괴된 발화(즉, 잦은 쉼, 잘못된 시작, 수정 등)의 높은 비율(Campbell & Dollaghan, 1990)을 말한다. 사물 설명하기, 문장 따라 하기 및 목표 낱말이 포함된 문장 만들기와 같은 다양한 구조화된 의사소통 과제들에서의 수행 역시 손상된다. 쓰기가 말하기보다 더욱 손상되는 경향이 있다.

뇌졸중 아동의 사례 연구에서 유사한 양상의 구문 결함이 제안된다. 좌반구의 심각한 뇌졸중을 가진 한 아동은 발병 후 2주 동안 일상 사물 사용법 설명, 문장 따라 하기, 목표 낱말이 담긴 문장 구성하기에서 손상을 보였다. 이 결함은 발병 후 3개월까지도 지속되었다(Dennis, 1980). 교차실어증(crossed aphasia, 우반구 손상으로 인해 야기된 실어증)을 보인 또 다른 5세 아동의 경우, 처음에는 전혀 말을 하지 않았다. 그 후 3개월이 경과하자, 한 낱말 수준으로 진전되었고, 이후 낱말 사이의 길이가 지연되는 채로의 두 낱말, 세 낱말 조합, 다음에는 짧은 구, 그리고 마침내는 짧은 문장으로 진전되었다(Burd et al., 1990). 좌반구 실비우스 영역(Sylvian area)의 뇌졸중으로 전반실어증(global aphasia)이 초래된 3세 4개월 아동의 사례 연구에서는 발병 후 6개월 시점에 평균 발화 길이와 형태론적 표지(morphological marker)에서의 결함이 나타났다(Chilosi et al., 2008).

말 산출. 후천적 실어증을 가진 많은 아동들은 말 명료도(speech intelligibility)에서도 결함을 보인다. 뇌 또는 두개(cranial) 신경로의 운동계획 영역에 영향을 미치는 뇌손상은 소리 산출을 변화시킨다. 뚜렷한 특징으로 소리의 대치, 생략, 왜곡, 또는 '불명료한' 말소리가 나타나며, 이는 실행증(apraxia) 그리고(또는) 마비말장애(dysarthria)의 출현을 시사하는 것이다. TBI 발병 후 첫 1년 동안, 많은 아동들은 조음 기술의 개선을 나타낸다. 비록 한 통제 연구에서 TBI 발병 후 1년 이상 현저하게 느린 조음 속도가 지속된 사례가 있긴 했으나(Campbell & Dollaghan, 1995), 사실상 조음은 표현언어에서 가장 빠르고 가장 강력한 이득일 수 있다(Campbell & Dollaghan, 1990). 유사한 조음의 문제가 좌반구의 비외상성 뇌손상 아동들에게서도 관찰된 바 있다(Dennis, 1980; Hécaen, 1976). 예를 들어, 소뇌 종양(cerebellar tumors)을 가진 아동들은 부정확한 자음, 명료도 저하, 그리고 느린 속도를 나타낼 수 있다(Cornwell, Murdoch, Ward, & Kellie, 2003; van Mourik, Catsman-Berrevoets, Yousef-Bak, Paquier, & van Dongen, 1998).

2) 후기 회복 및 잔존 언어장애

실어증 아동들이 일반적으로 성인들보다는 완전하게 언어 기능을 회복하기는 하지만, 최근의 연구 결과들에서는 아동들이 이후 지속적인 언어장애를 경험하게 된다는 점이 보고되기도 했다. 이는 실어증의 병인론과 상관없이 사실인 것처럼 보인다. TBI 이후, 미세한 상위 수준의 언어 기술에서 지속적인 어려움이 종종 나타난다. 예를 들어, 자발적 대화 또는 이야기 말하기 동안, 낱말 인출, 정보의 회상 및 조직화에서의 잔존 결함이 나타나며, 청자가 이야기의 사건 및 등장인물들을 따라갈 수 있도록 돕는 결속장치(cohesive devices) 사용 역시 결여된다(Brookshire, Chapman, Song, & Levin, 2000; Campbell & Dollaghan, 1990; Chapman et al., 1998; Dollaghan & Campbell, 1992). 잔존 결함에는 열악한 구문, 유창하지 못한 말, 그리고 낱말 인출의 결함이 포함되기도 한다(Chilosi et al., 2008). 불필요한 반복이나 부적절한 세부 사항의 포함으로 인해 구어 설명이 조직적이지 못하고 혼란스러우며 효율적이지 못하다(McDonald, 1993). 뇌손상 아동들은 읽기 또는 쓰기에서 직접적으로 언급된 사실들은 이해하지만 추론되어야만 하는 정보를 이해하는 것에는 실패한다(Barnes & Dennis, 2001; Dennis & Barnes, 2001). 이야기 속 등장인물의 피상적인 감정은 이해되지만, 특정 행동의 동기가 되는 숨겨진 감정들은 이해하지 못한다(Dennis, Barnes, Wilkinson, & Humphreys, 1998). 비문자적(nonliteral) 의미, 이를테면 유머 또는 풍자의 이해가 포함되는 언어 과제에서, 후천적 실어증 아동들은 또래들에 비해 잘못된 이해라는 특징들을 더 많이 나타낸다(Dennis, Purvis, Barnes, Wilkinson, & Winner, 2001; Docking, Jordan, & Murdoch, 2000; Jordan, Cremona-Meteyard, & King, 1996). 상위 수준의 언어 능력은 이것이 학업 및 사회적 성공에 미치게 될 잠재적 영향력으로 인해, 이 아동들이 경험하게 되는 가장 어려운 의사소통 문제들에 속하게 된다. 이것들은 또한 검사 과정에서 간과하기 쉬운 독립적인 언어 기능이기도 하다. 전문가들은 이러한 어려움이 나타날 가능성이 높다는 점에 주의해야 한다.

아동들의 혈관계 손상으로부터의 회복도 유사한 양상을 나타낸다. 여기에서도 언어 기능의 강력한 초기 회복이 있는 것으로 여겨지지만, 이러한 초기 진보에도 불구하고, 대개의 아동들은 일정 수준의 장기적인 손상을 경험하게 된다. 예를 들어, 발병 후 1년 이상 경과한 11명의 비외상성 뇌손상 아동 및 청소년들에 대한 평가 결과, 이들은 구어로 의사소통하고 대화에 참여할 수 있었으나 여전히 언어 및 학업에서의 결함이 남아 있었다(Cooper & Flowers, 1987). 이들의 자발적 언어는 구문적으로 덜 정교하며, 산출된 복문 안에는 더욱 많은 오류들이 포함되어 있다(Aram, Ekelman, & Whitaker, 1986). 정상적인 대상들에 비해 이름 대기가 더욱 느리지만, 산출된 오류 양상은 일반적으로 정상 아동들의 그것과 유사하며, 성인 실어증의 명칭실어증과는 양상이 다르다(Aram, Ekelman, & Whitaker, 1987). 불행히도 시간 하나만으로는 이러한 문제들이 치유되지 못한다. 아동기에 뇌졸중을 겪은 젊은 성인들에 대한 종단 연구들에서는 광범위한 언어 결함들이 나타나며, 이는 결과적으로 이들의 학업 수행뿐만 아니라 직업 및 사회적 삶에도 역시 영향을 미치고 있었다(Watamori, Sasanuma, & Ueda, 1990). 후천적 실어증을 가진 아동들은 뇌손상 이후에 일정 수준의 언어적 결함을 보이게 될 것이며, 아마도 이는 성인기까지 지속될 것이라고 예상하는 것이 타당할 것이다.

4. 학업 성취

앞서의 설명에도 불구하고, 종종 성취되는 회복의 양을 감안한다면, 후천적 실어증을 가진 아동들이 '완전히 회복된다'고 간주하는 경향이 있을 수 있다. 그렇지만 뇌손상의 미묘한

표 10.3 후천적 실어증 아동에게 잔존하는 언어 및 학업 문제

검사된 언어 능력	평균보다 2표준편차 아래의 점수를 기록한 아동의 수
한 낱말 이해	9/15
구어로 들려준 문장 이해	7/15
맥락적인 구어 언어 이해	4/15
문법적 복잡성을 달리하는 문장의 구어 산출	9/15
의미적 범주 내에서의 어휘 회상(낱말 유창성)	4/15
한 낱말 그림 이름 대기	8/15
성취 검사	**평균보다 1표준편차 아래의 점수를 기록한 아동의 수**
읽기 재인	3/15
읽기 이해	5/15
철자	8/15
연산(arithmetic)	12/14

출처: Cooper와 Flowers(1987).

결함이 특히 아동의 학교에서의 수행에 영향을 미친다는 것은 자명한 일이다. 심지어 지능 검사조차 종종 이러한 미묘한 결함에 민감하지 못하며, 따라서 학업에서의 성공에 대한 예측을 어렵게 한다(Ewing-Cobbs, Levin, & Fletcher, 1998).

교실에서의 수행은 여러 가지 방식으로 영향을 받는다. 표 10.3은 후천적 실어증 아동들에 대한 한 추수(追隨, follow-up) 연구 결과를 보여 주고 있다. 표에 제시된 바와 같이, 공식적 언어 검사 및 학업 성취에서의 결함들이 나타나고 있다. 비록 이 아동들 대부분이 정규 학교에 다니고 있으나, 이 조사는 학업에서의 결함이 나타날 가능성을 명확히 밝혀 주고 있다. 마찬가지로 Ewing-Cobbs 등(2006)은 6세 이전에 중등도(moderate)에서 중도(severe)의 TBI를 겪은 아동 23명의 학업 성취에 대한 종단 연구를 수행하고, 다음과 같은 결과를 발견했다.

> IQ와 학업 성취 검사 점수 모두 대뇌 내부 손상의 수 및 의식 회복 후의 글래스고 혼수 척도(Glasgow Coma Scale)의 최저 점수와 관련되어 있었으되, 손상이 발생된 시점의 연령과는 관련이 없었다. TBI 집단의 50%가량이 자기 학령에 미치지 못했으며, 그리고(또는) 독립적인 특수교육 교실 배치가 요구되었다. 그들이 열악한 학업 수행을 보일 가능성은 TBI 집단이 비교 집단에 비해 18배나 더 높았다(p. 287).

쓰기 기술은 뇌손상의 결과로 나타나는 결함에 매우 민감한 것으로 여겨진다. 이 기술은 청소년들보다는 더 어린 아동들에게 더 많은 영향을 미치는 것으로 여겨진다. 이는 아

표 10.4 중도의 머리 손상 아동들의 교사들에 의해 보고된 학업에서의 어려움

읽기	아동의 25%가 어휘 읽기에 결함을 가짐 50%가 읽기 속도에 결함을 가짐 70%가 상위 수준의 이해에 결함을 가짐 90%가 상당한 길이의 읽기 단락 이해에 결함을 가짐
청각적 이해	70%가 언어의 양이 증가하면 청각적 이해가 저하되는 모습을 보임 25%가 자극이 빠른 속도로 제시되는 표준화 이해검사에서 더욱 낮은 수행을 보임
표현언어	14%가 간단한 개념을 표현하는 것에 결함을 보임 75%가 구어 및 문어 형식 모두에서 복잡한 개념을 표현하는 것에 결함을 보임 의미 범주 내에서의 어휘 회상(낱말 유창성)이 정상 범주 아래에 속함
쓰기	75%가 시간 제한이 있는 쓰기 검사에서 백분위 15%ile 미만에 속함
기억	77%가 구어 자극의 장기 회상에 결함을 보임
주의	60%가 교실에서의 청각 및 시각 자극에 의해 주의가 흐트러짐.

출처: Ylvisaker(1989).

마도 새로운 기술의 습득에 미치는 뇌손상의 효과이거나 또는 청소년들이 더 많은 쓰기 경험을 가지고 있었기 때문일 수 있으며, 이것이 청소년들의 쓰기를 덜 붕괴시키는 요인으로 작용할 수 있을 것이다(Ewing-Cobbs et al., 1985). 연령과 상관없이, 중eh의 머리 손상을 입은 사람들에게서는 쓰기 기술 회복의 예후는 더욱 나쁠 것이다(Yorkston, Jaffe, Liao, & Polissar, 1999). 중도 TBI 사례들은 경도와 중등도 TBI 사례들에 비해 학업 수행 점수상에서 지속적인 결함을 나타냈다(Ewing-Cobbs et al., 2004). 중도 TBI 아동들은 경도에서 중등도 TBI 아동들에 비해 담화 능력이 손상되어 있다(Chapman et al., 2001).

후천적 실어증 아동들의 학업에서의 결함을 기록한 연구의 대부분은 이들의 능력을 측정하기 위해 규준 참조적인 언어 검사나 성취 검사에 의존해 왔다. 이 검사들은 이 아동들이 교실에서 경험하게 되는 문제들의 완전한 범위를 드러내 주지 못한다(Ewing-Cobbs, Brookshire, Scott, & Fletcher, 1998). 중도의 머리 손상을 가진 학생들의 교사들을 대상으로 한 설문 결과, 매우 광범위한 학업의 결함들, 특히 정보의 처리 및 통합이 요구되는 더 복잡한 과제에서의 결함들이 나타났다(Ylvisaker, 1989). 이 조사의 결과는 표 10.4에 요약되어 있다. 명백히 이 아동들이 학교에서 직면할 수 있는 문제들은 광범위하며 모든 학업 영역을 포괄하는 것일 수 있다.

뇌손상이 야기하는 학업의 문제는 특정 기술의 결함에 국한되지 않는다. 상위 인지 및 상위 언어적 기능에서의 어려움이 쉽게 나타난다. 판별된 문제들에는 다음과 같은 것들이 포함된다(Janusz, Kirkwood, Yeates, & Taylor, 2002; Taylor et al., 2002; Ylvisaker & Szekeres, 1989).

1. 의사소통의 문제에 대한 자각의 제한(limited self-awareness). 이들이 자신들에 대한

작업에 대해 주저하거나 꺼리게끔 만든다.

2. 언어적 반응에 대한 **부족한 계획 수립**(poor planning). 조직적이지 못하고 무계획적인 이야기를 야기한다.
3. **대화 개시의 어려움**(difficulty in initiating).
4. 부적절한 언급의 **억제 결함**(problems in inhibiting).
5. 환경 및 대화에 대한 **자기 모니터링의 실패**(failure to self-monitor). 부적절한 행동 또는 부족한 이해를 초래한다.
6. 구조적인 반응을 가져다주지 못하는 **일반적인 자기 평가**(general self-evaluations) ("괜찮아" 또는 "완전히 잘못됐어").
7. 다양한 문제 해결 방식을 고려하는 **유연성의 결여**(lack of flexibility).
8. 요약하기, 개요 구성하기, 주제 정의하기와 같은 **상위 수준의 담화 기술 결함**(impairment of higher-level discourse skills).

지금까지는 오직 머리 손상 아동들의 상위 인지/상위 언어적 결함에 대해서만 상세히 기술했다. 혈관계 손상을 가진 아동들 역시 이야기 조직화, 자신들의 손상에 관한 자각, 그리고 말의 시의 적절한 개시에서의 어려움을 보인다. 후천적인 실어증의 상위 인지/상위 언어적 결함들을 이해하기 위한 미래의 연구들이 진행되어야 할 것이다.

5. 아동의 발달적 언어장애와 후천적 언어장애 간의 차이점

이 장 전체에 걸쳐, 후천적 실어증을 가진 아동들은 정상적인 발달을 보이다가 일부 언어 능력을 상실했다는 점에서 특이한 인구 집단임을 강조해 왔다. 언어 능력의 빠른 회복에 대한 증거는 아동들이 뇌손상 이후 언어를 실질적으로 다시 배우는 것은 아닐 것임을 시사한다. 이들은 발병 이전에 존재하던 일부 능력들에 재접근함으로써 상실된 일부 능력들을 보상하며, 새로운 기술 습득을 재개하는 것처럼 여겨진다.

발달적 언어장애 아동들과 비교하여, 후천적 실어증 아동들은 태도, 능력 프로필, 그리고 향상 패턴에서의 차이를 보인다. 머리 손상을 가진 아동들에게서 보편적으로 주목되는 일부 특징들 중에는 다음과 같은 것들이 있다(Catroppa & Anderson, 1999, 2003; DePompei & Blosser, 1987; Tucker & Colson, 1992; Ylvisaker & Gioia, 1998).

- 이들은 과거 사회 및 학업적 세팅에서의 성공적인 경험을 가진 바 있다.
- 손상 이전에, 이들은 자신들이 정상이라는 자아개념을 가지고 있었다.
- 이들은 능력 수준에 있어서 많은 차이점들을 가지고 있다.
- 이들은 일관적이지 못한 수행 패턴을 보인다.

- ❖ 회복 기간 동안, 이들은 상당한 편차와 큰 변화를 보인다.
- ❖ 이들은 신규 정보에 대한 일반화, 구조화, 그리고 통합에서 더욱 큰 결함을 갖는다.

이 아동들의 경험상의 차이점들, 그리고 이들의 진보 속도에 대한 우리의 예상은 우리로 하여금 이들의 개인적인 요구에 부응하면서도 또한 이들이 가진 다른 아동들과의 보편성을 인식하는 중재 프로그램을 조직하도록 이끈다. 후천적 실어증 아동들을 위한 중재는 오로지 발달적 언어장애 아동들에게 사용되는 전략에만 의존할 수는 없다. 많은 전문가들은 스스로가 중도 TBI 학생들에 공헌할 만큼 준비되어 있지 못하다고 느끼고 있다. 비록 이 영역을 위한 훈련 기회의 증가가 서비스의 전반적인 질을 향상시켜 오긴 했으나, 지식과 전문적 능력에 관한 불확실성 사이의 현저한 차이가 남아 있다(Hux, Walerk, & Sanger, 1996). 경도 TBI 사례의 인지적 결함에 민감한 진단 도구의 부족, 경도 TBI 아동 가족들에게 자문을 제공하는 일과 관련된 언어치료사 훈련의 미비, 그리고 점차 증가되고 있는 경도 TBI 인구를 위한 의뢰 및 추수 활동 프로토콜의 부적절성이 남아 있다(Duff, Proctor, & Haley, 2002). 전문가들을 지원하기 위해, 오스트레일리아의 학제 간(interdisciplinary) 연구자 집단이 5세 또는 그 이상 연령의 후천적 뇌손상을 가진 인구를 위한 언어 중재를 포함하는 임상 실제에 관해 활용할 수 있는 증거들을 평가하는 데이터베이스를 개발했다(Tate & Douglas, 2002). PsycBITE™이라는 데이터베이스는 http://www.psycbite.com에서 무료로 이용할 수 있다.

6. 평가 및 중재를 위한 시사

1) 평가

아동의 후천적 실어증 발생률은 발달적 언어장애 또는 성인 실어증 발생률에 비해 낮기 때문에 아동기 실어증 평가를 위해 고안된 검사 도구는 거의 없다. 발달적 언어장애를 판별할 때 사용되는 규준 참조적 검사를 시행할 수는 있다. 이 검사들로 최소한 후천적 실어증을 가진 아동들이 전형적인 발달을 보이는 또래들과 얼마나 비교되는지를 확인할 수는 있다. 그렇지만 이 검사들은 회복의 속도나 회복 양상에 관한 질문에 답해 주지는 못한다. 후천적 실어증 아동들의 언어를 검사할 때는 검사 도구의 논점(예: 주의 지속 및 정보처리 속도)으로부터 언어적 논점(예: 언어 이해 결함)을 차별화하는 것이 매우 중요할 것이다(Turkstra & Holland, 1998). 불행히도 일부 진단 도구들은 미묘한 인지적 의사소통 결함에 대한 민감성이 결여되어 있다(Duff et al., 2002).

서로 다른 감각 양식들(예: 말하기, 듣기, 읽기 및 쓰기) 간에 걸쳐 아동의 수행을 비교하기 위한 검사 시행의 유혹을 느낄 수 있다. 그렇지만 대개의 경우, 이러한 검사들은 여러 인구 집단으로부터 규준이 만들어진 것이며, 결함의 패턴에 관한 어떠한 결론도 제한적인 것일 뿐이다(Swisher, 1985). 심지어 수용 및 표현언어 능력 모두를 평가하며, 단일 인구 집단으로부터 규준이 수립된 Clinical Evaluation of Language Fundamentals—Fourth Edition(CELF-4)(Semel, Wiig, & Secord, 2003)과 같은 검사조차도 신중하게 사용되어야만 한다. CELF-4의 다양한 버전과 같은 검사들은 언어장애를 판별하기 위한 것이지, 이것이 반드시 학생들의 학업 수행에 유의하게 영향을 미칠 수 있는 구어 기억, 학습, 그리고 유창성에서의 문제들을 판별하기 위한 것은 아니다(Turkstra, 1999).

이용 가능한 일부 검사들로는 원래 성인용으로 개발된 검사들을 수정한 것들이 있다. Neurosensory Center Comprehensive Examination of Aphasia의 아동용 수정판(Gaddes & Crockett, 1975)은 6~13세 아동들로부터 수립된 규준을 제공해 준다. Porch Index of communicative Ability in Children(Porch, 1979)에는 3~12세 규준이 제공된다. 이 검사들은 성인들을 대상으로 했을 때와 마찬가지 방식으로 해석되어서는 안 되며, 이 검사들이 기반하고 있는 실어증 모델들이 아동에게 타당하게 적용될 수 있는 것인가에 관해서는 의문의 여지가 있다. 더욱이 도구가 개발된 시간조차 너무 짧아 현재의 가치는 아직 의심스럽다.

후천적 실어증 아동 및 청소년들로부터 규준이 수립된 검사 도구의 개발을 통해 더욱 훌륭한 평가 수단이 만들어질 것이다. 이러한 도구 중 하나인 Pediatric Test of Traumatic Brain Injury는 발병 직후의 조치 및 재활 세팅에서의 학령기 아동 및 청소년용으로 개발된 것이다(Hotz, Helm-Estabrooks, & Nelson, 2001). 이것은 손상 직후의 그리고 회복 기간 동안의 인지 및 언어 기술 평가를 가능하게 해준다. 궁극적으로 이러한 정보는 연구자들로 하여금 아동의 연령, 손상 유형, 손상 정도에 따른 회복의 심리측정적 프로필을 개발해 낼 수 있게 해줄 것이다. 다른 도구들은 화용적 기술에서의 미세한 결함, 이를테면 협상 능력, 암시, 간단한 절차 기술, 또는 풍자 이해와 같은 능력을 탐지해 낼 수 있도록 도울 것이다(McDonald & Turkstra, 1998; Turkstra, McDonald, & Kaufmann, 1996).

후천적 실어증 아동을 위한 평가 과정은 다학제적인(multidisciplinary) 것일 필요가 있다. 참여할 수 있는 전문가들로는 학급교사, 간호사, 작업치료사, 부모, 소아과 전문의, 물리치료사, 심리학자, 재활 치료사, 그리고 언어치료사가 있다. 다양한 원천들로부터 얻은 정보를 통합해 내고 팀의 의사결정을 촉진하기 위해서는 아동의 진보를 추적할 수 있는 보편적인 평정 척도가 사용될 수 있다(Bagnato et al., 1988). 성과를 측정하고 추적하기 위해 자주 사용되는 도구의 예로 Functional Independence Measure와 Level of Cognitive Functioning Scale이 있다. 이 도구들과 이외 다른 많은 것들이 Center for Outcome Measurement in Brain Injury(COMB)의 http://www.tbims.org/combi/index/html에서 무료로 이용할 수 있다(Sander, 2002; Wright, 2000).

2) 사회적 영향 및 입법적 조치의 영향

TBI 또는 혈관계 질환에 수반되는 후천적 실어증을 가진 아동들은 이제 장애 아동 교육에 관한 연방법에 따라 공립학교 시스템의 서비스를 받을 자격을 갖추게 되었다. 그렇지만 많은 학교들이 이 같은 서비스에 따르는 비용의 문제를 겪고 있다. 결과적으로 경도 및 중등도 언어 결함을 가진 아동들은 서비스를 받지 못할 가능성에 대한 우려가 따른다.

흥미롭게도 이 법안들은 '교육'이란 무엇인가에 관해 정의하지 않으며, 이것이 교육 및 재활 전문가들로 하여금 아동을 위한 적절한 서비스가 무엇인가에 관해 동의하지 않게끔 하는 결과를 초래하고 있다. 의료 기반 전문가에 의해 제안되는 치료 계획은 아동의 교육적 성공과는 무관한 것이라는 기반에 근거하고 있는 공립학교로부터 거부되거나 축소되고 있는 실정이다(Savage, 1991).

3) 보완대체 의사소통

이 책의 후반부에는 보완대체 의사소통(augmentative and alternative communication, AAC) 및 이것과 후천적 실어증 아동과의 관련성에 관한 논의가 담겨 있다. 후천적 뇌손상 후의 초기 회복 단계에서는 아동의 의사소통을 위해 AAC가 요구될 수 있다. AAC는 또한 12장에서 논의하듯이 중재의 한 부분일 수도 있다.

4) 행동장애

후천적 언어장애를 가진 아동들을 다루는 전문가들은 행동 문제가 나타날 가능성에 대해 준비할 필요가 있다(Yeates & Taylor, 2006). 행동장애(behavioral disorder)들에는 공격적 · 충동적 · 비억제적 · 반사회적 행동들이 포함된다. 추가적으로 이 행동들에는 추동(drive)의 결여, 낮은 동기, 또는 우울감이 포함된다. 행동 프로필은 뇌손상의 결과들, 사고로 야기된 새로운 환경(예: 새로운 생활 구역, 부모-아동 간 관계, 학교, 동료 집단)에 대한 적응, 그리고 개인의 행동적 성향(예: 공격성, 우울증 경향)들 간의 상호작용으로부터 창출되는 것이다. 일부 사례들에서는 이 행동들이 그 손상의 원인과도 연합되어 있다. 성공적인 행동 중재 계획을 수립할 때는 이러한 모든 요인들을 고려해야 한다. 추가적으로 손상 후의 특정 행동 문제들은 신경학적 손상에 의해 야기된 것이며 부수적인 약물치료가 병행될 필요가 있다.

5) 명료도

말 산출의 문제 역시 보이는 후천적 실어증 아동들에게는 저조한 명료도(intelligibility)로 인해 언어 회복이 방해받지 않도록 하기 위한 중재가 요구된다. 향상된 명료도는 아동들로 하여금 좌절 없이 언어적 능력을 드러낼 수 있도록 허용해 준다. 나아가 명료도상의 이득은 또한 목표 형식에 대한 아동들의 시도의 정확성에 관한 판단을 요구하는 다른 중재 전략들을 강화시켜 주기도 한다. 후천적 실어증, 마비말장애, 말 실행증은 상호 간에 배타적인 결함이 아니라는 점을 기억하는 일이 중요하다. 조음 결함은 일반적으로 음소배치법(phonetic placement approaches)이나 아동이 산출할 수 있는 음성 단위의 길이 및 복잡성을 점진적으로 증가시키도록 고안된 훈련(drill)을 통해 수정될 수 있다.

6) 발달적 논거 대 치료적 논거

전문가들은 아동이 실어증을 가지게 된 연령에 따라서로 다른 회복 모델을 적용시킬 수 있다. 취학 전 아동들은 손상이 일어난 시점부터 기초 구문 기술과 음운 기술을 학습해 나갈 수 있다(Eisele & Aram, 1995). 그에 따라 아동들에게는 발달적 모델이 여전히 유효할 수 있으며, 목표 및 교수 전략의 선택에도 함께 사용될 수 있을 것이다(Ylvisaker & Holland, 1984). 더 나이 든 아동들이나 청소년들에게는 관찰되는 생리학적 회복 양상에 기초하는 모델이 유용할 것이다. 표 10.5는 회복의 3단계 모델과 일부 증상 목록, 그리고 각 단계별 중재 전략이 제시되어 있다.

7) 촉진적 중재 대 보상적 중재

후천적 실어증 아동들은 뇌손상이 발생하는 상황에서도 여전히 언어를 습득하고 있는 중이다. 청소년들은 더 많은 언어 능력을 습득한 상태일 것이나 10대 시절의 뇌손상은 기존의 의사소통 기술을 붕괴시킬 뿐만 아니라 이후의 학습에도 영향을 미치게 된다. 뇌손상을 겪은 더 어린 아동들과는 달리, 청소년들은 회복을 가속화할 만한 신경학적 가소성을 적게 가지고 있다. 그렇지만 중재가 아동을 위한 것이든 청소년을 위한 것이든 간에, 그 목적은 상실된 것을 되찾고 중지되어 버린 새로운 학습의 촉진을 겨냥하게 된다. Haley 등(1990)은 이에 관해 다음의 네 가지 목표를 기술했다.

1. 기능의 복구
2. 기능을 위한 보상
3. 기능 촉진을 위한 환경에 대한 적응
4. 발달적 기술의 정상적 습득

후기 회복 단계에서, 전문가들이 담당하는 역할은 아동 및 청소년들이 상실된 기능을 보상하도록 돕거나 또는 환경에 적응하도록 돕는 일이다. 이 과정에서 많은 기법과 전략들이 적용 가능하며, 이 중 일부가 표 10.6에 열거되어 있다.

표 10.5 폐쇄성 뇌손상의 회복 단계 및 해당 중재 전략

단계	증상	중재 전략
초기	* 자극에 반응하지만 쉽게 과잉 자극받을 수 있음 * 인물, 장소, 시간 및 자신의 조건에 관한 지남력 상실 * 특히 최근 사건에 관한 비일관적인 기억 기능 * 비일관적인 말 이해 * 간단한 제스처를 사용하여 의사소통함 * 말이 불명료하며, 반향적이고 보속적이며 단절됨	아동에게 제공되는 자극의 양과 유형을 통제하라. * 가족구성원과 상담하라. * 아동이 가장 적절히 반응하게 될 자극을 결정하고 이를 제공하라. * 재평가를 자주 실시하라. * 아동의 요구에 부응하기 위해 환경을 조정하라, 친숙한 그림, 사물, 음악 등을 제공하라. * 구어로 아동이 시간 및 장소를 지향하도록 이끌어라.
중기	* 분별 있고 조금 더 지남력을 가지지만 여전히 시간 일정이나 스스로의 조건에 관해 혼란스러워함 * 주의 및 집중력의 제한 * 이해가 약간 제한적이며, 단순 개념 및 낱말에 국한됨 * 말을 하기는 하나 촉구 단서가 요구됨 * 말하는 동안 일련의 사고들을 상실하며 낱말 인출의 결함을 보임	인지 및 의사소통적 기능에 관한 훈련을 개시하라. * 아동의 일과를 조직하고, 계획표나 일지를 활용하여 지속적인 소개를 제공하라. * 집단 및 개별 회기로 중재 계획을 수립하라. * 점진적인 과제의 길이와 복잡성 확대를 통해 주의 행동, 기억 기능 그리고 정보처리에 관해 작업하라. * 아동의 동기를 유지하기 위해 높은 성공률을 보장하고, 활동을 다양화하며, 비디오를 활용하라. * 길고 복잡한 자극에 대한 이해 향상에 초점을 두라.
후기	* 일상적 활동(routine)이 이어지는 동안만큼은 지남력이 훌륭함 * 한 과제에서 다른 과제로의 이동에 어려움을 보임 * 비록 느리고 노력이 요구되기는 하나, 새로운 기술과 정보를 습득할 수 있음 * 문자 그대로의 의미를 가지지 않는 언어(은유와 농담) 이해의 결함 * 모든 언어 수준에서 비조직화가 뚜렷하게 나타남, 요점에 초점을 두거나 주제를 유지하는 것에 결함을 보임 * 구문 오류는 적음, 경도의 낱말 찾기 결함	보상적 전략 및 AAC 장비 사용 교육을 개시하라. * 연역적 추론 및 문제 해결을 훈련시켜라(예: "20가지 질문"). * 인지적 유연성을 고무시키기 위해 다양한 활동과 토론을 실시하라(예: 게임의 규칙을 미세하게 변화시킴). * 자기 모니터링을 훈련시키고, 이해하지 못했을 때는 아동 스스로 정보의 명료화를 요구하게끔 훈련시켜라. * 협력적 전략과 메모 책을 이용하여 열악한 기억을 보상하게 하라. * 주요 요점을 위해 정보를 분석하도록 훈련시켜라.

출처: Ylvisaker와 Holland(1984).

8) 학교로 복귀시키기

지적장애, 학습장애, 또는 정서적 장애를 위한 특수교육 서비스는 후천적 실어증 아동들에게는 적합하지 못한 것일 수 있다. 그러나 한편 정규/일반교육 교실로의 종일반식(full-time) 재진입은 몇 달 동안 병원 환경에서 지내온 아동들에게는 너무나 부담스러운 것일 수도 있을 것이다(Blosser & DePompei, 1994; DePompei & Blosser, 1987; Savage & Wolcott, 1994; Ylvisaker et al., 1991). 많은 뇌손상 아동들에게 나타나는 빠른 회복 속도는 곧 이들을 위한 개별화 교육 계획이 반드시 재고되어야 하며, 또한 다른 아동들의 교육 계획보다는 더 자주 수정되어야만 할 것임을 의미한다(Savage, 1991; Ylvisaker et al., 1991).

학교에서 효과적으로 기능하기 위해, 아동들은 주의, 집중, 그리고 사회화 요구에 대처

표 10.6 보상적 교수 전략

사회화 및 정서적 지원	* 상호작용 기술 촉진을 위해 결함을 가지지 않은 아동들과의 소집단 활동을 계획하라. * 휴식 시간 및 정서적 안정을 위한 시간 계획을 수립하라. 아동으로 하여금 문제에 직면했을 때 이에 관해 토론하도록 격려하라.
지시	* 구어 및 쓰기 모두에 대한 교육을 제공하라. 필요하다면 이를 반복하거나 다시 진술해 주도록 하라. 이해가 중요하다면, 학생에게 정보를 따라 하도록 요구하거나 또는 이 교육에 관한 몇 가지 질문에 답하게 하라. * 학생이 이해를 스스로 자기 모니터하도록 격려하고, 지시를 따라 하거나 재진술해 보도록 요구하라. * 학생이 주의하고, 반응하며, 일부 행동 측면을 변화시키도록 하는 단서로 구어(예: 학생의 이름을 부르기) 또는 비구어 시스템(예: 기호나 그림 붙이기)을 개발하라. * 지시의 처리, 질문에 대한 대답, 그리고 과제 완수에 필요한 여분의 시간을 허용하라. * 아동에게 교실에서의 지시 따르기, 과제 완수, 그리고 학교 내에서의 이동을 도울 수 있는 '동료(buddy)'를 제공하라.
보조 장비	* 계산기, 녹음기 및 컴퓨터 사용을 허용하고 이를 격려하라. * 학생으로 하여금 모든 수업, 약속, 과제 및 약속 시한 그리고 교실의 위치가 추적되는 일정표나 일지를 계속 유지하게 하라. * 학교 내의 장소들을 찾을 수 있는 지도를 제공하라.
자원의 조정	* 가능한 한 주의의 분산을 감소시키도록 물리적 환경을 구성하고 이동의 자유를 허용하라. * 읽기 자료에는 확대된 인쇄를 활용하고, 이해 촉진을 위해 교재를 그림이나 기타 자원들(어휘 목록과 핵심 요점의 개요)로 보완하라. * 읽기에서는 지면의 일부를 가리고 노출되는 영역을 체계적으로 살피게 하라. 탐색을 돕도록 손가락이나 색인카드를 사용하라. * 읽기의 양이나 문제 수를 줄임으로써 과제나 검사를 학생들의 능력에 맞게 조정하라.

출처: Blosser와 DePompei(1994); DePompei 등(2008); New Zealand Guidelines Group(1998); Ylvisaker, Hartwick, Stevens (1991).

할 수 있어야만 한다. Cohen, Joyce, Rhoades, Welks(1985)는 학교로의 긍정적인 재진입에 요구되는 몇 가지 기술들에 관해 다음과 같이 제안했다.

- 한 과제에 10~15분 정도 주의를 기울인다.
- 이를테면 움직임, 소음, 시각적 산만함과 같은 일반적인 교실 자극들에 대해 20~30분 가량을 참아 내라.
- 2명 또는 그 이상으로 이루어진 집단 내에서 활동한다.
- 말, 몸짓, 또는 보완대체 의사소통 장비를 통한 의미 있는 의사소통에 참여한다.
- 간단한 지시를 따른다.
- 학습 잠재력을 나타낸다.

학교로의 성공적인 복귀에는 병원과 학교 전문가, 가족, 그리고 지역사회의 인사들 간의 전문가 협력이 요구된다(Taylor et al., 2002). 많은 영역들에서 다음과 같은 계획 수립 및 추수 활동이 요구된다(Hawley, Ward, Magnay, & Mychalkiw, 2004; Jantz & Coulter, 2007; New Zealand Guidelines Group, 1998; Ylvisaker et al., 1991).

1. 부모들은 자기 자녀의 교육의 옹호자로서의 역할을 담당할 준비를 갖추어야 한다. 이들은 뇌손상의 의료적·사회적 측면들에 관한 정보를 제공받아야 하며, 연방법에 따라 특수교육에 등록해야 하며, 그리고 학교와 보험회사 간에 비용을 공유해야 한다.
2. 뇌손상 아동들은 가능한 한 정상에 가까운 또래 관계를 유지해야만 한다. 친구들이나 학급 동료들에게는 아동의 조건에 관해 그리고 이것이 다양한 게임이나 활동에 대한 참여에 어떠한 영향을 미치거나 또는 미치지 않는지에 관한 정보가 제공되어야 한다. 적극적인 아동들이라면 자신의 손상을 또래들에게 설명하는 일에 직접 참여시킬 수 있을 것이다.
3. 아동들은 학교로 되돌아가기 전에 먼저 학교에서 요구되는 일들을 준비해야 할 것이다. 환경적 조건, 이를테면 시끄러운 교실이나 떼를 지어 몰려다니는 복도와 같은 것들은 병원에서 먼저 유사 체험하게 할 수 있을 것이며, 아동들로 하여금 종일반으로 복귀하기 이전에 먼저 자기 학교를 방문해 보도록 격려할 수 있을 것이다. 특수교육용 자원들(예: 확대 인쇄된 책이나 수정된 과제 수행지)과 절차들에 대해서는 정규적으로 사용되기 이전에 먼저 검사하고 평가해 보아야 한다.
4. 교사들이나 기타 학교 관계자들은 아동의 조건, 요구 그리고 그 능력들에 관해 교육받아야 한다. 학교에서 제공되는 서비스를 조정하는 역할을 수행할 한 명의 담당자를 사례 관리자로 지정해야 한다.
5. 직업 재활에 대한 요구가 이른 연령대부터 고려되어야 한다. 뇌손상 아동들이 직업에 관한 정상적인 기대나 태도를 발달시킬 수 있도록 이들에게 업무 체험을 제공하려는 노력이 이루어져야 한다.
6. 여름방학에 병원에서 퇴원한 아동들에게는 개학할 때까지의 기간 동안 이들을 돌볼 특별한 계획이 요구될 것이다.
7. 신체, 건강 또는 인지적 문제들은 일부 아동들이 학교에 다니는 일을 방해할 수 있다. 이러한 경우에는 학교 시스템에서의 가정 기반 서비스에 등록해야 하며, 이는 특별한 통합의 노력이 요구된다.

요약하자면, 학교로의 복귀라는 전이는 친구, 부모, 학교 관계자, 그리고 거의 대부분의 아동 자신에게 매우 도전적인 일이다. 전문가들에게는 이 중요한 과정을 조직하고 이를 도울 준비가 갖추어져 있어야 한다.

요약

이 장에서 우리는 다음의 내용들을 살펴보았다.

- 후천적 실어증은 아동이 언어발달을 시작하다가 이후 후천적인 뇌손상 이후 그 능력의 전부 또는 일부를 상실하게 된 조건을 말한다.
- 아동의 후천적 실어증의 주요 원인은 외상성 뇌손상과 혈관계 장애이다.
- 후천적 뇌손상은 실어증을 초래하는 것뿐만 아니라, 대근육 및 소근육 운동 기술, 인지적 · 지각적 · 사회적 행동에서의 결함을 초래한다.
- 많은 아동들이 자신의 발병 이전의 의사소통 능력의 상당 부분을 자발적으로 회복시킨다.
- 손상 직후의 초기 기간 동안, 후천적 실어증 아동들은 종종 언어 능력의 극단적인 손실을 나타내기도 한다. 대부분의 중증 사례들에서, 이들은 함묵적이거나 말 자극에 대해 완전한 무반응을 보일 수 있다.
- 대부분의 아동들은 손상 이후 첫 1년 동안에 언어의 이해 및 산출 능력의 대부분을 회복해 낸다. 그 이후 이들에게는 종종 잔존하는 의사소통의 결함들, 그리고 종종 학업 및 사회적 수행에 심각한 영향을 미치는 상위 수준의 언어 기술들 그리고(또는) 화용 능력의 결함들을 겪게 된다.
- 후천적 실어증 아동들을 위한 평가 및 중재에는 다학제적 노력이 필요하다. 개개 아동의 명료도, 행동 문제, 우세한 감각 양식, 그리고 회복 과정 동안 이루어지는 요구의 변화가 함께 고려된 계획이 수립되어야 한다.
- 중재 목적은 언어 기능의 복구 그리고 그 발달이 정지되었던 기술들의 습득을 지원하며, 그리고 아동으로 하여금 손상된 채로 남아 있는 기타 기능들을 보상할 수 있도록 돕는 것이다.
- 학교로 되돌아가는 전이는 상당한 협력, 조직화, 그리고 아동이 직면하게 될 신체적 · 교육적 · 사회적 결함들에 대한 민감성을 요구하는 복잡한 과업이다.

후천적 실어증 아동들은 언어장애를 다루는 전문가들에게 특별한 도전을 부여시킨다. 회복 과정 동안, 이 아동들의 의학적 문제점들은 점차 사회적 · 교육적 문제점으로 전환되어 나간다. 대부분의 경우, 병원 세팅에서 활동하는 전문가들은 중재를 학교 관계자들이 담당하도록 전달한다. 이러한 서비스 제공의 변화로 인해 혼란이 발생될 가능성이 있다. 이러한 문제점은 이러한 아동들의 능력, 장애, 요구에 대한 모든 이들의 자각과 이해의 증진을 통해 가장 잘 해결해 낼 수 있을 것이다.

기타 특수 아동과 언어

Mona R. Griffer
Vijayachandra Ramachandra

학습 목표

이 장을 읽고, 다음의 내용을 논의할 수 있어야 한다.

* 영재성 및 영재아 출현율 측정에 영향을 미치는 요인에 대한 정의
* 영재아들의 구어 및 문어의 일반적 특성
* 장애도 함께 가지고 있거나 경제적 불이익을 가지는 영재아의 평가 및 중재에 관한 논점
* 시각 손상의 정의와 관련된 여러 요인들
* 맹 아동의 구어의 일반적 특성
* 맹 아동 및 그 부모들에 대한 일반적인 중재 원리
* 뇌성마비 및 기타 신경운동학적 장애의 병인론과 유형
* 뇌성마비 아동을 위한 일반적인 중재 목표
* 구개열 아동의 언어발달지체를 야기할 수 있는 원인들
* 말을 더듬는 일부 아동들에게서 관찰될 수 있는 언어 결함들
* 언어 결함과 말더듬을 함께 가지고 있는 아동들에게 사용되는 중재 전략

이 장은 특수한 조건으로 인해 언어가 영향을 받을 수 있는 다섯 가지 아동 인구 집단에 관해 간단히 살펴볼 것이다. 이 장의 첫 부분에서는 두 가지 특수 인구인 영재아와 맹아의 언어에 관해 논의할 것이다. 이 장을 읽음으로써 우리는 언어 능력이 아동의 발달

에 중요한 역할을 한다는 사실을 이해하게 될 것이다. 이 장의 후반부에서 우리는 신경운동 손상 아동, 구개열 아동, 말더듬 아동의 언어 능력을 살필 것이다.

1. 언어와 영재 아동

영재아의 언어를 이해하고 이에 관해 기술해야 할 다음과 같은 최소한 네 가지 이유가 있다. 첫째, 다른 언어장애 아동들과 마찬가지로 영재아들도 언어 및 인지 발달의 전형적 양상으로부터 벗어나 있는 집단이다. 두 집단의 아동들을 판별하는 심리측정적 절차들은 서로 꽤나 유사하며, 일반적으로 **영재아 교육**(gifted education)은 **특수교육**의 한 갈래 또는 교육의 평행적 영역 중 하나로 간주되고 있다. 둘째, 영재아 또는 재능아들은 교과과정의 스타일이나 진행속도에 의해 충분히 지원받지 못하기 때문에 종종 교실에서 붕괴적인 모습을 보이기도 한다(Cline & Hegeman, 2005; Cline & Schywartz, 1999; Webb, 1993). 셋째, 이 아동들은 정서 관련 문제점을 가질 수 있으며, 영재아들의 정서적 측면은 심지어 그 부모들에게서조차 항상 충분히 이해되지 못할 수 있다. Solow(1995)의 조사에서는 영재아 자녀의 인지적 · 정서적 측면들을 이해하고 있는 부모들은 자녀들의 행동들에 대해 적절히 반응해 주는 훌륭한 입장을 취하고 있었으나, 이 연구에서의 대부분의 부모들은 정서적 · 사회적 측면보다는 자기 자녀의 영재성에 관한 지적 측면을 더욱 잘 이해하고 있었던 것으로 나타났다. 다른 예에서, 교사들은 이 아동들에게 가질 수 있는 부정적 편견으로 인해 영재아들의 특수한 요구를 인식하지 못할 수 있다. 오스트레일리아, 영국 그리고 스코틀랜드에서 영재아 교육 훈련을 받고 있었던 교사 377명에 대한 대량 분석 결과, 교사들은 잠재의식 내에 영재를 '타인에 대한 무시', '타인에게 민감하지 못함', 그리고 '사회적 고립'과 같은 부정적 태도와 연합하고 있는 것으로 밝혀졌다(Geake & Gross, 2008). 넷째이자 우리의 논의에서 가장 중요한 이유는 영재아 인구가 다음과 같은 별도의 세 가지 집단과 겹쳐지고 있다는 점이다. 즉, 언어적-문화적으로 다양한 아동, 신체 또는 감각 손상 아동, 그리고 학습장애 아동이다. 영재아 교육 전문가들이 이 분야에서 가장 중요하다고 강조하고 있는 한 가지 논점은 문화적으로 서로 다른 배경을 가지고 있고, 경제적으로 취약하고 스스로의 능력을 표현하는 데 제약을 가하는 장애를 가지고 있는 영재아들을 어떻게 잘 판별하고 이들에게 서비스를 제공할 것인가 하는 것이다(Ford, 1996, 1997; Winebrenner, 2003). 이중적 특수(twice-exceptional) 학생이라 불리는 이 새로운 학습자 범주는 한 가지 또는 그 이상의 영역에서 뛰어난 능력을 가지지만, 이를테면 감각, 정서, 신체 영역과 같은 기타 영역에서 취약성을 드러낸다. 이 같은 아동들의 요구를 이해하고, 부모나 교사에게 이 아동들을 위해 제공되는 서비스에 관해 제안해 주는 전문가들—특히 상담가들—은 이들의 재활에 중요한 역할을 담당한다(Assouline, Nicpon, & Huber, 2006).

1) 영재성 개관

정의. 대중적인 견해로 볼 때, 어떤 사람들은 다른 이들보다 더 유능하다는 점에 관해서는 별다른 논쟁이 없어 보인다. 우리의 언어에는 이러한 예외적인 능력을 가진 이들을 구별하는 많은 낱말들—영재, 천재, 준재—이 존재한다. 발달심리학에서의 본성 대 양육이라는 논쟁은 여전히 해결되지 못했지만, 이는 영재성의 본질에 관한 해석의 경우에도 역시 그대로이다. Papierno, Ceci, Makel과 Williams(2005)는 아동의 유전자와 환경이 호혜적으로 상호작용하여 예외적인 능력을 가진 아동의 잠재력을 형성하고 이를 극대화한다고 제안했다.

예외적 능력을 가진 아동을 언급하기 위해 사용되는 용어 그리고 영재성에 관한 환경적 요인 대 유전적 요인을 둘러싼 끊임없는 논쟁에도 불구하고, 명백한 한 가지 사실은 영재성에 관한 오직 한 가지 정의란 존재하지 않는다는 것이다. 이 용어를 정의할 때의 어려움은 장애(disordered) 또는 손상(impaired)의 정의를 내리는 문제와 매우 흡사하다. 아동들이 이를테면 또래들과 잘 어울리며, 교육으로부터의 이득을 얻거나, 직업을 구하는 일과 같은 사회적으로 중시되는 목표 달성을 어렵게 하는 특징들을 드러낸다면, 이 아동들은 장애를 가지는 것으로 간주될 수 있다. 마찬가지로 사회가 중시하는 말과 언어, 쓰기, 음악, 체육, 미술, 그리고 기타 영역에서 우수한 능력을 보이는 아동들은 영재아라고 간주될 수 있다. 1972년 미국교육청(U.S. Office of Education)은 사회적 가치라는 개념이 강조된 영재 및 재능 아동들에 대한 다음과 같은 정의를 내렸다(Marland, 1972).

> 영재아 및 재능아들은 전문적 자격을 갖춘 이들에 의해 현저한 능력으로 인해 높은 수행을 보일 수 있는 자라고 판별된 아동을 말한다. 이들은 자신 및 사회에의 공헌을 실현해 내기 위해 정규 학교 프로그램에서 정상적으로 제공되는 것 이상의 차별화된 교육 프로그램과 서비스를 요구하는 아동들이다.

이 정의에는 의도적인 광범위함이 담겨 있으며 이 아동들의 특수교육 요구에 관한 관심을 환기시킨다. 이 분야의 전문가 패널들에 의해 제시된 견해에 기반하고 있는 영재성에 관한 또 다른 정의가 표 11.1에 제시되어 있다. 이 정의는 더 상세하며, 1970년대부터 21세기 사이에 교육자들이 가지는 사고의 진화를 반영하고 있다.

원칙적으로 아동들은 몇 가지 다른 양상으로 영재성을 발휘한다. 이들은 일반적인 지능검사에서 매우 높은 점수를 기록하며, 이는 이들이 많은 영역에서 발달적으로 앞서 있음을 시사하는 것이다. 또한 이들은 이를테면 시공간적 능력 또는 수학과 같은 오직 한두 가지 영역의 적성검사에서 높은 점수에 도달하기도 한다. 또한 이들은 어떠한 공식 검사에서도 스스로를 뚜렷이 드러내지 않다가 자연스러운 환경에서 어떤 행동들을 통해 자신들의 특수한 능력을 극명하게 드러낼 가능성도 있다. 표 11.2는 비공식적으로 관찰될 수 있는 영

표 11.1 영재에 관한 영재아 교육 전문가들의 일치된 정의

1. 영재성은 재능의 연속선상의 상위 극단에 위치하는 수행을 나타낼 뿐만 아니라 특정 영역에서의 예외적인 발달의 잠재력을 말한다. 이것은 연령, 성별, 인종, 사회경제적 위치, 또는 민족에 따라 제한되지 않는다. **2.** 영재아란 한 가지 또는 그 이상 영역에서 발달적으로 앞서 있는 아동이다. 영재아는 일반적인 지적 능력, 특정 학업 소질, 리더십, 창의적인 생산적 사고, 또는 시각 예술 및 예술 수행에서의 잠재력 또는 이미 입증된 능력을 가진다. 이러한 잠재력 또는 입증된 능력으로 인해, 영재아는 자신의 잠재력에 적합한 수준에서 기능할 수 있게 하는 차별화된 교육 서비스를 요구한다. **3.** 영재 성인은 지능, 리더십, 비범한 기술, 능력, 또는 시각 예술 및 예술 수행에서의 재능을 나타내는 사람을 말한다. 영재 성인은 어떤 분야에서 독립적이며 창의적인 공헌을 이루어 낸다.

출처: Cramer(1991); Ross(1993); Van Tassel-Baska(1992).

재아들의 행동 특성 중 일부를 나열하고 있다. 규준 참조적 검사 수행에서 나타나는 바와 같이, 영재아들은 모든 범주 또는 오직 몇 가지 범주에서 나타나는 특별한 행동을 보이기도 한다. 이 표에서 이 장과 특별히 관련된 것은 언어 및 언어 관련 기술에 대해 언급된 횟수이다.

1993년, 미국교육부(U.S. Department of Education)에서는 "'영재'라는 용어는 현재 발달 중인 능력이라기보다는 이미 성숙한 힘을 함축하는 것이며, 따라서 아동들에 관한 최근 연구 결과와는 대조되는 것이다."라고 진술함으로써, 신경과학 및 인지심리학 분야로부터 얻을 수 있는 새로운 통찰에 입각하여 영재라는 용어에 대한 정의를 수정해야 할 필요가 있음을 제안했다(U.S. Department of Education, 1993). 그렇지만 Cramond(2004a)와 같은 일부 연구자들은 영재성에 관한 다양한 정의를 가지는 일은 필수적이며, 단일한 정의에 도달해야 할 필요는 없다고 제안한다.

출현율. 정의 및 자격 준거에 존재하는 편차로 인해, 영재성의 출현율(prevalence) 추정치는 2%에서 거의 90%의 범위까지 가능할 수 있다(Fenstermacher, 1982; Gagne, 1998). 매우 높은 수치는 거의 언제나 아동들의 성취 잠재력에 초점을 둔 정의에 의거한 것이지 실질적인 성취 자체에 의거한 것은 아니다. 특히 미국의 일부 교육자들은 이것이 엘리트주의라는 인상을 풍기며, 따라서 통합적이며 평등주의적 원칙에 역행하는 것이라는 이유 때문에 영재아라는 범주를 인정하지 않고 있다(Mills & Durden, 1992; Runco, 1997). 이러한 견해를 공유하고 있는 이들은 자극과 교육적 기회만 제공될 수 있다면 모든 아동들이 잠재적인 능력을 가지고 있음을 강조하는 것을 더 선호한다. 이러한 견해는 모든 아동들의 능력은 잘 설계된 교육 및 촉진 프로그램을 통해 현재 평균적이라고 여겨지는 수준 이상으로 가속화될 수 있음을 밝히고 있는 심리학 연구에 의해 지지되고 있다(Howe, 1990). 이어지는 논의에서는 특별한 교육 없이도 앞서 나가는 것처럼 보이는 아동들이라는 좁은 의미에서의 영재라는 용어를 사용할 것이다.

표 11.2 영재아들의 행동 특성

범주	행동
의사소통	* 연령이나 학령 수준을 월등히 앞서 나가는 어휘를 가짐. 용어들을 의미 있는 방식으로 사용함. 풍부한 표현, 정교화, 그리고 유창성이라는 특징을 보이는 구어 행동을 보임 * 기호 체계(부호, 제스처, 언어 및 수)를 통한 표식 또는 의미의 강력한 전달 및 수용 * 극화적(dramatic) 또는 구어 제시에서의 천부적 재능을 드러냄
학습	* 사실에 대한 신속한 숙달 및 회상을 보임 * 새로운 기술을 빠르게 숙달하며 연결해 냄. 숨겨진 의미를 이해함 * 고도로 의식적이며, 지향적이고 통제적인 목표 지향적 사고 * 인과 관계에 대한 빠른 통찰력을 보임. 사안의 양상과 이유를 발견해 내고자 노력함. 많은 사고를 유발하는 질문들(정보 또는 사실에 관한 질문과는 명백히 구별되는 질문)을 함 * 문제 해결 방식을 찾아내기 위한 논리적 접근. 문제 인식 및 해결을 위한 효과적인(종종 창의적인) 전략 * 원하는 목표에 도달하기 위한 대안을 결정함 * 경험으로부터 배우며 좀처럼 같은 실수를 반복하지 않음 * 학습 내용을 한 상황에서 다른 상황으로 쉽게 전이시킴 * 정보의 기억, 파지, 그리고 인출에서 예외적인 능력을 가짐. 학업 또는 비학업 영역 주제에 관한 거대한 정보 저장고를 가짐
동기	* 학습, 요구의 충족, 또는 목표 달성에 대한 강력한 열망을 드러냄 * 특정 주제나 문제에 몰입하거나 관여하게 됨. 과제를 완수하고자 끈질기게 추구함. 긴 주의폭(attention span)을 나타냄 * 완벽을 추구하려고 애씀. 자기 비판적임. 일에 쉽게 만족하지 못함 * 종종 자기 확신에 차 있음(종종 호전적이기까지 함). 완고한 신념을 가짐
창의성/민감성	* 많은 것들에 관해 높은 호기심을 보임. 어떠한 것이나 모든 사안에 대해 끊임없이 질문함. 강한 통찰력을 가짐. 탐구하고 실험함 * 높은 지적 유희를 보임. 공상함. 많은 사고들을 상상하고("나는 만약 ~하다면 무슨 일이 일어날지 궁금해") 생산함. 고도로 독창적임 * 현재 감각 내에서 명확하지 않은 사물, 속성, 상황 또는 관련성에 대한 정신상(mental image)을 형성하는 능력을 보임 * 충동에 대한 비범한 자각을 보이며, 비합리적인 것에 관해 개방적임(소년이 여성적 관심사를 자유롭게 표현하고, 소녀가 평범 이상의 독립성을 가짐). 정서적 민감성을 보임 * 강렬한(때로는 비범한) 관심을 보임. 어떤 활동들이나 사물들이 특별한 가치 또는 중요한 의미가 부여될 수 있으며, 이에 특별한 관심이 주어짐
리더십	* 책무를 잘 수행함. 약속의 이행을 떠맡으며 보통은 이를 잘 해냄 * 또래들뿐만 아니라 성인들에게도 자신만만함. 학급에서 어떤 일을 해보라고 요구받았을 때 편안히 여기는 것처럼 보임 * 새로운 상황에 즉시 적응함. 사고와 행동이 유연하며 일상적 활동(routine)의 변화에 대해 동요되지 않는 것처럼 보임
유머	* 유머를 잘 전달하거나 수용함 * 핵심 개념이나 문제점들을 유머러스한 방식으로 합성해 내는 능력을 보임. 낱말이나 몸짓의 시의적절성과 관련한 특별한 감각을 가지고 있음

출처: Alexander와 Muia(1982); Frasier 등(1995).

2) 영재아들의 언어적 특성

영재아들이 가지고 있는 가장 보편적이며 두드러진 특징들 가운데 한 가지는 이들의 가속화된 언어발달이다. 그 빠른 발달속도 외에는 영재아들의 언어 학습이 전형적으로 발달하는 아동들과 다르다는 증거는 없다. 따라서 이들의 언어 기술을 설명할 때에는 발달적 모델이 사용될 수 있을 것이다. 취학 전 영재아들은 초등학년 아동들에게 기대될 수 있는 수준의 언어를 산출하고 이해하기도 하며, 5~10세 사이의 영재아들은 중학생 및 고등학생 수준의 언어 기술을 보이기도 한다. 그렇지만 우리는 우수한 언어 능력이 비록 영재아들의 보편적인 특성이기는 하지만 영재성의 필수요건은 아님을 기억해야 한다.

구어 언어(oral language). 영재아들은 종종 조숙한 화자라는 말을 듣곤 한다. 첫 낱말이 발화되는 연령은 자주 인용되는 한 가지 이정표이다. 예를 들어, 연구들은 영재아의 평균적인 첫 낱말 산출 시기가 생후 9개월이며, 일부 아동들은 생후 6개월 정도의 빠른 시점에 말을 시작한다고 보고한 바 있다(Price, 1976; Rogers & Silverman, 1997). 진보된 구어 발달을 보여 주는 신뢰로운 지표는 아동이 한 낱말 단계에서 낱말 조합 단계로 진보하는 속도이다. 전형적으로 발달하는 아동들이 한 낱말에서 구문으로 전이되는 데에는 대략 6~12개월 이상이 걸린다는 것을 기억하라. 영재아들은 한 낱말에서 구문으로 빠르게 이동함으로써 그리고(또는) 낱말 조합을 시작하기 이전에 특별히 많은 어휘를 습득함으로써 이 같은 예상을 모두 벗어나 버린다. 영재아들은 또한 추상적 어휘 지식과 낱말 간 관련성 지식에서 앞서 있는 모습을 자주 보이기도 한다. 이는 이들의 자발적인 상위 계층(higher-order) 낱말들, 재진술(paraphrase) 능력, 그리고 여러 지능 검사의 언어 영역에 포함되어 있는 과제의 하나인 낱말 정의하기 능력에서 드러나게 된다. 조숙한 어휘 발달과 관련하여, 진보한 구문 능력 역시 뚜렷하며, 구어 언어의 능숙성을 추가적으로 보여 주는 징표가 된다. Hoh(2005)는 출생부터 7세까지 이중 언어 역시 가졌던 한 영재아를 추적 연구하고, 이 아동이 구문론, 형태론, 음운론, 그리고 의미론과 비유 언어(유머, 은유, 중의성, 사회적 능력)을 포함한 모든 언어적 측면들에서 가속화된 발달을 나타냈음을 보고했다. 그렇지만 화용적 언어발달과 관련해서는 영재아들과 정상적 발달 아동들의 화용 언어 기술을 직접적으로 비교한 연구는 많지 않다. 영재아들에게는 보편적이지만 가속화된 발달을 나타난다는 일반적인 원리에 입각하여, 우리는 이들이 참조적 의사소통(referential communication), 대화 수정(conversational repair), 주제 관리 기술이 뛰어날 것이라고 예상할 수는 있으나, 이러한 가정에는 경험적 조사가 이루어져야 할 필요가 있다.

읽기 및 쓰기. 거의 대부분 영재아들은 잘 읽으며 이들에게 직접적인 읽기 교육은 필요치 않다고 가정되는데, 이는 실제로 사실이다. 그렇지만 영재성에 있어서의 이른 읽기 능력이 의미하는 바와 관련된 견해는 둘로 양분된다. 어떤 이들은 초기 읽기가 영재아의 중요한 특징이라고 주장하지만, 영재아로 여겨지는 취학 전 아동의 부모들에 대한 설문에서는 오직 16%만이 책과 읽기의 이른 흥미를 보였다고 언급했다. 심지어 이른 흥미가 보고되었을 때조차도 해당 아동이 실제로 영재아였는가를 예언해 주지는 못했다(Louis & Lewis, 1992). 이는 이른 읽기가 지적 능력과 강력하게 관련된 것은 아니며, 이것이 언제나 이후의 읽기 성취 수준을 예언하지는 못하여, 그리고 아마도 이는 부분적으로는 아동 양육 방식, 이를테면 가정에서의 읽기 자료에 대한 접근성이나 가족이 교육에 부여하는 가치와 같은 것들에 기인된 것일 수도 있음을 시사하는 일부 연구들(Jackon, 1988; Jackson & Kearney, 1995)과 일치하는 것이다. 취학 전 기관, 유치원, 그리고 1학년에 입학하는 아동들 중 오직 1%에 속하는 조숙한 독서자들(precocious readers)은 개인 차이를 보이며, 미래의 읽기 성공을 예언할 수 있는 단일한 기본 읽기 검사도 존재하지 않는다. Olson, Evans와 Keckler(2006)는 조숙한 독서자에 관한 앞으로의 연구에서는 단지 이들의 특성에 관해 기술하기보다는 이 아동들에 대해 알려진 바를 적용하는 것에 초점을 두어야 할 것이라고 제안했다.

많은 영재아들은 일단 읽기를 시작하게 되면 책에 대한 특별한 열정을 보이며 빠르게 놀라울 정도로 유능한 독서자로 변모한다는 점에 대해서는 충분한 동의가 이루어져 있다. 그렇지만 영재아들에게는 이들이 종종 자신들의 지식을 강화시키고, 자신들의 정서적 논점들을 다룰 수 있는 적절한 종류의 책을 선택할 수 있도록 타인들의 도움이 필요하다(Cramond, 2004b).

유연하며 효과적인 읽기 전략을 사용하며, 그리고 자신의 읽기 전략을 모니터하고 이를 수정해 내는 아동의 능력은 훌륭한 독서자와 열악한 독서자를 구별시키는 특징이 된다(Jackson, Donaldson, & Cleland, 1988). 읽기 전략과 관련하여, 8, 10, 12학년 학생들에 대한 한 연구는 영재아들이 사용되는 다양한 전략 유형이라는 측면에서 평균적인 독서자들과 다르지 않았음을 보여 주었다. 그렇지만 영재 학생들은 이를테면 다시 읽기(rereading), 추론, 예측, 그리고 내용 영역 간을 관련짓기와 같은 효과적인 전략들을 더욱 자주 사용하는 반면, 평균적인 독서자들은 낱말의 발음에 주의를 기울였고, 자신들이 읽은 내용을 부정확하게 요약하는 모습을 보였다(Fehrenbach, 1991, 1994). 영재아들이 사용한 효과적인 전략들은 그들로 하여금 또래들보다 읽기에서의 많은 이해를 가능하게 한다. 이것은 특히 이들이 학교에 입학하고, 읽기가 새로운 정보를 습득하는 일차적인 방식이 되는 시점에서는 이들에게 모든 학업 영역에서 엄청난 이점을 가져다주게 된다.

이들이 쓴 내용은 종종 평균 이상일 때가 많기는 하지만(Yates, Berninger, & Abbott, 1995), 이들의 구어 표현 및 읽기 기술과 비교해 보면 많은 영재아들의 쓰기 능력은 이보다는 덜 인상적이다. 이들의 쓰기 형식은 종종 전형적으로 발달하는 또래들과 흡사하다. 이들은 간단한 문장들을 쓰며 제한적인 어휘를 사용한다(Mindell & Stracher, 1980). 쓰기와 기타 언어 기술들 간의 차이는 보통은 동기라는 측면으로 설명된다. 훌륭한 쓰기에는 형식 규칙—구두점, 철자, 조직화—이 요구되며, 이것은 다른 언어 행동들에서는 불필요한 것들이다. 쓰기는 반드시 학습되어야 하는 것이며, 생각이 발현되는 속도와 통합되어야 하는 것이기도 하다. 많은 영재아들은 쓰기를 위해 요구되는 작업에 의해, 그리고 자기 표현을 지연시키는 방식들에 의해 뒤로 미루어지는 것처럼 보인다(Freeman, 1979; McCluckey & Walker, 1986). 이에 따른 결과로 이들은 자신들이 보이는 다른 언어 능력들에 필적하는 기술 수준으로 발달할 만큼 쓰기를 충분히 훈련하지는 않게 될 수 있다. 이러한 아동들을 위해서는 문서 편집 프로그램을 사용하는 것이 한 가지 대안이 될 수 있다.

3) 취약한 배경 또는 장애를 가진 영재아들의 언어

영재교육의 한 가지 논점은 영재아들 가운데의 특수한 집단에 관한 사항이다(Cramer, 1991). 이 아동들에 대해 판별된 세 가지 집단은 다음과 같다.

1. 경제적으로 취약한 배경의 아동(이들의 다수는 인종/민족적 소수 집단 구성원임)
2. 운동 또는 감각의 장애를 가진 아동
3. 높은 지능 수준에 중첩된 학습장애로 인한 저성취 아동

이 집단들에 대해서는 연구된 바가 거의 없으며, 이들을 판별하거나 이들에게 서비스를 제공해 주는 것은 어려운 것으로 입증되어 왔다.

영재성을 가졌으면서도 불리한 위치에 놓인 아동들이 자주 발견되지는 않는다. 아마도 주류층 부모들은 자기 자녀들에게서 영재성을 기대하고 영재성의 징후를 능동적으로 찾고자 하기 때문에, 이 부모들은 취학 전 자녀를 위한 특별한 평가 및 교육 서비스를 추구할 가능성이 훨씬 더 높을 것이다(Louis & Lewis, 1992). 취약한 배경의 부모들은 자녀의 영재성을 인식하지 않거나 또는 특수 서비스를 추구하고자 하는 수단이나 동기가 결여되어 있을 것이다. 미국에서 아시아계 가족들이 상대적으로 그 인구수에 비해 영재 프로그램에 지나치게 많이 나타나지만, 아프리카계, 히스패닉계 및 원주민 아동들은 오히려 너무 적게 나타나는 경향이 있는 것처럼, 문화적 · 언어적 요인 역시 한 역할을 담당하는 것처럼 여겨진다(Cohen, 1990). Vanderslice(1998)는 학교에서 히스패닉계 영재아들이 과소 판별되는 몇 가지 이유를 논의했다. 그녀는 영재아 판별에 사용되는 대부분의 읽기 검사들이 영어로 쓰여 있으며, 히스패닉계 영재아들이 영어로 검사를 받을 때 이것이 제1 언어가 아니라면 불이익을 당할 수 있다고 제안했다. 심지어 영어 어휘가 훌륭한 히스패닉계 영재아들조차도 영어로는 낮은 읽기 점수를 획득하는 경향이 있다. 여러 지능 검사상의 수행도 이전의 노출과 경험에 의존하는 것이므로, 이러한 검사 도구들은 이 아동들의 지적 능력을 판별하는 데 부적합하다.

능력 간 불일치를 보이는 다른 범주의 아동들도 저성취로 기술되는 아동들이다. 이 아

동들은 대략 연령에 맞는 수준으로 기능하지만, 이들은 학습장애 또는 이들의 잠재력 실현을 막는 해로운 사회 및 정서적 조건들로 인한 방해를 받게 된다(Brody & Mills, 1997). 공식적으로 이 아동들은 IQ 또는 성취 검사와 이들의 실질적인 교실에서의 수행 간의 비일관성을 통해 판별된다(National Joint Committe on Learning Disabilities, 1998). 비공식적으로, 이 아동들은 종종 성격이나 행동상의 어려움으로 인해 주목을 받는다. 연구자들은 성취하지 못하는 영재아들이 종종 스스로에게 대한 자신감이 결여되어 있으며, 낮은 자아개념을 가지며, 사회적 관계 형성에 어려움을 보이며, 그리고 공격성을 드러내기도 한다는 점을 발견했다(Mendaglio, 1993; Olenchak, 1994; Schiff, Kaufman, & Kaufman, 1981). 이처럼 학습장애를 가진 저성취 영재아들은 보통은 언어적으로 결함을 보이는 대개의 학습장애 아동들(영재는 아닌)과는 반대로 구어적으로는 우월하며, 비언어성 과제에서 훌륭한 수행을 보인다. 한 연구(Waldron & Saphire, 1990)는 Wechsler 아동 지능 검사—수정판(Wechsler Intelligence Scale for Children—Revised, WISC-R)에서 학습장애를 가진 영재아와 학습장애를 가지지 않은 영재아의 수행을 비교하고, 학습장애 영재아들은 '구어 개념화' 기술과 '추론'에서 상대적으로 더 잘한 반면, '기계적인 단기기억'에서는 수행이 저조했음을 밝혔다. 이 연구에서 얻은 중요한 한 가지 결론은, 학습장애 영재아들은 연구자들이 '기질적 뇌 증후군(organic brain syndrome)'의 변인이라고 언급했던 것에서 유의하게 낮은 점수를 기록했으며, 이 변인들에는 숫자 폭(digit span), 부호화(coding), 그리고 블록 설계(block design) 과제가 포함되어 있다. 이 변인들은 학습장애를 가진 영재아와 그렇지 않은 영재아를 차별적으로 진단하는 데 중요한 것이며, 앞으로의 연구 및 임상적 평가에서 이 변인들이 사용되어야 할 필요가 있을 것이다(Waldron & Saphire, 1990).

4) 중재를 위한 시사

언어장애 아동들을 다루는 전문가들은 다양한 영재아 집단에게 차별적인 역할을 담당한다. 언어적 재능을 가진 유리한 아동들에게 대부분의 교육 세팅에서 일하는 전문가들은 영재교육 프로그램 개발을 담당해 온 교사들에게 업무를 전담시킨다.

영재를 위한 프로그램은 학교마다 다를 것이지만, 이것은 영재아의 능력에 부합하는 교과과정의 제공을 시도하는 **가속화**(acceleration) 및 **풍부화**(enrichment) 접근법, 그리고 일정 교육 시간 동안 영재아들을 다른 학생들과 분리하여 빠른 진도로 진행될 수 있게 하는 **집단화**(grouping) 접근법들의 일부 조합으로 구성되어 있을 가능성이 있다(Van Tassel-Baska, 1992). 컴퓨터 역시 영재아를 가르칠 수 있는 중요한 수단이다. 일부 영재아들은 훌륭한 시각 학습자(visual learner)일 수 있으나, 또 다른 영재아들은 청각 또는 촉각적으로 우수한 학습자일 수 있다. 컴퓨터는 학습을 유도해 낼 수 있는 다중적인 감각 양식으로 학습자료를 제시해 줄 수 있다(Parette, Hourcade, & Ginny, 2000).

전문가들은 결함을 가진 영재아들의 능력을 평가하고, 기타 교육자들에게 언어적 차이라는 논점을 해석해 주는 중요한 책무를 지닌다. 언어적-문화적으로 다양한 배경에 속한 영재아들에 대해서는 9장에서 논의한 바와 같은 비편향적인 평가 및 표준적이지 않은 방언이라는 측면에 관해 관심을 기울여야 한다. 이들은 또한 자신들의 영재성을 이해하고 이에 부합할 수 있도록 하는 도움을 필요로 한다. 앞서 살펴본 바와 같이, 이 아동들이 자기 가족들에 의해 판별될 가능성은 매우 적을 것이다. 그러므로 이러한 인구를 다루는 전문가들이 이 아동들의 판별에 적합하도록 문화적으로나 언어적으로 민감한 평가 절차를 고안해 내는 일이 중요할 것이다. 이를테면 자기만의 학습 전략을 지향하며 이를 설계할 수 있는 프로그램(Uresti, Goertz, & Bernal, 2002)과 같은 지지적이며 촉진적인 기회만 제공받을 수 있다면, 문화적으로 그리고(또는) 언어적으로 다양한 배경에 속한 영재아들이 출현하게 될 것이다(Gentry, 2009).

신체적 · 감각적 결함 또는 학습의 결함을 가지는 영재아들은 이들이 할 수 있는 것보다는 할 수 없는 것 때문에 중재에 의뢰되는 경우가 더욱 많다. 이 아동들은 인지적 · 정서적 능력에 있어서 개인 간 차이와 개인 내 차이 모두를 나타내며, 따라서 이들을 위한 중재 전략은 개인에게 섬세하게 맞추어진 것이어야 하며, 또한 이들의 강점과 약점 프로필에 기반한 것이어야 한다. 예를 들어, Crawford와 Snart(1994)는 우수한 지능 지수, 그러나 낮은 해독 기술(decoding skill)을 가진 세 명의 아동을 대상으로 한 연구로부터, 이 세 명 가운데 오직 한 명만이 연속적인 처리에 초점을 둔 인지적 재활 치료 프로그램으로부터 이득을 얻었음을 발견했다. 이는 영재아들을 위한 개별화된 중재의 필요성을 시사하는 것이다. 학습장애를 가진 영재아를 위해 어느 공립학교 시스템에서 개발된 교육 프로그램은 재활에 초점을 두기보다는 아동의 강점을 발달시키고 아동의 약점을 개선시키는 것을 강조하고 있다(Weinfeld, Barnes-Robinson, Jeweler, & Shevitz, 2002). 이 프로그램 내에서 영재아들은 미술, 체육 교육, 그리고 점심식사에서는 정규 시간대로 일반 학생들과 상호작용한다. 이들은 그들 그대로의 모습으로 존중된다. 그리고 이들의 잠재력을 극대화하기 위한 기술적 지원을 제공받는다.

2. 언어와 시각장애 아동

주요 언어 이정표를 거치는 진보에 입각해 보면 시각장애만을 가지는 아동들 중 언어장애의 준거를 충족시킬 만한 아동은 얼마 되지 않는다. 그렇지만 이들은 감각 결손으로 인하여 앞을 보는 아동들과는 다르게 언어를 습득하게 되며, 이것이 종종 전문적인 평가 및 자문을 요구하게끔 만든다. 추가적으로, 시각장애 아동들은 완전한 발달 및 감각 평가가 수행되기 전까지는 청각장애, 학습장애 또는 지적장애 역시 가질 수 있는 우려도 따르게 될 것이다. 이러한 경우에는 정상적인 언어발달의 예후는 상당히 나빠진다. 지적장애를 가진 모든 아동들은 언어의 결함을 가지며, 이 결함에 시각장애가 추가되어 중재 노력에 대한 심대한 지장이 초래될 것이다.

1) 시각장애 개관

의학, 교육, 그리고 재활 전문가들이 시각 손상을 기술하기 위해 사용하는 몇 가지 용어들이 있다. **맹**(blindness)이라는 용어에 대한 확정된 정의는 없다. 시각은 여러 가지 방식으로 측정될 수 있다. 표준적인 시력측정검사는 일정 거리에서 시력을 측정하는 방식이다. 그렇지만 시각장애를 가진 많은 사람들은 일정 거리에서는 볼 수 없지만 일부 근거리 시각은 가지고 있다. 더욱이, 시각은 다른 감각 및 인지 체계와 독립적으로 작동되는 것이 아니다. 신경계가 기타 감각 채널이나 이전의 경험을 통해 습득된 정보로 매우 취약한 시각 신호를 보완할 수 있다면 일부 기능적인 시각을 가지는 것도 가능하다.

미국맹인재단(American Foundation for the Blind)에서는 **맹**(blind)이라는 용어가 가용한 시력을 전혀 가지지 못한 사람을 지칭하기 위해 사용되는 것이라고 제안했다. 미미한 시력이라 해도 가용한 시력을 가진 자라면, **시각적으로 손상된**(visually impaired), **부분적으로 볼 수 있는**(partially sighted), 또는 **저시력**(low vision)으로 기술되어야 한다. 맹의 범주 내에서는, 광지각(빛을 지각함)을 가진 사람과 그렇지 않은 사람으로 구분되며, 또한 바로 눈앞에서 손을 흔들었을 때에서와 같이 움직임을 지각할 수 있는 사람과 그렇지 못한 사람으로 구분된다. 맹은 출생과 동시에 또는 그 직후에 나타나는 선천적인 것이거나 이후 삶에서 우발적인 질병으로 야기된 것일 수 있다. 5세 이후 맹이 된 아동은 시각 기억을 간직하고 있으며, 사고의 한 부속물로서의 시각화를 해낼 수 있다(Sardegna & Otis, 1991). 시각장애이면서 다른 결함은 전혀 가지지 않은 아동들 중에서는 어떠한 패턴 인식도 하지 못하는 선천 맹 아동들만이 언어발달에 심대한 영향을 받는다(Freeman & Blockberger, 1987). 이 절의 나머지 부분에서 우리의 논의는 선천 맹을 가진 아동에게만 국한될 것이다. 약한 정도의 시각장애를 가진 아동들은 볼 수 있는 아동들과 매우 나란히 진행되는 언어발달을 보일 것으로 기대된다. 지적장애 또는 신체장애와 함께 시각장애를 가지는 아동들은 광범위한 언어적 손상을 보이게 될 것이다.

선천 맹은 유전된 것이거나 자궁 내에서 발생된 질병 또는 조건들로부터 기인한다. 손상은 시각 체계 내의 비신경학적[수정체, 각막, 그리고(또는) 홍채] 영역 또는 신경학적[망막 그리고(또는) 시신경] 영역 중 하나에 영향을 미치게 된다. 색소성 망막염(retinitis pigmentosa)과 같은 특정 조건들은 퇴행적인 것이어서 아동의 성장과 함께 시력은 점차 약화될 것이다. 최근에는 산부인과 및 신생아 관리의 발전에 힘입어 극심한 상태의 많은 조산아들이 생존할 수 있게 되었다. 그렇지만 이러한 아기들은 높은 시각 손상 발생률을 나타낸다(Powls, Botting, Cooke, Stephenson, & Marlow, 1997). 미국의 도시 지역 조사 자료에 따르면, 3~10세 사이의 1,000명 중 약 1명에 다소 못 미치는 숫자가 대개는 출생 전 원인에 기원한 시각장애를 가지는 것으로 나타났다(Mervis, yeargin-Allsopp, Winter, & Boyle, 2000). 2006~2007학년도에 미국교육부(2007)는 미국 내에 약 33,000명으로 추정되는 시각장애 또는 맹 학생들(기타 장애는 가지지 않은 학생)이 일부 형태의 특수교육을 받고 있다고 보고했다.

2) 맹 아동의 언어 특성

일반적으로, 맹 아동의 언어에서 관찰되는 것은 지체도 일탈도 아니지만, 이보다는 오히려 앞을 보는 아동들과는 다른 방식으로 감각 및 운동 자원을 사용하는 언어 습득의 대안적 과정이 발견된다(Perez-Pereira & Cont-Ramsden, 1999). 그렇지만 맹 아동들은 특정 운동기술 발달에서는 지체를 보일 수도 있다. 예를 들어, 이들은 정적(static) 운동기술(예: 단시간 일어서 있기)보다는 역동적(dynamic) 운동기술(예: 몸을 앞으로 구부리기) 발달에서 지체를 보일 수 있으며, 주변 환경을 자발적으로 탐사하는 일에 실패하기도 한다(Brambring, 2006). 그렇지만 이들에게 신체적으로 능동적이게끔 촉구해 주면, 앞을 보는 아동들의 수준까지는 아닐지라도, 운동기술을 발달시킬 수 있다(Bouchard & Tetreault, 2000). 신체적으로 능동적인 행동에 대한 격려와 이에 대한 참여 기회가 없다면, 이들은 이를테면 흔들기, 머리 흔들기, 눈 찌르기나 눈 비비기와 같은 상동적인 움직임을 발달시키게 될 수도 있다(Sardegna & Otis, 1991). 그러므로 아동의 언어 습득을 촉진하기 위한 방식으로 감각 또는 운동 자원을 활용하는 것은 신중하게 모니터해야 할 필요가 있다.

시각장애 아동들의 어머니들은 앞을 보는 아동과 그 어머니들 간의 상호작용에서 일반적으로 관찰되는 것보다 더 많이 말하며, 더 많은 지시를 사용한다. 이를테면 "어떤 냄새가 나는지 보기 위해 네 코로 이것을 보렴." 또는 "먼저 그것을 네 손으로 집은 다음 서랍 안에 들어갈 때까지 그것을 떨어뜨리지 말아야 해." 또는 "이것을 집어서 건네주고 그것을 찾아 봐, 이 손으로 그것을 찾아보렴."이라고 말한다(Conti-Ramsden & Perez-Pereira, 1999; Perez-Pereira & Conti-Ramsden, 2001). 또한 이 어머니들은 아동과의 연계를 유지하기 위해 만지기(터치)나 신체 접촉을 사용한다. 앞을 보는 아동의 어머니들과 마찬가지로, 맹 아동 어머니들도 자기 자녀와 이를테면 까꿍놀이와 유사한 반복과 예상이 포함되는 게임과 같은 공동 활동의 반복적 정례 활동에 참여한다. 그렇지만 이 어머니들은 얼굴 표정, 눈 맞춤, 그리고 이러한 활동 속에서 자녀와의 긴밀성을 유지하기 위한 전형적인 기타 몸짓(제스처)들에 덜 의존하게 된다. 대신 이들은 몸을 손끝으로 건드리기(body pointing)(Loots, Devisé, & Sermijn, 2003), 간지럽히기, 살짝 치기(stroking)와 같은 다른 비시각적 의사소통 신호들을 사용한다. 이러한 활동 속에서는 유아의 발성(vocalization)은 적극적으로 격려된다. 앞을 보는 아동들에게도 늘 나타나는 것이지만 이러한 반복적 일상활동은 맹 아동의 발달에 특히 중요한데, 이러한 활동들은 양육자와의 정서적 연계 및 핵심적인 감각적 경험 모두를 제공해 주기 때문이다(Chen, 1996). 그렇지만 이러한 활동들이 이질적인 활동으로 발전될 지경까지 과도하게 격려될 수 있다는 우려가 따른다. 시각장애 아동들은 앞을 보는 아동들과 똑같이 언어발달의 초기 단계 동안 몸짓(제스처)을 사용하여 의사소통을 행하며, 이는 아동들에게는 시각이 부재하는 상황에서도 몸짓은 발달할 수 있음을 나타내는 것이다. 그렇지만 기타 의사소통 양식에 대한 시각장애 아동들의 의존도를 감안한다면, 이들의 몸짓 사용의 빈도는 제한적일 수 있다(Iverson, 2000).

맹 아동들은 나이가 들어감에 따라 발달적으로 더욱 이질적인 모습을 보이게 된다. 시각 손상 정도, 기타 결함의 존재, 이들의 장애에 대한 양육자들의 반응과 같은 것들을 포함하는 많은 요인들이 이들의 언어발달에 영향을 미친다. 그럼에도 불구하고, 이 아동들의 일반적인 특성으로 간주될 만한 다음과 같은 특정 행동들이 충분한 빈도로 나타나게 된다.

구문론. 맹 아동의 구문 발달은 앞을 보는 아동들과 크게 다르지 않다. 이들은 낱말 조합을 사용하기 시작하는 시점이 다소 지체되지만, 3세경이면 평균 발화 길이가 전형적으로 발달하는 또래들에 필적하게 된다(Landau & Gleitman, 1985; Perez-Pereira & Conti-Ramsden, 1999). 맹 아동들은 어떤 구들의 생산적인 구문적 조절 능력을 갖추기 이전에 이를 반향하는 성향이 있기 때문에, 이들의 발화 길이는 전형적으로 발달하는 아동들에 비하면 스스로의 구문 능력을 대표해 주지 못할 수 있다.

의미론. 어휘 학습이 이루어짐에 따라 낱말의 맥락과 기능은 제한되는 경향이 있다. 일상적 활동, 이를테면 식사하기나 목욕하기 같은 맥락 안에서 처음 습득된 낱말들은 아동이 더 성장하기 전까지는 해당 맥락 밖에서는 잘 사용되지 못한다. 전형적으로 발달하는 아동들은 일반적으로 초기 낱말의 의미를 과잉 확대(overextend)하는데, 예를 들면 손에 들 수 있는 모든 액체를 주스라고 언급하는 것이다. 이러한 과잉 확대의 많은 부분들이 사물들 간의 시각적 유사성에 근거하는 것이다. 예상되는 그대로, 맹 아동들은 자신이 배운 낱말의 의미를 거의 과잉 확대하지 않는다(Andersen, Dunlea, & Kekelis, 1984).

초기에 발달하게 되는 많은 개념들이 시각적 경험과 밀접하게 관련된 것이다. 따라서 맹 아동들은 더러운, 깨끗한, 열려 있는, 닫혀 있는, 안, 밖, 위, 아래와 같은 낱말을 이해하고 사용하는 데에 지체를 보일 수 있다. 이러한 지체는 오직 감각 경험의 결여 때문인 것으로 여겨진다. 끈끈한, 달콤한, 뜨거운, 차가운, 커다란과 같이 기타 감각 정보를 통해 습득될 수 있는 개념이나 낱말들은 잘 습득된다(Sardegna & Otis, 1991).

반향어. 맹 아동의 의사소통 특성으로 자주 언급되는 것이 이들이 사용하는 모방이다. 자폐 아동들과 마찬가지로, 이것이 자동적이며 별 생각 없이 나타나는 것처럼 보인다면 이

행동은 반향어(echolalia)라고 기술된다. 맹 아동 발화에서의 많은 부분이 반향적이다. 어느 3세 여아 연구에서, 자기 엄마와의 자발적 발화에서는 20.7%, 그리고 친하지 않은 성인과의 발화에서는 35.7%의 반향적 발화가 나타났다(Kitzinger, 1984).

반향적 발화는 실제보다는 더 이상한 것처럼 보인다. 시각의 결여로 인해 맹 아동들은 일반적으로는 비언어적인 시각적 신호를 통해 완성되는 여러 의사소통 행동들에 대한 다른 대체물들을 찾아내야만 할 것이다. 예를 들어, 따라 말하기는 승인의 기능을 담당할 때가 많은데, 이는 앞을 보는 아동들이라면 바라보거나 고개 끄덕이기, 얼굴 표정 변화시키기 등을 통해 비언어적으로 수행되는 것들이다. 앞을 보는 아동들은 독백(monologues)을 산출하는 것으로 알려져 있는데, 이것은 언어적 시연(verbal rehearsal), 연극놀이(dramatic play), 그리고 스스로의 행동에 대한 지시와 같은 목적을 담당하는 것이다. 또한 이러한 말들은 전형적으로는 특히 손동작 같은 움직임들과 함께 수반되며, 이것이 낱말에 맥락을 제공해 주는 역할을 한다.

화용론. 맹은 아동들이 언어를 사용하는 방식에서의 일부 불가피한 결과를 가져온다. 예를 들어, 비록 어린 맹 아동들은 일반적으로 유사한 의사소통 기능 프로필을 나타내기는 하지만, 이들은 멀리 떨어져 있고 만질 수 없는 사물에 대해 이름 대기 또는 이를 요구하기 위한 언어를 더 적게 사용한다. 이들은 다른 것들(자신이 볼 수 없는)의 개념에 관해 기술하는 발화는 더 적게 산출하고, 계속 진행 중인 행위나 자신이 의도한 행위에 대해 기술하는 발화는 더 많이 산출한다(Perez-Pereira & Conti-Ramsden, 1999). 맹 아동들에게는 비언어적 측면에서의 정상적이지 못한 매너리즘이 발달될 수 있는데, 이는 대화 중의 특정 행동들을 이들이 볼 수 없기 때문이다. 명백한 이유로 인해, 이들은 청자와의 거리에 맞추어 자신들의 음성 강도를 조정하는 것에 많은 어려움을 가진다. 그러므로 이들은 항상 큰 소리 수준으로 말하는 경향이 있다(Freeman & Blockberger, 1987). 맹 아동들은 고개를 끄덕이는 일는 덜 자주 하지만 미소 짓는 것은 더 많이 한다. 이들은 현재 이야기되고 있는 바에 관해 관심을 표하거나 이에 관해 강조하는 것에 익숙하지 못하기 때문에 부적절하게 보이는 눈썹 움직임을 나타내기도 하며(Parke, Shallcross, & Anderson, 1980), 앞을 보는 아동들에 비해 얼굴 근육의 움직임을 더 많이 사용하기도 한다(Galati, 1997).

음운론 및 읽기. 이 장의 곳곳에서 논의되고 있는 바와 같이, 현재의 발달적 언어라는 조망에서의 읽기장애는 읽기와 기타 언어 기술, 특히 음운론 영역 간의 관련성을 강조하고 있다. 앞을 보는 아동들은 말소리와 활자화된 철자 사이의 관련성을 해독하게 해주는 음운인식(phonological awareness)을 발달시켜야만 한다. 점자(Braille) 역시 알파벳 원리에 의거한 것이라는 점에서 맹 아동들도 동일한 인식을 발달시켜야만 한다. 연령 수준에 맞게 읽지 못하는 맹 아동들은 구어 언어의 소리 구조를 이해하고 적용하는 능력에서 지체를 보인다는 연구가 있다(Gillon & Young, 2002). Barlow-Brown과 Connelly(2002)의 연구에서는 문어의 철자와 낱말에 대한 지식을 가지지 못한 맹 아동들은 음운 인식에 제한을 보이지만, 오직 문어 철자 지식 하나만을 가진 맹 아동들(점자로 훈련받은 아동들)은 높은 음운 인식을 가지는 것으로 나타났다. 그렇지만 능숙한 점자 독서자이며 문어 철자와 낱말에 대한 지식 모두를 가진 맹 아동들은 주목할 만큼 뛰어난 음운적 민감성을 보였다.

3) 중재를 위한 시사

기타의 많은 언어장애 아동 집단들과는 달리, 맹 아동들에게 언어 중재가 요구될 것인가에 관해서는 다소 의문의 여지가 있다. 그렇지만 대부분의 전문가들은 이들의 언어는 다른 발달적 경로를 따르게 될 것이라고 예상될 수 있으므로, 맹 아동의 언어 습득을 모니터하고 해석해 내기 위해 중재가 필요하다는 점에 동의하고 있다.

맹 아동들은 작은 인구 집단을 구성하므로 맹 아동과 이들의 가족을 다루기 위한 대규모의 경험적 기반을 개발해 내기는 어렵다. 많은 전문가들은 훈련을 받았음에도 불구하고, 아동들에게 일반적으로 효과적일 수 있는 중재 방식에 의존하기보다는 시각장애에 대해 과잉 보상하려는 경향을 보인다. 반대로 시각적 능력이 너무나 쉽게 추정되기 때문에 필요한 조정은 간과되기가 쉽다. 표 11.3은 맹 아동 중재를 촉진할 수 있는 일부 제안들이 나열되어 있다.

전체적으로, 전형적으로 발달하는 아동들에게서 관찰되는 이정표를 맹 아동에게 비교하는 방식으로는 이들의 언어 습득의 진보를 언제나 정확하게 판단 내리기 어렵다. 맹 아동들의 일부 초기 의사소통 행동들은 촉감이나 청각을 통해 중개되어야 하는 것이므로 여기에는 지체가 발생될 수 있다. 일반적인 지침상, 전문가들은 아동의 행동은 합리적인지,

표 11.3 맹 아동 중재를 위한 제안

* 정상적인 목소리로 말하라.
* 비언어적 단서를 대체할 수 있는 구어 신호를 제공하라. 예를 들어, 당신이 어떤 자원을 도입하거나 변경시키고자 할 때는 행하고 있는 그대로 이야기해 주어라.
* 서랍, 캐비닛의 문, 그리고 기타 장애물들이 완전히 열려 있는지 또는 닫혀 있는지 확실히 알려 주어라.
* '봐(see, look)' 또는 '예쁘다(pretty)'와 같은 '시각적' 낱말들을 사용하여 편안함을 느끼게 하라. 맹 아동들은 이 낱말들을 각자의 능력에 따라 적절히 해석해 낼 것이다.
* 당신이 방 안의 다른 장소로 이동하려고 할 때는 아동에게 이를 말해 주어라.
* 아동이 갑자기 제지되거나 잡혔을 때 부정적으로 반응한다 해도 놀라지 말라. 이것은 감정적 거부가 아니라 예상치 못하게 제지당했을 때의 반응일 뿐이다.
* 적어도 당신의 이름이 충분히 알려진 것이 아니라면, 아동에게 다가갈 때는 당신의 이름을 말해 주어라. 아동이 당신의 목소리를 인식할 것이라고 기대하지 말라.
* 아동이 그것에 관한 사전 경험을 가진 적이 없었다면, 장난감 모형을 사용하지 말라.
* 대부분의 대표적인 장난감들은 실제 사물과의 시각적 유사물에 의거한 것임을 기억하라.
* 아동과 한 명의 또래 친구 간의 상호작용을 촉진한 후, 놀이 상황에서 친구 수를 점진적으로 늘려 가라.

출처: Rettig(1994); Sardegna와 Otis(1991); van Kleeck와 Richardson(1988).

그리고 감각 결함이라는 측면에서조차 이해 가능한 것인가의 여부를 항상 스스로에게 질문해야 한다.

3. 언어 및 신경운동적 장애를 가진 아동

이 책에서 논의된 많은 기타 인구 집단과는 달리, 신경운동장애를 가진 아동들은 언어장애의 특징적인 증후를 나타내지 않는다. 이것이 곧 이들은 언어장애로부터 자유롭다는 것을 의미하는 것은 아니다. 그러나 이들의 언어적 결함들은 이들의 자세나 운동을 방해하는 신경운동장애의 직접적인 결과물은 아니다. 오히려 이 아동들은 이를테면 지적장애, 청각장애, 시각장애, 그리고 발작장애와 같은 신경근육계 장애와 자주 공존하는 조건들로 인해 결함을 가지는 의사소통자들인 것이다. 이들은 운동의 결함이 환경을 탐색하고, 말하고, 몸짓하는, 그리고 사회적 상호작용에 참여하는 능력들을 방해하기 때문에 나타나는 일반적인 지체로 인해 고통받기도 한다.

1) 뇌성마비 아동

아동에게 가장 보편적인 신경운동장애는 뇌성마비(cerebral palsy)이다. 이 조건은 단일한 원인을 가지지 않으며, 근육 결함에서의 여러 다른 유형 및 분포를 포함한다. 뇌성마비의 일반적 요인들에는 다음과 같은 것들이 포함된다.

- ❖ 뇌성마비는 뇌손상에 기인한다.
- ❖ 뇌성마비는 출생 시 또는 취학 전 시기 동안의 생의 매우 초기에 발현된다.
- ❖ 시간 경과에 따라 뇌손상이 더 악화되지는 않지만, 기능적 운동 능력은 더 악화될 수는 있다.

뇌성마비의 병인론 및 유형. 뇌성마비가 발생된 시점에 따라 임신 기간 중(산전, prenatal), 출산 전후(주산기, perinatal), 생의 첫 몇 해 동안(산후, postnatal)으로 구분하여 뇌성마비의 원인을 살펴볼 수 있다. 감염, 신체적 손상, 약물 남용과 같은 산전 사건들이 태아에 손상을 야기하거나 또는 정상적인 신경계 발달을 붕괴시킨다. 출산 중의 주된 위험들로는 산소의 부족(산소결핍증, anoxia), 감염, 뇌출혈(cerebral hemorrhage)이 있다. 산후 원인에는 뇌혈관계 사고(cerebrovascular accidents), 뇌 감염, 외상(trauma)이 포함된다. 산후 뇌성마비와 후천적 아동기 실어증 사이의 병인론 범주가 중복되고 있음을 알 수 있다. 후자는 앞의 10장에서 논의된 바 있다.

매년 약 8,000명의 아기와 유아들이 뇌성마비로 진단된다. 또한 매년 1,200~1,500명의 취학 전 연령대 아동들이 이 조건을 가지는 것으로 알려져 있다(United Cerebral Palsy,

2002). 연구들은 이 장애의 출현 빈도에는 두 가지 대립적인 경향이 있음을 밝히고 있다. 주산기의 사례 수는 감소하고 있는 것으로 나타나며, 이는 아마도 산부인과적 관리 및 분만 중에 사용되는 모니터링 장비의 개선에 의한 것일 수 있다. 반대로 신생아 의학의 개선은 뇌성마비의 높은 위험을 가진 저체중 출생아(조산아)들의 생존을 증가시켰다(Pharoah, Cooke, Johnson, King, & Mutch, 1998; Skidmore, Rivers, & Hack, 1990). 자폐 및 발달장애 모니터링 네트워크(Autism and Developmental Disabilities Monitoring Network)(Yeargin-Allsopp, 2008)에서 실시한 Georgia 주, Alabama 주, Wisconsin 주의 8세 아동들의 뇌성마비 출현율 조사에 따르면, 세 지역 모두에서 유사하게 1,000명당 평균 3.6사례라는 출현율이 나타났다. 이 조사는 또한 아프리카계 미국인과 비히스패닉계(non-Hispanic) 백인 아동 그리고 SES가 낮거나 중간층인 배경의 아동들에게서 높은 출현율이, 그리고 히스패닉계 아동들에서는 낮은 출현율이 나타났음을 보여 주었다. 임신 주수(gestational age)와 뇌성마비 간의 관련성을 조사한 메타연구에서는 임신 27주 이후의 출생에서 뇌성마비 출현율이 감소하는 것으로 밝혀졌다(Himpens, Van den Broeck, Oostra, Calders, & Vanhaesebrouck, 2008). 뿐만 아니라 경직성 뇌성마비(spastic cerebral palsy)는 조산된 유아에게서 출현율이 높았던 반면, 비경직성 및 편측성(unilateral) 뇌성마비 유형은 임신 주수를 다 채우고 태어난 유아들에게서 더 자주 발견된 것으로 나타났다. 그렇지만 양측성(bilateral) 뇌성마비 유형은 조산아와 충분히 기간을 채우고 태어난 유아에게서 동일하게 출현했다.

연합된 문제들. 뇌성마비 아동들의 문제가 신경운동적 결함에만 국한되는 경우는 극히 드물다. 표 11.4에는 가장 보편적으로 연합되어 있는 문제들 중 일부에 관한 정보를 요약되어 있다. 중복장애를 가진 아동들의 경우, 각 장애가 전체 결함에 미치는 영향에 관해 판단하는 것은 극히 어려운 일이다. 예를 들어, 우리는 뇌성마비 아동들은 이들의 환경에 대한 물리적 탐사를 어렵게 하는 제약으로 인해 인지 발달에도 다소 지체가 일어날 것이라고 예상할 수 있다. 만일 이 아동들이 시각적 결함 역시 가지고 있다면, 관찰을 통해 학습하는 능력에도 역시 영향을 미칠 것이며, 이는 인지 발달에 커다란 제약을 초래하게 될 것이다. 그리고 이들이 만일 추가적인 뇌전증(발작)의 영향을 받고 있다면, 학습 속도는 현저하게 느려질 것이며, 발작이 뇌손상을 초래할 만큼 중증의 것이라면 심지어 퇴행이 일어날 수도 있을 것이다.

뇌성마비 아동의 언어 특성. 뇌성마비 아동들에게 일관적으로 판별될 만한 의사소통 결함의 특정 양상은 없다. 이 조건을 가진 모든 아동은 신경운동장애의 중증도, 연합된 문제들의 수, 이 모든 결함들이 서로 상호작용하는 방식에 따라 파생된 언어 기술 프로필을 가지게 된다. 일반적으로 운동 결함은 그 지적 수준과 함께 뇌성마비 아동들의 언어 및 말 운동 결함을 결정하게 된다. 운동장애와 함께 정상 아동이나 정상에 가까운 지능을 가진

표 11.4 뇌성마비 아동과 연합된 문제들

지적장애	모두는 아니지만 많은 뇌성마비 아동들이 지적장애를 가지는 것으로 추정된다. 일부 아동들은 신뢰성 있는 구어 반응 또는 기타 운동 반응을 산출할 수 없기 때문에 이들에 대한 검사는 어렵거나 불가능하다
정형외과적 문제	거의 대부분의 뇌성마비 아동들이 근력의 불균형에 기인하는 정형외과적 문제를 가진다. 운동 반사 발달 촉진 및 불균형 감소를 위해 물리치료가 처방된다. 보조장치(bracing)를 사용하여 사지를 고정하고, 이동성을 강화시켜 주며, 골 기형을 초래하는 근육 압박을 중화시킨다. 이러한 치료가 효과적이지 못할 경우에는 근 균형을 회복하고 특정 관절을 고정하기 위한 수술이 제안된다.
섭식 문제	섭식의 문제는 구강 반사의 기형적 발달 및 안면과 구강 근육에 삽입되는 대뇌신경의 손상으로부터 기인한다. 치아의 문제 역시 발현된다. 뇌성마비 아동들은 섭식의 모든 단계(빨기, 씹기, 삼킴)에서 어려움을 가진다. 이 문제들은 정확한 자세 잡기, 이완 및 무감각화 훈련, 그리고 입 안으로 음식을 넣는 특별한 절차들로 이루어진 섭식 프로그램을 통해 완화시킬 수 있다(Gisel, Birnbaum, & Schwartz, 1998).
청력 손실	청력 손실의 정도는 다양하나 그 출현율은 약 50%로 충분히 높아 이에 주의를 기울여야 한다. 전도성 및 감각신경성 청력 손실이 모두 나타나지만, 중도의 감각신경성 사례는 아동의 1% 이하로 출현한다(Pharoah et al., 1998).
뇌전증(발작)	일반적으로, 특히 경직성 유형의 뇌성마비 아동들에게 발작이 일어난다. 종종 발작 행동을 통제하기 위한 항경련제(anticonvulsant) 투약이 처방된다. 일부 약물들은 주의(attention)에 해로운 영향을 미칠 수 있다.
시각장애	뇌성마비 아동의 약 9%에서 중도 시각장애가 나타난다(Pharoah et al., 1998). 시각 결손은 무표정한 얼굴을 초래할 수 있으며, 열악한 머리 통제(head control)와 연합될 수 있다. 색깔 지각이 형태 지각보다는 훌륭할 수 있다. 열악한 공간 지각이 자주 나타나며, 이는 사물에 대한 접근의 어려움을 초래한다(Jan, Groenveld, Sykanda, & Hoyt, 1987).

아동은 오직 말운동 결함 하나만을 가지게 된다. 대조적으로 운동 결함과 지적 결함을 함께 가진 아동들은 언어-말 운동 모두에서 결함을 나타낸다(Pirila, van der Meer, Pentikainen, Ruusu-Niem, & Korpela, 2007). 이 책의 다른 몇몇 장들에는 잠재적으로 뇌성마비와 관련될 수 있는 언어적 특징들에 관한 논의가 포함되어 있다. 지적장애 아동들의 특징은 6장에, 학습장애 아동들은 4장에, 청각장애 아동들은 8장에, 그리고 시각장애 아동들은 이 장에 기술되어 있다. 만일 뇌성마비 아동이 언어적으로나 문화적으로 다양한 배경 출신이라면, 9장 역시 이와 관련된 것이다.

뇌성마비 아동들의 언어적 결함 및 언어적 능력을 예측하는 핵심은 이들의 보상적 능력을 평가하는 것이다. 표 11.5는 언어 학습의 다섯 가지 원천에 대한 간단한 개요를 나타내며, 아동이 이 다섯 가지 결손 각각에 대해 어떻게 보상해 낼 수 있는가를 보여 주고 있다. 예를 들어, 신경운동장애를 가진 아동들에게는 환경에 대한 물리적 탐사의 정상적인 기회가 차단되어 있다. 전형적으로 발달하는 아동들의 경우, 이러한 탐사는 세계에 대한 아동의 지식을 증가시키고, 이들을 언어 이전 시기의 의사소통적 상호작용으로 이끌어 준다. 뇌성마비 아동들은 이들이 만일 정상적인 청각, 시각, 지능을 소유하고 있었다면 가장 효과적이었을 법한 경험들을 대신할 수 있는 대안적인 경험을 통해 이를 보상해 내야 한다.

표 11.5 언어 습득 원천의 결손에 대한 보상

원천	보상
물리(신체)적 탐사	청각, 시각, 지능
청각	시각, 신체적 탐사, 지능
시각	청각, 신체적 탐사, 지능
지능	사회적 상호작용
사회적 상호작용	지능

뇌성마비의 일차적인 말장애는 마비말장애(dysarthria)로서, 이는 호흡, 발성, 조음에 영향을 미치는 신경근육계의 손상에 의거한 것이다. 마비말장애의 확률은 상지(upper-limb)와 관련된 정도에 따라 함께 증가한다. 따라서 이것은 편마비(hemiplegia, 신체의 어느 한 쪽에 일어나는 운동장애) 또는 하지마비(paraplegia, 신체 아래쪽의 운동장애) 아동들에게는 잘 나타나지 않고, 사지마비(quadriplegia, 사지 전체의 운동장애) 아동들에게서 가장 자주, 중증으로 나타나게 된다. 각 유형별 뇌성마비 아동들에게서 나타나는 마비말장애의 주요 증상이 표 11.6에 제시되어 있다. 말 실행증(apraxia of speech, 말운동 계획을 수립하는 능력에 영향을 미치는 신경학적 장애)의 증상에 더 가까운 말 개시의 어려움이나 비일관적인 오류 패턴과 같은 조음 관련 증상 역시 나타날 수 있다. 진단과 상관없이, 언어 습득에 미치는 효과는 아동의 자기 표현 능력을 감소시키는 것일 것이다. 의사소통은 비교적 가능할 수도 있을 것이나, 전형적으로 발달하는 또래들의 속도나 정교화 수준에는 결코 미

표 11.6 뇌성마비 아동의 발달적 마비말장애 증상

하위 체계	말 이외의 결함	말의 결함
호흡	* 역호흡(흡기와 호기에 필요한 근육의 동시적 운동) * 빠르고 얕은 호흡 * 호흡 근육의 불수의적인 운동	* 짧은 구(호흡당 발화 낱말 수가 적음) * 잦은 흡기 * 말 속도 감소
발성	* 성대가 충분히 내전하지 못함 * 불수의적인 성대 경련 * 뇌성마비 유형에 따르는 성대 긴장의 증가 또는 감소	* 기식화된 음성(breathy voice)
공명	* 부적절한 연인두 폐쇄	* 과비성(hypernasalityt)
조음	* 조음 근육의 약화 * 운동범위 감소 * 근긴장도의 변화 * 턱과 혀의 부적절한 반사	* 중간모음(midvowel)은 거의 정확, 전방 및 후방 모음은 어려움 * 특히 마찰음과 파찰음에서 자음 산출 방식에 따른 오류가 보편적임 * 종성 자음 말소리가 어려움 * 무정위(athetosis) 유형의 아동은 경직형에 비해 중증의 결함을 보임

치지 못한다.

중재를 위한 시사. 뇌성마비 아동들은 중재를 요구하는 중복적인 장애들을 함께 가지고 있을 가능성이 있기 때문에 몇몇 전문가들이 함께 작업해야 할 필요가 있다. 언어 중재의 목적은 개개 아동의 신경운동장애의 유형, 분포 및 중증도에 따라 그리고 연합된 문제수에 따라 현저하게 달라질 수 있다. 예를 들어, 경도 편마비와 중등도(moderate) 청력 손실을 가진 아동의 경우에는 증폭(amplification)과 단기간의 조음 치료가 요구될 것이다. 그러나 중증의 사지마비와 지적장애를 가진 아동이라면 대개는 보완대체 의사소통(AAC)을 적용할 대상일 가능성이 있다. 모든 사례에서 언어 중재는 다음의 세 가지 목적을 가진다.

1. 손상된 운동 및 감각 기능을 보상한다.
2. 말운동 기술 및 인지-언어 능력의 발달을 촉진시킨다.
3. 아동이 독립적으로 의사소통할 수 있도록 환경을 수정한다.

일반적으로 뇌성마비는 출생 시점이나 그 직후 얼마 지나지 않아 발견되는 것이므로, 특히 보상 및 촉진의 노력을 위한 wh기 중재가 가능하며 또한 이것이 바람직하다. 그 이후 시기에는 아동이 독립성을 지향하도록 자연스럽게 이동시켜 나가는 환경적 수정이 더 중요해질 것이다.

감각 결손에 대한 보상은 청각 및 시각 평가로부터 시작해야 한다. 발견된 어떠한 결손이든 그 정도에 따라, 다음의 세 가지 중재 경로를 이용할 수 있다. (1) 보청기나 안경과 같은 수단을 통한 입력의 증폭, (2) 시각 추적(visual tracking), 스캐닝(scanning), 말초적 시각(peripheral vision)의 활용, 소리 위치 파악(sound localization), 소리 변별(sound discrimination)과 같은 특정 하위기술 향상 훈련, (3) 소리를 진동으로 전환하여 피부로 느낄 수 있게 하는 진동 촉각 장비(vibrotactile units)와 같은 대안적인 입력 원천의 활용(Marchant, 1992).

말운동 기술은 섭식 맥락에서 촉진시킬 수 있다. 깨물기, 씹기, 그리고 삼키기 활동 중의 구강 반사의 개입을 감소시키기 위해 개발되어 온 특별한 훈련과 섭식 기술이 있다(Morris & Klein, 1987). 더욱 훌륭한 구강 운동 기술의 기초를 제공하기 위해서는 이 방식들을 아동이 말을 할 것으로 예상되는 시점이 되기 이전인 유아기 동안에 이행한다. 일단 아동의 운동 및 감각 능력에 주의를 기울이고 나면, 자극 및 사회적 상호작용을 위한 가정 프로그램(home program)을 통한 언어 및 인지 발달 촉진이 이루어진다. 아동에게 친숙하며, 아동의 요구, 흥미 그리고 경험에 적합한 활동과 자원을 선택하는 일이 중요하다(Chen & Whittington, 2006). 전문가가 할 일은 언뜻 모호한 것처럼 보일 수 있는 아동의 의사소통적 행동들을 해석하는 일을 도우며, 심지어 돌아오는 반응이 거의 없다고 해도 계속적으로 자극을 제공해야만 하는 부모들에게 변함없는 격려를 제공하는 일이다.

뇌성마비 아동들의 의사소통을 돕기 위해 이루어질 수 있는 한 가지 중요한 적응이 AAC를 도입하는 일이다. 뇌성마비 아동들 및 AAC에 관한 추가적인 논의는 다음 장에서 다루어질 것이다. 일반적으로 AAC를 중재의 한 가지로 고려하는 일 역시 해당 장에서 논의할 것이다.

뇌성마비 아동들은 자기 삶의 거의 모든 측면에서 중재를 요구한다. 중재가 너무 광범위하게 펴져 있으므로, 아동의 가족에게는 특별한 부담이 부과된다. 전문가들은 아동의 일차적인 양육자가 되어야 하는 부모의 요구에 특별히 민감해야 한다. 연구들은 뇌성마비 아동의 양육자로서 부모들이 가지는 고통은 고르지 못한 역할 분담에 대한 이들의 자각, 그리고 매일매일 가족이 해야 할 과업에 대한 가족 지원의 결여와 관련된 것임을 시사하고 있다(Wiegner & Donders, 2000). 마지막으로 뇌성마비 아동의 형제들(장애를 가지지 않은)의 역할이 간과되어서는 안 된다. 장애 아동으로 인해 부모에게 부과되는 시간과 자원에 대한 요구를 감안하면, 형제들에게서는 분노와 시샘의 감정이 쉽게 발전될 수 있다. 장애를 가지지 않은 형제에게 뇌성마비 및 뇌성마비가 가져오는 효과에 관한 지식을 증가시켜 주는 일이 해당 아동의 행동을 향상시키도록 도울 수 있을 것이다(Williams et al., 2002).

2) 기타 신경운동장애를 가진 아동들의 의사소통

뇌성마비가 신경운동장애의 가장 보편적인 형태이기는 하지만, 뇌성마비 하나만 있는 것은 아니다. 기타 신경학적 질환이나 손상이 아동의 의사소통 능력을 손상시킬 수 있다. 지금부터 이러한 조건들 중 일부에 대한 간단한 요약이 제시될 것이다.

근위축증. 뇌성마비와는 반대로, 근위축증(muscular dystrophy)은 근육의 약화와 소모를 초래하는 진행성 질환이다(Culter, 1992). 이 조건의 최초 징후는 균형 및 운동 협응의 결함이다. 시간이 지남에 따라, 팔, 다리, 및 얼굴에 영향을 미치며, 따라서 아동들은 결국에는 걷거나 말할 수 없게 된다. 근위축증의 유형은 20가지가 넘으며, 이 대부분은 산소 결핍과 근조직 결핍을 초래하는, 유전적으로 결정된 대사장애이다. 아동에게 영향을 미치는 가장 보편적인 유형인 뒤센형 근위축증(Duchenne muscular dystrophy)은 아동기 초기에 발병된다. 배타적으로 남자아이들만 영향을 받으며, 대부분의 아동들은 10세경이면 휠체어에 의존하게 된다. 아동들은 최초 징후가 발견된 후 10~15년 사이에 사망하는 일이 자주 일어나는데, 이는 일반적으로는 호흡기 감염 또는 급성 감염의 결과이다(Muscular Dystrophy Campaign, 2002).

뒤센형 근위축증 아동들에 대한 대부분의 연구에서는 이들이 일반적으로 낮은 지적 기능을 가지지만 그 결과가 일관적인 것은 아님을 밝히고 있다(Cotton, Voudouris, & Greenwood, 2001). 한 연구(Cyrulnik et al., 2008)는 이 아동들은 일반적인 인지 처리의 문제를 가지며, 여기에는 주의, 기억 및 시공간적 기술들, 그리고 언어의 이해 및 산출 결함들이 포함된다고 제안했다. 구어 능력에서의 결함은 아동들의 집행적 기능(executive function)의 결함 또는 이 조건과 연합된 신체적 · 행동적 결함들보다는 오히려 이들의 구어 단기 기억 폭의 결함에 근거한 것이다(Hinton, De Vivo, Fee, Goldstein, & Stern, 2004; Hinton, Fee, Goldstein, & De Vivo, 2007). 말 산출 능력은 이 장애의 진전과 관련되어 있다. 근육의 퇴행이 발생함에 따라, 이것은 호흡, 발성 및 조음 체계에 영향을 미쳐, 점차 악화되는 마비말장애를 초래하게 된다. 중재는 일반적으로 개개 아동의 특정 언어적 결함과 말운동 장애에 대한 최선의 보상에 도달하는 것을 목표로 한다. 명료한 말이 불가능할 경우에는 AAC가 사용될 수 있다.

이분척추. 이분척추(spina bifida)는 척추의 균열로 야기된 결함 범주를 지칭한다. 이것은 가장 보편적인 중추신경계 기형이다. 척수(spinal cord), 이를 둘러싼 보호막 또는 척수의 척추뼈가 영향을 받을 수 있다. 이 기형은 일반적으로 척추의 하단부에서 발생된다. 경도의 이분척추 형태는 척수 그 자체에는 영향을 미치지 않으며, 필요하다면 수술을 통해 고정될 수 있다. 이 장애의 가장 중증 형태인 이분척추 척수수막류(myelomeningocele)는 척추뼈 뒤쪽에 생긴 커다란 구멍에 의한 것이며, 이를 통해 척수와 신경 뿌리(nerve roots)가 돌출되는 결과가 나타난다. 이 개방된 기형을 수정하기 위해 실시되는 외과수술은 전형적으로 척추 기형 수준 이하의 감각 및 수의 운동 손실을 초래한다. 이분척추 척수수막류를 가진 대부분의 아동들이 뇌수종(hydrocephalus)을 함께 가지고 있으며, 따라서 지적장애의 위험에 노출되어 있다.

이분척추 아동들의 말과 언어의 어려움은 일차적으로는 무엇이든 지적장애와 연합된 것으로부터 기인한다(Byrne, Abbeduto, & Brooks, 1990; Tew, 1991). 어린 이분척추 아동들은 인지, 운동 및 언어 과제에서 수행이 낮은 경향을 보이지만, 이들의 운동 기술에 비하면 인지 및 언어 과제에서의 수행은 상대적으로 더욱 열악할 수 있다(Lomax-Bream et al., 2007). 이 아동들은 각자의 인지 수준에 비해 구문 및 어휘집에서의 결함을 일관되게 보이는 것은 아니나, 화용론이나 의미 생성과 같은 실시간적인 언어 처리 과제에서는 더욱 많은 결함을 보인다(Fletcher, Barnes, & Dennis, 2002). 뇌성마비 아동들에서와 마찬가지로, 운동장애는 신체적 탐험의 기회를 극단적으로 감소시키며, 따라서 이는 인지적 지체를 초래하게 될 것이다. 질적으로 높은 양육 행위가 이분척추 아동에게 중요한 요인이 될 것이며, 이는 이것이 운동, 언어, 그리고 인지 기술의 신속한 발달을 가져다주기 때문이다(Lomax-Bream et al., 2007).

척수 손상. 척수 손상의 가장 보편적인 원인은 자동차 사고나 스포츠 활동 중의 사고로 인한 외상이다. 전형적으로 이러한 상해는 경추(cervical vertebra)의 골절이나 이탈을 초래한다. 상해로 인해 척수가 압착되고, 전척수동맥(anterior spinal artery)으로의 혈액 공급이 감소될 수 있다. 머리가 심하게 앞으로 구부려지거나 뒤로 젖혀지면 급작스런 사지마비가 발생할 수 있다. 사고 직후 스테로이드 치료가 시행되면 회복이 개선될 수 있다(Cutler, 1992). 전형적으로는 척수 손상이 말과 언어에 미치는 직접적인 영향은 없다. 만일 동일한 사고에서 아동이 머리 외상을 겪게 된다면, 10장에서 논의된 후천적 실어증이 초래될 수도 있다.

4. 구개열 아동과 언어

구개열 아동이 음성학적 기술을 숙달하는 것에 특징적 결함을 가진다는 점에는 의심의 여지가 없다. 구개열 아동의 특징이라 할 수 있는 조음 및 공명 양상은 구개열 손상도 및 교정 수술을 통해 이루어진 결과의 적합성과 강력하게 연합되어 있다. 이러한 관련성은 보편적으로 사용되는 용어인 **구개열의 말**(cleft palate speech)에서 쉽게 포착되는데, 이것은 말의 질이라는 것이 대부분의 측면에서 구조적인 결함의 속성에 따라 결정됨을 의미하는 것이다. 여기서 제기되는 의문은 언어장애 역시 구개열 아동들 중 일부가 경험하게 되는 의사소통 결함의 한 부분인가 하는 것이다.

1) 구개열 개관

구순열, 구개열 및 관련 장애들은 안면 중앙과 구강의 선천적 기형을 말한다. 입술 부위의 작은 홈(notch)에서 입술, 경구개, 연구개 및 기타 안면 구조에 영향을 미치는 전체적인 균열의 범위에 이르기까지 그 형태는 다양하게 나타난다. 유전적 요인이 균열 발생의 가장 중요한 영향을 미치는 것이지만, 특정 약물이나 환경오염 역시 이와 관련되어 있다. 특정 사례들에서는 지적장애와 동시 발생적 결함으로서의 기타 장애들을 포함할 수 있는 큰 규모의 증후군의 하나로 균열이 발생되기도 한다. 이 증후군 가운데 아마도 가장 잘 알려져 있는 것이 연구개심장안면증후군(velocardiofacial syndrome, VCFS)일 것이다. VCFS는 이렇게 지칭되기 이전에는 1960년대에 Kirkpatrick과 DiGeorge에 의해 기술되었고(DiGeorge 증후군으로 알려짐), 이후 1970년대에는 Shprintzen과 동료들에 의해 기술된 바 있다(이때는 Shprintzen 증후군으로 알려짐). 그 이름이 암시하듯이, 이것은 심장뿐만 아니라 구개열과 안면 기형이라는 특징을 가진다. VCFS는 22번 염색체의 장완(long arm)의 미세 결실에 의한 것이다. '연구개(velo)', '심장(cardio)', '안면(facial)' 기형에 덧붙여, 이 유전적 조건의 아동 및 청소년들은 특별한 인지 그리고(또는) 이를테면 주의력결핍 과잉행동장애(attention deficit/hyperactivity disorder), 적대적 반항장애(oppositional defiant disorder), 특정공포증 또는 사회공포증(specific or social phobias), 범불안장애(generalized anxiety disorder), 분리불안장애(separation anxiety disorders), 강박장애(obsessive-compulsive disorder), 자폐 스펙트럼 장애(autism spectrum disorder)와 같은 정신 질환적 조건들을 가지게 된다(Carneol, Marks, & Weik, 1999; Gothelf, 2007; Gothelf, Schaer, & Eliez, 2008; Scherer, D'Antonio, & Kalbfleisch, 1999). 이 장의 여러 부분에서 제시된 정보들에 근거해, 우리는 이러한 문제들 중 몇 가지는 언어 기능에서의 문제들과도 역시 연합되어 있음을 알 수 있다.

구개열의 발생률 수치는 균열을 포함하는 범위에 따라 달라진다. The March of Dimes Birth Defects Foundation(2002)에서는 1,000명당 1명의 아동이 구순열이나 구개열 또는 두 가지를 모두 가진 채로 태어난다고 추산하고 있다. 파열의 발생 빈도는 아프리카계 미국인에게서 가장 낮고, 백인 미국인, 아시아계 미국인, 그리고 미국 원주민 중 특정 집단에서는 이것이 점진적으로 더욱 높게 증가하고 있다(Croen, Shaw, Wasserman, & Tolarova, 1998). 인종/민족의 차이는 집단에 따른 유전적 차이에 의한 것이거나 또는 임신 기간 중의 환경적 노출에 영향을 미칠 수 있는 식습관이나 기타 습관에 따른 문화적 관습에 의거한 것일 수 있다(California Birth Defects Monitoring Program, 2002). 구순열과 구개열이 결합된 형태의 출현은 남성에게서 거의 두 배 이상 더 높게 나타나지만, 구개열만 독립적으로 나타나는 것은 여성에게서 발생률이 더욱 높다(Robert, Kallen, & Harris, 1996).

구개열이 언어의 능력에 미치는 주된 합병증 중 하나는 중이(middle-ear) 질환이나 전도성 청력 손실을 초래할 위험이 높아진다는 것이다. 이것은 구개의 홈에 대한 외과적 수술 이전 및 이후 양쪽 모두에서 대부분의 아동들에게 존재하는 문제이다. 이것은 이관(eustachian tube)의 손상된 기능 및 상기도 감염(upper-respiratory infection)이나 염증의 조합에 의거한 것이다(Paradise, Elster, & Lingshi, 1994). 구개열 아동들에 대한 중이 질환을 진단하고 치료하는 것에 있어서의 경각심이 이 아동들의 전도성 청력 손실 발병 빈도를 전형적으로 발달하는 아동들과 유사한 수준으로 낮춰 준 것으로 여겨진다(Broen, Doyle, Moller, & Prouty, 1991).

2) 구개열 아동들의 언어적 특징

한 가지 조망에 따르면, VCFS와 같은 특별한 증후가 없는 경우, 구개열이 언어발달에 미치는 영향은 상호작용적인 위험요인들이라는 측면으로 고려될 수 있다. 개별적으로는 이 요인들 각각의 영향은 제한적일 것이다. 그렇지만 이 요인들이 모여 있다면, 이는 언어 습득의 정상적인 과정을 붕괴시킬 힘을 가지는 것처럼 보인다. 이 요인들은 표 11.7에 나열되어 있다.

지난 50년간의 구개열 아동들의 언어발달에 관한 많은 연구들은 이 아동들이 실제로 언어 습득에서의 지체를 보이고 있음을 밝혀 주고 있다(Ceponiene et al., 2000; Richman & Eliason, 1993; Scherer & D'Antonio, 1997). 초기 아동기 동안, 언어의 이해 및 산출 모두가

표 11.7 구개열 아동들의 언어 습득을 붕괴시킬 가능성을 가진 변인들

변인	설명적 요점
지적장애	* 지적장애의 위험은 VCFS와 같은 다른 기형을 포함하는 한 증후군의 일환으로 나타난 구개열을 가진 아동들에게서만 오직 높게 나타난다(Cerdes et al., 1999).
청력 손실	* 중이 질환으로 발전될 위험은 변동폭이 큰 전도성청력 손실을 초래할 가능성이 있다. * 9~24개월 동안 아동을 추적한 한 연구에서, 16%에 달하는 기간 동안 억압된 청각을 가지고 있었다. * 청력 손실의 발생빈도는 아마도 긴밀하게 모니터되지 못한 아동들에게서 더욱 높을 것이다.
수술 및 회복	* 구순열 수술은 일반적으로 생후 10주 경에 실시된다; 보통 구개의 교정은 그 이후로 연기되지만, 대개의 사례에서는 12개월 이전에 완료된다. * 수술 후에는 상처를 보호하고 감염을 예방하기 위해 아동들의 활동을 다소 제한한다. * 이러한 경험이 언어발달에 미치는 효과는 확실하지 않으며, 아동들에 따라 다를 가능성이 있는 것으로 여겨진다. * 그럼에도 불구하고, 이것은 최소한 일시적으로나마, 정상적인 부모-아동 상호작용 패턴 및 운동 탐사(motor exploration)를 변화시키는 것으로 여겨진다. * 생의 첫 두 번째 해 동안, 구개열 아동들은 인지 및 심리운동학적 발달에서 상대적인 지체를 보인다(Speltz et al., 2000). * 이러한 발달적 지체는 언어 습득의 특정 측면에서의 진보를 느리게 한다.
말 산출 붕괴	* 구개 수술은 아동이 옹알이를 하거나 첫 낱말 사용을 시작하게 되는 시기에 가장 자주 시행된다. * 구개열을 가진 아기들의 언어 이전기 발성에 관한 연구에서, 이들은 일반적으로 보다 적은 구강음 그리고 특별히 보다 적은 파열음, 그리고 보다 많은 비음과 성문음을 산출한다는 점을 보여 준다(Devers & Broen, 1991; Grunwell & Russell, 1987; O'Gara & Logemann, 1988; Willadsen & Enemark, 2000). * 수술 후, 이는 구강음 산출을 촉진시키게 되며, 아마도 말 산출을 위한 운동 도식(motor scheme)의 재조직화가 나타나는 것 같다(Broen et al., 1991). 이것은 의미 있는 어휘의 습득 및 사용에서의 지체를 야기할 수 있다.
불명료한 말	* 특히 구개열이 외과적으로 교정되고, 아동들이 말 메커니즘 상에서의 변화에 적응할 시간을 가지게 되기 전까지는, 구개열 아동 거의 대부분이 낮은 말 명료도를 보이게 될 것이다. * 저조한 명료도는 부모나 기타 대화 상대자들이 아동의 말 시도에 대해 적절히 반응해 주는 일을 방해할 수 있다. * 성공적인 의사소통적 상호작용의 수가 감소되며, 언어 습득이 제한될 수 있다.

영향을 받는다. 취학 전 기간 이후, 이 문제들은 표현적인 것으로 변하는 경향이 있다. 어휘 학습은 일반적인 결함 영역들 중 하나일 수 있다. 전형적으로 발달하는 또래들과 비교하여, 이제 막 말을 하기 시작한 구개열 아동들은 어떤 다른 소리들로 시작되는 낱말을 사용하는 경향을 보인다. 일부 아동들의 경우, 이러한 경향은 자신들이 산출하기 어렵다고 여겨지는 소리들을 회피하고자 하는 모습이 반영된 것일 수 있다(Broen, Devers, Doyle, Prouty, & Moller, 1998; Estrem & Broen, 1989). 특별히 주목할 만한 것은 구개 수술 이전 또는 이후에 나타나는 진 폐쇄 자음(true stop consonants)의 초기 형태인데, 이것은 대략 9개월 이후의 좀 더 훌륭한 말 산출 및 어휘 발달과 연합되어 있다(Chapman, Hardin-Jones,

& Halter, 2003). 그렇지만 Chapman(2004)의 연구에서는 수술 이전 및 수술 이후 초기에 수집된 말 검사는 일반적으로 39개월 시점에서의 말-언어 기술과는 상관이 보다 낮게 나타났음을 보여 주고 있다. 그러므로 비록 수술 이전과 수술 후 초기 시점에서의 훌륭한 말 점수는 몇 개월 후의 말-언어 검사에서도 잘 기능할 수는 있으나, 동일한 아동이 시간이 더 경과한 상황에서도 이 기술들을 그대로 유지하지는 못할 수도 있는 것이다. 생의 두 번째 해 동안에 사용된 어휘의 누적 기록에서도 역시 구개열 아동들은 어휘 습득에 있어서 일관적으로 뒤처져 있는 것으로 나타났다(Broen et al., 1991). 그렇지만 아동들이 나이가 더 들어감에 따라, 구개열 아동과 일반 아동 간의 언어 능력 간 간극이 점진적으로 좁혀질 수는 있다. 남아 있는 문제들은 종종 외모 및 또래의 수용에 관한 염려와 같은 개인 간 요인들과 관련되어 있는 것으로 여겨진다.

구개열 아동들의 언어적 결함의 존재에 대한 증거를 감안하면, 구개열 및 구순열 아동들의 미래의 언어적 결함에 대한 언어 이전기의 일부 지표들을 확정하는 일이 중요할 것이다. 생후 6개월 시점에서 수집된 옹알이 빈도 및 옹알이의 평균적 수준은 구개열 아동들의 생후 30개월 시점에서 산출되는 자음의 수와 어휘 발달에 대한 훌륭한 예표가 된다(Scherer, Williams, & Proctor-Williams, 2008). 구개 및 구순열 아동들은 대화 능력에서도 결함을 가질 수 있다. 이들은 적극적인 발화를 덜 산출하며 자기 양육자들에게 아주 잘 반응하지는 않는 것으로 기술되고 있다(Frederickson, Chapman, & Hardin-Jones, 2006). 구개열 아동들의 대화 참여 적극성은 이들의 말 산출 기술과 정적 상관을 가지는 것으로 밝혀진 바 있다. 그러므로 이 아동들의 언어에서의 화용적 측면을 다루어 주는 일이 이들을 위한 중재 프로그램의 한 가지 중요한 일환이 될 것이다.

두 번째 조망에 기반하여, 구개열 아동의 언어 문제들 모두가 배타적으로 이들의 의료, 섭식, 청각, 그리고 경험적 논점들과 연합된 초기의 외재적 요인에 의거한 것만은 아닐 수 있으며(Scherer & D'Antonio, 1997), 그리고 이러한 언어 문제들은 아동이 성숙해짐에 따라 해결되지 않을 수 있다. 어휘와 형태 구문에서 나타나는 초기 지체(Broen et al., 1991; McWilliams, Morris, & Shelton, 1990) 외에도, 구개열 아동들이 학교에 입학하게 될 때면 예상할 수 있는 것보다 훨씬 많은 비율의 아동들이 읽기 문제를 포함하는 학습장애로 판별되어 왔다(Broder, Richman, & Matheson, 1998; Richman & Eliason, 1993; Richman, Eliason, & Lindgren, 1988). 일부는 구개열을 가진 사람들의 절반가량이 언어 및 학습의 장애를 가진다고 제안한다(Ceponiene et al., 2000). 학습장애를 가진 더 나이 든 구개열 아동들은 표현언어와 빠른 이름 대기(rapid naming)에서는 학습장애를 가지지 않은 아동들과 구별되지만, 음소 인식(phonemic awareness) 검사에서는 차이가 나지 않는 것으로 밝혀졌다(Richman & Ryan, 2003). 이들이 보이는 빠른 이름 대기 결함—이것은 잠재적으로 시각 단어(sight word) 읽기 능력에 영향을 미칠 수 있다—을 감안하여, 이들을 위한 읽기 중재에서는 이들이 가진 음소 인식에서의 상대적 강점에 주안점을 둔 방식이 이들의 읽기 성취를 도울 수 있는 효과적인 전략이 될 수 있을 것이다.

언어-학습장애는 특정 유형의 열(cleft)을 가진 아동들, 특히 구순열과 구개열을 모두 가진 아동들에 비해 구개열만을 가진 아동들에게서 더 지배적으로 나타나고 있다는 증거 역시 존재한다(Broder et al., 1998; Scherer & D'Antonio, 1997). 구개열 아동들의 상징놀이(symbolic play) 기술 조사에서는 독립적으로 구개열만을 가진 아동들은 오직 한 가지를 제외한 모든 놀이 검사에서 구순열과 구개열을 모두 가진 집단과 유의하게 달랐던 것으로 나타났다(Snyder & Scherer, 2004). 더욱이 구개열만을 가진 아동들로부터 생후 18개월에 측정된 상징놀이는 이후 30개월에 어휘로, 그리고 24~30개월에 평균 발화 길이로 측정된 이후의 언어발달에 대한 훌륭한 예표인 것으로 나타났다. 대조적으로 구순열과 구개열을 모두 가진 아동들의 경우, 생후 18개월의 상징놀이와 이후 언어발달 간에는 단지 몇 가지에서만 상관이 있었을 뿐이었다(Snyder & Scherer, 2004). 이러한 결과들은 어린 구개열 아동들, 특히 독립적으로 구개열만을 가진 어린 아동들에 대한 상징놀이 평가의 중요성을 나타내 준다. 그렇지만 음운론적 측면을 고려했을 때는 열(cleft)의 유형은 아기들의 발성/자음 발달에 유의한 영향을 미치지 않음을 시사하는 일부 증거들이 있다(Hardin-Jones, Chapman, & Schulte, 2003).

왜 어떤 구개열 아동들은 자신들의 두개안면 기형으로 직접 설명되지 않는, 그리고 이들의 의학적 요구 및 관련된 말과 청각의 문제들에 대처하고 이를 다루기 위한 초기의 노력들로 직접 설명되지 못하는 언어장애를 가질 수 있는 것인지에 관해서는 아직 충분히 밝혀지지 않았다. 아직 판별되지 못한 미묘한 증후군을 포함하여, 최초 시점에서 아동들의 열(cleft)을 야기하는 원인들에 대해서는 뚜렷이 밝혀지지 못했다. 열을 가진 사람들의 뇌 형태(brain morphology)를 조사하기 위한 일련의 연구가 시작되었다. Nopoulos 등(2000)은 구강안면파열(orofacial clefts)을 가진 남성의 전두엽은 통제 집단에 비해 더욱 컸고, 측두엽과 후두엽은 유의하게 더욱 작았음을 발견했다. 또 다른 일련의 연구에서는 열을 가진 유아들이 청각 자극의 변화를 감지하고 이를 파지(retain)하는 능력을 조사했다(Ceponiene et al., 1999, 2000). 이 결과, 다른 형태의 파열들을 함께 가진 것과는 대조적으로, 한 가지 형태의 파열(cleft)만을 가진 신생아들은 언어 습득에서 및 이후의 학습에서의 결함과 관련성이 있을 수 있는 청각 피질 기능에서의 차이를 가지고 태어난 것일 수 있으며, 그리고 청지각 기능에서 나타나는 이러한 초기 차이점들은 이후 유아기까지 지속될 수 있는 것으로 나타났다.

열을 가진 아동들은 자신들의 말과 기타 의학적 결함들과 직접적으로 연합되어 있지 않는 언어적 결함을 가질 위험에 놓여 있다는 점에서, 전문가들은 초기 언어지체의 징후를 잘못된 이유로 귀인하지 않도록 주의해야 한다. 이들은 또한 초기 말 중재뿐만 아니라 초기 언어 중재 역시 제공할 준비도 갖추고 있어야 할 것이다. 만일 이 아동들이 학교에 입학한 상태이며, 학습장애가 출현하게 되었다면, 전문가들은 이러한 현상들 역시 언어적 기반을 가진 것은 아닌지, 그리고 이것이 아동의 구개열 조건의 한 내재적인 부분인지에 관해 의심해 볼 필요가 있을 것이다.

5. 말을 더듬는 아동들의 언어

1) 말을 더듬는 아동들의 언어 결함 개관

말을 더듬는 아동들의 언어 기술을 조사해 왔던 연구들에서 도출된 결과들은 서로 상반되고 있다. 일부 연구들에서는 말을 더듬는 아동들이 표현언어 기술에서 문제를 가진다고 했다(Byrd & Cooper, 1989; Silverman & Bernstein-Ratner, 2002). 대조적으로, 지속적으로 말을 더듬어 왔거나 말더듬에서 회복된 취학 전 아동들은 각자의 발달적 기대치를 뛰어넘는 표현언어 기술을 가지고 있음을 시사하는 다른 증거들도 있다(Watkins, Yairi, & Ambrose, 1999). 말더듬을 가진 아동들은 그렇지 않은 아동들과 언어 영역에서 서로 유의하게 다르지 않음을 보여 준 몇몇 연구들 역시 존재한다(예: Howell, Davis, & Au-Yeung, 2003). Bajaj(2007)의 연구에서는 말더듬 아동들은 심지어 구어 이야기와 같은 언어 수행에서조차 전형적으로 유창한 아동들과 유의하게 다르지 않았음을 보여 주고 있다.

언어치료사로부터 서비스를 받고 있는 241명의 아동들에 대한 Arndt와 Healey(2001)의 조사에서는 말을 더듬는 3~20세의 467명의 아동들 중에서 262명(56%)만이 독립적으로 말더듬만을 가지고 있었고, 205명(44%)는 이와 연합된 의사소통장애 역시 가지고 있는 것으로 나타났다. 추가적인 의사소통 결함을 가진 아동들 가운데, 66명(32%)은 음운적 결함만을, 72명(35%)은 언어적 결함만을, 그리고 67명(33%)은 음운 및 언어 모두의 결함을 다 가지고 있었다. 또 다른 연구에서, 358명의 언어치료사들을 대상으로 설문조사한 Blood와 Seider(1981)는 14세 이하의 말더듬 아동 1,060명 중 335명(32%)은 오직 말더듬만을 가지고 있었고, 725명(68%)은 말더듬 외에도 기타 의사소통 결함을 함께 가지고 있다고 했다. 추가적인 의사소통의 문제를 가졌던 725명 가운데, 170명(23%)은 음운장애를, 104명(14%)은 언어장애를, 그리고 오직 42명(6%)만이 음운적 결함과 언어적 결함을 함께 가지고 있었으며, 316명(44%)은 이를테면 음성의 문제 또는 청력 손실과 같은 기타 의사소통장애, 또는 이를테면 뇌성마비와 같은 동시 발생적 문제들을 함께 가지고 있었다. 이러한 결과를 해석할 때, 말더듬과 추가적인 의사소통의 결함을 둘 다 가진 아동들은 오직 말더듬만을 가진 아동들에 비해 언어치료사의 도움을 받게 될 가능성이 더욱 높을 것이다. 그러므로 임상 언어치료사들을 대상으로 조사하는 과정에서, 우리는 말을 더듬는 아동들에게서 나타나는 추가적인 의사소통 결함의 출현율을 과대평가하게 될 수도 있다. 더욱 대표적인 표본을 얻기 위해, 우리는 광범위한 역학 연구를 이행해야 할 것이다(Nippold, 2004). 그럼에도 불구하고, 현재까지 실시된 연구들의 결과를 조합함으로써 우리는 말을 더듬는 아동들은 이질적인 집단으로 구성되어 있다는 결론을, 그리고 말을 더듬는 아동들의 일정 비율은 말더듬 외에도 언어적 결함들 역시 나타낼 수 있다는 결론을 내릴 수 있을 것이다. 이러한 언어적 문제점들은 말더듬을 가진 사람들의 전 생애에 걸쳐 변화될 수 있다(Watkins & Yairi, 1997).

2) 중재를 위한 시사

언어와 말더듬의 가능한 관련성을 감안하면, 언어의 결함이 일부 말더듬 사례를 야기할 수 있으며, 일부 경우 언어와 의사소통은 동일한 신경학적 과정에 의거하고 있다고 가정하는 것도 타당할 것이다. 그러므로 우리는 언어에 초점을 둔 치료 프로그램이 말더듬 및 이와 동시에 나타나는 언어 결함을 함께 가진 아동의 유창성과 언어 모두에서의 긍정적인 변화를 가져다줄 것이라고 생각해 볼 수도 있을 것이다. 이 영역에서의 대부분의 치료 연구들은 서로 다른 언어적 맥락과 언어적 복잡성 훈련을 포함하며, 그 결과도 유망한 것이었다. 그렇지만 불행히도 이 조사에서 적용된 방식은 오직 언어 훈련 한 가지만 있었던 것은 아니며, 따라서 우리는 단지 언어 훈련이 유창성의 개선을 가져다준 것이라고 결론지을 수는 없을 것이다(Culp, 1984; Riley & Riley, 1984). Butcher, McFadden, Quinn과 Ryan(2003)의 조사가 3세 아동의 말더듬에 미친 언어 훈련[어휘, 불규칙동사, 그리고 대화 화행(speech act)의 화용론적 사용]만의 독립적인 효과를 살펴본 최초의 실험 연구였다. 이 결과, 언어 훈련 하나만으로 언어 또는 유창성 중 어느 하나의 개선을 가져오기는 하지만, 이 두 가지 모두의 개선을 가져다주는 것은 아닌 것으로 나타났다. 반대로 아동들에게 말더듬이 일어날 때마다 각 발화들을 멈추고 유창하게 말하도록 요구하는 방식의 반응 수반적(reponse contingency) 중재는 오직 유창성에서만 유의한 개선을 가져온 것으로 나타났다. 그러므로 언어 중재 하나만으로는 말더듬을 개선시킬 수 없으며, 이는 말더듬과 동시 발생적 언어 결함을 함께 가진 아동들에 대해 두 영역 모두에서의 이득을 얻어 내기 위해서는 언어와 유창성 모두를 위한 중재가 필요하다는 사실을 시사해 준다.

말더듬 아동과 전형적으로 유창한 아동 모두에게서, 발화의 길이와 문법적 복잡성의 증가와 함께 비유창성의 빈도 역시 함께 증가하게 됨을 보여 주는 방대한 증거들이 있다. 그러므로 말더듬 아동을 다룰 때에는 말더듬 빈도가 상대적으로 낮은, 문법적으로 단순한 목표에서 출발하여 점차 문법적으로 복잡한 목표를 향해 진행하는 방식으로 언어적 복잡성의 요구를 통제하는 일이 중요할 것이다(Bernstein Ratner, 1995; Colburn & Mysak, 1982a, 1982b; Hall, Yamashita, & Aram, 1993).

요약

이 장에서 우리는 다음의 내용들을 살펴보았다.

- 영재성에 관해서는 일치된 정의가 없다. 전문가들은 일반적으로 이것을 예외적인 특별한 능력의 잠재력이나 이에 대한 실질적인 입증 중 어느 한 가지로 기술한다.
- 모두는 아니지만, 많은 영재아들이 뛰어난 구어 능력을 가지고 있다. 특별한 능력을 가진 아동들은 전형적인 발달 경로를 따르지만 이를 가속화된 속도로 나아간다.
- 영재아의 세 가지 특별한 집단은 취약한 배경의 아동, 신체 또는 감각의 장애를 가진 아동, 그리고 동시 발생적인 학습장애를 가진 아동이다.
- 장애를 가진 영재아 중재는 이들이 자신의 결함을 보상해 내는 것을 돕도록 설계된 것이다. 영재아들의 뛰어난 지능은 혁신적 기술의 활용과 인지적 교수 전략의 활용을 촉진할 수 있다.
- 시각장애의 주요 변인은 손상 정도 및 발병 연령이다. 출생 시점부터 유용한 시각을 전혀 가지지 못한 아동들은 선천 맹이라고 기술되며, 이들은 다른 양상의 언어발달을 보인다.
- 맹 아동의 초기 언어발달은 초기의 어머니-유아 간 상호작용을 이끄는 시각을 활용할 수 없다는 점에 따르는 영향을 받게 된다.
- 맹 아동들의 언어에서 나타나는 주된 차이점들은 의미론적 및 화용론적인 것이다. 낱말은 제한적으로 사용되며, 만일 기저 개념이 시각적인 것일 때는 그에 대한 습득은 더욱 이후에 이루어질 수 있다. 시각과 관련된 언어 기능 역시 지체된다. 평범하지 못하거나 부적절한 비언어적 행동들이 발전될 수 있다.
- 맹 아동 중재는 감각 결손에 대한 보상, 부모-아동 간 상호작용 촉진, 부적절한 행동의 발생 빈도 감소에 도움을 주는 것이어야 한다.
- 뇌성마비는 태아 발달 또는 유아기 동안 일어난 뇌손상으로부터 야기되는 일련의 비진행성 신경운동장애이다.
- 뇌성마비 아동들의 표준적인 언어장애 프로필은 없다. 문제는 신경운동장애, 발작, 감각 결손, 그리고 지적장애들이 조합된 효과로부터 기인된 것이다.
- 비진행성 신경운동장애 사례에 대한 언어 중재는 여전히 손상된 채로 남아 있게 될 이들의 운동 및 감각 기능을 보상하고, 인지적-언어적 능력을 자극하며, 그리고 그 안에서 아동이 더욱 독립적으로 기능할 수 있도록 그의 환경을 수정해 주는 일을 목표로 한다.

- 뇌성마비 이외의 신경운동장애는 말과 언어의 능력에 각기 다른 효과를 미친다. 진행성 장애는 기능의 꾸준한 악화를 야기한다. 일부 장애들은 의사소통에 영향을 전혀 미치지 않거나 또는 거의 미치지 않는다.
- 기타 장애를 가지지 않은 구개열 아동들은 언어 습득에서의 일부 지체를 보인다. 이들 중 일부는 더 잘할 수도 있으나, 다른 아동들은 지속적으로 언어의 문제를 보이며, 학교에 입학한 후에는 학습장애를 경험하게 될 수도 있다. 지속되는 언어의 결함은 파열의 유형과 연합된 것일 수 있다. 최근 들어 선천적인 청각 지각의 결함이 의심되고 있다.
- 청력 손실, 수술 및 회복에 소요된 기간, 말 메커니즘상의 구조적 변화, 그리고 불명료한 말이 구개열 아동의 언어발달에 영향을 미치는 뚜렷한 요인이지만, 이것이 구개열 아동들이 가질 수 있는 모든 언어적 결함들을 다 설명하지는 못할 수 있다.
- 말더듬을 가진 모든 아동들이 언어의 결함을 보이는 것은 아닐 수 있으나, 일부는 그러하다. 말더듬과 함께 언어의 결함을 보이는 하위 소집단 아동들은 언어 중재와 유창성 중재 모두에서 이득을 얻을 수 있다.

이 장에서, 우리는 서로 매우 다른 언어적 특성을 보이는 다섯 가지 집단에 대해 조사했다. 언어 중재에 대한 이들의 요구는 포괄적인 서비스가 필요한 것에서 전혀 서비스를 필요로 하지 않는 것까지 다양하게 걸쳐 있다. 전문가들은 다양한 연합된 문제들과 능력 수준에 직면하게 될 준비를 반드시 갖추고 있어야 한다. 이들은 특정 능력들이 존재할 것이라고 가정하지 않도록 주의해야 한다. 뿐만 아니라 이 아동들이 무엇을 성취해 낼 수 있을 것인가에 관한 기대를 스스로 제한해서도 안 될 것이다.

보완대체 의사소통과 언어

CAROL C. DUDDING

SUSAN BALANDIN

학습 목표

이 장을 읽고, 다음의 내용을 논의할 수 있어야 한다.

* 보완대체 의사소통(AAC)으로 설명할 수 있는 일부 언어장애 아동들의 복합적인 의사소통 요구 방법
* 언어장애 아동에게 적합한 AAC 시스템 유형
* 아동의 도전적 행동 관리에서의 AAC의 역할
* 언어장애 아동의 AAC 평가와 중재의 원리
* 문해 발달과 언어 그리고 AAC와 관련된 몇몇 이슈들

앞 장에서 기술된 어떤 아동들은 그들의 언어발달을 돕거나 그들에게 언어를 표현할 기회를 제공하기 위해 보완대체 의사소통(augmentative and alternative communication, AAC)의 대상자가 될 가능성이 있다.

가족들, 임상가 그리고 교육자들은 언어장애 아동들을 위해 AAC 시스템을 고려할 것이다. 이용 가능한 시스템의 유형이라는 관점에서 시스템은 아동을 위해 가장 적절해야 하고, 아동이 말을 배우기 위한 것이어야 하며, 읽기를 성취하고 문해에 AAC의 영향이 미치는 것이어야 한다.

지금의 AAC 훈련으로 여겨지는 대부분은 1980년 초기에 미국에서 형태를 갖춰 이루어지기 시작했다. 이 시기에 일단의 임상가들은 AAC 관련 학술지를 만들고, 이 영역에

서 작업하는 대학 과정을 촉진했으며, 많은 회의와 조직을 창출하여 International Society for Augmentative and Alternative Communication을 구성했다. 1970년대 이전, Margaret Walker, Kathy Johnston, Tony Cornforth는 영국에서 마카턴 어휘(Makaton vocabulary)를 발달시켰다. 마카턴 어휘는 전 세계에 걸쳐 인지장애 성인들에게 사용된 최초의 신호 언어인데, 지금은 기능적인 말이 전혀 안 되거나 조금 남아 있는 성인과 아동들에게 사용된다. 따라서 지난 30년 동안 AAC에 대한 훈련 내용은 풍부해졌으며, AAC를 사용하는 사람들, 가족들, 컴퓨터 엔지니어들, 소프트웨어 개발자들, 언어병리학자들, 그리고 많은 다른 전문가들이 현장에서의 다방면 훈련의 개발에 기여했다.

최근에, 연구자들은 대체 의사소통 양식과 그것을 사용하는 아동들의 언어발달 간의 관계에 대해 고려하기 시작했다(Blischak, Lombardino, & Dyson, 2003; von Tetzchner, 1999). 지금까지의 연구는 AAC의 사용이 언어발달에 방해가 되지 않으며, 언어발달을 촉진한다는 몇몇 근거들이 있다(Binger, Berens, Kent-Walsh, & Taylor, 2008; Iacono, Mirenda, & Beukelman, 1993; Millar, Light, & Schlosser, 2006; Romski, Sevcik, & Forrest, 2000; Sigafoos, Didden, & O'Reilly, 2003). 주목할 것으로, AAC는 거의 또는 전혀 기능적인 말을 하지 못하는 사람들에게 표현의 수단으로 사용되거나 이해를 돕는 것으로 사용될 수 있다는 것이다.

이 장에서는 AAC에 대한 개념의 개관을 제공하며, 기술의 유형과 언어장애 아동들이 사용하는 일반적인 의사소통 양식에 대해 살펴본다. AAC 시스템의 평가와 중재 원리를 연구하고 AAC 중재로부터 이득을 얻는 아동들을 확인하는 것 또한 포함된다. 마지막으로 이 장에서는 언어와 문해 발달에 미치는 AAC의 영향, 행동관리에서의 AAC의 사용 등을 설명한다.

1. AAC의 정의

1) 정의와 개관

이름이 함축하고 있는 것처럼, AAC 시스템은 본래의 말 그리고(또는) 문해를 대신하거나 보완하려는 의도가 있다(American Speech-Language-Hearing Association[ASHA], 2002a). 포괄적인 AAC 시스템은 보조적인 것들[예를 들면, 말소리 생성기(speech-generating devices, SGDs), 그림 의사소통 상징, 선화(line drawing), 블리스 심볼(Bliss symbols), 만질 수 있는 물체]이나 비보조적인 상징(수화, 제스처, 지문자)의 사용을 통해 의사소통의 기능과 효과를 최대화하기 위한 일련의 '절차와 과정'을 포함한다.

표 12.1에서 보이는 것처럼 AAC 시스템은 비보조적이거나 보조적이 될 것이고, 종종 기술적 시스템이 높거나 낮은 것으로 언급된다. 고급 기술(high-technology) 의사소통 시스

표 12.1 AAC 시스템 유형의 특징 요약

	특징	
	보조적 장치 사용	보조적 장치 사용 없음
고급 기술	* 초소형 컴퓨터와 전문 소프트웨어 활용 * 합성된 디지털 말소리 출력 의사소통 보조기(SGDs) * 컴퓨터, 환경 통제 시스템 또는 전화 인터페이스로 연결 * 직접적 접근(예를 들면, 손가락 또는 헤드 포인터 사용) 또는 간접적 접근[스위치를 사용하는 훑기(scanning)] * 강한 배터리 필요 * 전문화된 보상 필요 * 구매와 유지 고비용	
저급 기술	* 전기적 부분은 없지만 전기 기계적 스위치 포함 가능 * 상징이 필요한 다른 사람의 질문에 직접적(손가락 포인팅과 눈 응시) 접근 또는 간접적 사용 * 예: 글자판, 사물 의사소통 시스템, 스케줄표 상징판 * 유지하기는 쉬우나 만드는 데 시간과 비용이 많이 들 수 있음	* 수화 * 예: • Amerind • American Sign Language • Signed English • Auslan • British Sign Language

템은 마이크로컴퓨터와 전문적인 소프트웨어를 사용한다. 이것은 프린트 그리고(또는) 음성 출력을 제공하기 위한 용량을 갖고 있다.

저급 기술(low technology 또는 light tech) 의사소통 시스템(Sigafoos & Iacono, 1993)은 상징 판, 책, 물체판을 포함하는데 서비스 제공자 또는 가족들에 의해 만들어졌거나 상업적으로 만들어졌을 것이다. 저급 기술 시스템은 심각한 육체적 장애 때문에 고급 기술 시스템에 접근할 수 없는 사람들과 개별적 고급 기술 시스템이 고장이거나 사용할 수 없을 때 백업 시스템으로 사용된다.

가족들과 전문가들뿐만 아니라 AAC를 사용하는 많은 사람들은 음성 출력의 조정뿐만 아니라 다른 장치(예를 들면, 컴퓨터와 환경적 통제 시스템)와의 조화 때문에 고급 기술 장치를 선호한다. 그러나 고급 기술 시스템이 모든 사람들에게 적합한 것은 아니다. 저급 기술 시스템은 항상 의사소통을 최대화하는 것과 장치가 실패할 때 백업으로 고려되어야 할 것이다.

선택된 장치의 유형과 상관없이 의사소통을 위해 사용할 상징 체계를 만들기 위해, 필요성이 결정되어야 한다. AAC 시스템에 사용되는 상징 체계는 매우 **명백**(상징의 의미가 무엇인지 판독하기 쉬운)하고 **표현성**(그것이 표현하고 있는 것과 얼마나 닮았는지)이 있어야 한다. 그것은 상징 체계를 사용자의 이해와 인지 능력 수준에 맞추는 것이 중요하다(Mirenda & Locke, 1989). 가장 쉽거나 명백한 상징은 실물이고, 가장 어려운 것은 문어이다. 많은 상징 체계는 상업적으로도 이용할 수 있다. 이들은 그림, 선 그리기를 포함하며, 상징 체계는 Picture Communication Symbols(PCS)™, Minspeak(Baker, 1982), 블리스 심볼(Bliss, 1965)처럼 언어에 빠르고 정확한 접근을 제공하기 위해 계획되었다. 상징은 또한 정적이거나 역동적인 생각이 될 수 있다. 정적인 상징이 변화나 움직임이 없는 데 반해 역동적 상징은 변화나 움직임이 있다[즉, 미국 수화(American Sign Language, ASL) 다이내믹 디스플레이(dynamic display)의 몇몇 상징들]. AAC 훈련가들은 개인에게 가장 적합한 시스템을 선택해야 하고 만약 필요하다면 시스템을 미리 업데이트시켜야 한다고 했다.

많은 상징들 또는 AAC 시스템은 실제의 언어 시스템은 아니지만 의사소통을 지원하고 개인적인 즉각적 의사소통 요구를 접하는 언어병리학자 또는 보호자에 의해 선택된 단어와 구이다(Light, 1997). 이 시스템은 보통 명사로 구성되어 있어, 의사소통 상대자들은 완전한 문장을 위해서 보완적인 추측과 확인, 질문을 해야만 한다(Balandin, 1994; Balandin & Iacono, 1993). 이러한 시스템이 성인에 의해 개발되었으므로, 사용자의 인지적 · 경험적 수준에 맞도록 성인에게 적합한 그래픽들이 포함되어 있다(예: '도움'을 적십자의 십자가로 표현, Light, 1997). 그런 상징들은 어린 아동들에게는 비교적 이해하기 어렵거나 지루할 수 있다. 더욱이 언어병리학자, 부모, 교육자 같은 성인들은 어린 아동들의 놀이나 언어발달을 지원하기 위해, 요구되고 사용되는 모든 어휘들을 잘 알고 있기는 어렵다(Marvin, 1994; Marvin, Beukelman, & Bilyeu, 1994; Morrow, Mirenda, Beukelman, & Yorkston, 1993). 이와 같이 대부분의 아동들을 위해(물론 AAC를 사용하는 성인들도), AAC 시스템은 그들의 의사소통 요구에 모두 맞출 수는 없다. AAC 시스템이 지속적으로 업데이트되고, 학습자의 요구에 맞추어 변화된다는 연구들이 있음에도(Balandin & Iacono, 1993; Beukelman, McGinnis, & Morrow, 1991), 사용자의 요구에 맞게 충분히 업데이트되는 것만은 아니다. 이것은 특히 언어 습득 과정에 있는 아동들의 경우 문제가 되며, 언어 진전을 촉진하기보다는 언어발달의 정체기를 조장할 위험이 생기게 된다. 우리가 의사소통을 위한 AAC 사용을 고려할 때 우리는 단일 시스템이 아닌 개인의 의사소통 요구의 전부와 만나야 함을 명심해야 한다. 우리 모두는 우리의 메시지를 표현하기 위해서 의사소통 양식의 다양성 또는 복합 의사소통에 의존한다. 이와 같은 고려는 아동의 AAC 시스템에 관한 개념에서 중요하다.

2) 복합 의사소통

복합 의사소통은 의사소통의 일부분으로서 문어와 전자기기(electronic) 메시지뿐만 아니라 발성, 말, 얼굴 표정, 제스처, 움직임, 몸짓 언어 등을 포함한다. 그것은 서비스 제공, 가족 구성원과 AAC를 사용하는 사람들에게 AAC의 한 가지 양식이 모든 문맥에 적합한 것은 아니라는 것을 기억하는 데 있어 중요하다. 고급 기술 시스템이 고장 나거나, 저급 기술 시스템을 잃어 버리거나, 필요한 어휘가 들어 있지 않거나, 신호를 사용하는 아동이 그 신호를 이해하지 못하는 사람들과 의사소통할 수도 있다. 게다가 AAC에 의존하는 많은 사람들은 또한 어떤 상황에서는 그들의 음성을 사용할 능력이 있다. 그런 상황은 가까운 사람들과의 상호작용에서 그들이 도움이 필요함을 울음으로 신호할 때 또는 AAC 사용을 보완하고자 할 때를 포함한다. 그러므로 언어장애 아동들에게 이런 일들은 복합 의사소통 시스템의 필요성을 강조하고 이런 상황에서는 말과 발성이 의사소통 상대자가 그들을 이해하는데 도움이 된다(Blischak & Lloyd, 1996; Iacono et al., 1993).

복합 의사소통의 사용은 다양한 AAC 시스템을 사용하는 사람들에게 도움을 줄 뿐만 아니라 이후의 언어발달에도 도움이 된다. Iacono 등(1993)은 복합 의사소통[수화나 말소리 생성기(SGD)]의 사용이 2명의 지적장애 아동들에게 도움을 주어 이 아동들이 의사소통에 더욱 적극적으로 참여하게 되었음을 보여 주었다. 이 연구자들은 복합 의사소통이 SGD만을 사용하는 경우보다 더 효과적으로 반응을 끌어냈음을 강조했다. 의사소통 전문가들은 복합 의사소통에 주의를 기울이는 것뿐만 아니라, AAC 시스템의 변경을 진행하고 신중하게 선택하는 것도 중요하다고 조언한다. 이것이 아동의 의사소통 성공에 중요한 것이다. 연구자들은 AAC 시스템의 실패로 이끄는 요인들을 확인했다(Bailey, Paretter, Stoner, Angell, & Carroll, 2006). AAC 시스템 사용의 실패 요인 중 가장 일반적인 요인은 아동이 이해하기에 너무 어렵다는 것이다(Drager, Light, Speltz, Fallon, & Jeffries, 2003). 불행히도 서비스 제공자들은 그 시스템이 그 아동들에게 적절하지 못함을 인식하기보다는 아동들이 의사소통하려는 마음이 없어서 그 시스템을 사용하지 않는다고 생각해 버리는 경향이 있다. 우리는 여기서 AAC를 소개할 때 가장 중요한 아동 능력의 신중하고 지속적인 평가에 대해 논의할 것이다.

3) 다분야 협력 팀

몇몇 출처들(Beukelman & Mirenda, 2005; Granlund, Björck Åkesson, Olsson, & Rydeman, 2001; Hunt, Soto, Maier, Muller, & Goetz, 2002; National Joint Committee for the Communication Needs for Persons with Severe Disabilities, 2002)에서 다분야 협력(multidisciplinary) 팀에 의해 제공된 성공적인 AAC 서비스의 수행에 동의하며, 다음의 모든 것 또는 일부를 포함한다.

- ❖ 언어병리학자는 의사소통 평가와 중재를 제공한다.
- ❖ 작업치료사는 위치와 세팅을 보조한다.
- ❖ 물리치료사는 운동 문제의 치료와 조언을 제공한다.
- ❖ 기술 스태프는 고급 기술 시스템과 기술을 보조한다.
- ❖ 정규/일반교사와 특수교사는 아동의 교육적 · 사회적 요구에 대한 고려를 보장한다.

물론 가족 구성원들은 모든 팀의 일원이다. 다른 전문가들[예를 들면, 검안의 그리고(또는)

청능사] 역시 만약 아동이 언어발달과 AAC 시스템의 사용에 영향을 미치는 부가적인 감각장애를 갖고 있다면 관계될 것이다. AAC 중재를 제공하기 위한 협력 팀의 고용은, 특히 통합 반 세팅에서 AAC 사용 아동의 학업적 성취와 사회적 참여, 둘 다의 가능성의 증가(Hunt et al., 2002)뿐만 아니라 또한 미국 연방법과도 일치되며, 좋은 수행을 보이는 것으로 알려졌다.

2. AAC 시스템으로 이득을 갖는 아동들

AAC를 사용하는 사람들은 공통점이 한 가지 있다. 이유는 다양할 수 있지만, 그들은 기본적인 의사소통 수단으로 말을 사용할 수 없다는 것이다. Beukelman과 Mirenda(2005)는 AAC를 사용하는 전형적인 사람이 없다는 것을 지적했다. AAC의 도입으로부터 이득을 얻는 언어장애를 가진 아동들을 포함한 많은 사람들이 AAC의 도입으로부터 이득을 얻는다는 것을 기억하는 것은 중요하다.

얼마나 많은 아동들이 AAC를 사용하는지 또는 얼마나 많은 아동들이 AAC 시스템으로부터 혜택을 받는지는 알려져 있지 않다(Bax, Cockerill, & Carroll-Few, 2001). 그러나 AAC를 사용하는 대부분의 아이들은 지적장애, 구개파열, 자폐증 등 타고난 장애를 가지고 있으며, 그리고(또는) 심각한 발달적 운동장애를 가지고 있다(Binger & Light, 2006). 얼마간의 아동들은 의사소통장애를 가진 후에 AAC를 필요로 할지도 모른다(예: 외상성 뇌손상). 최근에는 극단적인 병이나 수술로 인해 일시적으로 말을 할 수 없는 경우 AAC를 사용하려는 아동들을 포함한 병원 관계자들이 AAC에 관심을 보였다(Costello, 2000).

AAC의 초기에는, 연구자들이 몇 가지 기준(예: 적어도 Piaget의 인지 기술 5단계에 이르며 언어치료를 받는 아동)에 맞는 아동들에게만 AAC를 소개할 것을 주장했다(Shane & Bashir, 1980). 그러나 1980년대 후반 이래로, 말을 사용할 수 없는 아동이나 개인이 필요한 전제 기술 없이, AAC의 도입으로부터 혜택을 받을 수 있다고 인식되었다(Kangas & Lloyd, 1988; Romski & Sevcik, 2005). 이에 더하여, 현재는 모든 아동들이 학문적 활동과 사회적 활동에서 의사소통을 향상시키고 참여를 지원하기 위한 서비스와 기술을 가질 권리를 가지고 있다는 것이 공표되었다(National Joint Committee for the Communication Needs for Persons with Severe Disabilities, 2002).

AAC 도입에 대한 전제 능력이 있는지에 대한 인식에도 중요한 변화가 있었다. 중도(severe)의 신체장애인들은 AAC가 소개될 때까지 기능적인 의사소통 수단을 갖지 못하고, 말 산출의 중재를 받으며 오랜 기간을 보낸 것으로 보고되었기 때문에, AAC 소개에 대한 전제 조건이 없어진 것은 중요한 변화였다(Merchen, 1984, 1990; Williams, 2000). 자폐증을 포함하여 지적장애를 가진 아동들에게 AAC의 초기 도입은 의사소통의 기능적 수단을 제공할 뿐만 아니라 붕괴적이거나 파괴적인 의사소통 행동들을 줄여 주었다(Beukelman & Mirenda, 2005; Sigafoos, Kerr, Roberts, & Couzens, 1994; Vicker, 1996).

1) 도전적인 행동을 보이는 아동들

도전적인 행동을 보여 주는, 한정된 언어와 말 산출을 가진 얼마간의 아동들이 있다. 도전적인 행동이란, 자해를 포함하여 사회적으로 용납될 수 없는 행동, 자신과 다른 이에 대한 공격(즉, 물기와 할퀴기), 그리고 의사소통 붕괴(계속되는 고함 지르기)를 일컫는 용어이다. 이 아동들의 대다수는 지적장애나 자폐증을 가지고 있다.

1980년대 중반, 도전적인 행동이 의사소통 행동이며(Carr & Durand, 1985; Donnellan, Mirenda, Mesaros, & Fassbender, 1984), 그러한 행동은 의사소통 행동으로 다루어져야 한다는 인식이 있었다. 도전적인 행동은 다양한 의사소통 기능들을 제공할 수 있다.

- ❖ 활동을 탈출하려 하거나 피하기("나는 이 장소를 좋아하지 않아서 지금 떠나고 싶어요.")
- ❖ 상황들로부터 휴식을 가지기("나는 피곤해서 일을 더 하기 전에 쉬길 원해요.")
- ❖ 지겨움을 무마하기 위해서나 아동이 스스로 의미 있는 활동에 혼자 자신을 만족시킬 수 없을 때 감각 자극을 제공하기("나는 지겨워서 다른 것을 하길 원해요.", "다른 할 것이 없어요.")
- ❖ 주의 확보하기("나를 봐요.")
- ❖ 원하는 물건 얻기("나는 저걸 원해요.")

많은 연구들이 원하는 것을 얻기 위해 AAC를 사용하여 수용 가능한 의사소통 행위를 가르치는 것이 가능하다는 것을 증명하고 있다(Mirenda, 1997; O'Reilly, Edrisinha, Sigafoos, Lancioni, & Andrews, 2006; Sigafoos, Arthur-Kelly, & Butterfied, 2006; Sigafoos, Arthur-Kelly, & Butterfied, 2006; Sigafoos & Tucker, 2000). 수용 가능한 AAC 기반의 의사소통 행동들이 그다음의 의사소통 수단으로, 수용 가능하지 않은 도전적인 행동들을 교체한다.

AAC 기술들, 제스처, 의사소통 보드 및 말소리 생성기를 포함한 AAC 기법, 의사소통의 효과 및 허용 가능한 수단을 제공함으로써 도전적인 행동을 줄이기 위해 사용되는 중재의 유형이 기능적 의사소통 훈련(Functional Communication Training, FCT)으로 알려져 있다. FCT는 도전적인 행동의 기능 평가와 새로운 받아들일 수 있는 의사소통 행동의 훈련을 포함한다(Beukelman & Mirenda, 2005). 새로운 행동들을 자연스러운 문맥에서 가르쳐야 하며, 그 새로운 행위가 실시될 때 의사소통 상대자들의 반응에 즉각성이 있어야 함이 중요하다. 행동 팀들은 도전적인 행동들의 의사소통 기능을 평가한 경험이 있고 다양한 의사소통 체계들에 관한 지식이 있는 AAC 전문가를 필요로 한다. 이것은 도전적인 문제를 가진 아동들에게 자신의 요구나 기술 수준에 적합한 체계로 완비되어 있는지 확인하는 데 도움이 된다. 도전적인 행동을 다룰 수 있는 다양한 중재법에 대한 자세한 정보를 제공하는 것은 이 장의 범위를 벗어난다. 그러나 이 주제에 도움을 줄 훌륭한 자료들이 있다(Dropik & Reichle, 2001; Durand & Merges, 2001; McEvoy & Neilsen, 2001; Reichle, 2001; Sigafoos & Mirenda, 2002; Sigafoos & Tucker, 2000).

2) 언어장애 아동

2005년, ASHA는 "구어와 문어 의사소통을 포함한, 말-언어 산출 그리고(또는) 이해의 심한 장애"를 지닌 사람으로 AAC 시스템 사용자에 대한 정의를 개정했다(ASHA, 2005d). 이 정의는 AAC 시스템은 음성(말)장애를 가진 사람들만을 위한 것이라는 이전 인식을 확대한 것이다. 그것은 AAC 사용이 언어지체가 있는 아동들을 포함하여, 자폐증, 인지장애, 후천적 언어장애를 지닌 사람들에게 적절하다고 인식되었다(Mirenda & Brown, 2007).

3) 자폐 아동

AAC의 사용은 그들의 수용 및 표현언어의 요구 사항을 지원함으로써, 더는 기능적인 구어가 없는 자폐증을 가진 사람들(약 50%)에게 이득을 줄 것이다(Cafiero, Acheson, & Zins, 2007; Light, Roberts, Dimarco, & Greiner, 1998; Mirenda, 2001). 과거에는 자폐증을 가진 사람들은, 그들의 경험을 발전시키고 다양한 자극(예: 소리, 냄새, 촉감, 움직임)을 이해하기 위해 애쓰는 어린 아동들로 묘사되었다(Grandin, 1995). 이 시나리오는 이제 AAC가 의사소통을 향상시킬 뿐만 아니라 언어발달을 지원하고 자폐증을 가진 아동들의 도전적인 행동을 줄이는 데 성공적으로 사용된다고 알려진 것과 대조적이다(Cafiero & Delsack, 2007; Mirenda, 1997; Mirenda & Erickson, 2000; Ogletree & Hahn, 2001).

우리가 이 책에서 일찍이 살펴본 바와 같이, 반향어, 의미의 직역, 단어의 특이한 사용들은 모두 말이 발달하는 자폐 아동들의 공통점이다. AAC의 사용은 이러한 언어적 행동들을 보이는 아동들에게 좀 더 유용한 의사소통 수단들을 지원하는 데 도움이 될 것이다. 자폐가 있는 아동들은 그들의 전반적인 기능 수준과는 다르게 과제를 수행하여, 우위의 시각적 기억과 시각적인 공간 기술들을 보인다(즉, 전화번호부에서 특정 단어를 찾는 능력). 그러한 기술들은 아동들의 수용언어장애를 감출 수 있으며, 관련된 언어 그리고 의사소통 발달에 높은 수준의 좌절을 초래할 수도 있다. AAC의 사용으로부터 이 아동들은 그들의 하루를 돕기 위해(MacDuff, Krantz, & McClannahan, 1993), 그들의 언어 이해 그리고 문해 능력 발달(Norwell, 2007; Wood, Lasker, Siegel-Causey, Beuklman, & Ball, 1998)을 지원하기 위해, 그리고 학교와 집 모두의 맥락 안에서 그들을 독립적으로 돕기 위한 시각적 상징

(예: 사진, 단어들, 신호들)들을 사용함으로써, 그들이 단어를 이해하게 함으로써 일반적인 이득을 갖게 한다.

몇몇 AAC 접근들은 자폐증을 가진 아동들에게 사용되어 왔다. 이것들 중의 하나는 의사소통 촉진(Facilitated Communication, FC)이다. 의사소통 촉진은 메시지를 타이핑함으로써 자폐증을 가진 아동들이 의사소통하도록 하여, 신체적 지원의 요소와 긍정적인 기대 요소들을 결합시킨 것이다(Biklen, 1990; Crossley, 1994). FC는 이 장의 후반부에 다시 논의될 것이다. 그러나 그것은 여기서도 중요한 언급이다. 왜냐하면 자폐 아동에게 FC의 사용은 그들이 글을 읽고 쓸 수 있으며, 지금까지는 그들에 대해 잘 아는 사람들에 의해 인식되지 않았던, 언어적 · 인지적 · 사회적 능력을 갖는다는 것을 주장하는 것이기 때문이다(Beukelman & Mirenda, 2005; Calculator, 1999; Duchan, 1999).

자폐증을 가진 아동들이 사용하는 AAC의 다른 형식들은 시각적 지원, 말소리 생성기(SGD), 그림 교환 의사소통 시스템(Picture Exchange Communication System, PECS), 언어보완 시스템(System for Augmenting Language, SAL), 보조언어 자극(Aided Language Stimulation, ALS), 그리고 자연스러운 보조언어 자극(Natural Aided Language Stimulation, NALS)이 있다(Cafiero et al., 2007; Romski & Sevcik, 1996; Romski et al., 2000). ALS에서 의사소통 상대자들은 메시지를 지원하고 이해를 돕기 위해 말해진 단어와 짝지어진 시각적 상징들을 사용한다. 이후에 설명된 것처럼, SAL(Romski & Sevcik, 1996; Romski et al., 2000)은 SGD의 사용과 협동하여 요구하는 방법을 학습하는 것을 포함하며 수용언어와 표현언어, 모두를 용이하게 했음을 보여 주고 있다. Schepis(2007)는 SGD가 자폐인들이 요구하기와 사회적인 해설을 통해 의미 있는 의사소통에 참여하도록 하는 데 도움이 되며, 발성, 낱말, 제스처를 증가시켰음을 보고했다. SGD의 사용으로 자폐 아동들의 구어 발달을 돕는 초기의 성공에도 불구하고, Schlosser와 Blischak(2001)은 자폐 아동들을 돕는 SGD의 역할이 명확하지 않음을 지적했다. 이러한 결과들은 Chiang과 Lin(2008)의 연구에 의해 더욱 지지되었는데, 말을 하는 아동과 AAC를 사용하는 아동들 간에 의사소통의 상호작용에서 양, 기능, 상대자에서 차이가 없다는 결과를 얻었다. 자폐 아동들에게 PECS의 성공적인 사용을 보고하는 몇 사례 보고서들이 있다(Bondy & Frost,1994; Frost & Bondy, 1994). PECS의 목적은 자폐증을 가진 아동들에게 시각적 그래픽 상징들을 사용하여, 원하는 아이템에 맞는 상징(예: 음료수 또는 쿠키)을 교환함으로써 요구하도록 아동을 가르치는 것이다. Mirenda(2001)는 PECS의 사용이 구어 발달을 용이하게 하는 데 도움이 된다고 강조했다. 이 영역에서의 연구들(Lerna, Esposito, Russo, & Massagli, 2009; Sulzer-Azaroff, Hoffman, Horton, Bondy, & Frost, 2009)은 다소 유망한 결과를 나타내고 있다. 예를 들면, Jurgens, Anderson과 Moore(2009)의 연구에서는 PECS를 사용한 3세 자폐 아동이 자유 놀이에서 단어와 구어 발화 길이에서 증가를 보였다고 언급했고, 7장에서 언급된 Yoder와 동료들(Yoder & Lieberman, 2010; Yoder & Stone, 2006a, 2006b)에 의한 연구에서는 PECS

가 자폐 아동에게 다양한 의사소통 행동들의 발생 빈도를 증가시킬 수 있다고 보고했다.

이전에 언급한 바와 같이, FCT(기능적 의사소통 훈련)는 기능적으로 동등한 의사소통기술을 가진 행동으로 대체하여 자폐 아동들의 도전적인 행동을 감소시키는 데 사용되었다(예: 수화 또는 SGD의 사용). 성공적인 FCT의 사용은 1985년 초기에 보고되었다(Horner & Budd, 1985). 자폐증을 가진 어린 소년이 그가 종종 도전적인 행동(고함 지르기, 잡아당기기)을 사용하여 요구하는 항목들에 대한 다섯 가지의 수화들을 배웠다. 그로부터, FCT가 자폐 아동들의 도전적인 행동을 감소시키는 효과적인 방법이며 동시에 자폐 아동들에게 기능적인 의사소통 사용을 가르치는 효과적인 방법이라는 많은 경험적인 연구들은 나왔다(Mirenda, 1997, 2001). 그러나 성공적이고 효과적인 의사소통(Beukelman & Mirenda, 2005)을 촉진하기 위한 FCT 전략 구현을 위한 의사소통 상대자들의 필요가 강조됨에도 불구하고, 자폐 아동들의 의사소통 상대자들의 훈련 효능성에 대한 연구는 거의 없다. AAC에 초점을 둔 문헌에서 의사소통 상대자의 훈련이 강조됨을 고려한다면 놀라운 일이다(Bruno & Dribbon, 1998; Buzolich & Lunger, 1995). 자폐 아동들을 위해 선택된 중재의 유형에 상관없이, 아동들이 의사소통에 사용되는 시스템의 유형(예: SGD 또는 PECS)을 고르도록 하는 것의 중요성이 강조되었다(Son, Sigafoos, O'Reilly, & Lanconi, 2006).

4) 지적장애 아동

AAC의 사용으로부터 이득을 얻을 수 있는 또 다른 아동들은 지적장애 아동들이다. 이 장에서 논의된 다른 장애들처럼, AAC 사용자들 간에는 넓은 범위의 인지적 기능이 있다(Launonen, 2003).

중도(severe)의 지적장애를 가진 아동들은 상징에 기초하는 언어발달이 쉽지 않아서 구어 산출을 하지 못할 수 있다(Beukelman & Mirenda, 2005). 말을 할 수 없고 의도가 없는 매우 심한 지적장애인들을 보통 (그들의 생활 연령과 상관없이) '초기 의사소통자들' 또는 비상징적인 의사소통자로 흔히 일컫는다. 그들은 얼굴 표정, 제스처, 호흡 속도, 움직임, 그리고 발성에서의 변화들을 포함하는 많은 비공식적인 방식들(예: 울기 또는 웃기)을 통해 의사소통할 것이다(Siegel & Cress, 2002). 비상징적인 의사소통을 시작하는 아동들은 공식적인 상징 체계(예: 신호, 그림 상징들, 만져서 알 수 있는 상징들)(Rowland & Schweigert, 1990)를 배울 능력이 발달할 것이다. 그들은 발작 행동, 각성 상태, 그리고 건강 상태를 포함한 그들의 인지 능력과 다른 요소들의 수준에 의하여 그들의 모든 삶에서 비상징 단계에 남을 수도 있다(Sigafoos et al., 2006).

이러한 초기 의사소통자들을 돕는 한 방법은 서로 다른 의사소통 행동에 의미를 부여하고 이러한 행동에 맞게 반응하도록 하는 것이다(Beukelman & Mirenda, 2005; Sigafoos et al., 2006). 이것은 지적장애 아동들이 자신이 환경에 영향을 미칠 수 있다는 것을 알게 할 뿐만 아니라 의미 있는 의사소통 교환의 발달을 촉진한다(Siegel & Cress, 2002). 초기 의사소통자인 아동들과의 상호작용에서는 잠재적인 의사소통 행동을 해석해 주는 의사소통 지원이 요구된다(Keen, Woodyatt, & Sigafoos, 2002; Sigafoos et al., 2006). 특이한 행동과 이들의 의미를 설명하는 개인 의사소통 사전은 아동들이 친숙하지 않을 수 있는 의사소통 상대자들의 반응에 매우 유용하며 일관성을 보장하는 데도 도움이 된다. 이러한 일관성은 언어와 의사소통 발달을 지원하는 것에서 중요하다.

추가적인 과제는 그들의 생활 연령이 어떻든 간에 초기 의사소통자들이 의미 있는 의사소통 경험을 제공받고 시각적 또는 촉지각적인 단서에 의한 구어를 제공받도록 보장하는 것이다(Drager & Light, 2006; Goossens & Crain, 1986; Goossens, Crain, & Elder, 1992). 정상 발달 아동들의 사례에서, 놀이와 놀이 활동들은 의사소통을 강화시키며, 부모들과 교육자들이 기능적인 환경에서 언어와 의사소통 행위를 촉진하는 놀이의 중요성을 이해하는 것은 중요하다(Drager & Light, 2006; Launonen, 2003; Trembath, Balandin, Togher, & Stancliffe, 2009). 놀이 상황에서 AAC 시스템의 사용은 의사소통을 촉진하고 언어발달을 지지해 왔음을 보여 주고 있다(Cossens et al., 1992; Iacono, Chan, & Waring, 1998; Iacono & Duncum, 1995).

몇몇의 초기의 의사소통자들은 운동적 또는 인지적 요구들과 부족한 품질, 속도, 그리고 강화 또는 반응의 즉각성 때문에 AAC 시스템을 사용하지 못한다(Johnston, Reichle, & Evans, 2004). 그러므로 초기의 의사소통자들이 다양한 AAC 시스템에 접근하는 것과 이러한 체계들이 의사소통을 촉진하는 상황에서 모든 상호작용에 사용되는 것은 중요하다(Iacono et al., 1998; Iacono & Duncum, 1995; Johonston et al., 2004; Romski et al., 2000).

5) 후천성 언어장애 아동

후천성 언어장애를 가진 성인의 AAC 사용에 초점을 둔 연구들이 있지만, 10장에서 논의된, 후천성 실어증 아동의 AAC 사용에 대한 정보는 부족하다. Sieratzki, Calvert, Brammer, David와 Woll(2001)의 연구에서는, 5세에 랜도-클레프너 증후군(Landau Kleffner Syndrome, LKS)으로 진단받은 소년을 보고했는데, 이 증후군은 후천성 언어장애의 한 유형으로, 발작을 일으키고 심각한 의사소통장애를 보인다(Brown & Edwards, 1989). 이 소년은 13세 때 영국식 수화(British Sign Language)를 배웠으며, 이것이 그의 가장 효율적인 의사소통 양식이었다. 유사하게, 4세 6개월에 LKS로 진단받은 한 소녀는 선호하는 의사소통 양식으로 수화 영어를 사용한다. 소녀는 언어 시스템에 아무런 문제를 가지지 않았지만, 심각한 음운장애를 갖고 있었다. 이러한 결과에 대해 학자들은 증후군과 연관된 만성 청각 실인증(auditory agnosia) 때문에 결함을 갖는 것이라고 주장했다(Baynes, Kegl, Brentari, Kussmaul, & Poizner, 1998). Pearce와 Darwish(1984)는 초기에 블리스 심볼(Bliss, 1965)을 배우고, 200여 개의 기호들을 배우고, 수화를 익힌 LKS 남아에 대해서 보고했다. 이 아동은 8세가 될 무렵 4~5개의 긴 신호를 사용하여 발화할 수 있었으나, 문장에서는 오직 10~15개의 단음절 단어만을 사용할 수 있었다(Pearce & Darwish, 1984).

AAC 사용이 언어를 촉진하여 많이 추천된다 할지라도, AAC를 사용하는 LKS 아동들에 대한 문헌들이기는 하지만, LKS 아동에 초점을 둔 AAC 사용에 관한 연구는 많이 미흡하다(Paul, 1997a). 따라서 이 연구나 일화적인 보고(McNaughton, 1991)에 따르면 성공적으로 AAC 사용을 하는 경우는 드물다.

6) 신체장애 아동

장애 아동들은 정상 발달 아동들만큼이나 개인차가 크다는 것을 기억하는 것은 중요하다; 이것은 고정관념과 편견을 피하기 위해 중요하다. 예를 들어, 신체장애 아동은 지적장애와 언어장애를 가진다고 하지만 사실과는 다르다. 어떤 신체장애 아동들은 언어 능력에는 손상이 없지만 말로 표현하는 신체적 능력에는 손상이 있다. 뇌성마비 아동들이 대부분 그러한 아동들이다.

그럼에도 불구하고, 말과 언어를 촉진하는 것은 심한 구어 및 신체장애(severe speech and physical impairments, SSPI) 아동들에게는 도전이 된다. 예를 들어, SSPI 아동들은 걷기가 힘들어 이동성이 감소하고, 주변 환경에서 쉽게 상호작용하기 어렵다. 결과적으로, 초기 언어발달에 결정적이라고 여겨지는 주변 환경 탐색이 불가능하며, 자신의 경험으로부터 배우는 것도 불가능하다(Light 1997; von Tetzchner & Martinsen, 2000). 아동의 부모들은 종종 의료 기관에서 조기 중재 프로그램을 받게 하여, 초기 언어 및 읽기 발달이 중요한 많은 활동들을 하고 있다(예: 초기 문해 기술을 촉진하는 놀이 및 활동)(Beukelman & Mirenda, 2005; Koppenhaver, Coleman, Kalman, & Yoder, 1992; Koppenhaver, Pierce, Steelman, & Yoder, 1995; Light, 1997; Taylor & Iacono, 2003). 공교롭게도 SSPI 아동들은 지적 능력이 손상되지 않는데도 불구하고 철자, 구문론, 문법, 형태론, 의미론에 문제를 가진다(Sturn & Clendon, 2004).

심한 신체적 제한을 가진 아동이 AAC 시스템을 선택할 때, 그 시스템이 언어의 복잡성에서의 한 수준에서 다른 수준으로 전환될 수 있을 만큼 그 아동에게 충분히 유연한가를 확인하는 것은 필수적이다(Paul 1997a). 그 아동 개인의 전환 특성과 속도를 예측하는 것이 이 과제에서의 어려움이다. Paul(1997a)은 의사소통 장치는 발성을 시도하기 위해 사용되므로, 소리를 낱말로 전환시키는 도구가 제공되어야 한다고 제안했다. 더 많은 연구들에서 어떻게 신체장애 아동들이 AAC가 전반적인 언어발달에 관련되어 전환을 어떻게 사용하는가에 대해 많이 연구되어야 한다.

신체적 제한에 상관없이, SSPI 아동들은 기능적인 의사소통자로 보아야 하며, 그들의 복잡하고 역동적인 의사소통 요구들이 고려되어야 한다. 이러한 중요한 개념을 고려하여, Light(1997)는 AAC 사용 아동이 언어를 배우는 신체적 · 기능적 · 언어적 · 사회적 · 문화적 맥락을 이해하여 언어 학습에 무엇이 촉진 요소이고 방해 요소인지를 아는 것이 필요하다고 지적했다. 그녀는 AAC 사용 아동들은 동시에 놀이와 의사소통을 할 수 없음, 즉 의사소통 행동이 발생할 때 놀이 활동이 중지되는 것을 주목했다(Light, Collier, & Parnes, 1985a, 1985b, 1985c). 게다가 AAC 사용 아동들의 경우, 자연스럽게 말하는 상대자와의 주고받기가 균형적이지 못하여 말하는 상대자가 주도하는 대화가 되고(Calculator & Dollaghan, 1982; Culp, 1987; Light et al., 1985a, 1985b, 1985c), AAC 사용 아동의 주도를 따르기보다는 그 아동을 지도하게 된다(Light et al., 1985a, 1985b, 1985c). 이것은 언어를 사용하고 새로운 언어 기술을 배울 기회를 감소시키는 것이다.

마지막으로, 신체장애 아동들에게 적합한 AAC 시스템에서 가장 중요한 것은 지나친 피로가 없어야 하고, 정확하게 사용하는 법을 알아야 한다는 것이다. 많은 아동들이 AAC 시스템을 쉽게 접근할 수 없고, 그들 스스로 스위치를 넣을 수 없어서 자주 이용하지 못한다. 분명히 이러한 요인들이 언어의 사용과 발달에 부정적인 영향을 미친다. 만일 신체장애 아동이 AAC를 사용함으로써 언어가 발달하려면, 그들은 적합한 시스템을 가져야 하고, 그 사용법을 익혀야 하며, 그 시스템을 사용하여 어떻게 상호작용하는지를 아는 의사소통 상대자, 언어발달을 촉진시키는 경험, 그들이 생성하는 모든 개념이나 아이디어들을 표현할 수 있는 시스템 내의 어휘 등이 갖추어져야 한다.

7) 일시적으로 말할 수 없는 아동

일시적으로 말을 할 수 없는 성인을 대상으로 실시한 연구는 조금 있다(Dowden, Beukelman, & Lossing, 1986; Downey & Hurtig, 2006; Fried-Oken, Howard, & Roach Stewart, 1991). 일시적으로 말을 할 수 없는 아동들의 AAC 사용 이점에 대해서는 거의 알려지지 않았다(Costello, 2000). 종종 이 아동들은 AAC 시스템 사용법을 배우기에는 너무 아프고, 아동도 가족들도 그런 시스템을 고려하고 준비할 시간이 없다. 하지만 Costello(2000)는 보스턴 아동병원에서 수술이 예정된 환자, 수술 후 말을 할 수 없는 기간 동안 준비 기간을 갖거나 회복 기간 중인 환자에게 사용된 프로그램을 설명했다. 아동들은 환자들과 가족들이 선정한 어휘 및 메시지로 간단한 SGD를 사용하기 위해 배웠다. 이 프로그램의 장점은 수술 전에 메시지를 프로그램화하기 위해 사용했던 환자 자신의 목소리를 사용하여 SGD를 이용하여 자신의 목소리로 말을 할 수 있다는 것이다. 사전 준비로 환자들 및 가족들이 고려한 부분뿐만 아니라 병원 직원들이 의사소통 시스템에 신뢰를 갖도록 했다. 병원에 오래 있었거나 말을 할 수 없는(예: 삽관 치료나 기관 절개를 했기 때문) 언어발달 아동들에 대한 영향은 아직 연구되지 않았지만, 예비 연구(Costello, 2000)에서는 집중치료실이나 어떤 이유로든 일시적으로 말을 할 수 없는 아동들을 보호하는 모든 병원들이 보스턴 아동병원의 시행에서 도움을 받을 수 있다고 제안한다.

3. AAC 평가

AAC 평가는 성공적인 AAC 중재의 첫 번째 단계이다. AAC 평가는 아동의 현재 의사소통 수준의 평가보다 더 많은 것, 의사소통 보조기의 제안까지도 포함한다(Beukelman & Mirenda, 2005; Cockerill & Fuller, 2001). AAC 평가의 목적은 시스템을 이용하는 아동들을 확인할 뿐만 아니라 아동들의 언어 기술을 발달시키고 의사소통을 향상시키기 위해서이다(Beukelman & Mirenda, 2005). 또한 평가가 AAC 중재의 부분임을 아는 것도 중요하다. 시스템 사용에서 아동의 훈련은 훈련하고 있는 의사소통 상대자와의 관계 형성이 중요하다.

아동의 AAC 평가는 팀 접근이 포함되어 있다(Beukelman & Mirenda, 2005; Cockerill & Fuller, 2001; Costello, 2000; Proctor & Oswalt, 2008; West & Bloomberg, 1997). 일반적으로, 평가에서 「참여 모델(*Participation Model*)」(Beukelman & Mirenda, 2005)이 많은 AAC 팀에 의해 사용되고 있다. 표 12.2에는 세 단계로 구성되어 있는 모델의 특성이 제시되어 있다.

복잡한 의사소통 요구를 가진 개개인들은 어느 정도의 말이나 발성을 하거나 할 수 있기 때문에, 말 사용의 가능성뿐만 아니라 언어 능력 또한 평가하는 것이 중요하다(Beukelman & Mirenda, 2005). 하지만 언어 평가는 종종 문제를 일으킨다. 예를 들어, 말을 할 수 없고 사물을 는 조작할 수 없고, 추가적인 감각 문제를 가질 수 있는 심한 신체장애 아동들에게 적당한 규준 참조 검사는 없다. Morse(1988)는 규준 참조 평가 도구가 사용될 수는 있지만 검사 절차에서 적용된 변경 사항과 각색을 기록해야 하며, 물론 각색이 이루어진 경우에는 점수가 유효하지 않음을 제안했다. 그렇지만, 검사 자료가 부적절하거나 신체적으로 그 과제를 수행할 수 없어서 하지 못했을 경우에도 지적장애로 평가받는 것을 포함하여, 잘못 진단된 AAC 사용자들이 많다는 것을 아는 것은 중요하다. 대조적으로 규준 참조 검사에서는 AAC 전문가들이 관찰 및 상세한 인터뷰를 사용하여 정확한 평가를 할 수 있다.

의사소통 상대자와 함께 이루어진 관찰과 인터뷰는 AAC 평가에서 주요한 부분이다(Beukelman & Mirenda, 2005; Cockerill & Fuller, 2001). 다른 의사소통 상대자들이 아동과 어떻게 상호작용하는지를 관찰하는 것 또한 중요하다. 이미 논의된 바와 같이, 의사소통 상대자들이 AAC 사용 아동과 효과적으로 상호작용하는 방법을 아는 것도 중요하고, 지나치게 지시적이거나 아동의 의사소통 경험을 부정함으로써 아동을 제한하지 말아야 하는 것도 중요하다(Light, 1997). 또한 다양한 상황에서 아동의 상호관계에 대한 비디오도 많은 도움이 된다.

표 12.2 AAC 평가 모델

단계	특성
단계 I 초기 평가	목적: 아동에게 즉각적인 필요를 요구하는 의사소통 시스템 발달을 위해 현재 수준의 기능을 알아보기 위해 * 현재 의사소통 요구 평가 * 신체적 · 인지적 · 언어적 · 감각적 기술 평가
단계 II 세부 평가	목적: 다양한 의사소통 상대자와 함께 다양한 문맥에서 아동이 사용하는 시스템을 발달시키기 위해 * 시스템은 다양한 상호작용을 촉진한다(예: 교육 참여 및 사회적 친밀감) * 미래 상호작용과 참여 고려
단계 III 사후 평가	목적: 다양한 문맥들과 상대자에 따른 다른 활동들로, 아동의 성숙에 따라서 필요한 시스템을 확인하기 위해 * 후속 조치의 빈도는 개인의 요구에 따라 달라진다. * 어린 아동의 언어발달 기술 추가 평가. 청소년의 언어발달은 덜 평가

출처: Beukelman과 Mirenda(2005).

만약 아동이 의사소통 보조기를 사용한다면, 담당 팀에서는 의사소통 시스템의 유형과 그 아동에게 가장 적합한 상징 체계 또한 평가해야 한다(Mirenda & Locke, 1989). 미국의 의사소통 장치는 의료보험(National Joint Committee for the Communication Needs for Persons with Severe Disabilities, 2002)으로 공급되지만, 장치의 선택은 그 장치를 구매하고 유지할 수 있는 가족의 재정에 맞아야 한다. 예를 들어, 고급 기술 기기를 사용할 수 있는 아동이라 해도, 저급 기술 기기(예: 의사소통 판이나 의사소통 책)를 구입할 수 있다.

AAC 평가는 복잡하고 시간이 걸리는 과정이다. 시력 및 청력 평가뿐만 아니라 근육운동 평가도 포함된다. AAC를 사용하는 다른 아동들은 적합한 시스템 유지를 위하여 평가를 통해 확인한다. 어떤 AAC 사용 아동들은 그 시스템이 적절한지 확인하는 사후 평가가 필요할 것이다. 이것은 아동들의 요구가 변화하고 기술이 빠르게 진보되므로 중요하다.

4. AAC 중재

이 장에서는 AAC 시스템을 사용하는 언어장애 아동들의 영역을 중점으로 논의했다. 여러 가지의 중재 방법들이 특수 아동들에게 효과가 있음이 입증되었다.

1) 언어 보완을 위한 시스템

지적장애 아동의 의사소통 및 언어를 촉진하기 위한 AAC 사용에 대한 가장 포괄적인 종단 연구는 Romski, Sevcik와 동료들에 의해 시행되었다. 그들의 연구는 성인 지적장애(Romski et al., 2000), 청소년 지적장애(Romski & Sevcik, 1996), 아동 지적장애의 언어 산출이 성공적으로 증가했다. SAL은 다섯 가지의 통합된 구성 요소를 갖는다.

1. SGD
2. SGD에서 각 아동들의 개별적인 그래픽 신호 어휘 설치
3. SGD 사용에서 아동들은 매일 기능적인 의사소통을 경험
4. 의사소통의 상호작용 동안 SGD에서 신호를 사용하는 성인 의사소통 상대자
5. 상대자와 교사들을 위한 상세한 피드백

이 장에서 SAL에 관한 상세한 기술을 보고했지만, Romski, Sevcik, Cheslock과 Barton(2006)의 연구에서 좀 더 많은 정보를 얻을 수 있다.

Romski, Sevcik과 Adamson(1997)은 아동이 구어 낱말과 그 낱말의 참조물뿐만 아니라 시각적 기호와 구어 낱말의 관계를 이해하기 위해 학습하는 것이 필요하다고 제안했다. 결과적으로, 제한된 이해력을 가진 아동들은 우선 AAC를 사용하기 전에, 시각적 상징이나 수화와 그것의 참조물 간의 관계를 먼저 배워야 한다고 주장했다.

2) 신호와 제스처

다양한 연구 결과, 제스처는 전반적으로 발달하는 아동이 말하는 언어의 선임자(Thal & Tobias, 1994)이고, 아동들의 자연스러운 제스처는 장애 아동과 그들의 의사소통 상대자 사이의 상호작용에서 사용된다(Calculator, 2002). Chan과 Iacono(2001)은 지적장애 아동은 말 발달에서 정상 아동들과 유사한 제스처를 사용했지만 지연되었다고 보고했다. 이것은 제스처와 언어발달 간의 강한 관련성을 고려해 볼 때, 수화 의사소통이 다운 증후군 아동들에게 이로울 것이라는 주장을 지지하는 것이다(Thal & Tobias, 1992, 1994).

지적장애인의 언어발달을 돕는 신호와 제스처의 사용은 AAC 사용에서 가장 초기에 보고된 것 중 하나이다(Walker, 1976). 농 사회에서 사용된 신호 언어 체계(예: 미국 수화)는 AAC 시스템으로 여겨지지는 않지만 그들만의 언어이다. 지적장애인들은 유창한 수화 사용자가 되기는 어렵지만, 의사소통을 보완하는 신호의 사용으로 이득을 볼 수 있다.

중심 낱말 신호(key word signing, Beukelman & Mirenda, 2005; Grove & Walker, 1990)는 언어장애를 지닌 성인 및 아동들이 보통 이용하고 있다. 중심 낱말 신호의 발화에서 가장 중요한 내용어는 신호이다. 중심 낱말 신호는 항상 말하기에 수반되어 동시적으로 의사소통에 나타난다(Beukelman & Mireneda, 2005). 예를 들어, "지금 나갈 시간이야, 코트를 입고 나가자(It's time for us to go out now, go and get your coat)."라는 문장은 'time, out, you, get, coat'으로 신호되지만, 전체 문장이 말해진다. 이렇게 아동은 구어로 문장을 말하는 동시에, 이해와 학습을 돕기 위해 신호 형태의 시각적 단서를 갖게 되는 것이다.

의사소통하기 위해 말보다는 다른 체계가 필요한 아동들에게 신호를 고르고 가르치는 가장 좋은 방법을 알아보는 많은 연구들이 있었다(Fristoe & Lloyd, 1980; Spragale & Micucci, 1990). 기능적인 의사소통을 유도하기 위해서 신호들을 선택하는 것은 아동들에게 가장 적절하고 의미 있는 것으로 해야 한다. 이것은 어린 아동과의 작업에서는 발달적으로 적절한 신호와 어휘의 선택이 중요함을 의미한다. 만약 신호가 이해를 위한 보조 수단으로 사용된다면 아동과의 모든 상호작용에서 그 신호는 일관되게 사용되어야 하며 그 아동은 신호의 사용에 대한 보상을 받아야 한다.

3) 의사소통 촉진

효과에 대한 연구가 부족한데도 불구하고 의사소통 촉진(faciliated communication, FC)의 사용이 미국에서 여전히 논의되고 있다. FC는 Crossley(1994)에 의해 개발되었고, 자폐 아동들뿐만 아니라 뇌성마비, 다운 증후군 아동들에게 사용되었다. 방법은 메시지를 타이핑할 수 없는 아동에게 촉진자를 제공하는 것이다. 촉진자는 타자수의 팔을 제공하지만 가이드를 제공하는 것은 아니다. Calculator(1999)는 "FC는 개인들 속에 잠재되어 있는, 드러나지 않은 사회적 · 지적 · 의사소통적 기술을 발현시켜 주는 한 방법"이라고 설명했다.

실제로 메시지를 타이핑하는 사람이 촉진자인지 아동인지 알기 어렵기 때문에 FC는 논란이 많은 중재 방법이다(Calculator, 1999). 이 방법은 FC의 타당도와 신뢰도를 지지하는 실증적인 연구의 부족으로 인해 조심해서 사용해야 한다(ASHA, 1995; Beukelman & Mirenda, 2005; Calculator, 1999). 만약 사용한다면, FC는 다른 독립된 AAC 방법들과 함께 도입되어야만 한다. 논란에도 불구하고 교육자들과 임상가들은 FC를 사용하여 성공적으로 자신의 생각을 표현하는 몇몇 아동들을 본 것 같다는 일화를 보고했다.

4) 말과 언어의 발달

자녀를 위해 AAC 시스템의 사용을 고려하는 많은 부모들은 AAC가 구어의 사용을 방해하거나 의욕을 꺾는지 궁금해한다. Schlosser와 Wendt(2008)는 1975년부터 2007년까지의 문헌들을 검토한 후 구어에 대한 AAC의 영향을 가변적으로 보고한 결과를 보고했다. 몇몇 연구들은 구어에 대한 영향이 없다고 보고한 반면, 다른 연구들은 중간 정도의 영향이 있다고 보고했다. 이러한 차이는 아동들의 집단 내의 변동성 때문인 것으로 보인다. AAC가 말 수행을 방해한다는 증거가 없다는 것에 주목하는 것이 중요하다. 다른 연구자들은 이러한 결과를 지지한다(Millar et al., 2006). 사실은 AAC가 언어발달을 용이하게 할 수 있다는 몇몇 증거가 있다(Blischak et aI., 2003).

적합한 AAC 시스템은 말이 아동을 위한 기능적 의사소통 양식이 아닐 것 같을 때 바로 도입되어야 한다(Bax et al., 2001; Romski & Sevcik, 2005). 이것은 언어발달지연의 위험이 있는 아동들을 포함하며(예: 다운 증후군 아동들), 말 산출의 문제가 있는 아동들을 포함한다(예: 뇌성마비). 아동들이 AAC를 사용하는 것을 자연스러운 말을 구사하는 것보다 선호한다는 보고들이 없고 AAC가 자연스러운 말과 수용언어 기술의 발달을 지원하기 위해 사용될 수 있다는 몇몇 보고가 있기 때문에, 말의 발달을 기다리며 기능적 의사소통 시스템을 가지지 않은 아동들을 위태롭게 하는 것은 현명하지 못하다.

Romski와 Sevcik(2005)은 말과 언어의 발달에 위험이 있다고 확인된 어린 아동들의 AAC 사용에 대한 여섯 가지 통념과 현실을 설명했다. 첫 번째는 AAC가 다른 선택권을 모두 사용한 후의 최후의 수단으로 여겨진다는 것이다. 언어발달의 위험이 있는 모든 유형의 아동들에게 조기 중재를 지지하는 압도적인 증거에 근거하여, AAC는 향후 의사소통 실패를 방지하기 위해 언어발달의 기간에 도입되어야 한다(Romski & Sevcik, 2005). 두 번째는 AAC가 말 발달을 방해하거나 정지시킨다는 것이다. 연구들은 아동들이 AAC 시스템을 위한 준비가 되어 있기 때문에 말을 하려는 동기를 잃어버리지 않았음을 보여 주었다. 몇몇 연구들은 아동들이 실제로 말의 사용을 증가시킨 것을 보여 주었다(Beukelman & Mirenda, 2005; Romski & Sevcik, 2005). 아동들과 가족들이 의도적으로 말을 발달시킬 때 AAC를 포기하는 것을 발견했다(Romski & Sevcik, 2005). 세 번째는 아동이 AAC에 성공할 수 있기 전에 어떤 인지 기술이 준비되어 있을 필요가 있다고 제안한다. 이 장의 초반부에 언급한 것과 같이 많은 아동들이 AAC 시스템의 도입으로부터 이득을 볼 것이며, 실제로 인지 발달을 향상시킬 것이다(Romski & Sevcik, 2005). 유사하게 네 번째는 SGD가 손상되지 않은 인지를 가진 아동들에게만 적절하다는 통념을 다룬다. 기기의 발달과 아동들이 그 기기들로 상호작용하는 방법들에 있어서, 기술적 진전이 다양한 인지 능력을 갖고 있는 아동들로 하여금 그러한 기술을 사용함으로써 성공적으로 음성을 가질 수 있게 해주었다. 다섯 번째는 생활 연령이 AAC 시스템을 위한 고려 사항이라는 통념을 다룬다. 현재 연구는 다양한 장애들을 가진 영아들, 유아들, 그리고 취학 전 아동들의 AAC 사용을 지지한다(Romski & Sevcik, 2005). 마지막으로 여섯 번째 반증은 실제의 대상으로부터 사진, 선화, 추상적 표현, 마지막으로 글로 쓴 단어에 이르는 것은 미리 정해진 기호의 수직적 구조가 있다는 것이 기존의 학설이었는데, 이것이 없음을 보여 준다(Mirenda & Locke, 1989). 기호 체계의 선택은 아동 개개인의 능력과 기능의 수준에 근거한다. 연구들은 조기 중재 서비스의 일환으로 AAC 시스템의 사용을 분명히 지지한다. 실제로 IDEA의 Part C는 조기 중재자들에게 IDEA의 권한에서 AAC 시스템의 사용을 포함하고 있다.

어린 아동들 및 가족들과 협력하는 것에서 가족 개입의 중요성을 과소평가하지 않는 것이 중요하다(Romski & Sevcik, 2005). 가족들은 아동들의 의사소통에서 중요한 환경이 된다. 그들은 육아 및 돌보는 역할에 더하여 '치료사'의 역할을 맡는다. 많은 부모들이 아동의 장애에 대한 조건을 받아들이고, 아동을 위한 최선의 해결책을 찾고 있다. 이러한 것들은 어린 아동들에게 AAC를 도입할 때 부모들에게 추가의 지원, 정보, 의사결정 선택권이 주어져야 한다는 것을 제안하는 것이다(Romski & Sevcik, 2005). 평가에 대한 부분에서 언급한 것과 같이, AAC를 필요로 하는 아동들의 평가에 이용할 수 있는 도구가 제한되어 있다. 이것은 물론 영아들, 유아들, 취학 전 아동들의 평가에 적용된다. 주의할 것은 다수의 자료를 포함하며 다양한 맥락에서 시간이 지남에 따라 종합적인 평가를 실시할 것을 필요로 한다. 초기의 의사소통에서 AAC 시스템을 위한 권고들은 최종적인 발달과 학교 중심 서비스에 그들을 준비시키는 기간 동안의 전환을 고려해야 한다. 즉, 취학 전까지 아동이 진전을 보임으로써 증가된 언어 요구에 따라 의사소통 상대자와 환경의 확장이 고려되어야 한다. 중요한 것은 부모 및 전문가들의 지속적인 교육이 이러한 변화와 이행에 동반되어야 한다는 것이다(Romski & Sevcik, 2005).

어린 아동들에게 AAC의 도입을 고려할 때 고려해야 할 몇 가지 다른 쟁점들이 있다. 첫 번째는 AAC 사용 속도가 느리다는 것이며, 두 번째는 도입되는 AAC 시스템에 상관없이 말하는 것을 즐길 수 있는 의사소통의 편의성을 결코 제공하지 않는다는 것이다. Light (1997)가 언급한 것과 같이, AAC 시스템에는 아동이 그들의 생각을 의사소통하기에 필요한 모든 어휘 또는 개념들이 좀처럼 들어 있지 않다. 또한 AAC 시스템의 사용은 대화 차례의 타이밍, 눈 맞춤 같은 구어 의사소통에 흔히 있는 화용적 예상의 일부분을 변화시키며, 발성 어조, 제스처, 얼굴 표정과 같은 비언어적 의사소통의 다른 측면의 일부분을 변화시킨다. AAC를 사용하는 신체장애를 갖고 있는 성인들은 경련으로 인해 그들의 목소리 뿐만 아니라 얼굴 표정을 통제하기 어렵고, 그 결과로 '읽기'가 어려워질 때 경험하는 곤경에 대해 언급했다(Merchen, 1990). 반면, AAC의 사용은 아동들에게 의사소통을 가능하게 하고, 공동체에서 성취감을 주는 삶으로 이끈다. 정규교육에 참여하고 중등 과정 후의 교육을 완료하는 많은 AAC 사용자들이 있다.아동들에게 AAC를 고려할 때, 부모들과 돌보는 사람들은 말보다는 의사소통을 위한 아동의 기회에 초점을 맞추어야 한다. 또한 연구자들, 임상가들, 교육자들은 AAC를 사용하는 사람들이 점점 더 가능한 일찍 문해 경험을 제공받도록 지원하고 격려해야 한다. 연구자들, 임상가들, 교육자들은 일생에 걸쳐 삶의 긍정적인 질과 공동체 참여를 지원하는 좋은 문해 기술의 중요성을 강조하고 있다.

5) 문해력 습득

연구자들은 AAC를 사용하는 사람들에서 문해력의 발달을 연구하기 시작했다. 문해력 발달의 실패는 자기 표현, 독립, 더 복잡한 의사소통 시스템의 접근을 제한한다(Erickson & Clendon, 2005). AAC 사용자의 문해력 발달의 실패 이유는 복잡하고 그들의 인지 수준 및 언어 특징을 넘어서기 때문이다. Smith(2006)는 AAC 사용자들의 문해 기술의 빈약한 습득에 영향을 미치는 개개인의 자원 부족, 제한된 문해 경험, 교육의 부족을 포함하는 요인들을 확인했다. 전통적인 교육 방법은 이러한 의사소통자들에게 성공적이지 않았다. 예를 들어, AAC를 사용하는 인지 지체를 가진 몇몇 어린 아동들은 음운 인식에 대해 교육받았고, 이야기 읽기 활동에서 문자와 소리의 관련성에서 일반화에 대한 기준에 도달하지 못하는 것을 발견했다(Truxler & O'Keefe, 2007). 이러한 발견은 AAC 사용자들에게 명확하게 문해 교육에 대한 효과적인 방법에 초점을 맞춘 향후 연구의 권고로 이어진다.

AAC를 사용하는 아동들의 문해 발달에 대한 필요성에 맞추어, Smith(2006)와 다른 학자들은 AAC 의사소통자들의 문해 교육을 위한 몇 가지 일반적인 원칙을 제안했다.

1. 의사소통의 모든 측면을 통합시키고 독자적인 의사소통을 격려한다(Nunes da Pointe, 2002).
2. 동기 부여를 북돋우고 문해 발달에 대한 기대를 증가시킨다(McNaughton, 2002).
3. 시간 경과에 따라 강렬하고 기능적이고 의미 있고 실제적인 입력을 제공한다(Gandell & Filippelli, 2002).
4. 활동과 목표에 걸쳐 문해 기술을 통합시킨다(Wershing & Hughes, 2002).
5. 이용할 수 있을 때 SGD를 사용한다.
6. 목표에 맞추어 융통성을 가지고 기꺼이 조정하며 시행착오 접근법을 사용한다(Bialik & Seligman-Wine, 2002).

표 12.3은 AAC를 사용하는 아동들의 문해 지도를 돕기 위해 Smith(2006)가 개발한 SCRAWL의 체계를 보여 준다.

표 12.3에서 볼 수 있는 것처럼, SCRAWL의 요소는 공유된 이야기, 이해, 빠른 단어 재인, 분석 및 조음, 쓰기, 언어, 문해, 문학을 포함한다. 이 체계는 AAC를 사용하는 개개 아동들의 요구에 맞게 변화시킬 수 있고 전문가들은 그들과 상호작용한다. 언어치료사들과 선생님들은 AAC를 사용하는 아동들의 문해 습득의 중요성에 초점을 맞추어야 하며, 중재 프로그램에 체계적인 문해 발달 목표를 포함시켜야 한다.

표 12.3 AAC 사용 아동에게 문해를 가르치는 SCRAWL의 체계

	설명	과제의 예
S	공유된 이야기(Shared stories) 실제 경험을 나타내는 실제 사건의 이야기 또는 소설 이야기	* 아동들이 농장 구경에 대한 이야기를 할 수 있도록 이용 가능하게 하는 핵심 단어, 구, 어휘 항목을 제공한다.
C	이해(Comprehension) 이해의 다른 수준은 읽기와 쓰기에서 중요하다. 즉, 단어 의미, 문장에서 단어들의 의미 관계, 문맥적 의미, 문자 그대로가 아닌 의미 및 추론적 의미(이것은 어휘 발달을 지원하는 데 중요하다)가 중요하다.	* 범주에 따라 동물원에서 볼 수 있는 것들의 종류(동물, 장비, 음식) * 과거 시제를 강조하는 사건을 다시 말하기
R	빠른 재인(Rapid recognition) 시각 단어 재인뿐만 아니라 음운 인식과 처리를 강화	* 벽에 자주 사용되는 시각 단어를 게시하고 그날 동안 자주 그것을 주목하게 한다.
A	분석 및 조음(Analysis and articulation) 언어의 소리 구조, 단어 내 소리의 분석 패턴(예: 유사한 시작 소리 및 각운 인식)을 반영하는 음운 인식과 단어 내 소리 조작	* 농장에서 마주치는 동물의 음절 수 또는 시작 음소를 확인한다.
W	쓰기(Writing) 개별 단어의 철자법, 문장 구성, 글 작성을 포함하여 쓰기	* 그들의 방문에 감사하며 농장 주인에게 편지 쓰기
L	언어, 문해, 문학(Language, literacy, and literature) 문자 언어에 능숙함과 즐거움의 단계에 이른다. 문해의 경이와 풍부함을 탐구하기 위한 기회를 제공한다.	* 동물과 농장에 대한 다양한 문학(그림책, 시, 참고문헌)을 포함한 읽기 코너를 확립한다.

출처: Smith(2006).

요약

이 장에서 우리는 다음의 내용들을 살펴보았다.

- 모든 아동들이 그들의 능력 수준이 어떻든 간에 기능적 의사소통 시스템을 가지고 있는 것은 중요하다.
- AAC 시스템은 구어 의사소통을 증가시킬 수 있고 대체할 수 있다.
- AAC는 기호를 포함하는 절차이다.
- AAC는 문제 행동을 가지고 있는 아동들이 사용하기에 효과적일 수 있다.
- AAC를 사용하는 장애 아동들과 함께 일하고 상호작용하는 모든 사람들은 특이한 제스처, 몸 움직임, 신호, 또는 전자 의사소통 시스템과 같은 아동의 의사소통 시스템을 반드시 잘 알고 있을 책임이 있다.
- AAC 평가는 지속적인 절차이다.
- 언어발달에 대한 AAC의 영향에 대해 알려진 것은 비교적 적지만, 구어를 통한 언어로 의사소통을 할 수 없는 사람들에 대해 AAC가 효과적이라는 사실은 많이 알

려져 있다.

- AAC 사용이 언어 및 말 발달을 방해한다는 증거는 없다. AAC의 사용이 언어 및 말 발달을 용이하게 한다는 몇몇 증거는 있다.
- 가족들은 아동의 의사소통적 요구의 논의에서부터 AAC 시스템의 발달과 도입에 이르기까지 중재의 모든 부분에 포함되어야 한다.
- 문해 지도는 AAC를 사용하는 아동들에게 필수적이고, 타당하며, 가치 있는 목표이다.

또한 전문가들 특히, '의사소통 전문가'로서 언어치료사는 AAC와 AAC 평가 및 중재에 대해 타당하고 최신의 실용적인 지식을 가지는 것이 중요하다. 모든 아동들은 의사소통할 권리를 가지며, AAC는 많은 사람들에게 '들을 수 있는' 수단을 제공할 수 있다.

평가

학습 목표

이 장을 읽고, 다음의 내용을 논의할 수 있어야 한다.

* 언어 평가의 목적과 언어 평가와 관련된 일반적인 문제
* 선별 검사와 평가의 차이를 이해하며, 검사를 하는 중에 발생하는 민감성, 특수성, 양성 예측도, 음성 예측도, 긍정 오류, 부정 오류 등과 관련된 문제
* 언어 평가를 할 때 사용하는 절차 및 도구, 그리고 검사를 도울 수 있는 방법
* 역동적 평가와 준거 참조 검사 그리고 두 검사의 역할
* 규준 참조 검사의 장점 및 단점
* 언어 샘플 및 분석과 관련된 문제 그리고 관련 영역
* 담화 기술과 이야기 기술을 평가하기 위한 일부 접근법
* 언어장애 아동을 평가하는 일부 방법으로, 지능 검사의 역할과 여러 지능 검사의 사용

언어장애 아동을 돕기 위한 첫 번째 단계는 평가(assessment)이다. 검사를 통해서 수집된 정보는 언어 중재가 필요한 아동인지 아닌지를 확인하고 중재의 방향성을 제공하는 데 사용된다. Shipley와 McAfee(2009)는 다음과 같이 기술했다.

> 결론적으로 모든 최초의 임상적 결정은 평가 결과에서 얻은 정보를 기반으로 한다. (…) 평가는 관련 정보를 수집하는 것, 관련 정보를 받아들이는 것, 결론을 얻는 것, 결과를 공유하고 권고하는 것 등을 포함한다(p. 4).

이 장에서는 언어를 평가할 때 사용되는 많은 절차와 도구들을 검토한다.

1. 언어 평가 접근법과 목표

평가에 대한 일부 접근법은 서술(description), 평가, 언어 행동의 결과를 강조한다. 이러한 접근법의 목적은 아동의 언어 수행의 정도, 아동이 갖고 있는 목록에서 제한을 보이는 것, 그리고 아동의 언어 수행에 대한 특정 패턴을 확인하는 것이 목적이다. 이러한 접근법은 적절한 중재 전략을 세우기 위한 가이드를 제공한다. 또한 아동의 언어 행동을 서술함으로써 다른 근원적이거나 관련되는 문제를 확인하는 것이 가능하다. 즉, 언어 행동은 중재가 필요한지를 확인해 주며, 주요 병인적 요소의 지표를 제공할 수 있다.

또 다른 접근법은 아동의 언어 문제에 대한 원인을 찾는 것에 초점을 둔다. 이러한 접근은 문제의 원인을 파악함으로써 중재 계획을 끌어낸다고 설명한다. 이러한 접근법은 의료적 모델과 관련되며, 이 접근법의 목적은 아동의 언어장애에 대한 원인을 확인하는 것이다. 더 자세하거나 더 평가적인 접근법을 통해 원인을 확인할 수 있기는 하지만, 두 접근법은 서로 차이를 나타낸다. 원인적 접근법(causative approach)은 언어장애 및 장애의 원인을 '진단'하는 것에 초점을 두지만, 이러한 접근법이 항상 언어장애의 원인을 진단할 수 있는 것은 아니다. 언어장애의 가장 큰 원인은 지적장애이며, 언어 문제와 관련된 소두증 및 뇌손상을 동반한 경우에는 의료적 영역과 관련된다. 원인은 하나의 주요 원인에서 다른 것까지 겹치는 특성을 갖기 때문에, 원인을 안다면 중재 프로그램을 효과적으로 바꿀 수도 있고 더 효과적으로 계획할 수도 있다.

그러나 문제의 원인을 진단하거나 적어도 인과 관계 요인을 확인하는 경우 계획한 중재 프로그램과 관련되는 중재 전략 및 전문가에게 영향을 줄 수 있다. 한 가지 분명한 것은 언어장애가 청력 손실로 인해 발생하는 경우이다. 또 다른 예로, 자폐 아동의 특성인 의사소통 행동에 대한 '진단적 범주'와 같은 특성을 인식하는 것은 진단적 팀을 적절하게 유도하며, 궁극적으로는 의료적 · 치료적 · 교육적 중재를 효율적으로 이끌어 낸다. 언어장애의 원인을 확인할 수 있는 다양한 상황에서 언어 수행에 대한 유전적 · 잠재적 관련성을 알게 됨으로써 우리는 중재에 대한 다양한 방향성을 유도할 수 있으며 전문가 팀을 유도할 수 있게 된다. 이러한 관점으로 본다면, 아동의 언어 문제를 진단하고 활동을 통해 가능한 원인을 찾는 것은 중요한 부분으로 간주된다.

이러한 두 접근법의 평가는 여러 가지 목적이 있다. 미국 연방 교육법(U.S. federal education legislation)에서는 전문가 팀이 아동의 진단을 수행하도록 요구하고 있으며, 전문가들은 평가를 목적으로 함께 정보를 모으거나 작업한다. 이러한 과정을 통해서 아동이 언어 문제가 있는지, 언어 문제가 있다면 그 원인 또는 이유가 무엇인지, 어떤 중재가 필요한지, 언어 문제의 원인 또는 언어 문제를 지속시키는 요인은 무엇인지, 아동의 장점 및 단점은 무엇인지를 확인하고, 적절한 중재 방향 및 권고 사항 등을 결정한다(Merrell & Plante, 1997; Nelson, 1998; Paul, 2007; Shipley & McAfee, 2009).

1) 중재 서비스 대상자 결정하기

몇 사람의 전문가가 중재 서비스에 대해 동의를 할지라도, 모든 언어장애 아동이 중재 서비스를 받을 수 있는 자격이 있는 것은 아니다. 기능 및 구성의 기준에 따라 아동이 서비스를 받을 수 있는지 그 적격성을 결정한다. 결론적으로 평가의 목적은, 아동과 아동의 가족들이 부가적으로 서비스 제공자를 고려해야 하기 때문에 다른 절차의 목적과는 다르다. 반대로 평가의 또 다른 목적은 아동 및 가족을 확인하는 것이다. 언어장애를 진단하는 절차 및 검사의 표준 점수를 통해서 서비스를 받을 자격이 있는지, 없는지를 결정하게 된다. 이러한 많은 어려움은 다른 장에서 논의할 것이다.

규준 참조 검사(norm-referenced tests)의 목적을 설명할 필요가 있다. 사실, 규준 참조 검사는 때때로 연방 교육법 또는 서비스 제공자의 가이드라인에 의해 수행되는 경우도 있다. 과거에 아동이 서비스의 적격성 여부를 판단하기 위해서 **특별 검사**(specific tests)를 수행한 적이 있지만, 이것은 전문적 윤리 문제, 전문적 자율성, 법적 문제에 부딪혔다. 결론적으로 검사 도구가 중요하지만 평가 절차에서 적격성 여부가 과소평가될 수는 없다. 사실, 규준 참조 검사는 아동이 서비스를 받을 자격이 있는지를 결정하기 위한 목적으로 대부분 사용된다(Apel, 1999b; Huang, Hopkins, & Nippold, 1997; Plante, 1996a; Sabers, 1996). 전문가들이 유용한 규준 참조 검사의 특성과 근거를 아는 것, 적절한 검사를 선택하기 위해 견고한 심리측정적 원리를 적용하여 검사를 비평하는 것은 필수적이다.

최근에, 서비스 적격성을 결정할 때, 더 정확한 결과를 사용하는 것과 정확한 평가 도구에 대한 인식이 증가되고 있다. 서비스의 적격성을 평가할 때, 아동의 실제 생활에서의 수행에 대한 정보를 포함한다. 이런 방법이 가장 적절하며, 자주 법적으로 요구되고 있다.

2) 언어 문제가 있는지 결정하기

평가의 또 다른 목적은 모든 아동이 언어장애가 있는 것은 아니기 때문에 언어장애가 있는지를 결정하는 것이다(Merrell & Plante, 1997; Shipley & McAfee, 2009). 일부 아동은 다른 전문가(예: 물리치료사, 심리치료사, 일반교사, 특수교사)에게 조회되기도 한다. 또 다른 아동은 선별 검사를 실시하기도 한다. 일부 아동은 평가를 통해 언어장애가 확인되기도 한다. 다른 아동들은 정상 발달을 가진 것으로 확인되기도 하고, 언어장애는 아니지만 언어의 어려움 때문에 언어 수행에서 어려움을 보이는 것으로 확인되기도 한다. 또한 일부 아동은 언어장애 및 언어 어려움을 둘 다 가질 수도 있다. 평가의 목적은 이러한 가능성 여부를 확인하는 것이다.

선별 검사. 일반적으로 선별 검사는 의사소통의 다양한 변수들에 대해서 간단한 검사를 실시한다. 선별 검사는 일반적으로 짧은 시간에 많은 아동을 검사하도록 제작되었으며, 표면적인(superficial) 검사로 제작된다. 그러므로 선별 검사를 통해서 아동이 언어 문제가 있는지를 결정할 수는 없다. 오히려 선별 검사의 목적은 간단한 검사를 하는 동안 언어 수행에서 정상적 기대와 차이를 나타내는 아동을 발견하는 것이다. 또한 부가적인 조사가 필요한지의 여부를 파악하거나 아동에게 나중에 언어 문제 또는 학업적 어려움이 발생할 위험성이 있는지를 발견하는 것이 목적이다(Heath & Hogben, 2004). 선별 검사의 결과를 통해서 걱정할 정도인지, 염려할 필요가 없는지를 확인할 수 있다. 만일 선별 검사 결과가 좋지 않은 경우, 더 심도 깊은 전체 평가 및 진단을 실시할 필요가 있다.

선별 검사의 한 가지 문제는 선별 프로그램이 심화 평가가 필요한 아동들을 '맞게' 찾아낼 수 있는지를 전문가가 확신하는 정도이다(Eisenberg et al., 2001; Fawcett & Nicolson, 2000; Gray, Plante, Vance & Henrichsen, 1999; Klee, Pearce, & Carson, 2000; Klee et al., 1998). 이러한 문제는 다음의 개념과 관련된다.

- **민감성**(sensitivity): 언어 문제를 가진 아동의 검사가 정확하게 확인된 정도.
- **특수성**(specificity): 언어 문제가 없는 아동의 검사가 정확하게 확인된 정도.
- **긍정적 예측도**(posotive predictive value): 언어장애로 확인된 아동이 나중에 언어장애로 밝혀지는가.
- **부정적 예측도**(negative predictive value): 언어장애로 확인되지 않은 아동이 나중에 언어장애가 아닌 것으로 밝혀지는가.

다시 말해서 언어 문제가 있기는 하지만, 정상 언어발달 가능성이 있는 아동은 심도 깊은 전체 평가에서 언어장애로 확인되지 않는다. 정상 언어발달을 하는 아동이 선별 검사를 통해서 잠재적 언어장애로 확인되었을 때, 이러한 결과를 **긍정적 오류**(false positives)라고 한다. 또한 언어장애 아동이 선별 검사를 통해 확인되지 않았을 때, 이러한 결과를 **부정적 오류**(false negatives)라고 한다.

선별 검사가 확실한 것은 아니다(Justice, Invernizzi, & Meier, 2002). 그러므로 우리는 더 전문적으로 충분한 오류를 확인할 수 있는 설명이 필요하다. 이러한 선별 검사를 통해서 긍정적 오류를 유도할 수 있다. Tomblin 등(1991)이 지적한 바와 같이 긍정적 오류의 비율은 일반적으로 60%이며, 정상 언어발달을 보인 1,350명의 아동과 언어장애로 확인된 900명의 아동을 대상으로 선별 검사를 실시한 결과, 1,800명의 아동이 더 심도 깊은 전체 검사가 요구되거나 의심이 되는 아동으로 확인되었다. 전체 검사에는 상당히 많은 시간이 소요된다. 그러므로 전체 검사는 전문적 자원이 필요하지 않은 아동에게 실시할 필요가 없다. 다른 한편으로 부정적 오류는 언어 중재가 필요한 위험군의 아동과 관련된다. 만일 1,000명을 대상으로 선별 검사를 실시했다면, 그중에서 부정적 오류 확률은 10%이다. 100명의 언어장애 아동이 선별 검사를 통해 언어 능력을 가진 것으로 나타났으며, 중재가 필요없다는 결론을 보였다.

선별 과정에서 나타나는 또 다른 문제는 학업 수행에 지장을 주는 심하지 않은 언어 문제를 판별하는 정도이다. 대부분 선별 검사는 언어 수행에 대해서 주로 총체적(gross)이고 표면적인 부분을 측정한다. 또한 선별 검사는 짧은 시간에 많은 학생을 검사해야 하므로 그렇게 길지 않다. 선별 검사에서 아동의 문제가 확인되면, 아동의 언어 수행을 더 깊이 조사할 필요가 있다(Girolametto et al., 2001; Lahey, 1990; Nippold & Schwarz, 1996; Wetherell et al., 2007). 선별 검사에서 아동이 언어 문제가 없는 경우에 전문가들은 부정적 오류를 증가시킬 위험을 감수한다. 다른 한편으로 언어 체계에 대한 스트레스가 너무 강하면 정상 아동이라도 낮은 수행을 보일 수 있다. 이 경우에 전문가들은 긍정적 오류 비율을 증가시킬 위험이 있다. 물론 아동의 능력에 따라 너무 적거나 많은 것 사이를 균형 있게 조절할 필요가 있다. 그러나 불행하게도 우리는 어떻게 해야 하는지를 정확하게 알지 못한다. 이전 장에서 이야기 산출은 취학 전 아동, 학령기, 청소년기의 일부 딜레마를 해결해 줄 수 있다고 했지만, 모든 대답을 해주지는 못한다. 그러므로 간단한 선별 검사는 앞 장에서 언급한 무의미 단어 반복하기 그리고 동사 시제 형태 등을 통해서 정확한 검사 결과를 증진시킬 수 있다.

평가. 선별 검사가 아동의 언어 문제 여부 및 나중에 학업에 어려움을 가질 위험성 여부를 알아보기 위해 실시하는 첫 번째 검사이지만, 아동의 다양한 영역의 능력을 더 충분하게 평가하기 위해서는 아동의 다른 환경(예: 집, 학교, 취학 전)을 고려하는 것이 중요하다. 모든 아동이 언어장애로 평가되는 것은 아니다. 또는 일부 아동은 선별 검사에서 긍정적 오류 때문에 평가 대상이 될 수도 있다. 다른 아동은 진단 오류를 확인하기 위해서 다른 전문가에게 의뢰될 수도 있으며, 아동의 의사소통 행동에 관련된 사람에게 의뢰된다. 평가된 아동은 '늦깎이(late bloomers)'일 수도 있다. 즉, 이른 시기에 언어발달에서 일시적인 지체를 보이지만, 자라면서 별다른 문제 없이 지체를 극복하는 아동이다.

아동의 언어 문제 여부를 결정하는 것의 목적은 정상 아동 범주에서 벗어난 특수 아동인지를 확인하고 더 포괄적인 평가가 필요한지, 어떤 차이가 있는지를 조사하는 것이다. 만일 아동에게 문제가 있다면 그것을 방치하지 않는 것이 중요한 것이다. Westby 등(1996)은 다음의 세 질문에 대답할 필요가 있다고 제안했다.

1. 학년 및 아동의 연령 수준과 비교해서 아동의 수행 수준은 어떠한가?
2. 준거를 기준으로 아동의 능력 및 발달 성취 수준은 어디쯤에 위치하는가?
3. 아동의 상태 및 진전에 대해서 부모 및 전문가는 어떻게 느끼는가?

검사 절차는 다양한 상황에서 아동의 언어 과제에 대한 수행 정도를 평가하며 표준화되거나 규준이 있는 검사 결과를 확인하는 것을 포함한다. 아동의 언어 수행에 대한 부모 및 양육자의 보고는 아동의 언어장애 여부를 결정하는 데 사용되는 중요한 도구이다. Westby

등(1996)은 다양한 평가 절차를 통해서 위의 세 가지 질문에 대답할 수 있는 정보를 산출할 수 있다고 제안했다. 규준 참조 검사는 첫 번째 질문에 대답할 수 있으며, 발달적 참조 검사는 두 번째 질문에 대답할 수 있고, 판단 근거 검사(judgment-based)는 세 번째 질문에 대답할 수 있다.

선별 검사에 대해서 앞에서 지적한 것은 평가 과정과 관련되는 것이다. 평가 도구 및 절차는 민감성, 특수성, 긍정 및 부정적 예측도, 긍정적 오류, 부정적 오류 등이 관련된다. 또 다른 것으로 선별 검사에서는 아동의 무의미 단어 반복, 동사 시제 형태, 그리고 이야기 능력 등을 평가할 필요가 있다. Botting, Faragher, Simkin, Knox와 Conti-Ramsden(2001)은 7세 단순 언어장애 아동의 통사 표현과 이야기를 측정했는데, 이것이 11세가 되었을 때 아동의 언어 수준을 매우 강하게 예측해 준다는 것을 발견했다. 그러므로 통사 표현, 언어 관련 능력을 확인하는 것은 평가에서 매우 중요하다고 보고했다.

3) 문제의 원인 확인하기

문제의 원인을 확인하는 세 번째 목적은 이전 장에서 병인학에 대한 토의 및 진단적 접근에서 다루었기 때문에 여기서 다시 반복하지 않을 것이다. 주 양육자 및 교사와의 인터뷰 자료, 병력 설문지, 다른 전문가의 보고서, 평가에서 나타난 다른 영역에 대한 정보 등은 문제의 원인을 확인하는 자료가 된다. 원인 및 관련 요인을 파악하는 것은 다른 조사가 더 필요한지를 알 수 있게 해주며, 이를 통해 다른 전문가에게 추가 검사를 의뢰할 수도 있다.

원인 및 원인과 관련된 요인을 확인하는 대신에 원인을 유지시키는 요인을 확인하는 것이 더 현실적일 수 있다. 원인 및 원인과 관련된 요인이 아동의 언어 문제를 야기시키는 데 영향을 미치는지 또는 원인이 되는지에 대해 말할 수는 없지만, 이러한 요인들이 아동의 언어 능력을 성장시키거나 중재를 시작하는 데 방해가 될 수 있다. Westby 등(1996)은 평가의 목적은 수행에 영향을 미치는 "아동의 발달 상황(집, 학교에서의 발달 상황)에서 사회적 · 신체적 특성은 무엇인가?"를 알아보는 것이라고 설명했다. 유지 요인의 한 예는 중이염의 재발일 수 있다. 또 다른 예는 3장에서 토의한 바와 같이 아동-부모/양육자 사이의 상호작용과 관련될 수 있다. 심지어 평가가 원인에 대한 결과가 아닐 수도 있으며, 관련 요인이 확인되는 것이 아닐 수도 있다. 중재에서 언급될 수 있는 중요한 유지 요인은 그 과정의 중요한 결과일 수 있다.

4) 부족한 영역 파악하기

평가의 또 다른 목적은 아동이 어려움이 발견되었을 때, 어떤 부분(이해, 산출)에 어려움이 있는지를 결정하기 위한 것이다. 일부 아동은 통사적 구조의 이해나 의미 및 화용적 체계의 사용에는 어려움이 없지만, 연령에 적절한 문장 산출에 어려움을 보일 수 있다. 또 다른 아동은 언어의 모든 영역에서 어려움을 보인다. 규준 참조 검사 및 준거 참조 검사는 언어의 모든 변수를 검사하고 관찰하기 위해 사용되는 절차이다. 아동이 어떤 부분에 어려움을 보이는지를 파악함으로써 아동에게 필요한 적절한 중재를 계획할 수 있으며, 더 확장된 영역에 초점을 두는 것을 결정할 때 도움이 된다.

5) 아동 언어의 규칙적인 패턴 기술하기

아동의 언어장애를 규정하기 위해서 언어 결함의 넓은 영역 그리고 더 특정한 영역을 규정할 필요가 있다. 또한 효과적이고 포괄적인 중재 계획을 세우기 위해서 아동의 언어 능력에 대한 정보를 서술할 필요가 있다(Fey, 1986; Lahey, 1988; Lund & Duchan, 1993; Paul, 2007; Shipley & McAfee, 2009). 언어장애를 규정하는 또 다른 목적은 각각의 언어 변수에서 발생하는 언어 능력의 패턴을 서술하는 것이다. 규정을 통해서 아동의 언어 체계에 존재하는 것과 존재하지 않는 것을 파악해서 아동의 언어 체계를 완성하는 것이다. 규준 참조 검사 결과는 아동의 언어 패턴에 대한 능력을 파악하기 어렵다(Huang et al., 1997; Merrell & Plante, 1997). 또한 규준 참조 검사 내의 항목을 조사하는 것이 아동의 언어에 대한 규정을 정확하게 결정하는 데 도움이 되지 않는다. 규준 참조 검사를 사용한 항목 분석 접근법은 일관된 결과를 산출하지는 않는다. 왜냐하면 똑같은 언어 구조를 평가했을 때, 어떤 항목은 정반응을 하고, 어떤 항목은 오반응을 하기 때문이다(Merrell & Plante, 1997). Merrell과 Plante(1997)는 "아동의 문항에 대한 수행을 가지고 중재 목표를 계획하는 것은 적절하지 않다."(p. 57)라고 지적했다. 왜냐하면 검사를 받기 위해서 불필요한 사회적 · 경제적 비용이 발생하기 때문이라고 설명했다.

아동의 언어 행동 분석은 규준 참조 검사 결과보다 의사소통 상황 및 자극을 수집한 정보에 근거해서 체계적으로 수정할 때, 중재 전략을 더 유용하게 발전시킬 수 있다. 결과를 심도 있게 분석한 결과를 얻기 위해서 다양한 상황에서 아동을 관찰하는 것과 같은 준거 참조 검사와 비규준 절차가 사용될 수 있다(Westby et al., 1996). Paul(2007)은 이러한 절차가 더 나은 진전 그리고 중재를 받았는지 받지 않았는지와 상관없이 아동의 능력에 대한 기초선을 측정하는 데 사용될 수 있다.

또 다른 목적은 아동의 수행능력을 향상시키기 위한 잠재력, 아동의 수행이 향상될 수 있는 범위, 환경, 그리고 수행이 증진되는 환경 등을 발견하기 위한 것이다(Coggins, 1991; Gutiérrez-Clellen & Peña, 2001; Nelson, 1998; Olswang & Bain, 1996; Peña, 1996; Schneider & Watkins, 1996). Westby 등(1996)은 질문에 대해 아래와 같이 대답할 필요가 있다고 제안했다.

> 중재에 대한 아동의 반응은 어떠한가? 문제 해결 처리 과정에서 어떤 목록을 사용하고 어떤 목록은 사용하지 않는가? 어떤 방법이 아동의 수행에 가장 큰 영향을 미치는가? (p. 145)

이러한 질문에 대답하기 위해서 정보를 수집할 수 있는 접근법과 이러한 목적을 성취하기 위한 접근을 역동적 평가라고 한다. 역동적 평가에 대해서는 이 장의 뒷부분에서 언급하기로 한다.

6) 권고 사항 결정하기

마지막 목적은 전문가 팀이 수집한 정보를 통합하는 것이며, 이것은 아동에게 어떤 중재가 필요한지를 결정하는 것보다 더 영향을 미친다(Nelson, 1998; Olswang & Bain, 1991a; Paul, 2007; Shipley & McAfee, 2009; Westby et al., 1996). 아동을 교육하고 양육할 때의 관점, 믿음, 가족의 유용성은 어떤 권고를 해야 하는지를 결정할 때 중요하게 영향을 미친다(Karr, 1999; Westby et al., 1996). 연방법은 가족 정보를 고려해야 하며, 아동의 가족은 중재 계획을 세울 때 적극적으로 참여하여 전문적 실행 가능성을 증가시키는 데 도움이 될 수 있기 때문에 가족 참여를 요구하고 있다.

만일 중재가 필요하다면, 어떤 중재 형태를 제공할 것인지를 결정한다(예: 전문가에 의해 직접적인 중재가 수행되며, 간접적인 중재는 부모, 교사가 수행을 한다. 그리고 전문가가 모니터링을 한다.). 이것은 중재를 위한 적절한 환경(예: 자료실, 치료실, 특수반 교실, 일반 교실, 취학 전 아동의 경우 교사와 함께 하는 작업, 가정, 여러 통합된 환경 등)을 결정한다. 만일 자료실, 치료실이 분리되어 있다면, 아동은 개별 치료를 할 것인지, 집단 치료를 할 것인지, 또는 집단과 개별을 결합해서 실시할 것인지를 결정한다. 중재가 필요할 때, 아동이 결함을 나타내는 영역, 아동의 언어 체계에서 규정한 것, 직접 관련되는 언어 목표, 수행을 향상시킬 수 있는 환경/단서의 형태, 가능한 원인 또는 유지 요인으로 확인된 것 등을 목표로 계획할 필요가 있으며, 이러한 목표는 학업적 · 사회적 성공에 필요하다. 중재 계획은 개별적으로 계획되어야 한다. 중재가 성공적일 경우, 포괄적인 계획을 통합할 수 있도록 다양한 목표의 계획을 권고한다. 중재 계획은 아동의 학업, 사회성, 정서, 직업적 기능과 관련되어야 하며, 성취 목표를 시간별로 계획해야 한다(Karr, 1999). 권고는 또한 아동의 양육자 또는 아동을 도울 수 있도록 다른 전문가들의 지시도 포함해야 한다. 중재가 필요하지 않을 때는 추후 계획(follow-up)을 결정할 필요가 있다. 중재가 필요하지 않은 아동의 진전은 아동이 정상적으로 발달하고 있는지를 확인하기 위해서 규칙적인 간격을 두고 모니터링한다. 또한 평가 결과에 따라 진전을 평가하기 위한 추후 시간 및 기준을 정한다. 그러나 중재를 권고하거나 권고하지 않는 것만으로는 충분하지 않다.

평가는 지속되는 과정이다. 권고는 최초의 진단 결과 및 평가 과정이 고려되고 있는지를 확인한다. 중재를 권고하는 상황에서 중재가 시작된 후에 권고를 따르지 않는 것은 부적절할 수 있다. 우리는 처음에 평가를 하는 시간보다 아동과 함께 더 많은 시간을 작업하면서 아동에 대해서 더 많은 것을 알게 된다. 또한 아동은 변한다. 평가는 중재를 통한 지속적인 과정이므로 우리는 아동에게 도움이 되는 새로운 정보를 가지고 가설을 변화시키거나 생각을 변화시킬 필요가 있다. 처음에 중재가 권고되지 않았거나, 어떤 중재가 권고되었는데 만일 그 권고가 아동을 위한 작업이 아닐 경우에는 처음의 권고를 변화시킬 필요가 있다.

평가를 계속하는 이유는 중재 효과성을 기술하기 위해서이다. 우리는 정기적으로 중재 목적을 얼마나 달성했는지, 달성하지 못했는지를 모니터링할 필요가 있다(Hadley, 1999; Olswang & Bain, 1996; Paul, 2007). 만일 아동이 중재를 받았지만 유의한 변화를 보이지 않았을 때, 우리는 다른 어떤 것을 할 필요가 있다. Bain과 Dollaghan(1991)은 유의한 변화에 대해서 다음과 같이 기술했다.

> 대상자의 수행에 대해 다음과 같은 변화를 말한다. (a) 성숙 또는 다른 통제하지 않은 요인보다 오히려 치료의 결과로 인해 나타날 수 있다. (b) 우연히 나타나기(random)보다 오히려 실제 사실일 수 있다. (c) 사소한 일에서보다 오히려 더 중요한 것에서 나타날 수 있다 (pp. 264-265).

중재를 받는 동안, 중재 목표에 대한 아동의 수행은 직접 목표로 하지 않은 과제를 통한 체계적인 방법으로 일정한 간격을 두고 증명할 수 있다. 예를 들면, 기술된 행동이 중재 기간 동안에는 나타나지 않았던 바람직한 행동이 될 수 있다(Bain & Dollaghan, 1991; Fey, 1986). 중재 목표로 잡지 않은 아동의 일부 행동은 규칙적인 간격을 두고 측정할 수 있다. 만일 중재에서 목표로 잡은 행동에 대한 수행이 증가한다면, 목표 행동은 다른 요인에 의해 증가된 것이 아니라 중재 결과라고 볼 수 있다. 변화가 실제 상황에서 나타나는지, 아니면 우연히 발생한 것인지를 결정하는 것은 더 어렵다. 그것은 수행에 대한 타당도와 신뢰도를 측정하는 문제와 관련된다. 그러나 똑같은 규준 참조 검사는 짧은 기간 동안 반복해서 아동에게 사용할 수 없다. 왜냐하면 아동의 능력 자체가 향상된 것이 아니라 검사 실시가 연습이 되어 향상되는 것처럼 보이기 때문이다. 검사는 처음에 측정한 것이 정확하다고 가정하며, 아동의 행동을 더 이상 정확하게 측정하지 않는다. 전문가들은 항상 타당도와 신뢰도를 확신할 수 없기 때문에 스스로 발전시킨 절차를 사용할 필요가 있을 것이다. 중요한 변화 여부를 결정할 때 고려해야 하는 요인은 다음과 같다(Bain & Dollaghan, 1991).

- ❖ 중재 기간에 아동이 중요한 변화를 보였다면 중재가 아동의 변화 및 독특한 특성을 촉진시켰다고 본다.
- ❖ 변화에서 중요한 것은 아동의 생활과 관련된다.
- ❖ 중재하기 전과 후에 중재 목표로 정한 언어 행동에 대해서 선입견 없는 성인이 아동의 수행을 관찰했을 때의 반응 비율 및 의견과 관련된다.

앞에서 진술한 바와 같이, 평가는 중재와 별개가 아니다. 평가 및 중재는 아동의 언어장애를 평가하기 위한 노력이며, 역동적이고 상호 관련적인 처리 과정이다.

2. 도구와 절차

언어장애로 의심되는 아동의 평가를 위해 다양한 도구와 절차가 사용되고 있다. 이러한 도구 및 절차를 통해 얻은 결과는 중재 목적을 계획하는 데 적용될 수 있다. 한 가지 검사 절차 및 도구는 평가에 비효율적이다. 대신, 많은 도구 및 절차를 통해 얻은 정보를 분석하고 통합하여 포괄적이고 효율적인 중재 프로그램을 결정할 수 있다.

1) 다른 사람들에게서 얻은 정보 모으기

다양한 검사를 통해서 아동의 정보를 수집하는 것은 아동의 문제가 무엇이고, 문제의 원인은 무엇이고, 문제를 계속 유지시키는 것은 무엇인지 등과 관련되는 질문에 대한 해결을 도울 수 있는 전제적 요인을 확인하는 것을 도와줄 수 있다. 많은 사례에서, 정보는 어떤 권고를 할 것인지, 중재 계획에 무엇이 포함되어야 하는지, 아동의 예후는 어떠한지 등에 대한 것을 결정하는 데 도움을 줄 수 있다. 부모 및 양육자는 아동의 출생 및 초기 아동의 발달, 아동의 건강 문제, 아동이 어떤 평가를 받았는지에 대한 정보를 제공하는 중요한 자료를 제공해 주는 중요한 자원이다. 가족력이나 유전 요인에 대한 정보는 아동의 언어 능력에 영향을 미치는 장애 및 증후군과 관련된다. 아동의 가까운 친척 및 먼 친척이 의사소통 및 학습에 어려움이 있었는지에 대한 정보도 중요하다. 부모 및 양육자는 아동의 수행에 영향을 미치는 문화 및 언어에 대한 정보 자원의 제공자로도 중요하다. 이러한 사람들은 평가 절차에서 중요한 정보 제공자이다. 어린 언어장애 아동을 평가할 때, 부모를 통해서 자녀들의 언어에 대해 정보를 수집하는 것이 증가하고 있다(Dale, 1996; Girolametto, 1997; Klee et al., 2000; O'Neill, 2007; Rescorla & Achenbach, 2002). 부모에게 정보를 얻는 방법은 인터뷰, 아동과 관련된 체크리스트를 완성하는 자료 등을 사용하는 다양한 방법으로 얻을 수 있다(Klee et al., 2000; O'Neill, 2007; Rescorla & Achenbach, 2002). 또한 아동의 병력 설문지를 완성하는 방법, 그리고 많은 다른 형식 등이 있다(Paul, 2007; Shipley & McAfee, 2009).

교사는 아동의 언어가 학업적으로나 사회적으로 얼마나 영향을 미치는지에 대한 유용한 정보를 제공하는 중요한 전문가이다. 연방 교육법의 결과로 위임된 검사뿐만 아니라 도움이 되는 실행(good practice)을 사용하여 평가할 수 있다. 또한 이러한 전문가는 교육과정을 이해하고, 아동의 언어 능력에 맞게 교육과정을 다루기 위해 노력하며, 동료 및 다른 성인과의 상호작용을 살펴본다. 경력이 있는 교사는 아동의 개인적 수행을 오랫동안 비교할 수 있다. 이러한 전문가들은 정보의 구조를 제공하기 위해 체크리스트를 완성할 뿐만 아니라(Boyce & Larwon, 1983; Damico, 1985; Semel, Wiig, & Secord, 1996; Smith et al., 2000) 평가 팀으로 토의에 참여할 수 있다.

모든 평가 팀으로부터 얻은 정보는 평가 정보를 통합했기 때문에 중요하다. 어떤 경우에는, 현재 팀의 구성원이 아닌 전문가가 아동을 평가하고(평가하거나) 치료하며, 그들의 보고서가 평가에 유용한 정보가 된다. 이것의 예는 심리치료사의 이전 보고서, 의사 또는 청각사의 이전 보고서일 수 있다.

2) 무엇을 평가할 것인가?

아동과의 상호작용 또는 관찰을 통해 얻은 정보를 평가하기 전에, 아동의 행동, 능력, 상호작용 등에서 무엇을 평가할 것인지를 결정할 필요가 있다. 그러나 평가가 진행되는 과정에서 목표는 필요에 따라 변경될 수 있다. 대부분의 평가 절차는 아동의 통사, 의미, 형태, 음운, 화용 영역에서 아동의 이해 및 표현을 평가한다(Nelson, 1998; Paul, 2007; Shipley & McAfee, 2009). 평가를 하는 동안 다양한 환경에서 아동을 평가할 필요가 있는데, 그것은 아동의 언어에 대해 특정 패턴, 약점과 관련된 더 광범위한 기초 자료를 제공하기 때문이다. 또한 언어의 한 영역을 여러 조건에서 평가할 수 있기 때문이다. 언어의 다양한 영역들 사이의 균형은 언어장애 아동과 정상 아동 둘 다를 재조직하게 해준다(Masterson & Kamhi, 1992; Reed, 1992; Schwartz, Leonard, Folger, & Wilcox, 1980). 또한 이러한 아동의 언어 패턴에 대한 정보는 중재를 계획하는 데 도움이 될 수 있다.

여러 상황에서 아동을 관찰하는 것은 평가 절차에서 중요한 부분이다. 왜냐하면 아동이 언어를 학습하는 환경이 아동의 언어 능력에 영향을 미칠 수 있기 때문이다. 또한 아동이 언어를 학습한 환경에 대한 정보는 효과성 및 비효과성에 대한 단서를 제공한다. 아동의 집에 방문해서 양육자와의 상호작용을 관찰하는 것도 평가 절차에 포함된다. 아동의 의사소통 행동에 영향을 주는 방언 및 사회적 영향을 확인할 필요가 있으며, 언어 체계 전이(code-switching)에 대한 정보는 언어를 보충해서 도와줄 수 있는 중요한 통찰을 제공할 수 있다. 교실에서 친구들과의 상호작용을 관찰함으로써 아동이 적절한 결정을 하는지에 대한 유용한 정보를 얻을 수 있다. 관찰은 중재를 결정하는 데 도움을 줄 뿐만 아니라 아동에게 사회적 · 경제적으로 타당한 중재가 어떤 것인지를 확인하는 데도 도움을 준다.

언어 이외의 다른 능력에 대한 정보는 아동의 언어 문제에 대한 특성 그리고 중재 계획에 포함할 권고의 수를 줄이는 데 효과적인 도움을 준다. 이러한 이유 때문에, 아동의 행동, 대근육 및 소근육 발달, 지각, 인지, 적응, 일반적 사회적 능력 등은 평가 과정에 포함될 수 있다. 평가 절차에 포함된 전문가 팀과 함께 다른 사람들도 아동의 능력에 대한 유용한 정보를 제공할 수 있다(Westby et al., 1996). 우리는 3장에서 이러한 다양한 영역에서 얻은 아동 정보가 언어 표현이 느린 영아를 중재할 것인지, 그렇지 않을 것인지를 예견할 수 있다는 것을 기억할 수 있다.

3) 평가 방법

언어를 평가하는 과정에서 아동의 언어 행동에 대한 정보를 얻기 위해 여러 방법들이 사용된다. 규준 참조 검사(norm-referenced, standardized testing), 언어 샘플링(language sampling), 준거 참조 검사(criterion-reference testing) 등이 일반적으로 사용되는 방법이다. 그러나 이러한 여러 방법 중에서 한 가지 방법만을 사용하지 않는 것이 중요하며, 전문가들은 각 검사를 사용할 때의 단점뿐만 아니라 검사를 통해서 무엇을 얻을 것인지를 인식할 필요가 있다.

규준 참조 검사. 타당도와 신뢰도를 확인하기 위해 사용하는 표준화된 검사이다. 검사를 통해서 일관성 있는 성취 결과를 얻을 수 있다. 또한 검사를 통해서 검사 결과를 잘못 해석할 수 있는 변수를 감소시킬 수 있다. 대부분의 표준화된 검사는 아동으로부터 얻은 반응을 근거로 개발되었다. 이와 같은 검사는 아동의 반응을 사용하는 절차로 진행되며 반응을 기록하고 정반응을 제시해 준다.

대부분의 표준화된 검사 도구는 규준 참조 검사이다. 표준화된 검사 도구는 많은 대상자의 검사 결과에 따른 정규분포 곡선을 기초로 하기 때문에 특정 아동의 점수를 표준 또는 규준과 비교하기 위한 방법을 제공한다. 아동을 대표하는 집단에서 검사가 실시되며, 그들의 검사 결과를 고려하여 특정 아동의 점수를 비교할 수 있게 해준다. 아동의 원점수는 일반적으로 비교가 가능하도록 다른 형태의 점수(규준 또는 순위를 나타내는 점수)로 변환된다. 변환된 점수를 통해서 아동이 정상적인 범위에 속해 있는지 또는 범위에서 벗어나 있는지를 판단할 수 있게 된다. 규준 참조 검사는 일반적으로 통계적인 언어 수행도의 결과를 보여 주기 때문에 검사를 실시하는 시기에 아동의 언어 능력에 대한 정보를 제공한다.

어린 아동에게 사용할 수 있는 규준 참조 표준화된 언어 검사가 있다. 언어의 다양한 영역인 형태, 의미, 통사 영역에 대한 포괄적인 능력을 측정할 수 있는 검사 도구이며 다양하게 구입할 수 있다. 이러한 검사를 이용하여 아동의 능력을 검사할 수 있으며, 아동의 음운론적 체계에 대한 능력을 검사할 수 있다. 그러나 화용 영역에 대한 규준 참조 검사의 수는 많지 않다. 왜냐하면 화용적 영역은 다양한 상황에서 의사소통의 상호작용이 변화되기 때문이다. 이와 같은 어려움 때문에 화용적 영역의 규준 참조 검사는 통사, 형태, 의미 영역의 검사보다 수가 적다.

언어의 다양한 영역을 검사하는 이유는 여러 가지가 있다. 언어장애가 의심되는 아동은 평가가 필요하며 시간이 걸리는 과제로 평가하며 언어 능력을 더 빠르고 쉽게 평가할 수 있는 방법을 찾는 연구는 계속되고 있다. 검사 사용 방법은 평가 과제를 더 쉽게 하는 방법을 보여 준다. 아동을 위한 이러한 질적인 서비스는 많은 규준 참조 검사가 아동의 언어 능력에 대한 결과를 충분히 만족시킬 수 있다는 결과를 제공한다. 좋은 검사 도구는 광범위한 지식을 기반으로 아동의 능력에 대한 판단 능력을 제공하지만, 지식이나 판단 능력이 부족한 경우에는 대답에 대한 딜레마에 빠질 수 있기 때문에 규준 참조 표준화된 검사가 필요하다.

비록 규준 참조 검사 실시에 대한 과도한 의존에 대해서 문제점을 갖고 있지만, 이러한 검사들은 여러 가지 목적으로 사용된다. 만일 신중하게 선택하고 분명하게 사용된다면 그리고 결과를 적절하게 해석할 수 있다면, 언어 검사를 통해서 아동의 언어 문제를 발견할 수 있으며, 서비스를 제공해야 하는 시기, 그리고 예비 정보를 제공할 수 있게 된다. 그러나 검사 도구는 정상 아동의 특성에 준거하여 대상 아동에게 적절한 검사를 선택해야 하며, 그래야 아동의 언어 능력을 비교하는 것이 가능하다. 정상군을 고려하는 것은 적절한 검사를 선택하는 데 중요하다.

만일 모든 것이 유용하다면, 검사 도구는 신뢰도와 타당도를 증명해야 한다. 또한 특이성 및 민감성의 문제는 아동이 언어 문제가 있는지의 여부를 확인하는 데 중요하다. 이전 장에서 토의한 바와 같이 신뢰도와 타당도를 증명하는 것은 중요하다. 이러한 규준 참조 검사는 검사를 선택할 때, 가볍게 여기는 영역을 포함하지 않는다. 여러 연구자들은 규준 참조 표준화된 검사 도구를 선택하는 방법에 대한 가이드를 제공했다(Hutchinson, 1996; Sabers, 1996). 그러나 검사를 언제 실시할 것인지, 그리고 인정된 지침의 허용 기준이 어떠한지를 보여 줄 수 있지만, 검사 도구가 진단 정확도 및 적절한 타당도를 증명하지 못할 수도 있다. 예를 들면, 21명의 아동 언어 검사 도구의 38%는 일반적으로 심리 측정 기준으로 인정되며 그 수는 검사 도구의 절반을 차지한다(Plante & Vance, 1994). 이러한 기준에 적절한 4개의 검사 도구는 아동이 언어장애인지 아닌지를 구별하는 데 적절한 도구이다(Plante & Bance, 1994). 또 다른 어휘 검사 4개의 검사 도구(Gray et al., 1999)로 정상 아동들과 언어장애 아동을 확인할 수 없었으며, 아동의 점수가 검사에 따라 바뀌었다. 일부 규준 참조 검사 도구는 다른 검사 도구보다 더 좋은 진단 정확도를 갖는다(Greenslade, Plante & Vance, 2009; Pankratz, Plante, Vance, & Insalaco, 2007; Perona, Plante, & Vance, 2005). 그리고 다양한 검사에 대한 정보를 얻기 위해서 규칙적으로 연구를 확인할 필요가 있다. 또한 *Tests in Print*, *Mental Measurements Yearbooks* 등과 같은 데이터베이스는 검사에 대한 정보를 제공한다. 규준 참조 검사 도구를 주의 깊게 선택하고 신중하게 사용하고 해석한다면 검사에 대한 문제는 없다. Eisenberg 등(2001)은 '궁극적으로' 어떤 평가 도구의 타당한 사용은 사용자에게 달려 있다고 보고했다.

또한 **규준 참조 표준화된 검사는 도구**이다. 이러한 검사 도구는 평가 절차를 지시하거나 결정하지 않는다. 우리가 이러한 검사를 선택하고 사용하는 이유는 목적을 성취하기를 원하기 때문이다. 우리는 검사가 유용하다고 해서 어떤 검사 또는 특정 검사를 사용하지는 않는다. 비유로, 목수는 목적을 달성하기 위해 망치를 사용하듯이 우리는 다른 망치로 바

표 13.1 규준 참조 표준화된 검사를 사용할 때 일반적인 오류 및 오해

1. 검사 점수가 적합한 기준을 나타낸다고 가정한다.
2. 불충분한 지식과 신뢰를 감추기 위해 검사를 사용한다.
3. 검사 점수에 대한 다양한 형태를 오해한다.
4. 정상 아동을 준거로 하지 않은 검사를 사용한다.
5. 타당도와 신뢰도가 부적절하게 증명된 검사를 실시한다.
6. 측정하고자 하는 기술 또는 능력을 검사하지 않는 검사를 사용한다.
7. 검사를 통해서 성취하고자 하는 목적이 분명하지 않은 상태에서 검사를 실시한다.
8. 아동을 위해서 특정 중재 목표를 확인하기 위해서 검사를 사용한다.

꾸거나 우리가 알고 있는 망치를 사용해서 목적을 성취하고자 한다. 또 다른 방법으로 우리는 음식을 만들기 위해서 컵으로 측정을 한다. 그리고 컵이 우리가 사용할 도구라는 것을 믿는다. 같은 방법으로 규준 참조 표준화된 검사 또는 다른 검사보다 어떤 도구들은 특정 목적을 더 잘 성취하는 데 도움이 될 수 있다. 때때로 우리는 특정 목적을 성취하기 위해서 하나 이상의 검사 도구를 사용하기도 한다(망치와 톱은 목수가 목적을 달성하기 위해 사용하고, 요리사는 요리를 완성하기 위해 컵을 사용한다). 그러므로 검사를 선택하기 전에 우리는 목적을 분명하게 알아야만 한다. 규준 참조 표준화된 검사 사용에 대한 일반적인 오류 및 오해에 대한 목록이 표 13.1에 제시되어 있다. 규준 참조 표준화된 검사 도구를 사용할 때, "임상가가 주의를 기울이도록 하라"(Lieberman & Michael, 1986, p. 71)는 인용구는 적절하다. 그렇지만 많은 규준 참조 표준화된 검사들에 대한 심한 우려가 있음에도, Apel(1999b)은 검사 도구를 통해서 아동이 받아야 할 서비스에 대한 언어 수행 결과를 숫자로 제공하기 때문에 검사 도구를 사용하는 것이 사라지지는 않을 것이라고 말했다.

규준 참조 표준화된 검사는 아동의 언어 패턴, 아동의 언어 행동에 대한 불규칙성, 그리고 아동의 중재 계획을 세우기 위한 특성을 나타나는 것 등에 대한 충분한 정보를 단독으로는 설명하지 못한다. 이러한 검사 도구는 중재 목표를 계획하는 데 필요한 다양한 수행 특성을 설명하기 위한 충분한 영역이 포함되어 있지 않다(Miller, 1996). 규준 참조 표준화된 검사는 의심되는 능력 또는 더 자세한 설명이 필요한 능력 등을 나타낼 수 있다. 이러한 도구는 중재 목표를 발전시키기 위한 충분한 정보를 제공하지 못하기 때문에 더 자세한 아동의 언어 능력을 파악할 수 있는 검사가 필요하다. 아동의 언어 패턴을 서술하기 위해서 그리고 아동에게 필요한 특정 중재 권고를 결정하기 위해서 언어 샘플링, 다른 준거 참조 절차와 같은 다른 도구를 사용한다.

언어 샘플링. 우리는 여기에서 언어 샘플링의 일반적 원리와 어린 아동에게 언어 샘플링을 하는 절차에 대해서 알아볼 것이다. 언어 샘플링이 유용하고 생태학적으로 유용한 도구이므로 자주 사용하기는 하지만, 언어 샘플을 분석하고 유도해 내는 보편적인 방법이 일치하지 않는다. 그렇기 때문에 언어 샘플을 얻기 위해서 서로 다른 방법이 사용되며, 샘플을 분석하고 선택하는 방법에서도 차이가 있다. 다른 아동의 결과, 같은 아동의 경우에 다른 시간, 다른 상황 그리고 전문가를 통해서 아동의 언어 샘플을 얻는 것과 관련된 문제가 발생할 수 있다(Eisenberg et al., 2001).

샘플 수집. 언어 샘플을 얻기 위한 원리 중 하나는 분석에 사용하기 위한 샘플을 가능한 한 많이 수집해야 한다는 것이며, 샘플은 아동이 말한 것 그리고 아동이 언어로 할 수 있는 것 등과 같이 실제적으로 표현한 것을 수집한다. 임상가는 아동의 언어 샘플을 수집하기 위해서 구조적이지 않은 환경, 놀이 상황, 상호작용을 권한다. 또한 언어장애 아동은 친숙하지 않은 사람과의 상호작용에서 말을 적게 한다는 것을 기억해야 한다. 또 다른 연구자에 따르면, 아동은 실험자의 친숙도의 정도에 따라서 결과가 달라진다(Bornstein, Haynes, Painter, & Genevro, 2000; Kramer, James, & Saxman, 1979; Olswang & Carpenter, 1978). 일부의 연구는 정상 발달 아동과 관련되어 있고, 일부의 다른 연구는 언어장애 아동과 관련되어 있다. 언어장애를 가진 아동이 정상 아동보다 대화 상대자와의 친밀도의 정도가 더 민감할 수 있는지는 불분명하다.

만일 아동의 언어 샘플을 수집하기 위해 놀이 활동을 시도할 경우, 놀이를 하는 동안 다양한 활동을 시도할 수 있다. 아동이 조작할 수 있는 놀이를 하는 경우에 아동이 활동에 열중하기 때문에 아동의 말을 감소시킬 수 있다고 보고했다. 이런 활동에 대한 다른 연구에 따르면, 아동이 선택한 활동, 구조화되지 않은 활동, 성인의 언어가 아동의 발화 및 활동과 관련될 때, '예/아니요'의 질문 형식이 거의 없고 '말해 봐'와 같은 구조를 사용하는 활동을 할 때, 아동이 말하는 것보다는 활동에 더 집중하기 때문에 더 쉽게 의사소통을 할 수 있다고 보고하고 있다. 이러한 상반되는 연구 결과에 대해서 허둥댈 필요는 없다. 아동에 따라서 정해진 시간에 다양한 장난감을 사용하고 활동을 할 것인지 또는 정해진 시간에 한 가지만 사용할 것인지를 선택한다. 일부 아동들은 너무 많은 장난감을 사용하거나 너무 많은 활동을 하는 경우 당황하거나, 주의가 분산되거나 침묵을 하기도 한다. 그럼에도 불구하고 다른 아동들은 활동에 흥미를 느끼지 못하는 경우에 여러 가지 다양한 활동을 준비할 필요가 있다. 만일 아동이 한 가지 전략에 흥미를 보이지 않으면 다른 활동으로 바꿀 수 있으며, 다른 방법을 시도하기보다는 장난감이나 활동을 추가하는 것이 더 쉽다는 것을 기억할 필요가 있다. 어쨌든, 활동은 유용하며, 이러한 활동은 아동의 연령 및 인지 능력에 적절해야 한다. 그러나 우리는 비슷한 연령의 다른 아동으로부터 얻은 샘플과 특정 아동의 수행을 비교하고자 할 때, 아동에 따라 또는 검사자에 따라 샘플을 얻기 위해 유도하는 과정에서 일관성이 중요하기 때문에 융통성 있게 샘플을 유도하기 위한 충고들이 어떤 혼란을 주는지 알아보았다. 활동 선택과 관련되는 또 다른 문제는 전문가들이 아동의 비맥락화된 언어 능력, 과거 동사의 사용, 과거 시제 등을 조사할 필요가 있기 때문에 과거 사건을 포함하여 지금 여기와 관련되는 말을 하도록 촉진할 필요가 있다는 것이다.

Miller(1981)는 자료와 활동이 '아동과 상호작용을 위한 대리자'로 제공되어서는 안 된다고 조언했다(p. 11). 어린 자녀의 경우, 하나의 적절한 시나리오를 가지고 검사자와 아동이 함께 편안하고 자연스러운 아동 중심 자유 놀이 상황에서 놀이를 하거나 이야기를 할 수 있다. 검사자는 아동이 무엇을 하고 있는지, 아동이 의사소통 시도를 자발적으로 시도하는 것, 아동이 활동하는 것, 아동의 생활이나 중재와 관련되는 개방형(open-ended) 질문에 대답하는 것, 심지어 놀이에 집중하기 때문에 침묵을 하는 것 등에 대해서 설명할 수 있다. 나이 든 아동과 함께 샘플을 수집할 때, 적절한 시나리오는 놀이에 중점을 두기보다는 대화, 인터뷰, 담화, 설명문 등을 더 많이 사용한다.

언어 샘플을 유도하기 위해 사용하는 또 다른 주의할 점은 자료 및 활동이 아동의 언어 수준에 적합해야 하며 청자와 화자 사이에 공유할 수 있는 지적 수준에 적절한 것을 사용해야 한다는 것이다. 청자와 화자의 수준이 동일하지 않을 때, 그리고 사용하기 위한 문맥적 단서의 수가 제한될 때, 화자가 더 많은 정보를 제공하거나 청자가 이해시키기 위해서 더 복잡한 언어학적 방법을 사용하는 경향을 보인다는 것을 의미한다.

검사자의 언어가 상황에 맞게 자연스러워야 하지만, Lee(1974)는 다음과 같이 제안했다. 즉, 검사자가 아동의 현재 수준 또는 현재 수준보다 좀 더 복잡한 형태를 소개함으로써 점차 더 복잡한 언어에 반응하도록 유도할 필요가 있다는 것이다. 이것은 샘플을 수집하기 위한 시나리오에 좀 더 복잡한 구조를 소개함으로써 얻을 수 있는 결과이다. 일부 연구에서는 말을 적게 하는 아동의 경우, 복잡하지 않은 구조에서 언어가 더 촉진될 수 있다고 보고한다. 그러나 또 다른 연구에서는 좀 더 구조화된 문맥을 사용하는 것이 아동의 언어 행동의 특정 형태를 유도하는 데 더 효과적이라고 설명한다. 또 다른 연구에서는 아동의 현재 수준보다 더 높은 수준의 언어 샘플을 수집하기 위해서는 더 많은 시간을 제공하는 것이 효율적이라고 설명한다. Evans와 Craig(1992)는 학령기 아동은 자유로운 활동보다는 인터뷰를 통해서 더 많고 더 긴 발화를 유도할 수 있다고 언급했다. 또한 아동에게 언어의 의미 및 통사를 더 복잡한 단계로 유도하는 것이 아동의 발화에 영향을 미치지 않으며, 인터뷰를 통해서 더 많은 발화와 더 발전된 구조를 유도하는 경향이 있다고 보고했다. 이전에 기술한 바와 같이, 아동 및 청소년의 경우 대화를 통한 유도, 담화의 다양한 형태, 설명문의 다양한 형태 등을 통해서 샘플 산출이 다르게 산출될 수 있다(Nippold et al., 2005; Nippold et al., 2008; Wethereli et al., 2007).

검사자는 샘플을 분석하기 위한 발화가 아동과 직접 놀이를 하는 상황 또는 인터뷰를 통해서 얻은 의사소통 행동의 발화 수가 충분하지 않을 수도 있다고 했다. 한 연구에 따르면, 유아의 언어장애 유무를 결정하기 위해서 200개 샘플을 분석할 때까지 과거 시제 표시가 나타나지 않았다(Tommerdahl, 2010)고 보고했다. 결과적으로 이러한 경우에는 아동의 언어 행동을 유도하기 위해서 인위적인 상황을 사용하거나 특정 언어 형태를 사용할 필요가 있다. 이러한 경우에 검사자는 발화를 유도하기 위해서 반복적인 일상적 놀이를 할 수 있다(가방에서 한 번에 하나씩 장난감을 꺼내면서 "나는 ~을 갖고 있어."라고 말하고 나서 아동에게 가방을 주고 아동이 검사자와 같은 언어 패턴을 지속적으로 산출하는 것을 기대해 본다). 또는 친숙한 스크립트를 사용한 인형 역할 놀이, 친숙한 추측 또는 요청하는 게임["너는 ~을 가지고 있니?" 또는 "낚시하러 가기(Go fish)" 게임]을 통해서 원하는 발화를 얻을 수 있다. 이러한 인위적인 상황은 아동이 의사소통 의도를 표현하는 형태 및 의도의 범위를 사용 및 이해하는 능력을 평가하는 데 도움을 줄 수 있다(Roth & Spekman, 1984a). 의사소통 의도 및 의사소통 기능 상황(Dore, 1975; Halliday, 1975)은 아동이 의사소통 패턴에서 어떻게 다양한 의도 및 기능을 나타내는지를 조사하는 지침으로 사용될 수 있다. 왜냐하면 의사소통 의도는 비언어적인 방법, 언어적 방법 그리고 아동의 의사소통 기능 및 범위가 나타나는 방법 등을 통해서 표현되기 때문이다. 또한 아동이 사용하는 직접적인 명령, 허가 지침(permission directives) 그리고 힌트 등과 같은 양상을 조사할 수 있다. 인위적인 상황(아동에게 부러진 연필을 주는 상황, 장난감의 일부분만 사용할 수 있는 상황, 폐쇄되어 있는 곳에서 원하는 물건을 꺼낼 수 있는 상황, 투명한 플라스틱 용기를 제공하는 상황)은 아동의 의사소통 범위를 파악하고 아동에게 기회를 제공할 수 있으며 다양한 의사소통 의도 및 범위를 파악할 수 있다(Roth & Spekman, 1984b). Wetherby와 Rodriguez (1992)는 '의사소통 유도법(communicative temptations)'이라고 부르는 12가지의 상황을 정리했으며, 이런 방법은 어린 아동의 의사소통 의도를 파악하는 데 사용된다. 표 13.2는 걸음마기 아동의 의사소통 의도를 유도하는 데 사용되는 전략을 제시하고 있다. 이러한 12가지 상황에서 연구자들은 의사소통 의도를 유도하는 데 풍선, 비눗방울, 태엽 장난감, 책, 박스 안에 있는 블록 등을 사용하는 것이 효과적이라고 제안했다.

샘플을 수집하는 동안 아동의 언어 체계에 도전할 필요가 있다(Girolametto et al., 2001; Hadley, 1998; Lahey, 1990; Wetherell et al., 2007). 비록 아동의 샘플을 수집하는 초기에 아동에게 편안한 환경을 제공하여 아동의 사고를 장려할 수 있지만, 이러한 환경에서는 아동 최대의 잠재 능력, 어떤 언어 체계를 사용할 것인지를 결정하는 스트레스 상황에서 나타나는 샘플 그리고 언어적 붕괴 등에서 나타나는 언어적 요구에 반응하는 샘플을 수집할 수는 없다(Hadley, 1998; Masterson & Kamhi, 1992; Weterell et al., 2007). 이것은 검사자가 의사소통이 더 필요한 맥락에서 아동이 더 높은 수준의 언어를 사용하도록 격려하기 위해서 언어 샘플을 유도하는 과제나 유도 방법을 바꿀 필요가 있다는 것을 의미한다. 이것은 특히 학령기 아동, 언어 문제를 보이는 아동, 더 높은 수준의 언어에 어려움을 보이는 아동의 경우에 더 어려울 수도 있기 때문에 즉각적으로 분명하게 나타나지 않을 수도 있다.

우리가 이전 장에서 본 바와 같이, 언어 요구를 증가시킬 수 있는 한 가지 방법은 아동에게 이야기 또는 설명적 담화의 산출을 요구하는 것이다(Girolametto et at., 2001; Gummersall & Strong, 1999; Hadley, 1998; Nippold et al., 2005; Ukrainetz & Gillam, 2009;

표 13.2 어린 아동의 의사소통 의도를 유도하기 위한 '의사소통 유도법'

의사소통 유도법	설명
좋아하는 음식	* 검사자는 아동이 좋아하는 음식(예: 과자 등)을 먹는 것을 보여 준다. 그러나 아동에게 어떤 것도 주지 않는다.
태엽 장난감	* 검사자가 태엽 장난감을 갖고 논다. 태엽이 다 풀리면 아동에게 장난감을 준다.
상자 안에 있는 블록	* 아동에게 4개의 블록을 주고 한 번에 하나씩 상자 안에 떨어뜨린다. 그러고 나서 즉시 아동에게 작은 동물 모형을 주고 상자 안에 떨어뜨린다.
책	* 검사자는 아동에게 책을 주고 아동이 책을 보도록 격려한다. 그러고 나서 책장을 넘긴다. 그러고 나서 두 번째 책을 같은 방법으로 반복한다.
비눗방울	* 검사자는 비눗방울이 든 통을 열어서 비눗방울을 분다. 그리고 병을 닫아서 아동에게 준다.
사회적 놀이	* 검사자는 친숙한 놀이와 친숙하지 않은 놀이(예: 생일 축하 놀이 또는 까꿍 놀이)를 아동과 함께 한다. 그리고 아동이 기쁨을 표현할 때까지 계속한다. 그러고 나서 검사자는 게임을 중단하고 기다린다.
풍선	* 검사자는 풍선을 분다. 천천히 공기를 뺀다. 그리고 바람이 빠진 풍선을 아동에게 주거나 자신의 입에 바람 빠진 풍선을 대고 기다린다.
싫어하는 음식/장난감	* 검사자는 아동에게 싫어하는 음식이나 장난감을 주고 기다린다.
병	* 검사자는 아동이 열 수 없고 닫혀 있는 투명한 병 안에 아동이 좋아하는 음식이나 장난감이 들어 있는 것을 아동 앞에 놓고 기다린다.
다이어트 식품	* 아동의 손을 차가운 것, 젖은 것, 딱딱한 물체에 놓게 한다[예: 젤로(젤리같이 물컹물컹한 것—역자 주), 파스타, 푸딩]
공	* 검사자는 아동에게 공을 준다. 아동과 공을 주고받기를 3번 한다. * 검사자는 아동에게 다른 물건을 굴려 준다.
바이바이	* 검사자는 네 가지의 상황에서 물건을 치우면서 "바이바이"라고 말하면서 손을 흔든다. 그리고 물건이 남아 있는 상황에서 물건을 치우면서 "바이바이"를 하지 않는다.

출처: Wetherby와 Rodriguez(1992, p. 132).

Wetherell et al., 2007). 이야기 과제를 사용하는 것은 이야기 장르에서 아동이 사용한 언어를 분석할 수 있다는 장점이 있으며, 그것에 대해서는 이 장의 뒷부분에서 논의한다. 또한 일부 언어 샘플을 분석하는 과정은 아동 또는 청소년의 수행을 비교할 수 있는 자료로 유용하게 쓸 수 있는 데이터베이스를 포함한다(Grover, Leadholm, & Miller, 2005; Petersen, Gillam, & Gillam, 2008; SALT Software LLC, 2010).

그러나 모든 이야기 및 설명문 유도 과제는 아동 또는 청소년의 언어 체계에 따라 차이를 보인다(Coggins, Friet, & Morgan, 1998; Hughes et al., 1997; Nippold et al., 2005, 2008; Strong, 1998; Wetherell et al., 2007). 예를 들어서 아동이 좋아하는 가상적 이야기를 다시 말하는 과제에서 아동의 언어 능력과 이야기 장르에 대한 지식뿐만 아니라 이야기 자체가 갖는 노출의 양에 의해서도 영향을 받는다. 검사자가 이야기를 말한 후에 아동에게 다시 말하기를 하도록 하는 것은 아동이 이야기를 얼마나 기억하고 있는지에 따라서 그리고 검사자의 모델링도 영향을 미친다. 그러나 이러한 과제는 검사자의 모델링이 제공되었기 때문에 이야기 구조에 대한 많은 지식을 표현하지 못할 수 있다. 만일 이야기 다시 말하기가 원래의 이야기대로 말을 한다면 아동과 청자 사이에 상당한 내용이 공유된다. 그러한 경우, 이야기의 복잡성과 언어의 복잡성이라는 측면에서 덜 복잡하고 덜 자세하게 다시 말하기의 특성을 보일 수 있다. 이야기 다시 말하기와 이야기를 구성하는 과제는 아동의 언어 체계를 동시적으로 요구하기 때문에 상당히 어려운 과제이며, 검사자는 처리 과정의 어느 부분에서 문제가 있는지를 파악할 수 없다. 반대로 아동이 개인적으로 경험한 익숙한 일상생활 또는 스크립트에 대해서 말하거나 묻는 것이 훨씬 쉬울 수 있지만, 아동의 연령에 따라서 언어 체계에 불충분한 도전이 될 수 있다. 이야기 다시 말하기를 하는 동안 이야기의 친숙한 사건의 일부에서는 기억과 설명이 감소한다. 이것은 이야기 구조와 이야기 장르에 대한 지식이 필요하지 않은 연속적인 사건들 등이 상당히 유용한 단서가 될 수 있기 때문이다. 이야기를 유도하기 위한 또 다른 방법은 비디오를 보고 이야기를 하는 방법이다(Dollaghan, Campbell, & Tomlin, 1990). 비디오 이야기 진행은 아동이 비디오를 보고 나서 비디오에서 일어난 사건에 대해 말하는 것이다. 비디오 이야기 진행의 장점(Dollaghan et al., 1990)은 다음과 같다. (1) 내용의 안정성: 외부적인 요인이나 통제되지 않은 요인 등과 같은 방해 요인을 감소시킬 수 있으며, 언어 내용을 표준화에 맞추는 경향이 있다. (2) 잠재된 흥미를 유발한다. (3) 아동과 검사자가 서로 말하는 시간을 나누는 것보다 아동이 모든 발화를 산출한다. (4) 고도의 처리 과정이 요구된다. 아동의 언어 체계를 강조하기 위해 제공되는 고도의 처리 과정이 요구되며, 초당 기억 요구는 적게 포함된다.

아동 및 청소년을 대상으로 이야기나 설명문 텍스트를 유도하는 정확한 한 가지 방법 또는 일반적인 방법은 없다. 그렇기 때문에 위에서 논의된 바와 같이 서로 다른 접근법은 서로 다른 결과를 산출할 수 있다. Wetherell 등(2007)은 청소년을 대상으로 두 가지의 서로 다른 이야기 장르(글은 없고 그림만 있는 책, 대화적 이야기가 있는 책) 조건에서 더 많은 언어의 복잡성을 유도하여 언어의 차이를 검토했다. Nippold 등(2005, 2008)은 게임 및 스포츠를 설명하는 설명문 과제 조건, 대화 조건, 동료와 갈등이 제시된 설명문 시나리오의 세 조건을 비교했다. 연구 결과, 동료와의 갈등 설명문 시나리오 조건에서 청소년의 구문 능력에 대한 더 많은 정보를 얻을 수 있었다. 또한 Hughes 등(1997)은 아동의 연령에 근거하여 이야기 유도를 하기 위한 지침을 제공했다. 예를 들어, 유치원에서 6학년 아동의 경우 개인적인 이야기(아동이 경험한 사건에 대해서 설명하기)와 스크립트(아침에 학교에 갈 준비 등과 같이 일상적으로 반복되는 사건)가 적절할 수 있다고 했다. 또한 유치원에서 6학년까지의 연령은 가상적 이야기로 유도될 수도 있지만, 아동의 연령에 따라서 그림을 통해서 이야기 형태가 제공되는 분량, 이야기 내용, 또는 청자의 유무에 따라서 체계적으로 바뀔 수 있다. Hughes 등(1997)은 아동이 초등학교에 입학할 때까지 이야기 산출이 나타나지 않을 것이라고 제안했다. 6학년 이상은 개인적 이야기가 적절하지 않을 수도 있지만, 7학년부터 9학년까지는 스크립트가 계속적으로 유도될 수 있다고 보고했다. 가상적 이야기, 그림이 들어 있지 않은 이야기, 그림이 들어 있는 책을 이용하여 이야기 산출과 이야기 다시 말하기를 유도할 수 있다. 그러나 9학년 이상의 아동은 이야기를 유도할 때, 이야기 산출과 이야기 다시 말하기로 제한되어야 한다고 제안했다(Hughes et al., 1997). 이러한 검사를 실시할 때, 검사자는 확인하려고 하는 것이 아동의 언어에 관한 정보임을 기억해야 하며, 아동의 연령에 적절한 방법을 선택하는 것이 중요하다고 했다.

역동적 평가(dinamic assessment)의 원리는 검사자가 아동이나 청소년이 했던 것보다는 아동이나 청소년이 할 수 있는 이야기를 통해서 평가를 하는 것이다. 예를 들어, Gummersall과 Strong(1999)은 이야기 다시 말하기 과제를 실시했다. 검사자는 아동에게 이야기의 전체 내용을 말해 준 후, 이야기의 각각의 문장을 검사자의 모델링을 따라 하도록 요구했다. 연구 결과, 아동이 스스로 이야기를 다시 말하기를 할 때, 다양한 통사적 측정의 복잡성이 증가했다. 이러한 결과는 학령기 정상 아동 및 청소년 그리고 언어장애 아동 및 청소년 집단 모두에서 검사자의 이야기를 반복하는 조건과 아동이 검사자의 문장을 반복하는 조건에서 통사적 복잡성이 증가했다는 것을 보고했다. 반대로 Ukrainetz와 Gillam(2009)의 연구에서 단순 언어장애 아동은 처음부터 두 번째 이야기까지에서 성인의 모델링이 이야기 능력을 향상시키는 데 도움이 되지 않은 것으로 보고했다. Hughes(1998)는 역동적인 평가의 다른 형식을 사용했다. 그들은 아동과 성인 그리고 그림이 있는 이야기와 이야기 말하기 조건 사이에 1분의 시간을 두었다. 연구 결과, 대상자들은 1분을 기다리는 조건에서 이야기 말하기의 길이가 전반적으로 더 길게 나타났다. 그러나 통사적 발화는 그림이 있는 이야기를 본 후, 즉시 이야기를 말하게 하는 조건에서 1분을 기다리지 않은 대상자들이 더 길게 이야기를 한 것으로 나타났다.

언어의 특성은 상호작용이기 때문에, 검사자의 언어 및 활동은 아동의 언어를 유도하는 데 영향을 미칠 수 있다. 따라서 나이 든 아동의 경우 언어의 몇 가지 중요한 점이 유도되지 못할 수도 있다. 이러한 점이 언어 샘플링의 어려운 점이다. 그러나 경험이 많은 전문가들은 아동의 다양한 언어 샘플을 수집하는 데 항상 충분한 시간이 필요한 것은 아니라고 말한다. Hadley(1998)는 학령기 아동에게 효율적인 방법으로 텍스트 수준, 담화 장르를 사용하여 샘플을 수집할 수 있는 프로토콜을 개발했다. 이러한 접근법은 아동의 다양한 언어 능력에 대한 수행 조건을 평가하기 위해서 아동의 언어 능력을 조사하도록 설계했다. 이 프로토콜에서 텍스트 수준 담화 샘플을 수집하는 방법은 이야기가 아니라 대화이며, 다양한 이야기 형태(개인적 이야기 및 가상적 다시 말하기) 및 설명문(설명하기, 지도하기, 게임하는 방법 설명하기)등을 포함한다. Hadley(1998)는 자신의 프로토콜에서 응용 프로그램에 대해서 아주 자세한 정보를 제공했다.

나이 든 아동의 경우 샘플 수집을 유도하는 방법이 아동의 산출 체계를 조사하는 데 효과적이지 않다면, 아동이 부족한 영역은 드러나지 않아서 확인되지 않을 수 있다. 그래서 이러한 프로토콜 또는 다른 프로토콜을 사용한 장점은 서로 다른 담화 형태 또는 서로 다른 상황 과제 조건을 통해서 장점과 단점을 비교하는 분석 방법을 사용하는 것이다(p. 139).

그러나 검사자가 궁극적으로 어떤 접근을 선택하든지 언어 샘플을 유도하는 가장 중요한 원리는 자료, 활동 그리고 과제가 무엇을 배울 것인지를 설명해 주는 자료, 과제 그리고 활동보다는 아동 및 청소년이 언어에 대해 배우고 싶어 하는 것을 기초로 해서 선택해야 한다는 것이다.

샘플 길이. 샘플은 어느 정도의 길이가 좋은지, 어느 정도의 시간 안에 측정해야 하는지 또는 발화의 수는 어떠해야 하는지에 대한 질문에 대한 대답은 정확하지는 않다. 이러한 상황에 대해서 Heilmann, Nockerts와 Miller(2010)는 "현재 언어 샘플 측정 및 샘플 크기에 대한 연구는 중단되어 있다."(p. 394)라고 말했다. 샘플의 길이는 아동의 언어 수준, 연령, 자발적으로 말하는 수준, 피곤의 정도 그리고 과제에 집중하는 정도, 특정 분석 테크닉의 사용, 아동의 샘플을 규준에 비교한 자료에 따라 달라진다. 역사적으로 발화 수와 관련된 권장 사항은 50~100개 범위의 발화 샘플을 권하고 있으며(Lahey, 1988; Lee, 1974; Miller, 1981; Owens, 1999; Retherford, 2000; Tyack & Venable, 1999), 최소 50개 발화를 추천하고 있다(Miller, 1996). 또한 일반적으로 언어 샘플을 얻기 위한 소요 시간으로 30분을 제안하고 있다(Crystal, Fletcher, & Garman, 1989; Lahey, 1988; Miller, 1981). Miller(1981)는 아동 및 성인의 발화를 분석하기 위해서 30분 동안 말한 모든 것을 전사한 자료를 포함하며, 선택한 발화는 평가의 구체적인 목표에 따라 달라진다고 보고했다(p. 13). 그러나 시간에 쫓기는 전문가들의 의견은 발화의 수보다 발화 크기를 고려할 때 문제가 없어야 한다고 말한다. 가장 중요한(bottom-line) 문제는 전문가가 아동 및 청소년의 발화에 대한 정확한 결정을 할 수 있게 하는 샘플의 타당도와 신뢰도이다. 언어장애 아동은 말을 적게 하며, 그렇기 때문에 최소한의 발화 수를 수집하거나 평가를 위해 필요한 충분한 샘플 발화를 얻는데 더 시간이 걸릴 수 있다.

최소 50개 발화로 구성되지 않은 샘플 크기는 신뢰도와 타당도에 문제가 있다. Gavin과 Giles(1996)는 최소 100개 발화로 구성되지 않은 샘플 크기는 신뢰도의 위험이 있다고 보고했다. 따라서 샘플의 길이는 정확한 평가를 위해서 중요한 요인이지만, 길이가 긴 샘플이 더 복잡한 언어를 유도했다는 것을 말하는 것은 아니며, 100개 발화 이하 샘플은 아동이 학습한 언어가 제한될 수 있다고 제안했다. 그러나 동사 시제 같은 것을 평가할 때, 아동이 언어학적 및 의사소통 특성을 사용할 수 있는 충분한 기회가 있었다는 것을 확인하는 것은 중요하다. 이전에 기술된 연구인 Tommerdahl(2010)은 걸음마기 아동의 언어 샘플에서 200개 발화까지 유도했는데 동사 시제는 나타나지 않았다고 보고했다. 불행하게도 언어치료사들이 100개 발화 또는 그 이상의 발화를 사용하여 평가한 연구는 15%이며(Kemp

& Klee, 1997), 다른 두 연구에서는 25%(Hux, Morris-Friehe, & Sanger, 1993)를 사용했다고 조사했다. 그리고 언어치료사의 43%(Loeb, Kinsler, & Bookbinder, 2000)는 50개 발화보다 더 적은 샘플 크기를 사용했다고 보고했다. 샘플 크기가 작은 경우 절충할 수 있는 범위 내에서 수행될 수 있다. 이러한 문제에 대해서 Heilmann, Nockerts 등(2010)은 짧은 시간 안에 여러 번 반복해서 측정한 대화 및 자신이 선택한 담화 그리고 좋아하는 동화책을 사용한 짧은 샘플의 신뢰도를 조사했다. 일반적인 언어 측정 신뢰도(샘플에서의 전체 발화)와 더 특정한 언어 특징(의존 형태소)을 조사했다. 2세 8개월부터 13세 3개월까지의 정상 아동을 대상으로 7분 안에 수집한 발화 평균은 97개 발화이며, 이러한 수는 역사적으로 권고된 50~100개 발화에 속하는 수이다. 더 짧은 샘플이 전체적(global) 언어 측정을 하기 위해서 유용할 수 있지만, 특정 언어 능력을 측정하는 데는 더 적게 사용되었다. 또한 언어장애 가능성의 출현을 보여 주는 동사 형태와 같은 언어적 특성을 측정했다. 유도된 샘플의 타당도는 조사하지 않았다. Heilmann, Nockerts 등(2010)은 말이 적은 언어장애 아동은 더 적은 샘플 수집이 가능하다고 말했다. 연구자들은 "말을 적게 하는 비율은 짧은 샘플이지만 큰 효과를 갖는다."라고 보고했다. 이 저자들은 "샘플 길이의 일괄적인 추천은 부적절하다."라고 결론지었다(p. 402). 전문가들은 샘플의 길이(아동 및 청소년을 대상으로 샘플의 길이를 얼마로 할 것인지를 정확하게 결정할 때의 확신의 정도)를 결정할 때, 증거에 기반을 두어야 하며 실제 상황을 기반으로 결정을 내릴 필요가 있다.

샘플 녹화. 상황적 정보를 포함하는 축어적 전사는 분석을 위해 중요하지만, 검사자가 아동과 상호작용을 하면서 아동이 하는 말, 그리고 사건이 일어나고 있을 때 기록을 하는 것은 쉽지 않다. 일반적인 방법은 전사 및 분석을 하기 위해서 오디오테이프나 비디오테이프를 사용한다. 만일 오디오를 사용한다면, 검사자는 아동이 발화할 때, 그 내용을 메모하는 것이 필요하다. 이러한 메모는 환경 속에서의 물건에 대한 정보, 아동의 비언어적 행동, 사건 발생 전후와 사건 발생 동안의 아동의 진술, 상호작용 시간 등을 포함한다. 이러한 정보는 표현된 발화에 대한 의미적 관련성, 의사소통 의도, 기능과 같은 의사소통 행동에 대한 해석을 하는 데 사용된다. 더 작고 사용하기 쉬운 비디오테이프 장비는 상황적 정보를 손으로 기록하는 행동을 줄일 수 있으며, 나중에 분석을 위해서 실제적으로 관련된 정보를 더 정확하게 사용할 수 있게 해준다. Nelson(1998)은 "비디오테이프는 아주 어린 아동이나 신체장애 아동을 위한 비언어적 맥락을 얻는 데 중요하다."(p. 303)라고 지적했다.

전사와 발화 세분화. 언어 샘플을 녹음한 후, 가장 먼저 해야 하는 첫 번째 작업은 녹음된 샘플을 전사하는 것이며, 분석을 위해서 샘플을 단위별로 분류하는 것이다. 분석을 위한 단위는 일반적으로 발화라고 하며, 발화를 구성하는 다양한 정의, 구체적인 특정 분석 접근, 그리고 발화를 분리하기 위한 지표로 서로 다른 정의를 사용한 다양한 언어 샘플 분석 접근이 있다. 다양한 언어 샘플 분석 접근은 절차를 통해서 정보의 유형이 무엇인지, 적절한 방식으로 결합하여 사용할 수 있는 규준 자료가 될 수 있는지 등을 찾는 것이 중요하다. 또한 이것은 발화를 분리하는 다양한 방법으로 사용될 수 있다는 것을 의미한다. 일반적으로 발화를 어떻게 분리할 수 있는지에 대해서 네 가지의 발화 정의를 사용하며, 방법은 다음과 같다.

- ❖ 성조 단위[tone unit, 운율 단위(prosodic unit)]
- ❖ 문장(sentence), 발달기 문장 검사(Developmental Sentence Scoring, DSS)에 의거
- ❖ C-unit
- ❖ T-unit

성조 단위는 일반적으로 Language Assessment Remediatio and Screening Procedure(LARSP)와 같이 잘 알려진 분석 테크닉(Crystal, 1982; Crystal et al., 1989), Miller(1981)의 다양한 언어 샘플 분석 절차, 그리고 Lee(1974)의 Developmental Sentence Types(DST) 등의 분석 절차와 관련된다. 이러한 분류법은 언어의 운율적 특성(예: 억양 패턴, 쉼), 화자가 발화를 어디서 시작하고 끝내는지 등과 매우 관련이 깊다. 발화를 분류하기 위한 이러한 접근은 언어발달의 초기 단계인 어린 아동에게 주로 사용된다. 발화, 단단어(single words), 구, 주어 및 한정 동사를 포함하는 통사적 구조가 어떻게 구성되어 있는지를 정의하는 통사적 요인은 분석하지 않는다. **DSS 문장 절차**(Lee, 1974)는 DSS 발화 정의 및 DSS 절차에 따른 샘플 분석에 기초한 형식, 주어-술어 구조(완전한 문자)로 발화한 샘플을 분류할 때 적용된다. Hunt(1965)는 학령기 아동의 쓰기를 분석하기 위해서 샘플 분류 방법으로 T-unit을 고안했다. 하나의 T-unit은 독립절 또는 종속절 및 모든 변형절, 그리고 종속절에 부가된 절을 포함한 절로 구성된다. T-unit의 이러한 정의는 주어 및 한정 동사를 포함하는 각 발화를 정의하는 DSS와 유사하다. 반대로 C-unit은 구어를 분석하기 위해서 Loban(1976)이 사용했다. C-unit은 샘플의 전사를 제외하고는 T-unit과 동일하다. 단단어 및 구(예: 절이 아닌, 주어 및 한정 동사를 가진)가 검사자의 질문에 적절한 진술 또는 대답인 경우에 분석 샘플에 포함될 수 있다. T-unit과 DSS 정의는 분석에서 단단어 및 구와 같은 반응은 제외한다. T-unit과 C-unit 발화 정의는 등위접속사(예: **그리고**, **그래서**, 또는 **그러나**)가 둘 이상의 주절로 분류된다. 예를 들면 "그러나 그 소년은 파이를 좋아하지 않는다. 그리고 그는 다음에 다른 것을 주문했다."라는 문장은 2개의 unit, 즉 "그러나 그 소년은 파이를 좋아하지 않는다."와 "그리고 그는 다음에 다른 것을 주문했다."로 분석할 수 있다 그러므로 T-unit과 C-unit은 기술적으로 중문으로 구성될 수 없다. 발화의 다양한 정의 및 발화 분류 절차의 결과가 특정 분석 절차와 관련될 수 있지만, 평균 발화 길이, 다양한 절의 비율 또는 사용한 단어의 수에서 다양한 단어의 비율 등과 같은 언어 능력 측정을 하는데 주로 사용된다.

발화에 대한 정의는 샘플에서 얻은 수에 잠재적으로 영향을 미치기 때문에 중요하다

(Reed, MacMillan, & McLeod, 2001). 그러므로 발화의 분류, 발화의 정의는 샘플 분석의 특정 형태, 몇 가지 참조 자료(규준)에 따라 구분된다. 게다가 절차에 따라 다양한 발화 샘플을 분류하고 샘플에 대한 해석을 제공할 수 있다. 정의는 또한 더 많은 매개 변수의 수에 영향을 미친다. Reed 등(2001)은 측정에 사용하는 방법을 증명하기 위해서 발화를 정의하는 데 사용하는 4개의 결과(성조 단위, DSS 문장, C-unit, T-unit)를 조사한 결과, 발화의 정의에 근거해서 바뀔 수 있다고 설명했다. 발화가 두 개 이상의 종속절로 구성된 경우에 샘플 분석의 결과에 영향을 미칠 것으로 예상할 수 있다. 사실 이 문제는 Reed 등(2001)의 연구에서 (1) 발화의 길이, (2) 샘플을 구성하는 아동의 구어에서 파생된 발화의 수, (3) 발화당 독립절 및 종속절의 수와 같은 결과를 보여 주었다. DSS의 정의(Lee, 1974)에 따라서 발화를 분류하는 것은 일부 중문을 인정하기 때문에 더 긴 발화를 측정한 수에 영향을 미친다(예: 발화의 평균 길이, 발화당 사용한 독립절의 평균 수). 다양한 발화 정의는 샘플을 구성하는 발화의 수에 상당한 영향을 미치며, 위에서 언급한 바와 같이 타당도를 위한 중요한 문제이다. 서로 다른 검사자 간에 분류한 발화의 신뢰도는 연구에서 나타난 또 다른 문제이다. DSS, T-unit, C-uint 방법은 발화 분류에 대한 신뢰도는 높지만, 성조 단위의 신뢰도는 충분히 낮게 나타났다. 그러므로 발화 분석에 대한 결정을 신중하게 결정할 필요가 있으며, 정확한 결정은 아동 및 청소년의 언어를 비교하는 규준 참조 자료와 구체화된 분석 절차와 일치한다.

분석. 샘플을 녹음할 때 필요한 또 다른 결정은 샘플을 어떻게 분석할 것인지, 어떤 분석 접근법을 사용할 것인지를 결정하는 것이다. 이러한 결정은 아동의 언어 수준 및 어떤 샘플을 어떻게 유도했는지에 따라 달라진다. 우리는 지표를 제공하기 위해서 아동의 언어에 대한 몇 가지 측정 기준을 가질 필요가 있으며, 이러한 것은 주로 샘플로부터 얻게 된다.

평균 발화 길이. 5장에서 우리는 발화 길이가 학령 초기부터 청소년기까지 증가한다고 했다. 그러나 발화 길이는 다양한 방법으로 측정될 수 있으며, 다양한 측정 결과를 나타낸다. 종종 open-used 측정은 검사자가 다른 방법으로 언어 샘플을 측정할 때 지침을 제공한다. 특히 어린 아동을 평가할 때 단어를 측정하는 것이 아니라 형태소를 측정하는 평균 발화 길이(MLU)를 사용한다. MLU는 Brown(1973)의 초기 작업에 근거하며, 그는 특정 문법 형태소 특징(예: 축약 가능한 연결사와 규칙 과거 시제)이 나타나는 발화의 길이와 형태소의 길이를 측정했다. Brown의 MLU 계산은 표 13.3에 기술되어 있다. Miller(1981)는 Brown의 연구를 기초로 통사적 발달 단계, 즉 구문 발달 절차를 측정했다. 이 단계는 검사자가 샘플을 어떻게 분석해야 하는지에 대한 MLU 지표뿐만 아니라 아동의 언어 능력을 결정하는 측정 방법으로도 사용된다.

MLU는 주로 임상 측정 방법으로 사용되며(Loeb et al., 2000), Eisenburg 등(2001)은 MLU를 사용하는 것과 MLU 사용에 대한 표준화 자료의 부족에 대한 여러 가지 문제를 제

표 13.3 Brown의 MLU 계산법

A. 50개 발화도 충분히 가능하기는 하지만, 가능한 한 100개 발화를 사용한다.
B. 언어 샘플에서 나타난 형태소의 전체 수를 결정한다.
  1. 하나의 형태소로 계산한다.
   - 강조하기 위해서 단어를 반복하는 경우(예: *yes, yes, yes*)
   - 합성 단어(*birthday*)
   - 고유명사(*Billy Boy* 또는 *Sally Jones*)
   - 의식적 반복(*choo-choo*)
   - 축소(*doggie*)
   - 조동사(*is* 또는 *will*)
   - 불규칙 과거동사(*ran* 또는 *ate*)
   - 연결된 단어(*wanna* 또는 *gonna*)
  2. 모든 문법적, 음조 변화를 포함해서 2개의 형태소로 계산한다.
   - 복수 명사(*dogs*)
   - 3인칭 단수 현재 시제 동사(*runs*)
   - 현재 진행형(*running*)
   - 소유명사(*baby's*)
   - 규칙과거 동사(*jumped*)
  3. 형태소로 계산하지 않는다.
   - 하나의 완전한 형태(*I, I, I*)를 제외한 말더듬이나 비유창함
   - *no, yeah, hi*를 제외한 간투사(*um* 또는 *oh*)
C. 전체 형태소의 수를 언어 샘플에서 발화한 수로 나눈다.

출처: Brown(1973).

기했다. 연구자들은 MLU가 타당하거나 신뢰도 있게 측정되지 않았으며, 원래 측정하려고 의도했던 발화의 길이(Sabers, 1996)를 재는 목적에 한정되었을 것이라고 제안했다. 반대로 MLU는 때때로 통사적 복잡성의 지표로 사용되기도 했다. Johnson(2001)은 발화의 측정, 발화의 종류를 바꾸는 것(생략된 반응 및 모방과 같은 담화 의존 발화)가 포함되며, 분석에서 제외되는 것은 3~49%까지의 MLU 측정을 바꿀 수 있으며, 20%까지 샘플 크기를 변화시킬 수 있다고 설명했다. Johnston(2001)은 발화 구성은 Reed 등(2001)의 연구를 참조했으며, C-unit 및 T-unit의 정의와 다른 한 가지를 제안했다. 다른 연구에서 MLU는 언어 샘플을 사용한 문맥의 변화에 민감한 것으로 나타났으며(Evans & Craig, 1992; Klee, Schaffer, May, Membrino, & Mougey, 1989), 언어발달의 척도로서 MLU는 3~3.5세보다 더 나이 든 아동에게는 신뢰성이 낮을 수 있다(Klee, 1985; Klee & Fitzgerald, 1985; Scarborough et al., 1986; Wells, 1985). Dollaghan 등(1999)은 MLU는 아동 어머니의 교육 수준에 따라서 변화될 수 있다는 것을 발견했다. Johnston(2001)의 연구는 아동의 언어를 측정함으로써 MLU의 타당성에 대한 또 다른 문제를 제기했다. Eisenberg 등(2001)은 언어장애를 확인하기 위해 MLU를 사용하는 경우, "낮은 MLU가 취학 전 아동의 언어장애 진단을 증거할 수 있는 한 부분으로 사용될 수는 있지만, 이러한 목적을 위해 단독으로 사용해서는 안 된다."라고 보고했다(p. 339). 이러한 조언은 학령기 아동에게도 적용된다.

분석 접근법. 이전에 명시한 바와 같이, 검사자가 아동의 MLU는 다른 언어 샘플을 분석하는 접근법을 선택할 때, 지표를 제공하기 위해 사용될 수 있다. 언어발달 수준이 낮은 사용의 경우, MLU는 샘플에서 반영된 화용적 기능, 의미론적 의도, 문법적 형태소, 의미적 관계, 아동의 어휘를 분석하기 위해 제공된다. 여기에는 Lahey(1988)의 의미론적 관계 분석 및 Lee(1974)의 DST 분석 절차가 포함된다. 아동의 언어 샘플로부터 어휘 다양도 정보를 얻기 위한 방법은 TTR(서로 다른 단어의 수를 전체 단어의 수로 나눈다)과 NDW(서로 다른 단어의 전체 수)가 일반적인 접근 방법이다(Leonard et al., 1999; Watkins, Kelly, Harbers, & Hollis, 1995). 컴퓨터 프로그램(VOCD, CHILDES 컴퓨터 언어 분석 시스템 프로그램)은 D값으로 보고된 다양한 TTRs를 계산하기 위해 아동의 언어 샘플의 부분들을 무작위로 반복하여 결과를 제공하는 프로그램이다(MacWhinney, 2000). 이 프로그램은 더 긴 언어 샘플에서 새로운 어휘를 사용하는 아동의 가능성을 발견하는 것이다. 이 방법은 다양한 D값을 나타내기 때문에 단일 D값과 평균 D를 제공한다. 아동의 어휘 다양도를 확인하는 D 접근법은 샘플 크기와 관련이 없다는 점과 평소 TTR과 NDW 측정과 관련되는 다른 문제를 나타내지 않는다는 장점이 있다. 그러나 Owen과 Leonard(2002)는 언어 샘플에서 얻은 크기가 완전히 영향을 미치지 않는다고 볼 수는 없다고 제안했다.

더 발전된 언어 능력을 가진 아동의 경우, 아동의 어휘는 의미론적 의도, 의미 관계, 문법 형태소, 화용적 기능 등을 포함해서 분류될 수 있으며, 이런 접근법은 절의 형식 및 절을 연결시키는 접속사를 포함하는 형태 통사적 형식을 분석하는 데 중점을 둔다. **표 13.4** 다양한 언어 샘플 분석 접근법을 보여 준다. 언어의 통사 및 형태적 특성을 강조하는 분석은 이러한 접근 방법 중에서 두드러지게 나타나며, Retherford(2000)의 Guide to Analysis of Language Transcripts와 같이 언어의 의미 및 화용적 영역을 분석하는 절차를 포함하고 있다.

위에서 언급한 바와 같이 문법 형태소가 아동의 언어 능력을 나타내기 때문에 언어 샘플을 분석하는 것은 중요하다. 대부분의 분석이 문법 형태소 분석을 포함하는 이유는 몇 가지가 있다. 13장의 앞부분에서 본 바와 같이, 언어장애 아동 및 청소년은 시제와 관련되는 문법적 표지의 사용에 어려움을 보이는 특성을 나타내기 때문에, 이러한 어려움은 특정 언어장애를 나타내는 임상적 지표가 될 수 있다. Brown(1973), Villiers와 de Villiers (1973), Miller(1981)의 연구에 따르면, 아동의 MLU 발달 및 문법 형태소의 출현이 언어장애 아동을 확인하는 주로 데 사용되며, MLU와 특정 문법 형태소의 출현 및 비출현의 여부가 언어장애의 지표로 사용된다(Leonard, 1998).

그러나 전문가들이 아동의 언어 샘플 및 분석 절차를 사용하여 언어장애 여부를 확인할 때, 문법 형태소를 사용하는 데는 다음과 같은 몇 가지 문제가 있다. (1) 아동들마다 문법 형태소를 습득하는 능력이 상당한 차이를 보인다. 이것은 특히 Brown(1973)의 14개 항목의 검사에서 보인 문제이며, 더 최근의 연구에서도 확인되었다. (2) 언어 샘플에서 아동

표 13.4 언어 분석 절차

저자/개발자	절차
Crystal 등(1989)	Language Assessment, Remediation, and Screening Procedure—2 (LARSP-2)
Hannah(1977)	Applied Linguistic Analysis II
Grover 등(2005)	Language Sample Analysis: The Wisconsin Guide II
Lee(1974)	Developmental Sentence Analysis: Developmental Sentence Types (DTS) Developmental Sentence Scoring (DSS)
MacWhinney(2000)	The CHILDES System
Miller(1981)	Assessing Language Production in Children: Expermental Procedures
Mordecai와 Palin(1982)	Lingquest 1 & 2
Pye(1987)	Pye Analysis of Language (PAL)
Retherford(2000)	Guide to Analysis of Language Transcripts (3rd ed.)
Scarborough(1990)	Index of productive Syntax (IPSyn)
Tyack과 Venable(1999)	Language Sampling, Analysis, and Training—3

이 개인적으로 문법적 지표를 습득했는지의 여부를 확인할 수 있는 형태소를 정확하게 포함하지 않을 수도 있다(Balason & Dollaghan, 2002; Lahey, Liebergott, Chesnick, Menyuk, & Adams, 1992). 이들의 연구 결과와 마찬가지로 Balason과 Dollaghan(2002)은 "아동의 연령, 언어 수준, GM(문법 형태소)의 관련성에 대해서 주어진 OCs(obligatory contexts, 필수 문맥)의 빈도의 실질적인 변동 및 GM 산출 비율을 근거로 한 것이 아니라 평균 자료에 기초한 것이 아닌가 의심된다."(p. 967)라고 지적했다. Lahey(1994)는 만일 우리가 아동의 문법 형태소의 습득 과정 및 순서를 알고 있는지에 대해 의문을 제기했으며, Hadley와 Short(2005)는 어린 아동이 시제와 관련된 지표가 시작되는 것이 초기 시제와 관련된 지표의 출현에 상당히 유용한 정보를 제공한다고 했다.

이것이 의미하는 것은 아동의 언어 샘플에서 아동의 MLU를 형태소 습득과 비교하는 것으로 문법 형태소의 사용을 분석하는 것이다. 그러기 위해서 우리는 문법 형태소 사용에 대한 충분한 증거를 주의 깊게 얻을 필요가 있으며, 정확하게 MLU 관계를 해석할 필요가 있다. 우리는 Marchman 등(1999)이 개발한 과거 시제 지표를 평가하기 위한 52개 항목, Simkin과 Conti-Ramsden(2001)이 개발한 3인칭 동사 지표를 평가하기 위한 12개 과제 등과 같은 개인적인 문법 형태소(Rice et al., 1995; Rice et al., 1998)에 대한 필수 문맥을 이용한 다양한 기회를 유도하기 위해서 계획된 상황을 준비해서 증명할 필요가 있을 것이다. 초기 문법적 장애를 검사하기 위해 개발된 표준화된 검사인 Rice/Wexler Test of Early Grammatical Impairment(Rice & Wexler, 2001)는 저자가 연구한 결과를 근거로 했으며, 아동이 사용한 각각의 형태소를 분석하기 위해 각 문법적 형태소의 사례를 충분하게 제시하고 있다.

검사자가 선택한 분석 절차가 무엇이든지 언어 중재 계획에 포함시킬 필요가 있는 특정 목표 능력을 확인하기 위해서 아동의 의사소통 행동에서 나타나는 규칙적인 행동을 발췌해야만 한다. 다양한 절차는 다양한 정보의 유형을 제공하며, 다양한 분석을 사용할 필요가 있을 수 있다.

미로 행동과 붕괴 행동의 분석. 5장에서 보았듯이 Loban(1976)은 학령기 아동 및 청소년의 언어발달에 대한 종단 연구에서 1학년부터 12학년까지 전체 학생들 중 언어 능력이 부족한 학생들은 언어 능력이 발달된 아동 및 청소년에 비해 미로 행동(maze behavior)을 더 많이 나타냈다고 기술했다. 이 장에서 우리는 청소년의 언어 수행을 평가할 때 미로 행동을 고려해야 한다고 제안했다. 어린 아동의 경우, 언어 샘플에서 나타나는 미로 행동의 유형이나 그런 행동을 얼마나 많이 나타내는가는 언어 수행의 영역이며, 주로 분석에서 그런 행동을 포함한다. 또한 그럴 경우 언어장애 아동을 평가하는 '추가 전통적 언어 검사'를 사용할 수 있다(Nettelbaldt & Hansson, 1999, p. 495). Hadley(1998)는 "언어 취약성을 나타내는 한 가지 지표는 미로 행동(잘못된 시작, 쉼, 반복, 수정)"이라고 지적했다. 그리고 Thordardottir와 Ellis Weismer(2002)는 쉼이나 내용의 혼란과 같은 다양한 유형의 미로 행동은 아동들의 다른 영역의 취약성을 가리키는 것일 수 있어, 아동의 언어와 관련되는 모든 미로 행동이 모두 똑같이 해석되는 것은 아니라고 제안했다.

Dollaghan과 Campbell(1992)은 아동의 언어 샘플과 샘플을 계산하는 절차에서 발생할 수 있는 다양한 붕괴 행동(disruption behavior)과 미로 행동을 분류하는 방법을 개발했다. 그 방법은 아동의 언어 샘플에서 혼란되지 않은 단어(unmazed word)의 수와 붕괴된 단어의 수를 비율로 계산하는 방법이다. 이 비율은 다른 길이의 샘플을 통제하기 위해서 사용된다. 붕괴의 네 가지 주요 형태는 하위 형태로 분류된다. 표 13.5는 위의 저자들이 확인한 붕괴의 형태를 보여 준다. 이전의 유용한 분류를 조사했으며, Dollaghan과 Campbell(1992)은 구조화된 인터뷰 기술을 사용한 언어 샘플에서 조사했다. 이 연구에 따르면 정상 학생과 외상성 뇌손상으로 인한 언어장애 학생 둘 다에서 대부분 주로 발생하는 붕괴의 형태는 구절 끊기와 반복이었으며, 전체 붕괴 행동의 70%를 차지했다. 수정 및 방치(orphans: 발화를 할 때, 다른 요인과 분명한 관련성이 없는 붕괴)는 15%를 차지했다. 그러나 2초 이상 또는 더 많이 쉬는 빈도는 두 집단 간에 유의한 차이를 나타냈으며, 언어장애 집단이 정상 집단보다 더 침묵하는 빈도가 높은 것으로 나타났다. 또한 유의한 차이를 보이지는 않았지만, 언어장애 학생들은 정상 집단보다 쉼의 모든 형태를 더 많이 사용하는 것으로 나타났다.

Hadley(1998)는 "다양한 담화 형태는 아동의 언어 체계에 대한 다양한 정도를 보여 준다고 말했으며, 우리는 이야기가 아동의 언어 능력을 특히 강조할 수 있다는 것을 알고 있다. 다양한 텍스트 수준의 담화 문맥에서 아동의 언어 샘플을 얻기 위한 프로토콜을 사용

표 13.5 학령기 아동을 대상으로 인터뷰/대화를 사용해서 언어 샘플을 수집하는 동안 발화에서 발생한 붕괴 행동과 미로 행동의 분류(Dollaghan과 Campbell)

주요 형태	하위 형태	정의/예문
쉼(pauses)	무의미 단어 발성	일음절, 무의미 단어 발성(예: *um*)
	침묵	2초 또는 그 이상 침묵
	오래 쉼	무의미 단어/2초 또는 그 이상을 쉬는 것이 더 많이 발생함
반복(repetitions)	앞부분 반복	완성하지 않고 반복한 후, 나중에 완성함 (예: "I said we thought about it.")
	부분 반복	완성하지 않고 반복한 후, 완성하지 않음 (예: "I said we thought thought... ")
	정확한 반복	이미 완성한 것을 다시 반복함 (예: "I said we thought about it thought about it.")
	뒷부분 반복	반복을 수정하지 않고 삽입한다 (예: "I said I know I said we thought about it.")
수정(revisions) 어휘, 문법, 음운, 또는 다양한 영역을 수정	오류의 수정	문법적 오류를 수정 (예: "I said we thinked thought about it.")
	정보를 첨가	어휘 정보를 첨가 (예: "I said firmly said we thought about it.")
	정보를 삭제	어휘 정보를 삭제 (예: "I firmly said I said we thought about it.")
	기타	명료하지 않은 여러 요인에 영향을 미치는 것을 수정함
방치(orphans) 다른 요인들과 명확한 관계가 없다	음소	"I said frrr we thought about it."
	단어	"I said we girl thought about it."
	연속(단어 또는 단어 및 음소)	"I said frrr girl we thought about it."

출처: Dollaghan과 Campbell(1992).

한 한 명을 대상으로 한 연구에서 대화(인터뷰), 개인적으로 관련된 이야기, 설명적 담화(게임 또는 스포츠를 설명)을 하는 시간보다 두 이야기 과제(단순한 청취자에게 꾸며낸 이야기를 다시 말하는 과제와 잘 알려진 동화를 다시 말하는 과제)를 하는 동안 더 많은 단절된 행동을 나타내는 것을 보였다고 보고했다. Dollaghan과 Campbell(1992)은 이야기보다 인터뷰를 통해서 언어 샘플을 얻었으며, 그들이 샘플을 얻기 위해 유도한 과제는 언어장애 집단과 정상 집단 사이에 미로 행동에서 큰 차이를 보이지 않았다고 보고했다. 이 연구와는 반대로 Thordardottir과 Ellis Weistmer(2002)는 담화 샘플을 사용했는데, 연구 결과, 정상 집단과 단순 언어장애 집단 간에 미로 행동에서 차이를 보였다.

미로 행동을 분석하는 또 다른 영역은 검사자가 미로 행동이 나타나는 부분에서 문법적 발화에 대한 유용한 정보를 얻는 것이다. Hadley(1998)가 제안한 것처럼 취약하거나 불안정한 언어 수행과 관련되는 영역을 반영한다면, 미로 행동을 나타내는 언어의 요소는 아동이 어려움을 나타내는 언어의 영역이다. 예를 들면, Reed와 Evernden(2001)은 정상 집단과 읽기 및 언어의 어려움을 가진 집단을 대상으로 동사 형태적 수행을 비교했다. 연구 결과, 정상 집단은 동사와 관련된 언어 샘플에서 미로 행동이 나타나지 않았다. 그러나 읽기 및 언어장애 집단은 동사 관련 언어 샘플에서 13.5%의 미로 행동이 나타났다. 또한 읽기 및 언어장애 집단과 정상 집단 모두에서 전체 언어 샘플에서 미로 행동이 유사하게 나타났다. 아동의 언어 시스템에서 특정한 약점이 무엇인지에 대한 단서가 될 수 있기 때문에 미로 행동이 어떤 언어의 요소로 포함되는지뿐만 아니라 어떤 미로 행동의 형태에 포함되는지를 고려할 필요가 있다.

이야기와 전제 능력 분석. 이야기 분석을 위한 다양한 접근 방법 중에서 취학 전 아동에게 도움이 될 수 있는 방법이 있고, 학령기 아동에게 도움이 되는 방법이 있다. 분석에 대한 다양한 형태는 다른 방법보다 이야기에 대한 다양한 형태가 적절할 것이다. 표 13.6에 이야기 분석 및 평가와 관련되는 접근 방법과 각각의 장점을 요약했다. 이러한 분석 방법은 이야기 산출과 관련되는 아동의 능력에 대한 다양한 정보를 제공해 주며, 그렇기 때문에 검사자가 찾고자 하는 정보가 무엇인지에 따라서 분석 접근을 선택하는 것이 중요하다.

이야기 안에서 나타나는 특징을 의미 있는 것끼리 함께 묶을 수 있는 요인적 특성을 결합한 측정 방법은 아동의 이야기에 대한 복잡성 및 질을 파악하는 데 도움이 된다. 이야기에서 나타나는 언어 결합 장치는 대상의 명칭을 나타내는 명사이고("The boy ran... *He* caught..."), 접속사 및 부사적 연결("*Unfortunately*, the boy..."), 정관사 및 부정관사("*A* child found... *The* child returned...")이다. Paul과 동료들(Paul et al., 1996)은 학령기 정상 아동의 이야기와 언어장애 아동의 이야기 사이에 나타나는 특징 중 하나는 이야기에서 나타나는 응집 관계와 관련되는 언어적 장치의 사용 여부라고 제안했다. Liles(1985)는 아동의 이야기 수행을 측정할 수 있는 응집 관계에 대한 점수를 체계화했다. 이 시스템은 이야기 샘플 안에서 모든 응집 장치 중에서 응집 관계를 완성한(적절하게 또는 정확하게) 비율을 측정하는 방법을 사용했다. The Narrative Scoring Scheme(Heilmann, Miller, Nockerts, & Dunaway, 2010)은 표 13.6에 기술되어 있으며 이야기 안에서 응집 관계에 대한 채점을 제공했다. McFadden과 Gillam(1996)은 아동의 이야기의 질에 대한 득점은 문장 수준의 특징(예: 발화의 길이)보다는 텍스트 수준의 특징(예: 접속사)과 관련된다고 지적했다. 이러한 정보에 따르면 아동이 이야기에서 사용한 응집 관계에 대해서 질적 분석 및 양적 분석 절차가 포함될 필요가 있다는 것을 제안한다고 볼 수 있다.

동일한 방법으로 역동적 평가 절차는 언어의 다른 영역을 평가할 수 있으며, 이야기 분석에 사용될 수 있다. 예를 들어, Gillam, Peña와 Miller(1999)는 역동적 평가의 실시 방법은 검사-교육-재검사 방법의 형식으로 학습과 관련된다고 보았다. 이 분석은 아동이 두 번의 중재 회기에서 이야기 산출의 요소[예: 사건의 복잡성을 증가시킴 그리고(또는) 주인공에 대한 정보를 추가함]를 얼마나 많이, 얼마나 많은 종류를 나타내는지를 조사하는 것이

표 13. 6 이야기 평가 및 분석을 위한 접근법의 예

접근법	저자(들)	특징
이야기 수준	Applebee (1978)	* 2~5세 아동의 이야기에서 나타나는 6단계 발달: • 무더기(heaps: 아무렇게 쌓아 놓아 조직되지 않은, 아동의 마음대로 임의의 정보 조각을 나타냄, 대략 2세) • 연속적인 사건들 • 원시적 이야기 • 초점이 없이 연속됨 • 초점을 가지고 연속됨 • 진정한 이야기(최근에 경험한 사건, 주제 또는 교훈을 나타내는 것, 약 5세 아동의 20%가 진정한 이야기의 증거를 보여 준다) * 더 나이 많은 아동의 이야기(6~17세)에서 확인된 추가 레벨 * Hutson-Nechkash(1990)의 Applebee 확대의 요약 * 요약 및 특성화 이야기를 나타냄(약 7~11세) * 이야기의 분석(약 13~15세) * 이야기의 주제 및 교훈을 일반화(16세 이상)
이야기 문법	Stein과 Glenn (1979) Glenn과 Stein (1980)	* 이야기의 구조적 패턴과 구조적 특성 개발에 초점을 두었다(즉, 연속적인 사건들의 종류, 에피소드의 수와 형태). * 7단계(최소~가장 복잡한 순서대로): • 순서적 기술(취학 전): 시간적 관계 또는 인과 관계 없이 배경에 대한 진술만 연속된다. • 액션 순서(취학 전): 시도와 관련되는 행동을 나타내는 배경 진술: 행동 진술은 인과 관계가 아니라 연대순으로 나타난다. • 반응 순서(취학 전): 배경 진술, 사건의 시작, 직접적인 원인-결과 관계를 나타내는 다양한 시도 행동 상태(예: 첫 번째 활동은 직접적인 원인과 관련되는 행동, 다음 행동은 직접 목표와 관련 없는 행동) • 단축된 에피소드(약 6세): 배경 진술, 연속해서 일어나는 것 중에서 처음의 진술 또는 연속해서 일어나는 것 중에서 사건 진술, 직접적 목적과 관련되거나 내재적인 것 • 완전한 에피소드(약 7~8세): 배경 진술 그리고 연속적으로 일어나는 것 중에서 3개 중 2개가 나타남(사건의 시작, 내적 반응, 시도), 또한 목적과 관련된다. • 복잡한 에피소드(약 11세): 여러 에피소드 또는 완전한 에피소드의 확장, 반응 진술 및 내적 계획이 포함될 수 있다. • 대화형 에피소드(11세 이상): 한 명 이상의 등장인물과 다른 것에 영향을 미치는 각각의 에피소드가 분리된다.
이야기 문법 판단 분지도 (Story grammar decision tree)	Westby(1998)	* 판단 분지도는 Stein과 Glenn의 이야기 문법을 기초로 했다. * 연속적으로 발달하는 각 단계에서 아동의 이야기가 특정 단계를 대표하도록 구성했다. 만일 그렇지 않은 경우, 각 단계는 더 낮은 단계로 내려가야 하며, 만일 그렇다면 다음의 더 높은 단계로 가도록 구성했다. * 예를 들어, '단축된 에피소드'의 특징, 분명한 계획, 의도적 행동이 이야기를 증명하는 분명한 계획이 나타나지 않으면, 아동은 '반응 순서' 단계에 속하며, 만일 나타난다면 아동은 '단축된 에피소드 단계' 또는 '그보다 더 상위 단계'에 속하게 된다.

(다음 쪽에 계속)

표 13.6 이야기 평가 및 분석을 위한 접근법의 예(계속)

접근법	저자(들)	특징
이야기 단계	Westby(1998)	* 이야기 발달의 4단계 * 발달 순서에 따른 단계: • 연결적 연쇄: 사건이 임의의 순서로 발생함 • 시간적 연쇄: 사건이 시간적 순서로 발생함 • 인과적 연쇄: 사건이 원인-결과 관계의 순으로 발생함 • 복합적 인과 연쇄: 다양한 인과 관계가 발생함 * 인과적 연쇄 단계 이상에서 고려할 필요가 있는 이야기 하위 범주 • 시작 사건 • 배경 • 반응 • 내적 반응(등장인물의 생각과 상태) • 해결/결과
전체론적 분석 (Holistic analysis)	McFadden과 Gillam(1996)	* 일반적인 느낌에 초점을 둔 이야기 평가 * 미리 설정된 기준이나 특성에 좌우되지 않는다. * 이야기에 대한 결과를 '약한', '충분한', '좋은' 또는 '강한'으로 기록한다. * 문장 형태를 갖춘 단계(발화의 길이, 술어 형태)와 반대로 텍스트 수준의 요인(예: 접속사, 구성 요소)이 평가의 질에 기여한다. * 결과를 숫자로 나타내서 단계를 정하며, 각 단계는 1(약함)에서 4(강함)까지로 구성되었다.
효과가 큰 이야기 평가 절차 (Strong Narrative Assessment Procedure)	Strong(1998)	* 질적 평가는 아동의 연령을 참조 * 준거 참조 표준화된 절차 * 이야기 다시 말하기의 사용 * 이야기 오디오테이프와 글자 없는 그림책을 사용한 초기 모델 * 그림 없이 특정 청자에게 다시 말하기 * 초등학교 및 중학교 학생에게 적절한 * 길이를 분석하기 위한 절차, 이야기 산출의 유창성, 결합, 통사, 이야기 문법
이야기 구성 하위 검사, 학습 태도의 적성 검사—4 (Story Construction Subtest, Detroit Tests of Learning Aptitute—4)	Hammill(1998)	* 규준 참조 표준화된 하위 검사 * 색깔 있는 그림 자극으로부터 각 3개의 이야기 만들기 * 이야기의 의미론적 주제의 수 및 복잡성을 점수화한다. * 점수는 이야기 형식보다 내용을 반영 * 백분위, 표준점수, 등가 연령 * 6~17세를 위한 유용한 규준
이야기 언어의 검사 (Test of Narrative Language)	Gillam과 Pearson(2004)	* 규준 참조 표준화된 검사 * 3개의 이야기 형식을 사용한다(사진이 없는 것, 연속적 그림 단서, 단일 사진 단서). * 이야기를 기억하는 능력과 이야기 말하기를 평가한다(5~12세). * 이야기 과제를 통해서 아동이 언어 영역을 얼마나 잘 사용하는지를 측정 * 백분위, 표준 점수가 제공

표 13. 6 이야기 평가 및 분석을 위한 접근법의 예(계속)

접근법	저자(들)	특징
이야기 복잡 지수(Index of Narrative Complexity, INC)	Petersen 등(2008)	* 좋은 이야기의 중요한 특징에 대한 준거 참조 측정법 • 등장인물 • 배경 • 시작 사건 • 내부 반응 • 계획 • 갈등 • 결과 • 정형화된 표시(이야기의 시작/끝을 표시) • 일시적인 표시 • 인과 관계의 부사적인 절 • 대화의 기술 • 서술자 평가 * INC 점수에서 0점은 가장 작은 점수, 3점은 최고의 점수로 구성되었다. * 다른 이야기와 함께 사용될 수 있고, 유사한 이야기 유형은 비교를 위해 사용될 필요가 있다. * 이야기 중재의 결과로 이야기 능력에 있어서의 변화에 대한 민감성
이야기 채점 제도(Narrative Scoring Scheme)	Heilmann, Miller 등(2010)	* 초등학생의 이야기 점수는 그림 없는 그림책으로부터 다시 말하기를 유도했다. * 다음 7개 주요 이야기 문법과 글을 읽고 쓸 줄 아는 언어 기능을 판단한다. • 소개 • 갈등 해결 • 결론 • 정신 상태 동사 • 등장인물의 발전 • 참조 • 결합 * 점수는 0점에서 5점까지로 채점한다.
이야기 기억 하위 검사(Memory-for-Stories Subtest), 기억과 학습 검사(Test of Memory and Learning)	Reynolds와 Bigler(1994)	* 규준 참조 표준화된 하위 검사 * 검사자가 이야기를 각각 3개 읽은 후, 각각 다시 말하기 * 시간이 지난 후에 다시 말하기: 3개의 이야기 각각을 들은 후 30분 후에 다시 말하기 * 이야기는 다시 말하기를 포함해서 등장인물 및 행동을 채점한다. * 이야기는 형식보다 내용을 반영한다. * 백분위, 표준점수, 유용한 척도 점수 * 9~15세까지의 유용한 규준

다. 이 분석은 아동이 교육을 통해 변화된 양으로 평가한다. 연구 결과, 비교적 장기기억을 빠르게 나타내는 아동은 중재 교육에서 언어장애를 나타내지 않는다고 제안했다.

이야기 영역 중 하나는 청자에게 원하는 것을 요구하는 과제와 관련되는 이야기를 고려해야 하며, 청자에게 정확한 정보의 양을 제공하지만 청자의 지식을 기대하지 않는다. 즉, 아동은 예상 능력을 증명할 필요가 있다. 또한 예상 능력은 이야기 과제에 제한을 두지 않으며, 일반적으로 개인 간의 의사소통의 필수적인 특징이다. 예상 능력과 관련되는 적절한 기술은 아동이 의사소통하는 다양한 조건에서 체계적으로 평가될 수 있다. 즉, 상대자가 누구인지, 아동이 의사소통하는 데 필요한 것에 대해 그들이 아는 것이 무엇인지로 평가할 수 있다. 기대하는 것은 아동이 메시지의 내용과 형식을 수정하는 것이다(Roth & Spekman, 1984a). 주로 사용하는 절차는 이전 장에서 언급한 바와 같이 장벽 게임의 수정으로 아동은 언어적 지시를 통해서 추상적인 물건, 그림 그리기, 물건 정돈하기 등을 선택하기 위해 청자에게 물건을 달라고 요구한다(Roth & Spekman, 1984b). 그러나 이 과제는 이야기 산출과 마찬가지로 결합 장치를 효과적으로 결합한 기술과 똑같은 단계가 요구되지 않는다.

사회적 담화의 조직 분석. Roth와 Spekman(1984a)에 따르면, 아동의 화용 능력을 평가하는 한 방법은 "대화 또는 담화를 지속하는 상황에서 역할을 수행하는 것과 기여하는 능력"(p. 7)을 평가하는 것이라고 했다. 평가를 위한 구체적인 행동은 아동의 사회적 말(청자에게 설명하는 말)과 비사회적 말(청자의 반응을 요구하지 않는 독백 같은 말)의 비율을 측정하는 것이며, 대화 상황에서 주제를 유지하는 능력 및 대화를 시작하고 마치는 능력, 그리고 의사소통 상황에서 대화의 단절을 회복하는 능력에 대한 비율을 평가한다고 했다. 또한 아동의 대화 차례 지키기 능력도 평가해야 한다. 두 사람 사이의 의사소통 비율은 이러한 능력을 평가하는 데 중요한 정보를 제공할 수 있다.

다양한 지표는 아동의 담화 능력을 평가하는 데 도움이 될 수 있다. 3장에서 우리는 아동들이 또래와 상호작용하는 상황, 그들의 사회적 상황, 실생활에서 어린 아동을 평가하는 방법에 대해서 살펴보았다(Rice, Sell et al., 1990). 3장에서 Fey(1986)의 상호작용주의자(interactionist) 접근법에서 사회적 대화 상황에서 언어를 어떻게 사용하는지에 대해서 강조했다. Fey는 Dore(1979)와 Chapman(1981)의 연구를 기반으로, 아동이 사회적으로 주고받는 상황에서 자기 주장과 관련되는 몇 가지 행동 및 반응 행동에 대해 산출하는 대화적 행동을 설명 및 분류했다. 이 시스템은 정보 요구(RQIN), 주의집중 요구(RQAT), 진술(ASST), 의견 충돌(ASDA), 정보를 요구하는 반응(RSIN), 명료성을 요구하는 반응(RSCL), 주의집중을 요구하는 반응(RSAT) 등으로 구성되었다. 상호적 주고받기를 하는 동안 나타나는 다양한 행동의 비율은 아동의 사회적 대화 상황 참여에 대한 4개의 프로필 중 하나를 분류하는 데 사용될 수 있다(예: 적극적 대화자, 소극적 대화자, 비활동적 전달자, 언어적 비전달자, 3장 참조). Retherford(2000)는 대화를 분석하는 체계적 절차는 검사자에게 도움을 준다고 지적했다.

The Breakdown Coding System(BCS)(Yont, 1998; Yont, Hewitt, & Miccio, 2000)은 취학 전 아동과 어머니가 자연스럽게 상호작용할 때 나타나는 의사소통 붕괴를 분석하기 위한 도구를 개발했다. 이 시스템은 아동이 어머니와의 의사소통 상황에서 의사소통 실패의 원인이 되는 신호를 아동이 어떻게 언어로 나타내는가를 검사했다. 그러므로 이 시스템의 차

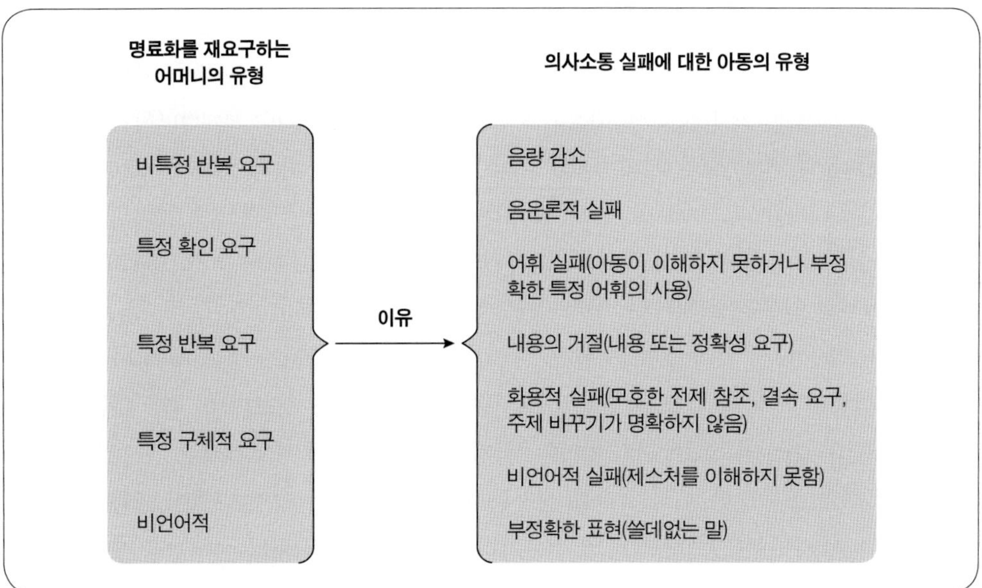

그림 13.1 취학 전 아동과 어머니의 대화 상황에서 나타나는 의사소통 붕괴 부호화(The Breakdown Coding System)

출처: Yont, Hewitt와 Miccio(2000).

별성은 아동이 의사소통을 시도하는지 또는 의사소통 붕괴를 어떻게 회복하는지를 분석하는 것이 아니라, 아동의 의사소통 붕괴의 원인을 파악하는 것이다. 즉, 붕괴의 원인이 되는 행동 중에서 어머니가 붕괴의 특성을 아동에게 어떻게 전달하는지와 관련된다. 다시 말해 어머니가 이해하지 못한 문제를 분류하는 것이다. BSC의 개념 및 설명을 **그림 13.1**에 제시했다. 보는 바와 같이 아동이 의사소통에 실패를 했을 때 어머니가 정보를 명료하게 요구할 수 있는 다섯 가지의 방법이 제시되었으며, 아동의 의사소통 실패에 대한 일곱 가지 유형을 보여 주고 있다. 이 부호화 체계(coding system)을 사용한 예비 연구에서 SLI 아동과 정상 아동 사이에 붕괴의 빈도에서 차이를 나타냈다(Yont & Hewitt, 1999). Yont 등(2000)은 이 시스템이 아동의 의사소통 붕괴 프로필 및 중재 목표를 계획하는 방법을 도울 수 있다고 보고했다.

두 사람 간의 의사소통, 역할 놀이, 부자연스러운 상황 등에서 의사소통을 유도하는 데 실패했을 때, 아동의 능력을 평가할 수 있는 기회를 제공할 필요가 있다. 예를 들어, 검사자는 아동의 반응을 평가하기 위해서 아동에게 일부러 모호한 지시 내리기, 골치 아픈 표현과 같은 이해하기 어려운 비언어적 단서 등을 사용할 필요가 있다(Roth & Spekman, 1984b).

컴퓨터 분석. 컴퓨터를 사용한 평가 및 중재의 사용이 증가하고 있다. 다양한 컴퓨터 프로그램은 언어 샘플 데이터베이스의 생성 및 언어 샘플의 분석을 지원하기 위해 개발되었다. Systmatic Analysis of Language Transcrits(SALT)(Grover et al., 2005; SALT Software LLC, 2010), Lingquest 1 & 2(Mordecai & Palin, 1982), CHILDES system(MacWhinney, 1996, 2000), Pye Analysis of Language(Pye, 1987), Computerized Profiling(Long, 2008; Long, Fey, & Channell, 2000) 등이 있다. 이러한 프로그램은 일반적으로 언어의 통사형태론적인 양상의 다양성 분석 및 의미, 화용적 특징의 분석을 제공한다. SALT(SALT Software LLC, 2010)처럼 일부는 또래와의 비교가 가능한 규준을 제공한다.

컴퓨터를 사용해서 발화를 분석하는 것은 컴퓨터로 특성화된 구성 체제에 따라서 처리를 한다. 컴퓨터 분석의 장점은 일반적으로 손으로 작업하는 것보다 더 빠르다는 것이다(Long, 1999a). Long과 Channell(2001)은 "이러한 모든 컴퓨터 프로그램은 손으로 하는 작업보다 더 빠르고 세밀한 분석 결과를 산출한다."고 기록했다. 이것은 언어 샘플링을 사용하는 것이 타당하다는 전제하에 바쁜 전문가가 분석을 하기 위해 많은 시간을 사용하기 때문이다.

다른 컴퓨터 분석 프로그램과의 주요한 차이는 검사자가 필요로 하는 것을 컴퓨터가 처리한다는 것이다(Long, 1999b). 프로그램의 일부는 검사자가 발화를 컴퓨터 부호화로 입력시킨 후에 주로 검색, 계산, 범주화를 도와준다. 검사자는 발화 분리, 미로 행동의 확인, 형태론적 표시의 부호화와 같은 상위 언어학적 지식을 사용하여 요구되는 부호를 할당한다. 이것은 검사자가 분석하기를 원하는 각 발화를 입력했다는 것을 의미한다. 만일 이 구조들이 처음에 부호화되지 않는다면, 컴퓨터는 더 이상 정확하게 수행하지 못한다. 초기 자료 입력의 정확도가 필수적이다. 또 다른 프로그램은 어휘 범주, 어휘 형태, 통사적 범주와 같은 다양한 영역을 분석하기 위해서 검사자와 상호작용하여 검사자에게 도움을 줄 수 있다. 최근의 컴퓨터 프로그램은 사람의 노력을 줄여 줄 수 있는 자동 분석 수준을 높이기 위한 연산 방식을 사용했다(Channell, 1998; Channell & Johnson, 1999). 이 프로그램은 인간의 '상위 언어학적 지식'의 일부를 모의실험하여 완성했다. Long와 Channell(2001)은 4개의 분석(MLU, LARSP, DSS, IPSyn)을 자동화를 사용하여 정확성을 검사했다. 연구 결과, 컴퓨터 분석과 사람이 완성한 분석과 동일하게 정확한 결과를 나타낸 것으로 나타났다. Long와 Channell(2001)은 다음과 같이 결론을 지었다.

> 적어도 특정 절차에서 소프트웨어는 손으로 작업하여 얻은 결과와 필적할 만한 분석 결과를 산출한다. 이것이 경고의 신호로 간주되어서는 안 된다. 오히려 이것은 임상의 언어 분석을 하기 위한 목적으로 생각해야만 한다. 현재 그리고 앞으로 더 미래에는, 분석을 하는 작업이 더 부담이 적어질 것이다. 다행히, 우리가 평가 및 치료 결정에 이 정보를 어떻게 사용해야 하는지에 주목할 필요가 있다(p. 187).

앞으로 음성 인식을 포함한 컴퓨터 프로그램을 개발하여 언어 샘플링 분석에 도움을 줄 필요가 있다.

역동적 평가와 준거 참조 검사. 준거 참조 검사는 규칙 과거 시제 동사가 부분적으로 변형된 것과 같은 아동의 언어 수행이 특정 수준에 도달했는지를 증명하기 위해 고안되었다. 또한 준거 참조 검사는 중재 목적으로 계획하기 전과 중재 기간 이후의 아동의 수행도를 비교할 수 있다. MaCauley(1996)는 아동의 수행도를 Brown의 MLU 단계와 비교함으로써 아동의 수행도를 "확립된 수행 수준에 의해 해석"될 수 있다고 기술했다. 실제로 준거 참조 과정은 아동의 언어를 평가하는 데 대부분 사용되지만, 준거 참조 절차로 명명되기나 인식되지는 않는 것 같다(McCauley, 1996). 그렇다 하더라도 준거 참조 절차가 규준 참조가 아니라는 것을 아는 것이 중요하며, 규준 참조 검사는 표준화된 방법으로 실시가 되며 정식으로 표준화되어 있다.

아동의 언어를 평가할 때, 준거 참조 검사는 새로운 방법이 아니다. 오래전부터 언어장애 아동의 연구에서 Leonard, Prutting, Perozzi와 Berkley(1978)는 이 검사 유형의 가치에 대해 기술했으며, 규준 참조 검사를 보완하기 위해서 임상가가 제작한 검사, 준거 참조 검사를 실시해야 하는 세 가지 이유를 기술했다.

1. 소수의 규준 참조 검사는 아동의 언어 패턴에 특징이 나타났는지 아니면 나타나지 않았는지 결정하기 위한 영역에 대해 충분한 수를 평가한다. 예를 들어, Patterned Elicitation Syntax Test with Morphological Analysis(Young & Perachio, 1993)는 규칙적인 복수 형태소를 검사하는 2개의 항목과 불규칙적인 과거 시제를 검사하는 하나의 항목을 포함한다. 따라서 준거 참조 검사는 확장 검사로 사용될 수 있다. 아동의 형태론적 득점 능력을 평가하기 위한 준거 참조 접근 방법은 규칙적인 명사 복수 형태소, 더 규칙적인 명사 복수형 항목을 선정하여 더 많은 기회를 제공할 수 있게 된다. 예를 들어 세 가지의 변형된 형태에 대한 반응을 평가하기 위한 항목에 *drums*, *dogs*, *cakes*, *lips*, *horses*, *dishes*가 포함될 수 있다. 과제는 가능한 규준 참조 검사의 형태와 일관성을 나타낼 수 있도록 고안할 필요가 있다.
2. 규준 참조 검사의 범위는 언어의 일부 영역을 검사하기에 유용하지 않으며, 그렇기 때문에 사용할 수 있는 선택이 제한되었다. 예를 들어, 화용적 능력 및 이야기 능력의 평가는 규준 참조 검사가 상대적으로 적다. 13장의 앞부분에서 언급한 바와 같이, 다양한 접근법은 이러한 결함을 보충하기 위해 준거 참조 검사를 사용하는 예가 될 수 있다.
3. 특징을 평가하기 위해 사용된 과제 또는 자극이 아동의 특성을 알려 주기보다 오히려 아동에게 문제를 만들게 할 수 있다. Sabers(1996)는 테크닉이라고 불리는 특성이 실제로 측정하고자 하는 정도에 영향을 미칠 수 있다고 언급했다. 예를 들어, 이전 장에서 논의한 바와 같이, 아동의 이야기 능력을 평가하는 다양한 접근법이 아동의 이야기 능력을 억제할 수 있다는 것이다. 이와 같은 똑같은 문제가 규준 참조 검사에도 적용

된다.

아동의 특성을 평가하기 위해 규준 참조 검사를 사용하는 것과 다른 과제 및 자극을 분별할 수 있다. 이것이 실제로 역동적 평가의 형태이다. 예를 들어 평가와 함께 제공되는 그림은 불명료하거나 모호한 것을 제시한다. 이 그림을 통해서 정확한 반응을 유도하는 것이 가능하다. Barrow, Holbert와 Rastatter(2000)의 연구는 4~8세 정상 아동을 대상으로 컬러와 흑백 그림을 사용하여 아동에게 그림 명명하기를 통해서 속도와 정확도를 측정했다. 연구에 사용된 단어는 아동들이 학습에서 배운 단어를 사용했다. 연구 결과, 컬러 그림을 더 빠르게 명명한 것으로 나타났다. 또한 어휘가 아동의 목록에 있거나, 아동의 발달 수준 에 있을 때, 컬러 그림은 흑백 그림보다 도움을 주지 못하는 것으로 나타났다. 더 발달된 어휘 단어의 경우, 아동은 컬러 그림을 더 정확하게 명명하도록 도울 수 있다. 또 다른 예로 여러 규준 참조 검사에서 사용하는 과제의 형태로 아동은 "Here is a dog. Here are two... "과 같은 문장 완성 과제를 수행하지 못할 수도 있다. 그러나 이 아동이 다른 유형에서 동일한 형태의 과제를 수행할 수 있다.

무의미 단어(nonword) 반복 능력은 SLI 아동의 임상적 표지를 얻는 데 사용될 수 있다(Conti-Ramsden, 2003; Dollaghan & Campbell, 1998; Edwards & Lahey, 1998; Ellis Weismer et al., 2000; Gathercole, 1995; Gathercole, Willis, Baddeley, & Emslie, 1994; Gray, 2003a; Marton & Schwartz, 2003). 그러므로 점차로 복잡해지는 무의미 단어를 반복하는 능력을 평가하는 과제를 포함하는 것은 중요하다. Dollaghan과 Campbell(1998) 그리고 Gathercole 등(1994)은 표준화된 준거 참조 과제를 주로 사용했다. 왜냐하면 표준화된 준거 참조 과제가 주로 학령기 아동에게 사용되기 때문이며, Gray(2003a)는 "어린 단순 언어장애 아동의 진단 척도로 무의미 단어 반복의 유용성"을 설명했다. 3장에서 명시한 바와 같이, 걸음마기 아동, 취학 전 아동을 위한 표준화된 무의미 단어 반복을 개발하기 위해 노력하고 있다(Chiat & Roy, 2007; Roy & Chiat, 2004; Stokes & Klee, 2009; ThaI et al., 2005). 이러한 노력의 결과는 어린 아동들에게 사용하기 위한 약속을 유지하게 한다. 평가에 대한 이러한 영역은 중요하기 때문에 무의미 단어 반복 과제를 포함한 Comprehensive Test of Phonological Processing(CTOPP)(Wagner et al., 1999)과 같은 공식적 평가 도구의 수를 증가되고 있으며 개발되고 있다.

역동적 평가는 준거 참조 검사의 형태로 비교적 잘 알려져 있으며, 새로운 개념은 아니다. 역동적 평가는 언어적 능력을 향상시키기 위한 단기 교육이 제공될 때, 아동 및 청소년의 특정 언어 능력에 대한 수행이 향상되었는지를 알려 주는 것을 목표로 한다. 또한 역동적 평가는 아동 또는 청소년이 특정 언어 능력에 대해 알고 있는 것(예: 준거 참조 검사에서 동사 형태의 점수) 그리고 언어를 처리하는 방법 및 언어 관련 과제(예: 무의미 단어 반복하기)보다는 언어 학습 능력과 관련된다.

역동적 평가 절차의 근거는 Vygotsky(1978)의 **근접발달영역**(zone of proximal development, ZPD)의 개념이다. 이 개념에 따르면, 아동이 ZPD의 영역 안에서 기능을 시도할 때, 아동의 학습이 발생한다는 것이며, 아동들이 더 유능한 사람들(예: 부모, 임상가, 교사, 더 뛰어난 동료)의 도움 없이 할 수 있는 것과 유능한 사람들의 도움으로 할 수 있게 되는 다른 영역 사이의 기능적 영역이라고 설명한다. Gutiérrez-Clellen과 Peña(2001)에 따르면, 역동적 평가에서 아동의 언어 수행에 대한 조절 가능한 학습 목표로 "목표는 근접발달영역(ZPD)의 크기에 따라서 결정된다"(p. 212). 다양한 역동적 접근법은 조절 가능성의 정도를 조사할 수 있다고 설명했으며(Gutiérrez-Clellen & Peña, 2001; Peña, 1996), 내용은 다음과 같다.

1. **검사-교육-재검사**, 이 과정에서
   - 규준 참조 검사 상황처럼, 촉진 없이 아동의 초기 수행을 검사한다.
   - 중요한 능력 및 과제를 짧은 교육 상황에서 주로 가르친다.
   - 교육 후 아동의 수행에 대한 변화를 확인하기 위해 다시 검사한다.
2. **촉진의 변형**(graduated prompting), 이 과정에서
   - 최대의 도움을 제공하는 것에서 최소의 촉진을 제공하는 순으로 체계를 결정한다.
   - 각각의 촉진은 한 번 제공되며, 최소의 도움으로 시작하고, 각각의 촉진에 따른 아동의 반응을 측정한다.
3. **한계 검사**(limits testing), 이 과정에서
   - 검사를 하는 동안 자극을 어떻게 줄 것인지에 대한 절차 및 지시는 아동에게 부가적인 단서 및 강화의 양을 제공하기 위해서 수정될 수 있다.
   - 이러한 수정 중 일부는 아동에게 검사에 포함된 과제를 설명하는 것과 검사하는 방법에 대한 몇 가지 근거를 제공하는 것을 포함할 수 있다.
   - 부가적인 도움에 대한 아동의 반응은 아동이 과제 자체를 이해하고 있다면 부분적으로 결정한다.

단기간의 중재/교육과 관련되는 활동, 지원 및 촉진을 제공하는 것은 주로 **중재 학습 경험**(mediated learning experiences, MLEs)이라고 부른다.

이러한 다양한 역동적 평가 접근은 다양한 맥락과 다양한 양의 단서 및 지원을 통해 아동이 언어 수행을 더 잘(또는 더 나쁘게) 유도할 수 있다고 보았고, 전문가는 아동에게 단서 및 지원적 상황을 체계적으로 제공할 수 있으며, 결론적으로 더 진전된(또는 더 낮은) 반응을 유도하게 된다는 것을 인식한다. Olswang과 Bain(1991b)은 지원은 아동의 반응 결과에 따라 수정될 수 있으며, 아동이 반응하기 전의 선행 사건을 변경시킬 수 있으며, 또는 과제를 변경시킬 수 있다고 지적했다(p. 260). 이러한 선행 사건을 변경시키는 방법은 대부분 가장 자주 사용하는 방법이며, 수행을 변경시키며, 상황이 바뀌는 것에 대한 대부분

표 13.7 선행 사건을 변경하는 예

변경의 유형	설명 예
양상의 변화	청각 양식보다 오히려 시각 자극을 제시
양상을 점차 추가함	하나의 양상으로 자극을 제시(예: 청각), 부가적으로 두 개의 양상을 제시(예: 청각과 시각), 또한 다양한 양상 자극을 제시(예: 청각, 시각 그리고 촉각)
아동이 반응하기 전 자극의 다양한 제시	아동에게 응답을 요구하기 전에 한 번 또는 여러 번(예: 단어 또는 문장을 여러 번 말하기) 자극을 제시하여 이전 접근과 결합할 수 있다.
목표 반응을 위한 모델/단서의 제공	아동이 모방하도록 예상 반응의 예를 제시한다. 예상 반응의 앞부분을 제시(또는 마지막 부분), 아동이 산출하도록 요구하기 전에 목표 산출에 대해 생각하도록 말한다. 아동에게 정확한 반응에 대한 중요한 특징을 말한다.

출처: Olswang과 Bain(1991b).

의 정보를 제공하는 것이 가능하다(Olswang & Bain, 1991b). 선행 사건을 바꾸는 일반적인 방법을 표 13.7에 제시했다. 이런 절차를 통해 얻은 정보는 아동이 대부분의 중재로부터 얻게 되는 이득을 알 수 있게 해주며, 이 절차에서 얻은 정보는 아동이 대부분의 중재로부터 이득을 얻을 수 있는 것과 그들의 행동을 가장 쉽게 변화시키는 방법 그리고 변화를 촉진시킬 수 있는 최선의 방법은 어떤 것인지를 알도록 도와준다.

3. 지능 검사

자격을 갖춘 심리학자가 실시하는 지능 검사(Intelligence Quotient, IQ)는 언어장애가 의심되는 아동을 위한 포괄적인 평가 과정의 일부분이며, 이러한 관련성에 대해서 이전 장에서 아동의 인지 능력, 정신 연령, 언어 사이에 관련성에 대해서 논의했다. 지능 검사는 아동이 중재 서비스가 필요한지의 여부를 확인하고 언어장애를 가진 아동을 확인하는 데 사용될 수 있다. 대부분 지적 능력/인지 능력과 언어 능력 사이의 일치/불일치의 개념이 장애 여부 또는 서비스의 필요 여부를 확인하는 데 중요한 역할을 담당한다. 그러나 이러한 방법으로 지능 검사를 실시하는 것은 점차 옹호될 수 없는 것으로 보이며(Francis, Fletcher, Shaywitz, Shaywitz, & Rourke, 1996; Stanovich & Siegel, 1994), 그 이유는 지능 검사 수행에 영향을 미치는 요인이 아마도 언어 능력에 영향을 미치기 때문이라고 설명한다. 그럼에도 불구하고 Francis 등(1996)은 지능과 언어의 불일치를 확인하기 위해 실시하는 지능 검사는 "임상 실제 및 공공 정책에서 자리를 잡았다."(p. 132)라고 보고했다. 그러나 공공 정책 및 임상 실제에서의 변화 속도가 느리거나 대안에 대한 의견이 일치되지 않는 경우에는 지체될 수 있다고 했다.

놀라운 것은 지능 검사가 언어장애 아동을 확인하는 평가 검사로 확립되었다는 점이며, 과거 기록이 의심되는 아동을 확인하기 위해서도 실시된다는 것이다. 예를 들면, 과거에 정상이었고 인지 능력이 상위에 있던 아동이지만, 청각장애 및 뇌성마비를 가진 다문화 아동과 같이 언어의 어려움이나 장애를 갖게 되는 아동은 학교에서 인지적으로 낮은 기능을 가진 아동 또는 지적장애로 오진될 수 있다. 오진의 중요 요인은 지능 검사를 실시할 때의 일부 특성 때문이다. 역사적으로 스탠포드-비네 지능 검사(Standford-Binet Intelligence Scale)(Terman & Merrill, 1973)는 IQ 점수가 언어 및 언어와 관련된 능력과 매우 관련되었다는 것이다. 언어장애 또는 언어에 어려움을 갖는 아동에게 실시할 때, IQ 점수는 아동의 인지 수준보다 오히려 언어 능력을 더 직접적으로 평가한다. 최근에 수정된 스탠포드-비네 지능 검사 5판(Stanford-Binet V)은 언어/비언어 수행의 하위 검사로 구분했다. Wechsler Intelligence Scale for Children—IV(WISC-IV)(Wechsler, 2003), Wechsler Preschool and Primary Scale of Intelligence—III(WPPSI-III)(Wechsler, 2002)의 검사도 언어 영역과 IQ 점수를 분리했다. 이러한 분리를 통해서 언어장애를 가진 아동의 지능 검사 결과를 둘러싼 일부 문제를 설명하고자 했다. Standford-Binet 검사에서 언어 검사는 아동의 언어 능력 또는 장애를 반영하는 경향을 보인다. 이러한 IQ 점수를 타당하게 해석하는 데 주의가 필요하지만, 언어장애를 가진 아동의 지적 수준을 더 정확하게 제공할 수 있다(Francis et al., 1996). 주의해야 할 점은, 검사를 실시할 때, 지시가 구두로 주어지는 것에서 언어 이해에 어려움을 갖는 아동은 지시를 이해할 수 없기 때문에 과제 수행을 정확하게 수행하지 못해 심각한 불이익을 얻게 된다는 것이다. 예를 들어, 한 연구에 따르면, 검사자가 WISC, WISC-R 지능 검사를 실시할 때 검사의 매뉴얼 의사소통과 함께 검사자가 구두로 보충해 주었을 때, 검사 결과가 20점 높게 나타났다(Sullivan, 1978). 마찬가지로 Braden(1994)은 청각장애 아동을 대상으로 지능 검사를 실시할 때, 보충을 해주면 청각장애가 없는 아동과 차이를 보이지 않았지만, 구두로 지시를 하는 검사에서는 또래에 비해 더 낮은 점수가 나타났으며 정상 범주 이하를 나타냈다.

언어에서의 어려움 및 언어장애를 가진 아동에게 최악의 상황은 지적 기능의 평가에서 Peabody Picture Vocabulary Test(PPVT)(Dunn, 1965)의 초기 수정판을 사용하는 것이다. 이 검사는 지적 수준을 평가하기보다는, PPVT와 최신판 Peabody Picture Vocabulary Test—IV(PPVT-IV)(Dunn & Dunn, 2007)는 실제적으로 단단어 어휘의 수용을 평가한다. 다행히, 심리적 평가는 지능 검사를 실시하지만, PPVT-IV는 더 이상 지능을 측정하기 위해 사용하지 않는다.

Kaufman Assessment Battery for Children(Kaufman & Kaufman, 1983), 이 검사의 간단 검사 버전인 Kaufman Brief Intelligence Test—2(K-BIT-2)(Kaufman & Kaufman, 2004)는 비언어적 검사를 포함해서 점차 대중적인 지능 검사 도구로 사용되고 있다. 이러한 검사는 동시적 또는 연속적 정신 처리 과정을 사용하여 문제를 해결하는 개인의 능력을 평가한다.

K-BIT를 검사할 수 있는 관리자 규정은 다른 지능 검사에 비해 더 관대한 편이다. 왜냐하면 표준화된 검사 절차인 규준 참조 검사를 훈련받은 다양한 전문가들이 더 이용하기 쉽게 만들었기 때문이다.

또 다른 검사 도구는 검사의 일부에서 언어 영역의 부담을 최소화한 상대적인 지능 검사들이 있다. 이런 검사로는 Columbia Mental Maturity Scale(Burgemeister, Blum, & Lorge, 1971) 3판과 Universal Nonverbal Intelligence Test(Bracken & McCallum, 1998)이 있다. 또 다른 비언어성 지능 검사로는 Test of Nonverbal Intelligence(Brown, Sherbenou, & Johnsen, 2010)과 Comprehensive Test of Nonverbal Intelligence—2(Hammill, Pearson, & Wiederholt, 2009)가 있다. 또한 시각적 지각을 주로 검사하는 The Raven's Coloured Progressive Matrices(Raven, 2003)는 때때로 언어장애 또는 언어에 어려움을 갖는 아동과 교류하는 데 사용된다. Conti-Ramsden, Botting, Simkin과 Knox(2001)는, 언어장애 아동을 대상으로 아동의 지적 능력을 평가하기 위해 사용하는 Raven의 검사가 기억 능력이 요구되는 검사와 시간 안에 과제를 해결하는 과제를 포함하는 지능 검사나 다른 비언어적 검사보다 특정 영역에서 더 많은 도움을 얻을 수 있다고 보고했다. 왜냐하면 Raven의 검사는 주로 시각적 지각 및 추론/논리적 과제로 구성되어 있어서 시간 제한이 없기 때문이다. 언어장애 아동은 주로 단기기억의 문제를 가지며 일반적으로 처리 과정 속도가 느리기 때문에 다른 비언어적 지능 검사를 실시하는 것보다 Raven의 검사를 통해서 아동의 지적 능력을 더 잘 파악할 수 있다(Conti-Ramsden et al., 2001).

비록 지능을 평가하기 위한 규준 참조 검사 도구들이 명백히 규정된 프로토콜에서 편차를 보여 주지만, 언어장애 아동 또는 언어에 어려움을 갖는 아동들이 비교적 정확한 지능을 얻기 위해서는 검사에 필요한 특정한 예방책, 지시, 자료 그리고 절차를 수정해서 제공할 필요가 있을 것이다. 예를 들면 심각한 구강 및 운동 능력에서 제한을 보이는 뇌성마비 아동에게 검사를 실시할 때는 검사를 나눠서 실시할 필요가 있으며, 아동이 반응하기 위해서 자극을 볼 수 있도록 자리를 배치할 필요가 있다. 또는 검사자가 구강 또는 움직임이 필요한 반응 대신에 다중 선택 반응으로 바꿔서 실시할 필요가 있다. 많은 지능 검사는 운동장애를 가진 아동에게 시간을 재는 부적절한 하위 검사를 포함하고 있으며, 언어 부담이 최소화된 많은 검사는 시각장애를 가진 아동에게 적합하지 않게 시각적인 방법을 강조하기도 한다. 어떤 경우에 시각장애 및 청각장애를 가진 아동에게 WISC-IV 또는 WPPSI-III 중에서 하나의 검사만 제시될 수 있다. 청각장애를 가진 아동에게는 시각적으로 조직된 검사를 실시하여 적절한 시각적 단서가 아동의 수행을 적절하게 도울 수 있다. 그러나 혼란스러운 시각적 정보는 아동의 수행에 영향을 미칠 수 있다는 것을 고려할 필요가 있다. 그림-반응으로 구성된 검사 도구를 사용할 때, 검사자는 검사 자극을 제시한 후에 어떤 특정 그림을 바라보지 않아야 하며, 자신의 손을 아동이 반응하기를 원하는 방향에 두어서도 안 된다. 아동을 검사할 때 필요한 몇 가지의 수정 및 주의해야 할 점이 있다. 물론 대부분의 지능 검사는 표준화되어 있고, 검사를 위해서 몇 가지의 수정을 하게 되면 유효하지 않은 검사 결과를 얻게 된다. 한편, 지적인 능력에 영향을 미치는 아동의 의사소통 및 다른 능력을 검사하는 것도 유효하지 않다. 지능 검사로 언어 수행도 판단이 어려운 경우, 언어장애 아동은 예외적으로 특별하다.

요약

이 장에서 우리는 다음의 내용들을 살펴보았다.

- 언어 평가는 여러 목적을 달성하기 위해 필요하며, 다양한 절차 및 도구들은 이러한 목적을 성취하기 위해 사용된다.
- 선별 검사는 아동의 의사소통 수행을 간단하게 조사하며, 선별 검사 결과는 아동의 언어에 대해 관심을 갖게 하지만, 아동이 언어 문제를 갖고 있는지를 결정할 수는 없다. 평가 및 검사를 통해 감각성, 특이성, 긍정적 예측도, 부정적 예측도, 긍정적 오류 및 부정적 오류 등은 평가 및 검사를 실시할 때 중요한 문제이다.
- 아동 언어에서 나타나는 규칙성은 중재 목표를 계획하기 위해서 확인할 필요가 있다.
- 언어 샘플링, 역동적 평가, 임상가가 구조화한 과제를 포함한 준거 참조 검사의 다른 형식 등의 평가는 이러한 목적을 성취하기 위한 타당한 절차이다.
- 평가는 지속적인 과정이다. 중재 효과성을 평가하는 것은 이러한 지속적인 과정의 일부분이다.
- 규준 참조 검사는 도구이며, 평가 목적을 성취하기 위해 사용할 때 유일한 방법으로는 효과적이지 않다. 전문가들은 규준 참조 검사를 남용하거나 잘못 해석하지 않도록 주의해야 한다.
- 언어 샘플링을 할 때 고려해야 하는 요인으로는 샘플을 유도할 때 사용하는 방법, 주변 환경, 의사소통 상대자 등이 있다. 또한 샘플의 길이, 샘플을 녹음하는 방법 및 전사, 분석 절차 등이 사용된다.
- 상호작용적 담화, 화용, 이야기 능력을 평가하는 것은 평가 과정의 일부로 중요하며, 표준화되지 않은 것이 요구되지만, 때때로 표준화된 접근이 요구되기도 한다.
- 지능 검사는 아동의 전반적인 평가의 일종이다. 아동이 언어 문제를 가지고 있을 때 타당한 지능 검사의 결과를 얻는 것은 전문가에게는 도전이 될 수 있으며, 신중한 검사 선택이 요구되며, 일반적으로 실시되는 검사 절차를 수정하는 것과 관련될 수 있다.

언어 문제가 의심되는 아동의 언어 평가 과정은 다양한 자료 및 절차로부터 얻은 자료를 수집하는 것과 관련된다. 이렇게 얻은 자료는 평가 과정의 목적을 달성하도록 도움을 준다. 또한 이러한 자료 중 하나는 언어 문제를 가진 아동의 중재 방향을 결정하는 데 도움을 준다.

언어 중재에서 고려할 사항

학습 목표

이 장을 읽고, 다음의 내용을 논의할 수 있어야 한다.

* 언어 중재의 계획과 실행에서 고려할 사항과 이 사항들이 중재 결정에 미치는 영향
* 다양한 중재 접근법들과 그 접근법들이 언어 중재에 대한 다른 결정과 겹쳐지거나 영향을 주는 방법들
* 중요성을 증가시키기 위해 중재 목표를 강조하는 방법
* 언어 중재에서 사용되는 촉진 기술들

이전 장에서, 많은 중재에 대한 고려 사항을 논의했다. 많은 중재 전략들은 다른 아동들이나 상황에 적당하며 인용된 특정 예시들보다 더 많이 적용되었다. 그렇지만 두 명의 언어장애 아동들이 언어 능력과 장애 특성이 똑같은 경우는 없다. 그렇기 때문에 각 아동들의 언어 중재 계획은 개별적으로 계발되고 평가 과정의 결과에 기초하며, 후에는 중재 프로그램의 부분으로서 지속적인 평가가 이루어진다. 언어 중재에서 단일 처방전이란 없다. 대신, 여러 요인들과 접근법들이 계획을 세우는데 고려되어야 한다.

Fey와 Proctor-Williams(2000)는 문법적인 목표를 위한 중재에서 네 가지의 목표를 기술했다.

1. 새롭거나 아직 습득되지 않은 언어 형태나 조작에 주의하기
2. 새로운 형태의 의미적 · 화용적 · 문법적 기능 알아보기
3. 기존의 문법 체계에 새로운 형식이나 조작을 관련시켜 문법 지식을 수정하기
4. 기저에 있는 문법 지식으로 생성시킨 후에, 새로운 구조를 더욱 빠르고 신뢰롭게 접

근하고 산출하기(p. 178)

이러한 목표들은 화용적 목표나 의미적 목표의 중재에서 쉽게 적용될 수 있다.

1. 중재에서 고려할 사항

1) 전형적인 과정 대 전형적이지 않은 과정

언어 중재에서 많은 접근법들이 일반 아동들에게서 관찰된 언어 행동과 발달 패턴에 기초한다. 이것은 전형적인 언어 습득을 하는 아동들의 행동이 믿을 만한 것이며 언어장애 아동들에게도 유용할 것임을 의미한다. 물론, 문제는 언어장애 아동들이 언어를 전형적으로 습득하지 않고, 전형적으로 언어를 배우는 아동들의 행동이 언어장애 아동들에게 적용되지 않을 수도 있다는 것이며, 그 반대의 경우도 마찬가지이다(Kiernan & Snow, 1999).

몇몇 중재 접근법들은 엄마와 아동의 전형적인 언어 습득의 상호작용을 닮은 자연스러운 아동 중심의 환경을 강조한다(Girolametto et al., 1996; Yoder, Kaiser, & Alpert, 1991). 이러한 접근법들은 일반 아동들이 활동적으로 주변을 탐색하고 다른 사람들과의 의사소통적인 상호작용에서 언어를 배운다는 지식에 근거한다. 그렇지만, 모든 언어장애 아동들이 그런 전략으로 이득을 얻는 것은 아닐 수 있다. 왜냐하면, 어떤 언어 문제를 가진 아동들은 수동적이거나 반응적이지 않으며(Fey, 1986), 어떤 이유에서든 그것이 언어 학습 환경의 효율성에 영향을 미친다(Proctor-Williams et al., 2001). 이러한 아동들은 그런 '자연스러운' 환경 전략에서 이점을 얻지 못할 수 있다. 적어도 어떤 언어장애 아동들은 '전형적이지 않은' 중재 접근법이 필요하다. 이것의 의미는 우리가 중재의 '전형적인 과정'을 다소 조절할 필요가 있다는 것이다.

2) 발달적인 중재와 발달적이지 않은 중재

중재에서 고려할 사항으로, 중재를 계획하고 실행하기 위해서 전형적인 아동의 언어발달 정보를 사용했다. 언어 중재 계획은 종종 정상 언어발달에 근거를 둔다. 정상 언어발달 패턴은 언어장애 아동들을 위한 계획으로 목표의 순서를 정할 수 있다. 발달적 접근을 뒷받침하는 근거는 특정 언어 기술이 더 높은 기술의 습득을 위해 기본을 제공하는 선행조건이라는 것이다. 새로운 언어 기술은 이전에 습득된 기술들에 의해 세워지며, 먼저 습득된 기술들이 후에 발달하는 기술 학습에 영향을 미친다. 그러므로 정상 언어발달 정보에서, 다른 기술이 습득되기 전에 배워야만 하는 기술들을 결정하는 데 도움을 받을 수 있다.

많은 경우에, 언어 중재에 대한 발달적 접근이 보장되어 있다. 초기의 중재 목표 선택에 근거를 제공하며, 지속적인 아동 중재에 가이드를 제공한다. 구문론이나 형태론의 중재 목표 선택에서는 발달적 접근 사용의 예로 다음과 같은 것들이 있다. (1) 끼워 넣는 과정의 습득을 위해 문장의 주어를 조절하는 관계사절을 배우기 전에 문장의 목적어를 조절하는 것에 초점 두기. (2) 과거 시제 동사나 3인칭 현재 시제 규칙 동사 변화(*runs*)를 배우기 전에 현재 진행 동사의 변화(*-ing*)를 강조하기. (3) 이형태 /s/와 /əz/를 배우기 전에 복수 명사형에 사용되는 이형태 /z/를 소개하기. 정상 언어 습득 아동들은 사물의 속성을 가리키기 전에 명명하기, 재현하기, 존재하지 않음을 표현하는 의미 관계를 사용하기 때문에, 우리는 의미 영역에서의 중재 목표 설정에 이러한 정보를 사용해야 한다. 이렇게 실재+속성('car big')과 속성+실재('big car')의 관계를 강조하기 전에 의미 관계의 앞선 유형들을 강조해야 한다. 언어의 화용 측면에 초점을 둔 중재를 위해, 발화당 한 가지의 기능만 있는 발화들이 발화당 2개 이상의 기능을 가진 발화를 요구하기 전에 강조되어야 한다. 대화의 차례 지키기에 대한 중재는 만약 아동이 이 기술이 부족하다면, 말 주고받기 활동을 소개하기 전에 언어 이전 수준에서의 상호적인 상호작용의 선행으로 시작되어야 한다. 대화 주제 유지 기술에서는, 먼저 그 아동이 사용하는 하나, 가능하면 두 개의 우발적 반응에 목표를 두고 그 후에 몇 가지의 우발 반응에 목표를 둔다. 더욱이, 성인의 이전 발화의 부분을 반복하는 것을 포함하는 우발 반응은 새로운 정보를 추가하는 우발 반응 전에 격려된다.

그렇지만 정상 발달 자료는 언어 중재에 대한 처방전이라기보다는 가이드라인을 제공하는 것으로 여겨져야 한다. 더욱이, 발달적 접근이 중재 계획에서 더 자주 사용되는 전략이라 해도 일반적인 발달 순서와 맞지 않는 경우도 있다. 자폐 아동들의 중재에서는 항상 발달적 순서를 따르는 것은 아니다. 아동의 인지 수준, 특정 언어 기술의 이해 수준, 중재에서의 반응 같은 언어장애 아동들의 개인적 특성들은 발달적이지 않은 전략의 사용을 보여 주는 것이다. 다른 경우, 아동이나 아동의 부모/양육자, 교사들은 발달적이지 않은 접근법의 선택을 지지하는 직접적인 의사소통 요구를 갖는다.

3) 규칙성

언어장애 아동들은 언어의 원리나 규칙성(예: 낱말의 상위 분류나 하위 분류의 의미 도표, 동사 이형의 사용, 의문문 형식에서의 전치 형식이나 전환 형식, 교사와의 적절한 대화 주제 유지)에 어려움을 갖기 때문에, 언어 중재에서는 아동들이 이러한 것들을 알도록 도움이 되어야 한다(Fey, Long, & Finestack, 2003). 그렇기 때문에 중재 목표는 상황이나 경험을 만들어서 그 아동이 규칙성을 찾게끔 하는 것이다. 체계적으로 조절되었지만 다양한 실례들의 많은 반복이 원하는 것의 발견을 촉진할 것이다. 근본적인 아동의 문제가 규칙성을 이해하는 것이 아니며 정보를 처리하는 데 있어서의 제한성이나 어려움이 있는 것일 때조차도 다양하고 체계적으로 통제된 실례들의 사용은 효과적인 중재 전략이다. 이러한 경우, 중재 접근과 관련된 반복적 패턴이 이 아동들의 처리 과정에서의 요구를 줄일 수 있게 하어, 과제 요구의 복잡성을 줄여 준다.

설명하자면, 만약 재현을 표현하는 *more*의 의미를 알려 주는 것이 목표라면, 어른이 조정하는 뮤지컬 jack-in-the-box(깜짝 장난감 상자)를 사용할 수 있다. 그 장난감의 작동을 보여 준 후에(아동이 기뻐할 것을 바라며), 성인은 아동이 계속해서 그 장난감을 가지고 놀도록 허락한다. 그때 뚜껑을 닫고, 아동에게 건네며 아동에게 묻는다. *More? More?* 전체 과정을 몇 번 반복한 후에, '*more*라고 말하기'와 '상자 열기' 간에 긴 시간을 두어 아동이 *more*를 요구하게 한다. 아동이 요구하면 즉시 상자를 열어 준다. 비록 아동이 이 상황에서 *more*를 사용했어도, 우리는 아동이 그 의미를 정확히 알고 있는지 확신할 수 없다. *more*의 규칙성을 강조하는 다른 이벤트가 중재에 도입될 필요가 있다. jack-in-the-box 놀이 후, 아동은 컵에 주스를 조금만 받는 것과 같은 처치가 따른다. 아동이 주스를 마시면, 어른이 *More?*라고 묻고 주스를 더 준다. 의도는 아동이 더 원할 때 적절하게 표현하는 것이다. 이 예에서는 Halliday(1975)의 조정 기능과 Dore(1975)의 원하는 활동 요구하기의 의사소통 의도가 명백하다. 아동들은 다른 사람들의 행동이 조절되고 원하는 것이 적절한 언어의 사용으로 이루어지는 것을 알게 된다.

규칙성을 알기 위해, 아동은 귀납적 과정이나 연역적 과정의 도움이 필요할 것이다. 귀납법은 다양한 각각의 사례들을 관찰함으로써 일반적인 규칙을 발견하는 것이다. 연역법은 일반적으로 알려진 규칙을 새로운 상황에 적용하는 것이다. 그렇지만, 다른 유형의 목표(예: 의미론적 목적, 형태론이나 구문론적 목적, 화용론적 목적)가 아동이 규칙성을 알게 하는 데 다른 접근법으로 요구될 수도 있다. Connell(1989)은 귀납법을 이용한 접근법이 의미론적 목표를 촉진하는 반면 연역법을 이용한 접근법은 형태 구문론적 목표를 촉진한다고 보고했다.

비록 이러한 촉진법의 원리들이 학령 전기, 학령기, 청소년기 동안에 적용되지만, 언어에 대해 이야기하거나 분석하는 상위 언어 기술을 습득하지 못한 더 어린 아동들에게 더 적용할 만하다. 어느 정도의 상위 언어력을 가진 더 나이 든 아동들과 청소년들의 경우, 배워야 할 규칙성의 설명을 규칙에 초점을 두어 진행하는 것이 도움이 된다. 쓰기를 해보거나 쓰여진 자료의 사용이 더 나이 든 아동들에게 구어와 문어 간의 관계 규칙성을 확인하는 데 도움이 된다(Fey et al., 2003). 그렇지만 이러한 설명과 분석은 문맥적으로 적절한 상황에서 실제로 해보아야 한다.

4) 언어의 복잡성 조절

규칙성에 초점을 둘 경우, 아동이 규칙성을 이해할 수 있는 방법으로 복잡성을 조절할 수 있다. 앞에서 논의한 대로, 아동이 규칙성을 발견할 수 있도록 돕는 절차는 언어 과제의 복잡성을 감소시켜 도울 수 있다. 많은 언어장애 아동들의 처리 과정이 제한적이거나 손상이 있다는 문헌들이 근거가 되어(Corriveau et al., 2007; Ellis Weismer, 1996; Ellis Weismer & Evans, 2002; Gillam, Cowan, & Marler, 1998; Leonard, 1998; Merzenich et al., 1996; Miller et al., 2001; Montgomery, 2002b; Montgomery & Windsor, 2007), 중재에서 고려할 사항으로 중요한 것은 목표 언어의 언어적 요구의 복잡성을 조절하거나 줄이는 것이다.

아동에게 언어 요구에 대한 복잡성을 조절하는 것에서, 중재가 언어의 한 측면에 초점을 두었을 경우, 동시에 포함되는 다른 측면의 복잡성 조절이 중요하다. 우리는 언어장애 아동들에게 새로운 구문 형태의 다단어 발화에서 새로운 단어의 사용을 기대하지는 않는다. 정상 언어 습득 아동들도 이렇게 하지 않는다. 그들은 새로운 내용을 부호화하기 위해서는 더 단순하거나 전에 습득했던 구문 구조를 사용하는 경향이 있다(Bloom, Lightbown, & Hood, 1974; Slobin, 1973). 언어는 서로 상호작용하며, 다양한 언어 과제의 언어 요구들 간에는 하나를 얻으려면 반드시 다른 것이 희생되어야 한다(trade-offs)는 실질적인 증거가 있으며(Ellis Weismer & Evans, 2002; Gershkoff-Stowe & Smith, 1997; Lahey & Bloom, 1994; Leonard, 1998; Masterson, 1997; Namazi & Johnston, 1996; Schwartz et al., 1980), 결합된 과제의 난이도, 그 과제에 대한 아동 지식의 확고함, 의식작용의 용이함에 따라 과제가 수행된다.

이러한 정보를 중재에 사용하여, 우리는 평상시에 언어 학습 상황에서 보이는 복잡성을 줄이고 규칙성을 찾는 과제와 목표의 사용을 단순화했다. 예를 들어, 새로운 형태론적이거나 구문론적 구조가 매우 안정적인, 아마도 일상적인 문맥에서 단어를 맞게 사용하는 상황으로 나타날 것이다. 의미론적으로는 우선 새로운 낱말이나 새로운 의미 관계를 친숙한 형태 구문론적 형식이나 문맥에서 사용하는 것이 포함된다. 화용론적 기술에서는, 그 아동이 친숙한 상호작용에서 오래된 언어 형식을 사용할 때, 새로운 화용 기술을 적용하도록 격려된다. 의미론적으로 초점을 둔 중재에서는, 배운 낱말의 음운론적 내용을 조절하는 것도 습득할 낱말을 쉽게 만드는 데 영향을 미친다. 아동이 새로운 목표 언어 행동을 습득했음을 나타내기 시작함에 따라 다른 언어 요인들이 점차적으로 체계적으로 소개될 수 있다.

또한 언어의 특별한 특징을 습득하도록 도울 때, 입력하는 언어의 복잡성을 조절하는 것도 중요하다는 증거들이 있다. 이러한 증거들로는 정상 발달 아동들에게 말하는 엄마들에 대한 연구가 있다. 엄마들은 그들의 말 속도를 줄이고 언어의 운율적 특징을 사용할 뿐만 아니라, 전반적인 언어의 복잡성을 줄여서, 짧고 간단한 발화를 사용한다. 예를 들어, 중재 측면에서는, 표현언어 발달이 느리지만 나이에 적절한 수용언어 어휘를 가진 2~2.5세 유아들에게 새로운 어휘 습득을 돕는 프로그램에서, Girolametto 등(1996)은 아동들의 엄마에게 아동에게 말하는 속도, 발화의 길이, 어휘 다양성 등을 줄이도록 하며 목표 어휘의 모델링 빈도를 증가시켰다. 입력 언어의 복잡성을 줄인 엄마들의 아동들은 중재 목표에서뿐만 아니라 다른 언어 영역에서의 다양성에서까지 이득을 얻었다. 아동과의 상호작용에서 이러한 변화를 실행하지 않은 엄마들의 아동들에게는 이러한 이득이 없었다. 또한 입력의 복잡성을 줄이는 이러한 접근법은 만약 아동이 규칙성을 이해하는 데 어려움이 있는 경우에 규칙성을 알려 주는 체계적인 패턴을 강조하는 효과도 있다. 아동의 처리 과정에 부담을 주는 요인들이 감춰진 길고 복잡한 발화 대신, 적절한 문맥에서의 짧고 단순한 발화는 논리적인 접근법이다. 언어 모델의 길이와 형태 구문론적 복잡성 조절에 더하여, 어른은 아동의 의미 목록 내에 있는 단어의 발화를 사용할 필요가 있다. 만역 아동이 어른 모델의 의미를 이해하지 못한다면, 아동이 그 발화의 어떤 것을 알고 있는지 의심해 볼 수 있다. 중요한 점은 복잡성과 그것을 조절하는 것이다(Ellis Weismer & Schraeder, 1993).

5) 이해와 산출

대부분의 언어장애 아동들은 언어의 사용과 이해 모두에 문제를 갖는다. 그러므로 일반적으로는 이해에 먼저 초점을 두고 나서 산출로 진행한다. 우리는 이해가 항상 산출보다 선행하는 것은 아님을 상기할 필요가 있다(Miller & Paul, 1995). 또 다른 중요한 고려 사항은 산출 과정으로, 의미 있는 맥락에서 적절한 화용론적인 배경에서의 산출은 목표 언어의 이해와 지식을 함께 가져오기 쉽다는 것이다(Lahey, 1988; Leonard, 1998; Paul, 2007). Leonard(1998)는 "목표 언어의 산출 연습에서, 아동들은 또한 사용되는 적절한 문맥을 배울 수 있다."(p. 194)라고 제안했다. 아동들에게 규칙성을 알도록 돕는 것에서 이해 없이 수행되는 것은 어려운 일이다. 그렇지만, 아동들이 특정 형태를 그 발화의 의미나 의도를 이해하지 못하고 틀에 박힌 수법으로 산출하는 것은 분명 일반화의 토대가 되지 못한다. 우리는 또한 이해 문제가 확인되지 않았을 때조차도, 이해 결함 없이 표현언어에만 문제를 갖는 아동들은 좀처럼 없다는 것(Leonard, 2009; Tomblin & Zhang, 2006)을 상기할 필요가 있다. 이것은 이해와 표현 모두에 초점을 맞춘 발달적 중재 개념을 지지하는 것이다.

비록 동시에 이해 발달 목표와 산출에 초점을 두기로 한 결정이 정당할지라도, 그런 접근법이 정상 발달 아동들에게는 효과가 있다 하더라도, 언어장애 아동들의 산출 결과에서는 이해만 수행하는 것은 충분하지 않음을 제시하는 연구들이 있다. 여기에서 우리는 이 장의 시작 부분에서 '전형적인 과정 대 전형적이지 않은 과정'에 대한 논의의 타당성을 볼 수 있다. 두 연구가 이러한 관점을 설명하고 있다. Dollaghan(1987)은 전형적인 아동들과 언어장애 아동들의 단어 의미 빠르게 연결하기 능력을 검토했다. 그녀는 전형적인 아동들과 언어장애 아동들 모두 제한적 · 구조적 제시에서 단어의 의미를 추론하는 능력은 같았지만, 언어장애 아동들은 제한적인 제시 후에 그 단어를 산출하지 못하는 반면, 대부분의 전형적인 언어 습득 아동들은 산출할 수 있었다. Connell과 Stone(1992)은 형태론적 습득에 대해 연구했다. 그들의 연구에서, 전형적인 아동들과 언어장애 아동들 모두에게 몇 가지 형태소를 가르치고, 그 형태소의 의미를 이해하도록 학습했다. 그렇지만 전형적인 아동들과는 달리 언어장애 아동들은 이전에 그 형태소의 산출을 연습한 발화에서만 그 형태소를 사용할 수 있었다. 이러한 연구들은 언어장애 아동들이 표현언어를 향상시키기 위해서는 중재 목표를 산출할 기회가 필요함을 제시하는 것이다. 이러한 아동들을 위해, 이해가 포함된 훈련이 결과적으로 목표의 이해를 낳고, 이해만 하는 훈련은 산출을 만들지는 못하며 산출 연습이 그 목표를 산출하는 결과를 낳는다.

우리는 언어장애 아동들의 경우에 왜 그러한지는 모른다. 산출 과제는 일반적인 중재에서 더 많은 연습이나 경험, 시간이 요구된다. 3장에서 보았듯이, Gray(2003b)에 따르면, 전형적 발달 아동들과 비교하여 단순 언어장애 아동들이 새로운 낱말의 의미를 배우기 위해서는 전형적 발달 아동보다 그 새로운 낱말을 2배 이상 들어야 하며 그 낱말을 산출하려면 또한 지속적으로 그 낱말에 2배 이상 노출되어야 한다. 이러한 결과들은 전형적인 언어발달 아동들에게 제공되는 것에 비해 언어장애 아동들에게 새로운 어휘를 표현어휘에 추가하기 위해서는 중재에서 수용적 노출이 4배가 필요하다고 제안하는 것이다. 이것은 양적인 요인이다. 즉, 질적인 요인으로는 더 많은 것이 필요하다.

산출은 이해 작업과 비교하면, 습득이 실제적으로 도움이 되며, 산출 행동 자체는 많은 자원이 필요할 수 있다. 즉, 산출 행동은 아동의 현재 능력에 충분한 부담이 되어, 아동의 능력을 넘어서는 것일 수도 있다. 이것은 새로운 언어 기술을 배우는 초기에 적용되며 역동적 평가 과정이 도움이 될 수 있다. 만약 그러한 경우라면, 복잡성을 줄이는 고려가 실행될 수 있으며, 초기에는 이해에 초점을 두고 이후에는 산출로 옮겨 갈 수 있다.

그렇지만 이해의 어려움이 어떤 아동들이나 청소년들에게는 중요한 문제이다. 이것이 표현언어 지체보다 더 문제가 되어 중재에서 더 감당할 수 없는 문제가 된다(Boyle, McCartney, O'Hare, & Forbes, 2009; Law et al., 2004). 발달적인 말과 언어에서의 지체나 장애 유아들의 중재 효율성에 대한 상위 분석에서, 연구자들은 수용언어에 문제를 가진 아동들의 중재 효능성을 증명할 수 없었다(Law et al., 2004). 물론, 중재 프로그램이 표현언어 성장에 더 중점을 두어 촉진한다면, 적어도 동시적인 수용언어의 발달을 배제하거나 최소화하면, 우리가 앞에서 논의한 내용으로부터 수용언어가 중재에 덜 반응적일 수 있다는 제안이 놀랍지만은 않을 것이다.

이해의 어려움은 학령기 아동들에게 특히 문제가 될 수 있다. 아이들이 만약 교사가 말한 내용을 빠르고 쉽게 이해하지 못한다면, 배우지 못할 것이며, 교사나 친구들의 말을 이해하지 못한다면, 부적절한 반응을 보이거나 때로는 이상하게 말하거나 행동할 것이다. 학령 전기 아동들조차도 이해 문제는 또래와의 대인관계에 영향을 미친다. Gertner 등(1994)은 학령 전기 단순 언어장애 아동들에게서 수용어휘 지식의 수준이 또래 친구들로부터 친구로 불리는지 그렇지 않은지를 예측해 주며, 낮은 이해 어휘를 가진 아동들은 친구로 불리기 쉽지 않았다는 것을 발견했다. 이러한 관점에서, 중재는 이해 능력에 주의를 기울이는 것을 포함해야 한다.

6) 중재의 초점과 중재 목표 찾기

언어 목표나 조기 중재 목표 결정은 평가를 통해 확인된 아동 개인의 필요에 맞는 화용론적 · 의미론적 · 형태 구문론적 기술에 초점을 둔다. 매우 어린 언어 이전기 아동들의 경우 우선 의도적이고 말이 아닌 의사소통의 상호작용이 개발되고, 언어 습득과 관련된 인지 기술들, 즉 함께 활동에 참여하거나 일상적이거나 수반되는 상징 제스처를 사용하는 상징놀이에서 공동 주목하기, 사물을 제스처로 요구하기 등이 개발되어야 한다. 다른 아동들의 경우, 사회적 상호작용의 담화 기술 발달이 가장 활발하다. 형태 구문론적인 규칙성의 발견은 다른 언어장애 아동들의 중재에서 가장 초점이 될 수 있는 반면, 의미론적 기술의 발달은 여전히 다른 아동들에게 가장 중요하다. 아동들은 종종 한 영역 이상에서 중재가 필요하고(필요하거나) 그 영역들 간의 관련을 강화시키는 것이 필요하다(Fey et al., 2003). 아동이 보이는 특정 언어 패턴에 대한 중재는 각 아동들마다 개별적이다.

역동적 평가는 목표와 순서를 정하는 데 도움이 된다(Bain & Olswang, 1995; Olswang & Bain, 1996; Schneider & Watkins, 1996). 만약 Vygotsky(1978)의 근접발달영역 개념을 사용한다면, 그 아동의 이러한 영역 내에 있는 기술들이 역동적 평가로 판단되어, 중재 목표의 대상이 될 수 있다. 역동적 평가 중에 자극될 수 있는 것들이 포함된 이 영역의 기술들은 수용적 지식은 있지만 산출되지 않는 것이나 어떤 경우에만 사용되는 것들이다. 그렇지만 아동이 목표를 사용할 기회의 반 이상에서 정확하게 수행한다면 이 기술은 때때로 사용하지만 대부분 사용하지 않는 다른 것만큼 중재 우선순위가 높지는 않다(Fey, 1986). 결론적으로 전자의 범주에 있는 기술들은 중재 목표로 잡을 때 습득되기 쉬운 반면, 후자의 기술들은 근접발달지역 내에 있고 적절한 중재로 향상되기 때문에 우선순위가 높지 않다는 것이다. 문법 형태 중재에서, Nelson, Camarata, Welsh, Butovsky와 Camarata(1996) 등의 연구 결과에 따라, 우리는 아동들이 때때로 사용하는 기술들이나 전혀 사용하지 않는 기술들을 중재 목표로 선택할 수 있다.

언어의 한 측면에 중재 초점을 두는 것이 적절하다 해도, 이것이 언어의 다른 측면에 주의를 기울이는 것을 배제한다는 것은 아니다. 중재 계획은 한 측면이 더 강조되더라도, 언어의 모든 측면에 동시적인 주의가 요구된다. 예를 들어, 낱말들 간의 의미적 관계가 무의미한 문장(예: "The tree is walking.")의 사용이나 아동이 모르는 의미의 낱말들이 포함된 구문적 배열은 중재에서 거의 의미가 없다. 또한 의미 없는 형태에서 사용된 언어 목표는 잘 일반화되지 않는다. 구문에 초점을 둔 중재는 아동이 언어 형식이 의사소통을 위해 사용되는 방식을 알도록 도울 필요가 있다. 중재가 화용에 초점을 둔 경우라도, 형식과 내용은 사용의 측면에서 맞추어져야 한다. 또한 의미에 초점을 둔 중재에서는 적절한 문맥에 낱말 의미의 사용과 형태 구문 형식으로 표현된 낱말 의미 간의 관계가 포함되어야 한다. 중재 계획과 실행에서 언어의 모든 측면을 염두에 두었을 때, 한 측면의 초점이 아동의 다른, 2차적인 학습을 촉진할 것이다. 중재는 사람들과의 상호작용에서 특정 목표를 사용하도록 아동을 격려할 필요가 있다(Fey et al., 2003).

중재가 다른 것보다 언어의 한 측면에 초점을 두어 시작하더라도, 중재의 목표와 초점은 아동의 지속적인 중재 프로그램 동안 몇 번 바뀔 수 있다. 아동의 지속적인 중재 과정에서, 아동의 변화에 맞게 초점을 변화시키는 것이 요구된다. 이것은 정기적으로 조사하고 체계적으로 재평가하는 것이 중요하다는 의미이다. 그리고 아동에 대한 중재 변화의 초점으로 전략 또한 바뀔 것이다.

7) 중재 내용의 유용성

언어장애 아동들은 언어의 형식과 내용을 배우는 것만이 아닌 의사소통을 배워야 한다. 언어장애 아동들과 작업하는 거의 모든 사람들은 중재가 가능한 한 특정 언어 목표의 유용성을 나타내는 화용적인 면에 초점을 두어야 함에 동의한다. Paul(2007)이 목록화한 많은 유용한 중재 원리들 중에는 중재 내용의 유용성을 강조하는 몇 가지는 다음과 같다.

1. 유익한 언어 만들기(p. 84)
2. 과제 내에서 의사소통을 위한 동기 증가시키기(p. 84)
3. 화용론적으로 적절한 반응 갖기(p. 88)

중재 목표가 어떤 특정 언어 기술인지에 상관없이, 우리는 아동들이 적절한 언어를 배우기를 원하며, 주변 환경이나 그들에게 발생한 일들을 더 잘 조절하여 다른 사람과의 관계를 유지하며 정보를 얻기를 바란다.

중재에서 강조되는 내용과 형식의 계획에서, 아동들이 매일의 환경에서 사용할 수 있는 방법들이 항상 고려된다(Fey et al., 2003). 어떤 경우에는 중재의 초점이 실제로 어떻게 의사소통하는지를 아동에게 가르치는 것이다. 어떤 언어장애 유아들은 의사소통과 의사소통의 상호작용에 관심이 없는 듯 보였음을 상기해 보자. 이러한 아동들이 언어의 다양한 기능과 의도에서 유용하며 어떻게 언어를 사용하여 이러한 의도를 달성하는지를 발견하도록 돕는 것은 중요한 중재 목표가 될 수 있다. 중재에서 구문론과 형태론을 강조하는 것이 적절할 때, 형식의 유용성이 어떤 문법적 특징을 가르칠지 선택하는 것과 똑같이 중요하게 고려된다. 이것은 형식이 아동에게 부호화될 수 있는 유일하고 결정적인 의미를 갖는 것으로, 특정 형식이 의사소통(예: "I like the boy. He plays nicely."라는 각각의 두 발화보다는 "I like the boy who plays nicely"라는 관계절 문장으로 두 가지 생각을 하나로 부호화한 발화)을 달성하게 하는 효율성과 형식이 기능과 의도를 부호화하는 다양성(예: 직접 요구 대 간접 요구)을 포함한다.

8) 강화와 일반화

강화는 언어 중재에서 강력한 요인이며, 몇몇 다른 유형의 강화법들이 언어 학습을 촉진할 수 있다. 어떤 것은 의사소통 행동의 자연스러운 결과이다. 앞의 *more*의 예에서, *more*라는 낱말의 사용은 자연스럽고 매우 강력한 결과를 가져올 수 있다. 중재에서, 우리는 의사소통 행동의 자연스러운 강화 결과를 이용할 수 있으며, 결과에 따른 기회를 만들 수도 있다. 이러한 것들이 중재에서 사용될수록 아동들은 그들이 하는 것이 유용함을 알게 되어 더 하게 되는 경향이 있다. 어떤 경우는 상호작용에 포함되어 있기 때문에 자연스럽게 발생하는 강화나 의사소통 사건의 결과로, **내재적 강화**(intrinsic reinforcement)라고 불린다. 다른 종류의 강화는 외부에서 별, 텔리 마크(tally mark, 맞히면 점수를 획득하는 방식), 도장, 칭찬("Good word,", "Nice sentence,", "Nice asking") 등을 부여하는 식의 일상적인 의사소통의 상호작용으로 발생한다. 이것은 **외부적 강화**(extrinsic reinforcers)로, 부모의 칭찬, 학교, 학년과 같은 아동 생활의 다른 측면에서 언어 중재 시 효과적으로 사용될 수 있다. 언어 중재에서 외부적 강화만이 효과적인 아동들도 있다. 장기적인 근거에서, 언어 중재는 외부적인 강화에만 의존해서는 안 된다. 그것은 인위적인 것이므로, 자연스럽게 발생하는 내재적 강화와는 달리 강화의 속성이 보존되기 쉽지 않다.

만약 언어 중재에 외부적 강화가 사용된다면, 결과적으로는 더 자연스러운 내재적 강화로 옮겨 가는 것이 필요하다. 이것은 점차적으로 외부적 강화가 사라지고 자연스러운 강화가 소개되는 방법으로 이루어지거나, 외부적 강화와 내재적 강화가 쌍을 이루어서 자연스러운 형식이 외부적 강화의 특징을 가지면서 이루어진다. 일반화를 촉진할 수 있는 강화는 자연스러운 강화로, 외부적 강화보다는 내재적 강화가 일반화를 더 촉진할 수 있다. 중재에서 학습된 언어 기술을 매일의 상황에서 효과적으로 사용할 수 있는 일반화는 중재 계획에서 가장 중요한 목표이다. 불행히도, 일반화의 부족이 너무 자주 문제가 된다. 아동들이 중재에서 학습된 언어 기술을 특정 상황에서만 사용하고 다른 맥락에서는 사용하지 못하는 것이 자주 관찰된다. 놀랄 것 없이, 사용된 강화 형태가 일반화 실패에 대한 한 가지의 이유가 된다. 일반화에 제한을 가져오는 다른 문제는 목표 언어 기술의 학습이 깊지 못하다는 것이다. 즉, 숙달된 후에도 계속 연습하는 것이 언어장애 아동들에게 필요하며, 그렇지 않다면 일반화되지 않는다. 다른 일반화의 장벽은 중재기간이 지남에 따르는 체계적인 언어 기술 쌓기에서의 지속성의 부족과 사회적 유효성이 부족한 중재 계획이다. 일반화는 중재의 모든 단계에서 고려되어야 한다.

아동들이 중재에서 강조된 매우 비슷한 다른 기술에서, 중재에서 사용된 상황과 아주 조금만 다른 문맥에서 자연스럽게 특정 언어 기술의 사용을 일반화할 수 있다. 예를 들어, 보조동사 *is*를 중재받은 아동이 비슷한 구문 구조에서 보조동사 *are*의 사용으로 일반화한다(Leonard et al., 2000, 2002). 평가자들은 다른 문법적 기능을 가지며 비슷한 음운론적 형태인 연결동사 *is*가 일반화된 것인지도 살펴봐야 한다. 이러한 일반화에서의 중요한 특징은 목표가 아니었던 기술들이 많은 같은 위치의 특징들, 즉 문법적 유사함을 공유할 필요가 있다는 것이다.

어떤 기술들은 다소 제한적인 자발적 반응으로 분류되고 약간 다른 문맥에서의 일반화로 관찰된다 해도, 몇 가지의 특정 측면에 주의해야 한다. 즉, 중재는 다음의 사항들을 사용할 필요가 있다.

1. 목표 언어 행동을 이끄는 다른 자극들
2. 목표 언어 행동이 사용되는 다양한 문맥들
3. 목표 언어 행동을 다른 사람에게 사용하기. 다른 사람은 다른 아동들, 부모들, 학급 교사, 다른 성인들을 포함한다.

중재 계획에 부모나 다른 어른들의 참여를 효율적이게 하려면 그들은 일반화를 촉진하는 방법을 특별히 훈련받을 필요가 있는 것 같다.

9) 아동 특성

분명히, 각 아동의 개인적 특성은 중재의 초점 결정뿐만 아니라 중재와 관련된 많은 다른 결정에도 영향을 미친다(Cleave & Fey, 1997; Cole, 1995; Paul, 2007). 주의집중이 어려운 아동의 경우, 주의를 산만하게 하지 않는 중재 환경이 적절하다. 주의집중에 문제는 없지만 의사소통의 상호작용에 어려움이 있는 아동의 경우, 집단 세팅, 교실 또는 유치원 세팅이 적절하다. 결합시키는 방법도 많지만, 특정 언어 기술에 대한 아동들의 프로필 이외에 그 아동에게 자주 고려되는 것들은 연령, 동작성 지능, 발화 행동의 양 등이다. 분명히, 아동의 특징이 별개의 것은 아니지만 상호작용을 위해 기대된 것으로 대체된다. 예를 들어, 더 나이 든 아동들은 더 많은 언어 기능을 사용할 것으로 기대되어, 중재의 초점이 형태 구문적 구조에 맞춰진다. 비슷하게, 인지적으로 더 진보된 아동들은 더 많은 언어 기능을 가질 것으로 기대된다. 불행히도, 우리는 중재 접근법에서 특정한 아동 특성을 연결시키는 가이드를 제공하는 데 있어 경험적으로 얻어진 정보에만 제한되어, 기능의 수준, 중재 유형, 중재 접근법들의 상호작용이 어떤지 정확하게 알지 못한다(Leonard, 1998). 그렇지만, 우리는 아동 개개인의 중재 결정에서, 그러한 상호작용을 고려해야 함을 안다.

중재에서 고려되는 다른 아동들의 특징들은 아동의 관심과 관련되어 있다. 활동들은 아동의 흥미와 인지 수준을 반영해야 한다. 아동이 장난감이나 상황을 선택하는 경우, 성인은 아동의 주도를 따르며 아동이 관심을 보이는 것에 대해 그 순간에 그 맥락의 목표 언어 기술을 사용할 기회를 만든다(Cole, 1995). Holland(1975)는 다음과 같이 적었다.

나는 훌륭한 임상가가 'more'를 가르치는 것을 보았다. 그녀는 그 회기를 자신의 발화

'more _____'를 포함하는 비슷한 작은 항목들을 준비하고, 아동이 그 말을 하도록 계획했다. 그렇지만, 과잉 행동적이고 제한된 언어 기술을 가진 아동은 방 안에 있는 클리넥스 휴지 상자에만 관심을 보였다. 임상가는 그 상자에서 휴지를 꺼내며 "more Kleenex"라고 말했다. 임상가와 아동이 휴지를 주변에 뿌렸을 때, 임상가는 'more throw'라는 말을 소개했다. 이 방식으로 아동은 'more'를 배웠다(pp. 517-518).

불행히도, 어떤 언어장애 아동들은 주변 환경에 거의 관심을 보이지 않아 아동 중심 활동이 사용되지 못한다. 이러한 아동들의 경우, 구조화된 강화 스케줄, 평행적이고 교차적인 놀이 활동, 조심스럽게 통제된 자극 소개하기 등의 인위적인 상황이나 관심을 만들 필요가 있다. 다른 경우, 특정 목표 언어 행동들, 어떤 형태 구문론적 구조들은 성인 중심의 활동일 필요가 있다. 아동 개인의 상태와 강조되는 언어 행동에 따라 아동 중심 활동이나, 성인 중심 활동이 적절할 수 있다.

10) 상위 언어

유아나 학령 전기 아동들은 초보적인 상위 언어 기술만을 가지며 상대적으로 복잡한 상위 언어 기술의 시작은 학령기 초기에 출현한다. 그러므로 어린 아동들의 경우 상위 언어 기술에만 중재 전략을 두는 것은 부적절하다. 즉, 우리는 낱말의 의미, 담화 규칙, 형태 구문적 구조만을 가르치는 것은 아니며, 오히려 실례를 가르친다. 이것은 우리가 규칙성을 언급하는 것을 꺼린다는 뜻은 아니다. 사실, 그런 언급은 어린 아동들이 규칙성에 초점을 두는 데 실제로 도움이 되어, 상위 언어 기술의 발달을 촉진한다. 그런 언급은 부모와 학령 전기 아동들 간의 상호작용에서는 일상적이지 않다. 정상 발달 학령 전기 아동들의 부모는 자녀들에게 특정 낱말은 특정 의미를 가지며, 어떤 것은 다른 사람들이 아닌 어떤 사람에게만 사용되고, 문장을 맞게 말하는 방법들에 대해 종종 언급한다(Demetras, Post, & Snow, 1986; Yont, 1998; Yont et al., 2000). 유아나 학령 전기 아동들의 상위 언어 기술에 대한 발달적 정보가 내포하는 것은 상위 언어 기술이 적절하지 않은 중재 전략이라는 것이다. 대조적으로, 학령기 아동이나 청소년의 중재에서는 중재 전략으로 상위 언어 기술들을 포함하지만 실제로는 중재 목표가 상위 언어 능력을 향상시키는 것이다.

2. 중재 목표 강조하기

어떤 이유에서든 간에 언어장애 아동들은 정상 아동들만큼 우발적인 언어 학습이 되지 않는다. 중재 목표로 특정 언어의 특징이 선택되면, 언어장애 아동들이 특정 실례 노출에 의해 일반적인 규칙을 발견하도록, 그 특징의 규칙성이 강조될 필요가 있다. Lahey(1988)는 이 이 접근법을 Fey 등(2003)이 또한 강조했던 중재 원리인 언어 패턴의 중요점을 향상시키는 것이라고 지적했다. 언어 특징의 중요점을 증가시키는 데 사용되는 몇 가지 기법들이 있다. 상위 언어 기술이 포함된 몇 가지 기법의 사용은 아동들에게 결정적인 특징을 강조하는 데 도움이 된다.

1) 다양한 경험

Paul(2007)은 재치 있게 "내가 그것을 한 번 말했다면, 수없이 말한 셈이다."(p. 85)라는 격언을 사용하여 언어장애 아동들에게 다양한 실례에 노출되는 것의 중요성을 강조했다. 더 많을수록 좋다. 즉, 중복되는 것이 중요하다. 단순 언어장애 아동들의 치료 효율성에 대한 연구들을 검토하여, Leonard(1998)는 "가장 성공적인 접근법은 산출을 격려하고 원하는 반응을 위한 자연스러운 단서를 다양하게 제공하는 것"으로 결론지었다(p. 203).

이 특정 기법의 사용을 살펴본 연구들이나 문헌들(Baker & Nelson, 1984; Camarata & Nelson, 1992; Camarata, Nelson, & Camarata, 1994; Farrar, 1990; Fey et al., 1997; Fey et al., 1993; Fey et al., 1999; Fey & Proctor-Williams, 2000; Nelson et al., 1996; Nelson, Carskaddon, & Bonvillian, 1973; Proctor-Williams et al., 2001)에서, Proctor-Williams 등(2001)은 "SLI 아동들의 경우 (…) 증가된 고쳐 말하기에 노출되는 것은 정상 발달 또래들의 언어발달에 근접하는 데 반드시 필요하며", "Camarata 등(1994)의 실험에서 사용된 비율인 분당 .8의 고쳐 말하기 비율이 안 되면, 성공을 기대하기는 어렵다"(p. 166)라고 적었다. 이것은 성인-아동의 상호작용에서, 분당 1개의 고쳐 말하기가 기준이 된다. 학령 전기 언어장애 아동들의 부모 훈련에서, 연구자들은 분당 약 2개의 비율까지 부모의 고쳐 말하기 빈도를 증가시킬 수 있었다(Fey et al., 1993, 1997, 1999). 이것은 어린 아동들과의 상호작용에서 부모의 고쳐 말하기 수의 평균이 전형적으로 발달하는 아동들의 범위가 분당 0.06~1이라는 다른 연구들(Conti-Ramsden, 1990; Conti-Ramsden et al., 1995; Farrar, 1990; Fey et al., 1999)과 비교된다. 종합하여, Fey와 Proctor-Williams(2000)는 언어장애 아동들의 중재가 유의미한 영향을 갖기 위해서는 다음의 내용이 포함되어야 한다고 적었다.

> 단지 아동의 발화를 고쳐 말하는 것만으로는 충분하지 않으며, 성공적인 중재 효과를 위해서는 자연스러운 맥락에서 관찰된 약 2~4배의 증가된 고쳐 말하기가 포함된다(p. 180).

이러한 추리 과정은 학령 전기 단순 언어장애 아동의 낱말 습득에 대한 Gray(2003b)의 결과와 일치한다.

분명히, 언어장애 아동들의 경우, 원하는 언어 목표 실례에 노출시키기와 노출의 빈도를 증가시키는 것이 향상을 위한 방법이다. 설명하자면, 초기 규칙성 기능을 발달시키는 경우, '시몬 가라사대(Simon Says)'와 비슷한 게임이 사용될 수 있다. 성인은 우선 아동의 활동을 발화로 "You hop,", "You jump,", "Hop, jump."로 들려줄 수 있다. 다양한 보기 후, 아동은 지시자가 되어 성인에게 명령한다. 다음 활동은 인형을 사용하여 진행할 수 있다. 놀이 동안, 성인은 반복해서 아동의 수행을 "Go to bed."와 같이 말해 주고 인형을 침대에 놓는다. 여러 번의 순서 후에 성인은 "인형이 뭐 할까? 말해 줘."라고 아동에게 단서를 줄 수 있다.

가벼운 사보타주(sabotage)는 효과적인 중재 기법일 수 있다. 마음대로 움직이지 않을 때, 그 상황을 고치기 위한 가장 효과적이고 효율적인 방법이 언어의 사용이다. 하지만 주의는 요구된다. 가벼운 사보타주가 사용되지만, 아동에게 좌절을 준다면 사용되어서는 안 된다. 장난감 자동차와 트럭을 가지고 노는 아동에게 다른 차를 움직여서 아동의 차가 앞으로 나가는 것을 방해하는 것과 같은 가벼운 사보타주가 아동의 발화 산출이 성인의 행동을 조절할 수 있다는 것을 알게 하는 데 도움이 될 수 있다. 성인이 "비켜." 또는 "하지 마." 라고 말하면서 차를 움직일 수 있다. 원하는 장난감은 보이지만 손이 닿지 않는 곳에 둘 수 있다. 성인이 보이지만 닿지 않는 장난감에 대해 말할 수도 있다. 만약 아동이 그중 하나를 가리킨다면, 성인이 장난감 가까이에 가서 잠시 멈추었다가, 아동에게 "장난감 줄까?"라고 단서를 주고, 아동의 주문을 위해 잠시 기다린다. 이와 같은 활동들로 30분 회기에서 60~100개의 언어적으로 적절한 구조와 상응하는 내용의 예들이 가능할 수 있다.

이 장의 앞부분에서 보여 준 *more*의 의미를 알려 주는 예 또한 의미적으로 초점을 둔 중재에서 많이 제시하는 기술의 예로 사용될 수 있다. 의문문을 만들기 위한 연결동사 *is*를 목표로 하는 경우처럼, 형태론이나 구문론에 초점을 둔 중재에서는 알아맞히기 놀이("Is it a dog?"나 "Is it red?")에서 많이 들을 수 있다. 예들 들어 어른과 아동이 상자에 물건을 차례대로 숨긴다. 물건을 숨기고 나서 "Is it blue?"라고 어른이 묻는다. 상자 안을 들여다보며 "No"라고 대답한다. "Is it red?"라고 묻는다. 다시 보며 "No"라고 대답한다. "Is it green?"라고 묻는다. 다시 보며 "Yes"라고 대답한다. 마지막에 초록색 물건을 치운다.(물론 이 활동은 아동이 색깔을 안다고 가정한다.)

목표 언어에 대한 노출을 증가시키는 또 다른 방법은 중재 회기의 수를 늘리는 것이다. 그렇지만 언어장애 아동들에게 제일 적당한 회기 수에 대해서는 알려진 것이 거의 없다. 그렇지만, 한 연구에서 몇 가지 기본적인 가이드를 제공한다. Jacoby 등(2002)은 어린 아동의 중재 회기 수가 많을수록 진전이 커지는 것을 발견했다. 특별한 관심 사항이 발견되었는데, 그 아동들의 75%가 하나의 기능적 의사소통 수준 향상을 위해서 적어도 20시간의 중재가 필요했고, 20시간 이하로는 두 가지 수준 이상이 향상되지 않았다. 이러한 결과는 중재의 양과 진전의 양 간의 관계를 나타낸다. 즉, 중재의 양이 많을수록 언어 목표에 많이 노출되는 것이다. 중요한 것은 '더 많은'이다.

2) 분산된 경험과 집중된 경험

'더 많은'이 가장 중요한 중재 원리 중 하나라 하더라도 '더 많은'의 효율성은 '더 많은' 시도를 어떻게 하느냐에 의해 향상된다. 아동들은 집중된 노출이나 분산된 노출을 받을 수 있다. 예를 들어, 아동이 30분 회기를 주당 2회로 받는다면, 각 회기에서 목표에 30회 노출/시도를 받는다. 10주가 지나면, 600회 노출/시도(주당 60회 시도/노출 × 10주)이다. 그 대신으로는 중재가 분산되어, 15분으로 주 4회 받게 된다. 10주가 지나면 똑같이 600회 노출/시도를 받게 된다. 몇몇 연구자들은 집중된 노출/시도 대신에 분산된 노출/시도의 중재에서 단순 언어장애 아동들은 일반적으로 중재 목표(예: 새로운 어휘나 동사 형태) 습득에서 더 큰 진전을 보였다는 증거를 제공했다(Childers & Tomasello, 2002; Riches, Tomasello, & Conti-Ramsden, 2005; Schwartz & Terrell, 1983). Riches 등(2005)이 말한 대로 단순 언어장애 아동들은 '빠른 잊어버림'을 보여 준다(p. 1397).

3) 초분절적 요인과 속도

Lahey(1988)와 다른 연구자들(Hargrove, 1977; McGregor, 1997a)은 아동들에게 입력하는 속도의 조절, 강세 같은 초분절적·운율적 자질들이 아동들의 언어 습득에 영향을 미친다고 제안했다. 이러한 요소들의 변화는 선택된 목표 언어의 중요성을 증가시킨다. 이러한 제안들은 정상 발달 아동들에게 말하는 그들의 어머니들의 말을 관찰하여, 더 느리게 말하고 강세가 있는 낱말의 수를 늘리는 것을 발견했다.

Ellis Weismer와 동료들(Ellis Weismer, 1997; Ellis Weismer & Hesketh, 1993, 1996, 1998; Ellis Weismer & Schraeder, 1993)의 연구 결과는 중재에서 성인 언어의 다른 운율적 조정, 즉 목표 언어에서의 강세 증가와 목표 언어의 말 속도 줄이기 등이 언어장애 아동의 언어 학습에 긍정적인 효과가 있었음을 보여 준다. Ellis Weismer와 Schraeder(1993)는 또한 아동들에게 질문하고 아동들이 대답하는 사이의 기다리는 시간을 증가시키는 것이 이야기 산출을 촉진하는 것을 발견했다. 이야기 수행을 향상시키는 기다려 주는 시간에 대한 이러한 결과는 Hughes(1998)와 일치한다. 기다려 주기는 또한 청소년의 중재 전략으로도 제안된다. Ellis Weismer와 동료들(Ellis Weismer, 1997; Ellis Weismer & Hesketh, 1993, 1996, 1998; Ellis Weismer & Schraeder, 1993)의 연구의 중요한 측면은 언어 과제가 아동들에게 더 도전적이고 어려울 때, 즉 과제가 아동의 언어 능력에 더 큰 짐이 될 때, 초분절적 요소의 변화와 속도의 변화가 아동들의 언어 수행을 향상시키는 데 더 효과적이라는 것이다.

우리는 목표의 중요성을 높이기 위해, 중재에서 강세가 어떻게 사용될 수 있는지를 설명하기 위해 의문문의 역전과 대답을 사용할 수 있다. 예를 들어, 성인이 *is*에 강세를 두어("*Is* it blue? Yes it *is*."; "*Is* it red? Yes it *is*."; "*Is* it green? Yes it *is*."), 그 존재를 강조하고 위치를 대조시킬 수 있다. 어린 아동들에게 자주 중재의 목표가 되는 지속시간에 대한 한 연구(Swanson & Leonard, 1994)에서는 단축형이 아닌 연결동사 *is*의 지속시간을 조정하는 것이 아동들의 언어 학습에 도움이 되었음을 보여 주었다. 이 연구에서, 동사가 문장의 마지막 위치라면 엄마의 말 길이는 250ms(millisecond)로, "*Is* it blue?"와 같은 문장의 첫 부분에서 "The baby *is* big."과 같은 문장의 중간 부분에서는 60ms로 더 짧다. 소유격, 복수형, 3인칭 단수 현재 동사 변형과 같은 형태론적 표지들은 의미는 크지 않더라도 지각적으로 중요하므로 중재 시 강세를 주거나 길게 연장하여 제시한다.

중재의 효과를 증가시키는 또 다른 방법으로 강세를 조절하는 것이 중요하다. 특히 아동들에게 도전이 되는 많은 언어 특징들이 상대적으로 강세가 없는 문맥에서, "*Jim*my is *eat*ing"에서 *is*처럼(이탤릭체는 5음절 발화에서 2개의 강세 음절을 가리킨다), 종종 발생하는 것을 안다. 영어를 배우는 아동들의 경우, 여전히 강세 음절 뒤에 오는 약한 음절을 더 잘 산출하는 경향이 있다(Gerken, 1994; Gerken & McGregor, 1998; McGregor, 1997a). McGregor(1997a)의 제안대로, "운율적-음운적 문맥의 조작이 문법 형태소 습득에 도움"(p. 63)이 되기 때문에, 초기에는 "*Jim*my is *eat*ing"보다는 "*Jim* is *eat*ing"에서 *is*처럼 강세 음절 뒤에 오는 문맥에서 특정 언어 목표를 산출하도록 한다(Bedore & Leonard, 1995; Gerken & McGregor, 1998). 그렇지만 아동들은 다른 문맥에서도 목표의 사용을 유지할 필요가 있다. 이것은 요구된 발화에서도 강세 패턴을 조절하는 확대와 일반화가 타당해야 함을 의미하여, 아동들은 점차적으로 덜 쉽고 덜 지원하는 강세 패턴에서 목표를 사용하도록 요구된다. 예를 들어, 강세가 없는 음절에서 "*Kat*ie is *run*ning"과 "The *ba*by is *cry*ing"을 산출한다.

4) 입력 양식의 변화

5장에서, 우리는 언어장애 청소년들의 중재에서 안정적인 시각적 자극의 사용이 언어 학습 과제의 정보처리 과정의 요구를 줄인다는 제안을 했다. 또한 의사소통은 사실 다양함을 보았다(예를 들어, 1장에서는 정상적인 의사소통 과정의 측면을 설명하였고 12장에서는 보완대체 의사소통에 대해 설명했다). 이 생각이 더 어린 아동들의 언어 중재에 적용될 수 있다. 어떤 아동들은 입력 양식에 청각적 양식이 추가되는 중재에서 이득을 볼 수 있다. 예를 들어, 성인의 특정 언어 형식과 짝을 이루는 제스처의 사용이 새로운 낱말의 이해를 증가시킬 수 있다(Ellis Weismer & Hesketh, 1993).

여기, 저기, 주다라는 낱말은 그 단어의 사용과 지원하는 제스처의 결합이 의미 이해를 향상시키는 좋은 예이다. 제스처는 원하는 물건을 가리키며 "I want the ____"라고 말하는 것처럼, 화용적 의도나 기능들을 강조할 수 있다. 또한 제스처는 주고받기 기술을 강화할 수 있다. 사물이 사라지거나 존재하지 않음을 의미하는 '없다'가 계획된 중재에서 성인은

"몰라."/"어디 있지?"라는 제스처를 뜻하는 손을 들어올리고 어리둥절해하는 얼굴 표정으로 적절한 언어 형식을 모델링할 수 있다. 부정하는 머리 가로젓기 또한 "이 개는 크지 않다."와 같은 목표어에서 부정 표시를 강조할 수 있다.

그래픽으로 표시된 기호는 특정 대상의 중요성을 향상시키기 위해 때때로 사용되었다. 기호는 일반적으로 청각 입력과 함께 제시되며, 아동이 대상에 대해 인지하기 시작하면 점차 사라진다. Fokes Sentence Builder(Fokes, 1976, 1977)는 이러한 방법의 예이다. 이러한 접근법은 나이 든 언어장애 아동들이 형태론적 중재 목표를 달성하기 위해 적절하게 사용되었으며, 생성된 문장들은 의미론적으로 그럴듯했다.

3. 목표 언어 학습을 촉진하는 절차와 기법들

다음의 절차와 기법들에 관하여, 앞에서 논의한 목표 언어 강조하기 방법이 촉진 기법으로 사용됨을 명심하는 것이 중요하다. **그림 14.1**의 연속선에서 볼 수 있듯이 매우 간접적이고 '자연스러운'(즉, 자연스럽게 부모가 그들의 정상 발달 아동들에게 사용하는), 방해하지 않는(끼어들지 않거나 정상적인 성인-아동의 상호작용의 흐름을 방해하지 않는), 매우 아동 중심인 절차와 기법에서부터 더 교수적이고 직접적이고 어른 중심인 절차와 기법이 있다. 어떤 기법들은 정상 발달 아동 간의 언어 학습을 촉진하는 것으로 보이는 어머니들의 발화 행동을 관찰하여 진전되었고, 다른 기법들은 행동 지향과 관련된 학습 이론들에서 비롯되었다.

이 기법들은 그 반응이 출현하도록 자극하기 위해 아동이 반응하기 전에 사용된 것과 원하는 목표를 다음에도 사용하도록 격려하기 위해 아동 발화 후에 사용되는 것으로 나뉠 수 있다. 다음의 내용들은 기법들을 아동 발화의 전과 후로 나누었다. 기법들의 설명에서 우선적이거나 위계적인 순서는 없다. 좀 더 자주 기법들을 조합하여 활용하여, 어떤 경우에는, 다양한 명칭으로 문헌에서 사용되며, 본질적으로는 같거나 비슷한 기법들을 언급하는 경우가 많다. 각 기법의 예들은 아래에서 소개한다. 하지만 예들은 특정 기법을 위한 것이므로 실제 언어 중재 상황에서는 좀 더 과장되게 보일 수 있다.

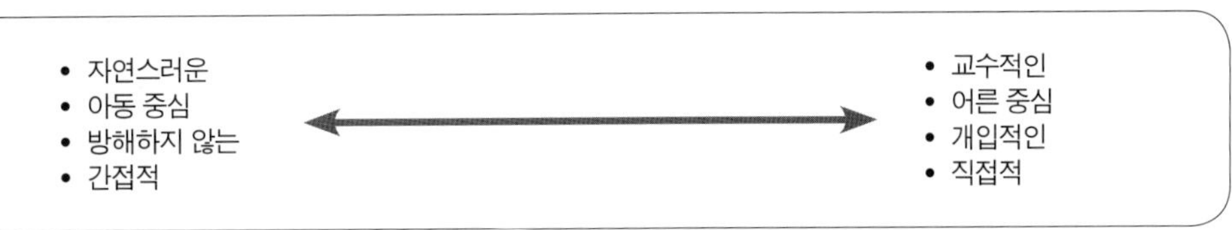

그림 14.1 목표 언어 학습을 촉진하는 절차와 기법들을 자연스러움과 지시성의 정도로 나타낸 연속선

1) 아동 발화 전에

혼잣말하기 및 병행 말하기. 혼잣말하기를 사용할 때, 성인은 인접한 환경에 있는 물건의 이름과 순간에 일어나는 행동에 대해 큰 소리로 말한다. 아동이 처음 발화를 시작하는 경우에 주변 상황에서 순간에 일어나는 상황을 그대로 말해 주는 것은 중요하다. 성인이 사용하는 언어는 문법적 · 의미적 복합성이 아동의 언어 수준과 매우 유사할 필요가 있다. 다시 말해서 성인의 어휘 및 언어적 구성이 아동의 언어 능력보다 높거나 너무 단순해서도 안 된다.

혼잣말하기는 아동이 습득할 필요가 있는 언어의 특정 영역을 매우 강조할 수 있으며, 더 일반적인 언어 자극 접근으로 사용될 수 있다. 이러한 견해는 주로 아동의 언어 행동을 목표로 한다. 그러나 혼잣말하기의 목적은 아동이 목표로 하는 것을 반복하지 않는다. 그러므로 아동이 직접 분명하게 말할 수 없다. 다음의 세 가지의 예는 아동과의 상호작용에서 혼잣말하기가 어떻게 나타나는지를 보여 준다. 처음 두 개의 예는 특정 언어 목표를 강조한다. 목표를 약간 다른 방법으로 여러 번 반복한다. 마지막 예는 더 일반적인 혼잣말하기 활동이다. 마지막 예의 언어 수준은 때때로 2~3단어를 결합해서 말하는 것을 목표로 했다.

사례 1

목표: *am* + 동사 + *ing*
상황: 성인과 아동이 책을 보고 있다.

나는 책을 보고 있어요... 나는 책을 폈어요... 책을 폈어요... 나는 그림을 보고 있어요... 나는 강아지를 짚고 있어요... 나는 페이지를 넘기고 있어요... 새로운 그림이 있어요... 나는 공을 짚고 있어요... 나는 고양이를 보고 있어요... 나는 고양이를 짚고 있어요... 나는 책을 덮고 있어요... 나는 책을 정리하고 있어요... 책을 정리하고 있어요... 나는 책을 정리하고 있어요.

사례 2

목표: 빨간색
상황: 성인과 아동이 다양한 색깔의 장난감을 갖고 놀고 있는데, 빨간색 장난감이 많다.

나는 빨간색 차를 쳐다봐요... 나는 빨간색 차를 갖고 있어요... 빨간 차... 내 차는 빨간색... 빨간색... 와우! 여기 빨간색 공이 있어요... 그 빨간색 공... 내 공은 빨간색... 사과 같은... 사과도 빨간색... 나는 빨간색 사과를 원해요... 와우! 여기 빨간색 블록이 있어요... 나는 빨간색 사과와 함께 빨간색 블록을 끼웠어요... 그리고 나의 빨간색 차... 모두 빨간색들이에요... 빨간색 장난감들... 장난감들이 빨개요.

사례 3

목표: 2~3단어 결합

상황: 성인과 아동이 방을 청소하고 있는 중이다.

방을 청소해... 장난감들을 정리해... 장난감들을 정리해... 이 공을 정리해... 책을 찾아... 책이 어디에 있지? 책이 어디 있지... 책이 거기에 있다... 책이 있다... 책을 정리해... 접착제 어디에 있지?.. 접착제를 정리해... 접착제를 정리해... 모두 버려... 지금 당장?... 나는 종이를 쳐다봐... 나는 신문을 얻을 거야... 신문을 정리해... 블록이 어디 있지? 나는 블록을 쳐다봐... 탁자 위에 블록들... 오우, 탁자 위에... 블록이 있어요... 책상 위에 블록들... 블록을 받아... 블록을 정리해.

혼잣말하기와는 반대로 성인은 아동들이 하고 있는 행동을 묘사한다. 병행 말하기는 아동이 하고 있는 것 또는 아동에게 일어나려고 하는 것 또는 아동의 주변 환경에 있는 것을 강조한다. 병행 말하기의 목적은 아동이 성인이 기술한 말을 반복하는 것이 아니다. 또한 병행 말하기는 아동이 주변 환경에서 행동하는 것과 같이 아동이 청각적으로 들을 수 있는 환경 안에서 적절히 복잡한 수준의 언어를 사용한다. 혼잣말하기와 같이 병행 말하기 활동은 특정 언어 능력을 강조하기 위해 사용되거나 더 일반적인 언어 학습을 장려하기 위해 사용한다. 다음의 두 가지 사례는 병행 말하기의 예이다.

병행 말하기 사례 1

목적: 대화를 유지하기 위해 생략된 반응을 사용

상황: 성인과 아동이 인형, 인형의 집과 가구들을 갖고 놀고 있다.

누가 의자를 갖고 있지?... 그녀가 갖고 있어... 여기 있어... 탁자는 어디 있지?... 와우, 저쪽에... 네가 가지고 있어... 누가 그것을 원했지?... 너도?... 나도 역시... 우리는 그걸 두 개 얻을 거야... 그게 어디 있었지?... 저쪽에.

[이 사례에서 성인이 대상 지시어 여기(here)와 저기(there)와 대명사 그것(it)을 사용하는 것을 보았다].

병행 말하기 사례 2

목적: 3~4 단어 구

상황: 아동이 동물 퍼즐을 맞추고 있다.

너는 말을 갖고 있어... 말을 여기에 꽂아... 말을 거기에 꽂아... 잘했어, 말을 거기에 꽂아... 나는 강아지를 갖고 있어... 아주 작은 강아지... 그 강아지를 떨어뜨렸어... 강아지를 주워... 강아지를 안에 꽂아... 강아지가 안에 있어... 오리를 봐... 오리는 어디 있지?... 오리를 찾을 수 없어... 오리가 있어... 오리를 꽂아... 다 했네... 퍼즐이 완성되었

어… 다 했네… 퍼즐이 완성되었어.

혼잣말하기와 병행 말하기는 성인-아동이 상호교환 및 협력적 상호작용을 하는 동안 사용한다. 다음의 예는 두 개의 언어 촉진 기술에 결합된다.

병행 말하기 사례 3

목적: '~할 거예요(going to)'로 부호화되는 수행적 의도
상황: 성인과 아동이 다양한 장난감을 갖고 놀고 있다.

나는 장난감을 갖고 놀 거예요… 너는 차를 갖고 놀 거예요. 차를 갖고 놀 거예요… 너는 차를 갖고 놀 거예요… 너는 갈 거예요… 나는 색칠을 할 거예요… 너는 색칠을 할 거예요… 너는 색칠하고 있어요.. 나는 자를 거예요… 너는 자를 거예요… 너는 엎드릴 거예요… 너는 일어날 거예요.

모방, 모델링, 기초. 많은 용어들이 모방 및 모델링과 관련되어 사용되어 왔다. 각각의 용어들이 의미하는 것 때문에 약간의 혼란이 있었다. 우리는 모방 및 모델링을 같은 용어로 사용할 수 있다. 두 용어는 이전에 제시한 자극이 나타나지 않거나 자극에 대해 매우 근접하게 일시적으로 나타나는 것을 의미하는 것으로, 기본적으로 유사한 반응을 나타내는 용어이다. **흉내**(mimicry) 또는 **모방**(imitation)의 사용은 '글자 그대로 한 번에 하나씩의 과정'에 적용된다(Courtright & Courtright, 1976, p. 655). 다음의 사례와 같이 번갈아 일어나는 아동의 부분에서 모방이 포함된다.

성인: 그 소녀가 지금 무얼하고 있는지 봐. 나에게 말해 줘, "그 소녀는 달리고 있어."
아동: 소녀가 달리고 있어.

모방은 유용한 촉진 기술로 증명될 수 있으며(Camarata & Nelson, 1992; Courtright & Courtright, 1976; Fey & Proctor-Williams, 2000; Hegde, 1980; Hegde, Noll, & Pecora, 1979), 특히 특정 언어 행동을 목표로 하는 언어 중재의 초기 단계에 유용하다. 그러나 아동의 목표 행동이 잘 이루어질 때는 모방을 감소시킬 필요가 있다(Fey & Proctor-Williams, 2000; Leonard, 1981). 이러한 관점으로 볼 때, 모방은 아동이 언어 목표를 습득하기 시작할 때 촉진시키는 기술로 도움을 줄 수 있다고 볼 수 있지만, 일단 아동이 습득을 진행하고 있다면 모방 기술을 지속하지는 않는다. 왜냐하면 모방이 정상적 언어-학습 상호작용을 방해하는 것으로 관찰되었기 때문이다. 모방이 학습을 방해하는 것은 사실이지만, 반대 의견에 따르면, 언어장애 아동은 정상 아동-성인의 상호작용을 통해 언어를 성공적으로 학습하지 않는다. 그러므로 모방을 화용적으로 적절한 주고받는 상황 및 상호작용하는 상황에서 사용하는 것이 가능하다.

모방과 달리 **모델링**은 성인(때때로 다른 아동)이 약간 다르게 다양한 발화를 제공하는

기술이며, 아동이 습득할 필요가 있는 똑같은 중요한 언어를 포함한다. 모델링은 중재적 접근에 일반적으로 포함되는 여러 기술 중에 하나이며 종종 **집중 자극법**(focused stimulation)이라는 용어로 사용된다. 이 모델에서 기대하는 반응은 정확하게 모델링을 따라 하는 것이 아니라 주로 중요한 성분을 포함할 것이라는 것을 목적으로 한다. 다음의 사례는 모델링 접근을 보여 준다.

성인: 이 강아지는 커. 저 강아지는 커. 그 코끼리는 커. 저 사자는 커. 와우! 봐, 돼지.
아동: 돼지는 커.

많은 검사자들은 아동이 반응을 보이기 전에 아동에게 제공을 한다. 모델링과 관련해서 많은 검사자들이 반응하기 전에 모델링을 어떻게 제공해야 하는가에 대해서 강하고 빠른 법칙은 없지만 일부는 10~20까지의 모델링을 제안했다(Fey & Proctor-Williams, 2000). 모델링의 일부 사용에서 아동이 어떤 행동을 할 것이라는 기대가 있기는 하지만, 아동이 반응하도록 도와주는 직접적인 요구 또는 조언(행동을 취하게 하는 명령)은 하지 않는다. 모델링의 또 다른 사용에서, 반응을 불러일으키는 것은 기술의 일부가 될 수 있다. 즉, 아래의 사례와 같이 아동이 반응하도록 지시한다.

성인: 이 개는 크다. 저 개는 크다. 그 코끼리는 크다. 저 사자는 크다. 이 돼지에 대해서 나에게 말해 줘.
아동: 돼지는 크다.

우리가 두 사례의 예에서 본 바와 같이 성인은 발화에서 공통의 성분을 유사하게 산출했지만 아동은 정확하게 산출하지 않은 것을 볼 수 있다. 종종 다른 사람(성인 또는 아동)은 적어도 모델링 접근을 사용할 때 중재에 포함될 수 있다. 세 번째 사례는 성인의 자극에 반응하도록 목표 행동을 모델링했다. 긍정적 강화는 세 번째 아동의 적절한 반응에 대해 제공될 수 있다. 이러한 접근은 사회적 학습 이론과 일치한다(Bandura, 1971, 1977). 혼잣말하기 및 병행 말하기를 조사한다면, 목표 언어 행동에 대해서 우리가 얼마나 많은 모델링을 하는지를 볼 수 있을 것이다. 다음의 사례는 모델링을 어떻게 사용했는지를 보여 준다. 이전에 우리는 목표 행동을 현저하게 증가시키는 것에 대해서 논의한 바와 같이 검사자는 약간의 외적 스트레스를 받을 수 있는 목표 언어 행동에 대한 모델링을 약간 느린 속도로 제시하거나 모델링한다.

모델링 사례 1

목표: *a* + 명사
상황: 성인과 아동이 그림 카드를 보고 있다.

성인: 와우! 봐. 강아지(*a* dog). 이것은 강아지야. 봐. 강아지. 이것은 고양이(*a* cat). 이

것은 고양이야. 공(*a* ball). 여기 공이 있어. 정상(*a* top). 정상. 이것은 정상이야. 이것은 컵(*a* cup)이야. 와우! 새 그림이네. 이건 뭘까?

아동: 코트(*a* coat).

모델링 사례 2

목표: *in*의 사용과 의미

상황: 성인과 아동은 많은 작은 장난감, 종이 가방, 오래된 주머니를 갖고 놀고 있다.

성인: 여기 블록이 있네. 주머니 안에 블록을 넣자. 주머니 안을 봐. 주머니 안에 블록을 넣어. 블록이 어디에 있지? 와우! 주머니 안을 봐. (성인과 아동 둘 다 본다.) 주머니 안에. 봐. 여기 공이 있어. 우리 공을 가방 안에 넣을 거야. 가방 안을 봐. 가방 안에 공이 있어. 공이 어디에 있지? 가방 안을 봐. 가방 안에. 자, 상자 안에 자동차를 넣자. 잘했어. 너는 상자 안에 그걸 넣어. 여기 숟가락이 있네. 자, 이것 봐. 상자 안에. 숟가락이 어디에 있지? 상자 안에 봐. 여기 말이 있네. 나는 말을 상자 안에 넣을 거야. 말이 어디에 있지?

아동: 상자 안에.

Bock과 동료들(Bock & Loebell, 1990; Bock, Loebell, & Morey, 1992), Leonard 등(2000, 2002)이 그들의 연구에서 언어장애 아동의 언어가 이전 발화와 똑같이 계속 유지되는 특성을 보이는 것과 같은 특성을 포함해서 아동기에 증가되는 구조적 기초(priming)를 조사했다. 이 연구에서 아동의 반응을 유도하기 위해 사용된 시나리오의 하나는 아동이 특정 목표를 포함하는 문장을 모방하도록 했다[예: "쥐가 치즈를 먹고 있어요(The mouse is eating the cheese)."와 같은 현재진행형 문장 안에 *is*를 넣음]. 처음에는 그림을 보고 문장을 모방하도록 하고 나서, 복수 주어[*are*를 사용한 현재진행형: "그 개들이 공을 쫓아가고 있어요(The dogs are chasing the ball).]가 서술되기는 했지만, 똑같은 구조가 요구되는 새로운 그림을 보면서 문장으로 자발적으로 반응하도록 했다. 연구 결과, 아동들은 과거 시제와 같은 다른 목표 구조를 사용한 문장을 산출하는 조건보다 구조적인 기초 조건에서 목표 형식을 더 정확하게 사용하는 경향을 나타냈다.

이러한 연구는 초당 정반응을 측정한 중재 연구는 아니다. 그러나 Miller와 Deevy(2006)는 SLI 아동의 통사 능력을 향상시키기 위한 구조적 기초의 효과성을 알아보기 위해 중재 연구를 계획했다. 기초에 대한 긍정적인 결과를 보인 연구는 Leonard 등(2000, 2002)의 초기 연구이다. 그의 연구에 따르면, SLI 아동은 유사한 통사적 형태를 가진 문장을 단순히 반복한 후에 특정 통사적 구조의 산출이 증가한 것으로 나타났다. 아동은 처음에 목표로 한 구조를 모방하도록 구조화된 상황을 제시했으며, 그리고 나서 계속해서 모방하지 말라고 요구했다. 똑같은 중요한 문법적 구성을 가진 새로운 반응이 효과적인 중재 반응이 될 수 있다. 초분절 변화는 그것의 현저한 증가를 위해서 모방 가능한 목표를 나타내는 데 사용될 수 있다. 기초(priming) 중재 기술로 효과가 있는지, 없는지를 알아보기 위해 더 많은 연구가 필요하며, 촉진시킬 수 있는 또 다른 기술에 대한 추가적인 결과에 대한 연구도 필요하다. 아래의 사례는 성인과 아동의 대화에서 어떻게 기초를 사용하는지를 보여 준다.

기초에 대한 사례 1

목표: *are* + 동사 + *ing*
상황: 성인과 아동이 그림을 보고 있다.

성인: 이 그림을 봐. 무슨 일이 일어나고 있는지 나에게 말해 줘. 말해 줘. 소년들이 공을 쫓아가고 있어.
아동: 소년들이 공을 좇아가고 있어요.
성인: 자, 이제 말에 대해서 나에게 말해 줘.
아동: 말이 울타리를 넘고 있어요.
성인: 여기 무슨 일이 일어나고 있는지 말해 줘. 말해 줘. 쥐가 치즈를 먹고 있어.
아동: 쥐가 치즈를 먹고 있어요.
성인: 고양이에 대해서 말해 줘.
아동: 고양이들이 벌레를 좇고 있어요.

2) 아동 발화 후에

재청각화. 재청각화(reauditorization)는 아동이 말한 것을 성인이 반복하는 언어 자극 기술을 말한다. 이전에 설명한 언어 자극 기술은 아동이 반응하기 전에 사용했지만, 재청각화는 아동의 진술에 대해 반응을 하는 것이다. 이 접근의 개념은 아동의 청각적 환경에서 목표 언어 행동을 청각적으로 모델링하는 것이다. 이 언어 촉진 기술은 단독으로 사용하지는 않는다. 대신 이 기술은 모델링과 같은 다른 기술과 함께 일반적으로 사용된다. 다음의 사례는 반응을 불러일으키기 위해 모델링과 함께 재청각화를 사용하는 예이다. 이 사례에서 긍정적 언어 강화를 언어 자극 기술과 함께 사용했다.

사례

목표: *are* + 동사 + *ing*
상황: 성인과 아동이 운동장에 있다.

성인: 너는 그네를 타고 있어. 우리는 그네를 타고 있어. 나는 그걸 좋아해. 지금 우리는 뛰고 있어. 너는 달리고 있어. 우리는 달리고 있어. 우리는 지금 점프하고 있어. 너는 점프하고 있어. 우리는 점프하고 있어. 자, 우리는 껑충껑충 뛰고 있어. 나도 역

시. 우리는 뭘 하고 있니?

아동: 우리는 껑충껑충 뛰고 있어요.

성인: 우리는 껑충껑충 뛰고 있어(재청각화). 잘했어. 우리는 위로 아래로 껑충껑충 뛰고 있어. 너는 껑충껑충 뛰고 있어. 우리는 껑충껑충 뛰고 있어(재청각화).

고쳐 말하기. 위의 사례에서 성인의 두 번째 발화에서 긍정적인 강화 이후에 고쳐 말하기가 발생했다("우리는 위로 아래로 껑충껑충 뛰고 있어."). 초기에 설명한 바와 같이 고쳐 말하기는 아동이 주제, 내용, 그리고 아동의 발화에 대한 참조를 유지하면서 발화를 한 후에 성인의 반응을 촉진시키는 기술이며, 아동이 말한 것을 하나 또는 그 이상의 언어 성분을 부가하거나 변화시키는 방법이다. 이 기술은 문헌에서 **확장**(expansion) 또는 **부연**(expatiation)과 같이 다양하게 사용되어 왔다. 성인의 모델링은 아동이 말한 것을 언어적으로 적절한 방법으로 말하거나 약간 더 복잡하게 말할 수 있으며, 첨가된 정보로 약간 다른 상황에서 아동이 말한 것을 확장시킨다. 성인이 고쳐 말하기를 위해 선택하는 것은 아동의 중재 목표에 포함되는 것을 선택한다. 고쳐 말하기의 전반적인 복잡성은 중재 목표인 언어 영역이 성인의 반응으로 혼란을 겪을 만큼 너무 어려운 것은 아니다. 고쳐 말하기는 모방, 모델링, 재청각화와 같은 다른 언어 자극 기술과 함께 사용한다. 다음의 세 가지의 사례는 고쳐 말하기, 모델링, 재청각화뿐만 아니라 긍정적 강화와 다양하게 결합해서 사용하는 예를 보여 준다.

고쳐 말하기 사례 1

목표: 관형적 *big* + 명사

상황: 성인과 아동이 장난감을 정리하고 있다.

성인: 우리는 청소를 할 필요가 있어. 우리는 장난감을 정리하고 있어. 이제 청소하자. 큰 공을 정리해. 작은 공은 아니야. 큰 공. 그 큰 공. 내가 작은 공을 할게. 좋아. 너는 큰 공을 정리해. 이제 너는 큰 트럭을 갖고 있어. 나는 작은 트럭을 갖고 있을게. 너는 큰 트럭을 정리해. 좋아. 이제 너는 뭘 갖고 있니?

아동: 큰 차.

성인: 큰 차(재청각화). 맞아. 너는 큰 차를 갖고 있어(고쳐 말하기) 그 큰 차(고쳐 말하기). 나는 큰 차를 원해(고쳐 말하기). 큰 차(재청각화). 그 큰 차(고쳐 말하기). 나는 큰 배를 가질 거야(모델링). 여기 큰 배가 있어(모델링). 너는 큰 배를 가질 거야(모델링). 큰 배를 정리해(모델링). 좋아. 이제 우리는 뭘 갖고 있지?

고쳐 말하기 사례 2

목표: 규칙적 과거 동사

상황: 아동과 성인이 『잭과 콩나무』 책을 보고 있다.

아동: 그가 올라가(He climb up).

성인: 그는 올라갔어(He climbed up, 고쳐 말하기). 잭이 나무에 올라갔어(고쳐 말하기). 그는 주변을 봤어(모델링). 그는 말을 봤어(모델링). 잭은 도움을 요청했어(모델링). 그는 불렀고 또 불렀어(모델링). 그는 소리쳤고 또 소리쳤어(모델링). 그는 집에 가기를 원했어(모델링). 그는 콩나무를 타고 내려왔어(모델링). 그는 뭘 했을까?

아동: 그는 아래로 내려왔어요.

성인: 그는 아래로 내려왔어(재청각화). 그래, 그는 콩나무를 타고 아래로 내려왔어(고쳐 말하기).

고쳐 말하기 사례 3

목표: *will* + 동사

상황: 성인과 아동이 밸런타인 데이를 위해서 게시판을 장식하고 있다.

성인: 나는 하트를 여기 붙일게(모델링). 나는 이것을 여기에 붙일게(모델링). 나는 이것을 여기에 꽂을게(모델링). 너는 너의 하트를 어디에 붙일 거니? (성인의 질문은 목표를 변화시킨 형식을 포함하고 있으며, 아동의 반응은 목표에 포함될 수 있도록 말로 표현했다는 것에 주목하라.)

아동: 나는 여기에 붙일 거예요.(I put it here.)

성인: 너는 이것을 여기에 붙일 거야. (You will put it here? 고쳐 말하기). 너는 이것을 여기에 붙일 거니?(고쳐 말하기). 거기가 좋겠다. 나는 나의 화살을 거기에 붙일게(모델링). 나는 그것을 거기에 **붙일 거야**(모델링). 너는 너의 것을 어디에 붙일 거니?

아동: 거기 붙일 거예요.(Will glue there.)

성인: 거기 붙일 거예요.(Will glue there, 재청각화) 잘했어, 맞아. 너는 그것을 붙일 거야(고쳐 말하기). 너는 너의 화살을 거기에 붙일 거야(고쳐 말하기). 나는 풀을 가져올 거고 다른 화살도 **가져올 거야**(모델링 + 고쳐 말하기). 그리고 나는 다른 화살을 가져올 거야(모델링). 우리는 우리의 화살을 붙일 거야(모델링). 우리는 뭘 할까?

아동: 우리는 화살을 붙일 거예요.

성인: 우리는 화살을 붙일 거예요(재청각화). 좋아. 너는 너의 화살을 붙일 거고 나는 나의 것을 붙일 거야(고쳐 말하기).

3) 반응 대화

아동이 목표 반응에서 부적절한 특정 언어 반응을 보일 때, 주고받는 체계적 형태에서 아동을 격려하는 것은 목표에 근접한 반응을 유도하는 데 도움이 된다. Lee 등(1975)은 일곱 가지의 기술을 제안했다. 즉, 완성 모델, 감소 모델, 확장 요구, 반복 요구, 오류 반복, 자기 수정 요구 그리고 고쳐 말하기이다. 이러한 상호교환 또는 반응 대화(response dialogues)는 원래 상호적인 언어발달 교수(Interactive Lanugage Development Teaching, ILDT) 전략의 일부로 개발되었다(Lee et al., 1975). 이 언어 기술 전략은 다양한 언어 영역을 촉진시킬 수 있는 다양한 이야기로 그림과 함께 수반되는 이야기와 관련된다. 이러한 반응 대화는 우리가 Leonard 등(2000, 2002)의 연구와 기초(priming) 효과에 대한 Miller과 Deevy(2006)의 연구에서 보았던 것과 완전하게 무관하지 않다. 왜냐하면 아동을 위한 이야기는 문법적 구조로 구성되었기 때문에 아동이 다음에 시도할 때 정확한 구조를 사용하도록 준비시키는 방법으로 아동의 시도에 체계적으로 반응하도록 하기 때문이다. Fey와 Proctor-Williams(2000)는 상호적인 언어발달 교수(ILDT)가 모방과 모델링 과 같은 덜 '자연스러운' 촉진 기법의 한 예이며, 아동들에게 더 화용적으로 적절할 수 있다고 언급했다.

이러한 접근은 소집단에서 주로 사용하며, 이야기의 작은 부분, 특정 목표 언어 특징, 이야기에 대해서 아동에게 질문하기 등을 나타낸다. 그러고 나서 이야기의 부가적 부분을 표현하며 일상적 대화로 완성된다. 각 질문은 특정 구조를 유도하도록 설계되었다. ILDT를 재검토한 Leonard(1998)는, 이야기는 "특별한 문법적 형식에 초점을 둘 뿐만 아니라 새로운 어휘, 담화 결속, 다른 문법적 형식" 등을 지도하는 방법을 제공한다고 기술했다(p. 206).

일부 아동은 처음에 부적절한 반응을 보였던 다른 아동보다 더 많은 도움을 필요로 한다. 그러므로 이러한 다양한 상호교환 기술은 도움의 정도를 변화시켜 제공할 수 있게 계획되었다. 일부는 아동이 최초의 반응을 수정할 때, 상당한 도움을 주며 일부 다른 아동들에게는 도움을 거의 주지 않는다. 이러한 상호교환 기술을 아래에 기술했다. 그들이 목표 반응에 근접할 때, 아동에게 도움을 감소시켰다.

완전 모델. 촉진 기술의 하나인 모델링에 대한 논의에서 모델(model)이란 용어는 잘못 사용되었다. 이 상호교환 기술에서 사용하는 모델이라는 용어는 아동의 모방 반응(imitative response) 또는 흉내 반응(mimicked response)을 요구한다. 아동이 부적절한 반응을 한 후에 성인은 아동이 똑같이 따라 할 수 있는 정확한 목표 발화를 제공한다. 다음의 사례는 상호교환 기술의 예이다.

상호교환 기술의 사례

목표: 과거 동사를 이형태를 첨가해서 만든다. /t/(*kicked*)

성인: 어제, 우리는 토끼 이야기를 읽었어. 이 이야기에서 토끼는 무얼 했지?

아동: 토끼는 바구니 안으로 껑충 뛰어요.(He hop into a basket.).

성인: 토끼는 바구니 안으로 껑충 뛰었어요.(*He hopped into a basket.*)

아동: 토끼는 바구니 안으로 껑충 뛰었어요.(He hopped into a basket.)
성인: 잘했어. 토끼는 또 뭘 했지?
아동: 토끼는 울타리를 걷어차요.(The rabbit kick the fence.)
성인: 토끼는 울타리를 걷어찼어요.(*The rabbit kicked the fence*.)
아동: 토끼는 울타리를 걷어찼어요.(The rabbit kicked the fence.)
성인: 잘했어. 토끼는 또 뭘 했지?

감소 모델. 이 모델에서 목표 발화의 성분은 성인의 발화에 포함된 것을 생략하는 것이다. 부분적 모델은 재조직(reformulation)에 특별히 초점을 맞출 필요가 있는 정확한 성분을 아동에게 단서로 제공한다. Lee 등(1975)은 부분적 모델은 '모방이 아니라 오히려 발화의 재조직'이라고 설명했다(p. 18). 다음의 사례는 감소 모델, 부분 모델, 모델링을 사용한 상호교환의 예를 보여 준다.

감소 모델의 사례

목표: 명사 + *is* + 동사 + *ing*

성인: 그 소년은 뭘 하고 있니?
아동: 소년 점프.(Boy jumping.).
성인: *Is*
아동: Boy jumping.
성인: *Is jumping*.
아동: Boy is jumping.
성인: 잘했어. Boy is jumping(재청각화).

부분 모델은 목표에서 놓친 부분 또는 위의 사례에서 성인의 두 번째 부분 모델에서와 같이 문법적 단위와 매우 관련되는 실수한 성분을 덧붙일 수 있다. 마지막 성인의 발화는 아동의 정확한 발화를 재청각화했다. 이러한 발화는 고쳐 말하기를 부가적으로 포함할 수 있다.

확장 요구. 확장 요구에서 성인은 아동에게 그 반응은 적당하지 않다거나 정보가 더 필요하다고 아동에게 알려 준다. 그러나 성인은 아동이 실수한 부분에 대한 정보를 제공하지는 않는다. 아동은 실수한 성분, 무엇이 생략되었는지 등을 성인의 확인 없이 결정해야만 하며, 그러고 나서 재조직화를 통해서 구조를 완성한다. 확장을 요구하는 방법은 여러 가지가 있다. 확장을 요구하는 방법은 "나에게 전부 이야기하세요.", "더 말해 주세요.", "나는 그것의 전부를 듣지 못했어.", "더 있어요." 등을 포함한다. 다음의 사례는 확장 요구의 예를 설명한다.

확장 요구 사례

목표: *Do* + 주어 + 동사("Do you want some food?")

성인: 우리는 우리가 레스토랑에 있다고 가정할 거야. 너는 종업원이야. 너는 우리에게 무엇을 먹을 것인지 질문해야만 해.
아동: 당신은 햄버거를 원하세요?(You want hamburger?)
성인: 나에게 제대로 말해 줘.
아동: 당신은 햄버거를 원하세요?(Do you want hamburger?)
성인: 잘했어. 예. 나는 햄버거를 원해요.
아동: 우유 원하세요?(Want milk?)
성인: 나에게 제대로 말해 줘.
아동: 당신 우유 원하세요?(You want milk?)
성인: 더 제대로 말해 줘.
아동: 당신은 우유를 원하세요?(Do you want milk?)
성인: 잘했어. 네, 나는 우유를 원해요. 나는 마실 우유를 원해요(고쳐 말하기). 나는 햄버거와 함께 마실 우유를 원해요(고쳐 말하기). 너는 그 밖에 뭘 갖고 있니?

반복 요구. Lee 등(1975)에 따르면, 반복 요구는 반응이 적절했는지에 대해 아동이 알게 하지 않는다. 이 상호교환은 아동이 그것을 다시 말하거나 부정확한 반응을 적절하게 재조직함으로써 정확한 반응을 견고하게 하는 데 사용될 수 있다. 14장의 뒷부분에서 언급했지만, 아동은 첫 번째 발화를 내면적으로 재청각화해야 한다. 우리는 다음의 사례를 통해서 반복 요구의 예를 볼 수 있다.

반복 요구 사례

목적: 공손한 요청

아동: 문을 닫아.(Close the door.)
성인: 뭐라고 말했나요? 다시 말해 주세요.
아동: 문을 닫아.(Close the door.)
성인: 뭐라고 말했나요?
아동: 문을 닫아 줄 수 있을까요?(Can you close the door?)
성인: 잘했어. 네. 내가 지금 문을 닫을 거예요.

오류 반복. 이것은 모방하는 아동에게 자극을 주는 형식처럼 보인다. 그러나 실제로 성인은 부정확한 모델을 지원한다. 이것은 주로 질문하는 억양이 동반되거나 기쁘지 않은 얼굴 찡그림이 동반된다. 아동은 반응이 적절하지 않은 것, 오류를 확인하는 것, 그리고 반응을 재조직하는 것 등과 같이 비언어적 단서를 인식한다. 만일 상호교환이 중재의 너무 이른 시기에 사용된다면, 아동은 성인의 발화가 올바른 모델이라고 해석할 수 있다(Lee et al., 1975). 결론적으로 이 접근의 정확한 해석은 더 초기에 기술한 것보다 더 복잡한 과제이다. 다음의 예는 상호교환 기술의 예이다.

오류 반복 사례

목적: 물건을 적절하게 기술하기 위해 *red*를 사용한다.

성인: 나는 사과를 갖고 있어. 사과는 무슨 색깔이지?
아동: 사과는 초록색
성인: 사과는 초록색?
아동: 사과는 초록색
성인: 초록색?
아동: 사과는 빨간색.
성인: 맞았어. 사과는 빨간색이야.(고쳐 말하기)

자기 수정 요구. 성인은 아동에게 발화에 대한 자기 평가를 하도록 요구한다. 예를 들면, 이 접근법은 심지어 아동의 반응이 정반응을 나타내더라도 사용할 수 있다. 이 접근의 목적은 목표로 하는 것을 강화 및 안정화하는 것이다. 또 다른 예로, 이 기술은 아동의 반응이 오반응일 때 사용할 수 있다. 이런 상황에도 불구하고 이 기술은 사용되며, 이 기술의 목적은 아동이 자기 모니터링 언어 산출을 하는 것이며, 성인과 똑같이 자기가 산출한 것을 모니터링하는 것이다. 다음의 사례는 자기 수정 상호교환의 사용의 예를 보여 준다.

자기 수정 요구 사례

목적: 불규칙 3인칭 현재 시제 단수 동사

아동: 그는 장난감 몇 개를 갖고 있어요.(He haves some toys.)
성인: 그 말이 정확해?
아동: He has some toys.
성인: 그 말이 맞니?
아동: 예.
성인: 그는 또 뭘 갖고 있니?
아동: He has some shoes.
성인: 그 말이 정확해?
아동: 예.

고쳐 말하기 질문. 이 상호교환은 아동으로부터 적절한 목표 반응을 유도하기 위해 다른 많은 상호교환이 나타날 때 특히 효과적이다(Lee et al., 1975). 원래 고쳐 말하기 질문은 아동이 목표 언어 행동을 안정적으로 사용할 수 있도록 도움을 준다. 다음의 사례는 고쳐 말하기 질문과 반복 요구 및 오류의 반복 기술과 함께 결합해서 사용한 예를 보여 준다.

고쳐 말하기 사례

목적: *is* + 동사 + *ing*

성인: 그 소년은 무엇을 하고 있니?
아동: 소년은 울고 있어요.(Boy crying.)
성인: 소년 울고 있어?(Boy crying?)(오류의 반복)
아동: 소년이 울고 있어요.(Boy is crying.)
성인: 잘했어. 나에게 다시 말해 줘(반복 요청).
아동: 소년이 울고 있어요.
성인: 그 소년은 웃고 있니?
아동: 아니요. 소년은 울고 있어요.

많은 사례에서 이러한 다양한 기술은 아동과 성인 사이의 일련의 연속적인 발화의 조합에서 사용되었다. 우리가 초기에 언급한 바와 같이, 모델링, 재청각화, 고쳐 말하기 등과 같은 다른 언어를 촉진시키는 기술은 혼합시켜서 계획에 반영된다. 다음의 사례는 다양한 상호교환 기술과 언어 촉진 접근법을 설명하는 예를 보여 준다. 이 사례에서 중요한 것은 매번 아동에게 부적절한 반응을 주는 것이며, 성인의 차후의 상호교환 기술은 더 많은 도움을 주는 기술 중의 하나이거나 더 낮은 수준의 반응을 제시하는 것이다. 아동은 여러 번의 부적절한 반응을 주는 것에 대해 혼란을 보이지 않는다는 것이 중요하다. 성인은 이러한 가능성을 인식해야만 하고, 아동이 성공할 수 있도록 상황을 변경시켜야 한다.

부적절한 반응을 제시하는 사례

목적: 의문사 반전 동사 *is*

상황: 성인과 아동은 큰 상자에 여러 장난감을 채우는 내용의 제스처를 하고 있다.

성인: 박스 안에 뭐가 있지(혼잣말하기). 생각해 볼까. 이것은 공입니까?(모델링) 나는 모릅니다(혼잣말하기). 이것은 공입니까?(모델링). 예. 이것은 공입니다(혼잣말하기). 박스 안에 또 뭐가 있을까?
아동: It a car?
성인: 뭐라고 말했니?(반복 요구)
아동: It a car?

성인: Is it.(축소된 모델)

아동: Is it a car?

성인: Is it a car?(재청각화) 잘했어. 네가 맞았는지 우리 함께 보자. 이것은 차야(고쳐 말하기). 이것은 큰, 빨간 차야(고쳐 말하기). Is it a big, red car?(고쳐 말하기). Yes, it is a big, red car(혼잣말하기). 내가 추측할 차례야(혼잣말하기). 우리 보자.(혼잣말하기) Is it a ...(모델링) Is it a horse?(모델링). 아니야, 그건 말이 아니야(혼잣말하기). 네 차례야.

아동: It a pig?

성인: It a pig(오류 반복, 얼굴 찡그림을 수반하면서).

아동: Is it a pig?

성인: Is it a pig?(재청각화). 잘했어. 그게 돼지인지 보자. Is it a pig?(재청각화). Yes, it is a pig(고쳐 말하기). 그건 작은 돼지야(고쳐 말하기). Is it a little pig?(고쳐 말하기). 응. 그건 작은 돼지야(혼잣말하기). 내 차례야(혼잣말하기). Is it a... (모델링). Is it a duck?(모델링) 아니야 그건 오리가 아니야(혼잣말하기). 네 차례야.

아동: It a truck?

성인: 네 말이 맞니?(자기 수정 요구)

아동: It a truck?

성인: 전체를 말해 줄래(확장 요구)

아동: Is it a truck?

성인: 지금 너는 정확하게 말했니?(자기 수정 요구)

아동: 예.

성인: 상자 안에 뭐가 있니?(고쳐 말하기 질문)

아동: Is it a truck?

성인: Is it a truck?(재청각화) 질문 잘했어. 우리 함께 보자.

4) 우리는 무엇을 사용해야 것인가?

아동은 다양한 의사소통 발달 단계가 다르기 때문에 다양한 언어 목표를 위한 많은 기술 중에서 가장 효과적인 기술을 정확하게 증명할 수 없다. 다양한 기술을 실험(Connell & Stone, 1992; Courtright & Courtright, 1976; Ellis Weismer & Murray-Branch, 1989; Skarakis-Doyle & Woodall, 1988)을 통해 자세히 연구했다. 또한 모델링을 위해서는 Woodall(1988)이 연구했으며, 아동의 발화 고쳐 말하기에 관한 연구로는 Camarata와 Nelson(1992), Camarata 등(1994), Leonard 등(2000, 2002), Nelson 등(1996), Proctor-Williams와 Fey(2007)가 있다. 이러한 연구에서 고쳐 말하기와 모방을 비교한 것처럼 한 기술을 다

른 기술과 비교했다(Camarata & Nelson, 1992; Camarata et al., 1994; Nelson et al., 1996). 또는 모델링과 모방을 비교했다(Connel & Stone, 1992; Courtright & Courtright, 1976; Friedman & Friedman, 1980). 또 다른 연구는 아동의 비언어적 지능과 모방을 고쳐 말하기와 모델링과 관련된 기술과 같이 특정 기술과 아동을 비교하는 연구를 실시했다(Cole & Dale, 1986; Friedman & Friedman, 1980; Yoder et al., 1991). 그러나 Leonard(1998)는 촉진시키는 기술 및 절차와 특정 언어 목표를 맞추는 것에 대해 아직 결론을 내리지 않았다. 그러나 우리가 중재 작업을 할 때, 우리는 반응을 유도하기 위해 노력을 할 것이지만, 아동에게 목표를 들려주고 시키는 것을 받아들이게 하기보다는 목표를 사용하게 하고 아동이 말을 하게 해야 한다. 그러나 대부분 어떤 기술이 효과적인지에 대한 결정은 특정 아동을 위해 언어 학습을 촉진시키기 위해 성인이 결정한다. 어떤 기술은 다른 기술보다 연속적 중재를 할 때 일부 아동에게 더 적절하게 보인다. 한 가지 기술로 작업할 때 또는 몇 가지 기술을 결합해서 작업할 때, 다른 기술을 선택하기 위한 효율적인 유연성이 필요하다. 그리고 몇몇 기술들은 일반적으로 따로따로 아동에게 사용된다.

4. 중재 접근법

14장에서 우리는 다양한 중재 접근법에 대해서 토의했다. 비록 우리가 14장을 4개의 영역으로 나누었지만, 주제가 완전히 다른 것은 아니었다. 오히려 각각의 토의 부분은 다른 영역과 서로 영향을 주는 주제로 이루어져 있다. 주제 유지가 필요하며, 이 장에서 기술된 중재 접근법들과 상호작용할 필요가 있는 추가적인 요인으로는 입법부의 몇몇 훈령과 발의권이 있다. 특히 장애인교육법(Individuals with Disabilities Education Act, IDEA), 아동낙오방지법(No Child Left Behind, NCLB), 중재 반응(Response to Intervention, RTI) 프로그램 등이 있으며, 이것은 언어장애 아동 및 청소년을 위해 서비스를 전달하는 전략에 영향을 미친다. 특히 4장에서는 더 전반적인 내용이 논의된다.

1) 직접 중재와 간접 중재

14장의 앞부분에서 참조(reference)는 중재를 위한 직접 및 간접 접근법이라고 설명했다. 직접과 간접 접근법의 차이는 아동을 위한 언어 변화의 역할을 누가 담당하느냐에 차이가 있다(Olswang & Bain, 1991a). 직접 중재에서 전문가가 주요한 변화 역할을 맡게 된다. 전문가가 중재 목표를 계획하고 전략은 목적을 위해 사용되며, 아동과 함께 직접 상호작용하면서 전략을 적용시킨다. 부모/양육자 및 교사 등과 같은 다른 사람이 일반적으로 계획을 세울 때 포함되며 실제 적용에서 전문가를 도울 수 있다. 그러나 전문가는 주요 변화를 담당하는 역할을 유지한다. 간접 중재에서 전문가는 중재 목표를 세우고, 일반적으로 부모/

양육자, 교사, 보조자 등과 함께 특정 전략을 적용하는 것에 대해 결정한다. 그러나 부모/양육자, 교사, 보조자 등과 같은 언어 전문가 이외의 사람들은 계획을 수행한다. 전문가는 그들에게 어떻게 계획을 수행해야 하는지를 보여 주며, 적용을 모니터링하며 아동의 진전을 모니터링한다. 전문가들은 일반적으로 직접 아동과 작업하지 않는다. 3장에서 토의한 바와 같이 걸음마기 아동(toddlers) 및 취학 전 아동과 함께 간접 중재를 하기 위해 부모/양육자를 훈련할 필요가 있다고 했다. 만일 보조자가 관련된다면 마찬가지로 교육이 필요하며(Dickson et al., 2009), 교사 및 보호자가 주요 변화 담당자의 역할을 담당한다. 어떤 경우에는 직접 중재와 간접 중재의 결합이 적절할 수 있으며, 중재는 아동의 언어 행동 변화 그리고 중재 목적으로 다른 접근법 중 하나로 변경될 수 있다.

어떤 조건에서 가장 효과적인지를 결정을 할 때 우리를 도울 수 있는 몇 가지의 실험적 자료가 있다. 두 연구에 따르면 언어치료사와 언어치료 보조가가 실시한 언어장애를 가진 학령기 아동을 위한 언어 중재를 통해서 중재 목표 및 비용에 대한 효과를 조사했다(Boyle et al., 2009; Dickson et al., 2009). 두 연구에서 언어치료사와 언어치료 보조자가 중재를 실시했을 때 비슷한 결과가 나타났다. 그러나 비용 면에서는 보조자가 실시할 때 더 적은 비용이 발생했다. 언어치료 보조자는 훈련을 받았으며, 언어치료사는 아동의 중재 목표, 일반적인 중재 방법 등을 결정했고, 보조자의 작업을 슈퍼비전하며 전문가와 보조자 둘 다의 중재 매뉴얼을 만들었다. 그럼에도 불구하고 간접 중재를 적용할 때 현저한 비용 절감이 있었다.

3장에서 본 바와 같이, 부모는 어린 아동에게 중재를 실시할 때 강력한 상대자가 될 수 있다. 비록 소수를 대상으로 실시한 독립 실험 연구에서 나타난 효과성이지만 ***Hanen Early Language Parent Program***과 같은 다양한 부모 교육 프로그램이 있다(Girolametto, Greenberg, & Manolson, 1986). 그러나 무작위 통제 연구에서(Buschmann, Jooss, Rupp, Feldhusen, Pietz, & Philippi, 2009), 단기 효과성, 표현언어 발달이 느린 영유아에게 사용한 부모의 구조화된 언어 중재를 통제 집단과 비교했다. 부모 중재 교육을 받은 표현언어 발달이 느린 영유아는 1세 이상의 주요 언어를 획득했다. 언어장애는 아니지만, 언어지체로 확인된 영유아와 단순 언어장애 아동에게 유사한 결과가 나타났는지는 알지 못했다. 그럼에도 불구하고 이 연구는 간접 중재 접근을 할 때 부모는 긍정적 보조자가 될 수 있다는 것을 강조했다.

Olswang과 Bain(1991b)은 시간 안에 특정 중재 목표를 확인하는 것은 더 효과적인 접근을 결정하는 데 도움이 될 수 있다고 지적했다. 그들은 직접 중재가 새로운 언어 행동을 수립하는 것이 목적일 때는 더 적절하다고 제언했으며, 간접 중재는 이미 증명된 목표 또는 직접 중재로 결과가 확립된 목표를 안정화하고 일반화하고 확장할 때 더 적절하다고 제언했다.

2) 집단 중재와 개별 중재

5장에서 우리는 언어장애 청소년의 집단 중재가 개별 또는 1:1 중재보다 더 효과적이라고 제언했다. 1:1 상황에서 외부로부터의 환경적 혼란이 통제될 수 있으므로 바람직한 자극에 주의집중할 수 있기 때문에 언어 학습이 빠르게 촉진될 수 있다.

언어 중재를 하는 동안 1:1의 이론적 근거는 부분적으로 타당하다. 혼란의 감소는 제시된 자극의 요점을 증가시키며, 사례 및 반응의 기회가 더 증가한다. 그러나 언어는 상호작용적 개인 간의 행동이다. 그렇기 때문에 언어장애 청소년을 위한 집단 중재가 사용된다(Bunce, 1995; Rice & Wilcox, 1995; Swenson, 2000). 어린 아동은 자신의 주변 환경과의 상호작용을 통해 언어를 학습하며 환경 안에 있는 사람들을 통해 언어를 배운다. 1:1 중재 상황은 주로 사건의 수 및 언어를 지도하는 맥락이 제한되며 언어를 사용할 수 있는 사람의 수가 제한될 수 있다. 반대로 어린 언어장애 아동을 위한 소집단 중재는 개별 중재 환경에서 줄 수 없는 언어 학습 상황을 제공할 수 있다. 이전의 강화 및 일반화 토의에서 본 바와 같이, 집단 형성은 일반화를 발생시키고 촉진시킬 수 있는 자연적 강화의 기회를 제공할 수 있다. 소집단에 포함된 각 아동은 다양한 자극, 경험, 1:1 상황에서 제한된 인원 등의 이점을 얻을 수 있다. 부모를 포함한 성인은 주로 집단 상황에서 아동과 함께 참여하며, 다른 아동뿐만 아니라 다른 성인과 언어를 사용할 수 있는 기회를 아동에게 제공한다. 이러한 형식은 간접 중재에서 사용할 수 있는 전략을 훈련된 부모나 교사를 돕는 데 사용될 수 있다.

위에서 언급한 직접과 간접 중재 모델의 효과성에 대한 2개의 연구에서 집단과 개별 중재를 조사했다(Boyle et al., 2009; Dickson et al., 2009). 이러한 연구는 학령기 아동을 대상으로 했다. 개별 중재를 집단 중재와 비교한 결과, 이점이 나타나지 않았다. 또한 집단 중재 모델이 개별 중재보다 비용 면에서 더 효과적인 것으로 나타났다.

아동이 집단 세팅이 더 유리한지 또는 개별 형식이 더 유용하지를 결정하는 것은 특징에 따라 달라진다. 과잉행동, 산만한 또는 부주의를 나타내는 일부 아동 또는 사람과의 상호작용에 거의 흥미를 보이지 않는 아동들은 초기에 1:1 중재가 요구된다. 다른 아동들은 소집단 환경이 가장 적절할 수 있다. 더구나 특정 아동이 유익한 세팅의 형태는 아동의 행동 및 언어 능력의 변화에 따라 달라질 수 있다. 개별 중재가 초기에 요구되는 아동은 집단 세팅이 가능하도록 진전될 수 있다. 처음에 집단 세팅에서 중재를 한 아동은 개별 세팅에서 가장 잘 성취할 수 있는 특정 능력을 얻기 위해 필요한 중재로 진전될 수 있다. 또한 형식이 아동의 전체 중재 프로그램을 통해 사용되어야만 한다는 고정된 규칙은 없다. 대신 중재를 할 때 적절한 세팅에서 아동에게 특정 목표를 제공하는 유연성은 중요하다.

아동의 중재에 대한 구조와 관련된 결정은 집단 또는 개별 세팅 사이의 선택이 항상 포함되는 것은 아니다. 많은 경우 집단과 개별을 결합한 중재가 효과적일 수 있다(Cleave & Fey, 1997). 목표로 하는 언어 능력은 1:1 상황에서 혼란스럽지 않게 나타날 수 있으며, 집단 상황에서 다양한 사람들과 함께 다양한 맥락으로 확장될 수 있다.

3) 세 가지의 언어 지도 방법

그림 14.1에서와 같이 언어 중재에서 사용할 수 있는 촉진 기술 중에서 '자연주의'의 정도를 고려하는 것을 넘어서 중재의 더 큰 구조는 '자연스러움'의 연속체에 따라 바뀔 수 있다. 일부는 무척 교훈적이며, 다른 것은 무척 비구조화 및 전면적으로 아동 중심 접근에 초점을 둘 수 있다. 그러나 각각은 장점과 단점을 가지며, 그렇기 때문에 많은 전문가들은 양극단 사이의 어떤 방법을 채택하기 위해 노력한다. Fey(1986)는 이러한 것을 '하이브리드(hybrid)' 방법이라고 불렀다. 효율적인 기회를 제공하면서 가능한 한 자연스러운 중재 환경 및 활동을 갖기 위한 이러한 시도는 성인이 적절한 본보기, 반응을 하기 위한 기회, 연습, 일반화 등을 보장하기 위한 교육 상황을 통제 및 조작한다.

Olswang과 Bain(1991a)은 적용 가능한 세 가지의 일반적인 언어 지도 기술을 기술했다. 즉, 환경 중심 교수(milieu teaching), 일상활동을 통한 언어 훈련(joint action routines), 귀납적 교수(inductive teaching)이다. 저자들의 설명에 따르면 이러한 방법은 일부 유사한 특징을 공유하며 다른 방법에서 발견한 절차를 혼합한다. 그러나 이러한 방법은 관련된 구조의 정도에 따라서 바뀐다. 앞에서 토의한 다양한 촉진 기술은 이러한 세 가지 언어 기술 방법의 형식 안에서 사용될 것이다. 그러나 일부 기술이 다른 것보다 하나 또는 두 개의 교수 접근법이 더 호환되어 사용될 수 있다.

환경 중심 교수. 환경 중심 교수는 최소의 구조를 사용한다. 강화 및 활동을 통한 자연스런 의사소통의 중요성, 아동의 흥미, 주의집중, 교육을 위한 대화 상황, 아동의 일상 환경에서의 중재(집, 유치원, 학교 교실)에 의해 결정한 활동은 환경 중심 교수 접근의 특징이다. 목표 언어 행동을 위한 기회는 회기를 통해서 분산된다. 비록 이런 절차가 다른 기술에도 사용될 수 있지만, 환경 중심 교수는 세 가지의 절차가 사용된다(Olswang & Bain, 1991a). 이 세 가지 절차는 우발적 교수, 선 반응 요구-후 시범, 지연(delay)이다.

우발적 교수. 우발적 교수(incidental teaching)에서 아동이 활동 또는 주제를 정하며 성인은 아동이 정한 것에 따라 언어를 지도한다. 아동이 활동 및 주제에 대해 흥미를 보이고 강화되는 한 지속된다. 활동을 하는 동안 성인은 이전에 토의한 다양한 촉진 기술을 특정 언어 행동을 유도하기 위해 사용할 수 있다. 우발적 교수는 6장의 앞부분에서 논의했다.

선 반응 요구-후 시범. 이 교수법은 6장에서 소개했다. 우발적 교수와 달리 이 접근은 성인이 더 지시하는 절차이다. 성인은 활동 및 주제에 아동을 주의집중시키기 위해 시간을 선택하고 아동에게 반응을 요구하거나 반응을 위해 촉구를 제공한다. 만일 아동이 언어적으로 적절히 반응을 하면 성인은 아동의 반응에 강화를 제공하며 아동에게 바람직한 물건을 주거나 활동을 계속하도록 해준다. 만일 아동의 반응이 부적절하거나 오반응일 때, 목표 반응을 모델링하거나 다른 유도 기술을 사용한다.

지연. 아동의 손이 닿지 않는 곳에 물건을 두거나, 어떤 사건이 발생하기를 원할 때, 성인은 아동을 의심스러운 표정으로 바라보며, 아동에게 반응하기 전에 약 15초 정도를 기다린다. 분명히 성인은 요구에 응해 주기 전에 아동으로부터 적절한 반응을 기다린다. 만약 아동이 반응이 없으면 성인은 목표 반응을 모델링해 주거나 다른 유도 기술을 제공하고 다시 기다린다. 대개 아동의 요구에 응해 주기 전에 두 번 반복한다. 성공적 결과 없이 잦은 여러 번의 반복은 아동의 좌절감을 증가시키기보다 아무것도 하지 못하게 할 수 있다. 그러나 너무 많은 비성공적 결과가 발생한다면 교수 접근법 및 사용한 전략을 즉시 재평가할 필요가 있다.

지연은 다른 언어 교수법과 함께 사용될 때 중요한 중재 절차이다. 언어장애 아동은 정상 아동만큼 빠르게 반응하지 못할 수 있다. 그들은 기대하는 것을 이해하는 데, 그리고 자극을 처리하는 데, 반응을 생각하고 일반화하는 데 더 많은 시간이 필요할 수 있다.

일상활동을 통한 언어 훈련. 이 교수 모델은 때때로 스크립트 치료로 알려져 있다. 일상활동을 통한 언어 훈련은 상호작용, 각 상대자는 예견할 수 있는 언어 및 수행할 행동 패턴을 가진 사건의 체계적 반복을 만든다. 일상생활은 아동의 환경에서 일상적 사건을 반영하거나 만들어 낼 수 있다(Constable, 1986; Dekroon et al., 2002; Kim & Lombardino, 1991; McCormick, 1997; Robertson & Ellis Weismer, 1997). 이러한 일상생활은 사회적으로 기초가 되며 의사소통을 하는 데 필요한 것을 결합한다. 일상생활은 성인과 아동이 상호작용하고 아동은 필요한 재료를 요구해야만 하는 활동, 그리고 일상생활을 가장한 놀이에 집중될 수 있는 공작 활동과 같은 특정 주제 및 제목에 초점을 둔다. 일상활동을 통한 언어 훈련은 아동이 요구된 언어 과제에 집중하기 위해서 아동에 대한 요구를 줄이는 것을 목적으로 한다(Ellis Weismer, 2000). 아동은 특정 일상활동과 친숙하게 되기 때문에 언어에 대한 기대는 점차로 더 진전된 능력으로 변화시킬 수 있다. 일상활동을 통한 언어 훈련의 문제는 방법에 있다. 일상활동에서 일어나는 일인지 또는 아동에게 기대되는 언어의 수준을 증가시키기 위해 변경하지는 않았는지, 전략이 더 높은 언어 행동을 유도하기 위해 사용되었는지 등과 관련된다. 일상활동을 새로운 상황에 일반화하는 것은 때때로 문제가 될 수 있다.

귀납적 교수. 귀납적 교수(inductive teaching)는 대부분 구조화되어 있으며 성인 중심 교육 방법이다. 성인은 아동의 패턴(pattern 또는 regularity)을 확인하기 위해서 의미 있는 의사소통 상호작용을 조작한다. 귀납적 교수의 세 가지의 요소는 다음과 같다.

1. 의사소통 상호작용은 아동에게 패턴이 존재하는지를 찾기 위해서 준비한다.
2. 아동은 의미 있는 맥락 또는 의사소통 상호작용이 패턴과 관련되는지를 찾고 실제로

패턴을 설명한다.

3. 아동은 의미에 영향을 미치는 것과 관련되는 패턴을 학습한다.

아동은 자극을 통해 나타난 쌍들 사이의 상응 관계의 특성을 획득하는 규칙을 가정한다. 이 절차의 가정은 이 단계에 의해 귀납 처리 과정이 본질적이라고 하는 것이며, 이전 것이 올바르게 배치되었다면, 규칙을 가정하는 것은 자동적으로 발생할 것으로 본다(Olswnag & Bain, 1991a, pp. 81-82).

전문가가 세 가지의 전체의 방법을 모두 사용하는 것을 보는 것은 어렵지 않다. 각각은 장점과 단점이 있다. 장점은 중재를 아동에게 맞출 필요가 있다는 것이다. 다른 방법 및 요소들은 다른 아동과 다른 언어 목적에 적합할 수 있다. 우리가 아직 알지 못하는 것은 어떻게 이렇게 신뢰할 만한 변수들을 일치시킬 수 있는지와 관련된다. 우리는 이것을 알아내기 위해 노력할 필요가 있다.

4) 서비스 제공 모델

앞부분에서 우리는 아동에게 언어 중재 서비스를 제공하는 다른 모델과 관련된 개념을 소개했다. 또한 서비스 제공 형식이 중재의 발생, 정책 및 다양한 서비스 제공자의 방침, 입법 명령과 같은 환경에 의해 영향을 받는다는 것을 연구 결과로 설명했다.

그러나 점차 아동의 교실 또는 아동이 일상생활을 하는 환경에서 언어 중재를 제공하는 경향이 증가하는 것이 분명하다. 이러한 경향과 일치하는 환경을 때때로 **총괄적**(inclusive), **통합된**(integrated) 또는 **주류에 통합적**(mainstreamed)인 것으로 언급된다. 이러한 서비스는 때로는 전문가보다는 간접 중재로 간주될 수 있는 다른 성인에 의해 전달된다. 그들은 언어 전문가가 하는 일을 상담하는 역할을 담당하기 때문이다. 어떤 상황은 아동의 교실에서 자유 읽기 시간, 미술 및 집단 토의 시간과 같은 다양한 활동이 일어나는 동안 언어 전문가가 언어 중재를 제공할 수 있다. 이러한 서비스는 직접 중재로 간주되며 상담은 아니다. 또 다른 경우, 언어 전문가가 일반적으로 다른 정규 교사들 또는 다른 전문가, 도우미, 부모/양육자들과 협력하여 아동의 교실에서 서비스를 제공한다. 이런 경우에 서비스 제공 형태는 교사와 함께하는 팀 교육 또는 회전 교육(turn teaching)을 포함할 수 있다. 장점은 공동 작업을 하는 것으로, 서비스 제공 모델은 언어 중재에 대한 생태학적으로 타당하며 일반화를 촉진하는 장점이 있다. 그러나 서비스 제공 모델이 어떻게 적용되는지와 관련해서 상당한 변수가 있다. Ferguson(1992)은 "프로그램 계획은 그들의 개발에 참여한 사람들만큼 개별적이며, 하나의 정확한 프로그램은 없다."라고 조언했다(p. 361).

협력 또는 상담 서비스 제공 모델, 학교 상황에서 서비스 제공의 모델로 '전통적 우회(pullout)' 모델의 사용, 협력/상담 모델이 적용되어 온 환경 등에서 경향성이 증가하는 중심에는 포기하지 않는 것이 있다. 우회는 아동이 특수교사에게 서비스를 받기 위해서 정규 수업을 받는 교실 활동에서 떠나는 것을 의미한다. 또한 우회는 아동이 포함된 교실 또는 더 최근에는 아동이 포함된 학교에서 교육을 받는 것으로 완성되었으며, 이러한 특수학교의 수가 증가되고 있으며, 아동은 언어 중재와 같은 다른 특수 서비스를 받기 위해 우회될 수 있다(Conti-Ramsden et al., 2001; Hirst & Britton, 1998). 또는 우회는 아동이 시간의 대부분을 정규 학급에서 보내고 일시적으로 특수 서비스를 받기 위해 정규 학급에서 떠나 서비스를 받은 후에 다시 정규 학급으로 되돌아오는 형태를 의미한다. 5장에서 우리는 언어장애를 가진 청소년을 위한 중학교에서는 적절하지 않다고 논의했다. 이 모델과 관련되는 요인은 언어장애를 가진 아동에게 서비스를 제공하기 위한 논의를 제시했다. 언어 중재에서 드러난 이 모델의 가장 큰 비평은 언어 학습을 위한 맥락적 지원이 제한된다는 것이며 언어 능력을 자연스런 환경에 일반화하는 데 어려움이 있다는 점이다.

다른 해석에 따르면 우회 모델은 전문가들이 개별적으로 아동을 볼 수 있다는 것을 의미한다. 또한 우회 모델은 개별적으로 동일하지 않으며, 집단 중재를 배제하지 않는다. 그러므로 이런 문제와 관련되는 우회는 개별 대 집단 중재 접근과 관련되는 본질적인 문제는 아니다. 이것은 일부 언어장애 아동이 언어 중재 서비스를 받는 동안 혼란스러움이 더 적은 환경에서 서비스를 받음으로써 목표한 규칙 및 규정을 더 명확하게 할 수 있으며 언어 교수 기술을 더 일관성 있게 사용할 수 있는 이득을 얻을 수 있다.

대부분의 전문가들은 단일 중재 모델로서 우회 모델이 효과적이라는 점에 동의한다. 그러나 우회 모델은 상담 및 협력 모델과의 결합을 통해 성공적으로 사용될 수 있다. 서비스 전달은 모델과 관련해서 '양자택일(all or nothing)'이 될 수 없다. 오히려 서비스 제공은 다양한 어려움을 갖는 다양한 아동들에게 기여할 수 있는 다양한 서비스 제공 모델을 필요로 한다.

5. 정리

우리는 언어 중재를 계획하고 적용하는 데 필요한 많은 요인들을 재검토했다. 이러한 각각은 계획 과정에서 결정 지점을 제시하지만 각각의 결정이 독립적이지는 않다. 이러한 요인들은 자주 다른 요인들과 상호작용한다. 그러므로 결정은 상호작용이다. **그림 14.2**는 이러한 요인들의 일부와 중재 결정 과정과 관련되는 복잡성들과의 상호작용의 예를 보여 준다. 그러나 모델이 중재에 영향을 미치는 모든 요인들을 포함한다는 주장은 없다. 그러므로 우리는 언어장애를 가진 아동과 중재에 대해 더 많은 것을 배우는 것에 따라 더 많은 요인들이 추가될 것이다. 또한 어떤 요인들이 다른 요인들과 결합되는 것이 가능하다. 궁극적으로 요인들과 이러한 결정은 아동의 중재 계획을 산출하기 위해 결합될 것이다. 아동을 위한 언어 중재의 계획 및 적용은 복잡한 의사결정 과정이다.

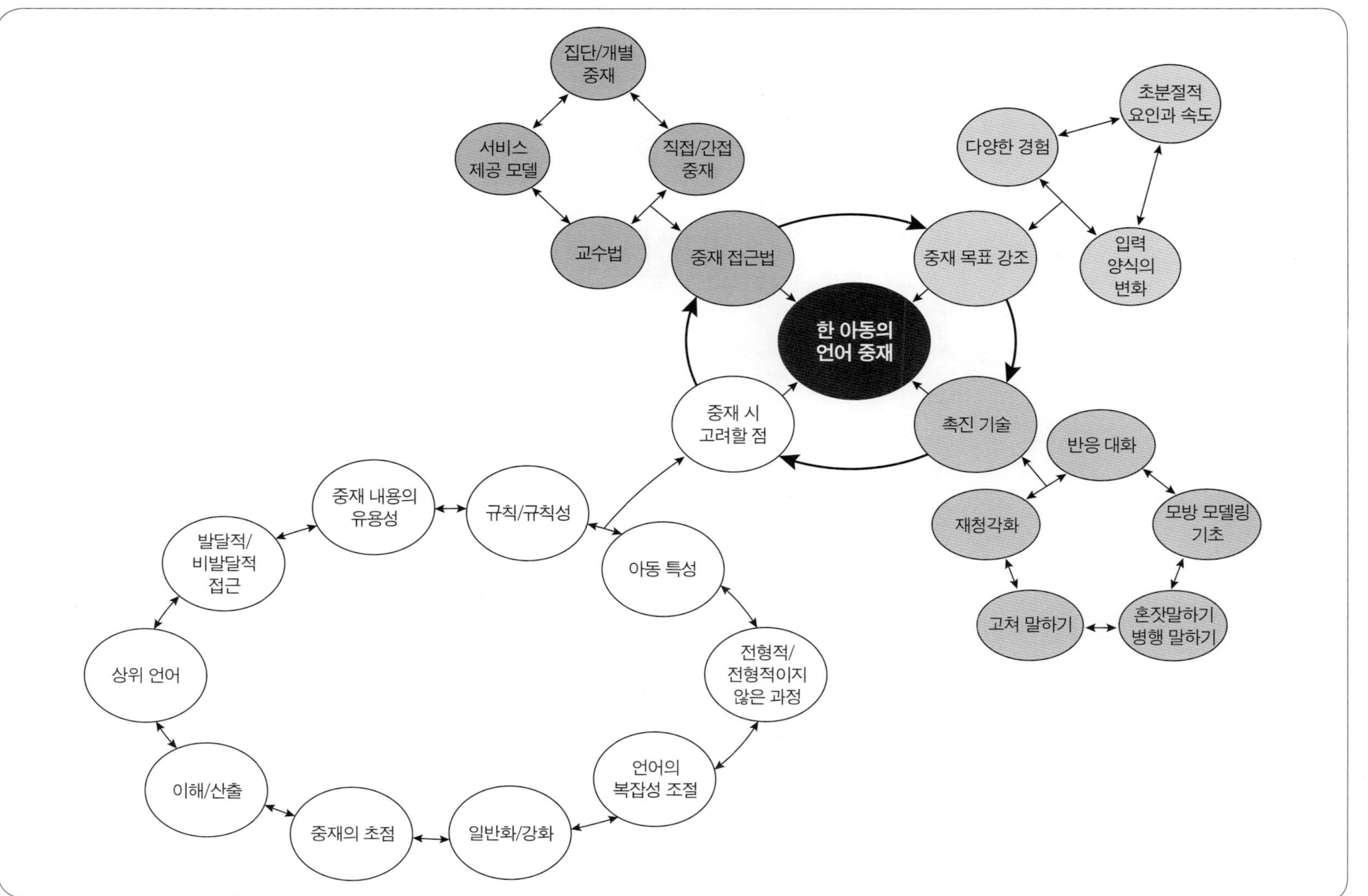

그림 14.2 언어 중재의 모델

요약

이 장에서 우리는 다음의 내용들을 살펴보았다.

- 정상적 언어 과정은 일반적으로 우리가 언어 중재를 실시할 필요가 없지만, 언어장애 아동의 언어 특성을 효과적으로 인식하기 위해서 정상 과정을 변경시킬 필요가 있다.
- 언어 중재 목적은 아동이 규칙이나 규정을 발견하도록 돕는 것이며, 아동이 학습할 필요가 있는 관련 정보를 처리하기 위한 기회를 제공하는 것이다.
- 언어 중재는 언어의 유용성을 강조할 필요가 있다.
- 비발달적 접근(nondevelopmental)이 때로 적절하기도 하지만, 발달적 접근은 연속적인 중재 목적의 지표를 제공하는 데 더 자주 사용된다.
- 언어 이해 목표는 때때로 언어 산출 이전에 강조된다. 다른 예로, 이해 및 산출은 동시에 강조된다. 언어장애 아동은 그들이 가장 효과적으로 언어를 사용하는 것을 배우기 위해서 목표로 계획한 언어 행동을 산출하는 연습이 필요하다.
- 중재의 초점은 개별 아동의 요구에 따르며, 아동의 전체 중재 프로그램을 통해 변경될 수 있다.
- 아동에게 반응을 요구하거나 계획할 때, 언어 복잡성의 모든 영역을 통제하는 것은 중요하다.
- 강화 및 일반화는 중재를 계획할 때 중요하다. 일반화는 자연스러운 강화자 및 다양한 맥락이 중재 적용에 결합될 때 더 효과적으로 촉진될 수 있다.
- 각 아동의 성격은 중재 접근 및 전략 선택에 영향을 미치지만, 우리는 아동의 성격과 중재 접근 그리고 중재 전략 중에서 어느 것이 가장 효과적으로 조화되는지를 아직 알지 못한다.
- 어린 아동을 위한 언어 중재는 상위 언어학적 접근에 크게 의존하지 않지만, 상위 언어학적 결합을 피하지는 않는다. 반대로 나이 든 아동의 경우 상위 언어 능력의 향상은 중재의 중심이 될 수 있으며, 상위 언어학적 접근은 때때로 교수 전략으로 사용된다.
- 중재는 직접 또는 간접으로 제공될 수 있으며, 다양한 언어 교수 전략 및 서비스 제공 모델을 통해 제공될 수 있다.
- 언어장애 아동의 언어 목표를 노출하는 것은 더 빈번하고 더 현저하고, 일정한 간격 안에서 그리고 스케줄을 분배할 필요가 있다.
- 많은 직접 및 간접 촉진 및 유도 기술이 사용될 수 있다.

❧ 언어 중재의 계획 및 적용은 다양한 요인들이 상호작용하는 복잡한 의사결정 과정이다.

각 언어장애 아동은 중재를 계획할 때 유연성이 필요한 고유의 요구를 갖는다. 만약 중재가 개별적으로 계획되고 역동적이며 유동적인 과정으로 간주되지 않는다면, 언어장애 아동들은 그들의 요구가 적어도 얼마간이라도 충족된다면 운이 좋은 것이다.

참고 문헌

Abbeduto, L. (1991). Development of verbal communication in persons with moderate to mild mental retardation. *International Review of Research in Mental Retardation, 17*, 91–115.

Abbeduto, L., Benson, G., Short, K., & Dolish, J. (1995). Effects of sampling context on the expressive language of children and adolescents with mental retardation. *Mental Retardation, 33*(5), 279–288.

Abbeduto, L., Brady, N., & Kover, S. (2007). Language development and Fragile X syndrome: Profiles, syndrome specificity, and within-syndrome differences. *Mental Retardation and Developmental Disabilities Research Reviews, 13*(1), 36–46.

Abbeduto, L., & Chapman, R. (2005). Language and comprehension skills in children with Down syndrome and Fragile X. In P. Fletcher & J. Miller (Eds.), *Trends in language acquisition research: Developmental theory and language disorders* (Vol. 4, pp. 53–72). Amsterdam: John Benjamins.

Abbeduto, L., Davies, B., Solesby, S., & Furman, L. (1991). Identifying the referents of spoken messages: The use of context and clarification requests by children with mental retardation and by nonretarded children. *American Journal on Mental Retardation, 95*(5), 551–562.

Abbeduto, L., Furman, L., & Davies, B. (1989). Relation between the receptive language and mental age of persons with mental retardation. *American Journal on Mental Retardation, 93*(5), 535–543.

Abbeduto, L., & Hesketh, L. (1997). Pragmatic development in individuals with mental retardation: Learning to use language in social interactions. *Mental Retardation and Developmental Disabilities Research Reviews, 3*(4), 323–333.

Abbeduto, L., & Murphy, M. (2004). Language, social cognition, maladaptive behavior, and communication in Down syndrome and Fragile X syndrome. In M. L. Rice & S. F. Warren (Eds.), *Developmental language disorders: From phenotypes to etiologies* (pp. 77–97). Mahwah, NJ: Lawrence Erlbaum Associates.

Abbeduto, L., Pavetto, M., Kesin, E., Weissman, M., Karadottir, S., & O'Brien, A. (2001). The linguistic and cognitive profile of Down syndrome: Evidence from a comparison with Fragile X syndrome. *Down Syndrome Research and Practice, 7*(1), 9–15.

Abbeduto, L., & Rosenberg, S. (1980). The communicative competence of mildly retarded adults. *Applied Psycholinguistics, 1*(4), 405–426.

Abbeduto, L., & Short, K. (1994). Relation between language comprehension and cognitive functioning in persons with mental retardation. *Journal of Developmental and Physical Disabilities, 6*(4), 347–369.

Abbeduto, L., Short-Meyerson, K., Benson, G., & Dolish, J. (1997). Signaling of noncomprehension by children and adolescents with mental retardation: Effects of problem type and speaker identity. *Journal of Speech, Language, and Hearing Research, 40*(1), 20–32.

Abbeduto, L., Short-Meyerson, K., Benson, G., & Dolish, J. (2004). Relationship between theory of mind and language ability in children and adolescents with intellectual disability. *Journal of Intellectual Disability Research, 48*(2), 150–159.

Abbeduto, L., Short-Meyerson, K., Benson, G., Dolish, J., & Weissman, M. (1998). Understanding referential expressions in context: Use of common ground by children and adolescents with mental retardation. *Journal of Speech, Language, and Hearing Research, 41*(6), 1348–1362.

Abbeduto, L., Weissman, M., & Short-Meyerson, K. (1999). Parental scaffolding of the discourse of children and adolescents with intellectual disability: The case of referential expressions. *Journal of Intellectual Disability Research, 43*(6), 540–557.

Abrahamsen, E., & Sprouse, P. (1995). Fable comprehension by children with learning disabilities. *Journal of Learning Disabilities, 28*(5), 302–308.

Accardo, P., Capute, A., Bennett, A., Keshishian, E., O'Connor Leppert, M., Montgomery, T., et al. (2005). *The Capute Scales: Cognitive Adaptive Test and Clinical Linguistic and Auditory Milestone Scale*. Baltimore: Paul H. Brookes.

Achenbach, T. (1970). Standardization of a research instrument for identifying associative responding in children. *Developmental Psychology, 2*(2), 283–291.

Achenbach, T. (1991a). *Manual for The Child Behavior Checklist/4–18*. Burlington: University of Vermont Press.

Achenbach, T. (1991b). *Manual for The Teacher Report Form*. Burlington: University of Vermont Press.

Achenbach, T. (1992). *Manual for the Child Behavior Checklist/2–3 and 1992 Profile*. Burlington: University of Vermont, Department of Psychiatry.

Akdogen, O., Slecuk, A., Ozcan, I., & Dere, H. (2008). Vestibular nerve functions in children with auditory neuropathy. *International Journal of Pediatric Otorhinolaryngology, 72*(3), 415–419.

Alexander, P., & Muia, J. (1982). *Gifted education: A comprehensive roadmap*. Rockville, MD: Aspen.

Almli, C. R., & Finger, S. (1992). Brain injury and recovery of function: Theories and mechanisms of functional reorganization. *Journal of Head Trauma Rehabilitation, 7*, 70–77.

American Academy of Audiology. (2003). *Pediatric amplification protocol*. Retrieved September 21, 2009, from http://www.audiology.org/resources/documentlibrary/Documents/pedamp.pdf

American Academy of Audiology. (2004). Pediatric amplification guidelines. *Audiology Today, 16*(2), 46–53.

American Academy of Pediatrics Committee on Genetics. (2001). Health care supervision for children with William syndrome. *Pediatrics, 107*(5), 1192–1204.

American Association on Intellectual and Developmental Disabilities. (2002). *Definition of intellectual disability*. Retrieved July 5, 2008, from http://www.aaidd.org/intellectualdisabilitybook/content_2678.cfm?navID=282

American Association on Mental Retardation. (1992). *Mental retardation: Definition, classification and systems of supports* (9th ed.). Annapolis, MD: American Association on Mental Retardation.

American Association on Mental Retardation. (2002). *Mental retardation: Definition, classification and systems of supports* (10th ed.). Annapolis, MD: American Association on Mental Retardation.

American Educational Research Association, American Psychological Association, & National Council on Measurement and Education. (1999). *Standards for educational and psychological testing*. Washington, DC: American Psychological Association.

American Psychiatric Association. (1980). *Diagnostic and statistical manual of mental disorders* (3rd ed.). Washington, DC: Author.

American Psychiatric Association. (1987). *Diagnostic and statistical manual of mental disorders* (3rd rev. ed.). Washington, DC: Author.

American Psychiatric Association. (1994). *Diagnostic and statistical manual of mental disorders* (4th ed.). Washington, DC: Author.

American Psychiatric Association. (2000). *Diagnostic and statistical manual of mental disorders* (4th ed., text revision). Washington, DC: Author.

American Speech-Language-Hearing Association (ASHA). (1991). A model for collaborative service delivery for students with language-learning disorders in the public schools. *ASHA, 33*(Suppl. 5), 44–50.

American Speech-Language-Hearing Association (ASHA). (1995). Position statement on facilitated communication. *Asha, 37*(Suppl. 5), 9–12.

American Speech-Language-Hearing Association (ASHA). (1996a). *Inclusive practices for children and youths with communication disorders: Position statement and technical report.* Rockville, MD: Author.

American Speech-Language-Hearing Association (ASHA). (1996b). Taskforce on Central Auditory Processing Consensus Development: Central auditory processing: Current status of research and implications for clinical practice. *American Journal of Audiology, 5*(2), 41–54.

American Speech-Language-Hearing Association (ASHA). (1997). *Preferred practice patterns for the profession of speech-language pathology.* Rockville, MD: Author.

American Speech-Language-Hearing Association (ASHA). (2001). *Roles and responsibilities of speech-language pathologists with respect to reading and writing in children and adolescents [Position statement].* Rockville, MD: Author.

American Speech-Language-Hearing Association (ASHA). (2002a). *Augmentative and alternative communication: Knowledge and skills for service delivery [Knowledge and Skills].* Retrieved December 30, 2008, from http://www.asha.org/policy

American Speech-Language-Hearing Association (ASHA). (2002b). *Demographic profile of the ASHA constituents for the period January 1 through June 30, 2002: Table 5.* Rockville, MD: Author.

American Speech-Language-Hearing Association (ASHA). (2002c). *Omnibus survey caseload report: SLP.* Rockville, MD: Author.

American Speech-Language-Hearing Association (ASHA). (2005a). *(Central) auditory processing disorders [Technical report].* Rockville, MD: Author.

American Speech-Language-Hearing Association (ASHA). (2005b). *Knowledge and skills needed by speech-language pathologists serving persons with mental retardation/developmental disabilities. [Knowledge and skills].* Retrieved January 30, 2011 from http://www.asha.org/docs/html/KS2005-00081.html

American Speech-Language-Hearing Association (ASHA). (2005c). *Principles for speech-language pathologists serving persons with mental retardation/developmental disabilities [Technical report].* Retrieved January 30, 2011 from http://www.asha.org/docs/html/TR2005-00144.html

American Speech-Language-Hearing Association (ASHA). (2005d). *Roles and responsibilities of speech-language pathologists with respect to augmentative and alternative communication: Position statement.* Retrieved December 30, 2008 from http://www.asha.org/docs/html/PS2005-00113.html

American Speech-Language-Hearing Association (ASHA). (2005e). *Roles and responsibilities of speech-language pathologists in service delivery for persons with mental retardation/developmental disabilities [Position statement].* Retrieved January 30, 2011 from http://www.asha.org/docs/html/PS2005-00106.html

American Speech-Language-Hearing Association (ASHA). (2005f). *Roles and responsibilities of speech-language pathologists serving persons with mental retardation/developmental disabilities. [Guidelines].* Retrieved January 30, 2011 from http://www.asha.org/docs/html/GL2005-00061.html

American Speech-Language-Hearing Association (ASHA). (2008). *Highlights and trends: ASHA counts for year end 2008.* Rockville, MD: Author.

American Speech-Language-Hearing Association (ASHA). (2009). *2009 Member Counts: Demographic profile of the ASHA constituents for the period January 1 through June 30, 2009—Table 7.* Rockville, MD: Author.

American Speech-Language-Hearing Association (ASHA). (2010a). *Roles and responsibilities of speech-language pathologists in schools: Position statement.* Retrieved July 15, 2010 from http://www.asha.org/docs/html/PS2010-00318.html

American Speech-Language-Hearing Association (ASHA). (2010b). *Roles and responsibilities of speech-language pathologists in schools: Professional issues statement.* Retrieved July 15, 2010 from http://www.asha.org/docs/html/PI2010-00317.html

American Speech-Language-Hearing Association Committee on the Status of Racial Minorities. (1983). Social dialects position paper. *ASHA, 25*, 23–24.

American Speech-Language-Hearing Association Committee on the Status of Racial Minorities. (1985). Clinical management of communicatively handicapped minority language populations. *ASHA, 27*, 29–32.

Andersen, E. S., Dunlea, A., & Kekelis, L. (1984). Blind children's language: Resolving some differences. *Journal of Child Language, 11*, 645–664.

Anderson, K. L. (2004). The problem of classroom acoustics: The typical classroom soundscape barrier to learning. *Seminars in Hearing, 25*(2), 117–129.

Anderson, R. (1996). Assessing the grammar of Spanish-speaking children: A comparison of two procedures. *Language, Speech, and Hearing Services in Schools, 27*(4), 333–344.

Anderson, V., Morse, S. A., Catroppa, C., Haritou, F., & Rosenfeld, J. V. (2004). Thirty month outcome from early childhood head injury: A prospective analysis of neurobehavioural recovery. *Brain, 127*(12), 2608–2620.

Anderson, V., Morse, S. A., Klug, G., Catroppa, C., Haritou, F., & Rosenfeld, J. V. (1997). Predicting recovery from head injury in young children: A prospective analysis. *Journal of the International Neuropsychological Society, 3*(6), 568–580.

Andolina, C. (1980). Syntactic maturity and vocabulary richness of learning disabled children at four age levels. *Journal of Learning Disabilities, 13*(7), 27–32.

Anita, S. D., Reed, S., & Kreimeyer, K. H. (2005). Written language of deaf and hard-of-hearing students in public schools. *Journal of Deaf Studies and Deaf Education, 10*(3), 244–255.

Anzalone, M., & Williamson, G. (2000). Sensory processing and motor performance in autism spectrum disorders. In A. Wetherby & B. Prizant (Eds.), *Autism spectrum disorders: A transactional developmental perspective* (pp. 143–166). Baltimore: Paul H. Brookes.

Apel, K. (1999a). An introduction to assessment and intervention with older students with language-learning impairments: Bridges from research to clinical practice. *Language, Speech and Hearing Services in Schools, 30*(3), 228–230.

Apel, K. (1999b). Checks and balances: Keeping the science in our profession. *Language, Speech, and Hearing Services in Schools, 30*(1), 98–107.

Applebee, A. N. (1978). *The child's concept of story: Ages two to seventeen.* Chicago: University of Chicago Press.

Aram, D. (1988). Language sequelae of unilateral brain lesions in children. In F. Plum (Ed.), *Language, communication, and the brain* (pp. 171–198). New York: Raven Press.

Aram, D. (1991). Comments on specific language impairment as a clinical category. *Language, Speech, and Hearing Services in Schools, 22*(2), 84–87.

Aram, D., & Eisele, J. (1994). Limits to a left hemisphere explanation for specific language impairment. *Journal of Speech and Hearing Research, 37*(4), 824–830.

Aram, D., Ekelman, B., & Nation, J. (1984). Preschoolers with language disorders: 10 years later. *Journal of Speech and Hearing Research, 27*(2), 232–244.

Aram, D., Ekelman, B. L., & Whitaker, H. (1986). Spoken syntax in children with acquired left and right hemisphere lesions. *Brain and Language, 27*, 75–100.

Aram, D., Ekelman, B. L., & Whitaker, H. (1987). Lexical retrieval in left and right lesioned children. *Brain and Language, 31*, 75–100.

Aram, D., Hack, M., Hawkins, S., Weissman, B., & Borawski-Clark, E. (1991). Very-low-birthweight children and speech and language development. *Journal of Speech and Hearing Research, 34*(5), 1169–1179.

Aram, D., & Nation, J. (1982). *Child language disorders*. St. Louis, MO: Mosby.

Archbold, S. M., Nikolopoulous, T. P., & O'Donoghue, G. M. (2006, March). *Reading ability after cochlear implantation: The effect of age of implantation*. Paper presented at the European Society for Pediatric Cochlear Implantation, Venice, Italy.

Archibald, L. M. D., & Joanisse, M. (2009). On the sensitivity and specificity of nonword repetition and sentence recall to language and memory impairments. *Journal of Speech, Language, and Hearing Research, 52*, 899–914.

Archwamety, T., & Katsiyannis, A. (2000). Academic remediation, parole violation, and recidivism rates among delinquent youths. *RASE: Remedial and Special Education, 21*(3), 161–170.

Armour-Thomas, E., & Allen, B. (1990). Componential analysis of analogical-reasoning performance of high and low achievers. *Psychology in the Schools, 27*(3), 269–275.

Arndt, J., & Healey, E. (2001). Concomitant disorders in school-age children who stutter. *Language, Speech, and Hearing Services in Schools, 32*(2), 68–78.

Arnold, K., & Reed, L. (1976). The grammatic closure subtest of the ITPA: A comparative study of black and white children. *Journal of Speech and Hearing Disorders, 41*(4), 477–485.

Arnold, L. (1996). Sex differences in ADHD: Conference summary. *Journal of Abnormal Child Psychology, 24*(5), 555–569.

Arvedson, P. (2002). Young children with specific language impairment and their numerical cognition. *Journal of Speech, Language, and Hearing Research, 45*, 970–982.

Asher, S., & Gazelle, H. (1999). Loneliness, peer relations, and language disorder in childhood. *Topics in Language Disorders, 19*(2), 16–33.

Assouline, S., Nicpon, M., & Huber, D. (2006). The impact of vulnerabilities and strengths on the academic experiences of twice-exceptional students: A message to school counselors. *Professional School Counseling, 10*(1), 14–24.

Astington, J. (1994). Children's developing notions of others' minds. In J. Duchan, L. Hewitt, & R. Sonnenmeier (Eds.), *Pragmatics: From theory to practice* (pp. 72–87). Englewood Cliffs, NJ: Prentice Hall.

Autism and Developmental Disabilities Monitoring Network. (2007a). Surveillance Year 2000 Principal Investigators, Centers for Disease Control and Prevention. Prevalence of autism spectrum disorders: Autism and Developmental Disabilities Monitoring Network, 14 sites, United States, 2000. *MMWR Surveillance Summary, 56*(1), 1–11.

Autism and Developmental Disabilities Monitoring Network. (2007b). Surveillance Year 2002 Principal Investigators, Centers for Disease Control and Prevention. Prevalence of autism spectrum disorders: Autism and Developmental Disabilities Monitoring Network, 14 sites, United States, 2002. *MMWR Surveillance Summary, 56*(1), 12–28.

Axtell, R. (1991). *Gestures: The do's and taboos of body language around the world*. Baltimore: Wiley.

Backus, A. (1999). Mixed native languages: A challenge to the monolithic view of language. *Topics in Language Disorders, 19*(4), 11–22.

Baddeley, A. (1986). Working memory and comprehension. In D. Broadbent, J. McGaugh, M. Kosslyn, N. Mackintosh, E. Tulving, & L. Weiskrantz (Eds.), *Working memory*. Oxford: Oxford University Press.

Bae, Y., Choy, S., Geddes, C., Sable, J., & Snyder, T. (2000). *Trends in the educational equity of girls and women*. Washington, DC: U.S. Department of Education, National Center for Education Statistics.

Baer, D., & Guess, D. (1973). Teaching productive noun suffixes to severely retarded children. *American Journal of Mental Deficiency, 77*(5), 498–505.

Bagnato, S. J., Mayes, S. D., Nichter, C., Domoto, V., Hamann, L., Keener, S., et al. (1988). An interdisciplinary neurodevelopmental assessment model for brain-injured infants and preschool children. *Journal of Head Trauma Rehabilitation, 3*, 75–86.

Bailey, R., Paretter, H., Stoner, J., Angell, M., & Carroll, K. (2006). Family members' perceptions of augmentative and alternative communication device use. *Language, Speech, and Hearing Services in Schools, 37*, 50–60.

Bain, B., & Dollaghan, C. (1991). The notion of clinically significant change. *Language, Speech, and Hearing Services in Schools, 22*, 264–270.

Bain, B., & Olswang, L. (1995). Examining readiness for learning two-word utterances by children with specific expressive language impairment: Dynamic assessment. *American Journal of Speech-Language Pathology, 4*, 81–91.

Bajaj, A. (2007). Analysis of oral narratives of children who stutter and their fluent peers: Kindergarten through second grade. *Clinical Linguistics and Phonetics, 21*(3), 227–245.

Baker, B. (1982). Minspeak: A semantic compaction system that makes self-expression easier for communicatively disabled individuals. *Byte, 7*, 186–202.

Baker, C. (2000). *A parents' and teachers' guide to bilingualism*. Clevedon, UK: Multilingual Matters.

Baker, L., & Cantwell, D. (1982). Psychiatric disorder in children with different types of communication disorders. *Journal of Communication Disorders, 15*, 113–126.

Baker, L., & Cantwell, D. (1983). Developmental and behavioral characteristics of speech and language disordered children. In S. Chess & T. Thomas (Eds.), *Annual progress in children development* (pp. 205–216). New York: Brunner-Mazel.

Baker, N., & Nelson, K. (1984). Recasting and related conversational techniques for triggering syntactic advances by young children. *First Language, 5*, 3–22.

Balandin, S. (1994). Symbol board vocabularies. In *Sixth biennial conference of the international society for augmentative and alternative communication* (pp. 548–550). Maastricht: IRV.

Balandin, S., & Iacono, T. (1993). Symbol vocabularies: A study of vocabulary found on communication boards used by adults with cerebral palsy. In The Crippled Children's Association of SA Inc. (Ed.). *Australian Conference on Technology for People with Disabilities* (pp. 85–87). Adelaide: Crippled Children's Association of SA Inc.

Balason, D., & Dollaghan, C. (2002). Grammatical morpheme production in 4-year-old children. *Journal of Speech, Language, and Hearing Research, 45*(5), 961–969.

Baldwin, D. (1991). Infants' contribution to the achievement of joint reference. *Child Development, 62*(5), 875–890.

Baldwin, D., & Moses, L. (2001). Links between social understanding and early word learning: Challenges to current account. *Social Development, 10*, 309–329.

Ballaban-Gil, K., & Tuchman, R. (2000). Epilepsy and epileptiform EEG: Association with autism and language disorders. *Mental Retardation and Developmental Disabilities Research Reviews, 6*, 300–308.

Ballantyne, A. O., Spilkin, J. H., Hesselink, J., & Trauner, D. A. (2008). Plasticity in the developing brain: Intellectual, language and academic functions in children with ischaemic perinatal stroke. *Brain, 131*(11), 2975–2985.

Baltaxe, C., & Simmons, J. (1985). Prosodic development in normal and autistic children. In E. Schopler & G. Mesibov (Eds.), *Communication problems in autism*. New York: Plenum Press.

Baltaxe, C., & Simmons, J. (1988). Communication deficits in preschool children with psychiatric disorders. *Seminars in Speech and Language, 8*, 81–90.

Bandura, A. (1971). *Psychological modeling*. Chicago: Aldine-Atherton.

Bandura, A. (1977). *Social learning theory*. Englewood Cliffs, NJ: Prentice Hall.

Bangs, T. (1975). *Vocabulary comprehension scale*. Hingham, MA: Teaching Resources.

Baranek, G. (1999). Autism during infancy: A retrospective video analysis of sensory-motor and social behaviors at 9–12 months of age. *Journal of Autism and Developmental Disorders, 29*, 213–224.

Barlow, J. (2005). Phonological change and the representation of consonant clusters in Spanish: A case study. *Clinical Linguistics and Phonetics, 19*(8), 659–679.

Barlow-Brown, F., & Connelly, V. (2002). The role of letter knowledge and phonological awareness in young Braille readers. *Journal of Research in Reading, 25*(3), 259–270.

Barnes, M. A., & Dennis, M. (2001). Knowledge-based inferencing after childhood head injury. *Brain and Language, 76*(3), 253–265.

Baron-Cohen, S. (1987). Autism and symbolic play. *British Journal of Developmental Psychology, 5*, 139–148.

Baron-Cohen, S. (1988). Social and pragmatic deficits in autism: Cognitive or affective? *Journal of Autism and Developmental Disorders, 18*(3), 379–402.

Baron-Cohen, S. (1989a). The autistic child's theory of mind: A case of specific developmental delay. *Journal of Child Psychology and Psychiatry, 30*, 285–297.

Baron-Cohen, S. (1989b). Perceptual role-taking and protodeclarative pointing in autism. *British Journal of Developmental Psychology, 7*, 113–127.

Baron-Cohen, S. (1991). Do people with autism understand what causes emotions? *Child Development, 62*, 379–402.

Baron-Cohen, S. (2000). Theory of mind and autism: A fifteen year review. In S. Baron-Cohen, H. Tager-Flusberg, & D. Cohen (Eds.), *Understanding other minds: Perspectives from developmental cognitive neuroscience* (pp. 3–20). New York: Oxford University Press.

Baron-Cohen, S., Allen, J., & Gillberg, C. (1992). Can autism be detected at 18 months? The needle, the haystack, and the CHAT. *British Journal of Psychiatry, 161*, 839–843.

Baron-Cohen, S., Baldwin, D., & Crowson, M. (1997). Do children with autism use the speaker's direction of gaze strategy to crack the code of language? *Child Development, 68*(1), 48–57.

Baron-Cohen, S., Leslie, A., & Frith, U. (2007). Does the autistic child have a 'theory of mind'? In B. Gertler & L. Shapiro (Eds.), *Arguing about the mind* (pp. 310–318). New York: Routledge.

Baron-Cohen, S., & Swettenham, J. (1997). Theory of mind in autism: Its relationship to executive function and central coherence. In D. Cohen & F. Volkmar (Eds.), *Handbook of autism and pervasive developmental disorders* (pp. 880–893). New York: Wiley.

Baron-Cohen, S., Wheelwright, A., Cox, G., Baird, T., Charman, J., Swettenham, A., et al. (2000). The early identification of autism: the Checklist for Autism in Toddlers (CHAT). *Journal of the Royal Society of Medicine, 93*, 521–525.

Barrow, I., Holbert, D., & Rastatter, M. (2000). Effect of color on developmental picture-vocabulary naming of 4-, 6-, and 8-year-old children. *American Journal of Speech-Language Pathology, 9*(4), 310–318.

Bashir, A. (1989). Language intervention and the curriculum. *Seminars in Speech and Language, 10*(3), 181–191.

Bashir, A., & Scavuzzo, A. (1992). Children with language disorders: Natural history and academic success. *Journal of Learning Disabilities, 25*(1), 53–65.

Bass, J., & Mulick, J. (2007). Social play skill enhancement of children with autism using peers and siblings as therapists. *Psychology in the Schools, 44*(7), 727–735.

Bates, E. (1976). *Language and context: The acquisition of pragmatics*. New York: Academic Press.

Bates, E. (1979). *The emergence of symbols: Cognition and communication in infancy*. New York: Academic Press.

Bates, E., Benigni, L., Bretherton, I., Camaioni, L., & Volterra, V. (1977). From gesture to the first word: On cognitive and social prerequisites. In M. Lewis & L. Rosenblum (Eds.), *Interaction, conversation, and the development of language*. New York: Wiley.

Bates, E., & Roe, K. (2001). Language development in children with unilateral brain injury. In C. A. Nelson & M. Luciana (Eds.), *Handbook of developmental cognitive neuroscience* (pp. 281–307). Cambridge, MA: MIT Press.

Bauman-Waengler, J. (2008). *Articulatory and phonological impairments: A clinical focus* (3rd ed.). Boston: Allyn and Bacon.

Bax, M., Cockerill, H., & Carroll-Few, L. (2001). Who needs augmentative and alternative communication and when? In L. Carroll-Few & H. Cockerill (Eds.), *Communication without speech: Practical augmentative and alternative communication for children* (pp. 65–72). Cambridge, MA: MacKeith Press.

Bayley, N. (2005). *Bayley Scales of Infant and Toddler Development (Bayley-III)* (3rd ed.). San Antonio, TX: Pearson.

Baynes, K., Kegl, J., Brentari, D., Kussmaul, C., & Poizner, H. (1998). Chronic auditory agnosia following Landau-Kleffner syndrome: A 23-year outcome study. *Brain and Language, 63*(3), 381–425.

Beah, I. (2007). *A long way gone: Memoirs of a boy soldier*. New York: Farrar, Straus and Giroux.

Bear, G., & Proctor, W. (1991). Self-perceptions of nonhandicapped children and children with learning disabilities in integrated classes. *Journal of Special Education, 24*(4), 409–426.

Beauchaine, K. L., Barlow, N. L., & Stelmachowicz, P. G. (1990). Special considerations in amplification for young children. *ASHA, 32*(6–7), 44–46.

Beautrais, A. (2000). Risk factors for suicide and attempted suicide among young people. *Australian and New Zealand Journal of Psychiatry, 34*(3), 420–436.

Becker-Bryant, J. (2001). Language in social contexts: Communicative competence in the preschool years. In J. Berko-Gleason (Ed.), *The development of language* (5th ed., pp. 213–253). Boston: Allyn and Bacon.

Beckett, L., Yu, Q., & Long, A. N. (2005, July). *The impact of Fragile X: Prevalence, numbers affected, and economic impact.* Paper presented at the National Fragile X Awareness Day Research Seminar, Sacramento, CA.

Bedore, L., & Leonard, L. (1995). Prosodic and syntactic bootstrapping and their applications: A tutorial. *American Journal of Speech-Language Pathology, 4*, 66–72.

Bedrosian, J., & Prutting, C. (1978). Communicative performance of mentally retarded adults in four conversational settings. *Journal of Speech and Hearing Research, 21*(1), 79–95.

Beisler, J., Tsai, L., & Vonk, D. (1987). Comparisons between autistic and nonautistic children on the Test for Auditory Comprehension of Language. *Journal of Autism and Developmental Disorders, 17*(1), 95–102.

Beitchman, J., Adlaf, E., Douglas, L., Atkinson, L., Young, A., Johnson, C., et al. (2001a). Comorbidity of psychiatric and substance use disorders in late adolescence: A cluster analysis approach. *American Journal of Drug and Alcohol Abuse, 27*(3), 421–440.

Beitchman, J., Brownlie, E., Inglis, A., Wild, J., Ferguson, B., Schachter, D., et al. (1996a). Seven-year follow up of speech/language impaired and control children: Psychiatric outcome. *Journal of Child Psychology and Psychiatry, 37*, 961–970.

Beitchman, J., Wilson, B., Brownlie, E., Walters, H., Inglis, A., & Lancee, W. (1996b). Long-term consistency in speech/language profiles: II. Behavioral, emotional, and social outcomes. *Journal of the American Academy of Child and Adolescent Psychiatry, 35*(6), 815–825.

Beitchman, J., Wilson, B., Brownlie, E., Walters, H., & Lancee, W. (1996c). Long-term consistency in speech/language profiles: I. Developmental and academic outcomes. *Journal of the American Academy of Child and Adolescent Psychiatry, 35*(1), 804–814.

Beitchman, J., Wilson, B., Douglas, L., Young, A., & Adlaf, E. (2001b). Substance use disorders in young adults with and without LD: Predictive and concurrent relationships. *Journal of Learning Disabilities, 34*(4), 317–332.

Beitchman, J., Wilson, B., Johnson, C., Atkinson, L., Young, A., Adlaf, E., et al. (2001c). Fourteen-year follow up of speech/language-impaired and control children: Psychiatric outcome. *Journal of the American Academy of Child and Adolescent Psychiatry, 40*(1), 75–82.

Bellis, T. J. (2003). *Assessment and management of central auditory processing disorders in the educational setting: From science to practice* (2nd ed.). New York: Thomson Delmar Learning.

Bellis, T. J. (2006). Interpretation of APD test results. In T. K. Parthasarathy (Ed.), *An introduction to auditory processing disorders in children* (pp. 145–160). Mahwah, NJ: Lawrence Erlbaum Associates.

Belzner, K., & Seal, B. (2009). Children with cochlear implants: A review of demographics and communication outcomes. *American Annals of the Deaf, 154*(3), 311–333.

Bender, W., Rosenkrans, C., & Crane, M. (1999). Stress, depression, and suicide among students with learning disabilities: Assessing the risk. *Learning Disability Quarterly, 22*(2), 143–156.

Benedict, H. (1979). Early lexical development: Comprehension and production. *Journal of Child Language, 6*(2), 183–200.

Bennett-Gates, D., & Zigler, E. (1998). Resolving the developmental-difference debate: An evaluation of the triarchic and systems theory models. In J. Burack, R. Hodapp, & E. Zigler (Eds.), *Handbook of mental retardation and development* (pp. 115–131). New York: Cambridge University Press.

Benson, G., Abbeduto, L., Short, K., Nuccio, J., & Maas, F. (1993). Development of theory of mind in persons with mental retardation. *American Journal on Mental Retardation, 98*(3), 427–433.

Berg, A. L., Spitzer, J. B., Towers, H. M., Bartosiewicz, C., & Diamond, B. E. (2005). Newborn hearing screening in the NICU: Profile of failed auditory brainstem response/passed otoacoustic emission. *Pediatrics, 116*(4), 933–938.

Berg, F. S. (1987). *Facilitating classroom listening: A handbook for teachers of normal and hard-of-hearing students*. Boston: College Hill Press/Little, Brown.

Berger, J., & Cunningham, C. (1983). Development of early vocal behaviors and interactions in Down syndrome and nonhandicapped infant-mother pairs. *Developmental Psychology, 19*(3), 322–331.

Berko, J. (1958). The child's learning of English morphology. *Word, 14*, 150–177.

Berko-Gleason, J. (2005). *The development of language* (6th ed.). Boston: Pearson Education.

Berko-Gleason, J., & Weintraub, S. (1978). Input language and the acquisition of communicative competence. In K. Nelson (Ed.), *Children's language* (Vol. 1). New York: Gardner Press.

Berlin, C. (2000). *Managing patients with auditory neuropathy/auditory dyssynchrony*. Retrieved July 17, 2003 from http://www.medschool.lsumc.edu/otor/dys.htm

Berlin, C., Bordelon, J., St. John, P., Wilensky, D., Hurley, A., Kluka, E., et al. (1998). Reversing click polarity may uncover neuropathy in infants. *Ear and Hearing, 19*(1), 37–47.

Berlin, C., Hood, L., Morlet, T., Rose, K., & Brashears, S. (2002). Auditory neuropathy/dyssynchrony: After diagnosis, then what? *Seminars in Hearing, 23*(3), 209–214.

Berlin, C., Hood, L., & Rose, K. (2001). On renaming auditory neuropathy as auditory dys-synchrony. *Audiology Today, 13*, 15–17.

Berlin, C., Morlet, T., & Hood, L. (2003). Auditory neuropathy/dyssynchrony: Its diagnosis and management. *Pediatric Clinical of North America, 50*(2), 331–340.

Berninger, V., Abbott, R., Jones, J., Wolf, B., Gould, L., Anderson-Youngstrom, M., et al. (2006). Early development of language by hand: Composing, reading, listening, and speaking connections; three letter-writing modes; and fast mapping in spelling. *Developmental Neuropsychology, 29*(1), 61–92.

Bernstein, D., & Levey, S. (2002). Language development: A review. In D. Bernstein & E. Tiergerman-Faber (Eds.), *Language and communication disorders in children* (5th ed.). Boston: Allyn and Bacon.

Bernstein, D., & Tiegerman-Farber, E. (2008). *Language and communication disorders in children* (6th ed.). Boston: Allyn and Bacon.

Bernstein Ratner, N. (1995). Language complexity and stuttering in children. *Topics in Language Disorders, 15*, 32–47.

Berry, P. (1972). Comprehension of possessive and present continuous sentences by non-retarded, mildly retarded, and severely retarded children. *American Journal of Mental Deficiency, 76*(5), 540–544.

Bess, F. H., Klee, T., & Culbertson, J. L. (1986). Identification, assessment and management of children with unilateral sensorineural hearing loss. *Ear and Hearing, 7*(1), 43–51.

Bess, F. H., & Tharpe, A. M. (1988). Performance and management of children with unilateral sensorineural hearing loss. *Scandinavian Audiology Supplement, 30*, 75–79.

Bettelheim, B. (1967). *The empty fortress: Infantile autism and the birth of the self*. New York: Free Press.

Beukelman, D., McGinnis, J., & Morrow, D. (1991). Vocabulary selection in augmentative and alternative communication. *AAC: Augmentative and Alternative Communication, 7*(3), 171–185.

Beukelman, D., & Mirenda, P. (2005). *Augmentative and alternative communication: Supporting children and adults with complex communication needs* (3rd ed.). Baltimore: Paul H. Brookes Publishing.

Beveridge, M. (1976). Patterns of interaction in the mentally handicapped. In P. Berry (Ed.), *Language and communication in the mentally handicapped*. Baltimore: University Park Press.

Bialik, P., & Seligman-Wine, J. (2002). I see, I hear, I speak: So what's the problem? In K. Erickson, D. Koppenhaver, & D. Yoder (Eds.), *Waves of words: Augmented communicators read and write* (pp. 133–141). Toronto: ISAAC Press.

Bidder, R., Bryant, G., & Gray, O. (1975). Benefits to Down's syndrome children through training their mothers. *Archives of Disease in Childhood, 50*(5), 383–386.

Bigelow, B. (2000). Delinquency. *Current Opinion in Psychiatry, 13*, 64–70.

Biklen, D. (1990). Communication unbound: Autism and praxis. *Harvard Educational Review, 60*(3), 291–314.

Binger, C., Berens, J., Kent-Walsh, J., & Taylor, S. (2008). The effects of aided AAC interventions on AAC use, speech, and symbolic gestures. *Seminars in Speech and Language, 29*(2), 101–111.

Binger, C., & Light, J. (2006). Demographics of preschoolers who require AAC. *Language, Speech, and Hearing Services in Schools, 37*(3), 200–208.

Birch, K. G. (2003). Phonological processing, automaticity, auditory processing, and memory in slow learners and children with reading disabilities. *Dissertation Abstracts International Section A: Humanities and Social Sciences, 64*(12-A), 4351.

Bishop, D. V. M. (1994). Grammatical errors in specific language impairment: Competence or performance limitations? *Applied Psycholinguistics, 15*(4), 507–550.

Bishop, D. V. M. (1997). *Uncommon understanding: Development and disorders of language comprehension in children*. East Sussex: Psychology Press.

Bishop, D. V. M. (2000). Pragmatic language impairment: A correlate of SLI, a distinct subgroup, or part of the autistic continuum? In D. V. M. Bishop & L. Leonard (Eds.), *Speech and language impairment in children: Causes, characteristics, intervention and outcome* (pp. 99–113). East Sussex: Psychology Press.

Bishop, D. V. M. (2006). What causes specific language impairment? *Current Directions in Psychological Science, 15*, 217–221.

Bishop, D. V. M., Adams, C., & Norbury, C. (2006). Distinct genetic influences on grammar and phonological short-term memory deficits: Evidence from 6-year-old twins. *Genes, Brain and Behavior, 5*, 158–169.

Bishop, D. V. M., & Edmundson, A. (1987). Language-impaired 4-year-olds: Distinguishing transient from persistent impairment. *Journal of Speech and Hearing Disorders, 52*(2), 156–173.

Bishop, D. V. M., North, T., & Donlon, C. (1995). Genetic basis of specific language impairment: Evidence from a twin study. *Developmental Medicine and Child Neurology, 37*(1), 56–71.

Bishop, D. V. M., Price, T., Dale, P., & Plomin, R. (2003). Outcomes of early language delay: II. Etiology of transient and persistent language difficulties. *Journal of Speech, Language, and Hearing Research, 46*(3), 561–575.

Black, B., & Hazen, N. (1990). Social status and patterns of communication in acquainted and unacquainted preschool children. *Developmental Psychology, 26*(3), 379–387.

Black, B., & Logan, A. (1995). Links between communication patterns in mother-child, father-child, and child-peer interactions and children's social status. *Child Development, 66*(1), 255–271.

Blagden, C., & McConnell, N. (1984). *Interpersonal language skills assessment*. Moline, IL: LinguiSystems.

Blake, A. (1992). Speech-language pathologists in schools. *ASHA, 34*, 82.

Blamey, P., Sarant, J., Paatsch, L. E., Barry, J. G., Bow, C. P., Wales, R. J., et al. (2001). Relationships among speech perception, production, language, hearing loss, and age in children with impaired hearing. *Journal of Speech, Language, and Hearing Research, 44*(2), 246–285.

Blank, M., Rose, S., & Berlin, L. (1978). *Preschool language assessment instrument (PLAI)*. San Antonio, TX: The Psychological Corporation.

Bleile, K., McGowan, J., & Bernthal, J. (1997). Professional judgements about the relationship between speech and intelligence in African American preschoolers. *Journal of Communication Disorders, 30*(5), 367–383.

Bleile, K., & Schwarz, I. (1984). Three perspectives on the speech of children with Down syndrome. *Journal of Communication Disorders, 17*(2), 87–94.

Bleile, K., & Wallach, H. (1992). A sociolinguistic investigation of the speech of African-American preschoolers. *American Journal of Speech-Language Pathology, 1*, 44–52.

Blischak, D. M., & Lloyd, L. L. (1996). Multimodal augmentative and alternative communication: Case study. *AAC: Augmentative and Alternative Communication, 12*(1), 37–46.

Blischak, D. M., Lombardino, L. J., & Dyson, A. T. (2003). Use of speech-generating devices: In support of natural speech. *AAC: Augmentative and Alternative Communication, 19*(1), 29–35.

Bliss, C. K. (1965). *Semantography—Blissymobolics*. Sydney: Semantography Publications.

Bliss, L., Allen, D., & Walker, G. (1978). Sentence structures of trainable and educable mentally retarded subjects. *Journal of Speech and Hearing Research, 21*(4), 722–731.

Blood, G., & Seider, R. (1981). The concomitant problems of young stutterers. *Journal of Speech and Hearing Research, 46*, 31–33.

Bloom, L. (1970). *Language development: Form and function in emerging grammars*. Cambridge, MA: MIT Press.

Bloom, L. (1973). *One word at a time: The use of single-word utterances before syntax*. The Hague: Mouton.

Bloom, L. (1988). What is language? In M. Lahey (Ed.), *Language disorders and language development*. Columbus, OH: Merrill/Macmillan.

Bloom, L., & Lahey, M. (1978). *Language development and language disorders*. New York: Macmillan.

Bloom, L., Lahey, M., Hood, L., Lifter, K., & Fiess, K. (1980). Complex sentences: Acquisition of syntactic connectives and the semantic relations they encode. *Journal of Child Language, 7*(2), 235–262.

Bloom, L., Lightbown, P., & Hood, L. (1974). Structure and variation in child language. *Monographs for the Society for Research on Child Development, 40*(2), 1–97.

Bloom, L., Rocissano, L., & Hood, L. (1976). Adult-child discourse: Developmental interaction between information processing and linguistic knowledge. *Cognitive Psychology, 8*(4), 521–552.

Bloom, P. (2000). *How children learn the meaning of words*. Cambridge, MA: MIT Press.

Blosser, J., & DePompei, R. (1994). *Pediatric traumatic brain injury*. San Diego, CA: Singular.

Boada, R., & Pennington, B. (2006). Deficient implicit phonological representations in children with dyslexia. *Journal of Experimental Child Psychology, 95*(3), 153–193.

Bochner, S., & Jones, J. (2003). *Child language development: Learning to talk* (2nd ed.). London: Whurr.

Bock, J., & Loebell, H. (1990). Framing sentences. *Cognition, 35*, 1–39.

Bock, J., Loebell, H., & Morey, R. (1992). From conceptual roles to structural relations: Bridging the syntactic cleft. *Psychological Review, 99*, 150–171.

Bolick, T. (2001). *Asperger syndrome and adolescence: Helping preteens get ready for the real world*. Gloucester, MA: Fair Winds Press.

Bolton, P., Pickles, A., Murphy, M., & Rutter, M. (1998). Autism, affective and other psychiatric disorders: Patterns of familial aggregation. *Psychological Medicine, 28*, 385–395.

Bondy, A., & Frost, L. (1994). The Picture Exchange Communication System. *Topics in Language Disorders, 19*, 373–390.

Boone, D. (1985). Disorders of language in adults. In B. Skinner & R. Shelton (Eds.), *Speech, language, and hearing: Normal processes and disorders* (2nd ed.). New York: Wiley.

Boothroyd, A. (1982). *Hearing impairments in young children*. Englewood Cliffs, NJ: Prentice Hall.

Boothroyd, A. (1984). Auditory perception of speech contrasts by subjects with sensorineural hearing loss. *Journal of Speech and Hearing Research, 27*(1), 134–144.

Bornstein, M., Haynes, O., Painter, K., & Genevro, J. (2000). Child language with mother and with stranger at home and in the laboratory: A methodological study. *Journal of Child Language, 27*(2), 407–420.

Botting, N., & Conti-Ramsden, G. (2000). Social and behavioural difficulties in children with SLI. *Child Language Teaching and Therapy, 16*, 105–120.

Botting, N., Faragher, B., Simkin, Z., Knox, E., & Conti-Ramsden, G. (2001). Predicting pathways of specific language impairment: What differentiates good and poor outcomes? *Journal of Child Psychology and Psychiatry, 42*, 1013–1020.

Botting, N., Simkin, Z., & Conti-Ramsden, G. (2006). Associated reading skills in children with a history of specific language impairment (SLI). *Reading and Writing, 19*, 77–98.

Bouchard, D., & Tetreault, S. (2000). The motor development of sighted children and children with moderate low vision aged 8–13. *Journal of Visual Impairment and Blindness, 94*(9), 564–573.

Boudreau, D., & Chapman, R. (2000). The relationship between event representation and linguistic skill in narratives of children and adolescents with Down syndrome. *Journal of Speech and Hearing Research, 43*(5), 1146–1159.

Boudreau, D., & Hedberg, N. (1999). A comparison of early literacy skills in children with specific language impairment and their typically developing peers. *American Journal of Speech-Language Pathology, 8*, 249–260.

Bountress, N., & Richards, J. (1979). Speech, language, and hearing disorders in an adult penal institution. *Journal of Speech and Hearing Disorders, 44*, 293–300.

Bower, A., & Hayes, A. (1994). Short term memory deficits and Down syndrome: A comparative study. *Down Syndrome: Research and Practice, 2*(2), 47–50.

Bowers, L., Huisingh, R., & LoGiudice, C. (2007). *Test of problem solving—2: Adolescent*. East Moline, IL: LinguiSystems.

Bowers, L., Huisingh, R., & LoGiudice, C. (2009). *The listening comprehension test: Adolescent*. East Moline, IL: LinguiSystems.

Bowers, L., Huisingh, R., LoGiudice, C., & Orman, J. (2010). *The expressive language test—2* (2nd ed.). East Moline, IL: LinguiSystems.

Boyce, N., & Larson, V. (1983). *Adolescents' communication: Development and disorders*. Eau Claire, WI: Thinking Publications.

Boyle, J., McCartney, E., O'Hare, A., & Forbes, J. (2009). Direct versus indirect and individual versus group modes of language therapy for children with primary language impairment: Principal outcomes from a randomized controlled trial and economic evaluation. *International Journal of Language and Communication Disorders, 44*, 826–846.

Bracken, B., & McCallum, R. (1998). *Universal Nonverbal Intelligence Test (UNIT)*. Itasca, IL: Riverside.

Brackenbury, T., & Pye, C. (2005). Semantics in children with language impairments: Issues for clinical assessment. *Language, Speech, and Hearing Services in Schools, 36*(1), 5–16.

Braden, J. (1994). *Deafness, deprivation and IQ*. London: Plenum Press.

Brady, N. C., Marquis, J., Fleming, K., & McLean, L. (2004). Prelinguistic predictors of language growth in children with developmental disabilities. *Journal of Speech, Language, and Hearing Research, 47*(3), 663–337.

Brady, N. C., Steeples, T., & Fleming, K. (2005). Effects of prelinguistic communication levels on initiation and repair of communication with children with disabilities. *Journal of Speech, Language, and Hearing Research, 48*(5), 1098–1113.

Brambring, M. (2006). Divergent development of gross motor skills in children who are blind or sighted. *Journal of Visual Impairment and Blindness, 100*(10), 620–634.

Branigan, G. (1979). Some reasons why successive single word utterances are not. *Journal of Child Language, 6*(3), 411–421.

Brannon, J. (1968). Linguistic word classes in the spoken language of normal, hard-of-hearing, and deaf children. *Journal of Speech and Hearing Research, 11*(2), 279–287.

Bray, C. (1995). Developing study, organization, and management strategies for adolescents with language disabilities. *Seminars in Speech and Language, 16*(1), 65–83.

Breier, J., Fletcher, J., Foorman, B., Klaas, P., & Gray, L. (2003). Auditory temporal processing in children with specific reading disability with and without attention deficit/hyperactivity disorder. *Journal of Speech, Language, and Hearing Research, 46*(1), 31–42.

Brenta, B., Kricos, P., & Lasky, E. (1981). Comprehension and production of basic semantic concepts by older hearing impaired children. *Journal of Speech and Hearing Research, 24*(3), 414–419.

Brice, A. (2001). *The Hispanic child: Speech, language, culture, and education*. Boston: Allyn and Bacon.

Brice, A., & Anderson, R. (1999). Code mixing in a young bilingual child. *Communication Disorders Quarterly, 21*(1), 17–22.

Brill, R. G., MacNeil, B., & Newman, L. R. (1986). Framework for appropriate programs for deaf children: Conference of educational administrators serving the deaf. *American Annals of the Deaf, 131*(2), 65–77.

Brinton, B., & Fujiki, M. (1982). A comparison of request-response sequences in the discourse of normal and language-disordered children. *Journal of Speech and Hearing Disorders, 47*(1), 57–62.

Brinton, B., & Fujiki, M. (1984). Development of topic manipulation skills in discourse. *Journal of Speech and Hearing Research, 27*(3), 350–357.

Brinton, B., Fujiki, M., & McKee, L. (1998). Negotiation skills of children with specific language impairment. *Journal of Speech, Language, and Hearing Research, 41*(4), 927–940.

Bristol, M., Cohen, D., Costello, E., Denckla, M., Eckberg, T., Kallen, R., et al. (1996). State of the science in autism: Report to the National Institutes of Health. *Journal of Autism and Developmental Disorders, 26*, 121–154.

Broder, H., Richman, L., & Matheson, P. (1998). Learning disability, school achievement, and grade retention among children with cleft: A two-center study. *Cleft Palate-Craniofacial Journal, 35*, 127–131.

Brody, L., & Mills, C. (1997). Gifted children with learning disabilities: A review of the issues. *Journal of Learning Disabilities, 30*(3), 282–286.

Broen, P. (1972). The verbal environment of the language learning child. *Monographs of the American Speech and Hearing Association, 17*.

Broen, P., Devers, M., Doyle, S., Prouty, J., & Moller, K. (1998). Acquisition of linguistic and cognitive skills by children with cleft palate. *Journal of Speech, Language, and Hearing Research, 41*, 676–700.

Broen, P., Doyle, S., Moller, K., & Prouty, J. (1991, November). *Early language development in children with cleft palate*. Paper presented at the annual convention of the American Speech-Language-Hearing Association, Atlanta, GA.

Brookshire, B. L., Chapman, S. B., Song, J., & Levin, H. S. (2000). Cognitive and linguistic correlates of children's discourse after closed head injury: A three-year follow-up. *Journal of the International Neuropsychological Society, 6*(7), 741–751.

Brown, B. B., & Edwards, M. (1989). *Developmental disorders of language*. London: Whurr.

Brown, J. (1984). Examination of grammatical morphemes in the language of hard-of-hearing children. *Volta Review, 86*(4), 229–238.

Brown, L., Sherbenou, R., & Johnsen, S. (2010). *Test of nonverbal intelligence—4* (4th ed.). Austin, TX: Pearson.

Brown, R. (1973). *A first language: The early stages*. Cambridge, MA: Harvard University Press.

Brown, R. T., Freeman, W., Perrin, J., Stein, M., Amler, R., Feldman, H., et al. (2001). Prevalence and assessment of attention-deficit/hyperactivity disorder in primary care settings. *Pediatrics, 107*(3), E46–E53.

Brownell, R. (2000a). *Expressive one-word picture vocabulary test—2000*. Novato, CA: Academic Therapy Publications.

Brownell, R. (2000b). *Receptive one-word picture vocabulary test—2000*. Novato, CA: Academic Therapy Publications.

Brownell, R. (2001a). *Expressive one-word picture vocabulary test (Spanish-English Edition)*. Novato, CA: Academic Therapy Publications.

Brownell, R. (2001b). *Receptive one-word picture vocabulary test (Spanish-English Edition)*. Novato, CA: Academic Therapy Publications.

Brownlie, E., Beitchman, J., Escobar, M., Young, A., Atkinson, L., Johnson, C., et al. (2004). Early language impairment and young adult delinquent and aggressive behavior. *Journal of Abnormal Child Psychology, 32*, 453–467.

Brownlie, E., Jabbar, A., Beitchman, J., Vida, R., & Atkinson, L. (2007). Language impairment and sexual assault of girls and women: findings from a community sample. *Journal of Abnormal Child Psychology, 35*, 618–626.

Bruno, J., & Dribbon, M. (1998). Outcomes in AAC: Evaluating the effectiveness of a parent training program. *AAC: Augmentative and Alternative Communication, 14*(2), 59–70.

Bryan, T., Bay, M., Lopez-Reyna, N., & Donahue, M. (1991). Characteristics of students with learning disabilities: A summary of the extant data base and its implications for educational programs. In J. Lloyd, N. Nirbhay, & A. Repp (Eds.), *The Regular Education Initiative: Alternative perspectives on concepts, issues, and models* (pp. 113–131). Sycamore, IL: Sycamore.

Bryan, T., Donahue, M., & Pearl, R. (1981). Learning disabled children's peer interactions during a small-group problem-solving task. *Learning Disability Quarterly, 4*(1), 13–22.

Bryan, T., Donahue, M., Pearl, R., & Sturm, C. (1981). Learning disabled children's conversational skills: The "TV talk show." *Learning Disabilities Quarterly, 4*(3), 250.

Bryant, J. (2001). Language in social contexts: Communicative competence in the preschool years. In J. Berko-Gleason (Ed.), *The development of language* (5th ed., pp. 213–253). Boston: Allyn and Bacon.

Bryson, S. (1997). Epidemiology of autism: Overview and issues outstanding. In D. Cohen & F. Volkmar (Eds.), *Handbook of autism and pervasive developmental disorders* (2nd ed., pp. 41–46). New York: Wiley.

Buckley, S. (1993). Language development in children with Down syndrome: Reasons for optimism. *Down Syndrome Research and Practice, 1*(1), 3–9.

Buckley, S. (1995). Improving the expressive language skills of teenagers with Down syndrome. *Down Syndrome Research and Practice, 3*(3), 110–115.

Buckley, S. (2000). *Speech and language development for individuals with Down syndrome (0–5 years): An overview*. Portsmouth: Down Syndrome Educational Trust.

Buckley, S., & Bird, G. (1993). Teaching children with Down syndrome to read. *Down Syndrome Research and Practice, 1*(1), 34–39.

Buckley, S., & Bird, G. (2001). *Reading and writing development for individuals and infants with Down syndrome (0–5 yrs.)*. Portsmouth: Down Syndrome Educational Trust.

Buckley, S., & Johnson-Glenberg, M. (2008). Increasing literacy learning for individuals with Down syndrome and Fragile X syndrome. In J. Roberts, R. Chapman, & S. Warren (Eds.), *Speech and language development and intervention in Down syndrome and Fragile X syndrome* (pp. 233–254). Baltimore: Paul H. Brookes.

Buffington, D., Krantz, P., Poulson, C., & McClannahan, L. (1998). Procedures for teaching appropriate gestural communication skills to children with autism. *Journal of Autism and Developmental Disorders, 28*(6), 535–545.

Buium, N., Rynders, J., & Turnure, J. (1974). Early maternal linguistic environment of normal and Down syndrome language-learning children. *American Journal of Mental Deficiency, 79*(1), 52–58.

Bunce, B. (1995). *Building a language-focused curriculum for the preschool classroom: A planning guide* (Vol. 2). Baltimore: Paul H. Brookes.

Bunch, G., & Melnyk, T. (1989). A review of the evidence for a learning-disabled, hearing-impaired sub-group. *American Annals of the Deaf, 134*(5), 297–300.

Burack, J. A. (1990). Differentiating mental retardation: The two-group approach and beyond. In R. Hodapp, J. A. Burack, & E. Zigler (Eds.), *Issues in the developmental approach to mental retardation* (pp. 27–48). New York: Cambridge University Press.

Burd, L., Gascon, G., Swenson, R., & Hankey, R. (1990). Crossed aphasia in early childhood. *Developmental Medicine and Child Neurology, 32*, 539–546.

Burgemeister, B., Blum, L., & Lorge, I. (1971). *Columbia mental maturity scale* (3rd ed.). San Antonio, TX: The Psychological Corporation.

Buschbacher, P., & Fox, L. (2003). Understanding and intervening with the challenging behavior of young children with autism spectrum disorder. *Language, Speech, and Hearing Services in Schools, 34*, 217–227.

Buschmann, A., Jooss, B., Rupp, A., Feldhusen, F., Pietz, J., & Philippi, H. (2009). Parent based language intervention for 2-year-old children with specific expressive language delay: A randomized controlled trial. *Archives of Disease in Childhood, 94*, 110–116.

Butcher, C., McFadden, D., Quinn, B., & Ryan, B. (2003). The effects of language training on stuttering in young children, without and with contingency management. *Journal of Developmental and Physical Disabilities, 15*(3), 255–280.

Butt, J., & Benjamin, C. (2000). *A new reference grammar of modern Spanish* (3rd ed.). London: Edward Arnold.

Buttrill, J., Niizawa, J., Biemer, C., Takahashi, C., & Hearn, S. (1989). Serving the language learning disabled adolescent: A strategies-based model. *Language, Speech, and Hearing Services in Schools, 20*(2), 185–203.

Buzolich, M. J., & Lunger, J. (1995). Empowering system users in peer training. *AAC: Augmentative and Alternative Communication, 11*(1), 37–48.

Bybee, J., & Zigler, E. (1999). Outerdirectedness in individuals with and without mental retardation: A review. In E. Zigler & D. Bennett-Gates (Eds.), *Personality development in individuals with mental retardation* (pp. 165–205). Cambridge: Cambridge University Press.

Byrd, K., & Cooper, E. (1989). Expressive and receptive language skills in stuttering children. *Journal of Fluency Disorders, 14*, 121–126.

Byrne, A., Buckley, S., MacDonald, J., & Bird, G. (1995). Investigating the literacy, language and memory skills of children with Down syndrome. *Down Syndrome Research and Practice, 3*(2), 53–58.

Byrne, A., MacDonald, J., & Buckley, S. (2002). Reading, language and memory skills: A comparative longitudinal study of children with Down syndrome and their mainstream peers. *British Journal of Educational Psychology, 72*(4), 513–529.

Byrne, K., Abbeduto, L., & Brooks, P. (1990). The language of children with spina bifida and hydrocephalus: Meeting task demands and mastering syntax. *Journal of Speech and Hearing Disorders, 55*(1), 118–123.

Byrne, S., Constance, A., & Moore, G. (1992). Making transitions from school to work. *Educational Leadership, 49*(6), 23–26.

Bzoch, K., League, R., & Brown, V. (2003). *Receptive-expressive emergent language test—3* (3rd ed.). Austin, TX: Pearson.

Cabell, S., Justice, L., Zucker, T., & McGinty, A. (2009). Emergent name-writing abilities of preschool-age children with language impairment. *Language, Speech, and Hearing Services in Schools, 40*, 53–66.

Cacace, A. T., & McFarland, D. J. (1998). Central auditory processing disorder in school-aged children: A critical review. *Journal of Speech, Language, and Hearing Research, 41*(2), 355–373.

Cacace, A. T., & McFarland, D. J. (2005). The importance of modality specificity in diagnosing central auditory processing disorder. *American Journal of Audiology, 14*(2), 112–123.

Cacace, A. T., & McFarland, D. J. (2006). Delineating auditory processing disorder (APD) and attention deficit hyperactivity disorder (ADHD): A conceptual, theoretical, and practical framework. In T. K. Parthasarathy (Ed.), *An introduction to auditory processing disorders in children* (pp. 39–61). Mahwah, NJ: Lawrence Erlbaum Associates.

Cafiero, J. M., Acheson, M., & Zins, J. E. (2007). Autism spectrum disorders and augmentative and alternative communication: From research to practice. *Perspectives on Augmentative and Alternative Communication, 16*(2), 3–8.

Cafiero, J. M., & Delsack, B. S. (2007). AAC and autism: Compelling issues, promising practices and future directions. *Perspectives on Augmentative and Alternative Communication, 16*(2), 23–26.

Calculator, S. (1999). Look who's pointing now: Cautions related to the clinical use of facilitated communication. *Language, Speech, and Hearing Services in the Schools, 30*(4), 408–414.

Calculator, S. (2002). Use of enhanced natural gestures to foster interactions between children with Angelman syndrome and their parents. *American Journal of Speech-Language Pathology, 11*, 340–355.

Calculator, S., & Dollaghan, C. (1982). The use of communication boards in a residential setting: An evaluation. *Journal of Speech and Hearing Disorders, 47*(3), 281–287.

California Birth Defects Monitoring Program. (2002). *Oral clefts: Racial/ethnic variation*. Retrieved December 2, 2002, from http://www.cbdmp.org/bd_clefts_racial.htm

Camarata, S., Hughes, C., & Ruhl, K. (1988). Mild/moderate behaviorally disordered students: A population at-risk for language problems. *Language, Speech and Hearing Services in Schools, 19*(2), 191–200.

Camarata, S., & Nelson, K. (1992). Treatment efficiency as a function of target selection in the remediation of child language disorders. *Clinical Linguistics and Phonetics, 6*, 167–178.

Camarata, S., Nelson, K., & Camarata, M. (1994). Comparison of conversational recasting and imitative procedures for training grammatical structures in children with specific language impairment. *Journal of Speech and Hearing Research, 37*(6), 1414–1423.

Camarata, S., & Schwartz, R. (1985). Production of object words and action words: Evidence for a relationship between phonology and semantics. *Journal of Speech and Hearing Research, 28*(3), 323–330.

Campbell, D., Sutcliffe, J., Ebert, P., Militerni, R., Bravaccio, C., Trillo, S., et al. (2006). A genetic variant that disrupts MET transcription is associated with autism. *Proceedings of the National Academy of Sciences of the United States of America, 103*(45), 16834–16839.

Campbell, T., & Dollaghan, C. (1990). Expressive language recovery in severely brain-injured children and adolescents. *Journal of Speech and Hearing Disorders, 55*, 564–581.

Campbell, T., & Dollaghan, C. (1995). Speaking rate, articulatory speed, and linguistic processing in children and adolescents with severe traumatic brain injury. *Journal of Speech and Hearing Research, 38*(4), 864–875.

Campbell, T., Dollaghan, C., Needleman, H., & Janosky, J. (1997). Reducing bias in language assessment: Processing-dependent measures. *Journal of Speech, Language, and Hearing Research, 40*(3), 519–525.

Cantwell, D., & Baker, L. (1991). *Psychiatric and developmental disorders in children with communication disorder.* Washington, DC: American Psychiatric Press.

Cardoso-Martins, C., & Mervis, C. (1985). Maternal speech to prelinguistic children with Down syndrome. *American Journal of Mental Deficiency, 89*(5), 451–458.

Cardoso-Martins, C., Mervis, C., & Mervis, C. (1985). Early vocabulary acquisition by children with Down syndrome. *American Journal of Mental Deficiency, 90*(2), 177–184.

Carlisle, J., & Chang, V. (1996). Evaluation of academic capabilities in science by students with and without learning disabilities and their teachers. *Journal of Special Education, 30*(1), 18–34.

Carlson, N. (1987). *Psychology: The science of behaviour* (2nd ed.). Needham Heights, MA: Allyn and Bacon.

Carneol, S., Marks, S., & Weik, L. (1999). The speech-language pathologist: Key role in the diagnosis of velocardiofacial syndrome. *American Journal of Speech-Language Pathology, 8*, 23–32.

Carr, D., & Felce, J. (2007). The effects of PECS teaching to phase III on the communicative interactions between children with autism and their teachers. *Journal of Autism and Developmental Disorders, 37*(4), 724–737.

Carr, E., Kologinsky, E., & Leff-Simon, S. (1987). Acquisition of sign language by autistic children III: Generalized descriptive phrases. *Journal of Autism and Developmental Disorders, 17*(2), 217–229.

Carr, E., & Durand, V. M. (1985). Reducing behavior problems through functional communication training. *Journal of Applied Behavior Analysis, 18*(2), 111–126.

Carr, J. (1995). *Down syndrome: Children growing up*. New York: Cambridge University Press.

Carrow, E. (1973). *Test for auditory comprehension of language.* Austin, TX: Learning Concepts.

Carrow-Woolfolk, E. (1996). *Oral and Written Language Scales.* Circle Pines, MN: American Guidance Services.

Carrow-Woolfolk, E. (1998). *Comprehensive assessment of spoken language.* Circle Pines, MN: American Guidance Services.

Carrow-Woolfolk, E. (1999). *Comprehensive assessment of spoken language (CASL).* Circle Pines, MN: American Guidance Services.

Casby, M. (1997). Symbolic play of children with language impairment. *Journal of Speech, Language, and Hearing Research, 40*(3), 468–479.

Castles, A., Coltheart, M., Wilson, K., Valpied, J., & Wedgwood, J. (2009). The genesis of reading ability: What helps children learn letter-sound correspondences? *Journal of Experimental Child Psychology, 104*(1), 68–88.

Castrogiovanni, A. (2002). *Special populations: Prison populations—2002 edition.* Rockville, MD: American Speech-Language-Hearing Association.

Catroppa, C., & Anderson, V. (1999). Recovery of educational skills following pediatric head-injury. *Pediatric Rehabilitation, 3*(4), 167–175.

Catroppa, C., & Anderson, V. (2003). Children's attentional skills 2 years posttraumatic brain injury. *Developmental Neuropsychology, 23*, 359–373.

Catroppa, C., & Anderson, V. (2004). Recovery and predictors of language skills two years following pediatric traumatic brain injury. *Brain and Language, 88*(1), 68–78.

Catts, H. (1986). Speech production/phonological deficits in reading-disordered children. *Journal of Learning Disabilities, 19*(8), 504–508.

Catts, H. (1989). Speech production deficits in developmental dyslexia. *Journal of Speech and Hearing Disorders, 54*(3), 422–428.

Catts, H. (1997). The early identification of language-based reading disabilities. *Language, Speech and Hearing Services in Schools, 28*(1), 86–89.

Catts, H., Adolf, S., & Ellis Weismer, S. (2006). Language deficits in poor comprehenders: A case for the simple view of reading. *Journal of Speech, Language, and Hearing Research, 49*(2), 278–293.

Catts, H., Fey, M., Zhang, X., & Tomblin, J. B. (2001). Estimating the risk of future reading difficulties in kindergarten children: A research-based model and its clinical implementation. *Language, Speech, and Hearing Services in Schools, 32*(1), 38–50.

Catts, H., Fey, M., Zhang, X., & Tomblin, J. B. (2002). A longitudinal investigation of reading outcomes in children with language impairments. *Journal of Speech, Language, and Hearing Research, 45*, 1142–1157.

Catts, H., & Kamhi, A. (Eds.). (1999). *Language and reading disabilities.* Boston: Allyn and Bacon.

Cazden, C. B. (1988). *Classroom discourse: The language of teaching and learning*. Portsmouth, NH: Heinemann.

Celinska, D. (2004). Personal narratives of students with and without learning disabilities. *Learning Disabilities Research and Practice, 19*(2), 83–98.

Centers for Diseases Control and Prevention. (2006). Improved national prevalence estimate for 18 selected major birth defects—United States, 1999–2001. *Morbidity and Mortality Weekly Report, 54*(51 & 52), 1301–1305.

Ceponiene, R., Hukki, J., Cheour, M., Haapanen, M., Koskinen, M., Alho, K., et al. (2000). Dysfunction of the auditory cortex persists in infants with certain cleft types. *Developmental Medicine and Child Neurology, 42*, 258–265.

Ceponiene, R., Hukki, J., Cheour, M., Haapanen, M., Ranta, R., & Naatanen, R. (1999). Cortical auditory dysfunction in children with oral clefts: Relation with cleft types. *Clinical Neurophysiology, 110*, 1921–1926.

Chamberlain, C., & Strode, R. (1999). *The source for Down syndrome.* East Moline, IL: LinguiSystems.

Champion, T., Hyter, Y., McCabe, A., & Bland-Stewart, L. (2003). "A matter of vocabulary": Performances of low-income African American Head Start children on the Peabody Picture Vocabulary Test—III. *Communication Disorders Quarterly, 24*(3), 121–127.

Chan, J., & Iacono, T. (2001). Gesture and word production in children with Down syndrome. *AAC: Augmentative and Alternative Communication, 17*(2), 73–87.

Channell, R. (1998). *GramCats* (Ver. 1.0) [MS-DOS computer software]. Provo, UT: Department of Audiology and Speech-Language Pathology, Brigham Young University.

Channell, R., & Johnson, B. (1999). Automated grammatical tagging of child language samples. *Journal of Speech, Language, and Hearing Research, 42*(3), 727–734.

Chao, R. (1996). Chinese and European American mothers' beliefs about the role of parenting in children's school success. *Journal of Cross-Cultural Psychology, 27*(4), 403–423.

Chapman, K. (2004). Is presurgery and early postsurgery performance related to speech and language outcomes at 3 years of age for children with cleft palate? *Clinical Linguistics and Phonetics, 18*(4–5), 235–257.

Chapman, K., Hardin-Jones, M., & Halter, K. (2003). The relationship between early speech and later speech and language performance for children with cleft lip and palate. *Clinical Linguistics and Phonetics, 17*, 173–197.

Chapman, R. (1981). Exploring children's communicative intents. In J. Miller (Ed.), *Assessing language production in children: Experimental procedures* (pp. 111–138). Boston: Allyn and Bacon.

Chapman, R., & Hesketh, L. (2001). Language, cognition, and short-term memory in individuals with Down syndrome. *Down Syndrome Research and Practice, 7*(1), 1–7.

Chapman, R., Hesketh, L., & Kistler, D. (2002). Predicting longitudinal change in language production and comprehension in individuals with Down syndrome: Hierarchical linear modeling. *Journal of Speech, Language, and Hearing Research, 45*(5), 902–915.

Chapman, R., Kay-Raining Bird, E., & Schwartz, S. (1990). Fast mapping of words in event contexts by children with Down syndrome. *Journal of Speech and Hearing Disorders, 55*(4), 761–770.

Chapman, R., Schwartz, S., & Kay-Raining Bird, E. (1991). Language skills of children and adolescents with Down syndrome: I. Comprehension. *Journal of Speech and Hearing Research, 34*(5), 1106–1120.

Chapman, R., Seung, H., Schwartz, S., & Kay-Raining Bird, E. (1998). Language skills of children and adolescents with Down syndrome: II. Production deficits. *Journal of Speech, Language, and Hearing Research, 41*(4), 861–873.

Chapman, R., Sindberg, H., Bridge, C., Gigstead, K., & Hesketh, L. (2006). Effect of memory support and elicited production on fast mapping of new words by adolescents with Down syndrome. *Journal of Speech, Language, and Hearing Research, 49*(1), 3–15.

Chapman, S. B., Levin, H. S., Wanek, A., Weyrauch, J., & Kufera, J. (1998). Discourse after closed head injury in young children. *Brain and Language, 61*(3), 420–449.

Chapman, S. B., McKinnon, L., Levin, H. S., Song, J., Meier, M. C., & Chiu, S. (2001). Longitudinal outcome of verbal discourse in children with traumatic brain injury: Three-year follow-up. *Journal of Head Trauma Rehabilitation, 16*(5), 441–455.

Chen, D. (1996). Parent-infant communication: Early intervention for very young children with visual impairment or hearing loss. *Infants and Young Children, 9*, 1–13.

Chen, L., & Whittington, D. (2006). Organizing language intervention relative to the client's personal experience: A clinical case study. *Clinical Linguistics and Phonetics, 20*(7–8), 563–571.

Cheng, L. (1987a). *Assessment and remediation of Asian language populations*. Rockville, MD: Aspen.

Cheng, L. (1987b). Cross-cultural and linguistic considerations in working with Asian populations. *ASHA, 29*, 33–38.

Cheng, L. (1998). *Enhancing the communication skills of newly-arrived Asian American students*. Retrieved December 2, 2002, from http://www.eric.ed.gov

Cheng, L. (2006, September 26). Lessons from the Da Vinci Code. *The ASHA Leader Online*.

Cheng, L. (2007a). Cultural intelligence (CQ): A quest for cultural competence. *Communication Disorders Quarterly, 29*, 36–42.

Cheng, L. (2007b). From the guest editor: Introduction to the special series on culture and SLPs. *Communication Disorders Quarterly, 29*(1), 5–6.

Cheng, L. (2009, November). *Working with multilingual/multicultural families: Implications for speech language pathologists*. Paper presented at the Third International Symposium on Communication Disorders in Multilingual Populations, Agros, Cyprus.

Cheng, L. (2010). Immigration, cultural-linguistic diversity, and topics in language disorders. *Topics in Language Disorders, 30*(1), 79–83.

Chermak, G., & Musiek, F. (1997). *Central auditory processing disorders: New perspectives*. San Diego, CA: Singular.

Cheung, H. (2007). The role of phonological awareness in mediating between reading and listening to speech. *Language and Cognitive Processes, 22*(1), 130–154.

Chiang, H., & Lin, Y. (2008). Expressive communication of children with autism. *Journal of Autism and Developmental Disorders, 38*(3), 538–545.

Chiat, S., & Roy, P. (2007). The Preschool Repetition Test: An evaluation of performance in typically developing and clinically referred children. *Journal of Speech, Language, and Hearing Research, 50*, 429–443.

Chiat, S., & Roy, P. (2008). Early phonological and sociocognitive skills as predictors of later language and social communication outcomes. *Journal of Child Psychology and Psychiatry, 49*, 635–645.

Childers, J., & Tomasello, M. (2002). Two-year-olds learn novel nouns, verbs and conventional actions from massed or distributed exposures. *Developmental Psychology, 38*, 967–978.

Chilosi, A. M., Cipriani, P., Pecini, C., Brizzolara, D., Biagi, L., Montanaro, D., et al. (2008). Acquired focal brain lesions in childhood: Effects on development and reorganization of language. *Brain and Language, 106*(3), 211–225.

Chomsky, N. (1957). *Syntactic structures*. The Hague: Mouton.

Chomsky, N. (1965). *Aspects of the theory of syntax*. Cambridge, MA: MIT Press.

Chomsky, N. (1981). *Lectures on government and binding*. Dordrecht: Foris.

Choudhury, N., & Benasich, A. (2003). A family aggregation study: The influence of family history and other risk factors on language development. *Journal of Speech, Language, and Hearing Research, 46*, 261–272.

Cipani, E. (1989). Providing language consultation in the natural context: A model for delivery of services. *Mental Retardation, 27*(5), 317–324.

Clahsen, H. (1989). The grammatical characterization of developmental dysphasia. *Linguistics, 27*, 897–920.

Clarkson, R., Elimas, P., & Marean, G. (1989). Speech perception in children with histories of recurrent otitis media. *Journal of the Acoustical Society of America, 85*(2), 926–933.

Cleave, P., & Fey, M. (1997). Two approaches to the facilitation of grammar in children with language impairments: Rationale and description. *American Journal of Speech-Language Pathology, 6*, 22–32.

Clegg, J., & Henderson, J. (1999). Developmental language disorders: Changing economic costs from childhood into adult life. *Mental Health Research Review, 6*, 27–30.

Clegg, J., Hollis, C., Mawhood, L., & Rutter, M. (2005). Developmental language disorders—a follow-up in later adult life: Cognitive, language and psychosocial outcomes. *Journal of Child Psychology and Psychiatry, 46*, 128–149.

Clegg, J., Stackhouse, J., Finch, K., Murphy, C., & Nicholls, S. (2009). Language abilities of secondary age pupils at risk of school exclusion: A preliminary report. *Child Language Teaching and Therapy, 25*, 123–140.

Cline, S., & Hegeman, K. (2005). Gifted children with disabilities. In S. Johnsen & J. Kendrick (Eds.), *Teaching gifted students with disabilities* (pp. 37–54). Waco, TX: Prufrock Press.

Cline, S., & Schwartz, D. (1999). *Diverse populations of gifted children*. Columbus, OH: Prentice Hall.

Coady, J., & Evans, J. (2008). Uses and interpretations of non-word repetition tasks in children with and without specific language impairments (SLI). *International Journal of Language and Communicative Disorders, 43*, 1–40.

Cockerill, H., & Fuller, P. (2001). Assessing children for augmentative and alternative communication. In L. Carroll-Few & H. Cockerill (Eds.), *Communicating without speech: Practical augmentative and alternative communication for children* (pp. 73–87). New York: Cambridge University Press.

Coggins, T. (1979). Relational meaning encoded in the two-word utterances of stage 1 Down's syndrome children. *Journal of Speech and Hearing Research, 22*(1), 166–178.

Coggins, T. (1991). Bringing context back into assessment. *Topics in Language Disorders, 11*(3), 43–54.

Coggins, T., Carpenter, R., & Owings, N. (1983). Examining early intentional communication in Down's syndrome and nonretarded children. *British Journal of Disorders of Communication, 18*(2), 98–106.

Coggins, T., & Frederickson, R. (1988). Brief report: The communicative role of a highly frequent repeated utterance in the conversations of an autistic boy. *Journal of Autism and Developmental Disorders, 18*(4), 687–694.

Coggins, T., Friet, T., & Morgan, T. (1998). Analysing narrative productions in older school-age children and adolescents with fetal alcohol syndrome: An experimental tool for clinical applications. *Clinical Linguistics and Phonetics, 12*, 221–236.

Coggins, T., & Morrison, J. (1981). Spontaneous imitations of Down's syndrome children: A lexical analysis. *Journal of Speech and Hearing Research, 24*(2), 303–308.

Coggins, T., & Stoel-Gammon, C. (1982). Clarification strategies used by four Down syndrome children for maintaining normal conversational interaction. *Education and Training of the Mentally Retarded, 17*, 65–67.

Coggins, T., Timler, G., & Olswang, L. (2007). A state of double jeopardy: Impact of prenatal alcohol exposure and adverse environments on the social communicative abilities of school-age children with fetal alcohol spectrum disorder. *Language, Speech, and Hearing Services in Schools, 38*(2), 117–127.

Cognitive Concepts Inc. (1998). *Earobics auditory development and phonics program step 2*. Evanston, IL: Author.

Cognitive Concepts Inc. (2000a). *Earobics step 1*. Evanston, IL: Houghton Mifflin.

Cognitive Concepts Inc. (2000b). *Earobics step 2*. Evanston, IL: Houghton Mifflin.

Cohen, L. (1990). *Meeting the needs of gifted and talented minority language students*. Retrieved July, 23, 2002 from http://www.ed.gov/databases/ERIC_Digests/ed321485.html

Cohen, N., Davine, M., Horodezky, N., Lipsett, L., & Isaacson, L. (1993). Unsuspected language impairments in psychiatrically disturbed children: Prevalence and language and behavioral characteristics. *Journal of the American Academy of Child and Adolescent Psychiatry, 32*, 595–603.

Cohen, S. B., Joyce, C. M., Rhoades, K. W., & Welks, D. M. (1985). Educational programming for head injured students. In M. Ylvisaker (Ed.), *Head injury rehabilitation: Children and adolescents* (p. 395–427). Austin, TX: PRO-ED.

Cohen, W., Hodson, A., O'Hare, A., Boyle, J., Durrani, T., McCartney, E., et al. (2005). Effects of computer-based intervention through acoustically modified speech (Fast ForWord) in severe mixed receptive-expressive language impairment: Outcomes from a randomized controlled trial. *Journal of Speech, Language, and Hearing Research, 48*(3), 715–729.

Colburn, N., & Mysak, E. (1982a). Developmental disfluency and emerging grammar I. Disfluency in early syntactic utterances. *Journal of Speech and Hearing Research, 25*, 414–420.

Colburn, N., & Mysak, E. (1982b). Developmental disfluency and emerging grammar II. Cooccurrence of disfluency with specified semantic-syntactic structures. *Journal of Speech and Hearing Research, 25*, 421–427.

Cole, E., & Paterson, M. (1984). Assessment and treatment of phonologic disorders in the hearing impaired. In J. Costello (Ed.), *Speech disorders in children: Recent advances*. San Diego, CA: College Hill Press.

Cole, K. (1995). Curriculum models and language facilitation in the preschool years. In M. Fey, J. Windsor & S. Warren (Eds.), *Language intervention: Preschool through the elementary years* (Vol. 5, pp. 39–60). Baltimore: Paul H. Brookes.

Cole, K., & Dale, P. (1986). Direct language instruction and interactive language instruction with language delayed preschool children: A comparison study. *Journal of Speech and Hearing Research, 29*(3), 206–217.

Cole, K., Mills, P., & Kelley, D. (1994). Agreement of assessment profiles used in cognitive referencing. *Language, Speech, and Hearing Services in Schools, 25*(1), 25–31.

Cole, K., Schwartz, I., Notari, A., Dale, P., & Mills, P. (1995). Examination of the stability of two methods of defining specific language impairment. *Applied Psycholinguistics, 16*(1), 103–123.

Coltheart, M. (2004, September). *Developmental disorders of reading and language: Understanding assessment, treatment, and treatment evaluation*. Paper presented at the Combined International Association of Logopaedics and Phoniatrics and Speech Pathology Australia National Conferences, Brisbane, Australia.

Coltheart, M. (2005). Analysing developmental disorders of reading. *Advances in Speech-Language Pathology, 7*(2), 49–57.

Coltheart, M., & Leahy, J. (1996). Assessment of lexical and nonlexical reading abilities in children: Some normative data. *Australian Journal of Psychology, 48*(3), 136–140.

Coltheart, M., Rastle, K., Perry, C., Langdon, R., & Ziegler, J. (2001). DRC: A Dual Route Cascaded model of visual word recognition and reading aloud. *Psychological Review, 108*(1), 204–256.

Comkowycz, S., Ehren, B., & Hayes, N. (1987). Meeting classroom needs of language disordered students in middle and junior high schools: A program model. *Journal of Childhood Communication Disorders, 11*, 199–208.

Cone-Wesson, B., Rance, G., & Sininger, Y. S. (2001). Amplification and rehabilitation strategies for patients with auditory neuropathy. In Y. S. Sininger & A. Starr (Eds.), *Auditory neuropathy* (pp. 233–250). San Diego, CA: Singular.

Connell, P. (1986). Teaching subjecthood to language-disordered children. *Journal of Speech and Hearing Research, 29*(4), 481–492.

Connell, P. (1989). Facilitating generalization through induction teaching. In L. McReynolds & J. Spradlin (Eds.), *Generalization strategies in the treatment of communication disorders*. Philadelphia: B. C. Decker.

Connell, P., & Stone, C. (1992). Morpheme learning of children with specific language impairment under controlled instructional conditions. *Journal of Speech and Hearing Research, 35*(4), 844–852.

Connor, C. M., Craig, H. K., Raudenbush, S. W., Heavner, K., & Zwolan, T. A. (2006). The age at which young deaf children receive their cochlear implants and their vocabulary and speech-production growth. Is there an added value for early implantation? *Ear and Hearing, 27*(6), 628–644.

Connor, C. M., & Zwolan, T. A. (2004). Examining multiple sources of influence on the reading comprehension skills of children who use cochlear implants. *Journal of Speech, Language, and Hearing Research, 47*(3), 509–526.

Constable, C. (1986). The application of scripts in the organization of language intervention contexts. In K. Nelson (Ed.), *Event knowledge: Structure and functions in development* (pp. 205–230). Hillsdale, NJ: Lawrence Erlbaum Associates.

Conti-Ramsden, G. (1990). Maternal recasts and other contingent replies to language-impaired children. *Journal of Speech and Hearing Disorders, 55*(2), 262–274.

Conti-Ramsden, G. (2003). Processing and linguistic markers in young children with specific language impairment (SLI). *Journal of Speech, Language, and Hearing Research, 46*, 1029–1037.

Conti-Ramsden, G., & Botting, N. (1999). Classification of children with specific language impairment: Longitudinal considerations. *Journal of Speech, Language, and Hearing Research, 42*(5), 1195–1204.

Conti-Ramsden, G., & Botting, N. (2004). Social difficulties and victimization in children with SLI at 11 years of age. *Journal of Speech, Language, and Hearing Research, 47*, 145–161.

Conti-Ramsden, G., Botting, N., & Durkin, K. (2008). Parental perspectives during the transition to adulthood of adolescents with a history of specific language impairment (SLI). *Journal of Speech, Language, and Hearing Research, 51*, 84–96.

Conti-Ramsden, G., Botting, N., Simkin, Z., & Knox, E. (2001). Follow-up of children attending infant language units: Outcomes at 11 years of age. *International Journal of Language and Communication Disorders, 36*(2), 207–219.

Conti-Ramsden, G., Crutchley, A., & Botting, N. (1997). The extent to which psychometric tests differentiate subgroups of children with SLI. *Journal of Speech, Language, and Hearing Research, 40*(4), 765–777.

Conti-Ramsden, G., & Durkin, K. (2008). Language and independence in adolescents with and without a history of specific language impairment (SLI). *Journal of Speech, Language, and Hearing Research, 51*, 70–83.

Conti-Ramsden, G., Durkin, K., & Simkin, Z. (2010). Language and social factors in the use of cell phone technology by adolescents with and without specific language impairment (SLI). *Journal of Speech, Language, and Hearing Research, 53*, 196–208.

Conti-Ramsden, G., Durkin, K., Simkin, Z., & Knox, E. (2009). Specific language impairment and school outcomes. I: Identifying and explaining variability at the end of compulsory education. *International Journal of Language and Communication Disorders, 44*(1), 15–35.

Conti-Ramsden, G., & Dykins, J. (1991). Mother-child interactions with language-impaired children and their siblings. *British Journal of Disorders of Communication, 26*(3), 337–354.

Conti-Ramsden, G., Falcaro, M., Simkin, Z., & Pickles, A. (2007). Familial loading in specific language impairment: Patterns of differences across proband characteristics, gender, and relative type. *Genes, Brain and Behavior, 6*, 216–228.

Conti-Ramsden, G., Hutcheson, G., & Grove, J. (1995). Contingency and breakdown: Children with SLI and their conversations with mothers and fathers. *Journal of Speech and Hearing Research, 38*(6), 1290–1302.

Conti-Ramsden, G., & Jones, M. (1997). Verb use in specific language impairment. *Journal of Speech, Language, and Hearing Research, 40*(6), 1298–1313.

Conti-Ramsden, G., & Perez-Pereira, M. (1999). Conversational interactions between mothers and their infants who are congenitally blind, have low vision, or are sighted. *Journal of Visual Impairment and Blindness, 93*, 691–703.

Cooper, J. A., & Flowers, C. R. (1987). Children with a history of acquired aphasia: Residual language and academic impairments. *Journal of Speech and Hearing Disorders, 52*, 251–262.

Coplan, J. (1993). *Early language milestone scale—2*. Austin, TX: PRO-ED.

Cornett, R. (1985). Diagnostic factors bearing on the use of cued speech with hearing impaired children. *Ear and Hearing, 6*(1), 33–35.

Cornwell, P. L., Murdoch, B. E., Ward, E. C., & Kellie, S. (2003). Perceptual evaluation of motor speech following treatment for childhood cerebellar tumour. *Clinical Linguistics and Phonetics, 17*(8), 597–615.

Corriveau, K., Pasquini, E., & Goswami, U. (2007). Basic auditory processing skills and specific language impairment: A new look at an old hypothesis. *Journal of Speech, Language, and Hearing Research, 50*, 647–666.

Costello, J. M. (2000). AAC intervention in the intensive care unit: The children's hospital Boston model. *AAC: Augmentative and Alternative Communication, 16*(3), 137–153.

Cotton, S., Voudouris, N., & Greenwood, K. (2001). Intelligence and Duchenne muscular dystrophy: Full-scale, verbal, and performance intelligence quotients. *Developmental Medicine and Child Neurology, 43*(7), 497–501.

Council of Economic Advisers. (1998). *Changing America: Indicators of social and economic well-being by race and Hispanic origin*. Retrieved December 2, 2002, from http://www.access.gpo.gov/eop/ca

Courtright, J., & Courtright, I. (1976). Imitative modeling as an instructional base for instructing language-disordered children. *Journal of Speech and Hearing Research, 19*(4), 655–663.

Crago, M. (1990). Development of communicative competence in Inuit children: Implications for speech-language pathology. *Journal of Childhood Communication Disorders, 13*, 73–83.

Crago, M., & Gopnik, M. (1994). From families to phenotypes: Theoretical and clinical implications of research into the genetic basis of specific language impairment. In R. Watkins & M. Rice (Eds.), *Specific language impairment in children* (pp. 35–51). Baltimore: Paul H. Brookes.

Craig, H. (1993). Social skills of children with specific language impairment. *Language, Speech, and Hearing Services in Schools, 24*(4), 206–215.

Craig, H., & Evans, J. (1989). Turn exchange characteristics of SLI children's simultaneous and nonsimultaneous speech. *Journal of Speech and Hearing Disorders, 54*(3), 334–347.

Craig, H., & Gallagher, T. (1986). Interactive play: The frequency of related verbal responses. *Journal of Speech and Hearing Research, 29*(3), 375–383.

Craig, H., Thompson, C., Washington, J., & Potter, S. (2003). Phonological features of child African American English. *Journal of Speech and Hearing Research, 46*, 623–635.

Craig, H., & Washington, J. (1993). Access behaviors of children with specific language impairment. *Journal of Speech and Hearing Research, 36*(2), 322–337.

Craig, H., & Washington, J. (2000). An assessment battery for identifying language impairments in African American children. *Journal of Speech, Language, and Hearing Research, 43*(2), 366–379.

Craig, H., & Washington, J. (2002). Oral language expectations for African American preschoolers and kindergartners. *American Journal of Speech-Language Pathology, 11*(1), 59–70.

Crais, E. (1992). Fast mapping: A new look at word learning. In R. Chapman (Ed.), *Processes in language acquisition and disorders*. St. Louis, MO: Mosby-Year Book.

Crais, E., & Chapman, R. (1987). Story recall and inferencing skills in language/learning-disabled and nondisabled children. *Journal of Speech and Hearing Disorders, 52*(1), 50–55.

Crais, E., Watson, L., Baranek, G., & Reznick, J. (2006). Early identification of autism: How early can we go? *Seminars in Speech and Language, 27*(3), 143–160.

Cramer, R. (1991). The education of gifted children in the United States: A Delphi study. *Gifted Child Quarterly, 35*, 84–91.

Cramond, B. (2004a). Can we, should we, need we agree on a definition of giftedness? *Roeper Review, 27*(1), 15–16.

Cramond, B. (2004b). Reading instruction for the gifted. *Illinois Reading Council Journal, 32*(4), 31–36.

Crawford, S., & Snart, F. (1994). Process-based remediation of decoding in gifted LD students: Three case studies. *Roeper Review, 16*(4), 247–253.

Croen, L., Shaw, G., Wasserman, C., & Tolarova, M. (1998). Racial and ethnic variations in the prevalence of orofacial clefts in California, 1983–1992. *American Journal of Medicine Genetics, 79*(1), 42–47.

Cross, T., Johnson-Morris, J., & Nienhuys, T. (1980). Linguistic feedback and maternal speech: Comparison of mothers addressing hearing and hearing-impaired children. *First Language, 1*(3), 163–189.

Crossley, R. (1994). *Facilitated communication training*. New York: Teachers College Press.

Crowe, T., Byrne, M., & Henry, A. (1999). Prison services: The Parchman project. *ASHA, 41*(6), 50–54.

Crystal, D. (1982). *Profiling linguistic disability*. London: Edward Arnold.

Crystal, D. (1984). *Linguistic encounters with language handicap*. New York: Basil Blackwell.

Crystal, D. (1997). *The Cambridge encyclopedia of language* (2nd ed.). New York: Cambridge University Press.

Crystal, D., & Davy, D. (1975). *Advanced conversational English*. London: Longman.

Crystal, D., Fletcher, P., & Garman, M. (1989). *The grammatical analysis of language disability: A procedure for assessment and remediation* (2nd ed.). London: Cole & Whurr.

Crystal, D., & Varley, R. (1998). *Introduction to language pathology* (4th ed.). London: Whurr.

Culp, D. (1984). The preschool fluency development program: Assessment and treatment. In M. Peins (Ed.), *Contemporary Approaches to Stuttering Treatment* (pp. 39–71). Boston: Little, Brown.

Culp, D. M. (1987). Outcome measurement: The impact of communication augmentation. *Seminars in Speech and Language, 8*(2), 169–185.

Cummins, J. (2000). *Language, power and pedagogy: Bilingual children in the crossfire*. Clevedon: Multilingual Matters.

Cunningham, M., Cox, E. O., & The Committee on Practice and Ambulatory Medicine: The Section on Otolaryngology and Brochoesophagology. (2003). Hearing assessment in infant and children: Recommendations beyond neonatal screening. *Pediatrics, 111*(2), 436–440.

Cupples, L., & Iacono, T. (2000). Phonological awareness is related to reading skill in children with Down syndrome. *Journal of Speech, Language, and Hearing Research, 43*(3), 595–608.

Cupples, L., & Iacono, T. (2002). The efficacy of "whole-word" versus "analytic" reading instruction for children with Down syndrome. *Reading and Writing: An Interdisciplinary Journal, 15*(5/6), 549–574.

Curcio, F., & Paccia, J. (1987). Conversations with autistic children: Contingent relationships between features of adult input and children's response adequacy. *Journal of Autism and Developmental Disorders, 17*, 81–93.

Curtiss, S., Prutting, C., & Lowell, E. (1979). Pragmatic and semantic development in young children with impaired hearing. *Journal of Speech and Hearing Research, 22*(3), 534–552.

Cutler, R. (1992). Neurology. In E. Rubenstein & D. Federman (Eds.), *Scientific American medicine*. New York: Scientific American.

Cyrulnik, S., Fee, R., Batchelder, A., Kiefel, J., Goldstein, E., & Hinton, V. (2008). Cognitive and adaptive deficits in young children with Duchenne muscular dystrophy (DMD). *Journal of the International Neuropsychological Society, 14*, 853–861.

Dahl, E., Cohen, D., & Provence, S. (1986). Clinical and multivariate approaches to the nosology of pervasive developmental disorders. *Journal of the American Academy of Child Psychiatry, 25*, 170–180.

Dale, P. (1996). Parent report assessment of language and communication. In K. Cole, P. Dale, & D. Thal (Eds.), *Assessment of communication and language* (pp. 161–182). Baltimore: Paul H. Brookes.

Dale, P., Bates, E., Reznick, S., & Morisset, C. (1989). The validity of a parent report instrument of child language at twenty months. *Journal of Child Language, 16*(2), 239–250.

Dale, P., Price, T., Bishop, D. V. M., & Plomin, R. (2003). Outcomes of early language delay: I. Predicting persistent and transient language difficulties at 3 and 4 years. *Journal of Speech, Language, and Hearing Research, 46*(3), 544–560.

Dale, P., Simonoff, E., Bishop, D. V. M., Eley, T., Oliver, B., Price, T., et al. (1998). Genetic influences on language delay in two-year-old children. *Nature Neuroscience, 1*(4), 324–328.

Dale, P., & Thal, D. (1989, November). *Assessment of language in infants and toddlers using parent report.* Paper presented at the annual convention of the American-Speech-Language-Hearing Association, St. Louis, MO.

Damico, J. (1985). Clinical discourse analysis: A functional language assessment technique. In C. Simon (Ed.), *Communication skills and classroom success: Assessment of language-learning-disabled students*. San Diego, CA: College Hill Press.

Damico, J. (1988). The lack of efficacy in language therapy: A case study. *Language, Speech, and Hearing Services in Schools, 19*(1), 51–66.

Damico, J. (1993). Language assessment in adolescents: Addressing critical issues.*Language, Speech, and Hearing Services in Schools, 24*(1), 29–35.

Dapretto, M., Woods, R. P., & Bookheimer, S. Y. (2000, November). *Enhanced cortical plasticity early in development: Insights from an FMRI study of language processing in children and adults*. Paper presented at the annual meeting of the Neuroscience Society, Los Angeles, CA.

Davis, A., Sanger, D., & Morris-Friehe, M. (1991). Language skills of delinquent and nondelinquent adolescent males. *Journal of Communication Disorders, 24*(4), 251–266.

Davis, B., Jakielski, K., & Marquardt, T. (1998). Developmental apraxia of speech: Determiners of different diagnosis. *Clinical Linguistics and Phonetics, 12*(1), 25–46.

Davis, H., Stroud, A., & Green, L. (1988). Maternal language environment of children with mental retardation. *American Journal on Mental Retardation, 93*(2), 144–153.

Davis, J. (1974). Performance of young hearing impaired children on a test of basic concepts. *Journal of Speech and Hearing Research, 17*(3), 342–351.

Davis, J. (1990). *Our forgotten children: Hard-of-hearing pupils in the schools* (2nd ed.). Washington, DC: Self-Help for the Hard-of-Hearing.

Davis, J., & Blasdell, R. (1975). Perceptual strategies employed by normal hearing and hearing-impaired children in the comprehension of sentences containing relative clauses. *Journal of Speech and Hearing Research, 18*(2), 281–295.

Davis, J., Elfenbein, J., Schum, R., & Bentler, R. (1986). Effects of mild and moderate hearing impairments on language, educational and psychosocial behaviour of children. *Journal of Speech and Hearing Disorders, 51*(1), 53–62.

Davis, J., & Hardick, E. (1981). *Rehabilitative audiology for children and adults*. New York: Wiley.

Dawson, G., Hill, D., Spencer, A., Galpert, L., & Watson, L. (1990). Affective exchanges between young autistic children and their mothers. *Journal of Abnormal Child Psychology, 18*(3), 335–345.

Dawson, P. W., Blamey, P., Dettman, S. J., Barker, E., & Clark, G. M. (1995). A clinical report on receptive vocabulary skills in cochlear implant users. *Ear and Hearing, 16*(3), 287–294.

Day-Vines, N., Barto, H., Booker, B., Smith, K., Barna, J., Maiden, B., et al. (2009). African American English: Implications for school counseling professionals. *Journal of Negro Education, 78*(1), 70–82.

Deal, V., & Rodriquez, V. (1987). *Resource guide to multicultural rests and materials in communicative disorders*. Rockville, MD: American Speech-Language-Hearing Association.

Deal-Williams, V. (2002). *Celebrating our differences*. Retrieved December 2, 2002, from http://professional.asha.org/news/020402a.cfm

de Bode, S., & Curtiss, S. (2001, August). *Exploring neuronal plasticity: Language development in pediatric hemispherectomies*. Paper presented at the 23rd annual conference of the Cognitive Science Society, Edinburgh, Scotland.

DeBonis, D. A., & Donohue, C. L. (2008). *Survey of audiology: Fundamentals for audiologists and health professionals* (2nd ed.). Boston: Allyn and Bacon.

DeBonis, D. A., & Moncrieff, D. (2008). Auditory processing disorders: An update for speech-language pathologists. *American Journal of Speech-Language Pathology, 17*(1), 4–18.

Declau, F., Boudewyns, A., Van den Ende, J., Peeters, A., & van den Heyning, P. (2008). Etiologic and audiologic evaluations after universal neonatal hearing screening: Analysis of 170 referred neonates. *Pediatrics, 121*(6), 1119–1126.

De Houwer, A. (1995). Bilingual language acquisition. In P. Fletcher & B. MacWhinney (Eds.), *Handbook of child language* (pp. 219–250). London: Blackwell.

De Houwer, A. (1999). *Two or more languages in early childhood: Some general points and practical recommendations*. Retrieved December 2, 2002, from http://www.cal.org/ericcll/digest/earlychild.html

DeKroon, D., Kyte, C., & Johnson, C. (2002). Partner influences on the social pretend play of children with language impairments. *Language, Speech, and Hearing Services in Schools, 33*(4), 253–267.

Delgado, C., Mundy, P., Crowson, M., Markus, J., Yale, M., & Schwartz, H. (2002). Responding to joint attention and

language development: A comparison of target locations. *Journal of Speech, Language, and Hearing Research, 45*(4), 715–719.
Demetras, M., Post, K., & Snow, C. (1986). Feedback to first language learners: The role of repetitions and clarification questions. *Journal of Child Language, 13*(2), 275–292.
Denning, C., Chamberlain, J., & Polloway, E. (2000). An evaluation of state guidelines for mental retardation: Focus of definition and classification practices. *Education and Training in Mental Retardation, 35*(2), 226–232.
Dennis, M. (1980). Strokes in childhood: Communicative intent, expression, and comprehension after left hemisphere arteriopathy in a right-handed nine-year-old. In R. W. Rieber (Ed.), *Language development and aphasia in children* (pp. 45–67). New York: Academic Press.
Dennis, M. (1992). Word finding in children and adolescents with a history of brain injury. *Topics in Language Disorders* (13), 66–82.
Dennis, M. (2000). Developmental plasticity in children: The role of biological risk, development, time, and reserve. *Journal of Communication Disorders, 33*, 321–332.
Dennis, M., & Barnes, M. A. (2001). Comparison of literal, inferential, and intentional text comprehension in children with mild or severe closed head injury. *Journal of Head Trauma Rehabilitation, 16*(5), 456–468.
Dennis, M., Barnes, M. A., Wilkinson, M., & Humphreys, R. P. (1998). How children with head injury represent real and deceptive emotion in short narratives. *Brain and Language, 61*(3), 450–483.
Dennis, M., Purvis, K., Barnes, M. A., Wilkinson, M., & Winner, E. (2001). Understanding of literal truth, ironic criticism, and deceptive praise following childhood head injury. *Brain and Language, 78*(1), 1–16.
Denton, K., & Zarbatany, L. (1996). Age differences in support processes in conversations between friends. *Child Development, 67*(4), 1360–1373.
Dermody, P., Katsch, R., & Mackie, K. (1983). Auditory processing limitations in low verbal children. *Ear and Hearing, 4*(6), 272–277.
Dermody, P., Mackie, K., & Katsch, R. (1983). Dichotic listening in good and poor readers. *Journal of Speech and Hearing Research, 26*(3), 341–348.
DePompei, R., & Blosser, J. (1987). Strategies for helping head-injured children successfully return to school. *Language, Speech, and Hearing Services in Schools, 18*, 292–300.
DePompei, R., Gillette, Y., Goetz, E., Xenopoulos-Oddsson, A., Bryen, D., & Dowds, M. (2008). Practical applications for use of PDAs and smartphones with children and adolescents who have traumatic brain injury. *NeuroRehabilitation, 23*(6), 487–499.
Deshler, D., Robinson, S., & Mellard, D. (2004). Instructional principles for optimizing outcomes for adolescents with learning disabilities. In M. Riley & T. Citro (Eds.), *Best practices for the inclusionary classroom: Leading researchers talk directly with teachers* (pp. 65–79). Weston, MA: Learning Disabilities of Massachusetts.
Deshler, D., & Schumaker, J. (1988). An instructional model for teaching students how to learn. In J. Graden, J. Zins, & M. Curtis (Eds.), *Alternative educational delivery systems: Enhancing instructional options for all students* (pp. 391–411). Washington, DC: National Association of Secondary Principals.
Despain, A., & Simon, C. (1987). Alternative to failure: A junior high school language development-based curriculum. *Journal of Childhood Communication Disorders, 11*(1), 139–179.
Dever, R. (1972). A comparison of the results of a revised version of Berko's test of morphology with the free speech of mentally retarded children. *Journal of Speech and Hearing Research, 15*(1), 169–178.
Devers, M., & Broen, P. (1991, November). *Prelinguistic vocalizations of infants with and without cleft palate.* Paper presented at the annual convention of the American Speech-Language-Hearing Association, Atlanta, GA.
de Villiers, J., & de Villiers, P. (1973). A cross-sectional study of the acquisition of grammatical morphemes in child speech. *Journal of Psycholinguistic Research, 2*, 267–278.
Dewart, H. (1979). Language comprehension processes of mentally retarded children. *American Journal of Mental Deficiency, 84*(2), 177–183.
Dewey, D., Centell, M., & Crawford, S. (2007). Motor and gestural performance in children with autistic spectrum disorders, developmental coordination disorder, and/or attention deficit hyperactivity disorder. *Journal of the International Neuropsychological Society, 13*, 246–256.
Dickson, K., Marshal, M., Boyle, J., McCartney, E., O'Hare, A., & Forbes, J. (2009). Cost analysis of direct versus direct and individual versus group modes of manual-based speech-language therapy for primary school-age children with primary language impairment. *International Journal of Language and Communication Disorders, 44*, 369–381.
DiMeo, J., Merritt, D., & Culatta, B. (1998). Collaborative partnerships and decision making. In D. Merritt & B. Culatta (Eds.), *Language intervention in the classroom* (pp. 37–98). San Diego, CA: Singular.
DiSimoni, F. (1978). *The token test for children.* Rolling Meadows, IL: Riverside.
Dobbinson, S., Perkins, M., & Boucher, J. (2003). The interactional significance of formulas in autistic language. *Clinical Linguistics and Phonetics, 17*(4), 299–307.
Docking, K., Jordan, F., & Murdoch, B. (1999). Interpretation and comprehension of linguistic humour by adolescents with head injury: A case-by-case analysis. *Brain Injury, 13*(12), 953–972.
Docking, K., Murdoch, B., & Jordan, F. (2000). Interpretation and comprehension of linguistic humour by adolescents with head injury: A group analysis. *Brain Injury, 14*(1), 89–108.
Dockrell, J., Lindsay, G., & Connelly, V. (2009). The impact of specific language impairment on adolescents' written text. *Exceptional Children, 75*(4), 427–446.
Dockrell, J., & Messer, D. (2007). Language profiles and naming in children with word finding difficulties. *Folio Phonatrica et Logopaedica, 59*, 318–323.
Dodd, B. (1975). Recognition and reproduction of words by Down's syndrome and non-Down's syndrome retarded children. *American Journal of Mental Deficiency, 80*(3), 306–311.
Dodd, B. (1976). A comparison of the phonological systems of mental age matched normal, severely subnormal, and Down syndrome children. *British Journal of Disorders of Communication, 11*(1), 27–42.
Dodd, B., Hua, Z., Crosbie, S., Holm, A., & Ozanne, A. (2002). *Diagnostic evaluation of articulation and phonology (DEAP).* London: The Psychological Corporation.
Dodd, B., McCormack, P., & Woodyatt, G. (1994). Evaluation of an intervention program: Relation between children's phonology and parents' communicative behavior. *American Journal of Mental Retardation, 98*(5), 632–645.
Dodd, B., & Thompson, L. (2001). Speech disorder in children with Down syndrome. *Journal of Intellectual Disabilities Research, 45*(4), 308–316.
Doell, E. H., & Reed, V. A. (2007, July). *Teachers' question scaffolds: Potential contexts for language facilitation or elaborate guessing games?* Paper presented at the Fifth Asia Pacific Conference on Speech, Language, and Hearing, Brisbane, Australia.
Dogruoz, A. (2008). *Dutch influence on Turkish constructions in Turkish-Dutch contact.* Tilburg: Tilburg University.
Dollaghan, C. (1985). Child meets word: "Fast mapping" in preschool children. *Journal of Speech and Hearing Research, 28*(3), 449–454.
Dollaghan, C. (1987). Fast mapping in normal and language-impaired children. *Journal of Speech and Hearing Disorders, 52*(3), 218–222.
Dollaghan, C., & Campbell, T. (1992). A procedure for classifying disruptions in spontaneous language samples. *Topics in Language Disorders, 12*(2), 56–68.

Dollaghan, C., & Campbell, T. (1998). Nonword repetition and child language impairment. *Journal of Speech, Language, and Hearing Research, 41*(5), 1136–1146.

Dollaghan, C., & Campbell, T. (2009). How well do poor language scores at ages 3 and 4 predict poor language scores at age 6? *International Journal of Speech-Language Pathology, 11*, 368–365.

Dollaghan, C., Campbell, T., Paradise, J., Feldman, H., Janosky, J., Pitcairn, D., et al. (1999). Maternal education and measures of early speech and language. *Journal of Speech, Language, and Hearing Research, 42*(6), 1432–1443.

Dollaghan, C., Campbell, T., & Tomlin, R. (1990). Video narration as a language sampling context. *Journal of Speech and Hearing Disorders, 55*(3), 582–590.

Dombrowski, C., Levesque, M. L., Morel, M. L., Rouillard, P., Morgan, K., & Rousseau, E. (2002). Premutation and intermediate-size FMR1 alleles in 10,572 males from the general population: Loss of AGG interruption is a late event in the generation of Fragile X syndrome alleles. *Human Molecular Genetics, 11*(4), 371–378.

Donahue, M., Pearl, R., & Bryan, T. (1980). Learning disabled children's conversational competence: Responses to inadequate messages. *Applied Psycholinguistics, 1*(4), 387–403.

Donahue, M., Pearl, R., & Bryan, T. (1982). Learning disabled children's syntactic proficiency on a communicative task. *Journal of Speech and Hearing Disorders, 47*(4), 397–403.

Donahue, M., Szymanski, C., & Flores, C. (1999). When "Emily Dickinson" met "Steven Spielberg": Assessing social information processing in literacy contexts. *Language, Speech and Hearing Services in Schools, 30*(3), 274–284.

Donlan, C., Cowan, R., Newton, E., & Lloyd, D. (2007). The role of language in mathematical development: Evidence from children with specific language impairments. *Cognition, 103*, 23–33.

Donnai, D., & Karmiloff-Smith, A. (2000). Williams syndrome: From genotype through cognitive phenotype. *American Journal of Medical Genetics, 97*(2), 164–171.

Donnellan, A. M., Mirenda, P. L., Mesaros, R. A., & Fassbender, L. L. (1984). Analysing the communicative functions of aberrant behavior.*Journal of the Association for Persons with Severe Handicaps, 9*(3), 201–212.

Dore, J. (1975). Holophrase, speech acts, and language universals. *Journal of Child Language, 2*(1), 21–40.

Dore, J. (1979). Conversational acts and the acquisition of language. In E. Ochs & B. Schieffelin (Eds.), *Developmental pragmatics*. New York: Academic Press.

Doren, B., Bullis, M., & Benz, M. (1996). Predicting arrest status of adolescents with disabilities in transition. *Journal of Special Education, 29*(4), 363–380.

Dosreis, S., Weiner, C., Johnson, L., & Newschaffer, C. (2006). Autism spectrum disorder screening and management practices among general pediatric providers. *Journal of Developmental and Behavioral Pediatrics, 27*(2 Suppl.), S88–S94.

Douglas, V. (1988). Cognitive deficits in children with attention deficit disorder with hyperactivity. In L. Bloomingdale & J. Sergeant (Eds.), *Attention deficit disorder: Criteria, cognition, intervention* (pp. 65–82). London: Pergamon Press.

Dowden, P., Beukelman, D. R., & Lossing, C. (1986). Serving nonspeaking patients in acute care settings: Intervention outcomes. *AAC: Augmentative and Alternative Communication, 2*(1), 38–44.

Downey, D., & Hurtig, R. (2006). Re-thinking the use of AAC in acute care settings. *Perspectives on Augmentative and Alternative Communication, 15*(4), 3–8.

Drager, K., & Light, J. (2006). Designing dynamic display AAC systems for young children with complex communication needs. *Perspectives on Augmentative and Alternative Communication, 15*(1), 3–7.

Drager, K., Light, J., Speltz, J. C., Fallon, K., & Jeffries, L. (2003). The performance of typically developing 2 1/2-year-olds on dynamic display AAC technologies with different system layouts and language organizations. *Journal of Speech, Language, and Hearing Research, 46*(2), 298–312.

Dropik, P., & Reichle, J. (2001). Developing an intervention strategy to replace challenging behavior used to escape undesired activities: A case example. *Perspectives on Augmentative and Alternative Communication, 10*(1), 8–10.

Duff, M. C., Proctor, A., & Haley, K. (2002). Mild traumatic brain injury (MTBI): Assessment and treatment procedures used by speech-language pathologists (SLPs). *Brain Injury, 16*(9), 773–787.

Duhaime, A. C., Christian, C. W., Rorke, L. B., & Zimmerman, R. A. (1998). Nonaccidental head injury in infants—The "shaken-baby syndrome." *New England Journal of Medicine, 338*(25), 1822–1829.

Duchan, J. (1983). Autistic children are noninteractive: Or so we say. *Seminars in Speech and Language, 4*, 53–61.

Duchan, J. (1999). Views of facilitated communication: What's the point? *Language, Speech and Hearing Services in the Schools, 30*(4), 401–408.

Duchan, J. (1988). *Assessing communication of hearing-impaired children: Influences from pragmatics*. Unpublished manuscript.

Dukes, P. (1981). Developing social prerequisites to oral communication. *Topics in Learning and Learning Disabilities, 1*(2), 47–58.

Dulaney, C., & Ellis, N. (1997). Rigidity in the behavior of mentally retarded persons. In W. E. MacLean Jr. (Ed.), *Ellis' handbook of mental deficiency, psychological theory and research* (3rd ed., pp. 175–195). Mahwah, NJ: Lawrence Erlbaum Associates.

Dunkley, C., Farnsworth, A., Mason, S., Dodd, M., & Gibbin, K. (2003). Screening and follow up assessment in three cases of auditory neuropathy. *Archives of Disease in Childhood, 88*(1), 25–26.

Dunn, L. (1965). *Peabody picture vocabulary test*. Circle Pines, MN: American Guidance Service.

Dunn, L., & Dunn, D. (2007). *Peabody picture vocabulary test—IV*. San Antonio, TX: Pearson.

Dunn, L., & Dunn, L. (1981). *Peabody picture vocabulary test—revised*. Circle Pines, MN: American Guidance Service.

Dunn, L., & Dunn, L. (1997). *Peabody picture vocabulary test—III*. Circle Pines, MN: American Guidance Services.

Durand, V. M., & Merges, E. (2001). Functional communication training: A contemporary behavior analytic intervention for problem behaviors. *Focus on Autism and Other Developmental Disabilities, 16*(2), 110–119.

Durham, S. R., Clancy, R. R., Leuthardt, E., Sun, P., Kamerling, S., Dominguez, T., et al. (2000). Chop infant coma scale ("infant face scale"): A novel coma scale for children less than two years of age. *Journal of Neurotrauma*(17), 729–737.

Durkin, K., & Conti-Ramsden, G. (2007). Language, social behavior, and the quality of friendships in adolescents with and without a history of specific language impairment. *Child Development, 78*, 1441–1457.

Durkin, K., & Conti-Ramsden, G. (2010). Young people with specific language impairment: A review of social and emotional functioning in adolescence. *Child Language Teaching and Therapy, 26*(2), 105–121.

Durkin, K., Conti-Ramsden, G., Walker, A., & Simkin, Z. (2009). Educational and interpersonal uses of home computers by adolescents with and without specific language impairment. *British Journal of Developmental Psychology, 27*, 197–217.

Durkin, K., Simkin, Z., Knox, E., & Conti-Ramsden, G. (2009). Specific language impairment and school outcomes. II: Educational context, student satisfaction, and post-compulsory progress. *International Journal of Language and Communication Disorders, 44*(1), 36–55.

Dyer, K., Williams, L., & Luce, S. (1991). Training teachers to use naturalistic communication strategies in classrooms for students with autism and other severe handicaps. *Language, Speech, and Hearing Services in Schools, 22*, 313–321.

Edwards, J., & Lahey, M. (1998). Nonword repetitions of children with specific language impairment: Exploration of some explanations for their inaccuracies. *Applied Psycholinguistics, 19*, 279–309.

Edwards, S., Fletcher, P., Garman, M., Hughes, A., Letts, C., & Sinka, I. (1999). *Reynell developmental language scales—III*. Windsor: NFER-Nelson.

Eheart, B. (1982). Mother-child interactions with non-retarded and mentally retarded preschoolers. *American Journal of Mental Deficiency, 87*(1), 20–25.

Ehren, B. (1994). New directions for meeting the academic needs of adolescents with language-learning disabilities. In B. Wallach & K. Butler (Eds.), *Language-learning disabilities in school-age children and adolescents: Some principles and applications* (pp. 393–417). Boston: Allyn and Bacon.

Ehren, B. (2002). Speech-language pathologists contributing significantly to the academic success of high school students: A vision for professional growth. *Topics in Language Disorders, 22*(2), 60–80.

Ehren, B. (2009). Looking through an adolescent literacy lens at the narrow view of reading. *Language, Speech, and Hearing Services in Schools, 40*, 192–195.

Ehren, B., & Lenz, B. (1989). Adolescents with language disorders: Special considerations in providing academically relevant language intervention. *Seminars in Speech and Language, 10*, 192–203.

Ehren, B., & Whitmire, K. (2009). Speech-language pathologist as primary contributors to response to intervention at the secondary level. *Seminars in Speech and Language, 30*, 90–104.

Ehri, L., Nunes, S., Willows, D., Schuster, B., Yaghoub-Zadeh, Z., & Shanahan, T. (2001). Phonemic awareness instruction helps children learn to read: Evidence from the National Reading Panel's meta-analysis. *Reading Research Quarterly, 36*(3), 250–287.

Eikeseth, S., Smith, T., Jahr, E., & Eldevik, S. (2002). Intensive behavioral treatment at school for 4- to 7-year-old children with autism: A 1-year comparison controlled study. *Behavior Modification, 26*(1), 49.

Eilers, R. E., Cobo-Lewis, A. B., Vergara, K. C., & Oller, D. K. (1997). Longitudinal speech perception performance of young children with cochlear implants and tactile aids plus hearing aids. *Scandinavian Audiology Supplement, 26*(Suppl. 47), 50–54.

Eisele, J., & Aram, D. (1995). Lexical and grammatical development in children with early hemisphere damage: A cross-sectional view from birth to adolescence. In P. Fletcher & B. MacWhinney (Eds.), *The handbook of child language* (pp. 664–689). Oxford: Basil Blackwell.

Eisenberg, S., Fersko, T., & Lundgren, C. (2001). The use of MLU for identifying language impairment in preschool children: A review. *American Journal of Speech-Language Pathology, 10*(4), 323–342.

Eisenson, J. (1972). *Aphasia in children*. New York: Harper & Row.

Elfenbein, J. L., Hardin-Jones, M. A., & Davis, J. M. (1994). Oral communication skills of children who are hard-of-hearing. *Journal of Speech and Hearing Research, 37*(1), 216–225.

Elliot, C. D. (1996). *The British Ability Scales (BAS)* (2nd ed.). Windsor: NFER-Nelson.

Elliott, R., Hall, K., & Soper, H. (1991). Analog language teaching versus natural language teaching: Generalization and retention of language learning for adults with autism and mental retardation. *Journal of Autism and Developmental Disorders, 21*(4), 433–447.

Ellis, E. (1993). Integrative strategy instruction: A potential model for teaching content area subjects to adolescents with learning disabilities. *Journal of Learning Disabilities, 26*(6), 358–383, 398.

Ellis, E. (1994). Integrating writing strategy instruction with content-area instruction: Part I: Orienting students to organizational devices. *Intervention in School and Clinic, 29*(3), 169–179.

Ellis Weismer, S. (1991). Hypothesis-testing abilities of language-impaired children. *Journal of Speech and Hearing Research, 34*, 1329–1338.

Ellis Weismer, S. (1996). Capacity limitations in working memory: The impact on lexical and morphological learning by children with language impairment. *Topics in Language Disorders, 17*(1), 33–44.

Ellis Weismer, S. (1997). The role of stress in language processing and intervention. *Topics in Language Disorders, 18*, 41–52.

Ellis Weismer, S. (2000). Intervention for children with developmental language delay. In D. V. M. Bishop & L. Leonard (Eds.), *Speech and language impairment in children: Causes, characteristics, intervention and outcome* (pp. 157–176). East Sussex: Psychology Press.

Ellis Weismer, S. (2007). Typical talkers, late talkers, and children with specific language impairment: A language endowment spectrum? In R. Paul (Ed.), *Language disorders from a developmental perspective* (pp. 83–101). Mahwah, NJ: Lawrence Erlbaum Associates.

Ellis Weismer, S., & Evans, J. (2002). The role of processing limitations in early identification of specific language impairment. *Topics in Language Disorders, 22*(3), 15–29.

Ellis Weismer, S., Evans, J., & Hesketh, L. (1999). An examination of verbal working memory capacity in children with specific language impairment. *Journal of Speech, Language, and Hearing Research, 42*, 1249–1260.

Ellis Weismer, S., & Hesketh, L. (1993). The influence of prosodic and gestural cues on novel word acquisition by children with specific language impairment. *Journal of Speech and Hearing Research, 36*, 1013–1025.

Ellis Weismer, S., & Hesketh, L. (1996). Lexical learning by children with specific language impairment: Effects of linguistic input presented at varying speaking rates. *Journal of Speech and Hearing Research, 39*, 177–190.

Ellis Weismer, S., & Hesketh, L. (1998). The impact of emphatic stress on novel word learning by children with specific language impairment. *Journal of Speech, Language, and Hearing Research, 41*(6), 1444–1458.

Ellis Weismer, S., & Murray-Branch, J. (1989). Modeling versus modeling plus evoked production training: A comparison of two language intervention methods. *Journal of Speech and Hearing Disorders, 54*(2), 269–281.

Ellis Weismer, S., Murray-Branch, J., & Miller, J. (1994). A prospective longitudinal study of language development in late talkers. *Journal of Speech and Hearing Research, 37*(4), 852–867.

Ellis Weismer, S., & Schraeder, T. (1993). Discourse characteristics and verbal reasoning: Wait time effects on the performance of children with language-learning disabilities. *Exceptionality Education Canada, 3*, 71–92.

Ellis Weismer, S., Tomblin, J. B., Zhang, X., Buckwalter, P., Chynoweth, J., & Jones, M. (2000). Nonword repetition performance in school-age children with and without language impairment. *Journal of Speech, Language, and Hearing Research, 43*, 865–878.

Engen, E., & Engen, T. (1983). *Rhode Island test of language structure (RITLS)*. Baltimore: University Park Press.

English, K. (2007a). Audiological rehabilitation services in the school setting. In R. L. Schow & M. A. Nerbonne (Eds.), *Introduction to audiological rehabilitation* (5th ed., pp. 269–300). Boston: Allyn and Bacon.

English, K. (2007b). Psychological aspects of hearing impairment and counseling basics. In R. L. Schow & M. A. Nerbonne (Eds.), *Introduction to audiological rehabilitation* (5th ed., pp. 245–268). Boston: Allyn and Bacon.

Entwisle, D., & Astone, N. (1994). Some practical guidelines for measuring youth's race/ethnicity and socioeconomic status. *Child Development, 65*(6), 1521–1540.

Erba, H. (2000). Early intervention programs for children with autism: Conceptual frameworks for implementation. *American Journal of Orthopsychiatry, 70*(1), 82–94.

Erber, N., & Alencewicz, C. (1976). Audiologic evaluation of deaf children. *Journal of Speech and Hearing Disorders, 41*(2), 256–267.

Erickson, K. A., & Clendon, S. A. (2005). Responding to individual needs: Promoting the literacy development of students who use AAC. *Perspectives on School-Based Issues, 6*(2), 12–17.

Eskes, G., Bryson, S., & McCormick, T. (1990). Comprehension of concrete and abstract words in autistic children. *Journal of Autism and Developmental Disorders, 20*(1), 61–73.

Espin, C., Scierka, B., Skare, S., & Halverson, N. (1999). Curriculum-based measures in writing for secondary students. *Reading and Writing Quarterly, 15*(1), 5–27.

Espinosa, L. (1995). *Hispanic parent involvement in early childhood programs*. Retrieved July 23, 2002 from http://www.eric.ed.gov/ERICDocs

Estabrooks, W. (1994). *Auditory verbal therapy for parents and professionals*. Washington, DC: A.G. Bell Association for the Deaf.

Estrem, T., & Broen, O. (1989). Early speech production of children with cleft palate. *Journal of Speech and Hearing Research, 32*, 12–23.

Evans, J., & Craig, H. (1992). Language sample collection and analysis: Interview compared to freeplay assessment contexts. *Journal of Speech and Hearing Research, 35*(2), 343–353.

Evans, J., Viele, K., & Kass, R. (1997). Response latency and verbal complexity: Stochastic models of individual differences in children with specific language impairments. *Journal of Speech, Language, and Hearing Research, 40*(4), 754–764.

Everatt, J., Weeks, S., & Brooks, P. (2007). Profiles of strengths and weaknesses in dyslexia and other learning difficulties. *Dyslexia, 14*(1), 16–41.

Ewing-Cobbs, L., & Barnes, M. (2002). Linguistic outcomes following traumatic brain injury in children. *Seminars in Pediatric Neurology: Diagnosis and Management of Language Disabilities, 9*(3), 209–217.

Ewing-Cobbs, L., Barnes, M., Fletcher, J. M., Levin, H. S., Swank, P. R., & Song, J. (2004). Modeling of longitudinal academic achievement scores after pediatric traumatic brain injury. *Developmental Neuropsychology, 25*(1–2), 107–133.

Ewing-Cobbs, L., Brookshire, B., Scott, M. A., & Fletcher, J. M. (1998). Children's narratives following traumatic brain injury: Linguistic structure, cohesion, and thematic recall. *Brain and Language, 61*(3), 395–419.

Ewing-Cobbs, L., Fletcher, J. M., Landry, S. H., & Levin, H. S. (1985). Language disorders after pediatric head injury. In J. K. Darby (Ed.), *Speech and language evaluation in neurology: Childhood disorders* (pp. 97–111). Orlando, FL: Grune and Stratton.

Ewing-Cobbs, L., Levin, H. S., & Fletcher, J. M. (1998). Neuropsychological sequelae after pediatric traumatic brain injury: Advances since 1985. In M. Ylvisaker (Ed.), *Traumatic brain injury rehabilitation: Children and adolescents* (2nd ed., pp. 11–26). Woburn, MA: Butterworth-Heinemann.

Ewing-Cobbs, L., Prasad, M. R., Kramer, L., Cox, C. S., Jr., Baumgartner, J., Fletcher, S., et al. (2006). Late intellectual and academic outcomes following traumatic brain injury sustained during early childhood. *Journal of Neurosurgery, 105*(4), 287–296.

Ezell, H., & Goldstein, H. (1991a). Comparison of idiom comprehension of normal children and children with mental retardation. *Journal of Speech and Hearing Research, 34*(4), 812–819.

Ezell, H., & Goldstein, H. (1991b). Observational learning of comprehension monitoring skills in children who exhibit mental retardation. *Journal of Speech and Hearing Research, 34*(1), 141–154.

Fagundes, D., Haynes, W., Haak, N., & Moran, M. (1998). Task variability effects on the language test performance of southern lower socioeconomic class African American and Caucasian five-year-olds. *Language, Speech, and Hearing Services in Schools, 29*(3), 148–157.

Fairbanks, G. (1960). *Voice and articulation drill book*. New York: Harper & Row.

Farber, J., & Klein, E. (1999). Classroom-based assessment of collaborative intervention program with kindergarten and first grade children. *Language, Speech, and Hearing Services in Schools, 30*(1), 83–91.

Farrar, M. (1990). Discourse and the acquisition of grammatical morphemes. *Journal of Child Language, 17*(3), 607–624.

Farrell, J. M. (2009). Developing a strong early hearing detection and intervention program. *The ASHA Leader, 14*(4), 8–11.

Fawcett, A., & Nicolson, R. (2000). Systematic screening and intervention for reading difficulty. In N. Badian (Ed.), *Prediction and prevention of reading failure* (pp. 57–85). Timonium, MD: York Press.

Fazio, B. (1994). The counting abilities of children with specific language impairment: A comparison of oral and gestural tasks. *Journal of Speech and Hearing Research, 37*(2), 358–368.

Fazio, B. (1996). Mathematical abilities of children with specific language impairment: A 2-year follow-up. *Journal of Speech and Hearing Research, 39*(4), 839–849.

Feagans, L. (1980). Children's understanding of some temporal terms denoting order, duration, and simultaneity. *Journal of Psycholinguistic Research, 9*(1), 41–57.

Fehrenbach, C. (1991). Gifted/average readers: Do they use the same reading strategies? *Gifted Child Quarterly, 35*, 125–127.

Fehrenbach, C. (1994). Cognitive style of gifted and average readers. *Roeper Review, 16*(4), 290–292.

Felberg, R. A., Burgin, W. S., & Grotta, J. C. (2000). Neuroprotection and the ischemic cascade. *CNS Spectrums, 5*(3), 52–58.

Felsenfeld, S., & Plomin, R. (1997). Epidemiological and offspring analyses of developmental speech disorders using data from the Colorado Adoption Project. *Journal of Speech and Hearing Research, 40*(4), 778–791.

Feng, J. (1994). *Asian-American children: What teachers should know*. Retrieved July 21, 2002 from http://www.eric.ed.gov/ERICDocs

Fenson, L., Dale, P., Reznick, J., Hartung, J., & Burgess, S. (1990, April). *Norms for the MacAurthur Communicative Development Inventories*. Paper presented at the International Conference on Infant Studies, Montreal.

Fenson, L., Marchman, V., Thal, D., Dale, P., Reznick, J., & Bates, E. (2007). *MacArthur-Bates communicative development inventories (CDIs)* (2nd ed.). Baltimore: Paul H. Brookes.

Fenstermacher, G. (1982). To be or not to be gifted: That is the question. *Elementary School Journal, 82*, 299–303.

Ferguson, M. (1992). Implementing collaborative consultation: An introduction. *Language, Speech, and Hearing Services in Schools, 23*, 361–362.

Ferre, J. M. (2006). Management strategies for APD. In T. K. Parthasarathy (Ed.), *An introduction to auditory processing disorders in children* (pp. 161–185). Mahwah, NJ: Lawrence Erlbaum Associates.

Ferretti, R., & Cavalier, A. (1991). Constraints on the problem solving of persons with mental retardation. *International Review of Research in Mental Retardation, 17*, 153–192.

Fey, M. (1986). *Language intervention with young children*. Boston: Allyn and Bacon.

Fey, M., Cleave, P., & Long, S. (1997). Two models of grammar facilitation in children with language impairments: Phase 2. *Journal of Speech, Language, and Hearing Research, 40*(1), 5–19.

Fey, M., Cleave, P., Long, S., & Hughes, D. (1993). Two approaches to the facilitation of grammar in language-impaired children: An experimental evaluation. *Journal of Speech and Hearing Research, 36*(1), 141–157.

Fey, M., Krulik, T., Loeb, D., & Proctor-Williams, K. (1999). Sentence recast use by parents of children with typical language and specific language impairment. *American Journal of Speech-Language Pathology, 8*, 273–286.

Fey, M., Leonard, L., & Wilcox, K. (1981). Speech style modifications of language-impaired children. *Journal of Speech and Hearing Disorders, 46*, 91–96.

Fey, M., Long, S., & Finestack, L. (2003). Ten principles of grammar facilitation for children with specific language impairments. *American Journal of Speech Language Pathology, 12*(1), 3–15.

Fey, M., & Proctor-Williams, K. (2000). Recasting, elicited imitation and modelling in grammar intervention for children with specific language impairments. In D. V. M. Bishop & L. Leonard (Eds.), *Speech and language impairment in children: Causes, characteristics, intervention and outcome* (pp. 177–194). East Sussex: Psychology Press.

Fidler, D., Hepburn, S., & Rogers, S. (2006). Early learning and adaptive behavior in toddlers with Down syndrome. *Down Syndrome Research and Practice, 9*(3), 37–44.

Figueroa, R., & Hernandez, S. (2000). *Testing Hispanic students in the U.S.: Technical and policy issues*. Washington, DC: President's Advisory Commission on Educational Excellence for Hispanic Americans.

Filipek, P., Accardo, P., Ashwal, S., Baranek, G., Cook, E., Dawson, G., et al. (2000). Practice parameter: Screening and diagnosis of autism: Report of the Quality Standards Committee of the American Academy of Neurology and the Child Neurology Society. *Neurology, 55*, 468–479.

Finch-Williams, A. (1984). The developmental relationship between cognition and communication: Implications for assessment. *Topics in Language Disorders, 5*(1), 1–13.

Finneran, D., Francis, A., & Leonard, L. (2009). Sustained attention in children with specific language impairment (SLI). *Journal of Speech, Language, and Hearing Research, 52*, 915–929.

Fischel, J., Whitehurst, G., Caulfield, M., & DeBaryshe, B. (1989). Language growth in children with expressive language delay. *Pediatrics, 28*(2), 218–227.

Flax, J., Realpe-Bonilla, T., Hirsch, L., Brzustowicz, L., Bartlett, C., & Tallal, P. (2003). Specific language impairment in families: Evidence for co-occurrence with reading impairments. *Journal of Speech, Language, and Hearing Research, 46*, 530–543.

Fleischman, H., & Hopstock, P. (1993). *Descriptive study of services to limited English proficient students: Vol. 1. Summary of findings and conclusions*. Retrieved July 21, 2002 from http://www.ncbe.gwu.edu/miscpubs/siac/descript/part2.htm

Fletcher, H., & Buckley, S. (2002). Phonological awareness in children with Down syndrome. *Down Syndrome Research and Practice, 8*(1), 11–18.

Fletcher, J., Barnes, M., & Dennis, M. (2002). Language development in children with spina bifida. *Seminars in Pediatric Neurology, 9*(3), 201–208.

Flexer, C. (1990). Audiological rehabilitation in the schools. *ASHA, 32*(4), 44–45.

Flowers, A., Costello, M., & Small, V. (1970). *Manual for the Flowers-Costello Test of Central Auditory Abilities*. Dearborn, MI: Perceptual Learning Systems.

Fokes, J. (1976). *Fokes sentence builder*. Hingham, MA: Teaching Resources.

Fokes, J. (1977). *Fokes sentence builder expansion*. Hingham, MA: Teaching Resources.

Foley, R. (2001). Academic characteristics of incarcerated youth and correctional educational programs: A literature review. *Journal of Emotional and Behavioral Disorders, 9*(4), 248–259.

Folstein, S., & Rutter, M. (1988). Autism: Familial aggregation and genetic implications. *Journal of Autism and Developmental Disorders, 18*, 3–30.

Ford, D. (1996). *Reversing underachievement among gifted black students: Promising practices and programs*. New York: Teachers College Press.

Ford, D. (1997). *Underachievement among gifted minority students: Problems and promises*. Reston, VA: ERIC Clearinghouse on Disabilities and Gifted Education.

Foreman, B. P., Caesar, R. R., Parks, J., Madden, C., Gentilello, L. M., Shafi, S., et al. (2007). Usefulness of the abbreviated injury score and the injury severity score in comparison to the Glasgow Coma Scale in predicting outcome after traumatic brain injury. *Journal of Trauma Injury, Infection, and Critical Care, 62*(4), 946–950.

Fowler, A. (1988). *Determinants of language growth in children with Down syndrome*. Cambridge, MA: MIT Press.

Fowler, A. (1990). Language abilities in children with Down syndrome: Evidence for a specific syntactic delay. In D. Cicchetti & M. Beeghly (Eds.), *Children with Down syndrome: A developmental perspective* (pp. 302–328). New York: Cambridge University Press.

Fowler, A. (1995). Linguistic variability in persons with Down syndrome. In L. Nadel & D. Rosenthal (Eds.), *Down syndrome: Living and learning in the community* (pp. 121–131). New York: Wiley-Liss.

Fowler, A. (1999). The challenge of linguistic mastery in Down syndrome. In T. J. Hassold (Ed.), *Down syndrome: A promising future together* (pp. 165–182). New York: Wiley-Liss.

Fowler, A., Gelman, R., & Gleitman, L. (1994). *The course of language learning in children with Down syndrome*. Hillsdale, NJ: Lawrence Erlbaum Associates.

Fowles, B., & Glanz, M. (1977). Competence and talent in verbal riddle comprehension. *Journal of Child Language, 4*(3), 417–432.

Francis, D., Fletcher, J., Shaywitz, B., Shaywitz, S., & Rourke, B. (1996). Defining learning and language disabilities: Conceptual and psychometric issues with the use of IQ tests. *Language, Speech, and Hearing Services in Schools, 27*(2), 132–143.

Franck, K. H., Rainey, D. M., Montoya, L. A., & Gerdes, M. (2002). Developing a multidisciplinary clinical protocol to manage pediatric patients with auditory neuropathy. *Seminars in Hearing, 23*(3), 225–237.

Frankenberger, W., & Harper, J. (1988). States' definitions and procedures for identifying children with mental retardation: Comparison of 1981–1982 and 1985–1986 guidelines. *Mental Retardation, 26*(3), 133–136.

Frankenburg, W., Dodds, J., Archer, P., Bresnick, B., Maschka, P., & Edelman, N. (1990). *Denver II: Screening manual*. Denver, CO: Denver Developmental Materials.

Frasier, M., Hunsaker, S., Lee, J., Mitchell, S., Cramond, B., Krisel, S., et al. (1995). *Core attributes of giftedness: A foundation for recognizing the gifted potential of economically disadvantaged students*. Storrs, CT: National Research Center on the Gifted and Talented, University of Connecticut.

Frederickson, M., Chapman, K., & Hardin-Jones, M. (2006). Conversational skills of children with cleft lip and palate: A replication and extension. *Cleft Palate-Craniofacial Journal, 43*(2), 179–188.

Frederickson, N., Firth, U., & Reason, R. (1997). *Phonological assessment battery (PhAB)*. Windsor: NFER-Nelson.

Freeman, J. (1979). *Gifted children: Their identification and development in a social context*. Baltimore: University Park Press.

Freeman, R., & Blockberger, S. (1987). Language development and sensory disorder: Visual and hearing impairments. In W. Yule & M. Rutter (Eds.), *Language development and disorders*. Philadelphia: Lippincott.

Freire, P. (2004). *Pedagogy of the heart*. New York: Continuum.

Freire, P. (2006). *Pedagogy of the oppressed*. New York: Continuum.

Fria, T. J., Cantekin, E. I., & Eichler, J. A. (1985). Hearing acuity of children with otitis media with effusion. *Archives of Otolaryngology–Head and Neck Surgery, 111*(1), 10–16.

Friedman, P., & Friedman, K. (1980). Accounting for individual differences when comparing the effectiveness of remedial language teaching methods. *Applied Psycholinguistics, 1*(2), 151–170.

Fried-Oken, M., Howard, J. M., & Roach Stewart, S. (1991). Feedback on AAC intervention from adults who are temporarily unable to speak. *AAC: Augmentative and Alternative Communication, 7*(1), 43–50.

Friel-Patti, S. (1999). Clinical decision-making in the assessment and intervention of central auditory processing disorders. *Language, Speech, and Hearing Services in the Schools, 30*(4), 345–352.

Friel-Patti, S., Desbarres, K., & Thibodeau, L. (2001). Case studies of children using Fast ForWard. *American Journal of Speech-Language Pathology, 10*(3), 203–215.

Friel-Patti, S., & Finitzo, T. (1990). Language learning in a prospective study of otitis media with effusion in the first 2 years of life. *Journal of Speech and Hearing Research, 33*(1), 188–194.

Fristoe, M., & Lloyd, L. (1980). Planning an initial expressive sign lexicon for persons with severe communication impairment. *Journal of Speech and Hearing Disorders, 45*(2), 170–180.

Frith, U. (1989). A new look at language and communication in autism. *British Journal of Disorders of Communication, 24*, 123–150.

Fromkin, V., Rodman, R., & Hyams, N. (2007). *An introduction to language* (8th ed.). Boston: Thomson Wadsworth.

Frost, L., & Bondy, A. (1994). *PECS: The Picture Exchange Communication System training manual*. Cherry Hill, NJ: Pyramid Educational Consultants.

Fujiki, M., Brinton, B., & Clarke, D. (2002). Emotion regulation in children with specific language impairment. *Language, Speech and Hearing Services in Schools, 33*(2), 102–111.

Fujiki, M., Brinton, B., Hart, C. H., & Fitzgerald, A. (1999). Peer acceptance and friendship in children with specific language impairment. *Topics in Language Disorders, 19*(2), 34–48.

Fujiki, M., Brinton, B., Isaacson, T., & Summers, C. (2001). Social behaviors of children with language impairment on the playground: A pilot study. *Language, Speech, and Hearing Services in Schools, 32*, 101–113.

Fujiki, M., Brinton, B., Morgan, M., & Hart, C. (1999). Withdrawn and sociable behavior of children with language impairment. *Language, Speech, and Hearing Services in Schools, 30*, 183–195.

Fujiki, M., Brinton, B., Robinson, L., & Watson, V. (1997). The ability of children with specific language impairment to participate in a group decision task. *Journal of Children's Communication Development, 18*, 1–10.

Fujiki, M., Brinton, B., & Todd, C. (1996). Social skills of children with specific language impairment. *Language, Speech, and Hearing Services in Schools, 27*(3), 195–202.

Fulk, B. (1994). Mnemonic keyword strategy training for students with learning disabilities. *Learning Disabilities Research and Practice, 9*(3), 179–185.

Fulkerson, S., & Freeman, W. (1980). Perceptual-motor deficiency in autistic children. *Perceptual and Motor Skills, 50*, 331–336.

Fullerton, H. J., Wu, Y. W., Zhao, S., & Johnston, C. S. (2003). Risk of stroke in children: Ethnic and gender disparities. *Neurology, 61*, 189–194.

Fung, F., & Roseberry-McKibbin, C. (1999). Service delivery considerations in working with clients from Cantonese-speaking backgrounds. *American Journal of Speech-Language Pathology, 8*, 309–318.

Gaddes, W. H., & Crockett, D. J. (1975). The Spreen-Benton aphasia tests, normative data as a measure of normal language development. *Brain and Language, 2*, 257–280.

Gagne, F. (1998). The prevalence of gifted, talented, and multitalented individuals: Estimates from peer and teacher nominations. In R. Friedman & K. Rogers (Eds.), *Table in context: Historical and social perspectives on giftedness* (pp. 101–126). Washington, DC: American Psychological Association.

Galaburda, A. (2005). Neurology of learning disabilities: What will the future bring? The answer comes from the successes of the recent past. *Learning Disability Quarterly, 28*(2), 107–109.

Galaburda, A., LoTurco, J., Ramus, F., Fitch, R., & Rosen, G. (2006). From genes to behavior in developmental dyslexia. *Nature Neuroscience, 9*(10), 1213–1217.

Galati, D. (1997). Voluntary facial expression of emotion: Comparing congenitally blind with normally sighted encoders. *Journal of Personality and Social Psychology, 73*(6), 1363–1379.

Gallagher, T. (1977). Revision behaviors in the speech or normal children developing language. *Journal of Speech and Hearing Research, 20*(2), 303–318.

Gallagher, T. (1999). Interrelationships among children's language, behavior, and emotional problems. *Topics in Language Disorders, 19*(2), 1–15.

Gallagher, T., & Darnton, B. (1978). Conversational aspects of the speech of language-disordered children: Revision behaviors. *Journal of Speech and Hearing Research, 21*(1), 118–135.

Gallaudet Research Institute. (2005). *Regional and national summary report of data from the 2003–2004 annual survey of deaf and hard-of -hearing children and youth*. Washington, DC: Gallaudet Research Institute, Gallaudet University.

Gallaudet Research Institute. (2007). *Regional and national data from 2006–2007: Annual survey of deaf and hard of hearing children and youth*. Washington, DC: Gallaudet University.

Gandell, T., & Filippelli, F. (2002). Face-to-face, computer-to-computer: Telecommunications in adult literacy. In K. Erickson, D. Koppenhaver & D. Yoder (Eds.), *Waves of words: Augmented communicators read and write* (pp. 105–114). Toronto: ISAAC.

García-Nonell, C., Rigau-Ratera, E., & Artigas-Pallarés, J. (2006). Autism in Fragile X syndrome. *Revista de Neurologia, 42*(Suppl. 2), S95–S98.

Gardner, H. (1974). Metaphors and modalities: How children project polar adjectives into diverse domains. *Child Development, 45*(1), 84–91.

Gardner, H., Kircher, M., Winner, E., & Perkins, D. (1975). Children's metaphoric productions and preferences. *Journal of Child Language, 2*, 125–141.

Gardner, M. (1979). *Expressive One-Word Picture Vocabulary Test*. Novato, CA: Academic Therapy.

Gardner, M. (1983). *Expressive One-Word Picture Vocabulary Test Upper Extension*. Novato, CA: Academic Therapy.

Gardner, M. (1993). *Test of auditory reasoning and processing skills*. Novato, CA: Academic Therapy Publications.

Garnett, K. (1986). Telling tales: Narratives and learning-disabled children. *Topics in Language Disorders, 6*(2), 44–56.

Gathercole, S. (1995). Nonword repetition: More that just a phonological output task. *Cognitive Neuropsychology, 12*(8), 857–861.

Gathercole, S., & Baddeley, A. (1990). The role of phonological memory in vocabulary acquisition: A study of young children learning new names. *British Journal of Psychology, 81*(4), 439–454.

Gathercole, S., Hitch, G., Service, E., & Martin, A. (1997). Phonological short-term memory and new word learning in children. *Developmental Psychology, 33*(6), 966–979.

Gathercole, S., Willis, C., Baddeley, A., & Emslie, H. (1994). The Children's Test of Nonword Repetition: A test of phonological working memory. *Memory, 2*(2), 103–127.

Gaub, M., & Carlson, C. (1997). Gender differences in ADHD: A meta-analysis and critical review. *Journal of the American Academy of Child and Adolescent Psychiatry, 36*(8), 1036–1045.

Gavin, W., & Giles, L. (1996). Temporal reliability of language sample measures. *Journal of Speech and Hearing Research, 39*(6), 1258–1262.

Geake, J., & Gross, M. (2008). Teachers' negative affect toward academically gifted students: An evolutionary psychological study. *Gifted Child Quarterly, 52*(3), 217–231.

Geers, A. (2002). Factors affecting the development of speech, language, and literacy in children with early cochlear implantation. *Language, Speech, and Hearing Services in the Schools, 33*(3), 172–183.

Geers, A. (2003). Predictors of reading skill development in children with early cochlear implantation. *Ear and Hearing, 24*(Suppl. 1), 59S-68S.

Geers, A. (2004). Speech, language, and reading skills after early cochlear implantation. *Archives of Otolaryngology–Head and Neck Surgery, 130*(5), 634–638.

Geers, A. (2005, April). *Factors associated with academic achievement by children who received a cochlear implant by 5 years of age.* Paper presented at the annual meeting of the Society for Research in Child Development, Atlanta, GA.

Geers, A., & Brenner, C. (2003). Background and educational characteristics of prelingually deaf children implanted by five years of age. *Ear and Hearing, 24*(Suppl. 1), 2S–14S.

Geers, A., Brenner, C., & Davidson, L. (2003). Factors associated with development of speech perception skills in children implanted by age five. *Ear and Hearing, 24*(Suppl. 1), 24S–35S.

Geers, A., & Moog, J. (1994a). The effectiveness of cochlear implants and tactile aids for deaf children: A report of the CID sensory aids study. *Volta Review, 96*(5), 1–232.

Geers, A., & Moog, J. (1994b). Spoken language results: Vocabulary, syntax, and communication. *Volta Review, 96*(5), 131–148.

Geers, A., Nicholas, J., & Sedey, A. (2002). Language skills of children with early cochlear implantation. *Ear and Hearing, 24*(Suppl. 1), 46S–58S.

Geffner, D. S. (2007). Central auditory processing disorders: Definition, description, and behaviors. In D. Geffner & D. Ross-Swain (Eds.), *Auditory processing disorders: Assessment, management, and treatment* (pp. 25–47). San Diego, CA: Plural Publishing.

Geffner, D. S., & Freeman, L. R. (1980). Assessment of language comprehension of six-year-old deaf children. *Journal of Communication Disorders, 13*(6), 455–470.

Gentry, M. (2009). Myth 11: A comprehensive continuum of gifted education and talent development services: Discovering, developing, and enhancing young people's gifts and talents. *Gifted Child Quarterly, 53*(4), 262–265.

Gerber, S. E. (1990). Chromosomes and chromosomal disorders. *ASHA, 32*(9), 39–41, 47.

Gerdes, M., Solot, C., Wang, P., Moss, E., LaRossa, D., & Randall, P. (1999). Cognitive and behavior profile of preschool children with chromosome 22q11.2 deletion. *American Journal of Medical Genetics, 85*(2), 127–133.

Gerken, L. (1994). Young children's representations of prosodic phonology: Evidence from English-speakers' weak syllable productions. *Journal of Memory and Language, 33*(1), 19–38.

Gerken, L., & McGregor, K. (1998). An overview of prosody and its role in normal and disordered child language. *American Journal of Speech-Language Pathology, 7*, 38–48.

German, D. (1979). Word-finding skills in children with learning disabilities. *Journal of Learning Disabilities, 12*(3), 176–181.

German, D. (1982). Word-finding substitutions in children with learning disabilities. *Language, Speech, and Hearing Services in Schools, 13*(4), 223–230.

German, D. (1990). *Test of adolescent/adult word finding*. Austin, TX: PRO-ED.

German, D. (1991). *Test of word finding in discourse*. Austin, TX: PRO-ED.

German, D. (1992). Word-finding intervention for children and adolescents. *Topics in Language Disorders, 13*(1), 33–50.

German, D. (2000). *Test of word finding—2*. Austin, TX: PRO-ED.

German, D. (2001). *It's on the tip of my tongue, word finding strategies for remembering names and words you often forget*. Chicago: Word Finding Materials.

German, D., & Simon, E. (1991). Analysis of children's word-finding skills in discourse. *Journal of Speech and Hearing Research, 34*(2), 309–316.

Gershkoff-Stowe, L., & Smith, L. (1997). A curvilinear trend in naming errors as a function of early vocabulary growth. *Cognitive Psychology, 34*(1), 37–71.

Gertner, B., Rice, M., & Hadley, P. (1994). Influence of communicative competence on peer preferences in a preschool classroom. *Journal of Speech and Hearing Research, 37*(4), 913–923.

Gesell, A., & Thompson, H. (1934). *Infant behaviour: Its genesis and growth*. New York: McGraw-Hill.

Ghosh, A., Wilde, E. A., Hunter, J. V., Bigler, E. D., Chu, Z., Li, X., et al. (2009). The relation between Glasgow Coma Scale score and later cerebral atrophy in paediatric traumatic brain injury. *Brain Injury, 23*(3), 228–233.

Gibson, W., & Graham, J. (2008). Editorial: "Auditory neuropathy" and cochlear implantation—myths and facts. *Cochlear Implants International, 9*, 1–7.

Gillam, R. (1999). Computer-assisted language intervention using Fast ForWord: Theoretical and empirical considerations for clinical decision-making. *Language, Speech, and Hearing Services in the Schools, 30*(4), 363–370.

Gillam, R., & Carlile, R. (1997). Oral reading and story retelling of students with specific language impairment. *Language, Speech, and Hearing Services in Schools, 28*(1), 30–42.

Gillam, R., Cowan, N., & Marler, J. (1998). Information processing by school-age children with specific language impairment: Evidence from a modality effect paradigm. *Journal of Speech, Language, and Hearing Research, 41*(4), 913–926.

Gillam, R.,, Crofford, J. A., Gale, M. A., & Hoffman, L. (2001). Language change following computer-assisted language instruction with Fast ForWord or Laureate Learning Systems software. *American Journal of Speech-Language Pathology, 10*(3), 231–347.

Gillam, R., Hoffman, L., Marler, J., & Wynn-Dancy, M. (2002). Sensitivity to increased task demands: Contributions from data-driven and conceptually driven processing deficits. *Topics in Language Disorders, 22*(3), 30–48.

Gillam, R., Loeb, D. F., Hoffman, L., Bohman, T., Champlin, C. A., Thibodeau, L., et al. (2008). The efficacy of Fast ForWord Language intervention in school-age children with language impairment: A randomized controlled trial. *Journal of Speech, Language, and Hearing Research, 51*(1), 97–119.

Gillam, R., & Pearson, N. (2004). *Test of narrative language (TNL)*. Austin, TX: PRO-ED.

Gillam, R., Peña, E., & Miller, L. (1999). Dynamic assessment of narrative and expository discourse. *Topics in Language Disorders, 20*(1), 33–47.

Gillam, R. & Ukrainetz, T. M. (2006). Language intervention through literacy-based units. In T. M. Ukrainetz (Ed.), *Literate language intervention: Scaffolding PreK–12 literacy achievement* (pp. 59–94). Eau Claire, WI: Thinking Publications.

Gillberg, C. (1991). Outcome in autism and autistic-like conditions. *Journal of the American Academy of Child and Adolescent Psychiatry, 30*, 375–382.

Gillon, G., & Young, A. (2002). The phonological awareness skills of children who are blind. *Journal of Visual Impairment and Blindness, 96*, 38–49.

Girolametto, L. (1988). Improving the social-conversational skills of developmentally delayed children: An intervention study. *Journal of Speech and Hearing Disorders, 53*(2), 156–167.

Girolametto, L. (1997). Development of a parent report measure for profiling the conversational skills of preschool children. *American Journal of Speech-Language Pathology, 6*(4), 25–33.

Girolametto, L., Greenberg, J., & Manolson, H. (1986). *Developing dialogue skills: The Hanen early language parent program*. New York: Thieme Medical Publishers.

Girolametto, L., Pearce, P., & Weitzman, E. (1996). Interactive focused stimulation for toddlers with expressive vocabulary delays. *Journal of Speech and Hearing Research, 39*(6), 1274–1283.

Girolametto, L., & Weitzman, E. (2002). Responsiveness of child care providers in interactions with toddlers and preschoolers. *Language, Speech and Hearing Services in Schools, 33*, 268–281.

Girolametto, L., & Weitzman, E. (2006). It takes two to talk—The Hanen Program for parents: Early language intervention through caregiver training. In R. J. McCauley & M. E. Fey (Eds.), *Communication and language intervention series: Treatment of language disorders in children* (pp. 77–103). Baltimore: Paul H. Brookes.

Girolametto, L., Weitzman, E., & Greenberg, J. (2000). *Teacher interaction and language rating scale*. Toronto: Hanen Centre.

Girolametto, L., Weitzman, E., & Greenberg, J. (2003). Training day care staff to facilitate individuals' language. *American Journal of Speech-Language Pathology, 12*(3), 299–311.

Girolametto, L., Weitzman, E., & Greenberg, J. (2004). The effects of verbal support strategies on small group peer interactions. *Language Speech, and Hearing Services in Schools, 35*(3), 254–268.

Girolametto, L., Weitzman, E., van Lieshout, R., & Duff, D. (2000). Directiveness in teachers' language input to toddlers and preschoolers in day care. *Journal of Speech, Language, and Hearing Research, 43*(4), 1101–1114.

Girolametto, L., Weitzman, E., Wiigs, M., & Pearce, P. (1999). The relationship between maternal language measures and language development in toddlers with expressive vocabulary delays. *American Journal of Speech-Language Pathology, 8*, 364–374.

Girolametto, L., Wiigs, M., Smyth, R., Weitzman, E., & Pearce, P. (2001). Children with a history of expressive vocabulary delay: Outcomes at 5 years of age. *American Journal of Speech-Language Pathology, 10*(9), 358–369.

Gisel, E., Birnbaum, R., & Schwartz, S. (1998). Feeding impairments in children: Diagnosis and effective interventions. *International Journal of Orofacial Myology, 24*, 27–33.

Glenn, C., & Stein, N. (1980). *Syntactic structures and real world themes in stories generated by children*. Urbana: University of Illinois Center for the Study of Reading.

Gold, T., & Levitt, H. (1975). *Comparison of articulatory errors in hard-of-hearing and deaf children*. New York: Communication Science Laboratory Graduate School and University Center, City University of New York.

Goldfarb, W., Braunstein, P., & Lorge, I. (1956). A study of speech patterns in a group of schizophrenic children. *American Journal of Orthopsychiatry, 26*, 544–555.

Goldin-Meadow, S., & Mayberry, R. (2001). How do profoundly deaf children learn to read? *Learning Disabilities Research and Practice, 16*(4), 221–228.

Goldstein, B. (2001). Transcription of Spanish and Spanish-influenced English. *Communication Disorders Quarterly, 23*(1), 54–60.

Goldstein, B., & Iglesias, A. (2001). The effect of dialect on phonological analysis: Evidence from Spanish-speaking children. *American Journal of Speech-Language Pathology, 10*, 394–406.

Goldstein, H., English, K., Shafer, K., & Kaczmarek, L. (1997). Interaction among preschoolers with and without disabilities: Effects of across-the-day peer intervention. *Journal of Speech, Language, and Hearing Research, 40*(1), 33–48.

Goldstein, H., & Ferrell, D. (1987). Augmenting communicative interaction between handicapped and nonhandicapped preschool children. *Journal of Speech and Hearing Disorders, 52*(3), 200–211.

Goldstein, H., & Mousetis, L. (1989). Generalized language learning by children with severe mental retardation: Effects of peer's expressive modeling. *Journal of Applied Behavior Analysis, 22*(3), 245–259.

Golinkoff, R., Mervis, C., & Hirsh-Pasek, K. (1994). Early object labels: The case for a developmental lexical principles framework. *Journal of Child Language, 21*(1), 125–155.

Gonzalez, J., & Nelson, J. (2003). Stepping stones to literacy: A prevention oriented phonological awareness training program. *Reading and Writing Quarterly, 19*(4), 1–6.

Gonzalez-Lopez, A., & Kamps, D. (1997). Social skills training to increase social interactions between children with autism and their typical peers. *Focus on Autism and Other Developmental Disabilities, 12*(1), 2–14.

Goodluck, H. (1986). Children's knowledge of prepositional phrase structure: An experimental test. *Journal of Psycholinguistic Research, 15*(2), 177–188.

Goodyer, I. (2000). Language difficulties and psychopathology. In D. V. M. Bishop & L. Leonard (Eds.), *Speech and language impairment in children: Causes, characteristics, intervention and outcome* (pp. 227–244). East Sussex: Psychology Press.

Goossens, C., & Crain, S. (1986). *Guidelines for selecting an initial core vocabulary for early intervention*. Wauconda, IL: Don Johnston, Inc.

Goossens, C., Crain, S. S., & Elder, P. S. (1992). *Engineering the preschool environment for interactive, symbolic communication*. Birmingham, AL: Southeast Augmentative Communication Conference Publications.

Gopnik, A. (1981). The development of non-nominal expressions: Why the first words are not about things. In D. Ingram & P. Dale (Eds.), *Child language: An international perspective*. Baltimore: University Park Press.

Gopnik, M. (1990). Feature-blind grammar and dysphasia. *Nature, 344*, 715.

Gordon, R., & Barker, J. (2007). Autism and the "theory of mind" debate. In B. Gertler & L. Shapiro (Eds.), *Arguing about the mind* (pp. 319–332). New York: Routledge.

Gothelf, D. (2007). Velocardiofacial syndrome. *Child Adolescent Psychiatric Clinics of North America, 16*, 677–693.

Gothelf, D., Schaer, M., & Eliez, S. (2008). Genes, brain development and psychiatric phenotypes in velo-cardio-facial syndrome. *Developmental Disabilities Research Review, 14*(1), 59–68.

Gottardo, A. (2002). The relationship between language and reading skills in bilingual Spanish-English speakers. *Topics in Language Disorders, 22*(5), 46–70.

Graf Estes, K., Evans, J., & Else-Quest, M. (2007). Differences in nonword repetition performance of children with and without specific language impairment: A meta-analysis. *Journal of Speech, Language, and Hearing Research, 50*, 177–195.

Graham, J., & Graham, L. (1971). Language behavior of the mentally retarded: Syntactic characteristics. *American Journal of Mental Deficiency, 75*(5), 623–629.

Graham, S., & Harris, K. (1999). Assessment and intervention in overcoming writing difficulties: An illustration from the self-regulated strategy development model. *Language, Speech, and Hearing Services in Schools, 30*(3), 255–264.

Grandin, T. (1995). *Thinking in pictures and other reports from my life with autism*. New York: Doubleday.

Granlund, M., Björck Åkesson, E., Olsson, C., & Rydeman, B. (2001). Working with families to introduce augmentative and alternative communication systems. In H. Cockerill & L. Carroll-Few (Eds.), *Communicating without speech: Practical augmentative and alternative communication* (pp. 88–102). Cambridge, MA: MacKeith Press.

Gravel, J., & Wallace, I. (1992). Listening and language at 4 years of age. *Journal of Speech and Hearing Research, 35*(3), 588–595.

Gray, D., Achilles, J., Keller, T., Tate, D., Haggard, L., Rolfs, R., et al. (2002). Utah youth suicide study. *Journal of the American Academy of Child and Adolescent Psychiatry, 41*(4), 427–434.

Gray, S. (2003a). Diagnostic accuracy and test-retest reliability of nonword repetition and digit span tasks administered to preschool children with specific language impairment. *Journal of Communication Disorders, 36*(2), 129–151.

Gray, S. (2003b). Word-learning by preschoolers with specific language impairment: What predicts success? *Journal of Speech, Language, and Hearing Research, 46*, 56–67.

Gray, S. (2004). Word-learning by preschoolers with specific language impairment: Predictors and poor learners. *Journal of Speech, Language, and Hearing Research, 47*(5), 1117–1132.

Gray, S. (2005). Word learning by preschoolers with specific language impairment: Effect of phonological or semantic cues. *Journal of Speech, Language, and Hearing Research, 48*, 1452–1467.

Gray, S. (2006). The relationship between phonological memory, receptive vocabulary, and fast mapping by preschoolers with specific language impairment. *Journal of Speech, Language, and Hearing Research, 49*(5), 955–969.

Gray, S., Plante, E., Vance, R., & Henrichsen, M. (1999). The diagnostic accuracy of four vocabulary tests administered to preschool-age children. *Language, Speech, and Hearing Services in Schools, 30*(2), 196–206.

Green, L. (2009). Morphology and literacy: Getting our heads in the game. *Language, Speech, and Hearing Services in Schools, 40*(3), 283–285.

Greenberg, M. (1980). Mode use in deaf children: The effects of communication method and communication competence. *Applied Psycholinguistics, 1*(1), 65–79.

Greenfield, P. M., & Smith, J. H. (1976). *The structure of communication in early language development*. New York: Academic Press.

Greenfield, P. M., & Zukow, P. G. (1978). Why do children say what they say when they say it? An experimental approach to the psychogenesis of presupposition. In K. Nelson (Ed.), *Children's language* (Vol. 1, pp. 57–67). New York: Gardner Press.

Greenslade, K., Plante, E., & Vance, R. (2009). The diagnostic accuracy and construct validity of the Structured Photographic Expressive Language Test—Preschool 2. *Language, Speech, and Hearing Services in Schools, 40*, 150–160.

Greenspan, S. (1992). *Infancy and early childhood: The practice of clinical assessment and intervention with emotional and developmental challenges*. Madison, CT: International Universities Press.

Greenspan, S., & Wieder, S. (2006). *Engaging autism: Using the floortime approach to help children relate, communicate, and think*. Philadelphia: Da Capo Press.

Grejda, G., & Hannafin, M. (1992). Effects of word processing on sixth graders' holistic writing and revisions. *Journal of Education Research, 85*(3), 144–149.

Grela, B. (2003). Do children with Down syndrome have difficulty with argument structure? *Journal of Communication Disorders, 36*(4), 263–279.

Griffin, C., & Tulbert, B. (1995). The effect of graphic organizers on student's comprehension and recall of expository text: A review of research and implications for practice. *Reading and Writing Quarterly, 11*(1), 73–89.

Groen, M., Laws, G., Nation, K., & Bishop, D. V. M. (2006). A case of exceptional reading accuracy in a child with Down syndrome: Underlying skills and the relation to reading comprehension. *Cognitive Neuropsychology, 23*(8), 1190–1214.

Grosjean, F. (1982). *Life with two languages: An introduction to bilingualism*. Cambridge, MA: Harvard University Press.

Grossman, H. J. (1983). *Classification in mental retardation*. Washington, DC: American Association on Mental Deficiency.

Grosz, D., Zimmerman, J., & Asnis, G. (1995). Suicidal behavior in adolescents: A review of risk and protective factors. In J. Zimmerman & G. Asnis (Eds.), *Treatment approaches with suicidal adolescents*. (pp. 17–43). Oxford: Wiley.

Grove, N., & Walker, M. (1990). The makaton vocabulary: Using manual signs and graphic symbols to develop interpersonal communication. *AAC: Augmentative and Alternative Communication, 6*, 15–18.

Grover, H., Leadholm, B., & Miller, J. (2005). *Language sample analysis: The Wisconsin guide II*. Madison: Wisconsin Department of Public Instruction.

Grunwell, P., & Russell, J. (1987). Vocalisations before and after cleft palate surgery: A pilot study. *British Journal of Disorders of Communication, 22*, 1–17.

Gualtieri, L., Koriath, U., Van Bourgondien, M., & Saleeby, N. (1983). Language disorders in children referred for psychiatric services. *Journal of the American Academy of Child Psychiatry, 22*, 165–171.

Gummersall, D., & Strong, C. (1999). Assessment of complex sentence production in a narrative context. *Language, Speech, and Hearing Services in Schools, 30*(2), 152–164.

Gunnell, D., Lopatatzidis, A., Dorling, D., Wehner, H., Southall, H., & Frankel, S. (1999). Suicide and unemployment in young people: Analysis of trends in England and Wales, 1921–1995. *British Journal of Psychiatry, 175*(9), 263–270.

Guralnick, M., & Paul-Brown, D. (1986). Communicative interactions of mildly delayed and normally developing preschool children: Effects of listener's developmental level. *Journal of Speech and Hearing Research, 29*(1), 2–10.

Gutiérrez-Clellen, V. (1999). Language choice in intervention with bilingual children. *American Journal of Speech-Language Pathology, 8*, 291–302.

Gutiérrez-Clellen, V., & Peña, E. (2001). Dynamic assessment of diverse children: A tutorial. *Language, Speech, and Hearing Services in Schools, 32*(4), 212–224.

Gutiérrez-Clellen, V., Restrepo, M., Bedore, L., Peña, E., & Anderson, R. (2000). Language sample analysis in Spanish-speaking children: Methodological considerations. *Language, Speech, and Hearing Services in Schools, 31*(1), 88–98.

Guzman, B. (2001). *The Hispanic population: Census 2000*. Washington, DC: U.S. Department of Commerce.

Haager, D., & Vaughn, S. (1995). Parent, teacher, peer and self-reports of the social competence of students with learning disabilities. *Journal of Learning Disabilities, 28*(4), 205–215.

Hadley, P. (1998). Language sampling protocols for eliciting text-level discourse. *Language, Speech, and Hearing Services in Schools, 29*(3), 132–147.

Hadley, P. (1999). Validating a rate-based measure of early grammatical abilities: Unique syntactic types. *American Journal of Speech-Language Pathology, 8*, 261–272.

Hadley, P., & Rice, M. (1991). Conversational responsiveness of speech- and language-impaired preschoolers. *Journal of Speech and Hearing Research, 34*(6), 1308–1317.

Hadley, P., & Rice, M. (1996). Emergent uses of BE and DO: Evidence from children with specific language impairment. *Language Acquisition, 5*, 209–243.

Hadley, P., & Schuele, C. M. (1998). Facilitating peer interaction: Socially relevant objectives for preschool language intervention. *American Journal of Speech-Language Pathology, 7*(4), 25–36.

Hadley, P., & Short, H. (2005). The onset of tense marking in children at risk for specific language impairment. *Journal of Speech, Language, and Hearing Research, 48*, 1344–1362.

Hadley, P., Simmerman, A., Long, M., & Luna, M. (2000). Facilitating language development for inner-city children: Experimental evaluation of a collaborative, classroom-based intervention. *Language, Speech, and Hearing Services in Schools, 31*(3), 280–295.

Hagerman, R. (2002). Physical and behavioral phenotype. In R. Hagerman & P. Hagerman (Eds.), *Fragile X syndrome: Diagnosis, treatment and research* (3rd ed.). Baltimore: Johns Hopkins University Press.

Hagerman, R. (2006). Lessons from Fragile X regarding neurobiology, autism, and neurodegeneration. *Developmental and Behavioral Pediatrics, 27*, 63–74.

Hagerman, R. (2008). Etiology, diagnosis, and development in Fragile X syndrome. In J. Roberts, R. Chapman, & S. Warren (Eds.), *Speech and language development and intervention in Down syndrome and Fragile X syndrome* (p. 27–49). Baltimore: Paul H. Brookes.

Haggard, M., Birkin, J., & Pringle, D. (1994). Consequences of otitis media for speech and language. In B. McCormick (Ed.), *Pediatric audiology*. London: Whurr.

Haley, S. M., Cioffi, M. I., Lewin, J. E., & Barqza, M. J. (1990). Motor dysfunction in children and adolescents after traumatic brain injury. *Journal of Head Trauma Rehabilitation, 5*, 77–90.

Halgunseth, L., Ispa, J., & Rudy, D. (2006). Parental control in Latino families: An integrated review of the literature. *Child Development, 77*(5), 1282–1297.

Hall, E. (1990). *The silent language*. New York: Anchor Books.

Hall, N., Yamashita, T., & Aram, D. (1993). Relationship between language and fluency in children with developmental language disorders. *Journal of Speech and Hearing Research, 36*, 568–579.

Hall, P., & Tomblin, J. B. (1978). A follow-up study of children with articulation and language disorders. *Journal of Speech and Hearing Disorders, 43*(2), 227–241.

Hallahan, D., Keller, C., Martinez, E., Byrd, E., Gelman, J., & Fan, X. (2007). How variable are interstate prevalence rates of learning disabilities and other special education categories? A longitudinal comparison. *Council for Exceptional Children, 73*(2), 136–146.

Halliday, M. (1974). A sociosemiotic perspective on language development. *Bulletin of the School of Oriental and African Studies, 37*(1, Pt. 1).

Halliday, M. (1975). *Learning how to mean: Explorations in the development of language*. London: Edward Arnold.

Hammer, C., Pennock-Roman, M., Rzasa, S., & Tomblin, J. B. (2002). An analysis of the Test of language development-primary for item bias. *American Journal of Speech-Language Pathology, 11*, 274–284.

Hammill, D. (1990). On defining learning disabilities: An emerging consensus. *Journal of Learning Disabilities, 23*(2), 74–84.

Hammill, D. (1998). *Detroit test of learning aptitude—4*. Austin, TX: PRO-ED.

Hammill, D., Brown, V., Larsen, S., & Wiederholt, J. (1994). *Test of adolescent and adult language—3* (3rd ed.). Austin, TX: PRO-ED.

Hammill, D., & Bryant, B. (1991). *Detroit Tests of Learning Aptitude—Adult*. Austin, TX: PRO-ED.

Hammill, D., & Larsen, S. (1974). The effectiveness of psycholinguistic training. *Exceptional Children, 41*(1), 5–14.

Hammill, D., Mather, N., & Roberts, R. (2001). *Illinois test of psycholinguistic abilities—3*. Austin, TX: PRO-ED.

Hammill, D., & Newcomer, P. (1997). *Test of language development: Intermediate—3*. Austin, TX: PRO-ED.

Hammill, D., Pearson, N., & Wiederholt, J. (2009). *Comprehensive test of nonverbal intelligence—2* (2nd ed.). San Antonio, TX: Pearson.

Hannah, E. (1977). *Applied linguistic analysis II*. Pacific Palisades, CA: SenCom Associates.

Hanzlik, J., & Stevenson, M. (1986). Interaction of mothers with their infants who are mentally retarded, retarded with cerebral palsy, or nonretarded. *American Journal of Mental Deficiency, 90*(5), 513–520.

Hardin-Jones, M., Chapman, K., & Schulte, J. (2003). The impact of cleft type on early vocal development in babies with cleft palate. *Cleft Palate-Craniofacial Journal, 40*(5), 453–459.

Hargrove, P. (1997). Prosodic aspects of language impairment in children. *Topics in Language Disorders, 17*(4), 76–83.

Harley, T. (2008). *The psychology of language: From data to theory* (3rd ed.). New York: Psychology Press.

Harris, G. (1985). Considerations in assessing English language performance of Native American children. *Topics in Language Disorders, 5*(4), 42–52.

Harris, K., & Graham, S. (1999). Programmatic intervention research: Illustrations from the evolution of self-regulated strategy development. *Learning Disability Quarterly, 22*(4), 251–262.

Harris, M. (1992). *Language experience and early language development*. Hove: Lawrence Erlbaum Associates.

Harris, S., Handleman, J., Gordon, R., Kristoff, B., & Fuentes, F. (1991). Changes in cognitive and language functioning of preschool children with autism. *Journal of Autism and Developmental Disorders, 21*, 281–290.

Harrison, P. L., & Oakland, T. (2000). *Adaptive behavior assessment system*. San Antonio, TX: The Psychological Corporation.

Hart, B., & Risley, T. (1995). *Meaningful differences in the everyday experience of young American children*. Baltimore: Paul H. Brookes.

Hartas, D., & Donahue, M. (1997). Conversational and social problem-solving skills in adolescents with learning disabilities. *Learning Disabilities Research and Practice, 12*(4), 213–220.

Harter, S., Whitesell, N., & Junkin, L. (1998). Similarities and differences in domain-specific and global self-evaluations of learning-disabled, behaviorally disordered, and normally achieving adolescents. *American Educational Research Journal, 35*(4), 653–680.

Hass, W., & Wepman, J. (1974). Dimensions of individual difference in the spoken syntax of school children. *Journal of Speech and Hearing Research, 17*(3), 455–469.

Hawley, C. A., Ward, A. B., Magnay, A. R., & Long, J. (2003). Parental stress and burden following traumatic brain injury amongst children and adolescents. *Brain Injury, 17*(1), 1–23.

Hawley, C. A., Ward, A. B., Magnay, A. R., & Mychalkiw, W. (2004). Return to school after brain injury. *Archives of Disease in Childhood, 89*(2), 136–142.

Hayakawa, S. (1964). *Language in thought and action* (2nd ed.). New York: Harcourt, Brace & World.

Hay-McCutcheon, M. J., Kirk, K. I., Henning, S. C., Gao, S., & Qi, R. (2008). Using early language outcomes to predict later language ability in children with cochlear implants. *Audiology and Neurotology, 13*(6), 370–380.

Haynes, W., Haak, N., Moran, M., Rice, R., & Johnson, V. (1995, December). *The preschool language assessment instrument (PLAI): Performance differences in rural southern African American and White Head Start children*. Paper presented at the annual convention of the American Speech-Language-Hearing Association, Orlando, FL.

Hazen, N., & Black, B. (1989). Preschool peer communication skills: The role of social status and interaction context. *Child Development, 60*(4), 867–876.

Heath, S., & Hogben, J. (2004). Cost-effective prediction of reading difficulties. *Journal of Speech, Language, and Hearing Research, 47*, 751–766.

Hécaen, H. (1976). Acquired aphasia in children and the ontogenesis of hemispheric functional specialization. *Brain and Language*(3), 114–134.

Hedrick, D., Prather, E., Tobin, A., Allen, D., Bliss, L., & Rosenberg, L. (1984). *Sequenced inventory of communication development—revised*. Los Angeles: Western Psychological Services.

Hegde, M. (1980). An experimental-clinical analysis of grammatical and behavioral distinctions between verbal auxiliary and copula. *Journal of Speech and Hearing Research, 23*, 864–877.

Hegde, M., Noll, M., & Pecora, R. (1979). A study of some factors affecting generalization of language training. *Journal of Speech and Hearing Disorders, 44*(3), 301–320.

Heibeck, T., & Markman, E. (1987). Word learning in children: An examination of fast mapping. *Child Development, 58*(4), 1021–1034.

Heilmann, J., Miller, J., Nockerts, A., & Dunaway, C. (2010). Properties of the Narrative Scoring Scheme using narrative retells in young school-age children. *American Journal of Speech-Language Pathology, 19*, 154–166.

Heilmann, J., Nockerts, A., & Miller, J. (2010). Language sampling: Does the length of the transcript matter? *Language, Speech, and Hearing Services in Schools, 41*, 393–404.

Helm-Estabrooks, N., & Albert, M. (2004). *Manual of aphasia and aphasia therapy* (2nd ed.). Austin, TX: PRO-ED.

Henderson, C. (2001). *College freshmen with disabilities: A biennial statistical profile*. Washington, DC: American Council on Education.

Henry, F., Reed, V. A., & McAllister, L. (1995). Adolescents' perceptions of the relative importance of selected communication in their positive peer relationships. *Language, Speech and Hearing Services in Schools, 26*(13), 263–272.

Hernandez, R. (1994). Reducing bias in the assessment of culturally and linguistically diverse populations. *Journal of Educational Issues of Language Minority Students, 14*, 269–300.

Hester, E. (1996). Narratives of young African American children. In A. Kamhi, K. Pollock, & J. Harris (Eds.), *Communication development and disorders in African American children: Research, assessment, and intervention* (pp. 227–245). Baltimore: Paul H. Brookes.

Hick, R., Botting, N., & Conti-Ramsden, G. (2005). Short-term memory and vocabulary development in children with Down syndrome and children with specific language impairment. *Developmental Medicine and Child Neurology, 47*(8), 532–538.

Hill, S., & Haynes, W. (1992). Language performance in low-achieving elementary school students. *Language, Speech, and Hearing Services in Schools, 23*(2), 169–175.

Hillis, A., & Bahr, D. (2001). Neurological and anatomical bases. In D. Bahr (Ed.), *Oral motor assessment and treatment: Ages and stages* (pp. 1–41). Needham Heights, MA: Allyn and Bacon.

Himpens, P., Van den Broeck, C., Oostra, A., Calders, P., & Vanhaesebrouck, P. (2008). Prevalence, type, distribution, and severity of cerebral palsy in relation to gestational age: A meta-analytic review. *Developmental Medicine and Child Neurology, 50*(5), 334–340.

Hinton, V., De Vivo, D., Fee, R., Goldstein, E., & Stern, Y. (2004). Investigation of poor academic achievement in children with Duchenne muscular dystrophy. *Learning Disabilities Research and Practice, 19*(3), 146–154.

Hinton, V., Fee, R., Goldstein, E., & De Vivo, D. (2007). Verbal and memory skills in males with Duchenne muscular dystrophy. *Developmental Medicine and Child Neurology, 49*, 123–128.

Hirata, Y., Whitehurst, E., & Cullings, E. (2007). Training native English speakers to identify Japanese vowel length contrast with sentences at varied speaking rates. *Journal of the Acoustical Society of America, 121*(6), 3837–3845.

Hirshoren, A., & Ambrose, W. (1976). The Wepman auditory discrimination test and southern Piedmont children. *Language, Speech and Hearing Services in Schools, 7*(2), 86–90.

Hirst, E., & Britton, L. (1998). Specialised service to children with specific language impairment in mainstream schools. *International Journal of Language and Communication Disorders, 33*(Suppl.), 593–598.

Hobson, R., Lee, A., & Hobson, J. (2009). Personal pronouns and communicative engagement in autism. *Journal of Autism and Developmental Disorders, 40*(6), 653–664.

Hodapp, R., Evans, D., & Ward, B. (1989). Communicative interaction between teachers and children with severe handicaps. *Mental Retardation, 27*(6), 388–395.

Hodson, B. (1989). Phonological remediation. A cycles approach. In N. A. Creaghead, P. W. Newman, & W. A. Secord (Eds.), *Assessment and remediation of articulatory and phonological disorders* (2nd ed., pp. 323–333). New York: Macmillan.

Hodson, B., & Paden, E. (1991). *Targeting intelligible speech: A phonological approach to remediation* (2nd ed.). Austin, TX: PRO-ED.

Hoff-Ginsberg, E., & Naigles, L. (1999, July). *Fast mapping is only the beginning: Complete word learning requires multiple exposures.* Paper presented at the 7th International Congress for the Study of Child Language, San Sebastian, Spain.

Hoh, P. (2005). The linguistic advantage of the intellectually gifted child: An empirical study of spontaneous speech. *Roeper Review, 27*(3), 178–185.

Holden-Pitt, L., & Diaz, J. A. (1998). Thirty years of the annual survey of deaf and hard-of-hearing children and youth: A glance over the decades. *American Annals of the Deaf, 142*(2), 72–76.

Holland, A. (1975). Language therapy for children: Some thoughts on context. *Journal of Speech and Hearing Disorders, 40*, 514–523.

Holm, V., & Kunze, L. (1969). Effects of chronic otitis media on language and speech development. *Paediatrics, 43*(5), 833–839.

Holmes, A. E., & Rodriguez, G. P. (2007). Cochlear implants and vestibular/tinnitus rehabilitation. In *Introduction to audiologic rehabilitation* (5th ed., pp. 77–112). Boston: Allyn and Bacon.

Holmes, D. (1998). *Autism through the lifespan: The Eden model.* Bethesda, MD: Woodbine House.

Homer, B. (2002). Literacy and metalinguistic thought: Development through knowledge construction and cultural mediation. In J. Brockmeier, M. Wang, & D. Olson (Eds.), *Literacy, narrative, and culture* (pp. 266–282). Richmond, UK: Routledge/Curzon.

Hood, L. J. (1998). Auditory neuropathy: What is it and what can we do about it. *The Hearing Journal, 51*(8), 10–18.

Horner, R. H., & Budd, C. M. (1985). Acquisition of manual sign use: Collateral reduction of maladaptive behavior, and factors limiting generalization. *Education and Training of the Mentally Retarded, 20*(1), 39–47.

Horton-Ikard, R., & Ellis Weismer, S. (2007). A preliminary examination of vocabulary and word learning in African American toddlers from middle and low socioeconomic status homes. *American Journal of Speech-Language Pathology, 16*, 381–392.

Hotz, G., Helm-Estabrooks, N., & Nelson, N. W. (2001). Development of the pediatric test of traumatic brain injury. *Journal of Head Trauma Rehabilitation, 16*(5), 426–440.

Howard, J. (1994). Addressing needs through strengths: Five instructional practices for use with gifted/learning disabled students. *Journal of Secondary Gifted Education, 5*(3), 23–24.

Howe, M. (1990). *The origins of exceptional abilities.* Cambridge, MA: Basil Blackwell.

Howell, P., Davis, S., & Au-Yeung, J. (2003). Syntactic development in fluent children, children who stutter, and children who have English as an additional language. *Child Language Teaching and Therapy, 19*, 311–337.

Howie, V. (1975). Natural history of otitis media. *Annals of Otololaryngology, Rhinology, and Laryngology, 84*(2, Pt. 2, Suppl. 19), 67–72.

Howlin, P., Wing, L., & Gould, J. (1995). The recognition of autism in children with Down syndrome—Implications for intervention and some speculations about pathology. *Developmental Medicine and Child Neurology, 37*, 404–414.

Hresko, W., Reid, D. K., & Hammill, D. (1999). *Test of early language development—3* (3rd ed.). San Antonio, TX: Pearson.

Huang, R., Hopkins, J., & Nippold, M. (1997). Satisfaction with standardized language testing: A survey of speech-language pathologists. *Language, Speech, and Hearing Services in Schools, 28*(1), 12–29.

Hubbell, R. (1981). *Children's language disorders: An integrated approach.* Englewood Cliffs, NJ: Prentice Hall.

Hughes, D. (1998). Effects of preparation time for two quantitative measures of narrative production. *Perceptual and Motor Skills, 87*(1), 343–352.

Hughes, D., McGillivray, L., & Schmidek, M. (1997). *Guide to narrative language: Procedures for assessment.* Eau Claire, WI: Thinking Publications.

Hughes, J. (2008). A review of recent reports on autism: 1000 studies published in 2007. *Epilepsy and Behavior, 13*, 425–437.

Hughes, T., & Fredrick, L. (2006). Teaching vocabulary with students with learning disabilities using classwide peer tutoring and constant time delay. *Journal of Behavioral Education, 15*(1), 1–23.

Huisingh, R., Bowers, L., LoGiudice, C., & Orman, J. (2005). *The word test—2: Adolescent* (2nd ed.). Moline, IL: LinguiSystems.

Hulit, L., & Howard, M. (2006). *Born to talk: An introduction to speech and language development* (4th ed.). Boston: Allyn and Bacon.

Hulme, C., Goetz, K., Snowling, M., Brigstocke, S., & Nash, H. (2005, September). *Reading development in children with Down syndrome: Relationships with oral language and phonological skills.* Paper presented at the 4th International Conference on Developmental Issues in Down Syndrome, Portsmouth, United Kingdom.

Hulme, C., & MacKenzie, S. (1992). *Working memory and severe learning difficulties.* London: Lawrence Erlbaum Associates.

Hummel, L., & Prizant, B. (1993). Language and social skills in the school-age population: A socioemotional perspective for understanding social difficulties of school-age children with language disorders. *Language, Speech, and Hearing Services in Schools, 24*, 216–224.

Hunt, K. (1965). *Grammatical structures written at three grade levels.* Urbana, IL: National Council of Teachers of English.

Hunt, P., Soto, G., Maier, E., Muller, E., & Goetz, L. (2002). Collaborative teaming to support students with augmentative and alternative communication needs in general classrooms. *AAC: Augmentative and Alternative Communication, 18*, 20–35.

Hutson-Nechkash, P. (1990). *Storybuilding: A guide to structuring oral narratives.* Eau Claire, WI: Thinking Publications.

Hutchinson, T. (1996). What to look for in the technical manual: Twenty questions for users. *Language, Speech, and Hearing Services in Schools, 27*(2), 109–121.

Huttenlocher, J., Haight, W., Bryk, A., Seltzer, M., & Lyons, T. (1991). Early vocabulary growth: Relation to language input and gender. *Developmental Psychology, 27*(2), 236–248.

Hux, K., Morris-Friehe, M., & Sanger, D. (1993). Language sampling practices: A survey of nine states. *Language, Speech, and Hearing Services in Schools, 24*(2), 84–91.

Hux, K., Walker, M., & Sanger, D. (1996). Traumatic brain injury: Knowledge and self-perceptions of school speech-language pathologists. *Language, Speech, and Hearing Services in Schools, 27*, 171–184.

Hwa-Froelich, D., Hodson, B., & Edwards, H. (2002). Characteristics of Vietnamese phonology. *American Journal of Speech-Language Pathology, 11*, 264–273.

Hyter, Y. (1998). *Ties that bind: The sounds of African American English*. Retrieved December 2, 2002, from http://www.asha.ucf.edu/hyter.html

Iacono, T., Chan, J. B., & Waring, R. E. (1998). Efficacy of a parent implemented early language intervention based on collaborative consultation. *International Journal of Language and Communication Disorders, 33*(3), 281–303.

Iacono, T., & Duncum, J. E. (1995). Comparison of sign alone and in combination with an electronic communication device in early language intervention: Case study. *AAC: Augmentative and Alternative Communication, 11*(4), 249–254.

Iacono, T., Mirenda, P., & Beukelman, D. (1993). Comparison of unimodal and multimodal AAC techniques for children with intellectual disabilities. *AAC: Augmentative and Alternative Communication, 9*(2), 83–94.

Iglesias, A., & Anderson, N. (1993). Dialectal variations. In J. Bernthal & N. Bankson (Eds.), *Articulation and phonological disorders* (3rd ed.). Englewood Cliffs, NJ: Prentice Hall.

Individuals with Disabilities Education Act. (2004). *Individuals with disabilities education act*. Retrieved December 5, 2010 from http://idea.ed.gov

Ingram, D. (1989a). *First language acquisition: Method, description, and explanation*. Cambridge: Cambridge University Press.

Ingram, D. (1989b). *Phonological disability in children* (2nd ed.). London: Cole & Whurr.

Institute of Medicine. (2001). *Immunization safety review: Measles-mumps-rubella vaccine and autism*. Washington, DC: Author.

Irlen, H. (2002). *Reading by the colors: Overcoming dyslexia and other reading disabilities through the Irlen method*. New York: Berkley.

Israelite, N., Ower, J., & Goldstein, G. (2002). Hard-of-hearing adolescents and identity construction: Influences of school experiences, peers, and teachers. *Journal of Deaf Studies and Deaf Education, 7*(2), 134–148.

Iverson, J. (2000). The relation between gesture and speech in congenitally blind and sighted language-learners. *Journal of Nonverbal Behavior, 24*(2), 105–130.

Iwan, S., & Siegel, G. (1982). The effects of feedback on referential communication of preschool children. *Journal of Speech and Hearing Research, 25*(3), 224–229.

Jackson, N. (1988). Precocious reading ability: What does it mean? *Gifted Child Quarterly, 32*, 200–204.

Jackson, N., Donaldson, G., & Cleland, L. (1988). The structure of precocious reading ability. *Journal of Educational Psychology, 80*(2), 234–243.

Jackson, N., & Kearney, J. (1995). Achievement of precocious readers in middle childhood and young adulthood. In N. Colangelo & S. Assouline (Eds.), *Talent Development III* (pp. 203–218). Scottsdale, AZ: Gifted Psychology Press.

Jackson, S., Pretti-Frontczak, K., Harjusola-Webb, S., Grisham-Brown, J., & Romani, J. (2009). Response to intervention: Implications for early childhood professionals. *Language, Speech, and Hearing Services in Schools, 40*, 424–434.

Jackson, T., & Plante, E. (1996). Gyral morphology in the posterior sylvian region in families affected by developmental language disorders. *Neuropsychology Review, 6*, 81–94.

Jackson-Maldonado, D., Thal, D., Marchman, V., Newton, T., Fenson, L., & Conboy, B. (2003). *MacArthur inventarios del desarrollo de habilidades comunicativas: User's guide and technical manual*. Baltimore: Paul H. Brookes.

Jacoby, G. P., Levin, L., Lee, L., Creaghead, N. A., & Kummer, A. W. (2002). The number of individual treatment units necessary to facilitate functional communication improvements in the speech and language of young children. *American Journal of Speech-Language Pathology, 11*(4), 370–380.

Jan, J., Groenveld, M., Sykanda, A., & Hoyt, C. (1987). Behavioral characteristics of children with permanent cortical visual impairment. *Developmental Medicine and Child Neurology, 29*, 571–576.

Jantz, P. B., & Coulter, G. A. (2007). Child and adolescent traumatic brain injury: Academic, behavioural, and social consequences in the classroom. *Support for Learning, 22*(2).

Janusz, J. A., Kirkwood, M. W., Yeates, K. O., & Taylor, H. G. (2002). Social problem-solving skills in children with traumatic brain injury: Long-term outcomes and prediction of social competence. *Child Neuropsychology, 8*(3), 179–194.

Jarmulowicz, L., & Hay, S. (2009). Derivational morphophonology: Exploring errors in third graders' productions. *Language, Speech, and Hearing Services in Schools, 40*(3), 299–311.

Jarrold, C., & Baddeley, A. (2002). Verbal short-term memory in Down syndrome. *Journal of Speech, Language, and Hearing Research, 45*(3), 531–544.

Jarrold, C., Baddeley, A., & Hewes, A. (1999). Genetically dissociated components of working memory: Evidence from Down and Williams syndrome. *Neuropsychologia, 37*(6), 637–651.

Jarrold, C., Baddeley, A., & Hewes, A. (2000). Verbal short-term memory deficits in Down syndrome: A consequence of problems in rehearsal. *Journal of Child Psychology and Psychiatry, 41*, 233–244.

Jarrold, C., Cowan, B., Hewes, A., & Riby, D. (2004). Speech timing and verbal short-term memory: Evidence for contrasting deficits in Down syndrome and Williams syndrome. *Journal of Memory and Language, 51*(3), 365–380.

Javorsky, J. (1996). An examination of youth with attention deficit/hyperactivity disorder and language learning disabilities: A clinical study. *Journal of Learning Disabilities, 29*(3), 247–259.

Jenkins, C. (1993). Expressive language delay in children with Down's syndrome: A specific cause for concern.*Down Syndrome Research and Practice, 1*(1), 10–14.

Jensema, C., & Trybus, R. (1978). *Communication patterns and educational achievement of hearing impaired students*. Washington, DC: Office of Demographic Studies, Gallaudet College.

Jerger, J. (1998). Controversial issues in central auditory processing disorders. *Seminars in Hearing, 19*(4), 393–397.

Jerger, J., & Musiek, F. (2000). Report on the consensus conference on the diagnosis of auditory processing disorders in school-aged children. *Journal of the Academy of Audiology, 11*(9), 467–474.

Jerger, J., & Musiek, F. (2002). On the diagnosis of auditory processing disorder: A reply to "Clinical and research concerns regarding Jerger & Musiek (2000) APD recommendation." *Audiology Today, 16*, 100–106.

Jerger, S., & Jerger, J. (1983). Evaluation of diagnostic audiometric tests. *Audiology, 22*(2), 144–161.

Jerome, A., Fujiki, M., Brinton, B., & James, S. (2002). Self-esteem in children with specific language impairment. *Journal of Speech, Language, and Hearing Research, 45*(4), 700–714.

Jia, G., & Fuse, A. (2007). Acquisition of English grammatical morphology by native Mandarin-speaking children and adolescents: Age-related differences. *Journal of Speech, Language, and Hearing Research, 50*(5), 1280–1299.

Johansson, B. (2004). Brain plasticity in health and disease.*Keio Journal of Medicine, 53*(4), 231–246.

John-Steiner, V., & Panofsky, C. (1992). Narrative competence: Cross-cultural comparisons. *Journal of Narrative and Life History, 2*(3), 219–233.

Johnson, C. (1995). Expanding norms for narration. *Language, Speech and Hearing Services in Schools, 26*(4), 326–341.

Johnson, C., & Anglin, J. (1995). Qualitative developments in the content and form of children's definitions. *Journal of Speech and Hearing Research, 38*(3), 612–629.

Johnson, C., Beitchman, J., & Brownlie, E. (2010). Twenty-year follow-up of children with and without speech-language impairments: Family, educational, occupational, and quality of life outcomes. *American Journal of Speech-Language Pathology, 19*, 51–65.

Johnson, C., Beitchman, J., Young, A., Escobar, M., Atkinson, L., Wilson, B., et al. (1999). Fourteen-year follow up of children with and without speech/language impairments: Speech/language stability and outcomes. *Journal of Speech, Language, and Hearing Research, 42*(3), 744–760.

Johnson, C., Myers, S., & Council on Children with Disabilities. (2007). Identification and evaluation of children with autistic spectrum disorders. *Pediatrics, 120*, 1183–1215.

Johnson, C. A., & Goswanmi, U. C. (2005, July). *Phonological skills, vocabulary development and reading development in children with cochlear implants*. Paper presented at the International Congress of the Education of the Deaf, Maastricht, Netherlands.

Johnson, D. L., McCormick, D. P., & Baldwin, C. D. (2008). Early middle ear effusion and language at age seven. *Journal of Communication Disorders, 41*(1), 20–32.

Johnson, M., Siddons, F., Frith, U., & Morton, J. (1992). Can autism be predicted on the basis of infant screening tests? *Developmental Medicine and Child Neurology, 34*, 316–320.

Johnston, J. (1994). Cognitive abilities of children with language impairment. In R. Watkins & M. Rice (Eds.), *Specific language impairments in children* (pp. 107–121). Baltimore: Paul H. Brookes.

Johnston, J. (2001). An alternate MLU calculation: Magnitude and variability. *Journal of Speech, Language, and Hearing Research, 44*(1), 156–164.

Johnston, J., & Wong, M.-Y. A. (2002). Cultural differences in beliefs and practices concerning talk to children. *Journal of Speech, Language, and Hearing Research, 45*(5), 916–926.

Johnston, S. S., Reichle, J., & Evans, J. (2004). Supporting augmentative and alternative communication use by beginning communicators with severe disabilities. *American Journal of Speech-Language Pathology, 13*(1), 20–30.

Johnston, W., & Packer, A. (1987). *Workforce 2000: Work and workers for the 21st century*. Indianapolis, IN: Hudson Institute.

Johnstone, C., Thurlow, M., Thompson, S., & Clapper, A. (2008). The potential for multi-modal approaches to reading for students with disabilities as found in state reading standards. *Journal of Disability Policy Studies, 18*(4), 219–229.

Joint Committee on Infant Hearing. (1995). Joint Committee on Infant Hearing 1994 Position Statement. *Paediatrics, 95*(1), 152–156.

Joint Committee on Infant Hearing. (2000). Joint Committee on Infant Hearing: Year 2000 position statement. Principles and guidelines for early hearing detection and intervention programs. *Audiology Today, Special Issue*(August), 6–27.

Joint Committee on Infant Hearing. (2007). Year 2007 position statement: Principles and guidelines for early hearing detection and intervention programs. *Pediatrics, 120*(4), 898–921.

Joint Committee on Infant Hearing, American Academy of Audiology, American Academy of Pediatrics, & American Speech-Language-Hearing Association Directors of Speech and Hearing Programs in State Health and Welfare Agencies. (2000). Year 2000 position statement: Principles and guidelines for early hearing detection and intervention programs. *Pediatrics, 106*(4), 798–817.

Jones, C., & Schwartz, I. (2004). Siblings, peers, and adults: Differential effects of models for children with autism. *Topics in Early Childhood Special Education, 24*(4), 187–198.

Jones, O. (1977). Mother-child communication with prelinguistic Down's syndrome and normal infants. In H. R. Schaffer (Ed.), *Studies in mother-infant interaction*. London: Academic Press.

Jones, R., Lennings, C., Ward, P., Neville, M., Howard, J., & Mackdacy, E. (1999). Descriptions of youth who self harm: The Mackay-Mooranbah Youth Suicide Prevention Project. *Journal of Applied Health Behavior, 1*(2), 23–30.

Joos, M. (1976). The style of the five clocks. In N. Johnson (Ed.), *Current topics in language: Introductory readings*. Cambridge, MA: Winthrop.

Jordan, F., & Ashton, R. (1996). Language performance of severely closed head injured children. *Brain Injury, 10*(2), 91–97.

Jordan, F., Cremona-Meteyard, S., & King, A. (1996). High-level linguistic disturbances subsequent to childhood closed head injury. *Brain Injury, 10*(10), 729–738.

Jordan, F., & Murdoch, B. (1994). Severe closed head injury in childhood: Linguistic outcomes into adulthood. *Brain Injury, 8*(6), 501–508.

Jordan, F., Murdoch, B., Buttsworth, D., & Hudson-Tennent, L. (1995). Speech and language performance of brain-injured children. *Aphasiology, 9*(1), 23–32.

Jordan, F., Murdoch, B., Hudson-Tennent, L., & Boon, D. (1996). Naming performance of brain-injured children. *Aphasiology, 10*(8), 755–766.

Juan-Garau, M., & Perez-Vidal, C. (2001). Mixing and pragmatic parental strategies in early bilingual acquisition. *Journal of Child Language, 28*(1), 59–86.

Jurgens, A., Anderson, A., & Moore, D. W. (2009). The effect of teaching PECS to a child with Autism on verbal behaviour, play, and social functioning. *Behavior Change, 26*(1), 66–81.

Just, M., & Carpenter, P. (1992). A capacity theory of comprehension: Individual differences in working memory. *Psychological Review, 99*(1), 122–149.

Justice, L., & Ezell, H. (2000). Enhancing children's print and word awareness through home-based parent intervention. *American Journal of Speech-Language Pathology, 9*(3), 257–269.

Justice, L., & Ezell, H. (2002). Use of storybook reading to increase print awareness in at-risk children. *American Journal of Speech-Language Pathology, 11*(1), 17–29.

Justice, L., Invernizzi, M., & Meier, J. (2002). Designing and implementing an early literacy screening protocol: Suggestions for the speech-language pathologist. *Language, Speech, and Hearing Services in Schools, 33*(2), 84–101.

Justice, L., Weber, S., Ezell, H., & Bakeman, R. (2002). A sequential analysis of children's responsiveness to parental print references during shared book-reading interactions. *American Journal of Speech-Language Pathology, 11*(1), 30–40.

Jutras, B., Loubert, M., Dupuis, J. L., Maroux, C., Dumont, V., & Baril, M. (2007). Applicability of central auditory processing disorder models. *American Journal of Audiology, 16*(2), 100–106.

Kahn, J. (1984). Cognitive training and initial use of referential speech. *Topics in Language Disorders, 5*(1), 14–23.

Kail, R. (1992). General slowing of information-processing by persons with mental retardation. *American Journal of Mental Retardation, 97*(3), 333–341.

Kail, R., Hale, C., Leonard, L., & Nippold, M. (1984). Lexical storage and retrieval in language-impaired children. *Applied Psycholinguistics, 5*(1), 37–49.

Kail, R., & Leonard, L. (1986). *Word-finding abilities in language-impaired children*. Rockville, MD: American Speech-Language Hearing Association.

Kalbfleisch, P. (2009). Effective health communication in native populations in North America. *Journal of Language and Social Psychology, 28*(2), 158–173.

Kamhi, A. (2009). The case for the narrow view of reading. *Language, Speech, and Hearing Services in Schools, 40*(2), 174–177.

Kamhi, A., & Catts, H. (1986). Toward an understanding of developmental language and reading disorders. *Journal of Speech and Hearing Disorders, 51*(4), 337–347.

Kamhi, A., & Catts, H. (1991). *Reading disabilities: A developmental language perspective*. Boston: Allyn and Bacon.

Kamhi, A., & Johnston, J. (1982). Towards an understanding of retarded children's linguistic deficiencies. *Journal of Speech and Hearing Research, 25*(3), 435–445.

Kangas, K. A., & Lloyd, L. L. (1988). Early cognitive skills as prerequisites to augmentative and alternative communication use: What are we waiting for? *AAC: Augmentative and Alternative Communication, 4*(4), 211–221.

Kanner, L. (1943). Autistic disturbances of affective contact. *Nervous Child, 2*, 217–250.

Kaplan, J., & Kies, D. (1994). Strategies to increase critical thinking in the undergraduate classroom. *College Student Journal, 28*, 24–31.

Kaplan, R. (1966). Cultural thought patterns in intercultural education. *Language Learning, 16*(1–2), 1–20.

Karmiloff-Smith, A. (1992). *Beyond modularity: A developmental perspective on cognitive science*. Cambridge, MA: MIT Press.

Karmiloff-Smith, A., Klima, E., Bellugi, U., Grant, J., & Baron-Cohen, S. (1995). Is there a social module? Language, face processing, and theory of mind in individuals with Williams syndrome. *Journal of Cognitive Neuroscience, 7*, 196–208.

Karr, S. (1999). Action: School services. *Language, Speech, and Hearing Services in Schools, 30*, 212–216.

Kasari, C., Freeman, S., & Paparella, T. (2001). Early intervention in autism: Joint attention and symbolic play. In L. Gidden (Ed.), *International review of research in mental retardation: Autism* (Vol. 23, pp. 207–232). San Diego, CA: Academic Press.

Kasari, C., Freeman, S., & Paparella, T. (2006). Joint attention and symbolic play in young children with autism: A randomized controlled intervention study. *Journal of Child Psychology and Psychiatry, 47*(6), 611–620.

Kasari, C., & Hodapp, R. (1996). Is Down syndrome different? Evidence from social and family studies. *Down Syndrome Quarterly, 1*(4), 1–8.

Katz, J., Johnson, C. D., Brander, S., Delagange, T., Ferre, J. M., King, J., et al. (2002). Clinical and research concerns regarding the 2000 APD consensus report and recommendations. *Audiology Today, 14*(2), 14–17.

Katz, R. (1996). Object-naming errors and reading ability. *Annals of Dyslexia, 46*(1), 189–208.

Katz, W., Curtiss, S., & Tallal, P. (1992). Rapid automatized naming and gesture by normal and language-impaired children. *Brain and Language, 43*(4), 623–641.

Kauffman, J. (2001). *Characteristics of emotional and behavioral disorders of children and youth.* (7th ed.). Columbus, OH: Merrill.

Kaufman, A., & Kaufman, N. (1983). *Kaufman assessment battery for children (K-ABC).* Circle Pines, MN: American Guidance Service.

Kaufman, A., & Kaufman, N. (2004). *Kaufman Brief Intelligence Test—2* (2nd ed.). San Antonio, TX: Pearson.

Kavale, K., & Forness, S. (1996). Social skill deficits and learning disabilities: A meta-analysis. *Journal of Learning Disabilities, 29*(3), 226–237.

Kay-Raining Bird, E., & Chapman, R. (1994). Sequential recall in individuals with Down syndrome. *Journal of Speech and Hearing Research, 37*(6), 1369–1380.

Kay-Raining Bird, E., Chapman, R., & Schwartz, S. (2004). Fast mapping of words and story recall by individuals with Down syndrome. *Journal of Speech, Language, and Hearing Research, 47*(6), 1286–1300.

Kay-Raining Bird, E., Cleave, P., & McConnell, L. (2000). Reading and phonological awareness in children with Down syndrome: A longitudinal study. *American Journal of Speech-Language Pathology, 9*(4), 319–330.

Kay-Raining Bird, E., & Vetter, D. (1994). Storytelling in Chippewa-Cree children. *Journal of Speech and Hearing Research, 37*(6), 1354–1368.

Kazdin, A. (1993). Replication and extension of behavioral treatment of autistic disorder. *American Journal on Mental Retardation, 97*(4), 377–379.

Keen, D., Woodyatt, G., & Sigafoos, J. (2002). Verifying teacher perceptions of the potential communicative acts of children with autism. *Communication Disorders Quarterly, 23*(3), 133–142.

Keenan, E. (1975). Evolving discourse: The next step. *Papers and Reports on Child Language Development, 10*, 80–87.

Keith, R. (1986). *SCAN: A screening test for auditory processing disorders.* San Diego, CA: The Psychological Corporation.

Keith, R. (1994). *Auditory continuous performance test.* San Antonio, TX: The Psychological Corporation.

Keith, R. (1999). Clinical issues in central auditory processing disorders. *Language, Speech, and Hearing Services in the Schools, 30*(4), 339–344.

Keith, R. (2009a). *SCAN—3:A Tests for auditory processing disorders in adolescents and adults (SCAN-3:A)* (3rd ed.). San Antonio, TX: Pearson.

Keith, R. (2009b). *SCAN–3:C Tests for auditory processing disorders for children (SCAN-3:C).* San Antonio, TX: Pearson.

Kelly, D. (1998). A clinical synthesis of the "late talker" literature: Implications for service delivery. *Language, Speech, and Hearing Services in Schools, 29*(2), 76–84.

Kelly, D., & Rice, M. (1994). Preferences for verb interpretation in children with specific language impairment. *Journal of Speech and Hearing Research, 37*(1), 182–192.

Kemp, K., & Klee, T. (1997). Clinical language sampling practices: Results of a survey of speech-language pathologists in the United States. *Child Language Teaching and Therapy, 13*(2), 161–176.

Kennedy, E., & Flynn, M. (2003). Training phonological awareness skills in children with Down syndrome. *Research in Developmental Disabilities, 24*(1), 44–57.

Kent, R. (1999). Motor control: Neurophysiology and functional development. In A. Caruso & E. Strand (Eds.), *Clinical management of motor speech disorders in children.* (pp. 29–71). New York: Thieme Medical Publishers.

Kent, R. D., Osberger, M. J., Netsell, R., & Hustedde, C. G. (1987). Phonetic development in identical twins differing auditory function. *Journal of Speech and Hearing Disorders, 52*(1), 64–75.

Kenworthy, O. T. (1986). Caregiver-child interaction and language acquisition of hearing-impaired children. *Topics in Language Disorders, 6*(3), 1–11.

Kerbel, D., & Grunwell, P. (1997). Idioms in the classroom: An investigation of language unit and mainstream teachers' use of idioms. *Child Language Teaching and Therapy, 13*, 113–123.

Kessel, F. (1970). The role of syntax in children's comprehension from ages six to twelve. *Monographs of the Society for Research in Child Development, 35*(6), 1–95.

Kiernan, B., & Snow, D. (1999). Bound-morpheme generalization by children with SLI: Is there a functional relationship with accuracy of response to training targets? *Journal of Speech, Language, and Hearing Research, 42*(3), 649–662.

Kiese-Himmel, C. (2002). Unilateral sensorineural hearing impairment in childhood: Analysis of 31 consecutive cases. *International Journal of Audiology, 41*(1), 57–63.

Kim, Y., & Lombardino, L. (1991). The efficacy of script contexts in language comprehension intervention with children who have mental retardation. *Journal of Speech and Hearing Research, 34*(4), 845–857.

King, R., Schwab-Stone, M., Flisher, A., Greenwald, S., Kramer, R., Goodman, S., et al. (2001). Psychosocial and risk behavior correlates of youth suicide attempts and suicidal ideation. *Journal of the American Academy of Child and Adolescent Psychiatry, 40*(7), 837–846.

Kirk, J., & Reid, G. (2001). An examination of the relationship between dyslexia and offending in young people and the implications for the training system. *Dyslexia, 7*(2), 77–84.

Kirk, K. I., Miyamoto, R. T., Lento, C. L., Ying, E., O'Neill, T., & Fears, B. (2002). Effects of age at implantation in young children. *Annals of Otololaryngology, Rhinology, and Laryngology, 111*(189), 69–73.

Kirk, S., McCarthy, J., & Kirk, W. (1968). *The Illinois test of psycholinguistic abilities* (Rev. ed.). Urbana: University of Illinois Press.

Kitzinger, M. (1984). The role of repeated and echoed utterances in communication with a blind child. *British Journal of Disorders of Communication, 19*, 135–146.

Klecan-Aker, J., & Hedrick, D. (1985). A study of the syntactic language skills of normal school-age children. *Language, Speech, and Hearing Services in Schools, 16*(3), 187–198.

Klee, T. (1985). Clinical language sampling: Analysing the analyses. *Child Language Teaching and Therapy, 1*, 182–198.

Klee, T., Carson, D., Gavin, W., Hall, L., Kent, A., & Reece, S. (1998). Concurrent and predictive validity of an early language screening program. *Journal of Speech, Language, and Hearing Research, 41*(3), 627–641.

Klee, T., & Fitzgerald, M. (1985). The relation between grammatical development and mean length of utterance in morphemes. *Journal of Child Language, 12*, 251–269.

Klee, T., Pearce, K., & Carson, D. (2000). Improving the positive predictive value of screening for developmental language disorder. *Journal of Speech, Language, and Hearing Research, 43*(4), 821–833.

Klee, T., Schaffer, M., May, S., Membrino, I., & Mougey, K. (1989). A comparison of the age-MLU relation in normal and specifically language-impaired preschool children. *Journal of Speech and Hearing Disorders, 54*(2), 226–233.

Kleppe, S., Katayama, K., Shipley, K., & Foushee, D. (1990). The speech and language characteristics of children with Prader-Willi syndrome. *Journal of Speech and Hearing Disorders, 55*(2), 300–308.

Klin, A. (1991). Young autistic children's listening preferences in regard to speech: A possible characterization of the symptom of social withdrawal. *Journal of Autism and Developmental Disorders, 21*, 29–42.

Klink, M., Gerstman, L., Raphael, L., Schlanger, B., & Newsome, L. (1986). Phonological process usage by young EMR children and nonretarded preschool children. *American Journal of Mental Deficiency, 91*(2), 190–195.

Knight-Arest, I. (1984). Communicative effectiveness of learning disabled and normally achieving 10- to 13-year-old boys. *Learning Disability Quarterly, 7*(3), 237–245.

Knowledge Adventure Inc. (1999). *Dinosaur adventure 3-D* (Ver. 4.0.1). Torrance, CA: Author.

Koch, M. A., Narayan, R. K., & Timmons, S. D. (2007). *Traumatic brain injury*. Retrieved March 24, 2009, from http://www.merck.com/mmpe/sec21/ch310/ch310a.html?qt=Traumatic%20Brain%20Injury&alt=sh

Koegel, L. (2000). Interventions to facilitate communication in autism. *Journal of Autism and Developmental Disorders, 30*(5), 384–391.

Koegel, L., Koegel, R., Frea, W., & Green-Hopkins, I. (2003). Priming as a method of coordinating educational services for students with autism. *Language, Speech, and Hearing Services in Schools, 34*, 228–235.

Koegel, R., O'Dell, M., & Koegel, L. (1987). A natural language teaching paradigm for nonverbal autistic children. *Journal of Autism and Developmental Disorders, 17*(2), 187–200.

Koeppe, R. (1996). Language differentiation in bilingual children: The development of grammatical and pragmatic competence. *Linguistics, 34*(5), 927–954.

Kohnert, K., Bates, E., & Hernandez, A. (1999). Balancing bilinguals: Lexical-semantic production and cognitive processing in children learning Spanish and English. *Journal of Speech, Language, and Hearing Research, 42*(6), 1400–1413.

Kohnert, K., Kennedy, M., Glaze, L., Kan, P., & Carney, E. (2003). World view, breadth and depth of diversity in Minnesota: Challenges to clinical competency. *American Journal of Speech-Language Pathology, 12*(3), 259–272.

Kohnert, K., Windsor, J., & Ebert, K. (2009). Primary or "specific" language impairment and children learning a second language. *Brain and Language, 109*(2–3), 101–103.

Konstantareas, M., & Homatids, S. (1987). Brief report: Ear infections in autistic and normal children. *Journal of Autism and Developmental Disorders, 17*, 585–593.

Koppenhaver, D., Coleman, P., Kalman, P., & Yoder, D. (1992). The implications of emergent literacy research for children with developmental disabilities. *American Journal of Speech-Language Pathology, 1*, 38–44.

Koppenhaver, D., Pierce, P., Steelman, J., & Yoder, D. (1995). Contexts of early literacy intervention for children with developmental disabilities. In M. Fey, J. Windsor, & S. Warren (Eds.), *Language intervention: Preschool through elementary years* (pp. 241–274). Baltimore: Paul H. Brookes.

Kowalski, T. (2002). *The source for Asperger's syndrome*. East Moline, IL: LinguiSystems.

Kramer, C., James, S., & Saxman, J. (1979). A comparison of language samples elicited at home and in the clinic. *Journal of Speech and Hearing Disorders, 44*(3), 321–330.

Kraus, N., Bradlow, A. R., Cheatham, J., Cunningham, C. D., King, D. B., Koch, T. G., et al. (2000). Consequences of neural asynchrony: A case of auditory neuropathy. *Journal of the Association for Research in Otolaryngology, 1*(1), 33–45.

Kreschek, J., & Nicolosi, L. (1973). A comparison of black and white children's scores on the Peabody picture vocabulary test. *Language, Speech and Hearing Services in Schools, 4*(1), 37–40.

Kretschmer, R., & Kretschmer, L. (1980). Pragmatics: Development in normal-hearing and hearing-impaired children. In J. Subtenly (Ed.), *Speech assessment and speech improvement for the hearing impaired*. Washington, DC: A. G. Bell Association for the Deaf.

Kuhl, P. (1990). Auditory perception and the otogeny and phylogeny of human speech. *Seminars in Speech and Hearing, 11*, 77–91.

Kuhl, P., & Meltzoff, A. (1988). Speech as an intermodal object of perception. In A. Yonas (Ed.), *Perceptual development in infancy: The Minnesota symposia on child psychology* (Vol. 20, pp. 235–266). Hillsdale, NJ: Lawrence Erlbaum Associates.

Kumin, L. (2001). *Classroom language skills for children with Down syndrome: A guide for parents and teachers*. Bethesda, MD: Woodbine House.

Kumin, L. (2003). *Early communication skills for children with Down syndrome: A guide for parents and professionals* (2nd ed.). Bethesda, MD: Woodbine House.

Kumin, L. (2008). Language intervention to encourage complex language use. In J. Roberts, R. Chapman & S. Warren (Eds.), *Speech and language development and intervention in Down syndrome and Fragile X syndrome* (pp. 193–218). Baltimore: Paul H. Brookes.

Kumin, L., Councill, C., & Goodman, M. (1995). The pacing board: A technique to assist the transition from single word to multiword utterances. *Infant-Toddler Intervention, 5*(1), 23–29.

Ladefoged, P. (2006). *A course in phonetics* (5th ed.). Boston: Thomson Wadsworth.

Lahey, M. (1988). *Language disorders and language development*. Columbus, OH: Macmillan.

Lahey, M. (1990). Who shall be called language disordered? Some reflections and one perspective. *Journal of Speech and Hearing Disorders, 55*(4), 612–620.

Lahey, M. (1994). Grammatical morpheme acquisition: Do norms exist? [Letter to the editor]. *Journal of Speech and Hearing Research, 37*(5), 1192–1194.

Lahey, M., & Bloom, L. (1994). Variability and language learning disabilities. In G. Wallach & K. Butler (Eds.), *Language-learning disabilities in school-age children and adolescents: Some principles and applications* (pp. 354–372). Boston: Allyn and Bacon.

Lahey, M., & Edwards, J. (1995). Specific language impairment: Preliminary investigation of factors associated with family history and with patterns of language performance. *Journal of Speech and Hearing Research, 38*, 643–657.

Lahey, M., Liebergott, J., Chesnick, M., Menyuk, P., & Adams, J. (1992). Variability in children's use of grammatical morphemes. *Applied Psycholinguistics, 13*, 373–398.

Lamberts, F., & Weener, P. (1976). TMR children's competence in processing negation. *American Journal of Mental Deficiency, 81*(2), 181–186.

Landa, R. (2007). Early communication development and intervention for children with autism. *Mental Retardation and Developmental Disabilities Research Reviews, 13*(1), 16–25.

Landa, R., Folstein, S., & Isaacs, C. (1991). Spontaneous narrative-discourse performance of parents of autistic individuals. *Journal of Speech and Hearing Research, 34*, 1339–1345.

Landa, R., & Holman, K. (2005, November). *The effects of targeting interpersonal synchrony on social and communication development in toddlers with autism*. Paper presented at the annual meeting of CPEA/STAART, Washington, DC.

Landau, B., & Gleitman, L. (1985). *Language and experience: Evidence from the blind child*. Cambridge, MA: Harvard University Press.

Landry, S., & Loveland, K. (1989). The effect of social context on the functional communication skills of autistic children. *Journal of Autism and Developmental Disorders, 19*, 283–299.

Lang, R., O'Reilly, M., Sigafoos, J., Lancioni, G., Machalicek, W., Rispoli, M., et al. (2009). Enhancing the effectiveness of a play intervention by abolishing the reinforcing value of stereotypy: A pilot study. *Journal of Applied Behavior Analysis, 42*, 889–894.

Langacker, R. (1968). *Language and its structure: Some fundamental linguistic concepts*. New York: Harcourt, Brace & World.

Langdon, H., & Cheng, L. (2009, April). *Infusing cultural and linguistic diversity within CSD curriculum*. Paper presented at the Council of Academic Programs in Communication Sciences and Disorders, Newport, CA.

Langlois, J., Rutland-Brown, W., & Thomas, K. (2006). *Traumatic brain injury in the united states: Emergency department visits, hospitalizations, and deaths*. Atlanta: Centers for Disease Control and Prevention, National Center for Injury Prevention and Control.

Lapadat, J. (1999). Pragmatic language skills of students with language and/or learning disabilities: A quantitative synthesis. *Journal of Learning Disabilities, 24*(3), 147–158.

Larson, V., & McKinley, N. (1985). General intervention principles with language impaired adolescents. *Topics in Language Disorders, 5*(3), 70–77.

Larson, V., & McKinley, N. (1987). *Communication assessment and intervention strategies for adolescents*. Eau Claire, WI: Thinking Publications.

Larson, V., & McKinley, N. (1995). *Language disorders in older students: Preadolescents and adolescents*. Eau Claire, WI: Thinking Publications.

Larson, V., & McKinley, N. (1998). Characteristics of adolescents' conversations: A longitudinal study. *Clinical Linguistics and Phonetics, 12*, 183–203.

Larson, V., & McKinley, N. (2003). *Communication solutions for older students*. Eau Claire, WI: Thinking Publications.

Launonen, K. (2003). Manual sign as a tool of communicative interaction and language: The development of children with Down Syndrome and their parents. In S. von Tetzchner & N. Grove (Eds.), *Developmental issues in augmentative and alternative communication* (pp. 83–122). London: Whurr.

Law, J., Garrett, Z., & Nye, C. (2004). The efficacy of treatment children with developmental speech and language delay/disorder: A meta-analysis. *Journal of Speech, Language, and Hearing Research, 47*, 924–943.

Law, J., Rush, R., Schoon, I., & Parsons, S. (2009). Modeling developmental language difficulties from school entry into early adulthood: Literacy, mental health, and employment outcomes. *Journal of Speech, Language, and Hearing Research, 52*, 1401–1416.

Law, J., Tomblin, J. B., & Zhang, X. (2008). Characterizing the growth trajectories of language impaired children between 7 and 11 years of age. *Journal of Speech, Language, and Hearing Research, 51*, 739–750.

Laws, G. (2004). Contributions of phonological memory, language comprehension and hearing to the expressive language of adolescents and young adults with Down syndrome. *Journal of Child Psychology and Psychiatry, 45*(6), 1085–1095.

Laws, G., & Bishop, D. V. M. (2004a). Pragmatic language impairment and social deficits in Williams syndrome: A comparison with Down syndrome and specific language impairment. *International Journal of Language and Communication Disorders, 39*(1), 45–64.

Laws, G., & Bishop, D. V. M. (2004b). Verbal deficits in Down syndrome and specific language impairment: A comparison. *International Journal of Language and Communication Disorders, 39*(4), 423–451.

Laws, G., & Gunn, D. (2004). Phonological memory as a predictor of language comprehension in Down syndrome: A five-year follow-up study. *Journal of Child Psychology and Psychiatry, 45*(2), 326–337.

Lazar, R., Warr-Leeper, G., Nicholson, C., & Johnson, S. (1989). Elementary school teachers' use of multiple meaning expressions. *Language, Speech and Hearing Services in Schools, 20*(4), 420–430.

Leadholm, B., & Miller, J. (1992). *Language sample analysis: The Wisconsin guide*. Madison: Wisconsin Department of Public Instruction.

Leap, W. (1993). *American Indian English*. Salt Lake City: University of Utah Press.

Lee, A., Hobson, R., & Chiat, S. (1994). I, you, me and autism: An experimental study. *Journal of Autism and Developmental Disorders, 24*(2), 155–176.

Lee, J. S., McPherson, B., Yuen, K. C. P., & Wong, L. L. N. (2001). Screening for auditory neuropathy in a school for hearing impaired children. *International Journal of Pediatric Otorhinolaryngology, 61*(1), 39–46.

Lee, L. L. (1974). *Developmental sentence analysis; A grammatical assessment procedure for speech and language clinicians*. Evanston, IL: Northwestern University Press.

Lee, L. L., Koenigsknecht, R., & Mulhern, S. (1975). *Interactive language development teaching: The clinical presentation of grammatical structure*. Evanston, IL: Northwestern University Press.

Leekam, S., & Lopez, B. (2000). Attention and joint attention in preschool children with autism. *Developmental Psychology, 36*(2), 261–273.

Leekam, S., & Ramsden, C. (2006). Dyadic orienting and joint attention in preschool children with autism. *Journal of Autism and Developmental Disorders, 36*(2), 185–197.

Leifer, J., & Lewis, M. (1984). Acquisition of conversational response skills by young Down syndrome and nonretarded young children. *American Journal of Mental Deficiency, 88*(6), 610–618.

Lenneberg, E. (1967). *Biological foundations of language*. New York: Wiley.

Lenz, B. K., Bulgren, J., & Kissam, B. (1995). *Pedagogies for academic diversity in secondary schools: Smarter planning*. Lawrence: University of Kansas Center for Research on Learning.

Leonard, L. (1979). Language impairment in children. *Merrill-Palmer Quarterly, 25*(3), 205–232.

Leonard, L. (1981). Facilitating linguistic skills in children with specific language impairment. *Applied Psycholinguistics, 2*(2), 89–118.

Leonard, L. (1982). Early language development and language disorders. In G. Shames & E. Wiig (Eds.), *Human communication disorders: An introduction*. Columbus, OH: Merrill/Macmillan.

Leonard, L. (1984). Normal language acquisition: Some recent findings and clinical implications. In A. Holland (Ed.), *Language disorders in children*. San Diego, CA: College Hill Press.

Leonard, L. (1987). Is specific language impairment a useful construct? In S. Rosenberg (Ed.), *Advances in applied psycholinguistics: Disorders of first-language development* (Vol. 1, pp. 1–39). New York: Cambridge University Press.

Leonard, L. (1991). Specific language impairment as a clinical category. *Language, Speech, and Hearing Services in Schools, 22*(2), 66–68.

Leonard, L. (1998). *Children with specific language impairment*. Cambridge, MA: MIT Press.

Leonard, L. (2009). Is expressive language disorder as accurate diagnostic category? *American Journal of Speech-Language Pathology, 18*, 115–123.

Leonard, L., Bortolini, U., Caselli, M., McGregor, K., & Sabbadini, L. (1992). Morphological deficits in children with specific language impairment: The status of features in the underlying grammar. *Language Acquisition: A Journal of Developmental Linguistics, 2*(2), 151–179.

Leonard, L., Camarata, S., Rowan, L., & Chapman, K. (1982). The communicative functions of lexical usage by language-impaired children. *Applied Psycholinguistics, 3*(2), 109–125.

Leonard, L., Deevy, P., Miller, C., L., R., Charest, M., & Kurtz, R. (2003). Surface forms and grammatical functions: Past tense and passive participle use by children with specific language impairment. *Journal of Speech, Language, and Hearing Research, 46*(1), 43–55.

Leonard, L., Ellis Weismer, S., Miller, C., Francis, D., Tomblin, J. B., & Kail, R. (2007). Speed of processing, working memory, and language impairment in children. *Journal of Speech, Language, and Hearing Research, 50*, 408–428.

Leonard, L., Eyer, J., Bedore, L., & Grela, B. (1997). Three accounts of the grammatical morpheme difficulties of English-speaking children with specific language impairment. *Journal of Speech, Language, and Hearing Research, 40*(4), 741–753.

Leonard, L., McGregor, K., & Allen, G. (1992). Grammatical morphology and speech perception in children with specific language impairment. *Journal of Speech and Hearing Research, 35*(5), 1076–1085.

Leonard, L., Miller, C., Deevy, P., Rauf, L., Gerber, E., & Charest, M. (2002). Production operations and the use of nonfinite verbs by children with specific language impairment. *Journal of Speech, Language, and Hearing Research, 45*(4), 744–758.

Leonard, L., Miller, C., & Finneran, D. (2009). Grammatical morpheme effects on sentence processing by school-aged adolescents with specific language impairment. *Language and Cognitive Processes, 24*(3), 450–478.

Leonard, L., Miller, C., & Gerber, E. (1999). Grammatical morphology and the lexicon in children with specific language impairment. *Journal of Speech, Language, and Hearing Research, 42*(3), 678–689.

Leonard, L., Miller, C., Grela, B., Holland, A., Gerber, E., & Petucci, M. (2000). Production operations contribute to the grammatical morpheme limitations of children with specific language impairment. *Journal of Memory and Language, 43*(2), 362–378.

Leonard, L., Nippold, M., Kail, R., & Hale, C. (1983). Picture naming in language-impaired children. *Journal of Speech and Hearing Research, 26*(4), 609–615.

Leonard, L., Prutting, C., Perozzi, J., & Berkley, R. (1978). Nonstandard approaches to the assessment of language behaviors. *ASHA, 20*, 371–379.

Leonard, L., Schwartz, R., Chapman, K., Rowan, L., Prelock, P., Terrell, B., et al. (1982). Early lexical acquisition in children with specific language impairment. *Journal of Speech and Hearing Research, 25*(4), 554–564.

Leonard, L., Schwartz, R., Morris, B., & Chapman, K. (1981). Factors influencing early lexical acquisition: Lexical orientation and phonological composition. *Child Development, 52*(3), 882–887.

Lerna, A., Esposito, D., Russo, L., & Massagli, A. (2009, January). *P02-254—The efficacy of the PECS for improving the communicative, relational and social skills in children with autistic disorder: Preliminary results.* Paper presented at the European Psychiatry 17th European Psychiatry Congress, Lisbon, Portugal.

Levey, S. (2004). Discrimination and production of English vowels by bilingual speakers of Spanish and English. *Perceptual and Motor Skills, 99*(2), 445–462.

Levin, H. S., Hanten, G., Zhang, L., Swank, P. R., Ewing-Cobbs, L., Dennis, M., et al. (2004). Changes in working memory after traumatic brain injury in children. *Neuropsychology, 18*(2), 240–247.

Levitt, H. (1987). Interrelationships among the speech and language levels. In H. Levitt, N. McGarr, & D. Geffner (Eds.), *Development of language and communication skills in hearing-impaired children: ASHA monographs* (Vol. 26, pp. 123–139). Rockville, MD: ASHA.

Levitt, H., McGarr, N., & Geffner, D. (1987). Concluding commentary. In H. Levitt, N. McGarr & D. Geffner (Eds.), *Development of language and communication skills in hearing-impaired children: ASHA monographs* (Vol. 26, pp. 140–144). Rockville, MD: ASHA.

Lewis, B., & Thompson, L. (1992). A study of developmental speech and language disorders in twins. *Journal of Speech and Hearing Research, 35*(5), 1086–1094.

Lewis, G., & Sloggett, A. (1998). Suicide, deprivation, and unemployment: Record linkage study. *British Medical Journal, 317*, 1283–1286.

Lewis, M. (2004). Environmental complexity and central nervous system (CNS) development and function. *Mental Retardation and Developmental Disabilities Research Reviews, 10*, 91–95.

Lieberman, R., Heffron, A., West, S., Hutchinson, E., & Swem, T. (1987). A comparison of four adolescent language tests. *Language, Speech and Hearing Services in Schools, 18*(3), 250–266.

Lieberman, R., & Michael, A. (1986). Content relevance and content coverage in tests of grammatical ability. *Journal of Speech and Language Disorders, 51*, 71–81.

Light, J. (1997). "Let's go star fishing": Reflections on the contexts of language learning for children who use aided AAC. *AAC: Augmentative and Alternative Communication, 13*(3), 158–171.

Light, J., Collier, B., & Parnes, P. (1985a). Communicative interaction between young nonspeaking physically disabled children and their primary caregivers: Part 1—Discourse patterns. *AAC: Augmentative and Alternative Communication, 1*(2), 74–83.

Light, J., Collier, B., & Parnes, P. (1985b). Communicative interaction between young nonspeaking physically disabled children and their primary caregivers: Part II—Communicative function. *AAC: Augmentative and Alternative Communication, 1*(3), 98–107.

Light, J., Collier, B., & Parnes, P. (1985c). Communicative interaction between young nonspeaking physically disabled children and their primary caregivers: Part III—Modes of communication. *AAC: Augmentative and Alternative Communication, 1*(4), 125–133.

Light, J., Roberts, B., Dimarco, R., & Greiner, N. (1998). Augmentative and alternative communication to support receptive and expressive communication for people with autism. *Journal of Communication Disorders, 31*(2), 153–180.

Liles, B. (1985). Cohesion in the narratives of normal and language-disordered children. *Journal of Speech and Hearing Disorders, 28*(1), 123–133.

Limber, J. (1973). The genesis of complex sentences. In T. Moore (Ed.), *Cognitive development and the acquisition of language* (pp. 169–185). New York: Academic Press.

Linares-Orama, N., & Sanders, L. (1977). Evaluation of syntax in three-year-old Spanish-speaking Puerto Rican children. *Journal of Speech and Hearing Research, 20*(2), 350–357.

Lincoln, A., Courchesne, E., Harms, L., & Allen, M. (1995). Sensory modulation of auditory stimuli in children with autism and receptive developmental language disorder: Event-related brain potential evidence. *Journal of Autism and Developmental Disorders, 25*(5), 521–539.

Lindamood, C. H., & Lindamood, P. C. (1998). *Lindamood phoneme sequencing program (LIPS)*. Austin, TX: PRO-ED.

Lindamood, P. C., & Lindamood, P. (2004). *Lindamood auditory conceptualization test (LAC-3)* (3rd ed.). San Antonio, TX: Pearson.

Lindsay, G., Dockrell, J., & Mackie, C. (2008). Vulnerability to bullying in children with a history of specific speech and language difficulties. *European Journal of Special Needs Education, 23*, 1–16.

Lindsay, G., Dockrell, J., & Strand, S. (2007). Longitudinal patterns of behaviour problems in children with specific speech and language difficulties: Child and contextual factors. *British Journal of Educational Psychology in the Schools, 77*, 811–828.

Livingstone, M., Rosen, G., Drislane, F., & Galaburda, A. (1991). Physiological and anatomical evidence for a magnocellular defect in developmental dyslexia. *Proceedings of the National Academy of Sciences, 88*(18), 7943–7947.

Lo, L. (2009). Collaborating with Chinese families of children with hearing impairments. *Communication Disorders Quarterly, 30*(2), 97–102.

Loban, W. (1976). *Language development: Kindergarten through grade twelve.* Urbana, IL: National Council of Teachers of English.

Locke, J. (1993). *The child's path to spoken language*. Cambridge, MA: Harvard University Press.

Locke, J. (1995). Development of the capacity for spoken language. In P. Fletcher & B. MacWhinney (Eds.), *The handbook of child language* (pp. 278–302). Oxford: Blackwell.

Loeb, D., Kinsler, K., & Bookbinder, L. (2000, November). *Current language sampling practices in preschools.* Paper presented at the annual convention of the American Speech-Language-Hearing Association, Washington, DC.

Loeb, D., & Leonard, L. (1991). Subject case marking and verb morphology in normally developing and specifically language-impaired children. *Journal of Speech and Hearing Research, 34*(2), 340–346.

Loeb, D., Pye, C., Redmond, S., & Richardson, L. (1996). Eliciting verbs from children with specific language impairment. *American Journal of Speech-Language Pathology, 5*, 17–30.

Loeb, D. F., Stoke, C., & Fey, M. E. (2001). Language changes associated with Fast ForWord-Language: Evidence from case studies. *American Journal of Speech-Language Pathology, 10*(3), 216–230.

Lomax-Bream, L., Taylor, H., Landry, S., Barnes, M., Fletcher, J., & Swank, P. (2007). Role of early parenting and motor skills on development in children with spina bifida. *Journal of Applied Developmental Psychology, 28*, 250–263.

Long, E. (1998). Native American children's performance on the Preschool Language Scale—3. *Journal of Children's Communication Development, 19*(2), 43–47.

Long, E., & Christensen, J. (1998). Indirect language assessment tool for English-speaking Cherokee Indian children. *Journal of American Indian Education, 38*(1), 1–14.

Long, S. (1999a). About time: a comparison of computerized and manual procedures for grammatical and phonological analysis. *Clinical Linguistics and Phonetics, 15*, 399–426.

Long, S. (1999b). Technology applications in the assessment of children's language. *Seminars in Speech and Hearing, 20*, 117–132.

Long, S. (2008). *Computerized profiling (CP)* (Version 9.7.0). Retrieved December 7, 2010 from http://computerizedprofiling.org/

Long, S., & Channell, R. (2001). Accuracy of four language analysis procedures performed automatically. *American Journal of Speech-Language Pathology, 10*(2), 180–188.

Long, S., Fey, M., & Channell, R. (2000). *Computerized profiling (CP)* (Ver. 9.2.7) [MS-DOS computer software]. Cleveland, OH: Department of Communication Sciences, Case Western Reserve University.

Long, S., Olswang, L., Brian, J., & Dale, P. (1997). Productivity of emerging word combinations in toddlers with specific expressive language impairment. *American Journal of Speech-Language Pathology, 6*, 34–47.

Longhurst, T. (1972). Assessing and increasing descriptive communication skills in retarded children. *Mental Retardation, 10*(2), 42–45.

Longhurst, T. (1974). Communication in retarded adolescents: Sex and intelligence level. *American Journal of Mental Deficiency, 78*(5), 607–618.

Longhurst, T., & Berry, G. (1975). Communication in retarded adolescents: Response to listener feedback. *American Journal of Mental Deficiency, 80*(2), 158–164.

Lonigan, C., Bloomfield, B., Anthony, J., Bacon, K., Phillips, B., & Samwel, C. (1999). Relations among emergent literacy skills, behavior problems, and social competence in preschool children from low- and middle-income backgrounds. *Topics in Early Childhood Special Education, 19*(1), 40–53.

Loots, G., Devisé, I., & Sermijn, J. (2003). The interaction between mothers and their visually impaired infants: An intersubjective developmental perspective. *Journal of Visual Impairment and Blindness, 97*(7), 403–418.

Lord, C. (1997). Diagnostic instruments in autism spectrum disorders. In D. Cohen & F. Volkmar (Eds.), *Handbook of autism and pervasive developmental disorders* (2nd ed., pp. 460–483). New York: Wiley.

Lord, C., & McGee, J. (Eds.). (2001). *Educating children with autism.* Washington, DC: National Academies Press.

Lord, C., Rutter, M., DiLavore, P., & Risis, S. (1999). *Autism diagnostic observation schedule.* Los Angeles: Western Psychological Services.

Louis, B., & Lewis, M. (1992). Prenatal beliefs about giftedness in young children and their relation to actual ability level. *Gifted Child Quarterly, 36*, 27–31.

Lovaas, O. (1977). *The autistic child: Language development through behavior modification.* New York: Irvington.

Lovaas, O. (1987). Behavioral treatment and normal educational and intellectual functioning in young autistic children. *Journal of Consulting and Clinical Psychology, 55*, 3–9.

Lovaas, O., Schaeffer, B., & Simmons, J. (1965). Building social behavior in autistic children by use of electric shock. *Journal of Experimental Research in Personality, 1*, 99–109.

Lovell, K., & Bradbury, B. (1967). The learning of English morphology in educationally subnormal special school children. *American Journal of Mental Deficiency, 71*(4), 609–615.

Lucas, E. (1980). *Semantic and pragmatic language disorders: Assessment and remediation.* Rockville, MD: Aspen.

Ludlow, J., & Allen, L. (1979). The effect of early intervention and pre-school stimulus on the development of the Down's syndrome child. *Journal of Mental Deficiency Research, 23*(1), 29–44.

Lund, N., & Duchan, J. (1993). *Assessing children's language in naturalistic contexts* (3rd ed.). Englewood Cliffs, NJ: Prentice Hall.

Lunday, A. (1996). A collaborative communication skills program for Job Corps centers. *Topics in Language Disorders, 16*(3), 23–36.

Luria, A. (1961). *The role of speech in the regulation of normal and abnormal processes in the child.* Baltimore: Penguin.

Luria, A. (1963). *The mentally retarded child.* Oxford: Pergamon Press.

Luria, A., & Yudovich, F. (1971). *Speech and the development of mental processes in the child.* Baltimore: Penguin.

Lutzker, J., & Sherman, J. (1974). Producing generative sentence usage by imitation and reinforcement procedures. *Journal of Applied Behavior Analysis, 7*(3), 447–460.

Lynch, M., & Eilers, R. (1991). Perspectives on early language from typical development and Down syndrome. *International Review of Research in Mental Retardation, 17*, 55–89.

Lynch, M., Oller, D., Steffens, M., Levine, S., Basinger, D., & Umbel, V. (1995). Development of speech-like vocalizations in infants with Down syndrome. *American Journal of Mental Retardation, 100*(1), 68–86.

Lyon, G. (1998). *Overview of reading and literacy initiatives.* Washington, DC: Committee on Labor and Human Resources.

Lyon, G., Fletcher, J., Shaywitz, S., Shaywitz, B., Torgesen, J., Wood, F., et al. (2001). Rethinking learning disabilities. In C. Finn, J. Rotherham, & J. Hokanson (Eds.), *Rethinking special education for a new century* (pp. 259–288). Washington, DC: Thomas B. Fordham Foundation.

Lyon, G., & Risucci, D. (1988). Classification of learning disabilities. In K. Kavale (Ed.), *Learning disabilities: State of the art and practice* (pp. 44–70). Boston: College Hill Press.

MacArthur, C., & Graham, S. (1987). Learning disabled students' composing under three methods of text production: Handwriting, word processing, and dictation. *Journal of Special Education, 21*(3), 22–42.

MacDonald, J., Blott, J., Gordon, K., Spiegel, B., & Hartmann, M. (1974). An experimental parent-assisted program for preschool language-delayed children. *Journal of Speech and Hearing Disorders, 39*(4), 395–415.

MacDonald, J., & Horstmeier, D. (1978). *Environmental language intervention program (ELIP).* San Antonio, TX: The Psychological Corporation.

MacDuff, G., Krantz, P., & McClannahan, I. (1993). Teaching children with autism to use photographic activity schedules:

Maintenance and generalization of complex response chains. *Journal of Applied Behavior Analysis, 26*, 89–98.
Mack, A., & Warr-Leeper, G. (1992). Language abilities in boys with chronic behavior disorders. *Language, Speech, and Hearing Services in Schools, 23*(2), 214–223.
Mackie, K., & Dermody, P. (1986). Use of monosyllabic adaptive speech test (MAST) with young children. *Journal of Speech and Hearing Research, 29*(2), 275–281.
MacLachlan, B., & Chapman, R. (1988). Communication breakdowns in normal and language learning-disabled children's conversation and narration. *Journal of Speech and Hearing Disorders, 53*(1), 2–7.
MacMillan, D., & Siperstein, G. (2001, August). *Learning disabilities as operationally defined by schools.* Paper presented at the Learning Disabilities Summit: Building a Foundation for the Future, Washington, DC.
MacWhinney, B. (1996). The CHILDES system. *American Journal of Speech-Language Pathology, 5*(1), 5–14.
MacWhinney, B. (2000). *The CHILDES project: Tools for analyzing talk* (3rd ed.). Mahwah, NJ: Lawrence Erlbaum Associates.
Madden, C., Rutter, M., Hilbert, L., Greinwald, J., Jr., & Choo, D. (2002a). Clinical and audiological features in auditory neuropathy. *Archives of Otolaryngology—Head and Neck Surgery, 128*(9), 1026–1030.
Madden, C., Rutter, M., Hilbert, L., Greinwald, J., Jr., & Choo, D. (2002b). Pediatric cochlear implantation in auditory neuropathy. *Otology and Neurotology, 23*(2), 163–168.
Madding, C. (2002). Socialization practices of Latinos. In A. Brice (Ed.), *The Hispanic child: Speech, language, culture and education* (pp. 68–84). Boston: Allyn and Bacon.
Mahoney, G., Glover, A., & Finger, I. (1981). Relationship between language and sensorimotor development of Down syndrome and nonretarded children. *American Journal of Mental Deficiency, 86*(1), 21–27.
Mahoney, G., & Seely, P. (1977). The role of the social agent in language acquisition. In H. Ellis (Ed.), *International review of research in mental retardation* (Vol. 8). New York: Academic Press.
Malvy, J., Roux, S., Zakian, A., Debuly, S., Sauvage, D., & Barthelemy, C. (1999). A brief clinical scale for the early evaluation of imitation disorders in autism. *Autism, 3*(4), 357–369.
Mandalis, A., Kinsella, G., Ong, B., & Anderson, V. (2007). Working memory and new learning following pediatric traumatic brain injury. *Developmental Neuropsychology, 32*(2), 683–701.
March of Dimes Birth Defects Foundation. (2002). *March of Dimes: Health library: Infant health statistics.* Retrieved July 8, 2002 from http://www.modimes.org/HealthLibrary/334_606.htm
Marchant, J. (1992). Deaf-blind handicapping conditions. In P. McLaughlin & P. Wehman (Eds.), *Developmental disabilities: A handbook for best practices.* Boston: Andover Medical.
Marchman, V., Wulfeck, B., & Ellis Weismer, S. (1999). Morphological productivity in children with normal language and SLI: A study of the English past tense. *Journal of Speech, Language, and Hearing Research, 42*(1), 206–219.
Marcon, R. (1998, March). *Impact of language deficits on maladaptive behavior of inner-city early adolescents: A longitudinal analysis.* Paper presented at the Biennial Conference on Human Development, Mobile, AL.
Marcus, R. (1996). The friendships of delinquents. *Adolescence, 31*, 145–158.
Margalit, M., & Levin-Alyagon, M. (1994). Learning disability subtyping, loneliness, and classroom adjustment. *Learning Disabilities Quarterly, 17*(4), 297–310.
Markman, E. (1989). *Categorization and naming in children.* Cambridge, MA: MIT Press.
Markman, E., & Wachtel, G. (1988). Children's use of mutual exclusivity to constrain the meaning of words. *Cognitive Psychology, 20*(2), 121–157.
Markides, A. (1970). The speech of deaf and partially-hearing children with special reference to factors affecting intelligibility. *British Journal of Disorders of Communication, 5*(2), 126–140.
Markides, A. (1983). *The speech of hearing-impaired children.* Manchester: Manchester University Press.
Marland, S. (1972). *Education of the gifted and talented: Report to the Congress of the United States by the U.S. Commissioner of Education.* Washington, DC: U.S. Office of Education.
Marler, J. A., Champlin, C. A., & Gillam, R. B. (2001). Backward and simultaneous masking measured in language-learning impaired children who received intervention with Fast ForWord or Laureate learning systems software. *American Journal of Speech-Language Pathology, 10*(3), 258–268.
Marler, J. A., Elfenbein, J. L., Ryals, B. M., Urban, Z., & Netzloff, M. L. (2005). Sensorineural hearing loss in children and adults with Williams syndrome. *American Journal of Medical Genetics, 138A*(4), 318–327.
Mars, A., Mauk, J., & Dowrick, P. (1998). Symptoms of pervasive development disorders as observed in prediagnostic home videos of infants and toddlers. *Journal of Pediatrics, 132*, 500–504.
Marschark, M., Mouradian, V., & Halas, M. (1994). Discourse rules in the language production of deaf and hearing children. *Journal of Experimental Child Psychology, 57*(1), 89–107.
Marschark, M., Rhoten, C., & Fabich, M. (2007). Effects of cochlear implants on children's reading and academic achievement. *Journal of Deaf Studies and Deaf Education, 12*(3), 269–282.
Marshall, N., Hegrenes, J., & Goldstein, S. (1973). Verbal interactions: Mothers and their retarded children vs. mothers and their non-retarded children. *American Journal of Mental Deficiency, 77*(4), 415–419.
Marshall, R., & Hynd, G. (1997). Academic underachievement in ADD subtypes. *Journal of Learning Disabilities, 30*(6), 635–643.
Martin, F. N., & Clark, J. G. (2006). *Introduction to audiology* (9th ed.). Boston: Allyn and Bacon.
Martin Luther King Jr. Elementary School children v. Ann Arbor School District Board. (1997). 473 Federal Supplement 1371c ED. Michigan.
Martin, N., & Brownell, R. (2005). *Test of auditory processing skills—3 (TAPS-3).* East Moline, IL: LinguiSystems.
Martins, I. P., & Ferro, J. M. (1992). Recovery of acquired aphasia in children. *Aphasiology, 6*(4), 431–438.
Martins, I. P., Ferro, J. M., & Trindade, A. (1987). Acquired crossed aphasia in a child. *Developmental Medicine and Child Neurology, 29*(1), 96–100.
Marton, K., & Schwartz, R. (2003). Working memory capacity and language processes in children with specific language impairment. *Journal of Speech, Language, and Hearing Research, 46*(5), 1138–1153.
Marvin, C. (1994). Cartalk! Conversational topics of preschool children en route home from preschool. *Language, Speech, and Hearing Services in Schools, 25*(3), 146–155.
Marvin, C., Beukelman, D. R., & Bilyeu, D. (1994). Vocabulary-use patterns in preschool children: Effects of context and time sampling. *AAC: Augmentative and Alternative Communication, 10*(4), 224–136.
Marvin, C., & Privratsky, A. (1999). After-school talk: The effects of materials sent home from preschool. *American Journal of Speech-Language Pathology, 8*, 231–240.
Massa, J., & Eggert, L. (2001). Activity involvement among suicidal and nonsuicidal high-risk and typical adolescents. *Suicide and Life-Threatening Behavior, 31*(3), 265–281.
Masterson, J. (1997). Interrelationships in children's language production. *Topics in Language Disorders, 17*(4), 11–22.
Masterson, J., & Kamhi, A. (1992). Linguistic trade-offs in school-age children with and without language disorders. *Journal of Speech and Hearing Research, 35*(5), 1064–1075.
Mathers, M. (2005). Some evidence for distinctive language use by children with attention deficit hyperactivity disorder. *Clinical Linguistics and Phonetics, 19*(3), 214–225.
Mathinos, D. (1991). Conversational engagement of children with learning disabilities. *Journal of Learning Disabilities, 24*(7), 439–446.

Matson, J., & LoVullo, S. (2008). A review of behavioral treatments for self-injurious behaviors of persons with autism spectrum disorders. *Behavior Modification, 32*(1), 61–76.

Matson, J., & Nebel-Schwalm, M. (2007). Assessing challenging behaviors in children with autism spectrum disorders: A review. *Research in Developmental Disabilities, 28*(6), 567–579.

Mattis, S., French, J., & Rapin, I. (1975). Dyslexia in children and young adults: Three independent neuropsychological syndromes. *Developmental Medicine and Child Neurology, 17*(2), 150–163.

Mattock, K., & Burnham, D. (2006). Chinese and English infants' tone perception: Evidence for perceptual reorganization. *Infancy, 10*(3), 241–265.

Mauk, G., & Mauk, P. (1998). Considerations, conceptualizations, and challenges in the study of concomitant learning disabilities among children and adolescents who are deaf or hard of hearing. *Journal of Deaf Studies and Deaf Education, 3*(1), 15–34.

Mauk, G., White, K. R., & Mortensen, L. B. (1991). The effectiveness of hearing screening programs based on high-risk characteristics in early identification of hearing impairment. *Ear and Hearing, 12*(5), 312–319.

Maurer, H., & Sherrod, K. (1987). Context of directives given to young children with Down syndrome and nonretarded children: Development over two years. *American Journal of Mental Deficiency, 91*(6), 579–590.

Maxwell, M. M., & Falick, T. G. (1992). Cohesion and quality in deaf and hearing children's written English. *Sign Language Studies, 77*, 345–371.

Mayberry, R. I., & Eichen, E. B. (1991). The long lasting advantage of learning sign language in childhood: Another look at the critical period of language acquisition. *Journal of Memory and Language, 30*(4), 486–512.

Mayes, S., Calhoun, S., & Crites, D. (2001). Does DSM-IV Asperger's disorder exist? *Journal of Abnormal Child Psychology, 29*(3), 263–271.

McAnally, K. I., Castles, A., & Bannister, S. (2004). Auditory temporal pattern discrimination and reading ability. *Journal of Speech, Language, and Hearing Research, 47*(6), 1237–1243.

McCaffrey, H. (1999). Multichannel cochlear implantation and the organization of the early speech. *Volta Review, 101*(1), 5–29.

McCarthren, R., Warren, S., & Yoder, P. (1996). Prelinguistic predictors of later language development. In K. Cole, P. Dale, & D. Thal (Eds.), *Assessment of communication and language* (pp. 57–75). Baltimore: Paul H. Brookes.

McCauley, R. (1996). Familiar strangers: Criterion-referenced measures in communication disorders. *Language, Speech, and Hearing Services in Schools, 27*(2), 122–131.

McCauley, R., & Demetras, M. (1990). Identification of language impairment in the selection of specifically language-impaired subjects. *Journal of Speech and Hearing Disorders, 55*(5), 468–475.

McCauley, R., & Swisher, L. (1984). Use and misuse of norm-referenced tests in clinical assessment: A hypothetical case. *Journal of Speech and Hearing Disorders, 49*, 338–348.

McCluckey, K., & Walker, K. (1986). *The doubtful gift*. Kingston: Ronald P. Frye.

McClure, W. (1966). Current problems and trends in the education of the deaf. *The Deaf American, 18*(5), 8–14.

McCormick, L. (1997). Language intervention and support. In L. McCormick, D. Loeb, & R. Schiefelbusch (Eds.), *Supporting children with communication difficulties in inclusive settings: School-based language intervention* (pp. 257–306). Boston: Allyn and Bacon.

McCune, L., Kearney, B., & Checkoff, M. (1989). Forms and functions of communication by children with Down syndrome and nonretarded children with their mothers. In S. von Tetzchner, L. S. Siegel, & L. Smith (Eds.), *The social and cognitive aspects of normal and atypical language development* (pp. 113–127). New York: Springer-Verlag.

McDermott, P., Goldberg, M., Watkins, M., Stanley, J., & Glutting, J. (2006). A nationwide epidemiologic modeling study of LD: Risk, protection, and unintended impact. *Journal of Learning Disabilities, 39*(3), 230–251.

McDonald, S. (1993). Pragmatic language skills after closed head injury: Ability to meet the informational needs of the listener. *Brain and Language, 44*(1), 28–46.

McDonald, S., & Turkstra, L. (1998). Adolescents with traumatic brain injury: Assessing pragmatic language function. *Clinical Linguistics and Phonetics, 12*(3), 237–248.

McDuffie, A., Chapman, R., & Abbeduto, L. (2008). Language profiles of adolescents and young adults with Down syndrome and Fragile X syndrome. In J. Roberts, R. Chapman, & S. Warren (Eds.), *Speech and language development and intervention in Down syndrome and Fragile X syndrome* (pp. 117–141). Baltimore: Paul H. Brookes.

McEachin, J., Smith, T., & Lovaas, O. (1993). Long-term outcome for children with autism who received early intensive treatment. *American Journal of Mental Retardation, 97*(4), 359–372.

McEvoy, M., & Neilsen, S. (2001). Using functional behavioral assessment and functional communication training to assess and prevent challenging behavior. *Perspectives on Augmentative and Alternative Communication, 10*(1), 6–8.

McFadden, T. (1998). The immediate effects of pictographic representation on children's narratives. *Child Language Teaching and Therapy, 14*(1), 51–67.

McFadden, T., & Gillam, R. (1996). An examination of the quality of narratives produced by children with language disorders. *Language, Speech, and Hearing Services in Schools, 27*, 48–56.

McFarland, D. J., & Cacace, A. T. (1997). Modality specificity of auditory and visual pattern recognition: Implication for assessment of central auditory processing disorders. *Audiology, 36*(5), 249–260.

McFarland, D. J., & Cacace, A. T. (2006). Current controversies in CAPD: From Procrustes' bed to Pandora's box. In T. K. Parthasarathy (Ed.), *An introduction to auditory processing disorders in children* (pp. 247–263). Mahwah, NJ: Lawrence Erlbaum Associates.

McFarland, D. J., & Cacace, A. T. (2009). Modality specificity and auditory processing disorders. In A. T. Cacace & D. J. McFarland (Eds.), *Controversies in central auditory processing disorder* (pp. 199–216). San Diego, CA: Plural Publishing.

McGee, G., Almeida, M., & Sulzer-Azaroff, B. (1992). Promoting reciprocal interactions via peer incidental teaching. *Journal of Applied Behavior Analysis, 25*(1), 117–126.

McGillivray, J., & Baker, K. (2008). Effects of comorbid attention deficit hyperactivity disorder with learning disabilities on anxiety, depression, and aggression in adults. *Journal of Attention Disorders, 10*(6), 525–531.

McGivern, A., Rieff, M., & Vender, B. (1978). *Language stories: Teaching language to developmentally disabled children*. New York: John Day.

McGregor, K. (1997a). Prosodic influences on children's grammatical morphology. *Topics in Language Disorders, 17*(4), 63–75.

McGregor, K. (1997b). The nature of word-finding errors of preschoolers with and without word-finding deficits. *Journal of Speech, Language, and Hearing Research, 40*(6), 1232–1244.

McGregor, K., Friedman, R., Reilly, R., & Newman, R. (2002). Semantic representation and naming in young children. *Journal of Speech, Language, and Hearing Research, 45*(2), 332–346.

McGregor, K., Newman, R., Reilly, R., & Capone, N. (2002). Semantic representation and naming in children with specific language impairment. *Journal of Speech, Language, and Hearing Research, 45*(5), 998–1014.

McGregor, K., & Windsor, J. (1996). Effects of priming on the naming accuracy of preschoolers with word-finding deficits. *Journal of Speech and Hearing Research, 39*(5), 1048–1058.

McKay, S., Gravel, J., & Tharpe, A. M. (2008). Amplification considerations for children with minimal or mild bilateral hearing

loss and unilateral hearing loss. *Trends in Amplification, 12*(1), 43–54.
McKinley, N., & Larson, V. (1989). Students who can't communicate: Speech-language services at the secondary level. *Curriculum Report, 19*(2), 1–8.
McKirdy, L., & Blank, M. (1982). Dialogue in deaf and hearing preschoolers. *Journal of Speech and Hearing Research, 25*(4), 487–499.
McLaughlin, S. (2006). *Introduction to language development* (2nd ed.). Clifton Park, NY: Thomson Delmar Learning.
McLean, J. (1992). Facilitated communication: Some thoughts of Biklen's and Calculator's interaction. *American Journal of Speech-Language Pathology, 1*, 25–27.
McLean, J., McLean, L., Brady, N., & Etter, R. (1991). Communication profiles of two types of gesture using nonverbal persons with severe to profound mental retardation. *Journal of Speech and Hearing Research, 34*(2), 294–308.
McLean, J., & Snyder-McLean, L. (1999). *How children learn language*. San Diego, CA: Singular.
McLean, L., Brady, N., McLean, J., & Behrens, G. (1999). Communication forms and functions of children and adults with severe mental retardation in community and institutional settings. *Journal of Speech, Language, and Hearing Research, 42*(1), 231–240.
McLean, L., & Cripe, J. (1997). The effectiveness of early intervention for children with communication disorders. In M. Guralnick (Ed.), *The effectiveness of early intervention* (pp. 349–428). Baltimore: Paul H. Brookes.
McLeavey, B., Toomey, J., & Dempsey, P. (1982). Nonretarded and mentally retarded children's control over syntactic structures. *American Journal of Mental Deficiency, 86*(5), 485–494.
McLeod, S., van Doorn, J., & Reed, V. A. (2001a). Consonant cluster development in two-year-olds: General trends and individual differences. *Journal of Speech, Language, and Hearing Research, 44*(5), 1144–1171.
McLeod, S., van Doorn, J., & Reed, V. A. (2001b). Normal acquisition of consonant clusters. *American Journal of Speech-Language Pathology, 10*(2), 99–110.
McNaughton, D. (1991). Augmentative and alternative communication intervention for a child with acquired aphasia with convulsive disorder: A case study. *Journal of Speech-Language Pathology and Audiology, 15*(2), 35–41.
McNaughton, D. (2002). What to look for on the literacy voyage. In K. Erickson, D. Koppenhaver & D. Yoder (Eds.), *Waves of words: Augmented communicators read and write* (pp. 63–73). Toronto: ISAAC Press.
McNulty, M. (2003). Dyslexia and the life course. *Journal of Learning Disabilities, 36*(4), 363–381.
McWilliams, B., Morris, H., & Shelton, R. (1990). *Cleft palate speech*. Philadelphia: B. C. Decker.
Mehan, H. (1979). *Learning lessons: Social organization in the classroom*. Cambridge, MA: Harvard University Press.
Mehl, A. L., & Thomson, V. (1998). Newborn hearing screening: The great omission. *Paediatrics, 101*(1), 1–6.
Meltzer, L., Roditi, B., & Fenton, T. (1986). Cognitive and learning profiles of delinquent and learning disabled adolescents. *Adolescence, 21*(83), 581–591.
Mendaglio, S. (1993). Counseling techniques. In L. Silverman (Ed.), *Counseling the gifted and talented* (pp. 131–149). Denver, CO: Love.
Menn, L., & Stoel-Gammon, C. (2008). Phonological development: Learning sounds and sound patterns. In J. Berko-Gleason (Ed.), *The development of language* (7th ed., pp. 58–103). Boston: Allyn and Bacon.
Menyuk, P. (1972). *Sentences children use*. Cambridge, MA: MIT Press.
Menyuk, P., Chesnick, M., Leibergott, J., Korngold, B., D'Agostino, R., & Belanger, A. (1991). Predicting reading problems in at-risk children. *Journal of Speech and Hearing Research, 34*(4), 893–903.
Menyuk, P., Liebergott, J., Schultz, M., Chesnick, M., & Ferrier, L. (1991). Patterns of early lexical and cognitive development in premature and full-term infants. *Journal of Speech and Hearing Research, 34*(1), 88–94.
Mercer, C., Jordan, L., Allsopp, D., & Mercer, A. (1996). Learning disabilities definitions and criteria used by state education departments. *Learning Disabilities Quarterly, 19*(4), 217–232.
Merchen, M. A. (1984). Technology and people. *Communication Outlook, 6*(2), 12–13.
Merchen, M. A. (1990). Some reasons for being passive from a personal perspective. *Communication Outlook, 12*(1), 10–11.
Merrell, A., & Plante, E. (1997). Norm-referenced test interpretation in the diagnostic process. *Language, Speech, and Hearing Services in Schools, 28*, 50–58.
Merrill, E., & Mar, H. (1987). Differences between mentally retarded and nonretarded persons' efficiency of auditory sentence processing. *American Journal of Mental Deficiency, 91*(4), 406–414.
Mervis, C. (1990). Early conceptual development of children with Down syndrome. In D. Cicchetti & M. Beeghly (Eds.), *Children with Down syndrome: A developmental perspective*. Cambridge: Cambridge University Press.
Mervis, C., & Becerra, A. (2007). Language and communication development in Williams syndrome. *Mental Retardation and Developmental Disabilities, 13*(1), 3–15.
Mervis, C., & Bertrand, J. (1994). Acquisition of the novel name-nameless category (N_3C) principle. *Child Development, 65*(6), 1646–1662.
Mervis, C., Yeargin-Allsopp, M., Winter, S., & Boyle, C. (2000). Aetiology of childhood vision impairment, metropolitan Atlanta, 1991–93. *Paediatric and Perinatal Epidemiology, 14*, 70–77.
Merzenich, M., Jenkins, W., Johnston, P., Schreiner, C., Miller, S., & Tallal, P. (1996). Temporal processing deficits of language-learning impaired children ameliorated by training. *Science, 271*, 77–81.
Messer, D., & Dockrell, J. (2006). Children's naming and word-finding difficulties: Descriptions and explanations. *Journal of Speech, Language, and Hearing Research, 49*, 309–324.
Meyer, M., Wood, F., Hart, L., & Felton, R. (1998). Selective predictive value of rapid automatized naming in poor readers. *Journal of Learning Disabilities, 31*(2), 107–117.
Michalewski, H. J., Starr, A., Nguyen, T. T., Kong, Y. Y., & Zeng, F. G. (2005). Auditory temporal processes in normal-hearing individuals and in patients with auditory neuropathy. *Clinical Neurophysiology, 116*(3), 669–680.
Miles, J. (1997). *Angelmann syndrome information*. Retrieved May 7, 2010 from http://chem-faculty.ucsd.edu/harvey/asfsite/Web_Sites.html
Miles, S., & Chapman, R. (2002). Narrative content as described by individuals with Down syndrome and typically developing children. *Journal of Speech, Language, and Hearing Research, 45*(1), 175–189.
Miles, S., Chapman, R., & Sindberg, H. (2006). Sampling context affects MLU in the language of adolescents with Down syndrome. *Journal of Speech, Language, and Hearing Research, 49*(2), 325–337.
Millar, D. C., Light, J., & Schlosser, R. W. (2006). The impact of augmentative and alternative communication intervention on the speech production of individuals with developmental disabilities: A research review. *Journal of Speech, Language, and Hearing Research, 49*(2), 248–264.
Miller, C., & Deevy, P. (2006). Structural priming in children with and without specific language impairment. *Clinical Linguistics and Phonetics, 20*, 387–399.
Miller, C., Kail, R., Leonard, L., & Tomblin, J. B. (2001). Speed of processing in children with specific language impairment. *Journal of Speech, Language, and Hearing Research, 44*(2), 416–433.
Miller, C., & Leonard, L. (1998). Deficits in finite verb morphology: Some assumptions in recent accounts of specific language

impairment. *Journal of Speech, Language, and Hearing Research, 41*(3), 701–707.

Miller, C., Leonard, L., & Finneran, D. (2008). Grammaticality judgments in adolescents with and without language impairment. *International Journal of Language and Communication Disorders, 43*, 346–360.

Miller, J. (1981). *Assessing language production in children: Experimental procedures*. Boston: Allyn and Bacon.

Miller, J. (1984). Mental Retardation. In W. H. Perkins (Ed.), *Language handicaps in children*. New York: Thieme-Stratton.

Miller, J. (1988). The developmental asynchrony of language development in children with Down syndrome. In L. Nadel (Ed.), *The psychobiology of Down syndrome* (pp. 168–198). Cambridge, MA: MIT Press.

Miller, J. (1992). Lexical development in young children with Down syndrome. In R. S. Chapman (Ed.), *Processes in language acquisition and disorder*. St. Louis, MO: Mosby-Year Book.

Miller, J. (1995). Individual differences in vocabulary acquisition in children with Down syndrome. *Progress in Clinical Biology and Research, 393*, 93–103.

Miller, J. (1996). Progress in assessing, describing, and defining child language disorder. In K. Cole, P. Dale, & D. Thal (Eds.), *Assessment of communication and language* (pp. 309–324). Baltimore: Paul H. Brookes.

Miller, J., Budde, M., Bashir, A., & LaFollette, L. (1987, November). *Lexical productivity in children with Down syndrome*. Paper presented at the annual convention of the American Speech-Language-Hearing Association, New Orleans, LA.

Miller, J., Campbell, T., Chapman, R., & Ellis Weismer, S. (1984). Language behavior in acquired childhood aphasia. In A. L. Holland (Ed.), *Language disorders in children: Recent advances*. San Diego, CA: College Hill Press.

Miller, J., & Chapman, R. (1984). Disorders of communication: Investigating the development of language of mentally retarded children. *American Journal of Mental Deficiency, 88*(5), 536–545.

Miller, J., & Chapman, R. (2000). *Systematic analysis of language transcripts (SALT)* (Ver. 6.1) [Windows computer software]. Madison: Language Analysis Laboratory, Waisman Center on Mental Retardation and Human Development, University of Wisconsin–Madison.

Miller, J., & Paul, R. (1995). *The clinical assessment of language comprehension*. Baltimore: Paul H. Brookes.

Miller, J., & Weinert, R. (1998). *Spontaneous spoken language: Syntax and discourse*. Oxford: Clarendon Press.

Mills, C., & Durden, W. (1992). Cooperative learning and ability grouping: An issue of choice. *Gifted Child Quarterly, 36*, 11–16.

Mills, D. L., Coffey-Corina, S. A., & Neville, H. J. (1993). Language acquisition and cerebral specialization in 20-month-old infants. *Journal of Cognitive Neuroscience, 5*(3), 317–334.

Mindell, P., & Stracher, D. (1980). Assessing reading and writing of the gifted: The warp and woof of the language program. *Gifted Child Quarterly, 24*, 72–80.

MindWeavers Inc. (1996). *MindWeavers history*. Retrieved February 4, 2004 from http://www.mindweavers.co.uk.

Ming, X., Brimacombe, M., & Wagner, G. (2007). Prevalence of motor impairment in autistic spectrum disorders. *Brain Development, 29*, 565–570.

Minino, A. M., & Smith, B. L. (2001). Deaths: Preliminary data for 2000. *National Vital Statistics Reports, 49*(12), 1–40.

Miolo, G., Chapman, R., & Sindberg, H. (2005). Sentence comprehension in adolescents with Down syndrome and typically developing children: Role of sentence voice, visual context, and auditory-verbal short-term memory. *Journal of Speech, Language, and Hearing Research, 48*(1), 172–188.

Miranda, A., McCabe, A., & Bliss, L. (1998). Jumping around and leaving things out: A profile of the narrative abilities of children with specific language impairment. *Applied Psycholinguistics, 19*(4), 647–667.

Mirenda, P. (1997). Supporting individuals with challenging behavior through functional communication training and AAC: Research review. *AAC: Augmentative and Alternative Communication, 13*(4), 207–225.

Mirenda, P. (2001). Autism, augmentative communication and assistive technology: What do we really know? *Focus on Autism and Other Developmental Disabilities, 16*(3), 141–151.

Mirenda, P. (2003). Toward functional augmentative and alternative communication for students with autism: Manual signs, graphic symbols, and voice output communication aids. *Language, Speech, and Hearing Services in Schools, 34*, 203–216.

Mirenda, P., & Brown, K. (2007). Supporting individuals with autism and problem behavior using AAC. *Perspectives on Augmentative and Alternative Communication, 16*, 26–31.

Mirenda, P., & Erickson, K. (2000). Augmentative communication and literacy. In B. M. Prizant (Ed.), *Autism spectrum disorder: A transactional developmental perspective* (pp. 333–369). Baltimore: Paul H. Brookes.

Mirenda, P., & Locke, P. A. (1989). A comparison of symbol transparency in nonspeaking persons with intellectual disabilities. *Journal of Speech and Hearing Disorders, 54*(2), 131–140.

Mody, M., Studdert-Kennedy, M., & Brady, S. (1997). Speech perception deficits in poor readers: Auditory processing or phonological coding? *Journal of Experimental Child Psychology, 64*(2), 199–231.

Moeller, M. P., & Lukete-Stahlman, B. (1990). Parents' use of SEE-II: A descriptive analysis. *Journal of Speech and Hearing Disorders, 55*, 327–338.

Moeller, M. P., McConkey, A. J., & Osberger, M. J. (1983). Evaluation of the communicative skills of hearing-impaired children. *Audiology, 8*, 113–128.

Moerk, E. (1976). Processes of language teaching and training in the interactions of mother-child dyads. *Child Development, 47*(4), 1064–1078.

Moncrieff, D. (2006). Identification of binaural integration deficits in children with competing words subtest: Standard score versus interaural asymmetry. *International Journal of Audiology, 45*(9), 545–558.

Montague, M., Maddux, C., & Dereshiwsky, M. (1990). Story grammar and comprehension and production of narrative prose by students with learning disabilities. *Journal of Learning Disabilities, 23*(3), 190–197.

Montgomery, G. (1966). The relationship of oral skills to manual communication in profoundly deaf adolescents. *American Annals of the Deaf, 111*(4), 557–565.

Montgomery, J. (2000). Verbal working memory and sentence comprehension in children with specific language impairment. *Journal of Speech, Language, and Hearing Research, 43*(2), 293–308.

Montgomery, J. (2002a). Information processing and language comprehension in children with specific language impairment. *Topics in Language Disorders, 22*(3), 62–84.

Montgomery, J. (2002b). Understanding the language difficulties of children with specific language impairments: Does verbal working memory matter? *American Journal of Speech-Language Pathology, 11*, 77–91.

Montgomery, J. (2005). Effects of input rate and age on the real-time language processing of children with specific language impairment. *International Journal of Language and Communication Disorders, 1*, 177–188.

Montgomery, J., & Evans, J. (2009). Complex sentence comprehension and working memory in children with specific language impairment. *Journal of Speech, Language, and Hearing Research, 52*, 269–288.

Montgomery, J., Evans, J., & Gillam, R. (2009). Relation of auditory attention on complex sentence comprehension in children with specific language impairment: A preliminary study. *Applied Psycholinguistics, 30*, 123–151.

Montgomery, J., & Hayes, L. (2005). Literacy transition strategies for upper elementary students with language-learning disabilities. *Communication Disorders Quarterly, 26*(2), 85–93.

Montgomery, J., & Leonard, L. (1998). Real-time inflectional processing by children with specific language impairment: Effects of phonetic substance. *Journal of Speech, Language, and Hearing Research, 41*(6), 1432–1443.

Montgomery, J., & Windsor, J. (2007). Examining the language performances of children with and without specific language impairment: Contributions of phonological short-term memory and speed of processing. *Journal of Speech, Language, and Hearing Research, 50*, 778–797.

Moore, L., Clibbens, J., & Dennis, I. (1998). Reference and representation in children with Down syndrome. *Down Syndrome Research and Practice, 5*(2), 63–70.

Moores, D. (1987). *Educating the deaf: Psychology, principles, and practices* (3rd ed.). Boston: Houghton Mifflin.

Moores, D., Weiss, K., & Goodwin, M. (1978). Early education programs for hearing-impaired children: Major findings. *American Annals of the Deaf, 123*(8), 925–936.

Moran, M. (1975). *Verb inflections of normal and learning disabled children*. Lawrence: University Press of Kansas.

Mordecai, D., & Palin, M. (1982). *Lingquest 1 & 2* [Computer software]. Napa, CA: Lingquest Software Inc.

Moreau, M. (2006). *Story grammar marker*. Greenville, SC: Super-Duper.

Morehead, D., & Ingram, D. (1973). The development of base syntax in normal and linguistically deviant children. *Journal of Speech and Hearing Research, 16*(3), 330–352.

Morgan, D., & Guilford, A. (1984). *Adolescent language screening test*. Austin, TX: PRO-ED.

Morris, S., & Klein, K. (1987). *Pre-feeding skills: A comprehensive resource for therapists*. Tucson, AZ: Therapy Skill Builders.

Morrow, D. R., Mirenda, P., Beukelman, D. R., & Yorkston, K. M. (1993). Vocabulary selection for augmentative communication systems: A comparison of three techniques. *American Journal of Speech-Language Pathology, 2*(2), 19–30.

Morse, J. L. (1988). Assessment procedures for people with mental retardation: The dilemma and suggested adaptive procedures. In S. Calculator & J. L. Bedrosian (Eds.), *Communication assessment and intervention for adults with mental retardation* (pp. 109–138). London: Taylor and Francis.

Moy, S., & Nadler, J. (2008). Advances in behavioral genetics: Mouse models of autism. *Molecular Psychiatry, 13*(1), 4–26.

Mueller, H., Johnson, E. E., & Carter, A. (2007). Hearing aids and assistive devices. In R. L. Schow & M. A. Nerbonne (Eds.), *Introduction to audiological rehabilitation* (5th ed., pp. 31–76). Boston: Allyn and Bacon.

Mugitani, R., Fais, L., Dietrich, C., Werker, J., Pons, F., & Amano, S. (2009). Perception of vowel length by Japanese- and English-learning infants. *Developmental Psychology, 45*(1), 236–247.

Mujica, M. (2009). *Fact sheet: States with official English*. Retrieved February 7, 2010, from http://www.us-english.org/view/302

Mundy, P. (1995). Joint attention and social-emotional approach behavior in children with autism. *Developmental Psychopathology, 7*, 63–82.

Mundy, P., Kasari, C., Sigman, M., & Ruskin, E. (1995). Nonverbal communication and early language acquisition in children with Down syndrome and in normally developing children. *Journal of Speech and Hearing Research, 38*(1), 157–167.

Mundy, P., & Markus, J. (1997). On the nature of communication and language impairment in autism. *Mental Retardation and Developmental Disabilities Research Reviews, 3*, 343–349.

Mundy, P., Sigman, M., & Kasari, C. (1990). A longitudinal study of joint attention and language development in autistic children. *Journal of Autism and Developmental Disorders, 20*, 115–128.

Murphy, C. C., Boyle, C., Schendel, D., Decoufle, P., & Yeargin-Allsopp, M. (1998). Epidemiology of mental retardation in children. *Mental Retardation and Developmental Disabilities Research Reviews, 4*(1), 6–13.

Murphy, V., & Hicks-Stewart, K. (1991). Learning disabilities and attention deficit-hyperactivity disorder: An interactional perspective. *Journal of Learning Disabilities, 24*(7), 386–388.

Murray, L., & Andrews, L. (2001). *Your social baby: Understanding babies' communication from birth*. Melbourne: Australian Council for Education Research.

Muscular Dystrophy Campaign. (2002). *Duchenne MD*. Retrieved December 2, 2002, from http://www.muscular-dystrophy.org/information/KeyFacts/duchenne.html

Musiek, F. (1999). Central auditory tests. *Scandinavian Audiology, 28*(Suppl. 51), 33–46.

Musiek, F., Bellis, T. J., & Chermak, G. (2005). Non-modularity of the central auditory nervous system: Implications for (central) auditory processing disorder. *American Journal of Audiology, 14*(2), 128–138.

Musselman, C., & Szanto, G. (1998). The written language of deaf adolescents: Patterns of performance. *Journal of Deaf Studies and Deaf Education, 3*(3), 245–257.

Myers, S., Johnson, C., & Council on Children with Disabilities. (2007). Management of children with autism spectrum disorders. *Pediatrics, 120*, 1162–1182.

Myklebust, H. (1954). *Auditory disorders in children: A manual for different diagnosis*. New York: Grune and Stratton.

Nagy, W., & Anderson, R. (1984). The number of words in printed school English. *Reading Research Quarterly, 19*(3), 304–330.

Namazi, M., & Johnston, J. (1996, June). *The relationship between grammatical morphology and semantic complexity in the utterances of language-impaired children*. Paper presented at the Symposium on Research in Child Language Disorders, Madison, WI.

Nathanson, R., Crank, J., Saywitz, K., & Ruegg, E. (2007). Enhancing the oral narratives of children with learning disabilities. *Reading and Writing Quarterly, 23*(4), 315–331.

Nation, K. (2005). Children's reading comprehension difficulties. In M. J. Snowling & C. Hulme (Eds.), *The science of reading: A handbook* (pp. 521–537). Oxford: Blackwell.

Nation, K., & Norbury, C. (2005). Why reading comprehension fails: Insights from developmental disorders. *Topics in Language Disorders, 25*(1), 21–32.

National Center for Children in Poverty. (2002). *Low-income children in the United States: A brief demographic profile*. Retrieved July 7, 2002 from http://cpmcnet.columbia.edu/dept/nccp/YCPfact302.pdf

National Head Injury Foundation. (1985). *An educator's manual: What educators need to know about students with traumatic brain injury*. Framingham, MA: Author.

National Institutes of Health. (2006). *Fact sheet: Newborn hearing screening*. Washington, DC: U.S. Department of Health and Human Services.

National Joint Committee for the Communication Needs for Persons with Severe Disabilities. (2002). Supporting documentation for the position statement of access to communication services and supports: Concerns regarding the application of restrictive "eligibility" policies. *Communication Disorders Quarterly, 23*(3), 145–153.

National Joint Committee on Learning Disabilities. (1991). Learning disabilities: Issues on definition. *ASHA, 33*(Suppl. 5), 18–20.

National Joint Committee on Learning Disabilities. (1998). Operationalizing the NJCLD definition of learning disabilities for ongoing assessment in schools. *Learning Disabilities Quarterly, 21*, 186–193.

National Reading Panel. (2000). *Teaching children to read: An evidence-based assessment of the scientific literature on reading and its implications for reading instruction* (NIH Publication No. 00-4769). Washington, DC: National Institute of Child Health and Human Development.

Needleman, H. (1977). Effects of hearing loss from early recurrent otitis media on speech and language development. In B. Jaffe (Ed.), *Hearing loss in children*. Baltimore: University Park Press.

Nelson, K., Camarata, S., Welsh, J., Butovsky, L., & Camarata, M. (1996). Effects of imitative and conversational recasting treatment on the acquisition of grammar in children with specific language impairment and younger language-normal children. *Journal of Speech and Hearing Research, 39*(4), 850–859.

Nelson, K., Carskaddon, G., & Bonvillian, J. (1973). Syntax acquistion: Impact of experimental variation in adult verbal interaction with the child. *Journal of Child Language, 44*(3), 497–504.

Nelson, K., Welsh, J., Camarata, S., Butkovsky, L., & Camarata, M. (1995). Available input for language-impaired children and younger children of matched language levels. *First Language, 15*(43), 1–17.

Nelson, N. (1998). *Childhood language disorders in context: Infancy through adolescence* (2nd ed.). Boston: Allyn and Bacon.

Nelson, N., & Hyter, Y. (1990, November). *Black English sentence scoring: Development and use as a tool for non-biased assessment.* Paper presented at the annual convention of the American Speech-Language-Hearing Association, Seattle, WA.

Nelson, N., & Van Meter, A. (2007). Measuring written language ability in narrative samples. *Reading and Writing Quarterly, 23*(3), 287–309.

Nettelbaldt, U., & Hansson, K. (1999). Mazes in Swedish preschool children with specific language impairment. *Clinical Linguistics and Phonetics, 13*, 483–497.

Neville, H., Coffey, S., Holcomb, P., & Tallal, P. (1993). The neurobiology of sensory and language processing in language-impaired children. *Journal of Cognitive Neuroscience, 5*, 235–253.

Nevins, H., & Chute, P. (1996). *Children with cochlear implants in educational setting*. London: Singular.

Newcomer, P., & Hammill, D. (1977). *Test of language development.* Austin, TX: PRO-ED.

Newcomer, P., & Hammill, D. (1991). *Test of language development—Primary: 2.* Austin, TX: PRO-ED.

Newcomer, P. L., & Hammill, D. D. (1997). *Test of language development—Primary, (TOLD-P:3)* (3rd ed.). Austin, TX: PRO-ED.

Newfield, M., & Schlanger, B. (1968). The acquisition of English morphology by normal and educable mentally retarded children. *Journal of Speech and Hearing Research, 11*(4), 693–706.

Newman, R., & German, D. (2002). Effects of lexical factors on lexical access among typical language-learning children and children with word-finding difficulties. *Language and Speech, 45*(3), 285–317.

New Zealand Guidelines Group. (1998). *Traumatic brain injury rehabilitation guidelines*. Retrieved December 2, 2002 from www.nzgg.org.nz/library/gl_complete/tbi/TBI_guidline.pdf

Nicholas, J., & Geers, A. (2003a). Hearing status, language modality, and young children's communicative and linguistic behavior. *Journal of Deaf Studies and Deaf Education, 8*(4), 422–437.

Nicholas, J., & Geers, A. (2003b). Personal, social and family adjustment in school-aged children with cochlear implant. *Ear and Hearing, 24*(Suppl. 1), 69S–81S.

Nicholas, J., & Geers, A. (2007). Will they catch up? The role of age at cochlear implantation in the spoken language development of children with severe to profound hearing loss. *Journal of Speech, Language, and Hearing Research, 50*(4), 1048–1062.

Nichols, L. (1996). Pencil and paper versus word processing: A comparative study of creative writing in the elementary school. *Journal of Research on Computing in Education, 29*(2), 159–166.

Nicoladis, E., & Secco, G. (2000). The role of a child's productive vocabulary in the language choice of a bilingual family. *First Language, 20*(58), 3–28.

Nietupski, J., Scheutz, G., & Ockwood, L. (1980). The delivery of communication therapy services to severely handicapped students: A plan for change. *Journal of the Association for the Severely Handicapped, 5*(1), 13–23.

Nippold, M. (Ed.). (1988). *Later language development: Ages nine through nineteen.* Boston: Little, Brown.

Nippold, M. (1991). Evaluating and enhancing idiom comprehension in language-disordered students. *Language, Speech, and Hearing Services in the Schools, 22*(3), 100–106.

Nippold, M. (1993). Developmental markers in adolescent language: Syntax, semantics, and pragmatics. *Language, Speech and Hearing Services in Schools, 24*(1), 21–28.

Nippold, M. (1994a). Persuasive talk in social contexts: Development, assessment, and intervention. *Topics in Language Disorders, 14*(3), 1–12.

Nippold, M. (1994b). Third-order verbal analogical reasoning: A developmental study of children and adolescents. *Contemporary Educational Psychology, 19*(1), 101–107.

Nippold, M. (1995). School-age children and adolescents: Norms for word definition. *Language, Speech and Hearing Services in Schools, 26*(4), 320–325.

Nippold, M. (1999). Word definition in adolescents as a function of reading proficiency: A research note. *Child Language Teaching and Therapy, 15*(2), 171–176.

Nippold, M. (2000). Language development during the adolescent years: Aspects of pragmatics, syntax, and semantics. *Topics in Language Disorders, 20*(2), 15–28.

Nippold, M. (2002). Lexical learning in school-age children, adolescents, and adults: A process where language and literacy converge. *Journal of Child Language, 29*(2), 474–478.

Nippold, M. (2004). Phonological and language disorders in children who stutter: Impact on treatment recommendations. *Clinical Linguistics and Phonetics, 18*, 145–159.

Nippold, M. (2007). *Later language development: School-age children, adolescents, and young adults.* Austin, TX: PRO-ED.

Nippold, M. (2010). It's NOT too late to help adolescents succeed in school. *Language, Speech, and Hearing Services in Schools, 41*, 137–138.

Nippold, M., Allen, M., & Kirsch, D. (2001). Proverb comprehension as a function of reading proficiency in preadolescents. *Language, Speech and Hearing Services in Schools, 32*(2), 90–100.

Nippold, M., Cuyler, J., & Braunbeck-Price, R. (1988). Explanation of ambiguous advertisements: A developmental study with children and adolescents. *Journal of Speech and Hearing Research, 31*(3), 466–474.

Nippold, M., Hegel, S., Sohlberg, M., & Schwarz, I. (1999). Defining abstract entities: Development in the pre-adolescents, adolescents, and young adults. *Journal of Speech, Language, and Hearing Research, 42*(2), 473–481.

Nippold, M., Hegel, S., Uhden, L., & Bustamante, S. (1998). Development of proverb comprehension in adolescents: Implications for instruction. *Journal of Children's Communication Development, 19*, 49–55.

Nippold, M., Hesketh, L., Duthie, J., & Mansfield, T. (2005). Conversational versus expository discourse: A study of syntactic development in children, adolescents, and adults. *Journal of Speech, Language, and Hearing Research, 48*, 1048–1064.

Nippold, M., Leonard, L., & Anastopoulos, A. (1982). Development in the use and understanding of polite forms in children. *Journal of Speech and Hearing Research, 25*(2), 193–202.

Nippold, M., Leonard, L., & Kail, R. (1984). Syntactic and conceptual factors in children's understanding of metaphors. *Journal of Speech and Hearing Research, 27*(2), 197–205.

Nippold, M., Mansfield, T., & Billow, J. (2007). Peer conflict explanations in children, adolescents, and adults: Examining the development of complex syntax. *American Journal of Speech-Language Pathology, 16*, 179–188.

Nippold, M., Mansfield, T., Billow, J., & Tomblin, J. B. (2008). Expository discourse in adolescents with language impairments: Examining syntactic development. *American Journal of Speech-Language Pathology, 17*, 356–366.

Nippold, M., Mansfield, T., Billow, J., & Tomblin, J. B. (2009). Syntactic development in adolescents with a history of language impairments: A follow-up investigation. *American Journal of Speech-Language Pathology, 18*(3), 241–251.

Nippold, M., & Martin, S. (1989). Idiom interpretation in isolation versus context: A developmental study with adolescents. *Journal of Speech and Hearing Research, 32*(1), 59–66.

Nippold, M., Moran, C., & Schwarz, I. (2001). Idiom understanding in preadolescents: Synergy in action. *American Journal of Speech-Language Pathology, 10*(2), 169–179.

Nippold, M., & Rudzinski, M. (1993). Familiarity and transparency in idiom explanation: A developmental study with children and adolescents. *Journal of Speech and Hearing Research, 36*(4), 728–737.

Nippold, M., & Schwarz, I. (1996). Children with slow expressive language development: What is the forecast for school achievement? *American Journal of Speech-Language Pathology, 5*(2), 22–25.

Nippold, M., Schwarz, I., & Undlin, R. (1992). Use and understanding of adverbial conjuncts: A developmental study of adolescents and young adults. *Journal of Speech and Hearing Research, 35*(1), 108–118.

Nippold, M., & Sun, L. (2008). Knowledge of morphologically complex words: A developmental study of older children and young adolescents. *Language, Speech, and Hearing Services in Schools, 39*, 365–373.

Nippold, M., & Taylor, C. (1995). Idiom understanding in youth: Further examination of familiarity and transparency. *Journal of Speech and Hearing Research, 38*(2), 426–433.

Nippold, M., & Taylor, C. (2002). Judgments of idiom familiarity and transparency: A comparison of children and adolescents. *Journal of Speech, Language, and Hearing Research, 45*(2), 384–391.

Nippold, M., Taylor, C., & Baker, J. (1996). Idiom understanding in Australian youth: A cross-cultural comparison. *Journal of Speech and Hearing Research, 39*(2), 442–447.

Nippold, M., Uhden, L., & Schwarz, I. (1997). Proverb explanation through the lifespan: A developmental study of adolescents and adults. *Journal of Speech, Language, and Hearing Research, 40*(2), 245–253.

Nopoulos, P., Berg, S., Canady, J., Van Demark, D., Richman, L., & Andreasen, N. C. (2000). Abnormal brain morphology in patients with isolated cleft lip, cleft palate, or both: A preliminary analysis. *Cleft Palate–Craniofacial Journal, 37*, 441–446.

Nordic Software Inc. (1999). *Coin critters* (Ver. 2.1.4A) [Computer software]. Lincoln, NE: Author.

Norris, J. (1989). Providing language remediation in the classroom: An integrated language-to-reading intervention method. *Language, Speech, and Hearing Services in the Schools, 20*(2), 205–218.

Norris, J. (1995). Expanding language norms for school-age children and adolescents: Is it pragmatic? *Language, Speech and Hearing Services in Schools, 26*(4), 342–352.

Northern, J., & Downs, M. (1991). *Hearing in children* (4th ed.). Baltimore: Williams and Wilkins.

Northern, J., & Downs, M. (2002). *Hearing in children* (5th ed.). Baltimore: Lippincott Williams and Wilkins.

Northern, J., & Hayes, D. (1994). Universal screening for infant hearing impairment: Necessary, beneficial and justifiable. *Audiology Today, 6*(2), 10–13.

Norwell, S. H. (2007). Literacy learning: An intervention for children with autism. *Perspectives on Augmentative and Alternative Communication, 16*, 8–18.

Nunes da Ponte, M. M. (2002). When I grow up, I want to help my mother at the shop. In K. Erickson, D. Koppenhaver, & D. Yoder (Eds.), *Waves of words: Augmented communicators read and write.* Toronto: ISAAC Press.

Oberman, L., Hubbard, E., McCleery, J., Altschuler, E., Ramachandran, V., & Pineda, J. (2005). EEG evidence for mirror neuron dysfunction in autism. *Cognitive Brain Research, 24*, 190–198.

O'Carroll, P., Crosby, A., Mercy, J., Lee, R., & Simon, T. (2001). Interviewing suicide "decedents": A fourth strategy for risk factor assessment. *Suicide and Life-Threatening Behavior, 32*(Suppl.), 3–6.

Odom, S., & Watts, E. (1991). Reducing teacher prompts in peer-mediated interventions for young children with autism. *Journal of Special Education, 25*, 26–33.

Oetting, J., & Horohov, J. (1997). Past-tense marking by children with and without specific language impairment. *Journal of Speech, Language, and Hearing Research, 40*(1), 62–74.

O'Gara, M., & Logemann, J. (1988). Phonetic analyses of the speech development of babies with cleft palate. *Cleft Palate Journal, 25*, 122–134.

Ogletree, B., & Hahn, W. E. (2001). Augmentative and alternative communication for persons with autism: History, issues and unanswered questions. *Focus on Autism and Other Developmental Disabilities, 16*(3), 138–140.

Ogletree, B., Oren, T., & Fischer, M. (2007). Examining effective intervention practices for communication impairment in autism spectrum disorder. *Exceptionality, 15*(4), 233–247.

Olenchak, F. (1994). Talent development. *Journal of Secondary Gifted Education, 5*(3), 40–52.

Olfson, M. (1992). Diagnosing mental disorders in office-based pediatric practice. *Journal of Developmental and Behavioral Pediatrics, 13*(5), 363–365.

Oliver, B., & Buckley, S. (1994). The language development of children with Down syndrome: First words to two-word phrases. *Down Syndrome Research and Practice, 2*(2), 71–75.

Oller, D. K. (1980). The emergence of the sounds of speech in infancy. In G. Yeni-Komshian, J. A. Kavanagh, & C. Ferguson (Eds.), *Child phonology* (Vol. 1). New York: Academic Press.

Oller, D. K., & Eilers, R. E. (1988). The role of audition in infant babbling. *Child Development, 59*(2), 441–449.

Oller, D. K., Eilers, R. E., Neal, A. R., & Schwartz, H. K. (1999). Precursors to speech in infancy: The prediction of speech and language disorders. *Journal of Communication Disorders, 32*(4), 223–245.

Oller, D. K., Levine, S., Cobo-Lewis, A., Eilers, R. E., & Pearson, B. (1998). Vocal precursors to linguistic communication: How babbling is connect to meaningful speech. In R. Paul (Ed.), *Exploring the speech-language connection* (pp. 1–23). Baltimore: Paul H. Brookes.

Oller, J., & Oller, S. (2010). *Autism: The diagnosis, treatment, and etiology of the undeniable epidemic.* Sudbury, MA: Jones and Bartlett.

Olson, D. (1994). *The world on paper.* Cambridge: Cambridge University Press.

Olson, L., Evans, J., & Keckler, W. (2006). Precocious readers: Past, present, and future. *Journal for the Education of the Gifted, 30*(2), 205–235.

Olswang, L., & Bain, B. (1991a). Intervention issues for toddlers with specific language impairments. *Topics in Language Disorders, 11*(4), 69–86.

Olswang, L., & Bain, B. (1991b). When to recommend intervention. *Language, Speech, and Hearing Services in School, 22*(4), 255–263.

Olswang, L., & Bain, B. (1996). Assessment information for predicting upcoming change in language production. *Journal of Speech and Hearing Research, 39*, 414–423.

Olswang, L., & Carpenter, R. (1978). Elicitor effects on the language obtained from young language-impaired children. *Journal of Speech and Hearing Disorders, 43*(1), 76–88.

Olswang, L., Johnson, G., & Crooke, P. (1992, November). *Single to multi-words: A journey with SLI children.* Paper presented at the annual convention of the American Speech-Language-Hearing Association, San Antonio, TX.

Olswang, L., Long, S., & Fletcher, P. (1997). Verbs in the emergence of word combinations in young children with specific expressive language impairment. *European Journal of Disorders of Communication, 32*(2), 15–33.

Olswang, L., Rodriguez, B., & Timler, G. (1998). Recommending intervention for toddlers with specific language learning difficulties: We may not have all the answers, but we know a lot. *American Journal of Speech-Language Pathology, 7*(1), 23–32.

O'Neill, D. (2007). The language use inventory for young children: A parent-report measure of pragmatic language development for 18- to 47-month-old children. *Journal of Speech, Language, and Hearing Research, 50*, 214–228.

Oram, J., Fine, J., Okamoto, C., & Tannock, R. (1999). Assessing the language of children with attention deficit hyperactivity disorder. *American Journal of Speech-Language Pathology, 8*(1), 72–80.

O'Reilly, M., Rispoli, M., Davis, T., Machalicek, W., Lang, R., Sigafoos, J., et al. (2010). Functional analysis of challenging behavior in children with autism spectrum disorders: A summary of 10 cases. *Research in Autism Spectrum Disorders, 4*, 1–10.

O'Reilly, M., Edrisinha, C., Sigafoos, J., Lancioni, G., & Andrews, A. (2006). Isolating the evocative and abative effects of an establishing operation on challenging behavior. *Behavioral Interventions, 21*(3), 195–204.

Orsmond, G., Krauss, M., & Seltzer, M. (2004). Peer relationships and social and recreational activities among adolescents and adults with autism. *Journal of Autism and Developmental Disorders, 34*(3), 245–256.

Osberger, M. J. (1986). Summary and implications for research and educational management. In M. J. Osberger (Ed.), *Language and learning skills of hearing-impaired students ASHA Monograph* (Vol. 23, pp. 92–98). Rockville, MD: ASHA.

Osberger, M. J. (1990). Audiological rehabilitation with cochlear implants and tactile aids. *ASHA, 32*(4), 38–43.

Osberger, M. J., & Hesketh, L. (1988). Speech and language disorders related to hearing impairment. In N. Lass, L. McReynolds, J. Northern, & D. Yoder (Eds.), *Handbook of speech-language pathology and audiology* (pp. 858–886). Toronto: B. C. Decker.

Osberger, M. J., & McGarr, N. (1982). Speech production characteristics of the hearing impaired. In N. Lass (Ed.), *Speech and language: Advances in basic science and research*. New York: Academic Press.

Osberger, M. J., Robbins, A. M., Berry, S., Todd, S., Hesketh, L., & Sedey, A. (1991). Analysis of the spontaneous speech samples of children with cochlear implants or tactile aids. *American Journal of Otology, 12*(3), 151–164.

Osberger, M. J., Robbins, A. M., Miyamoto, R. T., Berry, S., Myres, W., Kessler, K., et al. (1991). Speech perception abilities of children with cochlear implants, tactile aids or hearing aids. *American Journal of Otology, 12*(3), 80–88.

Osberger, M. J., Robbins, M., Todd, S., & Riley, A. (1996). Cochlear implants and tactile aids for children with profound hearing impairment. In F. Bess, J. Gravel, & A. Tharpe (Eds.), *Amplification for children with auditory deficits* (pp. 283–308). Nashville, TN: Bill Wilkerson Press.

Oshima-Takane, Y., & Benaroya, S. (1989). An alternative view of pronominal errors in autistic children. *Journal of Autism and Developmental Disorders, 19*(1), 73–85.

Osterling, J., & Dawson, G. (1994). Early recognition of children with autism: A study of first birthday home videotapes. *Journal of Autism and Developmental Disorders, 24*, 247–257.

Oswald, D., Best, A., Coutinho, M., & Nagle, H. (2003). Trends in special education identification rates of boys and girls: A call for research and change. *Exceptionality, 11*(4), 223–237.

Outhred, L. (1989). Word processing: Its impact on children's writing. *Journal of Learning Disabilities, 22*(4), 262–264.

Owen, A., & Leonard, L. (2002). Lexical diversity in the spontaneous speech of children with specific language impairment: Application of D. *Journal of Speech, Language, and Hearing Research, 45*(5), 927–937.

Owens, R. (1999). *Language disorders: A functional approach to assessment and intervention* (3rd ed.). Boston: Allyn and Bacon.

Owens, R. (2008). *Language development: An introduction* (7th ed.). Boston: Allyn and Bacon.

Owens, R., & MacDonald, J. (1982). Communicative uses of the early speech of nondelayed and Down syndrome children. *American Journal of Mental Deficiency, 86*(5), 503–510.

Owings, N., & McManus, M. (1980). An analysis of communication functions in the speech of a deinstitutionalized adult mentally retarded client. *Mental Retardation, 18*(6), 309–314.

Oyler, R., Oyler, A., & Matkin, N. (1987). Warning: A unilateral hearing loss may be detrimental to a child's academic career. *Hearing Journal, 40*(9), 18–22.

Oyler, R., Oyler, A., & Matkin, N. (1988). Unilateral hearing loss: Demographics and educational impact. *Language, Speech, and Hearing Services in the Schools, 19*(2), 201–210.

Pajewski, A., & Enriquez, L. (1996). *Teaching from a Hispanic perspective: A handbook for non-Hispanic adult educators*. Retrieved December 2, 2002, from http://literacynet.org/lp/hperspectives

Pan, B., & Uccelli, P. (2008). Semantic development: Learning the meanings of words. In J. Berko-Gleason (Ed.), *The development of language* (7th ed., pp. 104–138). Boston: Allyn and Bacon.

Pankratz, M. E., Plante, E., Vance, R., & Insalaco, D. M. (2007). The diagnostic and predictive validity of the Renfrew Bus Story. *Language, Speech, and Hearing Services in Schools, 38*(4), 390–399.

Papierno, P., Ceci, S., Makel, M., & Williams, W. (2005). The nature and nurture of talent: A bioecological perspective on the ontogeny of exceptional children. *Journal for the Education of the Gifted, 28*(3–4), 312–332.

Paradise, J., Elster, B., & Lingshi, T. (1994). Evidence in infants with cleft lip and palate that breast milk protects against otitis media. *Pediatrics, 94*(6), 853–860.

Parette, H., Hourcade, J., & Ginny, S. (2000). The importance of structured computer experiences for young children with and without disabilities. *Early Childhood Education Journal, 27*(4), 243–250.

Parke, K., Shallcross, R., & Anderson, R. (1980). Differences in coverbal behavior between blind and sighted persons during dyadic communication. *Journal of Visual Impairment and Blindness, 74*, 142–146.

Parker, R., Tindal, G., & Hasbrouck, J. (1991). Countable indices of writing quality: Their suitability for screening eligibility decisions. *Exceptionality, 2*(1), 1–17.

Parsons, C., Iacono, T., & Rozner, L. (1987). Effect of tongue reduction on articulation in children with Down syndrome. *American Journal of Mental Deficiency, 91*(4), 328–332.

Parving, A., Hauch, A., & Christensen, B. (2003). Hearing loss in children: Epidemiology, age at identification and causes through 30 years [in Danish]. *Ugeskr Laeger, 165*(6), 574–579.

Patterson, D., & Lott, I. (2008). Etiology, diagnosis, and development in Down syndrome. In J. Roberts, R. Chapman, & S. Warren (Eds.), *Speech and language development and intervention in Down syndrome and Fragile X syndrome* (pp. 1–25). Baltimore: Paul H. Brookes.

Paul, R. (1981). Analyzing complex sentence development. In J. Miller (Ed.), *Assessing language production in children: Experimental procedures* (pp. 36–40). Baltimore: University Park Press.

Paul, R. (1991). Profiles of toddlers with slow expressive language development. *Topics in Language Disorders, 11*(4), 1–13.

Paul, R. (1993). Outcomes of early expressive language delay. *Journal of Childhood Communication Disorders, 15*, 7–14.

Paul, R. (1996). Clinical implications of the natural history of slow expressive language development. *American Journal of Speech-Language Pathology, 5*(2), 5–21.

Paul, R. (1997a). Introduction: Special section on language development in children who use AAC. *AAC: Augmentative and Alternative Communication, 13*, 139–140.

Paul, R. (1997b). Understanding language delay: A response to van Kleeck, Gillam, and Davis. *American Journal of Speech-Language Pathology, 6*(2), 40–49.

Paul, R. (2000). Predicting outcomes of early expressive language delay: Ethical implications. In D. V. M. Bishop & L. Leonard (Eds.), *Speech and language impairments in children: Causes, characteristics, intervention and outcomes* (pp. 195–209). East Sussex: Psychology Press.

Paul, R. (2007). *Language disorders from infancy through adolescence: Assessment and intervention* (3rd ed.). St. Louis, MO: Mosby Elsevier.

Paul, R., Augustyn, A., Klin, A., & Volkmar, F. (2005). Perception and production of prosody by speakers with autism spectrum disorders. *Journal of Autism and Developmental Disorders, 35*(2), 205–220.

Paul, R., & Cohen, D. (1984). Responses to contingent queries in adults with mental retardation and pervasive developmental disorders. *Applied Psycholinguistics, 5*(4), 349–357.

Paul, R., Hernandez, R., Taylor, L., & Johnson, K. (1996). Narrative development in late talkers: Early school age. *Journal of Speech and Hearing Research, 39*(6), 1295–1303.

Paul, R., & Jennings, P. (1992). Phonological behavior in toddlers with slow expressive language development. *Journal of Speech and Hearing Research, 35*(1), 99–107.

Paul, R., Looney, S., & Dahm, P. (1991). Communication and socialization skills at ages 2 and 3 in "late-talking" young children. *Journal of Speech and Hearing Research, 34*(4), 858–865.

Paul, R., Murray, C., Clancy, K., & Andrews, D. (1997). Reading and metaphonological outcomes in late talkers. *Journal of Speech, Language, and Hearing Research, 40*(5), 1037–1047.

Paul, R., & Smith, R. (1993). Narrative skills in 4-year-olds with normal, impaired, and late-developing language. *Journal of Speech and Hearing Research, 36*(3), 592–598.

Peacock, T., & Day, D. (1999). *Teaching American Indian and Alaska Native languages in the schools: What has been learned.* Retrieved July 6, 2002 from http://www.ed.gov/databases/ERIC_Digests/ed438155.html

Pearce, P. S., & Darwish, H. (1984). Correlation between EEG and auditory perceptual measures in auditory agnosia. *Brain and Language, 22*(1), 41–48.

Pearl, R., Donahue, M., & Bryan, T. (1985). The development of tact: Children's strategies for delivering bad news. *Journal of Applied Developmental Psychology, 6*(2–3), 141–149.

Pearl, R., Farmner, T., Van Acker, R., Rodkin, P., Bost, K., Coe, M., et al. (1998). The social integration of students with mild disabilities in general education classrooms: Peer group membership and peer-assessed social behavior. *Elementary School Journal, 99*(2), 167–185.

Pehrsson, R., & Denner, P. (1988). Semantic organizers: Implications for reading and writing. *Topics in Language Disorders, 8*(3), 24–37.

Pehrsson, R., & Denner, P. (1989). *Semantic organizers: A study strategy for special needs learners*. Rockville, MD: Aspen.

Peña, E. (1996). Dynamic assessment: The model and its language applications. In K. Cole, P. Dale, & D. Thal (Eds.), *Assessment of communication and language* (pp. 281–307). Baltimore: Paul H. Brookes.

Peña, E., Bedore, L., & Rappazzo, C. (2003). Comparison of Spanish, English, and bilingual children's performance across semantic tasks. *Language, Speech, and Hearing Services in Schools, 34*(1), 5–16.

Peña, E., Bedore, L., & Zlatic-Giunta, R. (2002). Category-generation performance of bilingual children: The influence of condition, category, and language. *Journal of Speech, Language, and Hearing Research, 45*(5), 938–947.

Peña, E., Iglesias, A., & Lidz, C. (2001). Reducing test bias through dynamic assessment of children's word learning ability. *American Journal of Speech-Language Pathology, 10*(2), 138–154.

Perera, K. (1984). *Children's writing and reading: Analysing classroom language*. London: Basil Blackwell.

Perez-Pereira, M., & Conti-Ramsden, G. (1999). *Language development and social interaction in blind children.* Hove: Psychology Press.

Perez-Pereira, M., & Conti-Ramsden, G. (2001). The use of directives in verbal interactions between blind children and their mothers. *Journal of Visual Impairments and Blindness, 95*(3), 133–149.

Perner, J. (1991). *Understanding the representational mind.* Cambridge, MA: MIT Press.

Perona, K., Plante, E., & Vance, R. (2005). Diagnostic accuracy of the Structured Photographic Expressive Language Test: Third Edition (SPELT-3). *Language, Speech, and Hearing Services in Schools, 36*, 103–115.

Petersen, D., Gillam, S., & Gillam, R. (2008). Emerging procedures in narrative assessment: The Index of Narrative Complexity. *Topics in Language Disorders, 28*, 115–130.

Peterson, S. (1993). A comparison of student revisions when composing with pen and paper versus word-processing. *Computers in the Schools, 9*(4), 55–69.

Pharoah, P., Cooke, T., Johnson, M., King, R., & Mutch, L. (1998). Epidemiology of cerebral palsy in England and Scotland, 1984–9. *Archives of Disease in Childhood: Fetal and Neonatal Edition, 79*(1), F21–F25.

Phelps-Terasaki, D., & Phelps-Gunn, T. (2007). *Test of pragmatic language—2* (2nd ed.). Austin, TX: PRO-ED.

Philips, S. (1983). *The invisible culture: Communication in classroom and community on the Warm Springs Indian Reservation.* New York: Longman.

Phillips, J. (1973). Syntax and vocabulary of mothers' speech to young children: Age and sex comparisons. *Child Development, 44*(1), 182–185.

Piaget, J. (1954). *The origins of intelligence*. New York: Basic Books.

Pine, J. (1999, July). *Tense optionality and children's use of verb morphology: Testing the optional infinitive hypothesis.* Paper presented at the annual meeting of the International Association for the Study of Child Language, San Sebastian, Spain.

Pipp-Siegel, S., & Biringen, Z. (2000). Assessing the quality of relationships between parents and children: The Emotional Availability Scales. *Volta Review, 100*(5), 237–249.

Pirila, S., van der Meer, J., Pentikainen, T., Ruusu-Niem, P., & Korpela, R. (2007). Language and motor speech skills in children with cerebral palsy. *Journal of Communication Disorders, 40*(2), 116–128.

Piven, J., Chase, G., Landa, R., Wzorek, M., Gayle, J., Cloud, D., et al. (1991). Psychiatric disorders in the parents of autistic individuals. *Journal of the American Academy of Child and Adolescent Psychiatry, 30*, 471–478.

Piven, J., Gayle, J., Landa, R., Wzorek, M., & Folstein, S. (1991). The prevalence of Fragile X in a sample of autistic individuals diagnosed using a standard interview. *Journal of the American Academy of Child and Adolescent Psychiatry, 30*, 825–830.

Plante, E. (1996a). Observing and interpreting behaviors: An introduction to the clinical forum. *Language, Speech, and Hearing Services in Schools, 27*(2), 99–101.

Plante, E. (1996b). Phenotypic variability in brain-behavior studies of specific language impairment. In M. Rice (Ed.), *Toward a genetics of language* (pp. 317–335). Hillsdale, NJ: Lawrence Erlbaum Associates.

Plante, E. (1998). Criteria for SLI: The Stark and Tallal legacy and beyond. *Journal of Speech, Language, and Hearing Research, 41*(4), 951–957.

Plante, E., Shenkman, K., & Clark, M. (1996). Classification of adults for family studies of developmental language disorders. *Journal of Speech and Hearing Research, 39*(3), 661–667.

Plante, E., Swisher, L., Vance, R., & Rapcsak, S. (1991). MRI findings in boys with specific language impairment. *Brain and Language, 41*, 52–66.

Plante, E., & Vance, R. (1994). Selection of preschool language tests: A data-based approach. *Language, Speech, and Hearing Services in Schools, 25*, 15–24.

Platt, J., & Coggins, T. (1990). Comprehension of social-action games in prelinguistic children: Levels of participation and effects of adult structure. *Journal of Speech and Hearing Disorders, 55*(3), 315–326.

Plomin, R., & Dale, P. (2000). Genetics and early language development: A UK study of twins. In D. V. M. Bishop & L. Leonard (Eds.), *Speech and language impairments in children: Causes, characteristics, intervention and outcomes* (pp. 35–51). East Sussex: Psychology Press.

Plomin, R., DeFries, J., McClearn, G., & McGuffin, P. (2001). *Behavioral genetics* (4th ed.). New York: Worth.

Plomin, R., Fulker, D., Corley, R., & DeFries, J. (1997). Nature, nurture and cognitive development from 1 to 16 years: A parent-offspring adoption study. *Psychological Science, 8*(16), 442–447.

Pokorini, J., Worthington, C., & Jamison, P. (2004). Phonological awareness intervention comparison of Fast ForWord, Earobics, and LiPS. *Journal of Educational Research, 97*(3), 147–157.

Pollio, M., & Pollio, H. (1979). A test of metaphoric comprehension and some preliminary developmental data. *Journal of Child Language, 6*(1), 111–120.

Pollock, K. (2001). *Phonological features of African American Vernacular English*. Retrieved December 2, 2002, from http://www.ausp.memphis.edu/phonology/features.htm

Poole, E. (1934). Genetic development of articulation of consonant sounds in speech. *Elementary English Review, 11*, 159–161.

Porch, B. (1979). *Porch index of communicative ability in children*. Palo Alto, CA: Consulting Psychologists Press.

Power, R., Taylor, C., & Nippold, M. (2001). Comprehending literally-true versus literally-false proverbs. *Child Language Teaching and Therapy, 17*, 1–18.

Powls, A., Botting, N., Cooke, R., Stephenson, G., & Marlow, N. (1997). Visual impairment in very low birth-weight children. *Archives of Disease in Childhood, 76*(2), F82–F87.

Prather, E., Breecher, S., Stafford, M., & Wallace, E. (1980). *Screening test of adolescent language*. Seattle: University of Washington Press.

Prather, E., Brenner, A., & Hughes, K. (1981). A mini-screening language test for adolescents. *Language, Speech, and Hearing Services in Schools, 12*, 67–73.

Pratt, C., Botting, N., & Conti-Ramsden, G. (2006). The characteristics and concerns of mothers of adolescents with a history of SLI. *Child Language Teaching and Therapy, 22*, 177–196.

Preece, D. (2002). Consultation with children with autistic spectrum disorders about their experience of short-term residential care. *British Journal of Learning Disabilities, 30*(3), 97–104.

Prelock, P. (2006). *Autism spectrum disorders: Issues in assessment and intervention*. Austin, TX: PRO-ED.

Prelock, P., & Contompais, S. (2006). Autism and related disorders: Trends in diagnosis and neurobiologic considerations. In P. Prelock (Ed.), *Autism spectrum disorders: Issues in assessment and intervention* (pp. 3–63). Austin, TX: PRO-ED.

President's Commission on Excellence in Special Education. (2002). *A new era: Revitalizing special education for children and their families*. Retrieved December 20, 2002, from http://www.ed.gov/inits/commissionsboards/whspecialeducation/reports.html

Presnell, L. (1973). Hearing-impaired children's comprehension and production of syntax in oral language. *Journal of Speech and Hearing Research, 16*(1), 12–21.

Price, E. (1976). How 37 gifted children learned to read. *The Reading Teacher, 30*, 44–48.

Price, J., & Kent, R. (2008). Increasing speech intelligibility in Down syndrome and Fragile X syndrome. In J. Roberts, R. Chapman, & S. Warren (Eds.), *Speech and language development and intervention in Down syndrome and Fragile X syndrome* (pp. 219–231). Baltimore: Paul H. Brookes.

Price, J., Roberts, J., Hennon, E., Berni, M., Anderson, K., & Sideris, J. (2008). Syntactic complexity during conversation of boys with Fragile X syndrome and Down syndrome. *Journal of Speech, Language, and Hearing Research, 51*(1), 3–15.

Price, J., Roberts, J., Vandergrift, N., & Martin, G. (2007). Language comprehension in boys with Fragile X syndrome and Down syndrome. *Journal of Intellectual Disability Research, 51*(4), 318–326.

Prinz, P., & Ferrier, L. (1983). "Can you give me that one?": The comprehension, production and judgment of directives in language-impaired children. *Journal of Speech and Hearing Disorders, 48*(1), 44–54.

Prizant, B., Audet, L., Burke, G., Hummel, L., Maher, S., & Theadore, G. (1990). Communication disorders and emotional and behavioral disorders in children and adolescents. *Journal of Speech and Hearing Disorders, 55*(2), 179–192.

Prizant, B., & Duchan, J. (1981). Functions of echolalia in autistic children. *Journal of Speech and Hearing Disorders, 46*, 241–249.

Prizant, B., Schuler, A., Wetherby, A., & Rydell, P. (1997). Enhancing language and communication development: Language approaches. In D. Cohen & F. Volkmar (Eds.), *Handbook of autism and pervasive developmental disorders* (2nd ed., pp. 572–605). New York: Wiley.

Prizant, B., & Wetherby, A. (1998). Understanding the continuum of discrete-trial traditional behavioral to social-pragmatic developmental approaches in communication enhancement for young children with autism/PPD. *Seminars in Speech and Language, 19*, 329–353.

Proctor, A. (1989). Stages of normal noncry vocal development in infants: A protocol for assessment. *Topics in Language Disorders, 10*(1), 26–42.

Proctor, L. A., & Oswalt, J. (2008). Augmentative and alternative communication: Assessment in the schools. *Perspectives on Augmentative and Alternative Communication, 17*, 13–19.

Proctor-Williams, K., & Fey, M. (2007). Recast density and acquisition of novel irregular past tense verbs. *Journal of Speech, Language, and Hearing Research, 50*, 1029–1047.

Proctor-Williams, K., Fey, M., & Loeb, D. (2001). Parental recasts and production of copulas and articles by children with specific language impairment and typical language. *American Journal of Speech-Language Pathology, 10*(2), 155–168.

Pruess, J., Vadasy, P., & Fewell, R. (1987). Language development in children with Down syndrome: An overview of recent research. *Education and Training of the Mentally Retarded, 22*(1), 44–55.

Prutting, C. (1979). Process: The action of moving forward progressively from one point to another on the way to completion. *Journal of Speech and Hearing Disorders, 44*(1), 3–30.

Prutting, C. (1982). Pragmatics as social competence. *Journal of Speech and Hearing Disorders, 47*(2), 123–134.

Pye, C. (1987). *Pye analysis of language (PAL)* [DOS computer software]. Lawrence: University of Kansas.

Qi, C., Kaiser, A., Milan, S., Yzquierdo, Z., & Hancock, T. (2003). The performance of low-income, African American children on the Preschool Language Scale—3. *Journal of Speech, Language, and Hearing Research, 43*, 576–590.

Qi, C., Kaiser, A., Milan, S., Yzquierdo, Z., & Hancock, T. (2006). Language performance of low-income African-American and European American preschool children on the PPVT-III. *Language, Speech, and Hearing Services in Schools, 37*, 5–16.

Quigley, S. (1969). *The influence of fingerspelling on the development of language, communication and educational achievement in deaf children*. Champaign: Department of Special Education, University of Illinois.

Quiroga, T., Lemos-Britton, Z., Mostafapour, E., Abbott, R., & Berninger, V. (2002). Phonological awareness and beginning reading in Spanish-speaking ESL first graders: Research into practice. *Journal of School Psychology, 40*(1), 85–111.

Radford, A. (1990). *Syntactic theory and the acquistion of English syntax*. Cambridge: Basil Blackwell.

Raffaelli, M., & Duckett, E. (1989). "We were just talking . . .": Conversations in early adolescence. *Journal of Youth and Adolescence, 18*(6), 567–582.

Rance, G. (2005). Auditory neuropathy/dys-synchrony and its perceptual consequences. *Trends in Amplification, 9*(1), 1–43.

Rance, G. (Ed.). (2007). *Auditory processing in individuals with auditory neuropathy/dyssynchrony*. San Diego, CA: Plural Publishing.

Rance, G., & Barker, E. (2008). Speech perception in children with auditory neuropathy/dyssynchrony managed with either hearing aids or cochlear implants. *Otology and Neurotology, 29*(2), 179–182.

Rance, G., Barker, E., Sarant, J., & Ching, T. Y. C. (2007). Receptive language and speech production in children with auditory neuropathy/dyssynchrony type hearing loss. *Ear and Hearing, 28*(5), 694–702.

Rance, G., Beer, D., Cone-Wesson, B., Sheperd, R., Dowell, R., King, A., et al. (1999). Clinical findings for a group of infants and young children with auditory neuropathy. *Ear and Hearing, 20*(3), 238–252.

Rance, G., Cone-Wesson, B., Wunderlich, J., & Dowell, R. (2002). Speech perception and cortical event related potentials in children with auditory neuropathy. *Ear and Hearing, 23*(3), 239-253.

Rance, G., McKay, C., & Grayden, D. (2004). Perceptual characterization of children with auditory neuropathy. *Ear and Hearing, 25*(1), 34–46.

Raphael, L., Borden, G., & Harris, K. (2007). *Speech science primer* (5th ed.). Baltimore: Lippincott Williams and Wilkins.

Rapin, I., & Gravel, J. (2003). "Auditory neuropathy": Physiologic and pathologic evidence calls for more diagnostic specificity. *International Journal of Pediatric Otorhinolaryngology, 67*(7), 707-728.

Rattigan, K., Reed, V. A., & Lee, K. (2002, July). *An investigation into the phonological processing and literacy skills of children using cochlear implants.* Paper presented at the annual meeting of the A. G. Bell Association for the Deaf and Hard-of-Hearing, St. Louis, MO.

Raveh, E., Buller, N., Badrana, O., & Attias, J. (2007). Auditory neuropathy: Clinical characteristics and therapeutic approach. *American Journal of Otolaryngology—Head and Neck Medicine and Surgery, 28*(5), 302–308.

Raven, C. (2003). *Raven's Raven's Coloured Progressive Matrices (CPM)—1998 edition, 2003 updates.* San Antonio, TX: Pearson.

Raybarman, C. (2002). Landau-Kleffner syndrome: A case report. *Neurology India, 50*(2), 212–213.

Re, A., Pedron, M., & Cornoldi, C. (2007). Expressive writing difficulties in children described as exhibiting ADHD symptoms. *Journal of Learning Disabilities, 40*(3), 244–255.

Redmond, S. (2003). Children's productions of the affix -ed in past tense and past participle contexts. *Journal of Speech, Language, and Hearing Research, 46*, 1095–1109.

Redmond, S., & Rice, M. (1998). The socioemotional behaviors of children with SLI: Social adaptation or social deviance? *Journal of Speech, Language, and Hearing Research, 41*(3), 688–700.

Redmond, S., & Rice, M. (2001). Detection of irregular verb violations by children with and without SLI. *Journal of Speech, Language, and Hearing Research, 44*(3), 655–669.

Reed, V. A. (1990, March). *Differences in the language skills of 8- and 14-year-old children.* Paper presented at the annual conference of the Australian Association of Speech and Hearing, Sydney, Australia.

Reed, V. A. (1991). What Crocodile Dundee never told us. *American Journal of Speech-Language Pathology, 1*(1), 11-12.

Reed, V. A. (1992). Associations between phonology and other language components in children's communicative performance. *Australian Journal of Human Communication Disorders, 20*(2), 75–87.

Reed, V. A., Bradfield, M., & McAllister, L. (1998). The relative importance of selected communication skills for successful adolescent peer interactions: Speech pathologists' opinions. *Clinical Linguistics and Phonetics, 12*, 205–220.

Reed, V. A., & Brammall, H. (2006). Methodological adaptations for investigating the perceptions of language-impaired adolescents regarding the relative importance of selected communication skills. *Clinical Linguistics and Phonetics, 20*, 573-582.

Reed, V. A., & Brammall, H. (2008). Importance of selected communication skills to adolescents: Effects of data collection methods. *Asia Pacific Journal of Speech, Language and Hearing, 11*, 63–71.

Reed, V. A., Conrad, T., & Patchell, F. (2006, June). *Verb morphological patterns of 16-year-old adolescents with and without specific language impairment.* Paper presented at the 11th Symposium of the International Clinical Phonetics and Linguistics Association, Dubrovnik, Croatia.

Reed, V. A., & Evernden, A. (2001, November). *Verb morphology of older children with reading difficulties.* Paper presented at the annual convention of the American Speech-Language-Hearing Association, New Orleans, LA.

Reed, V. A., Griffith, F., & Rasmussen, A. (1998). Morphosyntactic structures in the spoken language of older children and adolescents. *Clinical Linguistics and Phonetics, 12*, 163–181.

Reed, V. A., MacMillan, V., & McLeod, S. (2001). Elucidating the effects of different definitions of "utterance" on selected syntactic measures of older children's language samples. *Asia Pacific Journal of Speech, Language, and Hearing, 6*, 39–45.

Reed, V. A., McLeod, K., & McAllister, L. (1999). Importance of selected communication skills for talking with peers and teachers: Adolescents' opinions. *Language, Speech and Hearing Services in Schools, 30*(1), 32–49.

Reed, V. A., & Miles, M. (1989). *Adolescent language disorders: A video inservice for educators.* Eau Claire, WI: Thinking Publications.

Reed, V. A., & Patchell, F. (2004, March). *Verb morphological patterns of adolescents with specific language impairment.* Paper presented at the 46th annual conference of the Speech-Language-Hearing Association of Virginia, Fredericksburg, VA.

Reed, V. A., & Patchell, F. (2010, April). *Discerning differences in the verb morphology of adolescents with specific language impairment.* Paper presented at the annual conference of the New Zealand Speech-Language Therapy Association, Wellington, New Zealand.

Reed, V. A., Patchell, F., & Conrad, T. (2006, November). *Verb morphology of younger and older adolescents with SLI.* Paper presented at the annual convention of the American Speech-Language-Hearing Association, Miami, FL.

Reed, V. A., & Spicer, L. (2003). The relative importance of selected communication skills for adolescents' interactions with their teachers: High school teachers' opinions. *Language, Speech and Hearing Services in Schools, 34*(4), 343–357.

Rees, N. (1973). Auditory processing factors in language disorders: The view from Procrustes' bed. *Journal of Speech and Hearing Disorders, 38*(3), 304–315.

Rees, N. (1981). Saying more than we know: Is it a meaningful concept? In R. Keith (Ed.), *Central auditory and language disorders in children.* San Diego, CA: College Hill Press.

Reich, P. A. (Ed.). (1986). *Language development.* Englewood Cliffs, NJ: Prentice Hall.

Reichle, J. (2001). The importance of addressing problem behavior among beginning communicators. *Perspectives on Augmentative and Alternative Communication, 10*(1), 1–2.

Reichman, J., & Healey, W. (1989). Amplification monitoring and maintenance in schools. *ASHA, 31*(11), 43–45.

Reilly, P., & Simpson, D. (1988). Assessing the conscious level in infants and young children: A pediatric version of the Glasgow Coma Scale. *Child's Nervous System, 4*, 30–33.

Renfrew, C. (1997). *Bus story test* (4th ed.). Bicester: Winslow Press.

Rescorla, L. (1989). The language development survey: A screening tool for delayed language in toddlers. *Journal of Speech and Hearing Disorders, 54*(4), 587–599.

Rescorla, L. (1991). Identifying expressive language delay at age two. *Topics in Language Disorders, 11*(4), 14–20.

Rescorla, L. (1993, March). *Outcome of toddlers with specific expressive delay at ages 3, 4, 5, 6, 7, and 8.* Paper presented at the biennial meeting of the Society for Research in Child Development, New Orleans, LA.

Rescorla, L. (2002). Language and reading outcomes to age 9 in late-talking toddlers. *Journal of Speech, Language, and Hearing Research, 45*(2), 360–371.

Rescorla, L. (2009). Age 17 language and reading outcomes in later-talking toddlers: Support for a dimensional perspective of language delay. *Journal of Speech, Language, and Hearing Research, 52*, 16–30.

Rescorla, L., & Achenbach, T. (2002). Use of the Language Development Survey (LDS) in a national probability sample of children 18 to 35 months old. *Journal of Speech, Language, and Hearing Research, 45*, 733–743.

Rescorla, L., Alley, A., & Christine, J. (2001). Word frequencies in toddler's lexicons. *Journal of Speech, Language, and Hearing Research, 44*(3), 598–609.

Rescorla, L., Dahlsgaard, K., & Roberts, J. (2000). Late-talking toddlers: MLU and IPSyn outcomes at 3;0 and 4;0. *Journal of Child Language, 27*(3), 643–664.

Rescorla, L., & Goossens, M. (1992). Symbolic play development in toddlers with expressive specific language impairment. *Journal of Speech and Hearing Research, 35*, 1290–1302.

Rescorla, L., Hadicke-Wiley, M., & Escarce, E. (1993). Epidemiological investigation of expressive language delay at age two. *First Language, 13*(3), 5–22.

Rescorla, L., & Lee, E. (2001). Language impairment in young children. In T. Layton, E. Crais, & L. Watson (Eds.), *Handbook of early language impairment in children: Nature* (pp. 11–55). Albany, NY: Delmar.

Rescorla, L., & Ratner, N. (1996). Phonetic profiles of toddlers with specific expressive language impairments (SLI-E). *Journal of Speech and Hearing Research, 39*, 153–165.

Rescorla, L., Ross, G., & McClure, S. (2007). Language delay and behavioral/emotional problems in toddlers: Findings from two developmental clinics. *Journal of Speech, Language, and Hearing Research, 50*, 1063–1078.

Restrepo, M. (1998). Identifiers of Spanish-speaking children with specific language impairment. *Journal of Speech, Language, and Hearing Research, 41*, 1398–1411.

Restrepo, M., Schwanenflugel, P., Blake, J., Neuharth-Pritchett, S., Cramer, S., & Ruston, H. (2006). Performance on the PPVT-III and the EVT: Applicability of the measure with African American and European American preschool children. *Language, Speech, and Hearing Services in Schools, 37*, 17–27.

Restrepo, M., & Silverman, S. (2001). Validity of the Spanish Preschool Language Scale—3 for use with bilingual children. *American Journal of Speech-Language Pathology, 10*(4), 382–393.

Retherford, K. (2000). *Guide to analysis of language transcripts* (3rd ed.). Eau Claire, WI: Thinking Publications.

Rethfeldt, W. (2009, May). *The bilingual patient's profile as an approach to logopedic intervention.* Paper presented at the 7th European CPLOL Congress, Ljubljana, Slovenia.

Rettig, M. (1994). The play of young children with visual impairment: Characteristics and interventions. *Journal of Visual Impairments and Blindness, 88*, 410–420.

Reynolds, C., & Bigler, E. (1994). *Test of memory and learning.* Austin, TX: PRO-ED.

Rhee, S., Chang, J., & Rhee, J. (2003). Acculturation, communication patterns, and self-esteem among Asian and Caucasian American adolescents. *Adolescence, 38*(152), 749–768.

Riccio, C., & Jemison, S. (1998). ADHD and emergent literacy: Influence of language factors. *Reading and Writing Quarterly: Overcoming Learning Difficulties, 14*(1), 43–58.

Rice, M. (1983). Contemporary accounts of the cognition/language relationship: Implications for speech-language clinicians. *Journal of Speech and Hearing Disorders, 48*(4), 347–359.

Rice, M. (1990). Preschoolers' QUIL: Quick incidental learning of words. In G. Conti-Ramsden & C. Snow (Eds.), *Children's language* (Vol. 7, pp. 171–195). Hillsdale, NJ: Lawrence Erlbaum Associates.

Rice, M. (Ed.). (1996). *Toward a genetics of language.* Hillsdale, NJ: Lawrence Erlbaum Associates.

Rice, M. (2000). Grammatical symptoms of specific language impairment. In D. V. M. Bishop & L. Leonard (Eds.), *Speech and language impairment in children: Causes, characteristics, intervention and outcome* (pp. 17–34). East Sussex: Psychology Press.

Rice, M., & Bode, J. (1993). GAPs in the verb lexicons of children with specific language impairment. *First Language, 13*(32), 113–131.

Rice, M., Buhr, J., & Nemeth, M. (1990). Fast mapping word-learning abilities of language-delayed preschoolers. *Journal of Speech and Hearing Disorders, 55*(1), 33–42.

Rice, M., Buhr, J., & Oetting, J. (1992). Specific-language-impaired children's quick incidental learning of words: The effect of a pause. *Journal of Speech and Hearing Research, 35*(5), 1040–1048.

Rice, M., & Hadley, P. (1995). Language outcomes of the language-focused curriculum. In M. Rice & K. Wilcox (Eds.), *Building a language-focused curriculum for the preschool classroom: A foundation for lifelong communication* (Vol. 1, pp. 155–169). Baltimore: Paul H. Brookes.

Rice, M., Hoffman, L., & Wexler, K. (2009). Judgments of omitted BE and DO in questions as extended finiteness clinical markers of specific language impairment (SLI) to 15 years: A study of growth and asymptote. *Journal of Speech, Language, and Hearing Research, 52*(6), 1417–1433.

Rice, M., Huston, A., Truglio, R., & Wright, J. (1990). Words from "Sesame Street": Learning vocabulary while viewing. *Developmental Psychology, 26*(3), 421–428.

Rice, M., Oetting, J., Marquis, J., Bode, J., & Pae, S. (1994). Frequency of input effects on word comprehension of children with specific language impairment. *Journal of Speech and Hearing Research, 37*(1), 106–122.

Rice, M., Sell, M., & Hadley, P. (1990). The social interactive coding system (SICS): An on-line, clinically relevant descriptive tool. *Language, Speech, and Hearing Services in Schools, 21*(1), 2–14.

Rice, M., Sell, M., & Hadley, P. (1991). Social interactions of speech- and language-impaired children. *Journal of Speech and Hearing Research, 34*(6), 1299–1307.

Rice, M., Smith, S., & Gayán, J. (2009). Convergent genetic linkage and associations to language, speech and reading measures in families of probands with specific language impairment. *Journal of Neurodevelopmental Disorders, 1*, 264–282.

Rice, M., Spitz, R., & O'Brien, M. (1999). Semantic and morphosyntactic language outcomes in biologically at-risk children. *Journal of Neurolinguistics, 12*, 213–234.

Rice, M., Warren, S., & Betz, S. (2005). Language symptoms and developmental language disorders: An overview of autism, Down syndrome, Fragile X syndrome, specific language impairment, and Williams syndrome. *Applied Psycholinguistics, 26*, 7–27.

Rice, M., & Watkins, R. (1996). "Show me X": New views of an old assessment technique. In K. Cole, P. Dale, & D. Thal (Eds.), *Assessment of communication and language* (pp. 183–206). Baltimore: Paul H. Brookes.

Rice, M., & Wexler, K. (1996). Toward tense as a clinical marker of specific language impairment in English-speaking children. *Journal of Speech and Hearing Research, 39*(6), 1239–1257.

Rice, M., & Wexler, K. (2001). *Rice/Wexler test of early grammatical impairment.* San Antonio, TX: The Psychological Corporation.

Rice, M., Wexler, K., & Cleave, P. (1995). Specific language impairment as a period of extended optional infinitive. *Journal of Speech and Hearing Research, 38*, 850–863.

Rice, M., Wexler, K., & Hershberger, S. (1998). Tense over time: The longitudinal course of tense acquisition in children with specific language impairment. *Journal of Speech, Language, and Hearing Research, 41*(1), 1412–1431.

Rice, M., Wexler, K., Marquis, J., & Hershberger, S. (2000). Acquisition of irregular past tense by children with specific language impairment. *Journal of Speech, Language, and Hearing Research, 43*(5), 1126–1145.

Rice, M., & Wilcox, K. (Eds.). (1995). *Building a language-focused curriculum for the preschool classroom: A foundation for lifelong communication* (Vol. 1). Baltimore: Paul H. Brookes.

Rice, M., & Woodsmall, L. (1988). Lessons from television: Children's word learning when viewing. *Child Development, 59*(2), 420–429.

Richard, G., & Hoge, D. (1999). *The source for syndromes.* East Moline, IL: LinguiSystems.

Richardson, K., & Klecan-Aker, J. (2000). Teaching pragmatics to language-learning disabled children: A treatment outcome study. *Child Language Teaching and Therapy, 16*(1), 1–23.

Riches, N., Tomasello, M., & Conti-Ramsden, G. (2005). Verb learning in children with SLI: Frequency and spacing effects. *Journal of Speech, Language, and Hearing Research, 48*, 1397–1411.

Richman, L., & Eliason, M. (1993). Disorders of communication, developmental language disorders and cleft palate. In C. Walker & M. Roberts (Eds.), *Handbook of child clinical psychology—Revised* (pp. 537–552). New York: Wiley.

Richman, L., Eliason, M., & Lindgren, S. (1988). Reading disability in children with clefts. *Cleft Palate Journal, 25*, 21–25.

Richman, L., & Ryan, S. (2003). Do the reading disabilities of children with cleft fit into current models of developmental dyslexia? *Cleft Palate-Craniofacial Journal, 40*(2), 154–157.

Rickford, J. (1998). The creole origins of African American Vernacular English: Evidence from copula absence. In S. Mufwene, J. Rickford, G. Bailey, & J. Baugh (Eds.), *African-American English: Structure, history, and usage*. London: Routledge.

Rickford, J., & Rickford, A. (1995). Dialect readers revisited. *Linguistics and Education, 7*(2), 107–128.

Riley, G., & Riley, J. (1984). A component model of treating stuttering in children. In M. Peins (Ed.), *Contemporary approaches to stuttering treatment* (pp. 123–172). Boston: Little, Brown.

Ripich, D., & Griffith, P. (1988). Narrative abilities of children with learning disabilities and nondisabled children: Story structure, cohesion, and propositions. *Journal of Learning Disabilities, 21*(3), 165–173.

Rivera, M., Koorland, M., & Fueyo, V. (2002). Pupil-made pictorial prompts and fading for teaching sight words to a student with learning disabilities. *Education and Treatment of Children, 25*(2), 197–207.

Robert, E., Kallen, B., & Harris, J. (1996). The epidemiological characteristics. *Journal of Craniofacial Genetics and Developmental Biology, 16*(4), 234–241.

Roberts, J. (1989). Echolalia and comprehension in autistic children. *Journal of Autism and Developmental Disorders, 19*(2), 271–281.

Roberts, J., Burchinal, M., Davis, B., Collier, A., & Henderson, F. (1991). Otitis media in early childhood and later language. *Journal of Speech and Hearing Research, 34*(5), 1158–1168.

Roberts, J., Burchinal, M., & Zeisel, A. (2002). Otitis media in early childhood in relation to children's school-age language and academic skills. *Paediatrics, 110*(4), 696–706.

Roberts, J., Chapman, R., Martin, G., & Moskowitz, L. (2008). Language of preschool and school-age children with Down syndrome and Fragile X syndrome. In J. Roberts, R. Chapman, & S. Warren (Eds.), *Speech and language development and intervention in Down syndrome and Fragile X syndrome* (pp. 77–115). Baltimore: Paul H. Brookes.

Roberts, J., Hunter, L., Gravel, J., Rosenfeld, R., Berman, S., Haggard, M., et al. (2002). Otitis media, hearing loss, and language learning: Controversies and current research. *Journal of Developmental and Behavioral Pediatrics, 25*(2), 110–122.

Roberts, J., Long, S., Malkin, C., Barnes, E., Skinner, M., Hennon, E., et al. (2005). A comparison of phonological skills of young boys with Fragile X syndrome and Down syndrome. *Journal of Speech, Language, and Hearing Research, 48*(5), 980–995.

Roberts, J., Martin, G., Moskowitz, L., & Harris, A. (2007). Discourse skills of boys with Fragile X syndrome in comparison to boys with Down syndrome. *Journal of Speech, Language, and Hearing Research, 50*(2), 475–492.

Roberts, J., Price, J., Barnes, E., Nelson, L., Burchinal, M., Hennon, E., et al. (2007). Receptive vocabulary, expressive vocabulary, and speech production of boys with Fragile X syndrome in comparison to boys with Down syndrome. *American Journal on Mental Retardation, 112*(3), 177–193.

Roberts, J., Price, J., & Malkin, C. (2007). Language and communication development in Down syndrome. *Mental Retardation and Developmental Disabilities Research Reviews, 13*(1), 26–35.

Roberts, J., Rabinowitch, S., Bryant, D., Burchinal, M., Koch, M., & Ramey, C. (1989). Language skills of children with different preschool experiences. *Journal of Speech and Hearing Research, 32*(4), 773–786.

Roberts, J., & Scott, K. (2006). The simple view of reading: Assessment and intervention. *Topics in Language Disorders, 26*(2), 127–143.

Robertson, C., & Salter, W. (1997). *The phonological awareness test*. East Moline, IL: LinguiSystems.

Robertson, S. B., & Ellis Weismer, S. (1997). The influence of peer models on the play scripts of children with specific language impairment. *Journal of Speech, Language, and Hearing Research, 40*(1), 49–61.

Robertson, S. B., & Ellis Weismer, S. (1999). Effects of treatment on linguistic and social skills in toddlers with delayed language development. *Journal of Speech, Language, and Hearing Research, 42*(5), 1234–1248.

Robins, D., Fein, D., Barton, M., & Green, J. (2001). The modified checklist for autism in toddlers: An initial study investigating the early detection of autism and pervasive developmental disorders. *Journal of Autism and Developmental Disorders, 31*(2), 131–144.

Robinson, G., Foreman, P., & Dear, K. (1996). The familial incidence of symptoms of scotopic sensitivity/Irlen syndrome. *Perceptual and Motor Skills, 83*(3, Pt. 1), 1043–1055.

Robinson-Zañartu, C. (1996). Serving Native American children and families: Considering cultural variables. *Language, Speech, and Hearing Services in Schools, 27*(4), 373–384.

Rogers, K., & Silverman, L. (1997). *A study of 241 profoundly gifted children*. Retrieved July 2, 2002 from http://www.gifteddevelopment.com/Articles/Astudyof241ExtraordGC.htm

Rogers, S. (2000). Interventions that facilitate socialization in children with autism. *Journal of Autism and Developmental Disorders, 30*(5), 399–409.

Roid, G. (2003). *Stanford-Binet intelligence scales* (5th ed.). Scarborough: Thomson-Nelson.

Roid, G., & Miller, L. J. (1997). *Leiter international performance scale—Revised*. Wood Dale, IL: Stoelting Co.

Rom, A., & Bliss, L. (1981). A comparison of verbal communicative skills of language impaired and normal speaking children. *Journal of Communication Disorders, 14*(2), 133–140.

Romski, M. A., & Sevcik, R. A. (1996). *Breaking the speech barrier: Language development through augmented means*. Baltimore: Paul H. Brookes.

Romski, M. A., & Sevcik, R. A. (2005). Augmentative communication and early intervention: Myths and realities. *Infants and Young Children, 18*(3), 174–185.

Romski, M. A., Sevcik, R. A., & Adamson, L. B. (1997). Framework for studying how children with developmental disabilities develop language through augmented means. *Augmentative and Alternative Communication, 13*, 172–178.

Romski, M. A., Sevcik, R. A., Cheslock, M., & Barton, A. (2006). The system for augmenting language: AAC and emerging language intervention (pp. 123–147). In R. J. McCauley & M. Fey (Eds.), *Treatment of language disorders in children*. Baltimore, MD: Paul H. Brookes.

Romski, M. A., Sevcik, R. A., & Forrest, S. (2000). Assistive technology and augmentative and alternative communication in early childhood programs. In M. J. Guralnick (Ed.), *Early childhood inclusion* (pp. 465–479). Baltimore: Paul H. Brookes.

Rondal, J. (1988). Down syndrome. In D. Bishop & K. Mogford (Eds.), *Language development in exceptional circumstances*. New York: Churchill Livingstone.

Rosen, S. (2003). Auditory processing in dyslexia and specific language impairment: Is there a deficit? What is its nature? Does it explain anything? *Journal of Phonetics, 31*(3–4), 509–527.

Rosenberg, S. (1982). The language of the mentally retarded: Development, processes, and intervention. In S. Rosenberg (Ed.), *Handbook of applied psycholinguistics: Major thrusts of research and theory* (pp. 329–392). Hillsdale, NJ: Lawrence Erlbaum Associates.

Rosenberg, S., & Abbeduto, L. (1993). *Language and communication in mental retardation: Development, processes, and intervention*. Hillsdale, NJ: Lawrence Erlbaum Associates.

Rosenhall, U., Nordin, V., Sandstroem, M., Ahlsen, G., & Gillberg, C. (1999). Autism and hearing loss. *Journal of Autism and Developmental Disorders, 29*(5), 349–357.

Ross, M. (1982). *Hard-of-hearing children in regular schools*. Englewood Cliffs, NJ: Prentice Hall.

Ross, M., Brackett, D., & Maxon, A. (1991). *Assessment and management of mainstream hearing-impaired children: Assessment and principles*. Austin, TX: PRO-ED.

Ross, P. (1993). *National excellence: A case for developing America's talent*. Washington, DC: Office of Educational Research and Improvement, U.S. Department of Education.

Rossetti, L. (1995). *The Rossetti infant-toddler language scale: A measure of communication and intervention*. East Moline, IL: LinguiSystems.

Rossetti, L. (2006). *The Rossetti infant-toddler scale (Spanish translation)*. East Moline, IL: LinguiSystems.

Roth, F. (1987). Temporal characteristics of maternal verbal styles. In K. Nelson & A. van Kleeck (Eds.), *Children's language* (Vol. 6). Hillsdale, NJ: Lawrence Erlbaum Associates.

Roth, F., & Spekman, N. (1984a). Assessing the pragmatic abilities of children: Part 1. Organizational framework and assessment parameters. *Journal of Speech and Hearing Disorders, 49*(1), 2–11.

Roth, F., & Spekman, N. (1984b). Assessing the pragmatic abilities of children: Part 2. Guidelines, considerations, and specific evaluation procedures. *Journal of Speech and Hearing Disorders, 49*(1), 12–17.

Roth, F., & Spekman, N. (1986). Narrative discourse: Spontaneously generated stories of learning-disabled and normally achieving students. *Journal of Speech and Hearing Disorders, 51*(1), 8–23.

Roth, F., & Spekman, N. (1989). The oral and syntactic proficiency of learning disabled students: A spontaneous story sampling analysis. *Journal of Speech and Hearing Research, 32*(1), 67–77.

Roush, J. (2001). Screening for hearing loss and otitis media: Basic principles. In J. Roush (Ed.), *Screening for hearing loss and otitis media in children* (pp. 3–32). San Diego, CA: Singular.

Rousseau, F., Rouillard, P., Morel, M., Khandjian, E., & Morgan, K. (1995). Prevalence of carriers of premutation-size alleles of the FMR1 gene and implications for the population genetics of the Fragile X syndrome. *American Journal of Human Genetics, 57*(5), 1006–1018.

Rowan, L., Leonard, L., Chapman, K., & Weiss, A. (1983). Performative and presuppositional skills in language-disordered and normal children. *Journal of Speech and Hearing Research, 26*(1), 97–106.

Rowland, C., & Schweigert, P. (1990). *Tangible symbols: Symbolic communication for individuals with multisensory impairments*. Tucson, AZ: Communication Skill Builders.

Roy, P., & Chiat, S. (2004). A prosodically controlled word and nonword repetition task for 2- to 4-year olds: Evidence from typically developing children. *Journal of Speech, Language, and Hearing Research, 47*, 223–234.

Rubinstein, J. (2002). Pediatric cochlear implantation: Prosthetic hearing and language development. *Lancet, 360*(9331), 483–487.

Rueda, R., & Chan, K. (1980). Referential communication skill levels of moderately mentally retarded adolescents. *American Journal of Mental Deficiency, 85*(1), 45–52.

Rueda, R., & Perozzi, J. (1977). A comparison of two Spanish tests of receptive language. *Journal of Speech and Hearing Disorders, 42*(2), 210–215.

Runco, M. (1997). Is every child gifted? *Roeper Review, 19*(4), 220–224.

Russell, W., Power, D., & Quigley, S. (1976). *Linguistics and deaf children*. Washington, DC: A. G. Bell Association for the Deaf.

Rutherford, M., Baron-Cohen, S., & Wheelwright, S. (2002). Reading the mind in the voice: A study with normal adults and adults with Asperger syndrome and high functioning autism. *Journal of Autism and Developmental Disorders, 32*(3), 189–194.

Rutter, M., Bailey, A., Siminoff, E., & Pickles, A. (1997). Genetic influences and autism. In D. Cohen & F. Volkmar (Eds.), *Handbook of autism and pervasive developmental disorders* (2nd ed., pp. 370–387). New York: Wiley.

Rutter, M., & Schopler, E. (1987). Autism and pervasive developmental disorders: Concepts and diagnostic issues. *Journal of Autism and Developmental Disorders, 17*, 159–186.

Rutter, T., & Buckley, S. (1994). The acquisition of grammatical morphemes in children with Down's syndrome. *Down Syndrome Research and Practice, 2*(2), 76–82.

Rydell, P., & Mirenda, P. (1994). Effects of high and low constraint utterances on the production of immediate and delayed echolalia in young children with autism. *Journal of Autism and Developmental Disorders, 24*(6), 719–735.

Saad, C., & Polovoy, C. (2009, May 05). Differences or Disorders?: In the 1980s, Research Focused on Culturally and Linguistically Diverse Populations. *The ASHA Leader.*

Sabers, D. (1996). By their tests we will know them. *Language, Speech, and Hearing Services in Schools, 27*(2), 102–108.

Sainsbury, S. (1986). *Deaf worlds: A study of integration, segregation, and disability*. London: Hutchinson.

Salas-Provance, M., Erickson, J., & Reed, J. (2002). Disabilities as viewed by four generations of one Hispanic family. *American Journal of Speech-Language Pathology, 11*(2), 151–162.

SALT Software LLC. (2010). *SALT Software*. Retrieved July 23, 2010 from http://www.saltsoftware.com

Sander, A. (2002). *The center for outcome measurement in brain injury*. Retrieved April 23, 2009, from http://www.tbims.org/combi/lcfs

Sanger, D. (1999). The communication skills of female juvenile delinquents: A selected review. *Journal of Correctional Education, 50*(3), 90–94.

Sanger, D., Creswell, J., Dworak, J., & Schultz, L. (2000). Cultural analysis of communication behaviors among juveniles in a correctional facility. *Journal of Communication Disorders, 33*(1), 31–57.

Sanger, D., Hux, K., & Belau, D. (1997). Language skills of female juvenile delinquents. *American Journal of Speech-Language Pathology, 6*, 70–76.

Sanger, D., Hux, K., & Ritzman, M. (1999). Female juvenile delinquents' pragmatic awareness of conversational interactions. *Journal of Communication Disorders, 32*(5), 281–295.

Sanger, D., Moore-Brown, B., Magnuson, G., & Svoboda, N. (2001). Prevalence of language problems among adolescent delinquents: A closer look. *Communication Disorders Quarterly, 23*(1), 17–26.

San Miguel, S., Forness, S., & Kavale, K. (1996). Social skill deficits in learning disabilities: The psychiatric comorbidity hypothesis. *Learning Disability Quarterly, 19*(4), 252–261.

Santangelo, T., Harris, K., & Graham, S. (2008). Using self-regulated strategy development to support students who have "trubol giting thangs into werds." *Remedial and Special Education, 29*(2), 78–89.

Sardegna, J., & Otis, T. (1991). *The encyclopedia of blindness and vision impairment*. New York: Facts on File.

Sarno, M. T. (1998). Recovery and rehabilitation in aphasia. In M. T. Sarno (Ed.), *Acquired aphasia* (3rd ed., pp. 595–631). San Diego, CA: Academic Press.

Sattler, J. (2001). *Assessment of children: Cognitive applications* (4th ed.). San Diego, CA: Jerome M. Sattler.

Satz, P., & Bullard-Bates, C. (1981). Acquired aphasia in children. In M. T. Sarno (Ed.), *Acquired aphasia* (2nd ed.). New York: Academic Press.

Satz, P., & Morris, R. (1981). Learning disability subtypes: A review. In F. Priozzolo & M. Wittrock (Eds.), *Neuropsychological and cognitive processes in reading* (pp. 104–141): New York: Academic Press.

Savage, R. C. (1991). Identification, classification, and placement issues for students with traumatic brain injuries. *Journal of Head Trauma Rehabilitation, 6*, 1–9.

Savage, R. C., & Wolcott, G. (1994). *Educational dimensions of acquired brain injury*. Austin, TX: PRO-ED.
Saville-Troike, M. (1988). Private speech: Evidence for second language learning strategies during the "silent" period. *Journal of Child Language, 15*(3), 567–590.
Sax, M. (1972). A longitudinal study of articulation change. *Language, Speech, and Hearing Services in Schools, 3*(1), 41–48.
Saywitz, K., & Cherry-Wilkinson, L. (1982). Age-related differences in metalinguistic awareness. In S. Kuczaj (Ed.), *Language development: Vol. 2. Language, thought and culture*. Hillsdale, NJ: Lawrence Erlbaum Associates.
Scarborough, H. (1990). Index of productive syntax (IPSyn). *Applied Psycholinguistics, 11*, 1–22.
Scarborough, H. (1998). Early identification of children at risk for reading disabilities. In B. Shapiro, P. Accardo, & A. Capute (Eds.), *Specific reading disabilities: A view of the spectrum* (pp. 75–119). Timonium, MD: York Press.
Scarborough, H., & Dobrich, W. (1990). Development of children with early language delay. *Journal of Speech and Hearing Research, 33*(1), 70–83.
Scarborough, H., Wyckoff, J., & Davidson, R. (1986). A reconsideration of the relation between age and mean utterance length. *Journal of Speech and Hearing Research, 29*, 394–399.
Schachar, R., Tannock, R., & Logan, G. (1993). Inhibitory control, impulsiveness, and attention deficit hyperactivity disorder. *Clinical Psychology Review, 13*(8), 721–739.
Schalock, R., Luckasson, R., Shogren, K., Borthwick-Duffy, S., Bradley, V., Buntinx, W., et al. (2007). The renaming of mental retardation: Understanding the change to the term intellectual disability. *Intellectual and Developmental Disabilities, 45*(2), 116–124.
Schatschneider, C., & Torgesen, J. K. (2004). Using our current understanding of dyslexia to support early identification and intervention. *Journal of Child Neurology, 19*(10), 759–765.
Schepis, M. M. (2007). Evidence-based practice and research support for the use of speech generating devices as a functional communication mode for individuals with autism. *Perspectives on Augmentative and Alternative Communication, 16*(2), 18–21.
Scherer, N., & D'Antonio, L. (1997). Language and play development in toddlers with cleft lip and/or palate. *American Journal of Speech-Language Pathology, 6*(4), 48–54.
Scherer, N., D'Antonio, L., & Kalbfleisch, J. (1999). Early speech and language development in children with velo-cardiofacial syndrome. *American Journal of Medical Genetics, 88*, 714–723.
Scherer, N., Williams, A., & Proctor-Williams, K. (2008). Early and later vocalization skills in children with and without cleft palate. *International Journal of Pediatric Otorhinolaryngology, 72*, 827–840.
Schiff, M., Kaufman, A., & Kaufman, N. (1981). Scatter analysis of WISC-R profiles for learning disabled children with superior intelligence. *Journal of Learning Disabilities, 14*, 400–404.
Schiff, N. (1979). *The development of form and meaning in the language of hearing children of deaf parents*. New York: Columbia University Press.
Schildroth, A. (1986). Hearing-impaired children under age 6: 1977 and 1984. *American Annals of the Deaf, 131*(2), 85–89.
Schlosser, R., & Blischak, D. (2001). Is there a role for speech output in intervention for person's with autism? A review. *Focus on Autism and Other Developmental Disabilities, 16*, 170–186.
Schlosser, R., & Wendt, O. (2008). Effects of augmentative and alternative communication intervention on speech production in children with autism: A systematic review. *American Journal of Speech-Language Pathology, 17*, 212–230.
Schmidt, J., Deshler, D., Schumaker, J., & Alley, G. (1989). Effects of generalization instruction on the written language performance of adolescents with learning disabilities in the mainstream classroom. *Journal of Reading, Writing and Learning Disabilities, 4*, 291–311.
Schneider, P., & Watkins, R. (1996). Applying Vygotskian developmental theory to language intervention. *Language, Speech, and Hearing Services in Schools, 27*(2), 157–170.
Schober-Peterson, D., & Johnson, C. (1989). Conversational topics of 4-year-olds. *Journal of Speech and Hearing Research, 32*(4), 857–870.
Scholastic Inc. (2001). *The magic school bus discovers flight*. New York: Author.
Schoon, I., Parsons, S., Rush, R., & Law, J. (2010a). Childhood language skills and adult literacy: A 29-year follow-up study. *Pediatrics, 125*(3), e459–e466.
Schoon, I., Parsons, S., Rush, R., & Law, J. (2010b). Children's language ability and psychosocial development: A 29-year follow-up study. *Pediatrics, 126*(1), e73–e80.
Schopler, E., Reichler, R., & Renner, B. (1988). *Childhood Autism Rating Scale*. Los Angeles: Western Psychological Services.
Schopler, E., Short, A., & Mesibov, G. (1989). Relation of behavioral treatment to "normal functioning": Comment on Lovaas. *Journal of Consulting and Clinical Psychology, 57*, 162–164.
Schorr, E., Roth, F., & Fox, N. (2008). A comparison of speech and language skills of children with cochlear implants and children with normal hearing. *Communication Disorders Quarterly, 29*(4), 195–210.
Schumaker, J., & Sherman, J. (1970). Training generative verb usage by imitation and reinforcement procedures. *Journal of Applied Behavior Analysis, 3*(4), 273–287.
Schwartz, R., & Leonard, L. (1982). Do children pick and choose? An examination of phonological selection and avoidance in early lexical acquisition. *Journal of Child Language, 9*(2), 319–336.
Schwartz, R., Leonard, L., Folger, M., & Wilcox, M. (1980). Early phonological behavior in normal-speaking and language disordered children: Evidence for a synergistic view of linguistic disorders. *Journal of Speech and Hearing Disorders, 45*(3), 357–377.
Schwartz, R., & Terrell, B. (1983). The role of input frequency in lexical acquisition. *Journal of Child Language, 10*, 57–64.
Schwartzman, A., & Ledingham, J. (1992). Early disruptive behavior, poor school achievement, delinquent behavior, and delinquent personality: Longitudinal analyses. *Journal of Consulting and Clinical Psychology, 60*(1), 64–72.
Scientific Learning Corporation. (1997). *Fast ForWord training program for children: Procedure manual for professionals*. Berkeley, CA: Author.
Scientific Learning Corporation. (1998). *Fast ForWord Language*. Berkeley, CA: Author.
Scientific Learning Corporation. (2001). *Fast ForWord-Language* (Ver. 2.01). Oakland, CA: Author.
Scott, A. (1998). Otitis media and FAS. *Advance for speech-language pathologists and audiologists*, 5.
Scott, C. M. (1984). Adverbial connectivity in conversations of children 6 to 12. *Journal of Child Language, 11*(2), 423–452.
Scott, C. M. (1988). Producing complex sentences. *Topics in Language Disorders, 8*(2), 44–62.
Scott, C. M. (1991). Problem writers: Nature, assessment, and intervention. In A. Kamhi & H. Catts (Eds.), *Reading disabilities: A developmental language perspective* (pp. 303–344). Boston: Allyn and Bacon.
Scott, C. M., & Rush, D. (1985). Teaching adverbial connectivity: Implications from current research. *Child Language Teaching and Therapy, 1*, 264–280.
Scott, C. M., & Stokes, S. (1995). Measures of syntax in school-age children and adolescents. *Language, Speech and Hearing Services in Schools, 26*(4), 309–319.
Scott, C. M., & Windsor, J. (2000). General language performance measures in spoken and written narrative and expository discourse of school-age children with language learning disabilities. *Journal of Speech, Language, and Hearing Research, 43*(2), 324–339.

Secord, W., & Wiig, E. (1993). Interpreting figurative language expressions. *Folia Phoniatrica, 45*(1), 1–9.

Seewald, R., Ross, M., Giolas, T., & Yonovitz, A. (1985). Primary modality for speech perception in children with normal and impaired hearing. *Journal of Speech and Hearing Research, 28*(1), 38–46.

Semel, E. (2000). *Following directions*. Winooski, VT: Laureate Learning Systems.

Semel, E., Wiig, E., & Secord, W. (1995). *Clinical evaluation of language fundamentals—3*. San Antonio, TX: The Psychological Corporation.

Semel, E., Wiig, E., & Secord, W. (1996). *CELF—3 observational rating scales*. San Antonio, TX: The Psychological Corporation.

Semel, E., Wiig, E., & Secord, W. (2000). *Clinical evaluation of language fundamentals*. London: The Psychological Corporation.

Semel, E., Wiig, E., & Secord, W. (2003). *Clinical evaluation of language fundamentals screening test—4*. San Antonio, TX: The Psychological Corporation.

Semel, E., Wiig, E., & Secord, W. (2005). *Clinical evaluation of language fundamentals (CELF—4) (Spanish)*. San Antonio, TX: Pearson.

Seyfried, D., & Kricos, P. (1996). Language and speech of the deaf and hard-of-hearing. In R. L. Schow & M. A. Nerbonne (Eds.), *Introduction to audiological rehabilitation* (3rd ed., pp. 168–228). Boston: Allyn and Bacon.

Seymour, H., Bland-Stewart, L., & Green, L. (1998). Difference versus deficit in child African American English. *Language, Speech, and Hearing Services in Schools, 29*(2), 96–108.

Seymour, H., Roeper, T., & de Villiers, J. (2003). *Diagnostic evaluation of language variance (DELV)—Criterion referenced*. San Antonio, TX: Psychological Corporation.

Seymour, H., & Seymour, C. (1981). Black English and Standard American English contrasts in consonantal development of four- and five-year-old children. *Journal of Speech and Hearing Disorders, 46*(3), 274–280.

Shane, H. C., & Bashir, A. S. (1980). Election criteria for adoption of an augmentative communication system: Preliminary considerations. *Journal of Speech and Hearing Disorders, 45*(3), 408–444.

Shapiro, E., & Lentz, F. (1991). Vocational-technical programs: Follow-up of students with learning disabilities. *Exceptional Children, 58*, 47–59.

Sharma, A., & Nash, A. (2009). Brain maturation in children with cochlear implants. *The ASHA Leader*, 14–17.

Shatz, M., Bernstein, D., & Shulman, M. (1980). The responses of language-disordered children to indirect directives in varying contexts. *Applied Psycholinguistics, 1*(3), 295–306.

Snatz, M., & Gelman, R. (1973). The development of communication skills: Modifications in the speech of young children as a function of listener. *Monographs of the Society for Research in Child Development, 38*(5), 1–37.

Shatz, M., & O'Reilly, A. (1990). Conversational or communicative skill? A reassessment of two-year-olds' behaviour in miscommunication episodes. *Journal of Child Language, 17*(1), 131–146.

Shavelle, R., Strauss, D., & Pickett, J. (2001). Causes of death in autism. *Journal of Autism and Developmental Disorders, 31*, 569–576.

Shaywitz, B., Fletcher, J., & Shaywitz, S. (1995). Defining and classifying learning disabilities and attention-deficit/hyperactivity disorder. *Journal of Child Neurology, 10*(1), S50–57.

Shaywitz, S., & Shaywitz, B. (1988). Attention-deficit disorder: Current perspectives. In J. Kavanagh & T. Truss (Eds.), *Learning disabilities: Proceedings of the national conference* (pp. 369–523). Parkton, MD: York.

Shields, J., Green, R., Cooper, B., & Ditton, P. (1995). The impact of adults' communication clarity versus communication deviance on adolescents with learning disabilities. *Journal of Learning Disabilities, 28*(6), 382–384.

Shipley, K., & McAfee, J. (2009). *Assessment in speech-language pathology: A resource manual* (4th ed.). Clifton Park, NY: Delmar Cengage Learning.

Short, A., & Schopler, E. (1988). Factors relating to age of onset in autism. *Journal of Autism and Developmental Disorders, 18*, 207–216.

Shott, S. R., Amin, R., Chini, B., Heubi, C., Hotze, S., & Akers, R. (2006). Obstructive sleep apnea: Should all children with Down syndrome be tested? *Archives of Otolaryngology and Head and Neck Surgery, 132*(4), 432–436.

Shprintzen, R. (1997). *Genetics, syndromes, and communication disorders*. San Diego, CA: Singular.

Shprintzen, R. (2000). *Syndrome identification for speech-language pathology: An illustrated pocket guide*. San Diego, CA: Delmar Thomson Learning, Singular Publishing Group.

Shreibman, L., Kaneko, W., & Koegel, R. (1991). Positive affect of parents of autistic children: A comparison across two teaching techniques. *Behavior Therapy, 22*, 479–490.

Shriberg, L., Gruber, F., & Kwiatkowski, J. (1994). Developmental phonological disorders III: Long-term speech-sound normalization. *Journal of Speech and Hearing Research, 37*(5), 1151–1177.

Shriberg, L., & Kent, R. (2003). *Clinical phonetics* (3rd ed.). Boston: Allyn and Bacon.

Shriberg, L., & Kwiatkowski, J. (1988). A follow-up study of children with phonologic disorders of unknown origin. *Journal of Speech and Hearing Disorders, 53*(2), 144–155.

Shriberg, L., & Kwiatkowski, J. (1994). Developmental phonological disorders I: A clinical profile. *Journal of Speech and Hearing Research, 37*(5), 1100–1126.

Shriberg, L., Lohmeier, H., Campbell, T., Dollaghan, C., Green, J., & Moore, C. (2009). A nonword repetition task for speakers with misarticulations: The syllable repetition task (SRT). *Journal of Speech, Language, and Hearing Research, 52*(5), 1189–1212.

Shriberg, L., & McSweeny, J. (2002, May). *Classification and misclassification of childhood apraxia of speech*. Paper presented at the ninth meeting of the International Clinical Phonetics and Linguistics Association, Hong Kong.

Shriberg, L., Paul, R., McSweeny, J., Klin, A., & Cohen, D. (2001). Speech and prosody characteristics of adolescents and adults with high-functioning autism and Asperger syndrome. *Journal of Speech, Language, and Hearing Research, 44*(5), 1097–1115.

Shriberg, L., Tomblin, J. B., & McSweeny, J. (1999). Prevalence of speech delay in 6-year-old children and comorbidity with language impairment. *Journal of Speech, Language, and Hearing Research, 42*, 1461–1481.

Shultz, T., & Horibe, F. (1974). Development of the appreciation of verbal jokes. *Developmental Psychology, 10*, 13–20.

Shultz, T., & Pilon, R. (1973). Development of the ability to detect linguistic ambiguity. *Child Development, 44*, 728–733.

Siebein, G., Gold, M., Siebein, G., & Ermann, M. (2000). Ten ways to provide a high-quality acoustical environment in schools. *Language, Speech, and Hearing Services in the Schools, 31*(4), 376–384.

Siegel, B., Vukicevic, J., Elliot, G., & Kraemer, H. (1989). The use of signal detection theory to assess DSM-III-R criteria for autistic disorder. *Journal of the American Academy of Child and Adolescent Psychiatry, 28*, 542–548.

Siegel, E. B., & Cress, C. (2002). Overview of the emergence of early AAC behaviors: Progression from communicative to symbolic skills. In J. Reichle, D. Beukelman, & J. Light (Eds.), *Exemplary practices for beginning AAC users and their partners* (pp. 25–58). Baltimore: Paul H. Brookes.

Sieratzki, J. S., Calvert, G. A., Brammer, M., David, A., & Woll, B. (2001). Accessibility of spoken, written, and sign language in Landau-Kleffner syndrome: A linguistic and functional MRI study. *Epileptic Disorders, 3*(2), 79–89.

Sigafoos, J., Arthur-Kelly, M., & Butterfield, N. (2006). *Enhancing everyday communication*. Baltimore: Paul H. Brookes.

Sigafoos, J., Didden, R., & O'Reilly, M. (2003). Effects of speech output on maintenance of requesting and frequency of vocalizations in three children with developmental disabilities. *AAC: Augmentative and Alternative Communication, 19*(1), 37–47.

Sigafoos, J., & Iacono, T. (1993). Selecting augmentative communication devices for persons with severe disabilities: Some factors for educational teams to consider. *Australia and New Zealand Journal of Developmental Disabilities, 18*(3), 133–146.

Sigafoos, J., Kerr, M., Roberts, D., & Couzens, D. (1994). Increasing opportunities for requesting in classrooms serving children with developmental disabilities. *Journal of Autism and Developmental Disabilities, 24*(5), 631–645.

Sigafoos, J., & Mirenda, P. (2002). Strengthening communicative behaviors for gaining access to desired items and activities. In J. Reichle, D. Beukelman, & J. Light (Eds.), *Exemplary practices for beginning communicators: Implications for AAC* (pp. 123–156). Baltimore: Paul H. Brookes.

Sigafoos, J., & Tucker, M. (2000). Brief assessment and treatment of multiple challenging behaviors. *Behavioral Intervention, 15*(1), 53–70.

Sigman, M., & Ruskin, E. (1999). Continuity and change in the social competence of children with autism, Down syndrome, and developmental delays. *Monographs of the Society for Research in Child Development, 64*(1), 1–114.

Silliman, E., Diehl, S., Bahr, R., Hnath-Chisolm, T., Zenlo, C., & Friedman, S. (2003). A new look at performance on theory-of-mind tasks by adolescents with autism spectrum disorder. *Language, Speech, and Hearing Services in Schools, 34*, 236–252.

Silverman, S., & Bernstein Ratner, N. (2002). Measuring lexical diversity in children who stutter: Applications of VOCD. *Journal of Fluency Disorders, 27*, 289–304.

Simkin, Z., & Conti-Ramsden, G. (2001). Non-word repetition and grammatical morphology: Normative data for children in their final year of primary school. *International Journal of Language and Communication Disorders, 36*(3), 395–404.

Simkin, Z., & Conti-Ramsden, G. (2006). Evidence of reading difficulty in subgroups of children with specific language impairment. *Child Language Teaching and Therapy, 22*, 315–331.

Simmons, J., & Beauchaine, K. L. (2000). Auditory neuropathy: Case study with hyperbilirubinemia. *Journal of American Academy of Audiology, 11*(6), 337–347.

Simon, C. (1987). *Classroom communication screening procedure for early adolescents*. Tempe, AZ: Communi-Cog Publications.

Simon, C. (1998). When big kids don't learn: Contextual modifications and intervention strategies for age 8–18 at-risk students. *Clinical Linguistics and Phonetics, 12*, 249–280.

Simon, C., & Holway, C. (1991). Presentation of communication evaluation information. In C. Simon (Ed.), *Communication skills and classroom success: Assessment and therapy methodologies for language and learning disabled students*. (pp. 151–197). Eau Claire, WI: Thinking Publications.

Simon, N. (1975). Echolalic speech in childhood autism. *Archives of General Psychiatry, 32*(11), 1439–1446.

Simpson, D. A., Cockington, R. A., Hanieh, A., Raftos, J., & Reilly, P. L. (1991). Head injuries in infants and young children: The value of pediatric coma scale: Review of literature and report on a study. *Child's Nervous System, 7*, 183–190.

Simpson, R. (2001). ABA and students with autism spectrum disorders: Issues and considerations for effective practice. *Focus on Autism and Other Developmental Disabilities, 16*(2), 68–71.

Singer, A. (2004). *The changing face of America*. Retrieved February 20, 2009 from http://usinfo.org/zhtw/E-JOURNAL/EJ_USAToday/singer.htm

Singer, B., & Bashir, A. (1999). What are executive functions and self-regulation and what do they have to do with language-learning disorders? *Language, Speech and Hearing Services in Schools, 30*(3), 265–273.

Sininger, Y. S., & Oba, S. (2001). Patients with auditory neuropathy: Who are they and what can they hear? In Y. S. Sininger & A. Starr (Eds.), *Auditory neuropathy*. San Diego, CA: Singular.

Sinson, J., & Wetherick, N. (1982). Mutual gaze in preschool Down's and normal children. *Journal of Mental Deficiency Research, 26*(2), 123–129.

Skarakis, E., & Greenfield, P. M. (1982). The role of new and old information in the verbal expression of language-disordered children. *Journal of Speech and Hearing Research, 25*(3), 462–467.

Skarakis-Doyle, E., MacLellan, N., & Mullin, K. (1990). Nonverbal indicants of comprehension monitoring in language-disordered children. *Journal of Speech and Hearing Disorders, 55*(3), 461–467.

Skarakis-Doyle, E., & Woodall, S. (1988). The effects of modeling upon the verbal elaboration of a language disordered child's pretend play. *Human Communication, 12*, 29–35.

Skibbe, L., Grimm, K., Stanton-Chapman, T., Justice, L., Pence, K., & Bowles, R. (2008). Reading trajectories of children with language difficulties from preschool through fifth grade. *Language, Speech, and Hearing Services in Schools, 39*, 475–486.

Skibbe, L., Justice, L., Zucker, R., & McGinty, A. (2008). Relation among maternal literacy belief's, home literacy practices, and the emergent literacy skills of preschoolers with specific language impairment. *Early Education and Development, 19*(1), 68–88.

Skidmore, M., Rivers, A., & Hack, M. (1990). Increased risk of cerebral palsy among very low-birthweight infants with chronic lung disease. *Developmental Medicine and Child Neurology, 32*, 325–332.

Skinner, B. (1957). *Verbal behavior*. Englewood Cliffs, NJ: Prentice Hall.

Slobin, D. (1973). Cognitive prerequisites for the development of grammar. In C. Ferguson & D. Slobin (Eds.), *Studies of child language development*. New York: Holt, Rinehart and Winston.

Smeets, P., & Streifel, S. (1976). Training the generative usage of article-noun responses in severely retarded males. *Journal of Mental Deficiency Research, 20*(2), 121–127.

Smit, A. (1993a). Phonologic error distributions in the Iowa-Nebraska articulation norms project: Consonant singletons. *Journal of Speech and Hearing Research, 36*(3), 533–547.

Smit, A. (1993b). Phonologic error distributions in the Iowa-Nebraska Articulation Norms Project: Word-initial consonant clusters. *Journal of Speech and Hearing Research, 36*(5), 931–947.

Smit, A., Hand, L., Freilinger, J., Bernthal, J., & Bird, A. (1990). The Iowa articulation norms project and its Nebraska replication. *Journal of Speech and Hearing Disorders, 55*(4), 779–798.

Smith, A., McCauley, R., & Guitar, B. (2000). Development of the "Teacher Assessment of Student Communicative Competence (TASCC)" for grades 1 through 5. *Communication Disorders Quarterly, 22*(1), 3–11.

Smith, B., & Oller, D. (1981). A comparative study of premeaningful vocalizations produced by normally developing and Down's syndrome infants. *Journal of Speech and Hearing Disorders, 46*(1), 46–51.

Smith, B., & Stoel-Gammon, C. (1983). A longitudinal study of the development of stop consonant production in normal and Down's syndrome children. *Journal of Speech and Hearing Disorders, 48*(2), 114–118.

Smith, B., & Stoel-Gammon, C. (1996). A quantitative analysis of the reduplicated and variegated babbling in vocalizations by Down syndrome infants. *Clinical Linguistics and Phonetics, 10*(2), 119–130.

Smith, L. (1989). *Case studies of maternal speech to prelinguistic children in the format of object aspects of normal and atypical language development*. New York: Springer-Verlag.

Smith, M. (2006). Literacy instruction and AAC: A mysterious mosaic? *Perspectives on Augmentative and Alternative Communication, 15*, 2–7.

Smitherman, G. (2000). *Words and phrases from the Hood to the Amen Corner* (Rev. ed.). Boston: Houghton Mifflin.

Smoski, W. J., Brunt, M. A., & Tannahill, J. C. (1992). Listening characteristics of children with central auditory processing disorders. *Language, Speech, and Hearing Services in Schools, 23*(2), 145–152.

Snow, C. (1972). Mothers' speech to children learning language. *Child Development, 43*(2), 549–565.

Snow, C. (1977). The development of conversation between mothers and babies. *Journal of Child Language, 4*(1), 1–22.

Snow, C., Burns, M., & Griffin, P. (Eds.). (1998). *Preventing reading difficulties in young children*. Washington, DC: National Academies Press.

Snow, P. (2000). Language disabilities: Comorbid developmental disorders and risk for drug abuse in adolescence. *Brain Impairment, 1*, 165–176.

Snowling, M., Adams, J., Bishop, D. V. M., & Stothard, S. (2001). Educational attainments of school leavers with a preschool history of speech-language impairments. *International Journal of Language and Communication Disorders, 36*(2), 173–183.

Snowling, M., Adams, J., Bowyer-Crane, C., & Tobin, V. (2000). Levels of literacy among juvenile offenders: The incidence of specific reading difficulties. *Criminal Behaviour and Mental Health, 10*(4), 229–241.

Snowling, M., Bishop, D. V. M., & Stothard, S. (2000). Is preschool language impairment a risk for dyslexia in adolescence? *Journal of Child Psychology and Psychiatry, 41*, 587–600.

Snowling, M., Bishop, D. V. M., Stothard, S., Chipchase, B., & Kaplan, C. (2006). Psychosocial outcomes at 15 years of children with a preschool history of speech-language impairment. *Journal of Child Psychology and Psychiatry, 47*(8), 759–765.

Snowling, M., & Hayiou-Thomas, M. (2006). The dyslexia spectrum: Continuities between reading, speech, and language impairments. *Topics in Language Disorders, 26*(2), 110–126.

Snowling, M., Hulme, C., & Mercer, R. (2002). A deficit in rime awareness in children with Down syndrome. *Reading and Writing: An Interdisciplinary Journal, 15*(5/6), 471–495.

Snyder, L. (1975). *Pragmatics in language-deficient children: Their prelinguistic and early verbal performatives and presuppositions*. Unpublished doctoral dissertation, University of Colorado, Boulder.

Snyder, L. (1978). Communicative and cognitive abilities and disabilities in the sensorimotor period. *Merrill-Palmer Quarterly, 24*(3), 161–180.

Snyder, L. (1984). Developmental language disorders: Elementary school age. In A. Holland (Ed.), *Language disorders in children*. San Diego, CA: College Hill Press.

Snyder, L., & Downey, D. (1991). The language-reading relationship in normal and reading-disabled children. *Journal of Speech and Hearing Research, 34*(1), 129–140.

Snyder, L., & Scherer, N. (2004). The development of symbolic play and language in toddlers with cleft palate. *American Journal of Speech-Language Pathology, 13*(1), 66–80.

Solomon, M. (1972). Stem ending and the acquisition of inflections. *Language Learning, 2*(1), 43–50.

Solow, R. (1995). Parents' reasoning about the social and emotional development of their intellectually gifted children. *Roeper Review, 18*(2), 142–146.

Solter, A. J. (2001). *The aware baby*. Goleta, CA: Shining Star Press.

Son, S., Sigafoos, J., O'Reilly, M., & Lanconi, G. E. (2006). Comparing two types of augmentative and alternative communication systems for children with autism. *Pediatric Rehabilitation, 9*(4), 389–395.

Sparrow, S., Cicchetti, D., & Balla, D. (2005). *Vineland adaptive behavior scales (Vineland II)*. San Antonio, TX: Pearson.

Sparrow, S., Cicchetti, D., & Balla, D. (2007). *Vineland—II: Vineland adaptive behavior scales* (2nd ed.). Boston: Pearson Education.

Sparrows, S., Marans, W., Klin, A., Carter, A., Volkmar, F., & Cohen, D. (1997). Developmentally based assessments. In D. Cohen & F. Volkmar (Eds.), *Handbook of autism and pervasive developmental disorders* (2nd ed., pp. 411–447). New York: Wiley.

Spector, C. (1990). Linguistic humor comprehension of normal and language-impaired adolescents. *Journal of Speech and Hearing Disorders, 55*(3), 533–541.

Spector, C. (1996). Children's comprehension of idioms in the context of humor. *Language, Speech and Hearing Services in Schools, 27*(4), 307–313.

Speltz, M., Endriga, M., Hill, S., Maris, C., Jones, K., & Omnell, M. (2000). Brief report: Cognitive and psychomotor development of infants with orofacial clefts. *Journal of Pediatric Psychology, 25*(3), 185–190.

Spencer, L., & Oleson, J. (2008). Early listening and speaking skills predict later reading proficiency in pediatric cochlear implant users. *Ear and Hearing, 29*(2), 270–280.

Spragale, D., & Micucci, D. (1990). Signs of the week: A functional approach to manual sign training. *AAC: Augmentative and Alternative Communication, 6*(1), 29–37.

Stahmer, A. (1999). Using pivotal response training to facilitate appropriate play in children with autistic spectrum disorders. *Child Language Teaching and Therapy, 15*(1), 29–40.

Stanford, L., & Hynd, G. (1994). Congruence of behavioral symptomology in children with ADD/H, ADD/WO, and learning disabilities. *Journal of Learning Disabilities, 27*(4), 243–254.

Stanovich, K. (1986). Matthew effects in reading: Some consequences of individual differences in the acquisition of literacy. *Reading Research Quarterly, 21*(4), 360–364.

Stanovich, K., & Siegel, L. (1994). Phenotypic performance profile of children with reading disabilities: A regression-based test of the phonological-core-variable-difference model. *Journal of Educational Psychology, 86*(1), 24–53.

Stanton-Chapman, T., Chapman, D., & Scott, K. (2001). Identification of early risk factors for learning disabilities. *Journal of Early Intervention, 24*(3), 193–206.

Stark, R. (1980). Stages of speech development in the first year. In G. Yeni-Komshian, J. A. Kavanagh & C. Ferguson (Eds.), *Child phonology* (Vol. 1). New York: Academic Press.

Starr, A., McPherson, D., Patterson, J., Don, M., Luxford, W., Shannon, R., et al. (1991). Absence of both auditory evoked potentials and auditory percepts dependent on timing cues. *Brain, 114*(3), 1157–1180.

Starr, A., Picton, T., Sininger, Y., Hood, L., & Berlin, C. (1996). Auditory neuropathy. *Brain, 119*(3), 741–753.

Starr, A., Sininger, Y., & Pratt, H. (2000). The varieties of auditory neuropathy. *Journal of Basic Clinical Physiology and Pharmacology, 11*(3), 215–230.

Statler, K. D., Swank, S., Abildskov, T., Bigler, E. D., & White, H. S. (2008). Traumatic brain injury during development reduces minimal clonic seizure thresholds at maturity. *Epilepsy Research, 80*(2–3), 163–170.

St. Charles, J., & Costantino, M. (2000). *Reading and the Native American learner. Research report*. Olympia, WA: Office of Superintendent of Public Instruction, Office of Indian Education.

Steffens, M., Oller, D., Lynch, M., & Urbano, R. (1992). Vocal development in infants with Down syndrome and infants who are developing normally. *American Journal of Mental Retardation, 97*(2), 235–246.

Stein, N., & Glenn, C. (1979). An analysis of story comprehension in elementary school children. In R. Freedle (Ed.), *New directions in discourse processing* (Vol. 2, pp. 53–120). Norwood, NJ: Ablex.

Steinberg, A. (2008). Understanding the need for language. *Odyssey: New Directions in Deaf Education, 9*(1), 6–15.

Stephens, J. (2006). Longer-term aspects of the language development of children with cochlear implants. *Audiological Medicine, 4*(3), 151–163.

Stephens, M. (1976). Elicited imitation of selected features of two American English dialects in Head Start children. *Journal of Speech and Hearing Research, 19*, 493–508.

Stephens, M., & Montgomery, A. (1985). A critique of recent relevant standardized tests. *Topics in Language Disorders, 5*(3), 21–45.

Sterling, A., & Warren, S. (2008). Communication and language development in infants and toddlers with Down syndrome or Fragile X syndrome. In J. Roberts, R. Chapman, & S. Warren (Eds.), *Speech and language development and intervention in Down syndrome and Fragile X syndrome* (pp. 53–76). Baltimore: Paul H. Brookes.

Stockman, I. (1996a). Phonological development and disorders in African American children. In A. Kamhi, K. Pollock, & J. Harris (Eds.), *Communication development and disorders in African American children: Research, assessment and Intervention* (pp. 117–153). Baltimore: Paul H. Brookes.

Stockman, I. (1996b). The promises and pitfalls of language sample analysis as an assessment tool for linguistic minority children. *Language, Speech, and Hearing Services in Schools, 27*, 355–366.

Stoel-Gammon, C. (1980). Phonological analysis of four Down's syndrome children. *Applied Psycholinguistics, 1*(1), 31–48.

Stoel-Gammon, C. (1981). Speech development of infants and children with Down syndrome. In J. J. Darby (Ed.), *Speech evaluation in medicine* (pp. 341–360). New York: Grune and Stratton.

Stoel-Gammon, C. (1987). The phonological skills of two-year-olds. *Language, Speech, and Hearing Services in Schools, 18*(4), 323–329.

Stoel-Gammon, C. (1988). Prelinguistic vocalizations of hearing-impaired and normally hearing subjects: A comparison of consonantal inventories. *Journal of Speech and Hearing Disorders, 53*(3), 302–315.

Stoel-Gammon, C. (1990). Down syndrome. *ASHA, 32*(9), 42–44.

Stoel-Gammon, C. (1991). Normal and disordered phonology in two-year-olds. *Topics in Language Disorders, 11*(4), 21–32.

Stoel-Gammon, C. (2001). Down syndrome phonology: Developmental patterns and intervention strategies. *Down Syndrome Research and Practice, 7*(3), 93–100.

Stoel-Gammon, C., & Dunn, C. (1985). *Normal and disordered phonology in children*. Austin, TX: PRO-ED.

Stoel-Gammon, C., & Kehoe, M. (1994). Hearing impairment in infants and toddlers. In J. Bernthal & N. Bankson (Eds.), *Child phonology: Characteristics, assessment and intervention in special populations* (pp. 163–181). New York: Thieme.

Stokes, S., & Klee, T. (2009). The diagnostic accuracy of a new Test of Early Nonword Repetition for differentiating late talking and typically developing children. *Journal of Speech, Language, and Hearing Research, 52*, 872–882.

Stoneman, Z., Brody, G., & Abbott, D. (1983). In-home observations of young Down syndrome children with their mothers and fathers. *American Journal of Mental Deficiency, 87*(6), 591–600.

Stores, R. (1993). Sleep problems in children with Down's syndrome: A summary report. *Down Syndrome Research and Practice, 1*(2), 72–74.

Storkel, H. (2003). Learning new words II: Phonotactic probability in verb learning. *Journal of Speech, Language, and Hearing Research, 46*(6), 1312–1323.

Stothard, S., Snowling, M., Bishop, D. V. M., Chipchase, B., & Kaplan, C. (1998). Language-impaired preschoolers: A follow-up into adolescence. *Journal of Speech, Language, and Hearing Research, 41*(2), 407–418.

Strong, C. (1998). *Strong narrative assessment procedure*. Eau Claire, WI: Thinking Publications.

Strong, C., & Hoggan, K. (1996). *The magic of stories: Literature-based language intervention*. Eau Claire, WI: Thinking Publications.

Sturm, J., & Clendon, S. A. (2004). AAC, language, and literacy: Fostering the relationship. *Topics in Language Disorders, 24*(1), 76–91.

Sturm, J., & Nelson, N. (1997). Formal classroom lessons: New perspectives on a familiar discourse event. *Language, Speech, and Hearing Services in Schools, 28*(3), 255–273.

Sullivan, P. (1978). *A comparison of administration modifications on the WISC-R performance scale with different categories of deaf children*. Unpublished doctoral dissertation, University of Iowa, Iowa City.

Sulzer-Azaroff, B., Hoffman, A., Horton, C., Bondy, A., & Frost, L. (2009). The picture exchange communication system (PECS): What do the data say? *Focus on Autism and Other Developmental Disabilities, 24*(2), 89–103.

Sutton-Smith, B. (1986). The development of fictional narrative performances. *Topics in Language Disorders, 7*(1), 1–10.

Svensson, I., Lundberg, I., & Jacobson, C. (2001). The prevalence of reading and spelling difficulties among inmates of institutions for compulsory care of juvenile delinquents. *Dyslexia, 7*(2), 62–76.

Svirsky, M., Chin, S., Miyamoto, R. T., Sloan, R., & Cadwell, M. (2002). Speech intelligibility of profoundly deaf pediatric hearing aid users. *Volta Review, 102*(4), 175–198.

Svirsky, M., Teoh, S., & Neuburger, H. (2004). Development of language and speech perception in congenitally, profoundly deaf children as a function of age at cochlear implantation. *Audiology and Neuro-Otology, 9*(4), 224–233.

Swan, D., & Goswami, U. (1997). Picture-naming deficits in developmental dyslexia: The phonological representations hypothesis. *Brain and Language, 56*(3), 334–353.

Swanson, L., & Leonard, L. (1994). Duration of function-word vowels in mothers' speech to young children. *Journal of Speech and Hearing Research, 37*(6), 1394–1405.

Swenson, N. (2000). Comparing traditional and collaborative settings for language intervention. *Communication Disorders Quarterly, 22*(1), 12–18.

Swift, E., & Rosin, P. (1990). A remediation sequence to improve speech intelligibility for students with Down syndrome. *Language, Speech, and Hearing Services in Schools, 21*(3), 140–146.

Swisher, K. (1991). *American Indian/Alaskan Native learning styles: Research and practice*. Retrieved July 2002 from http://www.eric.ed.gov/ERICDocs

Swisher, L. (1985). Language disorders in children. In J. K. Darby (Ed.), *Speech and language evaluation in neurology: Childhood disorders*. Orlando, FL: Grune and Stratton.

Szymanski, C., & Brice, P. (2008). When autism and deafness coexist in children: What we know now. *Odyssey: New Directions in Deaf Education, 9*(1), 10–15.

Tager-Flusberg, H. (1991). Semantic processing in the free recall of autistic children: Further evidence for a cognitive deficit. *British Journal of Developmental Psychology, 9*, 417–430.

Tager-Flusberg, H. (1992). Autistic children's talk about psychological states: Deficits in the early acquisition of a theory of mind. *Child Development, 63*, 161–172.

Tager-Flusberg, H. (1994). Dissociations in form and function in the acquisition of language by autistic children. In H. Tager-Flusberg (Ed.), *Constraints on language acquisition: Studies of atypical children* (pp. 138–157). Oxford: Oxford University Press.

Tager-Flusberg, H. (2001). Putting words together: Morphology and syntax in the preschool years. In J. Berko-Gleason (Ed.), *The development of language* (5th ed., pp. 162–212). Boston: Allyn and Bacon.

Tager-Flusberg, H., & Calkins, S. (1990). Does imitation facilitate the acquisition of grammar? Evidence from a study of autistic, Down syndrome and normal children. *Journal of Child Language, 17*(3), 591–606.

Tager-Flusberg, H., Paul, R., & Lord, C. (2005). Language and communication in autism. In F. Volkmar, R. Paul, A. Klin & D. Cohen (Eds.), *Handbook of autism and pervasive developmental disorder* (3rd ed., Vol. 1, pp. 335–364). New York: Wiley.

Tager-Flusberg, H., & Zukowski, A. (2008). Putting words together: Morphology and syntax in the preschool years. In J. Berko-Gleason (Ed.), *The development of language* (7th ed., pp. 139–191). Boston: Allyn and Bacon.

Tallal, P. (1975). Perceptual and linguistic factors in the language impairment of developmental dysphasics: An experimental investigation with the Token Test. *Cortex, 11*(3), 196–205.

Tallal, P. (1976). Rapid auditory processing in normal and disordered language development. *Journal of Speech and Hearing Research, 19*(3), 561–571.

Tallal, P. (1980). Language and reading: Some perceptual prerequisites. *Bulletin of the Orton Society, 30,* 170–178.

Tallal, P., Miller, S., Bedi, G., Byma, G., Wang, X., Nagarajan, S., et al. (1996). Language comprehension in language-learning impaired children improved with acoustically modified speech. *Science, 271*(5245), 81–84.

Tallal, P., & Piercy, M. (1973a). Defects of nonverbal auditory perception in children with development dysphagia. *Nature, 241,* 468–499.

Tallal, P., & Piercy, M. (1973b). Developmental aphasia: Impaired rate of non-verbal processing as a function of sensory modality. *Neuropsychologia, 11*(4), 389–398.

Tallal, P., & Piercy, M. (1974). Developmental aphasia: Rate of auditory processing and selective impairment of consonant perception. *Neuropsychologia, 12*(1), 83–93.

Tallal, P., & Piercy, M. (1975). Developmental aphasia: The perception of brief vowels and extended stop consonants. *Neuropsychologia, 13*(1), 69–74.

Tallal, P., Ross, R., & Curtiss, S. (1989). Familial aggregation in specific language impairment. *Journal of Speech and Hearing Disorders, 54,* 167–173.

Tallal, P., Stark, R., & Curtiss, B. (1976). The relation between speech perception impairment and speech production impairment in children with developmental dysphagia. *Brain and Language, 3,* 305–317.

Tallal, P., Townsend, J., Curtiss, S., & Wulfeck, B. (1991). Phenotypic profiles of language-impaired children based on genetic/family history. *Brain and Language, 41,* 81–95.

Tang, T., McPherson, D., Yuen, K. C. P., Wong, L. L. N., & Lee, J. S. (2004). Auditory neuropathy/auditory dyssynchrony in school children with hearing loss: Frequency of occurrence. *International Journal of Pediatric Otorhinolaryngology, 68*(2), 175–183.

Tannock, R. (1988). Mothers' directiveness in their interactions with their children with and without Down syndrome. *American Journal on Mental Retardation, 93*(2), 154–165.

Tate, R., & Douglas, J. (2002). Editorial: Evidence-based clinical practice in rehabilitation. *Brain Impairment, 3,* ii–iv.

Taylor, B., & Harris, S. (1995). Teaching children with autism to seek information: Acquistion of novel information and generalization of responding. *Journal of Applied Behavior Analysis, 28*(1), 3–14.

Taylor, H. G., Yeates, K. O., Wade, S. L., Drotar, D., Stancin, T., & Minich, N. (2002). A prospective study of short- and long-term outcomes after traumatic brain injury in children: Behavior and achievement. *Neuropsychology, 16*(1), 15–27.

Taylor, L. (1969). *A language analysis of the writing of deaf children, Unpublished doctoral dissertation.* Florida State University, Tallahassee.

Taylor, M., Bennie, S., & Buckley, S. (1996). Classroom behaviour, language competence, and the acceptance of children with Down syndrome by their mainstream peers. *Down Syndrome Research and Practice, 4*(3), 100–109.

Taylor, O. (1987). Clinical practice as a social occasion. In V. Deal (Ed.), *Communication disorders in multicultural populations.* Rockville, MD: American Speech-Language-Hearing Association.

Taylor, O. (1990). *Cross-cultural communication: An essential dimension of effective education.* Retrieved December 2, 2002, from http://www.nwrel.org/cnorse/booklets/ccc

Taylor, R., & Iacono, T. (2003). AAC and scripting activities to facilitate communication and play. *Advances in Speech-Language Pathology, 5*(2), 79–93.

Taylor, R., & Kaufmann, S. (1991). Trends in classification usage in the mental retardation literature. *Mental Retardation, 29*(6), 367–371.

Teasdale, G., & Jennett, B. (1974). Assessment of coma and impaired consciousness: A practical scale. *Lancet, 2,* 81–84.

Teasdale, T., & Sorenson, M. (2007). Hearing loss in relation to educational attainment and cognitive abilities: A population study. *International Journal of Audiology, 46,* 172–175.

Tempest, P. (1998). Local Navajo norms for the Wechsler Intelligence Scale for Children—3rd edition. *Journal of American Indian Education, 37*(3), 18–30.

Templin, M. (1957). *Certain language skills in children: Their development and interrelationships.* Minneapolis: University of Minnesota Press.

Templin, M. (1966). Vocabulary problems of the deaf child. *International Journal of Audiology, 5*(3), 349–354.

Terman, L., & Merrill, M. (1973). *Stanford-Binet intelligence scale.* Boston: Houghton Mifflin.

Teuber, J., & Furlong, M. (1985). The concurrent validity of the Expressive one-word picture vocabulary test for Mexican-American children. *Psychology in the Schools, 22*(3), 269–273.

Tew, B. (1991). The effects of spina bifida upon learning and behaviour. In C. M. Bannister & B. Tew (Eds.), *Current concepts in spina bifida and hydrocephalus.* London: MacKeith Press.

Thal, D., Jackson-Maldonado, D., & Acosta, D. (2000). Validity of a parent report measure of vocabulary and grammar for Spanish-speaking toddlers. *Journal of Speech-Language-Hearing Research, 43*(5), 1087–1100.

Thal, D., & Katich, J. (1996). Predicaments in early identification of specific language impairment: Does the early bird always catch the worm? In K. Cole, P. Dale, & D. Thal (Eds.), *Assessment of communication and language* (pp. 1–28). Baltimore: Paul H. Brookes.

Thal, D., Miller, S., Carlson, J., & Vega, M. M. (2005). Nonword repetition and language development in 4-year-old children with and without a history of early language delay. *Journal of Speech, Language, and Hearing Research, 48,* 1481–1495.

Thal, D., Oroz, M., Evans, D., Katich, J., & Leasure, K. (1995, June). *From first words to grammar in late-talking toddlers.* Paper presented at the Symposium on Research in Child Language Disorders, Madison, WI.

Thal, D., & Tobias, S. (1992). Communicative gestures in children with delayed onset of oral expressive vocabulary. *Journal of Speech and Hearing Research, 35*(6), 1281–1289.

Thal, D., & Tobias, S. (1994). Relationships between language and gesture in normally developing and late-talking toddlers. *Journal of Speech and Hearing Research, 37*(1), 157–170.

Thal, D., Tobias, S., & Morrison, D. (1991). Language and gesture in late talkers: A 1-year follow-up. *Journal of Speech and Hearing Research, 34*(3), 604–612.

Tharp, R., & Yamauchi, L. (1994). *Effective instructional conversation in Native American classrooms (Educational practice report No. 10).* Santa Cruz, CA: National Center for Research on Cultural Diversity and Second Language Learning.

Tharpe, A. (2007). *Assessment and management of minimal, mild, and unilateral hearing loss in children.* Retrieved September 21, 2009, from http://www.audiologyonline.com/articles/pf_article_detail.asp?article.html

Thibodeau, L., Friel-Patti, S., & Britt, L. (2001). Psychoacoustic performance in children completing Fast ForWord training. *American Journal of Speech-Language Pathology, 10,* 248–257.

Thomas, M. S. C., & Karmiloff-Smith, A. (2003). Modeling language acquisition in atypical phenotypes. *Psychological Review, 110*(4), 647–682.

Thordardottir, E., Chapman, R., & Wagner, L. (2002). Complex sentence production by adolescents with Down syndrome. *Applied Psycholinguistics, 23*(2), 163–183.

Thordardottir, E., & Ellis Weismer, S. (2002). Content mazes and filled pauses in narrative language impairment. *Brain and Cognition, 48*(2–3), 587–592.

Thorne, J., Coggins, T., Olson, H., & Astley, S. (2007). Exploring the utility of narrative analysis in diagnostic decision making: Picture-bound reference, elaboration, and fetal alcohol spectrum disorders. *Journal of Speech, Language, and Hearing Research, 50*(2), 459–474.

Thorum, A. (1986). *Fullerton language test for adolescents* (2nd ed.). Austin, TX: PRO-ED.

Thurston, K. (1998). Mitigating barriers to Navajo students' success in English courses. *Teaching English in the Two-Year College, 26*(1), 29–38.

Timler, G., Olswang, L., & Coggins, T. (2005). "Do I know what I need to do?" A social communication intervention for children with complex clinical profiles. *Language, Speech, and Hearing Services in Schools, 36*(1), 73–85.

Tobin, K. (1986). Effects of teacher wait time on discourse characteristics in mathematics and language arts classes. *American Educational Research Journal, 23*(2), 191–200.

Tobin, K. (1987). The role of wait time in higher cognitive level learning. *Review of Educational Research, 57*(1), 69–95.

Tomblin, J. B., Barker, B., Spencer, L., Zheng, X., & Grantz, B. (2005). The effect of age at cochlear implant stimulation on expressive language growth in infants and toddlers. *Journal of Speech, Language, and Hearing Research, 48*, 853–867.

Tomblin, J. B., Spencer, L., Flock, S., Tyler, R., & Gantz, B. (1999). A comparison of language achievement in children with cochlear implants and children using hearing aids. *Journal of Speech, Language, and Hearing Research, 42*(2), 497–511.

Tomblin, J. B., Abbas, P., Records, N., & Brenneman, L. (1995). Auditory evoked responses to frequency-modulated tones in children with specific language impairment. *Journal of Speech and Hearing Research, 38*, 387–393.

Tomblin, J. B., & Buckwalter, P. (1998). Heritability of poor language achievement among twins. *Journal of Speech, Language, and Hearing Research, 41*(1), 188–199.

Tomblin, J. B., Freese, P., & Records, N. (1992). Diagnosing specific language impairment in adults for the purpose of pedigree analysis. *Journal of Speech and Hearing Research, 35*(4), 832–843.

Tomblin, J. B., Hardy, J., & Hein, H. (1991). Predicting poor-communication status in preschool children using risk factors present at birth. *Journal of Speech and Hearing Research, 34*(5), 1096–1105.

Tomblin, J. B., Mainele-Arnold, E., & Zhang, X. (2007). Procedural learning in adolescents with and without specific language impairment. *Language Learning and Development, 3*, 269–293.

Tomblin, J. B., Records, N., Buckwalter, P., Zhang, X., Smith, E., & O'Brien, M. (1997). Prevalence of specific language impairment in kindergarten children. *Journal of Speech and Hearing Research, 40*, 1245–1260.

Tomblin, J. B., Records, N., & Zhang, X. (1996). A system for the diagnosis of specific language impairment in kindergarten children. *Journal of Speech and Hearing Research, 39*, 1284–1294.

Tomblin, J. B., Smith, E., & Zhang, X. (1997). Epidemiology of specific language impairment: Prenatal and perinatal risk factors. *Journal of Communication Disorders, 30*, 325–344.

Tomblin, J. B., & Zhang, X. (2006). The dimensionality of language ability in school-age children. *Journal of Speech, Language, and Hearing Research, 49*, 1193–1208.

Tomblin, J. B., Zhang, X., Buckwalter, P., & O'Brien, M. (2003). The stability of primary language disorder: Four years after kindergarten diagnosis. *Journal of Speech, Language, and Hearing Research, 46*, 1283–1296.

Tommerdahl, J. (2010, June). *Reliability of spontaneous language samples.* Paper presented at the 13th Symposium of the International Clinical Phonetics and Linguistics Association, Oslo, Norway.

Tonge, B. (2002). Autism, autistic spectrum and the need for better definition. *Medical Journal of Australia, 176*(9), 412–413.

Tooher, R. (2002). *Making their way in the world: An investigation into the outcomes of cochlear implantation for adolescents using biopsychosocial approach.* Sydney: University of Sydney.

Tooher, R., Hogan, A., & Reed, V. A. (2002a, September). *"The hearing's not enough, it's just enough to get by . . ." What is life like for young people who use cochlear implants to hear?* Paper presented at the International Cochlear Implant Conference, Manchester, United Kingdom.

Tooher, R., Hogan, A., & Reed, V. A. (2002b, March). *Quality of life and psychosocial outcomes of pediatric cochlear implantation in adolescents.* Paper presented at the International Congress of Audiology, Melbourne, Australia.

Toppelberg, C., Medrano, L., Pena Morgens, L., & Nieto-Castanon, A. (2002). Bilingual children referred for psychiatric services: Associations of language disorders, language skills, and psychopathology. *Journal of the American Academy of Child and Adolescent Psychiatry, 41*(6), 712–722.

Toppelberg, C., Snow, C., & Tager-Flusberg, H. (1999). Severe developmental disorders and bilingualism. *Journal of the American Academy of Child and Adolescent Psychiatry, 38*(3), 1197–1199.

Toronto, A. (1976). Developmental assessment of Spanish grammar. *Journal of Speech and Hearing Disorders, 41*(2), 150–171.

Toth, G., & Siegel, L. (1994). A critical evaluation of the IQ-achievement discrepancy based definition of dyslexia. In K. Van Den Bos, L. Siegel, D. Baker, & D. Share (Eds.), *Current directions in dyslexia research* (pp. 45–70). Lisse: Swets & Zeitlinger.

Trauner, D., Wulfeck, B., Tallal, P., & Hesselink, J. (1995). *Neurologic and MRI profiles of language impaired children: Technical Report CND-9513.* San Diego: Center for Research in Language, University of California.

Treiman, R. (1997). Spelling in normal children and dyslexics. In B. Blachman (Ed.), *Foundations of reading acquisition and dyslexia* (pp. 191–218). Mahwah, NJ: Lawrence Erlbaum Associates.

Trembath, D., Balandin, S., Togher, L., & Stancliffe, R. (2009). Peer-mediated teaching and augmentative and alternative communication for preschool-aged children with autism. *Journal of Intellectual and Developmental Disability, 34*(2), 173–186.

Treuting, J., & Hinshaw, S. (2001). Depression and self-esteem in boys with attention-deficit/hyperactivity disorder: Associations with comorbid aggression and explanatory attributional mechanisms. *Journal of Abnormal Child Psychology, 29*(1), 23–39.

Trevarthen, C., & Daniel, S. (2005). Disorganized rhythm and synchrony: Early signs of autism and Rett syndrome. *Brain Development, 27*, S25–S34.

Troia, G. (2003). Auditory perceptual impairments and learning disabilities: Theoretical and empirical considerations. *Learning Disabilities: A Contemporary Journal, 1*(1), 27–37.

Trueba, H., Cheng, L., & Ima, K. (1993). *Myth or reality: Adaptive strategies of Asian Americans in California.* Washington, DC: Falmer Press.

Truxler, J. E., & O'Keefe, B. M. (2007). The effects of phonological awareness instruction on beginning word recognition and spelling. *AAC: Augmentative and Alternative Communication, 23*(2), 164–176.

Trybus, R., & Karchmer, M. (1977). School achievement scores of hearing impaired children: National data on achievement patterns and growth patterns. *American Annals of the Deaf Directory of Programs and Service, 122*, 62–69.

Tucker, B. F., & Colson, S. E. (1992). Traumatic brain injury: An overview of school re-entry. *Intervention in School and Clinic, 27*(4), 198–206.

Turkstra, L. (1999). Language testing in adolescents with brain injury: A consideration of the CELF-3. *Language, Speech, and Hearing Services in Schools, 30*, 132–140.

Turkstra, L., & Holland, A. L. (1998). Assessment of syntax after adolescent brain injury: Effects of memory on test performance. *Journal of Speech, Language, and Hearing Research, 41*(1), 137–149.

Turkstra, L., McDonald, S., & Kaufmann, P. (1996). Assessment of pragmatic communication skills in adolescents after traumatic brain injury. *Brain Injury, 10*(5), 329–345.

Turner, R., Robinette, M., & Bauch, C. (1999). Clinical decisions. In F. Musiek & W. Rintelmann (Eds.), *Contemporary perspectives in hearing assessment* (pp. 437–464). Boston: Allyn and Bacon.

Turnure, J. E. (1991). Long-term memory and mental retardation. *International Review of Research in Mental Retardation, 17*, 193–217.

Tyack, D., & Venable, G. (1999). *Language sampling, analysis and training: A handbook* (3rd ed.). Austin, TX: PRO-ED.

Tye-Murray, N. (1998). *Foundations of aural rehabilitation: Children, adults, and their family members*. San Diego, CA: Singular.

Tye-Murray, N. (2009). *Foundations of aural rehabilitation: Children, adults, and their family members* (3rd ed.). New York: Delmar Cengage Learning.

Tye-Murray, N., & Kirk, K. I. (1993). Vowel and diphthong production by young users of cochlear implants and the relationship between the phonetic level evaluation and spontaneous speech. *Journal of Speech and Hearing Research, 36*(3), 488–502.

Uberti, H., Scruugs, T., & Mastropierie, M. (2003). Keywords make the difference! Mnemonic instruction in the inclusive classrooms. *Teaching Exceptional Children, 35*(3), 46–61.

Ukrainetz, T., & Gillam, R. (2009). The expressive elaboration of imaginative narratives by children with specific language impairment. *Journal of Speech, Language, and Hearing Research, 52*, 883–898.

Ukrainetz, T., Harpell, S., Walsh, C., & Coyle, C. (2000). A preliminary investigation of dynamic assessment with Native American kindergartners. *Language, Speech, and Hearing Services in Schools, 31*(2), 142–154.

Ullman, M., & Gopnik, M. (1994). Past tense production: Regular, irregular and nonsense verbs. *McGill Working Papers in Linguistics, 10*, 81–118.

Ullman, M., & Pierpont, E. (2005). Specific language impairment is not specific to language: The procedural deficit hypothesis. *Cortex, 41*, 399–433.

United Cerebral Palsy. (2002). *Cerebral palsy facts and figures*. Retrieved December 2, 2002, from http://www.ucpa.org/ucp_generaldoc.cfm/1/9/37/37-37/447

Uresti, R., Goertz, J., & Bernal, E. (2002). Maximizing achievement for potentially gifted and talented and regular minority students in a primary classroom. *Roeper Review, 25*(1), 27–32.

U.S. Bureau of the Census. (2000). *Statistical abstract of the United States* (115th ed.). Washington, DC: U.S. Department of Commerce.

U.S. Department of Education. (1993). *National excellence: A case for developing America's talent*. Retrieved March 12, 2010 from http://www2.ed.gov/pubs/DevTalent/part3.html

U.S. Department of Education. (1999). *Twenty-first annual report to Congress on the implementation of the Individuals with Disabilities Education Act*. Washington, DC: Author.

U.S. Department of Education. (2001). *Twenty-third annual report to Congress on the implementation of the Individuals with Disabilities Education Act (IDEA)*. Washington, DC: Author.

U.S. Department of Education. (2004). *Individuals with Disabilities Education Act of 2004, PL 108-446*. Washington, DC: Author.

U.S. Department of Education. (2006). *Twenty-eighth annual report to Congress on the implementation of the Individuals with Disabilities Education Act*. Washington, DC: Author.

U.S. Department of Education. (2007). *Twenty-ninth annual report to Congress on the implementation of the Individuals with Disabilities Education Act (IDEA)*. Washington, DC: Author.

U.S. Department of Education. (2009). *Twenty-eighth Annual Report to Congress on the Implementation of the Individuals with Disabilities Education Act, 2006*. Washington, DC: Author.

U.S. Department of Education Office of Elementary and Secondary Education. (2001). *No Child Left Behind: A desk reference*. Washington, DC: Author.

U.S. Department of Health and Human Services. (2005). *Women's health USA 2005*. Retrieved July 8, 2009 from http://mchb.hrsa.gov/whusa_05

U.S. Office of Education. (2004). *As contained in the Individuals with Disabilities Education Act (IDEA)*. Retrieved June 18, 2009 from http://idea.ed.gov/explore/home (Sec. 300.8[c][10]; Sec. 300.309; Sec. 602[30])

U.S. Preventive Services Task Force. (2008). Universal screening for hearing loss in newborns: U.S. Preventive Services Task Force recommendation statement. *Pediatrics, 122*, 143–148.

van Bysterveldt, A., Gillon, G., & Moran, C. (2006). Enhancing phonological awareness and letter knowledge in preschool children with Down syndrome. *International Journal of Disability, Development and Education, 53*(3), 301–329.

Vance, M., & Clegg, J. (2010). Editorial: Research and practice in the language and communication needs of adolescents in secondary education. *Child Language Teaching and Therapy, 26*(2), 101–103.

Vanderslice, R. (1998). Hispanic children and giftedness: Why the difficulty in identification? *The Delta Kappa Gamma Bulletin, 64*(3), 18–23.

van Dongen, H. R., Paquier, P. F., Creten, W. L., van Borsel, J., & Catsman-Berrevoets, C. E. (2001). Clinical evaluation of conversational speech fluency in the acute phase of acquired childhood aphasia: Does a fluency/nonfluency dichotomy exist? *Journal of Child Neurology, 16*(5), 345–351.

van Kleeck, A. (1994). Potential cultural bias in training parents as conversational partners with their children who have delays in language development. *American Journal of Speech-Language Pathology, 3*, 67–78.

van Kleeck, A. (1998). Preliteracy domains and stages: Laying the foundations for beginning reading. *Journal of Children's Communication Development, 20*(1), 33–51.

van Kleeck, A., Gillam, R., & Davis, B. (1997). When is "watch and see" warranted? A response to Paul's 1996 article, "Clinical implications of the natural history of slow expressive language development." *American Journal of Speech-Language Pathology, 6*(2), 34–39.

van Kleeck, A., Gillam, R., Hamilton, L., & McGrath, C. (1997). The relationship between middle-class parents' book-sharing discussion and their preschoolers' abstract language development. *Journal of Speech, Language, and Hearing Research, 40*(6), 1261–1271.

van Kleeck, A., & Richardson, A. (1988). Language delay in the child. In N. Lass, L. McReynolds, J. Northern, & D. Yoder (Eds.), *Handbook of speech-language pathology and audiology*. Philadelphia: B. C. Decker.

VanMeter, L., Fein, D., Morris, R., Waterhouse, L., & Allen, D. (1997). Delay versus deviance in autistic social behavior. *Journal of Autism and Developmental Disorders, 27*(5), 557–569.

van Mourik, M., Catsman-Berrevoets, C. E., Yousef-Bak, E., Paquier, P. F., & van Dongen, H. R. (1998). Dysarthria in children with cerebellar or brainstem tumors. *Pediatric Neurology, 18*(5), 411–414.

van Straaten, H., Tibosch, C., Dorrepaal, F., & Kok, J. (2001). Efficacy of automated auditory brainstem response hearing screening in very preterm newborns. *Journal of Pediatrics, 138*(5), 674–678.

VanTassel-Baska, J. (1992). Educational decision making on acceleration and grouping. *Gifted Child Quarterly, 36*, 68–72.

Vaughn, S., Elbaum, B., & Boardman, A. (2001). The social functioning of students with learning disabilities: Implications for inclusion. *Exceptionality, 9*(1–2), 47–65.

Vaughn-Cooke, F. (1983). Improving language assessment in minority children. *ASHA, 25*, 29–34.

Ventry, I. (1983). Research design issues in studies of the effects of middle ear effusion. *Pediatrics, 71*(4), 644.

Vernes, A., Newbury, D., Abrahams, B., Winchester, L., Nicod, J., Groszer, M., et al. (2008). A functional genetic link between distinct developmental language disorders. *New England Journal of Medicine, 359*, 2337–2345.

Verucci, L., Menghini, D., & Vicari, S. (2006). Reading skills and phonological awareness acquisition in Down syndrome. *Journal of Intellectual Disability Research, 50*(7), 477–491.

Vicker, B. (1996). *Using tangible symbols for communication purposes: An optional step in building the two-way communication process*. Bloomington: Indiana Resource Center for Autism, Indiana University.

Viding, E., Price, T., Spinath, F., Bishop, D. V. M., Dale, P., & Plomin, R. (2003). Genetic and environmental mediation of the relationship between language and nonverbal impairment in 4-year-old twins. *Journal of Speech, Language, and Hearing Research, 46*(1271–1282).

Vihman, M. (1996). *Phonological development: The origins of language in the child.* Cambridge, MA: Blackwell.

Volden, J., & Lord, C. (1991). Neologisms and idiosyncratic language in autistic speakers. *Journal of Autism and Developmental Disorders, 21*(2), 109–130.

Volden, J., Magill-Evans, J., Goulden, K., & Clarke, M. (2007). Varying language register according to listener needs in speakers with autism spectrum disorder. *Journal of Autism and Developmental Disorders, 37*(6), 1139–1154.

Volden, J., & Sorenson, A. (2009). Bossy and nice requests: Varying language register in speakers with autism spectrum disorder (ASD). *Journal of Communication Disorders, 42*(1), 58–73.

Volkmar, F. (1992). Childhood disintegrative disorder: Issues for DSM-IV. *Journal of Autism and Developmental Disorders, 22,* 625–642.

Volkmar, F., & Nelson, D. (1990). Seizure disorders in autism. *Journal of the American Academy of Child and Adolescent Psychiatry, 29,* 127–129.

Volkmar, F., & Wiesner, L. (2004). *Healthcare for children on the autism spectrum: A guide to medical, nutritional, and behavioral issues.* Bethesda, MD: Woodbine House.

Volterra, V., & Taeschner, R. (1978). The acquisition and development of language by bilingual children. *Journal of Child Language, 5,* 311–326.

von Tetzchner, S. (1999). Introduction to language development. In F. T. Loncke, J. Clibbens, H. H. Arvidson, & L. L. Lloyd (Eds.), *Augmentative and alternative communication: New directions in research and practice* (pp. 3–7). London: Whurr.

von Tetzchner, S., & Martinsen, H. (2000). *Introduction to augmentative and alternative communication* (2nd ed.). London: Whurr.

Voss, K. (2006). *Teaching by design.* Bethesda, MD: Woodbine House.

Vygotsky, L. (1962). *Thought and language.* Cambridge, MA: MIT Press.

Vygotsky, L. (1978). *Mind in society: The development of higher psychological processes.* Cambridge, MA: Harvard University Press.

Vygotsky, L. (1986). *Thought and language.* Cambridge, MA: MIT Press.

Wadman, R., Durkin, K., & Conti-Ramsden, G. (2008). Self-esteem, shyness, and sociability in adolescents with specific language impairment (SLI). *Journal of Speech, Language, and Hearing Research, 51,* 938–952.

Wagner, R., Torgesen, J., & Rashotte, C. (1999). *Comprehensive test of phonological processing (CTOPP).* Austin, TX: PRO-ED.

Wake, M., & Poulakis, Z. (2004). Slight and mild hearing loss in primary school children. *Journal of Paediatric Child Health, 40*(1–2), 11–13.

Waldron, K., & Saphire, D. (1990). An analysis of WISC-R factors for gifted students with learning disabilities. *Journal of Learning Disabilities, 23*(8), 491–498.

Walker, M. (1976). *Language programmes for use with the Revised Makaton Vocabulary.* Surry, UK: M. Walker.

Wallace, G., & Hammill, D. (2002). *Comprehensive receptive and expressive vocabulary—2.* Austin, TX: PRO-ED.

Waltzman, S., Cohen, N., Gomolin, R., Green, J., Shapiro, W., Brackett, D., et al. (1997). Perception and production results in children implanted between 2 and 5 years of age. *Advances in Otorhinolaryngology, 52,* 177–180.

Warden, D. (1976). The influence of context on children's use of identifying expressions and references. *British Journal of Psychology, 67*(1), 101–112.

Warren, S., & Bambara, L. (1989). An experimental analysis of milieu language intervention: Teaching the action-object form. *Journal of Speech and Hearing Disorders, 54*(3), 448–461.

Watamori, T. S., Sasanuma, S., & Ueda, S. (1990). Recovery and plasticity in child-onset aphasics: Ultimate outcome at adulthood. *Aphasiology, 4,* 9–30.

Watkins, R., Kelly, D., Harbers, H., & Hollis, W. (1995). Measuring children's lexical diversity: Differentiating typical and impaired learners. *Journal of Speech and Hearing Research, 38,* 1349–1355.

Watkins, R., & Rice, M. (1991). Verb particle and preposition acquisition in language-impaired preschoolers. *Journal of Speech and Hearing Research, 34*(5), 1130–1141.

Watkins, R., Rice, M., & Moltz, C. (1993). Verb use by language-impaired and normally developing children. *First Language, 13,* 133–143.

Watkins, R., & Yairi, E. (1997). Language production abilities of children whose stuttering persisted or recovered. *Journal of Speech, Language, and Hearing Research, 40,* 385–399.

Watkins, R., Yairi, E., & Ambrose, N. (1999). Early childhood stuttering III: Initial status of expressive language abilities. *Journal of Speech, Language, and Hearing Research, 42,* 1125–1135.

Watkinson, J., & Lee, S. (1992). Curriculum-based measures of written expression for learning-disabled and nondisabled students. *Psychology in the Schools, 29*(2), 184–191.

Watson, C., Kidd, G., Horner, D., Connell, P., Lowther, A., Eddins, D., et al. (2003). Sensory, cognitive, and linguistic factors in the early academic performance of elementary school children: The Benton-IU Project. *Journal of Learning Disabilities, 36*(2), 165–197.

Watson, L. (2001). Issues in early comprehension development in children with autism. In E. Schopler & N. Yirmiya (Eds.), *The research basis for autism intervention* (pp. 135–150). New York: Kluwer Academic/Plenum.

Watt, N., Wetherby, A., & Shumway, S. (2006). Prelinguistic predictors of language outcome at 3 years of age. *Journal of Speech, Language, and Hearing Research, 49,* 1224–1237.

Webb, J. (1993). Nurturing social-emotional development of gifted children. In K. Heller, F. Monks, & A. Passow (Eds.), *International handbook for research on giftedness and talent* (pp. 525–538). Oxford: Pergamon Press.

Wechsler, D. (2002). *Wechsler preschool and primary scale of intelligence—III.* San Antonio, TX: The Psychological Corporation.

Wechsler, D. (2003). *Wechsler intelligence scale for children—IV* (4th ed.). San Antonio, TX: Pearson.

Wegner, J., & Rice, M. (1988, November). *The acquisition of verb-particle constructions: How do children figure them out?* Paper presented at the annual convention of the American Speech-Language-Hearing Association, Boston, MA.

Wehrebian, A. (1970). Measures of vocabulary and grammatical skills for children up to age six. *Developmental Psychology, 2*(3), 439–446.

Weiner, P. (1974). A language-delayed child at adolescence. *Journal of Speech and Hearing Disorders, 39*(2), 202–212.

Weinfeld, R., Barnes-Robinson, L., Jeweler, S., & Shevitz, B. (2002). Academic programs for gifted and talented/learning disabled students. *Roeper Review, 24*(4), 226–234.

Weisenberger, J. L. (1976). A choice of words: Two-year-old-speech from a situational point of view. *Journal of Child Language, 3*(2), 275–281.

Weiss, A., & Nakamura, M. (1992). Children with normal language skills in preschool classrooms for children with language impairments: Differences in modeling styles. *Language, Speech, and Hearing Services in Schools, 23*(1), 64–70.

Wells, G. (1985). *Language development in the pre-school years.* New York: Cambridge University Press.

Wepman, J. (1958). *Wepman auditory discrimination test.* Chicago: Language Research Association.

Wershing, A., & Hughes, C. (2002). Just give me words. In K. Erickson, D. Koppenhaver, & D. Yoder (Eds.), *Waves of words: Augmented communicators read and write* (pp. 45–56). Toronto: ISAAC Press.

West, D., & Bloomberg, K. (1997). *Picture it project: Assessment tools.* Melbourne: SCIOP.

Westby, C. (1998). Communicative refinement in school age and adolescence. In W. Hayes & B. Shulman (Eds.), *Communication development: Foundations, processes, and clinical applications* (pp. 311-360). Baltimore: Williams and Wilkins.

Westby, C. (2009, November). *Communicating across cultures: Serving diverse populations*. Paper presented at the Third International Symposium on Communication Disorder in Multilingual Populations, Argos, Cyprus.

Westby, C., & Atencio, D. (2002). Computers, culture, and learning. *Topics in Language Disorders, 22*(4), 70–90.

Westby, C., & Roman, R. (1995). Finding the balance: Learning to live in two worlds. *Topics in Language Disorders, 15*(4), 68–88.

Westby, C., Stevens-Dominguez, M., & Oetter, P. (1996). A performance/competence model of observational assessment. *Language, Speech, and Hearing Services in Schools, 27*(2), 144–156.

Wetherby, A. (1989). Language intervention for autistic children: A look at where we have come in the past 25 years. *Journal of Speech Language Pathology and Audiology, 13*, 15–28.

Wetherby, A., & Prizant, B. (1993). *Communication and symbolic behavior scales*. Baltimore: Paul H. Brookes.

Wetherby, A., & Prizant, B. (2002). *Communication and symbolic behavior scales—Developmental profile*. Baltimore: Paul H. Brookes.

Wetherby, A., & Rodriguez, G. (1992). Measurement of communicative intentions in normally developing children during structured and unstructured contexts. *Journal of Speech and Hearing Research, 35*, 130–138.

Wetherby, A., Woods, J., Allen, L., Cleary, J., Dickinson, H., & Lord, C. (2004). Early indicators of autism spectrum disorders in the second year of life. *Journal of Autism and Developmental Disorders, 34*(5), 473–493.

Wetherell, D., Botting, N., & Conti-Ramsden, G. (2007). Narrative in adolescent specific language impairment (SLI): A comparison with peers across two different narrative genres. *International Journal of Language and Communication Disorders, 42*, 583–605.

Wexler, K., Schütze, C., & Rice, M. (1998). Subject case in children with SLI and unaffected controls: Evidence for the Agr/Tns omission model. *Language Acquisition, 7*(2–4), 317–344.

Wheldall, K. (1976). Receptive language development in the mentally handicapped. In P. Berry (Ed.), *Language and communication in the mentally handicapped*. Baltimore: University Park Press.

White, H., & Sreenivasan, V. (1987). Epilepsy-aphasia syndrome in children: An unusual presentation to psychiatry. *Canadian Journal of Psychiatry, 32*(7), 599–601.

White, S., & White, R. (1987). The effects of hearing status of the family and age of intervention on receptive and expressive oral language skills in hearing-impaired infants. In H. Levitt, N. McGarr, & D. Geffner (Eds.), *Development of language and communication skills in hearing-impaired children* (Vol. 26, pp. 9–24). Washington, DC: ASHA.

Whitehouse, A., Line, E., Watt, H., & Bishop, D. V. M. (2009). Qualitative aspects of developmental language impairment relate to language and literacy outcome in adulthood. *International Journal of Language and Communication Disorders, 44*, 489–510.

Whitehouse, A., Watt, H., Line, E., & Bishop, D. V. M. (2009). Adult psychosocial outcomes of children with specific language impairment, pragmatic language impairment and autism. *International Journal of Language and Communication Disorders, 44*, 511–528.

Whitehurst, G., & Fischel, J. (1994). Early developmental language delay: What, if anything should the clinician do about it? *Journal of Child Psychology and Psychiatry, 35*(4), 613–648.

Whitehurst, G., Fischel, J., Arnold, D., & Lonigan, C. (1992). Evaluating outcomes with children with expressive language delay. In W. Warren & J. Reichle (Eds.), *Causes and effects in communication and language intervention* (pp. 277–314). Baltimore: Paul H. Brookes.

Whitehurst, G., Fischel, J., Lonigan, C., Valdez-Menchaca, M., Arnold, D., & Smith, M. (1991). Treatment of early expressive language delay: If, when, and how. *Topics in Language Disorders, 11*(9), 55–68.

Whitehurst, G., & Lonigan, C. (1998). Child development and emergent literacy. *Child Development, 69*(3), 848–872.

Whitehurst, G., Smith, M., Fischel, J., Arnold, D., & Lonigan, C. (1991). The continuity of babble and speech in children with specific expressive language delay. *Journal of Speech and Hearing Research, 34*(5), 1121–1129.

Wiegner, S., & Donders, J. (2000). Predictors of parental distress after congenital disabilities. *Journal of Developmental and Behavioral Pediatrics, 21*(4), 271–277.

Wiener, F., Lewnau, L., & Erway, E. (1983). Measuring language competency in speakers of Black American English. *Journal of Speech and Hearing Disorders, 48*(1), 76–84.

Wiener, J., Harris, P. J., & Shirer, C. (1990). Achievement and social-behavioral correlates of peer status in LD children. *Learning Disabilities Quarterly, 13*(2), 114–127.

Wiig, E. (1982a). *Identifying language disorders in adolescents*. Paper presented at the Gunderson Clinic, La Crosse, WI.

Wiig, E. (1982b). *Let's talk inventory for adolescents*. San Antonio, TX: The Psychological Corporation.

Wiig, E. (1986). Language disabilities in school-age children and youth. In G. Shames & E. Wiig (Eds.), *Human communication disorders: An introduction* (2nd ed., pp. 331–379). Columbus, OH: Merrill/Macmillan.

Wiig, E. (1989). *Steps to language competence: Developing metalinguistic strategies*. San Antonio, TX: The Psychological Corporation.

Wiig, E. (1990a). Linguistic transitions and learning disabilities: A strategic learning perspective. *Learning Disability Quarterly, 13*(2), 128–140.

Wiig, E. (1990b). *Wiig criterion-referenced inventory of language*. San Antonio, TX: The Psychological Corporation.

Wiig, E. (1995). Assessment of adolescent language. *Seminars in Speech and Language, 16*(1), 14–30.

Wiig, E., Gilbert, M., & Christian, S. (1978). Developmental sequences in the perception and interpretation of lexical and syntactic ambiguities. *Perceptual and Motor Skills, 44*, 959–969.

Wiig, E., & Langdon, H. (2006). *W-ABC Spanish version*. Greenville, SC: Super-Duper Publications.

Wiig, E., & Secord, W. (1989). *Test of language competence—Expanded edition*. San Antonio, TX: Pearson.

Wiig, E., & Secord, W. (1992). *Test of word knowledge*. San Antonio, TX: Pearson.

Wiig, E., Secord, W., & Semel, E. (2009). *Clinical evaluation of language fundamentals (Preschool—2) (Spanish edition)*. San Antonio, TX: Pearson.

Wiig, E., & Semel, E. (1974). Logico-grammatical sentence comprehension by learning disabled adolescents. *Perceptual and Motor Skills, 38*, 1331–1334.

Wiig, E., & Semel, E. (1984). *Language assessment and intervention for the learning disabled* (2nd ed.). New York: Merrill/Macmillan.

Wiig, E., Semel, E., & Crouse, M. (1973). The use of morphology by high-risk and learning disabled children. *Journal of Learning Disabilities, 6*(7), 457–465.

Wiig, E., Zureich, P., & Chan, H.-N. (2000). A clinical rationale for assessing rapid automatized naming in children with language disorders. *Journal of Learning Disabilities, 33*(4), 359–374.

Wilcox, J., & Tobin, H. (1974). Linguistic performance of hard-of-hearing and normal hearing children. *Journal of Speech and Hearing Research, 17*(2), 286–293.

Wilcox, K., & Aasby, S. (1988). The performance of monolingual and bilingual Mexican children on the TACL. *Language, Speech and Hearing Services in Schools, 19*, 34–40.

Wilcox, M. J. (1984). Developmental language disorders: Preschoolers. In A. Holland (Ed.), *Language disorders in children*. San Diego, CA: College Hill Press.

Wilcox, M. J. (1989). Delivering communication-based services to infants, toddlers, and their families: Approaches and models. *Topics in Language Disorders, 10*(1), 68–79.

Wilkinson, K. (1998). Profiles of language and communication skills in autism. *Mental Retardation and Developmental Disabilities Research Reviews, 4*, 73–79.

Willadsen, E., & Enemark, H. (2000). A comparative study of prespeech vocalizations in two groups of toddlers with cleft palate and noncleft group. *Cleft Palate-Craniofacial Journal, 37*(2), 172–178.

Willcutt, E., & Pennington, B. (2000). Comorbidity of reading disability and attention-deficit/hyperactivity disorder: Differences by gender and subtype. *Journal of Learning Disabilities, 33*(2), 179–191.

Willeford, J. (1977). Assessing central auditory behaviour in children: A test battery approach. In R. W. Keith (Ed.), *Central auditory dysfunction* (pp. 43–72). New York: Grune and Stratton.

Williams, G., Donley, C., & Keller, J. (2000). Teaching children with autism to ask questions about hidden objects. *Journal of Applied Behavior Analysis, 33*(4), 627–630.

Williams, M. B. (2000). Just an independent guy who leads a busy life. In M. Fried-Oken & H. Bersani (Eds.), *Speaking up and spelling it out* (pp. 231–235). Baltimore: Paul H. Brookes.

Williams, P., Williams, A., Graff, J., Hanson, S., Stanton, A., & Hafeman, C. (2002). Interrelationships among variables affecting well siblings and mothers families of children with a chronic illness or disability. *Journal of Behavioral Medicine, 25*(5), 411–424.

Williams, S., & McGee, R. (1994). Reading attainment and juvenile delinquency. *Journal of Child Psychology and Psychiatry and Allied Disciplines, 35*(3), 441–459.

Wilson, M., & Fox, B. (1997). *Micro-LADS*. Winoski, VT: Laureate Learning Systems.

Windfuhr, K., Faragher, B., & Conti-Ramsden, G. (2002). Lexical learning skills in young children with specific language impairment. *International Journal of Language and Communication Disorders, 37*, 415–432.

Windsor, J., Milbrath, R., Carney, E., & Rakowski, S. (2001). General slowing in language impairment: Methodological considerations in testing the hypothesis. *Journal of Speech, Language, and Hearing Research, 44*, 446–461.

Windsor, J., Scott, C., & Street, C. (2000). Verb and noun morphology in the spoken and written language of children with language learning disabilities. *Journal of Speech, Language, and Hearing Research, 43*(6), 1322–1336.

Winebrenner, S. (2003). Teaching strategies for twice-exceptional students. *Intervention in School and Clinic, 38*, 131–137.

Wing, L. (1997). Syndromes of autism and atypical development. In D. Cohen & F. Volkmar (Eds.), *Handbook of autism and pervasive development disorders* (2nd ed., pp. 148–170). New York: Wiley.

Winskel, H. (2006). The effects of an early history of otitis media on children's language and literacy skill development. *British Journal of Educational Psychology, 76*, 727–744.

Winner, E., Rosenstiel, A., & Gardner, H. (1976). The development of metaphoric understanding.*Developmental Psychology, 12*, 289–297.

Wishart, J. (1993). Learning the hard way: Avoidance strategies in young children with Down syndrome. *Down Syndrome Research and Practice, 1*(2), 47–55.

Wolery, M., Ault, M., Gast, D., Doyle, P., & Griffen, A. (1990). Comparison of constant time delay and the system of least prompts in teaching chained tasks. *Education and Training in Mental Retardation, 25*(3), 243–257.

Wolfram, W., & Schilling-Estes, N. (1998). *American English: Dialects and variation*. Oxford: Blackwell.

Wolk, L., & Giesen, J. (2000). A phonological investigation of four siblings with childhood autism. *Journal of Communication Disorders, 33*(5), 371–389.

Wolter, J., Wood, A., & D'zatko, K. (2009). The influence of morphological awareness on the literacy development of first-grade children. *Language, Speech, and Hearing Services in Schools, 40*(3), 286–298.

Wood, L. A., Lasker, J., Siegel-Causey, E., Beukelman, D., & Ball, L. (1998). Input framework for augmentative and alternative communication. *AAC: Augmentative and Alternative Communication, 14*(4), 261–276.

Woodcock, R. (1991). *Woodcock language proficiency battery—Revised*. Itasca, IL: Riverside.

Woodcock, R., Muñoz-Sandoval, A., Ruef, M., & Alvarado, C. (2005). *Woodcock-Muñoz Language Survey®—Revised (WMLS-R)*. Rolling Meadows, IL: Riverside.

Woods, J., & Wetherby, A. (2003). Early identification of and intervention for infants and toddlers who are at risk for autism spectrum disorder. *Language, Speech, and Hearing Services in Schools, 34*, 180–193.

Work, R. (1991). Children of poverty: What is their future? *ASHA, 33*, 61.

Work, R., Cline, J., Ehren, B., Keiser, D., & Wujek, C. (1993). Adolescent language programs. *Language, Speech, and Hearing Services in Schools, 24*(1), 43–53.

World Health Organization. (1987). *International classification of diseases* (10th rev. ed.). Geneva: Author.

World Health Organization. (2007). *International Statistical Classification of Diseases and Related Health Problems—10R* (10th ed.). Geneva: Author.

Wray, A., & Perkins, M. (2000). The functions of formulaic language: An integrated model. *Language and Communication, 20*(1), 1–28.

Wright, B. A., Lombardino, L., King, W., Puranik, C., Leonard, C., & Merzenich, M. (1997). Deficits in auditory temporal and spectral resolution in language impaired children. *Nature, 387*, 176–178.

Wright, H., & Newhoff, M. (2001). Narration abilities of children with language-learning disabilities in response to oral and written stimuli. *American Journal of Speech-Language Pathology, 10*(3), 308–319.

Wright, I., Lewis, V., & Collins, G. (2006). Imitation and representational development in young children with Down syndrome. *British Journal of Developmental Psychology, 24*(2), 409–420.

Wright, J. (2000). *The FIM (tm)*. Retrieved April 23, 2009, from http://www.tbims.org/combi/FIM

Wright, M., Purcell, A., & Reed, V. A. (2001a, March). *Cochlear implants for babies: Expectations and outcomes*. Paper presented at the Symposium on Cochlear Implants in Children, Los Angeles, CA.

Wright, M., Purcell, A., & Reed, V. A. (2001b, June). *Communicative intents in infants pre- and post-cochlear implantation*. Paper presented at the Symposium on Research in Child Language Disorders, Madison, WI.

Wright, M., Purcell, A., & Reed, V. A. (2002). Cochlear implants and infants: Expectations and outcomes. *Annals of Otololaryngology, Rhinology, and Laryngology, 111*, 131–137.

Yates, C., Berninger, V., & Abbott, R. (1995). Specific writing difficulties in intellectually gifted children. *Journal for the Education of the Gifted, 18*(2), 131–155.

Yeargin-Allsopp, M. (2008). Prevalence of cerebral palsy in 8-year old children in three areas of the United States in 2002. *Pediatrics, 121*(3), 547–554.

Yeargin-Allsopp, M., Rice, C., Karapukar, T., Doernberg, N., Boyle, C., & Murphy, C. (2003). Prevalence of autism in a U.S. metropolitan area. *Journal of the American Medical Association, 289*(1), 49–55.

Yeates, K. O., & Taylor, H. G. (2006). Behavior problems in school and their educational correlates among children with traumatic brain injury. *Exceptionality, 14*(3), 141–154.

Yirmiya, N., Erel, O., Shaked, M., & Solomonika, D. (1998). Meta-analyses comparing theory of mind or abilities of individuals with autism, individuals with mental retardation, and normally developing individuals. *Psychological Bulletin, 124*, 283–308.

Yirmiya, N., Gamliel, I., Pilowsky, T., Feldman, R., Baron-Cohen, S., & Sigman, M. (2006). The development of siblings of children with autism at 4 and 14 months: Social engagement, communication, and cognition. *Journal of Child Psychology and Psychiatry, 47*(5), 511–523.

Ylvisaker, M. (1989). Cognitive and psychosocial outcome following head injury in children. In T. M. Cole (Ed.), *Mild to moderate head injury*. London: Blackwell.

Ylvisaker, M., & Gioia, G. A. (1998). Cognitive Assessment. In M. Ylvisaker (Ed.), *Traumatic brain injury rehabilitation: Children and adolescents* (2nd ed., pp. 159–179). Boston: Butterworth-Heinemann.

Ylvisaker, M., Hartwick, P., & Stevens, M. (1991). School reentry following head injury: Managing the transition from hospital to school. *Journal of Head Trauma Rehabilitation, 6*, 10–22.

Ylvisaker, M., & Holland, A. L. (1984). Head injury. In W. H. Perkins (Ed.), *Language handicaps in children*. New York: Thieme-Stratton.

Ylvisaker, M., & Szekeres, S. F. (1989). Metacognitive and executive impairments in head-injured children and adults. *Topics in Language Disorders, 9*, 34–49.

Yoder, P., Kaiser, A., & Alpert, C. (1991). An exploratory study of the interaction between language teaching methods and child characteristics. *Journal of Speech and Hearing Research, 34*(1), 155–167.

Yoder, P., & Lieberman, R. (2010). Brief report: Randomized test of the efficacy of Picture Exchange Communication System on highly generalized picture exchanges in children with ASD. *Journal of Autism and Developmental Disorders, 40*, 629–632.

Yoder, P., & Stone, W. (2006a). A randomized comparison of the effect of two prelinguistic communication interventions on the acquisition of spoken communication in preschoolers with ASD. *Journal of Speech, Language, and Hearing Research, 49*, 698–711.

Yoder, P., & Stone, W. (2006b). Randomized comparison of two communication interventions for preschoolers with autism spectrum disorders. *Journal of Consulting and Clinical Psychology, 74*, 426–435.

Yont, K. (1998). *The source of conversational breakdowns in typically developing preschoolers*. Unpublished manuscript, Pennsylvania State University, University Park.

Yont, K., & Hewitt, L. (1999, November). *Nature of conversational breakdowns in children with specific language impairment*. Paper presented at the annual convention of the American Speech-Language-Hearing Association, San Francisco, CA.

Yont, K., Hewitt, L., & Miccio, A. (2000). A coding system for describing conversational breakdowns in preschool children. *American Journal of Speech-Language Pathology, 9*, 300–309.

Yorkston, K. M., Jaffe, K. M., Liao, S., & Polissar, N. L. (1999). Recovery of written language production in children with traumatic brain injury: Outcomes at one year. *Aphasiology, 13*, 691–700.

Yoshinaga-Itano, C. (1998). Development of audition and speech: Implications for early intervention with infants who are deaf or hard-of-hearing. *Volta Review, 100*(5), 212–234.

Yoshinaga-Itano, C., Coulter, D., & Thomson, V. (2000). The Colorado newborn hearing screening project: Effects on speech and language development for children with hearing loss. *Journal of Perinatology, 20*(8, Pt. 2), 132–137.

Yoshinaga-Itano, C., & Gravel, J. (2001). The evidence for universal newborn hearing screening. *American Journal of Audiology, 10*, 62–64.

Yoshinaga-Itano, C., Sedey, A., Coulter, D., & Mehl, A. L. (1998). Language of early and later-identified children with hearing loss. *Pediatrics, 102*(5), 1161–1171.

Yoshinaga-Itano, C., Snyder, L., & Mayberry, R. I. (1996a). Can lexical/semantic skills differentiate deaf or hard-of-hearing readers and non-readers. *Volta Review, 98*(1), 39–61.

Yoshinaga-Itano, C., Snyder, L., & Mayberry, R. I. (1996b). How deaf and normally hearing students convey meaning within and between written sentences. *Volta Review, 98*(1), 9–38.

Yoshinaga-Itano, C., & Stredler-Brown, A. (1992). Learning to communicate: Babies with hearing impairments make their needs known. *Volta Review, 94*(2), 107–129.

Yoshinaga-Itano, C., Stredler-Brown, A., & Jancosek, E. (1992). From phone to phoneme: What can we understand from babble. *Volta Review, 94*(3), 283–313.

Young, E., & Perachio, J. (1993). *The patterned elicitation syntax test with morphological analysis*. Tucson, AZ: Communication Skill Builders.

Zane, T., Davis, C., & Rosswurm, M. (2008). The cost of fad treatments in autism. *Journal of Early and Intensive Behavior Intervention, 5*, 44–51.

Zeisel, S., & Roberts, J. (2003). Otitis media in young children with disabilities. *Infants and Young Children, 16*(2), 106–119.

Zeng, F. G., Kong, Y. Y., Michalewski, H. J., & Starr, A. (2005). Perceptual consequences of disrupted auditory nerve activity. *Journal of Neurophysiology, 93*, 3050–3063.

Zeng, F. G., & Liu, S. (2006). Speech perception in individuals with auditory neuropathy. *Journal of Speech, Language, and Hearing Research, 49*, 367–380.

Zeng, F. G., Oba, S., Garde, S., Sininger, Y., & Starr, A. (1999). Temporal and speech processing deficits in auditory neuropathy. *NeuroReport, 10*, 3429–3435.

Zhang, X., & Tomblin, J. B. (2000). The association of intervention receipt with speech-language profiles and social-demographic variables. *American Journal of Speech-Language Pathology, 9*, 345–357.

Zigler, E., & Balla, D. (1982). Introduction: The developmental approach to mental retardation. In E. Zigler & D. Balla (Eds.), *Mental retardation: The developmental-difference controversy* (pp. 3–8). Hillsdale, NJ: Lawrence Erlbaum Associates.

Zigler, E., & Hodapp, R. (1986). *Understanding mental retardation*. New York: Cambridge University Press.

Zigler, E., & Hodapp, R. (1991). Behavioral functioning in individuals with mental retardation. *Annual Review of Psychology, 42*(1), 29–50.

Zimmerman, I., Steiner, V., & Pond, R. (1992). *Preschool language scale—3*. San Antonio, TX: The Psychological Corporation.

Zimmerman, I., Steiner, V., & Pond, R. (1993). *Preschool language scale—3: Spanish edition*. San Antonio, TX: The Psychological Corporation.

Zimmerman, I., Steiner, V., & Pond, R. (2002a). *Preschool language scale—4*. San Antonio, TX: The Psychological Corporation.

Zimmerman, I., Steiner, V., & Pond, R. (2002b). *Preschool language scale—4: Spanish edition*. San Antonio, TX: The Psychological Corporation.

Zintz, M. (1970). *The reading process*. Dubuque, IA: William C. Brown.

Zwaigenbaum, L., Bryson, S., Rogers, T., Roberts, W., Brian, J., & Szatmari, P. (2005). Behavioral manifestations of autism in the first year of life. *International Journal of Developmental Neuroscience, 23*, 143–152.

찾아보기

[ㄱ]

[ㄴ]

[ㄷ]

[ㄹ]

[ㅁ]

[ㅂ]

[ㅅ]

[ㅇ]

[ㅈ]

[ㅊ]

[ㅋ]

[ㅌ]

[ㅍ]

[ㅎ]

[기타]

역자 소개

▣ 김화수

이화여자대학교 특수교육과 문학사
이화여자대학교 대학원 특수교육과(언어장애 전공) 문학 석사
이화여자대학교 대학원 언어병리학과 언어병리학 박사
명지대학교 교수 및 연세대학교 강사 역임
현재, 대구대학교 언어치료학과 교수
한국언어재활사협회, 한국언어치료학회, 한국언어청각임상학회 이사

♣ 저 · 역서

의사소통장애: 전생애적 조망, 언어발달, 언어장애와 의사소통장애, 언어발달장애, 아동언어장애, 발달지연청소년의 참세상살이, 치매예방을 위한 인지의사소통놀이 50, 언어발달장애 기초

▣ 이숙

대구대학교 대학원 언어치료학과 박사
대구대학교 언어치료학과 겸임교수

▣ 김성수

한국외국어대학교 불어학과 문학사
단국대학교 대학원 특수교육과(청각 · 언어장애교육전공) 석사
단국대학교 대학원 특수교육과(청각 · 언어장애교육전공) 교육학 박사
서울보건대(을지대학교) 및 명지대학교 겸임교수 역임, 연세대학교 강사 역임
현재, 동신대학교 언어치료학과 교수
한국언어재활사협회, 한국언어청각임상학회 이사 역임, 한국언어치료학회 이사

♣ 저 · 역서

의사소통장애: 전생애적 조망, 언어발달, 언어발달장애, 아동언어장애, 언어발달장애 기초

▣ 박선화

대구대학교 대학원 언어치료학과 박사 수료

▣ 박주원

대구대학교 대학원 언어치료학과 박사 수료

언어발달장애 기초

An Introduction to Children with Language Disorders

발 행 일 | 2017년 9월 1일 초판 1쇄 발행
저 자 | Vicki A. Reed
역 자 | 김화수 · 김성수 · 이숙 · 박주원 · 박선화
발 행 인 | 구본하
발 행 처 | 도서출판 **박학사**
주 소 | 서울시 마포구 월드컵북로5길 33 동아빌딩 2층
전 화 | (02)3142-3764~5
팩 스 | (02)3142-3766
웹사이트 | www.pakhaksa.co.kr
등록번호 | 제10-2230호

정가 27,000원 ISBN 978-89-98521-63-9

♣ 역자와의 합의하에 인지첩부는 생략합니다.